北京东城年鉴

BEIJING DONGCHENG NIANJIAN

·2022·

北京市东城区地方志编纂委员会 编

北京日报出版社

图书在版编目（CIP）数据

北京东城年鉴. 2022 / 北京市东城区地方志编纂委员会编. — 北京：北京日报出版社, 2022.12
ISBN 978-7-5477-4439-0

Ⅰ. ①北… Ⅱ. ①北… Ⅲ. ①东城区—2022—年鉴 Ⅳ. ①Z521.3

中国版本图书馆CIP数据核字（2022）第235672号

北京东城年鉴（2022）

编　　者：北京市东城区地方志编纂委员会
责任编辑：史　琴　王子红
出 版 者：北京日报出版社
地址　北京市东城区东单三条8-16号东方广场东配楼四层
邮编　100005
电　　话：发行部：（010）65255876
总编室：（010）65252135
经　　销：各地新华书店
排　　版：品欣工作室
印　　刷：廊坊市佳艺印务有限公司
开　　本：889毫米×1194毫米　1/16
印　　张：37
字　　数：1500千字
版　　次：2022年12月第1版
印　　次：2022年12月第1次印刷
印　　数：1200

ISBN 978-7-5477-4439-0　定价：280.00元

东城区地方志编纂委员会

《北京东城年鉴》编辑部

顾　　问	孙新军		
主　　编	周金星		
常务副主编	章建伟	王佑明	
副 主 编	丁选云	刘立东	刘　婷
	彭积冬	王钦双	丁志平
编　　辑	杨　帅	孙太红	周宝龙
	胡　澄	赵　妍	刘　朔
	叶玉枝	张　谊	李　婷
	范伟丽	王建国	

编辑说明

一、《北京东城年鉴》以马克思列宁主义、毛泽东思想、邓小平理论、“三个代表”重要思想、科学发展观、习近平新时代中国特色社会主义思想为指导，坚持辩证唯物主义和历史唯物主义的立场、观点和方法，坚持实事求是的原则，与时俱进，开拓创新，科学地反映客观情况。

二、《北京东城年鉴》是一部综合性资料性工具书，在中共北京市东城区委和北京市东城区人民政府的领导下，由区地方志编纂委员会主持编纂。自1996年开始，逐年编辑出版，1996—2001卷为内容年，2003卷改为出版年，2022卷为总第26卷。

三、《北京东城年鉴（2022）》全面、系统地记载2021年度东城区在政治、经济、文化、社会等各个领域及各项事业发展变化的基本情况和发生的大事、要事、新事与有影响的事，记载取得的新成就、新进展、新经验，为各行各业、各方面人士了解东城、研究东城、建设东城提供信息和资料。

四、《北京东城年鉴（2022）》设有区情概览、特载、专文、大事记、中国共产党北京市东城区委员会、北京市东城区人民代表大会、北京市东城区人民政府、中国人民政治协商会议北京市东城区委员会、纪检监察、民主党派、人民团体、法治、军事、重点地区管理、经济管理、工业和信息化、商贸服务业、旅游、城市规划与建设、城市管理、应急管理、生态环境、科技、教育、文化、卫生 健康、体育、社会建设、社会生活、人物 荣誉、街道、统计资料、附录共33个类目。类目下设分目，分目下设条目。

五、《北京东城年鉴（2022）》收有东城区党、政、军、各民主党派、团体、街道和部分企业负责人名录，以及部分区域单位负责人名录。所列均以2021年内任职为限。还收有获得国家、北京市、东城区级奖励与荣誉称号的单位和个人名单。

六、《北京东城年鉴（2022）》所选文章、条目，均由各部门、单位确定专人撰写或提供，并经主管负责人审核。统计资料由区统计局提供。照片由区委宣传部、区融媒体中心及各有关单位提供。

建党百年　凝心聚力

4 月 23 日，“2021 红色读城”首场直播活动在角楼图书馆举办（李瑶摄）

4 月 29 日，团东城区委、前门街道举办“百年大党正青春”青年干部论坛（前门街道提供）

4 月 29 日，在“永远跟党走——2021 年东城区中学生庆祝五四青年节主题教育活动”上，两代少先队员现场对话（邵雪摄）

5 月 10 日，东城区“奋进新时代”胡同音乐会专场演出在禄米仓胡同举办（张传东摄）

5 月 21 日，学生表演红色主题音乐话剧（史家小学分校提供）

5 月，“庆祝中国共产党成立 100 周年精品报刊收藏展”吸引党员、群众观展（角楼图书馆提供）

6 月 1 日，东城戏剧创作团队在《新青年》编辑部旧址现场演绎红色戏剧片段《星火》（王峥摄）

6月2日，东城区“唱响中轴——唱支山歌给党听”群众大合唱活动第一篇章《开创新天地》在永定门广场举行（王峥摄）

6月8日，“永远跟党走 奋进新时代”东城区离退休干部庆祝中国共产党成立100周年书画展开幕（区老干部局提供）

6 月 18 日，“辉煌 100 年——东城区庆祝中国共产党成立 100 周年文艺演出”在北京喜剧院举办（张传东摄）

6 月 21 日，“跟党走——百年华诞”冠军献礼活动举办（闫文摄）

7 月 1 日，交道口街道福祥社区组织党员居民观看庆祝中国共产党成立 100 周年大会电视直播（区融媒体中心提供）

党史教育　深入人心

4月9日，东城区党史学习教育"党史e起学"微信小程序上线启动仪式上，现场观众用手机扫码体验"云上学党史"（闫文摄）

4月14日，东城区举办"我为群众办实事 点亮百姓微心愿"文明实践活动启动仪式（张传东摄）

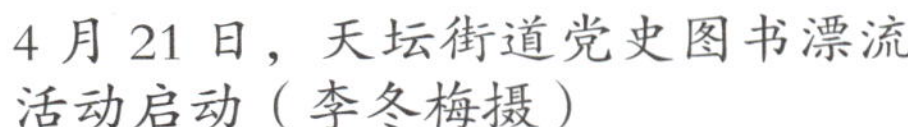

4月21日，天坛街道党史图书漂流活动启动（李冬梅摄）

4月22日，建国门街道赵家楼社区党委举办“诵读党史 点亮明灯”活动（闫文摄）

4月28日，东城区党史游学地图发布暨“青春同心·永跟党走”文人志士线路寻访活动启动（张维民摄）

4 月 28 日，市民在书店免费领取东城区党史游学地图（张传东摄）

4 月，区政协开展政协委员讲述北京东城的党史故事活动（区政协提供）

5 月 18 日，东城区卫生健康系统首个党史教育基地在区委卫生健康工委党校揭牌（区卫健委提供）

5月19日，崇文门外街道举办“学习百年党史 汲取奋进力量”“党史e起学”答题竞赛活动（张维民摄）

6月1日，“伟大开篇——中国共产党早期北京组织专题展”揭幕（张维民摄）

6月2日，东城区“永远跟党走”党史学习教育百姓宣讲团巡回宣讲首场活动在风尚剧场举办（区委宣传部提供）

6月，《中国共产党北京市东城区历史》（1921—2016）出版（陈星星摄）

6月，“胡同里的红色讲坛”系列宣讲活动深入社区，讲述党史故事、分享学习心得（区委宣传部提供）

12月20日，东城区“永远跟党走”党史知识竞赛决赛举办（张维民摄）

换届选举　再谱新篇

12月4日，中国共产党北京市东城区第十三次代表大会开幕（区融媒体中心提供）

党代会开幕会上，代表听取区委工作报告（王峥摄）

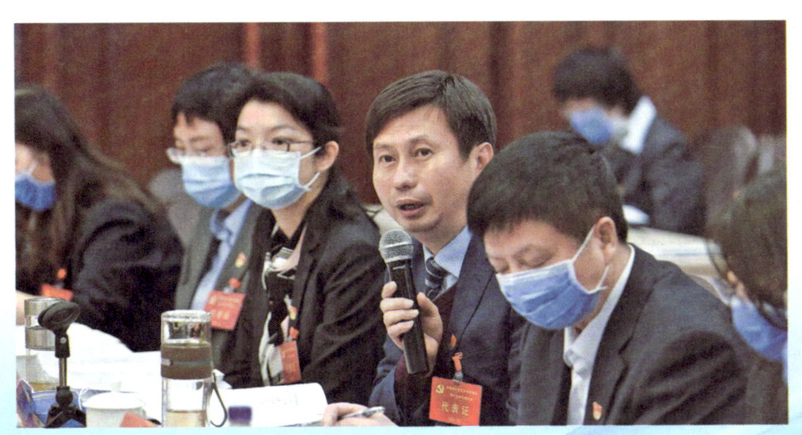

党代会代表热议“两委”工作报告（张传东摄）

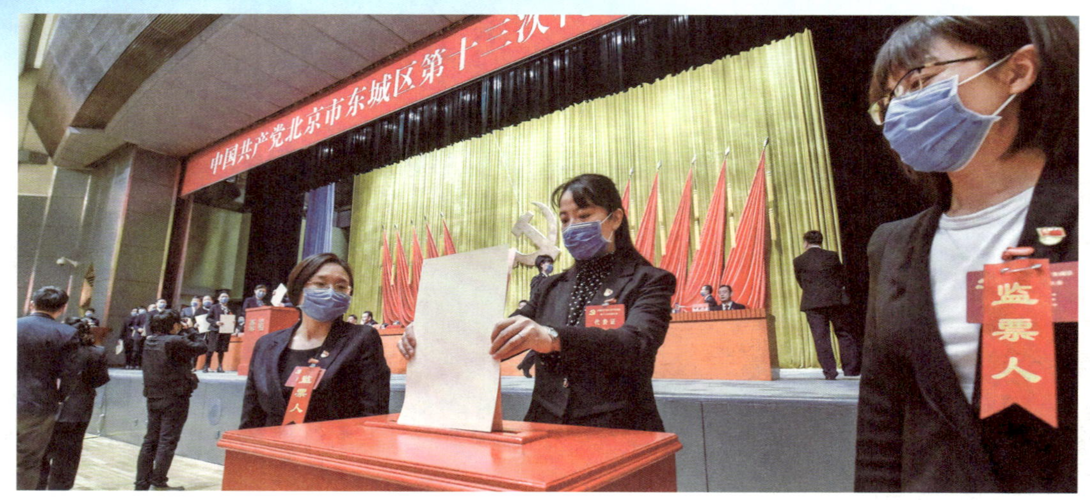

12月5日，中国共产党北京市东城区第十三次代表大会上选举产生第十三届区委委员、区纪委委员（张传东摄）

新一届区委常委集体亮相（区融媒体中心提供）

12月7日，新一届四套班子领导在北大红楼重温入党誓言（张传东摄）

9月8日，东城区选举委员会景山地区分会魏家社区居民单位混合选区开展区人大换届选举工作宣传活动（张维民摄）

11月5日，北京市区和乡镇两级人大代表换届选举投票日，东城区选民有序进行投票（张传东摄）

12月9日，北京市东城区第十七届人民代表大会第一次会议开幕（王峥摄）

区人大代表在分组讨论政府工作报告
（区融媒体中心提供）

区人大代表参加大会选举投票
（区融媒体中心提供）

12月8日，中国人民政治协商会议北京市东城区第十五届委员会第一次会议开幕（张传东摄）

12月8日，区政协委员在会场交流（张维民摄）

众志成城　防控疫情

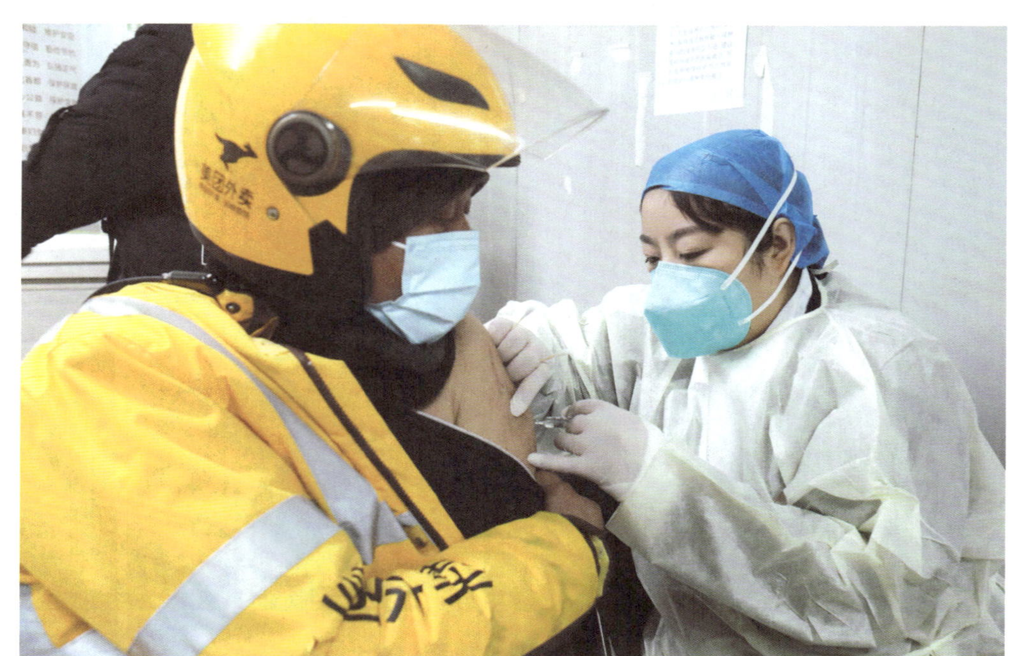

1月17日，外卖送餐员在天坛街道祈谷社区疫苗接种点接种疫苗（王嘉宁摄）

3月20日，医务人员向居民宣讲新冠疫苗接种知识（安定门街道提供）

3月25日，龙潭街道工作人员向居民宣传疫苗接种知识（龙潭街道提供）

3月27日，东直门街道居民在“承诺墙”上留言（王慧雯摄）

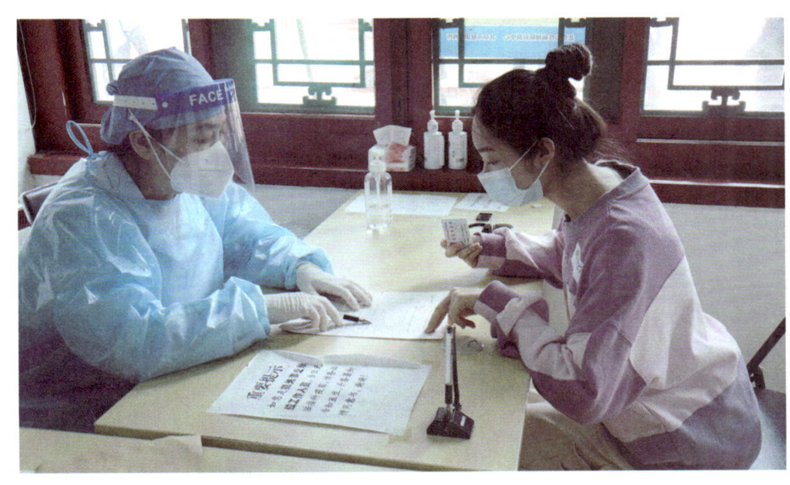

3月29日，中央戏剧学院学生配合医务人员排查禁忌病（杨海丽摄）

3月，居民通过微信扫描“东城区疫苗接种”二维码进行新冠疫苗接种预约（闫文摄）

4 月 3 日，崇文门外街道开展“党心 E 家”新苗活动，推进疫苗接种（崇文门外街道提供）

4 月 8 日，市民加盖新冠疫苗接种宣传印章留念（朝阳门街道提供）

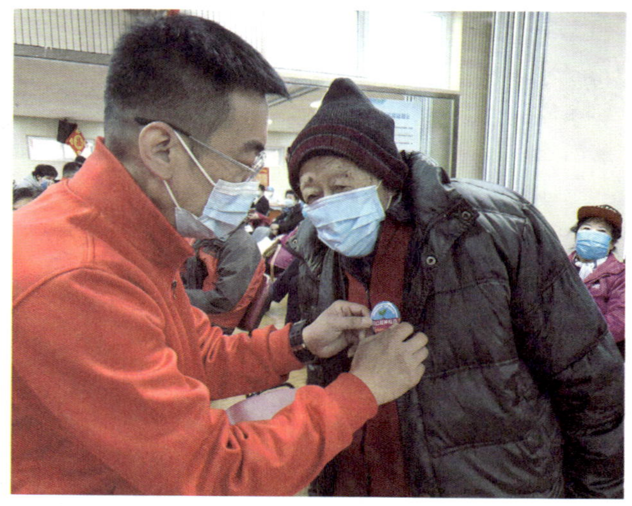

4 月 16 日，建国门街道社工为百岁老人戴上接种疫苗纪念徽章（刘旭阳摄）

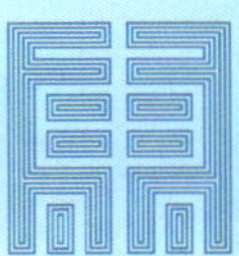

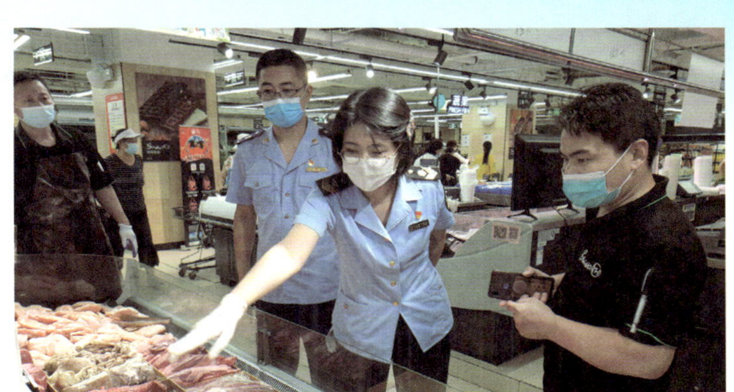

8月11日，区市场监管局执法人员检查超市售卖的进口冷链食品赋码情况（刘旭阳摄）

8月，保洁人员在王府井大街开展保洁、消杀工作（王峥摄）

8月，工作人员对共享单车进行消杀（庄蕊摄）

8月，在龙潭公园入口，工作人员引导游客扫码登记入园（龙潭公园提供）

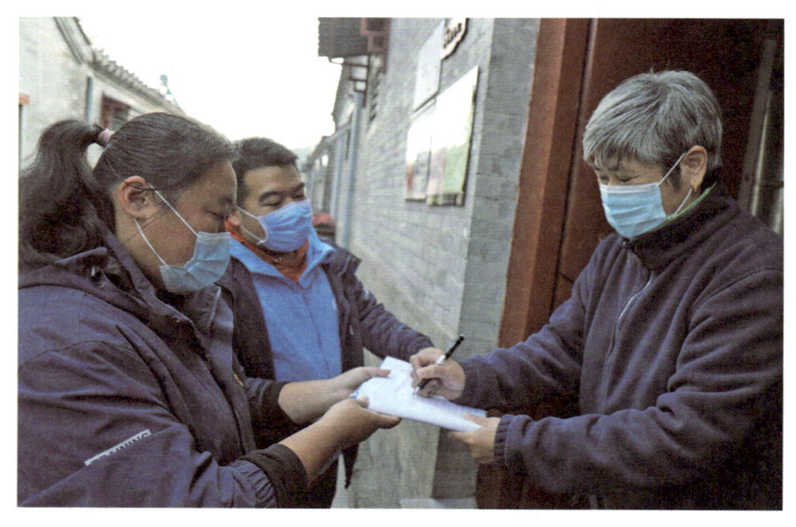

10月，东城区开展“敲门行动”，社工入户进行疫情排查（王峥摄）

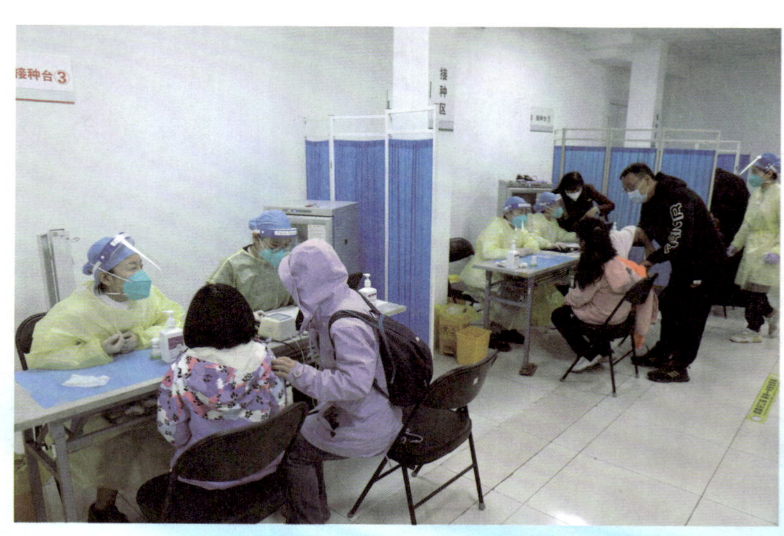

11月3日，东城区启动3–11岁儿童新冠疫苗接种工作（王峥摄）

筑梦冰雪　喜迎冬奥

2月4日，北京冬奥会特许商品旗舰店亮相王府井金街（陶冉摄）

4月16日，“献礼百年华诞　喜迎北京冬奥——‘非遗遇上冰雪’主题作品”征集展示表演活动在红桥市场举行（王超摄）

国庆假期，游客在王府井百货大楼前的北京冬奥倒计时牌前拍照留念（林萱摄）

10月16日，工作人员向居民宣讲冬奥知识（前门街道提供）

10月，东城社工在胡同口唱响冬奥歌曲（区委宣传部提供）

10月16日，用真雪搭建的雪场——单板道具公园在隆福寺北里文创园亮相（区融媒体中心提供）

10月16日，居民在滑雪VR体验台上体验冰雪运动（李冬梅摄）

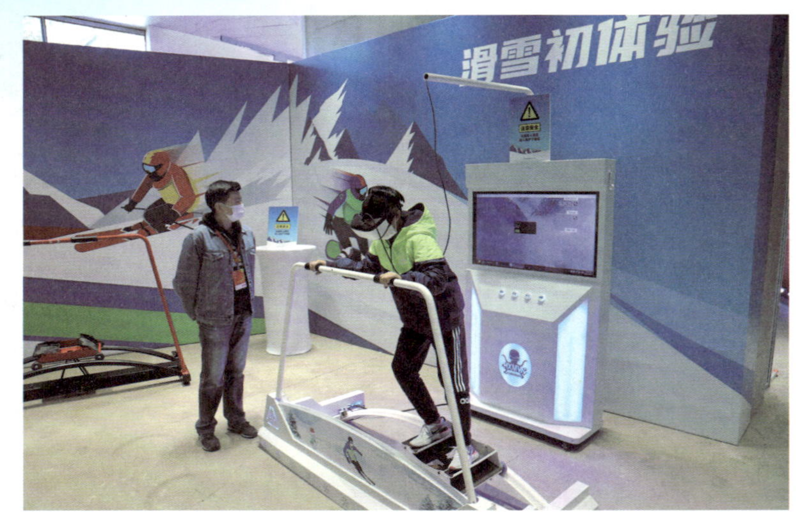

10月22日，第五届北京纪实影像周“光影·冰雪纪实展”开幕。图为参观者在“冰雪嘉年华”互动区现场体验VR滑雪（王峥摄）

12月16日，东四街道举办以“东四迎奥运，胡同迷你跑”为主题的迎冬奥倒计时——东四街道第九届胡同迷你马拉松活动（东四街道提供）

12月17日，花样滑冰世界冠军张昊与小学生们冰上互动（徐鹏摄）

12月23日，体育馆路街道居民彩绘长卷迎冬奥（李冬梅摄）

12月，小朋友在冬奥宣传立牌前拍照留念（江泽辰摄）

党建引领 基层治理

3月，治安巡逻志愿者在“东城守望岗”值守（区委社会工委区民政局提供）

4月20日，“我与居民面对面”活动中，前门街道处级干部和分管科室负责人现场解答居民诉求（刘旭阳摄）

5月21日，在安定门街道交道口北头条21号院，设计师、社区工作者和居民讨论“美丽院落”设计方案（庄蕊摄）

5 月 26 日，居民参与院落微花园设计（刘旭阳摄）

5 月 27 日，安定门街道便民服务中心工作人员录制 ADM41.0 便民之声（陶醉摄）

7 月 29 日，东四九条 47 号院居民参与“美丽院落”改造提升（区城管委提供）

7 月，春秀路小区在老旧小区改造中通过协商共治优化停车管理（区融媒体中心提供）

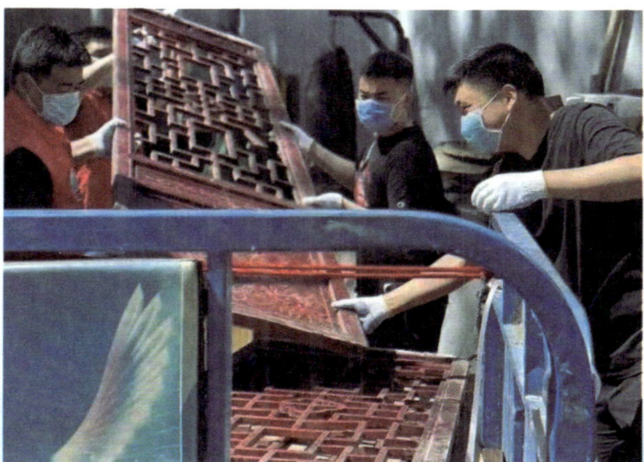

8 月 9 日，党员群众参与“周末卫生大扫除”（区融媒体中心提供）

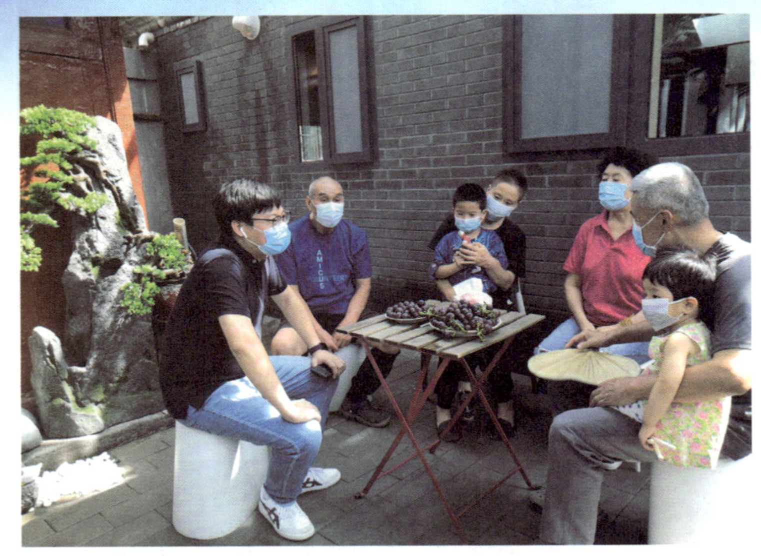

8 月 20 日，居民协商议事会在小院召开（李滢摄）

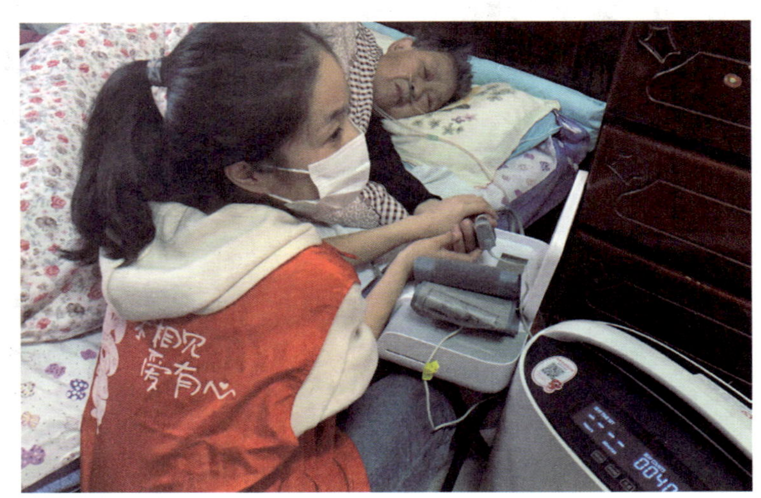

10 月 28 日，养老机构专业工作人员上门为老人做健康体检（区委社会工委区民政局提供）

10 月，“小巷管家”征求居民社区治理意见（区委社会工委区民政局提供）

参公事业单位“三定”规定制订……71
王府井地区管委会机构设置……71
事业单位改革……71
教育系统“信用编制”制度推行……71
研究探索“三项制度”工作……71
僵尸事业单位清理规范……71
事业单位法人证书电子证照推广……71
事中事后监管落实……71
社会信用代码赋码……71
事业单位登记管理……71
规范议事协调机构管理……71
履行机构编制联审制度……72
机构编制核查……72
老干部管理……72
概况……72
老干部工作会议……72
老干部关怀工作……72
思想政治建设……72
老干部党支部建设……73
老干部工作向基层延伸……73
老干部发挥作用……73
老干部工作人员教育培训……74
离退休干部服务……74
老干部调研工作……74
落实老干部工作责任制……74
直属机关党建……74
概况……74
思想建设……74
组织建设……75
群团工作……75
扶贫济困……76
党建引领……76
党校教育……76
概况……76
处级领导干部培训班……76
副处级领导干部进修班……77
年轻干部培训班……77
公务员科级任职培训班……77
公务员初任培训班……77
统一战线各领域代表培训班……77
科研工作……77
校刊编印……77
党史编研……78
概况……78
开办党史专栏……78
党史基本著作出版……78
史料征集……78
参与组织推动全区党史学习教育……78
党史宣传……78
史志季刊……79
科研成果……79
综合服务……79
概况……79
中央、市领导调研保障……79
重大活动服务保障……79
区第十三次党代会会务保障……79
区委党建工作……79
党务公开……79
信息工作……80
会议保障……80
督查督办……80
区委公文制发和流转工作……80
档案管理……80
落实全面从严治党主体责任……80
区委保密委员会全体会议……80
建党百年保密宣传教育活动……80
保密业务宣传培训……80
保密管理……81
中国共产党北京市东城区委员会领导人员……81
东城区委系统工作机构负责人……81
东城区政府工作机构、群团组织党委（组）书记……82

北京市东城区人民代表大会

综　述……84
重要会议和活动……84
十六届人大七次会议……84
十七届人大一次会议……84
协同能力建设活动……85
人大换届选举……85
会前代表集中视察……85
人事任免……88
任命人员……88
接受辞职人员……89
免职人员……89
监督工作……89
民生实事项目监督……89
法治监督……89
财政经济监督……89
教科文卫监督……90

城建环保监督……91
社会建设监督……91
议案建议督办……92
议案督办……92
代表建议督办……92
代表工作……92
主任接待日……92
代表主题活动……92
代表任前培训……92
人大街工委工作……92
组织代表参加重大活动……93
东城区第十六届人民代表大会常务委员会组成人员……93
东城区第十七届人民代表大会常务委员会组成人员……94
东城区人大常委会工作机构负责人……94

北京市东城区人民政府

综　述……96
重要会议和活动……97
区政府全体会议……97
“数字王府井 冰雪购物节”活动……105
东城智能金融论坛举办……105
“燃购东城”消费季启动……105
连锁餐饮企业“告知承诺制”试行……105
王府井论坛成功举办……106
文化与金融合作示范区支行落地……106
北京国际戏剧中心落成启用……106
“中轴线上”系列文化活动启动……106
环二环东城段林荫骑行环线完工……106
服务驻区中央单位……107
解决“办不成事”问题见实效……107
新型消费空间格局构建……107
冬奥会服务保障……107
对外招商和企业服务模式创新……107
“双减”工程全面启动……107
公园社会化运营管理新模式探索……107
“信用 + 医疗”试点推进……108
“1+5+N”产业政策体系 4.0 版……108
新冠疫情防控……108
概况……108
流调溯源……108
医疗保障和院感防控……108
新冠疫苗接种……108
检验检疫……109
社区防控……109
规范处置疫情垃圾……109
应急物资调拨……109
工业企业疫情防控监督检查……109
防疫物资保障……109
防疫复工复产……110
政务服务管理……110
概况……110
机构调整……110
深化“放管服”改革……110
优化营商环境……111
三级政务服务体系建设……111
政务公开……111
政务新媒体管理……111
数字服务建设……111
公共资源交易……111
政务服务提质增效……111
“接诉即办”工作……112
监督管理……112
政府采购……112
人事管理……112
概况……112
专业技术人才推荐……113
事业单位招聘……113
职员等级晋升……113
工作居住证办理……113
人事考试情况……113
调查研究……113
概况……113
区重要文稿起草……113
区重点课题调研……113
服务区域发展……114
外事及港澳事务……114
概况……114
服务保障中央外交首都外事……114
涉港工作……114
服务区域经济社会发展……114
国际语言环境建设……114
国际友城交往……115
国际交往中心功能建设……115
涉外疫情防控……115
国内交流合作……115
概况……115
央地联防联控……115
服务中央单位……115
共驻共建活动……116

细化支援合作项目……116
京冀对口帮扶见成效……116
北京内蒙古对口帮扶……116
京藏对口支援……117
南水北调对口协作……117
综合服务……117
概况……117
发文办会……117
信息工作……118
政务值班和领导联络保障……118
政府督查督办……118
议案建议提案办结100%……118
群众来信办理……118
区机关事务管理服务……118
疫情防控服务保障……118
党史学习教育……118
为民办实事……118
会议活动服务保障……119
财政资金管理……119
国有资产管理……119
基建工程管理……119
办公用房调配……119
公务用车管理……119
公共机构节能管理……120
安全管理……120
生活垃圾分类……120
服务保障……120
信访工作……120
概况……120
落实信访工作责任制……120
信访服务保障……120
信访联席会……120
重复信访治理及信访积案化解……120
信访基础业务规范化……121
信访宣传及调研……121
东城区人民政府领导人员……121
东城区人民政府系统工作机构负责人……122

中国人民政治协商会议北京市东城区委员会

综　述……124
重要会议和活动……124
第十四届委员会第五次会议……124
第十五届委员会第一次会议……125
主席会议……125
参政议政……126
专题调研……126
提案建议……126
社情民意……126
民主监督……127
监督视察……127
民主监督小组……127
委员活动……127
界别活动……127
学习考察……128
帮扶互助……128
工作交流……128
中国人民政治协商会议北京市东城区第十四届委员会常务委员会组成人员……128
东城区政协专门委员会负责人……129
东城区政协机关工作机构负责人……129
中国人民政治协商会议北京市东城区第十五届委员会常务委员会组成人员……129
东城区政协专门委员会负责人……130
东城区政协机关工作机构负责人……130

纪检监察

综　述……132
重要会议和活动……132
概况……132
区纪委全会……133
制订规范性文件……133
调研工作……133
纪检监察体制改革……134
概况……134
向区人大常委会报告专项工作……134
街道纪检监察体制改革……134
事业单位改革……135
审查调查制度建设……135
党风政风监督……135
概况……135
政治监督……136
落实全面从严治党……136
问责追责……136
落实中央八项规定精神……136
专项监督……137
“两员”工作……137
派出派驻工作……137

巡察工作……137
信息技术保障……138
案件审查调查和审理……138
概况……138
信访举报及办理……138
审查调查与案件审理……138
反腐败协调……138
查处大案要案……138
追逃追赃……139
反腐倡廉宣传教育……139
概况……139
廉洁文化……139
警示教育……139
宣传推广工作……139
队伍建设与管理……140
概况……140
调整派驻机构设置……140
纪检监察干部培训……140
干部监督……140
中国共产党北京市东城区纪律检查委员会（北京市东城区监察委员会）领导人员……140

民主党派

中国国民党革命委员会北京市东城区委员会……142
概况……142
第三次代表大会召开……142
组织建设……142
思想建设……142
调研与提案……142
社情民意信息……143
政党协商……143
社会服务……143
祖国统一工作……143
党员之家建设……144
支部活动……144
中国民主同盟北京市东城区委员会……144
概况……144
调研与提案……144
民主协商……145
社情民意信息……145
组织建设……145
思想建设……145
社会服务……145
支部活动……145
中国民主建国会北京市东城区委员会……146
概况……146
调研与提案……146
社情民意信息……146
民主协商……147
组织建设……147
庆祝中国共产党成立100周年……147
社会服务……147
中国民主促进会北京市东城区委员会……147
概况……147
调研与提案……147
社情民意信息……148
政党协商……148
中国共产党成立100周年主题教育……148
组织建设……148
社会服务……149
中国农工民主党北京市东城区委员会……149
概况……149
组织建设……150
思想宣传……150
参政议政……150
社会服务……151
中国致公党北京市东城区委员会……151
概况……151
第三次代表大会召开……151
调研与提案……151
社情民意信息……151
民主协商……151
组织建设……152
社会服务……152
思想建设……152
参加重要会议……153
九三学社北京市东城区委员会……153
概况……153
调研与提案……153
社情民意信息……154
政党协商……154
组织建设……154
社会服务……154
社务活动……154
台湾民主自治同盟北京市东城区委员会……155
概况……155
调研与提案……155
社情民意信息……156
民主协商……156

民主监督……156
组织建设……157
第三次代表大会……157
思想建设……157
中国共产党成立100周年主题教育……158
社会服务……158
对台工作……158
东城区民主党派负责人……158

人民团体

东城区总工会……160
概况……160
东城区工会第三次代表大会……160
劳模工作扎实推进……160
技能人才队伍建设……160
引导职工依法维权……160
集体协商工作……160
厂务公开民主管理……161
文体活动……161
困难帮扶……161
就业帮扶……161
交友联谊活动……161
普惠服务……161
女职工活动……161
共青团东城区委员会……162
概况……162
基层团组织建设……162
社区青年汇建设……163
党史学习教育……163
青少年思想引领……163
志愿服务……163
青年创业就业……163
少先队社区成长营……163
重点青少年服务管理……164
青少年法治宣传教育……164
法治副校（园）长工作……164
涉诉未成年人权益保护……164
“阳光地带”青年汇……164
与人大代表政协委员面对面……164
疫情防控……165
东城区妇女联合会……165
概况……165
妇联系统开展党史学习教育……165
送温暖活动……165
十三届七次执委会召开……165
纪念“三八”大会……165
慰问优秀妇女典型……166
第十四次妇女代表大会召开……166
街道和社区妇联完成换届……166
儿童友好城市建设启动……166
为妇女儿童办实事……166
家庭微马趣味赛……167
“十四五”时期妇女儿童发展规划……167
孙春兰出席区妇联“六一”活动……167
红色家风故事接力宣讲活动……167
参与巾帼志愿阳光行动……167
工作培训……167
工作交流……168
东城区科学技术协会……168
概况……168
换届工作完成……168
全国科普日系列活动……168
获批金桥工程种子资金支持……168
全国科技工作者日活动……169
青少年科技教育……169
科普之夏活动……169
新成立2家企业科协……169
东城区归国华侨联合会……169
概况……169
“我为群众办实事”活动……169
二届七次全委（扩大）会……169
新侨乡文化节乒乓球邀请赛……169
“侨心向党”主题活动……170
交流与座谈活动……170
侨法宣传月活动……170
党史学习教育活动……170
第三次归侨侨眷代表大会召开……170
参政议政……170
东城区青年联合会……171
概况……171
党史学习教育……171
助力税源建设……172
推优荐才……172
东城区工商业联合会……172
概况……172
党史学习教育……172
换届工作……172
参政议政……173
执委会议……173

宣传教育……173
商会建设……173
服务会员……173
原工商业者工作……174
商会交流……174
光彩事业……174
调查研究……174
东城区人民团体负责人……174

法 治

综 述……176
政法委与综治……176
概况……176
区领导考察全国“两会”安保……176
政法队伍教育整顿领导小组会……176
政法系统英模先进事迹报告会……176
法治宣传……177
区国家安全工作部署会……177
校园安全防范工作部署会……177
区扫黑除恶常态化推进会……177
区禁毒和反诈工作推进会……177
检查督导集中医学隔离观察点……177
区法治文化基层行……177
智慧平安小区建设……177
法治政府建设……178
概况……178
区政府常务会会前学法……178
区人大常委会听取情况汇报……178
承办北京政府法制研究会议……178
行政文件合法性审核……178
执法协调监督……178
行政复议体制改革……178
行政应诉……179
信访与“接诉即办”……179
公 安……179
东城公安分局……179
概况……179
110接处警……180
政治中心区一体化防控……180
“情指勤舆”体系……180
防控疫情联防联控……180
重大活动警卫安保……180
打击涉黄违法犯罪……180
涉访维稳“防御战”……180
加强无人机管控……180
严查消防隐患……180
加大基础摸排力度……181
“两队一室”改革……181
巡逻防控……181
警种融合执法……181
校园安全防控……181
清理整治医院秩序……181
智慧警务建设……181
矛盾纠纷化解排解……181
常态清整乱点乱象……182
风险隐患动态清零……182
核心区住宿业净化……182
涉外治安维稳……182
“减假暂”案件清理排查……182
全警实战大练兵……182
正面宣传“推亮点”……182
中国人民警察节庆祝活动……182
防范电信网络诈骗犯罪宣传……182
常见警情现场处置技能大比武……182
反恐处突应急综合演练……183
天安门地区分局……184
概况……184
安全监管……184
“为民服务车”机制建立……184
驻区车辆静态核录……184
大客流管控……184
应急处突演练……184
重大活动安保警卫……185
派出所格区警务改革启动仪式……185
校局合作签约仪式……185
检 察……186
概况……186
刑事检察……186
刑事侦查监督……186
刑事审判监督……186
未成年人涉案检察……186
经济和网络电信犯罪检察……187
刑事执行监督……187
民事行政检察监督……187
检察管理监督……187
化解社会矛盾……187
公益诉讼……187
法 院……187
概况……187

刑事审判……188
民事审判……188
商事审判……188
知识产权审判……188
行政审判……188
案件执行……189
司法体制改革……189
司法便民……189
审判管理……189
审学研一体化……189
司法行政……189
概况……189
社区矫正与安置帮教……190
社会矛盾纠纷排查化解……190
律师行业管理……190
公共法律服务……190
诉调对接工作站……190
司法鉴定行业突出问题专项治理……190
律师行业警示教育大会……191
专题研讨班举办……191
政法队伍教育整顿工作迎检……191
东城消协“诉调对接工作站”成立……191
“八五”普法正式启动……191
东城区法治机构负责人……192

军 事

人民武装部……194
概况……194
兵员征集……194
民兵执勤……194
民兵组织……194
常委议军会……194
军事日活动……194
驻区部队……194
中国人民解放军 66381 部队……194
概况……194
警卫工作……194
双拥共建……194
武警北京市总队执勤第一支队……194
概况……195
政治教育……195
双拥共建……195
武警北京市总队执勤第二支队……195
概况……195
安全警卫……195
双拥共建……195
人民防空……195
概况……195
工程建设管理……195
安全度汛……196
指挥通信……196
应急救援队伍建设……196
行政执法……196
东城区军事机构负责人……196

重点地区管理

王府井地区建设管理……198
概况……198
王府井论坛……198
消费升级……198
街区更新……199
活力街区……199
常态化疫情防控……199
前门大街建设管理……199
概况……199
服务提升营商环境……199
疫情防控……200
人大代表换届选举……200
街区商业活动……200
北京站地区管理……200
概况……200
客运管理……200
全国“两会”期间社会面防控……201
疫情防控严把关……202
联合整治长效机制……202
安全生产防火专项整治……202

经济管理

综合调控……204
概况……204
区“十四五”规划纲要发布实施……204
年度计划报告……204
“七有”“五性”民生建设……204
固定资产投资……205
企业投资审批……205
优化营商环境……205
节能宣传监察……205

疏解整治促提升工作……205
区委财经委工作……206
街区保护更新推进……206
“揭网见绿”成效明显……206
经济高质量发展议案办理……206
独角兽企业政策支持……206
完善复工复产防疫工作……206
价格监测与管理……206
价格认定工作……206
精准帮扶工作……206
财　政……207
概况……207
预算收支情况……207
财政收入……208
财政支出……208
服务保障……209
增进民生福祉……209
预算制度改革……209
财政监督管理……210
税　务……210
概况……210
组织收入与管理……211
征收管理……211
纳税服务……211
税收政策扶持……211
国际税收……211
风险防控……211
服务区域经济……211
税收宣传……211
金融服务……212
概况……212
外资金融机构聚集……212
服务金融企业……212
金融服务实体经济……212
金融风险防范……213
工行东城支行……213
工行崇文支行……214
工行王府井支行……214
建行东四支行……214
农行东城支行……215
农行崇文支行……216
中行崇文支行……217
人保东城支公司……218
东城区金融及保险机构负责人……219
审　计……219
概况……219
预算执行审计……220
经济责任审计……220
自然资源资产离任审计……220
政府投资审计……220
企业审计……220
信息化建设……220
统　计……220
概况……220
统计监督……221
经济运行监测……221
人口普查……221
人口动态监测……222
疏解整治促提升监测……222
“七有”“五性”监测评价……222
高质量发展绩效评价……222
专项调查……222
课题研究与调研……222
统计服务……222
统计执法……223
法治宣传……223
信用体系建设……223
部门统计……223
基层基础建设……223
“住调红船再启航”活动……223
价格调查……223
劳动力调查……223
市场监督管理……223
概况……223
重大活动服务保障……224
非首都核心功能疏解……224
“接诉即办”消保维权……224
“我为群众办实事”活动……224
登记注册便利化……224
质量提升行动……224
查处违规使用“标识”案件……225
促进公平竞争……225
信用监管……225
食品安全监管……225
药品安全监管……225
特种设备监管……225
产品质量监管……226
执法整治工作……226

商务行业监督管理 ······226
概况 ······226
前门老字号集聚发展 ······226
行业监管 ······226
北京消费季活动 ······227
参展国际服务贸易交易会 ······227
国有资产监督管理 ······227
概况 ······227
政府重大项目建设 ······228
国资国企改革发展 ······228
房产资源和产权管理 ······228
业绩考核与薪酬管理 ······228
国有资本经营预算管理 ······228
安全生产和信访维稳 ······228
天街集团 ······228
崇远集团 ······229
建远公司 ······230
东方信达公司 ······232
佳源公司 ······233
京诚集团 ······234
东城区国资委系统公司负责人 ······235
投资促进服务 ······235
概况 ······235
参加全球创业者峰会 ······236
参加投资北京洽谈会 ······236
服贸会东城区投资推介洽谈会 ······236
赴外省市调研考察 ······236
沪深两地招商服务站同步挂牌 ······236
“投资东城”微信公众号 ······236
楼宇园区疫情防控 ······236
烟草专卖 ······237
概况 ······237
查获外省流入高档卷烟案件 ······237
专项整治行动 ······237
规范举报投诉处理 ······237
联合昌平烟草查获重大案件 ······237
精准打击显成效 ······238
监管学校周边烟草市场 ······238
打假打私专项行动 ······238
破获假冒卷烟大案 ······238
零售点合理布局听证会 ······238
优化行政许可服务 ······238

工业和信息化

综 述 ······240
工 业 ······240
概况 ······240
金漆镶嵌公司 ······240
珐琅厂 ······241
北京剧装厂 ······243
工艺木刻厂 ······244
北京象牙雕刻厂 ······244
远东仪表公司 ······245
龙顺成公司 ······245
一商红都公司 ······246
东华服装公司 ······247
白领时装公司 ······247
庄子公司 ······247
格格旗袍有限公司 ······247
东城区工业企业单位负责人 ······247
信息化管理 ······248
概况 ······248
大数据重点项目建设 ······248
推进数字经济标杆城市建设 ······248
社会信用体系建设联席会 ······248
社会信用体系建设 ······248
信用 + 医疗试点 ······248
诚信建设万里行宣传 ······249
电磁环境清理整顿会 ······249
软件正版化培训 ······249
部门预算信息化项目评审 ······249
拓展“领导驾驶舱”应用场景 ······249
优化营商环境 ······249
政务信息化服务 ······249
5G 产业建设与应用 ······249
安全生产检查 ······250
完成软件正版化检查 ······250
中小企业创新创业大赛 ······250
疫情防控工作 ······250
对口帮扶内蒙古化德县 ······250

商贸服务业

综 述 ······252
商业服务业 ······252
概况 ······252

东集泓业公司……252
东方奥天公司……253
东方祥泰公司……254
王府井百货大楼……255
王府井东安市场……256
北京同仁堂……257
中国医药……258
亚泰永安堂……258
北京全聚德前门店……259
便宜坊烤鸭集团……260
北京稻香村……260
吴裕泰茶业……261
天润金百公司……262
京城百工坊公司……263
王府井工美大厦……263
百荣世贸商城……264
大北公司……264
南门涮肉公司……265
通利达汽车租赁公司……265
世纪天鼎公司……266
天天洁公司……267
东城区商业企业单位负责人……267
对外经济……268
概况……268
对外商务经济稳健发展……268

旅　游

综　述……270
“故宫以东”……270
概况……270
“故宫以东”文商旅联盟……270
红色旅游推广……271
假日经济调研分析……271
获评首批文旅消费试点城市……271
“故宫以东”过大年……271
“故宫以东·城市盲盒”促消……271
“故宫以东”五大隐藏攻略……271
获 IAI 传鉴国际旅游金奖……272
校园文创设计大赛……272
“故宫以东”向美好出发……272
文化金三角电子消费地图……272
大运河休闲旅游精品线路……273
《北京日报》专版报道……273
旅游资源设施……273
概况……273
A 级旅游景区（点）……273
三星级以上饭店……274
北京人家……275
旅游活动……276
概况……276
服贸会旅游服务专题展……276
参展第九届旅游商品博览会……276
旅游行业管理……276
概况……276
旅游投诉处理……276
旅游市场乱象治理……276
假日旅游……276
旅游市场疫情防控……276
天坛公园……277
概况……277
疫情防控……277
文物修复……277
重新出版《天坛志略》……277
园林有害生物综合管理……278
传统节日活动……278
推进文创工作发展……278
制订天坛公园规划纲要……278
消防安全培训及反恐演练……278
西北外坛环境整治提升方案……278
西南外坛景观风貌恢复详规修编……278
推进外坛腾退……278
第四十届主题月季展……278
古树保护和文化宣传……278
中和韶乐申请国家级非遗……279
文化和旅游安全宣传咨询日……279
园内陈列展提升项目开工……279
“七一”服务保障……279
关注外坛腾退进展……279
强化古建消防安全……279
皇穹宇原状陈设提升项目……279
启动预防性保护项目……279
启动神乐署修缮项目……279
古树保护小区试点示范项目……279
皇乾殿原状陈设提升项目……279
电动车专项整治行动……280
遇见最美天坛之 5G 云赏月……280
打造智慧公园……280
第四十届菊花展……280

西门至自然博物馆外坛墙项目……280
“天坛文化小使者”项目获奖……280

城市规划与建设

综　述……282
规划和自然资源管理……282
概况……282
城市体检……282
责任规划师……282
核心区控规实施……282
市政交通……282
综合审批……282
简易低风险工程建设项目……283
规划核验……283
地理国情监测……283
自然资源资产管理……283
减量用地……283
违法建设查处……283
自然资源督察问题整改……283
不动产登记业务办理……283
土地储备……283
年度供地任务……283
房屋征收……283
概况……283
望坛棚户区改造项目……283
革新南道路工程项目……284
皇史宬文物腾退项目……284
天坛周边简易楼腾退项目……284
北京戏剧中心扩建项目……284
南中轴路棚户区改造项目……284
国家话剧院高层住宅楼项目……284
刘家窑路道路工程项目……284
建设工程……284
概况……284
建筑业企业专项核查……284
房地产开发……287
概况……287
东兴建设……287
筑邦公司……287
崇新房地产公司……288
崇裕房产开发公司……288
新世界电子公司……288
北京住六……288
东城区房地产开发企业单位负责人……289
建设管理……290
概况……290
名城保护……290
老旧小区综合整治……290
保障房建设……290
工程质量安全监督……290
招标投标管理……290
行政审批与服务……291
直管公房管理……291
简易楼腾退改造……291
征收拆迁……291
住房保障……291
物业管理……292
房屋安全管理……292
房地产市场管理……292
违法群租房清理整治……292
协调推进全区重点项目……292
棚户区改造……292
行政执法……292
法制建设……292

城市管理

综　述……294
网格化服务管理……294
概况……294
“接诉即办”成果显著……294
网格化城市管理……295
网格平台建设……295
宣传培训工作……295
监督员与网格员队伍建设……295
党风廉政建设……296
疫情防控工作……296
城市管理执法……296
概况……296
生活垃圾分类专项执法……296
占道经营整治……296
污染防治执法……296
疏解整治促提升工作……297
疫情防控常态化执法检查……297
市政市容环境管理……297
概况……297
重点大街环境整治提升……297
背街小巷精细化整治提升……298
“美丽院落”建设项目……298

北大红楼等 11 处周边环境整治……298
政府信息公开……298
广告牌匾管理……298
背街小巷精细化整治提升验收……299
背街小巷环境精细化管理……299
垃圾分类管理……299
垃圾分类硬件设施建设及管理……299
社区环境卫生治理……299
推进精细化保洁……299
扫雪铲冰工作……299
建筑垃圾运输管理……300
林荫骑行环线建设……300
王府井慢行系统示范区建设……300
架空线入地……300
优化营商环境……300
第一历史档案馆周边道路大修……300
地下管线检查井盖专项整治……301
环境卫生……301
概况……301
无障碍公共服务设施示范点……301
环卫暖心驿站……301
打造金街“新名片”……301
密闭式清洁站及公厕提升改造……302
环卫作业车辆报废更新管理……302
“接诉即办”向未诉先办转化……302
新冠疫情防控……302
园林绿化……302
概况……302
建党百年环境布置及保障……302
所属事业单位分类改革……302
完善林长制工作机制……303
防汛应急……303
有害生物监测防控……303
古树名木保护……303
水质治理……303
树木及绿地认建认养……303
“乐享自然 快乐成长”系列活动……303
疫情常态化防控……303
地坛园外园全龄友好化改造……303
龙潭中湖公园改建工程……304
龙潭西湖公园景观提升工程……304
林荫道路建设工程……304
邮 政……304
北京市东区邮政管理局……304
概况……304
“三项制度”监督检查提升……304
安全生产专项整治……304
行业绿色发展水平提升……305
关心关爱快递员……305
服务质量提升行动……305
中国邮政集团有限公司北京市东城区分公司……305
概况……305
履行社会职责……305
创新邮政产品……306
深化企业改革……306
邮政基础设施建设……306
公共事业管理……307
概况……307
供热服务保障……307
燃气安全管理……307
节水管理……307
节水新工艺推广……307
河长制管理……308
历史水系恢复及水体治理……308
海绵城市建设……308
电力保障……308
安全生产及应急管理宣传……308
有限空间专项治理……308
交通管理……308
东城交通委员会……308
概况……308
强化停车管理……308
机动车停车场备案……309
共享单车秩序治理……309
交通系统设备建设……309
次支路工程建设……309
交通行政执法……309
小客车指标申请……309
东城交通支队……309
概况……309
122 处警……309
重点地区交通优化……309
学校医院周边交通综合治理……310
交通事故处理……310
交通设施管理……310
交通安全宣传……310
交通安全监管……310
文明交通示范路口创建……310
铁骑警务建设……310
交通科技建设……310

应急管理

综　述……312
应急保障……313
概况……313
“护航·100”专项服务保障……313
国际服务贸易会安全生产保障……313
冬奥、冬残奥会安全生产保障……313
全国“两会”服务保障……313
安全生产监督管理……313
概况……313
安全生产基础工作巡回培训……313
专职安全员队伍建设……313
建党100周年庆祝活动前风险评估……313
安全生产和消防考核迎检……313
有限空间安全监管……314
液化气非居民用户安全治理……314
安全生产责任保险……314
安全生产标准化创建……314
城市安全风险评估……314
危险化学品监督管理……314
概况……314
加强危化品经营行政许可……314
危险化学品专项整治三年行动……315
实验室危险化学品整治……315
优化经营环境增加税源……315
非药品类易制毒化学品管理……315
行刑衔接查处非法经营行为……315
防震减灾……315
概况……315
灾害信息员培训……315
应急演练……315
宣传教育和培训……316
概况……316
应急管理系统学法普法……316
普法宣传……316
安全生产专题培训……316
应急管理安全生产专题培训……316
年度专题理论调研……316
“十四五”时期公共安全建设研究……316
信息化系统建设……317
概况……317
政府信息公开……317
安全生产领域信用体系建设……317
应急系统信息化平台建设……317
消　防……317
概况……317
消防安保勤务工作……317
火灾及防火检查……317
接警出动应急处置……317
物防技防措施完善……317
全国“两会”消防安保……317
社会面火灾防控调度会召开……318
第三十一届“119”消防宣传月……318
消防车让行播报上线……318

生态环境

综　述……320
环境质量……320
概况……320
空气质量持续改善……321
水环境质量稳中向好……321
土壤环境质量稳定……321
环境监测……321
概况……321
大气网络监测……321
地表水环境质量监测……322
声环境质量监测……322
信访监测……322
质量报告书编写……322
应急监测……322
污染防治……322
概况……322
环境宣传教育……322
生态文明建设培训……323
环评文件审批审查……323
辐射安全行政许可……323
机动车污染防治……323
油气排放监管……323
大气污染防治……323
扬尘精细化管理……323
居民油烟治理试点……323
巩固无煤化成果……324
空气重污染应急……324
重大活动空气质量保障……324
走航监测指导巡查……324
餐饮行业油烟检查……324
挥发性有机物（VOCs）专项执法……324

锅炉专项执法检查……324
水污染防治……324
危险废物监管……325
辐射安全监管……325
政务信息公开……325
排放源统计年报……325
双随机行政执法……325
排污许可证核发……325
环境信访……326
环境保护专项考评……326
污染源减排……326
概况……326
污染物总量减排……326
污染源监管……326
应对气候变化控制碳排放……326

科　技

综　述……328
科技活动……328
概况……328
企业交流座谈会……328
文化科技融合项目落地……329
科普专项结题验收……329
2021东城区科技活动周举行……329
专家入户辅导技术合同登记……329
交流与对口帮扶……329
科技政策法规与科普能力培训……329
3家单位入选国家示范基地……329
文化科技融合项目立项……329
3家上榜中国新经济企业500强……330
科技计划项目立项……330
2021科普专项项目立项……330
首个国家级创业孵化示范基地……330
专利管理……330
概况……330
知识产权保护……330
知识产权公共服务……330
世界知识产权保护日系列活动……330
打击专利代理违法违规行为……330
促进“两区”建设……330
中关村东城园……331
概况……331
企业协助北京疫苗接种……331
体育产业沙龙举办……331
“智企未来 知保护航”沙龙……331
红色诵读活动举办……331
品牌活动“思享会”举办……331
政金企对接活动……331
政企交流会……331
绿色低碳创新服务中心成立……331
创新孵化集聚区座谈会举办……332
蔡奇书记调研中关村东城园……332
承办中国北欧发展与创新论坛……332
“创意点亮北京”活动举办……332
次世文化上榜创新企业榜单……332
美菜网上榜独角兽企业榜单……332
重点企业恳谈会……332

教　育

综　述……334
学前教育……335
概况……335
学前教育质量观大讨论……335
第八届“童心杯”展评活动……335
重点结对幼儿园与学校启动会……335
学前教师参加市“京教杯”赛……335
基础教育……338
概况……338
入团仪式暨区少年先锋岗启动……338
少先队员“六一”入队仪式……338
红领巾小导游大赛……338
阳光少年艺术节展演……339
中小学民族团结教育周……339
东城区第四十一届学生科技节……339
高等教育……343
北京协和医学院……343
概况……343
疫情防控……343
“新冠”研发攻关……343
医学科技创新工程……344
国家级创新资源平台建设……344
学术交流平台搭建……344
科技量值（STEM）发布……344
学生课题获奖……344
《中华医学百科全书》发布……344
十大医学进展研究……344
医学与健康大会……344
党建扶贫……344

学院落成百年系列活动举办……345
顾方舟雕像揭幕……345
高层次复合型创新人才培养……345
全球人才招募……345
教职聘任制度改革……345
安全管理……345
院地合作推进……345
重点基建项目推进……346
中央戏剧学院……346
概况……346
世界戏剧教育大会……346
签署战略合作协议……346
建党百年活动……346
校地校企合作联席会……347
实验剧团版音乐剧《家》首演……347
高等戏剧教育联盟交流活动……347
2021 戏剧教育研究国际论坛……347
东城区高等院校负责人……347
职业与成人教育……347
概况……347
开发中小学职业体验课程……347
微课比赛暨教师技能展示……348
民办教育……348
概况……348
校外培训机构资金监管……348
行政许可审批办结……349
“双减”专班集中办公……349
教育科研……349
概况……349
培智教育教学研讨会召开……349
29 个课题完成开题立项……349
双师课堂……349
教师队伍建设……349
概况……349
与清华大学签署合作协议……350
首批高中名学科基地建设启动……350
推进干部教师交流轮岗启动会……350
青年成长营开学第一课……351
教育管理……351
概况……351
庆祝五四青年节活动……351
“开学第一课”普法教育……351
教师节表彰座谈会……351
入选国家智能社会治理基地……351
网络安全宣传周……352
教育督导……352
概况……352
完成区教育系统综合评价……352
幼儿园办园质量督导评估……352
义务教育质量监测……352
“双减”工作专项督导……352

文 化

综　述……354
公共文化服务……354
概况……354
公共文化设施社会化运营……355
公众满意度调查……355
街道综合文化中心效能评估……355
文化设施……355
概况……355
东城区文化活动中心建成启用……355
东城区文化馆……355
东城区图书馆……355
文化活动……356
概况……356
第六届钟鼓楼相声会……356
春节系列文艺演出……356
清明节红色经典诗会……356
群众文化展演季……356
“奋进新时代”胡同音乐会……357
龙潭端午文化节……357
“唱响中轴”群众大合唱……357
红色经典《长征组歌》复排……357
庆祝建军 94 周年文艺演出……357
中秋诗会……357
第八届孔庙国子监国学文化节……357
新年音乐会……357
百姓周末大舞台……357
惠民演出进基层……357
精品演出……357
文学艺术……358
概况……358
新春送“福”……358
传统节日文艺活动……358
建党 100 周年文艺作品展……358
建党 100 周年文艺演出……359
建党 100 周年文艺作品创作……359
文艺创作……359

戏剧创作……359
曲艺建设……359
理事会、主席团会……360
协会会员代表大会……360
对口交流文艺帮扶展示……360
戏剧东城……360
概况……360
原创剧目展演……360
戏剧普及系列活动……361
戏剧一帮一活动……361
南锣鼓巷戏剧展演季……361
第十届中国儿童戏剧节……361
第十四届北京国际青年戏剧节……361
全国话剧展演季戏剧高峰对话……361
大戏东望·2021 全国话剧展演季……361
大戏东望·2021 戏剧进基层……361
文化遗产保护……362
概况……362
文物保护修缮……362
中轴线申遗……362
7 处遗址定为市级文保单位……362
革命文物名录公布……362
博物馆疫情防控……362
文物安全……362
东城区北京市历史文化保护区……368
文化产业……385
概况……385
文化产业发展……385
国家文化与金融合作示范区……385
“文化东城”亮相服贸会……385
2021 中国文化金融峰会……386
文化市场监管……386
概况……386
文化市场综合执法改革……386
疫情防控……386
少儿出版物专项整治……386
普法责任制落实……387
重大活动安全保障……387
网络文化空间净化……387
演出市场监管……387
“接诉即办”工作……387
融媒体建设……387
概况……387
融媒体中心建设……388
媒体融合发展……388
重大主题新闻宣传……388
新媒体平台宣传……388
“北京东城”APP 平台宣传……389
《新东城报》深度报道凸显……389
东城新闻占电视台头条七成……389
“美丽东城”网络电视宣传……389
档案管理……390
概况……390
档案接收征集……390
基础业务及信息化建设……390
档案利用服务……390
档案编研……390
业务监督指导……390
重大活动档案管理……390
档案话启航网上展览……390
两馆融建……390
举报案件受理……390
档案工作考核……390
档案教育培训……391
档案宣传……391
行政执法监督……391
档案事业“十四五”规划印发……391
地方志……391
概况……391
地名志编纂……391
年鉴编纂……392
地方志资料征集和上报……392
咨询服务……392
故宫博物院……392
概况……392
“平安故宫”建设……392
古建筑保护与文物管理……392
安全保卫与开放管理……392
陈列展览与宣教服务……393
文创产品研发与出版……393
数字故宫……393
学术科研……394
第五届“太和论坛”……394
对外交流……394
故宫博物院负责人……394

卫生 健康

综　述 …… 396
医政管理 …… 396
概况 …… 396
医疗质量管理 …… 396
重点专科建设 …… 397
医疗行政许可 …… 397
对口支援 …… 397
血液管理 …… 397
医护双节活动 …… 397
冬奥会医疗服务保障 …… 397
医疗行风建设 …… 397
医疗改革 …… 397
概况 …… 397
医药卫生体制改革 …… 397
健康联合体试点建设 …… 397
公立医院综合改革 …… 397
社区卫生 …… 398
概况 …… 398
家庭医生签约 …… 398
双向转诊 …… 398
社区健康网格 …… 398
新冠疫苗接种 …… 398
中医中药 …… 401
概况 …… 401
名医工作室建设 …… 401
中医药人才培养 …… 401
中医药文化节 …… 401
医学教育科研 …… 401
概况 …… 401
医学人才培养 …… 401
继续医学教育 …… 401
医学科研 …… 401
疾病防控 …… 402
概况 …… 402
传染病防治 …… 402
慢病防治 …… 402
精神卫生 …… 402
学校卫生 …… 402
计划免疫 …… 402
食品卫生生活饮用水检测 …… 402
新冠肺炎疫情防控 …… 403
健康促进 …… 403
概况 …… 403
爱国卫生 …… 403
病媒防治 …… 403
禁烟控烟 …… 403
老龄健康 …… 403
概况 …… 403
老龄工作 …… 403
医养结合 …… 403
安宁疗护 …… 404
老年优待 …… 404
行业监督 …… 404
概况 …… 404
公共卫生监督 …… 404
医疗卫生监督 …… 404
职业卫生监督 …… 404
实验室生物安全 …… 405
计生服务 …… 405
概况 …… 405
妇幼卫生 …… 405
生殖健康 …… 405
计生服务 …… 405
计生关怀 …… 405
开展早教项目 …… 405
驻区三甲医院 …… 406
北京医院 …… 406
北京协和医院 …… 407
北京同仁医院 …… 408
北京中医医院 …… 409
北京口腔医院 …… 410
北京妇产医院 …… 411
东直门医院 …… 412
东城区三级甲等医院负责人 …… 414

体 育

综　述 …… 416
竞技体育 …… 416
概况 …… 416
运动员注册 …… 417
参赛奥运会获得奖项 …… 417
全运会成绩 …… 417
北京U系列冠军赛 …… 417
北京市青少年锦标赛 …… 417

群众体育……417
概况……417
冰蹴球对抗赛……417
探索全民健身新路径……417
和谐杯乒乓球赛……418
青少年体育……418
概况……418
阳光体育中小学生网球比赛……418
中小学生民族传统体育节……418
第三届中小学生短道速滑比赛……419
“草根”篮球“三对三”比赛……419
体育设施建设……419
概况……419
完善冰上运动公共设施……419
健全全民健身场地设施……420
公共体育场所无障碍环境改造……420
体育产业……420
概况……420
优化体育产业营商环境……420
助推体育企业发展……420
服务体育企业成效……420

社会建设

综　述……422
社会治理……422
概况……422
社区居委会换届选举……422
街道改革深化……423
推动社区共建共治共享……423
推进社区规范化建设……423
社区志愿服务……424
社区教育……424
概况……424
第十七届全民终身学习活动周……424
计算机应用能力竞赛……424
迎冬奥手工工艺制作大赛……424
社会组织服务管理……424
概况……424
公益创投……425
街道级社会组织发展平台……425
社区社会组织品牌评定……425
政府购买服务……425
社会组织党建……425
社会工作队伍建设……426
概况……426
社工人才队伍管理……426
“东城社工”品牌……426
社工人才培养……426
社会心理服务体系建设……426

社会生活

综　述……428
就　业……428
概况……428
以训稳岗……429
对口支援合作……429
就业工作领导小组会议……429
社会保障……429
概况……429
社会保险基金运行……429
社会保险基金收缴……429
保险参保人数……429
社保稽核……429
养老退休审批……429
工伤认定服务……430
劳动争议调解……430
劳动合同管理……430
劳动鉴定服务……430
走访企业引进税源……430
优化营商环境……430
治欠保支工作……430
根治欠薪冬季专项行动……430
城乡居民基本医疗保险……430
医保参保缴费……430
医保基金运行……430
2022年城乡居民医保参保工作……431
医保基金监管……431
民政事务……431
概况……431
社会救助……431
扶贫济困送温暖活动……431
地退（含征地超转）人员经费发放……432
流浪乞讨人员救助……432
殡葬管理……432
残疾人两项补贴……432
关心见义勇为人员……432
儿童福利和保护……432

婚姻登记……432
养老机构建设……433
养老家庭照护床位……433
区域养老服务联合体……433
社区养老服务驿站……433
落实老年人福利政策……433
接收捐赠……433
慈善工作……433
精神文明建设……434
概况……434
公共文明引导行动……434
讲文明树新风……434
未成年人思想道德建设……434
学雷锋志愿服务……434
文明城区建设……434
群众性精神文明创建活动……435
民族 宗教事务……435
概况……435
清真食品市场执法检查……435
民族传统体育……435
民族团结宣传月……436
民族联谊慰问……436
民族文化教育活动……436
宗教场所安全检查……436
宗教联谊慰问……436
宗教节日……436
宗教团体建设……436
宗教团体换届……436
退役军人事务……437
概况……437
优抚工作……437
移交安置工作……437
双拥工作……437
军队离退休干部服务保障……438
退役军人服务保障体系建设……438
教育培训与就业创业……438
自主择业军转干部服务管理……438
残疾人事业……438
概况……438
无障碍专项建设……438
就业教育服务及技能培训……439
康复服务……439
文体助残助力冬残奥会……439
换届工作……439
帮扶助贫 爱心助残……439
专门协会……440
庆祝建党百年活动……440
职业康复活动……440
红十字事业……441
概况……441
募捐救助……441
红十字青少年活动……441
人道教育活动……441
应急救护培训与急救知识宣传……441
博爱家园示范点建设……442
居民生活……442
居民收入……442
居民支出……442

人物　荣誉

先进人物……444
先进集体……445
全国先进集体名录……445
北京市先进集体名录……445
东城区先进集体名录……446
先进个人……447
全国先进个人名录……447
北京市先进个人名录……447
东城区先进个人名录……448

街　道

东华门街道……450
概况……450
城市管理……450
民生保障……450
社会治安综合治理……450
社区建设……450
党建工作……451
疏解整治促提升工作……451
疫情防控……451
探访东华红色记忆……451
景山街道……452
概况……452
城市管理……452
民生保障……452
社会治安综合治理……453
社区建设……453
党建工作……453

疏解整治促提升工作……454
疫情防控……454
交道口街道……455
概况……455
城市管理……455
民生保障……455
社会治安综合治理……455
社区建设……456
党建工作……456
疏解整治促提升工作……456
疫情防控……457
南锣鼓巷业态管理……457
安定门街道……457
概况……457
城市管理……458
民生保障……458
社会治安综合治理……458
社区建设……458
党建工作……459
疏解整治促提升工作……459
疫情防控……459
钟鼓楼周边申请式退租项目……459
北新桥街道……460
概况……460
城市管理……460
民生保障……460
社会治安综合治理……461
社区建设……461
党建工作……461
疏解整治促提升工作……461
疫情防控……462
崇雍大街风貌管控……462
东四街道……462
概况……462
城市管理……462
民生保障……463
社会治安综合治理……463
社区建设……463
党建工作……464
疏解整治促提升工作……464
疫情防控……464
朝阳门街道……465
概况……465
城市管理……465
民生保障……465
社会治安综合治理……466
社区建设……466
党建工作……467
疏解整治促提升工作……467
疫情防控……467
区域养老联合体2.0模式……467
建国门街道……468
概况……468
城市管理……468
民生保障……468
社会治安综合治理……469
社区建设……469
党建工作……469
疏解整治促提升工作……469
疫情防控……470
西总布直管公房申请式退租……470
东直门街道……471
概况……471
城市管理……471
民生保障……471
社会治安综合治理……471
社区建设……472
党建工作……472
疏解整治促提升工作……473
疫情防控……473
楼宇经济发展……473
和平里街道……474
概况……474
城市管理……474
民生保障……474
社会治安综合治理……475
社区建设……475
党建工作……476
疏解整治促提升工作……476
疫情防控……476
前门街道……477
概况……477
城市管理……478
民生保障……478
社会治安综合治理……478
社区建设……478
党建工作……478
疏解整治促提升工作……479
疫情防控……479

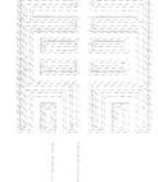

崇文门外街道 …… 479
概况 …… 479
城市管理 …… 480
民生保障 …… 480
社会治安综合治理 …… 480
社区建设 …… 480
党建工作 …… 480
疏解整治促提升工作 …… 481
疫情防控 …… 481
商圈建设 …… 481
东花市街道 …… 482
概况 …… 482
城市管理 …… 482
民生保障 …… 483
社会治安综合治理 …… 483
社区建设 …… 483
党建工作 …… 484
疏解整治促提升工作 …… 484
疫情防控 …… 484
营商环境优化 …… 484
龙潭街道 …… 485
概况 …… 485
城市管理 …… 485
民生保障 …… 485
社会治安综合治理 …… 486
社区建设 …… 486
党建工作 …… 486
疏解整治促提升工作 …… 486
疫情防控 …… 487
小巷管家工作模式 …… 487
体育馆路街道 …… 487
概况 …… 487
城市管理 …… 488
民生保障 …… 488
社会治安综合治理 …… 488
社区建设 …… 488
党建工作 …… 488
疏解整治促提升工作 …… 489
疫情防控 …… 489
打造社区“共享家”空间 …… 489
天坛街道 …… 490
概况 …… 490
城市管理 …… 490
民生保障 …… 490
社会治安综合治理 …… 490
社区建设 …… 491
党建工作 …… 491
疏解整治促提升工作 …… 492
疫情防控 …… 492
西草红庙街区申请式退租项目 …… 492
永定门外街道 …… 492
概况 …… 492
城市管理 …… 493
民生保障 …… 493
社会治安综合治理 …… 494
社区建设 …… 494
党建工作 …… 494
疏解整治促提升工作 …… 494
疫情防控 …… 494
棚户区改造项目 …… 495
东城区街道工委及办事处负责人 …… 496

统计资料

地区生产总值汇总表 …… 497
国民经济和社会发展主要指标 …… 498
规模以上工业企业生产情况 …… 502
建筑业企业生产情况 …… 503
限额以上批发和零售业商品销售类值 …… 504
固定资产投资（不含农户）增速 …… 506
居民年人均可支配收入 …… 507
居民家庭每百户主要耐用消费品拥有量 …… 507
户籍人口百岁表 …… 508
户籍人口变动情况统计表 …… 512
主要统计指标解释 …… 513

附 录

中共北京市东城区委员会主要文件目录 …… 514
中共北京市东城区委办公室主要文件目录 …… 514
北京市东城区人民政府主要文件目录 …… 515
北京市东城区人民政府办公室主要文件目录 …… 515

索 引

索 引 …… 517

CONTENTS

Dongcheng Disrict Overview

Basic District Situation 2
National Economic and Social Development 3
Party Building 7

Local Documents (Excerpt)

Report on the work of the 12th Plenary Session of the 15th CPC Dongcheng District Committee of Beijing 10

Speeding up "worshiping culture and striving for supremacy", doing a "six-character essay", working hard to build a world-class, harmonious and livable Capital core area in the new era 15
Dongcheng District People's Government Work Report 22

Special Articles

A study on accelerating the transformation of "the three old" and promoting new breakthroughs in urban renewal and improvement of people's livelihood 28
Pushing forward the reform of "handling cases immediately after receiving them", deepening the "hotline + grid" service model, to shift from immediate handling to in-depth management 34

Chronicle of Dongcheng District

January 40
February 40
March 40
April 41
May 41
June 41
July 42
August 42
September 42
October 43
November 43
December 43

Beijing Dongcheng District Committee of the Communist Party of China

Overview 46
Important Meetings and Activities 47
Major Policy Decisions 55
Organization Work 55
Publicity Work 61
United front work 65
Policy Research 67
Work on Taiwan Affairs 69
The size of government bodies 70
Work on Retired Cadres 72
Party Building of Directly Affiliated Institutions 74
The Party School Education 76
Compilation and research of Party history 78
Integrated services 79

The Standing Committee of Dongcheng District People's Congress

Overview 84
Important Meetings and Activities 84
The Appointment and Removal 88
Supervisory work 89
The motion proposes oversight 92
Delegate Work 92

Dongcheng District People's Government

Overview.......96
Important Meetings and Activities.......97
Novel Coronavirus prevention and control.......108
Government Affairs Management.......110
Personnel Management.......112
Investigation.......113
Foreign Affairs and Hong Kong and Macao Affairs.......114
Domestic Exchanges and Cooperation.......115
Integrated services.......117
Work for Letters and Calls.......120

Dongcheng District Committee Of Chinese People's Political Consultative Conference

Overview.......124
Important Meetings and Activities.......124
Participation in Politics.......126
Democratic Supervision.......127
Committee Activities.......127

Discipline Supervision

Overview.......132
Important Meetings and Activities.......132
Reform the discipline inspection and supervision system.......134
Party conduct and government conduct supervision.......135
Case examination, investigation and hearing.......138
Anti-corruption propaganda and education.......139
Team building and management.......140

Democratic Parties

Dongcheng District Committee of Chiense Kuomintang Revolutionary Committee.......142
Dongcheng District Committee of China Democratic League.......144
Dongcheng District Committee of China National Democratic Construction Association.......146
Dongcheng District Committee of China Association for Promoting Democracy.......147
Dongcheng District Committee of Chinese Peasants and Workers Democratic Party.......149
Dongcheng District Committee of China Zhi Gong Party.......151
Dongcheng District Committee of Jiu San Society.......153
Dongcheng District Committee of Taiwan Democratic Self-Government League.......155

People's Organizations

Dongcheng District Federation of Trade Union.......160
Dongcheng District Committee of China Communist Youth League.......162
Dongcheng District Women's Federation.......165
Dongcheng District Association of Science and Technology.......168
Dongcheng District Association of Returned Overseas Chinese.......169
Dongcheng District Youth Federation.......171
Dongcheng District Industry and Commerce Association.......172

Rule of Law

Overview.......176
Political and Legal committee and comprehensive governance.......176
Legal Government Construction.......178
Public Security.......179
Procuracy.......186
Court.......187
Administration of Justice.......189

Military Affairs

People's Armed Forces.......194
Troops Stationed in the Area.......194
People's Aerial Defense.......195

Important Area Management

Wang Fujing Area Construction and Management.......198
Qianmen Street Construction and Management.......199
Beijing Station Area Management.......200

Comprehensive Management of Economics

Comprehensive regulation 204
Finance 207
Taxation 210
Banking Service 212
Audit 219
Statistics 220
Market inspection and management 223
Business Supervision and Administration 226
State Property Supervision 227
Investment promotion Services 235
Tobacco Monopoly Administration 237

Industry and informatization

Overview 240
Industry 240
Informatization Management 248

Trade Service

Overview 252
Commerce Service 252
Foreign Economy 268

Tourism

Overview 270
East Area of the Palace Museum 270
Tourism Resource Facilities 273
Tourism Activities 276
Tourism Administration 276
Temple of Heaven Park 277

Urban planning and construction

Overview 282
Planning and natural resource management 282
Houses Requisition Affairs 283
Construction Projects 284
Real Estate Development 287
Construction Management 290

City Management

Overview 294
Grid Service Management 294
City Management Law Enforcement 296
Municipal Environment and City Appearance Management 297
Environment Hygiene 301
Gardening and Greening 302
Postal Service 304
Public Service Administration 307
Traffic Order Keeping 308

Emergency management

Overview 312
Emergency and Safeguard 313
Supervision and Administration of Work Safety 313
Supervision and administration of hazardous chemicals 314
Earthquake Prevention and disaster reduction 315
Publicity, education and training 316
Information system construction 317
Fire Control 317

Ecological environment

Overview 320
Environmental quality 320
Environmental monitoring 321
Pollution prevention 322
Emission reduction of pollution sources 326

Science

Overview 328
Scientific Activities 328
Patent administration 330
Zhongguancun Dongcheng Science park 331

Education

Overview 334
Preschool Education 335
Basic Education 338

Higher Education 343
Vocational and adult education 347
Non-government funded education..348
Education Research 349
Teaching Staff Construction...349
Education Administration..351
Education Supervision...352

Culture

Overview..354
Public culture service 354
Cultural Facilities 355
Cultural Activities 356
Literary and Artistic 358
Dramas in Dongcheng..360
Preservation of Heritage 362
Cutural industries 385
Cultural Market Supervision 386
Media convergence construction 387
Archive Administration..390
Local Chronicles...391
The Palace Museum 392

Health and Wellness

Overview..396
Medical Administration Management.....................................396
Health Care Reform 397
Community Health 398
Traditional Chinese Medicine...401
Medical Education Research 401
Disease control and prevention..402
Health promotion...403
Elderly Heal 403
Industry Supervision..404
Family Planning Service...405
Grade III-A Hospitals in Dongcheng District..........................406

Sports

Overview..416
Competitive Sports...416
Mass Sports...417
Youth Sports..418
Construction of Sports Facilities 419
Sports Industry 420

Social Construction

Overview..422
Social Governance 422
Comunity Education..424
Social Organization Service Management...............................424
Social Work Team Consruction 426

Social Life

Overview..428
Employment..428
Social Insurance 429
Civil affairs 431
Spiritual Civilization 434
Ethnic and religious affairs...435
Veterans Affairs...437
The Disabled Cause 438
Red Cross Cause..441
The Residents' Lifes...442

People and Awards

Advanced person..444
Advanced collective..445
Advanced individual 447

Sub-districts

Donghuamen Sub-district...450
Jingshan Sub-district..452
Jiaodaokou Sub-district..455
Andingmen Sub-district...457
Beixinqiao Sub-district 460
Dongsi Sub-district..462
Chaoyangmen Sub-district...465
Jianguomen Sub-district...468
Dongzhimen Sub-district 471
Hepingli Sub-district 474
Qianmen Sub-district 477
Chongwenmen Wai Sub-district...479
Donghuashi Sub-district...482

Longtan Sub-district 485
Gymnasium Road Sub-district 487
Tiantan Sub-district 490
Yongdingmen Wai Su-bdistrict 492

Statistics

Statistical Forms 497

Appendix

The Contents of the Main Documents of Beijing Dongcheng Committee of CPC 514
The Contents of the Office of the Main Documents of Beijing Dongcheng Committee of CPC 514
The Contents of the Main Documents of Beijing Dongcheng District People's Government 515
The Contents of the Office of the Main Documents of Beijing Dongcheng District People's Government 515

Index

Contents Index 517

区情概览

前门大街（区融媒体中心提供）

区情概览

基本地情

东城区是北京市中心城区、首都功能核心区之一。根据《北京城市总体规划（2016年—2035年）》，东城区的功能定位是全国政治中心、文化中心和国际交往中心的核心承载区，是历史文化名城保护的重点地区，是展示国家首都形象的重要窗口地区。境内的天安门广场是重大庆典、重要国务活动场所，王府井商业街是首都商业形象的代表之一。

地理位置

东城区地处北京市中心城区东部，地理坐标位于东经116°23′～116°27′，北纬39°52′～39°58′，面积41.84平方千米。东部、北部与朝阳区相连，南部同丰台区接壤，西部与西城区相接，东西最宽处5.2千米，南北最长处13.0千米。

建置沿革

《史记·周本纪》载：封帝尧之后于蓟，今东城区域属蓟。秦汉至隋唐，属蓟县、伐戎县。辽开泰元年（1012）设析津县，属析津县。金贞元元年（1153）改析津县为大兴县。1928年6月，改北京为北平，划为特别市，属北平特别市。1930年改北平特别市为河北省北平市，属河北省北平市。1931年11月，北平市各区改为按数字顺序排列。1945年8月，北平市在内城增设第七区，东城区域内有第一区、第三区、第八区、第十区全部，第五区、第六区、第七区、第十二区东半部及第十三区、第十五区、第十九区、第二十区部分。1949年9月，改北平为北京。1950年5月，北京市城区区划调整，将12个区合并为9个区。东城区域内有第一区、第三区、第七区全部，以及第五区、第六区、第九区东半部。1952年7月，撤销第五区，将其东半部分别并入第一区、第三区。同年9月，第一区改为东单区，第三区改为东四区，第七区改为崇文区，将被撤销的第九区东半部分并入。至此，东城区域有东单区、东四区、崇文区全部和前门区东半部。1958年5月，东单区、东四区合并，成立东城区；撤销前门区，将其东半部并入崇文区。2010年6月，崇文区与东城区合并，成立新东城区。

行政区划

东城区设东华门、景山、交道口、安定门、北新桥、东四、朝阳门、建国门、东直门、和平里、前门、崇文门外、东花市、天坛、体育馆路、龙潭、永定门外17个街道，168个社区。另设有北京站地区管理处（隶属北京市重点站区管理委员会）、王府井地区管理办公室和中关村科技园区东城园管委会。区政府驻景山街道。

人口

2021年年末全区常住人口70.8万人，比2020年年末减少0.1万人，降幅为0.14%。有汉族、回族、满族、蒙古族、朝鲜族、壮族等48个民族。

地形气候

东城区地处永定河洪积冲积扇形地的脊背，从西北山区向东南缓慢下降的开阔平原上，地势由北向南缓倾。地形为缓倾斜冲积平原区。境内最高点位于南锣鼓巷，海拔49米；最低点位于龙潭东湖东南，海拔36米。气候属典型的暖温带大陆性季风气候，冬冷夏热，四季分明。多年平均气温11.5℃，1月平均气温-4.6℃，极端最低气温-20℃；7月平均气温25℃，极端最高气温40℃。最低月均气温-10℃，最高月均气温25.9℃。春季温暖，从4月初至6月初，平均气温12℃～13℃；夏季炎热，从6月初至9月初，平均气温24℃～25℃；秋季短暂，从9月初至10月底，平均气温12℃～13℃；冬季严寒，从10月底至次年4月初，平均气温-3℃～-4℃。年平均日照2556.9小时，年总辐射4937.6兆焦／平方米。年平均降水量626毫米，年平均降水日数71.2天。

景泰蓝大师李佩卿在工作室指导小朋友体验景泰蓝制作技艺（李冬梅摄）

历史文化

东城区大部分位于明清北京城东部，从永定门到钟鼓楼7.8千米的传统中轴线纵贯全区。有北京市历史文化保护区18.5片、10.46平方千米，占全区总面积的25%，是全市历史文化遗存和胡同四合院最为密集的地区。有全国重点文物保护单位37项、北京市文物保护单位75项、东城区文物保护单位53项，其中故宫、天坛、大运河（玉河故道）入选《世界遗产名录》。有国家级非物质文化遗产31项、北京市级非物质文化遗产61项（含国家级）、东城区级非物质文化遗产188项（含国家级、市级）。智化寺京音乐在2006年6月被列入第一批国家级非物质文化遗产名录。北京城中轴线古今标志性建筑除景山万春亭外均在东城区域内。1986年10月9日评选揭晓的"新北京十六景"，东城区有其三，分别是"天安丽日（天安门）""紫禁余晖（故宫）""圜丘清音（天坛公园）"，其中"天安丽日"位居榜首。

国民经济和社会发展

经济发展

经济总量　2021年实现地区生产总值3193.1亿元，按可比价计算，比2020年增长8.0%。其中第二产业实现增加值92.6亿元，比2020年增长22.2%，占全区经济总量的2.9%；第三产业实现增加值3100.4亿元，比2020年增长7.7%，占全区经济总量的97.1%。

财政收支　全区完成一般公共预算收入195.5亿元，比2020年增加14.1亿元，比2020年增长7.8%。全区一般公共预算支出（不含基金预算支出）完成282.7亿元，比2020年增长5.2%。城乡社区支出、教育支出、社会保障和就业支出是公共财政预算支出的主要方向，分别支出61.5亿元、71.2亿元、51.0亿元，占比达到64.9%。

固定资产投资　全区固定资产投资比2020年增长2.7%。其中房地产开发投资比2020年增长30.6%。分产业看，第二产业投资比2020年增长35.8%；第三产业投资增长2.4%。全区房地产开发施工面积245.5万平方米，竣工面积0.2万平方米。

消费　2021年实现社会消费品零售总额1303.3亿元，比2020年增长7.4%。按行业分，零售业实现零售额786.3亿元，增长4.3%；批发业实现零售额443.7亿元，增长10.1%；住宿业实现零售额10.7亿元，增长25.1%；餐饮业实现零售额62.6亿元，增长30.7%。

对外经贸　2021年新设外商投资企业61家，其中中外合资23家，外商独资33家，合伙企业5家。全年实现实际利用外资6.4亿美元，比2020年增长5.8%。全年实现进出口额1327.0亿元，增长30.2%。其中，进口额1120.5亿元，增长34.2%；出口额206.4亿元，增长12.0%。

产业发展　文化产业增加值实现267.2亿元，同比增长6.3%；金融业增加值实现946.9亿元，同比增长7.7%。高标准创建国家文化与金融合作示范区，北京文创板落地东城，设立首批3家国家文化与金融合作示范区支行，认定8家文化金融专营组织机构，推出"文化英才贷""文创贷"等文化金融特色产品。举办第二届东城智能金融论坛，树立智能金融发展标杆；承办2021年北京市REITs产业发展大会，成立北京REITs研究院和北京REITs产业联盟，打造REITs产业发展高地；助推2家企业登陆资本市场。加快推进科技创新产业发展基金设立，3个文化科技融合项目通过市级评审。依托5G产业联盟，推进应用场景落地。推动国际数字健康应用创新中心建设，全面实施体育场馆智能化改造工程。

主要行业

工业　2021年累计完成工业总产值94亿元，比2020年减少3.3%。

建筑业　全区具有资质等级的总承包和专业承包建筑业企业完成建筑业总产值998.1亿元，比2020年增长5.3%。2021年新签合同额1369.2亿元，增长5.6%。

批发和零售业　全区批发零售业实现商品销售总额9480.7亿元，比2020年增长23.6%。其中，批发业实现商品销售额8549.6亿元，增长25.6%；零售业实现商品销售额931.0亿元，增长7.4%。

前门街道长巷头条完成精细化整治提升（区城管委提供）

住宿和餐饮业 全区住宿餐饮业实现营业额127.9亿元，比2020年增长24.1%。其中，住宿业实现营业额49.4亿元，增长21.9%；餐饮业实现营业额78.5亿元，增长25.6%。

金融业 全区中资金融机构人民币存款余额23843.0亿元，比2020年年末增长6.1%，占北京市中资金融机构人民币存款余额的12.9%。其中，单位存款13329.8亿元，个人存款4126.2亿元，其他存款6387.1亿元。全区中资金融机构实现人民币贷款余额9003.6亿元，比2020年年末增长5.6%，占北京市中资金融机构人民币贷款余额的11.1%。其中短期贷款2919.6亿元，中长期贷款5727.2亿元。

房地产开发业 2021年实现商品房销售额73.1亿元，比2020年增长168.8%。其中，住宅销售额66.3亿元，商业营业用房销售额6.5亿元，其他房屋销售额0.3亿元。商品房销售面积6.3万平方米，比2020年增长118.0%。

非首都功能疏解

“疏整促”工作 疏解整治促提升专项行动超额完成全年任务。整治无证无照、占道经营等5项专项任务持续保持动态清零。揭网见绿成效显著，109个苫盖绿网点位实现揭网；339条背街小巷改造整治通过市级验收。新建及规范提升各类便民商业网点24个。32家旅馆实现转型提升，建国璞隐酒店改造升级作为优秀案例被推广。完成30项道路积水点改造、31条代征代建道路接收。实施共享单车总量控制，规范“入栏结算”，王府井、崇外、天坛等地区施划117处停车区，北京站等6处地铁站共享单车完成“一站一策”治理。

城市精细化整治 推动百荣商城转型升级。持续推进拆违工作，拆除违法建设8.7万平方米，已销账存量违建7.24万平方米，超额完成市级拆违任务，新增违建保持动态清零。街巷环境整治提升加快推进，平安大街逐步转型为绿色交通骨干道路，17个街道339条背街小巷精细化提升工程有序开展，新鲜胡同、校尉胡同获评“北京最美街巷”，增补安装路灯1412盏，20条道路根治“有路无灯”问题。完成157座公厕无障碍设施改造和15座密闭式清洁站提升改造工程。积极推进腾笼换鸟，升级改造30栋商务楼宇，哈德门广场等10个项目入选楼宇经济投资清单，东方广场、中粮置地广场、中海地产广场获“推动城市升级——中国楼宇经济新地标”荣誉称号。

城市建设与管理

城市改造 组织三批共59个街区编制街区保护更新综合实施方案。有序开展钟鼓楼周边、故宫周边、三眼井片区、西草红庙街区一期、皇城景山街区景东片区等申请式退租，完成签约1300户。实施东四、交道口、天坛等5栋简易楼腾退；完成光明楼17号简易楼改建签约交房并启动回住房屋工程建设。老旧小区综合整治项目完成10个，新列入计划64个。完成北大红楼及周边等重点区域环境品质提升工程和平安大街二期环境提升项目。崇雍大街恢复“文风京韵、大市银街”的古都风貌。

交通治理 续建10条次支路，革新中街、长青南路、法华寺街3条道路建成通车；加快3条道路征收，刘家窑路、手帕胡同基本完成签约。慢行空间不断改善。完成环二环林荫骑行环线东城段道路和交通工程，沿线实现

4月24日，光明楼17号楼简易楼29户居民完成签约、选房工作，标志着简易楼改建工程即将开工（张传冬摄）

东城区城市管理指挥中心"接诉即办"工作平台
（区融媒体中心提供）

"绿路融合"。完成雍和宫桥试点人行过街智能化改造。完成两广路、平安大街、东单南北延长线（长安街以北）"两横一纵"自行车出行示范街建设。全区新增错时共享停车位815个；采取"政府出地，市场运作"方式完成白桥大街等2处停车设施"平改立"，新增停车位300余个，并投入运行。

生态环境　深化"一微克"行动，创建大气污染综合治理精细化街道，累计清扫屋顶730万平方米，治理裸露地面21.7万平方米。全区细颗粒物（PM2.5）年均浓度达到34微克/立方米，较2020年下降15%。二氧化硫、二氧化氮、可吸入颗粒物年均浓度分别为3、30、55微克/立方米，稳定达到国家二级标准。全区累计降尘量为3.6吨/平方公里・月（扣除沙尘影响），优于全市平均水平。以涉奥场所及活动路线为重点，完成215处环境问题整改。持续推进无障碍环境建设三年专项行动，分别完成年度整改、整治点位任务的134%、392%，形成基本覆盖全域的无障碍通行流线。严格落实河（湖）长制，市级考核断面全部实现水质达标。完成龙潭西湖调蓄工程，龙潭中湖公园、龙潭西湖公园改建提升后，重新向市民开放。新建改扩建绿地54万平方米。

"接诉即办"工作　紧扣"七有"目标和"五性"需求，出台《东城区2021年"接诉即办"工作要点》。优化"接诉即办"激励规则，研究制订"接诉即办"工作考核办法、重点工作专项激励办法及补充规定，联合区纪委起草《东城区"接诉即办"问题线索移送办法》，通过正确运用奖优罚劣激励机制，持续激发各单位工作的内在动力。聚焦高频难点民生问题，制订东城区"每月专题"工作"一方案二计划三清单"，明确"每月专题"28项9大类230小项重点工作任务。分类梳理《东城区12345热线"接诉即办"派单目录2021版（试行）》1934项，形成派单依据，确保市民诉求派得快、派得准。加强网上"接诉即办"体系建设规范网络案件的答复，出台《东城区网上12345"接诉即办"案件办理操作规范》，比2020年满意率上升14.17%，解决率上升8.81%。2021年共受理"12345"热线诉求20余万件，平均响应率97.77%，平均解决率90.53%，平均满意率92.74%，平均综合成绩93.2分，全年市级考核排名第四。

科技　教育　文化　卫生　体育

科技　全区输出技术合同3846项，合同成交总金额318.0亿元，其中技术交易额288.4亿元。2021年专利授权量9283件，有效发明专利拥有量22476件。2021年，中关村东城园区拥有高新技术企业447家，比2020年减少15.2%；累计实现总收入3005.9亿元，比2020年增长3.2%；累计实现出口总额52.6亿元，比2020年增加0.6%。

教育　落实"双减"政策，进一步规范校外培训机构，学科类培训机构由82址减至20址。推进中小学课后服务，79所中小学教师8800余人及少年宫、科技馆等校外教师近400人参与课后服务。东城区被教育部确定为首批义务教育课后服务典型案例单位。资源供给优质均衡小学扩班53个，新增学位3092个。学前、义务教育阶段招生入学工作平稳有序进行，初中、小学就近入学率分别为99.65%、99.68%。全区共有各级各类学校161所，在校学生136204人。教育部门办学校共计121所，其中普通

10月13日，"中轴线上"——2021北京古建音乐季在百年古建智珠寺开幕（张维民摄）

中学37所，在校学生42140人，招生14650人，毕业10595人；职业高中2所，在校学生692人，招生195人，毕业155人；小学47所，在校学生69354人，招生12829人，毕业9379人；特殊教育学校2所，在校学生189人；工读学校1所，在校学生32人；幼儿园30所，在园幼儿11577人；成人教育单位2所，在校学生3772人。全区另有民办、其他单位办学校40所，其中，普通中学1所，在校学生234人，招生88人，毕业29人；职业教育学校2所，在校学生1人，招生1人，毕业23人；幼儿园37所，在园幼儿8213人。

文化　创新开展文化+科技、非遗+旅游、古建+音乐等有益探索，成功举办“辉煌100年”东城区庆祝中国共产党成立100周年文艺演出和孔庙国子监国学文化节、“大戏东望·2021全国话剧展演季”等品牌活动，“唱支山歌给党听”群众合唱比赛入选文旅部2021年“百姓大舞台”网络群众文化品牌活动。提升公共文化服务效能，在2021年全市街道综合文化中心效能评估中位居第二，人均公共文化服务设施建筑面积居全市第一。持续挖掘“故宫以东”市场需求，实现文旅产业积极互动，东城区成为国家文化和旅游消费试点城市，前门大街成为首批国家级夜间文化和旅游消费集聚区、首批国家级旅游休闲街区。探索文物活化利用新路径，举办“2021北京古建音乐季”，入选北京市“2021十大文化艺术活动”并位居榜首。2021年全区共有区级公共图书馆1个，建筑面积2.6万平方米，公共图书馆总藏书数167万册（件），阅览座席1432个，全年外借人次11万人次，外借册次35.9万册次。全区共有文化馆1个，建筑面积0.82万平方米。全区共有文物保护单位165项，其中国家级文物保护单位37项，市级文物保护单位75项，区级文物保护单位53项。

卫生　推进北京市中医药服务体系试点区建设。实现全区社区卫生服务机构中医药饮片服务全覆盖，辖区公立医疗机构老年友善建设率达100%。深入推进医药卫生体制改革，东城区被国务院评为公立医院综合改革成效较为明显地区，获批北京市健康联合体建设试点区。加大疫苗接种社会动员力度，建立安全高效的疫苗接种“东城模式”，第一时间启动“攀登行动”“登峰计划”等，有效构筑免疫屏障。全区共有卫生机构544个，其中医院60个，实有床位10008张，共有卫生技术人员27176人，其中执业（助理）医师10789人，注册护士11349人。全年诊疗人次数2134.16万人次，其中门诊人次数2040.95万人次。

体育　2021年共举办区级活动137项，参加市级活动115项，参加全国、国际体育活动22项，被授予2017—2020年度全国群众体育先进单位称号。打造集“活力市集”“主题跑团”“运动秀场”“潮流展示”为一体的青年湖、龙潭中湖两所体育公园。全区新建足球场、篮球场、乒乓球场、羽毛球场等全民健身场地15片，“10分钟健身圈”社区覆盖率达到100%。推进体育传统项目学校和三大球网点校建设，创办体育特色学校2所，打造体育传统项目学校47所，三大球网点校52所，举办中小学生阳光体育等赛事20余项，年均参赛人数达1.2万余人次。全区有体育场馆180个，其中体育场8个，体育馆9个，游泳场馆65个，健身房98个（不包括学校和驻区中央、北京市单位的体育场馆）。全区共有体育运动裁判2333人，其中，国际级裁判员30人、国家级裁判员107人、一级裁判员370人、二级裁判员897人、三级裁判员929人，教练员61人，输送运动员获奖牌总数1314块，其中国际级比赛奖牌9块，国内级比赛奖牌18块，省市级比赛奖牌1287块。

社会服务管理和社会保障

就业和社会保障　2021年年末实有城镇登记失业人员6076人，城镇登记失业率为2.07%；失业人员再就业13651人，城镇登记失业人员就业率为66.33%。举办线上线下招聘会227场，提供工作岗位近10万个，“零就业家庭”保持动态清零。发挥促进就业政策作用，发放岗位补贴、社保补贴、失业保险费返还、灵活就业社会保险补贴、市区两级社会公益性岗位补贴等4.24亿元。全区参加基本养老、基本医疗、失业、工伤和生育保险人数分别为156.08万人、202.75万人、117.73万人、119.06万人和155.01万人。其中基本养老、基本医疗、失业、生育保险

3月，老人在定安里社区养老服务驿站就餐（李冬梅摄）

人数分别比2020年年末增加2.01万人、39.25万人、1.61万人和40.39万人，分别比2020年增长1.30%、24.01%、1.39%和35.24%；工伤保险人数减少2.12万人，比2020年下降1.75%。

居民生活 全区居民人均可支配收入达到89804元，比2020年增长7.5%；居民人均消费支出51918元，比2020年增长12.4%。居民人均消费支出中，食品烟酒支出11238元，比2020年增长15.1%；衣着支出2578元，比2020年增长14.7%；居住支出20651元，比2020年增长9.3%；生活用品及服务支出3010元，比2020年增长1.3%；交通通信支出3910元，比2020年增长25.9%；教育文化娱乐支出3895元，比2020年增长19.5%；医疗保健支出5293元，比2020年增长14.8%；其他用品和服务支出1343元，比2020年增长0.4%。

社会服务 坚持“接诉即办”解难题，结合东城实际，聚焦12类主题，形成“接诉即办”28个“高频问题”，解决群众的身边事。坚持“未诉先办”纾民忧，深化“紫金服务”管家团工作制度，为1000家重点企业做好定制服务。在全区25个政务服务中心大厅设立“办不成事”反映窗口，164项案例全部解决。强化为老服务精细化管理，划分54个养老驿站责任片区，拨付老年人津贴补贴2亿余元。直接奖补安排残疾人就业单位，涉及金额4223.8万元。全面落实各项社会救助政策，支出救助资金1.68亿元。加大根治欠薪工作力度，72家在施工地工资支付管理水平明显提高。

公共安全 开展“护航·100”专项执法等保障工作，完成建党100周年庆祝活动、全国“两会”、服贸会等重大活动服务保障任务。全面落实北京市党政领导干部安全生产责任制，推进国家安全发展示范城市创建试点工作。持续深入开展“扫黑除恶”“平安行动”，从源头上防范化解各类重大风险隐患。开展平房院落“三色”火灾风险防控试点，全力推进消隐降级。建立“一不两有一联动”电动自行车管理工作机制，建成集中停放充电设施2000余处，加装电动自行车进电梯智能阻止装置300余部。创建国家食品安全示范城市，食品安全抽检合格率达99.15%，药品抽验合格率达100%。做好矛盾纠纷排查化解，群众来信同比下降38.52%。创建全国法治政府建设示范区。

党的建设

思想政治建设

东城区委坚持把党的政治建设摆在首位，深入学习贯彻习近平新时代中国特色社会主义思想，切实发挥领导核心作用，2021年召开区委常委会37次。制订区委理论学习中心组学习计划和党（工）委（党组）理论学习中心组学习指导意见。结合党史学习教育，开展党的十九届五中和六中全会精神宣讲，围绕习近平总书记“七一”重要讲话精神等开展40余次区委理论中心组专题学习，推动理论学习入脑入心。聚焦“八个学中做”，打造“五大课堂”，创新研发“党史e起学”微信小程序，数字化助力党史学习教育智慧升级。开展“百年·百姓”中国百姓生活影像展、“胡同里的红色讲坛”等49项主题活动，推出电影《革命者》、专题纪录片《恰是百年风华》等精品力作。进一步巩固意识形态安全防线，印发意识形态工作责任制项目内容，守住守好底线红线。严明政治纪律和政治规矩，引导广大党员干部不断提高政治判断力、政治领悟力、政治执行力，切实增强“四个意识”、坚定“四个自信”、做到“两个维护”，牢记“国之大者”，做政治上的明白人。

6月4日，东城区“胡同里的红色讲坛”系列宣讲活动走进前门街道草厂社区（刘旭阳摄）

领导班子和干部队伍建设

坚持把党的领导贯穿全程，统筹推进换届工作。成立区换届工作领导小组，制订工作方案。区委主要领导带头开展谈心谈话，通过加强纪律宣传教育，签订责任书、承诺书，监督检查，举报查核等形式，确保风清气正的换届环境。通过代表委员推荐提名、考察审查、选举等环节，产生党代表400人，为党代会胜利召开奠定基础。树立正确选人用人导向，注重选优配强领导班子，加大干部交流力度，干部选拔任用工作“好”评率持续保持全市前列。制订《关于优化处级领导班子和干部队伍结构的实施方案》，实施年轻干部“源头储备、择优选用、

3月27日，前门街道大江社区举行第十一届居民委员会选举大会（前门街道提供）

素质提升”三大工程，推动首批12家区直部门和街道优秀正科级干部双向交流。加大年轻干部选配力度，在街道领导班子中集中选配85后干部16人。实施“集贤计划”，聚焦金融、文化、科技服务等重点领域，累计引进各类人才27人。在全市率先建立高校人才实践基地，为清华、北大等知名高校近100人提供实习岗位。引进海高协会总部暨HICOOL商学院落地东城，集聚海内外高层次人才和项目。

基层党组织建设

坚持分类具体指导、分领域整体推进，召开2021年度全区基层党建重点任务推进会，印发《重点任务工作指南》。健全基层治理体系，完成社区“两委”换届选举，168个社区“一肩挑”比例达到92.8%，实现选优配强、优化结构。加强“两新”领域党建工作，成立区委“两新”工委，在全市率先建立区域化“两新”组织党建三级工作机制。深入推进新业态、新就业群体党建工作，打造“四季暖风（蜂）”党建新品牌，在全区19个党群服务中心挂牌成立“小哥聚力港”，组建“暖蜂”社工队伍，探索新就业群体参与基层治理的长效化机制。深化党组织领导的院（校）长负责制，指导区属国有企业修订党委议事规则，各领域基层党建工作质量不断提升。

党风廉政建设

加强纪律建设，推进全面从严治党向纵深发展。制订区四套班子全面从严治党主体责任清单和重点任务分工，项目化推进主体责任落实，持续深化一级抓一级、层层抓落实的责任链条。坚持问题导向，制订《2020年全面从严治党（党建）工作考核结果暨政治生态分析研判问题清单反馈意见的整改方案》，推动问题整改落实落细。统筹推进政治巡察，开展第十轮、第十一轮对24家单位和57个社区党组织的常规巡察，完成十二届区委巡察全覆盖。促进纪检监察体制改革系统集成、协同高效，推动监督更好地融入治理，持续深化派驻机构改革，健全“室组”联动监督、联动办案机制，坚持制度制订和实施一体推进，促进制度更加完善、管用，不断提高治理效能。2021年立案88件，结案89件，给予党纪政务处分70人，采取留置措施10人，移送检察机关17人。

（胡　澄　刘　婷）

特载

9月24日，龙潭中湖公园正式开园（薛毅摄）

中共北京市东城区第十二届委员会第十五次全会工作报告

（2021年8月5日）

中共北京市东城区委书记　孙新军

2021年以来，在市委坚强领导下，区委常委会团结带领全区广大党员干部群众，以习近平新时代中国特色社会主义思想为指导，深入贯彻党的十九大和十九届三中、四中、五中全会精神，按照市委抓好“一个开局、两件大事、三项任务”的要求，坚定不移把方向、谋大事、抓党建、保平安，统筹疫情防控和经济社会发展，持续推动全面从严治党向纵深发展，各项事业都取得新成效。

第一，认真学习贯彻习近平新时代中国特色社会主义思想，深入推进全面从严治党。区委常委会全面贯彻落实习近平总书记系列重要讲话精神，坚持民主集中制，完善落实集体议事规则和决策程序，围绕推动核心区发展大局，凝心聚力，做到思想上同心、目标上同向、行动上同步。组织23场理论中心组专题学习，进一步增强“四个意识”，坚定“四个自信”，做到“两个维护”，牢记“国之大者”，切实用讲话精神武装头脑、指导实践、推动工作。

以首善标准推进党史学习教育。把学习贯彻习近平总书记在庆祝中国共产党成立100周年大会上的重要讲话精神作为首要政治任务，贯穿党史学习教育各方面。聚焦“八个学中做”，打造“五大课堂”，创新研发“党史e起学”微信小程序，数字化助力党史学习教育智慧升级。深入开展理论宣讲、百姓宣讲活动，开展“百年·百姓”中国百姓生活影像展、“胡同里的红色讲坛”等49项主题活动，营造学党史、庆百年浓厚氛围。推出电影《革命者》、专题纪录片《恰是百年风华》等精品力作，在润物无声中进行启迪熏陶。围绕“五个东城”惠民生、“接诉即办”解难题等五个方面，扎实推动“我为群众办实事”实践活动，创新开展“点亮百姓微心愿”活动，推动实现学党史、悟思想、办实事、开新局。

推动党的建设全面从严全面过硬。在全市率先举办两期贯彻党的十九届五中全会精神处级领导干部专题研讨班。严格落实意识形态工作责任制和网络安全主体责任。加强处级领导班子和干部队伍建设，实施年轻干部“源头储备、择优选用、素质提升”三大工程，创新开展科级干部双向交流机制。健全区委统筹抓考核模式，实现了党建、绩效和满意度考核的全覆盖。扎实做好区级班子换届选举准备工作。八个区级民主党派圆满完成换届工作。持续加强基层组织体系建设，圆满完成社区“两委”换届选举，完成全区“两新”组织区域化党建三级体制改革，开展第4批区级基层党建示范点创建。高标准开展政法队伍教育整顿，努力锻造一支新时代政法铁军。深入推进正风肃纪反腐，高质量推进巡察全覆盖，开展第十轮对8家单位党组织的常规巡察。开展违规配备使用公务用车等四类问题专项整治，严防“四风”反弹回潮。上半年立案38件，结案56件，采取留置措施5人，移送检察机关10人，持续保持惩治腐败高压态势，形成强大震慑。

第二，实现“十四五”开好局起好步，区域高质量发展取得显著成效。认真落实“崇文争先”理念，聚焦“两区”建设，全区经济呈现稳中加固、稳中向好态势。上半年，地区生产总值实现1499.7亿元，同比增长11.5%。固定资产投资、建安投资完成进度均位列城六区前茅。一般公共预算收入累计完成105.7亿元，同比增长9.1%。实现社会消费品零售总额619.6亿元，同比增长21.5%。

经济持续稳定发展。“两区”建设积极推进。制定《建设国际消费中心城市全域示范区实施方案》，以嘉德艺术中心、隆福文创园区为核心，打造隆福寺地区成为高端艺术品服务平台。产业结构继续优化。全面落实市级“五新”政策，完善“1+5+N”产业政策体系，金融业、文化产业等重点产业实现较快发展。壮大金融业规模，全市首个数字货币全场景应用试点落地东城，成功举办智能金融论坛，为智能金融发展树立新标杆。制定促进健康产业发展政策，召开中国体育发展论坛和健康中国发展大会，打造国内具有影响力的健康产业平台。楼宇经济加快发展。稳步推进30栋楼宇改造升级任务，建立楼宇评价指标体系，绘制商务楼宇空间资源地图，为招优引强工作提供精准服务。财源建设力度加大。抓好区街两级财源专班建设，17个街道二级专班全部搭建完成，形成工作合力。着力招优引强，全区共引进企业404户；民生基金等36户京外高质量企业落户我区，预计新增地方级税收5.41亿元。重点功能区发展强劲。在全市率先推出红桥市场、王府井19号府、南阳共享际3处新消费品牌孵化基地并挂牌运营。有序推进王府井地区“一店一策”改造提升，新增首店、旗舰店、网红特色店11家。前门地区完成一批传统老字号商业升级改造，建设国内首个阅读街区服务平台。中关村东城园实现高新企业总收入1442亿元，同比增长29.7%。营商环境持续优化。深化紫金服务品牌，充分发挥服务管家、驻企专员机制作用，32名紫金驻企专员派驻企业114家，服务辐射企业827家，打通政策落地“最后一米”。大力推行告知承诺制，设立“办不成事”反映窗口，打通多项隐性壁垒。优化人才发展环境，协调解决人才落户、公租房等方面需求。

文化建设取得新进展。文化引领效应更加突出。编制文化建设规划，勾勒“十四五”文化发展蓝图。成立文化发展研究院，打造“文化东城”会客厅，为文化发展提供理论支撑。文化传承利用更具实效。用好红色文化资源“富矿”，对区域内红色文化旧址连片保护使用，推出“伟大开篇——中国共产党早期北京组织专题展”“《新青年》编辑部旧址专题展”，打造“觉醒年代”等五条红色游学线路。推进皇史宬、曹雪芹故居纪念馆等开放利用，古都文化底色持续擦亮。文化产业活力不断迸发。高标准创建国家文化与金融合作示范区，在全国率先成立三家示范区银行支行，发布“文化英才贷”等文化金融创新产品，北京“文创板”落户东城。完成公交1921文化产业园、雪莲亮点文创园等园区改造升级，文化产业收入增速位居城六区第二位。推出“故宫以东 城市盲盒”文化+科技互动展览，打造文旅消费新场景。公共文化服务更趋完备。全面启动国家公共文化服务体系示范区复核迎检工作。出台公共文化设施社会化运营指导意见和引导支持实体书店“四进”政策，打造“书香世业”文化主题街区，老城区里的“书香味”更加悠长。建成北京国际戏剧中心，剧场集群效应更加凸显。文化传播能力有效增强。成立北京首个《光明日报》“文化强国”协同推广平台工作站，作为全市唯一区域入选中宣部“奋斗百年路、启航新征程”主题宣传活动，多家中央媒体开栏报道我区发展成就。制作播出十集人文专题纪录片《胡同里的幸福》，成功举办龙潭端午文化节、南锣鼓巷戏剧展演季和第六届钟鼓楼相声会，8部优秀原创剧目赴天津等地展演10场，东城文化影响力不断扩大。

前门书香世业街区（林萱摄）

第三，全力做好建党百年庆祝活动和冬奥会、冬残奥会服务保障，区域发展品质实现新的提升。以庆祝建党百年和举办冬奥会、冬残奥会为契机，以“工匠精神”推进城市精细化管理，做好重大活动服务保障，守护好核心区城市风景，把“以人民为中心”的发展思想写在东城大地。

圆满完成中国共产党成立100周年庆祝活动服务保障任务。组建服务保障工作领导小组，构建“区—街道—社区”三级指挥体系，累计投入23万余人次，圆满完成参与人员集结疏散等重点任务，布置“两轴、一环、多周边、多节点”的景观环境，打造鲜花盛开的大街，实现了“精精益求精、万万无一失”总目标，营造了“党的庆典、人民的节日”浓厚氛围。召开全区“两优一先”表彰大会，9499名老党员喜获“光荣在党50年”纪念章。

冬奥会、冬残奥会服务保障工作有序推进。制发冬奥会和冬残奥会服务保障工作方案，大力开展冰雪运动项目技能培训，举办“非遗遇上冰雪”主题活动，打造冬奥城市文化广场、示范社区、示范影剧院等一批冬奥特色场地，营造鼓楼外大街、永定门广场等冬奥景观，点亮古都中轴线。

城市品质提升呈现新亮点。加快推进“疏整促”工作。持续推动北大红楼及周边等重点环境品质提升工程，开展339条背街小巷环境精细化整治提升。完成东四南、北大街环境整治，崇雍大街“文风京韵、大市银街”的古都风貌精彩亮相。平安大街示范段亮出绿色名片，道路中央隔离带林荫化改造全面完工。城市更新有序实施。加快中轴线申遗各项工作，核心区控规三年行动计划有序推进。启动64个老旧小区综合整治工作。持续建设钟鼓楼、皇城景山等重点街区，打造重点中轴线沿线街区保护更新样板。钟鼓楼周边、三眼井片区、故宫周边院落申请式退租项目完成签约工作。垃圾减量和分类水平不断提升。全区垃圾分类示范片区覆盖率达到100%，创建市级垃圾分类示范小区57个。业委会（物管会）组建率和物业管理覆盖率均达到93.4%、党的组织和工作覆盖率达到99.9%，和谐宜居社区建设再上新台阶。城市环境持续美化。巩固提升全国文明城区创建实效，推进二环路鼓楼桥至永定门桥林荫骑行智慧生态环线建设，完善王府井周边慢行系统，上半年全区新增共享停车位800余个。启动50个“美丽院落”微整治，实施“一院一树”绿色惠民工程，勾勒路在绿中、人在景中城市新画卷。

保障和改善民生取得显著成效。就业形势稳中有进，零就业家庭保持动态为零。全面加快望坛、宝华里等重大民生项目征拆收尾工作。党组织领导的校长负责制试点有序开展，“双升”“双减”举措全面落实，科技馆、特教学校等重点工程扎实推进，教育优质均衡水平进一步提高。举办北京市首届八人制社区足球赛，全力争创首批

“国家全民运动健身模范区”。建成大通滨河、青年湖、龙潭中湖3所体育公园，完善社区“15分钟健身圈”，汇集健康正能量。推动家庭适老化改造、信息化管理、专业化服务，解决养老服务“最后一公里”问题。推进医药卫生体制改革，被国务院评为“公立医院综合改革成效较为明显地区”，成为“北京市健康联合体建设试点区”。深化“热线+网格”模式，前六个月“接诉即办”全市平均排名第三。

第四，全面抓好中央巡视反馈问题整改和新冠肺炎疫情防控，确保核心区和谐稳定。围绕增强群众获得感、幸福感和安全感，全力做好疫情防控，认真推动中央巡视反馈问题整改，更加自觉肩负起首都的职责使命，推动核心区更加和谐安定。

中央巡视反馈问题整改高质量推进。扎实开展违建别墅清查整治等专项行动，深入推进规自领域整治，拆除存量违法建设3.7万余平方米，完成市级任务的75%，坚决维护首都规划的严肃性和权威性。做好第二轮中央环保督察整改，积极应对重大活动保障和重污染，聚焦机动车、扬尘、餐饮油烟三大污染问题，创建大气污染综合治理精细化街道，生态环境质量持续改善，人民群众的绿色幸福感和环境获得感切实提升。

常态化疫情防控有力有序。始终把人民群众生命安全和身体健康放在第一位，严格中高风险地区进京人员管控，不断完善健康监测管理体系。坚决落实“四方责任”，实施联防联控机制，稳妥完成重大活动服务保障。建立安全高效的疫苗接种“东城模式”，第一时间启动“攀登行动”“登峰计划”等，圆满完成接种任务。深入开展“爱国卫生运动”，成立爱国卫生组织1万余个，常态开展主题周末卫生日活动，不断营造健康安全环境。

2021年以来，面对复杂形势，常委会保持战略定力，坚定不移谋发展，全区各项工作都迈出积极步伐，各项重点工作亮点纷呈。这些成绩的取得，是市委市政府坚强领导的结果，也是全区各级党组织、广大党员干部群众勇于担当、真抓实干的结果。在此，我代表常委会，向大家表示衷心的感谢并致以崇高的敬意！

在肯定成绩同时也要清醒看到，当前全球疫情反复，国内外形势面临深刻变化，各种不稳定性和不确定性因素明显增多，我区发展依然面临不少短板和挑战：随着新版“总规”和核心区“控规”深入实施，我区“四个中心”功能更加凸显，“四个服务”的标准更高、要求更严；消费增长与疫情形势关联度大，经济全面恢复基础还不牢固；统筹推进老城保护和民生改善、打造精致美丽城区方面，还面临许多难题；对“标兵渐远、追兵渐超”的危机感和紧迫感有认识、缺深度，“崇文争先”还要继续强化深化。

要解决好这些问题，我们必须深入学习贯彻习近平总书记在庆祝中国共产党成立100周年大会上的重要讲话精神，积极服务和深度融入新发展格局；必须紧紧抓住市委推进“两区”建设、落好“五子”这个发展机遇，借力首都发展新引擎，全力谋划好高质量发展；必须充分利用核心区长期以来积累的丰富发展资源，不断激发广大干部群众攻坚克难、改革创新的勇气，乘势而上、勇立潮头，形成干事创业良好精神面貌。

在市委第十二届十七次全会上，蔡奇书记强调，要把建党百年庆祝活动激发出来的巨大热情迅速转化为干事创业的强大力量，胸怀“两个大局”，牢记“国之大者”，尽心竭力履行好首都职责。我们要进一步提高政治站位，更加奋发有为地落实市委全会精神，把庆祝建党百年激发出的强大力量凝聚起来，树立信心、抢抓机遇，负重拼搏、奋起直追，在新的历史起点上重整行装再出发，拿出逢山开路、遇河架桥的精神，勇做立说立行的“干将”、冲关夺隘的“闯将”、敢打敢拼的“猛将”，走好新时代的长征路，全面提升“四个服务”水平，加快建设“五个东城”，不断书写核心区发展新的篇章。

一是继续打造“文化东城”，推动老城整体保护复兴。落实文明城区创建三年行动计划，开展思想引领等七大行动，抓好新一轮全国文明城区创建，打造“全国文明典范城市”，推动“崇文争先”创新实践。加强文化引领。出台《“十四五”时期加强全国文化中心建设规划》，发布“文化东城”评价指标体系。发挥推进全国文化中心建设领导小组的统筹协调作用，用好北京东城文化发展研究院，举办高规格文化论坛。推进文化传承。以中轴线申遗为契机，有序推进鼓楼、钟楼文物修缮展示提升，推动大运河文化数字体验中心项目建设，提升区域文化魅力。提升文化服务。规范公共文化设施社会化运营模式，加快区文化中心建设，打造新的公共文化地标。大力实施文化惠民，办好“百姓周末大舞台”等文化活动。做好实体书店引导扶持政策发布，建成前门地区特色书店一条街。推动文化创新。开展国家文化与金融合作示范区文化金融专营组织机构认定工作，加快推进服务总中心建设，举办全国校园文创大赛，高水平举办中国文化金融峰会，建设面向全国的综合性文化金融服务平台。推动国家文化出口基地落地，出台《文化产业园区建设发展与创新服务导则》，加快中国体育报业总社文创园、禄米仓71号文创园建设，推进国家文旅促消费示范城市创建，提升文旅消费品质。培育打造文化+科技融合项目，搭建品牌孵化体系，推动重点商圈及特色街区的文化消费政策创新，打造“故宫以东”文商旅融合生态圈。促进文化传播。出台《进一步推进“戏剧之城”建设发展的实施意见》，举办全国话剧展演季，发起戏剧高峰论坛，支持中国儿童戏剧节、北京喜剧艺术节等展演，擦亮“大戏东望”品牌。筹办北京纪实影像周，办好孔庙国子监国学文化节、前门历史文化节、地坛中医药文化节等品牌活动，在坚定文化自信中弘扬优秀传统文化。

二是继续打造“活力东城”，为高质量发展注入新动能。加快“两区”建设试点落地。促成金融机构境外高端人才个人所得税优惠政策试点等政策实施，推动境外资金投资国内科技企业，助力我区实体经济发展。持续优化产业结构。紧抓数字经济发展大势，加快国际数字健康创新应用中心和国家医学中心建设。充分利用永外产业空间招优引强，吸引医药健康龙头企业落地。深化数字人民币文化领域试点，加速推进智能金融发展，组织紫金智能金融CTO论坛，承办“北京市2021年基础设施REITs产业发展大会”，打造行业领域新标杆。重点围绕新基建、生物医药等前沿创新领域，培育吸引高精尖项目在东城落地，进一步形成产业集聚。加快重点功能区建设发展。以供给侧结构性改革创造新需求，以打造国际消费中心城市示范区为目标，加快传统商圈、重点功能区改造升级。积极构建故宫—王府井—隆福寺“文化金三角”，加强与“故宫以东”文旅品牌互动合作，高水平承接入境文旅营销和外事活动。以吸引“贵客、要客、常客”为方向，高质量举办王府井论坛，高标准改造277号院，坚持发展首店经济，推动街区品牌国际化、时尚化持续提升。加快前门等传统商业街区改造升级，创建前门体验式消费街区。推进红桥市场新消费孵化基地建设，打造百荣世贸商城为符合区域功能定位的商业综合体。不断优化营商环境。强化招优引强，建立金融招商顾问团，延展以商招商工作手臂，将“紫金服务”广泛辐射长三角、珠三角地区。不断完善“紫金服务管家团”制度，坚持“紫金驻企专员”等机制，开展“十、百、千、万”企业服务计划，做好精准服务。

三是继续打造“精致东城”，推动核心区“控规”落实取得新成效。打造优美人居环境。坚定不移疏解非首都功能，制定东城区“基本无违法建设区”创建方案，实施2.7万处存量违建底图核查，确保新生违建“零增长”和“开墙打洞”动态清零。推进二环林荫骑行环线和慢行系统建设，完成环二环城市公园13处景观提升，改善长安街沿线南北两侧一公里范围内交通环境。实施地坛园外园改造提升工程，建设全龄友好公园。加快亮马河（东城段）景观提升工程，展现古韵东城特色。落实污染防治攻坚战重点任务，持续推进“爱国卫生运动”“周末卫生大扫除活动”“门前三包”工作，巩固扬尘治理成效。认真落实中央生态环保督察整改反馈意见，严格水污染防治和土壤污染防治，强化土壤污染源头预防和建设用地风险管控。完善各品类垃圾分类和收运体系，坚持推广平房区“垃圾不落地+垃圾分类”模式，力争年底前实现全覆盖。启动15座垃圾楼改造，加快永外生态岛项目建设。深化党建引领物业管理工作，抓好业委会组建率、环比物业投诉下降率、物业缴费率等新“三率”提升。

持续完善街区更新工作成效。力争9月底前完成平安大街二期项目主体工程，实现骨干道路功能转型为绿色交通道路。做好崇雍大街改造提升收尾工作，健全后续长效管控机制。持续开展339条背街小巷环境精细化整治提升，加快完成50处“美丽院落”微整治，高质量打造一批群众满意、效果突出、特色鲜明的街区更新亮点，让街巷院落更富文化底蕴。完善街区更新政策体系，推进故宫周边院落、三眼井片区、钟鼓楼周边等试点项目申请式退租房屋的恢复性修建。创新街区更新整体投融资模式，探索多种形式引入社会资本，推动街区更新项目顺利实施。

四是继续打造“创新东城”，进一步深化改革开放。把加强改革系统集成、推动改革落地见效摆在更加突出的位置，在全区营造鼓励大胆创新、勇于创新的良好氛围，确保落实年度36项改革任务。设立“东城区科技创新产业发展基金”，围绕新基建、军民融合等前沿创新领域，培育和吸引高精尖项目在东城落地。完善东城区《支持重点企业发展的若干措施》等制度，进一步增强对独角兽等重点类型企业扶持力度。大力引进外资金融机构。优化国有资本布局结构，加快国资监管体制机制改革，年底完成区属国有企业公司制改革。深化“大数据”应用，推动新技术与城市运行、社会治理等方面深度融合，推进智慧教育示范区建设。全力争创“全国法治政府建设示范区”。

五是继续打造“幸福东城”，全面增进民生福祉。坚持常态化疫情防控策略。时刻绷紧疫情防控这根弦，坚持“外防输入、内防反弹”，压实“四方责任”，毫不松懈抓好社会面防控。强化科学防控措施，加强疫情监测工作，建立强有力的流调溯源指挥体系，不断完善核酸检测预案和隔离点管理办法。加强疫苗接种指挥体系和能力建设，做好查漏补种工作，全力筑牢免疫屏障，维护人民群众生命健康。

切实提高为民办实事能力。扎实推进“三老”改造，稳步推进老旧小区改造项目。持续推动简易楼外迁腾退与改建工作。实施社区治理“五力引航”计划，提高社区协商治理能力，加快社区治理重点项目建设，打造一批社区治理品牌亮点。深入落实“八五普法规划”，建立健全社会矛盾纠纷化解机制，从源头上预防和减少社会矛盾。持续做好支援合作工作，深化产业合作，拓宽特色产品销售渠道，促进当地产业良性有序发展。强化“接诉即办”工作，把“接诉即办”作为“我为群众办实事”实践活动的主抓手，持续健全“小事不出社区、大事不出街道、难事条块一起办”工作机制，开展解决企业群众“办不成事”问题工作，实现举一反三、“未诉先办”。完善

"热线+网格"为民服务模式，将街巷长、小巷管家等基层力量纳入网格化监管体系，打通数据下沉通道，推动问题快速解决，确保"接诉即办"重点工作持续保持全市前列，全面提升社会治理水平。

优化公共服务供给。持续推进医药卫生体制改革，积极创建健康联合体试点。深化国家中医药发展综合改革试验区建设，促进社区卫生站标准化，全方位提升医疗服务水平。全力服务保障北京冬奥会、冬残奥会，开展奥林匹克教育及校园冰雪运动系列活动，积极营造良好的社会舆论氛围。加快"体育+"融合发展，迎接国家全民运动健身模范区检查验收。实施教育综合质量和队伍建设质量双提升计划，全面提升教育水平。大力推动创业带动就业，支持多渠道灵活就业。整合居家养老服务资源，健全完善区级服务资源库，促进养老服务提质增效。

六是坚定不移推动全面从严治党向纵深发展。高质量完成各项任务，必须加强党的全面领导，把政治建设摆在首位，不断健全"大党建"格局，全面提升党建工作水平，为"五个东城"建设提供坚实保障。

突出抓好政治建设。持续加强思想政治引领，围绕习近平总书记"七一"重要讲话精神和党的十九届六中全会精神，强化学习培训和理论武装。严守政治纪律和政治规矩，不断提高政治判断力、政治领悟力、政治执行力，切实增强"四个意识"，坚定"四个自信"，做到"两个维护"，牢记"国之大者"，做政治上的明白人。将意识形态工作责任制纳入全区全面从严治党考核和区委巡察专项检查，切实筑牢意识形态主阵地，落细落实全面从严治党主体责任。

推动党史学习教育走深走实。持续深化党史专题学习，运用好中国共产党成立100周年庆祝活动留下的宝贵精神财富，继承发扬伟大建党精神，学习先进模范，弘扬光荣传统，赓续红色血脉。将党史学习教育与"四史"宣传教育有机结合，持续开展"永远跟党走"群众性主题教育活动，营造爱党爱国爱社会主义的浓厚氛围。继续推动"我为群众办实事"实践活动，用好"接诉即办"主抓手，在为民办实事中增强群众获得感幸福感。切实加强督促指导，推动学习教育取得实效。

持续加强常委会自身建设。充分发挥常委会总揽全局、协调各方作用，支持区人大、区政府、区政协依法依章履行职能，发挥好民主党派、工商联、无党派、新社会阶层和民族宗教界等统一战线各界人士的作用，加强对工青妇等人民团体的领导。坚持党管武装，推进创建全国双拥模范城"九连冠"工作。健全"四套班子一起上、四个轮子一起转"的工作机制，完善区级领导分片包干、领衔负责的工作推动机制，巩固"全区一盘棋"、上下抓落实的良好局面。

抓好区级领导班子换届工作。高标准筹备召开中国共产党北京市东城区第十三次代表大会、区十七届人大一次会议和区政协十五届一次会议，确保绘出好蓝图、选出好干部、配出好班子、树立好导向、形成好气象。积极配合市委考察组做好区级领导班子换届考察工作，统筹做好区级班子换届有关人事安排，做好区党代表选举和人大代表、政协委员以及区委委员、候补委员、纪委委员的推荐提名、组织考察等工作。坚持教育在先、警示在先、预防在先，进一步加强换届风气监督，严明换届纪律，保证换届全过程清明清正清新。

不断深化领导班子和干部人才队伍建设。以换届为契机，突出选优配强党政正职，注重选拔配备专业化干部，持续加大优秀年轻干部培养选拔力度，进一步优化班子结构。拓宽选人用人视野，加大干部交流力度。强化干部监督管理，用好提醒、函询、诫勉等组织措施，抓好领导干部个人有关事项报告和抽查核实。巩固公务员职务与职级并行制度实施成果，用足用活职级职数资源，激励干部履职尽责。深化七大人才发展高地建设，加大急需紧缺人才引进力度，完善项目制人才培养模式，打造"升级版"人才主题系列活动，营造人才发展优良生态。

巩固提升基层党组织建设水平。持续深化党建引领基层治理，举办"东城社工"与城市基层社会治理研讨会，进一步扩大"东城社工"影响力。不断提高"两新"组织党建"两个覆盖"质量，扎实推进新业态、新就业群体党建工作。加强系统领域党建工作，深入推进党组织领导下的院（校）长负责制，扎实开展国企党建"回头看"。强化党支部标准化、规范化建设，严格开展"党务外包"专项治理工作，持续抓好后进社区党组织整顿，推动基层党组织全面进步、全面过硬。

从严加强党风廉政建设。围绕"两个维护"强化政治监督，保障重大决策部署有效落实。完成对16个处级单位、42个社区党组织巡察，实现十二届区委巡察全覆盖。加强日常监督和政治生态研判，压实各级党组织全面从严治党责任。持续强化反腐高压震慑，紧盯重点人群、重点岗位、重点领域加大反腐力度，深化"以案为鉴、以案促改"工作，加强纪律教育和廉洁文化建设。完善落实中央八项规定精神、纠治"四风"长效机制，加强文风会风整治，切实为基层减负。

同志们，百年恰是风华正茂，未来仍需风雨兼程。我们要更加紧密地团结在以习近平同志为核心的党中央周围，牢记初心使命，坚定理想信念，践行党的宗旨，紧紧围绕市委提出的"一个开局、两件大事、三项任务"，以首善标准推进核心区各项事业，奋力谱写"五个东城"发展新画卷，不断推动国际一流的和谐宜居之都首善之区建设迈上新台阶！

加速“崇文争先”做实“六字文章”为建设国际一流和谐宜居的新时代首都核心区而努力奋斗

（2021年12月4日）

——在中共北京市东城区第十三次代表大会上的报告

中共北京市东城区委书记　孙新军

一、过去五年工作回顾

党的十八大以来，习近平总书记多次视察北京并发表重要讲话，对老城发展寄予殷切期望，指明了前进方向。庆祝建党百年，习近平总书记在天安门城楼上发出的伟大号召，至今在东城大地上余音绕梁、振聋发聩。区委深入学习习近平新时代中国特色社会主义思想，三十余次召开专题会议学习贯彻习近平总书记重要讲话精神，持之以恒对标对表，带头增强“四个意识”、坚定“四个自信”、做到“两个维护”，牢记“国之大者”，不断提高政治判断力、政治领悟力、政治执行力。在党中央和市委坚强领导下，区委始终牢记总书记的教诲和嘱托，切实把总书记的亲切关怀转化为强大动力，团结带领全区党员干部群众，万众一心，砥砺奋进，全面落实“崇文争先”理念，围绕“一条主线、四个重点”战略任务，全力加快“五个东城”建设，胜利完成了十二次党代会提出的目标任务，全区各项工作再上新台阶。

五年来，我们善作善成，圆满完成重大活动服务保障任务并形成机制，为服务国家和首都工作大局作出了独特贡献。坚持把服务保障首都功能作为核心区工作的第一要义，牢固树立“红墙意识”，完善“四个服务”，向前一步为中央党政军机关创造更加优良的政务环境。我们圆满完成党的十九大、第二届“一带一路”高峰论坛、新中国成立70周年、中国共产党成立100周年等重大活动服务保障工作。特别是在新中国成立70周年庆祝活动中，全区近47万人次积极参与，高标准完成安全维稳、环境整治、景观布置等各项任务，实现了“精精益求精、万万无一失”的总目标。在党的百年华诞庆祝活动中，一流的保障质量完美重现，标志着重大活动服务保障常态化机制日臻完善成熟。我们疏解15.6万人，为核心区腾空间、降密度、缓压力。建立“1+4+N”服务机制和中央政务服务专员工作制度，开辟服务中央单位绿色通道和服务窗口。区级领导走访驻区中央单位1100余次，实现“一站式”办理和“三个零”工作要求。我们积极推动议事交流与服务合作，支持中央单位参与区域发展，开展新冠疫情联防联控，为中央重点工程复工复产提供各类支持，实现了央地联动合作共赢。我们全面实施“雪亮工程”“智慧平安小区”建设，大力推进市域社会治理现代化和扫黑除恶专项斗争，防范化解相关重大风险，夯实首都安全稳定根基，出色完成了为党中央站好岗、放好哨的神圣使命，“四个服务”工作在北京市满意度调查中一直名列前茅。

五年来，我们坚定不移落实京津冀协同发展战略，实现了疏解功能谋发展的华丽转身，区域经济实力不断增强。严格落实北京新版“总规”和核心区“控规”，严格实施“双控四降”，坚定推动“腾笼换鸟”，区域经济高质量发展取得新成果。完成21个区域性专业市场疏解提升，累计调整退出16家工业企业，区域内实现零生产制造环节。实现天坛医院整体搬迁，推动中粮置地等低效楼宇改造90余栋，新建及规范提升便民商业网点394个。坚持以新发展理念引领经济高质量发展，预计地区生产总值从2280.1亿元提升至3200亿元左右；区级一般公共预算收入从172.2亿元提升至195.5亿元；人均GDP从3.9万美元增长到6万美元以上。我们不断优化产业结构，文化、金融、信息服务三大主导产业集聚效应更加凸显，金融业增加值稳居各产业之首。创建国家文化与金融合作示范区，构建故宫—王府井—隆福寺“文化金三角”，获评国家文化出口基地，文化产业蓄势待发，地均收入稳居全市首位。重点功能区品质有效提升，实现王府井步行街北延盛大开街，成功举办王府井国际品牌节和王府井论坛；打造前门地区成为全市六个“夜京城”地标之一；东城园地均产出稳居中关村示范区各分园首位；完成隆福寺商圈一期改造，国际消费中心城市窗口效应更加明显。定期召开营商环境大会，建立“紫金服务”品牌引领、“放管服”改革加速、“办不成事”窗口解难、“驻企专员”上门服务“四位一体”工作机制，连续四年在全市营商环境评价中名列前茅。

五年来，我们坚决扛起老城保护历史使命，推动文化赋能区域发展，文化魅力充分彰显。严格落实习近平总书记“老城不能再拆了”的要求和“留住乡愁”的嘱托，以中轴线申遗为抓手，老城保护复兴全面推进。完成太庙、社稷坛等文物腾退，推进皇史宬、曹雪芹故居开放利用，完成钟鼓楼保护修缮和北大红楼周边综合整治。探索“共生院”模式，以雨儿胡同为代表的南锣四条胡同走出了一条统筹老城保护和民生改善的新路。着力恢复前门地区老会馆建筑风貌布局，推进“大运河文化带”景观恢复，重现玉河故道“水穿街巷、绿树成荫”的柔美风貌。成立文化发展研究院，推动“国家公共文化服务体系示范区”创新发展，建成“美后肆时”“角楼图书馆”等高品质新型公共文化空间，公共文化服务水平持续提升。推出“大戏东望”“故宫以东”品牌和“南阳·共享际”戏剧工场样板，提升孔庙国子监国学文化节、前门历史文化节等品牌活动影响力，公共文化服务效能、人均公共文化设施面积位居全市前列。大力提高核心区城市文明程度，实现“全国文明城区”五连冠。

五年来，我们坚持人民城市为人民，以绣花功夫推进城市治理，城市空间更加清朗有序。注重高标准、精细化，下足绣花功夫，全面推动细节打磨和精致渗透，城市形象焕然一新。完成177条大街、1004条背街小巷环境整治提升，拆除违法建设93万平方米，封堵“开墙打洞”近万处，保持占道经营、新生违建动态清零。完成平安大街空间尺度调整，实现常规骨干道路向绿色交通道路转型。崇雍大街恢复“文风京韵、大市银街”古都风貌。公众参与量身定制美丽院落94个，打造王府井周边7条胡同成为“全市首个交通安宁步行友好示范街区”，全区不停车胡同达42条。雨儿胡同、草厂四条等胡同被评为北京“最美街巷”，数量居全市之首。坚决打赢污染防治攻坚战，PM2.5年均浓度累计下降53%。健全河（湖）长制工作体系，断面水质全部达标。建成大通滨河、龙潭中湖公园等6处大尺度公园和40余个口袋公园，新建改造绿地126.7万平方米，公园绿地500米服务半径覆盖率达到94%。积极推进党建引领物业管理，创新开展“局包社区”结对协作，实现业委会（物管会）组建率和物业管理覆盖率93.4%、党组织覆盖率99.9%，提前完成市级任务。建立垃圾分类全流程闭环体系，全部街道通过市级垃圾分类示范片区验收，垃圾分类新局面基本形成。深化“吹哨报到”改革，完善“接诉即办”机制，建立“热线+网格”服务新模式，在全市考核中位居前列，基层治理综合效能持续提升。

五年来，我们始终把为人民创造美好生活作为一切工作的落脚点，不断增进民生福祉，群众生活显著改善。牢固树立“民生优先”理念，着力解决群众最关心、最直接、最现实的利益问题。坚持人民至上，坚决打好新冠疫情防控阻击战，严格落实“四方责任”，创造“四个率先”。全力做好疫情常态化防控工作，第一时间启动“攀登行动”“登峰计划”，创建安全高效的疫苗接种“东城模式”。全面保障改善民生，全区城镇登记失业率控制在2.5%以内，就业形势稳中有进。推动学区制教育综合改革，全面实施素质教育，积极落实“双减”政策，实现校际、学区间优质教育资源全覆盖。深化医药分开综合改革，建设“国家医养结合试点区”，老年友善医疗机构建设率居全市第一。争创“国家全民运动健身模范区”，积极构建高水平全民健身公共服务体系。实现困难群众救助服务所全覆盖。全面打赢脱贫攻坚战，助力五个受援地区实现脱贫摘帽。举全区之力开展三大民生项目攻坚，天坛周边简易楼腾退项目签约率达到100%，宝华里回迁房实现开工，望坛回迁房部分结构封顶。以“三老”改造为突破口，实施“申请式退租”，退租居民2000余户。启动老旧小区综合整治92个，腾退简易楼109栋，完成棚户区改造8542户，让走的群众高兴、留的群众满意。

五年来，我们坚持把抓好党建作为最大政绩，推动全面从严治党向纵深发展，党的建设质量全面提高。层层压实管党治党政治责任，健全“大党建”格局，制定党建主体责任综合考核评价体系，实现全面从严治党（党建）考核和绩效考核全覆盖。强化理论武装，建立完善重大理论集中轮训制度，扎实开展“两学一做”学习教育、“不忘初心、牢记使命”主题教育和党史学习教育，大力传承红色文化基因。严格落实意识形态责任制，筑牢东城区意识形态领域安全堤坝。坚持全区中心工作、重点项目推进到哪里，党建工作就跟进到哪里，始终让党旗在基层一线高高飘扬。实施党建引领“吹哨报到”改革，探索形成了“小院议事厅”“小巷管家”“社区专员”“东城社工”等鲜活的基层治理经验。以提升组织力为重点，建立45个基层党建示范点和46个优秀社区党组织书记工作室，形成一贯到底的基层组织体系。树立鲜明选人用人导向，注重选优配强领导班子。从严加强干部管理监督，抓实领导干部报告个人有关事项工作，全面落实公务员职务与职级并行制度，激励干部履职担当、奋发有为。实施优秀人才引进“集贤计划”，搭建党政人才涵养、国企人才储备、高校人才实践平台，认定“东城杰出人才”等优秀人才62名，人才创新创造活力持续激发。强化全面从严治党主体责任，深化党风廉政建设和反腐败斗争，积极推进纪律检查体制、国家监察体制和纪检监察机构“三项改革”，在全市先行试点开展街道纪检监察体制改革。深化政治监督，扎实推进纪律监督、监察监督、派驻监督、巡察监督贯通协调。完成对91家处级单位、168个社区党组织的政治巡察。持之以恒纠“四风”树新风，每年召开全区“以案为鉴、以案促改”警示教育大会，综合运用监督执纪“四种形态”，一体推进“三不”体制机制，强化知止慎独氛围。累计立案442件，给予党纪政务处分344人，移送检察机关73人，追回在逃人员14人，实现“红通人员”清零。全区政治生态持续优化，全面从严治党群众满意度达到新高。

五年来，区委坚持总揽全局、协调各方，认真贯彻《中国共产党地方委员会工作条例》，完善常委会工作规则、领导班子议事和决策机制，促进集体领导和常委分工负责制有机结合。切实加强民主政治建设，支持人大、政府和政协依法履行职能，完善“大统战”工作格局，推动统一战线和多党合作事业健康发展。一如既往关心帮助各民主党派、工商联依章程开展工作，深化政治交接。支持群团组织强“三性”、去“四化”，更好发挥桥梁纽带作用。坚持党管武装，推进军民融合深度发展，实现全国双拥模范城“八连冠”。全区齐心协力干事业、上下同向抓发展的良好态势持续巩固。

各位代表、同志们，过去东城区之所以取得令人瞩目的发展成绩，是习近平新时代中国特色社会主义思想科学指引的结果，是市委市政府坚强领导的结果，是历届区委传承接力、团结拼搏和社会各界共同努力的结果，是全区各级党组织、广大党员干部群众开拓进取的结果。在此，我代表区委，向所有为东城发展倾注心血、作出贡献的同志们、朋友们，表示衷心的感谢，并致以崇高的敬意！

回首十二次党代会以来的五年，发展成就鼓舞人心，实践经验弥足珍贵，我们深深体会到：必须坚持政治统领，以习近平新时代中国特色社会主义思想统揽首都核心区各项工作，把总书记视察北京重要讲话当作指导发展的根本遵循，不折不扣贯彻落实党中央和市委决策部署；必须强化党建引领，充分发挥党组织的“主心骨”作用和党员干部的先锋模范作用，上下同欲、众志成城，形成逢山开路、遇水搭桥的强大合力；必须坚持人民至上，牢记“国之大者”，把人民疾苦放在心上，始终与人民心连心、手牵手，真心诚意为群众谋福祉，与人民携手共建共治、共享发展成果；必须坚持实干创新，以实绩论英雄、凭实绩用干部，引导党员干部把全部心思和精力用在干事创业上，形成心无旁骛抓发展的浓厚氛围。

同时，我们也必须清醒地认识到，我区发展依然存在不少短板和挑战：客观上，疏解带走产业，疫情抑制消费，控规削减空间，精治增加成本。但我们更应该从主观上找原因，主要的不足在于：满足现状安步当车，标兵渐远不眼红，追兵渐超不心急；概念新落地慢，盆景多森林少；老难题击鼓传花，新动能培养滞后；主导产业不突出，传统产业低效率；对“四个服务”唯此为大的认识和能力还有待提高和深化。今后的工作，我们必须付出更多艰辛努力，才能爬坡过坎、接续辉煌。

二、未来五年奋斗目标和主要思路

今后五年是开启全面建设社会主义现代化国家新征程、向第二个百年奋斗目标进军的第一个五年，也是我区大有可为的战略机遇期和不进则退的发展关键期。面对新的历史起点，我们要明判大局大势，坚守首善定位，保持战略定力，稳住发展大盘，努力把东城的事情办得更好。

奋进新征程，我们必须准确把握东城所处的时代背景和发展机遇，强化角色意识，凝聚起奋发向上的精神力量，坚定书写新时代非凡答卷。未来五年，我们要深入研判国内外发展趋势。新冠疫情加速了国际格局调整，世界进入动荡变革期，正在经历百年未有之“大变局”。中国加快构建“双循环”发展格局，推动经济更加协调、开放、高质量发展已成为大趋势。我们要抓住国内大局稳定、经济复苏强劲的有利局面，坚持对标一流，努力创造一流，务必实现一流。未来五年，我们要积极顺应新时代首都发展大势。习近平总书记为首都发展指引了方向、描绘了蓝图，强调核心区发展要在“突出政治中心、突出人民群众方面起到示范作用”。蔡奇书记为东城把脉开方，为经济高质量发展提出了15条指导意见。我们要深刻领会中央和市委意图，充分利用北京“两区”建设等机遇，全面优化升级产业结构，不断打造新亮点，为东城高质量发展注入巨大能量。未来五年，我们要用足用好自身优势。我区历史文化底蕴深厚，拥有丰富且独一无二的文化资源；第三产业发达，金融业、文化产业、信息服务业发展态势强劲；高端人才集聚，教育、卫生等公共服务在全市领先。我们要善于扬长补短，激发释放资源能量，在首都各项工作中当先锋、作表率、立标杆。未来五年，我们要积蓄实现新跨越的轩昂气势。前行路上没有平坦的大道，好啃的骨头都已经啃完，在长河奔腾、万物勃发的新时代，我们必须拿出放手一搏的闯劲儿和结硬寨打硬仗的拼劲儿，披荆斩棘、如火如荼地推进工作，全面展现迈向中华民族伟大复兴的社会主义大国首都核心区新形象。

今后五年全区工作的指导思想是：全面贯彻党的十九大和十九届二中、三中、四中、五中、六中全会精神，以习近平新时代中国特色社会主义思想为指导，立足新发展阶段，贯彻新发展理念，融入新发展格局，坚持以首都发展为统领，全面加速“崇文争先”，做实“六字文章”，不断完善“四个服务”，全力打造“五个东城”，推动国际一流和谐宜居的新时代首都核心区建设迈上新台阶。

今后五年全区发展的奋斗目标是：全面完成“十四五”目标任务，常住人口规模控制达到市级要求。地区生产总值年均增速达到5%左右，一般公共预算收入年均增速达到5%。居民人均可支配收入年均增速与经济增长基本同步，登记失业率低于3%。把东城区建设成为保障更有力、文化更多彩、经济更繁荣、社会更和谐、环境更优美、人民更幸福的和谐宜居首善之区，在首都各项工作中走在前列。

今后五年，我们将做好“六字文章”，实施“六力提升”：做好社会秩序“靖”字文章，推动政治保障力提升，确保中央政务核心区域绝对安全，构建拱卫党中央的铜墙铁壁；做好城市品质“净”字文章，推动环境亲和力提升，确保大街小巷整洁利落、人与自然和谐相济，建设舒适宜居花园城市；做好文化文明“敬”字文章，推动文化影响力提升，确保软实力和硬实力相得益彰，营造崇文尚礼的城市新风；做好产业发展“劲”字文章，推动区域生产力提升，确保主导产业扛起大梁、新兴产业锦上添花，形成强大经济动能；做好社情民声“静”字文章，推动社会凝聚力提升，确保民本巩固殷实、社会公正平等、人心安定从容，打造幸福和谐家园；做好干事创业“竞”字文章，推动队伍战斗力提升，弘扬摩拳擦掌、不甘人后的组织文化，树立无功就是过、平庸就是错的价值取向。

实现上述目标，是中央和市委对首都核心区的要求，也是全区人民对美好生活的期待，更是我们践行宗旨、赤诚为民的使命。只要我们始终以“赶考”状态，勇于直面挑战，撸起袖子加油干，东城区必将迎来高质量发展的辉煌明天。

三、深入做好“四个服务”，全力服务保障首都核心功能，全面增强政治保障力

牢固树立“红墙意识”，全力做好“四个服务”，保障中央党政军领导机关高效开展工作，为党中央站好岗、放好哨。围绕“靖”字做文章，推动政治保障力提升，实现社会秩序井然、政治安全可靠。

全面提高“四个服务”水平，营造优良政务环境。核心区是“都”的特点表现最集中的区域，站在党和国家事业发展全局的高度，把“城”的发展寓于“都”的功能之中，坚持以“都”为先、以“都”为最，全方位强化中央政务服务保障功能。加强“两轴”沿线重点地区规划管控和环境整治，强化天安门广场周边空间管控，严格控制建筑高度。持续推动长安街纵深品质提升，便利中央政务功能向长安街沿线相对集中布局。严格实施“双控四降”，健全“人随功能走”的政策措施，建设更多小而美、雅而秀的空间。统筹腾退空间利用，优化核心区功能布局，推动政务功能和城市功能有机融合，以更大的空间容量支撑国家政务活动。健全与中央单位常态化联络机制，完善“四个服务”制度，姿态要高、身段要低，主动对接、精准服务、快速响应，积极协调解决驻区单位关心的各类问题。加强多边交流协作，在文物腾退、老旧小区管理、推动高质量发展等方面，积极争取驻区单位支持，实现互利共赢。

不断健全安全保障能力，筑牢核心区安全屏障。牢固树立“东城无小事”意识，高水平统筹安全和发展。正阳门下、金水桥边，责任重大，不容有失。要居安思危、死守底线，坚持养兵千日、用兵千日，做到病未形而除，全天候确保核心区安全稳定。完善重大活动常态化服务保障机制，高标准、高质量完成各项服务保障任务。坚决捍卫首都政治安全，严格落实国家安全工作责任制。全面强化意识形态阵地管理，加强常态化舆情监测研判，确保核心区意识形态绝对安全。完善应急预警和处置体系建设，增强对自然灾害、事故灾难、公共卫生事件、社会安全事件的掌控力，建立多部门、跨区域联合响应机制，推进应急管理信息化现代化，创建安全发展示范城市，确保全区大局和谐稳定。

四、深入推进疏解整治促提升，聚焦精细化管理，全面增强环境亲和力

深入落实核心区“控规”，紧扣“两轴一城一环”城市空间格局，紧紧抓住疏解非首都功能这个“牛鼻子”，以“六精六细”理念一体推进城市更新和“城市病”治理。围绕“净”字做文章，推动环境亲和力提升，实现环境精致净美、城市舒朗宜居。

坚定推进疏解整治促提升。坚守核心区禁限目录，持续疏解非首都功能，以线带面推动环境治理。推动钟鼓楼紧邻地区综合整治，压茬推进鼓楼东大街（二期）、国子监街（二期）、东华门大街、五道营胡同环境整治提升，展现首都风范、古都风韵、时代风貌。加快街巷治理向院落延伸，完成新一轮背街小巷环境精细化整治提升三年行动计划，进一步推动架空线入地，764条背街小巷实现达标率和精细化长效管理率100%。优化健步悦骑体验，实现滨水步道、巡河路、骑行通道城市慢行系统互联互通。提升停车管理效能，推动东四、南锣等实现“安宁街区”。推进街道社区停车共治全覆盖，增加共享停车位3000个。全面建成“基本无违法建设区”，开展平房院落公共空间“微整治”，确保新生违建零增长和“开墙打洞”动态清零，高质量打造一批群众满意、效果突出、特色鲜明的街区更新亮点，让街巷院落更富生机底蕴和颜值价值。

着力打造干净优美城市环境。牢记“良好生态环境是最公平的公共产品，是最普惠的民生福祉”，深化“一微克”行动，推进大气污染精细化管理示范区建设，基本消除重污染天气。加强韧性城市和海绵城市建设，提升河（湖）长制效能，加强“八河六湖”保护，推动所有水体水质持续改善。推进业委会（物管会）规范化运行，加快实施住宅小区品质提升计划。认真落实碳中和、碳达峰北京行动方案，深挖节能减排潜力，倡导简约适度、绿色低碳生活方式。全面提高垃圾分类质量，大力推动源头减量，着重提升市民自主分类积极性，注重习惯养成。推进大尺度公园建设，实施公园绿地全龄友好化改造。完善二环“凸字

形”绿色城廓，建立林荫路、林荫景观街、林荫漫步道三级林荫道体系，营造绿意悠然、舒朗舒心的城市韵味。

五、深入贯彻“以文化城”，传承保护与活化利用并举，全面增强文化影响力

充分发挥“一轴、两区、五带、五城”文化功能格局作用，不断让文化“软实力”成为发展的“硬支撑”。围绕“敬”字做文章，推动文化影响力提升，实现市民崇文礼敬、老城焕发新生。

探索科学保护与发展模式，彰显文化古都魅力。以中轴线申遗为契机，推动城市水系、历史建筑和传统四合院民居整体保护，在守住文脉、肌理、底色和气质的基础上，重塑古都风貌壮美空间秩序。以三眼井片区、北京站西和故宫、钟鼓楼周边环境整治等项目为抓手，持续推进历史文化街区保护更新。探索文物保护传承利用东城模式，建立区级文物保存状况数据库，构建“一轴两线多片”文物保护利用格局。因地制宜建设文化展示空间，带动文物、历史建筑开放展示与文化设施共享。加快水系景观提升，构建大运河生态文化景观廊道，建设数字体验中心，加强玉河古道文化展示。推动非遗活态传承，支持“老字号”创新发展，打造最具“京味”的非遗文化休闲地。

健全现代公共文化服务体系，提升城市文明程度。夯实国家公共文化服务体系示范区发展优势，深化社会多元服务供给，加强区、街道、社区三级联动，优化提升“十分钟文化圈”。拓展公共文化服务，增设嵌入式文化空间，推广“共享际”发展新模式，高水平运营东城文化活动中心。落实好实体书店“四进”专项扶持政策，支持“智慧书城”“示范书店”建设，复制前门“书香世业”等主题街区，打造全国知名的“书香之城”。塑造演艺新生态，打造幸福剧院、大华剧院、广和剧场等“大戏东望”演艺新地标。提升南锣鼓巷戏剧展演季、全国话剧展演季影响力，打造国际知名的戏剧片区。推动社会主义核心价值观融入经济社会发展各领域，常态化抓好全国文明城区创建，争创“全国文明典范城市”。积极提升文化对外影响力，建强文化发展研究院，加强文化品牌体系化建设。频繁推出精心策划的文化文艺活动，高水平举办北京纪实影像周、“文化东城”会客厅、孔庙国子监国学文化节等品牌活动，提高东城文化感知度和文化黏性，全面展示核心区文化魅力。

六、深入推动经济高质量发展，培育重点产业，全面增强区域生产力

以“两区”建设、国际消费中心城市和全球数字经济标杆城市建设为契机，加快“腾笼换鸟、筑巢引凤”，向创新要动力、向“两区”要政策、向数字要能级、向营商环境要竞争力。围绕“劲”字做文章，推动区域生产力提升，实现发展动力强劲、经济开创新局。

把“文化+”作为重要引擎，推动文化产业创新融合发展。打通文化链与价值链的联接，使文化既开花又结果。立足“一主三副”文化产业格局，做强内容生产主业，做活创意设计服务业、做精文化传播渠道业、做优文化辅助生产和中介服务业。发挥故宫—王府井—隆福寺“文化金三角”辐射带动效应，建成综合性文化融合发展新地标。支持文化拍卖产业跨越发展，提高全球影响力。高标准建设特色文化产业园区集群，推动“胡同里的创意工厂”改造升级，打造大磨坊文创园、雪莲亮点文创园、禄米仓新视听创意中心等“文化+”产业园区。建设“故宫以东”品牌孵化基地，打造“故宫以东”IP形象和文商旅融合生态圈。高水平建设国家文化与金融合作示范区，用好“文菁”“文化+”产业基金，举办中国文化金融峰会等重点品牌活动，支持示范区文化金融服务总中心和北京“文创板”建设，撬动社会资本加大对文化产业投资规模。推动国家文化出口基地建设，打造“两个高地”“五个中心”，形成规模更大、辐射更广、作用更强的文化贸易综合服务平台。

优化产业结构，做大做强主导产业。坚持以文化为底色、以金融为引擎、以数字经济为引领，赋能服务业转型升级，培育新兴产业。坚定“一体两翼一核”金融产业发展战略和“一横一纵、一城多点”金融空间布局战略，稳步扩大金融业规模，打造金宝街高端金融聚集区、安外国际金融聚集区、东直门现代金融聚集区，建设首善金融生态圈。大力支持金融创新，打造北京市REITs产业发展高地，实现金融业增加值年均增速6%以上。实施科技服务业聚集计划和信息服务业夯实计划，加快5G基础设施建设，大力发展数字经济，推动移动互联网、云计算、大数据、物联网等与传统优势产业深度融合，积极培育新业态，促进平台经济、共享经济健康发展。打造“国际数字健康应用创新中心”，推动中医药科技成果交易平台落地，吸引一批健康产业总部企业和高端项目，推动崇文门、体育馆路、永外地区形成健康产业集聚区。要随形就势，利用腾退空间，尝试孵化产业类聚的银巷、硅巷、文巷和杏巷。以北交所成立为契机，培育一批“专精特新”企业登陆资本市场。深化区属国资国企改革，建设投融资平台，融入全区发展大局，提升国有经济竞争力。借势后奥运效应可持续发展，拓展消费活力，推动消费向体验化、品质化和数字化方向升级，加快国际消费中心城市示范区建设。

优化产业空间，加强产业功能区建设。构建“两带、三区、多点”产业空间格局，以崇雍大街沿线为重点，打造5号地铁沿线文化融合创新发展带。以东二环沿线为载体，持续改善高端商业商务配套服务，提升金融商务集聚发展带品质。做好王府井、前门、东城园三个功能区品质提升工作，办好王府井论坛，加快王府井独具人文

魅力的国际一流步行商业街区建设。推进重点商圈与新消费品牌孵化、老字号品牌联动发展，打造南锣鼓巷、前门地区京味文化体验式消费街区，让老商街叫好又叫座。推动东城园重点发展新一代信息技术，建设国家级文化科技融合示范基地。谋划提升金宝街、东直门、安定门、隆福寺、红桥等区域空间品质，推动产业升级。促进楼宇经济提质增效，2025年“亿元楼宇”数量达到60栋以上。加快拆迁腾退和“拔钉子”进度，整合闲置土地资源，盘活产业发展空间，打造永外地区成为新产业发展高地，推动实现南北均衡发展。

持续优化营商环境，不断推进招优引强。要鲜明地做到企业吹哨、政府报到，企业鸣金、政府收兵，有事相助、无事不扰。牢固树立“人人都是营商环境”理念，不断丰富“紫金服务”品牌内涵，推动后疫情时期经济高质量发展，定期召开优化营商环境、推动经济高质量发展大会等政企交流系列活动，着力营造法治化、国际化、便利化营商环境。扩大“投资东城”品牌影响力和美誉度，深度参与服贸会、进博会等活动，将优质资源与优质企业深度对接，以心换心、共谋发展。加强“走出去”招商力度，着力吸引培育创新型龙头企业发展，稳定优质企业在京发展，为经济社会高质量发展和财政收入可持续增收聚势蓄能。

七、深入践行以人民为中心的发展思想，持续改善民生，全面增强社会凝聚力

立足民本、关切民生、化解民怨，紧扣“七有”目标和“五性”需求，不断满足人民群众对美好生活的向往。围绕“静”字做文章，推动社会凝聚力提升，实现生活幸福安宁、社会和谐共融。

加快公共服务优质均衡发展。实施稳妥积极的就业政策，创造更多就业岗位，鼓励创新创业。深化教育综合改革，以推进“党组织领导的校长负责制试点区”为契机，聚焦“双减”工作，加大干部教师交流轮岗，课内提质增效、课后丰富供给，争创全国义务教育优质均衡发展示范区。完善“互联网+诊疗”多模式医疗服务的医联体内涵建设，探索打造智慧医院。建立中医药服务体系，持续增强中医药服务水平。健全重大疫情防控救治体系和突发公共卫生事件应急指挥体系，做好新冠肺炎疫情常态化防控，提高医防融合能力。继续创建“国家全民运动健身模范区”，弘扬冬奥文化，打造具有东城特色的体育公园、“双奥社区”和全民健身品牌赛事活动。落实住宅小区品质提升计划，加快“三老”改造，完成不少于6500户申请式退租，启动130栋直管公房简易楼腾退，完成320个老旧小区改造工作，提高居民生活便利性和舒适度。

持续健全完善社会保障体系。深化社会保障制度改革，扩大覆盖范围，形成公平可持续的社会保障体系。优化机构养老服务供给，深化“区域养老联合体”建设，打造老年友好社区，提升养老服务能力。建设区、街、社区三级“全国示范型退役军人服务中心（站）”，提升基层退役军人服务保障能力。积极发展社会救助和儿童福利事业，健全社会救助分层分类保障体系，不断扩大社会救助覆盖面。保持总体稳定的帮扶政策，助力受援地区巩固拓展脱贫攻坚成果，全面推进乡村振兴。

着力深化基层社会治理新格局。协同推进依法治区，坚持法治国家、法治政府、法治社会一体建设，推进普法宣传与依法治理有机融合，扎实开展“八五”普法工作，让法治成为化解矛盾的“稳压器”。加快推进市域社会治理现代化，不断巩固扩大扫黑除恶专项斗争成果，坚守一方平安。认真落实《北京市接诉即办工作条例》，强化“吹哨报到”机制作用，推动接诉即办向主动治理、未诉先办转变，用心用情用力解决群众急难愁盼问题。全面提升社会治理能力，完善社区议事协商机制，探索“党建+社区治理”新模式，加大社会组织培育发展力度。更加注重政府治理和社会调节、居民自治良性互动，实施“五力引航”计划，深化“五民工作法”，打造懂技术、会方法、善服务的“东城社工”队伍，消怨气、顺心气、增和气，让社会更加生机勃勃。

八、深入推进党的建设新的伟大工程，扎实提高管党治党水平，全面增强队伍战斗力

毫不动摇坚持和完善党的领导，推动全面从严治党向纵深发展，围绕“竞”字做文章，推动队伍战斗力提升，实现人人争先恐后、队伍善战善赢。

旗帜鲜明狠抓政治建设。高度自觉落实好“看北京首先要从政治上看”的要求，时时处处讲政治、顾大局，同以习近平同志为核心的党中央在思想上、政治上、行动上保持高度一致，不断提高政治判断力、政治领悟力、政治执行力，切实增强“四个意识”，坚定“四个自信”，坚持“两个确立”，做到“两个维护”，牢记“国之大者”，做政治上的明白人、老实人。严守政治纪律和政治规矩，加强对党中央重大决策部署和习近平总书记重要指示批示精神贯彻落实情况的监督检查，不断推进政治监督具体化、常态化，确保贯通到底、落地见效。

驰而不息强化理论武装。深化党的创新理论学习宣传教育，构建以党委（党组）理论学习中心组为龙头、覆盖全区各级党组织的全方位学习体系，不断推动习近平新时代中国特色社会主义思想入脑入心。学习好、宣传好、贯彻好党的十九届六中全会精神，倍加珍惜、长期坚持党的历史经验，坚守好以伟大建党精神为源头的精神谱系，不断汲取实践力量和精神力量，守护和建设好中国共产党人的精神家园。抓好红色文化保护传承利用，进一步打造新时代首都爱国主义教育高地，建设社会主义核心价值观首善之区。

持之以恒锤炼过硬作风。把保持党同人民群众的血肉联系作为作风建设的核心，走好新时代党的群众路线，持续整治群众身边腐败和不正之风。认真落实中央八项规定精神，坚决纠治“四风”问题，扎实做好基层减负工作。大力弘扬时传祥精神，在学习道德模范中锤炼党性修养，做到明大德、守公德、严私德。积极发扬斗争精神，保持锐意进取的精神风貌，在破解难题、担当作为中淬炼本领，让有为者有位、吃苦者吃香、流汗者流芳。既要弘扬愚公移山的精神，下定决心排除万难，去争取胜利；又要拥有绕开沼泽的智慧，因地制宜、因情施策，实现柳暗花明、峰回路转。

坚定不移全面深化改革。把打基础、惠民生、利长远的改革有机统一起来，不断提高改革的针对性和前瞻性，使改革更好对接发展所需、基层所盼、民心所向。全方位培育创新文化，用新思想新理念武装头脑，积极打破路径依赖。认真做作业而不是抄作业，既要全面统筹，注重推动各项改革相互促进、良性互动、协同配合；又要集中攻坚，持续聚焦老城保护、产业发展、城市管理、教育医疗、社会治理等重点领域改革，不断汇集强大发展动力。全面激活基层改革创新能量，主动推出一批小切口、大成效的民生领域改革举措，把百姓的痛点当成改革的着力点，让改革带着温度落地，使群众分享更多改革红利。

着力建设高素质干部人才队伍。进一步营造风和日丽、海晏河清、草木葱茏的政治生态，让干部在公平竞争中你追我赶、成长成才。坚持新时代好干部标准，落实市委“四个不让”要求，紧紧围绕核心区高质量发展选干部、配班子。加强处级领导班子和干部队伍的综合分析研判，突出选优配强党政正职，注重“一把手”能力提升，不断增强班子整体功能。实施年轻干部源头储备、素质提升、择优选用“三大工程”，加大干部交流力度，统筹用好各年龄段干部，深化公务员分类改革，让整个干部队伍都有激情、有干劲、有奔头。坚持严管和厚爱结合、激励和约束并重，加强对“一把手”监督，建立激励和容错机制，严格落实“三个区分开来”，旗帜鲜明为敢于担当、踏实做事、不谋私利的干部撑腰鼓劲。坚持党管人才、开门纳才，全面推进七大人才发展高地建设，深入实施“集贤计划”，完善人才引进使用、表彰奖励、认定评价机制，让人才创造活力竞相迸发、聪明才智充分涌流，努力把东城打造成为各类人才大有可为、大有作为的热土。

高质量推进基层组织建设。树立抓基层、强基础、固基本的工作导向，各级书记都要当前委书记，脚下有泥，才能心中有谱。制定实施新一轮基层组织体系建设三年行动计划，统筹推进机关、社区、国有企业、中小学校、公立医院党建工作，重点提升“两新”组织党建质量，推动基层党组织建设全面进步、全面过硬。持续深化党建引领城市基层治理，做实三级党建工作协调委员会，常态化落实“双报到”工作机制，不断探索创新基层社会治理经验。严格执行党的组织生活制度，扎实推进党支部标准化、规范化建设。加强基层党组织书记队伍建设，培养“领飞头雁”。坚持和深化在重大活动中发挥基层党组织和党员作用的长效机制，深入开展“党员先锋行动”，激发广大党员干部群众干事创业热情，为推动东城区高质量发展汇聚磅礴力量。

深入推进党风廉政建设和反腐败斗争。高质量完成新一届区委巡察全覆盖任务，加强巡察整改，做好巡察“后半篇文章”。深化标本兼治，坚持一体推进“三不”体制机制，始终保持反腐败高压态势，做到行贿受贿一起查。用好“四种形态”，坚持惩前毖后、治病救人，综合发挥惩治震慑、惩戒挽救、教育警醒的功效。深化纪检监察体制改革，推动改革成果制度化，不断将制度优势转化为治理效能。强化对公权力运行的制约和监督，推进廉洁文化建设，引导干部队伍做到一身正气、两袖清风。

充分发挥区委总揽全局、协调各方作用。做好改革发展稳定各项工作，圆满完成“十四五”规划，既要政治过硬，也要领导过硬。区委要坚持“把方向、管大局、作决策、保落实”，常委会带头落实民主集中制，健全“三重一大”集体决策程序，严格执行重大事项请示报告制度，全面提升执政本领。加强民主政治建设，支持人大、政府、政协依法依章履行职能，充分发挥民主党派、工商联、无党派和民族宗教界等统一战线各界人士的作用。加强对工青妇等群众团体的领导，深化群团改革，增强群团工作的政治性、先进性、群众性。坚持党管武装，不断推动双拥工作有序开展。围绕重点工作，完善区级领导分片包干、领衔负责的工作推动机制，持续巩固全区一盘棋、上下抓落实的良好局面。

过去五年，全区广大党员干部群众满怀豪情、攻坚克难，沉着应对风险挑战特别是新冠疫情严重冲击，创造出了突出的成绩。未来五年，我们将奔赴新的考场。广大党员干部要大力弘扬伟大建党精神，砥砺蓬勃向上的朝气，激扬劈波斩浪的勇气，自告奋勇、义无反顾，心系万家灯火、情牵百姓忧乐，在热火朝天地干事创业中绽放生命华彩。

各位代表、同志们，一个时代有一个时代的主题，一代人有一代人的使命。今天，东城发展的接力棒已经传到了我们手里，责任重于泰山。让我们更加紧密地团结在以习近平同志为核心的党中央周围，在市委的坚强领导下，立足核心区功能定位，以百折不挠的韧劲、锲而不舍的执着和永不言败的自信，不断书写东城发展崭新篇章，奋力推动国际一流和谐宜居的新时代首都核心区建设迈上新台阶，以优异成绩迎接中国共产党第二十次全国代表大会胜利召开！

东城区人民政府工作报告

2021年12月9日在东城区第十七届人民代表大会第一次会议上

东城区人民政府代区长　周金星

过去五年工作回顾

在市委、市政府和区委的正确领导下，在区人大及其常委会的监督支持下，区政府坚持以习近平新时代中国特色社会主义思想为指导，深入贯彻习近平总书记对北京重要讲话精神，牢固树立“崇文争先”理念，围绕“一条主线、四个重点”战略任务，全力加快“五个东城”建设，圆满完成了区十六届人代会确定的各项目标任务。

五年来，区域经济保持了良好发展势头。预计地区生产总值从2280亿元增长到3200亿元左右；区级一般公共预算收入从172.2亿元增长到195.5亿元；人均GDP从3.9万美元增长到6万美元以上；固定资产投资累计完成1283亿元左右；社会消费品零售额从1146亿元增长到1280亿元左右；万元GDP能耗累计下降16%左右。

五年来，我们忠诚履行核心区职责，以首善标准完成重大活动服务保障，为服务国家和首都工作大局作出了东城贡献。牢固树立“红墙意识”，举全区之力，以“精精益求精，万万无一失”的标准，高质量做好安全维稳、环境整治、景观布置等工作，圆满完成党的十九大、第二届“一带一路”高峰论坛、新中国成立70周年、中国共产党成立100周年等服务保障任务，充分展现了东城干部群众勇于担当、敢于胜利的精神风貌，形成了更加成熟完善的服务保障机制。建立“1+4+N”服务机制和中央政务服务专员制度，开辟服务中央单位绿色通道，实现“一站式”办理需求和“三个零”工作要求。全面实施“雪亮工程”和“智慧平安小区”建设，大力推进市域社会治理现代化和扫黑除恶专项斗争，防范化解重大风险，出色完成了为党中央站好岗、放好哨的神圣使命，“四个服务”工作在全市满意度调查中名列前茅。

五年来，我们坚决贯彻京津冀协同发展战略，攻坚克难推动减量提质，疏解功能谋发展迈出坚定步伐。紧紧围绕“双控四降”目标，持续深入开展“疏解整治促提升”专项行动。疏解转型区域性专业市场21个、住宿业企业166家，退出工业企业16家。天坛医院成为全市首家整体外迁的市级大型医院。实现人防工程、地下空间违规住人和直管公房转租转借动态清零。预计到2021年年底，全区常住人口将降至70.8万人，比2016年年底减少15.6万人。全面完成177条大街、1004条背街小巷环境整治提升，拆除违法建设93万平方米，封堵“开墙打洞”近万处，清理广告牌匾1.2万块，完成92条街巷架空线入地。平安大街等14条大街变身为林荫景观大道，雨儿胡同、府学胡同等9条胡同获评北京“最美街巷”，城市面貌焕然一新。建设提升便民商业网点307个，实现8项基本便民商业服务功能社区全覆盖。史家小学、北京二中教育集团等19所学校输出优质教育资源，支持雄安新区和北京城市副中心建设发展。

五年来，我们深入推动产业融合创新，持续优化营商环境，发展质量效益显著提高。金融业增加值突破千亿元，GDP占比超过30%，集聚度、贡献率持续提升。连续承办两届北京REITs产业发展大会，成功引入摩根士丹利、瑞银证券等外资金融机构，实现浙商银行北京分行、农银理财等落户东城，11家企业挂牌上市。高水平建设“国家文化与金融合作示范区”，获批“国家文化出口基地”，实现北京文创板落户，“故宫以东”文商旅品牌初步形成，文化产业地均营业收入全市第一，入选全国文化企业30强数量全市第一。引入高通、英特尔等一批世界知名科技企业，科技服务业和信息服务业占比达到22%。“两区”建设累计落地项目110个，实际利用外资30.7亿美元。重点功能区品质不断提升，王府井大街荣膺“全国示范步行街”，前门地区成为“国家级夜间文化和旅游消费集聚区”。推进“国家级文化和科技融合示范基地”建设，东城园地均产出居中关村各分园首位。改造低效楼宇90余栋，中粮置地广场、中海地产广场入选中国楼宇经济

王府井“小微绿色空间”（区融媒体中心提供）

新地标，区级税收超亿元楼宇达27栋，楼宇和园区经济支撑作用更加突出。区属国企基本形成“3+1”国有经济布局。推出“紫金服务”品牌，健全完善“1+5+N”产业政策体系，为1100家重点企业、304栋商务楼宇配备服务管家，连续四年在全市营商环境评价中名列前茅。财源建设工作在全市评估中持续保持第一。

五年来，我们坚决扛起老城保护复兴历史使命，以文化浸润城市，成为全国文化中心建设排头兵。启动实施核心区控规三年行动计划，完成阶段性任务185项。严格落实“老城不能再拆了”的要求，在全市率先出台历史文化街区管控导则，有序实施中轴线申遗保护项目。完成太庙、天坛等34处文物腾退和18处文物保护修缮，推动皇史宬等文物活化利用，完成永定门公园古御道展示。北大红楼周边环境实现整体提升。崇雍大街恢复“文风京韵、大市银街”古都风貌，前门三里河和玉河故道重现“水穿街巷、绿树成荫”历史景观。创新“共生院”模式，草厂片区和南锣四条胡同完成整治提升，让老胡同的居民过上了现代生活。成立文化发展研究院，实施文化引领等“五大工程”。深化“国家公共文化服务体系示范区”建设，100个社区公共文化设施实现社会化运营，推出“美后肆时”、角楼图书馆等高品质特色文化空间。新增国家级非遗项目6项。五大戏剧节接续举办，“南阳˙共享际”戏剧工场、北京国际戏剧中心先后投用，“大戏东望”戏剧生态链初步形成。“书香东城”氛围浓郁，率先建成“十分钟文化圈”，实体书店建设指标、人均公共文化设施面积全市第一。

五年来，我们全力推进重点工程建设，加强城市精细化管理，城市功能品质不断提升。攻坚提速危改、棚改和“三老”改造，17000余户居民住房条件得到改善。西河沿、宝华里两个长期滞留项目基本完成签约腾退，望坛项目作为核心区最大体量棚改工程，回迁楼实现开工建设。坚持“一把尺子量到底”，攻坚克难完成天坛周边65栋简易楼腾退，全区累计腾退简易楼109栋。探索“申请式退租”模式，完成平房区居民退租2000余户。实施92个老旧小区综合整治，推动实现“六治七补三规范”。停滞多年的东直门交通枢纽项目全面复工，西部会馆、览海大厦等重点项目实现竣工，王府中环投入使用。14条次支路建成通车，分区连片提升慢行系统165.4公里。胡同停车治理初见成效，“不停车”胡同达42条。王府井周边在全市率先建成交通安宁步行友好街区，全区累计增加车位供给2万余个。推进“厕所革命”，改造提升公厕751座。坚决打赢大气污染防治攻坚战，细颗粒物年均浓度累计下降53%。利用北京游乐园原址建设龙潭中湖公园，保留摩天轮延续城市记忆。建成大通滨河公园等大尺度公园6处、口袋公园40余处，新建和改造绿地126.7万平方米。实现龙潭三湖及青年湖—柳荫湖水系连通，市级考核断面水质全部达标，获评“全国节水型社会建设达标区”。

9月，龙潭中湖公园摩天轮重新亮相（薛毅摄）

五年来，我们持续推动社会治理创新，形成一系列“东城模式”“东城经验”，基层治理能力显著增强。持续深化“热线+网格”为民服务模式，“接诉即办”考核保持全市前列，获评“全国12345热线治理案例奖”。率先实施街道“大部制”改革，设立“社区专员”岗位，首创“小巷管家”模式，创新经验在全市推广。推动“街道吹哨、部门报到”改革，90%城管执法力量下沉街道，合力办好群众身边的事。推出“小院议事厅”“周末卫生大扫除”等社区治理品牌，“五民”群众工作法获评全国优秀社区工作法。探索开展平房区物业管理，胡同居民生活环境明显改善。抓好两个“关键小事”，推进“局包社区”结对协作，业委会（物管会）组建率和物业管理覆盖率达到93.4%，党的组织和工作覆盖率达到99.9%。建立垃圾分类全流程闭环体系，实现分类设施100%达标，“示范小区”数量位居中心城区首位，垃圾分类日益成为居民生活新时尚。推广应用“三色”预警管理和“火眼”系统，以科技手段破解狭窄胡同和木质大屋顶简易楼消防难题，建成小微消防站856个，5595项挂账隐患全部销账，群众安全感不断提升。

五年来，我们围绕“七有”要求“五性”需求，用心用情用力为群众谋福祉、解忧困，推动发展成果人人共享。夯实民生之本，广泛开展就业创业扶助，登记失业率控制在2.5%以内，零就业家庭保持动态清零。居民人均可支配收入预计突破9万元，年均增长6.4%。持续深化学区制教育综合改革，新增学前教育学位8000个，扩充义务教育学位2.4万余个。落实“双减”政策，实施教育质量、队伍质量提升三年行动计划，实现义务教育优质资源全覆盖。持续推动“国家智慧教育示范区”等7个国家级试点、示范区建设。科普服务覆盖面不断扩大。建成医联体12个，隆福医院和鼓楼中医医院晋升三级医院，国家基本公共卫生服务考核全市第一。深化“国家医养结合试点区”等7个国家级卫生健康项目建设，医药分开、医耗联动综合改革平稳实施，医改评价关键性指标全市最优。创建“国家全民运动健身模范区”，“15分钟健身圈”社区覆盖率达到100%。荣获第十五届市运会、首届市冬运会总分第一名，输送的运动员在东京奥运会上获得奖牌数占全市总数近七成。建成街道养老照料中心15家、养老驿站54家。残疾人基本康复服务覆盖率达到100%，无障碍环境建设水平全市领先。筹集各类保障性住房4.7万套，配租配售2.3万套。食品、药品抽检合格率均保持在99%以上。健全退役军人三级服务保障体系。圆满完成第七次全国人口普查。助力5个受援地区全部实现脱贫摘帽。

五年来，我们旗帜鲜明讲政治，持续加强政府自身建设，政府服务效能显著提升。认真履行政府系统全面从严治党主体责任，坚持以政治建设为统领，扎实开展“两学一做”学习教育、“不忘初心、牢记使命”主题教育和党史学习教育。深入贯彻落实中央八项规定精神，切实抓好巡视巡察问题整改。坚持过“紧日子”，实现预算执行审计、经济责任审计全覆盖，政府运行成本持续降低。完成规自领域、人防系统等专项整治，始终保持反腐败高压态势。持续深化“放管服”改革，大力推行“告知承诺制”“证照分离”改革，完成“一门一窗一网一次”改革，90%以上的区级政务服务事项实现“全程网办”，率先设立反映“办不成事”窗口，破除阻碍企业群众办事的隐性壁垒。高质量完成“七五”普法，高标准创建“全国法治政府建设示范区”，重大行政决策规范化、法治化水平进一步提升。自觉接受区人大及其常委会的法律监督、工作监督和区政协民主监督，办理人大代表议案、建议和政协提案2241件，办结率100%，解决率、满意率不断提高。

特别是去年以来，我们坚持人民至上、生命至上，严格落实“四方责任”，坚决打好新冠肺炎疫情防控阻击战。在全市率先推动机关干部下沉，率先实现所有小区胡同封闭式管理，率先完成集中核酸检测任务，率先开展“三全”健康监测管理，7000余名医务工作者义无反顾投身抗疫战场，“东城社工”成为抗疫先锋，实现辖区内重点商务楼宇、医疗机构、医务人员零感染，构筑起联防联控严密防线，疫情防控取得重要成果。新冠病毒疫苗接种率在中心城区首个突破80%，全人群接种率位居中心城区第一。统筹疫情防控和经济社会发展，出台促进复工复产78条政策，撬动助企资金超200亿元，惠及企业4万余家，全区生产生活秩序稳步恢复、持续向好。

五年来，我们还推动文明城区创建常态化，实现了“全国文明城区”五连冠、“全国双拥模范城”八连冠。国防动员、统计审计、信访保密、档案史志、外事侨务、对台工作、民族宗教、妇女儿童等工作均取得了新进展。

各位代表：

过去的五年，是东城发展历程中极不平凡的五年，我们锐意进取、开拓创新，取得了令人瞩目的发展成绩。这些成绩的取得，是习近平新时代中国特色社会主义思想科学指引的结果，是市委市政府和区委坚强领导的结果，是历届区政府传承接力、真抓实干的结果，是全区广大干部群众，特别是街道社区基层一线的同志主动作为、拼搏奉献的结果。在此，我代表本届政府，向离退休老同志，向辛勤工作在各行各业的干部群众，向各位人大代表和政协委员，向积极参与东城建设的驻区部队官兵和社会各界朋友，表示衷心的感谢，并致以崇高的敬意！

通过五年的不懈努力与探索，我们对推动东城建设发展有了更加深刻的认识，做好东城工作：

必须始终坚持首都意识，全力做好“四个服务”。把服务保障首都功能作为核心区工作的全部要义，牢记“国之大者”，胸怀“两个大局”，以首都发展为统领，聚焦“四个中心”功能建设，着力提高“四个服务”水平。

必须始终坚持“崇文争先”，自觉践行首善标准。把创首善、争一流作为始终如一的奋斗目标，倍加珍惜维护东城荣誉，努力在首都各方面工作中当先锋、做表率、立标杆，加快推动区域经济社会高质量发展。

必须始终坚持人民至上，持续增进民生福祉。把不断满足人民日益增长的美好生活需要，作为一切工作的出发点和落脚点，真心实意解决好群众的操心事、烦心事、揪心事，推动共建共治，共享发展成果，不断提升群众的获得感、幸福感和安全感。

必须始终坚持担当作为，大力加强作风建设。把干事创业、为民服务作为最大追求，以“功成不必在我”的

10月16日，北京市第三届“社区邻里节”东城区分会场暨东花市街道“社区邻里情”活动启动仪式举行
（区委社会工委区民政局提供）

精神境界和“功成必定有我”的历史担当，一任接着一任干，迎难而上，接续奋斗，在全区形成聚精会神干事业、心无旁骛抓发展的浓厚氛围。

同时，我们也清醒地认识到，全区经济社会发展还面临不少困难和问题，主要是：推动老城保护复兴，探索城市更新的有效路径，还需要攻坚克难、持续用力；壮大特色优势产业，培育发展新动能，推动减量集约高质量发展，还需要聚焦重点、精准发力；破解区域发展中不平衡、不协调的问题，满足群众“七有”要求“五性”需求，还需要加强统筹、补齐短板；增强城市韧性，提高精细化治理水平，还需要系统谋划、综合施策；改进党员干部作风，提高政府服务效能，还需要常抓不懈、久久为功。对此，我们将高度重视，采取切实有效措施加以解决。

今后五年的主要目标任务

今后五年是开启全面建设社会主义现代化国家新征程、向第二个百年奋斗目标进军的第一个五年，也是东城大有可为的战略机遇期和不进则退的发展关键期。我们要深刻认识新冠肺炎疫情加速国际格局调整，世界正在经历百年未有之大变局的形势，全面贯彻党中央加快构建新发展格局的决策部署，坚定信心，汇聚力量，全面开启东城发展新征程。要积极顺应首都发展大势，准确把握东城所处的时代背景和发展机遇，坚决落实习近平总书记对核心区发展重要指示精神，坚持“崇文争先”，坚守首善定位，全面展现新时代首都核心区新形象。要深入贯彻蔡奇书记为东城把脉开方，为经济高质量发展提出的15条指导意见，把“文化+”作为重要引擎，激发释放资源能量，全面优化产业结构，推动经济更加协调、开放、高质量发展，努力实现东城发展新跨越。

刚刚闭幕的区十三次党代会，提出全区今后五年工作的指导思想是：全面贯彻党的十九大和十九届二中、三中、四中、五中、六中全会精神，以习近平新时代中国特色社会主义思想为指导，立足新发展阶段，贯彻新发展理念，融入新发展格局，坚持以首都发展为统领，全面加速“崇文争先”，做实“六字文章”，不断完善“四个服务”，全力打造“五个东城”，推动国际一流和谐宜居的新时代首都核心区建设迈上新台阶。

今后五年全区经济社会发展的主要预期目标是：全面完成“十四五”目标任务，地区生产总值年均增速达到5%左右，区级一般公共预算收入年均增速达到5%。居民人均可支配收入年均增速与经济增长基本同步，登记失业率低于3%，细颗粒物年均浓度、常住人口规模控制达到市级要求。

今后五年，全区经济社会发展的主要目标任务是：

政治保障更加有力。坚持把“城”的发展寓于“都”的功能之中，以“都”为先，以“都”为最，全方位强化中央政务服务保障功能，做好社会秩序“靖”字文章，全面增强政治保障力。加强“两轴”沿线重点地区规划管控和综合整治。持续推动长安街纵深品质提升，便利中央政务功能向长安街沿线相对集中布局。严格实施“双控四降”，推动政务功能和城市功能有机融合，统筹腾退空间利用，建设更多“小而美、雅而秀”的国事活动场所，以更大的空间容量支撑国家政务活动。健全与中央单位常态化联络机制，坚持精准服务，推动互利共赢。争创“全国双拥模范城”九连冠。推进“平安东城”建设，完善应急预警和处置体系，健全重大活动常态化服务保障机制，筑牢安全屏障，实现核心区社会秩序井然、政治安全可靠。

城市环境更加宜居。深入落实核心区控规，围绕“两轴一城一环”城市空间格局，持续推进疏解整治促提升，做好城市品质“净”字文章，全面增强环境亲和力。坚持以线带面推动环境治理，进一步推动架空线入地，背街小巷实现达标率和精细化长效管理率100%。加强步行、自行车路权保障，优化健步悦骑体验。提升停车管理效能，建设“安宁街区”。全面建成“基本无违法建设区”。推动业委会（物管会）规范化运行，提高垃圾分类质量，大力推进源头减量，居民自主投放准确率达到90%以上。深化“一微克”行动，建设“大气污染精细化管理示范区”，基本消除重污染天气。碳排放达峰后持续下降，碳中和实现明显进展。持续改善水体水质，建设大尺度公园、口袋公园和全龄友好型公园绿地。建立林荫路、林荫景观街、林荫漫步道三级林荫道体系，实现环境精致净美、城市舒朗宜居。

文化魅力更加彰显。坚持以文化引领城市高质量发

1月，永安堂药店恢复典型的传统拍子式铺面房，这是东四北大街最传统、类型较多的商业建筑形式（闫文摄）

展，构建“一轴、两区、五带、五城”文化功能格局，做好文化文明“敬”字文章，全面增强文化影响力。以中轴线申遗为契机，持续推进故宫、钟鼓楼周边等重点历史文化街区保护更新。坚持文物保护与活化利用并重并举，构建大运河生态文化景观廊道。推动非遗活态传承，支持“老字号”创新发展。实施“国家公共文化服务体系示范区”创新发展行动计划，优化提升“十分钟文化圈”。扶持实体书店发展，打造全国知名的“书香之城”。塑造演艺新生态，打造幸福剧院、广和剧院等“大戏东望”新地标，建设国际知名的“戏剧之城”。以社会主义核心价值观为引领，坚持全国文明城区创建常态化，争创“全国文明典范城市”，实现市民崇文礼敬、老城焕发新生。

经济发展更加繁荣。坚持以文化为底色、以金融为引擎、以数字经济为引领，赋能服务业转型升级，做好产业发展“劲”字文章，全面增强区域生产力。加快“腾笼换鸟、筑巢引凤”，培育发展重点产业，构建“两带、三区、多点”产业空间格局。建设故宫—王府井—隆福寺“文化金三角”，打造“故宫以东”文商旅融合生态圈，办好“王府井论坛”，推进前门、崇外等商圈改造提升，推动消费向体验化、品质化和数字化升级，加快建设“国际消费中心城市示范区”。发展“一主三副”文化产业，建设“国家文化与金融合作示范区”和“国家文化出口基地”，打造金宝街等金融聚集区。促进楼宇经济提质增效，“亿元楼宇”达到60栋以上。盘活产业发展空间，打造崇文门、体育馆路、永外健康产业集聚区，推动南北均衡发展。全面深化区属国资国企改革。丰富“紫金服务”品牌内涵，持续优化营商环境，实现发展动力强劲、经济开创新局。

人民生活更加幸福。紧扣“七有”要求“五性”需求，不断满足人民群众对美好生活的向往，提高公共服务均等化、优质化水平，做好社情民声“静”字文章，全面增强社会凝聚力。实施积极稳妥的就业政策。深化教育综合改革，全面落实“双减”政策，争创“全国义务教育优质均衡发展示范区”。健全完善医疗服务体系，开展“互联网+诊疗”服务，深化“国家中医药发展综合改革试验区”建设。充分发挥医保基金支付保障作用，健全重大疫情防控救治机制，完善突发公共卫生事件应急指挥体系，做好新冠肺炎疫情常态化防控。加强社区心理健康服务。推动“体育+”“+体育”各领域深度融合，继续创建“国家全民运动健身模范区”。完成不少于6500户“申请式退租”，启动130栋直管公房简易楼腾退，完成320个老旧小区综合整治，实现居住环境改善、生活幸福安宁。

社会治理更加完善。深化基层依法治理，加强干部队伍建设，做好干事创业“竞”字文章，全面增强队伍战斗力。不断提升政府治理体系和治理能力现代化水平，严格依法办事，提高行政效能，创新开展小切口、大成效的社会领域改革。深化“街道吹哨、部门报到”改革，完善“接诉即办”体制机制，切实解决一批群众急难愁盼问题。实施“五力引航”计划，完善协商共治机制，推动基层社会治理创新。提升基层退役军人服务保障能力。深化“区域养老联合体”建设，优化养老服务供给。注重家庭家教家风建设，维护妇女儿童权益。健全完善社会救助体系，加强残疾人全生命周期康复服务，实现保障体系完善、社会和谐共融。

2022年重点工作建议

2022年全区经济社会发展主要指标建议为：地区生产总值增长5.5%左右；区级一般公共预算收入增长5%以上；社会消费品零售总额增长3%左右；居民人均可支配收入稳步增长；登记失业率控制在4%以内；细颗粒物年均浓度和万元GDP能耗降幅达到市级要求。

我们要深入学习贯彻党的十九届六中全会精神，坚持以首都发展为统领，紧紧围绕落实“四个中心”功能定位，提高“四个服务”水平，做实“六字文章”，推动“六力提升”，突出做好北京冬奥会、冬残奥会和党的二十大等重大活动服务保障，确保全面完成各项年度任务。重点做好以下九方面工作。

一、落实核心区控规，推动老城保护复兴；

二、打造文化发展高地，彰显独特文化魅力；

三、聚焦产业提质升级，推动经济高质量发展；

四、擦亮“紫金服务”品牌，打造一流营商环境；

五、加强精细化管理，提升城市环境品质；

六、健全公共安全体系，保障城市安全发展；

七、补齐公共服务短板，提高民生保障水平；

八、创新基层社会治理，推动共建共治共享；

九、加强政府自身建设，提高政府治理效能。

明城墙遗址公园东南角绿地（区融媒体中心提供）

加快“三老”改造，推动城市更新和民生改善取得新突破的研究

中共北京市东城区委书记　孙新军

“十四五”时期，北京城市建设发展方式由依靠增量开发向存量更新转变，进入城市更新的新阶段。近年来东城区持续推进城市更新工作，取得了显著成效。但也要看到，东城区作为老城区，老旧平房、老旧小区和老旧楼房“三老”改造既是城市更新的核心，也是难点，面临很多困难和挑战。立足新形势新要求，东城区必须坚持“崇文争先”理念，坚持问题导向，聚焦“三老”改造深入推进城市更新工作，加速国际一流和谐宜居的新时代首都核心区建设。

一、东城区“三老”改造现状及成效亮点

（一）东城区“三老”项目整体情况

从老旧平房来看，东城区全区平房共26.67万间，建筑面积约677万平方米，居住类平房约243万平方米；位于18.5片历史保护区内的平房共16.87万间，建筑面积270万平方米。其中，直管公房约6.7万间，建筑面积约82.7万平方米，涉及承租户数约3.1万户。从老旧小区（2000年以前建成的小区）来看，共497个、1074万平方米，2000年以前建成的楼房（简称老旧楼房）1799栋、930万平方米，其中，全部为老旧楼房的老旧小区467个、850万平方米。从老旧危楼来看，20世纪50-70年代建造、层数为2-3层的共179栋，建筑面积14万平方米，涉及户数3200户。

（二）东城区“三老”改造成效经验

一是强化顶层设计，完善工作推进机制。深化街区更新区级统筹，成立东城区街区更新领导小组及办公室，在全市率先出台了街区更新实施性文件《东城区街区更新实施意见》，制定了《东城区街区更新项目管理办法》《东城区街区更新规划编制技术导则》等政策，指导全区街区更新工作。结合“三老”改造，加强区级统筹，不断完善工作机制。比如，成立了东城区老旧小区综合联治联席会，设立了四个专项工作组，统筹老旧小区综合整治工作；围绕三眼井片区申请式退租项目，成立了区级领导任总指挥，各职能部门配合，“一办五组”具体推进的组织机制，确保了有意愿退租居民的顺利签约。

二是强化保护为先，彰显古都历史风貌。坚决落实核心区控规，坚持“保”字当头，将老城保护作为街区更新的前提，全区文保区风貌管控导则实现全覆盖，以首善标准擦亮古都金名片。在“三老”改造中，坚持修旧如旧，建立老物件收集利用标准，在全市率先出台老材料、老构件收集及使用管理办法，留住老北京的记忆和乡愁。高质量完成南锣鼓巷四条胡同整治修缮，展现了“老胡同新生活”的京味特色。高标准推进崇雍大街环境整治提升工程，逐步恢复“文风京韵、大市银街”的古都风貌。积极开展前门地区恢复性修缮整治，古三里河再现了水穿街巷的历史景观。

三是强化民生为本，分类实施重大项目。探索形成以“申请式退租”“恢复性修建”，建设“共生院”为核心的老城保护更新模式，东直门北二里庄、雍和宫大街周边院落首批申请式退租项目进入恢复性修建阶段，启动了故宫周边院落、三眼井片区、钟鼓楼周边等申请式退租项目。按照区级统筹，属地负责，明确因地制宜、建管并重、分类施策、共商共治的工作思路，“十三五”期间启动实施综合整治老旧小区23个，下大力气完成营房西街1-5号楼、春秀路小区等一批市级老旧小区综合整治试点工作。通过征收、协议腾退等方式累计腾退98栋，并积极探索采取申请式改建方式开展简易楼改建，启动光明楼17号等简易楼改建试点项目。

四是强化党建引领，推进多元共治共享。将“三老”改造作为践行党员干部担当的重要战场，把项目实施与强化党建、提升服务民生工作相结合，创新“支部建在项目上”等党组织设置模式，充分发挥党组织战斗堡垒作用和党员先锋模范作用，有效运用群众工作方法，为项目顺利开展奠定坚实基础。比如，营房西街1-5号楼改造

10月26日，西总布街区公房申请式退租签约启动，图为北极阁三条22号签约现场（闫文摄）

中，成立了包括街道、社区、实施主体、施工单位人员、居民代表等在内的临时党支部，设立了“党员服务站”，深化群众工作，有效保障了施工进度；再比如，全面实施责任规划师制度，深化与首开集团、京诚集团等合作，围绕申请式退租、老旧小区物业管理等积极探索多元主体参与城市更新的模式路径。

二、东城区“三老”改造面临的问题挑战

（一）统筹协调机制尚需完善

“三老”改造是一项复杂庞大的工程，牵涉面广、产权主体复杂，在统筹协调方面还需要进一步加强。一是产权主体协调难。“三老”改造特别是老旧小区改造、简易楼改造中涉及市区产、央产、央地混合产、单位自管产等多种类型的房产，区级协调难度大。比如，中央单位产权、军产及混合产权小区改造数量占全区总量的42%，改造面积占47%，在老旧小区综合整治项目推进中存在央产、央地混合产权因中央单位无改造计划或不出资导致小区迟迟无法改造的情况；现有央产、军产和市属产简易楼49栋，但受改造政策不明确、产权人推动改造积极性不高等影响，项目改造难以推进。二是属地统筹协调力度弱。“三老”改造项目主要由属地负责组织实施，任务重、时间紧，但改造涉及水电气热通信等专业公司，街道办事处与这些专业公司协调上存在难度，部分改造业务影响项目完工。三是非经移交项目改造管理问题仍需统筹协调解决。东城区许多小区按照“非经营性资产移交”政策变更了管理单位，产权单位复杂，有的产权楼出现有的单元有人管，有的单元没人管的情况，而且所有新的管理单位在小区都没有办公用房，无法及时解决小区内各类问题，造成“12345”案件频发。

（二）资金需求面临较大压力

东城区属于老城区，“三老”改造规模体量大、任务重、资金需求大。从目前项目实施来看，由于保护区规划限制和居住环境现实需要，平房区直管公房、简易楼等只能采取外迁安置的腾退方式，需要大量的资金和安置房源。根据当前财政资金政策及近年来项目实施情况进行测算，围绕直管公房申请式退租、老旧小区综合整治、简易楼改造，“十四五”期间共需资金365亿元，房源1.1万套，平均每年需资金73亿元。按照当前市区资金补贴政策，区级财政预计投入资金140多亿元。而且在实际项目推进中，许多费用未包含在市级补助范围内，比如老旧小区改造中上水管线改造装修恢复、物业补贴费用、专业管线（排水、电力、燃气等）改造等费用均需要区级资金承担，压力巨大。

（三）社会资本参与面临挑战

近年来，东城区积极引入首开、京诚、建工等国有企业参与“三老”改造，但目前仍处于探索阶段，社会资本引进面临许多现实挑战。从直管公房申请式退租来看，居民退租和房屋保护改造过程中需要大量资金，投资大、回收期长，对企业院落利用和运营能力提出较高要求。虽然企业作为实施主体，通过申请式退租可以获得不高于50年的经营权，政策上支持“实施主体可持区政府批准的经营权授权证明文件，向金融机构申请贷款，融资资金用于片区直管公房申请式退租、恢复性修建和经营管理工作”，但实际操作层面，经营权质押贷款落地实施比较难。从老旧小区整治来看，东城区老旧小区普遍规模较小，物业管理成本高，可供经营利用的存量空间不多，物业企业实现投资收益平衡和可持续经营难度大，进入的积极性不高；另外，居民物业缴费意识不强，目前虽然实行为期3年的“先尝后买”，但到期实施效果还有待观察。从简易楼腾退改造来看，前期腾退资金投入大，而且大多数简易楼都位于文保区，改建重建要求高、成本高，目前仍主要依靠政府投入。

（四）规划政策有待创新突破

当前，“三老”改造项目进入关键实施期，特别是随着申请式退租、简易楼腾退，许多存量空间将逐步释放，如何利用腾退空间的政策不明确，以下三个方面需要审视思考和研究突破：一是政策指导的问题。当前的政策文件更多的在于“如何腾”，在“怎么用”方面相关指导性专项政策较少，政策体系不完善，受客观因素制约等影响，在实施过程中往往造成“腾而闲置”“腾而难用”的问题。二是建筑规模的问题。在核心区减量发展和风貌保护要求下，如何做到腾退空间规划的弹性适应仍有待研究。比如，直管公房退租、违建拆除后的院落空间合理利用问题；再比如，文保区内简易楼腾退后由于楼体质量等问题很难原样改造利用，而按照风貌保护要求，如果拆除重建，建筑高度和建筑体量将受到较大限制，难以平衡前期投资，这也是简易楼改造中社会资本参与度不高的重要原因。三是规划用地的问题。腾退平房院落、简易楼主要以居住用地为主，腾退空间在经营利用方面涉及用地性质、规划用途等问题，在具体项目实施过程中导致消防审批、施工许可、工商注册等手续办理上掣肘之处众多，项目运作变得举步维艰，甚至“搁浅”。

（五）群众工作尚需做深做细

“三老”改造是一项系统工程，关乎群众的切身利益，必须得到群众的配合与参与才能有序实施。东城区涉及“三老”改造的地区居住人口规模大、密度高，居民构成较为复杂，群众工作任务重、难度大。一方面，居民利益诉求多样，意愿难以达成共识，如在老旧小区的上下水管线改造、加装电梯、停车位规整等综合改造及引入物业付费等方面，存在因为部分业主不同意导致综合改造及物业管理无法推行的情况；另一方面，东城区低保、残疾、

高龄低收入的困难群体和特殊群体多，在“三老”改造中面临许多实际困难，对群众工作提出更高要求。另外，部分居民的家庭构成复杂，家庭矛盾较多，协调难度较大，司法调解仍需深入创新。

三、东城区“三老”改造的主要思路

一是注重整体统筹和分类推进相结合，在政策机制创新方面形成新突破。“三老”改造是东城区城市更新的重要内容，需要结合城市更新加强工作统筹，强化规划引领，完善协调推进机制。同时，“三老”改造的改造对象、房屋特点、实施内容、居民诉求等都有所不同，要因地制宜、精准施策、重点突破，加大政策创新供给力度，合理安排好资金和项目时序，形成“规划引领、协同推进、政策支撑、法治保障”的有机更新新格局。

二是注重文脉传承和民生改善相结合，在老城保护复兴方面形成新突破。东城区“三老”改造项目主要在老城区，老城保护和民生改善要统筹兼顾。加强历史风貌保护，挖掘和传承城市文脉，做好保护性修缮和恢复性修建，稳步推进申请式退租，在保护的前提下统筹做好区域规划、房屋改造、空间优化、功能转化等，推动腾退空间合理规划利用，形成一批创新实践，促进老城保护复兴。

三是注重功能织补和治理提升相结合，在基层治理改革方面形成新突破。“三老”改造，不仅要“改”还要“管”。坚持“三分建、七分管”，将“三老”改造与基层治理创新融合起来，强化党建引领、建管并重，在改造织补民生服务功能的同时，注重基层治理创新，将做好群众工作贯穿始终，增强服务群众的能力，完善更新改造项目全生命周期建设管理的多元参与机制，不断提高精治共治法治水平。

四是注重政策引导和自下而上相结合，在工作推进方式上形成新突破。加强“三老”改造政策宣传引导，调动居民参与的积极性和主动性。同时，充分尊重群众意愿，坚持自下而上，“不搞一刀切”，确保业主知情权和参与权，合理规划改造项目及时序，区分轻重缓急，匹配财政承受能力，有序组织实施，同等条件下优先对居民改造意愿强、参与积极性高的项目实施改造。

五是注重政府推动和市场参与相结合，在更新改造模式上形成新突破。“三老”改造项目任务重、资金需求大，而且对于老城而言，项目投资大、投资回收期长，因此在更新改造中要发挥好政府主导作用。同时，加强政企合作，完善社会资本参与“三老”改造的政策机制，充分调动社会资本参与，特别是要发挥好国有企业推进城市更新的主体带动作用，循序渐进地推动项目快速落地。

四、东城区“三老”改造的重点举措

（一）稳步实施老旧平房申请式退租

1.落实街区更新规划，推进片区化申请式退租。加强街区更新规划统筹，结合街区平房实际，立足街区单元，坚持“片区推进、试点示范”，坚持居民自愿腾退，加强申请式退租工作正确引导，稳步推进平房申请式退租工作。近期，深化与京诚集团、首开集团等主体合作，重点推进钟鼓楼片区、三眼井片区、故宫周边申请式退租项目。同时，注重总结退租经验，进一步完善申请式退租的工作机制、工作流程和规范，为在更大范围内推进申请式退租工作奠定基础。

2.“一院一策”推进院落风貌设计和功能织补。落实好《关于首都功能核心区平房（院落）保护性修缮和恢复性修建工作的意见》，坚持整体保护、居民参与、专业支撑、适应需要的思路，“一院一策”加强腾退房屋和院落的改造设计，保护好老城历史风貌。同时，要结合居民需求，利用连廊等构筑物植入功能空间，结合腾退房屋和院落空间合理增设厨卫等生活配套设施。另外，要加强全区建筑规模统筹，建立平房院落容积率弹性调整机制，按照单院或者跨院增减平衡，适当调整部分院落容积率，在违建拆除的基础上，可在保持院落传统风貌的前提下，对原有院落和街区形态进行织补，改造增设或补建厨房、卫生间等基本生活配套设施，满足居民生活需求。

3.加强腾退平房或院落的合理利用。对部分腾退院落，因地制宜打造一批“共生院”，发展人才公寓，优先满足东城区内重点企业人才就近居住需求。结合整院腾退院落，支持合理规划建设精品民宿、文创院落、双创空间等，打造一批特色功能型四合院。对于品质较高且具有一定规模体量的四合院，积极引进头部企业总部或者研发、管理、销售、结算等职能总部，打造一批企业总部型四合院。

4.支持院落腾退后市场化改造利用和运营管理。结合东城区产业发展规划，进一步明确平房院落利用重点支持方向，加快研究制定相关配套政策。支持改造实施主体提升院落运营能力，落实北京市《关于加强直管公房管理的意见》《关于做好核心区历史文化街区平房直管公房申请式退租、恢复性修建和经营管理有关工作的通知》等政策，重点支持企业经营权质押贷款，以部门协同会商的方式，协调推进解决腾退空间再利用办理行政许可或备案中的新问题、难点问题，探索形成一批申请式退租院落合理利用的示范案例。

（二）深入推进老旧小区综合整治

1.自下而上、多方参与推进“菜单式”整治改造。以“业主同意实施物业管理并交纳物业服务费用”作为前置条件，按照“三个优先”原则（即存在房屋安全隐患优先、直管公房优先和产权单位失管由街道代管优先），坚持“自下而上、以需定项”，在充分征求居民改造意愿的基础上，吸引街道、社区、居民、责任规划师、实施主体等多方力量参与，按照基础类和自选类分类推进改造项

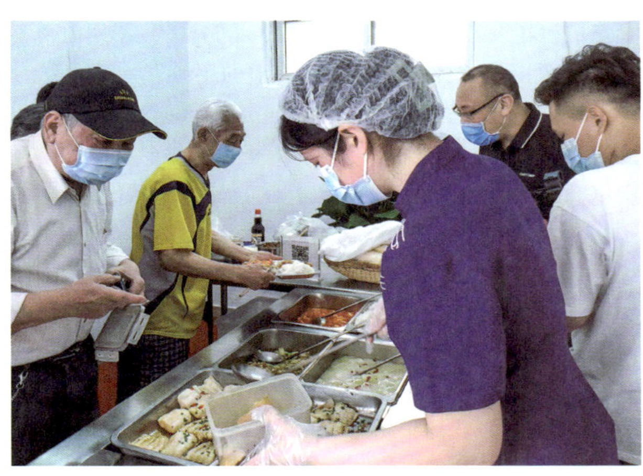

东直门香北社区建设便民餐厅，方便附近老人前来就餐（区融媒体中心提供）

目，使项目整治改造充分汇聚民智、反映民意。

2.加强改造小区的人本化、智慧化功能设计。东城区老旧小区老年人、残疾人等比较多，在改造过程中要充分考虑这些特殊群体的诉求，加强适老化改造和无障碍环境建设，因地制宜探索加装电梯等问题，推动和支持物业服务企业、养老服务机构等采用“物业服务+养老服务”模式，专门提供助餐、助浴、助洁、助急、助行、助医、照料看护等定制养老服务。同时，注重老旧小区智慧化建设，完善信息基础设施，布局智慧服务应用场景，以科技赋能智慧小区建设，打造一批文化科技融合的小区。

3.因地制宜探索老城老旧小区物业管理新模式。东城区老旧小区普遍面积小、楼栋少，部分小区零散分布在平房区内，物业管理成本高，难以形成规模效应，物业企业参与积极性不高。对此，应结合小区实际，加强物业区域统筹，因地制宜采取化零为整、由点到面的管理模式。对于零散分布在平房区中的老旧小区，借鉴东华门街道经验，鼓励相邻老旧小区统一物业管理，降低物业管理成本，未来深化研究老旧小区物业与平房区物业管理统筹整合机制，提高老城物业管理效能；对于部分失管小区，可借鉴东直门街道经验，探索老旧小区与周边公共空间一体管理模式。

4.探索“项目实施+居民服务”“打包”模式吸引市场主体参与老旧小区改造。东城区市场主体参与老旧小区积极性不高的重要因素在于小区本身后续盈利点比较少。可采取“打包”的方式，将老旧小区改造与片区化居民服务供给结合起来，支持参与老旧小区改造的市场主体经营便民综合体或便民服务点、停车场、养老服务驿站等。鼓励市场主体提升物业服务能力，支持有条件的物业服务企业向养老、托幼、家政、文化、健康、快递收发等领域延伸，探索“物业服务+生活服务”模式，满足居民多样化多层次居住生活需求。

（三）有序开展简易楼腾退改造工作

1.积极争取简易楼改造市级资金支持。东城区简易楼多为四类，危险等级较高，安全隐患大，腾退改造任务迫切，而且近90%的简易楼都不是居住用地，要落实减量发展要求多数简易楼要腾退拆除，难以吸引社会资本，区级财政实力有限，因此，要积极争取市级资金支持，加大市级资金支持力度。

2.探索文保区外简易楼原拆重建模式。实施并总结光明楼17号简易楼改建试点经验，对文保区外符合条件的属于居住用地的简易楼，按照原拆重建、功能织补、就地回迁的思路，以改建意愿征询、政策方案公示、预签协议“三个100%”为改建工作前提，坚持户数不增，将原简易楼拆除原地重建，合理开发地下空间，适当增加厨房、卫浴等功能设施，减轻财政压力，改善居民居住条件。

3.因地制宜推进文保区内简易楼改造利用。坚持排险优先、居民自愿、有序腾退、合理利用的原则，优先拆除安全隐患突出、位于规划绿地或道路内的危旧住房，用于补充地区公共服务设施短板或“留白增绿”。对具备改造利用条件的简易楼，通过整体设计、腾退加固、改造修缮，拓展高精尖产业空间，打造一批老城微创新基地。对存在安全隐患、经鉴定没有加固价值的简易楼，通过腾退拆除，可采取企业定制、委托建设运营等方式，按照项目风貌保护要求高水平规划建设平房四合院，推进院落产业功能导入和经营发展。

五、“三老”改造的机制政策建议

（一）健全统筹协调推进机制

1.健全区级统筹、专班推进的工作机制。结合申请式退租、老旧小区整治、简易楼改造各自工作，建立相应的区级联席会议制度，加强住建委、发改委、城管委、财政

12月，建国门街道麻线胡同环境提升完成，规划绿地和停车位惠及周边居民（区融媒体中心提供）

局、民政局、规自分局等单位协调联动，统筹推进全区“三老”改造组织实施工作。各街道根据辖区重点改造项目实施，成立工作专班，健全专班议事规则，完善工作推进机制，有序推进辖区内老旧小区项目储备、主体确定、居民组织、项目实施等各项工作。

2.建立市级层面的产权主体协调机制。产权主体复杂多样、区级协调难是“三老”改造的关键制约。建议由市级层面搭建统一的议事协调平台，建立市级与央产、军产等产权单位的协调对接机制，健全中央、市、区协同的工作机制，统一协调相应产权主体的改造项目实施主体、改造内容、改造路径、资金来源以及腾退空间的规划用途等事项，确保改造项目顺利实施。建立完善文物腾退协调机制，特别是加大对占用文物的中央单位、部队单位的协调力度，统筹解决好占用重点文物的中央和部队单位腾退问题。

3.完善“三老”改造项目管理实施机制。结合工程建设项目审批制度改革，进一步简化审批程序，精简审批事项和环节，探索建立项目改造方案并联审查审批制度，制定优化规划、用地、建设、消防、商事登记等审批手续办理流程的操作细则。对改造完成的项目，由实施主体组织参建单位、相关部门、居民代表等进行联合竣工验收，简化竣工验收备案材料，提高项目实施效率。建立项目实施与司法联动机制，完善司法保障政策，建立改造过程中重点纠纷快速结案机制，确保项目按照时限要求顺利推进。

（二）积极探索开展政策创新

1.探索制定老城腾退空间再利用的正面清单。老城腾退空间利用既要符合首都整体发展要求，也要有利于文保区的保护发展。积极争取市级支持，加强对核心区腾退后平房院落、简易楼等改造方案、实施标准、规划管控等研究，在核心区产业禁限目录的基础上，研究制定正面清单，明确“能用作什么、怎么用”，形成对腾退空间改造利用的方向指引，更好地指导腾退空间合理利用。

2.建议北京市研究出台容积率转移政策。容积率转移（TDR，亦称为“发展权转移”），就是将控制甲地块的开发强度（容积率）转移到乙地块，使开发者在乙地块得到额外的收益补偿，从而使甲地块的历史建筑获得持久保护的经济平衡。争取市级支持，探索推进容积率转移，明确容积率转移的操作规范。特别是结合部分文保区内简易楼腾退改造和规模减量，加强文保区内改造项目和文保区外改造项目容积率转移，同时建议加强市级统筹，推动核心区内项目与区外项目容积率跨区转移，调动社会资本参与的积极性。

3.研究制定核心区腾退居住用地利用的过渡政策。《国务院办公厅关于全面推进城镇老旧小区改造工作的指导意见》提出，“城镇老旧小区改造涉及利用闲置用房等存量房屋建设各类公共服务设施的，可在一定年期内暂不办理变更用地主体和土地使用性质的手续”。建议结合“三老”改造，争取市级支持，研究腾退院落经营性利用的过渡期政策，完善相关手续办理配套政策，推进核心区腾退空间保护利用。

（三）加大多元资金保障力度

1.建议市级层面建立老城保护和城市更新专项资金。老城区是北京市“三老”改造任务最艰巨的地区，且约束限制条件多，在资金政策上需要更大力度的支持。广州在老旧小区改造中提出“各区政府在每年土地出让金收益中，可提取0.5%-2%用于老旧小区改造专项资金”，上海设立了市、区两级历史风貌保护及城市更新专项资金。建议北京市加强资金统筹，研究设立老城保护和城市更新专项资金，进一步加大核心区“三老”改造项目资金支持力度。

2.多措并举调动社会资本参与的积极性。“三老”改造单个项目盈利困难，应探索采取项目组合方式吸引社会资本参与，即：一方面，大片区统筹平衡，把一个或多个改造项目与相邻的既有建筑功能转换利用统筹搭配，实现自我平衡；另一方面，跨片区组合平衡，将拟改造项目与其不相邻的城市建设或改造项目组合，以项目收益弥补项目改造支出，实现资金平衡。另外，针对“三老”改造项目，依法合规给予企业行政事业性收费减免和税收优惠等支持政策，支持企业参与投资、建设、运营等全生命周期管理工作。

3.创新“三老”改造项目金融支持政策。一是紧密结合“三老”改造模式特点，积极与国开行、工商行等金融机构对接，探索街区整体立项工作，协调解决“十四五”期间申请式退租、老旧小区改造以及简易楼腾退“三老”项目融资难的问题。二是支持辖区金融机构推进业务创新、流程创新，开发适宜的金融产品，对融资规模较大的改造项目，可通过银团贷款等方式，集中金融资源，给予融资支持。三是支持项目以预期收益提供融资增信，鼓励金融机构利用相关设施改造后产生的收益作为还款来源，为改造项目提供融资支持。

（四）强化党建引领多元共治

1.充分发挥党建引领作用。加强基层党组织建设，结合工作实际，以居住小区、项目片区、工地等下沉单位为作战单元，成立临时党支部并下设党小组，统筹推进改造工作。发挥党员队伍的模范带头作用，将“三老”改造工作作为开展“我为群众办实事”实践活动的重要内容，组织党员主动亮身份、领岗位、办实事、树形象，通过在居民“家门口”设立党员服务站、开展“居民‘下单’、党员‘接单’”、成立党员先锋队等方式，及时解答、快速处置项目改造过程中的居民疑问和“急难愁盼”问题。强化街道、社区党组织联动，结合改造项目，融合吸纳物业公司党支部、房管所党支部、改造项目临时党支部等组成“党建共同体”，构建基层党建整体联动体系，以组织联建、工作联合、党员联动方式，提供坚实组织保障。

2.创新群众工作机制。“三老”项目实施要充分尊重居民的诉求和意愿，要把讲政策和说情理有机结合，做到以情感人、以理服人、以政策撼动人。建立“依靠群众组织去做群众工作、依靠多数群众去做少数群众工作”的工作思路，引导在居民中有威望、有能力的热心邻里参与社区矛盾纠纷化解，会同公安、司法、人社等部门开展人民调解、行政调解、司法调解等调处化解，支撑项目改造顺利实施。针对前期“三老”改造项目中暴露的矛盾纠纷，研究建立司法风险点清单，加强改造前风险提示宣传，推动司法部门前置介入服务。加强志愿者队伍建设，协调辖区人大代表、老党员、老干部、志愿者等热心人士设立爱心服务站、民情工作站等，开展困难群体结对帮扶，解决居民实际困难。

3.提升居民自治能力。针对老旧小区存在的突出问题和居民实际需求，进一步发挥业委会、物管会的作用，借鉴“劲松模式”实施经验，探索建立社区服务积分奖励体系，鼓励居民对小区改造后的物业管理、便民服务等问题进行集中商议、共治共享。加强居民自治组织建设，打造居民议事厅、小院议事厅等基层治理议事协商平台，广泛吸纳驻区单位、社区社会组织、物业公司、业委会（物管会）和居民深度参与老旧小区和平房院落改造、基层治理

志愿者向居民宣讲垃圾分类知识（闫文摄）

全过程，打造共建共治共享基层治理共同体。

4.营造良好的舆论氛围。加强“三老”改造政策宣传引导，广泛借助微信公众号、媒体等平台资源发布通告信息，并通过上门入户、面对面接待、线上电话连线等多种方式，让参与改造各方及时了解相关政策要求。采取多种形式，加大对物业管理法律、法规的宣传力度，帮助业主学好法、用好法，培养居民家园意识、“受益付费”意识。围绕改造内容、改造效果、典型模式等，加强试点项目的宣传展示，以实实在在的成果打动居民，进一步激发居民参与项目改造的积极性，形成全社会关心、支持改造的舆论氛围。

推进“接诉即办”改革，深化“热线＋网格”服务模式，推动即时办理向深度治理转变

东城区人民政府区长　金　晖

习近平总书记强调，基层强则国家强，基层安则天下安，必须抓好基层治理现代化这项基础性工作。北京市“接诉即办”作为首都基层治理的工作机制创新，坚持以人民为中心的发展思想，牢固树立大抓基层的鲜明导向，为做好新时代群众工作贡献了北京样板。本课题系统研究梳理基层社会治理的时代之问和首都答卷，紧扣“接诉即办”要求，以东城区为例深入分析近年来推动“接诉即办”的主要成效和即时办理的现存问题，着眼基层治理现代化，提出了推动即时办理向深度治理转变的对策建议。

一、新时代基层社会治理的特点及首都应对

（一）新时代基层社会治理的特点

党的十八大以来，移动互联科技的迅猛发展和社会主要矛盾的转化对基层社会治理提出了新的要求。在以习近平同志为核心的党中央坚强领导下，中国特色社会主义进入新时代，我国社会治理领域发生了历史性变革，加强和创新社会治理开启了新的历史篇章。十八届三中全会明确提出了全面深化改革的总目标是“完善和发展中国特色社会主义制度，推进国家治理体系和治理能力现代化”。党的十九大报告进一步从统筹推进“五位一体”总体布局和协调推进“四个全面”战略布局的高度，对加强和创新社会治理进行了深刻阐述，明确提出打造共建共治共享的社会治理格局。党的十九届五中全会强调：“健全党组织领导的自治、法治、德治相结合的城乡基层治理体系。”

新时代社会治理的新格局和新体系，是推进国家治理体系和治理能力现代化的客观要求，是解决新时代社会主要矛盾的必然选择，也是决胜全面建成小康社会、建设社会主义现代化国家的战略安排。新时代社会治理主要呈现以下特点：一是更强调“互动”，由单向的管理变为政府与不同社会主体之间的诉求互动；二是更重视“参与”，多方参与的力量不断扩大，各社会主体参与决策的积极性和主动性越来越强，对于合作与协商的要求日益提升；三是更凸显“差异”，新时代社会主要矛盾已转化为“人民日益增长的美好生活需要和不平衡不充分的发展之间的矛盾”，这体现了新时代人民诉求的多方面、多样化、个性化、多变性、多层次；四是更追求“法治”，群众对依法行政和政策的公开性和透明度期盼更高，新时代社会治理的新特点呼唤新的基层治理解决方案，北京市“接诉即办”系列改革正是在这样的大背景下应运而生。

（二）“接诉即办”机制——首都基层治理的新时代答卷

2018年，为响应新时代基层治理的新特点，北京市启动党建引领“街乡吹哨、部门报到”改革，通过赋予街乡权力、下沉工作力量、开展街道管理体制改革，进一步理顺条块关系，着力构建简约高效的基层治理体系。2019年以来，北京市进一步思考“哨”声来源，延展“吹哨”主体，让群众“吹哨”，推进“吹哨报到”改革向以“12345”市民服务热线为主渠道的“接诉即办”机制深化延伸，坚持“民有所呼、我有所应”，通过发挥“响应率”“解决率”“满意率”的指挥棒作用，着力形成到一线解决问题的工作导向，想群众之所想、急群众之所急，用心用情用力去解决群众“急难愁盼”问题，使市民的操心事、烦心事、揪心事得到即时办理，以优良成效交出了人民至上的“北京答卷”。

今年以来，北京市进一步推动改革从“有一办一”向“举一反三、主动治理”深化，以解决疑难复杂问题为重点建立“每月一题”工作机制，是对北京面临问题的构建，这种构建过程是自上而下和自下而上相结合的新模式。今年下半年，国内第一部规范接诉即办工作的地方性法规《北京市接诉即办工作条例》开始实施，标志着接诉即办工作从即时办理向深度治理有了坚实的法治保障。

10月，居民在龙潭街道便民服务中心办理事务
（龙潭街道提供）

二、东城区推动“接诉即办”的主要做法

东城区坚持以人民为中心探索推动“接诉即办”，从“吹哨报到”改革，到推出“热线+网格”服务模式建立即时办理的“接诉即办”机制，构建起具有东城特点的基层网格生态治理新格局。作为网格管理的发源地，自“接诉即办”改革以来，东城区紧密结合“12345”热线，发挥已有网格平台的基层治理优势，坚持党建引领长效化，形成全区上下联动、齐抓共管、即时办理的工作合力。

一是高位统筹，压实责任。坚持党建引领、高位统筹，层层传导压力，压紧压实责任，区委书记每月召开街道工委书记点评会，区委区政府主要领导、专班领导召开全区“接诉即办”工作推进会，各区级领导召开分管部门“接诉即办”工作推进会，督促案件办理。成立东城区“接诉即办”工作专班，掌握全区整体“接诉即办”工作情况，做好上下联通沟通工作。区级先后出台了系列文件，探索出“一网情深”工作模式、“五抓五坚持”“四强化四优化”等做法，保证了接诉即办工作的有序高效运行，取得了一定的成效。东城区将全区75家单位纳入接诉即办承办主体，规范工作流程、标准和要求，坚持每日统计分析，通报各承办单位日指标进度、存在问题和先进经验。

二是健全机制，狠抓落实。东城区不断完善接诉即办相关体系和制度机制建设，加强全过程指导和监督，出台“接诉即办”党建引领方案、工作实施方案、监督执纪问责方案等，编制工作手册和案例集，每日印发热线专报、涉疫专报及督报。全区建立了快速精准派单机制，完善分类，梳理诉求派单目录，以市级三级分类为依据，形成派单依据，努力实现市民诉求派得快、派得准。推行首接首办责任制，按照“首接首办、先办后议、一管到底”的原则，还建立了区领导包街道、部门包社区的结对帮扶工作机制，加强日常协调力度，建立疑难案件多层次的会商协调体系。

三是集中资源，解决难题。将“接诉即办”工作作为“我为群众办实事”实践活动的主渠道、主抓手，形成一方案二计划三清单，将12个主题，28个问题，纳入区级“每月专题”，将9类230项重点问题点位纳入社区难点问题台账，明确重点任务、责任分工，实施动态督导，推动问题解决。建立“街道吹哨、部门报到”响应处理机制，印发《东城区落实“街道吹哨、部门报到”构建网格化综合监督体系实施方案》，实现“吹哨”事项“问题收集—街道吹哨—部门报到—处理反馈—核实结项—综合评价”闭环工作流程管理，以“吹哨报到”机制增加“条块”联动，推动疑难问题解决。

四是发动多元力量，主动治理。深入挖掘市民诉求特征和各相关单位“接诉即办”工作情况，不定期形成汇报分析材料；结合疫情防控期间的特殊形势，强化办理规范，优化工作流程，每月梳理高频问题和高频区域，对群众反映的热点、重点、难点问题强化分析研究，构建深度办理工作模式。同时，发挥网格员、老党员、老干部、老街坊作用，多元参与，主动治理，将矛盾纠纷化解在萌芽状态。建立问题预警研判机制，充分发挥街道小循环和社区微循环作用，加大网格员、保洁、保安等力量的日常巡查，发挥网格精细化的作用，做到基层问题“早发现”、街道部门“早研判”、社会力量“早处置”、专业力量“早介入”、疑难问题“早吹哨”，实现问题快处置、情势可管控、纠纷能化解、矛盾不升级。

三、东城区即时办理主要成效和存在问题

（一）即时办理的主要成效

在“接诉即办”的大背景下，东城区通过构建“热线+网格”服务模式，切实提高了即时办理的速度、精度和广度。

一是行政效率大幅提升，即时办理有速度。2020年东城区办理热线诉求15万余件，市级考核全市第三、城六区第一。2021年，东城区共受理“12345”热线诉求19万余件，平均响应率97.77%，平均解决率90.53%，平均满意率92.74%，全年市级考核位居前列。2018年至2021年，街道共启动吹哨2686次，结案率97.17%。

二是群众满意度全面上涨，即时办理有精度。2021年上半年，“七有”“五性”市级考核中，学有所教、住有所居、便利性3项全市排名第一。根据第三方调查结果显示，2021年东城区城市管理群众满意度总体得分四个季度分别为84.91分、85.39分、85.92分和85.99分，群众的满意度持续提升。

三是群众参与热情日益高涨，即时办理有广度。居民主人翁意识进一步激发，从“站着看”到“跟着干”，再到“我参与、我奉献”，群众从“旁观者”逐渐转变成“生力军”，通过搭建区级微信公众号、166个社区微信公众号、“京细话”小程序，多角度与公众进行互动，逐渐形成“东城是我家、治理靠大家”的强大合力。2021年累计上报 “随手拍”APP的案件达到11.6万件。

（二）群众诉求特点

基于对群众诉求的分析，本研究认为现阶段群众诉求主要有以下三个鲜明特点：一是主体广泛性，这体现在受理量上，2020年北京市“12345”政务服务便民热线一共受理市民诉求1103.9万件，比2019年上升55.24%。二是规模集群性，部分诉求的数量占总诉求的比重居高不下。例如，今年东城区共受理“12345”市民热线诉求19万余件，其中承办物业管理类问题（含垃圾分类）便高达2万余件。三是诉求复杂性，问题往往需要在区级乃至市级层面进行跨部门协调，2020年街道共“吹哨”区级部门649次，2021年街道“吹哨”1044次，同比增加60.86%，吹哨的次数大幅增加。

（三）即时办理存在的问题

随着新时代首都减量发展、高质量发展的提速，面对群众诉求的突出特点，即时办理已经无法满足实践过程中积累的“硬骨头”和不断产生的新问题，解决这些问题需要一定的时间和治理能力。从东城区具体开展即时办理的实践来看，主要有以下问题：

一是部分历史问题悬而未决。由于建成时间较早，规划车位不足无法满足居民停车需求，供需失衡导致停车费涨价，部分小区停车问题长期无法解决。拆迁、安置房等相关居民诉求也比较突出，但解决的政策性强，很难完全解决、实现群众满意。同时，老旧小区改造、基础设施损坏、设施老旧等类群众诉求较多。

二是部分问题解决依据滞后于时代发展。面对宠物店等新兴行业，部分商家专门钻“监管盲区”的空子，给消费者造成损失，市场监管工作者等相关部门一时不知该从何下手，只能艰难地摸索前行。还存在一些群众诉求，解决时政策供给不够完善或者执行标准不符合新时代的群众要求，导致群众对办理结果不满意。

三是民生保障欠账仍未补足。从基本公共服务的提供情况来看，资源配置不均衡，服务能力和服务水平有限，尤其在幼儿园入园难、入园贵问题方面，改善情况远没有达到群众的期待，无园可入、入园不能就近、入园不能如愿等问题依旧突出。社区养老机构数量不足，容量有限，养老服务水平参差不齐、服务项目不全面，无法起到补充家庭养老不足的作用。

四、现存问题的深层次原因剖析

现阶段即时办理所存在的问题，也是当前接诉即办工作与实现深度治理所存在的差距。归结起来，产生这些问题的深层次原因主要有以下三个方面：

（一）制度建设仍存短板

一是体制机制尚不健全。城市管理职能分散，流程标准化建设滞后，诉求派发至承办单位后缺乏跟踪推进措施，“每月专题”的推进机制停留在指标数值上，部门联动机制尚未形成，缺少对制度执行过程中的全流程监管。二是执行过程中的主观能动性不足。个别干部还存在以“管理者”自居、“为民服务”宗旨意识不强、心态转变不到位，执行政策时缺乏实质性、主动性思考，“官本位”思想仍有残留，难以精准对接群众诉求，单纯追求纸面“满意度”。三是执法支撑严重不足。基层执法力量不平衡现象日益严重，区级统筹机制“空心化”，横向牵头协调其他部门的权威性不足，不具备“高位协调”的能力和力度。

（二）参与深度广度不足

一是治理思维陈旧，缺乏科学思维。过度依靠行政权力和资源下沉，导致在治理过程中，分析研判和治理方式都带有行政化的特色，缺乏科学思维、大局意识。二是治理手段单一，缺乏治理创新。治理手段过于碎片化，仍注重单个问题的解决，“一刀切”政策普遍存在，尚无源头监管机制、末端信息化手段有限、处置力量捉襟见肘，整体管控能力偏弱，持续产生大量诉求。三是治理活力不足，缺乏多元参与。热线诉求量多数与物业管理、垃圾分类问题相关，小区物业管理协调难，且物业公司不参与排名，于是存在“接诉即办”考核中区、街道、社区急，物业公司不急的“三急一不急”现象，社区自治作用弱。

（三）民情民意分析欠缺

一是网格平台支撑热线进行智能筛查的能力不足。部门还没有形成通过海量信息进行分析、梳理、研判的能力，没有建立有效的大数据支撑政府决策的工作机制，造成对很多工作的预判不到位。二是热线信息推动网格开展精准施策的能力不足。现有平台无法实现自动对热线中热点频发、时间段内案件、结案案件做深入的统计分析，尚未将人工智能技术运用于识别热线反馈的重复案件中，无法通过打标签方式提高案件流转和人工处理效率、无法根据模型自动生成分析报告，缺乏激活沉淀数据资产的辅助决策能力。三是网格关注与热线反馈内容存在一定程度的脱节。对考核结果的应用，仍停留在评分排名、文件通报等形式上，对公众需求关注还不够，业务数据化之后的“数据业务化”尚未实现，习惯对数据做经验分析、因果分析，缺乏“整体数据”的把握和关联分析。

五、关于推动即时办理向深度治理转变的建议

接诉即办只有进行时、没有完成时。接诉即办的下一步阶段性目标是推动即时办理向深度治理转变，深度治理的核心要义在于以人民为中心做好人民的勤务员，重点在于形成动态解决问题的长效机制。新时代新征程上，建议首都基层社会治理工作要以“国之大者”为突破口，坚持以人民为中心的发展思想，针对一系列现阶段即时办理尚未解决的痼症顽疾开展“靶向治疗”，打造共建共治共享的深度治理社会格局，使人民群众获得感、幸福感、安全感更加充实、更有保障、更可持续。

（一）坚持人民主体地位，以工作制度化、规范化、程序化推进深度治理

在实践中要优化深度治理的制度化路径，用制度体系保证人民当家作主，更好地维护人民群众的主体地位，巩固和发展全过程人民民主。

一是细化标准建设，完善民呼我应的制度体系。不断完善部门内部工作机制和运转规则，加强高位统筹，持续优化“接诉即办”工作流程、处置标准、多级调度等内容，逐渐建立“接诉即办”各级工作体系。结合诉求特点，针对需要多部门联合办理的业务，通过区级协调调度

机制，形成固定的标准和流程。加强对“接诉即办”诉求办理的全过程监督，建立“三位一体”的行政效能联合监督机制，加大对办理各环节的过程监督，持续不断“回头看”，健全和完善相关制度联动。

二是优化部门联动，完善分工明确的协调体系。要完善调度机制，规范牵头部门调度方式，明确牵头部门和配合部门责任内容、目标任务、产出成果等，紧紧围绕把事情干成、干好，确定需要的要素条件和时间节点；对于涉及面广、协调难度大的事项，牵头部门及时提出协调工作建议，提交区委、区政府研究，确定关键时间节点和各单位的工作任务，确保工作快速推进。建立治理协同，解决清单问题要采取“一事一议”，街道要明确主责部门，压实责任，搭建捆绑考核机制，使城市治理与“吹哨报到”“接诉即办”改革形成上下联动、协调运转、有机衔接的整体。

三是深化队伍建设，提升为民服务的能力。加强党风廉政建设，始终保持党和政府与人民群众血肉联系，不断践行以人民为中心的发展思想，保持开拓进取、知难而进、关心群众、真抓实干、艰苦奋斗的作风，打造过硬的干部队伍，更好地为群众服务，解决群众的难题。提高区级执法部门的执法执行力，加强与其他部门的联动配合，协调区域间互动，加强对基层执法的业务指导、协调沟通，为基层破解城市管理难题提供支撑。积极探索队伍管理新模式，把握体系建设、工作衔接、机制完善三个关键环节，推动相关工作形成制度性安排。

（二）发挥人民首创精神，以基层治理参与主体多元化促进深度治理

习近平总书记强调：“要加强和创新基层社会治理，使每个社会细胞都健康活跃，将矛盾纠纷化解在基层，将和谐稳定创建在基层。”这要求我们把城市建设的重心下移、力量下沉，聚焦基层党建、城市管理、社区治理和公共服务等，整合审批、服务、执法等方面力量，把社区打造成为城市治理的坚实支撑和稳固底盘。

一是提高思想认识，牢记“国之大者”。结合《北京市接诉即办工作条例》以及相关工作细则，持续加强“接诉即办”工作教育培训力度，统一思想认识，牢记让人民幸福是国之大者，提高基层对“接诉即办”改革举措的认知，加大一线人员对群众诉求利益的理解、提升对问题特别是顽症问题的治理担当、提高对各类问题的处理力度，充分调动全员积极性，确保形成强大合力。把以人民为中心的发展思想贯穿到城市治理的全过程，落实到社区最小单元，激发居民、物业及其他各类主体的活力。

二是坚持党建引领，发挥比较优势。强化市、区、街道、社区党组织四级联动，推进街道社区党建、单位党建、行业党建互联互动，扩大新兴领域党建有效覆盖，增强城市基层党建整体效应。街道充分调动多元力量参与“接诉即办”工作，健全党组织领导下的居民自治机制，引导督促物业公司主动履行主体责任，逐渐建立由街道“六办”、社区、物业公司、网格力量、楼门院长等构成的“接诉即办”工作联盟。大力推进“门前三包责任制”相关办法的落实，鼓励社会单位积极参与城市治理，调动维护城市环境的自觉性和主动性。

三是健全议事平台，组织发动群众。更新治理方式，借鉴东城区实施“五力引航”计划，提高居民参与意识，健全“三级”议事协商平台，建立政府治理、社会参与、居民自治相互协调的社区治理长效机制，熟练掌握协商会议技术，运用协商治理“五民工作法”发展全过程人民民主，引导社区居民“人人会协商、遇事能协商”。明确治理方向，坚持问题、目标导向，围绕政府关注、居民关切的民生事项，分层建立公共性问题诉求清单，赋予街道（社区）时间、空间，通过协商共治，完成自治理和自发展。扩大社会参与范围，吸引企业、高校、研究机构等更多力量参与平台建设。加强法治宣传教育，进一步提升群众的法律意识。

（三）满足人民生活需求，化解基层治理不平衡的突出问题

推动及时办理向深度治理转变，要聚焦满足人民群众对高质量公共服务的新需要，在推进社会治理现代化进程中增强服务供给能力，着力解决区内各类资源分配不平衡的矛盾，确保各项工作都能在精准施策上出实招，精准推进上下实功，精准落地上见实效。

一是加强合理调配，解决街道行政资源分配不平衡的矛盾。加大有限行政资源的合理调配机制，建立技术支撑和资金帮扶制度，精准对接诉求较多、压力大的街道，形成“专项专策”的问题精准帮扶合力，不断提升问题解决率。进一步完善相关扶持政策和激励机制，鼓励多元力量参与社区治理，以辖区居民需求为中心，因地制宜搭建

3月，东华门街道韶九社区组织居民开展活动（王慧雯摄）

不同参与主体的参与路径，培养出自己的、管用的、专业的社会组织，结合各自特长，分层做好服务，降低辖区居民对服务的投诉、降低社会治理的行政成本。

二是加强统筹协调，解决部门执法资源分配不平衡的矛盾。通过设立综合执法协调机构、执法管理重心下移、完善法规政策等措施，充分发挥指导作用，及时查摆问题，着眼整改落实，建立权责统一、权威高效的综合治理体系，形成区域联动、上下互动的长效举措，努力实现由单纯末端执法处罚向前端管理参与、服务设施完善配套等环节主动延伸，坚持疏堵结合的管理思路，推动城市管理问题的“标本兼治”。

三是加强整体谋划，解决民生服务资源分配不平衡的矛盾。在投入上坚持问题导向，了解群众服务需求，重点关注群众反映强烈的教育、医疗、住房、养老等民生方面存在的短板，并将其作为调整和完善基本公共服务标准化的基本依据，促进公共服务资源配置更加科学合理。针对普惠性幼儿园覆盖率、每千常住人口养老床位数、每万名老年人拥有养老护理员数和生活不能自理特困人员集中供养等指标制订专项行动计划，切实解决教育、养老和特困供养等工作短板，扎实推进落后领域工作水平。

（四）维护人民根本利益，以“热线+网格”模式升级优化深度治理

网格平台是热线的重要技术支撑，而深度治理通过持续推进网格生态体系信息化建设，做强网格化管理平台功能，做优、做宽平台接口等手段，进一步确保“热线+网格”服务模式对深度治理的强力支撑。

一是提升深度治理感知能力。建立城市日常化管理“城市码”，实现城市部件精细化动态管理，部件权属库与市级设施“二维码”管理系统进行对接。紧跟重点工作，及时完善城市部件基础数据、地理空间数据和应用场景的开发，逐步探索与企业对接数据，为城市管理部门提供数据支撑。

二是提升深度治理分析能力。提升数据综合分析能力，加强数据提取和管理密度的关联性分析，找出市民关注的热点难点问题。搭建物业小区“接诉即办”功能模块，为物业小区“接诉即办”工作打牢决策根基。提升基层治理现代化水平，创新大数据利用模式，引导社会力量积极参与大数据建设和应用，将社区服务与社区居民群众诉求“关联”，智能辅助社区补齐服务短板。强化“接诉即办”程序与其他法定程序的衔接，建立与信访、仲裁、公检法系统等的数据共享，明晰案件进入其他处理渠道情况，告知诉求人相应法定渠道，以保证诉求人能以适当的法定程序解决问题。

三是提升深度治理决策能力。推进网格体系建设，优化监督力量配置，推动多元力量进网格，实现全区网格全覆盖。持续推进分级分层监督，继续强化街道小循环的常态监管模式，打通社区微循环，提高各级主动发现问题的能力。切实推动职能部门的业务系统与网格平台的协同、共享，将分属不同业务条线的数据在网格内进行汇集，形成强有力的指挥中枢。

四是提升深度治理预警能力。结合“热线+网格”工作模式精细化建设，充分发挥网格化管理优势，紧紧围绕“七有”“五性”，针对“接诉即办”治理的顽疾和百姓突出需求，梳理专题应用场景，逐步搭建起东城区“接诉即办”预警预判系统，实现数据支撑下的高效管理，包括垃圾分类、施工管理、网络交易、物业小区等。实现对城市治理的重难点问题和顽症痼疾的精准分析、精准预判。

五是提升深度治理指挥能力。建立指挥调度平台，加强各功能模块的过程数据汇聚，进一步融合其他数据来源及“接诉即办”预警预判数据等，打造领导决策和基层分析指挥调度的数据中枢。充分利用“雪亮工程”视频监控，加大视频智能分析，探索视频监控应用场景。完善融合平台各业务模块多种资源信息采集，按照平台角色定位，实现在线人员力量、资源配置实时调动，提升指挥调度的应用效果。

大事记

7月19日，“百年正芳华 梨园献吉祥”吉祥大戏院开业典礼暨京剧名家名段演唱会在吉祥大戏院上演（李木易摄）

大事记

1月

1日　区重点人群新冠疫苗接种工作全面启动。

同日　区出版物市场在全市率先启用电子许可证书。

3日　《东城区建设国家服务业扩大开放综合示范区工作方案》对外发布。

4日　蔡奇带队检查区2020年全面从严治党（党建）工作情况。

7日　蔡奇到基层联系点东华门街道听取意见暨召开市委常委班子2020年度民主生活会征求意见座谈会。

7—9日　政协北京市东城区第十四届委员会第五次会议召开。

10—12日　北京市东城区第十六届人民代表大会第七次会议召开。

14日　夏林茂以“四不两直”方式到景山街道、安定门街道、东四街道调研区院落改造等工作。

16日　金晖调度王府井“两区”建设及新消费品牌孵化工作。

29日　区大规模新冠疫苗接种工作动员会召开。

1月　北新桥街道被评为2020年全国“扫黄打非”先进集体、第四批全国“扫黄打非”进基层示范点，同时是北京市唯一获第四批全国“扫黄打非”进基层示范标兵称号的单位。

1月　区示范型退役军人服务中心（站）全部建成。

1月　“中国儿童友好社区建设试点”社区首批名单公布，龙潭街道左安浦园社区成功入选，为北京市唯一一家试点社区。

2月

1日　由区委、区政府与北京广播电视台合作打造的10集人文专题纪录片《胡同里的幸福》，在BTV新闻频道“这里是北京”栏目首播。

4日　北京2022冬奥会和冬残奥会官方特许商品旗舰店在王府井工美大厦开业，该店为国内开设的面积最大、品种最全的冬奥特许商品零售店。

5—26日　东城区以“故宫以东‘年’在一起，牛！”为主题，举办“故宫以东”过大年活动，做好“就地过年”文化服务。

7日　“数字王府井 冰雪购物节”数字人民币试点活动正式开启。

8日　北京东城文化发展研究院成立仪式举行。

19日　蔡奇参加并指导东城区委常委班子2020年度民主生活会。

25日　“2021年高雄·北京特色周暨2021年京台社区云聚首·元宵节主题活动”在景山街道美后肆时市民文化活动中心和台湾高雄香蕉码头、冈山区3个分会场，以视频连线的方式同步举办。

2月　东城区启动皇城景山等12个试点街区保护更新综合实施方案编制工作。

3月

2日　中共北京市东城区第十二届纪律检查委员会第六次全体会议召开。

同日　东城融媒发布厅启动仪式举办。

6—7日　东城原创剧目《项链》在天津大剧院演出。

13日　区党史学习教育动员大会召开。

3月4日，单霁翔做客东城融媒发布厅，进行首场访谈（区融媒体中心提供）

18日　金晖调研北大红楼及周边环境整治提升、中法大学旧址周边环境治理工作。

23日　区新冠疫苗接种“攀登行动”正式启动。

25日　“文化强国”《光明日报》协同推广平台在首都的首个站点——北京东城工作站启动仪式举行。

27日　2021年东城智能金融论坛暨北京REITs产业联盟成立仪式在丽晶酒店举办。

29日　区新消费品牌孵化基地挂牌仪式在红桥市场举行，并为红桥市场、王府井19号府、南阳共享际3家孵化基地颁牌，标志着区新消费品牌孵化工作进入实质运行阶段。

30日　蔡奇以“四不两直”方式到建国门街道西总布片区调研。

4月

2日　东城区联合阿里打造的“饿了么”线上“北京品牌馆”正式启动，5家知名老字号品牌门店首批入驻。

8日　蔡奇围绕“我为群众办实事”到东城区调研。

9日　新冠疫苗接种“登峰计划”工作部署会召开。

同日　“奋斗百年路 云上学党史”——区党史学习教育“党史e起学”微信小程序上线启动仪式举办。

13日　2021年东城“剧味生活”系列活动正式拉开帷幕。

21日　区委“两新”工委成立大会暨“两新”党建工作联席会召开。

23日　区党史学习教育“领读计划”在角楼图书馆正式启动。

25日　蔡奇以“四不两直”方式调研检查区物业管理工作。

28日　2021“燃购东城”消费季启动仪式在北京来福士购物中心举行。

同日　区党史游学地图发布暨“青春同心·永跟党走”文人志士线路寻访活动在蔡元培故居正式启动。

29日　夏林茂以“四不两直”方式到和平里街道小黄庄社区调研检查物业管理和垃圾分类工作。

同日　东城区开启“故宫以东·城市盲盒”“五一”文旅促消费活动。

4月　东城区在全市率先发布老旧小区垃圾分类导则——《东城区垃圾分类导则1.0（老旧小区）》，细化提升垃圾分类质量。

4月　东城区开展“非遗遇上冰雪”主题作品创意设计专题活动。

5月

1日　陈吉宁以“四不两直”方式检查国子监和五道营胡同，察看地区公共管理、环境秩序、商居关系、营商环境、安全生产等情况。

7日　国务院办公厅印发《关于对2020年落实有关重大政策措施真抓实干成效明显地方予以督查激励的通报》。在卫生健康领域，全国18个地方公立医院综合改革成效较为明显予以激励，东城区为北京市唯一获此殊荣的地区。

同日　“文化东城”会客厅揭牌，向市民开放，并开展特色论坛、文化沙龙等活动。

15日　蔡奇围绕推动首都残疾人事业发展到天坛公园、建国门街道残联温馨家园调研检查。

18日　东城区优秀人才推动区域高质量发展意见建议征集座谈会召开。

19日　区二级医院警务工作室启动仪式在普仁医院举行，为18家二级及以上医院警务工作站授牌，区警医融合工作实现全覆盖。

22日　金晖调研文物保护、五道营胡同业态提升工作。

25日　东城区养老行业协会成立大会暨第一次会员大会召开。

28日　“大戏东望·2021南锣鼓巷戏剧展演季”活动开幕。

29日　中国国民党革命委员会北京市东城区第三次代表大会召开，选举产生民革东城区第三届委员会委员。

30日　中国民主同盟北京市东城区第三次代表大会召开，选举产生民盟东城区第三届委员会委员。

6月

1日　中央政治局委员、国务院副总理、国务院妇女儿童工作委员会主任孙春兰到角楼图书馆参加区妇联“童心向党 争做好少年”庆祝“六一”国际儿童节主题教育实践活动。

同日　伟大开篇——中国共产党早期北京组织专题展、《新青年》编辑部旧址（陈独秀旧居）专题展正式开放，2个展览是全市庆祝建党100周年“1+9”系列展览的重要内容之一。

2日　东城区与河北雄安新区签订政务服务“跨省通办”合作协议。

同日　九三学社北京市东城区第三次代表大会召开，选举产生九三学社东城区第三届委员会委员。

同日　区“永远跟党走”党史学习教育百姓宣讲团巡回宣讲首场活动在风尚剧场举行。

同日 区“唱响中轴——唱支山歌给党听”群众大合唱活动正式启动。

5日 中国民主建国会北京市东城区第三次代表大会召开，选举产生民建东城区第三届委员会委员。

6日 中国农工民主党北京市东城区第三次代表大会召开，选举产生农工党东城区第三届委员会委员。

8日 “百年·百姓——中国百姓生活影像大展（1921—2021）”在王府井大街正式开幕。

10日 中国致公党北京市东城区第三次代表大会召开，选举产生致公党东城区第三届委员会委员。

12日 中国民主促进会北京市东城区第三次代表大会召开，选举产生民进东城区第三届委员会委员。

13日 台湾民主自治同盟北京市东城区第三次代表大会召开，选举产生台盟东城区第三届委员会委员。

18日 东城区与北京广播电视台联合推出的10集人文纪录片《恰是百年风华》在北京广播电视台《这里是北京》栏目开始播出。

同日 “辉煌100年——东城区庆祝中国共产党成立100周年主题文艺演出”在北京喜剧院举办。

23日 《中国共产党北京市东城区历史（1921—2016）》出版发行座谈会召开。

28日 夏林茂以“四不两直”方式调研雍和宫周边申请式退租试点项目已腾退院落设计、修缮和后期利用工作。

6月 国务院正式公布第五批入选国家级非物质文化遗产名录项目，北京市申报的18个项目入选，其中天坛神乐署中和韶乐、北京蒙镶技艺、泥塑（北京泥人张）、北京绢人、家具制作技艺（北京木雕小器作）5个项目出自东城区。

7月

7日 首批国家文化与金融合作示范区支行揭牌仪式在北京隆福寺文创园举行。

9日 百年历史的吉祥戏院重装开放。

11日 市“永远跟党走”党史知识竞赛决赛举行，东城区代表队获二等奖。

14日 由北京市银行业协会与东城区文化发展促进中心共同主办的“文菁汇”文化金融首场沙龙活动举办。

16日至8月15日 由中国儿童艺术剧院联合东城区委、区政府共同主办的以“共享戏剧 健康成长”为主题的第十届中国儿童戏剧节举办。

24日 区领导干部大会召开。市委常委、组织部部长魏小东宣布市委关于夏林茂、孙新军同志职务调整的决定，孙新军同志任中共北京市东城区委书记。

28日 2021王府井论坛在北京饭店召开。

29日 孙新军调研前门商圈改造提升工作。

30日 金晖检查东城区设在大兴区的集中医学观察隔离点防控工作。

7月 王府井步行街确认为第二批“全国示范步行街”。

8月

3日 孙新军调研检查文明城区创建工作开展情况。

5日 中共北京市东城区第十二届委员会第十五次全体会议召开。

6日 区实体书店“四进”扶持政策发布会召开。

8日 东京奥运会落下帷幕，东城区培养输送的运动员获得2金4银3铜。

17日 蔡奇到前门大栅栏地区调研检查疫情防控和商圈改造提升。

19日 《北京市东城区支援合作工作五年规划（2021年—2025年）》正式发布。

21日 孙新军围绕“加强老城整体保护，推进中轴线申遗综合整治”开展主题调研。

26日 区老字号企业北京稻香村“零号店”在东四北大街开业，地址为20世纪80年代北京稻香村南味食品店第一营业部复业原址。

9月

2日 北京人艺新剧场——北京国际戏剧中心启用仪式举行。

3日 蔡奇围绕“坚持首都功能核心区定位，推动经济高质量发展”主题到区调研。

4日 商务部、中央宣传部会同文化和旅游部、广电总

8月6日，东城区实体书店“四进”扶持政策发布会召开（林萱摄）

局在首届国家文化出口基地论坛上，为东城区获评国家文化出口基地授牌。

6—7日　孙新军带队赴西藏自治区拉萨市当雄县调研对接对口支援工作。

7日　“服贸会·2021中国楼宇经济北京论坛”召开，东城区获中国楼宇经济高质量发展标杆范例称号。

8日　“雪莲·亮点”文创园正式亮相。

9日　全国首个“安心街区”示范项目落户东城区金宝街。

15日　全市首例文物建筑与文娱演艺结合的项目、大型沉浸式悬疑互动戏剧《NO.5东郊五号》在东交民巷使馆建筑群内的比利时使馆旧址（紫金宾馆）上演。

19日　孙新军专题调研王府井地区转型升级工作。

24日　由原北京游乐园改建的城市综合公园——龙潭中湖公园开园，面向公众免费开放。

25日　由东城区政府主办，中关村东城园管委会、中关村雍和航星科技园、IVL瑞典环境科学研究院共同承办的中国北欧可持续发展与创新论坛在中关村会议中心开幕。

27日　区政协文史委和区文联共同组织编写的《胡同故事》在东城区第一图书馆举办新书发布会。

28日　东城区启动“中轴线上”系列文化活动。“百年荣光·为国庆生”——“中轴线上·永定门光影秀”作为首场活动，以光影为笔重现建党百年的恢弘历史进程。

同日　“故宫以东”美团新旗舰店正式上线。

29日　东城区成立全市首家消费维权诉调对接工作站。

30日　东城区在汇文中学彭雪枫纪念雕塑前举行2021年烈士公祭仪式。

9月　东城区培养输送的运动员在第十四届全国运动会上获11金3银3铜。

9月　聚焦快递员、外卖送餐员、网约车司机等新就业群体，东城区开展“四季暖风（蜂）”系列活动。

10月

1日　中法大学旧址修缮完成，首次布展——“马克思主义在中国早期传播专题展”和“马克思主义中国化的光辉历程专题展”对外开放。

8日　“会馆有戏”东城区颜料会馆演出正式开幕。

13日　“中轴线上”——2021北京古建音乐季在智珠寺启动。

16日　代区长周金星调研中轴线申遗综合整治工作。

19日　“大戏东望·2021全国话剧展演季戏剧高峰对话”在隆福文化中心举办。

19—21日　孙新军率党政代表团赴内蒙古自治区兴安盟阿尔山市调研对接东西部协作工作。

21日　区残疾人联合会第三次代表大会召开。选举产生区残联第三届主席团名誉主席、主席、委员和出席北京市残联第八次代表大会的代表人选，推举产生新一任区残联理事长、副理事长、理事和各专门协会主席。

22日　以“弘扬传统文化 促进健康服务”为主题的第十三届地坛中医药健康文化节开幕。

26日　区第十四次妇女代表大会召开。选举产生区妇联第十四届执行委员会和区妇联新一届领导班子。

27日　体育馆路街道成功受理全市首笔数字人民币纳税业务，数字人民币缴税方式在首都开启落地之旅。

10月　前门大街获评第一批国家级夜间文化和旅游消费集聚区及首批市级旅游休闲街区。

11月

2日　区3-11岁人群疫苗接种工作部署会召开。

4日　区“以案为鉴、以案促改”警示教育大会召开。

5日　“伟大开篇——中国共产党早期北京组织专题展”微信公众号“伟大开篇主题展览”正式上线。

10日　周金星到三里屯太古里调研特色商业街建设工作。

11日　区工会第三次代表大会召开，选举产生新一届工会委员会委员和经费审查委员会委员，以及区总工会新一届领导班子成员。

16日　龙潭西湖公园景观提升改造后恢复开园。

18日　孙新军检查区垃圾分类工作，实地察看景山街道、东四街道生活垃圾分类驿站、垃圾清运处理情况。

20日　中共北京市东城区第十二届委员会第十六次全

2021年，十大“北京最美街巷”评选揭晓，东城区新鲜胡同、府学胡同成功入选（朝阳门街道提供）

体会议召开。

25日　区科学技术协会第三次代表大会召开，选举产生区科学技术协会第三届委员会委员、常务委员以及区科协主席、副主席。

30日　区文联第三次代表大会召开，选举产生区文联第三届主席团和理事会成员。

11月　东城区拍摄的非遗人文短视频《非遗制造局》全新上线。

11月　东城区新鲜胡同、府学胡同入选2021十大“北京最美街巷”。

12月

1日　中共北京市东城区互联网行业委员会成立大会召开。

同日　区第三次归侨侨眷代表大会召开，选举产生区侨联第三届委员会和新一届领导班子。

2日　东城原创年度大戏《黎明1949》在北京喜剧院上演，“大戏东望·2021全国话剧展演季”正式拉开帷幕。

4—6日　中共北京市东城区第十三次代表大会召开。孙新军代表中共东城区第十二届委员会向大会作题为《加速“崇文争先”、做实“六字文章”，为建设国际一流和谐宜居的新时代首都核心区而努力奋斗》的报告。大会选举产生中共北京市东城区第十三届委员会和纪律检查委员会，通过关于中共北京市东城区第十二届委员会报告的决议和关于中共北京市东城区纪律检查委员会工作报告的决议。区委十三届一次全会选举产生新一届区委常委，孙新军当选区委书记，周金星、王清旺为区委副书记。

8—10日　区政协第十五届委员会第一次会议召开。会议审议并通过区政协第十四届委员会常务委员会工作报告和关于提案工作情况的报告，听取政府工作报告的说明，选举产生政协北京市东城区第十五届委员会主席、副主席、秘书长和常务委员，汤钦飞当选为第十五届区政协主席。大会听取会议期间提案审查情况的报告，表决通过《中国人民政治协商会议北京市东城区第十五届委员会第一次会议决议》。

9—13日　区第十七届人民代表大会第一次会议召开。会议审查并通过关于区政府工作报告的决议、关于区2021年国民经济和社会发展计划执行情况与2022年国民经济和社会发展计划的决议、关于区2021年预算执行情况和2022年预算的决议、关于区人大常委会工作报告的决议、关于区人民法院工作报告的决议、关于区人民检察院工作报告的决议，选举产生区第十七届人大常委会和区人民政府领导机构、区人民法院院长、区人民检察院检察长，周金星当选区人民政府区长，吴松元当选区人大常委会主任。

13日　区志愿服务联合会第一次会员代表大会暨成立大会召开。

17日　区工商业联合会（商会）第十一次代表大会召开，选举产生区工商联第十一届执行委员会和主席、常务副主席、副主席、秘书长、常务委员及区商会会长、副会长。

同日　2021中国文化金融峰会举办，《北京市东城区国家文化与金融合作示范区建设发展白皮书》发布，区内8家金融机构被认定为创建国家文化与金融合作示范区文化金融专营组织机构，4家驻区文化企业获得综合金融服务。

18日　蔡奇围绕深化“接诉即办”、办好民生实事到区调研检查。

20日　东城区知名餐饮品牌森隆饭庄（成立于1924年4月17日，曾用名“四时春餐厅”）正式挂牌北京市老字号。

同日　区“永远跟党走”党史知识竞赛决赛举办。

24日　龙潭街道投融资联盟成立仪式暨联盟首次例会举行。该联盟是北京市第一家街道级投融资平台。

28—29日　共青团北京市东城区第十二次代表大会召开。选举产生共青团北京市东城区第十二届委员会委员、候补委员，通过关于第十一届委员会工作报告的决议。共青团北京市东城区第十二届委员会第一次全体会议，选举产生新一届共青团东城区委员会常务委员会委员、书记、副书记。

29日　“数字中轴，点亮文明”——北京中轴线申遗“数字中轴”项目在正阳门箭楼正式启动，发布北京中轴线申遗首个数字形象——北京雨燕。

12月　南护城河（东城段）、北护城河（东城段）及柳荫湖公园3个河湖被评为“2021年度北京市优美河湖”。

中国共产党北京市东城区委员会

12月4日，中国共产党北京市东城区第十三次代表大会召开（王峥摄）

综 述

2021年，东城区以习近平新时代中国特色社会主义思想为指导，坚持“崇文争先”，统筹疫情防控和经济社会发展，以庆祝建党100周年为主线，聚焦高质量发展，主动作为、攻坚克难，各项事业取得积极成效，实现“十四五”良好开局。全年召开区委全会3次；区委常委会会议37次，审议议题233项；区委常委（扩大）会议7次；区委书记专题会议19次，研究议题28项；街道工委书记月度工作点评会10次。

完成建党100周年庆祝活动服务保障任务。组建服务保障工作领导小组，由书记、区长担任组长、常务副组长，高位统筹推进各项工作任务。积极构建区、街、社区三级联动指挥体系，制订演练及庆祝活动工作方案和执行流程，细化任务清单，层层压实工作责任。累计投入各类服务保障力量23.3万人次，完成庆祝活动的参加及人员集结疏散、安全维稳、环境整治、疫情防控和医疗保障等重点任务，实现“精精益求精、万万无一失”总目标，营造“党的庆典、人民的节日”浓厚氛围。

推动经济高质量发展。高标准创建国家文化与金融合作示范区，北京文创板落地东城，举办第二届东城智能金融论坛，承办2021年北京市基础设施REITs产业发展大会。举办2021王府井论坛，王府井入选第二批“全国示范步行街”。全力打造故宫—王府井—隆福寺“文化金三角”。“两区”建设示范项目库累计入库项目165个，累计落地项目135个，其中外资项目32个；新设外商投资企业61家，同比增长17.3%；全年地区生产总值实现3193.1亿元，同比增长8.0%；区级一般公共预算收入实现195.5亿元，同比增长7.8%；固定资产投资完成229.7亿元，建安投资完成89.5亿元。

抓好疫情防控常态化。坚持区领导高位统筹，调整优化疫情防控领导体系，设置区防控办临时编制，提高运行效率。持续提高核酸检测能力，加大疫苗接种力度，建立安全高效的疫苗接种“东城模式”，第一时间启动“攀登行动”“登峰计划”等，完成接种任务，群体免疫屏障逐渐建立。在全市率先实现街道应急物资储备库全覆盖，市场供应保障体系高效有序运转。开展“爱国卫生运动”，常态开展主题周末卫生日活动，营造健康安全环境。

实现文化建设新突破。编制《东城区“十四五”时期加强全国文化中心建设规划》，成立文化发展研究院，为文化发展注入理论动力和实践活力。依托北大红楼等革命历史遗迹和54家爱国主义教育基地，打造红色文化资源带，红色文化寻访路线成为党史学习教育热门打卡地。举办“百年荣光·为国庆生”永定门光影秀、“古建音乐季”、“中轴线上”等文化活动，推进皇史宬、曹雪芹故居纪念馆等开放利用，持续擦亮古都文化底色。出台实体书店“四进”引导支持政策，建设“书香世业”文化主题街区，打造全国知名的“书香之城”。举办南锣鼓巷戏剧展演季等品牌活动，“戏剧之城”建设取得新进展。

推进城市精细化治理。持续推进拆违工作，拆除违法建筑8.7万平方米，无证无照、占道经营等5项任务持续保持动态清零。208条背街小巷通过市级“十无”验收。新建及规范提升各类便民商业网点24个。老旧小区综合整治项目完成10个，启动64个。持续推动北大红楼及周边等重点环境品质提升工程，完成平安大街二期环境提升项目主体工程。崇雍大街恢复“文风京韵、大市银街”的古都风貌。持续抓好两个“关键小事”。完成龙潭西湖调蓄工程，龙潭西湖公园、龙潭中湖公园实现精彩亮相。

增进民生福祉。举办线上线下招聘会227场，提供岗位近10万个，登记失业率控制在2.07%，“零就业家庭”保持动态清零。落实义务教育“双减”政策，推进教育综合质量提升三年行动计划，加快全国智慧教育示范区建设。完成区第一人民医院与区天坛康复医疗中心合并，和平里医院儿科、隆福医院康复科等科室获评

6月1日，《新青年》编辑部旧址（陈独秀旧居）专题展开放仪式举行（区委宣传部提供）

北京市“中医特色科室”。实现社区卫生服务机构中医药饮片服务全覆盖。新建提升15片体育运动场地，争创首批“国家全民运动健身模范区”。持续开展“扫黑除恶”“平安行动”，从源头上防范化解各类重大风险隐患。建立“一不两有一联动”电动自行车管理工作机制，建成集中停放充电设施2000余处，加装电动自行车进电梯智能阻止装置300余部。

提升党的建设。层层压实管党治党政治责任，健全“大党建”格局，制订党建主体责任综合考核评价体系，实现全面从严治党（党建）考核和绩效考核全覆盖。以提升组织力为重点，建立45个基层党建示范点和46个优秀社区党组织书记工作室。印发意识形态工作责任制项目内容（折子工程），组织签订工作责任书，层层压实意识形态主体责任，筑牢东城区意识形态领域安全堤坝。开展党史学习教育，推出“伟大开篇——中国共产党早期北京组织专题展”“《新青年》编辑部旧址（陈独秀旧居）专题展”，已接待观众5万余人次。推出《薪火传承——东城区党史游学地图》，打造“觉醒年代”“光辉足迹”等5条游学线路，成为党史学习教育最“红”打卡地。创新研发“党史e起学”微信小程序，浏览量已超950万人次。做好区级领导班子换届工作。抓好区党代表选举和人大代表、政协委员以及区委委员、候补委员、纪委委员的推荐提名、组织考察等工作。坚持教育在先、警示在先、预防在先，进一步加强换届风气监督，严明换届纪律，保证换届全过程清明清正清新。完成社区“两委”换届选举，168个社区“一肩挑”比例达到92.8%，实现选优配强、优化结构。加强“两新”领域党建工作，成立区委“两新”工委，在全市率先建立区域化“两新”组织党建三级工作机制。坚持违纪违法问题“零容忍”。2021年共接收问题线索992件，立案70件，结案74件，给予党纪政务处分59人，采取留置措施8人，移送检察机关13人，追回在逃人员1人。

（刘　婷）

重要会议和活动

【区第十三次党代会】12月3—6日，中国共产党北京市东城区第十三次代表大会召开。大会审查并批准中共北京市东城区第十二届委员会工作报告和中共北京市东城区第十二届纪律检查委员会工作报告，总结区第十二次党代会以来的工作，讨论确定未来五年经济社会发展的奋斗目标和主要任务，选举产生中共北京市东城区第十三届委员会委员46人、候补委员9人，第十三届纪律检查委员会委员29人。代表396人参会。

（李奕成）

【区委全会】8月5日，中国共产党北京市东城区第十二届委员会第十五次全体会议召开。孙新军代表区委常委会作工作报告，会议审议通过《中共北京市东城区第十二届委员会第十五次全体会议关于召开中共北京市东城区第十三次代表大会的决议》，孙新军作总结讲话。11月20日，中国共产党北京市东城区第十二届委员会第十六次全体会议召开。会议酝酿中国共产党北京市东城区第十三届委员会委员、候补委员和区纪委委员候选人预备人选建议名单，审议通过《中共北京市东城区委员会工作报告》，《中共北京市东城区纪律检查委员会工作报告》，中国共产党北京市东城区第十三次代表大会主席团成员、主席团常务委员会委员及召集人、大会主持人建议名单，中国共产党北京市东城区第十三次代表大会秘书长、副秘书长建议名单，中国共产党北京市东城区第十三次代表大会代表资格审查委员会组成人员建议名单，中国共产党北京市东城区第十三次代表大会各代表团的划分及召集人建议名单，《中共北京市东城区委员会全体会议关于中共北京市东城区第十三次代表大会召开时间和大会议程的决议》，《区委常委会抓党建工作情况报告》，《中共北京市东城区第十二届委员会第十六次全体会议决议》，孙新军作总结讲话。12月6日，中国共产党北京市东城区第十三届委员会第一次全体会议召开，会议审议通过十三届区委一次全会选举办法和区纪委一次全会选举产生的区纪委常委和书记、副书记名单，选举产生十三届区委常委、区委书记、区委副书记，孙新军作总结讲话。

（李奕成）

【区领导干部大会】1月4日，区领导干部大会召开。传达学习习近平主席2021年新年贺词和蔡奇在2020年全面从严治党（党建）工作东城区考核现场会上的讲话精神，夏林茂作总结讲话。1月21日，区领导干部大会召开。传达学习习近平总书记在考察北京冬奥会、冬残奥会筹办工作时的重要讲话精神和市委常委会扩大会议精神，夏林茂作总结讲话。2月2日，区领导干部大会召开。传达学习蔡奇在东城区委常委班子2020年民主生活会上的讲话精神，金晖作总结讲话。4月8日，区领导干部大会召开。传达学习蔡奇到东城区调研讲话精神，夏林茂作总结讲话。7月24日，区领导干部大会召开。魏小东宣布市委决定并讲话，夏林茂讲话，孙新军表态发言，金晖代表班子表态发言。同日，区领导干部大会召开。传达学习市委十二届十七次全会精神，金晖作总结讲话。9月4日，区领导干部大会召开。传达学习蔡奇到东城区调研讲话精神，孙新军作总结讲话。9月28日，区领导干部大会召开。刘俊彩

7月24日，东城区领导干部大会召开（王峥摄）

部署假日旅游和疫情防控工作，薛国强部署公共安全和应急管理工作，陈献森部署城市运行和环境保障工作，孙新军作总结讲话。12月22日，区领导干部大会召开。传达学习市委十二届十八次全会精神，孙新军作总结讲话。

（李奕成）

【区级领导班子工作务虚会】11月10日，区级领导班子工作务虚会召开。区委研究室汇报区委工作报告起草情况，区级领导班子成员依次发言，周金星讲话，孙新军作总结讲话。

（李奕成）

【街道工委书记月度工作点评会】1月6日，街道工委书记月度工作点评会召开，安定门、交道口、天坛街道工委书记发言，夏林茂点评讲话。2月5日，街道工委书记月度工作点评会召开，东直门、建国门、前门街道工委书记发言，夏林茂点评讲话。4月17日，区属部门党组（党委）书记、街道工委书记月度工作点评会合并召开，区住建委、城管委党组书记，景山、东华门、北新桥街道工委书记发言，夏林茂点评讲话。5月13日，区属部门党组（党委）书记月度工作点评会召开，区发改委、财政局、商务局、金融办党组书记发言，夏林茂点评讲话。6月7日，街道工委书记月度工作点评会召开，东四、朝阳门、东花市街道工委书记发言，夏林茂点评讲话。8月6日，区属部门党组（党委）书记月度工作点评会召开，区委教育工委书记，区文旅局、体育局党组书记发言，孙新军点评讲话。9月9日，街道工委书记月度工作点评会召开，龙潭、天坛、永定门外街道工委书记发言，孙新军点评讲话。10月13日，区属部门党组（党委）书记月度工作点评会召开，区委社会工委书记，区人力社保局、生态环境局、园林绿化局党组书记发言，孙新军点评讲话。11月4日，街道工委书记月度工作点评会召开，崇文门外、体育馆路街道工委书记，王府井管委会党组书记发言，孙新军点评讲话。12月23日，区属部门党组（党委）书记月度工作点评会召开，区科技和信息化局党组书记、国资委党委书记、政务服务局党组书记、东城园工委书记发言，孙新军点评讲话。

（李奕成）

表1

2021年东城区委常委会会议一览表

日期	会次	议题
1月14日	十二届150次	研究区纪委区监委拟定的《北京市东城区政治生态分析研判工作实施办法（试行）》、设立北京市东城区建设国家服务业扩大开放综合示范区工作领导小组有关工作、区委编办拟定的东城区街道“三定”规定、区委社会工委区民政局拟定的东城区2021年春节期间开展走访慰问送温暖活动工作安排，干部任免事宜
1月27日	十二届151次	听取区应急局关于2021年第一季度应急管理和安全生产形势分析的汇报、区委组织部关于全市2021年领导干部报告个人有关事项工作部署会精神和区贯彻落实工作安排的汇报；研究区委组织部拟定的《东城区2020年度党（工）委书记抓基层党建述职评议会议方案》《区委常委会2020年度干部选拔任用工作情况报告》，区人大拟定的《北京市东城区人大常委会2021年工作要点（草案）》，区政协拟定的《政协北京市东城区第十四届委员会常务委员会2021年工作要点（草案）》和《东城区政协2021年重点协商工作计划》及干部任免事宜

续表1

日期	会次	议题
2月26日	十二届152次	研究区委研究室拟定的《区委常委会2021年工作要点》，区纪委区监委拟定的《区纪委十二届六次全会工作方案》和《区纪委十二届六次全会工作报告》，第三届东城区杰出人才、第八届东城区有突出贡献的优秀人才、第八届东城区优秀青年人才认定工作，区政府办公室拟定的《2021年东城区政府工作报告重点工作分工方案》，东城区2020年重要民生实事完成情况及东城区2021年重要民生实事编制工作，撤销北京市东城区城市管理综合行政执法局党组有关事宜，调整政协东城区第十四届委员会委员有关事宜，研究干部任免事宜
3月13日	十二届153次	会前学习全国“两会”精神，听取区应急局关于《东城区贯彻落实北京市委北京市人民政府安全生产第九督察组督察反馈意见整改实施方案》的汇报、区委统战部关于协助民主党派区委做好换届工作的实施方案的汇报，研究区有关人员违纪问题的处理意见
3月23日	十二届154次	听取区委组织部关于全国、全市组织部长会议精神及东城区2020年组织工作总结和2021年重点安排、强化东城区“接诉即办”重点工作专项激励有关情况、在全区基层党组织深入开展庆祝中国共产党成立100周年系列活动的安排的汇报，区委宣传部关于全国、北京市宣传部长会议精神及东城区2020年宣传思想文化工作总结和2021年重点安排及关于《2021年东城区委理论学习中心组学习计划》的汇报，区委统战部关于全国、全市有关统战工作会议精神及东城区2020年统战工作总结和2021年重点安排的汇报，区人大常委会党组关于2020年工作情况和2021年工作要点的汇报，区政协党组关于2020年工作情况和2021年工作要点的汇报，研究干部任免事宜
4月8日	十二届155次	听取区纪委区监委关于2020年东城区全面从严治党主体责任检查考核结果有关情况和2020年信访举报与审查调查工作情况及加强对区管单位党政正职领导干部监督管理规定的汇报，区委办公室关于《区委2021年度深化落实全面从严治党主体责任清单》的汇报，区委巡察办关于区委巡察工作情况的汇报，区委宣传部关于《庆祝中国共产党成立100周年东城区宣传报道方案》的汇报，区委统战部关于《东城区2021年政党协商计划》的汇报，研究干部任免事宜
4月15日	十二届156次	传达学习《中国共产党统一战线工作条例》有关精神，听取区委统战部关于全面推进新时代基层统战工作意见的汇报，区委组织部关于开展北京市“三优一先”评选表彰推荐工作的汇报，区发改委关于《东城区疏解整治促提升专项行动2021年工作计划》的汇报，区生态环境局关于东城区污染防治攻坚战2020年完成情况的汇报，区总工会关于2021年首都劳动奖状、奖章和北京市工人先锋号及全国五一劳动奖状、奖章和全国工人先锋号推荐评选工作情况的汇报
4月29日	十二届157次	听取区发改委关于东城区2021年固定资产投资计划、重点工程计划、政府投资计划有关情况的汇报，区委组织部关于北京市东城区网格化服务管理中心党组更名情况和成立东城区换届工作领导机构的汇报，研究干部任免事宜
5月18日	十二届158次	传达学习全国巡视工作会议暨十九届中央第七轮巡视动员部署会精神，听取区委办公室关于《东城区2021年落实全面从严治党主体责任重点任务分工》《“五个东城”建设任务清单》、东城区委常委班子民主生活会整改措施的汇报，区委宣传部关于推荐参评第八届全国道德模范人选有关情况的汇报，区发改委关于《东城区2021年一季度经济社会发展形势分析》的汇报，区财政局关于东城区政府投资引导基金出资及运作情况的汇报，区城管委关于调整2021年区级拆违任务的汇报，公安分局关于申请十八起非法吸收公众存款案司法审计费用的汇报，区委组织部关于2020年区局级干部年度考核等次及奖励建议名单有关情况的汇报，区委统战部关于东城区各民主党派区委第三届委员会领导班子人选的汇报
5月25日	十二届159次	听取区委组织部关于调整2020年区局级干部年度考核等次及奖励建议名单有关情况、巩固深化“不忘初心、牢记使命”主题教育成果实施方案的汇报，区委老干部局关于东城区老干部工作情况的汇报，区委编办关于《北京市东城区议事协调机构管理办法》的汇报，区委研究室关于东城区调查研究工作2020年总结和2021年重点工作、重点课题的汇报，区发改委关于《东城区国民经济和社会发展第十四个五年规划和二〇三五年远景目标纲要重点工作分工方案》的汇报，区民宗办关于协助各宗教团体做好换届工作实施方案的汇报，区城管委关于平安大街（二期）环境整治提升工作情况和资金安排的汇报，区外事办关于东城区2020年外事港澳工作情况及2021年重点工作安排的汇报，区信访办关于东城区2020年信访工作情况及2021年工作安排的汇报，研究干部任免事宜

续表1

日期	会次	议题
5月31日	十二届160次	听取区委统战部关于东城区民主党派换届部分领导班子人选有关情况的汇报，研究干部任免事宜
6月9日	十二届161次	听取区委组织部关于东城区2020年综合考核评价工作有关情况、东城区“两优一先”评选表彰推荐情况和表彰大会方案的汇报，区生态环境局关于东城区污染防治攻坚战2021年第一季度工作进展情况的汇报，区残联关于区残联第三次代表大会换届选举工作情况的汇报；研究区纪委区监委起草的《东城区监察委员会关于开展反腐败国际追逃追赃工作情况的报告》、区财政局起草的《关于东城区2020年决算草案的报告》、区审计局起草的《关于东城区2020年度预算执行和其他财政收支的审计工作报告》、干部任免事宜
6月25日	十二届162次	研究干部任免事宜
7月9日	十二届163次	听取区委组织部关于东城区2020年度处级领导班子和处级干部考核等次及奖励建议情况的汇报、区机关事务管理服务中心关于区退役军人局购买部队军休干部管理服务用房方案的汇报；研究《中共北京市东城区第十二届委员会领导班子工作总结》《东城区第十六届人大常委会领导班子工作总结》《东城区政府领导班子工作总结》《第十四届东城区政协领导班子工作总结》《中共北京市东城区第十二届纪委领导班子工作总结》、区委组织部起草的《关于严肃换届纪律加强换届风气监督的通知》和《关于深化推进严肃换届纪律加强换届风气监督工作实施方案》
7月27日	十二届164次	传达学习《中共中央关于加强对“一把手”和领导班子监督的意见》及中纪委关于学习贯彻《意见》通知有关精神，听取区委组织部关于区第十三次党代会选举工作有关文件起草情况的汇报，研究区委办公室拟定的关于召开区委十二届十五次全会的安排意见、区委研究室拟定的区委常委会工作报告、干部任免事宜
8月1日	十二届165次	听取区人大常委会党组关于东城区人民代表大会换届选举工作的汇报，研究换届人选考察对象建议人选
8月5日	十二届166次	听取区城管委关于申请2021年东城区背街小巷环境精细化整治提升工作启动款和申请追加2021年东城区拆违封堵工程专项资金的汇报，研究区发改委拟定的《关于东城区2021年国民经济和社会发展计划上半年执行情况的报告》、区财政局拟定的《关于东城区2021年上半年预算执行情况的报告》《关于东城区2021年预算调整方案的报告》
8月11日	十二届167次	听取区委统战部关于做好2021年东城区政协换届工作有关情况的汇报、区发改委关于2020年度东城区税源政策兑现工作有关情况的汇报、区总工会关于东城区总工会工作情况的汇报、团区委关于东城区共青团工作情况的汇报、区妇联关于东城区妇联工作情况的汇报、区委党校关于“一校两院”工作情况的汇报，研究东城区应检尽检人员核酸检测经费有关情况、区有关人员违纪问题的处理意见、干部任免事宜
8月18日	十二届168次	听取区人大常委会党组关于2021年上半年工作情况的汇报、区政协党组关于2021年上半年工作情况的汇报、公安分局关于全面落实电信网络诈骗犯罪打防管控各项措施的汇报、区信访办关于2021年东城区上半年信访工作情况及下半年工作思路的汇报，研究区司法局拟定的《东城区依法治区建设规划（2021—2025年）》和《关于进一步加强街道法治建设的实施意见》、区应急局拟定的《东城区关于落实中共北京市委北京市人民政府安全生产第九督察组督察反馈意见情况的报告》、区园林绿化局拟定的《东城区关于全面建立林长制的工作方案》
9月1日	十二届169次	听取区统计局关于东城区第七次全国人口普查工作情况主要数据成果的汇报、区生态环境局关于东城区污染防治攻坚战2021年上半年工作进展情况的汇报、区环卫中心关于申请追加2021年15座密闭式清洁站提升改造项目资金的汇报、区科协关于召开东城区科学技术协会第三次代表大会有关事项的汇报、区委组织部关于两委委员候选人初步人选酝酿推荐工作方案的汇报，研究区委宣传部拟定的《东城区关于贯彻落实〈中国共产党宣传工作条例〉的实施意见》、区国资委拟定的《北京东方信达资产经营总公司公司制改制方案》和《北京崇远投资经营公司公司制改制方案》、干部任免事宜

续表1

日期	会次	议题
9月15日	十二届170次	听取区纪委区监委关于2021年上半年东城区纪检监察工作完成情况及下半年工作安排和2021年上半年信访举报与审查调查工作情况的汇报，研究区委办公室拟定的《东城区党务公开工作实施办法（试行）》、区纪委区监委拟定的《东城区关于加强对“一把手”和领导班子监督的分工方案》、区有关人员违纪问题的处理意见、区商务局拟定的《东城区培育建设国际消费中心城市示范区实施方案（2021—2025年）》、干部任免事宜
9月27日	十二届171次	研究干部任免事宜
10月11日	十二届172次	听取区卫健委关于申请追加社区卫生服务机构运行经费偿还借款的汇报，区民宗办关于东城区天主教爱国会等三个宗教团体第三届委员会领导班子建议人选的汇报，区侨联关于东城区第三次归侨侨眷代表大会换届工作方案的汇报，区文联关于东城区文学艺术界联合会第三次代表大会换届选举工作的汇报，区委政法委关于申请东城区集中隔离医学观察点、工作人员休整点、北京站分指挥部运行所需部分资金的汇报，区委组织部关于成立中共北京市东城区融媒体中心党组和十三届区委委员、候补委员和区纪委委员候选人初步人选产生情况的汇报；研究区生态环境局拟定的《东城区贯彻落实北京市中央生态环境保护督察报告反馈意见整改方案》、区国资委拟定的《进一步整合区属国有企业城市更新改造板块资源将北京建远投资经营有限公司与北京东方置地投资发展有限公司重组方案》、干部任免事宜
10月14日	十二届173次	研究干部任免事宜
10月16日	十二届174次	听取区委组织部关于东城区换届人事安排建议方案和第十三届区委委员、候补委员和区纪委委员候选人预备人选建议名单及东城区各政党、无党派代表人士、各人民团体联合提名推荐东城区第十七届人大代表候选人建议名单的汇报
10月18日	十二届175次	听取区委组织部关于调整东城区部分事业单位处级领导职务管理权限有关情况、调整区属国有企业领导人员管理体制有关情况、东城区第十七届人民代表大会代表候选人初步建议人选考察审查情况、选民十人以上联名推荐东城区第十七届人大代表初步候选人名单的汇报，研究区城市管理指挥中心拟定的《东城区“接诉即办”重点工作专项激励办法的补充规定》
10月26日	十二届176次	听取区委组织部关于区委提名区第十三次党代会代表候选人名单和选举单位安排建议、区第十三次党代会代表候选人预备人选产生情况、北京市东城区第十七届人民代表大会正式代表候选人名单的汇报，区城指中心关于申请推进“接诉即办”难点问题办理项目经费的汇报；研究规自分局拟定的《关于〈东城区落实首都功能核心区控制性详细规划三年行动计划（2020年—2022年）〉工作推进情况的报告》、区财政局拟定的《北京市东城区2020年度国有资产管理情况的综合报告》、区审计局拟定的《东城区2020年度国有资产的审计工作报告》《东城区2020年度预算执行和其他财政支出审计查出问题整改情况的报告》，干部任免事宜
11月3日	十二届177次	听取团区委关于筹备成立东城区志愿服务联合会的工作汇报、区住建委关于东城区2021年第一批老旧小区综合整治项目计划的汇报、区国资委关于天街集团向新隆福公司增资情况的汇报、区委统战部关于建议撤销有关人员东城区政协委员资格的汇报，研究区司法局拟定的《关于东城区“七五”普法规划（2016—2020年）实施情况的报告》及《关于在全区开展法治宣传教育的第八个五年规划（2021—2025年）》，干部任免事宜
11月11日	十二届178次	听取区委组织部关于区第十三次党代会代表选举结果、代表资格审查报告（草案）和各代表团划分及召集人建议名单，区第十三次党代会召开时间和大会议程决议（草案），全区党费收缴、使用和管理情况报告（草案），区第十三次党代会选举办法（草案），十三届区委一次全会选举办法（草案）和十三届区纪委一次全会选举办法（草案）的汇报；区人大常委会党组关于召开东城区第十七届人民代表大会第一次会议有关情况的汇报，区政协党组关于召开政协东城区第十五届委员会第一次会议有关情况的汇报；研究区人大常委会党组拟定的《东城区人大常委会工作报告（草案）》，区政协党组拟定的《政协东城区第十四届委员会常委会工作报告（草案）》《政协东城区第十五届委员会第一次会议选举办法（草案）》，区第十三次党代会各项建议名单，区第十七届人大一次会议各项建议名单及有关文件草案，干部任免事宜

续表1

日期	会次	议题
11月17日	十二届179次	听取区财政局关于东城区2022年预算安排有关情况的汇报、区工商联关于东城区工商业联合会（商会）第十一次代表大会换届工作方案的汇报、区委统战部关于成立政协北京市东城区第十五届委员会第一次会议临时党委和临时党支部的汇报，研究区委办公室拟定的区委十二届十六次全会安排意见、区第十三次党代会日程及秘书处工作机构（草案）、《中共北京市东城区委常委会2021年抓党建工作情况报告》，区委研究室拟定的《中共北京市东城区委员会工作报告》，区政府研究室拟定的《北京市东城区人民政府工作报告》，区纪委区监委拟定的《中共北京市东城区纪律检查委员会工作报告》，区法院党组拟定的《北京市东城区人民法院工作报告》，区检察院党组拟定的《北京市东城区人民检察院工作报告》，区发改委拟定的《东城区2021年国民经济和社会发展计划执行情况与2022年国民经济和社会发展计划（草案）的报告》，政协北京市东城区第十五届委员会委员建议名单和常务委员会组成人员建议名单，政协北京市东城区第十五届委员会第一次会议主席团成员、主席团常务主席、秘书长、副秘书长、新闻发言人建议人选名单，干部任免事宜
11月24日	十二届180次	传达学习习近平总书记在中央民族工作会议上的重要讲话精神，听取区发改委关于2020年度东城区高精尖企业人才激励政策兑现方案的汇报、区生态环境局关于东城区污染防治攻坚战2021年第三季度工作进展情况的汇报、区应急局关于全区应急管理和安全生产工作情况的汇报、消防支队关于申请追加新工资政策所需人员经费的汇报、区市场监管局关于东城区食品药品安全工作情况的汇报，研究区委办公室拟定的《东城区2021年贯彻执行〈中国共产党重大事项请示报告条例〉工作情况的报告》、区发改委拟定的《东城区加快产业创新融合 促进经济高质量发展的实施意见》、区统计局拟定的《东城区防范和惩治统计造假弄虚作假责任制规定（试行）》、区党史办拟定的《北京市东城区党史和地方志工作规划（2021—2025年）》、干部任免事宜
12月3日	十二届181次	听取各代表团推举正、副团长情况的汇报，各代表团对大会主席团、秘书长、代表资格审查委员会建议名单讨论情况的汇报，各代表团对大会议程（草案）讨论情况的汇报
12月7日	十三届1次	传达学习习近平总书记在中共中央政治局第三十一次集体学习上的重要讲话精神，研究《中共北京市东城区委关于加强新一届区委领导班子政治建设的意见》、干部任免事宜、区委常委工作分工
12月16日	十三届2次	听取公安分局关于申请追加东城区智慧平安小区二期工程项目建设经费的汇报，研究干部任免事宜
12月17日	十三届3次	听取区委组织部关于补选北京市第十五届人民代表大会代表候选人建议名单的汇报
12月27日	十三届4次	研究干部任免事宜
12月29日	十三届5次	听取区委组织部关于区委常委班子党史学习教育专题民主生活会方案的汇报、公安分局关于开展东城区公共安全视频监控建设联网应用二期工程项目建设的汇报、区政府办公室关于东城区2021年重要民生实事完成情况及东城区2022年重要民生实事编制情况的汇报、区委社会工委区民政局关于东城区2022年春节期间走访慰问送温暖活动工作安排的汇报、区城管委关于开展路侧停车电子收费三期项目和钟鼓楼紧邻地区环境综合整治项目工作情况及资金安排的汇报、区机关事务管理服务中心关于东城区简易楼腾退后再利用工作方案的汇报，研究区委政法委拟定的《东城区关于常态化开展扫黑除恶斗争的实施意见》、区政府办公室拟定的《2022年东城区政府工作报告重点工作分工方案》、干部任免事宜

（李奕成）

表2

2021年东城区委书记专题会一览表

日期	会次	议题
1月20日	1次	听取区住建委关于“十四五”期间“三老”工作计划的汇报
1月21日	2次	听取区委宣传部关于成立东城文化发展研究院情况的汇报和关于东城区与中国国家博物馆建立战略合作关系 推进“文化东城”建设情况的汇报
2月2日	3次	研究平安大街二期环境整治提升相关工作和崇雍客厅设计方案

续表2

日期	会次	议题
4月10日	4次	听取区体育局关于北京市首届社区杯八人制足球赛有关情况的汇报和区委宣传部关于《东城区加快“书香之城”建设 鼓励实体书店“四进”引导支持办法》的汇报
4月17日	5次	听取区委组织部关于成立东城区换届工作领导机构有关建议和关于《东城区2021年青年人才引进工作方案》的汇报
6月1日	6次	听取王府井管委会关于2021王府井论坛筹备工作进展情况的汇报
6月7日	7次	研究前门商业街业态调整等相关工作
7月28日	8次	听取区人大常委会党组关于做好人大换届选举工作有关情况的汇报
8月3日	9次	听取区委各巡察组关于第九轮巡察工作情况的汇报
8月9日	10次	听取区委统战部关于做好2021年东城区政协换届工作有关情况的汇报
8月19日	11次	听取区文化和旅游局关于东城区住宿业整治提升有关工作情况的汇报和区生态环境局关于东城区大气污染防治工作情况的汇报
8月26日	12次	听取区发改委关于推动东城区经济高质量发展情况的汇报
8月31日	13次	研究区城指中心起草的《东城区深化“热线+网格”为民服务模式 推动即时办理向深度治理转变的工作意见》
9月14日	14次	听取区城管委关于东城区生活垃圾分类工作情况的汇报和区委宣传部关于举办“中轴线上 · 永定门光影秀”活动有关情况的汇报
9月18日	15次	听取区委组织部关于调整区属国有企业领导人员管理体制有关情况的汇报、关于调整东城区部分事业单位处级领导职务管理权限有关情况的汇报和区委统战部关于新一届政协港澳委员推荐工作的汇报
9月27日	16次	听取区人大常委会党组关于东城区第十七届人大代表初步建议人选情况的汇报
10月12日	17次	听取区发改委关于《贯彻落实蔡奇书记调研讲话精神推动东城区经济高质量发展行动计划》的汇报
10月13日	18次	研究东城区第十五届政协委员考察建议人选有关情况
11月16日	19次	听取区委十二届十六次全会的安排意见和区第十三次党代会有关工作的汇报
12月22日	20次	听取区委巡察办和各巡察组关于第十轮巡察工作情况汇报

（李奕成）

表3

2021年东城区委书记主要调研一览表

时间	内容
1月1日	调研东四、龙潭街道简易楼腾退工作
1月14日	调研“美丽院落”提升改造工作
	以“四不两直”方式，到安定门街道宝钞南社区居委会察看疫情防控和社区“两委”换届工作情况
1月18日	以“四不两直”方式，到三眼井片区、天坛西园子四巷简易楼腾退项目现场，调研申请式退租、简易楼腾退等工作
	以“四不两直”方式，调研和平里街道青年湖东里小区老旧小区环境整治、停车治理等工作

续表3

时间	内容
2月10日	调研环卫中心节假日工作
3月19日	调研北大红楼和中法大学旧址
4月8日	调研“我为群众办实事”开展情况
4月29日	以“四不两直”形式，到和平里街道小黄庄社区调研检查物业管理和垃圾分类工作
	以“四不两直”形式，到北大红楼察看周边环境整治情况
6月19日	调研龙潭中湖公园
6月28日	以“四不两直”形式，调研雍和宫周边申请式退租试点项目已腾退院落设计、修缮和后期利用工作
7月29日	检查全区防汛工作并调研前门商圈改造提升工作
7月31日	围绕“注重民生改善，推进重点项目落实”主题开展调研
8月3日	调研文明城区创建工作开展情况
8月5日	以“四不两直”形式，调研东四北大街和东直门内大街周边环境整治工作
8月10日	调研疫情防控工作
8月21日	围绕“加强老城整体保护，推进中轴线申遗综合整治”主题开展调研
8月26日	以“四不两直”形式，调研文明城区创建工作
8月28日	调研学校开学筹备、校园疫情防控及教育“双减”工作
9月5—7日	赴西藏自治区当雄县调研对口支援工作
9月17日	以“四不两直”形式，到崇外街道新怡家园社区检查环境卫生整治工作
9月19日	调研王府井地区转型升级工作
9月27日	调研人大换届工作
9月28日	调研基层党建工作并召开区委党的建设工作领导小组会
10月19—22日	赴内蒙古自治区兴安盟阿尔山市调研对接东西部协作工作
10月27日	调研疫情防控工作
10月30日	以“四不两直”形式，到东华门街道普度寺广场、华龙街疫苗接种点，调研疫情防控工作
11月6日	调研重大项目及大气污染防治工作
	以“四不两直”形式，调研3-11岁在校（园）学生新冠疫苗接种工作情况
11月8日	调研重要活动时期东城区服务保障工作
11月13日	调研安定门街道工作并召开征求意见座谈会
11月18日	以“四不两直”形式，调研环境整治工作进展情况
12月24日	调研圣诞节服务保障工作

（李奕成）

重大决策

【加快产业创新融合促经济发展】12月3日，区委区政府印发《东城区加快产业创新融合 促进经济高质量发展的实施意见》。提出重点发展五大产业方向。做优做强金融业。打造首善金融生态圈，支持外资金融机构在东城设立总部，全力推动REITs产业聚集。加快发展文化产业。培育数字文化产业集群，推进文化金融创新融合，高标准建设国家文化与金融合作示范区。大力发展数字经济。加快数字经济基础建设，做优数字经济关键产业，推动数字产业化，加速数字赋能实体经济，促进数字经济与文化、金融等产业融合发展。促进商业商务提质升级。打造国际消费地标，加快建设“文化金三角”，高水平举办王府井论坛，大力引进品牌首店、旗舰店，发展高端商务服务业。积极培育新兴产业。创新发展智慧健康服务，建设“国际数字健康应用创新中心”和“国家医学中心”，做大做强中医药健康服务，持续丰富体育产业业态。提出五方面任务：发挥创新引领作用；完善资金支持机制；提高产业空间利用效能；加大人才保障力度；打造一流发展环境。

（孟宪宇）

【加速崇文争先 做实六字文章】12月4日，区第十三次党代会提出未来五年全区工作要全面加速“崇文争先”，做实“六字文章”，不断完善“四个服务”，全力打造“五个东城”，推动国际一流和谐宜居的新时代首都核心区建设迈上新台阶。做好社会秩序“靖”字文章，推动政治保障力提升；做好城市品质“净”字文章，推动环境亲和力提升；做好文化文明“敬”字文章，推动文化影响力提升；做好产业发展“劲”字文章，推动区域生产力提升；做好社情民声“静”字文章，推动社会凝聚力提升；做好干事创业“竞”字文章，推动队伍战斗力提升。

（李奕成）

【新一届区委领导班子政治建设】12月8日，区委印发《关于加强新一届区委领导班子政治建设的意见》，提出6条意见：突出政治站位，建设忠诚可靠的领导班子；提高政治能力，建设素质过硬的领导班子；强化政治担当，建设奋勇争先的领导班子；站稳政治立场，建设民心为本的领导班子；严肃政治生活，建设精诚团结的领导班子；净化政治生态，建设清正廉洁的领导班子。

（李奕成）

组织工作

【概况】中共北京市东城区委组织部（简称区委组织部）是负责全区组织工作、干部工作、人才工作、公务员工作的区委工作部门。对外加挂北京市东城区公务员局（简称区公务员局）牌子。统一管理区委机构编制委员会办公室。统一管理区委老干部局。2021年，组织中国共产党成立100周年相关庆祝活动，制订各类民生实事清单项目1071项。推进区领导班子换届筹备工作，成立区换届工作领导小组和4个专项领导小组，推动换届工作平稳开展。完成区党代表选举和人大代表、政协委员以及区委委员、候补委员、纪委委员的推荐提名、审查考察等工作，制订印发关于严肃换届纪律、加强换届风气监督的系列文件，确保换届工作清明清正清新。继续抓好组织部门承担的社区防控、检疫检测、疫苗接种各项工作。2020年干部选拔任用工作和新选拔任用干部评议结果“好”评率排名城六区第一，选派处科级干部7人赴内蒙古自治区挂职。对24家单位开展选人用人和不担当不作为问题专项检查。把党史学习作为干部教育培训的重点任务，在区委党校主体班次中开展党史故事分享会、“我为群众办实事”经验交流等特色活动，抓好贯彻十九届五中全会精神轮训，在全市率先举办两期处级领导干部专题研讨班。全年累计培训干部1400余人次。实施年轻干部“源头储备、择优选用、素质提升”三大工程，开展“紫禁之东沐春风”区校交流座谈活动，招考定向选调生27人，动态掌握35岁以下副处级、正科级干部107人，延伸掌握30岁以下副科职干部100人左右，完成首批12家区直部门和街道优秀正科级干部双向交流。深化基层社会治理，持续加强组织体系建设，完成对90家区属单位年度综合考评，实现党建、绩效和满意度考核的全覆盖。举办新时代“东城社工”与城市基层社会治理创新研讨会，发布“东城社工”品牌标识、口号和实践指导手册，建立深化首都治理20条措施定期调度评估机制，开展业委会组建率、环比物业投诉下降率、物业缴费率等“新三率”提升工作，打造党建引领、居民自治、社会参与、志愿服务“四位一体”垃圾分类工作新格局。成立中共北京市东城区委非公有制经济组织和社会组织工作委员会（区委“两新”工委）。打造“四季暖风（蜂）”，在全区19个党群服务中心挂牌成立“小哥聚力港”，构建1+3+N服务阵地和7+X服务体系，组建“暖蜂”社工队伍。完善机制汇聚人才，累计引进各类人才27人，招录聘用区域急需紧缺人才31人。引进海高协会总部HICOOL商学院落地东城，集聚海内外高层次人才和项目。

（王铁桥）

【组织建党100周年庆祝活动】2021年，以“永远跟党走、奋进新时代”为主题，开展“追忆党的历史、牢记

6月24日，东城区"两优一先"表彰大会召开（区委组织部提供）

初心使命""继承光荣传统、建设五个东城""践行为民宗旨、共建美好家园"三大系列10项庆祝活动。做好全国"两优一先"、北京市"三优一先"评选表彰推荐。东华门街道工委被评为全国先进基层党组织，党员22人和基层党组织8个分获北京市"三优一先"称号。组织召开区"两优一先"表彰大会，表彰区优秀共产党员100人、优秀党务工作者100人、先进基层党组织50个。在北大二院旧址承办北京市"光荣在党50年"纪念章颁发仪式启动工作，"七一"前为全区光荣在党50年老党员9503人颁发纪念章。挖掘老党员先进事迹，3人的先进事迹入选市委组织部《光荣在党50年——北京百名党员风采录》。

（王铁桥）

【"我为群众办实事"实践活动】2021年，围绕"五个东城"惠民生、"有一办一"办实事、"接诉即办"解难题、"未诉先办"纾民忧、"党旗飘扬"暖民心等5个方面，创新搭建活动载体，引导全区各级党组织和广大党员干部把党史学习教育成效转化为为民服务的强大动力。统筹协调区政府办、区政务服务局、区城指中心等单位，制订区级重点民生项目清单55项，指导全区83家处级单位研究制订民生项目实事清单1032项，编制《东城区"我为群众办实事"民生实事清单汇编》。筛选、梳理全区"我为群众办实事"典型案例134件，编制《东城区"我为群众办实事"典型案例汇编》，印发全区各级党组织，宣传实践活动成果。

（王铁桥）

【区领导班子换届筹备】2021年，区换届工作领导小组成立，并设立党代会筹备、人大换届、政协换届、换届风气监督4个专项领导小组，确保换届工作主体责任落实到位。实行"挂图作战"，系统梳理换届工作流程，会同区人大、区政协、区委统战部等部门，制订换届工作计划表，明确职责任务、工作分工和时间节点。开展处级领导班子和领导干部分析研判，提前对区领导班子成员、区委委员、候补委员、纪委委员和"两代表一委员"情况深入分析，做到底数清、情况明。做好换届考察服务保障，配合市委考察组完成谈话调研推荐、会议推荐、深入考察等工作。推进区党代表选举和人大代表、政协委员以及区委委员、候补委员、纪委委员的推荐提名、审查考察等工作。制订印发工作通知、实施方案、责任清单、时间安排表等"1+3"文件，细化6个方面28项具体措施。组织全区干部3200余人签订承诺书、责任书。全区累计谈心谈话2864人次，累计培训2023人次，筑牢思想防线。编印的《严肃换届纪律学习手册》口袋书被市委组织部作为蓝本在全市范围推广使用，推出原创漫画，发布"手机报"105期，累计印发手册、海报等宣传材料4618份。建立横向到边、纵向到底的联查快结机制，开通违反换届纪律问题举报绿色通道，"12380"举报电话24小时专人值守。

（王铁桥）

【处级干部基本情况】2021年，全区党政机关、事业单位有处级干部809人，其中领导职务537人（正处145人、副处392人）。有处级女干部280人，占处级干部总数的34.61%，其中女领导干部202人（正处43人、副处159人），占领导干部总数的37.62%；处级少数民族干部61人，占处级干部总数的7.54%；党外干部33人，占处级干部总数的4.08%。处级干部年龄结构：35岁以下17人，36-40岁41人，41-45岁115人，46-50岁162人，51-55岁209人，56岁以上265人，平均年龄50.98岁。处级干部学历结构：研究生学历247人，大学学历551人，大专学历11人。全年任免处级干部798人次，其中提拔任用处级干部112人（正处41人、副处71人）；平级交流领导干部131人（正处46人、副处85人）；职级晋升207人次；群团换届、兼职任免、机构改革、双管任免、干部退休等其他任免事项348人次。全年处级干部任前公示46期共134人次，其中正处级58人（含进一步使用11人、调任3人），副处级76人（含进一步使用1人、调任4人）。

（杨蕾）

【二级巡视员晋升】2021年，依据《东城区晋升二级巡视员实施办法》《东城区晋升二级巡视员工作流程》《东城区二级巡视员退出领导岗位管理办法（试行）》，召开全区职务与职级并行工作推进会，组织开展推荐考察工作，完成3批次二级巡视员15人晋升工作，并会同干部监督落实医疗待遇工作。

（杨蕾）

【选调生工作】2021年，加大从“双一流”等知名高校定向选调力度，招录2021届定向选调生27人，持续扩大专业干部“蓄水池”。

（郭中磊）

【处级领导班子和领导干部年度考核】2月至7月，开展处级领导班子年度考核，在综合考核优秀单位的基础上，统筹考虑选人用人总体评价好评率、“12345”热线年度排名等情况，按照不超过参加考核班子总数30%的要求，评出24个优秀处级领导班子。实行全区党政正职年度考核优秀等次和奖励指标单独核定、统筹推荐，突出党政正职的引领带动作用。坚持考核优秀奖励指标向基层倾斜，街道按照30%的比例、其他单位按照20%的比例核算优秀指标，街道按照6%的比例、其他单位按照4%的比例核算三等功奖励指标。对承担中心工作任务较重，在疫情防控、建党百年服务保障、推进“接诉即办”等重点工作中表现突出的单位和个人给予指标倾斜，激励干部担当作为。开展处级领导干部述职、优化推进年度考核测评、统筹下达奖励指标、考核工作委员会审议、常委会研究决定等环节工作，完成2020年度全区93家单位处级干部800余人的考核奖励工作。

（秦德强）

【干部挂职锻炼】2021年，有干部14人在6个援派地参与援派工作，其中拉萨1人、当雄5人、阿尔山3人、化德3人、乌兰察布1人、郧阳1人；选派24人（长期）、11人（短期）专业技术人才赴西藏、内蒙古等地挂职。接收来自中央单位、内蒙古、河南、湖北等单位和地区的干部12人到东城区挂职锻炼。

（石荣华）

【干部档案管理】2021年，审核接收干部档案53卷，转出干部档案23卷，日常接收干部档案材料2311份。提供各类档案查借阅服务1074次。完成区管135卷干部档案的电子档案制作工作。

（石荣华）

【出国（境）证件管理】2021年，区委组织部管理出国（境）证件1354本，其中护照387本、往来港澳通行证203本、往来台湾通行证764本。

（石荣华）

【企事业领导职务管理权限调整】10月，区委下发《关于调整区属国有企业领导人员管理体制有关问题的通知》和《关于调整部分事业单位处级领导职务管理权限的通知》，明确6家区管企业的领导班子和领导人员，8家事业单位的9个处级领导职务，由区委统一管理。

（王铁桥）

【领导干部个人有关事项报告】2021年，完成市管干部34人个人有关事项报告的送审和转交。完成处级干部752人个人有关事项报告的审核、系统录入和汇总综合。随机抽查、重点查核领导干部有关事项430人。对干部6人开展个人有关事项报告查核验证工作。

（王铁桥）

【选人用人检查】2021年，印发《选人用人监督检查情况通报》，梳理形成《选人用人专项检查中发现的普遍性问题提示》，从源头上避免相同或类似问题反复出现。结合区委巡察对24家单位开展选人用人检查和不担当不作为问题检查，对干部111人担当作为情况作出评价，为干部决策提供依据。

（王铁桥）

【组织部门提醒函询诫勉】2021年，加强干部日常管理监督，针对经济责任审计、选人用人检查、一报告两评议、个人有关事项报告查核、信访举报、专项整治等工作中发现的问题，全年约谈提醒74人，函询1人，诫勉11人。

（王铁桥）

【领导干部经济责任审计】2021年，委托区审计局对处级领导干部9人开展经济责任审计，其中任中审计7人、离任审计2人，同时对领导干部3人开展自然资源资产任中审计，对领导干部1人开展自然资源资产离任审计。

（王铁桥）

【涉组涉干信访受理查核】加大涉组涉干信访查核办理力度，强化跟踪督办落实。2021年，收到信访举报件311件，已办结301件。对反映干部选拔任用工作和领导干部的信访举报，及时查核处理，抓好督查落实。

（王铁桥）

【一报告两评议】2021年，对全区84家处级单位的干部选拔任用工作和新提拔任用的正科职、副科职干部364人进行评议，要求纳入整改范围的单位查找存在的突出问题和薄弱环节，制订加强和改进工作的具体措施并监督落实。受理批复干部选拔任用工作有关事项报告18件。

（王铁桥）

【干部教育培训】2月至3月，分两期举办东城区处级领导干部学习贯彻党的十九届五中全会精神专题研讨班，对全区处级干部850余人全员培训。9月，印发《东城区新时代基层干部党建引领基层治理主题培训实施方案》，围绕全区重点工作、基层治理薄弱环节，设计17项32期区级层面培训项目，统筹抓好全区基层干部近1万人的主题培训。年底前督促局、处、科级干部6300余人完成北京干部教育网在线学习，完成率达到100%。全年与区应急局、区生态环境局、区民政局、团区委、区司法局、区妇联联合举办应急管理和安全生产、社区工作者、团干部、依法行政、女性领导力提升等专题培训班，着力提升领导干部专业能力和专业素质。2021年举办主体班9期，专题班12期，培训干部2650人次，选派干部107人次参加中央、北京市主体班次、专题班次调训，并做好相关对接、协调、服务工作。

（王铁桥）

【城市基层党建】4月22日，第四批基层党建示范点创建工作项目评审会召开，市党建研究所等6家单位组成评审组，有7个党（工）委的8个项目通过评审，全区基层党建示范点累计达到45个。5月14日，2021年基层党建工作重点任务推进会召开，学习传达全国、全市基层党建工作重点任务部署会精神，对2021年全区基层党建工作7个方面共40项重点任务安排、说明，下发《2021年东城区基层党建工作重点任务清单》和《2021年东城区基层党建工作重点任务工作指南》，北新桥、建国门、天坛街道工委和区委卫生健康工委作现场交流，东四街道工委、区直机关工委和区委教育工委作书面经验交流，区有关领导出席并讲话，区委各党（工）委主要领导和主管领导参会。12月30日，印发《东城区基层党组织党建活动经费管理实施细则》《东城区社区党组织服务群众经费管理实施细则》，对两项经费的使用范围、使用程序、具体标准等作出修订。

（王铁桥）

【社区党建】2月，开展2020年度社区党的建设三级联创活动“五星级”社区党组织考核，采取社区自评、街道初评、区级复评的三级考评方式，评选出52个“五星级”社区党组织，并指导街道做好“五星级”社区党组织和社区党建进步奖励落实相关工作。与区委组织部共同举办“启航新征程 助力新成长”全区社区党组织书记培训班，对168个社区党组织书记集中培训，并推选“五星级社区党组织”书记代表4人就社区党建工作协调委员会、社区书记工作室，以及党建引领楼门院自治、小区物业管理、社区社会组织建设等经验做法进行交流。承接市委党建办建党100周年系列调研社区党建专项课题，牵头成立区委调研组，形成调研报告1篇、分析材料2篇、创新案例2篇。评选推荐北京市先进社区党组织、优秀社区党务工作者和优秀社区党员各8个。打造市级社区书记工作室示范点5个，指导各工作室发挥好示范引领和辐射带动作用。

（范文娟）

【区域化党建】2021年，区、街、社区三级党建工作协调委员会平台有成员单位1662家。落实《党建工作协调委员会议事规则》，建立全体会议报备制度，推广专项工作协调会议制度，规范议事协商的内容、形式、制度，并将落实情况纳入“三级联创”考核指标体系，作为评价“五个好”街道和“五星级”社区党组织的重要指标。指导街道、社区两级党建工作协调委员会召开全体会、专项议事会等会议665次；全区共形成资源清单1461项，需求清单1330项，项目清单809项，各级平台以“三项清单”为载体，引导驻区单位参与基层治理，实现良性互动和双向服务。

（范文娟）

【基层党组织书记队伍建设】6月，聚焦“建强组织筑堡垒、服务中心作贡献、为民办事解难题”，推动新一届社区“两委”班子践行履职承诺，开展“履职践承诺、开门办实事”活动，内容涉及开展一轮入户走访、形成一份需求清单、解决一批实事难事、组织一次调研回访。11月23—25日，以“启航新征程 助力新成长”为主题举办社区党组织书记集中培训班，围绕党的十九届六中全会精神、社区党的建设、党建引领社区治理、“接诉即办”工作、落实全面从严治党责任等专题，对社区“两委”换届后的全部社区党组织书记开展线上集中培训，社区书记4人结合实际工作和培训情况作经验交流。2021年，通过“党员E先锋”微信小程序“党支部云课堂”模块，组织全区基层党支部书记和党务工作者参加4场线上培训，涉及党支部标准化规范化建设、党费收缴使用管理等内容。

（王铁桥）

【党支部规范化建设】10月9日，向各街道印发《东城区关于社区“两委”换届“回头看”后进社区党组织整顿提升的6项举措》。2021年，开展基层党支部规范化标准化建设突出问题集中整改工作，成立4个督导组，下沉24个党（工）委实地检查，对照党支部工作条例、问题自查清单和要点提示逐项查摆支部建设短板弱项，指导各党（工）委对照问题开展整改，深化基层党支部建设。

（王铁桥）

【基层党建述职评议考核】2月9日，2020年度党（工）委书记抓基层党建述职评议会召开，区委书记夏林茂主持会议并逐一点评，会上播放东城区2020年度基层党建重点问题通报片，党（工）委书记18人现场述职，党（工）委书记8人书面述职，区领导赵海英、种磊分别就落实意识形态责任制情况、落实党风廉政建设情况作集中点评，区领导金晖等出席，市委党建办领导到会指导，区委常委、区委党建工作领导小组成员、区“两代表一委员”代表以及基层党员干部群众代表69人参加。8月，围绕党建述职评议考核，向全区26个党（工）委征求意见建议，并从特色亮点、需要注意的问题、下一步改进建议三方面形成调研报告。

（王铁桥）

【党建引领基层治理】5月25日，向全区印发《东城区党建引领垃圾分类“绿色首善”跃升行动工作安排》，从完善责任体系、抓实基层基础、凝聚社会力量、强化宣传保障4个方面提出12条工作举措，将垃圾分类工作纳入年度综合考核评价，为各街道提供85万元党建引领垃圾分类工作专项资金支持。9月16日，联合区委社会

9月23日，新时代“东城社工”与城市基层社会治理创新研讨会召开
（区委组织部提供）

工委区民政局、区城管委、区城管执法局、区城指中心、区环卫中心组成区级督导检查组，对东华门、景山、建国门、北新桥街道开展垃圾分类集中督导检查。抽调人员，组建2支垃圾分类“四不两直”检查小组，对街道社区的桶前值守、居民参与分类等情况重点抽查，形成督查报告，促进整改提升。9月23日，新时代“东城社工”与城市基层社会治理创新研讨会召开，国内知名专家学者7人和基层代表3人围绕城市基层社会治理发展路径、“东城社工”实践经验和品牌塑造等内容开展交流研讨，会上发布“东城社工”品牌标识、《新时代“东城社工”与城市基层社会治理创新实践报告册》《五力引航——东城区街道（社区）治理实践指导手册》，参观各街道和社区党建引领基层社会治理成效图片展，集体观看《幸福征程 万家同行》“东城社工”品牌宣传片。章建伟主持，区领导汤钦飞、薛国强参加，中组部党建研究所、市委组织部、市委社会工委市民政局有关负责人出席会议，区各有关部门负责人，街道负责基层社会治理工作的有关人员，部分社区专员、社区党组织书记、社区工作者代表参加。2021年，组织全区各基层党组织、在职党员在“七一”前夕集中回社区报到并参加服务，以“我为群众办实事”理念将服务落到实处。

（王铁桥）

【综合考核评价工作】1月8日，组织开展东城区2020年度“三级联创”考核工作部署会，组建6个考评组进驻25个党（工）委开展实地考评工作，最终评定2020年“五个好”街道工委依次为：东花市、东四、体育馆路、建国门、朝阳门、北新桥街道工委；排名前3位的党（工）委依次为：区委教育工委、区委卫生健康工委、区直机关工委。7月2日，与区委社会工委联合印发《关于2020年度东城区社区党的建设“三级联创”活动“五星级”社区党组织考评情况的通报》，和平里街道安德里社区等52个社区党组织被评为2020年度社区党的建设“三级联创”活动“五星级”社区党组织。2021年，区考核办牵头各考评成员单位，对全区90家单位开展2020年度党建、绩效和公众满意度评价考核，经第十二届区委常委会第161次会议审议决定，评选出考核成绩排名靠前的13个党群部门（共29个）、19个政府机关（共44个）和8个街道（共17个）为年度考核“优秀”单位，其余单位考核等次为“良好”，形成《关于东城区2020年度综合考评等次的通报》向全区印发。

（王铁桥）

【扶贫攻坚工作】3月26日，湖北省十堰市郧阳区委组织部一行到东城区就“共抓大保护、当好守井人”党建示范区结对共建工作进行对接，双方举行《“结村共建”协议书》签约仪式，并座谈交流。2021年，选派优秀干部5人，到怀柔区担任村党组织第一书记，任期为2021年11月至2023年12月。6月15日，为2019年选派的第一书记3人挂职的怀柔区渤海镇庄户村、雁栖镇北湾村、雁栖镇头道梁村每个村拨付5万元对口帮扶经费，用于加强对口帮扶村基层党的建设和乡村振兴。

（王铁桥）

【党员关怀帮扶】元旦、春节、“七一”，开展走访慰问中华人民共和国成立前老党员、生活困难党员和优秀党员活动，下拨慰问资金512.7万元，慰问区级以上困难党员460余人。6月中旬至7月底，全区各级党组织开展“共产党员献爱心”捐献活动，全区党员干部群众6.11万人参与，共捐献善款435.42万元。

（王铁桥）

【党员队伍建设】2021年，发展党员1119人，其中女党员640人、占57.19%，35岁以下党员725人、占64.79%，大专以上学历1067人、占95.35%。至年末，全区基层党组织3806个，其中党委262个、党总支112个、党支部3432个。全区党员总数为97867人，比2020年增加2686人。其中女党员48222人，占党员总数49.27%；35岁及以下党员12319人，占党员总数12.59%；60岁以上党员49756人，占党员总数50.84%；具有高中、中技及以上学历85061人，占党员总数86.91%，其中大学专科学历19422人、占党员总数19.85%，大学本科及以上学历46583人、占党员总数47.60%。

（王铁桥）

【党建引领新就业群体】2021年，聚焦快递员、外卖送餐员、网约车司机等新就业群体，在全区发起“四季暖风（蜂）”活动。明确工作任务，印发《东城区“四季暖风（蜂）”活动重点工作任务清单》，建立22项暖蜂清单；构筑服务阵地，以党群服务中心为核心，融合机关企事业单位、商务楼宇、社区等3类主体和药店、便利店、酒店等N个市场主体，建立263个“小哥聚力港”；开展暖蜂服务，陆续开展“佳节送‘礼’，我和小哥约个会”“喜迎国庆：美丽东城，我们同行”等系列活动，联合区人力社保局、区司法局、区卫健委、区住建委等单位举行法律咨询、权益保障、安全骑行、健康知识等讲座；服务社会治理，引导新就业群体成为社区志愿者，参与疫情防控、垃圾分类、周末大扫除等志愿服务1000余人次。

（王铁桥）

【人才引进与宣传】2021年，制订《东城区人才引进工作流程（试行）》，建立定期研究机制，对人才引进需求实行动态清零。全年引进人才36人，其中留学人才13人、外埠人才23人。打造青年人才储备平台，依托区委党校构建干部人才涵养平台，首批定向引进全区急需紧缺的科技创新、金融等领域人才7人，建立培养机制挖掘人才潜能。与清华大学、北京大学、中国人民大学、北京师范大学合作建立高校人才实践基地，为高校人才近100人提供机关、事业单位和驻区高精尖企业实习岗位。依托区国资委建立国有企业青年人才储备库，面向社会招聘优秀青年人才24人。在第二届HICOOL全球创业者峰会期间搭设“iNew·赢在东城”主题展台，全方位展示东城区位特点、人才政策和发展优势。

（王铁桥）

【优秀人才认定、培养与联系服务】春节前夕，组织区领导30人和各单位主要领导40余人走访联系专家人才68人，送去“东城新春礼盒”。6月至11月，创新采用线上评审模式开展优秀人才培养资助工作，经过项目初审、通讯评审、现场评审和征求意见4个阶段，资助优秀人才项目56个、金额136万元，编制优秀项目集。完成416套人才公租房的分配，重点为驻区高精尖和创新型企业人才提供住房支持。认定第三届“东城杰出人才”5人、第八届“东城区有突出贡献的优秀人才”29人、第八届“东城区优秀青年人才”28人。

（王铁桥）

【政工职评】2021年，经资格审核、申报、评审、征求意见等程序，4人获高级政工师资格，12人获政工师资格，7人获助理政工师资格。

（王铁桥）

【行政执法类公务员改革】2021年，在专项调研基础上，将8家行政执法机构整建制列入行政执法类公务员管理。改革实施期间出台细则督导，规范工作标准，指导单位开展工作，完成369人套转为行政执法类职级。

（王铁桥）

【公务员信息采集及统计年报】2021年，完成全区公务员及参公人员6303人的信息采集和统计，会同区人力社保局完成工资统计。开展全区干部信息库数据维护，生成公务员，参照公务员管理的群团机关和事业单位工作人员，地方各级领导班子成员，各级机关、事业单位处级干部，地方党政领导班子优秀年轻干部情况，事业单位领导人员情况，公务员工资表共8套报表。东城区被评为2020年度北京市公务员信息采集和统计年报良好等次单位。

（王铁桥）

【公务员录用】2021年，利用东城官方微博、“北京东城”、“东城组工”微信公众号，推送公招宣传信息和海报，首次发布东城区公务员招录IP卡通宣传形象“东东”，衍生制作微信表情包、帆布袋、钥匙扣、笔记本等伴手礼，让东城元素走进校园。同时，开展“紫禁之东 沐春风”交流座谈等活动，邀请知名高校师生代表到东城参观交流，建立区校间沟通机制。全年发布职位计划206个，报名考生7628人，通过资格初审查和复审、面试、成绩公告、体检和考察，录用174人。开展新录用公务员心理测评专项调研。走访新录用公务员单位，沟通了解干部在工作生活中的表现、性格特点、包容度、融合度等情况，与心理测评结果比对分析，综合评估测评的实效性、科学性。研究制订“一人一册”干部成长规划建议书，为单位在年轻干部培养锻炼和未来发展方向上提供参考依据。

（王铁桥）

【考录日常管理】2021年，开展2020年度新录用公务员163人试用期满考核、转正与登记，审批备案材料528份；完成2021年度新录用公务员174人社会信用查询工作。为新录用公务员188人办理大学生宿舍申请；完成军转干部26人的录用审批和军转干部60人的公务员登记。

（王铁桥）

【公务员考核奖励】2021年，制订区平时考核实施方案和具有核心区特色的考核指标体系，开展“2+2+1”平时考核系统培训，编印《平时考核系统操作指南》和《平时考核系统常见问题解答》2个培训文件；组织专题培训2场，通过上机实操方式对工作方案和系统操作进行细致讲解，一对一指导培训组工干部80余人；建立微信群1个，解答各单位技术难题300余次。全年完成全区2020年度4878人考核结果和1655人奖励结果审核，审批记三等功361人。持续坚持将考核优秀和奖励指标向基层一线倾斜，街道考核优秀奖励指标比例高于全区平均水平5%-8%，11家基层单位优秀奖励比例提高1个百分点，为综合考核优秀单位和“五个好”党工委追加奖励指标。

（王铁桥）

【公务员调任】2021年，实施“优中选优”人才储备行动，建立企事业优秀人员信息库。年内完成10人调任，调任人员数量是2020年的3倍。研究制订《北京市东城区公务员调任工作实施办法（试行）》，规范公务员调任工作。

（王铁桥）

【党建研究】2021年，完成年度立项重点课题《关于新冠肺炎疫情防控工作对加强党建引领社区治理的启示与思考》，获市党建研究会立项课题一等奖；区委党校撰写的《城市复兴视角下街区更新中的社区治理研究报告》获自选课题一等奖；东直门街道党工委撰写的《关于党建引领物业管理服务创新的探索与思考——以东城区东直门街道为例》获自选课题二等奖；市场监督管理局撰写的《关于加快推进非公企业党组织党建工作 促进非公企业健康发展的研究报告》获自选课题优秀奖。

（王铁桥）

【组工信息宣传】2021年，报送的各类信息被《北京组工动态》采用8条，被《北京组工通讯》采用3篇，被《东城信息》采用204条。全年共组织网宣员发布文章532篇，其中一类文章5篇、二类131篇，中组部通报表扬2篇，市委组织部通报表扬33篇。

（王铁桥）

宣传工作

【概况】中共北京市东城区委宣传部（简称区委宣传部）是区委主管意识形态工作的机关，为正处级单位，加挂北京市东城区人民政府新闻办公室（简称区政府新闻办）、北京市东城区新闻出版局（简称区新闻出版局）牌子。北京市东城区精神文明建设委员会办公室（简称区精神文明办）设在区委宣传部。北京市东城区文化发展促进中心（简称文促中心）是区委宣传部所属副处级全额拨款事业单位。5月26日，东城区文明城区建设服务中心成立，为区委宣传部所属相当正科级财政补助公益一类事业单位。2021年，完成建党百年庆祝活动新闻宣传、文明创建、文艺演出等各项服务保障任务。全面推进永定门集结点建设及运行保障工作，构建“教科书”式流程体系，中央、市、区有关单位三批次观众8161人在此集结疏散，得到市服务保障专班领导认可。协调中央、市、区三级媒体联动，统筹网上网下、内宣外宣，抓好建党100周年重大主题宣传，全景展示东城区经济、政治、文化、社会、精神文明等方面取得的历史性成就。作为全市唯一区域入选中宣部“奋斗百年路 启航新征程”主题宣传活动，新华社、《人民日报》、中央广播电视总台等中央媒体开栏报道东城区发展成就。创新推出全市首个支持实体书店进商场、进楼宇、进社区、进园区的“四进”引导政策，综合实施4类19项具体扶持措施，市委书记蔡奇批示“东城的做法值得推广”。构建全时、全域、全民、全面的“四全”创建体系，开展思想引领、文明养成、诚信建设等七大行动，推出的“红牌黄牌”警示机制在全国文明城市培训班进行推广。东城区获评中央宣传部、商务部、文化和旅游部、广电总局四部委认定的第二批国家文化出口基地。深化国家文化与金融合作示范区创建，在全国率先成立3家示范区支行，认定8家文化金融专营机构，实现北京“文创板”落户。推动构建故宫—王府井—隆福寺“文化金三角”，文化产业持续回暖复苏，地均收入稳居全市首位。加强文化演出市场、学校、宗教场所等管理，健全城市公共空间艺术品建设管理联席机制，对237处公共空间艺术品进行数据核实排查，确保平稳可控。在全市率先以区委名义出台《关于贯彻落实〈中国共产党宣传工作条例〉的实施意见》，宣传思想文化工作科学化、制度化水平得到提升。

（冯宏梅）

【党史学习教育】2021年，区委党史学习教育领导小组办公室制订工作方案等文件制度，组建工作专班，统筹召开动员大会、领导小组会等系列会议，安排部署全区党史学习教育工作。区委理论学习中心组围绕百年党史和习近平总书记系列重要讲话精神等内容，带头读原著、学原文、悟原理，开展专题学习21次、交流研讨3次。将党史学习纳入党校必修课程，全区广大党员干部通过马克思主义读书会、主题联学等形式，学习领会党的百年奋斗重大成就和历史经验。创新研发“党史e起学”微信小程序，累计访问超过1000万人次。组建党史学习教育区委宣讲团，邀请专家学者围绕学习贯彻习近平总书记“七一”重要讲话精神、十九届六中全会精神作专题报告。组织开展“永远跟党走”百姓宣讲、“百年征程 同心同行”红色故事会、“胡同里的红色讲坛”等系列活动。开展7大类、49项群众性主题宣传教育活动。参与全市党史知识竞赛，取得复赛第一、决赛第二的好成绩。举办全区党史知识竞赛，党员干部近4万人参与线上答题。推出“伟大开篇——中国共产党早期北京组织专题展”“《新青年》编辑部旧址专题展”，打造《薪火传承——东城区党史游学地图》。与中央单位等联合开展“百年·百姓”中国百姓生活影像展、“唱响中轴——唱支山歌给党听”、为新时代人物塑像、“奋进新时代”胡同音乐会等活

5月13日，区委宣传部举办“胡同里的红色讲坛”宣讲，分司厅小学学生朗读写给曾参加抗美援朝战争的爷爷的一封信（区委宣传部提供）

动。推出电影《革命者》、专题纪录片《恰是百年风华》等“五个一”精品力作。开展“我为群众办实事”实践活动，围绕“有一办一”办实事、“接诉即办”解难题、“未诉先办”纾民忧、“党旗飘扬”暖民心等方面办结实事项目1087项。创新开展“点亮百姓微心愿”活动，共办理完结微心愿1247个，群众满意率100%。编辑100期《东城区党史学习教育简报》，中央党史学习教育简报4次、《市委党史学习教育简报》38次刊发东城区经验做法，刊发量位居各区首位。组建10个指导组对全区84家单位开展督促指导，推动全区党史学习教育取得显著成效。中央、市委指导组深入区内10余家基层单位调研督导，对东城区党史学习教育工作高度肯定。

（冯宏梅）

【理论学习教育】2021年，组织指导区、处两级理论学习中心组学习贯彻习近平新时代中国特色社会主义思想。制订东城区委理论学习中心组学习计划，区委理论学习中心组发挥“龙头”作用，围绕党的十九届五中、六中全会精神，习近平总书记关于党史重要论述等开展专题学习39次。制订《东城区党（工）委（党组）理论学习中心组学习指导意见》，统筹各直属党（工）委开展学习569场。创新举办马克思主义读书会，通过“读讲评用”等方式，增强理论学习实效，该活动入选中宣部党史学习教育特色案例。选树学习习近平新时代中国特色社会主义思想“示范班”20个，各单位开展巡听100余场。编印《学习参阅》10期，统筹配发学习书籍20余万册。

（冯宏梅）

【理论宣讲】2021年，持续打造“红色讲坛”理论宣讲品牌，构建专家学者宣讲精神实质、领导干部宣讲基层实践、胡同居民宣讲身边故事、各界代表宣讲行业风采、青少年学生宣讲爱国情怀的“五讲并举”理论宣讲体系。创新举办“胡同里的红色讲坛”系列活动，推动党的创新理论大众化传播。全年累计开展宣讲活动5115场，受众达78万人次。推荐的团区委获全国基层理论宣讲先进集体，区委网信办《觉醒年代——〈新青年〉的故事》获全国理论宣讲优秀微视频。参与北京市“宣讲家杯”优秀报告（党课）征集活动，《奔向下个百年目标宣言书》等12部作品在评审中获奖，东城区委宣传部获组织工作先进单位，1人获组织工作优秀个人。组织干部群众利用“学习强国”平台开展常态化学习，在“学习强国”北京学习平台刊发稿件301篇。

（冯宏梅）

【理论研究】2021年，依托北京市哲学社会科学应用对策研究东城区基地和东城区思想政治工作研究会，开展处级干部“宣讲家杯”优秀党课（报告）及“东华杯”优秀理论文章征集评选，征集优秀党课报告38部，理论文章173篇，评选出优秀党课33部，优秀理论文章40篇。持续推动理论研究，形成一批理论成果，其中《坚持“崇文争先”理念，彰显首都功能核心区文化自信的路径研究》被《北京调研》宣传推广，《以文化浸润城市》在《求是》杂志上刊登宣传，《坚持“崇文争先”理念，推动公共文化服务创新发展》在中宣部《学习与交流》杂志刊登，《坚持“崇文争先”理念，构建以文化引领城市发展的新范式》入选中宣部创新案例。

（冯宏梅）

【“扫黄打非”工作会议】2月26日，东城区召开“扫黄打非”暨文化市场管理工作会。会议传达北京市“扫黄打非”暨文化市场管理工作会议精神，对东城区“扫黄打非”暨文化市场管理工作领导小组机构人员调整情况进行说明，总结2020年东城区“扫黄打非”暨文化市场管理工作，部署2021年全区“扫黄打非”暨文化市场管理行动重点任务。赵海英出席并讲话，区“扫黄打非”暨文化市场管理工作领导小组各成员单位负责人50余人参加。

（冯宏梅）

【《光明日报》东城工作站成立】3月25日，东城区举行《光明日报》“文化强国”协同推广平台北京东城工作站启动仪式。与光明日报社签署《光明日报“文化强国”协同推广平台北京东城工作站合作协议》，金晖与《光明日报》副总编辑陆先高共同为《光明日报》“文化强国”协同推广平台北京东城工作站揭牌。东城工作站是《光明日报》在北京建立的第一个工作站，工作站将整合东城区宣传思想文化资源，依托《光明日报》提供的传播平台和指导服务，围绕北京全国文化中心建设特别是东城区“崇文争先”的生动实践进行全媒体产品制作、活动运营、文创产品设计开发，开展联合调研和学术交流活动等。

（冯宏梅）

【组织主题采访报道活动】4月12—13日，市委宣传部组织《人民日报》、新华社、《中国青年报》、《北京青年报》等20余家中央、市属媒体的记者到东城，开展“庆祝中国共产党成立100周年”发展成就集体采访活动。媒体记者通过实地探访，近距离感受东城区在经济高质量发展、公共文化服务、老城保护和街区更新以及基层社会治理等方面的发展与成就。5月8—10日，在中宣部“百年征程路 奋进文明城 文明城市谱新篇”主题采访报道活动中，作为全市唯一入选全国16个重点宣传城市，新华社、《人民日报》、《光明日报》、《经济日报》、中央广播电视总台等主流中央媒体到东城实地采访，并做开栏报道，推出《北京东城：把文明指数转化为幸福指数》（新华社）等一系列展现东城文化风貌、文明风尚的重量级稿件。8月6日，实体书店“四进”扶持政策新闻发布会举办，发布《东城区关于加快“书香之城”建设 引导支持实体书店“四进”的实施意见》《东城区引导支持实体书店“四进”资金管理办法（试行）》，《人民日报》、新华社、《光明日报》、《北京日报》等10余家中央及市属媒体参加发布会并刊发报道。与北京广播电视台合作，推出《百年历程》系列微纪录片，通过10集内容对东城区红色历史文化进行全景式呈现。

（冯宏梅）

【第五届北京纪实影像周启动】10月18日，第九届优秀国产纪录片及创作人才推优活动暨第五届北京纪实影像周启动仪式在永定门广场举行。影像周活动由国家广播电视总局、北京市人民政府指导，市委宣传部、市广播电视局、东城区委区政府共同主办，以“记录 · 百年荣光”为主题，融合长短视频、直播、VLOG、竖屏剧等形式，举办“圆桌派”“纪实+会客厅”“七日工作坊非虚构影像创作营”“当播客遇上纪录片”等活动，以纪实影像、非虚构为内容核心，打造“全民记录”盛宴，集中展示各行业、各领域百年发展成就，为党的百年历程留史、为美好生活留影、为伟大人民立传。

（冯宏梅）

【签订深度战略合作协议】12月30日，与中国青年报社深度战略合作协议签订仪式在中国青年报社举办，区领导赵海英，中国青年报社党委书记、中国青年报社党委常委、副总编辑出席。双方围绕发挥央媒作用，助力“崇文争先”进行座谈，就合作建设《中国青年报》“晨钟之声”北京（东城）宣传平台、“青年文化工作站”，联合推出多层次文化产品、文化服务等问题达成深度战略合作共识。

（冯宏梅）

【百姓宣讲活动】2021年，组织开展东城区“永远跟党走”党史学习教育百姓宣讲团巡回宣讲报告会，首场活动走进区委区政府理论中心组学习课堂，通过“现场活动+线上直播”形式，由“北京东城”微博、APP、抖音、快手号直播平台传播，在线观看人数达53万余人。承办北京市“永远跟党走”暨全面建成小康社会百姓宣讲团全市巡讲活动、北京市“党史学习教育”主题宣讲——“决战脱贫攻坚”百姓宣讲团报告会、北京冬奥会倒计时100天系列宣讲报告会共3场市级宣讲活动，邀请各类别市级宣讲团到机关、学校、企业开展宣讲。

（冯宏梅）

【群众性爱国主义教育活动】2021年，制发《2021年东城区爱国主义教育基地工作实施方案》，明确工作任务。北京自来水博物馆、东四胡同博物馆被评为新一批区级爱国主义教育基地。新增北大二院旧址（原北大数学系楼）等4个革命活动旧址为市级爱国主义教育基地；推荐北京汇文中学等3家基地为市级爱国主义教育基地；推荐中国邮政邮票博物馆等3家基地为全国爱国主义教育示范基地。推荐北大红楼、《新青年》编辑部旧址（陈独秀旧居）、北大二院旧址（原北大数学系楼）等5家基地参加市级爱国主义教育基地考评，北大红楼、《新青年》编辑部旧址（陈独秀旧居）获优秀奖，北大二院旧址（原北大数学系楼）、中国海关博物馆获良好奖。依托东城区革命活动旧址和爱国主义教育基地，在全区范围内组织开展“永远跟党走”主题参观寻访活动，干部群众2万余人参加寻访。在区级爱国主义教育基地蔡元培故居举办东城区党史游学地图发布暨“青春同心 · 永跟党走”文人志士线路寻访活动，在区级爱国主义教育基地——永定门城楼南广场举办“红领巾心向党 争做新时代好队员”——2021年首都少先队员“六一”入队仪式。联合中国美术馆在东四胡同博物馆举办“为新时代人物塑像”作品巡展及塑像活动。

（冯宏梅）

【典型宣传】2021年，东城区1人获第八届全国道德模范提名奖，2人获第八届首都道德模范提名奖。开展2021年“东城榜样”主题活动，各单位申报推荐助人为乐、见义勇为等8个类别候选人216人，评选出“东城榜样”10人、提名奖10人。做好“中国好人榜”身边好人、“北京榜样”候选人推荐工作，共推荐“中国好人榜”身边好人候选人47人，推荐“北京榜样”候选人55人。3人上榜2021年“中国好人榜”身边好人，3人被评为“2021北京榜样”月榜人物。

（冯宏梅）

【全国话剧优秀新剧目展演季】12月，“大戏东望·2021全国话剧展演季”举办，以“戏中城·城中戏”为主题，遴选全国28部优秀剧目在北京主会场，上海、广州、南京、长沙、杭州、烟台等分会场，以及保利院线、中演院线、西部院线联盟、聚橙院线等院线联动联演，为观众打造一场内容多元、阵容强大、佳作荟萃的话剧盛宴。展演季期间，围绕中轴线文化内涵挖掘、策划别开生面的“戏润中轴”主题展示活动，通过将优秀剧目片段与中轴线场景融合，打造沉浸式演出新场景，激活中轴线演艺新动能。

（冯宏梅）

【南锣鼓巷戏剧展演季】5月至9月，“大戏东望·2021南锣鼓巷戏剧展演季”举办，以“百年正风华 戏剧梦无限”为主题，设立“与历史共鸣”“与街区共融”“与创作共生”三大版块，在中国共产党成立100周年的重要时刻，回顾党的发展百年光辉历程，以红色故事带领广大党员群众感知党的历史。《速记员》《故宫人》《炒肝》等13部东城原创剧目轮番上演，集中展示东城原创戏剧扶持成果。

（冯宏梅）

【“会馆有戏”系列活动】2021年，立足会馆资源集聚优势，按照“一馆一策”工作要求，整体推动“会馆有戏”建设，创新辖区会馆旧址活化利用新模式，发挥会馆旧址地域连接、文化联接、价值链接功能，形成以演促用、以用促建、以建促保的文物活化新机制，打造国际知名的演艺片区。10月，东城区在颜料会馆拉开“会馆有戏”演出序幕，常态化举办“魅力新国风”等主题演出。12月25日，颜料会馆、临汾会馆、台湾会馆“会馆有戏”联动演出。“会馆有戏”在东城区全面落地，共演出30余场次，观演超过2000余人次，受到社会各界好评。

（冯宏梅）

【传统节日文化活动】围绕春节、元宵节、清明节、端午节、七夕节、中秋节、重阳节等传统文化节日，共组织文化活动247项，66.7万居民通过线上线下方式体验中华优秀传统文化魅力。2月5—26日，以“福满京城 春贺神州”为主题，开展“故宫以东过大年”等重点文化活动，微博“故宫以东过大年”话题阅读量5860万次，讨论量近3000次。6月12日，举办“和满京城 奋进九州”2021龙潭端午文化节活动，通过龙舟比赛、文艺演出、民俗体验、非遗展示、书香市集、健康讲座、戏剧展播等形式再现多彩民俗，激励党员群众迎接党的百年华诞。9月19日，举办“月圆京城 情系中华”东城区中秋诗会，通过传统报道与线上传播方式，制作活动现场短视频，在“北京东城”等融媒体平台推广，让观众在诗会中领略古典文化的魅力，感受昂扬向上的时代气息。

（冯宏梅）

【“中轴线上”系列文化活动】2021年，东城区以“中轴揽胜 文润东城”为主题，聚焦“赏·中轴之美”“听·中轴之音”“品·中轴之韵”“汇·中轴之智”四大品类，推出“唱响中轴——唱支山歌给党听”、永定门光影秀、2021北京古建音乐季、“一元‘中’始”2022北京中轴线特展等特色活动，用丰富新颖的文化活动创新阐释中轴线文化魅力。

（冯宏梅）

【北京东城文化发展研究院】2月8日，北京东城文化发展研究院成立，以建设“文化东城”展示窗口、搭建“文化东城”实践平台、打造“文化东城”创新典范为目标，全年设置举办“文化东城”会客厅系列活动、成立文化创意发展中心等12项任务。2021年，连续举办故宫—王府井—隆福寺“文化金三角”交流座谈会、公共文化新型空间主题沙龙等专题活动16场，发布简报14期、《文化东城》月刊8期，完成研究院专属IP卡通形象猫上线工作，组建文化创意发展中心，组织开展“一元‘中’始——2022北京中轴线特展”，全年在《人民日报》《北京日报》等各大媒体平台发布稿件500余篇，以文化为媒介载体展示传递东城和北京形象，构建面向国际的文化传播格局。

（冯宏梅）

【新时代文明实践中心】2021年，健全新时代文明实践中心、所、站三级工作体系人员架构，推出文明实践所、站“七个做到”标准化建设模

2月8日，北京东城文化发展研究院成立（区委宣传部提供）

式，全区新时代文明实践工作街道、社区覆盖率达100%。在朝阳门街道创新开展新时代文明实践所（站）“样板间”现场观摩展示活动。每月最后一个周末为新时代文明实践推动日，依托“1+6+N”志愿服务体系（1支区级新时代文明实践中心志愿服务总队，理论政策宣讲队伍、健康服务队伍等6支新时代文明实践专业志愿服务队和青年志愿服务队、体育志愿服务队等N支新时代文明实践特色志愿服务队），广泛开展新时代文明实践活动。中宣部10个局机关与东城区10个街道开展“党员服务群众”结对共建活动，建立结对服务项目清单，开展理论宣讲、走访慰问、捐赠图书、文化培训等新时代文明实践志愿服务活动，丰富辖区居民、干部群众的文化生活。在“北京东城”APP研制开发新时代文明实践中心管理平台二期模块，融合贯通“三个中心”（新时代文明实践中心、区融媒体中心、区政务服务中心），形成舆论宣传、公共服务“一站式”管理平台。

（冯宏梅）

统战工作

【概况】中共北京市东城区委统一战线工作部（简称区委统战部）是区委主管统一战线工作的工作机关。统一领导民族宗教工作，区民族宗教办归口区委统战部领导。统一管理侨务工作，对外加挂北京市东城区人民政府侨务办公室（简称区政府侨办）牌子。中共北京市东城区委统一战线工作领导小组办公室设在区委统战部。区台办与区委统战部合署办公。区委统战部下设公益一类参公事业单位东城区党外人士教育研究中心。2021年，区委统一战线工作领导小组召开第六次全体（扩大）会议和8次专题会及联席会议。贯彻落实《中国共产党统一战线工作条例》，在全市率先制订印发东城区《关于全面推进新时代基层统战工作的意见》，构建基层统战“五全”工作体系（目标职责全落实、组织体系全覆盖、统战对象全响应、事业发展全融入、政策方法全掌握）。结合建党百年在统一战线各领域开展系列活动，牵头组织全区各单位2500余人参加建党100周年演练和庆祝大会。凝聚统一战线智慧力量，统战人士为党代会报告、区委区政府工作报告提出意见建议146条；打造“紫金同心议事厅”，为党外专家建言献策提供线下实体化交流平台；编辑《议政建言直通车》32期，得到区领导批示6次；信息工作获中央统战部信息工作二等奖，在全市继续保持十六区第一，相关信息得到中央和市、区领导批示。协助民主党派区委做好换届工作，做好区政协换届工作。完成侨办政务事项，为困难侨眷30人发放生活补贴18万余元，累计办理涉侨政务事项45件。《关于加强体制外统战工作的探索与思考》调研获北京市统一战线调查研究理论成果一等奖。助力全区疫情防控工作，完成疫情防控指导接待组工作，组织党员干部和全区各领域统战人士助力疫苗接种“攀登行动”“登峰计划”，动员全区统一战线有关单位驰援河南省抗灾，捐款捐物累计1500余万元。

（陈小可）

【党史学习教育】7月1日，组织全区1800余人赴天安门广场，参加庆祝中国共产党成立100周年大会，感受中国共产党百年来的辉煌成就。2021年，制订专题学习方案，将《中国共产党统一战线工作条例》学习纳入区委常委会集体学习。组织统战干部和党外人士75人参观“伟大征程”——庆祝中国共产党成立100周年特展、“不忘初心、牢记使命”中国共产党历史展览。分领域制订主题活动计划，引导党外人士以制作建党100周年“云党建”系列视频，举办“走进”“诵读”“感受”和系列快闪等形式，与中国共产党共庆建党百年。拍摄《同行百年》专题短视频，定期发布“党史指尖微党课”公众号学习内容；在“东城统战”公众号上开辟《携手共话同心圆》专栏，抒发党外人士参加庆祝中国共产党成立100周年大会的感想体会；在“东城新韵”公众号开辟《东城新韵 建党百年》党史学习教育专栏，利用微信群坚持每天向部门干部和党外人士推送党史、统战史教育内容以及时政要闻。

（马　可）

【协助民主党派区委换届】3月至6月，制订《协助民主党派区委做好换届工作的实施方案》，经过民主推荐、沟通协商、三方协商、联合考察公示等12个步骤和25项程序，8个民主党派共选举产生班子成员51人，实现新老交替、政治交接。

（高　姗）

【协商通报会】8月4日，区委召开党派团体协商通报会，通报2021年上半年东城区党风廉政建设和反腐败工作主要情况，并就《中共东城区委十二届十五次全会工作报告（征求意见稿）》征求各民主党派、工商联和无党派代表人士意见建议。孙新军主持并讲话，党外代表人士40余人参加。10月16日，区委召开党派团体协商通报会，就各政党、无党派代表人士、各人民团体联合提名推荐的东城区第十七届人大代表候选人名单听取各民主党派、无党派代表人士和各人民团体意见建议。孙新军主持并讲话，党外代表人士30余人参加。11月19日，区委召开党派团体协商通报会，就第十三次党代会报告和政府工作报告听取各民主党派区委、区工商联负责人和无党派人士代表意见和建议。孙新军主持并讲话，党外代表人士40余人参加。11月26日，区委召开党派团体协商通报会，通报东城区领导班子有关人事安排，就政协东城区第十五届委员会主席、副主席、秘书长、常委候选人和一次会议主席团常务主席、常务主席会议主持人建议人选与各民主党派、无党派人士和各人民团体进行协商。区领导汤钦飞主持并讲话，党外代表人士30余人参加。

（高　姗）

【东城知联会】2021年，东城知联会以庆祝中国共产党成立100周年为契机，以党史学习教育为重点，打造“知行东城”系列品牌，激发组织凝聚力和创造力。打造“知行东城·大讲堂”，围绕中国新型政党制度等主题，邀请专家学者进行解读；打造“知行东城·考察团”，组织党外知识分子走进房山区琉璃河镇周庄村北京科技小院，调研学习科技帮扶新模式；打造“知行东城·分享会”，开展“三八”节主题活动；打造“知行东城·艺术汇”，党外知识分子以书法、美术、音乐、诗词等作品展现党史学习成果，抒发爱国爱党热情。编发《知·行东城——东城知联会会刊》6期，继续搭建交流学习、展示风采的平台。

（高　姗）

【新的社会阶层人士统战工作】5月17日，区委统战工作领导小组新的社会阶层人士统战工作联席会全体会召开，传达中央和全市新的社会阶层人士统战工作联席会议精神，部署2021年东城区新的社会阶层人士统战工作重点任务。区领导汤钦飞出席并讲话。6月21日，东城新联会召开一届四次会长会，推选并任命东城新联会第三任轮值会长。同日，东城新联会一届三次常务理事会召开，审议通过东城新联会2020年工作总结及2021年工作计划，审议通过增补理事41人。增补后东城新联会共有理事218人、会员92人。2021年，交道口街道、东花市街道成立新的社会阶层人士联谊会，安利北京成为东城区首家成立新的社会阶层人士联谊会的外资企业。至年底，全区共建统战工作站18个，商务楼宇统战工作分站22个，实现辖区商务楼宇、园区新阶层人士统战工作全覆盖，覆盖人数5.25万人。深化“党建+统战”联动机制，整合区委“两新”工委成员单位的政策及服务资源，形成《东城区下沉街道、东城园党群服务中心区级资源清单》，使党群服务中心（统战工作站）体系功能建设落到实处。

（戴倚琳）

【“东城新韵·拥抱百年”主题教育】2月10日，“凝心聚力 喜迎建党100周年”东城新韵云年会举办。6月21日，东城新联会“‘新’声献给党”分享会启动仪式举办，全国政协委员、东城新联会会长与现场新阶层人士40人分享党史学习体会和履职担当经历。7月1日，组织东城区各级各类新联会理事500余人及理事会员单位新阶层人士5000余人，收听收看习近平总书记在庆祝中国共产党成立100周年大会上重要讲话现场直播。7月14日，东城新联会“‘新’声献给党”分享会第二讲在北新桥街道统战工作站“新桥之家”举办，东城新联会副会长、“耳朵里的博物馆”创始人为新阶层代表人士30余人作主题分享，区领导郑晓博出席并致辞。2021年，新阶层人士开展“我为群众办实事”活动。举办“全科医生科普行动”3期，为统战人士及群众普及高血压病、脑血管病、冠心病及糖尿病防治知识；组织部分理事赴内蒙古自治区巴彦淖尔市磴口县开展中医针灸健康行活动；理事所在单位德展健康向北京市钟鼓楼文物保管所、77文创及部分统战工作站捐赠价值3万元的防疫物资。

（戴倚琳）

【东城海外联谊会】5月21日，东城海联会在中关村东城园航星园的中国北欧创新联合体举办“学党史、悟思想、办实事、开新局——庆祝建党100周年金融主题沙龙”活动，邀请东城区委党校老师以故事形式，为海联会理事讲述中国共产党人如何在不同历史时期践行初心使命，20人参加。6月10日，“粽香情浓暨重温历史续使命·同心同行新时代”端午主题统战人士联谊活动举办，邀请对越自卫反击战老兵、全国模范退役军人、景山街道城管分队队员聂新海宣讲战斗故事，45人参加。

（屈玉环）

【教育培训】4月21—23日，区委统战部联合区社会主义学院举办2021年基层统战干部培训班，开展中国共产党统战史、《中国共产党统一战线工作条例》、民族宗教工作、新的社会阶层工作、香港及对台工作等内容的专题讲座，全区各委办局、群团组织、街道工委、统战工作站以及区卫生、教育、国资二级单位的统战工作主管领导和干部112人参加。4月25日，区委统战部召开统战调研信息工作会暨信息工作培训会，通报2020年度统战工作优秀调研成果、信息工作优秀单位、优秀信息员及特殊贡献奖获奖情况，邀请北京市委统战部信息工作负责人围绕信息刊物采用要求、编写方法、关注重点等开展信息工作培训，80人参加。9月27—29日，区委统战部与区社会主义学院联合举办东城区2021年党外代表人士培训班，利用集中授课、实地参观、分组讨论等形式，学习党的十九届五中全会精神，东城民主党派区委领导班子成员、党外中青年干部、东城知联会理事等100余人参加。

（范光建）

【政协换届】8月至12月，与区委组织部、区政协联合成立区政协换届工作领导小组，并召开区政协换届工作联席会议3次，制订《关于做好2021年东城区政协换届工作的实施意见》《关于做好2021年东城区政协换届工作的实施方案》，经过组织推荐，考察审查、协商提名等46项程序，协商产生政协委员343人。

（高　姗）

【专题议政会】3月3日，东城区数字经济发展专题议政会召开，区领导汤

12月31日，东城统战智库“紫金同心议事厅”揭牌仪式暨第一期研讨会举办（马可摄）

钦飞主持。邀请民革专家学者和党外人士代表建言献策，党外专家围绕产业数字化、数字文化产业、智慧城区建设等内容发言，金晖就有关内容与发言代表互动交流。相关委办局负责人及党外代表人士20余人参加。

（高　姗）

【紫金同心议事厅】12月31日，东城统战智库“紫金同心议事厅”揭牌仪式暨第一期研讨会在“新桥之家”统战工作站举办。民建东城区委副主委、民盟东城区委委员代表、东城统战智库专家代表发言，与会领导为专家15人颁发“紫金同心议事厅”专家聘书。与会专家围绕中央经济会议、北京冬奥、双碳等主题展开讨论并提出建言观点。中央统战部研究室二级巡视员，区委统战部、区侨联领导和各党派区委驻会副主委、统战系统单位主管领导及党外高端专家30人参加。

（马　可）

决策研究

【概况】中共北京市东城区委研究室是负责全区综合性政策研究，为区委科学决策服务的区委工作部门，中共北京市东城区委全面深化改革委员会办公室（简称区委改革办）承办区委全面深化改革委员会的日常事务。2021年，区委研究室围绕全区中心工作，统筹推动全面深化改革各项工作，加大调查研究力度，发挥“以文辅政”作用，建设团结、奋斗、务实、高效的和谐机关，为区委科学决策提供智力支持和决策参考。围绕市级重点调研课题，开展多次调研座谈，编辑《东城调研》12期，《决策信息摘编》47期，《每周工作动态》51期；完成各类文稿的撰写及修改300余篇；发挥区委改革办统筹协调作用，完成30个“微改革”“微创新”改革典型案例汇编。

（闫　喆）

【起草区委重要文稿】2021年，起草中共北京市东城区委十二届十五次、十六次全会，区委十三次党代会，十三届一次全会相关文稿，年度区委常委会工作要点。围绕建党100周年服务保障等重大活动、学习贯彻十九届六中全会、市委全会、中央及市委领导调研精神、党史学习教育、疫情防控、区委书记月度点评、街道工委书记月度点评、社会治理、扶贫外联、全面深化改革等中心工作起草工作汇报、典型发言及约稿文章。

（闫　喆）

【街区更新和民生改善研究】2021年，围绕市级重点调研课题《加快“三老”改造，推动街区更新和民生改善取得新突破的研究》，区委研究室开展多次调研。6月15日，调研组赴区住建委，围绕“三老”改造工作，了解老旧平房申请式退租、老旧小区综合整治、老旧危楼腾退改造情况。6月18日，调研组赴体育馆路街道，察看营房西街小区综合整治情况，与体育馆路街道副主任、城管办副主任、社区党委书记、物业公司代表及居民代表座谈交流，了解老旧小区综合整治、党建引领群众工作情况。6月24日，调研组赴景山街道，察看三眼井片区平房院落基本情况及申请式退租情况，与街道、社区干部、项目实施主体首开集团、居民代表等座谈。同日，课题组赴安定门街道，察看箭厂胡同简易楼、永康胡同18号院老旧小区整治情况，与街道、社区干部、责任规划师、项目实施主体、居民代表座谈，了解老旧小区整治、简易楼腾退改造等问题。6月28日，调研组与课题合作方——方迪研究院座谈交流。讨论前期调研心得及需要进一步了解的问题，讨论规划、发展改革领域存在的问题。7月7日，调研组与区发改委、东城规自分局和首规委相关人员座谈，讨论交流“三老”改造中涉及的项目审批、规划审批等关键问题，围绕前期调研中发现的突出问题研究探讨。8月中旬形成初稿，经广泛征求意见、反复修改，10月报区领导孙新军审定，2022年1月课题结项，报市委研究室。

（闫　喆）

【统筹全区调研工作】4月至5月，组织对2020年全区优秀调研成果进行评比，从130余篇调研报告中评选出50篇优秀调研报告，在《东城调研》

上通报。5月25日，十二届区委常委会第159次会议审议通过《东城区调查研究工作2020年总结和2021年重点工作、重点课题》，确定29个区级重点课题、125个区委关注课题。区领导的调研课题《加快“三老”改造，推动街区更新和民生改善取得新突破的研究》被列为市级重点调研课题。12月30日，区委研究室召开东城区调研培训座谈会，区文旅局、政务服务局、信访办、文联、北新桥街道5家单位代表交流发言。会议介绍2021年度工作背景和内容，并对2022年调研工作提出要求。

（闫　喆）

【调研成果展示】区领导金晖的调研报告《疫情大考之后首都基层社会治理创新研究——以东城区为例》在《北京调研》第4期上刊登。区领导薛国强的调研报告《东城区老城平房区消防安全对策研究》在《北京调研》第1期上刊登。区领导赵海英的理论文章《以人民为中心推进文化治理现代化》在《前线》杂志第10期上刊登，调研报告《坚持“崇文争先”理念，彰显首都功能核心区文化自信的路径研究》在《北京调研》第6期上刊登。东城区工商联的调研报告《东城区优化民营企业营商环境研究》在《北京调研》第3期上刊登。东城区商务局的调研报告《十四五时期东城区促消费和品质提升的思路与举措研究》在《北京调研》第12期上刊登。东城区的新闻报道《北京市东城区——激发爱国情怀 增强文化自信（奋斗百年路 启航新征程·文明城市谱新篇）》在《人民日报》5月10日第6版要闻上刊登。东城区委的理论文章《惠民生 办实事 解难题 纾民忧 暖民心》在《北京工作》第3期上刊登。东城区的经验交流《应接尽接，贡献一“臂”之力》在《北京工作》第5期上刊登。东城区的经验交流《东城区办不成事窗口：专解企业群众办不成事》在《北京工作》第5期《党史学习教育》栏目中刊登。东城区的经验交流《东城区“平改立”出实招解决居民停车难》在《北京工作》第11期《党史学习教育》栏目中刊登。建国门街道的经验交流《未呼先应 分类施策 解民忧》在《北京工作》第2期上刊登。北新桥街道簋街商会的经验交流《让垃圾分类走进夜生活》在《北京工作》第4期上刊登。

（闫　喆）

【统筹协调全面深化改革工作】5月2日，区委全面深化改革委员会第八次会议召开。通报区委深化改革委员会人员调整决定，通过《东城区全面深化改革委员会2020年工作总结》《东城区全面深化改革委员会2021年工作要点》《加快“书香之城”建设鼓励实体书店“四进”引导支持办法》《街道工作和“吹哨报到”改革重点任务相关制度》《街道工作联席会议工作体系及2021年度各工作组牵头的重点工作任务》《“十四五”期间推进“三老”工作计划》。5月27日，区委改革办召开区委深化改革委员会各专项小组联络员会议，传达区委深化改革委员会第八次会议精神，介绍区委深化改革委员会基本情况和联络员定期座谈交流机制，区纪委区监委、区发改委、区城管委、区法院等单位分别代表各自小组分享本领域改革典型案例。8月12日，区委全面深化改革委员会第九次会议召开。通过《东城区健康联合体建设试点工作方案》和《东城区行政复议体制改革暨全面推行行政复议规范化建设实施方案》。8月24日，区领导汤钦飞主持召开区委改革办暨改革专项小组办公室专题调度会。听取区委改革办关于区委深化改革委员会上半年工作情况的汇报，听取各专项小组就改革工作进展、面临的重点难点问题等专题汇报。10月18日，区委全面深化改革委员会第十次会议召开。同意《关于调整东城区街道工作联席会工作体系完善年度改革重点任务有关情况的汇报》，通过《东城区深化“热线+网格”为民服务模式 推动即时办理向深度治理转变的工作意见》。

（闫　喆）

【调研督察重点改革任务】启动对重点改革任务的实地督察，密切跟踪改革要点进展情况，及时解决任务推进中存在的问题和困难。5月21日，区委改革办相关人员到红桥市场调研新消费品牌孵化基地等改革创新工作。区国资委、区商务局、王府井管

10月18日，区委全面深化改革委员会第十次全体会议召开（区委研究室提供）

委会、红桥市场相关人员参加座谈，了解区消费品牌孵化、商业产业升级等工作进展情况。6月17日，区委改革办相关人员到景山街道、隆福寺地区HALF COFFEE、隆福大厦9楼、更读书社等地调研，了解区重点工程，构建故宫—王府井—隆福寺“文化金三角”，新消费品牌孵化基地建设的进展情况。7月7日，区委改革办相关人员到王府井地区国际戏剧中心、海港城、王府井277号院、“金街会客厅”等地调研，了解“两区”（国家服务业扩大开放综合示范区和北京自由贸易试验区）建设、构建文化金三角及街区转型升级等重点改革任务。

（闫　喆）

【与相关决策研究系统交流】5月14日，市委改革办领导到光明楼17号楼、前门“书香世业”主题街区、“美后肆时”市民文化中心调研，了解东城区城市更新、国际消费中心城市建设、实体书店建设等工作。汤钦飞及区委改革办相关人员参加。7月8日，市委研究室领导到东城区史家小学分校调研，区教委领导汇报区中小学教育发展情况和清理校外培训机构工作情况，与会人员就教育发展问题和“双减”工作交流研讨。8月27日，市委研究室领导就“服务和融入新发展格局、落好‘五子’、推动高质量发展”到东城区调研经济工作。金晖分析区经济工作情况，梳理研判存在的主要问题、未来发展思路，争取市级相关部门对东城区经济发展的支持。汤钦飞陪同。12月29日，市委改革办会同市委宣传部、市文物局及有关市人大代表组成督察组，到东城区段祺瑞执政府旧址实地督察调研文物保护及活化利用改革落实情况。区委研究室、区住建委、区文旅局及孔庙和国子监博物馆、紫金服务中心、智珠寺文物活化利用项目方东景缘等单位围绕文物保护利用改革工作进展、存在的困难和问题以及下一步工作计划汇报交流。

（闫　喆）

对台工作

【概况】中共东城区委台湾工作办公室、东城区人民政府台湾事务办公室（简称区台办）是区委、区政府主管对台工作的职能部门，与区委统战部合署办公，人事不独立，承担组织、指导、管理、协调有关对台工作职能。2021年，区台办落实中央对台工作大政方针，以习近平总书记在《告台湾同胞书》发表40周年纪念大会上的重要讲话作为对台工作新指引，立足首都功能核心区区位优势，注重发挥核心区辐射引领作用，勇于探索基层对台交流工作新思路、新方法，坚持打造“东城品牌”。涉台宣传工作有重点，对台经济工作有基础，对台青年工作有策略，发挥“组织、指导、管理、协调”八字职能。

（周　薇）

【对台交流】2月25日，“2021年高雄·北京特色周暨2021年京台社区云聚首·元宵节主题活动”在景山街道“美后肆时”市民文化活动中心和台湾高雄香蕉码头、冈山区3个分会场，以视频连线的方式同步举办。2021年是“高雄·北京特色周”第一次以线上方式开展。活动丰富两岸民间交流的形式和内容、丰富高雄民众的文娱生活，同时扩大北京知名老字号企业和非遗文化的宣传与推广。17个街道的干部、社区居民和在京台湾同胞近100人参加北京分会场活动。台湾地区部分民意代表以及高雄盐埕区、鼓山区、冈山区、三民区、左营区等区的里长和社区民众近500人参加高雄分会场活动。台湾媒体《中国时报》、《联合报》、中评社等播报此次活动，新华社、中新社、《人民日报》、中央电视台、北京电视台、东南卫视等形成媒体矩阵，据不完全统计，各媒体平台视频和新闻播放、阅读量累计超过200万次。国台办简报第54期全版刊发活动情况。活动后，文旅部专门到东城调研，对该项活动给予高度评价。

（周　薇）

【对台联络】2021年，坚持利用微信、视频、电话等线上方式与岛内友

2月25日，“2021年高雄·北京特色周暨2021年京台社区云聚首·元宵节主题活动”举办（区台办提供）

人就岛内政情变化进行沟通，及时推送“北京东城”公众号，宣传东城区防控工作动态、“五个东城”等内容，打消部分台湾民众对大陆疫情防控的质疑，让台湾同胞在疫情中第一时间了解北京、了解东城，保证联络不停、内容不少、亲情不断。

（周　薇）

【台商参与抗疫】2021年，开展“在东城、知东城、与东城共发展”主题活动，随时发布涉台政策、活动信息。疫情期间，根据中央台办、教育部、财政部、国家卫生健康委、国家医保局及市疫苗接种组织协调工作组有关规定，东城台办与区防疫部门部署在京台湾同胞新冠病毒疫苗接种工作，对在京居住的台湾同胞的疫苗接种，按照属地管理、同等待遇原则，与北京市居民执行相同政策和规范，台湾同胞在知情、同意、自愿的前提下免费接种疫苗。安排指定接种点作为台胞接种点，接种疫苗1000余人次。

（周　薇）

【涉台宣传】2021年，更新完善《坚定“四个自信”做好对台工作》党课材料，编辑《运用哲学思维 做好对台工作》课件，在14个街道宣讲2个课件，受众近1000人。

（周　薇）

【特色活动】1月29日，联合区城管委，共同举办“两岸垃圾消纳”视频连线专题工作会。岛内垃圾处理方面的专家、学者就养成垃圾分类意识、建立机制进行分享，解答北京现场社区群众在垃圾分类方面的困惑。两岸的专家、学者、社区民众300余人参加。

（周　薇）

机构编制

【概况】中共北京市东城区委机构编制委员会办公室（简称区委编办），为中共北京市东城区委机构编制委员会的常设办事机构，承担区委编委日常协调服务工作，为正处级单位，列入区委工作机关序列，归口区委组织部管理。2021年，区委编办坚持优化协同高效，统筹机构编制资源服务东城区经济社会发展大局，深化街道行政管理体制改革，推动事业单位改革向纵深发展，完善综合行政执法体制改革，规范议事协调机构管理，确保机构编制刚性约束，为体制机制和机构编制提供坚强保障。

（左清丞）

【深化街道行政管理体制改革】根据《北京市街道党工委和办事处职责规定》等文件精神，修订完善17个街道“三定”规定，经1月14日区委常委会第150次会议通过，并以区委办公室和区政府办公室名义印发，在全市率先完成17个街道“三定”规定修订工作。2月，为东华门街道、建国门街道、前门街道、崇文门外街道、东花市街道、龙潭街道、体育馆路街道、天坛街道、永定门外街道9个街道司法所各增加政法专项编制1人，专门用于招录取得国家统一法律职业资格人员，加强街道办事处司法行政工作和法制工作。根据《北京市人民政府关于取消和下放一批行政执法职权的决定》文件精神，调整街道430项行政执法职权，取消19项行政处罚权，下放18项行政处罚权和3项行政强制权。经5月24日第122次区政府常务会审议通过，印发《北京市东城区人民政府办公室关于落实取消和下放一批行政执法职权工作的通知》。调整后，东城区街道办事处行政执法职权432项，其中行政处罚406项，行政强制26项。

（左清丞）

【综合行政执法体制改革】2021年，为区城管执法局、区市场监管综合执法大队、区生态环境综合执法大队、区文化市场综合执法大队、区住房城市建设综合执法大队、区应急管理综合执法队6个行政执法机构制订“三定”规定，明确以上部门执法职责和管理范围，理顺行业监管与执法关系，提高综合行政执法效能。

（左清丞）

【街道行政管理体制改革评估】2021年，采取实地检查、资料查阅、

9月2日，市委编办到东城区开展街道行政管理体制改革实地评估工作座谈会
（区委编办提供）

数据比对、调研座谈、群众认可度调查的方式，对17个街道行政管理体制改革任务完成情况、实际运行情况、改革成效3个方面进行评估。东城区各街道行政管理体制改革评估结果均为“好”，评估结果报送市委编办。

（左清丞）

【参公事业单位“三定”规定制订】2021年，根据《北京市东城区深化事业单位改革试点实施方案》与《关于规范本市事业单位领导职数管理的意见》要求，厘清东城区参照公务员法管理的事业单位相关情况，按照逐个沟通、逐个审核、分批上会的方式，为18个（副处级5个、正科级13个）参公事业单位制订“三定”规定，并对行政领导职数重新核定，推动机构编制管理法定化、规范化。

（左清丞）

【王府井地区管委会机构设置】2021年，细化王府井地区管委会行政职责，明确王府井地区管委会与东华门街道职责分工、与相关国有企业的政企关系，厘清王府井地区管委会与属地城管执法队、市场监管所的关系，制订王府井地区管委会“三定”规定，以区委办公室、区政府办公室名义印发。

（左清丞）

【事业单位改革】1月14日，向全区印发《北京市东城区深化事业单位改革试点实施方案》。1月15日，东城区事业单位改革试点工作动员部署会召开，区委编办主任作关于《北京市东城区深化事业单位改革试点实施方案》的部署和说明，区人力资源和社会保障局局长作关于《东城区深化事业单位改革人员管理和安置工作的部署安排》的部署和说明，章建伟作部署讲话。全区64家机关单位相关人员参加。会后印发各涉改单位机构编制事项调整通知，涉及全区23个主管部门所属134家事业单位整合、并入、变更、撤销以及核减事业编制等事项的调整，为17个主管部门所属37家事业单位调整更新主要职责或内设机构编制。改革秉承“三减少”原则，共核减事业单位47家，占21.5%，其中正处级事业单位3家，占10%；收回事业编制达到85%，为全市收编力度最大的城区。

（左清丞）

【教育系统“信用编制”制度推行】根据《关于在东城区教育系统建立“信用编制”制度的工作安排（试行）》精神，结合区教委测算的年度编制需求，从全区事业编制的总量中调剂一定额度的“信用编制”，解决区教委教师资源用人高峰编制结构性短缺问题。年初，向区教委下达临时事业编制，并于年底全部收回，保障教育领域民生需求。

（左清丞）

【研究探索“三项制度”工作】2021年，坚持党对事业单位的全面领导，严审“三定”，选取新整合组建4家副处级事业单位制订机构职能编制规定，着重审核党组织的地位和作用；严审“清单”，选取2家小学和2家公立医院制订政事权限清单，相应制订东城区政事权限清单审核备案程序，履行三级审批制度；严审“章程”，选取6家学校和2家公立医院制订章程，首创制订《北京东城区史家教育集团学校章程》，并相应制订《东城区章程备案程序》，为后续工作开展提供方法依据。

（左清丞）

【僵尸事业单位清理规范】2021年，根据市委编办《关于做好事业单位法人登记清理规范工作的通知》要求，对东城区登记的事业单位全面梳理、逐一归类，制订工作方案、明确责任单位，查证历史沿革、建立管理台账，共印发督办通知4次、开展业务培训1次、实地调研座谈9次、协助处理单位实际问题400余个、注销僵尸事业单位162家。

（左清丞）

【事业单位法人证书电子证照推广】2021年，区委编办明确申领任务、限定申领时限、严格审批流程，制作《电子证照申领审批单》，建立受理人、审核人、主管领导、主要领导四级审核制度。结合防疫工作要求，探索改进申领流程、创新申领方式，首创“视频面对面”领证新方式。全年完成电子证照申领334家，领取率82%。

（左清丞）

【事中事后监管落实】2021年，根据《2021年北京市东城区加强和完善事中事后监管重点工作任务》及东城区社会信用体系建设联席会议办公室监测月报要求，规范行政执法信息公示工作，在区级网站和信用中国网站完成“双公示”信息发布，全年共发布“双公示”信息386条，报送事中事后监管工作月报7篇次，无延报、漏报情况。

（左清丞）

【社会信用代码赋码】2021年，办理区属党政机关和群众团体统一社会信用代码赋码共27个，其中党政机关24个、群众团体机关3个。

（黄少恩）

【事业单位登记管理】3月25日，开展“我为群众办实事”上门集中换证工作，为区教委所属75家事业单位上门集中办理法人证书到期换证业务。制订《2020年度事业单位法人公示信息抽查工作方案》，开展2020年度事业单位法人公示信息抽查工作，抽取12家事业单位开展实地检查，强化监督基础。2021年，审核413家事业单位年度报告书；完成新设立登记3个、变更登记312个、注销登记162个。

（黄少恩）

【规范议事协调机构管理】2021年，研究制订《东城区议事协调机构管理办法》，经区委编委会2021年第一次会议、十二届区委常委会第159次会议讨论通过。对区属各议事协调机构开展监督检查，针对发现的问题，经报请区委编委会同意，对区属议事协调机构进行相应调整，并对4个存在问题的区属议事协调机构设在部门印发限期整改意见函，严肃机构编制管理纪律。

（左清丞）

【履行机构编制联审制度】2021年，依据《东城区机关事业单位机构编制联审制度（试行）》，协同区委组织部、区人力资源和社会保障局严肃审批、规范管理前置审核工作，把控区属各机关事业单位人员调动、选拔任用、招考（招聘）审核等工作流程，杜绝超编超职数情况。全年审核区属各单位人员调动、选拔任用、招考（招聘）及军转干部等260余件、2100余人次。

（左清丞）

【机构编制核查】2021年，根据《中央机构编制委员会关于开展第二次全国机构编制核查的通知》及《北京市委机构编制委员会关于开展第二次全市机构编制核查的通知》精神，对全区各机关事业单位机构批复和实际设置情况、编制核定及实有人员情况、领导职数核定及配备情况、实名制数据维护及管理情况开展核查，检查结果良好，没有发现违反机构编制管理法规的事项。

（左清丞）

老干部管理

【概况】中共东城区委老干部局（简称区委老干部局）是负责指导管理区离休干部、处级（含）以上退休干部工作的区委工作机关，下设东城区老干部活动中心（正科级参公事业单位）。全区离休、副处级以上退休干部2626人，其中区属离休干部550人，易地安置离休干部30人，副处级及以上退休干部2046人。2021年，组织离退休干部学习党的十九届六中全会精神和习近平总书记“七一”重要讲话精神，在全区印发《关于在全区离退休干部中开展党史学习教育的通知》，组织离退休干部开展党史学习教育，引导离退休干部深刻理解党的百年奋斗伟大成就和历史经验。加强离退休干部党支部规范化建设调研指导，参与“百名支部书记谈党建”“百堂优秀党课”展播活动，开展“奋进新时代 永远跟党走”主题党日活动，推动离退休干部党建融入基层党建大格局。组织老党员先锋队参与疫情防控、首都功能核心区控规落地、首都基层社会治理、垃圾分类、物业管理两个“关键小事”等市、区中心工作帮智出力，组织老干部宣讲团开展线下主题宣讲和线上微宣讲，发挥正能量。落实市、区为老服务政策，抓好离休干部“一对一”精准服务、离退休干部特困帮扶及走访慰问工作，提高老干部工作信息化、精准化、规范化建设水平。北新桥街道老干部工作人员1人获全国先进老干部工作者表彰。

（谢梦琪）

【老干部工作会议】3月9日，东城区委老干部工作领导小组工作会召开，章建伟主持，会议传达全国和北京市老干部工作会议主要精神，观看2020年东城区老干部工作专题片《党建引领 夕阳正红》，审议通过区委老干部工作领导小组名单、2020年全区老干部工作总结、2021年工作安排及全区老干部工作会议有关安排。汤钦飞、薛国强出席，区委老干部工作领导小组成员参加。4月30日，东城区老干部工作会召开，章建伟主持，汤钦飞通报2020年全区经济社会发展情况和2021年重点工作任务，并对做好全区老干部工作提出要求。薛国强传达全国和北京市老干部工作会议精神，区委老干部局局长作全区老干部工作报告，会议以视频形式召开，区委老干部工作领导小组成员，部分离退休干部代表，全区各单位主要领导、老干部工作主管领导参加。

（谢梦琪）

【老干部关怀工作】春节期间，为全区离休干部、配偶无工作和易地安置离休干部拨发“送温暖”慰问金46.35万元。春节、“七一”、“十一”前走访慰问离退休干部。组织全区离退休干部1411人在松乔体检中心、瑞慈体检中心、爱康国宾博惠体检中心健康体检。为离休干部434人提供120急救呼叫器服务，为15家区属困难企业的离休干部32人发放供暖费、住房物业补贴。看望百岁老人送去生日祝福，推进“家庭医生”管理服务。

（谢梦琪）

【思想政治建设】2021年，组织全区离退休干部学习宣传贯彻党的十九届六中全会精神，印发《关于组织全区离退休干部学习宣传贯彻党的十九届六中全会精神的通知》，将学习党的十九届六中全会精神作为培训必修课，纳入区委老干部党校教学计划。3月10日，区老干部读书会座谈会召开，围绕学习习近平总书记在党史学习教育动员大会上的讲话精神交流研讨。读书会核心组成员、离退休干部党支部书记代表、理论骨干等参加座谈。4月15日，离退休干部“我看建党百年新成就”专题座谈会召开。区老干部读书会、思想政治研究会（简称思政会）、机关工委、宣讲团部分成员、离退休干部党支部书记代表及机关年轻干部20余人参加。市委老干部局相关领导参加。7月27日，组织区离退休干部在分会场以视频直播方式收看学习习近平总书记“七一”重要讲话精神专题宣讲，并发放习近平《在庆祝中国共产党成立100周年大会上的讲话》单行本。区老干部读书会、思政会核心组成员、党支部书记、理论骨干代表等参加。10月15日，组织区离退休干部党员代表前往中国共产党历史展览馆参观“不忘初心、牢记使命”主题展览，50余人参加。10月19日，离退休干部“明党史 守初心”党史学习班举办。邀请区委党校教师以“党的隐蔽战线斗争与革命精神”为题作专题辅导。全区街道系统离退休干部党员、老党员先锋队代表50余人参加。11月1日，组织为期一周的离退休干部线上理论学习班，学习习近平总书记“七一”重要讲话精神、中国共产党百年历程等课程。离退休干部党支部书记、委员、理论骨干代表85人参加。12月6—10日，组织离退休干部以线上形式收听收看党的十九届六中全会精神专题辅导报告会。邀请中央党校教授围绕党的十九届六中全会暨《中国共产党的百年奋斗重大成就和历史经验的决议》进行辅导。离退休干部党支部书记、理论骨干等128人参加。12月9日，区老干部思政会线上视频研讨会召开，传达东城区第十三次党代会精神，思政会成员、部分老干部党支部书记、理论骨干代表参加会议。

（谢梦琪）

【老干部党支部建设】3月，印发《关于开展“优秀党课展播”活动的通知》《关于开展“支部书记谈党建”活动的通知》。在“优秀党课展播”征集活动中，区离退休干部共录制视频21个，4个视频被市委老干部局评为优秀党课，并在“北京老干部”APP首页专栏展播。4月14日，离退休干部“明党史 守初心”党史学习班举办，全区离退休干部党支部书记100余人参加。4月25—27日，印发《关于组织离退休干部认真学习习近平总书记在广西考察期间重要讲话精神的通知》，以离退休干部党支部为依托，运用“学习强国”等学习平台，采取灵活有效的方式，组织离退休干部学习。2021年，为庆祝中国共产党成立100周年，开展党史学习教育，为离退休干部党支部书记订购《论中国共产党历史》《中国共产党简史》《共产党执政规律研究》《文献中的百年党史》《党的十九届六中全会〈决议〉学习辅导百问》等书籍。

（谢梦琪）

【老干部工作向基层延伸】2021年，召开专题会议，研究深化推进党建引领老干部工作向基层延伸试点工作，传达学习《关于推进全市党建引领老干部工作向基层延伸试点工作的通知》精神，梳理总结2020年试点工作情况，研究制发《关于深化推进东城区党建引领老干部工作向基层延伸试点工作的通知》，对全区2021年试点工作提出具体要求。区委老干部局领导班子成员带队分四组到交道口街道、东直门街道、安定门街道、东花市街道等单位就深化推进党建引领老干部工作向基层延伸“五项机制”落实落地情况调研和督导，实地参观街道社区养老服务驿站、养老照料中心等“五项机制”落实落地示范点，听取街道工委围绕完善制度机制建设、引导离退休干部党组织及党员发挥作用、提升精准服务水平等“五项机制”落实落地情况汇报，并就推进过程中出现的困难与问题现场进行分析研究。

（谢梦琪）

【老干部发挥作用】3月12日，区离退休干部“蓝图已绘就 奋斗正当时”学习“两会”精神网络书画展举办，展示学习宣传“两会”精神的成果。4月13日，“永远跟党走”主题宣讲工作启动会召开，区老干部宣讲团和各街道宣讲分团团长骨干30余人参加。2021年，老干部宣讲团和各街道宣讲分团进社区、进学校、进部队、进企业宣讲党史，开展“东城党史回声+红色经典诵读”“我心中最感动的党史故事”分享等活动，并录制系列微视频连载“老干部进行时”微信公众号。6月1日，“学党史 守初心”网络书画展举办，创作党史学习教育书画作品102幅。6月16日，“百队千人再出发 砥砺奋进新征程”老党员先锋队主题活动举办，章建伟致辞，北京市委老干部局活动指导处领导、区各街道老干部工作主管领导、工作人员及老党员先锋队员代表110余人参加。同日，“永远跟党走 奋进新时代”东城区离退休干部庆祝中国共产党成立100周年书画展举办，市委老干部局副局长、中国老年书画研究会常务副会长、区领导章建伟出席开幕式。离退休老同志代表100余人参加开幕式。同日，“永远跟党走 奋进新时代”——东城区离退休干部庆祝中国共产党成立100周年专题线上集邮展举办，展出集邮组老同志

4月13日，东城区离退休干部“永远跟党走”主题宣讲工作启动会召开
（区委老干部局提供）

提供的10余部专题邮集，共计2000余枚邮票。6月25日，区机关工委、区教育系统关心下一代工作委员会和分司厅小学共同举办“红心向党 老少同堂——一老一小话党史·共庆中国共产党百年华诞”主题活动。区教育系统关心下一代工作委员会志愿者、安定门街道优秀退休党员代表、分司厅小学、史家小学、府学小学、灯市口小学等学校的师生代表150余人参加。12月7日，离退休干部学习党的十九届六中全会精神网络书画展、手工作品创作展举办，展出书画及手工作品26幅。

（谢梦琪）

【老干部工作人员教育培训】1月8日，东城区老干部工作人员座谈会召开，征求各单位对全区老干部工作的意见建议。基层单位老干部工作人员代表、老干部局相关业务科室参加。7月9日，区委老干部局举办老干部工作业务技能培训会，贯彻落实开展“我为群众办实事”实践活动要求，提高工作人员队伍整体素质。全区17个街道老干部工作人员、各业务科室信息员30余人参加。8月30日，组织老干部工作人员参观区养老服务指导中心，机关单位、街道和企业老干部工作人员代表15人参加。9月10日，老干部调研工作培训会举办，邀请市委老干部局相关人员围绕调研的本质和意义、调研的基本方法和要求、调研报告的结构类型和写作要求等进行专题培训。全区机关单位老干部工作人员40余人参加。

（谢梦琪）

【离退休干部服务】6月21日，全区落实离休干部生活待遇工作部署会召开，部署离休干部社区居家健康服务工作、长期护理保险制度扩大试点工作，各离休干部管理单位负责人近60人参加。2021年，做好离退休干部“一对一”精准服务，落实提高部分抗战离休干部医疗待遇等办实事项目。完善特困帮扶机制，依托北京市离退休干部服务管理平台完成信息数据维护，做好离退休干部信访接待和权益保障工作。

（谢梦琪）

【老干部调研工作】2021年，成立重点调研课题组，结合老干部工作重点和全区中心工作，围绕“新时代核心区老干部工作高质量发展研究”撰写主课题调研报告。组织基层单位和局机关各科室结合工作职责和重点工作拟定调研选题，围绕离退休干部服务管理问题、党建引领老干部工作向基层延伸制度机制、发挥老干部宣讲团在党史学习教育中的优势作用、加强老干部学习活动阵地建设等6个课题开展调研。在全区离退休干部中开展“我看建党百年新成就”专题调研，通过汇总整理各单位组织开展情况和离退休干部意见建议，完成专题调研报告。

（谢梦琪）

【落实老干部工作责任制】年初，继续发挥《东城区离退休干部工作领导责任制》在全面做好老干部工作中的总抓手作用。2021年，修订并下发《责任制日常工作考核手册》，与调研工作相结合，制订各科室联系基层分工表，对各单位落实责任制情况指导督促。年底，将离退休干部工作纳入全区党建主体责任综合考评，对区25家党工委开展集中检查。在考核要点基础上，结合实际对考核指标进行量化分解，就检查考核内容讲解培训，及时梳理各单位落实情况，总结工作典型、特色亮点，查找薄弱环节，推进工作深入开展。

（谢梦琪）

直属机关党建

【概况】中共北京市东城区委区直属机关工作委员会（简称机关工委），是负责区直机关党的建设和思想政治工作的区委派出机构。机关工委下设67个直属党组织，674个基层党支部，共有党员15692人，其中在职党员5891人，律师协会党员2591人，人才职介党员2358人，离退休党员4852人。2021年，统筹推进机关党建各项任务，全力做到“四个确保”（确保党史教育扎实推进、确保重点任务圆满完成、确保基层基础持续夯实、确保“两个责任”坚决压实），为建设国际一流和谐宜居的新时代首都核心区提供组织保证。开展“永远跟党走”党史学习教育百姓宣讲团巡回宣讲区直机关专场报告会和北京冬奥会倒计时100天系列宣讲东城专场活动，开展庆祝建党100周年“六个一百”系列活动，即“追忆党的历史、牢记初心使命”——百场党课纪念党；“重温红色经典、感受百年风华”——百首红诗献给党；“回首峥嵘岁月、畅想美好未来”——百句心声歌颂党；“牢记为民宗旨、共建美好家园”——百幅美景赞美党；“继承光荣传统、建设‘五个东城’”——百篇征文感恩党；“寻访红色足迹、感受东城魅力”——百日健走致敬党。召开东城区直属机关“两优一先”表彰大会，举办“健康生活 快乐工作”拔河比赛、划船活动、健步走活动。

（孙慕星）

【思想建设】2021年，学习宣传贯彻习近平新时代中国特色社会主义思想，围绕党的十九大和十九届历次全会精神和习近平总书记“七一”重要讲话精神，组织机关党员干部学好用好《习近平谈治国理政》《习近平新时代中国特色社会主义思想学习纲要》等著作和读物。拓展壮大理论宣讲阵地，围绕习近平新时代中国特色社会主义思想在核心区的生动实践，开展党课教育4次、理论学习培训14次，做到领导干部带头讲、邀请专家学者讲、组织党员一起讲，学出坚定信仰、学出绝对忠诚、学出使命担当。开展党史学习教育，为区直机关全体党员干部配备党史学习教育书目21种、1.72万册，开展集体学习、自学和专题交流研讨25次，创新组织晨讲交流、故事分享等教学活动9次。邀请党史学习教育区委宣讲报告团成员进行主题授课，机关干部组成区直机关宣讲团参加全区宣讲工作。组织开展“永远跟党走”党史学习教育百姓宣讲团巡回宣讲区直机关专场报告会，承办北京冬奥会倒计时100天系列宣讲东城专场活动，推动党史学习成果转化，做到学史明理、学史增信、学史崇德，学史力行。落实意识形态工作责任制，举办意识形态工作专题培训，加强意识形态阵地管理，对区直机关微信公众号、疫情防控工作简报、疫情防控工作宣传片等宣传报道内容加强意识形态管理。在大型活动中强化意识形态引领，做好重大活动意识形态报备工作。开展“网络安全为人民，网络安全靠人民”国家网络安全宣传周线上宣传，动员全体党员干部参与网络安全教育活动。持续开展文明机关创建，做好“东城榜样”推荐和首都精神文明单位、文明单位标兵宣传工作。做好文明城区复查迎检，发动组织区直机关58个党组织、党员干部共7000余人次参与全区23个主要路口92个点位的志愿执勤服务。

（孙慕星）

6月25日，“永远跟党走 奋进新时代”东城区直属机关庆祝中国共产党成立100周年主题活动举办（机关工委提供）

【组织建设】2021年，召开工委委员会议3次、工委书记会议43次、基层党组织书记会议9次、全体党员干部会议33次。部署党建工作，召开党建工作会，传达区委党的建设工作领导小组会暨2021年全区党建工作会精神，总结2020年机关党建工作，部署2021年机关党建工作任务。抓好基层党组织述职评议考核，召开2020年度区直机关直属党组织书记抓基层党建述职评议考核工作会，直属党组织书记10人作为机关党组织书记代表现场述职，直属党组织书记37人和16个直属党组织进行书面述职。遵照换届纪律，召开区直机关党代表会议，完成区第十三次党代表提名、推荐、选举工作，选举出席区第十三次党代表大会代表116人。牵头做好区委、区政府机关第十七届人大代表换届选举，统筹做好群团组织换届工作。落实“三会一课”、党建述职评议考核、组织生活会和民主评议党员等党内制度，做好基层党组织换届、发展党员等工作，直属党组织换届7家，发展党员157人。推进基层党建示范点建设和党支部工作法培育工作，起到以点带面作用。开展党组织书记和党务干部教育培训，以“云课堂”网络形式，培训基层党组织书记400余人、党务干部600余人。举办入党积极分子培训班，173人参加。以庆祝中国共产党成立100周年为契机，在区直机关开展“六个一百”系列活动，活动历时6个月，机关党员干部1万余人次参与。“七一”前夕，召开东城区直属机关“两优一先”表彰大会，表彰区直机关优秀共产党员、优秀党务工作者、先进基层党组织，举行新党员入党宣誓、老党员重温入党誓词活动，为老党员1362人发放“光荣在党50年”纪念章。组织开展“永远跟党走 奋进新时代”主题活动，区直机关各党组织党员干部通过宣讲感人的党史故事阐释中国共产党人精神谱系，结合工作实际讲述共产党员立足岗位建功、服务“五个东城”建设的感人事迹。

（孙慕星）

【群团工作】6月11日，区委区政府机关工会第三次会员代表大会召开，选举产生新一届机关工会委员会、工会经费审查委员会和工会主席、副主席。2021年，为工会会员办理职工互助京卡、公园年卡，发放节日慰问品。开展劳模慰问和组织劳模体检。开展冬奥知识答卷活动，举办“健康生活 快乐工作”拔河比赛、划船活动、健步走等活动9次，参与人数近1万人次。组织会员参加区总工会举办的兴趣爱好辅导班，与区总工会、区体育局联合举办围棋、羽毛球和网球培训班。在机关团员青年中开展“学党史 强信念 跟党走”教育活动，召开机关团干部座谈会，学习习近平总书记“五四”青年寄语和“七一”讲话精神，组织机关团员青年开展党史游学寻访活动，打牢机关青年思想政治基础。组织团员青年到敬老院开展“青春伴夕阳 温情暖东城”主题慰问，指导机关基层团支部组织团员青年下社区到孤寡老人家开展送福字慰问，动员机关团员青年到王府井大街等重点地区参与志愿巡逻，下沉社区参与桶前值守和垃圾分类。做好青少年贫困家庭精准帮扶，春节和“六一”期间，走访慰问贫困儿童家庭，送去文具和生活用品。开展庆祝“三八”党史知识答题活动，做好“最美家庭”申报推选。开展巾帼建功创建工作，挖掘在机关岗位上尤其是重大政治任务中表现突出、贡献卓越的女干部个人典型和集体典型，利用区直机关妇委会微信群、机关党务干部群、机关党建信息等方式和渠道进行宣传报道。

（孙慕星）

【扶贫济困】2021年，持续健全关心关爱机关党员干部机制，开展“党心连民心 亲情进万家”活动。做好元旦、春节和“七一”前夕困难党员走访帮扶慰问，帮扶慰问困难党员510人次、发放帮扶金142万元。以“传承百年红色基因 助力慈善为民办实事”为主题，开展共产党员献爱心捐献活动。各机关党员干部8322人共捐款83.9万元。

（孙慕星）

【党建引领】2021年，完成建党100周年天安门广场庆祝大会人员组织和外围服务保障工作。组织党员干部322人参与庆祝大会，经过5次现场踩点踏勘，4次现场部署会，做好人员政审、核酸检测、证件办理、远端集结、有序疏散工作。组织全区15个相关部门，做好警戒管控、疫情防控、综合治理、9个驻地服务保障工作。做好《伟大征程》大型情景史诗文艺演出、党史展览馆开幕参观等重大活动的人员抽调、政治审查、现场组织。推进疫苗接种任务，对64个区直机关党组织，以及参与机关工委疫苗接种的其他4个党工委机关干部逐一进行信息采集和登记。发出《倡议书》和“齐心做表率 携手共攀登”的号召，引领机关党员干部在新冠疫苗接种中带头接种，做好表率，并宣传动员亲友接种疫苗。经过4轮次发动、9轮次接种，机关系统做到应接尽接。结合“接诉即办”“我为群众办实事”等工作，开展“机关接地气 干部走基层”活动。推进党组织和党员“双报到”工作落实，参与周末卫生大扫除活动，机关党员干部与社区干部、居民志愿者一起参与社区治理。开展垃圾分类“桶前值守”志愿服务，在职党员干部近6000人主动回到居住地值守，做服务群众的表率。

（孙慕星）

党校教育

【概况】中共北京市东城区委党校（东城区行政学院）简称区委党校（行政学院）。区委党校（行政学院）兼办北京市东城区社会主义学院。区委党校（行政学院）是区委的重要部门，是培训全区党员领导干部的学校，是干部教育培训的主渠道，是党的思想理论建设的重要阵地，是全区哲学社会科学研究机构和重要智库；东城区社会主义学院是全区统一战线人才教育培训的主阵地。2021年，区委党校围绕全区工作大局，坚持“党校姓党”抓办学、聚焦“主业主课”抓培训、紧扣“服务大局”抓科研、深化“党建引领”抓建设。全年共完成各类培训班次70个，培训学员1.3万人次，其中党校（行政学院）主体班9个，培训学员385人次；部门、街道、党务类培训班49期，培训学员8600人次。

（徐秋一）

【处级领导干部培训班】9月6—30日，区委党校举办新任处级领导干部培训班。培训设置课程内容、教学活动2个模块，课程内容模块主要包含习近平新时代中国特色社会主义思想、理论教育、党性教育、能力培训4个单元，具体包括习近平新时代中国特色社会主义思想概论、习近平关于社会主义文化建设的重要论述、习近平总书记关于全面从严治党的重要论述、习近平总书记关于北京工作的论述、习近平新时代中国特色社会主义经济思想、中国共产党人的精神谱系、区领导讲党课、领导干部的压力管理与心理调适、提升领导力等课程；教学活动模块主要包括读书自学、影视教学、现场教学、理论测试、党史故事交流分享会、学员党支部组织生活会、决策咨询调研、决策咨询答辩交流、领导干部面对面等活动。培训班共25人参加，学制4周。

（徐秋一）

9月6日，东城区委党校（行政学院）举行2021年秋季学期开学典礼
（区委党校提供）

【副处级领导干部进修班】3月15日至4月9日、9月6—30日，区委党校举办两期副处级领导干部进修班。课程内容设置分为习近平新时代中国特色社会主义思想、理论教育、党性教育、能力培训和综合知识5个模块。习近平新时代中国特色社会主义思想部分包括习近平关于中国特色社会主义文化建设的重要论述、坚持以人民为中心的发展思想——党的十九届五中全会精神解读、习近平总书记关于北京工作的论述等课程；理论教育部分包括区领导讲党课、深入推进京津冀协同发展、“四个伟大”的历史使命、统战工作是全党的工作等课程；党性教育部分包括习近平总书记关于全面从严治党重要论述、学习和弘扬长征精神、学习中国共产党光辉历程 坚定党员干部理想信念、从东城革命精神看中国共产党人的初心和使命等课程；能力培训部分包括新时代领导能力的三边模型、当前国家安全形势介绍、心理调适与压力疏缓等；综合知识部分包括保密知识、统战知识、应急管理与安全生产、人民政协理论与研究等。坚持教师为主导、学员为主体，综合运用讲授式、研讨式、模拟式、案例式、现场式等教学方法和学员讲台、讨论、自学等教学形式，实现教学相长、学学相长。进修班共83人参加，学制4周。

（徐秋一）

【年轻干部培训班】3月15—26日，区委党校举办年轻干部培训班。课程设置分理论与党性教育、能力建设2个单元，理论与党性教育单元主要培训内容为习近平新时代中国特色社会主义思想、习近平总书记关于总体国家安全观的重要论述、十九届五中全会精神解读等；能力建设单元主要培训内容为新时代领导能力的三边模型、政府治理向前一步（情景模拟课）、新时期群众工作方法等。培训班共44人参加，学制2周。

（徐秋一）

【公务员科级任职培训班】3月15日至4月2日、5月17日至6月4日，区委党校举办两期公务员科级任职培训班。培训班以“如何当好科长”为主线，以提升科级公务员的政治素质、业务素质为重点，全面提高履行岗位职责的能力，为建设国际一流和谐宜居之都的首善之区作出应有的贡献。培训课程包括理论教育与党性锻炼、政府管理创新和行政能力3大板块，具体课程有习近平新时代中国特色社会主义思想概论、学习领会党的十九届五中全会精神、舆论生态变革与媒体沟通之道、历史文化街区保护与发展——以南锣鼓巷为例、科长的职位分析和素质要求、用人观与用人艺术、提高应急处理能力（案例课）等。培训班共82人参加，学制3周。

（徐秋一）

【公务员初任培训班】5月17日至6月4日、9月6—24日，区委党校举办两期公务员初任培训班，培训以“不忘初心，做一名人民满意的公务员”为主题，以课堂专题讲授为主，综合运用现场教学、演示课、参观座谈等教学形式，以了解区情和熟悉工作规范为主线，全面提高新任公务员适应岗位要求和本职工作的能力，为建设高素质、专业化的公务员队伍打下良好基础。主要课程包括习近平新时代中国特色社会主义思想概论、用伟大建党精神引领新时代共产党人的价值观建设、国际最新形势与中国周边安全环境分析、公务员职业道德建设、公务员行为规范与礼仪（演示课）、提高应对突发事件的能力（案例课）、东城区区情等。参训学员109人，学制3周。

（徐秋一）

【统一战线各领域代表培训班】2021年，举办统一战线各领域代表人士培训班24期，参训学员共计2000余人。包括东城区党外代表人士培训班1期、100人；东城区基层统战干部培训班1期、112人；农工党东城区委工作总结暨新一届支部班子成员培训会1期、58人；民建信息员培训1期、74人；民革、致公党东城区委党员培训班1期、130人；民盟东城区委新盟员及骨干社情民意信息培训班1期、40人；九三学社中青年骨干培训班1期、92人；农工党雍和宫现场教学1期、27人；服务保障8个民主党派及侨联换届的代表培训会和换届大会培训班16期、1426人次。

（徐秋一）

【科研工作】2021年，围绕“创新”“大局”“平台”3个关键点，统筹抓好全校科研、咨政、学术管理、基地建设等各项工作。创新模式“抓咨政”，在前期决策咨询工作基础上，创新咨政模式，探索在春季、秋季主体班启动学员参与决策咨询，2021年上、下半年分别选取春季学期副处级领导干部进修班和新任处级领导干部培训班2个主体班作为试点，引导学员深度参与决策咨询工作。2021年共完成各类决策咨询项目12项，《校院智库建议》出刊10期，获区委书记、区长等区领导9人次肯定性批示，1篇被市委党校《党校智库建议》刊用。服务大局“重科研”，通过多方申报、多渠道参与、精准对接需求等方式，共完成课题16项，其中市级课题4项、区级课题3项、校级课题9项。强化科考会作用，规范科研管理流程，组织科研考评委员会5次，在课题立项、评审、出版资助审批等涉及科研的关键环节，加强发挥科研考评委员会把关审核作用。广搭平台“强学术”，启动学术专著出版资助平台，完成两本学术专著出版资助工作。拓展学术研究平台，组织教师参加各类各级学术研讨会20余场，参会提交研究文章近30篇。

（徐秋一）

【校刊编印】2021年，编印校刊《培训主阵地》2期。校刊坚持正确舆论导向，切实发挥思想引领作用，为教学科研服务，为党的思想理论建设服务，聚焦区委区政府中心工作，开设重大政治活动专栏，提升党建文章比例，做到重大节点有声音、重大问题亮观点。校刊设有“学习进行时”“学习贯彻党的十九届六中全会精神”“奋斗百年路 启航新征程”“党史·党建”“习近平新时代中国特色社会主义思想在东城”等栏目。2021年度校刊编委会紧跟时事热点，7月，以建党100周年为契机，推出《培训主阵地》“庆祝中国共产党成立100周年专刊”；下半年聚焦党的十九届六中全会精神进行宣传。校刊面向全市党校系统、东城区各地区各部门发行。全年刊登文章47篇，共计18万余字，寄发近900册。

（徐秋一）

6月23日，《中国共产党北京市东城区历史（1921—2016）》出版发行座谈会召开（王建国摄）

党史编研

【概况】中共北京市东城区委党史工作办公室（简称区委党史办）与区地方志编纂委员会办公室合署办公，为正处级参公事业单位。2021年，收集区委主要工作和重大举措等有关资料；收集整理2020年度组织史资料；出版《中国共产党北京市东城区历史（1921—2016）》（简称《东城区党史》）；开展党史研究、学术交流、宣传教育等，在省市级及以上期刊或专题文集中公开发表论文3篇，入选全国性学术研讨会论文6篇；在区级期刊或杂志发表论文和宣传文章4篇；编辑出版《东城史志》季刊总第108—111期；编写的《东城区党史和地方志工作规划（2021—2025年）》经东城区委常委会审议通过并下发全区；按照区委统一部署，组织单位人员下社区，参加疫情防控工作；1人被人力资源和社会保障部、中央党史和文献研究院授予全国党史和文献部门先进个人称号。

（孙太红）

【开办党史专栏】1月26日至10月30日，与区融媒体中心合作，在“北京东城”官方微信公众号上开辟“东城党史百年”专栏，图文并茂展示中国共产党带领全区人民进行革命、建设和改革的光辉历程，共推送32期内容。

（孙太红）

【党史基本著作出版】1月20日，《东城区党史》编审委员会会议召开，章建伟主持。区委党史办主任对《东城区党史》编写情况进行说明，编审委员会委员发表审读意见，编审委员会主任夏林茂代表编审委员会宣布《东城区党史》通过审议。6月，由中共党史出版社正式出版。6月23日，《东城区党史》出版发行座谈会召开。章建伟主持，汤钦飞出席并讲话。该书为东城区第一部通史性党史著作，全书共分12章，约36万字，图片38张，主要记述域内党组织的建立、巩固和发展，党领导人民群众在不同时期的历程、所取得的成就及历史经验和教训，重要党史人物在东城域内的活动等情况。该书向全区各单位、部门发放近3000册，为全区广大党员、干部群众提供一部比较权威的党史学习读物。中央党史和文献研究院官网、市委党史研究室市地方志办“史志北京”官方微信公众号、《新东城报》等相关媒体均对该书出版发行进行专题报道。

（孙太红）

【史料征集】2021年，收集全区近90家单位的组织史相关资料，完成区2020年度组织史资料的归纳整理；深入挖掘北京早期党组织资料，共搜集档案报刊资料，包括报纸50件、档案15件，建党前后进步刊物与书籍81本，建党题材美术作品7幅，历史图片122张，文物复制163件，文字文献3件；搜集回忆及传记资料70万字；搜集东城区建党时期12处革命遗址遗迹资料，包括文字资料12篇6000字、图片38张；搜集影像资料，包括历史影像5段、资料片2部；收集涉及早期党组织著作6部。

（孙太红）

【参与组织推动全区党史学习教育】2021年，承担东城区党史学习教育领导小组办公室党史研究组、宣传教育组相关工作。制订《共享伟大荣光 共铸复兴伟业——庆祝中国共产党百年华诞东城史志宣传月活动方案》；征集党史故事的短视频28个，向市委党史研究室报送8个；参与组织策划区党史学习教育领导小组办公室举办的东城区“永远跟党走”党史知识竞赛，根据对党史知识要点梳理、研究，制作初赛、决赛题库，设计题目300余道，提升党史知识覆盖的广度和深度，并对初赛和决赛全程指导。

（孙太红）

【党史宣传】2021年，以“共享伟大荣光 共铸复兴伟业——庆祝中国共产党百年华诞”为主题的史志宣传月活动举办。组建党史宣讲团，为歌华传媒、东四街道总院社区、区园林绿化局、中央及市属媒体等单位宣讲10次；接受北京电视台“百年历程”“奋斗百年路，起航新征程”栏目、求是杂志社“科教”栏目及东城区《恰似百年风华》专题片采访共计11次，宣传党的光辉历程；宣传编研成果，将党史办编辑出版的《马克思主义在中国的早期传播》系列丛书120册送至北京图书大厦，参与“百部红色经典”丛书展示活动。

（孙太红）

【史志季刊】2021年，编辑《东城史志》4期（总第108—111期），刊发稿件66篇，约32万字，坚持以资料板块存史、以研究板块资政、以宣教板块育人。围绕庆祝建党100周年，强化“中共创建史研究与资料”栏目，推出“庆祝中国共产党成立100周年专刊”，梳理域内人民在党领导下的奋斗历程，挖掘中国共产党创建的相关资料和研究成果，彰显东城在党的创建中的重要历史地位和突出贡献，助力党史学习教育的开展。围绕十九届六中全会的精神宣讲，推出“党的历史决议”专栏，推动十九届六中全会精神的学习贯彻。设置“东城区党史正本出版座谈”专栏，整理领导、专家、读者意见建议，推进基本著作的宣传和学习，并为相关史志工作提供借鉴。持续加强“历史与东城”栏目，推进东城史志资源的开发利用、历史人物的挖掘研究。创新推出“大事记”栏目，总结记录上季度区内大事，为存史资政提供新平台。每期向区域内各单位发放700余册，向市委党史研究室、市地方志编纂委员会办公室、北京党史学会、各区县史志办等部门赠送200余册，向外省市地级以上史志部门或相关学术研究机构交流约30册，刊物被国家哲学社会科学学术期刊数据库全文收入，被国家图书馆、国家博物馆、首都图书馆等文博单位列为馆藏刊物。

（周宝龙）

【科研成果】2021年，深化党史研究，在《苏区研究》《北京党史》《北京地方志》等期刊发表论文3篇，在《东城史志》期刊发表文章3篇；申报参评全国党史和文献部门优秀科研成果，《是三方一致，还是美方决定？——1946年军事调处中有关“美方决定权”的争论》获2016—2020年全国党史和文献部门优秀科研成果论文类一等奖。

（周宝龙）

综合服务

【概况】中共东城区委办公室是区委工作机关（简称区委办），为正处级单位。2021年，区委办贯彻落实区十三次党代会精神，协助区委发挥统揽全局、协调各方的领导中枢作用，高水平参谋、高效率统筹、高标准保障，为全面加速“崇文争先”，做实“六字文章”，不断完善“四个服务”，全力打造“五个东城”，推动国际一流和谐宜居的新时代首都核心区建设提供服务保障。

（陈何苗）

【中央、市领导调研保障】2021年，协助中办及市委办公厅完成习近平总书记等中央领导同志到区参观“光辉伟业 红色序章——北大红楼与中国共产党早期北京革命活动主题展”的服务保障工作，得到中办和市委办公厅的肯定。全年共完成中央和北京市领导考察、调研活动的服务保障工作61次，其中市委主要领导蔡奇到东城区调研活动34次。

（陈何苗）

【重大活动服务保障】2021年，制订工作方案，召开区建党百年庆祝活动服务保障动员部署大会，领导小组会3次，编发党庆活动服务保障工作专刊8期。督促各专项指挥部、分指挥部落实宣传标语悬挂、突发事件应急处置等工作要求。对东长安街、崇雍大街、平安大街、五四大街等重要活动地区的景观布置、氛围营造实地检查和跟踪督办，确保环境秩序优良。领导班子成员和工作人员20余人连续值守，完成调度、检查、处突、现场等各项任务。

（陈何苗）

【区第十三次党代会会务保障】2021年，梳理区委换届工作流程，明确党代会筹备阶段和大会期间的各项任务，明确秘书处下设7个工作组组成人员和工作职责，统筹协调做好报告起草、会务服务、安全保障、信访维稳、疫情防控等重点环节准备工作；做好党代会会前各项前期程序的研究、决策事项服务保障；规范区党代会84种会议材料格式，确保从格式到内容无差错，完成2.44万份材料的装袋装箱；会议期间，按照工作流程每日总结，多部门联合演练，完成区第十三次党代会各项议程。

（陈何苗）

【区委党建工作】2021年，系统梳理区纪委区监委、区委组织部等25家党建工作领导小组成员单位年度工作安排，牵头制订区委党建工作领导小组工作要点，细化7大类27项具体任务，确定40个重点项目。组织召开领导小组会9次，审议议题20项。安排制订调研课题，形成7大类23项调研课题，向党报党刊推荐优秀调研报告，制作汇编加强成果交流。统筹制订区四套班子落实全面从严治党主体责任清单，推动责任清单实现全区局、处、科三级全覆盖。

（陈何苗）

【党务公开】2021年，研究制订《东城区党务公开工作实施办法（试行）》，明确区党务公开的内容、范围、方式、时限和程序等要求；编制区委党务公开目录，协调相关部门制订保密审查、信息发布、沟通联动、督查检查、风险评估、责任追究等6

个党务公开配套制度，形成区党务公开“1+1+6”工作机制。

（陈何苗）

【信息工作】2021年，做好市区领导调研、全区重要会议的信息采编发布，共编发普刊241期、专刊12期；向市委报送各类信息600余条（篇），127条（篇）信息被采用，6条（篇）信息获得市委主要领导批示；编发《东城信息》（调研与参阅）12期，为领导决策提供参考。

（陈何苗）

【会议保障】2021年，服务保障区委重要会议227次，其中党代会1次；区委全会3次；区委常委会35次，审议议题233项；组织会前学习8次；区委书记专题会19次，研究议题28项；区委常委扩大会议7次；全区领导干部大会10次；区级领导班子工作务虚会1次；月度工作点评会9次；市区疫情防控工作会130次；庆祝活动服务保障工作会4次。服务保障各类视频会议1759场次，会议总时长2356小时，保障分会场数量1.35万场次，参会人员约9.09万人次。

（陈何苗）

【督查督办】2021年，跟踪督办中央巡视反馈问题的整改落实工作，确保100%完成整改；销号验收中央环保督察事项，74件完全办结，2件阶段性办结；对市委主要领导在区委书记月度工作点评会、市委重要会议调研中提出的“接诉即办”“我为群众办实事”等72件事项督查督办、及时反馈。全年共办理市区领导批示事项306件，其中办理市领导批示164件，办理区领导批示件71件，办理区领导批示信71件。办理市委督查室督办的党庆督办件7件，冬奥督办件2件，疫情防控督办件201件。推动办理媒体反映问题、“市民热线”、网络诉求舆情的整改落实124件。办理完成委员提案7件，党代表提议7件，满意率100%；完成市、区人大代表、区政协委员议政建议20项落实事项督办工作。

（陈何苗）

【区委公文制发和流转工作】2021年，制发公文171件；接收并转办市委主要领导批示件178件，流转相关领导及部门合计830余次；办理区委各类函件835件，中央市委文件1294件，流转文件7000余次，分转区级领导批示1600余条。

（陈何苗）

【档案管理】2021年，完成东城区档案事业“十四五”规划编制。指导重大活动档案归档74次，收集新冠疫情防控档案2821件，收集庆祝党庆活动档案343件。起草《“两馆建设”推进工作方案》。开展实地指导110次，完成政务服务事项动态审核514项。先后对区法院、区财政局等15家单位开展档案行政执法检查。开展东城区第十二届档案法宣传月活动。组织区属单位专职档案员58人参加为期10天的初任培训。

（陈何苗）

【落实全面从严治党主体责任】研究制订区2021年落实主体责任重点任务分工，由区领导16人、牵头单位35家推进73项具体工作。对照市领导参加全面从严治党（党建）工作考核现场会上的讲话要求和指出的问题，研究制订贯彻落实会议精神情况报告和整改方案，并向市委报告；对照全面从严治党（党建）工作考核结果暨政治生态分析研判问题清单反馈意见，制订全区整改落实方案，拟定整改措施50项，向全区各部门、各单位印发，强化问题整改。区委常委和区政府党员副区长调研指导党建工作700余次，协调解决党建工作中的突出问题。

（陈何苗）

【区委保密委员会全体会议】4月16日召开，陈本宇出席。会议传达中央和北京市保密工作有关会议精神，总结2020年全区保密工作，审议通过区“十四五”时期保密事业发展规划和2021年工作要点。同日，全区保密工作加密视频会议召开，传达学习市委保密委有关案例通报，部署2021年度全区保密工作。全区1484人参会。

（王　楠）

【建党百年保密宣传教育活动】2月下旬，以“党旗飘扬，保密护航”为主题开展保密宣教作品征集评选活动，深入发掘保密传统基因，讲好党的保密故事。全区共征集作品37件。4月中旬，以“光辉历程，保密有我”为主题，举办保密知识竞赛，依托“保密观”微信公众号和“保密观”APP面向全区各企业、学校、医院、社区等基层社会组织开展保密红色传统教育和保密知识教育，提升保密“两识”（保密知识、保密意识）教育宣传效果。全区累计2.5万余人参加。5月26日，举办保密专题培训，解读定密管理工作、涉密政府采购保密管理要求以及庆祝活动保密管理要求。6月3日，工作调度会召开，传达学习市委保密委通报精神，要求严格落实保密要求，严肃建党100周年庆祝活动保密纪律。王清旺出席并讲话。区有关工作领导小组、指挥机构成员单位主要负责人40余人参会。

（王　楠）

【保密业务宣传培训】4月14日，开展全民国家安全教育日宣传活动，在王府井步行街摆摊设点，讲解保密法律法规，发放宣传资料600余份。4月21日，举办“保密大讲堂”专题培训。观看窃密泄密案例警示教育片，听取“保密风险与防范”辅导讲座。全区60余家单位的保密工作主管领导、科室负责人、保密干部参加培训。6月11日，全区保密干部业务培训会举办。传达上级相关文件及通报精神，对定密规范管理和解密审核、涉密人员脱密管理、保密自查自评等工作进行培训和部署。6月17日，开展“学保密、忆保密，争做新时代优秀保密工作者”主题党日活动，参观国家安全教育基地——平西情报交通联络站纪念馆，学习了解党隐蔽战线情报工作历史，接受党史教育和保密工作传统教育。

（王　楠）

【保密管理】2021年，加强服务保障，完成中国共产党成立100周年庆祝活动、区党代会等重大会议活动的监督指导和服务保障6次，组织开展文件销毁4次，涉及单位691家次，销毁文件6447袋。规范日常工作，修订保密工作制度，制发工作手册，明确年度保密工作内容。严格保密管理，组织各单位进行手机、微信等保密自查。强化保密检查，开展专项保密检查6次，发放整改通知书3份，累计现场检查单位103家，计算机850余台。

（王　楠）

4月14日，区委保密办在王府井步行街开展全民国家安全教育日宣传活动
（区委保密办提供）

中国共产党北京市东城区委员会领导人员

书　记	夏林茂（7月免）	孙新军（7月任）		
副书记	金　晖（女，9月免）	周金星（9月任）	汤钦飞（12月免）	王清旺（12月任）
常务委员	夏林茂（7月免）	孙新军（7月任）	金　晖（女，9月免）	周金星（9月任）
	汤钦飞（12月免）	王清旺	李　妍（女，9月任）	章建伟
	金秀斌（10月任）	郑晓博（4月任）	赵海英（女）	陈献森
	于洪源（6月任）	薛国强（12月任）	徐文熬（6月免）	种　磊（10月免）
	陈本宇（8月免）			

东城区委系统工作机构负责人

办公室主任	陈本宇（9月免）
	王佑明（10月任）
组织部部长	章建伟
宣传部部长	赵海英（女）
新闻出版局局长、区政府新闻办公室主任	王铁峰（兼）
统一战线工作部部长	汤钦飞（6月免）
	郑晓博（6月任，12月免）
	薛国强（12月任）
台湾工作办公室主任	王宝祥
研究室主任	于锋池（6月免）
	董凌霄（9月任）
网络安全和信息化委员会办公室（互联网信息办公室）主任	饶景东（4月免）
	王　雪（女，9月任）
区委机构编制委员会办公室主任	邵惠安
直属机关工作委员会书记	章建伟（兼）
区委巡察工作领导小组办公室主任	李　薇（女，10月免）
	李　婧（兼，女，10月任）
老干部局局长	刘贤才
社会工作委员会书记	姬　峰
教育工作委员会书记	刘　藻（女）
卫生健康工作委员会书记	王建辉（9月免）
	曾文军（9月任）
党校校长	汤钦飞（兼，12月免）
	王清旺（兼，12月任）
社会主义学院院长	汤钦飞（兼，6月免）
	郑晓博（兼，6月任，12月免）
	薛国强（兼，12月任）
党史工作办公室主任	丁选云
档案馆馆长	李利平（女，9月免）
	李　薇（女，10月任）

东城区政府工作机构、群团组织党委（组）书记

政府办公室党组书记	王　森（12月免）
	石崇远（12月任）
发展和改革委员会党组书记	李卫华（12月免）
	杨　峰（12月任）
科技和信息化局党组书记	谢霄鹏（1月任，5月免）
	魏　搏（10月任）
民族宗教事务办公室党组书记	雷新隆（畲族，11月免）
	商文茹（女，12月任）
司法局党组书记	贾红梅（女）
财政局党组书记	崔燕生（6月免）
	贾　邦（6月任）
人力资源和社会保障局党组书记	王佑明（10月免）
	王万青（10月任）
市规划和自然资源委员会东城分局党组书记	白劲宇（1月任）
生态环境局党组书记	董险峰
住房和城市建设委员会党组书记	张晓峰
城市管理委员会党组书记	陈大鹏（10月免）
	王品军（10月任）
商务局党组书记	周　刚
文化和旅游局党组书记	胡国伟
退役军人事务局党组书记	邢　磊（12月免）
	王智博（12月任）
应急管理局党组书记	陈　君（1月免）
	阮　君（1月任）
市场监督管理局党组书记	韩　非
审计局党组书记	侯立华（女）
外事办公室党组书记	周桂芳（女）
国有资产监督管理委员会党委书记	白京涛（12月免）
	郭威元（女，12月任）
体育局党组书记	耿学森（12月免）
	段　勇（12月任）
统计局（经济社会调查队）党组书记	杨　峰（12月免）
	李　岚（12月任）
国家统计局东城调查队党组书记	杨冬林（女）
园林绿化局党组书记	苏振芳（女）
金融服务办公室党组书记	贾　邦（6月免）
	李　锋（7月任）
政务服务管理局党组书记	关　波（满族，9月免）
	程　利（9月任）
人民防空办公室党组书记	王迪生
信访办公室党组书记	刘耕福（2月任）
对外联络服务办公室党组书记	武　鸿
区政府研究室党组书记	吴　笛（满族，12月免）
医疗保障局党组书记	林　杉
中关村科技园区东城园工作委员会书记	李照宏（6月免）
	陈　岗（12月任）
区王府井地区管理委员会党组书记	吕　绘（女，1月免）
	石崇远（1月任）
城市管理指挥中心党组书记	张　伟（12月免）
	李　焱（12月任）
机关事务管理服务中心党组书记	杨海明
房屋征收事务中心党组书记	韩云升（9月免）
	冯　博（10月任）
环境卫生服务中心党委书记	高建中
投资促进服务中心党组书记	胡异峰（11月免）
	胡嘉嘉（12月任）
国家税务总局东城区税务局党组书记	赵增科（1月免）
	杨玉杰（1月任）
烟草专卖局党组书记	王献军
总工会党组书记	赵茂杰
妇女联合会党组书记	吕　绘（女，1月任）
科学技术协会党组书记	李　军
文学艺术界联合会党组书记	张志勇
归国华侨联合会党组书记	谭　菲（女）
残疾人联合会党组书记	从艳梅（女，6月免）
	刘智辉（7月任）
红十字会党组书记	肖　俊
工商业联合会党组书记	董凌霄（9月免）
	易月明（9月任）

北京市东城区人民代表大会

1月10—12日，北京市东城区第十六届人民代表大会第七次会议召开（王峥摄）

综　述

2021年，区人大常委会在区委领导下，以习近平新时代中国特色社会主义思想为指导，深入学习贯彻党的十九大、十九届历次全会和中央人大工作会议精神，深入学习贯彻习近平法治思想、习近平总书记关于坚持和完善人民代表大会制度的重要思想，坚持党的领导、人民当家作主、依法治国有机统一，坚持“崇文争先”理念，深入贯彻落实市委、区委决策部署，认真执行区十六届人大七次会议决议，发挥把方向、管大局、保落实的领导作用，完成区人大及其常委会各项工作。全年召开常委会会议8次、主任会议15次；听取、审议“一府一委两院”专项工作报告13项，计划、预算、决算和审计报告6项，依法作出决议决定17项；开展法律法规实施情况检查1项；备案审查行政规范性文件17件；任免国家机关工作人员132人次；组织宪法宣誓44人次；各项工作取得成绩。

在疫情防控中筑牢安全屏障。贯彻落实区委疫情防控部署，落实依法防控有关要求，对《北京市突发公共卫生事件应急条例》等开展执法检查，强化公共卫生法治保障。动员人大代表在疫情防控中发挥作用，代表7人获全国、北京市抗击新冠肺炎疫情先进个人称号。严格落实“四方责任”，常委会组成人员深入街道、社区、学校、企业检查督导疫情防控工作，机关干部9人下沉社区助推疫苗接种，动员老干部、机关干部家属接种疫苗。

在“五个东城”建设中发挥人大作用。贯彻落实《关于充分发挥人大职能作用助力“五个东城”建设的意见》。寓支持于监督之中，围绕“五个东城”建设专题听取专项工作报告，组织代表调研、视察，推动工作落实。开展主任会议成员接待人大代表活动，创办《代表建言专报》，鼓励代表建言献策，将市区两级人大代表的重要意见建议直送区委区政府并得到采纳。动员人大代表发挥专业优势，参与“五个东城”建设，作出积极贡献。

在全区中心任务中展现人大作为。把区“十四五”规划和二〇三五年远景目标纲要实施作为监督重点，定期听取实施情况报告。围绕核心区控规实施、两个“关键小事”和重要民生实事等重要事项开展调研视察，促进群众“急难愁盼”问题解决。聚焦经济高质量发展，开展优化营商环境、楼宇经济等专题调研，全力推进财源建设工作，超额完成既定目标任务，完成进度位居全区前列。

完成人大代表换届选举任务。全面贯彻落实中央和市委决策部署，按照区委工作要求，完成选区划分、选民登记、选民资格审查、提名和确定正式代表候选人、投票选举等各项工作。立足区情实际提出的增加代表名额的建议得到全国人大和市人大支持，最终为东城区增加代表名额20人；在常住人口减少和疫情形势严峻情况下，取得登记率和参选率的双提升；依法选举产生东城区第十七届人民代表大会代表359人，确认358人代表资格有效。

组织召开区十七届人民代表大会一次会议。举办新一届人大代表任前培训，普及基本知识，统一思想行动。组织代表开展会前集中视察，帮助代表全面了解区情。组织代表深入选区，接待选民，征求意见。组织召开代表联组活动，充分发扬民主，真实反映民意，广泛集中民智。严谨细致做好大会组织协调和服务保障，从严从紧落实防控措施，严格遵守“十严禁”“四个不准”等纪律规矩。大会风清气正，达到预期目的，取得圆满成功。

健全履职管理制度。为适应新时代加强和改进人大工作的要求，完善人大常委会组成人员履职管理制度，强化新一届人大常委会组成人员履职管理，在对区十六届人大常委会组成人员履职情况进行充分调研基础上，有针对性地制订《北京市东城区人民代表大会常务委员会组成人员履职管理办法（试行）》，对常委会组成人员出席会议、审议发言、作风纪律等作出明确规定，并在区十七届人大一次会议闭幕当天进行培训，为新一届人大常委会工作开好局、起好步奠定制度基础。

（裴成刚）

重要会议和活动

【十六届人大七次会议】1月10—12日，北京市东城区第十六届人民代表大会第七次会议召开。区人大常委会主任吴松元主持大会开幕式，区领导夏林茂、金晖、宋铁健等区四套班子成员出席开幕式。会议听取和审议《东城区人民政府工作报告》《东城区人大常委会工作报告》《东城区人民法院工作报告》及《东城区人民检察院工作报告》，审查批准《东城区国民经济和社会发展第十四个五年规划和二〇三五年远景目标纲要》《东城区2020年国民经济和社会发展计划执行情况与2021年国民经济和社会发展计划草案的报告》《东城区2020年预算执行情况和2021年预算草案的报告》，审议并通过关于各项报告的决议。会议选举吕德成为北京市东城区第十六届人民代表大会常务委员会副主任，吕德成进行宪法宣誓。

（丁　琳）

【十七届人大一次会议】12月9—13日，北京市东城区第十七届人民代表大会第一次会议召开。区领导孙新军、周金星、吴松元、汤钦飞、王清旺等参加会议。区人大代表350人出席会议。会议听取和审议《东城区人

12月9—13日，北京市东城区第十七届人民代表大会第一次会议召开（王峥摄）

民政府工作报告》《东城区人民代表大会常务委员会工作报告》《东城区人民法院工作报告》《东城区人民检察院工作报告》；审查和批准《东城区2021年国民经济和社会发展计划执行情况与2022年国民经济和社会发展计划》《东城区2021年预算执行情况和2022年预算》。会议选举产生东城区第十七届人民代表大会常务委员会主任、副主任、委员，东城区人民政府区长、副区长，东城区监察委员会主任、东城区人民法院院长、东城区人民检察院检察长。

（丁　琳）

【协同能力建设活动】3月，区人大常委会坚持立足长远、固本强基，利用2个月的时间集中开展机关协同能力建设，系统梳理人大机关各部门职责179项，建立部门协同职责事项清单，明确36项部门协同职责，推动建立起协同高效的工作机制。

（麻晓星）

【人大换届选举】2021年，区人大常委会和区选举委员会全面贯彻落实中央和市委部署要求，完成动员部署、宣传发动、选民登记、提名和确定正式代表候选人、投票选举等各项工作，依法选举产生东城区第十七届人民代表大会代表359人，确认358人代表资格有效。此次换届选举，全区登记选民51.83万人，其中51.03万人参加投票，参选率98.46%，比上一届提高0.72%，高于全市96.4%的平均水平，实现选民登记率和参选率双提升。

（孙　晶）

【会前代表集中视察】12月1—2日，区人大常委会组织新一届区人大代表围绕优化营商环境、“和立方”诉源治理工作机制落实、义务教育优质均衡发展、文物保护与活化利用、城市更新改造、静态停车管理、体育事业发展、人防工程便民利用等8个专题对区经济社会全面发展情况进行集中视察。区人大常委会主任吴松元、副主任高丽萍，区政府副区长刘俊彩及区人大代表237人参加视察活动。市十五届人大东城团代表64人采用参阅材料、提交书面意见等线上方式进行视察。

（丁　琳）

表4　**2021年东城区人大常委会会议一览表**

时间	会次	议题
2月25日	第34次	传达贯彻市十五届人大四次会议精神；审议通过东城区人大常委会2021年工作要点（草案）；听取和审议区政府关于东城区2020年重要民生实事完成情况及东城区2021年重要民生实事编制情况的报告；审议通过东城区第十六届人民代表大会第七次会议代表建议办理工作意见（草案）；听取东城区人大常委会各街道工作委员会2020年工作报告；听取区政府关于东城区2020年法治政府建设年度情况报告；听取和审议东城区第十六届人民代表大会常务委员会代表资格审查委员会关于个别代表的代表资格的报告（草案）；审议通过有关人事任免事项；被任命人员进行宪法宣誓
4月29日	第35次	听取和审议区政府关于东城区2020年就业保障工作情况的报告；听取和审议东城区2020年环境状况和环境保护目标完成情况的报告；审议通过《北京市东城区人大常委会街道工作委员会通则（修订草案）》；审议通过《人大代表列席东城区人大常委会会议办法（修订草案）》；市人大（东城团）代表述职评议；听取和审议东城区第十六届人民代表大会常务委员会代表资格审查委员会关于个别代表的代表资格的报告（草案）；审议通过《北京市东城区人民代表大会常务委员会关于接受高振坤辞去北京市第十五届人民代表大会代表职务请求的决定（草案）》；区人大常委会任命人员向区人大常委会报告履职情况；审议通过有关人事任免事项；被任命人员进行宪法宣誓

续表4

时间	会次	议题
6月24日	第36次	听取和审议区政府关于东城区2020年决算草案的报告，审查和批准2020年决算；听取和审议区政府关于东城区2020年度预算执行和其他财政收支的审计工作报告；听取和审议区政府关于提请审议批准东城区2021年预算调整方案的议案；听取和审议东城区监察委员会关于开展反腐败国际追逃追赃工作情况的报告；听取和审议区检察院关于加强和深化行刑衔接机制，进一步推进依法治区建设情况的报告；听取和审议区政府关于东城区养老服务保障工作情况的报告；听取和审议东城区社区卫生服务医防融合能力建设工作情况的报告；审议通过有关人事任免事项；被任命人员进行宪法宣誓
8月6日	第37次	听取和审议东城区人大常委会执法检查组关于检查《北京历史文化名城保护条例》实施情况的报告；听取和审议区政府关于东城区2021年国民经济和社会发展计划上半年执行情况的报告；听取和审议区政府关于东城区2021年上半年预算执行情况的报告；听取和审议区人大常委会法制办公室关于备案审查工作情况的报告；讨论换届选举有关事宜，作出东城区人民代表大会换届选举工作的决定；审议通过有关人事任免事项；被任命人员进行宪法宣誓
9月29日	第38次	审议通过有关人事任免事项；被任命人员进行宪法宣誓
10月28日	第39次	听取和审议区政府关于持续优化营商环境，加快产业融合创新，推动经济高质量发展议案办理情况的报告；听取和审议区政府关于东城区2020年度预算执行和其他财政收支审计查出问题整改情况的报告；听取和审议区政府关于东城区2020年度国有资产管理情况的综合报告；听取和审议区政府关于《东城区落实首都功能核心区控制性详细规划三年行动计划（2020年—2022年）》工作推进情况的报告；听取和审议关于东城区实施“七五”普法规划和制订“八五”普法规划情况的报告，并作出决议；审议通过有关人事任免事项；被任命人员进行宪法宣誓
11月25日	第40次	听取和审议区政府关于东城区第十六届人民代表大会第七次会议代表建议、批评和意见办理情况的报告；听取和审议区人大常委会关于东城区第十六届人民代表大会第七次会议代表建议、批评和意见督办工作的报告；听取和审议东城区第十六届人民代表大会常务委员会代表资格审查委员会关于东城区第十七届人民代表大会代表的代表资格的审查报告（草案）；讨论北京市东城区人民代表大会常务委员会工作报告（草案）；听取关于东城区人民代表大会代表换届选举工作的总结报告；审议通过有关人事任免事项；被任命人员进行宪法宣誓；审议通过区人大常委会关于东城区第十七届人民代表大会第一次会议召开时间的决定（草案）；讨论区十七届人大一次会议有关事宜，并通过预备会议议程和列席人员名单
12月20日	新一届第1次	审议通过《北京市东城区人民代表大会常务委员会组成人员履职管理办法（试行草案）》；讨论选举事项

（王志丹）

表5

2021年东城区人大常委会主任会议一览表

时间	会次	议题
1月7日	第67次	研究调整区十六届人大七次会议议程草案和日程草案的有关事宜
2月9日	第68次	讨论有关人事任免事项；研究东城区人大常委会2021年工作要点（草案）；研究东城区第十六届人民代表大会常务委员会关于东城区2021年重要民生实事的决议（草案）；研究并通过北京市东城区人大常委会2021年代表工作计划（草案）；研究东城区第十六届人民代表大会第七次会议代表建议办理工作意见（草案）；听取东城区第十六届人民代表大会常务委员会代表资格审查委员会关于个别代表的代表资格的报告（草案）；研究区十六届人大常委会第三十四次会议有关事宜

续表5

时间	会次	议题
3月23日	第69次	研究并通过东城区人大常委会2021年监督工作计划（草案）；研究并通过2021年东城区人大常委会主任会议成员接待人大代表工作方案（草案）；研究并通过2021年东城区人大常委会关于组织开展“助力东城区经济高质量发展，人大代表在行动”代表主题活动方案（草案）；研究并通过东城区人大常委会听取和审议区政府关于持续优化营商环境，加快产业融合创新，推动经济高质量发展议案办理情况报告的工作方案（草案）；研究并通过北京市东城区人大常委会2021年开展任命人员报告履职情况工作实施方案（草案）；研究并通过东城区人大常委会关于配合北京市人大常委会检查《北京市突发公共卫生事件应急条例》贯彻实施情况的工作方案（草案）；听取区人大各专门委员会2021年工作要点的汇报
4月20日	第70次	讨论有关人事任免事项；听取区政府关于社会救助工作情况的报告；研究并通过东城区人大常委会关于检查东城区贯彻实施《北京历史文化名城保护条例》情况的工作方案（草案）；研究并通过《北京市东城区人大代表联系和接待选民群众办法（修订草案）》；研究《关于人大代表列席东城区人大常委会会议办法（修订草案）》；研究《北京市东城区人大常委会街道工作委员会通则（修订草案）》；听取东城区第十六届人民代表大会常务委员会代表资格审查委员会关于个别代表的代表资格的报告（草案）；研究《北京市东城区人民代表大会常务委员会关于接受高振坤辞去北京市第十五届人民代表大会代表职务请求的决定（草案）》；研究区十六届人大常委会第三十五次会议有关事宜
5月18日	第71次	听取区政府关于国家文化与金融合作示范区有关情况的报告；听取区政府关于东城区中小学生体质健康工作情况的报告；听取并通过东城区人大常委会对区政府关于东城区2020年就业保障工作情况报告的审议意见（草案）；听取并通过东城区人大常委会对区政府关于东城区2020年环境状况和环境保护目标完成情况报告的审议意见（草案）；研究并通过东城区人大常委会关于听取和审议东城区监察委员会2021年专项工作报告的工作方案（草案）；研究并通过东城区人大常委会关于检查《北京市医院安全秩序管理规定》实施情况的工作方案（草案）；研究关于许可审查的有关事项
6月15日	第72次	讨论有关人事任免事项；听取区政府关于创建国家全民运动健身模范区工作情况的报告；听取区政府关于东城区第十六届人大常委会第三十二次会议对关于东城区2019年度预算执行和其他财政收支审计查出问题整改情况报告审议意见的研究处理情况报告；听取区政府关于东城区第十六届人大常委会第三十二次会议对关于东城区2019年度国有资产管理情况的综合报告和企业国有资产管理情况专项报告审议意见的研究处理情况报告；研究并通过《东城区人大常委会规范性文件备案审查工作规程（修订草案）》；研究关于批准东城区2020年决算的决议（草案）；研究关于批准东城区2021年预算调整方案的决议（草案）；讨论东城区人大常委会执法检查组关于东城区贯彻执行《北京市医院安全秩序管理规定》执法检查情况的报告；研究区十六届人大常委会第三十六次会议有关事宜
6月23日	第73次	讨论有关人事任免事项
7月20日	第74次	研究并通过东城区人大常委会对区监察委员会关于开展反腐败国际追逃追赃工作情况报告的审议意见；研究并通过东城区人大常委会对区检察院关于加强和深化行刑衔接机制，进一步推进依法治区建设情况报告的审议意见；研究并通过东城区人大常委会对区政府关于东城区养老服务保障工作情况报告的审议意见；研究并通过东城区人大常委会对区政府关于东城区社区卫生服务医防融合能力建设工作情况报告的审议意见；研究并通过东城区人大常委会关于2020年度审计查出突出问题整改情况跟踪监督的工作方案（草案）；研究东城区人大常委会关于配合北京市人大常委会检查《北京市突发公共卫生事件应急条例》贯彻实施情况的报告；研究东城区人大常委会检查城市总体规划实施情况的报告
8月3日	第75次	听取区政府关于东城区第十六届人大常委会第二十九次会议对东城区贯彻实施《北京市生活垃圾管理条例》执法检查情况报告审议意见的研究处理情况报告；研究东城区人大常委会执法检查组关于检查《北京历史文化名城保护条例》实施情况的报告；研究区人大常委会法制办公室关于备案审查工作情况的报告；研究换届选举有关事宜；研究区十六届人大常委会第三十七次会议有关事宜
8月5日	第76次	讨论有关人事任免事项

续表5

时间	会次	议题
9月28日	第77次	讨论有关人事任免事项；听取区检察院关于东城区第十六届人大常委会第三十次会议对东城区人民检察院关于进一步加强和改进公益诉讼检察工作报告审议意见的研究处理情况报告；听取区政府关于东城区第十六届人大常委会第三十次会议对东城区推动文化和旅游融合工作情况报告审议意见的研究处理情况报告；听取区政府关于东城区第七次全国人口普查主要数据有关情况的报告；研究并通过东城区人大常委会对东城区贯彻实施《北京历史文化名城保护条例》情况执法检查报告的审议意见（草案）；研究并通过东城区人大常委会对东城区2021年国民经济和社会发展计划上半年执行情况报告的审议意见（草案）；研究并通过东城区人大常委会对东城区2021年上半年预算执行情况报告的审议意见（草案）；研究区十六届人大常委会第三十八次会议有关事宜
10月19日	第78次	学习习近平在中央人大工作会议上的重要讲话精神；讨论有关人事任免事项；听取区法院关于东城区第十六届人大常委会第三十一次会议对东城区人民法院关于开展扫黑除恶专项斗争情况报告审议意见的研究处理情况报告；听取区政府关于东城区第十六届人大常委会第三十一次会议对东城区人民政府关于创新物业管理体制机制，着力打造“精致东城”议案办理情况报告审议意见的研究处理情况报告；听取区政府关于东城区第十六届人大常委会第三十一次会议对区政府关于实施《东城区第三期学前教育行动计划（2018年—2020年）》情况报告审议意见的研究处理情况报告；听取区政府关于东城区节能工作情况的报告；听取区政府关于东城区中小企业发展情况的报告（书面）；研究北京市东城区人民代表大会常务委员会关于开展第八个五年法治宣传教育的决议（草案）；听取区十六届人大七次会议建议督办情况的汇报；听取区人大各专门委员会关于2022年部门预算初审情况的汇报；研究区十六届人大常委会第三十九次会议有关事宜
11月2日	第79次	讨论北京市东城区人民代表大会常务委员会工作报告（草案）；研究关于部分选举委员会成员辞去东城区选举委员会职务的有关事宜
11月19日	第80次	讨论有关人事任免事项；听取并通过东城区人大常委会对东城区人民政府关于持续优化营商环境，加快产业融合创新，推动经济高质量发展议案办理情况报告的审议意见（草案）；听取并通过东城区人大常委会对关于东城区2020年度预算执行和其他财政收支审计查出问题整改情况报告的审议意见（草案）；听取并通过东城区人大常委会对关于东城区2020年度国有资产管理情况综合报告的审议意见（草案）；听取并通过东城区人大常委会对关于《东城区落实首都功能核心区控制性详细规划三年行动计划（2020年—2022年）》工作推进情况报告的审议意见（草案）；讨论区人大各专门委员会工作报告；讨论关于东城区人民代表大会代表换届选举工作的总结报告；研究东城区第十六届人民代表大会常务委员会代表资格审查委员会关于东城区第十七届人民代表大会代表的代表资格的审查报告（草案）；研究东城区人大常委会关于东城区第十七届人民代表大会第一次会议召开时间的决定（草案）；研究区十七届人大一次会议有关事宜；研究《北京市东城区第十七届人民代表大会第一次会议宪法宣誓组织方案（草案）》；研究区十六届人大常委会第四十次会议有关事宜
12月17日	新一届第1次	研究《北京市东城区人民代表大会常务委员会组成人员履职管理办法（试行草案）》；讨论选举事项；研究区十七届人大常委会第一次会议有关事宜

（王志丹）

人事任免

【任命人员】2021年，区人大常委会依法任命区国家机关工作人员51人。其中2月25日第三十四次常委会会议决定：任命白劲宇为北京市规划和自然资源委员会东城分局局长；任命阮君为北京市东城区应急管理局局长。4月29日第三十五次常委会会议决定：任命刘耕福为北京市东城区信访办公室主任。6月24日第三十六次常委会会议决定：任命贾邦为北京市东城区财政局局长。8月6日第三十七次常委会会议决定：任命高伟为北京市东城区教育委员会主任；任命李锋为北京市东城区金融服务办公室主任。9月29日第三十八次常委会会议决定：任命周金星为北京市东城区人民政府副区长，代理北京市东城区人民政府区长职务；任命李妍为北京市东城区人民政府副区长；任命孙扬为北京市东城区人民政府副区长；任命苏昊为北京市东城区人民政府副区长；任命张松青为北京市东城区民政局局长；任命程利为北京市东城区政务服务管理局局长；任命何马根为北京市东城区人民法院副院长，代理北京市东城区人民法院院长职务。10月28日第三十九次常委会会议决定：任命魏搏为北京市东城区科学技术和信息化局局长；任命王品军为北京市东城区城市管理委员会主任；任命曾文军为北京市东城区卫生健康委员会主任；任命金秀斌为北京市东城区监察委员会副主任，代理北京市东城区监察委员会主任职务。11月25日第四十次常委会会议决定：任命王万青为北京市东城区人力资源和社会保障局局长。任命其他区国家机关工作人员33人。

（王　梅）

【接受辞职人员】2021年，区人大常委会接受辞职人员8人。其中6月24日第三十六次常委会会议决定：接受胡雁辞去北京市东城区人民政府副区长职务的请求，并报北京市东城区人民代表大会备案。9月29日第三十八次常委会会议决定：接受金晖辞去北京市东城区人民政府区长职务的请求，并报北京市东城区人民代表大会备案；接受杨锟辞去北京市东城区人民政府副区长职务的请求，并报北京市东城区人民代表大会备案；接受赵军辞去北京市东城区人民法院院长职务的请求，并报东城区人民代表大会备案。10月28日第三十九次常委会会议决定：接受种磊辞去北京市东城区监察委员会主任职务的请求，并报北京市东城区人民代表大会备案。接受辞职其他人员3人。

（王　梅）

【免职人员】2021年，区人大常委会依法免去区国家机关工作人员54人，免去人民陪审员7人。其中2月25日第三十四次常委会会议决定：免去邵培的北京市规划和自然资源委员会东城分局局长职务；免去陈君的北京市东城区应急管理局局长职务。4月29日第三十五次常委会会议决定：免去周玉玲的北京市东城区教育委员会主任职务。6月24日第三十六次常委会会议决定：免去贾邦的北京市东城区金融服务办公室主任职务；免去崔燕生的北京市东城区财政局局长职务；免去谢霄鹏的北京市东城区科学技术和信息化局局长职务。9月29日第三十八次常委会会议决定：免去李小洁的北京市东城区民政局局长职务；免去王建辉的北京市东城区卫生健康委员会主任职务；免去关波的北京市东城区政务服务管理局局长职务。10月28日第三十九次常委会会议决定：免去陈大鹏的北京市东城区城市管理委员会主任职务。11月25日第四十次常委会会议决定：免去王万青的北京市东城区商务局局长职务；免去雷新隆的北京市东城区民族宗教事务办公室主任职务；免去王佑明的北京市东城区人力资源和社会保障局局长职务。免去其他区国家机关工作人员41人。

（王　梅）

监督工作

【民生实事项目监督】2021年，区人大常委会做好听取和审议区政府关于2020年重要实事完成情况及2021年重要实事编制情况的报告并作出决议议题的相关工作。以“我为群众办实事”实践活动为契机，统筹12件由东城区办理的市级民生实事项目和24件区级民生实事项目，制订任务清单，分解到专门委员会跟踪监督，促进实事工作落到实处，切实解决人民群众关心的问题。

（孙　晶）

【法治监督】2021年，区人大法制委员会全年召开4次会议，讨论通过区人大法制委员会2021年工作要点、区十六届人大法制委员会工作报告，讨论《东城区人大常委会规范性文件备案审查工作规程（修订草案）》；听取区政府关于2020年法治政府建设工作情况的报告，听取区政府关于东城区实施“七五”普法规划和制订“八五”普法规划情况的报告，协助常委会依法作出关于开展第八个五年法治宣传教育的决议；听取区监委关于反腐败国际追逃追赃工作情况的报告；听取区检察院关于加强和深化行刑衔接机制，进一步推进依法治区建设情况的报告；听取区法院、区检察院半年工作报告和五年工作报告；听取区人大常委会法制办公室关于规范性文件备案审查工作情况的报告，就强化法治意识、接受人大监督，依法有效履行监察职责、持续提升监察工作法治化规范化水平，加强完善工作机制、加强队伍建设、促进依法行政和公正司法，推进法治东城建设，全面提升全区法治化建设水平等方面提出意见建议。对常委会2020年做出的关于区法院扫黑除恶专项斗争、区检察院加强和改进公益诉讼检察工作审议意见的落实情况进行跟踪监督，提出进一步推进工作的意见建议。组织代表旁听区法院公开审理案件、围绕“和立方”诉源治理工作机制落实情况开展人代会前集中视察，对关于加大对美术馆后街路面机动车停车管理等3件代表建议进行重点督办，对东城公安分局审计查出突出问题整改情况进行跟踪监督。全年接收政府报送规范性文件14件。征集北京市人大常委会2022年立法建议。协助市人大常委会开展《北京市医院安全秩序管理规定》执法检查调研。

（于丹丹）

【财政经济监督】2021年，区人大财政经济委员会全年召开5次会议，审

5月19日，区人大常委会预算工作室组织开展区国有资产管理情况专题调研（王超摄）

议通过财政经济委员会2021年工作要点，研究通过《东城区人大常委会听取和审议区政府“关于持续优化营商环境，加快产业融合创新，推动经济高质量发展”议案办理情况报告的工作方案》《北京市东城区第十六届人民代表大会财政经济委员会工作报告》；听取和审议《关于东城区2021年国民经济和社会发展计划上半年执行情况的报告》《关于东城区2020年度预算执行和其他财政收支的审计工作报告》《关于东城区2021年上半年预算执行情况的报告》《关于“持续优化营商环境，加快产业融合创新，推动经济高质量发展”议案办理情况的报告》《关于东城区2020年度国有资产管理情况的综合报告》《关于东城区2020年度国有自然资源资产管理情况的专项报告》《关于东城区2020年度国有资产的审计工作报告》《关于东城区2020年度预算执行和其他财政收支审计查出问题整改情况的报告》《关于东城区2021年重点支出预算执行和2022年重点支出预算安排情况的报告》《关于东城区2021年重大投资项目实施及2022年重大投资项目安排情况的报告》等10个报告；听取和初审《关于东城区2020年决算草案的报告》《关于提请审议批准东城区2021年预算调整初步方案的议案》《关于东城区2021年国民经济和社会发展计划执行情况与2022年计划草案报告》《关于东城区2021年预算执行情况和2022年预算草案初步方案的报告》及区政务服务局、前门街道办事处2022年部门预算编制情况的汇报等6个报告；听取《关于东城区2021年上半年经济运行情况的报告》《关于东城区2021年上半年税收收入完成情况的报告》《关于东城区2021年上半年重点支出预算执行情况的报告》《关于东城区2021年上半年重大投资项目实施情况的报告》《关于东城区2021年经济运行情况报告》《关于东城区2021年税收收入情况和2022年税收形势的报告》等6个报告；听取区人大法制委员会和社会建设委员会对市公安局东城分局和区医疗保障局2020年度审计查出突出问题整改情况开展跟踪监督情况的汇报。协助区人大常委会结合听取和审议区政府关于持续优化营商环境，加快产业融合创新，推动经济高质量发展议案办理情况的报告，开展专题询问。对政府规范性文件《东城区关于鼓励企业上市挂牌融资的若干措施》进行备案审查。组织开展国有资产管理情况专题调研，研究制订调研工作方案，组织开展3次调研活动，听取区文化和旅游局、区第二文化馆及红桥市场情况汇报，实地考察区非遗博物馆和红桥市场非遗孵化园资产实物。参加东城区2021年度重点招商楼宇推介会，召开楼宇经济发展情况调研座谈会。走访中国黄金集团黄金珠宝（北京）有限公司、当代节能置业股份有限公司、爱普生（中国）有限公司、中国中元国际工程有限公司、中国电信集团天翼云科技有限公司、北京中海地产广场、盈地大厦等重点企业和楼宇。

（潘冬京　何健辉）

【教科文卫监督】2021年，区人大教育科技文化卫生委员会全年召开5次会议，讨论通过教科文卫委员会2021年工作要点、区十六届人大七次会议教科文卫方面代表建议督办方案和分组名单、教科文卫委员会关于教科文卫方面代表建议督办情况的报告、区十六届人大教科文卫（体）委员会工作报告。对《北京市东城区公共文化设施社会化运营指导意见（试行）》《东城区2021年非本市户籍适龄儿童少年入学审核实施细则》《东城区2021年本市户籍无房家庭承租人适龄子女入学审核实施细则》进行备案审查。听取区教委关于中小学生体质健康工作情况的报告，区卫健委关于社区卫生服务医防融合能力建设及2021年市、区重要民事实事项目推进情况的汇报，区文旅局关于2022年度预算申报及初审情况报告的汇报。对北京市医院安全秩序管理规定在东城区的贯彻实施情况进行检查。对东城区科技创新工作开展调研，就加强国际科技创新中心建设、科技支持文化和健康产业发展、促进信息服务业发展、发展数字经济等问题进行座谈。

5月27日，区人大常委会开展《北京市医院安全秩序管理规定》执法检查
（韩冬摄）

对中小学生体质健康工作情况开展调研，就学校体育场地和设施改善、加强体育教师队伍建设、学生体质健康水平提升、家校联动等问题进行座谈。教科文卫委员会委员实地视察东花市街道东花市南里社区居委会，对社区卫生服务医防融合能力建设情况开展调研，就基层公共卫生服务机构建设、健康教育宣教、公共卫生服务人才建设等问题进行座谈。

（吴　楠）

【城建环保监督】2021年，区人大城建环保委员会全年召开5次会议，讨论通过《区人大城建环保委员会2021年工作要点》、《区人大城建环保委员会2021年督办代表意见建议工作方案》、《区人大城建环保委员会对东城区2020年环境状况和环境保护目标完成情况报告的意见建议》、《东城区人大常委会关于检查东城区贯彻实施〈北京历史文化名城保护条例〉情况的工作方案》、东城区人大常委会执法检查组关于检查《北京历史文化名城保护条例》实施情况的报告、委员会对“核心区控规”三年行动计划工作推进情况报告的意见建议、《北京市东城区第十六届人民代表大会城市建设环境保护委员会五年工作报告》，并对《东城区深入打好污染防治攻坚战2021年行动计划》《北京市东城区人民政府关于东城区区管河湖管理范围划定的公告》《北京市东城区人民政府办公室关于落实取消和下放一批行政执法职权工作的通知》进行备案审查。督办2021年城建城管类代表意见建议。初审区生态环境局2022年部门预算编制工作。协助常委会听取审议《关于2020年环境状况和环境保护目标完成情况的报告》《关于东城区落实首都功能核心区控制性详细规划三年行动计划（2020年—2022年）》工作推进情况的报告，组织委员视察涉及“龙潭三湖”4个项目。对《北京历史文化名城保护条例》的落实情况进行执法检查，实地考察中法大学旧址、曹雪芹故居纪念馆。对“两条例”贯彻落实情况开展回头看活动，组织委员视察东华门街道办事处骑河楼2号院小区、景山街道办事处魏家社区“两条例”落实情况。配合市人大调研《北京历史文化名城保护条例》在东城区实施情况。完成市人大关于东城区落实《北京城市总体规划（2016年—2035年）》实施情况的调研报告。就城市精细化管理和生态建设进行会前集中视察，实地察看平安大街、东四北大街、白桥停车场。

（李　军）

【社会建设监督】2021年，区人大社会建设委员会全年召开4次会议，讨论通过两项规范性文件的备案审查报告、代表建议督办工作方案和督办情况报告、区人大社会建设委员会2021年部门预算初审工作方案、社会建设委员会妇女青少年工作小组计划和总结报告等；听取并讨论区委社会工委区民政局关于社会救助情况的报告、区人力社保局关于就业保障情况的报告、区委社会工委区民政局关于东城区养老服务保障工作情况的报告、区体育局关于东城区创建国家全民运动健身模范区情况的报告；听取区委社会工委区民政局、区人力社保局、区体育局、区残联等单位关于2021年东城区重要民生实事项目、“幸福东城”工作任务、2021年东城区政府工作报告重点工作、“核心区控规三年行动计划”任务项目推进落实情况汇报；讨论就业保障专题调研报告、东城区养老服务保障专题调研报告、区人大社会建设委员会2020—2021年履职情况报告、社会建设委员会对口部门预算初审工作报告、社会建设委员会十六届工作报告。组织开展就业保障、社会救助、养老服务保障、创建国家全面运动健身模范区工作视察调研。组织召开社会建设类代表建议办理推进会并进行分组督办。对王府井大街无障碍设施改造情况、地坛体育馆无障碍环境建设工作进行考察调研。对区贯彻实施《北京市突发公共卫生事件应急条例》情况进行执法检查，实地考察北京市第六医院、东城区疾控中心、北京市同仁医院、普仁医院核酸检测实验室、公共卫生应急物资保障、新冠肺炎疫苗接种等情况，听取区疾控中心、北京市第六医院等关于贯彻实施条例情况的汇报。对区医疗保障局2020年度审计查出突出问题整改情况开展跟踪监督，对区应急管理局开展2022年部门预算初审工作。协助市人大社会委完成《北京市接诉即办工作条例》《北京市反食品浪费规定》等法律法规制订修订征求意见工作。开展社会建设专题集中视察，实地视察龙潭中湖公园体育设施建设和无障碍环境建设情况、东城区万国城小区1号楼地下人防工程便民仓储使用情况。开展社会建设委员会换届调研，酝酿新一届社会建设委员会、妇女青少年代表专业小组、老龄代表专业小组成员。组织开展区十七届人大社会建设委员会第一次委员培训，讨论东城区第十七届人民代表大会社会建设委员会及社会建设办公室工作制度（征求意见稿）。

（赵　欣）

议案建议督办

【议案督办】2021年，区人大常委会高度重视议案办理工作，制订工作方案，成立以常委会主任吴松元为组长，副主任王兆康为副组长，财政经济委员会主任委员为调研组办公室主任，部分市人大代表和常委会组成人员、财政经济委员会委员、议案领衔代表组成的听取和审议工作调研组，进行专项工作调研。前期针对经济类议案办理特点，财政经济委员会提出“两强化一同步”（即强化与区政府议案牵头部门的沟通，强化政府议案办理部门与议案领衔代表的沟通，同步推进人大监督工作与议案办理工作）的工作思路，根据疫情防控形势，及时调整调研方式，启动备选方案组织调研组和议案领衔代表、议案办理部门、相关企业召开调研座谈会，围绕重点、难点问题进行探讨，听取委员和代表在营商环境、产业创新融合、文化金融、数字经济、楼宇经济等方面的意见建议。9月27日，东城区人大财政经济委员会召开第二十七次会议，听取和初审区发改委受区政府委托所作“关于持续优化营商环境，加快产业融合创新，推动经济高质量发展”议案办理情况的报告。10月28日，东城区第十六届人大常委会第三十九次会议听取和审议东城区人民政府“关于持续优化营商环境，加快产业融合创新，推动经济高质量发展”议案办理情况的报告。区人大财政经济委员会主任委员提出意见建议，常委会组成人员3人提出审议意见。

（潘冬京）

【代表建议督办】2021年，区十六届人大七次会议期间，大会收到代表提出的建议79件，议案转作建议处理6件，合计85件。按照“内容高质量、办理高质量”的要求，以提高解决率为工作目标，建议反映的问题在办理期限内解决的78件，解决率94.0%，较2020年提升6.4个百分点；列入工作计划4件、占4.8%；因条件所限暂时难以解决1件、占1.2%。代表表示非常满意或满意81件，满意率97.6%，较2020年提升1.4个百分点；表示同意2件、占2.4%。区人大常委会闭会期间收到建议5件，其中供有关部门工作参考2件，解决3件。

（孙　晶）

代表工作

【主任接待日】2021年，坚持开展主任会议成员接待人大代表工作，落实主任会议成员接待人大代表办法，围绕“五个东城”建设，制订主任会议成员接待人大代表工作方案，协调组织7次主任会议成员接待人大代表座谈会，解答和解决代表提出的问题和建议。建立督办专刊，加强接待代表所反映问题的跟踪督办，促进问题解决得到有效落实。

（孙　晶）

【代表主题活动】2021年，区人大常委会组织全区人大代表开展“助力东城区经济高质量发展，人大代表在行动”代表主题活动，发挥代表资源优势、专业优势和代表主体作用，引导全区人大代表树牢“人人都是营商环境”理念，以“两区”建设引领重点产业高质量发展，挖掘“活力东城”新潜力、激发经济发展活力、壮大财政实力，促进区十六届人大七次会议确定的主要经济目标任务圆满完成。

（孙　晶）

【代表任前培训】11月26日，区人大常委会组织召开东城区第十七届人大代表任前培训（视频）会。会议传达学习党的十九届六中全会及中央人大工作会议精神。与会人员集体观看严肃换届纪律警示教育片《警钟长鸣》。全国人大常委会代表资格审查委员会办公室原主任、全国人大常委会办公厅联络局原巡视员李伯钧应邀授课。区人大常委会党组书记、主任吴松元出席会议并讲话。区领导王清旺、于洪源、高丽萍、吕德成、张树华、薛国强在主会场出席会议。高丽萍主持会议。区人大常委会机关各室主任、副主任在主会场参加会议；新当选的东城区第十七届人大代表、各街道工委副书记及街道人大工作办公室主任分别在各街道分会场参会。

（孙　晶）

【人大街工委工作】2021年，区人大常委会组织召开4次人大街工委工作例会，深化“第一议题”，坚持以会代训，推动街道人大工作深入开展。结合街道“三定”规定、加强和改进新时代街道人大工作的意见及人大街工委通则的要求，指导人大街工委在党群工作办公室设立街道人大工作办公室，做好街道人大工作办公室主任的任命工作。发挥代表“家”“站”作用，组织代表进家站向选民宣讲十六届七次人大会议精神，并就《北京市接诉即办条例（草案）》立法开展宣讲和征求意见，市、区代表294人到16个代表之家、70个代表联络站征求意见建议448条，使立法工作接地气、聚民意、集民智。

（孙　晶）

【组织代表参加重大活动】2021年，区人大常委会组织市、区代表及工作人员14人参加中国共产党成立100周年庆祝活动。做好甄选、信息采集、各项表格填写、政审、上报及疫苗接种、有无去过中高风险地区统计、每日健康监测、核酸检测等有关事宜，确保庆祝大会和文艺演出的6次夜间演练和观演的组织工作严谨无误。

（孙　晶）

11月26日，东城区第十七届人大代表任前培训会召开（王峥摄）

东城区第十六届人民代表大会常务委员会组成人员

主　任	吴松元			
副主任	于　静（女）	王中华	王兆康	许　汇
	高丽萍（女）	吕德成	张树华	
委　员	丁文理	丁迪红（女）	马　龙（回族）	
	王先勇	王　欢（女）	王崇恩（回族）	
	王瑞芝（女，蒙古族）	毛惠华	方国根	
	尹向敏（女）	叶江川	付　葵	
	朱传芳	任万平（女）	危天倪（女）	
	刘红宇（女）	许金玉（女）	李冬亮	
	杨立新（女，回族）	杨　梅（女）	吴之梅（女，蒙古族）	
	何志才	张卫民	张苏晶（女）	
	张智敏（女）	陈　平	陈晓梅（女）	
	范文华（女）	罗　强	周秋来	
	郝兆阳	柳学全	韩　建	
	韩　莹（女，回族）	童之磊	曾文军（女）	

东城区第十七届人民代表大会常务委员会组成人员

主　任	吴松元			
副主任	吕德成	白京涛	王　森	赵秋洁（女，满族）
	韩卫国	刘　藻（女）	张树华	
委　员	丁文理	上官玥（女）	门　熹（女）	
	马慧娟（女）	王崇恩（回族）	王瑞芝（女，蒙古族）	
	毛　赛	方国根	付　葵（女）	
	任万平（女）	刘文维（女）	刘占颇	
	刘　权	李利平（女）	李　金（女）	
	李　洪（女，满族）	李舰舶	李　梅（女）	
	邱宏庆	张　平（女）	张　威（女）	
	张　磊	陈小兵	范文华（女）	
	周元元（女）	宗　靖（女）	赵明杰	
	侯万军	聂萌妹（女）	郭兰萍（女）	
	梁成才	蒋　菁（女）	韩　建	
	韩　莹（女，回族）	鲁建华	童之磊	
	熊卫红（女）			

东城区人大常委会工作机构负责人

办公室主任	邱宏庆	
研究室主任	韩　莹（女，回族，6月免）	李利平（女，9月任）
代表联络室主任	梁成才（6月任）	
法制办公室主任、备案审查办公室主任（兼）、社会建设办公室主任（兼）	周秋来（6月免）	韩　莹（女，回族，6月任）
财政经济办公室主任	鲁建华（6月任）	
教科文卫办公室主任	付　葵（女）	
城建环保办公室主任	陈晓梅（女，2月免）	赵明杰（2月任）
预算工作室主任	许金玉（女，6月免）	侯万军（9月任）

北京市东城区人民政府

7月28日，2021王府井论坛在北京饭店召开（张传东摄）

综　述

2021年，区政府深入贯彻落实党的十九大和十九届历次全会精神，以习近平总书记对北京重要讲话精神为根本遵循，牢固树立“崇文争先”理念，统筹推进常态化疫情防控和经济社会发展各项工作，主动作为、攻坚克难，较好完成全年目标任务。

“四个服务”水平提升。牢固树立“红墙意识”，以“精精益求精，万万无一失”的标准，高质量做好安全维稳、环境整治、景观布置等工作，完成中国共产党成立100周年等重大活动服务保障任务，形成更加成熟完善的服务保障机制。落实“1+4+N”服务机制和中央政务服务专员制度，开辟服务中央单位绿色通道和服务窗口，实现“一站式”办理需求和“三个零”工作要求。全面实施“雪亮工程”和“智慧平安小区”建设，大力推进市域社会治理现代化和扫黑除恶专项斗争，防范化解重大风险，完成为党中央站好岗、放好哨的神圣使命，“四个服务”工作在全市满意度调查中名列前茅。

经济发展提速增效。贯彻落实蔡奇书记推动经济高质量发展15条指导意见，研究制订行动计划。“两区”建设累计落地项目110个，实现实际利用外资6.33亿美元。吸引摩根士丹利在京机构等金融企业落户东城，金融业增加值突破1000亿元，同比增长10%左右。承办2021年北京市REITs产业发展大会。获批“国家文化出口基地”，北京文创板落地东城，设立首批3家国家文化与金融合作示范区支行，举办2021中国文化金融峰会。中关村东城园地均收入位居中关村各分园首位。加快构建故宫—王府井—隆福寺“文化金三角”。王府井入选第二批“全国示范步行街”，高水平举办2021王府井论坛。前门大街成为国家级夜间文化和旅游消费集聚区。红桥市场等3处新消费品牌孵化基地在全市率先挂牌运营。全市首个数字人民币全场景应用试点落地东城。财源建设工作在全市评估中持续保持第一。完成30栋商务楼宇改造升级，获评“中国楼宇经济高质量发展标杆范例”。持续擦亮“紫金服务”品牌，1100家重点企业服务管家全覆盖，连续4年在全市营商环境评价中保持前列。

老城保护稳步推进。实施核心区控规三年行动计划，完成阶段性任务185项，在全市率先出台历史文化街区管控导则，有序实施中轴线申遗保护项目，开展“中轴线上”系列文化活动。推动皇史宬等文物活化利用。有序开展钟鼓楼周边、故宫周边、三眼井片区等申请式退租，完成签约1300户。实施东四、交道口、天坛等5栋简易楼腾退；完成光明楼17号简易楼改建签约交房并启动回住房屋工程建设。完成老旧小区综合整治项目10个，启动64个。完成北大红楼及周边等重点区域环境品质提升工程和平安大街二期环境提升项目。崇雍大街恢复“文风京韵、大市银街”的古都风貌。

环境品质明显改善。疏整促专项行动超额完成全年任务，拆除违法建设8.7万平方米，整治无证无照、占道经营等5项专项任务持续保持动态清零。339条背街小巷通过市级验收，新建及规范提升各类便民商业网点24个，32家旅馆实现转型提升。全区细颗粒物累计浓度为33微克/立方米，同比下降19.5%，下降率全市最高。市级考核断面全部实现水质达标，龙潭中湖、龙潭西湖公园精彩亮相。新建改扩建绿地54万平方米。新增错时共享停车位815个。形成基本覆盖全域的无障碍通行流线。施划117处共享单车停车区。完成环二环林荫骑行环线东城段道路和交通工程，沿线实现“绿路融合”。

疫情防控扎实有效。严格落实“四方责任”，加强新冠肺炎疫情研判和专业指导，开展大人流和重点场所监测预警，抓实抓细常态化疫情防控，在全市率先实现街道应急物资储备库全覆盖，社会面防控基础进一步夯实。新冠病毒疫苗

截至4月26日，东城区18周岁以上人群新冠疫苗第一剂接种率达到80%
（张传东摄）

接种率在中心城区首个突破80%，全人群接种率位居中心城区第一。推动企业复工复产，精准帮扶中小微企业，“一企一策”做好企业服务。设立中小微企业风险补偿专项资金，促成367家企业获取银行贷款6.51亿元。面向企业发放各类就业补贴1.31亿元，支持企业健康稳定发展。

民生福祉持续增进。出台支持实体书店发展专项政策，万人拥有实体书店数量全市第一。北京国际戏剧中心建成启用，成功举办南锣鼓巷戏剧展演季等品牌活动。全面落实义务教育“双减”政策，扎实推进教育综合质量提升三年行动计划。被国务院评为“公立医院综合改革成效较为明显地区”，获批北京市“健康联合体建设试点区”。新建提升15片体育运动场地，全力争创首批“国家全民运动健身模范区”。“聚融式区域养老服务联合体”模式初步形成。登记失业率控制在2.5%以内。支出社会救助资金1.68亿元。开展平房院落“三色”火灾风险防控试点，建立“一不两有一联动”电动自行车管理机制，深化推进“热线+网格”为民服务模式，“接诉即办”考核保持全市前列。持续抓好两个“关键小事”，建成市级垃圾分类示范小区59个，对投诉量前100名的小区开展专项治理。做好矛盾纠纷排查化解，群众来信同比下降38.52%。

（郑亚男）

重要会议和活动

【区政府全体会议】2月8日，2021年东城区政府全体会议召开。区领导金晖、王清旺、陈献森等出席，区政府部门行政主要领导、各街道党政主要领导及行政副职，区纪委监委、区委主要部门主管领导，区人大办、区政协办主要领导，区属企业主要领导参加。王清旺传达市政府第四次全体会议情况。金晖肯定全区上下为推动地区经济社会发展、抓好疫情防控工作付出的努力，并对统筹抓好政府各项工作，确保圆满完成全年目标任务提出要求。

（郑亚男）

表6　**2021年东城区政府常务会一览表**

日期	会次	议题
1月15日	第111次	区人力社保局关于人事任免事项的请示
1月18日	第112次	召开区应急委2021年第一次公共安全形势分析会暨安委会第一次全体会议；区财政局关于2020年度东城区税源任务完成情况的汇报；区城指中心关于2020年12月份东城区网格化综合监管及“接诉即办”工作情况的汇报；区司法局关于报审《北京市东城区人民政府2020年法治政府建设年度情况报告》的请示；区城管委关于报审《东城区区管河湖管理保护范围划定公告》的请示
2月1日	第113次	区烟花办关于报审《东城区2021年春节烟花爆竹安全管理工作方案》的请示；区政府办关于报审《关于东城区2020年重要实事完成情况及东城区2021年重要实事编制情况的报告》（讨论稿）的请示；区政府办关于报审《2021年东城区政府工作报告重点工作分工方案》（讨论稿）的请示；区应急局关于报审《东城区第一次全国自然灾害综合风险普查工作方案》的请示；区信访办关于东城区2020年信访工作总结及2021年工作安排的汇报；区人力社保局关于人事任免事项的请示
2月8日	第114次	区人力社保局关于人事任免事项的请示
2月23日	第115次	领导干部学习关于贯彻落实《民法典》全面推进依法行政的讲座；区文化和旅游局关于2021年春节假日旅游消费统计分析的汇报；区财政局关于2021年1月份税源任务进展情况的汇报；区发改委关于东城区2021年固定资产投资计划、重点工程计划以及政府投资计划有关情况的汇报；区外办关于东城区2020年外事港澳工作情况的汇报；区生态环境局关于东城区污染防治攻坚战2020年完成情况的汇报；区城指中心关于报审《东城区“接诉即办”重点工作考核奖励办法》的请示
3月8日	第116次	区住建委关于发布手帕胡同道路工程项目范围内房屋征收决定的请示；区人力社保局关于人事任免事项的请示

续表6

日期	会次	议题
3月17日	第117次	会前学习关于《城市更新中消费场景孵化及内容运营的探索》的专题讲座；区城指中心关于2021年2月份网格监管及“接诉即办”工作情况的汇报；区政务服务局关于报审《东城区关于在政务服务领域开展解决群众“办不成事”问题工作方案》的请示；区城管委关于东城区垃圾分类工作情况的汇报；区生态环境局关于报审《东城区深入打好污染防治攻坚战2021年行动计划》的请示；区生态环境局关于报审《关于东城区环境状况和环境保护目标完成情况的报告》的请示
3月29日	第118次	区统计局关于2020年东城区“七有”“五性”监测评价结果的汇报；区人力社保局关于报审《东城区2020年就业保障工作情况报告》的请示；区政府办关于市、区“两会”期间人大代表议案、建议和政协提案有关工作的请示；区国资委关于申请财政借款为燕华公司增资的请示
4月14日	第119次	召开区应急委2021年第二次公共安全形势分析会暨安委会第二次全体会议；通报东城区政府2020年度绩效考评结果；区财政局关于2021年1月至3月份东城区税源任务完成情况及一季度财源建设评估情况的汇报；区城指中心关于2021年3月份东城区网格化综合监管及“接诉即办”工作情况的汇报；区发改委关于报审《东城区2021年一季度经济社会发展形势分析》的请示；区发改委关于报审《东城区国民经济和社会发展第十四个五年规划和二〇三五年远景目标纲要重点工作分工方案》的请示；区司法局关于报审《东城区重大行政决策程序实施细则》《2021年区政府重大行政决策目录》的请示；建远公司关于申请宝华里项目财政周转金的请示；区卫健委关于申请财政借款用于各社区卫生服务机构运行保障的请示；区人力社保局关于人事任免事项的请示
4月22日	第120次	领导干部学习《防范和处置非法集资条例》解读；区金融办关于报审《东城区防范和处置非法集资工作方案（试行）》的请示；区教委关于东城区2021年义务教育阶段入学工作实施细则及非北京市户籍适龄儿童少年入学审核实施细则、北京市户籍无房家庭承租人适龄子女入学审核实施细则的汇报；东城园管委会关于申请财政借款偿还曼哈顿多元集团借款本金的请示；区人力社保局关于人事任免事项的请示
5月10日	第121次	区城指中心关于2021年4月份东城区网格化综合监管及“接诉即办”工作情况的汇报；区文化和旅游局关于东城区2021年“五一”假日经济统计分析的汇报；区生态环境局关于东城区污染防治攻坚战2021年第一季度工作进展情况的汇报；区应急局关于报审《东城区关于落实中共北京市委、北京市人民政府安全生产第九督察组督察反馈意见情况的报告》的请示；区城管委关于报审《东城区区管河湖管理保护范围划定公告》的请示；区人力社保局关于人事任免事项的请示
5月24日	第122次	领导干部学习中央统计改革文件精神；区财政局关于2021年1月至4月份东城区税源任务进展情况汇报；区发改委关于2021年1月至4月份东城区疏解整治促提升工作进展情况汇报；区城管委关于2021年第一季度东城区环境建设专项检查考评情况汇报；区公安分局关于全面落实电信网络诈骗犯罪打防管控各项措施汇报；区司法局关于报审《东城区依法治区建设规划（2021—2025年）》的请示；区民政局关于报审《关于东城区养老服务保障工作情况的报告》的请示；区编办关于取消和下放一批行政执法职权的请示
6月3日	第123次	区人力社保局关于人事任免事项的请示；领导干部学习《中华人民共和国食品安全法实施条例》解读；区财政局关于报审《东城区2020年决算草案的报告》的请示；区审计局关于报审《东城区2020年度预算执行和其他财政收支的审计工作报告》的请示；区财政局关于报审《2021年预算调整方案报告》的请示；区统计局关于报审《2021年东城区“七有”“五性”监测评价实施方案》的请示；区卫健委关于报审《东城区关于改革完善医疗卫生行业综合监管制度的实施方案》的请示
6月21日	第124次	区人力社保局关于人事任免事项的请示

续表6

日期	会次	议题
7月7日	第125次	区城指中心关于2021年6月份东城区网格化综合监管及“接诉即办”工作情况汇报；区发改委关于2021年1月至6月份东城区疏解整治促提升工作进展情况汇报；区司法局关于报审《关于进一步加强街道法治建设的实施意见》的请示；区司法局关于报审《东城区行政复议、行政应诉案件统计分析报告（2020年度）》的请示；区政府研究室关于报审《北京市东城区人民政府重大行政决策论证专家库管理办法》的请示；区人力社保局关于人事任免事项的请示
8月2日	第126次	领导干部学习《党政主要领导干部和国有企事业单位主要领导人员经济责任审计规定》解读；区财政局关于2021年1月至6月份东城区税源任务进展情况汇报；区财政局关于东城区开展“政务外包”专项整治工作情况汇报；区财政局关于报审《东城区2021年上半年预算执行情况的报告》的请示；区发改委关于报审《东城区2021年国民经济和社会发展计划上半年执行情况的报告》的请示；区委宣传部关于我区全国文明城区创建工作有关情况汇报；区委宣传部关于报审《东城区“十四五”时期加强全国文化中心建设规划》的请示；东城园管委会关于报审《“十四五”时期中关村东城园发展规划》的请示；区科技和信息化局关于报审《2021年东城区社会信用体系建设重点工作任务》的请示；区司法局关于报审《东城区公职律师管理规定（试行）》《东城区公司律师管理规定（试行）》的请示；区信访办关于2021年东城区上半年信访工作总结及下半年工作思路汇报；区人力社保局关于人事任免事项的请示
8月4日	第127次	区人力社保局关于人事任免事项的请示
8月23日	第128次	召开区应急委2021年第三次公共安全形势分析会暨安委会第三次全体会议；区司法局关于报审《关于东城区“七五”普法规划（2016—2020年）实施情况的报告》《关于在全区开展法治宣传教育的第八个五年规划（2021—2025年）》的请示；区商务局关于报审《东城区建设国际消费中心城市示范区实施方案》的请示；区生态环境局关于东城区污染防治攻坚战2021年上半年工作进展情况汇报；区市场监管局关于东城区食品药品安全工作情况的汇报；区人力社保局关于人事任免事项的请示
9月13日	第129次	领导干部学习《习近平法治思想的基本内涵》解读；区城指中心关于2021年8月份东城区网格化综合监管及“接诉即办”工作情况汇报；区科技和信息化局关于报审《“十四五”时期东城区科技和信息化规划（含大数据专项）》的请示；区外办关于报审《东城区“十四五”时期加强国际交往中心功能建设规划（2021—2025年）》的请示；区生态环境局关于报审《东城区贯彻落实北京市中央生态环境保护督察报告反馈意见整改方案》的请示；区人力社保局关于人事任免事项的请示；区国资委关于企业领导人员任免的请示
9月22日	第130次	区财政局关于报审《北京市东城区2020年度国有资产管理情况的综合报告》的请示；区审计局关于报审《东城区2020年度国有资产的审计工作报告》的请示；区审计局关于报审《东城区2020年度预算执行和其他财政支出审计查出问题整改情况的报告》的请示；区住建委关于报审《“十四五”时期东城区历史文化名城保护发展规划》的请示；区住建委关于发布夕照寺东西线道路工程项目房屋征收补偿方案征求公众意见及修改情况通告和房屋征收决定的请示；东花市街道关于申请财政借款用于富贵园小区外檐维修项目的请示；区人力社保局关于人事任免事项的请示
9月29日	第131次	区人力社保局关于人事任免事项的请示
10月18日	第132次	区人力社保局关于人事任免事项的请示；区国资委关于企业领导人员任免的请示
10月22日	第133次	领导干部学习《北京市接诉即办条例》解读；区发改委关于报审《东城区2021年1—3季度经济社会发展形势分析》的请示；区财政局关于2021年1月至9月份东城区税源任务进展情况汇报；区政府办关于2021年区政府重点督查任务前三季度进展情况汇报；区发改委关于2021年1月至9月份东城区疏解整治促提升工作进展情况汇报；区规自分局关于报审《东城区落实首都功能核心区控制性详细规划三年行动计划（2020年—2022年）工作推进情况的报告》的请示；区发改委关于报审《东城区加快产业创新融合 促进经济高质量发展的实施意见》的请示；区发改委关于报审《“持续优化营商环境，加快产业融合创新，推动经济高质量发展”议案办理情况的报告》的请示；区卫健委关于报审《东城区落实健康北京行动（2020—2030年）实施方案》的请示；区人力社保局关于人事任免事项的请示

续表6

日期	会次	议题
11月8日	第134次	领导干部学习《法治政府建设实施纲要（2021—2025年）》解读；召开区应急委2021年第四次公共安全形势分析会暨安委会第四次全体会议；区城指中心关于2021年10月份东城区网格化综合监管及“接诉即办”工作情况汇报；区生态环境局关于东城区污染防治攻坚战2021年第三季度工作进展情况汇报；区财政局关于报审东城区2022年预算安排情况暨《东城区2021年预算执行情况和2022年预算（草案）的报告》的请示；区发改委关于报审《“十四五”时期东城区产业发展规划》的请示；区科技和信息化局关于修订《东城区促进科技信息产业发展的若干意见》的请示；区人力社保局关于报审《东城区2021年保障农民工工资支付工作情况报告》的请示；区人力社保局关于人事任免事项的请示；区国资委关于企业领导人员任免事项的请示
11月15日	第135次	区财政局关于2021年1月至10月税源任务进展情况汇报；区政府研究室关于报审《2022年政府工作报告（征求意见稿）》的请示；区发改委关于报审《北京市东城区2021年国民经济和社会发展计划执行情况与2022年国民经济和社会发展计划（草案）的报告》的请示；区政府办关于报审《关于东城区第十六届人民代表大会第七次会议代表建议、批评和意见办理情况的报告》的请示；区统计局关于报审《东城区防范和惩治统计造假、弄虚作假责任制规定（试行）》的请示；区文化和旅游局关于报审《北京市东城区国家公共文化服务体系示范区创新发展三年行动计划（2021—2023年）》的请示；区人力社保局关于人事任免事项的请示
12月1日	第136次	区文促中心关于报审《“十四五”时期东城区文化产业发展规划》的请示；区金融办关于报审《“十四五”时期东城区金融业发展规划》的请示；区生态环境局关于报审《东城区2021—2022年秋冬季大气污染综合治理攻坚行动方案》的请示；区人力社保局关于人事任免事项的请示；区国资委关于企业领导人员任免事项的请示
12月16日	新一届第1次	区国资委关于企业领导人员任免事项的请示；区人力社保局关于人事任免事项的请示
12月27日	第2次	区财政局关于2021年1月至11月税源任务进展情况汇报；区政府办关于报审《关于东城区2021年重要民生实事完成情况及东城区2022年重要民生实事编制情况的报告（讨论稿）》的请示；区政府办关于《2022年东城区政府工作报告重点工作分工方案（讨论稿）》编制情况汇报；区民政局关于报审2022年春节期间开展走访慰问送温暖活动工作安排的请示

（郑亚男）

表7

2021年东城区政府专题会一览表

日期	议题
1月15日	区科技和信息化局关于给予天翼电信终端有限公司一事一议政策的请示；区体育局关于给予华体集团有限公司一事一议政策的请示；区财政局关于给予普惠旅居养老服务有限公司一事一议政策的请示；区金融办关于分别给予国新央企金融服务（北京）有限公司和国新央企信用保障（北京）有限公司一事一议政策的请示；区金融办关于给予银华长安资本管理（北京）有限公司一事一议政策的请示；区金融办关于给予国华投资开发资产管理（北京）有限公司一事一议政策的请示
1月18日	区城管委关于报审《关于进一步加强“精致东城”建设的实施意见（2020年—2025年）》的请示；区体育局关于实施东城区创建国家全民健身模范区综合服务项目、宣传及开展活动项目、信息化平台建设项目的请示
2月1日	区住建委关于申请东四六条15号、鼓楼东大街266号、鼓楼东大街168号、西园子四巷南楼、西园子四巷北楼腾退资金的请示；区住建委关于变更故宫周边院落申请式退租及恢复性修建项目资金保障方式和实施主体的请示；区住建委关于调整豆各庄项目部分定向安置房销售价格及确定共有产权住房和公共租赁住房销售价格的请示；区文促中心关于拟与中国人民银行营业管理部签署《创建国家文化与金融合作示范区战略合作备忘录》汇报；区文促中心关于拟与北京市国有文化资产管理中心签署《国家文化与金融合作示范区风险补偿合作协议》汇报
2月8日	区人力社保局关于报审《东城区2021年（北京市工作居住证）办证指标分配方案》的请示；区金融办关于给予蔷薇大树科技有限公司一事一议政策的请示；区金融办关于给予北京课观教育科技有限公司一事一议政策的请示；区投促中心关于给予中兴天恒能源科技（北京）股份公司一事一议政策的请示；区城管委关于平安大街（二期）环境整治提升工作情况和资金安排汇报；区委政法委关于申请第一至第五集中隔离医学观察点相关资金的请示

续表7

日期	议题
2月23日	天街集团关于天街集团鼓楼项目申请银行贷款的请示；区应急局关于报审《东城区贯彻落实北京市委北京市人民政府安全生产第九督察组督察反馈意见整改实施方案》的请示；区体育局关于申请实施创建国家全民运动健身模范区体育场地设施建设等项目的请示；区住建委关于发放天坛周边简易楼腾退项目燕保祁东家园三期房源租房补贴的请示；区文促中心关于政府引导基金向东城区"文菁"文化+产业基金（首期）出资的请示；崇外街道关于处置东兴隆街58号605、606、607房产事项的请示；区城管委关于平安大街（二期）环境整治提升工作第二批项目资金安排的汇报
3月17日	防控综合组关于东城区新冠疫苗接种工作情况汇报；区财政局关于2021年1月至2月份东城区税源任务进展情况汇报
3月24日	区发改委关于东城区疏解整治促提升专项行动2020年工作完成情况及2021年工作计划安排汇报；区发改委关于东城区优化营商环境工作情况汇报；东城园管委会关于与东华云计算有限公司签订合作备忘录的请示；区金融办关于与深圳证券交易所签署战略合作协议的请示
4月13日	区委政法委关于东城公安分局申请十八起非法吸引公众存款案司法审计费用的请示；区投促中心关于报审《北京市东城区"京外招商"工作方案》的请示；区投促中心关于给予中国海洋石油集团有限公司一事一议政策的请示；区投促中心关于给予中石油燃料油有限责任公司北京销售分公司一事一议政策的请示；区城管委关于开展全区存量违法建设核查工作的请示
4月21日	区文促中心关于国家文化和金融合作示范区服务总中心建设方案汇报；区财政局关于2020年区街财政体制财力结算的请示；区财政局关于兑现2020年下半年税源引进奖励资金的请示；区财政局关于兑现2020年下半年街道代征税费奖励资金的请示；区城管委关于报审《2021年东城区交通综合治理工作方案》的请示；区城管委关于取消公共自行车有关工作的请示；王府井管委会关于进一步明确王府井地区建设管理运营项目实施主体并拨付资金的请示
5月10日	区金融办关于给予融旅在线（北京）旅游科技有限责任公司一事一议政策的请示；区住建委关于开展西草市片区申请式退租及恢复性修建工作的请示；区城管委关于调整2021年区级拆违任务的请示；区财政局关于为街道办事处追加采购核酸检测设备经费和疫情防控资金的请示
5月17日	区应急局关于报审《东城区2021年防汛工作方案》的请示；区园林绿化局关于报审《东城区关于全面建立林长制的工作方案》的请示；区住建委关于报审望坛项目商品房和其他房屋销售价格的请示；京诚集团关于京诚集团钟鼓楼周边、故宫周边院落申请式退租项目申请银行贷款的请示；区城管委关于开展东城区静态交通智慧综合管理系统及龙潭地区停车综合治理项目的请示；区城管委关于开展环二环东城段林荫骑行环线建设工作的请示；区城管委关于安排2021年东城区背街小巷精细化整治提升工作启动款的请示；区城管委关于安排2021年东城区"美丽院落"建设工作启动款的请示
5月24日	区发改委关于2020年度东城区税源政策兑现工作的请示
6月3日	京诚集团关于京诚集团钟鼓楼周边、故宫周边院落申请式退租项目申请银行贷款的请示
6月9日	区生态环境局关于中央生态环境保护督察整改工作进展情况汇报；区规自分局关于中央第十一巡视组对北京市开展巡视意见整改工作进展情况汇报；区体育局关于东城区服务保障北京冬奥会、冬残奥会工作进展情况汇报；区发改委关于报审《关于2021年东城区"十四五"规划实施情况的报告》的请示；区住建委关于报审2020年第二批老旧小区综合整治北汽摩小区和火桥北里项目计划的请示；区文促中心关于给予北京文创板发展有限公司一事一议政策的请示；区财政局关于给予天津真善美科技有限公司一事一议政策的请示；区投促中心关于给予北京京港地铁有限公司一事一议政策的请示；区投促中心关于给予北京万里目教育科技有限公司一事一议政策的请示；区体育局关于向华体集团有限公司兑现一事一议奖励款的请示
6月16日	前门街道关于报审前门东区旧城保护整治项目指挥部更名及调整组织架构的请示；王府井管委会关于王府中环新消费品牌孵化基地房屋租赁合同相关事宜的请示；区金融办关于报审《东城区群众举报涉嫌非法集资线索奖励办法（试行）》的请示；区金融办关于报审《中国银行保险监督管理委员会北京监管局与北京市东城区人民政府合作备忘录》的请示；区金融办关于报审《北京市东城区人民政府与中国农业银行股份有限公司北京市分行战略合作协议》的请示；区卫健委关于申请东城区应检尽检人员核酸检测经费的请示；区生态环境局关于启动东城区2021年蓄能式电取暖设备更新、新增工作的请示；区城管委关于申请追加2021年东城区拆违封堵工程专项资金的请示

续表7

日期	议题
6月21日	区园林绿化局关于报审《龙潭中湖公园运营管理方案》的请示；区财政局关于报审《东城区城市更新专项资金管理办法（试行）》的请示；京诚集团关于故宫周边院落申请式退租项目申请银行贷款的请示；区城管委关于追加东城区“点亮中轴线”夜景照明建设项目资金的请示
6月28日	区发改委关于2021年东城区重点企业高精尖人才体检服务工作情况汇报；区科技和信息化局关于给予北京长江脉医药科技有限责任公司一事一议政策的请示；区科技和信息化局关于报审《北京市东城区人民政府与小米科技有限责任公司战略合作协议》的请示；区科技和信息化局关于给予炫壹（北京）科技有限公司一事一议政策的请示；区机关事务管理服务中心关于报审区退役军人局购买部队离休干部管理服务用房方案的请示；区城管委关于追加2021年东城区直管公房大、中修及应急抢险资金的请示；交道口街道关于申请南锣鼓巷社区服务用房（含地下车库）项目遗留问题赔偿资金的请示
7月22日	区发改委关于报审《东城区加快培育引进独角兽企业的若干措施（试行）》的请示；区委宣传部关于报审《东城区引导支持实体书店“四进”资金管理办法》的请示；区住建委关于发布刘家窑路道路工程项目范围内房屋征收决定相关工作的请示；区住建委关于开展皇城景山街区平房直管公房申请式退租及恢复性修建二期项目的请示；区住建委关于开展西总布街区直管公房申请式退租及恢复性修建工作的请示；区城管委关于拨付夕照寺中街道路建设项目资金的请示；区环卫中心关于支付欠缴市环卫集团垃圾粪便运输处理费的请示
8月12日	区国资委关于报审《北京崇远投资经营公司改制方案》的请示；区国资委关于报审《北京东方信达资产经营总公司公司制改制方案》的请示；建远公司关于启动宝华里项目红线外影响施工居民搬迁工作的请示；区机关事务管理服务中心关于追加天坛医院旧址拆除及看护资金的请示；区卫健委关于追加社区卫生服务机构运行经费偿还借款的请示；区住建委关于审议《东城区第一次全国自然灾害综合风险普查房屋建筑调查工作方案》及资金预算的请示；区规自分局关于报审《2021年—2022年东城区降低“四个密度”工作实施方案》的请示；区发改委关于审议《东城区支持鼓励绿色节能发展资金管理办法》的请示；区科技和信息化局关于兑现中国融通安防国际集团有限公司一事一议协议2021年相关资金的请示；区金融办关于给予中诚宝捷思货币经济有限公司一事一议政策的请示；区金融办关于安排北京银保监局工作补助经费的请示；区环卫中心关于追加2021年15座密闭式清洁站提升改造项目资金的请示
8月23日	区发改委关于2021年1月至7月份东城区疏解整治促提升工作进展情况汇报；区园林绿化局关于中轴线珠市口到天桥段东侧绿化景观提升项目建设范围变更及资金情况汇报；区市场监管局关于报审《东城区创建国家食品安全示范城市工作方案》的请示；区住建委关于申请2021年老旧小区综合整治项目设计、地勘和审计等前期工作启动资金的请示；区应急局关于申请追加区应急视频会议系统升级改造经费的请示
9月6日	区金融办关于给予招商公路运营管理（北京）有限公司一事一议政策的请示；区金融办关于给予渤海银行股份有限公司资金运营中心一事一议政策的请示；区金融办关于拨付资金支持金融监管机构的请示；区公安分局关于申请拨付业务技术用房项目相关资金的请示
9月13日	区发改委关于2020年东城区营商环境评价结果及问题整改落实情况的汇报
9月17日	区发改委关于东城区重点企业服务包工作情况汇报；区财政局关于兑现2021年上半年街道税源引进奖励资金的请示；区财政局关于兑现2021年上半年街道代征税费奖励资金的请示；区委政法委关于2021年2月至12月为保障东城区集中隔离医学观察点、工作人员休整点、北京站分指挥部运行所需部分资金支出安排的请示；区规自分局关于报审《金鱼池二期土地一级开发项目综合整治方案》的请示；区体育局关于区体育局拟与东方信达开展合作的请示；区生态环境局关于调整区生态环境局办公用房的请示；区文化和旅游局关于拨付玉河南区河道景观恢复整治工程资金的请示；区税务局关于追加2021年度税收综合保障经费的请示
9月22日	区投促中心关于修订《东城区促进楼宇经济高质量发展的若干措施》 的请示；区投促中心关于兑现2020年度楼宇改造升级补贴资金的请示；区环卫中心关于解决吕家营环卫职工住房信访历史遗留问题的请示；建国门街道关于报审《北京市东城区人民政府 中国医学科学院北京协和医学院战略合作框架协议》的请示；区规自分局关于报审《东城区人民政府 北京建筑大学战略合作框架协议》的请示；京诚集团关于京诚集团天坛地区西草红庙街区更新项目申请银行贷款的请示；天街集团关于天街集团向新隆福公司增资的请示；天街集团关于报审《旧鼓楼大街P保护区用地（和苑）项目销售工作方案》的请示；区体育局关于给予中篮联（北京）体育有限公司一事一议政策的请示

续表7

日期	议题
10月20日	区住建委关于开展国子监街区平房直管公房申请式退租及恢复性修建一期项目的请示；区住建委关于报审2021年第一批老旧小区综合整治项目计划的请示；区委宣传部关于与北京市广播电视局签订合作框架协议的请示；区财政局关于给予中银投资有限公司一事一议政策的请示；区城指中心关于追加推进接诉即办难点问题办理项目经费的请示；区生态环境局关于启动东城区2021年度新增峰谷电表内外线电力设施施工的请示；区发改委关于报审2020年度东城区支持鼓励节约能源项目及资金安排的请示；区医保局关于追加“应检尽检”核酸检测费用的请示
11月8日	区投促中心关于给予北京字节跳动科技有限公司一事一议政策的请示；区消防救援支队关于追加新工资政策所需人员经费的请示
11月22日	区发改委关于报审2020年度东城区高精尖企业人才激励政策兑现方案的请示；区人力社保局关于报审《“十四五”时期东城区就业和社会保障事业发展规划》的请示；区应急局关于东城区应急管理先进单位、先进个人表彰评选工作的汇报；龙潭街道关于给予北京易才博普奥管理顾问有限公司一事一议政策的请示；永定门外街道关于报审《刘家窑路道路工程项目综合整治工作方案》的请示；区卫健委关于追加东城区应检尽检人员核酸检测经费的请示；区园林绿化局关于追加区园林绿化局下属公园养老保险及职业年金补缴经费的请示
12月1日	区城管委关于报审《东城区居住区电动自行车集中充电设施建设工作专项行动方案》的请示；区金融办关于给予华联财务有限责任公司一事一议政策的请示；区金融办关于给予万德丰（北京）投资管理有限公司一事一议政策的请示；区金融办关于给予国网英大产业投资基金管理有限公司一事一议政策的请示；区公安分局关于追加东城区智慧平安小区二期工程项目建设经费的请示
12月27日	区金融办关于调整《东城区防范和处置非法集资工作方案（试行）》的请示；区城管执法局关于报审《东城区创建“基本无违法建设区”三年行动计划（2021—2023年）》的请示；区机关事务管理服务中心关于简易楼腾退后再利用有关事宜的请示；区公安分局关于开展东城区公共安全视频监控建设联网应用二期工程（“雪亮工程”二期）项目建设的汇报；区城管委关于开展路侧停车电子收费三期项目的请示；区城管委关于开展钟鼓楼紧邻地区（鼓楼东南角、鼓楼南眺视线范围）环境综合整治项目的请示；区商务局关于给予瑞钢联集团有限公司一事一议政策的请示；区市场监管局关于报审《北京市东城区规范互联网平台经济工作领导小组组建方案》的请示

（郑亚男）

表8

2021年东城区区长主要调研一览表

时间	内容	参加调研人员
1月27日	金晖调研曹雪芹故居复建及故居纪念馆展陈运营筹备工作，实地了解故居历史价值、复建工作进展，听取纪念馆展陈设计、后续运营计划等情况汇报，察看复建文物周边环境	刘俊彩
1月30日	金晖调研红桥市场新消费品牌孵化基地建设情况，重点调研“中传”品牌基地合作情况、红桥5G非遗文创直播基地新消费品牌渠道赋能情况	王清旺、杨锟
2月3日	金晖调研望坛棚户区改造项目，察看110千伏变电站选址及售楼处建设情况，慰问一线工作人员，要求做好春节前各项安全保障工作	陈献森
2月20日	金晖调研崇雍大街业态提升和龙潭中湖重点项目工作，察看格物生活体验馆&来呀东西、联合社、吴裕泰北新桥店运营情况，听取崇雍大街业态提升工作思路及进展情况汇报；察看滨湖图书馆、摩天轮、园林科普馆施工情况，听取中湖改建项目进展情况汇报	陈献森、刘俊彩
2月25日	金晖调研区文化活动中心项目，实地察看阅览区、小剧场、办公区、报告厅、档案馆等功能区建设情况，听取项目二期进展及后期运营思路汇报	
3月5日	金晖调研环境整治提升工作，察看鼓楼东大街街面现状和商户经营情况，在五四大街察看五四雕塑文化墙周边现状，检查庆丰包子铺、《求是》杂志社、北大红楼等南北两侧重点建筑立面整治工作	赵海东

续表8

时间	内容	参加调研人员
3月10日	金晖到建国门街道禄米仓胡同调研产业发展工作，参观军需工程技术研究所史馆及营院，走访第四离职干部休养所粮仓，察看新兴文化产业园民国小楼和禄米仓，了解新兴集团项目规划	刘俊彩
4月7日	金晖到区税务局调研，听取组织收入工作情况及2021年主要任务汇报，要求强化履职尽责的政治担当，站在讲政治的高度，高标准开展各项工作；不断提升税收征管精细化水平，持续优化营商环境，全力以赴完成好全年目标任务	王清旺
4月28日	金晖调研前门大街业态提升工作，在前门西区，实地察看主街业态整治提升、重点文化体验项目推进情况；在长春别墅召开座谈会，研讨前门商业区风貌和业态管控、商业街创建有关工作，现场调度主街风貌和业态整治有关问题	王清旺
5月7日	金晖调研新隆福地区业态提升有关工作，与市国资公司党委书记、董事长岳鹏，副总经理郭志国座谈。新隆福公司汇报地区业态提升发展工作情况和需要区政府支持、协调事项，与相关部门交流讨论	王清旺
5月22日	金晖调研文物保护、五道营胡同业态提升工作，在柏林寺察看文物修缮和腾退利用情况、管理使用现状；实地察看五道营胡同业态经营及环境综合整治情况，并召开座谈会，研究业态提升工作方案	赵海东
5月28日	金晖调研百荣世贸商城业态转型进展，察看一期、二期零售商户经营现状，了解批发仓储业态疏解进展、商城转型零售情况和各层空置率	
6月5日	金晖到龙潭中湖公园改建工程施工现场调研，察看北门广场、滨湖活动馆、摩天轮广场、园林科普馆、高空栈道等建筑和设施的建设进展情况，检查龙潭西湖调蓄工程施工现场	
8月28日	金晖调研住宿业提升工作，实地察看Stey王府井酒店、建国·璞隐酒店设施改造情况。在荷华明城大厦察看写字楼改造、酒店及相关配套设施更新情况，并召开座谈会	刘俊彩
9月2日	金晖调研文明城区创建工作，实地察看安定门街道五道营社区、和平里街道新建路社区文明创建宣传、基础设施建设、环境卫生状况等情况，慰问社区工作者，并对发现的问题提出具体整改要求	
10月1日	周金星调研东直门交通枢纽项目，听取项目功能定位、商业发展规划等情况汇报，实地察看项目进展情况并召开座谈会	李妍、陈献森、赵海东
10月10日	周金星调研区内重点空置楼宇，实地调研盈地大厦、国赫宫、览海大厦、西部会馆、敬业西里项目，察看楼宇现状，了解历史沿革和未来使用计划	李妍
10月14日	周金星调研中关村东城园，察看东二环、北二环总部大厦集聚地，中粮置地、金隅环贸、航星园、歌华大厦等楼宇园区产业分布和青龙地块情况，并召开座谈会	赵海东、孙扬
10月16日	周金星调研中轴线申遗综合整治工作，在永定门公园察看御道遗址考古、保护、展示及文物认定情况。登永定门城楼，了解永定门城楼保护及展示提升等相关工作情况。在天坛医院西门了解天坛医院旧址拆除工作。在北京自动化仪表二厂了解拆迁腾退工作进展情况。在天坛公园西门察看环境整治工作进展情况。在珠市口南“正阳居”察看待拆除建筑情况和中轴线南段御道贯通性恢复情况。登鼓楼察看钟鼓楼文物修缮展陈及钟鼓楼周边综合环境整治情况	李妍、陈献森、刘俊彩、孙扬、苏昊、毕博闻
11月2日	周金星到区政务服务中心调研“为民办实事”工作落实情况，察看大厅各窗口，了解“办不成事”反映窗口、“两区”建设人才领域专区、服务中央单位和驻京部队窗口、跨区域通办窗口、24小时自助服务区运行情况。察看区公共资源交易平台场地情况，了解全区公共资源交易工作情况	
11月7日	周金星到区城指中心为民服务大厅调研接诉即办工作，听取区智慧城市精细化管理融合平台相关情况汇报，察看城市管理、“12345”接诉即办等平台运行情况，了解极端天气、供暖保障、扫雪铲冰等“12345”热线诉求办理情况	孙扬
11月12日	周金星调研区文化活动中心项目，听取项目进展、场馆功能布局、试运营方案、物业保障等工作情况汇报，察看文化馆、图书馆、档案馆、剧场等区域建设情况	

续表8

时间	内容	参加调研人员
11月17日	周金星调研永定门外街道重点项目，实地察看宝华里危改项目和望坛棚户区改造项目，了解工作进展。召开座谈会，听取重点项目工作进展情况汇报并研讨重点问题	陈献森、薛国强、刘俊彩
12月19日	周金星调研街区保护更新工作，在南锣鼓巷地区，察看蓑衣胡同9号、11号、14号、15号，福祥胡同19号，帽儿胡同27号、23号，北兵马司胡同7号（涵珍园）院落腾退和利用工作，了解南锣鼓巷地区街区保护更新工作开展情况。在嵩祝院西巷胡同察看智珠寺文物活化利用、文化产业发展情况；在嵩祝院胡同、大学夹道胡同、三眼井胡同，察看皇城景山街区申请式退租二期项目、一期项目退租院落情况	苏昊

（郑亚男）

【“数字王府井 冰雪购物节”活动】2月6日，东城区“数字王府井 冰雪购物节”数字人民币试点活动正式启动。在京市民252万人参与预约报名本次活动，中签用户5万人中4.61万人开立数字人民币钱包并领取红包，领取总金额921.76万元；中签用户累计发生支付6.62万笔、金额1157.37万元。此活动在全国数字人民币已开展的应用场景试点中，实现活动报名人数第一、测试次数第一、执行次数第一、消费比例第一。

（郑亚男）

【东城智能金融论坛举办】3月27日，2021年东城智能金融论坛暨北京REITs产业联盟成立仪式在丽晶酒店举办。国内外智能金融领域知名专家学者、金融企业和机构代表150余人，研讨基础设施公募REITs发展路径，发布《东城区支持金融业创新发展的若干措施（试行）》，助力东城构建首善金融生态圈。东城区主导成立北京REITs产业联盟，致力于开展相关市场和行业研究，搭建专业机构交流合作平台，促进基础设施投资。东城区与深交所签署战略合作协议，并就高质量推动金融创新发展等达成共识；与新华基金管理公司、北京华成函式技术有限公司签署合作意向书成立Pre-REITs基金。

（郑亚男）

【“燃购东城”消费季启动】4月28日，2021“燃购东城”消费季在来福士购物中心正式启动。活动设置美食东城、韵味东城、品质东城、悦动东城4个重点板块，在隆福寺、王府井、前门等五大商圈，围绕购物消费、时尚消费、数字消费、美食消费等推出22个专项活动。“五一”期间，王府井、前门商圈分别举办北京时装周国潮市集、国潮老字号市集；7月至8月，隆福寺地区推出夜间精品“国潮书市”；9月至11月，举办东城金秋购物季。王府井东方新天地启动地区首个文化科技融合项目——“故宫以东·城市盲盒”数字沉浸体验空间，并配套推出线上“城市旅游体验盲盒”系列内容，打造城市文旅新玩法。

（郑亚男）

【连锁餐饮企业“告知承诺制”试行】6月，东城区在全市率先试行直营连锁餐饮服务企业“告知承诺制”。对在辖区有3家以上直营连锁经营门店的餐饮服务企业，行政部门随机抽取1—2家门店现场评审核定，通过审核即可进入试点企业名录。名录内企业开办新门店时，无须行政部门现场核查等环节，只需自我评估经营条件，

4月28日，2021“燃购东城”消费季活动在北京来福士购物中心启动（张传东摄）

承诺守法诚信经营，即可当场发放食品经营许可证，较一般审批流程至少节约5个工作日。许可完成后30个工作日内对新开门店开展全项目检查，对存在问题较为严重或以欺骗手段获得许可的，实行“一家门店失信、企业总部移出名录”，并对门店依法处理。

（郑亚男）

【王府井论坛成功举办】7月28日，“2021王府井论坛”在北京饭店举办，汇聚各方力量助力“全国示范步行街”新发展。论坛以“新格局、新消费、新机遇”为主题，举办主论坛与“文商跨界 融合有道”“数字赋能 创新无界”两场主题论坛，与会嘉宾重点围绕“双循环”新发展格局带动消费转型、后疫情时期消费市场新格局、北京国际消费中心城市建设和“两区”建设发展机遇等进行交流研讨。王府井全国示范步行街现场揭牌，东城区人民政府与北京首旅集团、北京发行集团、新鸿基地产、长江实业集团等7家企业联合签署“共同打造王府井国际化消费区域”的战略合作协议。全联房地产商会商业地产工作委员会发布八大“全国商业创新场景案例”。

（郑亚男）

【文化与金融合作示范区支行落地】7月，东城区打造文化与金融合作的“东城样本”，首批国家文化与金融合作示范区支行揭牌仪式在隆福寺文创园举行。首批包括中国工商银行、中国银行、北京银行3家银行。东城区与驻区文化企业签约合作，建立文化企业信用评级、文化信贷风险补偿、文化创业投资扶持引导、文化资产定价流转4个体系，探索文化金融产品和服务、文化与金融合作模式创新。举办“文菁汇”文化金融沙龙活动，搭建政府部门、行业专家、文化企业与金融机构的常态化活动社群，推进国家文化与金融合作示范区建设。

（郑亚男）

【北京国际戏剧中心落成启用】9月2日，北京国际戏剧中心落成启用。该中心位于首都剧场东侧，总建筑面积约2.3万平方米，内设两座专业话剧剧场，分别为700座的曹禺剧场和200余座的人艺小剧场，其中曹禺剧场可在短时间内完成4个不同场景切换并实现多维度空间变换，着重开展戏剧探索和创新实践及国内外高水平戏剧作品的交流展演。剧场设计兼具现代感和科技感，建成由3.2万块玻璃砖砌成的L形幕墙、动静结合的投影墙，设有展廊、咖啡厅、文创中心、戏剧沙龙等公共空间，利用有限空间打造富于变幻的剧场效果。新剧场投入使用后，将与北京人艺已有的首都剧场、人艺实验剧场、菊隐剧场共同构成错落有致的专业剧场群，为人艺未来的创作和演出提供更丰富的可能。

（郑亚男）

【“中轴线上”系列文化活动启动】9月28日，东城区启动“中轴线上”系列文化活动。以“中轴揽胜 文润东城”为主题，举办“赏·中轴之美”“听·中轴之音”“品·中轴之韵”“汇·中轴之智”四大板块10余场互动体验活动，挖掘中轴线文化内涵，生动讲好“中轴故事”。聚合区域内中轴线申遗的11处遗产点资源，因地制宜开展文化活动。依托鼓楼文化地标推出文化论坛，举办故宫建筑艺术公开课、正阳门“北京雨燕”慢直播、古建音乐季等活动，实现“月月有活动、处处有体验、时时有精彩”。以“文化+科技”为手段，将中轴线及周边建筑、历史风貌数字化呈现，让文化遗产“活”起来。推动古建筑与AR、5G+8K等技术融合，筹办“未来视觉”中轴线数字创意展、“京韵新国潮”老字号设计大赛等活动，推动中华优秀传统文化创造性转化、创新性发展。

（郑亚男）

【环二环东城段林荫骑行环线完工】11月，环二环东城段林荫骑行环线建设主体工程完工。二环东城段北起钟楼北桥，南至陶然桥西，主路全长17.5千米，双向慢行系统总长度27.5千米。完成慢行系统全面提升。针对不同路段特点分段施策，北二环按机动车道应压尽压、非机动车道宜宽则宽原则，增大骑行空间；东二环通过调整机动车禁驶区，确保非机动车路权；东南二环及南二环通过完善安全设施，消除安全隐患。完成交通设施智慧化改造试点。在雍和宫桥区建设

10月，市民在北京国际戏剧中心曹禺剧场观看北京人艺新版《雷雨》演出（林萱摄）

智慧斑马线，实现发光斑马线与红绿灯同步联动，降低人车冲突，并同步增加桥下安全岛、电子提示牌等智慧设施，形成基于发光提示系统的安全过街体系。完成7座重点立交桥区混行改造。

（郑亚男）

【服务驻区中央单位】2021年，东城区创新机制提升“四个服务”水平。建立中央政务服务三级专员制度，为驻区中央单位配齐区级调度专员、行业服务专员、区域服务专员，实现职能对接、精准服务。同时，依托三级专员成立服务驻区中央单位疫苗接种服务团，有效提升驻区中央单位疫苗接种率。在17个街道政务服务大厅全面推广服务中央单位和驻京部队窗口，推出“菜单式”服务，对重点诉求单独立项。推动央地协同互动，定期组织中央单位、行业服务专员和区级部门召开双向服务对接会，争取中央单位有关政策和服务支持。

（郑亚男）

【解决“办不成事”问题见实效】2021年，东城区创新举措推进解决“办不成事”问题见实效。成立区级工作专班，参照“接诉即办”模式，纳入50余个区级职能部门、街道及水、电、气、热等民生重点领域企业，在全区各级政务服务中心设置“办不成事”专窗28个，汇总分析企业群众诉求问题，按照分级办理、多方会审、一事一议的服务模式解决。按照诉求难度设置3个等级响应机制，并动态“提级”。其中三级响应针对普通诉求问题；二级响应针对涉及多部门、情况复杂诉求，启动联审联办机制，邀请企业和群众研讨；一级响应针对特殊诉求和疑难问题，报送区级工作领导小组“一事一议”解决。按照政策、政务服务、办事系统、企业群众自身等事项，分类总结分析问题并提出针对性举措，形成长效机制。

（郑亚男）

【新型消费空间格局构建】2021年，东城区构建“一轴一带两核三圈”消费空间新格局，加快建设国际消费中心城市引领区。“一轴”即中轴线，扎实推进中轴线遗产保护，营造良好文化遗产环境，全面烘托中轴线作为城市骨架的统领作用。“一带”即打造崇雍大街沿线文化消费融合发展带，优化提质交道口、美术馆、东四、天坛等区域，串联老城重要公共空间、历史节点、城市地标、胡同文化，打造老城特色文化展示和高端品质空间载体，培育新消费热点，促进文商旅深度融合。“两核”即故宫—王府井—隆福寺“文化金三角”和前门商圈，分别打造“文化+旅游+商业+科技”深度融合的世界级消费地标、古今交融的世界商业文化交流体验街区。“三圈”即东直门、崇外、永外三大区域级特色商圈，结合城市更新，推进商圈改造升级，突出特色发展。

（郑亚男）

【冬奥会服务保障】2021年，东城区做好北京冬奥会、冬残奥会服务保障工作。完善冰雪硬件场馆设施建设，新增冰雪场地11处、总面积3.3万平方米。其中建成天坛体育活动中心滑雪馆、地坛体育中心冰壶馆、和平里地下速滑馆，与115中学合作建设700平方米季节性冰场。加强后备人才培养和社会化培训，连续4年开展冰蹴球项目和冰雪项目社会体育指导员培训班；组建短道速滑等12支冬季项目运动队，评定22所校园冰雪特色学校、16所冬奥教育示范学校。打造“冰雪嘉年华”“非遗遇上冰雪”等品牌活动，持续推动冬奥教育进校园、进课堂，并结合疫情防控实际，推出线上“冬奥课程”。加强与河北省张家口市崇礼区交流协作，组织开展4次“东城—崇礼”全民健身冰雪交流活动，依托地坛体育中心冰壶馆培训河北省张家口市崇礼区中小学体育教师35人。

（郑亚男）

【对外招商和企业服务模式创新】2021年，东城区创新对外招商和企业服务模式，在沪深两地建设京外投资促进服务站。创新“政府+国企平台+市场专业团队”联合对外招商模式，依托区属国企分别在上海、深圳建成2处投资促进服务中心，派驻招商服务专员开展招商引资，创造更多与长三角、珠三角地区城市间产业发展和投资促进机会。服务站旨在宣传北京市和东城区优化营商环境政策措施，重点围绕文化、金融、信息服务三大产业，发挥招商信息收集、渠道建设、企业服务和项目落地保障等职能。计划每年对接200个以上招商资源，拓展20家以上招商中介，举办至少10场招商推介活动，吸引企业到首都投资兴业。

（郑亚男）

【“双减”工程全面启动】2021年，东城区全面启动“双减”工程，加快推动教育优质均衡发展。拨付专项补助资金5000余万元保障普惠性幼儿园发展，通过推进天坛南里小学改建幼儿园工程、鼓励单位办园扩班扩招等增加普惠性学前学位供给。加强义务教育阶段学位研判，实现小学扩班53个，新增学位3092个，确保学位供给2000个年度目标落地。严格监管线上培训，严查无许可违规恢复线下培训、叫停违规招收新生。全区45所小学分两批开展为期24天的托管班。与清华大学、北京大学、北京师范大学等高校建立战略合作，加大高端人才引进力度。

（郑亚男）

【公园社会化运营管理新模式探索】2021年，东城区以龙潭中湖公园为试点探索公园社会化运营管理新模式。实行监管分开、运维一体。企业开展整体运营，管理团队设置15个核心岗，具体工作由社会专业力量承担；区公园管理中心做好监督，区财政每年拨付400万元公益化运营差额补贴，大幅降低支出成本。坚持社会参与、共治共享。联动属地街道、企事业单位、院校学生与周边群众，建立“中湖小当家”志愿者队伍，协助开展文明游园宣传、游览引导、秩序维护等工作。新建可提供471个停车位的立体停车场，通过错时共享方式缓解周边停车难题。依托技术创新应用优化服务。采用蓝莓维保云与钉钉办公系统高效管理安保、保洁等人员，科学调度设施维护等工作；开通微信预约小程序，实现预约入园、公园导览、活动报名等功能；推出“中湖小管家”线上服务，线上快速解答游客问题、及时处理投诉与建议。

（郑亚男）

【“信用+医疗”试点推进】2021年，东城区推进“信用+医疗”试点，为守信市民提供先看病后付费服务。项目选取和平里医院、普仁医院和全区社区卫生服务机构试点，由农业银行东城支行提供资金支持，北京金融大数据公司和阳光保险（信医康公司）提供技术支持。市民通过东城区信用就医平台微信公众号进行“身份+人脸核对实名认证”后，平台调用信用评估模型对用户进行信用授权审核，审核通过的用户即可享受服务。通过业务整合，免除挂号、检查、检验、取药等环节排队缴费，实现医疗付费零排队，平均节省患者约60%就诊时间。选择信用就医的市民，医保外自费账单在离院后48小时内支付即可；对逾期未缴费情况，由保险公司先行向医院进行赔偿，再提醒市民缴费；用户在医疗场景下的守信、失信记录上报至全市公共信用信息服务平台，信用就医平台结合用户既往履约情况，每季度开展动态信用评估。

（郑亚男）

【“1+5+N”产业政策体系4.0版】2021年，东城区构建“1+5+N”产业政策体系4.0版，助推产业升级。“1”指制订《东城区加快产业创新融合 促进经济高质量发展的实施意见》作为统领性文件，立足东城资源优势，抢抓“两区”建设等重大政策机遇，明确金融、文化、信息服务业、商业商务服务业、健康产业五大产业重点发展方向，着力实现主导产业拉动明显、新业态新模式充满活力、传统产业焕发生机的战略目标。“5”指从创新提升、资金支持、空间利用、人才保障及环境优化5个方面积极培育技术、人才等效率型要素，创新要素供给方式，优化要素供给结构，形成比较有竞争优势的产业要素供给新体系。“N”指具体支撑政策，既包括从促进重点产业发展出发的支持政策，也包括资金、空间、人才等从产业要素出发的支持政策，同时包含专项和共性政策，重点突出，协同推进。

（郑亚男）

新冠疫情防控

【概况】2021年，东城区认真贯彻落实习近平总书记对新型冠状病毒感染的肺炎防控工作的重要指示，加强党的领导，牢记“疫情就是命令，防控就是责任”，把人民群众生命安全和身体健康放在首位，统一领导、统一指挥，外防输入、内防扩散，做到“早发现、早报告、早隔离、早诊断、早治疗”，把党中央和市委市政府各项决策部署落到实处。加强疫情防控工作领导小组指挥体系建设，制订防控工作方案，明确工作职责和任务，层层压实防控责任。继续实行机关干部下沉社区，先后抽调干部1622人次助力基层疫情防控。强化社区管理，落实群防群控，784个小区全部实施封闭式管理，发挥网格化精细管理的优势和信息化手段，完善“网格化+大数据”工作模式，加强数据共享，实现排查管控精准化。做好常态化疫情防控下突发事件的物资保障，科学调配防控物资，确保全区企事业单位和人民群众的生产生活安全稳定有序。

（赵　妍）

【流调溯源】2021年，区卫健委处理各类密接协查及相关疫源地协查2505件，管控东城区密切接触者879人、密接者2040人次，合计管控2919人。排查新冠肺炎病例活动轨迹疫源地15个，完成密接798人、次密339人、高风险人员1.16万人的判定及管控；人员采样检测1.24万人次；环境采样检测3210件，检出阳性6件；完成风险区域划定及管控。

（孟亚男）

【医疗保障和院感防控】2021年，适应常态化疫情防控工作需要，更新完善东城区新型冠状病毒肺炎专家组成员信息。推进定点医院建设，组织专家检查和指导新冠肺炎定点救治医院设置管理规范情况。排查中高风险地区来京就诊患者479人，涉及医院均落实各项防控措施。协调为集中（或居家）隔离相关患者13人提供个性化医疗服务。组织完成2800余人参加的院感防控线上培训；完成2家社区发热筛查哨点建设的指导和验收；现场检查指导5家新冠肺炎隔离点的环境布局、接诊流程等；对300余家医疗机构院感防控、发热门诊等开展专项督导检查15次；建立网格化院感督导检查体系，组织区院感专家对监督检查存在问题的200余家医疗机构进行复查和现场指导。

（孟亚男）

【新冠疫苗接种】2021年，区卫健委采用临时接种点全天候接种、3-11岁专场接种点、重点单位上门接种等多种途径，完成新冠疫苗接种288.31万剂次，其中成人接种264.16万剂次、12-17岁人群接种9.58万剂次、3-11岁人群接种14.57万剂次；参与新冠疫苗接种工作的防保人员、医院医生、护士、急救人员10.84万人次。

密接人员全程管理全覆盖，累计管理密接者4351人。

（孟亚男）

【检验检疫】1月、10月，东城区分别组织大规模核酸检测、重点人群核酸检测，第一时间启动区、街道、社区三级指挥体系和工作预案，大规模核酸检测累计采样82.7万人。建立区级核酸检测“一图一册一表”及街道核酸检测“两图三表”精细化管理模式，相关经验在全市推广。优化16项制度机制，在北京市核酸检测组织实施能力验收中，以100分的成绩通过验收，位列全市第一。

（王铁桥）

【社区防控】2021年，东城区落实市、区疫情防控工作领导小组部署要求，制订《东城区加强社区疫情防控工作方案》《东城区强化社区防控应急预案》《东城区社区防控应急演练工作方案》，从严从紧、有力有序抓好社区防控、检疫检测、疫苗接种各项工作。1月19日，印发《东城区加强社区疫情防控工作方案》《东城区强化社区防控应急预案》。1月20日，印发《东城区社区防控应急演练工作方案》。优化完善社区防控工作体系，紧盯春节、全国“两会”、“七一”等重要时间节点，多次抽调机关干部下沉社区，指导街道、社区严格落实常态化防控措施，夯实疫情防控基层基础。11月2日，制订《关于下拨专项经费用于支持街道开展社区疫情防控工作方案》，向各街道下拨180万元区管党费，用于保障一线防控工作（和平里街道、永定门外街道各下拨15万元，其余15个街道各下拨10万元），由各街道负责统筹使用，用于购买一线人员防护物资、购买社区防控各类仪器设备等。在17个街道168个社区及7个区管集中隔离点开展学习培训“个人防护指引”330余场，一线工作人员3500人次参加学习。

（王铁桥）

【规范处置疫情垃圾】2021年，区生态环境局采取线上报送线下检查方式规范处置新冠肺炎疫情防控类垃圾。每天线上专人统计全区医疗废物及涉疫情医疗废物产生量、处置量，定期对辖区发热门诊及隔离酒店进行现场检查。至年底，全区发热门诊产生医疗废物2128.1吨，其中涉疫情医疗废物178吨，均交由专业处置公司进行处置。疫情期间重点监管辖区发热门诊、隔离点、涉核酸检测及新冠疫苗接种点，确保涉疫情医疗垃圾和重点管控生活垃圾的源头管控、及时收运和无害化处置，集中隔离场所污水进行必要处理，防止疫情扩散与传播。

（苏　蕊　魏铭哲）

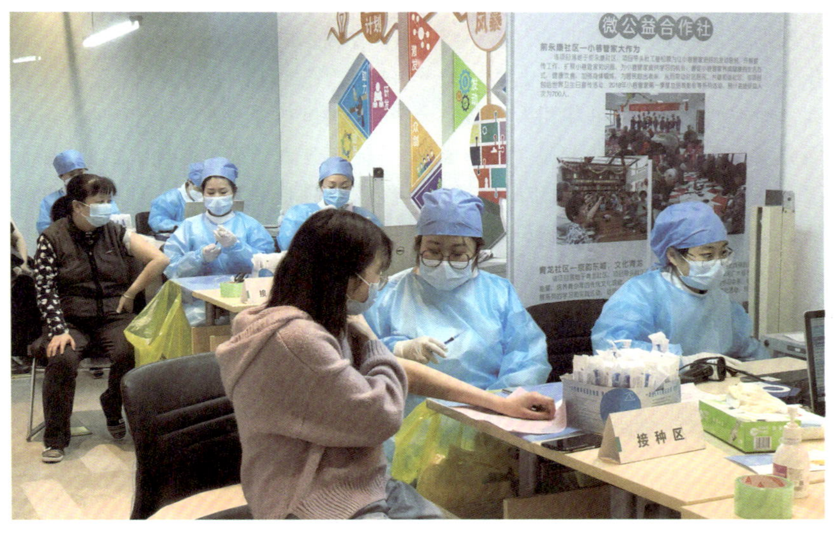

4月12日，居民在北新桥街道增设的“新侨之家”疫苗接种点接种新冠疫苗（全磊摄）

【应急物资调拨】2021年，根据疫情形势变化和疫情防控工作要求，区应急局统计各街道需求，根据实际工作点位合理分配物资，向各街道和防疫点调拨帐篷169顶，为全区疫情防控工作顺利开展提供保障。对市核酸检测组支持调拨的100顶保暖帐篷和1000件棉大衣，连夜进行二次分配和调剂，将防疫物资第一时间送到疫情防控一线，解决防寒保暖物资紧缺难题。

（李　娟）

【工业企业疫情防控监督检查】2021年，区应急局有序开展工业企业疫情防控监督检查。落实市应急局下发的《工业企业疫情防控重点检查项目表》，实施街道安全生产检查队日巡查、区局执法队周覆盖的检查机制，督促北京博士伦眼睛护理产品有限公司、北京航星科技有限公司2家涉进口货物工业企业落实《进口非冷链货品的常态化疫情防控指引》要求，全年对辖区6家工业企业检查869次，保障工业企业落实疫情防控要求。

（谢韫泽）

【防疫物资保障】2021年，区商务局做好常态化疫情防控下突发事件的物资保障，建立健全指令清晰、调拨顺畅的物资保障调运体系，完善全员核酸检测采样物资保障机制。制订《东城区核酸检测所需应急物资储备保障方案》《东城区封闭小区生活必需品、餐食保障工作预案》，开展生活必需品应急保障培训及桌面推演，启动“点对点”补货、保供联盟等应急机制，国有企业、连锁企业、大型商超发挥社会担当，做好货源组织，人力、运力保障，确保不闭店，不涨价、不断货。东城区在全市16个区率先完成街道应急物资储备库全覆盖，储存物资47大类3.42万件。开展9次调拨任务，调拨164顶帐篷和60个应急灯，保障核酸检测和防疫需求。

（梁俊丽）

【防疫复工复产】2021年，区市场监管局以常态化疫情防控为重点，开展多轮次全覆盖监督检查，累计出动执法力量6.51万人次，检查市场主体51.25万户次，整改问题3246个，通报问题主体88批、1776户次。坚持人物同防，开展核酸检测"周周检"，完成冷链从业人员约10.5万人次及外环境27万件核酸检测，结果全部为阴性。开展夏季冷链食品、"五类水产品"和中高风险地区产品专项排查，检查冷链主体1287户次、处置相关食品31吨，排查冷库750个。落实"四类药品"清单目录和销售登记报送制度，接收并推送"四类药品"信息85万余条，全覆盖检查药店1040户次，关停45户。完成市场领域重点从业人员加强免疫接种4.19万人，接种率105.47%。为新设市场主体免费刻制印章5018套，节省开办成本约150.54万元。停征306户次中小微企业特种设备检验费65.89万元。助力企业知识产权质押融资319件，融资金额2.87亿元。全区1.05万户市场主体实现安全复工，复工率为96.26%。

（李 琦 续 慧）

8月，执法人员在王府井百货大楼检查疫情防控情况（王峥摄）

政务服务管理

【概况】东城区政务服务管理局（简称区政务服务局）是贯彻落实中央、市委关于政务服务工作的方针、政策、决策部署和区委有关工作要求，在履行职责过程中坚持和加强党对政务服务工作集中统一领导的政府工作部门。2021年，区政务服务局落实政务服务领先行动计划，深化"放管服"改革，优化办事流程，推进综合窗口改革，持续优化营商环境。优化政务服务，完成政务服务事项标准化梳理，开通"跨区通办"和"跨省通办"业务，开展法定工作日延时服务，设立服务中央单位和驻京部队窗口，建成17个社区政务服务示范站。加强信息化建设，持续推进"一网通办"。深化政务公开，推动信息公开规范化、政务公开常态化建设，打造阳光透明政府。完成政府采购和建设工程发包承包交易划转职能任务。深化党建引领，扎实开展党史学习教育，组织"党史学习我主讲""政务服务我主播"等活动。开设"办不成事"反映窗口，收集案例176项并全部解决。在第三届"北京榜样政务服务之星"评选中，东城区1人获"政务服务之星"，7人获"贴心服务标兵"，获"十佳案例"2篇、"优秀调研报告"2篇。

（王晓瑜）

【机构调整】4月28日，区国资委所属北京市东城区政府采购中心整建制划转区政务服务局，区住房城市建设委所属北京市东城区房屋安全事务中心承担的建设工程发包承包交易相关职责划入区政府采购中心（东编委［2021］77号批复）。8月27日，区编委批复（东编委［2021］130号）将建设工程发包承包交易相关职责从区政府采购中心调整至区政务局所属区行政事务保障中心。10月15日，区编办批复（东编办［2021］109号）政采中心机构职能编制规定。

（张小璐）

【深化"放管服"改革】2021年，区政务服务局进一步落实简政放权，落实国务院和北京市18项取消、1项下放和3项承接的行政许可事项，清理规范39项中介服务事项。深化审批制度改革，67项涉企经营事项"证照分离"改革落地。223项涉企经营事项推行告知承诺，全年办理3.53万件。16项证明事项实行告知承诺制，全年办理3.18万件。进一步优化办事流程，110次"局科长走流程"活动发现问题79个，全部明确整改措施和时限。全力推进综合窗口改革，全区1707项政务服务中85.71%实现"委托受理"，86.02%实现"授权审批"，98.27%的涉企事项进驻区级大厅。

（王泽安）

1月，东城区政务服务管理局在全区各级大厅设立反映"办不成事"窗口，解决企业群众急难愁盼的问题（区政务服务局提供）

【优化营商环境】2021年，区政务服务局完成世界银行、国务院督查调研组对北京的营商环境评价、国务院第八次大督查和国家营商环境评价等工作。开展政策培训，通过自主学、集中学、辅导学、交流学、干中学的"五学"模式，组织各级大厅持续开展学习、培训，打造"东东微课堂"培训品牌。"东东微课堂"推出7个专题、86场次，合计1584人次参加培训。举办东城区优化营商环境政策4.0版知识竞赛，组织完成东城区优化营商环境"千人千题"竞赛考试，确保优化营商环境改革4.0新政全面落地。

（王泽安）

【三级政务服务体系建设】2021年，区政务服务局持续做好各大厅疫情防控。督促指导区街25个政务服务大厅做好疫情防控，坚持便民服务，推行网上办、预约办、就近办、邮政办，依托网办系统、在线导办等形式确保全天候、不间断提供"零等待"咨询服务。全年接待办事企业群众170万余人次，办理事项258万余件，其中现场办理116万余件，不见面审批141万余件。持续做好"四个服务"，推进服务中央单位和驻京部队事项进入政务服务大厅，创新打造"五个一"服务模式。指导督促无障碍环境建设，实现全区25个大厅实现无障碍视听交互系统大厅全覆盖。做好政务服务"好差评"工作，督促区街各大厅使用并主动邀请办事人使用评价器进行评价监督，全年处理市局反馈漠视群众利益办件12件。推进社区政务服务站规范化、标准化建设，统一社区级政务服务事项清单，创建17个社区政务服务站示范站点。承接市政务服务局转办的区级、街道（乡镇）级政务中心、区级部门专业大厅的政务服务投诉与建议38件，全部按期办理并反馈。

（蒋宛希）

【政务公开】2021年，编制东城区2021年政务公开工作要点，对标9个重点领域评估指标"应公开尽公开"。全区受理依申请公开991件。区政府网站全年发布信息3.85万条，动态更新政府信息公开"全清单"3550条。发布区政府公报7期。发布区政府常务会会议信息20次并全部同步图解，公开部门会议信息49次。对39个主动公开政策性文件进行意见征集并公开征集结果。全区举办政务开放日活动30余场，开展"政策公开讲"活动20余场。区政府网站上线新专题20余个，访问量近580万次。

（李　曼）

【政务新媒体管理】2021年，严格政务新媒体管理，按照北京市检查指标要求，建立政务新媒体检查周报制度和更新预警机制，对全区账号的备案、变更、注销等操作进行实时监管。全区在册政务新媒体账号70个。

（李　曼）

【数字服务建设】2021年，区政务服务局聚焦企业群众办事痛点、堵点，依托数字服务平台，不断丰富服务场景，系统性推进东城数字服务建设。推进全程网办，提升全程电子化率。完成区、街电子印章的"应刻尽刻"，17个部门已授权综合窗口使用，实现电子印章在政务服务事项中的应用。全面实施电子化归档，完成741个事项电子档案归档配置，实现电子文件的"应归尽归"。推动政务服务事项办理渠道向移动端拓展，实现202项区级事项移动端办理。不断优化业务流程，推进数据共享。至年底，390项区级依申请政务服务事项除涉密和法律法规另有规定外，355项（91%）实现"全程网办"。推进"互联网+监管"，确保100%完成检查实施清单梳理。推进办件数据汇聚，按照"应汇尽汇"要求，梳理区级办件数据汇聚台账，每天向市级平台全量汇聚办件数据，并接受数据质检，确保数据连续、规范、完整、可用。

（李　坤）

【公共资源交易】2021年，公共资源交易发布项目公告381个，总交易金额24.98亿元，进场交易项目55个。

（李　坤）

【政务服务提质增效】2021年，区政务服务中心接待办事人23万人次，日均900余人次，累计受理13万余件，累计出件8万余件，接听政务热线6万余人次，回复在线咨询2万余人次。接待各级领导和兄弟单位参观调研24批次、200余人次。新开企业4661户，免费刻章4629套，为企业节约成本138.87万元。做好新冠疫情防控，坚决做到“三必”（口罩必戴、健康宝必查、体温必测），坚持“日报告”“零报告”制度，大力推行线上办、容缺办，预约办、帮办代办、EMS双向寄递等提供延伸服务，保障中心干部及窗口工作人员全部接种新冠疫苗，佩戴“我已接种疫苗”胸牌上岗。全力开展“综合窗口2.0”改革，实现进厅42家单位1463个事项综合窗口的委托受理，占全区事项的85.71%，授权审批事项1304项，授权审批率86.02%，同时推动98.27%的区级涉企事项集中进驻区政务服务中心。探索推进“跨区域通办”工作，与3个省市签署合作协议，确定150项跨省通办事项。在“跨区通办”方面，与10个区签订框架协议，确定26项跨区办理事项。推动服务“两区建设”工作，协调区公安分局出入境、区委组织部、区财政局及区机关事务管理服务中心，在区政务服务中心三层开辟服务“两区建设”工作专区，设置7个窗口办理外国人工作许可、工作类居留许可等事项。落实服务中央单位和驻京部队，践行首都功能核心区“四个服务”工作，打造“外联+大厅”工作模式，全年办理事项135件。

（李　菲）

【“接诉即办”工作】2021年，区政务服务局建立健全《东城区政务服务管理局市民服务热线“接诉即办”工作方案》，明确细化责任，按照“接、派、办、督、回”五步工作流程，做好案件办理，以响应率、解决率、满意率为核心内容，以解决诉求为导向，优化办事流程，提升政务服务效能。全年按要求从区级平台办件74件，办结率100%。

（李　菲）

【监督管理】2021年，督办核实预警、到期、超期事项2133件。全年接待群众来电来访153次，咨询答复118次，办理解决30次。做好投资项目在线审批平台监管，对平台系统中未赋码、预警、超期的事项进行查询提醒，协调相关委办局对市级平台每日通报事项进行查询、处理。做好平台系统日常监管，严格审核开通账号、信息修改、删除申请单等操作。做好平台技术、业务问题对接，全年处理平台预警事项589项，无证照事项17项，问题事项2项。受理、审核、上报开通和注销监管平台账号申请14件。受理、审核、上报审批事项数据修改、删除申请4项。

（李　菲）

【政府采购】2021年，区政府采购中心完成区文化旅游局智慧文化馆图书馆信息化设备采购（集采）、东城区文化活动中心图书馆读者家具采购及东城区文化活动中心文化馆家具采购等项目的招标工作。完成预算资金1665.56万元，中标金额1132.3万元，节约资金533.26万元，节约率32%，政府采购满意度始终保持在100%。为全区39家单位，50余人次办理开通政府集中采购系统权限。有序安排公共资源项目进场交易，做好政府分散采购进场交易服务，配合区建委工程建设项目招投标工作，合理安排交易场所和设备，及时收集发布公共资源交易信息。9月，政采中心负责分散采购中介代理机构进场交易后，完成交易项目40个，预算资金1.62亿元。研究制订中介机构进场管理相关办法，出台《东城区公共资源交易平台入驻招标代理机构管理办法（试行）》及《东城区公共资源交易平台疫情防控管理办法》。助力优化营商环境，不再要求企业提供可以通过互联网查询的信息，对项目招标文件中有关供应商“信用记录”“投标材料的提交”等部分进行修订，方便供应商参与政府采购项目。配合区发改委市级优化营商环境条例评价迎检工作，组织企业进行优化营商环境线上培训。在2021年市级优化营商环境考核工作中，区政府采购考核指标获全市第二。

（张小璐）

人事管理

【概况】东城区人力资源和社会保障局（简称区人力资源社会保障局）是负责全区人力资源和社会保障工作的区政府工作部门。2021年，区人力资源社会保障局成立党史学习教育领导小组及办公室和党史学习教育巡回指导组，制订关于开展党史学习教育的工作方案、“我为群众办实事”实践活动工作方案、共青团“学党史、强信念、跟党走”学习教育工作方案和党史学习教育巡回指导组工作方案，组织21次理论中心组学习和习近平总书记“七一”重要讲话、党的十九届六中全会精神等7次学习交流研讨。建成党员活动室和党史文化墙，开辟线上学习专栏，制作3期、6版宣传橱窗，制发27期党史学习教育简报，确定26个科室部门79个“我为群众办实事”项目，将“做好疫情形势下的稳就业保就业工作”“强化农民工工资保障”等5个实事项目列为“一把手”工程，“我为群众办实事”任务清单完成率达100%，5个区级实事项目全部完成。研究制订局党组《2021年推进党的建设 深化全面从严治党工作要点》，对18项要点任务、82项平台任务进行跟踪督办，逐级签订《全面从严治党主体责任任务清单》。稳步推进人事综合管理系统上线运行，形成对事业单位人员从“进、管、出”到“考、奖、惩”的科学管理和有效监督。选派政治素质过硬、综合素质较高的干部81人参与中国共产党成立100周年服务保障、大规模事件应急处突等重点项目。机关党委被市委授予

"北京市先进基层党组织"称号，区社会保险基金管理中心团支部被共青团北京市委、北京市人力资源和社会保障局授予"北京市五四红旗团支部"称号。

（钱　前）

【专业技术人才推荐】2021年，区人力资源社会保障局向北京市推荐正高级经济师4人、正高级会计师2人参与正高级经济师（会计师）专业技术职称评审推荐工作。向北京市推荐工程领域高端领军人才7人参与工程技术、自然科学和社会科学研究系列领军人才"直通车"职称评价推荐工作。向北京市推荐申报4家公司设立博士后工作站及创新实践基地。

（钱　前）

【事业单位招聘】2021年，全区通过招聘补充事业单位工作人员900人。其中，区公共管理服务类事业单位招录104人；区教育系统招录教育、教学、教辅人才484人；区卫健系统招录医疗、护理、医管人才312人。

（钱　前）

【职员等级晋升】2021年，区人力资源社会保障局对全区17家街道所属71家事业单位进行摸底测算，研究制订《东城区事业单位管理岗位职员等级晋升制度实施方案》及工作手册。

（钱　前）

【工作居住证办理】2021年，区人力资源社会保障局制订《东城区2021年〈北京市工作居住证〉办证指标分配方案》，全年受理工作居住证申请9000余人次，为金融、文化、信息服务等重点产业引进优秀非京生源毕业生74人。

（钱　前）

【人事考试情况】2021年，区人力资源社会保障局加强人事考试管理，持续推进"三查""两对""一存留"的网上资格审核制度，完成网上资格审核1.3万余人次。落实人事考试疫情防控措施，完成17项考试任务，服务考生11万余人次。

（钱　前）

调查研究

【概况】东城区人民政府研究室（简称区政府研究室）是承担综合性政策研究和咨询任务的区政府工作部门。2021年，坚持围绕全区中心工作和重大任务，高质量开展文稿起草和调研工作。完成区政府工作报告、区政府全会、领导重要讲话等文稿180余篇47万余字。组织召开调研座谈会、专家研讨会及实地走访等各类调研活动26次，编辑撰写《研究者建言》28篇，完成市级重点课题为区政府决策提供建议和参考，发挥参谋助手作用。全面落实北京市人民政府颁布的重大行政决策程序实施意见及其他相关规定，正式组建东城区重大行政决策论证专家库，来自党政机关、高等院校、科研机构、专业智库等单位的专家53人入选，出台《东城区人民政府重大行政决策论证专家库管理办法》，推动提升东城区重大行政决策的科学性。

（程　迪）

【区重要文稿起草】2021年，区政府研究室撰写完成《2021年北京市东城区人民政府工作报告》、区政府主要领导在区政府全会上的讲话等重要文稿。牵头起草东城调研事项批示落实情况的汇报、核心区控规报告、科技赋能交通治理、公共文化服务、前门商业区业态提升情况等方面重要汇报材料。

（程　迪）

【区重点课题调研】2021年，区政府研究室牵头开展"北京市东城区'文化金三角'建设路径和策略研究"课题，发挥主导作用，指导协助项目研究团队在区内开展课题调研，组织国家发改委经济体制与管理研究所、市委研究室、京文创研究院、北京市建筑设计研究院等单位专家学者及东城规自分局、区商务局、区文旅局、区文促中心等相关单位参加课题开题会和研究成果初审会，完成7万余字的课题报告初稿。会同区城市管理指挥中心完成市级重点课题"推进'接诉即办'改革，深化'热线+网格'服务模式，推动即时办理向深度治理转变"，组织开展专家咨询会，邀请中国人民大学国家发展与战略研究院、北京联合大学管理学院等机构的专家进行座

9月14日，区政府研究室组织有关部门进行"北京市东城区'文化金三角'建设路径和策略研究"座谈（区政府研究室提供）

谈，推动成果转化。

（程　迪）

【服务区域发展】2021年，区政府研究室加强与各部门的工作配合，主动做好文稿服务，推动党史学习教育、疫情防控、疫苗接种、“两区”建设、楼宇经济、垃圾分类等中心工作的开展。研究文物活化利用、韧性城市、养老服务、接诉即办、垃圾分类、电动自行车安全管理等工作，完成《研究者建言》28篇，获区领导批示15人次，有效推动成果转化，以智辅政作用进一步发挥。选派干部参加党史学习教育督导、建党百年服务保障、下沉社区支援疫苗接种、交通路口文明岗执勤等工作。

（程　迪）

外事及港澳事务

【概况】东城区人民政府外事办公室（简称区政府外办）是区政府负责外事和港澳事务的职能部门。2021年，深入贯彻落实习近平外交思想及市、区要求，发挥区委外事工作委员会办公室统筹协调、整体推进、督促落实等工作职能，组织召开2021年区委外事工作委员会第一次会议，将党的集中统一领导贯穿全区对外工作始终。全面增强中央外交与首都外事工作政治保障力，推进国际交往中心功能建设，配合完成上合组织、俄罗斯、加拿大、比利时大使馆等43家驻华使团、外交官67人参观史家胡同博物馆活动，代表北京市参与由市友协、韩国首尔市政府组织的2021首尔友谊节线上活动，展示北京市、东城区良好国际形象。统筹做好疫情防控常态化和服务区域经济社会发展各项工作，发挥外事优势，不断提升涉外服务管理能力水平，较好完成各项工作任务。

（刘　颖）

【服务保障中央外交首都外事】3月2日，俄罗斯联邦驻华大使馆高级参赞法捷耶夫、二等秘书李善德、格尔曼卫生所所长一行3人到北京市第六医院沟通交流有关医疗诊治相关工作。3月15日，区长金晖出席香港特别行政区政府驻北京办事处“连系·香港”主题展北京站开幕式及启动仪式。香港驻京办主任梁志仁主持展览开幕仪式并致辞，副区长杨锟参加。展览于3月12—21日在王府井APM购物中心一层中庭举行。4月26日，市外交人员服务局举办“探史家胡同古韵无限，赏传统文化博大精深”活动，探访朝阳门街道史家胡同博物馆和史家胡同51号院，多国驻华使节及夫人、驻华外交官等参与，了解北京传统胡同文化，体验非物质文化遗产。6月7日，2021年中共东城区委外事工作委员会第一次会议召开，传达市委外事工作委员会有关精神，通报区委外事工作委员会组成人员名单调整情况和东城区2020年外事港澳工作情况及2021年工作要点。

（刘　颖）

【涉港工作】4月，区委统战部邀请知名专家田飞龙授课涉港专题，讲授“香港基本法”“国安法”的立法背景、效力，香港形势等内容，基层统战干部90余人参加。6月，开展“夏至东城”港人联谊活动，组织驻区港企港人8人参观北大红楼，推介红色游学线路，将党史国史教育引向深入。2021年，完成港澳籍政协委员6人推荐工作。

（周　薇）

【服务区域经济社会发展】6月至10月，充分释放APEC商旅卡政策红利，立足东城特色产业和重点领域，举办专题企业培训会2场，实地调研走访正大集团、毕马威会计师事务所、日立集团等23家区内重点涉外企业，现场“一对一”了解企业涉外需求，为驻区企业提供服务。

（刘　颖）

【国际语言环境建设】9月23日至10月13日，在王府半岛酒店、北京国际饭店等重点涉外酒店举办7场行业外语能力培训，将冬奥英语培训服务“送上门”，实现员工足不出户在酒店就能进行英语实操，一线员工200余人参加，为北京冬奥会提供良好的国际语言环境支持。9月，区政府外办制订印发《东城区“迎冬奥、促提升”国际语言环境建设工作方案》。

6月7日，2021年中共东城区委外事工作委员会第一次会议召开（刘昕炜摄）

组织开展东城区公共场所外语标识核查纠错工作，对重点涉外地区系统进行执法检查和督促整改，持续改善区域国际语言环境。

（刘　颖）

【国际友城交往】10月1—10日，区政府外办会同区文旅局代表北京市拍摄视频节目，参加2021年线上举办的首尔友谊节。首尔市政府给予高度评价，肯定双方友好合作关系，北京市友协向东城区政府致感谢信。10月，东城区组织参加“祝福冬奥·圆梦冰雪”迎冬奥倒计时100天国际青少年绘画邀请展活动并获奖。该活动由中国对外友好协会、北京冬奥组委新闻宣传部、北京市友协等单位主办，区政府外办、区教委组织区部分学校、国外友好校和部分国际友城参加，共征集作品164幅，其中东城区选送作品137幅，国外友好校选送作品27幅，国外友好校4幅作品分获二等奖、三等奖，区政府外办、区教委及区部分学校、国际友好校获评优秀组织奖。

（刘　颖）

【国际交往中心功能建设】2021年，区政府外办统筹区域外事资源，挖掘培育东城特色的国事活动场所和对外参观点，牵头调研并梳理汇总区优质外事资源并向全市外事接待资源库推荐，努力讲好东城故事。3月至6月，统筹推进北京人艺扩建北京国际戏剧中心工程项目。该项目是北京推进国际交往中心功能建设2021年重大项目，区政府外办作为牵头部门，充分加强项目统筹协调，先后多次组织召开主管区领导工作调度会，与相关部门沟通协调，定期督促汇总区内各单位工作进展，6月项目如期竣工验收，9月正式开放。10月，印发《东城区“十四五”时期加强国际交往中心功能建设规划》。

（刘　颖）

【涉外疫情防控】2021年，区政府外办严防境外疫情输入，发挥“部—市—区—街”四级协调联动机制作用，稳妥做好外交人员居家隔离等疫情防控服务保障，全力维护安全稳定的区域涉外环境。妥善处置区留学生滞留俄罗斯等涉外事件，组织开展“境外服务宝”宣传推广，做好境外领事保护工作。3月起，启动区外籍人员新冠肺炎疫苗接种并持续推进。4月7日，副区长杨锟到地坛体育馆调研区外籍人员疫苗接种情况，现场查看外籍人员接种疫苗场馆布置、医疗设施配备、中英双语宣传海报张贴情况，向协和医院及区医护人员了解外籍人员签署知情同意书、接种疫苗、疫苗反应及留观情况。4月至5月，在地坛体育馆组织各系统、各行业、各街道18岁以上外籍人员进行集中接种。集中接种完成后，确定北京港澳国际医务诊所作为后续零散外籍人员疫苗接种点继续做好接种工作。9月至10月，启动12-17岁外籍人员的疫苗接种。12月起，组织加强免疫疫苗接种和3-11岁外籍人员集中接种工作。

（刘　颖）

国内交流合作

【概况】东城区对外联络服务办公室（简称区外联办）是负责全区对外联系服务工作的区政府工作部门，加挂北京市东城区扶贫协作和支援合作工作领导小组办公室（简称区扶贫支援办）牌子。2021年，根据《中共北京市委机构编制委员会办公室关于东城区扶贫协作和支援合作工作领导小组办公室更名的批复》（京编办行［2021］131号）文件精神，经区委编委会审议同意，北京市东城区对外联络服务办公室加挂的北京市东城区扶贫协作和支援合作工作领导小组办公室（简称区扶贫支援办）牌子更名为北京市东城区支援合作办公室（简称区支援合作办）。东城区有驻区中央国家机关及部级以上事业单位40家，外省市驻京办事机构36家，对口帮扶协作地区4个，国内友好城区54个。2021年，区外联办举全区之力，推动对外联络工作建强机制、全面带动。主动融入首都发展大局，“四个服务”工作坚持聚焦第一服务，突出为中央政务服务的政治责任，服务中央单位工作考评始终居于北京市前列。巩固拓展脱贫攻坚成果，接续开展帮扶合作，推动脱贫攻坚向乡村振兴转型，使中央精神在基层更好地落地生根。11月，区外联办被市委、市政府授予北京市脱贫攻坚先进集体称号。

（王　娜）

【央地联防联控】2021年，区外联办发挥联络服务职能，协调组织驻区各部委机关，全面落实“四方责任”，在日常防控、核酸检测、疫苗接种等方面，组织协调区相关部门和街道为各部委机关给予全方位支持和帮助。组织动员40家驻区中央机关、部分中央事业单位和驻京办参与疫苗接种，持续对疫苗接种工作进行宣传动员，并做好协调服务。开展驻区单位离退休人员及3-17岁疫苗接种人员的摸排、动员和落实工作。第一时间响应中央单位疫情防控诉求，按照应检、愿检、尽检原则，联系协调40家驻区中央单位开展核酸检测，并提供分类指导服务，对需求单位提供免费上门检测服务3.7万余人。全年先后上门和联系专场50余次，总计接种超过13万针次，其中第一、二针完成率95.3%，加强针完成率超98%。

（赵怡静）

【服务中央单位】2021年，区外联办发挥“1+4+N”（即建立1个区级层面领导小组；针对重点服务对象及环境配套保障，建立4个专项工作组；形成N个配套清单）和三级服务专员机制的工作优势，加强与驻区单位联系沟通，落实区领导走访中央单位制度，全年组织协调主要领导先后走访最高检、商务部、人社部、民政部、文旅部、社科院等驻区单位30余次，加强央地高层日常交流往来，推动央地议事交流常态化。持续推进中央单位和驻京部队服务事项进入政务服务大厅工作，在东城区和17个街道的政务服务大厅设立服务中央单位和驻京部队窗口，全年累计接到行政审批和服务事项331件，其中行政审批类218件、专项服务类113件，接件答复率和满意率100%。对试点工作进行专家评估和调研，形成成果汇编手册，北京市在全市推广东城模式和东城经验。

（赵怡静）

【共驻共建活动】8月，东城区与国家体育总局“双向服务对接会”在国家体育总局召开，东城区争取国家体育总局的政策和服务包括体育产业发展、全民健身模范区建设及体育总局幼儿园建设等问题支持17条。筹备与商务部召开双向服务对接会，争取商务部支持事项9条，突出主动、精准、双向服务原则，强化统筹整合，促进央地协同互动，为区改革创新持续助力。动员驻区中央事业单位与社区结对，通过周末卫生大扫除、基层党组织活动等形式，进一步释放央属人才活力，实现央地人才良性互动和双向服务。进一步固化服务共建品牌活动，通过“外联杯”乒乓球邀请赛、首都义务植树日活动、徒步大会、足球联赛等常规活动拓展区域影响力。

（赵怡静）

【细化支援合作项目】2021年，东城区委、区政府主要领导亲自研究部署东西部协作工作，党政主要领导到支援合作地区调研对接3次，累计召开高层联席会议8次。出台《东城区“十四五”支援合作工作五年规划（2021年—2025年）》《2021年东城区支援合作工作要点和任务清单》《东城区支援合作工作财政援助资金项目管理办法》《消费帮扶助力乡村振兴工作方案》等规范性文件，指导全区工作开展。投入区级及以下财政援助资金2858.58万元，用于开展62个帮扶项目。向支援合作地区捐赠款物折合金额1199.874万元，引导3家企业到支援合作地区投资1.86亿元，援建4个产业园并新增引导4家企业入驻，援建9个帮扶车间。消费帮扶销售特色产品超8867万元。选派优秀党政干部8人、专业技术人才54人赴支援合作地区挂职锻炼，培训乡村振兴干部1535人，培训专业技术人才1749人，为农村劳动力918人开展职业技能培训，引导3034人来京、就近或到其他省份就业。组织东城区与支援合作地区开展42对街乡、22对社区与村、61对企业与村、21对社会组织与村、37对学校、23对医院结对共建。培训乡村振兴带头人53人。

（宋　毅）

【京冀对口帮扶见成效】4月，北京市东城区与河北省张家口市崇礼区对口帮扶关系正式结束，对口帮扶工作取得显著成效，崇礼区成功脱贫。东城区自2016年12月起建立与崇礼区的对口帮扶关系，合作期间，两区党委、政府积极对接，统一思想、凝聚共识、激发干劲、担当作为，五年来召开高层联席会议20余次。东城区10个街道的14个社区、15个社会组织、53家企业、5家医疗机构、9所学校与崇礼区10个乡镇和79个贫困村、3个社区、10家医疗机构、10所学校建立结对合作关系，开展精准扶贫活动。东城区派出挂职领导干部6人，医疗、教育等专业技术人员67人，接收崇礼区派出领导干部14人，教师、医生等优秀专业技术人才208人来东城区跟班学习。累计投入帮扶资金20540万元（其中，市级资金17780万元，区级资金2760万元），围绕“两不愁三保障”（稳定实现扶贫对象不愁吃、不愁穿，保障其义务教育、基本医疗和住房）重点实施东西部协作扶贫项目84个，覆盖全区92个贫困村，对所有建档立卡贫困户实现全覆盖。引导北京23家企业赴崇礼区投资兴业，累计投资33亿元，贫困人口425人实现稳定就业，通过入股分红、土地流转等方式累计带动贫困人口6101人实现稳定增收、稳定脱贫。举办各类培训班22期，培训贫困人口2092人次，举办13场专场招聘会，帮助7234人稳定就业（河北省内5563人，省外1671人）。引导东城区社会力量开展帮扶活动，捐款捐物价值1277.8万元。发挥崇礼区残疾人温馨家园平台作用，举办各类技术培训班10期，培训残疾人500人次。创新推出体育赛事带贫机制，建立体育扶贫公益基金，每年筹集100余万元，用于崇礼区扶贫事业。2019年，崇礼区成功脱贫摘帽，实现脱贫人口动态清零，东城区与崇礼区东西部协作工作任务圆满结束。

（宋　毅）

【北京内蒙古对口帮扶】2021年，东城区委、区政府主要领导到内蒙古自治区兴安盟阿尔山市、乌兰察布市化德县调研对接，召开高层联席会议5次，部署推动工作开展。10月19—21日，区委书记孙新军带队赴阿尔山市调研对接东西部协作工作，看望慰问困难群众、边防官兵及挂职干部人才。11月29—30日，区委副书记、副区长周金星带队赴化德县调研东西部协作工作，慰问挂职干部人才。全年，东城区向阿尔山市投入区级财政援助资金825万元用于开展15个帮扶项目，捐赠款物折合金额442.284万元。新增1家企业到阿尔山市投资5200万元，援建1个产业园并引导1家企业入驻，援建2个扶贫车间，消费帮扶销售特色产品约1406万元。选派优秀党政干部3人、专业技术人才21

人赴相关旗县挂职锻炼，培训乡村振兴干部1248人，培训专业技术人才930人，为农村劳动力55人开展职业技能培训，引导135人来京、就近或到其他省份就业；组织开展8对街乡、11对社区与村、7对企业与村、6对社会组织与村、9对学校、5对医院结对共建，培训乡村振兴带头人23人。全年，东城区向化德县投入区级财政援助资金1323.58万元用于开展15个帮扶项目，捐赠款物折合金额721.74万元。新增引导2家企业投资1.34亿元，援建3个产业园并引导3家企业入驻，援建7个帮扶车间；消费帮扶销售特色产品约2800万元。选派优秀党政干部4人（其中1人在乌兰察布市，3人在化德县）、专业技术人才22人赴基层一线挂职锻炼，培训乡村振兴干部281人，培训专业技术人才320人，为农村劳动力863人开展职业技能培训，引导1637人来京、就近或到其他省份就业。组织开展7对街乡、11对社区与村、26对企业与村、15对社会组织与村、14对学校、12对医院结对共建。培训乡村振兴带头人30人。

（宋　毅）

【京藏对口支援】2021年，东城区召开高层联席会议1次，部署推动京藏对口支援工作。9月6—7日，孙新军带队赴西藏自治区当雄县调研对接对口支援工作，慰问挂职干部人才。全年，东城区向当雄县投入区级财政援助资金400万元用于开展3个帮扶项目，捐赠款物折合金额29万元，消费帮扶特色产品约2050万元。选派政府机关干部4人、区属企业干部1人、专业技术人才3人赴当雄县开展挂职锻炼，为当雄县培训乡村振兴干部6人，专业技术人才418人，引导112人稳定就业。组织东城区8家街道与当雄县6乡2镇结对，实现街道乡镇结对全覆盖。组织企业、商会与当雄县30个贫困村签署共建协议，组织2所中小学与当雄县2所中小学开展结对共建。

（宋　毅）

9月，区委领导赴西藏自治区当雄县调研，并捐赠财政援助资金（区外联办提供）

【南水北调对口协作】2021年，东城区委、区政府主要领导亲自研究部署南水北调对口协作工作，召开高层联席会议1次，工作对接推进会2次，部署推动工作开展。全年，东城区向湖北省十堰市郧阳区投入区级财政援助资金300万元用于开展3个帮扶项目，捐赠款物折合金额6.85万元，消费帮扶特色产品约2611万元。选派政府机关干部1人赴郧阳区挂职锻炼，为郧阳区培训专业技术人才81人，引导1150人稳定就业。组织东城区17家街道及3家单位与郧阳区20个乡镇结对，组织13所中小学与郧阳区13所中小学结对，组织6家医院与郧阳区6家医院结对共建。

（宋　毅）

综合服务

【概况】东城区人民政府办公室（简称区政府办）是协助区领导处理区政府日常工作的政府工作部门。2021年，区政府办发挥参谋助手、综合协调、督促检查等职能作用，为区政府推进各项工作提供保障。围绕区委区政府重大决策部署落实，周密安排调研活动；围绕核心工作，提高会议统筹能力和公文流转效率，保障市区重点工作及时推动；强化值班值守，绷紧“值班工作无小事”的责任意识。聚焦国务院大督查，细致做好协调工作，持续强化整改督查。突出以文辅政，提高信息刊物质量，发挥上情下达、下情上报的平台作用。提升建议提案办理水平，以问题为导向，加大跟踪办理力度。采取“季度全面督、月度专题督、日常跟踪督”的工作方式，促进民生项目精准落地。畅通群众沟通渠道，提高群众来信办理效率和群众满意率。严格规范考勤，紧盯年节假期等重要时间节点，及时进行廉政提醒，确保严守纪律规矩。持续做好疫情常态化防控，高标准完成保密、档案整理等工作。

（郑亚男）

【发文办会】2021年，区政府办组织召开区政府党组会14次、常务会26次、专题会29次，其中重点工作议题占比达85%。办理区政府领导各类专题（研讨）会议2361次（含区长专题会156次）。围绕重点工作决策部署累计制发各类公文904件，切实做到上情下达、下情上报。

（郑亚男）

【信息工作】2021年，区政府办关注领导决策需求，编发《东城手机报》《昨日区情》《东城政务舆情》各250期、专刊48期，获区领导批示200余次。向市政府办公厅报送政务信息440余条，获市领导蔡奇、陈吉宁、莫高义、殷勇、王红等同志批示。

（郑亚男）

【政务值班和领导联络保障】2021年，区政府办高效、精准接办、接转各类来电2万余次，各类会议通知、请柬、邀请函1000余次，值班工作"零失误、零差错、零疏漏"。围绕区委区政府重大决策部署落实，安排调研活动1536次，涉及疫情防控、经济高质量发展、城市更新改造、优化营商环境等专项和重点工作。

（郑亚男）

【政府督查督办】2021年，区政府办将区领导关注的税源建设、垃圾分类、电动自行车安全等列为重点督办任务，一督到底，做到"批必查、查必清、清必办、办必果"。对31项市政府工作报告重点任务、12项市重要民生实事涉及东城区项目，163项区政府工作报告重点工作、24项区重要民生实事项目开展督促检查。

（郑亚男）

【议案建议提案办结100%】2021年，区政府实行区领导领衔办理制度，以问题为导向，规范工作流程，进行动态管理，定期反馈进度，努力兑现答复承诺。全年收到各级人大代表议案建议、政协委员提案278件，政协建议案3件，党代表提议19件，全部按期办复，办结率100%。

（郑亚男）

【群众来信办理】2021年，区政府办完善工作机制，缩短办理时间，提高办理效率和群众满意率。全年接收信件525件，在规定办理期限内办结率100%。

（郑亚男）

【区机关事务管理服务】东城区机关事务管理服务中心（简称区机关事务中心）是区政府直属正处级事业单位，承担区委、区人大、区政府、区政协机关及部分行政事业单位的机关事务管理及服务保障工作。2021年，区机关事务中心将开展党史学习教育作为重要政治任务，立足新发展阶段，贯彻新发展理念，融入新发展格局。制订《东城区党政机关公务用车管理办法》，明确管理机构及职责，细化规定内容，建立监督问责机制；修订并印发《东城区行政执法用车服务平台车辆使用管理办法》，补充完善执法车辆使用管理职责等内容。修订完善中心《采购管理办法》，防控采购风险，接入电子卖场，提升政府采购透明度。制订中心《能源资源消费统计暂行办法》，明确电、水、气及公务用车等能源资源消费统计方法，规范公共机构能耗统计工作。修订完善中心《基建工作制度》，制订基建工作流程图，设置程序执行监督员，强化基建过程把关。修订中心《膳食管理制度》，按照线上模式对餐卡系统运行的业务流程进行优化调整，同步修订洗衣、理发管理制度关于费用支付的内容。

（杜宇逍）

【疫情防控服务保障】2021年，区机关事务中心稳中求进，统筹疫情防控和业务工作，落实《区行政事业单位办公区防控工作指导意见》和《常态化防控健康监测管理规范》，定期对管辖办公区及区属行政事业单位的防控工作开展检查。做好防疫物资保障，累计为104家单位和酒店隔离点发放防疫物资500余批次，发放口罩1200余万只、消毒液30吨、防护服近3万套，为保障疫苗接种工作提供办公设备208台。协助做好隔离人员转运工作，累计租赁车辆300余台次，安全运送来京人员和密接人员2600余人。落实疫苗接种任务要求，组织15家机关单位干部职工，上门接种第一针、第二针及加强针疫苗700余剂次。组织中心在职及编外人员12批近700人次接种疫苗。选派干部职工参与社区、专班疫情防控6批次24人。

（杜宇逍）

【党史学习教育】2021年，区机关事务中心制订中心党史学习教育工作实施方案，成立党史学习教育领导小组，制订理论中心组学习计划和党员学习计划，开展理论中心组学习13次，以党支部为单位开展集中学习24学时。党组书记面向全体党员作党课报告，班子成员分别在所在党支部作党课报告，将党史学习成果、体会与实际工作紧密结合。通过"学习强国""北京干部教育专栏""党史e起学"等平台，参与各类党史知识学习，每日在微信群推送党史学习要点覆盖党员120人次。自行编制党史学习教育知识题库，开展知识答题，录制《百秒快闪答题》微视频。

（杜宇逍）

【为民办实事】2021年，区机关事务中心升级餐卡系统，实现干部职工手机账户的在线充值、刷码就餐、外卖预定、加值班餐预定、洗衣理发结算等功能。修缮改造17套大学生宿舍，提升住宿人员居住环境。推进无障碍环境建设，完成65个无障碍点位设施建设。推进局包社区物业"三率"（业委会与物管会组建率、物业服务覆盖率、党的组织和工作覆盖率）提升，与和平里街道兴化社区一同推进社区物业管理、停车管理系统、接诉即办、垃圾分类等工作，实现社区基层党组织覆盖率、物业覆盖率、物管会覆盖率100%。围绕干部职工关心关注的身边小事，面向服务对象发函征求意见建议，开列清单，挂账督

11 月，区机关事务中心调配物资，做好防疫保障（刘瑞杰摄）

办，并全部落实到位。

（杜宇道）

【会议活动服务保障】2021年，区机关事务中心对接区委宣传部、区委统战部、区总工会做好建党百年庆祝活动用车、餐饮服务保障任务，保障就餐近2000份，保障车辆138台次、约8200公里。在机关日常运行保障中，会务、维修、保洁、安保24小时在岗值守，活动当日中心班子成员、各科室负责人及重点岗位人员24小时在岗。抽调优秀干部到市区党史学习教育专班、下沉东华门社区、参加纪念活动观演、参与纪念活动服务保障7批次15人，完成各项保障任务。落实区政法队伍教育整顿、区级班子换届考察、区第十三届党代会、区“两会”等重点工作保障。主动对接区防控办、疫苗专班，做好办公用房调配、办公家具配备等服务保障工作。

（杜宇道）

【财政资金管理】2021年，区机关事务中心落实“过紧日子”要求，大力压减一般性支出，公用经费压缩20%，“三公”经费执行“只减不增”原则，项目预算压减5536.34万元。全年完成220份合同的合法性审核，完成2020年度财务决算和预、决算公开工作，2020年全年收入合计8.05亿元，支出合计7.61亿元。配合市纪委开展检查15次，配合区委各巡察组对集中核算单位开展检查6次，配合区审计局对21家单位审计疑点数据进行筛查。

（杜宇道）

【国有资产管理】2021年，区机关事务中心制订《东城区机关单位行政事业性国有资产检查盘点工作实施方案》，面向各单位资产管理人员开展培训147人次，实地走访单位调研检查33家。依规开展招投标采购，完成项目招投标工作5次，金额4986万余元；组织开展择优询价会57次，金额1110万余元；完成协议采购27项，金额355万余元；合法高效完成各单位政府采购申报，填报、审核意向公开项目11件。完善合同管理，分类建立合同台账，汇总中心各类合同28份。资产处置科学严谨，处置资产211批2.23万件，价值1.9亿元。完成区人才公租房配租，申请并分配人才公租房20套。加强自管住宅类房产信息管理，对291套房产进行摸底，收集、整理基本信息，完成31套自管住宅类房产评估。加强大学生宿舍管理，建立宿舍管理信息系统，实现入住、退租、资产管理全面数字化，办理入住115人次，退宿72人次，确保宿舍人员进出有序。

（杜宇道）

【基建工程管理】2021年，区机关事务中心牵头实施区文化活动中心二期装修项目，完成功能厅室、办公区装修及智慧三馆信息化设备安装，按期完成文化活动中心年底具备投入使用条件的任务目标。推进某院办公用房改造项目，完成1、2号楼室内和外立面装修，3号楼扫尾等工作。推进天坛医院旧址资产移交及拆除工作，推进拆除工作疑难问题解决，统筹推进落实资产移交事宜，完成1580件资产的现场盘点，资产价值2亿余元。完成老干部活动二中心消防改造项目、东花市街道办事处办公楼抗震加固及节能改造项目、大学生宿舍改造等项目建设。在“保安全、保基本、保运行”的前提下逐步推进各院落维修改造，对直管办公区开展日常零星修缮96项。

（杜宇道）

【办公用房调配】2021年，区机关事务中心规范区属房产出租出借及租入借入审核，对房屋用途、合同、办公面积等信息严格把关，出具审核意见50余件。合理调配机关单位办公用房，提高办公用房使用效率，改善工作人员办公条件，为区纪委合署办公、解决交通支队天坛大队办公紧张、区文化活动中心“三馆”用房分配、解决军休干部管理用房等提供有力支持。推进解决东城区青少年培训基地问题，与怀柔区对接不动产登记办理事项，完成基地的价值评估、权属审查测绘及宗地测绘等工作。

（杜宇道）

【公务用车管理】2021年，区机关事务中心完成中央、市督导组检查、建党100周年、全国文明城区创建等重要活动车辆保障任务，公务用车与执法用车全年累计派遣车辆3万余台次，维护保养2000余台次，安全行驶100余万公里。走访全区100余家单位，对全区700余台公务车辆的北斗定位终端设备进行全方位系统排查和测试，确保与市级公务车辆管理平台数据对接，设备终端安装总数达1549台，实现全区公务车辆终端设备安装在线运行率100%的要求。

（杜宇道）

【公共机构节能管理】2021年，区机关事务中心推进《节约型机关工作管理暂行办法》出台实施，完善党政机关节能降耗制度体系，统筹推进绿色建筑、绿色出行、绿色食堂，持续做好机关节水、节电、节粮、节纸、垃圾分类、光盘行动、光瓶行动、减碳行动等工作，独立办公单位节约型机关创建率90%。推进40家独立办公区单位节约型机关创建，顺利通过市验收组现场实地验收。落实节水型机关建设要求，建立用水台账，开展水平衡测试，加强节水宣传教育，实施设施改造，推动隔夜水回收及尾水收集，先后完成市节水检查组对幸福大街32号院、东四十一条83号院及朝内大街192号院验收工作。建立三级能耗统计体系架构，完成2020年能耗统计年报。加大绿色低碳技术推广应用力度，实施声光控制LED灯更换、感应式水龙头换装、插卡式洗浴改造等节能项目，推进机关节能降碳措施落实到位。

（杜宇道）

【安全管理】2021年，区机关事务中心压实安全责任，与70余家委办单位签订安全责任书。明确安全责任，落实人员及车辆出入登记制度。协调引导门前信访，与区委政法委、区信访办、辖区派出所、景山街道等部门通力合作，劝解疏导区政府门前上访1000余人次，集体访11次，切实维护门前秩序。消除安全隐患，完成东四北大街400号、东四五条170号及172号办公区消防系统升级改造项目，全年开展安全检查15次、监控维保巡查264次、消防维保巡察238次，确保办公环境安全。

（杜宇道）

【生活垃圾分类】2021年，区机关事务中心落实全国文明城区创建任务，强化金宝街52号院、朝内大街192号院垃圾分类指导，配置无障碍远程交互设备，完成市场环境检查组实地验收。巩固垃圾分类工作成果，加强宣传力度，张贴宣传海报、四分类标识820余张，配置垃圾桶40个，完成垃圾分类示范单位创建任务。

（杜宇道）

【服务保障】2021年，区机关事务中心保障区机关干部职工体检735人次，中心非编人员体检319人次。完成门诊诊疗、健康咨询6981人次，组织机关干部无偿献血20人次；保障各项会议接待9230次；接转电话3万余次；卫生检查820次；设施维修更换4750件次；配置及调整办公家具1195件次，回收家具752件次；提供理发服务2500余次；清洗衣服8778件；印制文件225万印。

（杜宇道）

信访工作

【概况】东城区信访办公室（简称区信访办）是东城区受理人民群众来信来访的区政府工作部门。2021年，区信访办接收群众来信来访2.84万件（批）次，其中接待群众来访3880批、4935人次，同比上升58.11%；接收群众来信2.45万件次，同比下降40.24%。发生区级集体访22批、216人次，发生市级集体访30批、222人次，发生国家信访局集体访3批、15人次；受理信访复查复核51件，办理人民建议征集14件。

（张　静）

【落实信访工作责任制】2021年，区信访办定期向区委区政府专题汇报信访工作情况。区委区政府及区属各单位主要领导认真履行信访工作第一责任人职责，区领导批阅群众来信来访问题30余次，下访接待群众47批次，全区各单位处级领导参加信访接待220人次，接待信访群众427批、877人次。

（张　静）

【信访服务保障】2021年，区信访办全力保障建党100周年、中央领导人北戴河暑期办公、全国“两会”等重大活动、重要会议及区内中心工作。全年组织开展大排查2次，针对重点活动开展专项排查、动态排查7次，及时督促责任单位按照“三到位一处理”（诉求合理的解决到位、诉求无理的思想教育到位、生活困难的帮扶救助到位；行为违法的依法处理）原则，做好矛盾纠纷化解工作，实现“四个不发生”工作目标。

（张　静）

【信访联席会】2021年，区信访办召开区级信访联席会4次，安排部署建党100周年庆祝活动等重大任务及全区信访工作。召开专题会议，研究审议5件疑难信访问题。健全完善各级信访工作联席会议机制，在17个街道办事处建立信访工作联席会议制度，实现区信访联席会制度在街道层级全覆盖。帮助区教委、区国资委、区卫健委、区住建委、区人力社保局、区房屋征收中心建立信访工作联席会议制度。

（张　静）

【重复信访治理及信访积案化解】2021年，受理市信访办集中治理重复信访、化解信访积案专项工作交办案件255件，办结255件，上报化解率100%。从全区筛选多年未解决且有一定合理诉求的信访积案31件，由区级领导26人挂帅包案，作为“我为群众办实事”的重要抓手，大力推动化解。通过领导办案，一批历史遗留问题得到解决。

（张　静）

【信访基础业务规范化】2021年，坚持和发展新时代枫桥经验，畅通信访渠道，将问题吸附在基层、解决在属地。7月14—15日，举办2021年信访工作培训班，全区委办局、街道办事处主管领导和信访干部140余人参加。全年区信访机构和责任单位及时受理率与按期办结率均为100%。信访机构群众满意率81.36%，责任单位群众满意率77.42%。

（张　静）

【信访宣传及调研】5月25日，在全区范围开展主题为“依法信访、从我做起”的信访宣传活动。区领导及区信访办、景山街道领导到主宣传点皇城根遗址公园参与宣传。全区各街道办事处、委办局作为分宣传点在街道、社区开展宣传活动。结合党史学习教育“我为群众办实事”实践活动，向国家信访局、市属媒体推送东城区解决群众急难愁盼问题典型案例，《法制日报》、《北京日报》、国家信访局《人民信访》杂志、北京市信访办微信公众号等平台多次刊登宣传东城区化解社会矛盾、维护群众权益的经验做法。承担国家信访局课题研究项目，审核通过并顺利结项。

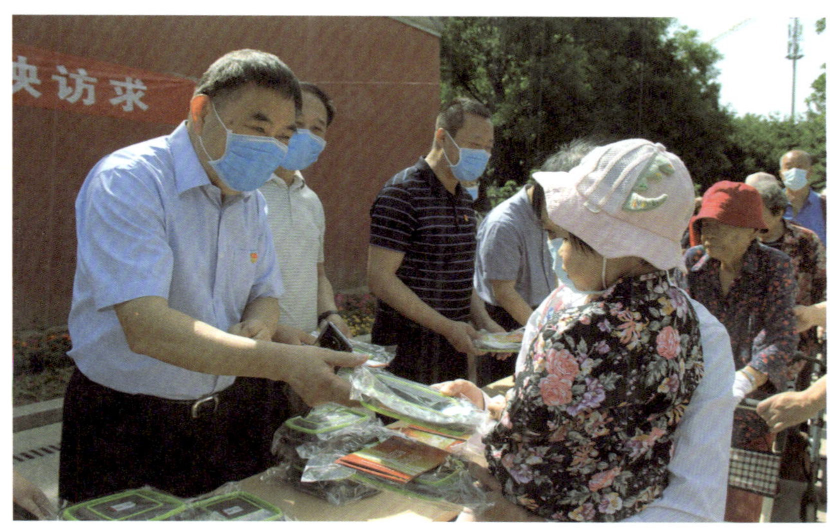

5月25日，东城区开展信访宣传月活动（区信访办提供）

（张　静）

东城区人民政府领导人员

区　长	金　晖（女，9月免）	周金星（9月任代区长，12月任区长）		
副区长	王清旺（12月免）	李　妍（女，9月任）	陈献森（12月免）	郑晓博（12月任）
	薛国强（12月免）	刘俊彩（女）	杨　锟（9月免）	田　静（女，哈尼族）
	胡　雁（6月免）	赵海东	孙　扬（9月任）	苏　昊（9月任）
	李卫华（12月任）			

东城区人民政府系统工作机构负责人

政府办公室主任　王　森（12月免）
　石崇远（12月任）
发展和改革委员会主任　李卫华
教育委员会主任　周玉玲（女，4月免）
　高　伟（8月任）
区政府教育督导室主任　周玉玲（女，兼，3月免）
　高　伟（兼，7月任）
科技和信息化局（区大数据管理局）局长
　谢霄鹏（6月免）
　魏　搏（10月任）
民族宗教事务办公室主任　雷新隆（畲族，11月免）
民政局局长　李小洁（女，9月免）
　张松青（9月任）
财政局局长　崔燕生（6月免）
　贾　邦（6月任）
人力资源和社会保障局局长　王佑明（11月免）
　王万青（11月任）
市规划和自然资源委员会东城分局局长
　邵　培（2月免）
　白劲宇（2月任）
生态环境局局长　董险峰
住房和城市建设委员会（住房保障办公室、
区政府房屋征收办公室、历史文化名城保护办公室）
主任　张晓峰
城市管理委员会（城市环境建设委员会办公室、
交通委员会、水务局）主任（局长）
　陈大鹏（10月免）
　王品军（10月任）
商务局局长　王万青（11月免）
文化和旅游局局长　向旭东
卫生健康委员会主任　王建辉（9月免）
　曾文军（10月任）
退役军人事务局局长　邢　磊
应急管理局局长　陈　君（2月免）
　阮　君（2月任）
市场监督管理局局长　韩　非
审计局局长　侯立华（女）
外事办公室主任　周桂芳（女）
国有资产监督管理委员会主任　白京涛
体育局局长　耿学森
统计局局长　杨　峰
经济社会调查队队长　（空　缺）
国家统计局东城调查队队长　杨冬林（女）
园林绿化局局长　苏振芳（女）
金融服务办公室主任　贾　邦（6月免）
　李　锋（8月任）
政务服务管理局局长　关　波（满族，9月免）
　程　利（9月任）
信访办公室主任　刘耕福（4月任）
对外联络服务办公室主任　武　鸿
区政府研究室主任　吴　笛（满族）
医疗保障局局长　林　杉
台湾事务办公室主任　王宝祥
国家税务总局东城区税务局局长
　赵增科（1月免）
　杨玉杰（1月任）
中关村科技园区东城园管理委员会常务副主任
　于锋池（6月任）
区王府井地区管理办公室主任
　吕　绘（女，1月免）
　石崇远（1月任，12月免）
　宋　叙（12月任）
北京站地区管理办公室主任　郭立峰
城市管理指挥中心主任　张　伟（12月免）
　李　焱（12月任）
行政学院院长　金　晖（女，兼，9月免）
　周金星（兼，9月任）
地方志编纂委员会办公室主任　丁选云
融媒体中心主任　王继志
机关事务管理服务中心主任　杨海明
环境卫生服务中心主任　高建中
房屋征收事务中心主任　韩云升（11月免）
　冯　博（11月任）
投资促进服务中心主任　胡异峰
烟草专卖局局长　王献军

中国人民政治协商会议北京市东城区委员会

1月7日，中国人民政治协商会议北京市东城区第十四届委员会第五次会议开幕（张传东摄）

综　述

2021年，区政协把握团结、民主两大主题，依靠和团结带领全体政协委员，围绕中心，服务大局，全面履行政治协商、民主监督、参政议政职能。开展党史学习教育，制订贯彻落实区委《关于新时代加强和改进人民政协工作的实施意见》的分工方案，明确56项重点任务及其责任部门、完成时限。围绕中华人民共和国成立70周年、中国共产党成立100周年庆祝活动，主席会议成员深入街道社区指导服务保障工作，完成群众游行、观礼及观看表演、参观展览、参加庆祝大会等各项政治任务。

政治理论学习。坚持把党的领导贯穿政协工作全过程，把学习贯彻中央、市委政协工作会议精神作为重大政治任务，持续深入学、融会贯通学、联系实际学，探索实践新时代政协党建工作新路径。健全以政协党组理论中心组学习为引领，以各专委会分党组学习座谈为依托，组织习近平总书记关于加强和改进人民政协工作的重要思想大学习、大讨论活动，开展“团结在光辉的旗帜下”“寻根之行”“文化之行”等系列学习教育活动，引导委员自觉学习中共党史、新中国史、改革开放史、社会主义发展史，赓续红色血脉，积极履职尽责。建立专委会读书群，推进“书香政协”建设，定期举办学习报告会、委员培训班、常委读书班等，围绕学习贯彻中央政协工作会议、全国“两会”精神和“十四五”规划等内容，邀请专家学者、部门领导进行授课。

政治协商。聚焦“五个东城”建设等发展大局，构建“6+X”协商议政格局，以6个重点协商议题为牵引，以若干个“小切口”课题为补充，完善“微视察、微协商、微培训”工作法，实现提案工作“提、立、办、督”全过程协商。开展委员联系群众工作，以“委员工作室”为依托，搭建“请你来协商”平台，推动政协协商与基层协商有效衔接。成立“周明刚委员法律工作室”，为地区百姓、商务楼宇等提供法律服务，助推街道市民热线“接诉即办”诉求量下降；成立“工商联界别委员工作室”，组织多场“政企对接”座谈会服务中小企业；成立“钟晖委员社区工作室”，线上线下为居民提供服务，成为中国老龄产业协会全国首家基层调研联系点。

民主监督。围绕学前教育、医联体建设、食品卫生安全、大气污染防治、律师参与基层治理等百姓关注的热点问题，开展多层次、广范围的监督性调研视察，回应群众关切。紧扣冬奥场馆建设、垃圾分类、老旧小区物业管理、文物修缮保护、“雪亮工程”建设运行情况等问题开展协商式监督。选派委员担任党风廉政监督员、人民陪审员、特约监督员，开展特邀监督工作，推动党委政府决策部署的贯彻落实。响应区委部署，参与垃圾分类“桶前值守”、物业管理“局包社区”、全国文明城区复查迎检、疫情防控志愿服务等工作，展现政协良好形象。

参政议政。贯彻“崇文争先”理念，聚焦历史风貌保护、历史文化发掘与展示、文化产业融合发展、“文化+”创新融合等协商课题，组织专题议政会深入调研协商。关注“吹哨报到”改革和“接诉即办”工作，联合市政协广泛开展调查研究、专题议政，为提升治理能力现代化水平出实招、谋良策。助推城市更新改造，围绕疏解整治促提升、簋街及崇雍大街升级改造等中心工作开展调研视察、座谈协商，举办议政性常委会，提出务实可行的对策建议，并被相关部门采纳。围绕改善低收入群体生活状况、垃圾分类及时开展专题调研，召开议政性常委会，形成调研报告及建议案。面对新冠肺炎疫情，各界委员立足本职岗位、发挥优势特长，参与救治病人、集中隔离看护、稳产稳岗、保障供应、志愿服务等工作。

（张　源）

5月21日，区政协组织开展“百年党史 伟大精神”经典诗词文章诵读活动
（刘璐摄）

重要会议和活动

【第十四届委员会第五次会议】1月7—9日，政协北京市东城区第十四届委员会第五次会议在北京国际会议中心举行。政协主席宋铁健作区政协十四届委员会常务委员会工作报告，

副主席杜娟作关于区政协十四届四次会议以来提案工作情况的报告；1月8日，区政协十四届五次会议举办区长报告会，与会委员听取并讨论区委副书记、区长金晖所作关于《北京市东城区人民政府工作报告》和《北京市东城区国民经济和社会发展第十四个五年规划和二〇三五年远景目标纲要（草案）》的说明，委员对各项报告表示赞同。民革东城区委、民盟东城区委、民建东城区委、民进东城区委、致公党东城区委、工商联和侨联等界别代表在大会上发言。听取提案委员会关于第十四届委员会第五次会议期间提案审查情况报告，审议并通过《中国人民政治协商会议北京市东城区委员会第十四届委员会第五次会议决议》。闭幕式上区委书记夏林茂作重要讲话。

（张　源）

12月8日，中国人民政治协商会议北京市东城区第十五届委员会第一次会议开幕（徐鹏摄）

【第十五届委员会第一次会议】12月8—10日，政协北京市东城区第十五届委员会第一次会议在北京国际会议中心举行。政协主席宋铁健作区政协十四届委员会常务委员会工作报告，副主席杜娟作关于区政协十四届会议以来提案工作情况的报告，与会委员听取并讨论区长周金星所作的政府工作报告，对各项报告表示赞同。听取提案委员会关于第十五届委员会第一次会议期间提案审查情况报告，审议并通过《中国人民政治协商会议北京市东城区委员会第十五届委员会第一次会议决议》。闭幕式上区委书记孙新军作重要讲话。

（张　源）

【主席会议】2021年，区政协召开主席会议5次。通过《中国人民政治协商会议北京市东城区第十四届委员会关于进一步加强反映社情民意信息工作的规定（修订稿）》《东城区政协2021年度重点提案协商督办工作方案》《中国人民政治协商会议北京市东城区第十四届委员会关于表彰2020年度优秀调研成果的决定（草案）》《中国人民政治协商会议北京市东城区第十四届委员会关于表彰2021年度优秀提案的决定（草案）》《中国人民政治协商会议北京市东城区第十四届委员会关于表彰2021年度社情民意信息工作先进单位的决定（草案）》《中国人民政治协商会议北京市东城区第十四届委员会关于表彰2021年度优秀社情民意信息工作者的决定（草案）》《中国人民政治协商会议北京市东城区第十五届委员会第一次会议决议起草委员会委员建议名单（草案）》《中国人民政治协商会议北京市东城区第十五届委员会第一次会议提案审查委员会委员建议名单（草案）》《中国人民政治协商会议北京市东城区第十五届委员会第一次会议委员分组办法和各组召集人建议名单（草案）》《中国人民政治协商会议北京市东城区第十五届委员会第一次会议大会秘书处各组负责人名单（草案）》。

（张　源）

表9

2021年东城区政协常委会会议一览表

时间	会议	议题
1月8日	第23次	听取各组讨论《政协北京市东城区第十四届委员会常务委员会工作报告》《政协北京市东城区委员会常务委员会关于十四届四次会议以来提案工作情况的报告》《东城区人民政府工作报告》，人事事项和推选监票人情况汇报；审议《中国人民政治协商会议北京市东城区第十四届委员会第五次会议关于颜华同志不再担任副主席的决定（草案）》《中国人民政治协商会议北京市东城区第十四届委员会第五次会议关于高崇耀同志不再担任常务委员的决定（草案）》；审议通过《中国人民政治协商会议北京市东城区第十四届委员会第五次会议补选副主席候选人名单（草案）》《中国人民政治协商会议北京市东城区第十四届委员会第五次会议总监票人、副总监票人、监票人名单（草案）》《中国人民政治协商会议北京市东城区第十四届委员会提案委员会关于第五次会议期间提案审查情况的报告（草案）》；审议《中国人民政治协商会议北京市东城区第十四届委员会第五次会议决议（草案）》

续表9

时间	会议	议题
1月9日	第24次	听取区委统战部关于区政协相关人事事项的说明。审议通过《中国人民政治协商会议北京市东城区第十四届委员会常务委员会关于高崇耀同志不再担任委员的决定（草案）》《中国人民政治协商会议北京市东城区第十四届委员会常务委员会2021年工作要点（草案）》
3月29日	第25次	听取区委统战部关于区政协相关人事事项的说明；审议通过《中国人民政治协商会议北京市东城区第十四届委员会常务委员会关于孙权红同志不再担任委员的决定（草案）》；集体学习“中国共产党的初心使命与奋斗历程”
6月16日	第26次	审议通过《关于助力“十四五”开局，推进东城数字经济发展的建议案（草案）》《关于加强“文化东城”建设，推动“文化+”创新融合发展的建议案（草案）》《关于强化空气质量保障、推进“精致东城”建设、完善大气污染防治精细化治理体系的建议案（草案）》；审议通过区政协机关人事事项；会议决定，王传宝同志任中国人民政治协商会议北京市东城区委员会办公室副主任（试用期一年）
11月23日	第27次	审议通过《中国人民政治协商会议北京市东城区第十四届委员会常务委员会关于表彰2021年度优秀委员的决定（草案）》《中国人民政治协商会议北京市东城区第十四届委员会常务委员会关于撤销陈立均委员资格的决定（草案）》；听取区委统战部关于区政协换届相关人事事项的说明；审议通过《中国人民政治协商会议北京市东城区第十四届委员会常务委员会关于政协北京市东城区第十五届委员会委员人选的决定（草案）》《中国人民政治协商会议北京市东城区第十四届委员会常务委员会关于政协北京市东城区第十五届委员会第一次会议主席团成员人选的建议（草案）》《中国人民政治协商会议北京市东城区第十四届委员会常务委员会关于政协北京市东城区第十五届委员会第一次会议秘书长人选的建议（草案）》《关于召开中国人民政治协商会议北京市东城区第十五届委员会第一次会议的决定（草案）》《中国人民政治协商会议北京市东城区第十五届委员会第一次会议建议议程（草案）》《中国人民政治协商会议北京市东城区第十五届委员会第一次会议建议日程（草案）》；审议《中国人民政治协商会议北京市东城区第十五届委员会第一次会议选举办法（草案）》；审议通过《中国人民政治协商会议北京市东城区第十四届委员会常务委员会工作报告（草案）》。会议同意《中国人民政治协商会议北京市东城区第十四届委员会常务委员会工作报告（草案）》《中国人民政治协商会议北京市东城区第十四届委员会常务委员会关于提案工作情况的报告（草案）》；审议通过区政协机关人事事项

（张　源）

参政议政

【专题调研】2021年，围绕“文化东城”建设，聚焦文化产业融合发展开展调研视察、对口协商等活动，组织召开议政性常委会。结合重点提案督办，组织专题议政会。围绕“活力东城”建设，聚焦经济高质量发展深度调研，举办“推动数字经济高质量发展”议政性常委会，开展“优化商务楼宇营商环境”“应对疫情影响，进一步加大优化营商环境力度”专题调研，提出落实纾困惠企政策、加大金融支持力度、激发市场活力等七方面20条意见建议。围绕“精致东城”建设，开展专题调研，召开议政性常委会形成《东城区生活垃圾分类服务运行体系》调研报告及建议案。围绕“创新东城”建设，关注疏解整治促提升、簋街及崇雍大街升级改造等中心工作，配合市政协开展“接诉即办”立法协商及推进国际交往中心功能建设、文化产业发展引领区建设等调研协商，相关课题转化为界别提案、大会发言等。围绕“幸福东城”建设，针对学前教育、居家养老、医联体建设、街区治理等热点难点问题，提出有价值的意见建议。调研考察区公共卫生体系建设、中医药助力疫情防控、食品卫生安全、老旧小区加装电梯等工作，推动相关问题解决。

（张　源）

【提案建议】2021年，征集提案203件，经审查立案182件，立案率89.65%，其中党派团体提案25件，界别提案1件，街道活动小组提案1件，委员提案155件。意见建议被采纳、问题得到解决的179件，占提案总数的98.35%。从提案办理反馈情况看，各民主党派、人民团体和政协委员对办理结果表示满意和非常满意的占98.89%。未立案的21件提案通过社情民意等方式转送相关部门参考。

（张　源）

【社情民意】2021年，通过各渠道报送社情民意信息1574条，向市政协报送社情民意信息284篇，其中市政

7月15日，东城区政协开展“委员对话‘一把手’提案办理面对面”活动（刘璐摄）

协采用103篇、全国政协采用12篇，获市、区领导批示8人次，采用数量在各区中保持领先。区政协获市政协系统反映社情民意信息工作先进单位一等奖，1篇信息被评为优秀社情民意信息，1人被评为先进个人。

（张　源）

民主监督

【监督视察】4月15日，党派团体提案协商座谈会召开，听取各党派团体提案调研准备情况。同日，人资环建委、社法委组织关于“东城区大气污染防治精细化治理”调研组第二次视察活动，调研垃圾分类运行工作。7月8日，市政协人资环建委围绕“加大政策引导支持力度，推进城市有机更新”调研东城区城市更新工作。市政协人资环建委主任及市政协委员、专家等40余人参加调研。7月15日，“提高应对突发公共卫生事件能力，织起东城百姓公共卫生防护网——东城区政协委员对话‘一把手’提案办理面对面”活动在和平里医院举办。7月23日，区政协委员实地走访崇文门西大街4号、6号、8号社区，了解社区物业管理相关工作情况。听取提案承办单位将党建引领物业管理纳入社区治理工作及提案办理情况汇报。8月26日，政协委员实地走访东花市广渠门外南里11号楼、白桥大街立体停车场，了解社区垃圾分类和停车管理相关工作情况。9月2日，区政协第二分党组组织文史委员会、教文卫体委员会委员，赴前门“书香世业”文化主题街区调研东城区实体书店建设工作。12月1日，区政协十五届一次全会秘书处组织新一届政协委员开展会前集中考察，了解市情、区情，实地视察白桥停车场、龙潭中湖体育设施建设等项目，了解区重点民生项目建设、重大基础设施建设等工作开展情况。

（张　源）

【民主监督小组】2021年，区政协围绕“接诉即办”、重点街区综合治理、学前教育、大气污染防治、律师参与基层治理等热点问题，开展多层次、广范围的协商式监督。城市管理和环境保护、民生建设、财政预算、社会管理综合治理4个民主监督小组围绕食品安全、医联体建设、财政预算执行情况等开展专项民主监督活动，提出针对性、专业性意见建议，推动惠民政策落实。

（张　源）

委员活动

【界别活动】2021年，区政协建立专委会“每月一评”机制，召开专委会工作交流会、分党组座谈会，开展优秀调研成果评选表彰，先后在全国、北京市政协各类会议上，围绕发挥凝聚共识职能、专门协商机构建设、委

12月1日，十五届区政协委员参观智珠寺考察了解区情（张维民摄）

员联系群众、提案办理等工作，进行多次交流发言。6月11日，区政协工会界别召开提案沟通会，就《关于促进劳动者技能水平提升，努力建设高素质劳动大军的建议》提案办理情况进行说明。

（张　源）

【学习考察】2021年，区政协以党史学习教育为重点开展多种形式活动。3月4日，区政协组织收看全国政协十三届四次全会开幕会。3月29日，召开学习性常委会举办党史专题讲座。4月6日，启动“百名政协委员讲百年党史”活动。4月19日，组织委员参加市政协“学党史：看精神、看国家、看道路”学习报告会。4月27日，举办纪念“五一口号”发布73周年长走活动。5月14日，组织委员参加市政协报告厅·党史学习报告会。6月11日，组织委员参加市政协报告厅·树立正确党史观学习报告会；6月18日，在角楼图书馆召开“团结在光辉的旗帜下——政协委员讲述北京东城党史故事”总结分享会。8月13日，区政协学委会“时光清浅读书会”赴海淀华熙LIVE·五棵松参观学习。9月26日，组织常委学习观摩活动，到怀柔科学城和雁栖湖生态发展示范区学习考察。10月14日，区政协第二、第四分党组与五矿地产党委开展走进委员身边的党组织联学联建活动。

（张　源）

【帮扶互助】2021年，区政协以专委会为依托，打造委员街道活动小组2.0升级版，建立“一街一策一方案”模式，组织委员为地区文化建设、医疗服务、民生保障等工作献计出力。各界委员参与精准扶贫，赴内蒙古阿尔山、化德等地开展健康扶贫、艺术帮扶等活动，筹集善款改善当地村民出行条件。全年委员160余人参与困难群体帮扶、爱心公益等活动400余次，践行委员社会职责。

（张　源）

【工作交流】3月25日，市政协提案委到东城区政协调研座谈提案工作。4月15日，接待通州区政协到东城区调研考察。5月24日，接待内蒙古自治区鄂尔多斯市政协考察团到东城区考察优化营商环境工作。

（张　源）

中国人民政治协商会议
北京市东城区第十四届委员会常务委员会组成人员

主　席	宋铁健			
副主席	李铁生	杜　娟（女）	刘　健（女）	姚卫海
	朱岩石	肖　燚	柳学全	
秘书长	李长华			
常务委员（以姓氏笔画为序）				
	于鸿雁	马　迎（女）	马水清	
	马宝刚	王宝祥	石广志	
	石利生	叶晓溪	闪增宏	
	任继霞（女）	刘富勇	许睢宁	
	孙占军	苏　平	李　辉（女）	
	李　辉（女）	李拥军	李建安	
	李晓光	李雪敏（女）	李照宏	
	杨　壮	杨　菲（女）	杨金魁	
	吴志辉	吴国清	余晓辉（女）	
	沉　浮	宋东方（女）	张　东	
	张　伟（女）	张　玮	张　威（女）	
	张　瑾（女）	张小梅（女）	张晓娟（女）	
	陈　芃（女）	陈　靖（女）	苑晓红（女）	
	范　跃	周玉玲（女）	周旭辉	
	周丽霞（女）	郑　欣（女）	房峥嵘（女）	

郝国信	郝金明	徐　岩
徐建胜	高　阳	高崇耀
崔媛媛（女）	康玉杰	雷新隆
蔡燕霞（女）	谭　菲（女）	霍　力（女）

注：因委员重名，名单中有两名李辉（女）委员，一名为民盟界别委员，一名为致公界别委员。

东城区政协专门委员会负责人

提案委员会主任	郑　欣（女）
学习委员会主任	吴志辉
文史委员会主任	张志勇
经济科技委员会主任	李照宏
人口资源环境和建设委员会主任	张晓峰
教文卫体委员会主任	周玉玲（女）
社会和法制委员会主任	李小洁（女）
民族和宗教委员会主任	雷新隆（畲族）
港澳台侨委员会主任	谭　菲（女）

东城区政协机关工作机构负责人

办公室主任	刘志京	
研究室主任	石利生	
专委会工作一室主任	韩小平（女，9月免）	李小洁（女，9月任）
专委会工作二室主任	徐　龙	
专委会工作三室主任	刘　洁（女）	
专委会工作四室主任	饶景东（9月任）	
专委会工作五室主任	高秀文（女，6月免）	王　清（女，满族，9月任）

中国人民政治协商会议
北京市东城区第十五届委员会常务委员会组成人员

主　席　汤钦飞

副主席

刘　健（女）	冯建国	张　伟	柳学全
任雪峰	李拥军	马国青（蒙古族）	

秘书长　李长华

常务委员（按姓氏笔画为序）

于锋池	马　迎（女）	王　卓
王　清（女，满族）	王跃工	厉彦虎
石利生	叶晓溪	白　涛（女）

权晓林（女）	吕帅帅	吕志斌
朱海丹（女）	向　愚（女，土家族）	刘　洁（女）
刘　静（女）	刘富勇	许　莉（女）
许小毛	李　军	李　辉（女）
李　辉（女）	李小洁（女）	杨　红（女）
杨晓刚	肖　俊	吴春军
张　军	张小梅（女）	张庆余
张志勇	张金峰	张铁城
陈　芃（女）	陈　珑	陈　湛
范晓忻	林　华	林　杉
易月明	周　林	周旭辉
周明刚	郑　欣（女）	胡异峰
柳翠敏（女）	饶景东	姜俊杰
钱　竹	徐　龙	高　阳
曹振德（回族）	崔媛媛（女）	康玉杰（蒙古族）
鲍宇红（女，回族）	缪　军（女）	潘汝清（女）
霍　力（女）		

注：因委员重名，名单中有两名李辉（女）委员，一名为民盟界别委员，一名为致公党界别委员。

东城区政协专门委员会负责人

提案委员会主任	郑　欣（女）
经济委员会主任	胡异峰
科技委员会主任	于峰池
港澳台侨委员会主任	尹向敏（女）
文化文史和学习委员会主任	张志勇
教育卫生体育委员会主任	周　林
社会法制和民族宗教委员会主任	张松青
人口资源环境和建设委员会主任	董险峰

东城区政协机关工作机构负责人

办公室主任	刘志京
研究室主任	石利生
专委会工作一室主任	李小洁（女）
专委会工作二室主任	徐　龙
专委会工作三室主任	刘　洁（女）
专委会工作四室主任	饶景东
专委会工作五室主任	王　清（女，满族）

纪检监察

3月2日，中共北京市东城区第十二届纪律检查委员会第六次全体会议召开（陈庆摄）

综　述

2021年，全区纪检监察组织贯彻习近平新时代中国特色社会主义思想、党的十九大和十九届历次全会精神，扎实开展党史学习专题教育，全面贯彻落实中央纪委、市纪委全会精神和区第十三次党代会部署要求，坚决捍卫“两个确立”，不断增强“四个意识”，坚定“四个自信”，做到“两个维护”，忠实履行党章和宪法赋予的职责，推进核心区纪检监察工作高质量发展。

做好政治监督。围绕贯彻党的十九届五中全会精神、确保“十四五”规划开好局起好步、建党100周年庆祝活动服务保障工作加强监督。严明换届纪律，严肃查处拉票贿选、买官卖官等违纪违法行为。强化同级监督和“一把手”履职情况监督，突出政治监督，保障重大决策部署有效落实，围绕贯彻市委、区委全会精神，以落实“崇文争先”理念、提高“四个服务”水平、加快推进“五个东城”建设为重点，加强对核心区控规落实、国家文化与金融合作示范区建设、巩固拓展疫情防控和经济社会发展成果、“吹哨报到”、优化营商环境、疏解整治促提升等中心工作的监督，围绕“三重一大”、民主集中制执行情况开展专项监督。

深化“三不”一体推进体制机制。拓宽问题线索来源，畅通信访举报渠道，修订完善信访举报办理流程，完善优化信访网电全方位受理体系。抓好审查调查工作，深化“追防一体化”建设，围绕“十四五”规划中政策支持力度大、资金资源集中、财政金融投资富集的领域加大反腐力度，坚决查处政府购买服务、工程建设、国企改革等领域的违纪违法问题。深化对“三不”内在联系的规律性认识，把握“惩”“治”关系，加强对查办案件的剖析整改，推动发案单位完善制度，堵塞漏洞，用好用足纪律检查建议书和监察建议书。培育一批廉洁文化示范点，建设一批廉洁文化传播阵地，推出一批廉洁文化精品力作，深化“以案为鉴、以案促改”工作。

整治群众身边腐败和不正之风。把节约粮食、坚决制止餐饮浪费行为作为主要任务，聚焦违规配备和使用公车、违规收送礼金礼品等反复出现的问题开展专项整治。从讲政治的高度整治形式主义、官僚主义，督促全区各级党组织落实主体责任，强化整改。严肃查办在贯彻党中央决策部署方面的突出问题。深化小切口监督模式，集中开展党务外包专项治理，推动健全基层减负常态化机制，巩固精文简会、优化改进督查检查考核等成果。集中整治教育、医疗、养老社保、食品药品安全、涉黑涉恶涉乱等民生领域突出问题。开展“接诉即办”专项监督，围绕街区保护更新、综合环境整治成果开展专项监督检查。

推进巡察全覆盖。紧扣被巡察单位职能职责开展巡察，提高巡察监督的精准性时效性，完成十二届区委巡察全覆盖任务。推进巡察与其他监督有效贯通融合，理顺巡察与纪检、监察、派驻机构在巡察各环节的协作配合关系，健全巡察与组织、审计、信访等部门的协作配合机制，加强重点工作环节衔接和协调配合。坚持区领导出席巡察反馈会议制度，明确党委（党组）书记第一责任人责任，强化巡察整改督查督办。

履行协助职责监督责任。协助区委落实全面从严治党主体责任，开展专题民主生活会全过程全覆盖监督，加强对各单位民主生活会整改措施落实情况、巡察整改落实情况、“三会一课”情况、班子成员落实双重组织生活情况的监督检查。调整完善全面从严治党（党建）检查考核工作，定期向市纪委市监委和区委报告纪检监察全面工作、反腐败专项工作。运用谈话函询、监督检查、受理信访举报、督促巡察整改落实等方式，及早发现苗头性、倾向性问题。持续推动监督向基层延伸，推动基层监督全覆盖从有形迈向有效。依托大数据精准科学监督，完善东城区廉政档案系统，出台政治生态分析研判工作实施办法，加强地区政治生态研判。紧盯“关键少数”，强化对“三重一大”制度执行情况监督，加强对同级党委和下级党组织监督，探索上级纪委书记定期与下级党（工）委（党组）书记谈话等监督方式，推进处级党政正职和纪检监察组织负责人向区纪委全会述责述廉工作。落实“三个区分开来”，既严肃追责问责，又积极容错纠错，开展回访关爱。统筹监督力量提升监督成效，推动以党内监督为主导，贯通协调各类监督，贯通好“纪律监督、监察监督、派驻监督、巡察监督”作用。深化规范基层党组织纪检委员作用发挥的途径和方式。继续推进“两员”工作，让群众监督更有力量、更有深度。

推进治理效能转化。推进街道纪检监察体制改革试点成果转化，研究完善派驻考评体系，健全完善区属国有企业纪检监察组织，配齐纪检监察力量。结合实际做好规范性文件“立改废”工作，修改完善执纪监督工作实施细则，修订纪检监察系统监督执纪工作考核办法。

（周　易）

重要会议和活动

【概况】中共北京市东城区纪律检查委员会（简称区纪委）由中共北京市东城区代表大会选举产生，是党的纪律检查机关；北京市东城区监察委员会（简称区监委）由北京市东城区人民代表大会选举产生，是国家监察机关。区纪委与区监委合署办公，实行一套工作机构、两个机关名称，履行党的纪律检查和国家监察两项职能，对区委全面负责。2021年，全区纪检监察系统学习贯彻十九届中央纪委五次全会、市纪委十二届六次全会和区委十二届十四次全会工作部署，把握进入新发展阶段、贯彻新发展理念、构建新发展格局对纪检监察工作的新要求，把严的主基调长期坚持下去，坚定不移全面从严治党，坚持和完善监督体系，忠实履行党章和宪法赋予的职责，以高质量发展为主题主线，发挥监督保障执行、促进完善发展作用，一体推进不敢腐、不能腐、不想腐；区纪委常委会持续强化政治建设，加强自身建设，提高政治判断力、政治领悟力、政治执行力和领导班子凝聚力、战斗力、向心力，全年召开常委会会议46次；落实市委、区委换届要求，完成区纪委换届工作，为“十四五”规划实施开好局、起好步提供坚强保障，以优异成绩庆祝中国共产党成立100周年。

（佟依坤　周　易）

【区纪委全会】3月2日，区纪委十二届六次全会召开。会议以电视电话会议形式召开，会议传达十九届中央纪委五次全会和市纪委十二届六次全会精神；种磊代表区纪委常委会作题为《推动核心区纪检监察工作高质量发展，以优异成绩庆祝中国共产党成立100周年》的工作报告。审议通过区纪委常委会工作报告和《中共北京市东城区第十二届纪律检查委员会第六次全体会议决议》，部分街道、单位党组织和街道纪工委（监察组）、派驻纪检监察组主要负责人向全会述责述廉。夏林茂对党风廉政建设和反腐败工作提出要求。种磊主持会议，吴松元、宋铁健、汤钦飞等区级领导班子成员和市纪委市监委第六监督检查室有关人员在主会场出席会议，区纪委区监委领导班子成员、区纪委委员、全区各街道各单位领导班子成员及部分正科职以上领导干部、区级“两员”代表约1200人参会。8月12日，东城区纪检监察半年工作会召开。会议以电视电话会议形式召开，传达学习区委十二届十五次全会精神和区委书记到纪委监委机关调研时的讲话精神，种磊以“为首都核心区新发展提供坚强保障”为题，总结2021年上半年东城区纪检监察工作情况，部署下半年任务安排。区纪委区监委领导班子成员、区纪委委员、全区纪检监察系统党员干部、各街道社区纪委书记及区级“两员”代表约400人参会，市纪委市监委第六监督检查室有关人员到会指导。

8月12日，2021年东城区纪检监察半年工作会召开（陈庆摄）

（周　易）

【制订规范性文件】2021年，制订《北京市东城区政治生态分析研判工作实施办法（试行）》《关于加强对区管单位党政正职领导干部监督的规定》《东城区纪委区监委机关谈话函询工作实施办法（试行）》《东城区纪委区监委谈话工作区安全管理办法》《东城区接诉即办工作问题线索移送办法》《关于进一步发挥基层党组织纪律检查委员作用的实施意见》共6项规范性文件，并上报市纪委市监委法规室备案。

（王　善）

【调研工作】2021年，制订印发《关于做好2021年东城区纪检监察系统调查研究工作的通知》，组织全系统围绕重点难点问题开展调查研究，形成调研报告54篇，其中包括《关于对区属企业公有房屋出租出借专项清理整治工作开展专项监督检查的实践与思考》《加强对“一把手”和领导班子监督的调研报告》《关于提升基层案件办理质量的分析与措施》等重点调研报告。协助上级纪委监委开展调研，围绕“如何把握新发展阶段要求深入推进反腐败斗争”“开展选人用人监督”等调研主题，形成《在中央纪委“如何把握新发展阶段要求 深入推进反腐败斗争”调研座谈会上的发言提纲》和《在干部选拔任用监督和选人用人巡视检查问题整改工作调研座谈会上的发言提纲》等调研材料。

（王　善）

纪检监察体制改革

【概况】2021年，深化纪检监察体制改革，将制度优势转化为治理效能。落实请示报告制度，定期向市纪委市监委、区委汇报纪检监察工作情况；分类制订重要事项请示报告清单，梳理33类221项请示报告内容，确保请示报告事项不缺项不漏项；区监委在全市率先向区人大常委会报告专项工作，自觉接受人大监督。调整优化派驻（派出）机构设置和监督范围，提升派驻监督效能；推进街道纪检监察体制改革试点成果转化，调整设置2个街道联合办案组，全年初核问题线索36件，立案17件，给予党纪政务处分8人；深化事业单位改革，完成纪检监察信息技术保障中心首次聘任工作。推进监督延伸至基层，制订《关于进一步发挥基层党组织纪律检查委员作用的实施意见》，发挥纪检委员优势，对党员干部开展“贴身监督”；全区168个社区设立专职纪委书记（纪检组长）128人，社区纪委书记（纪检组长）兼任居务监督委员会主任比例达到100%，实现区、街道、社区纪检监察组织全覆盖；统筹纪律、监察、派驻、巡察“四项监督”贯通协同，细化“室组”联动监督措施，提升监督执纪协同性；完善与人大、审计、财政、公安等部门协作配合机制，形成统筹贯通、常态长效的监督合力。

（周　易）

【向区人大常委会报告专项工作】2021年，按照市纪委市监委《关于2021年度北京市各级监委向本级人大常委会报告专项工作的方案》，区监委确定就“东城区反腐败国际追逃追赃工作情况”向区人大报告专项工作，制订《2021年度东城区监委向区人大常委会报告专项工作方案》。3月26日，选题及方案经十二届区纪委常委会第211次会议暨区监委第198次委员会议审议通过，4月13日报市纪委市监委，4月14日报区委批准后向区人大常委会反馈，工作方案确定区监委向区人大常委会报告专项工作的指导思想、基本原则、报告内容及方式、工作程序和工作要求，成立由种磊任组长的专班，负责专项报告的文稿起草、沟通联系和审议意见办理落实。4月上旬，拟定专项工作报告提纲，全文拟分追逃追赃工作成效、存在不足及今后计划三部分。4月28日，提纲经十二届区纪委常委会第217次会议暨区监委第204次委员会议审议通过，4月30日报区委批准，5月19日报市纪委市监委批准后向区人大常委会反馈。5月21日，区人大常委会听取和审议东城区监察委员会2021年专项工作报告调研组围绕“反腐败国际追逃追赃工作情况”开展实地调研，吴松元参加，种磊代表区监委就东城区追逃追赃工作情况及成果进行汇报，吴松元作讲话。5月下旬，起草《东城区监察委员会关于开展反腐败国际追逃追赃工作情况的报告（征求意见稿）》，征求吸纳区人大常委会调研组及区追逃办各成员单位的意见建议后，形成《东城区监察委员会关于开展反腐败国际追逃追赃工作情况的报告（初稿）》。6月2日，报告（初稿）经十二届区纪委常委会第220次会议暨东城区监委第207次委员会议审议同意。6月9日，报告（初稿）经中共北京市东城区第十二届区委常委会第161次会议研究批准。6月10日，区人大法制委员会第二十次会议对报告（初稿）进行讨论。6月18日，报告（初稿）经市纪委市监委研究并原则批准，区监委根据市纪委市监委反馈意见对报告内容进一步修改完善，最终形成《东城区监察委员会关于开展反腐败国际追逃追赃工作情况的报告（审议稿）》。6月24日，种磊就开展反腐败国际追逃追赃工作情况向东城区第十六届人大常委会第三十六次会议作专项工作报告，区人大法制委员会对报告提出审议意见和建议，部分区人大常委会委员和区人大代表对报告发表审议意见，种磊代表区监委作表态发言。11月，起草并在征求吸纳区追逃办各成员单位意见建议后，形成《北京市东城区监察委员会关于落实区人大常委会审议意见的工作方案》，报区人大常委会。

（周　易）

【街道纪检监察体制改革】2月22日，中共东城区委印发《关于深化街道纪检监察体制改革的实施意见》，决定在机构上保留街道纪检监察体制

6月24日，区监委就开展反腐败国际追逃追赃工作情况向区人大常委会作报告（陈庆摄）

改革试点期间的临时机构设置，设置2个街道联合办案组，各负责8、9个街道，并配备工作人员6人，以街道纪工委（派出监察组）抽调人员为主充实办案力量，建立定期轮换机制，街道联合办案组根据区纪委区监委授权，对负责街道处级及以下党员干部、监察对象涉嫌违反党纪、职务违法行为的重点问题线索进行初步核实、审查调查。4月9日，区纪委区监委举行街道纪检监察体制改革试点工作推进会，种磊参会，会议部署推进全区街道开展纪检监察体制改革试点工作，明确职责任务，宣布人员安排。

（张　晋）

【事业单位改革】1月1日，按照《北京市深化事业单位改革人员管理和安置措施》相关规定，东城区纪检监察信息技术保障中心（简称中心）工作人员5人的职务职级自动套转至相应岗位等级。3月22日，根据《北京市事业单位岗位设置管理实施意见》和东城区人力资源和社会保障局《关于进一步完善东城区事业单位岗位设置试点工作方案》等文件精神，依据东城区机构编制委员会《关于北京市东城区电子监察中心调整的批复》，结合实际，制订《东城区纪检监察信息技术保障中心岗位设置方案》。3月26日，举行区纪委区监委事业单位改革说明会，向涉改人员介绍事业单位改革工作情况并解释答疑有关政策。10月28日，将中心全体工作人员聘任至相应岗位，完成聘任备案工作。12月底前，完成中心法人登记工作及工作人员合同签订。

（苏　洋）

【审查调查制度建设】8月至9月，案件监督管理工作专题培训会举行，围绕线索管理、谈话函询、初步核实、审查调查措施使用、办案文书运用、案管系统建设、电子数据取证及办案安全等工作授课讲解，全区纪检监察系统510余人次参训。2021年，制订《东城区纪委区监委机关谈话函询工作实施办法（试行）》，完善审批与使用程序，提升工作规范化水平和流转效率；制订《东城区纪委区监委谈话区紧急突发事件应急处置预案》，修订2021版《审查调查安全工作手册》，强化“走读式”谈话全过程管理，织密审查调查“安全网”；修订《东城区纪委监委监督执纪工作常用文书》《东城区纪委区监委审查调查措施使用常用文书》，新增分别适用于派驻机构、街道纪工委和企业纪委的三套共204项文书；修订2021年《东城区纪检监察组织监督执纪工作考核办法（试行）》，促进全区纪检监察组织履行好监督执纪职能，提高监督执纪工作质量；制发《东城区纪委区监委执纪审查专题会工作规则（试行）》，加强制度刚性，监督办案权力不被滥用。

（郭　容）

党风政风监督

【概况】2021年，推进“接诉即办”专项监督、保障民生基本需求、聚焦漠视侵害群众利益问题等12个实事项目，开展粮食购销领域、开发区领域腐败问题专项整治，围绕重大活动服务保障工作，以及核心区中心工作加强监督检查；加强对落实中央巡视组巡视北京反馈问题整改情况的监督检查；推进政法队伍教育整顿监督执纪问责工作，处理问题线索17件，立案2件，面向全区政法队伍开展廉政教育报告；围绕城市防疫与冬奥防疫持续开展常态化疫情防控监督工作；围绕区级领导班子换届，制订换届风气监督任务清单，畅通信访举报渠道，建立换届信访举报工作台账，成立违反换届纪律专门核查组，将日常监督与嵌入式全程监督相结合，确保换届风气清明清正清新，推进社区“两委”换届正风肃纪工作，重点针对基础薄弱、区划调整、有信访举报的社区开展选举大会全程监督，开展换届纪律教育76次，换届纪律谈话66人次，处置问题线索4件。出台公务用车使用管理办法，开展整治公务接待中“吃公函”问题排查清理，严格规范公务接待管理制度；坚持“逢节必提醒”，节前重申纪律要求，定期通报典型案例，盯住“关键少数”向全区党员领导干部制发廉政短信，针对重要岗位重点人员开展节前约谈提醒，督促落实纪律要求，严格履行岗位职责；针对违规发放津贴补贴或福利、违规收送

7月29日，东城区举行新任处级领导干部集体廉政谈话（陈庆摄）

名贵特产和礼品礼金、违规吃喝、滥发津贴补贴等突出问题开展专项整治。坚持以人民为中心，推动解决群众急难愁盼问题见实见效，开展住房救助租房补贴问题数据核实整改专项监督和区属国企公有房屋出租出借清理整治工作专项监督检查，针对供暖、违规停车收费等领域开展专项治理，持续推进“扫黑除恶”常态化监督，针对重点部门开展“扫黑除恶”整治工作“回头看”。履行协助职责、监督责任，推进全面从严治党向纵深发展，协助区委做好日常全面从严治党工作的研究部署、监督检查及现场督查等工作，一体推进全面从严治党工作考核和政治生态分析研判，由区领导带队开展现场督查，以考核促整改，推动主体责任层层压实。制订《东城区落实管党治党政治责任负面清单》，为党委（党组）、领导干部履行管党治党政治责任划出清晰“红线”。

（周　易）

【政治监督】2021年，围绕粮食购销领域、开发区腐败、党员干部及公职人员违法占地和违法建设、窗口腐败、停车收费领域、规划和自然资源领域、党务外包等问题，开展专项治理和监督；开展对街道系统行政败诉问题集中整治，梳理行政败诉案件56件，并对相关人员进行集体约谈。围绕城市防疫与冬奥防疫，开展常态化疫情防控监督工作，针对“十个清零”落实情况、涉冬奥服务保障场所及周边疫情防控措施落实情况、疫苗接种等重点点位、重点任务，开展“四不两直”监督检查和调研督导，全年针对疫情防控，开展监督检查4.37万人次，发现问题3962个。做好换届选举监督工作，加强换届纪律教育，利用集体廉政谈话、节假日期间监督检查和廉政提醒短信，强调“十严禁”“四个不准”换届纪律要求，严防“带病提拔”“带病上岗”问题；会同区委组织部组织党代表等观看警示教育片，联合印发警示教育口袋书，强化纪律教育震慑作用；加强社区换届工作监督，对社区“两委”班子人选3446人进行廉洁审核把关，对17个街道选举大会现场监督257场次。推进政法队伍教育整顿监督执纪问责，面向全区政法队伍开展廉政教育报告，通报全面从严治党基本形势及突出问题、政法系统典型案例等内容，结合教育整顿工作推进情况，通过参加座谈会、跟进具体教育活动等方式，对教育整顿工作落实情况开展监督检查。

（杨　喆）

【落实全面从严治党】3月11日，印发《关于制订2021年东城区全面从严治党主体责任任务清单的通知》，组织全区各部门、各单位结合自身工作实际制订2021年全面从严治党主体责任任务清单，引领责任分解。开展2020年度全面从严治党主体责任考核，组建12个督导组，组织区领导带队开展现场督查。4月12日，印发《2020年东城区全面从严治党主体责任检查考核情况通报》，对90家现场检查单位分别反馈，点名道姓通报问题；5月20日，区纪委区监委主要负责人对排名靠后、问题较多的4家部门、单位党（工）委、党组书记进行约谈，督促压紧压实主体责任，做实做细监督职责。创新全面从严治党主体责任考核方式方法，8月5日，印发《2021年东城区全面从严治党工作考核和政治生态分析研判工作的实施方案》，面向全区92家单位所有监察对象组织开展落实全面从严治党主体责任民意调查，了解和把握全区广大党员干部对所在单位全面从严治党的意见和看法，12月14日，形成报告上报区委主要领导；组织开展2021年度全面从严治党工作考核，结合日常监督、现场检查等对全区90家单位主体责任落实情况进行监督检查。2021年，做好“一把手”监督，紧盯“关键少数”，探索监督管理方式，印发《关于加强对区管单位党政正职领导干部监督管理的规定》《东城区关于加强对“一把手”和领导班子监督的分工方案》，加强对“一把手”和领导班子的监督。组织处级党政正职和纪检监察组织负责人20人向区纪委全会述责述廉，督促领导干部履行自身职责，执行廉洁纪律。

（杨　喆）

【问责追责】2021年，对党员领导干部5人进行问责。落实《区纪委区监委关于对受党纪政务处分问责处理党员、公职人员开展回访关爱的办法（试行）》规定，督促各级派驻纪检监察组织对受党纪政务处分、问责处理的党员和公职人员开展回访关爱，全年累计对32人次开展回访工作。

（杨　喆）

【落实中央八项规定精神】4月27日、9月13日，分别向全区各街道各单位印发《关于做好2021年“五一”“端午”期间正风肃纪工作的通知》《关于2021年“中秋”“国庆”期间驰而不息纠正“四风” 推动作风建设持续好转的通知》；节前通报典型“四风”案例12人，制发廉政短信。落实“两个清单”，针对重要岗位重点人员开展节前约谈提醒，构建“不想腐”自觉。坚持日常监督与专项监督相结合，全年对各街道及辖区商超、党政机关等开展监督检查2185人次，区纪委区监委共查处违反中央八项规定精神类案件6件。5月10日，印发《关于开展违规发放津补贴或福利、违规收送名贵特产和礼品礼金、违规吃喝问题专项整治的实施方案》《关于开展违规配备使用公务用车专项整治的实施方案》。根据监督中发现食堂公务接待不规范问题，开展整治公务接待中“吃公函”问题排查清理，严格规范公务接待管理制度。2021年，选取6家单位开展基层“四风”观测点试点工作，坚持日常观测和重点纠治一体推进，推动监督向基层延伸。

（杨　喆）

【专项监督】2021年，深化“接诉即办”专项监督，制发《关于进一步深化“接诉即办”专项监督的通知》，围绕“每月一题”强化主动筛单、跟进检查、执纪问责，重点开展现场核查和调研，推动主责部门主动治理、未诉先办；制订“接诉即办”工作问题线索移送办法及负面清单，提升监督精准性，共处置上级交办“12345”工单38件，主动筛查4386件，核查属实21件，督促整改27件，处理20人。开展民生领域专项监督，以专项监督、专项治理推动解决群众的急难愁盼问题，开展住房救助租房补贴问题数据核实整改专项监督，抽查复核106户，对56户提出进一步核实意见，发现问题线索22件，立案3件。开展区属国企公有房屋出租出借清理整治工作，推进区属国企公有房屋出租出借清理整治工作专项监督检查，发现问题179个，问题线索27件，谈话提醒9人。强化民主生活会监督，对全区处级单位开展专题民主生活会全过程全覆盖监督，严明党的政治纪律政治规矩，共发现问题16个，叫停重开1家，会后形成民主生活会监督检查情况报告报区委主要领导。组织开展“三重一大”制度执行情况专项监督检查，6月18日，会同区委组织部印发《关于开展“三重一大”制度执行情况专项监督检查的工作方案》，在全区范围内组织开展专项监督工作，发现问题339条，开展谈话提醒13人，批评教育2人，诫勉1人，督促相关部门认真整改，严格贯彻执行民主集中制，推进权力规范透明运行。

（杨　喆）

10月25日，区纪委区监委领导到景山地区检查疫情防控工作（陈庆摄）

【“两员”工作】2021年，贯彻落实《东城区特约监察员、党风廉政监督员工作办法》，组织“两员”参加区纪委全会、半年工作会以及各类监督检查70人次。

（杨　喆）

【派出派驻工作】2021年，各街道纪工委（监察组）协助街道工委推进落实全面从严治党主体责任，平均向街道工委会会议提交全面从严治党、党风廉政建设和反腐败工作议题建议近30项，与街道、社区干部廉政谈话近30次，开展各类监督检查活动近250次。在重大节日和重大活动期间实施定点定时强化对街道班子议事决策过程监督，严把选人用人廉洁关口，围绕市区和街道重点工作开展监督，依法依规对街道管辖范围内行使公权力的公职人员监督。做好建党100周年大庆安全保障等重大活动、围绕全区及街道中心工作、疫情常态化防控、“接诉即办”、垃圾分类、社区“两委”换届、人大换届等重点工作的监督检查。紧盯重大工程、重点领域、关键岗位，强化对权力集中、资金密集、资源富集部门和岗位的监督检查。各派驻纪检组平均参加被监督单位各类会议150余次、与各级干部谈心谈话50余次、现场监督检查约300次。协助被监督单位履行好全面从严治党主体责任，重点对被监督单位党委（组）、领导班子成员特别是“一把手”贯彻执行民主集中制，中央及市区重大决策部署，“三重一大”决策制度，落实主体责任，党风廉政建设责任制，干部选拔任用等工作情况进行监督，创新监督方式方法，发挥监督“探头”作用。落实中央八项规定，在重大节日和重大活动期间实施定点定时监督，关注公车封存情况，协助指导被监督单位开展党风廉政建设和反腐败工作。依据各单位工作特点，定期通过列席会议、约谈提醒、调研督导、监督检查、抽查回查等形式进行全方位、全过程监督，将日常监督检查“常态化”。

（周　易）

【巡察工作】2021年，区委启动第十轮、第十一轮常规巡察和一项专项巡察：第十轮对区市场监管局、区委教育工委区教委、区法院、区人大常委会机关、区政协机关、区政府外办6家单位，同时对体育馆路、交道口街道的社区党委开展巡察；第十一轮对区委办公室、区委统战部、区委网信办、区直机关工委、区政府办公室、区科技和信息化局、区财政局、区退役军人事务局、区应急管理局、区园林绿化局、区金融办、区医疗保障局、王府井管委会、区投资促进中心、建远公司、东方置地公司16家单位，以及东花市、东四、安定门、建国门、东直门5个街道的社区党委开展巡察；按照市委要求，对区商务局开展涉粮问题专项巡察。每轮巡察结束后，分别召开区委巡察工作领导小组会和区委书记专题会议，听取巡察工作情况和巡察问题线索汇报，研究巡察重点工作。区委各巡察组及时向被巡察单位党组织主要负责人和被巡察单位反馈巡察意见。8月至9月，金晖、汤钦飞、种磊、王清旺、陈本宇、赵海东等区委常委、党员副区长共8人次分别参加所分管或联系单位的九轮巡察情况反馈大会，传导责任压力。

（冯　健）

【信息技术保障】2021年，完善东城区廉政档案系统，增加离退休、调离、开除人员库，根据新修订公务员法调整系统职级职务设置，修改系统问题并针对新政策及时对系统进行调整。推进纪检监察专网建设工作，初步完成院外纪检监察专网项目，实现全区纪检监察系统专网全覆盖。完善网络安全管理制度机制，定期评估安全状况，主动查找堵塞漏洞，做好预警通报和应急处置工作。从网络安全、终端安全、应用系统等方面对全区纪检监察专网网络安全保障工作开展自查自纠，对东城区纪检监察系统开展覆盖式网络安全检查。做好纪检监察大数据工作，全年整理涉嫌周末、节假日公车使用数据3738条，涉及66家单位375辆公车；发现公职人员经商办企业共96人，涉及53家单位、94家企业。

（姜月娇）

案件审查调查和审理

【概况】2021年，拓宽问题线索来源，畅通信访举报渠道，修订完善信访举报办理流程，完善优化信访网电全方位受理体系，提高问题线索办理效率与质量。围绕“十四五”规划中政策支持力度大、资金资源集中、财政金融投资富集的领域加大反腐力度，紧盯各单位“一把手”、社区干部等重点人群以及会计、出纳、人事等重要岗位，查处政府购买服务、工程建设、国企改革等领域的违纪违法问题。深化对“三不”内在联系的规律性认识，把握“惩”与“治”的关系，加强对查办案件的剖析和整改，推动发案单位完善制度，堵塞漏洞，构建“一案四查”明法纪、“三会两书”促整改工作体系，强化制度治理和监督约束，发挥纪检监察建议标本兼治作用，共提出纪律检查建议、监察建议和工作建议50份，做到查处一案，警示一片。

（周　易）

【信访举报及办理】2021年接收信访举报643件，同比下降14.4%，其中检举控告类信访举报480件，同比下降20.1%；共接待来访群众715批次741人次。深化检举举报平台应用，依托平台精准受理办理，形成线上全流程闭环。做好重复举报治理，减少存量，遏制增量，推动上级督办件和中央巡视组转件的办理，重复举报数量同比下降14.6%。加强分析研判，注重反映“活情况”，区纪委常委会定期研究信访举报形势。加强对“一把手”、教育系统等重点领域的专题分析。做好全国“两会”、庆祝中国共产党成立100周年、十九届六中全会等重点时期矛盾排查，领导干部带头接访下访，来访形势整体向好。优化基层考核指标，强化业务培训，增强对基层的监督指导，加大宣传力度，推动信访举报业务提质增效。

（张烜境）

【审查调查与案件审理】2021年，全区纪检监察系统处置问题线索1059件，办结575件。立案88件，结案89件。给予党纪政务处分70人，免予处分2人，移送检察机关17人，采取留置措施10人。严格履行审核把关职责，强化监督制约职能，突出党内审查特色，加强量纪平衡把握，注重纪法“双施双守”。运用监督执纪“四种形态”处理党员、监察对象683人次，其中“第一种形态”597人次，“第二种形态”43人次，“第三种形态”26人次，“第四种形态”17人次。对上级纪委监委交办案件线索及时研判处置，重点查办北京市纪委市监委交办的中国人民银行机关服务局局长贺某、中国农业大学研究生院吕某、王府井集团刘某某、东方资产田某等中央、市属单位相关人员违纪违法案件。组织召开问题线索集体排查会10次，按照排查会意见和领导批示意见处置问题线索277件。第一时间处置上级交办的政法干警问题线索17件。加强与信访、党风政风监督和监督检查部门沟通情况力度，出具党风廉政意见及廉洁自律意见4951人次，对51人次提出暂缓或者否定意见，其中换届相关审核总计1895人次，含人大代表634人次、政协委员427人次、党代表527人次、“两委”委员104人次、换届双签字31人次、群团换届172人次。

（郭　容　王佳佳）

【反腐败协调】4月，就东城区宏志中学校长林某涉嫌危险驾驶罪案，组织法院、检察院、公安分局等单位召开案件推进会，有效缩短办案时间，实现快查快结。7月，就东城区精神卫生保健院公职人员集体骗保案，与公安分局召开座谈会，落实线索移送、信息查询等细节，明确具体对接部门，协调推进有关案件的查办工作。2021年，协助办理查询、调取等工作207次，涉及680人次，其中协助纪委监委相关部门向京外开展协作配合281人次，涉及广东省深圳市、山东省济南市、辽宁省沈阳市等地区的纪委监委；协助中央纪委国家监委、中纪委派驻组、市纪委市监委、中央军委纪委和其他地级市纪委查询不动产、信息调取、冻结等399人次。

（郭　容）

【查处大案要案】2020年12月29日，

北京京诚集团东四房屋管理有限公司副经理李磊因涉嫌职务犯罪问题被区纪委区监委采取留置措施。李磊作为公职人员，利用本人或他人职务便利，单独或伙同他人收受财物，为他人谋取利益，数额巨大，涉嫌受贿犯罪；利用职务便利，私下对截留的直管公房进行处置，非法获利，涉嫌贪污犯罪。2021年5月26日，经区监委委员会议研究，决定给予李磊开除处分，其涉嫌犯罪问题移送检察机关依法审查起诉。11月1日，东城区人民法院以李磊犯贪污罪判处其有期徒刑三年，并处罚金人民币30万元；犯受贿罪判处其有期徒刑三年，并处罚金人民币30万元；决定执行有期徒刑四年十个月，并处罚金人民币60万元。区纪委区监委由该案顺藤摸瓜，查处窝案串案，对包括李磊在内的9人立案审查调查，并作出严肃处理。

（王佳佳）

【追逃追赃】6月22日，职务犯罪案件在逃人员王某春到案，东城区在逃人员存量下降到5人，削减外逃人员存量，彰显监察体制改革形成的制度优势。

（刘小龙）

反腐倡廉宣传教育

【概况】2021年，挖掘区内红色资源中的廉洁元素，制作东城区廉洁文化阵地导览。利用查处的典型案例丰富警示教育基地内容，深化“以案为鉴、以案促改”工作，提高党员干部思想觉悟，筑牢拒腐防变思想堤坝。坚持“三不”一体推进，从反腐震慑到敬畏纪法、从严密制度到确保执行、从教育引导到自觉自律，深化标本兼治，营造有序高效、纪法昌明、充满活力的政治生态。

（周　易）

11月4日，东城区召开“以案为鉴、以案促改”警示教育大会（陈庆摄）

【廉洁文化】6月至7月，与景山街道工委联合举办“学党史、话家风、铭初心、担使命”活动，举办“共产党人的家书”展览，吸引市民群众5000余人参观。8月，开展“廉洁东城 你我同行”廉政文化作品征集评选活动，共征集书画、视频类作品460余件，组织评选获奖作品近60件，在“廉政东城”微信公众号、“古韵正声”网站展出。12月，拍摄党风廉政建设专题片《以自我革命精神坚定不移推进全面从严治党——东城区委2021年推进全面从严治党工作纪实》。2021年对处级干部68人廉政谈话，组织21批次、117人次处级领导干部任前廉政法规知识测试；组织开展区纪委区监委理论学习中心组（扩大）学习27次，编辑下发《中心组学习资料汇编》6期。

（程禹嘉）

【警示教育】9月，面向全区各单位开展“严守纪法 杜绝酒驾”专题警示教育。10月，拍摄完成警示教育片《欲望囚徒》。11月4日，东城区召开“以案为鉴、以案促改”警示教育大会，会议以电视电话会议形式召开。会议观看警示教育片《欲望囚徒》，金秀斌通报东城区监督检查、审查调查和巡察中发现的突出问题、典型案例，孙新军就落实全面从严治党责任提出要求。周金星主持会议。市纪委市监委第六监督检查室和宣传部有关人员，吴松元、宋铁健、汤钦飞等区级领导班子成员，全区处级单位领导班子成员、正科职（级）以上干部，区级重点企业中层以上领导干部，区属医院党政主要领导干部、纪委书记以及社区纪委书记1100余人参会。2021年，东城区反腐倡廉警示教育基地更新升级，接待生态环保部党员干部、区政法系统干警、区新任职处级领导等中央、市、区党员领导干部的调研、参观。

（程禹嘉　周　易）

【宣传推广工作】2021年，公车问题监督检查、社会救助专项监督、红色遗迹骑行等工作获中央纪委国家监委网站、《中国纪检监察报》及《北京日报》、人民网等媒体报道；《东城：深挖细查 营造“双节”清廉氛围》等7条视频报道在中央电视台、北京电视台“清风北京”栏目播出。在北京市纪检监察网、《北京日报》客户端发布信息90余条。持续优化“古韵正声”网站、“廉政东城”微博、微信公众号传播矩阵建设。网站发布要闻、全区党风廉政建设动态信息2800余篇，网站全年访问次数58万余人次，浏览量达84万余人次。“廉政东城”微信公众号推送信息118条，推出“清风一分钟”语音播报、“纪法小课堂”短视频等栏目，结合党史学习教育、杜绝酒驾专题警示教育等工作发布漫画、视频、音频内容，创新表达形式，阅读量显著增长、粉丝量稳步增加。“廉政东城”官方微博至年底粉丝近7万人。

（程禹嘉）

队伍建设与管理

【概况】2021年，开展分级分类全员培训，运用线上培训、以会代训、专题培训等方式，增强干部综合素质和履职能力；加强干部队伍作风建设，严格落实组织生活会、干部请销假报告、个人事项申报、出京审批等制度规定，强化干部遵规守纪、廉洁自律意识，锻造务实、敬业的工作作风。坚持严管厚爱并重，强化内部监督，开展纪检监察系统监督调研，监督干部正确履职；加大干部交流力度，坚持在重大任务、重点工作中锤炼、考察干部，助力干部成长进步。

（周 易）

【调整派驻机构设置】3月3日，依据中共北京市东城区委机构编制委员会办公室《关于区纪委区监委派驻纪检监察组调整的批复》，印发《中共东城区纪委、东城区监察委员会关于调整东城区纪委区监委派驻机构监督单位的通知》，决定撤销区纪委区监委驻区城市管理综合行政执法局纪检监察组；组建区纪委区监委驻区园林绿化局纪检监察组，负责综合监督北京市东城区园林绿化局（北京市东城区绿化委员会办公室）、北京市东城区生态环境局2家单位；区纪委区监委驻区城市管理委员会纪检监察组调整，负责综合监督北京市东城区城市管理委员会（北京市东城区城市环境建设管理委员会办公室、北京市东城区交通委员会、北京市东城区水务局）、北京市东城区应急管理局2家单位；区纪委区监委驻区委中关村科技园区东城园工作委员会纪检监察组调整，负责综合监督中共北京市东城区委中关村科技园区东城园工作委员会、中关村科技园区东城园管理委员会（中关村科技园区东城园管理委员会与东城园工委合署办公，挂中关村科技园区雍和园管理委员会牌子）、北京市东城区体育局、北京市东城区残疾人联合会机关3家单位。

（张 晋）

【纪检监察干部培训】3月，区纪委区监委案件质量业务培训班举办。4月，东城区纪检监察系统业务培训班举办。5月至6月，党史学习教育专题辅导报告会、党史知识竞赛及党史学习教育专题党课举办。8月至9月，东城区纪委区监委案件监督管理工作专题培训班举办。9月，初任纪检监察干部培训班举办。2021年，区纪委区监委自主及合作开设28个培训班次，培训干部1600余人次，其中推荐51人参加中国纪检监察学院12个班次培训，4人参加市纪委2个班次专项培训，21人参加区委党校7个班次培训。

（张 晋）

【干部监督】8月，启动面向全区纪检系统开展监督调研，对5家区属国有企业纪委、9家街道纪工委（派出监察组）及所属社区纪检组织监督调研，访谈272人。2021年共受理纪检监察干部问题线索10件，办结8件，其中初核3件，函询3件，直接了结4件，协助完成市纪委、区政法委等部门交办或报送说明4件。全年向市纪委纪检监察干部监督室报送3例典型案例材料，1例收入《北京市纪检监察干部违纪违法典型案例警示录》；完成处级领导干部79人廉政档案建设，初步建立科级及以下纪检监察干部227人廉政档案，出具廉洁自律情况意见204人次。

（杨 雪）

中国共产党北京市东城区纪律检查委员会（北京市东城区监察委员会）领导人员

书　记（主任）	种　磊（10月免书记、主任）
	金秀斌（10月任书记、代理主任，12月任主任）
副书记（副主任）	陈　岗（12月不再任副书记）
	李　婧（女）
	刘永利（6月任副书记、副主任）
	王辉耀（12月任副书记）

民主党派

12月29日，致公党东城区委举办“书香支部”揭牌仪式，并开展“书香支部——京致阅读”读书会活动（何天慧摄）

中国国民党革命委员会北京市东城区委员会

【概况】中国国民党革命委员会是由原中国国民党民主派和其他爱国民主人士所创建、具有政治联盟性质的、致力于建设中国特色社会主义和祖国统一事业的政党，是中国共产党领导的多党合作和政治协商制度中的中国特色社会主义参政党。中国国民党革命委员会北京市东城区委员会（简称民革东城区委）设内部监督委员会和14个工作机构。有基层支部28个，民革党员942人，具有台胞、港澳同胞和海外侨胞（简称三胞）关系的党员400余人。2021年，民革东城区委以“作风建设年”为抓手，切实加强自身建设，围绕市、区中心工作，履行参政党区级组织职能。全年召开主委会议9次、全委（扩大）会议5次。召开民革东城区第三次代表大会，选举产生民革东城区第三届委员会。

（何佳子）

【第三次代表大会召开】5月29日，中国国民党革命委员会北京市东城区第三次代表大会召开，代表95人参加。大会听取并通过民革东城区第二届委员会工作报告；选举产生由委员21人组成的民革东城区第三届委员会。召开三届一次全委会，选举产生主委、副主委，任命秘书长。通过大会决议并完成各项议程。民革中央副主席、民革北京市委主委王红及中共北京市委统战部、民革北京市委、东城区有关领导出席大会。

（何佳子）

【组织建设】3月18日，民革东城区委召开二届十四次全委（扩大）会，开展区委述职和民主评议工作，并部署换届工作。3月26日，召开二届十五次全委（扩大）会暨民主推荐会。4月10日，召开支部负责人座谈会，就区委换届候选人建议人选名单征求意见。5月18日，召开支部负责人工作会，传达《中国国民党革命委员会北京市东城区第三次代表大会代表产生办法》，就代表产生及名额分配作解释说明。5月27日，召开第三次代表大会代表培训会，代表86人参会，分组讨论酝酿民革东城区第三届委员会委员建议人选名单并在充分讨论基础上填写意见征集表。5月29日，完成换届选举。7月15日，召开三届二次全委会，审议通过《民革东城区第三届委员会组织机构及工作职责》、区委委员联系支部制度。9月，开展民革中央第二批民革示范支部创建绩效评价工作。27个支部按照指标要求逐一自评，均达标。第十二支部获“民革中央示范支部”称号；第八、十二、二十五、二十六支部获“民革北京示范支部”称号。12月2日，召开东城区“两会”代表委员会前座谈会。12月20日，召开三届四次全委会，成立北京市首个民革区级组织内部监督委员会，有主任1人，副主任2人，委员4人。年度新发展党员18人，推荐5人次参加各级中青年骨干培训班。党员1人获中组部颁发的国家“万人计划哲学社会科学领军人才”称号及中宣部认定的“四个一批”思想文化名家理论界人才称号。党员4人被区政协评为2021年优秀委员，5人参加各级中青年骨干培训班，区委年度评选先进支部9个，优秀党员84人。

（何佳子）

【思想建设】2021年，开展庆祝中国共产党成立100周年系列活动。4月28日，举办“不忘合作初心 共筑百年梦想”书画笔会。6月10日，第二、第六、第九、第十九、第二十一支部组织开展跟着地图学党史重走“觉醒年代”之路，参观北大红楼、蔡元培故居等。6月18日，班子成员参加中共东城区委统战部组织的“伟大开篇——中国共产党早期北京组织专题展”参观活动。6月25日，与致公党东城区委、九三学社东城区委、区侨联共同举办中国共产党党史主题讲座，邀请中国社会科学院大学专家讲解留学教育与中国共产党的创建。7月6日，召开领导班子会议，学习贯彻习近平总书记在庆祝中国共产党成立100周年大会上的重要讲话精神，并联系工作实际畅谈体会。7月10日，组织区委委员参加民革北京市委王红主委以“发扬民革传统，坚守合作初心，为首都高质量发展做出民革新贡献”为题的党史学习教育专题党课。7月15日，召开三届四次全委（扩大）会，组织区委委员、党员代表结合学习习近平总书记“七一”重要讲话，联系工作实际谈体会谈感想。开展“不忘合作初心 共筑百年梦想”主题征文活动，共征集文章26篇，诗歌10首。区委微信公众号开辟“庆祝中国共产党成立100周年”专栏。制作中国共产党党史学习微视频10部。组织党员300余人参加“百年中国梦 风雨同舟情”网络知识竞赛。9月26日，举办纪念辛亥革命110周年书画笔会，现场创作《国家》《海纳百川》等30余幅书画作品；组织青年党员围绕《民革前辈与辛亥革命》一书，开展“享读会”活动。10月10日，与民革河北省承德市委联合举办“薪火相传——纪念辛亥革命110周年”两地民革党员书画作品展。组织党员集体观看“纪念辛亥革命110周年大会”，党员撰写观后感9篇。10月13—15日，举办学习中国共产党党史，讲好多党合作故事——政治共识教育暨2021年党员培训班，参训党员80人。第十支部制作《我来说民革》视频短片12期。利用新技术手段，增强区委微信公众号可读性，扩大受众面。公众号全年刊发文章931篇，其中原创文章417篇，转载514篇，连载书籍2本。组织党员订阅《团结报》《统一战线》杂志。

（何佳子）

【调研与提案】2021年，民革东城区委重点就文化金融融合示范区、数字化非物质文化遗产知识产权保护、公共文化设施社会化运营、野生动物保护救护、中医药产业创新发展等方向深入考察调研，与致公党区委就“东城区老旧小区物业管理”课题做联合调研，共完成调研报告7篇，转化区政协党派提案3篇。市、区联合调研“促进中医药高质量发展”入选全国政协、市政协有关书面发言，转化成民革界别市政协提案；党派提案《关于加强东城区社区工作者队伍规范化建设的建议》获评年度党派团体优秀提案。党员撰写的2篇提案素材，分别被转化成民革中央党派提案和民革中央有关人员个人提案。《关于复兴“本土内容”，打造“戏剧之城”的建议》《关于合理规划旅游资源和引导路径，破解旅游密度难题的建议》《关于加快近自然绿化，助力精致东城建设的建议》3篇个人提案获评年度区政协委员优秀提案。《关于推动北京农村养老事业和产业协同发展，促进城乡养老服务融合推进的调研报告》获评民革北京市委年度参政议政优秀成果。4月，与致公党东城区委联合调研《推动生活垃圾资源化利用，助力“精致东城”建设》被评为2020年度东城区参政议政优秀调研成果建言成果奖、2020年度东城区政协优秀调研成果，3篇调研报告获2020年度东城区政协优秀调研成果优秀奖。党员1人获为民革中央提案工作作出贡献的个人称号，1人获为民革中央全国政协会议发言工作作出贡献的个人称号，1人在北京市政协、中共北京市委统战部联合举办的有关“成功举办北京冬奥会残奥会”议政会上代表民革发言。党员撰写的“加强北京市生物多样性保护建议”转化为市政协全会大会书面发言。5月26日，参加民革市委组织的第三届“中山论坛”，党员2人参加“冬奥 融合 赋能”主题论坛发言。

（何佳子）

【社情民意信息】2021年，民革东城区委共报送社情民意信息341篇，其中民革中央采用14篇，北京市政协采用50篇，区政协采用57篇，中共东城区委统战部采用108篇。民革东城区委获区政协年度社情民意信息工作先进单位称号，4月，获评2020年度东城区统战系统信息优秀工作单位三等奖，党员1人获2020年度东城区统战信息工作个人特殊贡献奖，党员1人获评2020年度东城区统战信息工作优秀信息员。党员4人获民革北京市委年度参政议政先进个人称号，党员8人获区政协年优秀社情民意信息工作者称号。

（何佳子）

【政党协商】3月3日，东城区召开数字经济发展专题议政会，民革东城区委邀请民革专家学者和党外人士代表建言献策，为东城区数字经济发展、引税工作持续提供助力，是中共东城区委、区政府首次与单一民主党派开展专题协商。8月4日，2人参加中共东城区委召开的东城区四套班子主要领导与各民主党派区委新老主委座谈会暨党派团体协商通报会，各民主党派新一届区委主委逐一表态发言；会议通报上半年东城区党风廉政建设和反腐败工作情况，就中共东城区委十二届十五次全会报告（征求意见稿）进行协商，民革区委就物业管理、“文化东城”建设、数字经济、城市更新改造等方面提出意见建议。10月16日，2人参加东城区各政党、无党派代表人士、各人民团体协商会议，就联合提名推荐的东城区第十七届人大代表候选人名单发表意见建议。11月19日，2人参加中共东城区委召开的党派团体协商通报会，就政协东城区第十五届委员建议人选及有关人事安排进行协商，就中共东城区委第十三次党代会报告（征求意见稿）和政府工作报告（征求意见稿），重点从中轴线申遗与文物保护、国家文化与金融合作示范区建设、数字经济发展、教育“双减”工作、大健康等方面提出意见建议。11月26日，2人参加中共东城区委召开的党派团体协商通报会，就政协东城区第十五届委员会主席、副主席、秘书长、常委候选人和一次会议主席团常务主席、常务主席会议主持人建议人选进行协商，会议通报东城区四套班子有关人事安排。

（何佳子）

【社会服务】2021年，民革东城区委组织党员参与“我为帮扶下一单”消费帮扶活动，助力贵州省纳雍县进一步巩固拓展脱贫攻坚成果。党员3人参加北京市门头沟区“8+1”行动乡村振兴项目。党员捐款捐物4万余元支援河南省强降雨灾后重建，捐款1.4万余元助力“春蕾计划”。6月1日，慰问龙潭地区少年儿童。6月9—11日，作为爱心单位参加第五届中国残疾人冰雪运动季示范活动——京津冀肢残人冰上趣味运动会，党员2人以医疗保障志愿者身份参加。6月27日，第八支部联合第十、第十三、第十五支部的医卫领域党员20余人先后到北京市房山区佛子庄乡卫生服务中心及养老中心，开展“关爱健康 守护生命”义诊活动和“倡孝扬善 构建和谐”关爱活动，为当地村民提供综合科别义诊、诊疗咨询及养老扶助等服务。11月28日，第八、第十、第十三支部组织医卫领域党员赴北京市怀柔区九渡河镇开展联合义诊活动。民革东城区委获民革中央助力脱贫攻坚工作先进集体，党员1人获民革中央助力脱贫攻坚工作先进个人称号及北京市扶残助残先进个人称号。

（何佳子）

【祖国统一工作】2021年，民革东城区委扎实推进祖国统一工作。9月17日，举办迎中秋台胞台属座谈会，特邀台商、台青和研究学者参会。配合民革中央开展涉台交流活动，党员1人在民革中央第二十九次两岸青年观点论坛上发言；党员1人撰写的4篇有关祖统工作的议政调研被中共中央领导批示。党员1人参与对台湾儿童的线上教学，创作儿童相声《台湾地名谜语》等作品；1人参加第六届京台学者共研会，提出相关涉台建议。

（何佳子）

【党员之家建设】2021年，民革东城区委建成集会议活动、交流学习、成果展示、民革书屋等功能为一体，突出数字党史教育特色的东城民革党员之家。4月28日，全国政协副主席、民革中央常务副主席郑建邦为北京市东城区民革党员之家揭牌。民革中央副主席兼秘书长李惠东，民革中央副主席、民革北京市委主委王红，文物出版社党组书记张自成及东城区有关领导出席揭牌仪式。

（何佳子）

【支部活动】2021年，民革东城区委鼓励支部发挥优势，开展特色活动。3月25日，第十一、第十二支部开展“踏寻中山先生足迹，缅怀峥嵘岁月”党史教育活动。4月10日，第一、第十六支部在门头沟定都峰景区义务植树点开展“守护京郊绿水青山”植树活动。4月16日，第二十六支部牵头，与第四、第二十七支部联合区市场监督管理局3个中共支部组织参观“千年水道、文明纸现——大运河文化非遗纸艺展”。4月17日，第二支部联合第三、第九、第十、第二十四、第二十五支部开展“走进百年品牌老店，领略都市传承文化”交流活动。4月26日，第八支部捐助天坛街道价值5万元的防疫物资。6月15日，第三支部赴遵化、唐山等地开展社会实践及敬老慰问活动。7月16日，第六支部发起组织“老字号传承与国潮创新”支部联合活动。7月28日，第十一、第十六支部到抗战名将馆祭拜佟麟阁将军。暑期，第二十六支部组织党员教师到蒲公英中学志愿支教，第二十七支部组织赴广西壮族自治区梧州市李济深故居、梧州市中山纪念堂参观学习。9月28日，第二、第十七支部组织“丹宸永固，生生不息”故宫游览活动，10月10日，组织观看爱国主义电影《长津湖》。各支部端午节慰问老党员。中秋前夕，第十九支部慰问北京市平谷区七彩阳光康复中心自闭症儿童。10月20日，第二十二支部发起“走近京作家具，感受匠心传承”主题参观支部联合活动。

（何佳子）

中国民主同盟北京市东城区委员会

【概况】中国民主同盟是主要由从事教育及科学技术工作的高中级知识分子组成，具有政治联盟特点，致力于建设中国特色社会主义事业的参政党。中国民主同盟北京市东城区委员会（简称民盟东城区委）下设5个部门机构，有9个专业委员会，3个专项工作会，1个艺术团体。有民盟基层委员会2个，基层总支1个，基层支部55个，盟员1812人。2021年，民盟东城区委组织思政教育系列活动，推动中共党史学习教育和主题教育实践活动。召开民盟东城区第三次代表大会，产生新一届领导班子。参加民盟中央、民盟北京市委和中共东城区委统战部组织的各种讲座、培训班，围绕区大事、要事开展调查研究，了解和反映群众的要求，积极参政议政，履行参政党职能。被中共东城区委统战部授予东城区统战系统信息工作优秀单位三等奖。民盟东城区委获民盟北京市委先进基层组织称号。10个支部获民盟北京市委先进支部表彰。

（翟　洋）

【调研与提案】1月，在政协东城区第十四届委员会第五次会议上，民盟东城区委获“2020年度社情民意信息工作先进单位”称号。《关于改善北京中轴线南段文化遗产周边环境的建议》被评为2020年度党派团体优秀提案。民盟东城区委副主委1人提交的《关于保护中小学生视力的建议》和盟员6人提交的《关于加强“日租房”管理的建议》，被评为2020年度政协委员优秀提案。盟员5人被授予政协北京市东城区第十四届委员会2020年度优秀社情民意信息工作者。盟员9人被授予政协北京市东城区第十四届委员会2020年度优秀政协委员称号。4月，民盟东城区委、农工党东城区委提交的联合调研《推进服务业扩大开放，促进活力东城建设——基于改革开放相互促进及消费与产业协同升级的视角》获2020年度东城区参政议政优秀调研成果创新成果奖。民盟东城区委获2020年度东城区统战系统信息优秀工作单位二等奖及2020年度东城区统战信息工作特殊贡献

4月28日，北京市东城区民革党员之家揭牌仪式举行（何佳子摄）

奖。盟员5人获2020年度东城区统战信息工作特殊贡献奖。12月，在政协东城区第十五届委员会第一次会议上，区委《关于加快完善东城区垃圾分类服务运行体系的建议》被评为年度党派团体优秀提案。盟员1人被授予区政协年度优秀社情民意信息工作者。盟员1人提交的《关于做好医养结合中医药健康养老工作的建议》被评为年度区政协委员优秀提案。盟员10人被授予区政协年度优秀政协委员称号。全年以各支部、专委会为主体，完成调研11项：经济2项、文化4项、城市管理5项。完成与农工党区委“关于东城区属文物活化利用的研究”的调研。调研转化民盟界别提案共4件，调研转化市政协提案2件，调研转化社情民意信息11条。

（翟　洋）

【民主协商】2021年，民盟东城区委搭建协商议政平台。围绕中共东城区委、区政府年度、半年度工作报告和区纪委监委的党风廉政报告开展政党协商，针对重大决策提出意见建议。区委领导班子重视参政议政，每次协商会前，以电子邮件、召开专题座谈会等形式，向各支部主委、参政议政骨干盟员征求协商会建议，并将调查研究作为党派履行参政议政职能的载体，在协商议政会上履职。围绕“东城区政党协商计划”，为东城区加速“崇文争先”，做实“六字文章”，参加党派团体协商议政，就南中轴线历史文化保护、博物馆之城建设、教育“双减”政策落实、再生资源回收体系建设、大气污染防治精细化治理、中医药产业发展等提出意见，形成议政会建议，供中共东城区委、东城区政府决策参考。

（翟　洋）

【社情民意信息】2021年，民盟东城区委通过开展社情民意信息工作，凝聚盟内智慧和力量，关注民生、反映民意，助力东城发展。定期发布信息热点和需求，做好与参政议政骨干盟员约稿的工作，举办反映社情民意信息工作培训班，举办民盟北京市委社情民意信息沙龙东城线上专场活动，全年报送社情民意信息198篇，中共东城区委统战部采用72篇，区政协采用26篇，民盟北京市委采用89篇，北京市政协采用19篇，《昌平未来科学城的招商困境亟需突破》《争先“文化+消费”·建设国际消费中心城市示范区》等3篇建议获中共北京市委书记批示。

（翟　洋）

【组织建设】5月30日，民盟东城区委第三次代表大会召开，选举产生新一届区委领导集体，完成换届工作。结合民盟区委换届、基层组织换届、新盟员发展工作，建立民盟东城区委参政议政智库，将有参政议政愿望、有参政议政能力、热心参政党建设工作作为选用人才的重要指标，强化参政党定位，已储备履职骨干500人。全年新发展盟员51人，其中代表性人士2人；民盟主界别28人，占比55%，盟员质量在北京市名列前茅。

（翟　洋）

【思想建设】春节前夕，民盟东城区委开启新春慰问走访活动，区委主委率队走访慰问离退休老主委。区委委员分别走访联系支部的离退休老主委。组织学习习近平总书记“七一”重要讲话精神、中共十九届六中全会精神等，组织会前学习与线上学习，召开主委会、全委会以及在全委微信群中组织集中学习，组织思政教育系列活动，推动党史学习教育和主题教育实践活动开展。长征支部、崇文经济支部组织联合活动，分享参加“七一”庆典活动体会。崇文科技支部以“学党史、学讲话、讲体会”为主题组织线上交流活动，盟员结合履职谈学习体会。在广渠门中学举办“民盟先贤肖像巡回展”活动，民盟中央原第一副主席撰写匾额、讲述党盟合作故事。全年报送宣传信息120条，印发《东城盟讯》4期，印发3200本。“东城民盟之家”网站浏览量7万余次。

（翟　洋）

【社会服务】2021年，民盟东城区委专职干部1人支援龙潭街道疫苗接种工作，助力东城区完成疫情防控“攀登行动”。民盟东城区委发挥国家体育总局支部优势，选派盟员参加民盟北京市委举办的“人文冬奥论坛”，“以科技力量彰显人文冬奥理念”的建言被民盟北京市委《人文奥运论坛论文集》收录。区委老龄专委会组织文化医疗相关人员赴内蒙古包头土默特右旗开展书法授课和义诊活动，惠及当地群众200余人。

（翟　洋）

【支部活动】2021年，民盟东城各支部根据自身实际开展各项活动。民

6月，民盟东城区委深入开展“学习中国共产党史·讲好多党合作故事”政治共识专题教育，同时“盟员之家”揭牌仪式在广渠门中学举行（翟洋摄）

盟北京市第二十二中学支部召开换届选举暨工作总结会。民盟国家体育总局支部召开2020年度支部工作会议和盟员代表大会。民盟东城经济支部举行班子成员座谈会及举办线上讲座。民盟东城煤炭工业部支部到西山无名英雄纪念广场开展学党史主题教育活动。民盟崇文科技支部联合有关方面举办“三八”节活动，调研北京燕京八绝博物馆并进行座谈，举办线上新盟员培训交流会。民盟东城工业支部联合昌平综合支部开展“共植同心林——百人百树庆百年”义务植树活动。民盟纺织支部到河北省魏县开展课题调研。民盟东城区和平支部召开支部换届工作会，开展关于网格化管理对接接诉即办工作机制调研活动。民盟东城区法律支部举行专题学习暨换届会议。民盟二十五中学支部参观“美美与共”中国美术馆庆祝中国民主同盟成立80周年盟员美术作品展。民盟东城燕华支部到高和资本旗下项目开展调研。民盟东城区委旅游支部召开推动“首都戏剧中心”建设调研座谈会及课题研讨会。民盟东城区委新闻出版总署支部召开换届大会。

（翟　洋）

中国民主建国会北京市东城区委员会

【概况】中国民主建国会主要是由经济界人士组成的、具有政治联盟特点的、致力于建设中国特色社会主义事业的政党。中国民主建国会北京市东城区委员会（简称民建东城区委）有14个专门委员会，1个组织建设领导小组，1个内部监督委员会。全区有40个基层组织，民建会员2073人。2021年，民建东城区委召开第三次代表大会，选举产生民建东城区委第三届委员会领导集体。加强领导班子建设，建立领导班子民主生活会制度，推进领导班子加强学习，将带头学和带领学相结合。改善会员队伍结构，利用换届契机，做好代表人士和后备队伍动态管理与跟踪。创新基层组织建设，持续优化专委会布局。民建东城区委获民建北京市委年度理论研究优秀组织奖，会员1人获民建北京市委年度理论研究突出个人贡献奖，2人获民建北京市委年度理论研究先进个人。

（路泽真）

【调研与提案】2021年，民建东城区委围绕金融助力文化产业发展、加强东城区社工队伍建设、将王府井打造成为国际一流商业步行街区、改造传统商圈等课题深入开展调研，开展考察座谈4次，召开专题调研会2次，完成调研课题14篇。围绕发展全过程人民民主、更好汇聚起人民力量、民主党派专项民主监督与国家治理现代化等，完成理论研究成果4篇，在中共北京市委统战部、北京市社科院等联合举办“首都统一战线庆祝建党百年”理论研讨会中，民建东城区委提交的《建党百年来统一战线发展史基本脉络与经验总结》理论文章入选文集。收集会史资料，完成上报“忆往追昔话民建”文章4篇。用好会内一刊一号，刊发12期《新东城民建》报纸，增加“七一”专刊，达12万余字，在民建北京市委相关媒体等发稿152篇、民建中央相关媒体等发稿43篇，民建东城区委获民建北京市委网站工作先进集体，会员5人获优秀通讯员。

（路泽真）

【社情民意信息】2021年，民建东城区委将撰写社情民意信息工作纳入新会员培训体系，实现常态化。加强对支部和新会员的管理和培训，及时发布每个时期信息报送重点，有效提高会员反映社情民意信息的积极性。要求各支部和新入会的会员要有信息上报数量，作为年终评选优秀支部和会员的条件之一。全年提交信息364篇。中央统战部采用2篇、全国政协采用1篇、民建中央采用5篇，民建北京市委采用28篇、北京市政协采用22篇、东城区政协采用19篇，中共东城区委统战部议政建言直通车刊登5篇，其中“关于加强5G知识产权保护 助力建设国际创新中心的建议”“关于借鉴‘硅巷’经验，打造无边界创新东城的建议”得到中共东城区委书记和区长批示并召开专题座谈会责成区发改委等相关部门落实。民建东城区委被民建北京市委、中共东城区委统战部、东城区政协评为信息工作优秀单位，会员3人被评为民建北京市委年度信息工作先进个人、6人被区政协评为优秀信息工作者。

（路泽真）

6月5日，中国民主建国会北京市东城区第三次代表大会召开（路泽真摄）

【民主协商】2021年，在中共东城区委、中共东城区委统战部、区政协组织的政党协商会及议政会上，民建东城区委就东城区工作报告、东城区经济工作、区领导班子有关人事安排发表意见建议，从进一步深化“两区”建设、关于建立共同富裕试验区、助力东城文创金融核心区和文化产业辐射区的双向互动发展、文化魅力彰显、关于提升社会治理能力、推动共建共治共享等方面提出意见建议。在政协东城区第十五届委员会议上，民建东城区委提交政协提案20篇，其中党派提案3篇、个人提案17篇。

（路泽真）

【组织建设】6月5日，民建东城区委第三次代表大会召开，选举产生新一届区委领导集体，完成换届工作。区委召开主委会8次，全委及扩大会4次，建立领导班子民主生活会制度，开展批评与自我批评，发挥班子成员及区委委员带头作用，新一届领导班子按照议事规则和决策程序，建立严格分工负责制，延续班子成员联系基层支部专委会制度，密切与基层会员的关系。不断夯实人才库，先后推荐100余人次参加民建北京市委、中共东城区委统战部、民建东城区委组织的各类培训和学习，近5年入会的会员在各专委会中发挥主力军作用。组织发展更加注重会员质量，程序更加规范，入口关更加严格。召开2次新入会人员座谈会，举办培训班，发展64人入会。推动会员之家建设，已建的2个会员之家，管理使用效果明显。推进专委会建设，为新一届14个专委会充实各类人才。形成专委会之间、支部之间联合组织形式多样的线上线下活动。加强会内监督力度，对换届、民主生活会、主委会、全委会等重要会议进行全程监督。修订完善专委会工作规则等，将区委的会议制度、学习制度、联系制度和培训制度贯穿到各项工作中。

（路泽真）

【庆祝中国共产党成立100周年】2021年，民建东城区委开展庆祝中国共产党成立100周年系列活动。组织书画笔会、“拥抱七月”诗歌里的党史学习会、“重温党史忆初心”经典诵读、“百年征程，千年梦想”诗歌朗诵、“不忘初心 砥砺前行”红色读书日等活动，参观《新青年》编辑部旧址专题展、“伟大开篇——中国共产党早期北京组织专题展”、北大红楼、红色革命圣地西柏坡、抗日战争博物馆，观看红色影片《1921》《革命者》，组织会员通过电视、网络等多种方式收看庆祝中国共产党成立100周年大会。各支部在微信群里推送中国共产党《党史百年天天读》等，参与人数1000余人次。

（路泽真）

【社会服务】2021年，民建东城区委持续抓好“专家百姓零距离 民建真情在社区”社会服务品牌，向河北省丰宁县捐献价值2000万元爱心物资，充实全县360余家爱心超市，向河北省丰宁县土城镇李泉窝铺村爱心超市捐赠1万余元爱心物资、扶贫消费1.2万元，向甘肃省临夏回族自治州东乡族自治县关卜乡9所学校捐助28万元助学物资。向春蕾计划捐赠1.66万元，在中秋、国庆、重阳等节日，为街道社区养老院送价值4.5万元爱心物资。面对河南、山西多地遭遇区域性洪涝灾害，会员及会员企业捐款捐物94万余元。到北京市怀柔区渤海镇开展医疗义诊，服务村民100余人次，会员4人获民建中央“参与脱贫攻坚先进个人”荣誉称号。

（路泽真）

中国民主促进会北京市东城区委员会

【概况】中国民主促进会是以从事教育、文化、出版、传媒以及相关科学技术领域高中级知识分子为主、具有政治联盟性质的政党，是同中国共产党通力合作的中国特色社会主义参政党。中国民主促进会北京市东城区委员会（简称民进东城区委）下辖调研与提案、信息、学习与宣传、活动组织、支教助学、公益服务、青年、妇女儿童、老龄9个工作委员会。有基层支部59个，会员1715人。2021年，带领全区会员，强化思想政治引领，凝聚共识，加强履职能力建设，助推区域经济社会发展，促进东城民进各项工作取得全面进展。6月12日，换届选举，产生第三届民进东城区委。2021年，民进东城区委被评为《民主》杂志宣教工作先进集体，会员1人被评为先进个人；支部1个被评为民进全国反映社情民意信息工作先进集体，会员3人被评为先进个人；民进东城区委被评为民进全国社会服务暨脱贫攻坚先进集体，会员5人被评为先进个人；民进东城区委被评为民进北京市委社会服务工作先进集体，会员13人被评为先进个人。

（陈　颖）

【调研与提案】3月16日，民进东城金融支部召开调研课题开题座谈会，就立项课题进行研讨和部署，课题组成员17人参加。4月11日，区委召开年度调研课题开题会，课题组汇报调研课题的研究内容、研究思路与方案设计及预期成果，并与区政协负责提案人员交流研讨。4月25日，会员4人参加东城区统战系统调研信息工作会暨信息工作培训会。5月19日，区委副主委带领课题调研组，赴东城区人力资源和社会保障局、东城区医疗保障局进行调研。6月21日，民进东城区委班子成员及课题组负责人参加区文旅局组织的提案答复会。7月30日，区委课题组赴东城区商务局调研。2021年，提交5篇调研报告，涉及文化、民生和社会热点，其中1篇获东城区民主党派、无党派参政议政优秀调研成果创新成果奖，2篇被民进北京市委采用，1篇转化为东城区政协提案，被评为党派团体优秀提案，会员1人提案被评为委员优秀提案。

（陈　颖）

【社情民意信息】5月17日，民进东城区委组织会员20人参加民进北京市委组织的社情民意信息培训班。2月至10月，区委完成基层支部和区委委员社情民意信息“双清零”工作，每个支部和区委委员均报送社情民意信息。全年共报送181篇社情民意信息，市领导批示1篇，《诤友》采用1篇，民进中央采用6篇，中共北京市委办公厅采用2篇，民进市委采用26篇，市政协采用4篇。民进东城区委获年度中共东城区委统战系统信息优秀工作单位三等奖，会员1人被评为年度中共东城区委统战系统信息工作优秀信息员。会员6人被评为区政协优秀委员，2人被东城区政协评为优秀社情民意信息工作者。

（陈　颖）

【政党协商】6月8日，民进东城区委副主委1人参加首都统一战线庆祝中国共产党成立100周年理论研讨会。8月和11月，参加东城区党派团体协商通报会，就东城区工作报告、东城经济工作、东城区领导班子有关人事安排发表意见，并就“接诉即办”、教育“双减”等建言东城区社会经济发展。10月22日，参加民进北京市委民主监督工作调研会。12月8—10日，会员14人参加政协北京市东城区第十五届委员会第一次会议，会员3人当选政协常委，10人当选政协委员。

（陈　颖）

【中国共产党成立100周年主题教育】4月22日，民进东城区委副主委进社区领读《中国共产党简史》。4月20日，会员2人参加民进北京市委召开的“党旗引领　正道笃行”政治共识专题教育活动动员部署会。4月23日，区委启动“贺建党百年 书主席经典”书法兴趣培训班。全年组织开展书法培训12期，会员240余人次参加。5月8日，民进东城区委开展以“党旗引领 正道笃行”为主题的庆祝中国共产党成立100周年专题教育活动，组织区委委员及骨干会员24人走进首都博物馆参观“伟大征程——庆祝中国共产党成立100周年特展”。5月20日，区委组织新会员20人参观民进中央会史展览厅，学习多党合作史和民进历史。6月12日，区委制作庆建党百年小视频，在换届大会播放，40余个支部参与录制。6月18日，区委班子成员5人参观“伟大开篇——中国共产党早期北京组织专题展”。6月24日，组织会员20人参加“巨星闪耀 同心向党”湘绣作品展。7月1日，组织会员4人在天安门广场观礼。7月3日，区委主委参加民进中央召开的民进庆祝中国共产党成立100周年座谈会。7月10日，民进北京市委召开庆祝中国共产党成立100周年座谈会，区委主委和副主委2人参加。7月16日，组织观看影片《革命者》，会员160余人参加。7月23日，组织会员14人走进中国美术馆，参观“伟大征程 时代画卷——庆祝中国共产党成立100周年美术作品展”。7月23日，民进东城经济综合支部会员1人参加中共北京市委统战部组织的“讲述红色故事，传承红色基因”活动，在中共北京市委统战部党外人士平台讲述“马叙伦：血浓于水畅友谊”的红色故事。7月29日，区委机关干部2人参观中国共产党历史展览馆。9月10日，区委联合民进东城文化综合支部组织会员20余人参观北京人艺剧院，共同参观“薪火相传 不负使命”庆祝中国共产党成立100周年专题展及北京人艺戏剧博物馆。9月26日，会员1人参观山东省鱼台县周堂地道战遗址，捐赠多幅书法作品。4月至10月，民进东城区委各支部开展各种形式的活动庆祝中国共产党成立100周年。

（陈　颖）

【组织建设】2月2日，民进东城区委召开2020年度领导班子民主生活会，领导班子成员7人分别作对照检查，制订整改措施。2月2日，区委召开二届十三次班子会，通过基层支部的调整建议，研讨2021年区委重点工作。区委领导班子成员2月5日和8日走访慰问会员单位9个、基层民进会员24人。2月10日前，区委将50份慰问品发放至退休老领导、高龄老会员及对区委有特殊贡献的会员手中。3月5日，启动“书香东城·民进大讲堂”活动，采取线上线下结合方式，开展“三八”节读书分享会。3月15日，区委组织召开全国“两会”精神学习交流会，会员32人参加。区委副主委引读“两会”上重要讲话，会员3人分享学习体会。3月25日，区委召开二届十四次班子会，成立2021年换届工作小组，审议相关方案（草案），并对换届工作小组相关工作进行部署。同日，区委召开换届工作部署会，对换届工作实施方案和换届人选民主推荐办法进行详细解读，支部委员50余人参加会议。同日，区委召开二届十次全委会暨领导班子及其成员述职和民主评议工作会，班子及班子成员进行述职，与会区委委员19人对班子及成员进行民主评议。3月31日，区委召开2021年换届工作小组第二次会议，完成换届人选推荐名单（150%），审议通过《代表大会代表产生办法（草案）》和代表名额分配方案，并就上半年工作安排进行研究部署。同日，召开届终述职暨民主评议工作谈心会，区委主委反馈届终民主评议工作具体情况。4月12日，区委召开换届工作会，对新一届委员候选人建议名单征求意见，会员47人参加会议。5月19日，区委召开2021年换届工作小组第四次会议，审议代表大会代表名单、代表大会议程（草案）、日程安排（草案），以及代表大会部分文件等。6月3日，区委召开第三次代表大会代表培训会，代表70余人参加培训。会议通报换届工作进展情况和工作报告起草说明，介绍民进东城区委第三届委员会委员候选人建议名单形成过程和建议人选基本情况，与会代表对“工作报告”和委员候选人建议名单进行分组讨论，并发表意见。6月12日，区委召开换届大会。代表94人参加会议。会议听取并通过民进东城区第二届委员会工作报告，选举产生由委员20人组成的民进东城区第三届委员会，通过大会决议。召开三届一次全委会，选举产生新一届领导班子，圆满完成各项议程。7月8日，区委承办第六期东城区民主党派“同心圆大讲堂”，会员3人分享学党史、学会史感受。7月9日，区委班子成员走访慰问民进北京景山学校支部和民进北京市第五十四中学支部。7月14日，民进中央常务副主席、叶圣陶研究会常务副会长刘新成赴商务印书馆调研并与民进商务印书馆支部座谈。9月10日，区委制作主题为“节日祝福　感恩有您”的小视频，送上教师节祝福。9月22日，参加民进北京市委区级组织负责人联席会，汇报5年工作规划编制思路。10月13日，区委组织退休会员120余人共同观看影片《我和我的父辈》。10月28日，民进人教社支部协助举办《叶圣陶论教材》阅读分享会暨“叶圣陶与中国共产党教材事业”专题研讨会，民进中央副秘书长左延珠，民进东城区委等有关人员出席会议。11月3日，区委举办“聚共识、促履职——民进东城区委2021年政治共识专题教育暨新会员培训班”。11月15日，区委开展中共十九届六中全会精神线上学习会，区委委员20人参加，委员13人报送学习心得体会，文章在中共东城区委统战公众号、民进北京市委公众号以及《北京民进》发表。11月28日至12月4日，区委相关人员参加2021年北京市民主党派基层组织负责人培训班。12月7日，区委组织委员20人学习东城区第十三次党代会精神，委员12人撰写心得体会。12月14日，中共东城区委召开区党代会、区“两会”精神学习线上交流会，会员108人参会。12月23日，区委召开专委会启动会暨2022年工作务虚会，区委委员及专委会负责人15人参会。12月24日，民进东城经济综合支部会员1人通过网络为北京市冬奥食品安全保障闭环人员开展心理疏导培训。12月30日，民进东城区委青年工作委员会召开年工作第一次全体会议，14人参会。6月至12月，区委召开6次班子会，3次全委（扩大）会，部署重点工作。2021年，全年报送宣传稿件117篇，23篇在民进中央网站刊发。新发展会员53人，比2020年增加165%。

（陈　颖）

【社会服务】4月16日，民进东城经济综合支部赴河北省张家口市开展扶贫助教活动，送上助学款，与被资助家庭座谈。5月31日至6月2日，区委在河南省安阳市幸福中学组织进校园活动，观摩9节研究课，参加3节劳动实践课。4月11日，区委主委带队走访和看望基层康复志愿团队，并开展社会服务调研。区委班子成员和骨干会员10人参加调研。7月18日，民进二中分校支部会员1人到革命老区红色霞庄，助力乡村振兴文化帮扶，为山西省长治市黎城县霞庄村孩子上多节美术课，并捐赠图书、教具、学具等。7月28日，区委号召全区会员为突发暴雨的河南省郑州市捐款，35个支部响应，捐款5万余元。9月11日，民进东城公益服务专委会联合民进东城经济综合支部赴顺义区高丽营镇水坡村康复志愿服务基地开展调研考察，对致力于康复服务的医护志愿者进行慰问。11月11日、11月12日、11月16日，区委专职干部代表民进东城区委，与支部主委到会员4人家中，开展“彩虹·关爱困难会员”活动，送去慰问品，转交民进中央主席蔡达峰的慰问信。

（陈　颖）

4月16日，民进东城经济综合支部赴河北省张家口市开展扶贫助教活动（陈颖摄）

中国农工民主党北京市东城区委员会

【概况】中国农工民主党是以医药卫生、人口资源和生态环境领域高中级知识分子为主、具有政治联盟特点、致力于建设中国特色社会主义事业的政党，是同中国共产党通力合作的参政党。中国农工民主党北京市东城区委员会（简称农工党东城区委）下辖24个支部，有党员1054人。2021年，农工民主党东城区委强化班子组织建设和制度建设，开展党员活动，推动横向纵向互动交流。完成换届工作，产生新一届领导班子。农工党东城区委被农工党中央评为“脱贫攻坚工作先进集体”，党员4人被农工党中央评为“脱贫攻坚工作先进个人”，1人被评为“农工党脱贫攻坚民主监督工作先进个人”，1人撰写的《〈中国共产党统一战线工作条例〉

第14条的意义与实施》获农工党中央2021年理论研究优秀论文二等奖。7月，农工党东城区委、社科院支部、中检院支部、普仁医院支部、永外社区卫生支部被农工党北京市委评为2020年度先进集体，党员73人被评为农工党北京市委2020年度优秀党员。农工党东城区委、北京医院支部、和平里医院支部、综合支部被农工党北京市委评为抗击新冠肺炎疫情先进集体，党员46人被评为农工党北京市委抗击新冠疫情先进个人。文化部支部在推进农工党北京市委直属支部属地化工作中表现突出受到表彰。农工党东城区委获区政协“社情民意信息工作先进单位”。6月，与民盟的联合调研《推进服务业扩大开放 促进活力东城建设》获2020年度东城区政协优秀调研一等奖。提案《关于完善东城区疾病预防控制机构的建议》获区政协优秀提案奖，6人被区政协评为优秀社情民意信息工作者，3人被区政协评为优秀委员。

（梁　轩）

【组织建设】1月，农工党东城区委召开2020年区委工作总结会暨支部班子成员培训会。2月，召开民主生活会，会前广泛征求党员对领导班子及其成员的意见建议。4月，召开述职和民主评议会。6月6日，召开中国农工民主党北京市东城区第三次代表大会，会议选出区委委员21人组成新一届领导机构。同日召开三届一次全委会，选出主委、副主委，组成规模为6人的新一届领导班子。换届后，召开三届二次主委会，明确领导班子成员分工和工作职责，建立班子成员联系支部和专委会制度。组织新一届班子成员参加农工党北京市委和中共东城区委统战部的学习培训班，梳理和健全《委员履行职责规定》《社情民意信息工作制度》《会议制度》等9项工作制度。全年走访慰问老党员和生病党员75人，“三八”妇女节组织参观香山革命纪念馆，重阳节组织观看影片《长津湖》。10月，组织青委会人员、新党员到雍和宫进行民族宗教知识现场教学。支持支部和专委会联合开展活动。

（梁　轩）

【思想宣传】农工党东城区委把“不忘合作初心、继续携手前进”主题教育与区委工作相结合，把政治共识专题教育活动作为贯彻自身建设和履职尽责全过程的一项政治任务抓实抓好。制订教育方案，成立领导小组。4月，在东城区方家胡同小学，以义诊和调研为起点，启动专题教育活动。6月，结合中国共产党成立100周年，在“党员之家”线上线下举办《中国共产党百年历程与经验启示》讲座。“七一”前后，组织150余人次到京师大学堂、李大钊故居、北大红楼、中国共产党历史展览馆和农工党中央党史馆参观；组织党员参加中共东城区委统战部第六期“同心圆大讲堂”学习；微信群发送相关学习资料，组织党员线上学习讨论；要求党员收看“七一勋章”颁授实况和庆祝中国共产党成立100周年大会，党员8人到天安门广场现场参加大会，党员7人报送学习“七一”讲话感想。参加庆祝农工党北京市委成立70周年活动。9月，组织党员61人在天坛体育场参加“喜迎北京冬奥会·纪念农工党北京市委成立70周年”运动会。同月，党员38人参加农工党北京市委会成立70周年纪念大会。组织学习贯彻中共十九届六中全会精神。传达农工党中央和农工党北京市委的学习要求，主委就区委的学习安排作出部署，领导班子成员撰写学习心得。青委会及农工党东城区委第二支部、农工党东城区委第三支部、第一人民医院支部、文化部支部等采取线上线下多种方式，围绕会议精神进行学习和座谈，部分党员撰写心得体会。

（梁　轩）

【参政议政】6月，农工党东城区委有关人员参加区政协举办的“委员对话一把手，提案办理面对面”活动，提案执笔人综合支部党员1人就“改善东城区疾病预防控制机构”与区卫健委主任进行面对面问答式互动交流。8月和11月，参加东城区党派团体协商通报会，就健康管理联合体、文化“金三角”建设、“接诉即办”、教育“双减”等建言东城区社会经济发展。2021年形成调研报告6篇，经三届二次主委会商议，《关于创建健联体试点工作的几点建议》《关于保障双减政策高效、可持续贯彻的建议》《东城区属文物活化利用可持续的建议》转化为党派团体政协提案报区政协，其余调研报告分别转化为政协委员个人提案、社情民意、协商会发言、中共东城区委统战部调研、区政协调研。全年22个支部党员63人共报送信息230篇，其中

6月6日，中国农工民主党北京市东城区委第三次代表大会召开（中国照相馆摄）

“关于加强慢性阻塞肺疾病防治工作的建议”等3篇被全国政协采用，“关于共商国是的反映”获得中央统战部采用，“建议完善药品‘带量采购’工作”等24篇获得农工党中央采用，“关于完善医保电子凭证功能的建议”等5篇获得北京市领导批示，“行政复议法修订亟须破除自我监督尴尬”等58篇获得北京市政协采用，“关于为板厂小学高年级部建设共享运动场的建议”等3篇获得区领导批示。

（梁　轩）

【社会服务】4月，农工党东城区委在方家胡同小学为教师开展义诊，口腔医院支部为学生200人进行口腔健康筛查。6月，农工党东城区委第二支部到东城区景山兆如老年养护中心开展“献爱心 送关怀，我为群众办实事”活动，向养老院捐赠水果，并组织人员义务为老人理发。

（梁　轩）

中国致公党北京市东城区委员会

【概况】中国致公党是以归侨、侨眷中的中上层人士和其他有海外关系的代表性人士为主组成的、具有政治联盟特点的政党，是中国共产党领导的多党合作和政治协商制度中的中国特色社会主义参政党。中国致公党北京市东城区委员会（简称致公党东城区委）第三届委员会成立于2021年6月10日，设专委会8个。有基层支部13个，党员527人。2021年，致公党东城区委围绕“学习中国共产党史，讲好多党合作故事”专项教育，开展多项活动，推动教育成果不断深化。围绕市、区中心工作，积极参政议政，参加民主协商，增进政治共识，开展社会服务。致公党中央对2017年至2021年在脱贫攻坚工作中作出突出贡献的集体和个人进行表彰，致公党东城区委获“脱贫攻坚先进集体”称号，党员5人被授予“脱贫攻坚先进个人”称号，1人被授予“脱贫攻坚优秀组织工作者”称号。

（王　宁）

【第三次代表大会召开】4月8日，致公党东城区委召开基层组织负责人会议，征求各支部对新一届委员会委员提名人选名单的意见建议。4月27日，致公党东城区委召开支部负责人会议，对第三次代表大会代表产生办法及推选代表名额分配进行说明。5月31日，召开第三次代表大会代表培训会，对委员建议人选的产生过程进行说明，代表学习《致公党东城区委2021年换届工作方案》并对委员建议人选名单进行讨论。6月10日，致公党东城区第三次代表大会召开，代表64人参加。会议听取并通过致公党东城区委第二届委员会工作报告，选举产生由委员21人组成的致公党东城区第三届委员会，通过《致公党东城区第三次代表大会决议》，并选举出新一届领导班子。有关领导出席大会。

（王　宁）

【调研与提案】1月7—9日，在东城区政协第十四届委员会第五次会议上，致公党东城区委提出的《关于以群众诉求为哨声，提升政府回应能力的建议》被评为党派团体优秀提案，3人的提案被评为委员优秀提案，5人被评为优秀政协委员，1人代表致公党界别作题为“将‘心理健康促进行动’深入社区卫生服务机构”大会发言。1月10—12日，在区第十六届人民代表大会第七次会议上，2人提交3件建议案。4月7日，致公党区委、民革区委召开联合调研开题会，确定调研内容及方向。4月25日，在东城区调研信息工作会上，致公党区委、民革区委的联合调研《推动生活垃圾资源化利用，助力“精致东城”建设》获2020年度东城区参政议政优秀调研建言成果奖。6月17日，致公党区委、民革区委参加66号提案《推动东城区生活垃圾资源化利用的建议》的办理情况答复会。8月16日，致公党区委、民革区委调研组成员赴区住房和城市建设委员会调研物业管理工作。11月23日，在区政协十四届27次常委会议上，致公党东城区委提交的《关于推动东城区生活垃圾资源化利用的建议》被评为党派团体优秀提案，党员3人提出的个人提案被评为优秀提案，6人被评为优秀政协委员。12月8—10日，在区政协第十五届委员会第一次会议上，致公党东城区委主委当选区政协副主席，3人当选区政协常务委员。

（王　宁）

【社情民意信息】2021年，致公党东城区委报送社情民意信息140余篇，其中致公党中央采用6篇，中共中央统战部《零讯》采用1篇；致公党北京市委采用73篇，中共北京市委北京市政府采用1篇，北京市政协采用6篇。1月7—9日，在区政协第十四届委员会第五次会议上，致公党东城区委被评为社情民意信息工作先进单位；党员6人被评为优秀社情民意信息工作者。4月25日，在东城区调研信息工作会上，致公党东城区委获2020年度中共东城区委统战系统信息优秀工作单位二等奖，1人获信息工作特殊贡献奖，1人被评为信息工作优秀信息员。11月23日，在区政协十四届27次常委会议上，致公党东城区委被评为社情民意信息工作先进单位；1人被评为优秀社情民意信息工作者。12月，1人被中共东城区委统战部聘为“紫金同心议事厅”统战信息智库专家。

（王　宁）

【民主协商】8月4日，致公党东城区委2人参加中共东城区委召开的党派团体协商通报会，会议通报上半年东城区党风廉政建设和反腐败工作情况，并就《中共东城区委十二届十五次全会工作报告（征求意见稿）》听取意见建议。10月16日，2人参加东城区各政党、无党派代表人士、各人民团体协商会议，就联合提名推荐的东城区第十七届人大代表候选人名单发表意见建议。11月19日，2人参加中共东城区委召开党派团体协商通报会，就政协东城区第十五届委员建议人选及有关人事安排进行协商，主委代表致公党东城区委对中共东城区第十三次代表大会报告和区政府工作报告提出意见建议。11月26日，2人参加东城区党派团体协商通报会，就政协东城区第十五届委员会主席、副主席、秘书长、常委候选人和一次会议主席团常务主席、常务主席会议主持人建议人选进行协商，会议通报东城区领导班子有关人事安排。

（王　宁）

【组织建设】1月28日，致公党东城区委召开二届十一次主委会议，学习新修订的《中国共产党统一战线工作条例》，审议通过2021年致公党东城区委工作计划。同日，召开2020年度工作总结表彰大会和领导班子民主生活会。春节前夕，因疫情防控要求，采取邮寄形式向老党员、老干部送去慰问品和新春祝福。3月7日，致公党东城区委组织女党员观看电影《你好，李焕英》。3月19日，第五支部举办线上经济、金融知识普及讲座活动，30余人参会。3月25日，致公党东城区委召开二届十二次主委会议，研究并通过相关文件。同日，召开二届十三次委员（扩大）会暨述职评议会和换届工作部署会。4月21日，致公党东城区委法治专委会举办“关于老年生活家事安排中的法律新规”线上讲座，30余人参会。6月30日，召开三届一次主委会议，研究讨论班子成员及区委委员分工事宜。7月19日，召开三届二次全委会议，学习习近平总书记“七一”重要讲话精神，宣布班子成员及区委委员分工。8月28日，召开三届二次主委会议，传达区政协委员推荐工作动员部署会的相关内容，并就区委重新修订的各项制度征求班子成员意见。8月31日，举办《东城区“接诉即办”工作的做法和成效》讲座，70余人参会。9月5日，第九支部与医疗专委会举办《城市急救知识与应急救援知识》讲座。国庆、重阳双节前夕，主委率队走访慰问老归侨4户。10月12日，致公党东城区委老龄与妇女工作委员会组织党员20余人参观宋庆龄同志故居。10月14—15日，致公党区委、民革区委举办学习中国共产党史，讲好多党合作故事——政治共识专题教育暨2021年党员培训班，130人参加。12月29日，举办“书香支部——京致阅读”读书会。有关领导出席并为致公党东城区委“书香支部”揭牌。2021年，发展新党员29人。

（王　宁）

【社会服务】2月7日，致公党东城区委到龙潭街道开展“写对联·送祝福”活动。3月5日，社会服务专委会协办“建国门地区女性影响力人物分享会”，党员1人讲述区委开展“致惠公益帮扶计划”品牌活动的成果，并为对社会作出积极贡献优秀女性提供纪念品80余份。6月30日，第五支部开展“弘扬革命精神，传承红色知识”图书捐赠活动，向北京城市学院捐赠经典图书131本。10月21日，致公党东城区委组织医疗专家到怀柔区渤海镇渤海所村开展义诊，接诊村民100余人次，为该村老人服务驿站捐赠价值4100元粮油。10月，号召党员通过“酉好货”致公电商平台，以消费帮扶形式购买重庆市酉阳地区产品共计1.34万元。

（王　宁）

【思想建设】4月23日，致公党东城区委第五支部举办“不忘百年初衷·共筑百年梦想——我在东城读红书”主题阅读分享会。5月15日，第四支部举办“跟着毛主席诗词学党史”专题活动。5月17日，第五、第六支部组织党员观看红色教育影片《悬崖之上》。6月25日，致公党东城区委与民革区委、九三学社区委共同举办中国共产党历史主题讲座。6月26日，组织党员30人开展“学习中国共产党史，讲好多党合作故事”主题教育活动——参观宋庆龄故居。7月，分三批共组织党员44人参观“百年航程赤子侨心——庆祝中国共产党成立100周年”主题展览。7月29日，组织党员前往中国共产党历史展览馆参观“不忘初心、牢记使命”中国共产党历史展览。10月21日，致公党东城区委联合致公党怀柔区委支部开展“学党史践行动”主题教育活动，赴北京市怀柔区沙峪民族英雄纪念碑祭奠英烈并参观长城红馆红色教育基地。12月8日，致公党东城区委召开三届三次主委会，学习中共十九届六中全会精神和《中共中央关于党的百年奋斗重大成就和历史经验的决议》相关内容，研讨致公党东城区委2022年工作计划。

（王　宁）

6月26日，致公党东城区委组织党员开展“学习中国共产党史，讲好多党合作故事”主题教育活动——参观宋庆龄故居（致公党东城区委提供）

【参加重要会议】1月4日，致公党东城区委2人参加中共东城区委统战部召开的2020年民主生活会征求意见座谈会。4月14日，2人参加致公党北京市委组织召开的“学习中国共产党史，讲好多党合作故事”政治共识专题教育交流推进会。5月21日，1人参加首都统一战线“党史学习教育大讲堂”活动。7月3日，2人代表区委参加致公党北京市委理论学习中心组座谈会，学习习近平总书记“七一”重要讲话精神。7月8日，8人参加中共东城区委统战部举办的第六期“同心圆大讲堂”活动，听取“坚持和完善我国新型政党制度”专题讲座。8月4日，致公党东城区委原主委及现任班子成员2人参加东城区四套班子主要领导与各民主党派区委新老主委座谈会。

（王　宁）

九三学社北京市东城区委员会

【概况】九三学社是以科学技术界高中级知识分子为主的具有政治联盟特点的政党，是接受中国共产党领导、同中国共产党通力合作的亲密友党，是进步性与广泛性相统一、致力于中国特色社会主义事业的参政党。九三学社北京市东城区委员会（简称九三学社东城区委）下设4个工作委员会。有支社21个，支社筹备组1个，社员1137人。2021年，九三学社东城区委带领社员履行参政议政、民主监督和参加中国共产党领导的政治协商等职能，发动社员参加抗击新冠肺炎疫情、援助河南水灾等，协助东城区龙潭街道开展相关工作。召开调研报告研讨会2次。社员2人被聘为东城区第八届特邀监督员。获九三学社中央2018—2020年参政议政先进集体称号和九三学社组织信息系统数据维护工作先进集体称号。社员1人获得九三学社全国机关工作先进个人称号，2人获九三学社脱贫攻坚民主监督先进个人称号，9人获九三学社中央2018—2020年参政议政先进个人称号，1人获九三学社中央年度信息工作贡献奖，1人获九三学社组织信息系统数据维护工作先进个人称号。6个基层支社获九三学社北京市委成立70周年先进基层组织称号，其中2个支社被评为参政议政先进基层组织，2个支社被评为社会服务先进基层组织，1个支社被评为组织和思想建设先进基层组织，1个支社被评为活力创新先进基层组织；社员90人获九三学社北京市委成立70周年先进个人称号，其中4人被评为突出贡献个人，21人被评为优秀社务干部，32人被评为参政议政工作先进个人，32人被评为社会服务工作先进个人，16人被评为组织和思想建设工作优秀个人。4个支社获九三学社北京市委抗击新冠肺炎疫情先进集体称号，19人被评为九三学社北京市委抗击新冠肺炎疫情一线优秀社员，93人被评为九三学社北京市委抗击新冠肺炎疫情优秀社员。

（卢　迪）

【调研与提案】2021年，九三学社东城区委向区政协十四届五次会议提交《关于提升王府井为“国际一流商业街区”的建议》《东城区社区应对突发公共卫生事件能力的问题与建议》2件党派提案，向区政协十五届一次会议提交《关于增强东城区中医儿科服务能力与特色的建议》《关于完善东城区特色“15分钟健身圈”建设的建议》《关于东城区雍和宫—国子监历史文化街区保护的建议》3件党派提案，向中共东城区委统战部提交党派联合调研报告1份。2020年向区政协十四届四次会议提交的《关于提升王府井为“国际一流商业街区”的建议》获2021年党派团体优秀提案，社员个人提案《关于“体教融合”推进机制和发展格局的建议》获评2021年委员优秀提案。领导班子成员1人被评为区政协年度优秀政协委员，社员9人获区政协年度优秀社情民意信息工作者称号。4月28日，九三学社东城区委在景山街道市民活动中心“美后肆时”召开调研课题研讨会。与会社员就涉及中医特色门诊、疾病预防、文化街区、交通出行、公共健身、社工心理、垃圾分类、金融发展、老城保护、文创产业、优化营商环境等13个拟调研课题进行研讨，13个课题均立项。“关于建立具有东城特色的中医药儿科服务体系的研究”“关于东城区雍和宫—国子监历史文化街区保护与传承的调研”“关于打造东城区‘15分钟健身圈’的研究”3个课题为年度重点调研课题。7月9—11日，中国中医研究院支社中药材质量课题组到河北省安国市开展中药材质量调研，实地走访相关企业并与安国市市场局、被调研企业开展座谈2次。8月17—18日，垃圾分类课题组2次赴东城区城管委开展调研。8月20日，九三学社东城区委参政议政委员会召开线上务虚会，会上就区委参政议政工作进行研讨。11月19日，九三学社东城区委召开线上年度调研课题结题论证会，东城区中医儿科创建课题作为党派联合调研课题，“东城区疾控体系建设”“国子监和孔庙街区规划”“东城区一刻钟健身圈”等3篇调研转化为2022年区政协党派提案，中华老字号与博物馆建设被带到全国政协、市政协会议，其余9个课题成果转化为社情民意稿件向区级部门报送。12月，1个区级非重点课题、1个支社调研课题转化为全国政协提案。12月24日，九三学社中央常务副主席邵鸿等领导到九三学社东城区委科普基地——“美后肆时”景山街道市民学校调研九三学社东城区委社务工作，听取九三学社东城区委主委对区委情况的介绍，东城区政协委员代表、社员代表作关于“文化北京”“科技金融”“双减”社情的主题发言。邵鸿肯定九三学社东城区委工作，鼓励九三学社东城区委争做一流的中国特色社会主义参政党区（市）级组织，为全社建设和发展树立榜样，为区、市乃至全国发展贡献力量。

（卢　迪）

【社情民意信息】2021年，九三学社东城区委上报社情民意信息148条，主要涉及新冠肺炎疫情防控、古城保护、城市管理、社会建设等领域，其中全国政协采编2篇，九三学社中央采编4篇，中共北京市委统战部采编4篇，北京市政协采编16篇，九三学社北京市委采编89篇，中共东城区委统战部采编82篇，1篇获中共东城区委书记和东城区区长批示。12月，九三学社东城区委获东城区政协年度社情民意信息工作先进单位称号。

（卢　迪）

【政党协商】11月19日，九三学社北京市东城区委主委应邀参加东城区党派团体协商通报会。就区政府报告提出6点建议：建议报告的主要目标，增加社会治理系统性和总体安全观的表述，增加对外开放和国际交往的内容；建议增加体医融合、体教融合等表述，以促进体育与其他领域融合相结合；建议增加融合发展文化遗产内容，老字号与博物馆强强联合，政府主管部门在二者间构建合作沟通机制，促进二者组合销售；建议增加考虑金融业、创新产业与“北交所”的衔接与配合；建议增加政府治理数字化智能化相关内容，强调通过配置规划、技术进步和数据资源开放，提升治理体系的现代化；建议报告中的登记失业率与中共东城区委报告中的调查失业率协调统一。此外，还就东城区工作提出建议，建议中共东城区委、区政府关注社工职务晋升难、收入增长难、资质考取难、加班补偿难等问题，建议探索性开展优秀无职务社工短期挂职社区副职，制订针对不同收入水平社工的帮助帮考计划和休假补偿机制，开展最美社工家庭评选。

（卢　迪）

【组织建设】2021年，九三学社东城区委召开二届主委会4次，二届全委（扩大）会2次，三届主委会4次，三届全委（扩大）会2次。1月19日，九三学社东城区委召开二届领导班子民主生活会。4月14日，九三学社东城区委召开基层组织负责人座谈会，九三学社北京市委组织部副部长、领导班子成员3人及19个基层支社代表等出席会议，会议部署区委换届等事宜。6月2日，召开九三学社北京市东城区第三次代表大会，代表67人全部出席。会议选举产生九三学社北京市东城区第三届委员会，主委1人，副主委5人，专职副主委兼秘书长1人，委员16人，九三学社北京市委副主委2人、区有关领导出席。9月17日，东城信息通信支社召开成立大会，九三学社北京市委、九三学社东城区委有关人员及社员代表20多人参加，会议选举产生第一届支社委员会。10月，4个专委会更名为工作委员会：青年委员会更名为青年工作委员会（简称青工委），妇女委员会更名为妇女工作委员会（简称妇工委），参政议政委员会更名为参政议政工作委员会（简称参政工委），老龄委员会更名为老龄工作委员会（简称老龄工委）。11月7日，九三学社东城区委线上召开基层组织负责人会议，领导班子全体成员、20个基层支社及2个支社筹备组均派出代表参会。会上，传达九三学社北京市委十四届委员会的换届精神及各基层组织要完成的任务与时间节点。12月30日，生态环境部支社召开成立大会。九三学社中央副主席、生态环境部部长黄润秋等领导出席。年内部分支社也完成换届选举工作。

（卢　迪）

12月24日，九三学社中央常务副主席邵鸿等领导到东城区调研
（九三学社东城区委提供）

【社会服务】1月至2月，九三学社东城区委联合基层支社慰问资深社员48人。4月至5月，机关干部1人下沉龙潭街道疫苗接种点。7月21—27日，九三学社东城区委所属支社及社员向河南受灾地区捐款。10月20日，中国中医科学院支社社员1人应北京市科委农村合作中心之邀，到延庆区大庄科乡黄土梁村科普讲座，为村民讲解“秋冬将临，如何防治心脑血管疾病”知识。12月31日，九三学社东城区委赴东城区培智中心学校参加“一心向党 一同庆新 一起向未来”冬奥主题教育，领导班子成员1人、区委青工委成员多人参加。活动现场播放由国家体育总局支社应邀录制的冬奥会速滑场馆专题视频短片，中国中医研究院支社社员邀请志愿者为学生讲解冰雪运动知识等。

（卢　迪）

【社务活动】2月4日，九三学社东城区委专职副主委等3人走访北京同仁医院党委。2月20日，九三学社东城科技园区支社举办“科技金融联谊茶话会”开放活动，领导班子成员2人出席，九三学社北京市委金融支社、朝阳区委经济支社、朝阳区委CBD支社、朝阳区委金融支社、西城区委金融第一支社、西城区委金融第二支社等相关基层组织支社委员参会，推动支社间开展联合活动。3月3日，九三学社东城区委妇委会开展喜迎“三八”节护肤线上讲座活动，东直门医院支社主委为女性社员50余人讲解美容护肤知识。3月5日，九三学社东城区委妇委会联合九三学社朝阳区委共同参观景泰蓝博物馆，两区委社员90余人参加。4月12日，东城法律支社主委到北京第三十五中学国际部，为师生们讲授“以法正身，与法同行”法律知识讲座。6月11日，崇文综合支社、国家体育总局支社社员7人同赴首都博物馆参观中国共产党成立百年展览。6月15日，九三学社高等教育出版社支社与所在单位一起学习“无名英雄武剑西的传奇人生”党史专题讲座。6月24日，崇文综合支社“社员有话说”2021年线上讲座活动开启，社员分享盆景知识。6月25日，九三学社东城区委与民革东城区委、致公党东城区委、东城区侨联在区政协常委会议室举办中国共产党党史主题讲座“留学教育与中国共产党创建”，党派成员、人民团体骨干60多人参加。6月29日，九三学社东城区委在子瞻书画教育（九三学社东城区委文化北京专项行动书画教育基地）举办“抒社员祝福 庆建党百年”笔会活动，社员挥毫泼墨书写祝福字画，共同庆祝中国共产党成立100周年。7月1日，领导班子成员4人与社员4人赴天安门广场参加中国共产党成立100周年庆祝大会。7月2日，东城法律支社召开线下支社会议，邀请交通运输部支社资深社员讲解有关信息和提案撰写知识。10月19—20日，九三学社东城区委在区社会主义学院举办2021年中青年骨干培训班。领导班子成员4人、社员近100人参加培训。社员通过1次实地教学，3场专题学习，观摩区委11个调研课题组汇报，深入学习参政党成员的履职。12月8—10日，九三学社东城区委主委出席政协北京市东城区第十五届委员会第一次会议，主委当选政协东城区第十五届委员会副主席，领导班子成员2人、社员1人当选政协东城区第十五届委员会常委。12月26日，崇文综合支社联合东城第一综合支社、东城第二综合支社、东城信息通信支社开展“社员有话说 线上学习季”第二季活动，邀请国家医保局基金监管司相关人员讲解“中国医疗保障制度改革与发展”。

（卢　迪）

12月30日，九三学社生态环境部支社成立（九三学社东城区委提供）

台湾民主自治同盟北京市东城区委员会

【概况】台湾民主自治同盟是由台湾省人士组成的社会主义劳动者、社会主义事业建设者和拥护社会主义爱国者的政治联盟，是接受中国共产党领导、同中国共产党通力合作的亲密友党，是中国共产党领导的多党合作和政治协商制度中的中国特色社会主义参政党。台湾民主自治同盟北京市东城区委员会（简称台盟东城区委）设台盟中央、全国台联、在职、乐龄4个支部，有盟员97人。2021年，台盟东城区委加强理论武装，巩固政治共识，组织盟员和盟务工作者参加中共东城区委统战部“同心圆大讲堂”等各种内容的学习和讲座。强化责任担当，承担起“好参谋、好帮手、好同事”的重托，围绕东城区中心工作开展调研并提交调研报告和建议提案，不断加强民主监督，担任最高人民法院特约监督员1人，市、区各级特约监察员3人，市人民检察院特约检察员1人，市政府人民建议征集特邀建议人3人，市政协新闻舆论民主监督组成员1人，区党风廉政监督员3人。严格按照换届程序和步骤，6月13日完成换届工作，选举出新一届领导班子。台盟东城区委新老班子围绕首都“四个中心”功能定位和东城区政治、经济、文化、社会和生态文明建设，建言献策、议政发声，完成各项工作任务，获台盟中央2021年地市级参政议政先进集体称号。参加各级部门组织的线上、线下纪念活动及学习培训班150人次。

（王玉燕）

【调研与提案】1月，台盟东城区委在政协北京市东城区第十四届委员会第五次会议和人大北京市东城区第十六届委员会第七次会议上，提交《关于加强社区规范化管理的建议》《关于推进“精致东城”建设中老城改造的几点建议》《关于重视地坛西门平房院问题　减少城市疾病传播风险的提案》3件党派团体提案，并提交《在北京城市更新的大背景之下关于推进“精致东城”建设中老城改造的几点建议》的政协大会书面发言，代表和委员提交《关于将新经济指数纳入东城区统计工作的建议》等6件个人建议和提案，《关于东城区在中轴线遗产保护方面的建议》团体提案被评为2020年度党派团体优秀提案。4月，《深化社区规范化建设，助推“幸福东城”》调研报告获2020年度中共东城区委统战系统参政议政优秀调研成果咨政成果奖。12月，在政协北京市东城区第十五届委员会第一次会议和人大北京市东城区第十七届委员会第一次会议上，提交《关于全力推动“两区”建设，助力东城经济高质量发展的提案》《关于恢复地坛西门绿地、保护古坛风貌的提案》的党派团体提案，代表和委员提交《关于关注疫情后小微企业发展，加大扶持力度的提案》等15件个人建议和提案，区政协大会期间递交的《关于加强社区规范化管理的建议》团体提案被评为党派团体优秀提案，委员1人被评为年度优秀社情政协委员；在北京市政协十三届五次会议上，盟员1人的提案《关于在信息化时代弥合老年人“数字鸿沟”的提案》获北京市政协2021年度优秀提案；在台盟市委的参政议政评选中，《关于东城区“两区”建设的调研》被台盟市委评为年度优秀调研报告二等奖，2人被台盟市委评为年度参政议政先进个人；在台盟中央的参政议政评选中，台盟东城区委获得台盟中央2021年地市级参政议政先进集体称号。全年，区委开展调研2项，《全力推动“两区”建设、助力东城经济工作发展》是关于东城区参与国家服务业扩大开放综合示范区和自由贸易试验区的一项探索性调研，7月，组织课题组成员参加“2021王府井论坛”，与嘉宾们围绕“双循环”新发展格局带动消费转型、后疫情时代助推消费升级、北京国际消费中心城市建设和“两区”建设发展机遇、“文化金三角”构建路径等主要议题，交流观点、碰撞思想。盟员参与台盟市委调研9项，2021年召开调研工作会3次，与相关单位座谈5次。

（王玉燕）

【社情民意信息】1月，台盟东城区委在政协北京市东城区第十四届委员会第五次会议上，以考评分数第二名的成绩被区政协评为2020年度优秀社情民意信息工作先进单位，6人被区政协评为2020年度优秀社情民意信息工作者。4月，在中共东城区委统战系统2020年度参政议政工作评选中，获得区统战系统信息优秀工作单位三等奖，1人被评为东城区统战信息工作优秀信息员。12月，在政协北京市东城区第十五届委员会第一次会议上，4人被区政协评为年度优秀社情民意信息工作者；在台盟市委的参政议政评选中，1人获得台盟市委年度信息先进个人三等奖。2021年，收到信息线索和素材10余条，报送社会、经济、民生、对台、抗疫等建议类信息89条，其中被区委统战部采用30篇，区政协采用17篇，台盟市委采用82篇，市委统战部采用1篇，市政协采用21篇，市政府采用1篇，市委采用2篇，台盟中央采用3篇，全国政协采用1篇，市领导批示2篇；其中“关于放开两岸婚姻群体计划生育限制的建议”被全国政协、盟中央及市政协等单位采用，“关于加快完善政府数据开放流通配套机制的建议”被盟中央、市政协等单位采用，“关于老楼装电梯‘一门一策’更务实的建议”被中共北京市委、中共北京市委统战部等单位采用并被中共北京市委书记批示，“关于尽快加强违规电动老年代步车综合治理的建议”被市政协、市政府采用并被副市长批示。

（王玉燕）

【民主协商】8月4日，台盟东城区委领导班子成员2人出席东城区四套班子主要领导与各民主党派区委新老主委座谈会；领导班子成员2人出席东城区党派团体协商通报会，会议通报上半年区党风廉政建设和反腐败工作主要情况，主委1人就《中共东城区委十二届十五次全会工作报告（征求意见稿）》发表意见建议。9月17日，1人参加市政协区级融媒体建设管理座谈会并发言。10月16日，领导班子成员2人出席北京市东城区各政党、无党派代表人士、各人民团体协商会议，就各政党、无党派代表人士、各人民团体联合提名推荐的东城区第十七届人大代表候选人名单发表意见建议。10月15日，常务副主委1人参加区新一届政协委员考察建议人选考察公示工作动员部署会。11月19日，领导班子2人出席东城区党派团体协商通报会，就政协东城区第十五届委员建议人选及有关人事安排进行协商；副主委1人代表区委对东城区第十三次党代会报告和政府工作报告表示同意，并就东城区平房区改造与利用、老旧楼宇改善、数字经济发展、电动车治理和促进区科技与资本融合等发表建议。11月26日，领导班子成员2人出席东城区党派团体协商通报会，就政协东城区第十五届委员会主席、副主席、秘书长、常委候选人和一次会议主席团常务主席、常务主席会议主持人建议人选进行协商，会议通报东城区领导班子有关人事安排。

（王玉燕）

【民主监督】1月4日，台盟东城区委专职副主委参加中共东城区委统战部民主生活会征求意见座谈会，分别对区四套班子、区级党员领导干部，以及对中共东城区委统战部班子成员、党员干部等提出意见建议。1月27日，专职副主委参加中共东城区委统战系统征求意见会，就《关于进一步规范东城区统一战线教育培训工作的方案（征求意见稿）》提出意见建议。3月，盟员1人参加体育馆路街道2020年度基层党委书记抓基层党建述职评议会。4月，盟员1人参加东城区法院队伍教育整顿领导小组征求意见座谈会并作发言。5月，盟员1人参加区人大常委会《北京历史文化名城保护条例》执法检查启动会；盟员1人参加东城区监察委反腐败国际追逃追赃工作情况专题研讨座谈会。2021年，盟员1人作为最高人民法院特约监督员向最高人员法院提出关于加强再审案件审理工作规范、完善网上立案等司法审判监督方面的意见建议4条；盟员中各系统特约监察员、特约监察员、特约检察员、特邀建议人参加相关会议及活动20余人次，提出各类日常监督类意见建议60余条。

（王玉燕）

【组织建设】1月30日，台盟东城区委领导班子召开二届十六次主委会暨“助力五个东城，加强自身建设”民主生活会，报告上一次民主生活会整改措施落实情况；主委宣读“台盟东城区委领导班子2020年自身建设工作剖析”，领导班子成员5人分别进行个人述职，并对照分工职责和《履职情况参照表》，从政治把握能力、参政议政能力、组织领导能力、合作共事能力、解决自身问题能力5个方面进行自我剖析，有针对性地指出自己的不足，开展批评与自我批评，并制订整改措施。3月20日，二届十七次主委会暨换届领导小组第一次会议召开，审议通过《台盟东城区委领导班子述职和民主评议工作方案（草案）》《2021年台盟东城区委领导班子民主评议实施方案（草案）》《台盟东城区委2021年换届工作方案（草案）》，并审议签发《台盟北京市东城区委关于第三届委员会领导班子职数和领导机构规模的请示》；二届十三次全委（扩大）会召开，开展区委述职和民主评议工作并动员部署换届工作。3月27日，二届十八次主委会暨换届领导小组第二次会议召开，审议通过《台盟北京市东城区委换届人选民主推荐办法（草案）》《台盟北京市东城区第三次代表大会代表产生办法（草案）》《台盟东城区委换届推荐人选情况表（草案）》；二届十四次全委（扩大）会暨换届人选民主推荐会召开，开展换届人选民主推荐工作，换届领导小组成员，区委委员，支部负责人，市、区两级人大代表、政协委员，部分支部骨干盟员共24人填写《台盟东城区委换届人选推荐表》，推荐换届人选14人。4月24日，2021年台盟北京市东城区委盟员大会召开，盟员29人填写《台盟北京市东城区第三次代表大会代表推荐表》推荐第三次代表大会选举代表。11月27日，三届三次全委会暨学习贯彻中共十九届六中全会精神座谈会召开，参会委员7人集体学习《中国共产党第十九届中央委员会第六次全体会议公报》，委员们结合各自参政履职和本职工作进行交流发言。

（王玉燕）

【第三次代表大会】6月13日，台湾民主自治同盟北京市东城区第三次代表大会召开，有关领导及盟员42人出席大会。与会代表听取主委代表台盟东城区第二届委员会作《不忘合作初心·致力东城发展》工作报告，并进行分组讨论。大会选举产生由委员9人组成的台盟东城区第三届委员会。在台盟东城区第三届委员会第一次会议上，选举产生新一届主任委员、副主任委员。大会闭幕式上，新当选的台盟东城区第三届委员会主任委员代表新一届台盟东城区委发言，表示新一届台盟东城区委将全面提高政治把握能力、参政议政能力、组织领导能力、合作共事能力和解决自身问题的能力，团结奋进，扎实工作，努力开创台盟东城区委工作的新局面。台盟北京市委监委会、中共北京市委统战部党派处、台盟北京市各区级组织、中共东城区委统战部、区社会主义学院等有关单位负责人出席大会。

（王玉燕）

【思想建设】1月，台盟东城区委机关干部2人参加中共东城区委统战系统各单位《中国共产党统一战线工作条例》线上集中学习活动。3月，组织盟员及机关干部15人参加台盟北京市委、市台联举办的全国两会精神报告会。5月、12月，在台盟北京市委与中共北京市委统战部联合举办的第二期、第三期“新·好时政漫谈”活动中，盟员2人作专题发言。5月，组织盟员1人参加台盟市委“学中共党史·忆台盟前辈”座谈研讨会。7月，组织盟员7人参加中共东城区委统战部第六期“同心圆大讲堂”。8月，组织5人赴台盟中央机关西区参观“大道同行——台盟盟史回顾展”。9月，组织骨干盟员1人参加2021年北京市民主党派中青年骨干政治培训班；

6月13日，台盟北京市东城区第三届委员会第一次全体会全体委员合影
（台盟东城区委提供）

组织领导班子、后备骨干盟员5人参加区党外代表人士培训班；组织1人参加市政协第三季度习近平新时代中国特色社会主义思想学习座谈会。9月、10月，盟员2人分别在台盟市委学习习近平总书记“七一”重要讲话精神座谈会和学习习近平总书记在纪念辛亥革命110周年大会上的讲话精神座谈会上作交流发言。12月，常务副主委1人参加民主党派区委机关全体干部会，学习中共北京市东城区第十三次代表大会精神；组织拟任新一届区人大代表、政协委员的区委委员和骨干盟员6人参加台盟台联代表人士履职培训班，区盟员1人就“如何撰写提案、议案与建议”作专题辅导。2021年，报送工作动态类综合信息25篇，发布公众号文章7篇，为台盟中央《大道同行——台盟盟史回顾展》主题视频征集投稿1篇。

（王玉燕）

【中国共产党成立100周年主题教育】3月，台盟东城区委机关干部2人在区分会场参加首都统一战线党史学习教育暨主题教育实践活动动员部署会。4月，组织盟员2人参加中共北京市委统战部学习中国共产党史、讲好多党合作故事——政治共识教育报告会。5月，组织盟员5人参观香山革命纪念馆；组织盟员4人参观“伟大征程——庆祝中国共产党成立100周年特展”；组织盟员及台胞26人观看爱国主义教育电影《悬崖之上》。6月，组织盟员2人参加台盟市委中共党史学习教育辅导报告会。7月，组织盟员6人参观《共产党宣言》专题展；组织盟员2人到中国共产党历史展览馆参观；举办2021年暑期读书班，邀请台盟盟史研究专家、对台研究专家作台盟盟史、对台工作专题辅导；组织15人前往中国电影博物馆参观“永葆初心 砥砺奋进——庆祝中国共产党成立100周年电影影像专题展”，观看庆祝中国共产党成立100周年主题电影《中国医生》。2021年，为台盟中央主办的“共画同心圆——奋进在多党合作的大道上”征文活动投稿3篇，为市政协征集庆祝中国共产党成立100周年文史资料活动投稿2篇，其中4篇刊登在“北京台盟”微信公众号上。

（王玉燕）

【社会服务】1月25日，台盟东城区委慰问10户永外街道革新里社区困难群众，为居民排忧解难、办好实事。4月14日，组织2人前往门头沟区斋堂镇沿河口村开展“学习中国共产党史·讲好多党合作故事”政治共识主题教育，部署推进会暨乡村振兴实践活动。4月，向台盟中央报送脱贫攻坚先进个人4人、先进集体1个。5月前，助力盟市委“助梦启航”捐资助学活动，组织动员全区盟员及机关干部54人为门头沟付家台小学学生捐款8656元。7月，邀请台商为来自定点扶贫地区甘肃省榆中县的中学老师们讲课，分享台商在国际援助、爱心传递、抗击疫情方面的经验；在台盟中央脱贫攻坚总结表彰会上，盟员7人获全盟脱贫攻坚先进个人称号。12月，组织盟员40人参与全国台联“重走红色路、奋进新时代”爱心捐助活动，以实际行动助力榆中乡村建设。

（王玉燕）

【对台工作】1月，在北京市政协十三届四次会议第二次全体会议上，台盟东城区委副主委1人作题为“并肩战‘疫’、手足情深·助推台胞融入、促进心灵契合”的大会发言，向广大公众传递在京台胞在抗疫斗争前线的感人事迹，建议把两岸交流合作的“触角”伸向最基层，真正让台胞安家京城、融入北京、爱上大陆，促进两岸经济与社会的融合发展。4月、11月，组织骨干盟员40人次参加台盟市委、区台办等各级部门主办的“京台青年读书会”“台情研讨会”“交流与共享”“台情报告会”，加强对台交流与台情研究，强化对台理论知识学习。8月，常务副主委1人出席北京台企协会东城联谊会换届典礼；与台盟朝阳区工委联合走访台商。春节、中秋节前夕，走访凤城食品等10家区属台商、台店，送去节日问候，了解台胞实际困难，为台胞、台青在北京交流与就业创业提供便利。

（王玉燕）

东城区民主党派负责人

中国国民党革命委员会北京市东城区委员会主任委员　姚卫海（5月离任）
任雪峰（5月任）

中国民主同盟北京市东城区委员会主任委员
柳学全

中国民主建国会北京市东城区委员会主任委员
张树华

中国民主促进会北京市东城区委员会主任委员
张　威

中国农工民主党北京市东城区委员会主任委员
刘俊彩（女）

中国致公党北京市东城区委员会主任委员
杨金生（6月离任）
李拥军（6月任）

九三学社北京市东城区委员会主任委员
朱岩石（6月离任）
马国青（6月任）

台湾民主自治同盟北京市东城区委员会主任委员
肖　燚（6月离任）
陈小兵（6月任）

人民团体

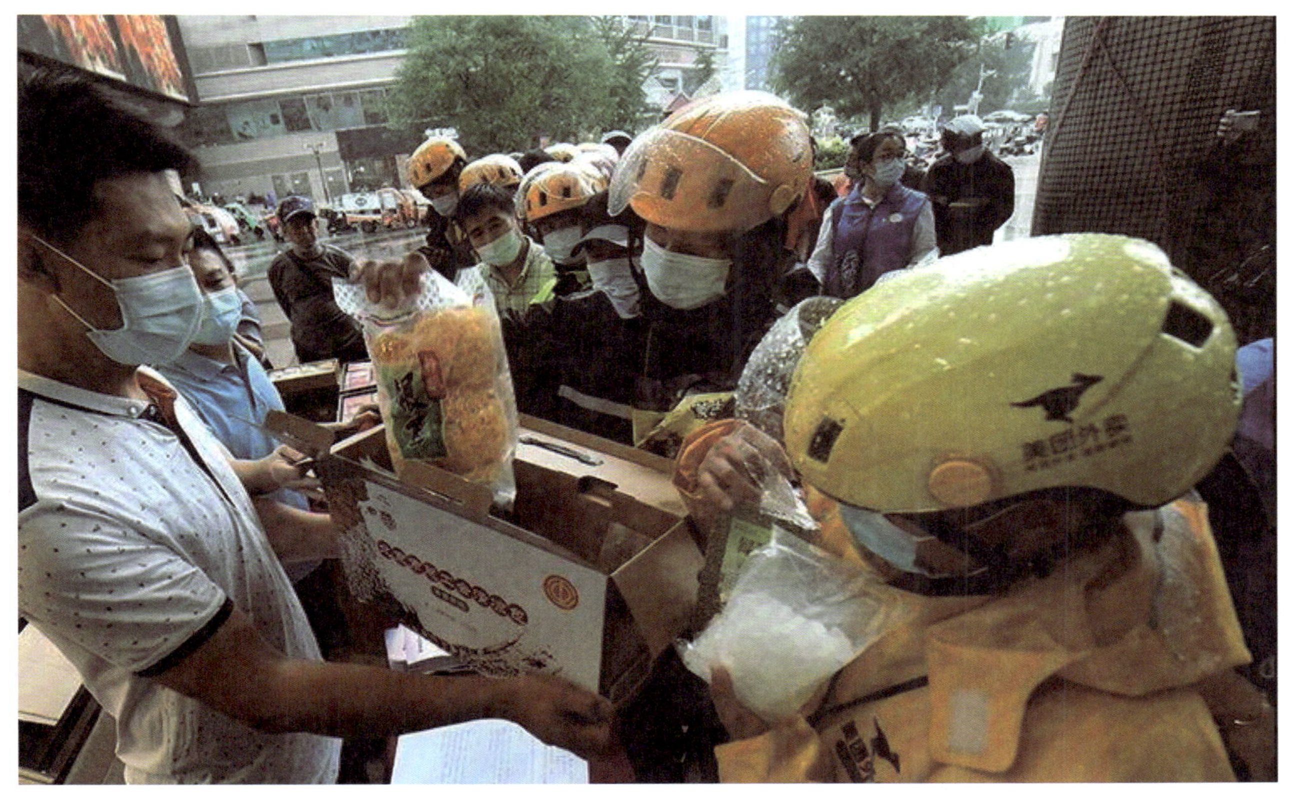

9 月 19 日，“暖‘新’在行动·中秋献爱心”活动现场，区总工会联合多部门服务新就业群体（区总工会提供）

东城区总工会

【概况】北京市东城区总工会（简称区总工会）是在区委领导下的人民团体，是党联系职工群众的桥梁纽带。全区工会组织达1820个，覆盖单位8211家，会员17.9万人。2021年，区总工会完成换届工作，召开区工会第三次代表大会，提出全区工会5年发展蓝图，选举新一届工会领导班子。完成建党100周年服务保障任务，慰问参与重大活动、疫情防控等重点工作的一线职工。围绕建党100周年开展系列主题教育活动，开展“我为冬奥出把力”系列活动。与区人力社保局等部门联合举办养老护理员、家政服务员职业技能大赛。加强劳动争议调解联动机制建设，成功调解劳动争议案件344件。开设职工兴趣班57期，参与职工5万余人次，普惠性服务为职工服务8万人次。建立职工之家51个、暖心驿站64家。吸引新就业职工1.3万人入会。推进工会网上平台建设，探索工会各项业务网络实现形式。2021年，区总工会在思想政治引领、服务全区发展、做实维权服务、深化改革创新等方面取得新成绩，各项工作迈上新台阶。区总工会获全总“城市困难职工解困脱困工作中作出重要贡献集体”“北京市‘七五’普法先进集体”等荣誉称号；区劳动争议调解委员会被评为北京市首批“金牌劳动人事争议调解组织”；时传祥纪念馆被命名为“北京市爱国主义教育基地”“北京市党员教育基地”；“八可”暖心驿站建设经验在全市得到推广。

（刘英男）

【东城区工会第三次代表大会】11月11日，东城区工会第三次代表大会召开。大会总结区工会过去5年工作和经验，明确今后5年的奋斗目标和工作任务，选举产生东城区总工会第三届委员会和经费审查委员会委员及区总工会新一届领导班子成员。北京市总工会领导、区领导参加。参会人员180人。

（刘英男）

【劳模工作扎实推进】2021年，区总工会在重大项目、重点工程、疫情防控等领域中，推荐评选出全国“五一劳动奖章”2人、全国工人先锋号1个、首都劳动奖章获得者10人等一批先进集体和个人。打造劳模精神和爱国主义教育基地，时传祥纪念馆接待1.1万人次参观学习，传承和弘扬“宁愿一人脏，换来万家净”的时传祥精神。元旦、春节期间，向全体劳模发放慰问金，为劳模150余人申请发放荣誉津贴，生活困难、重病困难补助；举办“‘心生活，心服务’职工心理关爱开放月——劳模专场”，为全区劳模提供心理体验和体质测试服务。关心关爱劳模身体健康，组织全区劳模开展健康体检。按照全国和北京市总工会安排，组织部分劳模参加疗养休养。

（刘英男）

【技能人才队伍建设】2021年，区总工会深入开展“为成才助力·为梦想启航”职工技能素养提升行动，与东城区职业大学合作开展“在职职工职业技能素养双助推计划”，职工近400人在读。与区人力社保局、区民政局、区商务局联合举办2021年养老护理员、家政服务员职业技能大赛。开展东城区职业技能提升行动和在职职工职业发展助推计划，落实好以训兴业职业技能培训，鼓励全区职工提升职业技能水平。

（刘英男）

【引导职工依法维权】2021年，区总工会加强劳动争议调解联动机制建设，成功调解劳动争议案件344件，为职工挽回经济损失3000余万元。组织劳动关系协调员培训班160余人次。着力培养工会调解员队伍，培育46人的非律师调解员队伍。以案例大讲堂、“菜单式”律师志愿服务、“遵法守法·携手筑梦”服务农民工行动等多种方式，开展法律宣传咨询活动。

（刘英男）

【集体协商工作】2021年，区总工会以百人以上企业为重点，集体协商程序不断规范，协商质量逐年提高。深化“4+4+N”协商模式，通过摘列法条、明确东城工作标准、插入典型案例等模式，优化东城特色集体协商规范化工作指引，提高协商的规范性和

9月26日，区总工会领导为8个新建暖心驿站揭牌（区总工会提供）

6月15日，第十一届“挥笔聚焦新东城”职工书画摄影展评活动举办
（区总工会提供）

实操性，全面提升工资集体协商规范化水平。区总工会作为全市集体协商竞赛4个初赛场之一，协助北京市总工会筹备全市开展竞赛活动，组织全区专兼职集体协商指导员、基层工会干部、企业负责人共80余人参与竞赛观摩。全区签订集体合同、工资专项集体合同、女职工特殊保护合同的企业7196家，覆盖职工1.31万人，签订率达97%。百人以上规范指引示范企业达70%。

（刘英男）

【厂务公开民主管理】2021年，区总工会继续坚持和完善党委统一领导、党政共同负责、有关方面齐抓共管、职工群众广泛参与的领导体制和工作机制。召开年度厂务公开协调小组会议，加强协调小组组织领导，促进成员单位协调配合。指导新建或换届企事业单位制订职代会实施细则、厂务公开制度。严格执行职工（代表）大会会前预报、会后报告制度，指导和督促基层企事业单位按时依法召开职工（代表）大会。坚持上级工会派人参加下级职代会。指导和督促7023家企业按时依法召开职工代表大会。组织厂务公开民主管理自检自查和重点抽查工作，详细了解各单位厂务公开民主管理工作进展情况。

（刘英男）

【文体活动】2021年，区总工会举办第十一届“挥笔聚焦新东城”职工书画摄影展评活动，展出职工书画作品134件，摄影作品784幅。举办“把一切献给党·劳动创造幸福”东城区职工主题阅读活动启动仪式暨世界读书日诵读会，倡导全区职工学党史、诵经典、读好书，引导职工提升思想认识、文化修养和道德水平。开展“颂歌献给党”东城区职工经典歌曲传唱作品征集展示活动，共收集独唱、对唱、合唱等职工歌唱视频270个。开展“把一切献给党·劳动创造幸福”东城区职工“云诵读”活动，收集职工诵读作品151个。发挥工人文化宫的教育培训基地作用，开设剪纸、瑜伽等兴趣班课程，开展体质测试和心理体验等文体活动，关爱职工身心健康，全年开办职工兴趣班57期，服务职工5万余人次。

（刘英男）

【困难帮扶】2021年，区总工会制订《东城区工会困难职工帮扶工作实施办法》《东城区困难职工帮扶联系人制度》，不断加大帮扶力度，拓展帮扶项目。开展元旦、春节送温暖、投保互助保障计划、五月帮困助残、“六一”慰问困难家庭儿童、日常入户走访、免费体检、金秋助学、国庆节中秋节慰问、情感帮扶等项目帮扶活动。完善《东城区总工会应急救助和慰问办法》，扩大帮扶范围，提高慰问标准，对全区重度残疾困难职工、因病致困职工、因大病去世职工家庭进行救助和慰问。倡导职工互助互济理念，发起“一元捐（十元捐）”活动倡议，收到捐款13万余元，全部用于帮助因大病、意外灾害等导致生活临时困难的职工家庭。

（刘英男）

【就业帮扶】2021年，区总工会开展职业介绍服务工作。宣传“工E就业”“促就业、暖人心”线上就业服务等品牌活动。发挥“互联网+”的优势，依托东城工会微信公众号和小程序定期刊登企业招聘信息，为区内建会企业提供常态化用工服务。针对重点服务对象组织开展网络专场招聘会。针对毕业生和青年群体举办线上专场招聘会，提供招聘岗位近200个。

（刘英男）

【交友联谊活动】2021年，全区各级工会以“情缘东城、幸福一生”为主题开展交友活动5场，吸引单身职工近400人参加，单身青年50余对牵手成功。组织开展“幸福家庭”创建活动，引领广大职工家庭崇尚科学、文明、健康、快乐、和谐、时尚的生活理念与方式。

（刘英男）

【普惠服务】2021年，区总工会每月定期开展“爱心理发·劳动最美”关爱户外劳动者职工志愿活动。开设职工兴趣班57期，参与职工5万余人次，打造健康文明、昂扬向上的职工文化。完善实名制会员数据库，推出普惠性服务项目82个，服务职工8万人次。

（刘英男）

【女职工活动】2021年，区总工会

5月31日，团区委承办“红领巾心向党 争做新时代好队员”——2021年首都少先队员“六一”入队仪式（团区委提供）

开展“玫瑰书香”女职工主题阅读活动，提升女职工素养。依托工会服务站、职工之家、职工书屋不断完善女性关爱角。帮助新建母婴关爱室5家，对新建并验收合格的母婴关爱室给予资金支持。依托文化宫和活动中心举办书画、摄影、舞蹈等各类兴趣班81期，服务女职工1.5万人。组织女职工1400人参加免费体检和两癌筛查活动。开展女职工维权行动月及女职工产假等权益专项执法行动，切实维护女职工合法权益。

（刘英男）

共青团东城区委员会

【概况】共青团东城区委员会（简称团区委）是在东城区委、区政府领导下，负责全区共青团工作的群众团体机关。全区有团（工）委84个、团总支48个、团支部1488个。团干部总人数为2317人，其中专职团干部99人，占4%。2021年，东城团区委完成建党100周年庆祝活动服务保障任务，分别承担文艺演出、庆祝大会与广场活动、志愿者3个指挥部的办公室工作。组建65支青年突击队、153支志愿服务队做好防疫工作，承担区疫情防控指导接待组办公室工作。党史学习教育实现1655个团组织100%全覆盖，获评中宣部表彰的北京市唯一一个“基层理论宣讲先进集体”，党史学习教育典型做法被《北京市党史学习教育简报》刊登2次。召开东城区第十二次团代会，成立东城区志愿服务联合会。创新举办少先队社区成长营，团中央及市领导现场参加“请党放心 强国有我”建队72周年主题队日活动。承办“红领巾心向党 争做新时代好队员”2021年首都少先队员“六一”集中入队仪式。落实困境青少年精准帮扶8600余人次，成功申报国家级未成年人检察工作社会支持体系示范建设单位。制订《东城区关于全面加强新时代共青团和少先队工作的若干措施》，将团建、队建纳入党建工作整体考核，纳入党委巡察监督内容，推动党团队育人链条相衔接、相贯通。召开年度东城区青年工作联席会议，推动建立街道青年工作联席会议制度。开展“希望之星”“学子阳光”活动资助困难学生，为21人发放“希望之星1+1”助学金2.7万元，为学生3人申请“学子阳光”助学金。做好扶贫工作，助力乡村振兴。发动团员青年近3000人、青联委员100余人募集30万余元捐款，用于定向支持河南省巩义团市委做好受灾青少年的帮扶救助工作。

（杨海燕）

【基层团组织建设】2021年，团区委落实团中央县域共青团改革，在中期评估验收中19项指标评价均为A，位列全市第一。新增社会领域团组织

12月27日，中国共产主义青年团北京市东城区第十二次代表大会召开（团区委提供）

298家，组织密度高达104.64，位列全市第一。全年发展团员1457人。健全街乡团工委设置，团工委书记配备线上系统录入率100%。12月27—29日，召开东城区第十二次团代会，完成各项议程，十二届委员会委员、常委、书记班子均全票当选。

（杨海燕）

【社区青年汇建设】2021年，团区委充分发挥团区委主责作用，完成“分小萌”垃圾分类示范引导站品牌项目、小巷管家品牌项目、“盛夏有爱 团助成长——暑期志愿公益关爱行动”系列活动。开展社区青年汇庆祝建党100周年主题活动、“奔跑吧青春——庆祝建党100年 致敬青春新时代”主题活动、“激情冰雪 相约冬奥”冰雪主题活动、“为社区献一策”主题活动、新青年榜样宣讲活动等市级特色活动。接待内蒙古自治区兴安盟扎赉特旗团委青年干部50余人到海巢HOT·社区青年汇参观调研。在年度北京市社区青年汇专项评审中，3家区级社区青年汇获“优秀活动”奖项，2家区级社区青年汇获“优秀项目”奖项，1家市级社区青年汇获“优秀项目”奖项。

（杨海燕）

【党史学习教育】2021年，团区委组织全区各级团组织开展党史学习教育，实现团组织100%全覆盖，组建“专家讲理论、团干部讲团课、青年榜样讲成长、少年儿童讲故事”四位一体的东城共青团青春宣讲团，事迹被《北京市党史学习教育简报》作为党史学习教育典型案例刊登，被《中国日报》《光明日报》《中国青年报》等媒体宣传报道。开展“不忘初心使命 锤炼党性修养”党史学习主题党日活动，组织青年干部参观“伟大开篇——中国共产党早期北京组织专题展”。承办“红领巾心向党 争做新时代好队员——2021年首都少先队员‘六一’入队仪式”，在少先队社区成长营开展“请党放心 强国有我”庆祝中国少年先锋队建队72周年主题队日活动。举办“寻找党的足迹——东城，我为你骄傲”红领巾小导游大赛。组织辖区15所中学少先队员227人在人民英雄纪念碑前值守首都少年先锋岗。联合区委宣传部开展东城区“青春同心·永跟党走”党史游学地图发布暨文人志士路线寻访活动。

（杨海燕）

【青少年思想引领】2021年，团区委常态化开展爱国主义、传统文化、红色历史专题教育，弘扬社会主义核心价值观。依托东城区丰厚的民俗、戏剧、非遗等文化资源，组织开展文化活动。组织开展“百年正青春 建功新时代”红色共建行动，首批推动“10馆+10校”结对共建，打造青少年思想教育实践基地。组织开展“青春hua中轴·家国存心间”主题活动，发掘以中轴线为代表的古都历史文化内涵。围绕垃圾分类，发动基层团组织开展网络直播、闯关游戏、自导自演情景剧等宣传活动，“分小萌”卡通形象设计者灯市口小学学生1人获年度全国“新时代好少年”荣誉称号。开展“暖春行动——温暖春节 在京过年”活动，呼吁青年疫情期间在京过年。宣传疫苗接种工作，推广禁毒、文明祭扫、普法教育等。组织动员优秀青年参与推选活动，树立青年身边“真榜样”。开展“与冬奥同行”“冬奥知识直通车”“冬奥大讲堂”等冬奥主题活动，依托“东城小伙伴儿”微信公众号传播奥林匹克文化。

（杨海燕）

【志愿服务】2021年，团区委完成建党100周年庆祝活动服务保障任务，完成3场文艺演出218车次的集结疏散任务，完成广场合唱献词共青团员和少先队员4042人的集结保障工作，完成20个城市志愿服务站点和19个重点社区的志愿服务保障任务。开展义务指路、文明交通、秩序维护、文化宣传、环境美化、邻里守望等志愿服务活动，发布志愿服务项目38个，招募志愿者2300余人，累计志愿服务时长达1.7万小时，服务群体约20余万人次；将志愿服务与党史学习教育融合，开展主题活动约70场次，累计1000余人次志愿者参与。持续开展助力疫情防控、东城守望岗、高考加油站等志愿服务活动。在学雷锋月、国庆节、重阳节、国际志愿者日等重要时间节点，组织动员志愿者开展主题志愿服务活动。东城区有志愿者58人获评“北京市第七批五星级志愿者”。开展东城区首届志愿服务项目大赛，在首都志愿服务项目大赛中喜获佳绩，收获3金5银3铜优异成绩。12月13日，东城区志愿服务联合会第一次会员代表大会暨成立大会召开。大会选举产生第一届理事会、监事会，发布《北京市东城区志愿服务联合会全面助力新时代首都核心区建设工作实施意见》，市、区有关领导出席会议。

（杨海燕）

【青年创业就业】2021年，团区委与相关单位联合开展“创翼东城”创业创新大赛，搭建创业青年展示交流平台。推荐青联委员5人组建东城区青年创业导师团队。加强与中央戏剧学院创业团队沟通联系，推荐3家少儿美育创业机构的课程加入少先队社区成长营课程资源库。

（杨海燕）

【少先队社区成长营】2021年，团区委探索助力少先队员“双减”政策落实的模式和途径，在辖区内多家学校、街道、社区开展调研，在东四街道、永外街道、体育馆路街道、景山街道开设少先队社区成长营试点，为少先队员提供优质的课后照管和素质培育服务，团中央书记处第一书记贺军科带队实地调研并给予肯定。10月12日，东城区少先队社区成长营开展“请党放心 强国有我”庆祝中国少年先锋队建队72周年主题队日活动，

10月12日，团中央及市、区有关领导实地调研东城区少先队社区成长营（团区委提供）

团中央及市、区有关领导与少先队员一起庆祝建队日。联合东城区青少年发展支持中心，围绕“双减”工作在全区开展专题调研，覆盖少先队员2.7万人，为进一步深化少先队社区成长营试点工作奠定基础。

（杨海燕）

【重点青少年服务管理】2021年，团区委不断完善重点青少年摸排机制，以帮扶对象需求为导向开展精准帮扶，实现在册人员100%覆盖。联合区文旅局开展“童心向党 快乐成长”系列活动，组织青少年观看红色音乐剧、话剧，在红色教育实践中加强青少年思想引领。链接团卫生健康工委医疗资源，开展困境青少年精准帮扶医疗救助服务，将党史学习教育成果转化为服务青少年的生动实践。把个案摸排工作融入社区排查、摸登行动等防疫工作，在区、街、社区3个层面加强摸排频次和深度，完善重点个案摸排机制。在区级层面建立共青团与红十字会联动机制，设立“博爱·援助未成年人”救助项目，为青少年提供精准服务。开展“温暖新春·团情相伴”慰问困境青少年活动。为困境青少年257人送去慰问金，为青少年375人送去学习和生活物资，跟进精准掌握困境青少年需求，提升精准帮扶工作成效。

（杨海燕）

【青少年法治宣传教育】2021年，团区委对《中华人民共和国未成年人保护法》进行重点宣传，联合区民政局等部门开展“学习‘未成年人保护法’ 做好新时代未成年人保护工作”专题报告会，未成年人保护委员会成员单位、法治副校（园）长、基层团干部等240余人参加。开展“4·15全民国家安全教育日”普法活动，引导青少年践行总体国家安全观。打造“护航青春”禁毒云课堂，开展“6·26国际禁毒日”普法活动，组织主题讲座、书画展、班队会等70余场，发放宣传资料1000余份，覆盖青少年7000余人，营造青少年拒毒禁毒氛围。

（杨海燕）

【法治副校（园）长工作】在区公安分局、区检察院、区法院、区司法局、东城交通支队等法治副校长派出单位的配合下，动态更新法治副校（园）长人员，做好工作队伍的服务和管理。为全区91所中小学、职业院校和77所幼儿园配备法治副校长96人、法治副园长71人。并聘请最高人民检察院检察长以真实案例，结合《中华人民共和国未成年人保护法》和《中华人民共和国预防未成年人犯罪法》，为师生家长上“开学第一课”。

（杨海燕）

【涉诉未成年人权益保护】2021年，团区委在侦查、起诉、审判、刑事执行涉及未成年人案件中，严格落实社会调查、合适成年人参与、法律援助等各项特殊保护制度。开展涉诉未成年人社会调查，与专业社会组织合作，完成13例未成年犯罪嫌疑人审前社会调查，开展帮扶教育6次，为司法机关综合考量涉诉未成年人提供参考，提升办案效果。落实合适成年人到场制度，建强合适成年人队伍，及时补充、强化力量，至年底在册45人，配合公安、司法机关案件审理工作，派出合适成年人共计46人次，助力涉案未成年人的权益保护工作。联合区检察院申报国家级未成年人检察工作社会支持体系示范建设单位，加强与社会组织的合作与交流，提升预防青少年违法犯罪专业化水平。

（杨海燕）

【“阳光地带”青年汇】2021年，团区委依托“阳光地带”权益主题社区青年汇，深入中小学、幼儿园和基层社区开展25场普法自护活动，覆盖青少年群体及家长500余人次。注重运用心理咨询帮助未成年人改变自我认知，开展心理疏导个案18人次，群体心理疏导2场，覆盖青少年群体及家长40余人。完成司法保护58人次个案服务，加强与公检法司、教委等单位联系，形成工作合力，共同预防青少年违法犯罪。

（杨海燕）

【与人大代表政协委员面对面】2021年，团区委进一步做好共青团协商代言工作，畅通青年诉求表达渠道，引导青年有序进行政治参与。以社区青年汇、阳光地带等共青团阵地为依托，以党史学习教育、“我为青年办实事”实践活动为契机，开展“东城共青团与人大代表、政协委员面对面”活动18次，并形成面对面活动调研报告，对加强新时代青少年爱国主义教育进行思考、分析并提出合理化建议。

（杨海燕）

【疫情防控】2021年，团区委助力疫情防控，承担区疫情防控指导接待组办公室工作。全区各级团组织发扬“党有号召、团有行动”的优良传统，各系统各领域青年积极响应团的号召，全面参与疫情防控。组建65支青年突击队、153支志愿服务队开展“守护社区、战疫有我”专项行动。

（杨海燕）

东城区妇女联合会

【概况】东城区妇女联合会（简称区妇联）是区委领导下的群众团体，是党联系妇女群众的桥梁和纽带，基本职能是代表和维护妇女权益，促进男女平等。全区有街道妇联17个，社区妇联168个，机关妇委会73个，非公经济妇女组织3家，物管会妇女小组405个。2021年，召开东城区第十四次妇女代表大会，选举产生区妇联新一届领导班子。表彰最美家庭100户、最美巾帼标兵21人、最美志愿者服务团队6支。围绕党史学习教育、疫苗接种、“三八”妇女节、建党百年等重点工作和时间节点，结合网络舆论引导重点，通过微博、微信广泛开展宣传引导，发布微博620条，阅读量60余万次，“东城女性”微信公众号发文430篇，阅读量近10万次，“东城女性”快手账号发布视频15个，点击近9万次。建立儿童友好型社区公益阅读空间4个，优化社区儿童之家11个，为辖区少年儿童提供亲子阅读、科普服务活动等60余场，覆盖6000人次。3个月10余万人次为“春蕾计划—梦想未来”促进女童教育倡议募集善款183万元。全年妥善处理妇女来电、来访和热线案件71件，回应率保持100%。全国妇联、北京市妇联等有关领导到东城调研、走访东城红色教育基地。

（张明旭）

【妇联系统开展党史学习教育】2021年，区妇联党组开展党史学习教育期间，制订并出台面向区妇联系统党史学习教育实施方案，推出实施框架。面向广大妇女干部、家庭成员、青少年、社会组织四大主体分别开展“枝叶关情守初心 巾帼党员担使命”“传承好家风 永远跟党走”“童心向党 争做好少年”“建功新时代 共绘同心圆”4个主题活动，“我为妇女群众办实事”五大类8项重点项目清单全部落实，带动三级妇联组织开展活动300余场，受众人群7万余人，发布网上党史课堂“百年征程她力量”“巾帼学党史”等145期，浏览量34.8万次。“枝叶关情守初心 巾帼党员担使命”“八旬老人回母校”等活动得到北京电视台、学习强国、《中国妇女报》等多家媒体的关注报道。

（张明旭）

【送温暖活动】2021年春节期间，区妇联争取北京市、东城区资金扶持及发动社会力量，组织开展以“岁寒暖冬·温暖你心”为主题的送温暖活动，向辖区老妇救会主任、困难单亲母亲、困难先进女性及社区工作者、留京过年困难家庭及妇女等300余人送上新春问候，发放10万余元专项慰问金及价值3万余元的米、面、油、羽绒服、保暖裤等慰问品。区领导、区妇联领导班子成员及机关干部、妇联执委、妇女代表相继参加入户走访慰问活动。

（张明旭）

【十三届七次执委会召开】2月26日，区妇联召开十三届七次执委会。传达北京市妇联十四届三次执委会会议精神，作题为“深入学习贯彻党的十九届五中全会精神 团结动员广大妇女为推进‘五个东城’建设贡献巾帼力量”工作报告。执委3人分别围绕过去一年在脱贫攻坚、局包社区、垃圾分类等方面工作进行交流。

（张明旭）

【纪念“三八”大会】3月5日，区妇联以“巾帼心向党 奋进新时代”为主题，开展东城区纪念“三八”国际妇女节111周年暨“迎接建党100周年”东城优秀女性宣讲活动。活动围绕担当、奉献、智慧3个主题，组织优秀女性代表10人围绕抗击疫情、垃圾分类、物业管理等方面进行宣讲，为线上线下1万余人分享感人故事。

7月22日，东城区妇联组织有关人员参观中国共产党历史展览馆，推进党史学习教育（白雪亮摄）

与会领导向最美家庭100户、最美巾帼21人和6支最美志愿服务团队代表颁发荣誉证书，并启动2021年寻找最美家庭活动。北京市妇联领导、区领导及全区各行各业的优秀女性代表等50人参加，并通过线上直播向全区女性致以节日问候。

（张明旭）

【慰问优秀妇女典型】3月5—8日，以区委区政府名义向全区各族各界、各行各业女性发出《致全区妇女姐妹们的一封信》，对全区广大女性的付出贡献给予高度肯定并致以节日的问候。区妇联领导和区女企业家协会会长一行先后慰问东城公安分局、东城区疾控中心流调溯源组、王府井环卫所等荣获全国巾帼文明岗和全国巾帼建功标兵及全国“三八”红旗手称号的先进女性集体和个人。

（张明旭）

【第十四次妇女代表大会召开】10月25—26日，东城区第十四次妇女代表大会召开。区妇联主席作题为“高举伟大旗帜 牢记初心使命 为建设国际一流的和谐宜居之都首善之区贡献巾帼力量”工作报告。北京市妇联主席张雅君和区委书记孙新军到会祝贺并讲话。大会选举产生区妇联第十四届执行委员会，市、区有关领导，妇女之友代表以及人民团体负责人300余人参加大会。

（张明旭）

【街道和社区妇联完成换届】1月7日至4月23日，东城区完成社区妇联换届选举工作。选举期间，区妇联按照机关干部联系基层制度要求，将机关干部划分到17个街道进行一对一指导，跟踪选举工作进程，及时发现和解决问题，确保全区社区妇联换届选举工作顺利进行。社区妇联换届共选举产生新一届社区妇联主席168人，执委2522人，社区妇联主席进两委比例达100%。新一届社区妇联主席平均年龄41.02岁，新当选妇联主席94人，占55.95%。首次制订《关于做好街道妇联组织换届工作的实施意见》，明确街道妇联主席人选要求，指导街道选优配强妇联班子。17个街道妇联换届，选举产生新一届街道妇联主席17人，街道妇联兼职副主席38人，执委549人。

（张明旭）

【儿童友好城市建设启动】10月至12月，区妇联根据儿童友好城市建设工作摸底调研情况，委托北京城市规划设计院开展东城区儿童友好型城市建设调研。以“2+3”工作模式推进调研工作，组建联合课题组和专家智库，召开座谈会13场、培训会2场、实地踏勘72次，多渠道收集区域样本和典型案例。完成“东城区儿童友好型城市建设的实践与思考”专题调研报告等基础性材料，制订东城区创新开展儿童友好城市建设的策略和路径，推广“社区儿童议事会”工作，从宣传普及理念、总结经验、建立机制等方面进行探索。

（张明旭）

【为妇女儿童办实事】3月20日，区妇联联合区教委、北京市妇女干部学校、区妇联家庭教育专家团队启动“好家长必修课”活动，活动历经8个月，受益家长达3万余人。“好家长必修课”活动围绕“双减”政策、情绪管理、习惯养成等内容，在社区家长学校、儿童之家开展“家长必修课”等家庭教育指导服务活动17场，采取线上线下相结合的授课形式，面向全区广大家长开展家庭教育指导服务。课程内容涵盖双减政策下家长如何帮助孩子提升学习成绩、有效陪伴的成长之路、青春期教育的重点难点、家长角色的转换和家庭美育方法等方面。4月16日，在“美后肆时”美剧场，区妇联部署“我为群众办实事”主题活动，发布“有一办一”微心愿巾帼助力圆梦行动，号召东城党员和社会各方力量共伸援手，为100个困难女性及家庭的微心愿，提供一对一精准帮扶支持，切实解决困难家庭实际需求。区妇联携手女企业家协会分别走进困难家庭，集中送达学习用品、生活用品。微心愿圆梦行动在女企业家协会及昭阳社会工作发展中心的共同努力下，实现物质类心愿84个、服务类心愿9个、精神类心愿7个，其中“圆八旬老人回母校心愿”得到全国妇联、北京市妇联肯定。5月10日，开展“感党恩·颂党情”东城巧娘百场公益课程进社区活动，涉及剪纸、写意画、折扇等传统手工公益课程100场，

5月22日，东城区妇联与区体育局联合举办“庆百年 迎冬奥 传家风”家庭微马趣味赛（白雪亮摄）

参与者达2000人次。7月16日，区妇联联合中国外文局海豚出版社，在角楼图书馆开展“童心向党 争做好少年”暑期主题教育活动暨“海豚儿童之家”授牌仪式，分别为角楼图书馆、左安漪园社区授牌，并配备儿童书籍。

（张明旭）

【家庭微马趣味赛】5月22日，东城区妇联与区体育局联合在龙潭湖公园共同举办“庆百年·迎冬奥·传家风”——东城区家庭微马趣味赛活动。微马趣味赛全程为5公里，分设5个答题打卡点，每个打卡点设置10道至20道题目，每个家庭到达指定位置抽取一道题目并作答，到达终点后排名前十的家庭荣获冬奥吉祥物奖励。北京市妇联和区妇联领导参加活动并致辞，家庭代表向广大家庭发出倡议书。全区50余户家庭150余人参加活动。

（张明旭）

【“十四五”时期妇女儿童发展规划】12月31日，东城区政府颁布实施《东城区“十四五”时期妇女儿童发展规划》，面向各街道办事处，区政府各委、办、局，各区属机构印发。“规划”分为5个部分，包括前言、指导思想、促进妇女全面发展的领域及主要目标和策略措施、保障儿童优先发展的领域及主要目标和策略措施、组织实施以及监测评估。聚焦与妇女儿童发展密切相关的健康、教育、家庭建设等15个领域，提出107项主要目标和126项策略措施。新增妇女与家庭建设、儿童与家庭、儿童与安全3个领域。“规划”首次提出在突发事件预防和处置上要关切妇女特殊需求、优先保护儿童。

（张明旭）

【孙春兰出席区妇联“六一”活动】6月1日，中共中央政治局委员、国务院副总理、国务院妇女儿童工作委员会主任孙春兰到东城区角楼图书馆参加东城区妇联“童心向党 争做好少年”主题活动。孙春兰与孩子们亲切互动，参与“航天育种”、拼插鲁班锁、“童心绘红船”活动，观看红色经典诵读，和孩子们同唱《唱支山歌给党听》《没有共产党就没有新中国》，向全国各族少年儿童转达习近平总书记和党中央、国务院的亲切关怀和节日祝贺，对少年儿童工作提出殷切希望。

（张明旭）

【红色家风故事接力宣讲活动】6月19日，东城区接力全国妇联开展“颂党恩 传家风”红色家风故事接力宣讲活动，在北大二院旧址红色教育基地举办活动，全市16区设联动活动分会场。活动中，与会者参观北大二院旧址“伟大开篇——中国共产党早期北京组织专题展”，播放全国妇联“颂党恩 传家风”红色家风故事宣讲活动宣传展示短片。红色家风宣讲活动分为革命者、建设者、传承者3个版块。全国妇联及市、区领导和五好家庭、最美家庭代表近100人参加活动。

（张明旭）

【参与巾帼志愿阳光行动】12月4日，全国、市、区妇联联合建国门街道、社区以及区妇联社会组织之家在西总布社区缘庆书苑共同开展全国文明实践巾帼志愿阳光行动。区妇联社会组织之家承办全国妇联机关10个部门的孵化培育任务，服务项目包括“守护蓓蕾”护童安全成长项目、“青苗计划”陪伴式家庭教育成长项目、“书香社区”家庭领读人项目、“记忆包裹”阿尔茨海默症筛查干预项目、微信功能小知识100讲科技助老项目、“一个观众的剧场”大手拉小手助老项目、“墨韵夕阳 化润春风”文化互助项目、“耆艾暖阳”生活助老项目、“有故事的胡同老人”社区文化传承项目、阳光站巾帼志愿导引员成长计划项目。东城区妇联社会组织之家成立联席工作委员会，建立《东城区妇联社会组织之家公约》《东城区妇联社会组织之家委员会轮值制度》《东城区妇联社会组织之家成员准入与退出管理制度》，打造“巾帼靓东城”组团服务机制和“巾帼党员靓东城”党建工作品牌。全国妇联、北京市妇联领导及机关干部出席活动。与会领导为全国妇联巾帼志愿服务总队、西总布社区巾帼志愿服务队授旗。

（张明旭）

【工作培训】12月2—3日，区妇联举办年度基层妇联主席集中培训。区妇联有关领导就“新时期妇联工作的形势与要求”以及当好妇女群众“娘家

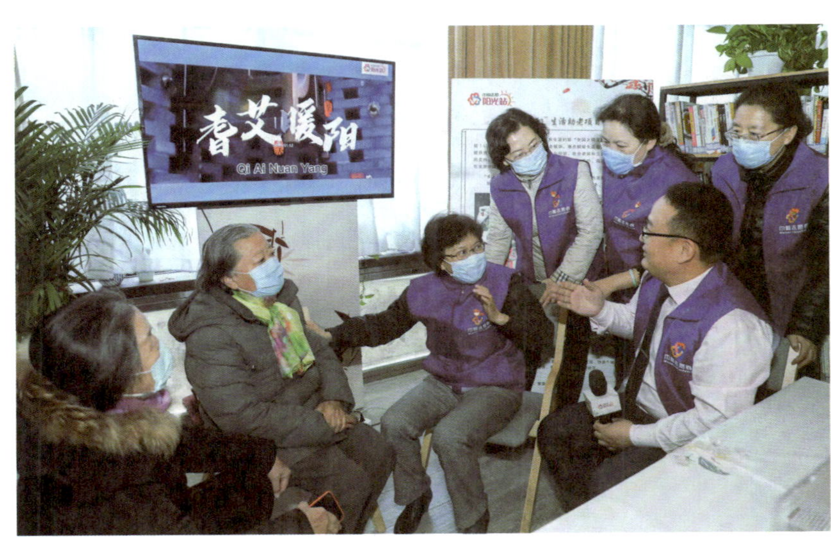

12月4日，在西总布社区缘庆书苑社会组织之家承办全国妇联巾帼志愿阳光行动（白雪亮摄）

人”、发挥好妇联主席职能作用进行培训。区妇联各部室科长分别介绍妇联重点业务内容和工作方法。北京市城市规划设计研究院高级工程师为大家深入解读儿童友好城市相关内容。北京市协作者社会工作发展中心主任讲解为何要用项目化视角开展新时期妇女工作。中华女子学院（全国妇联干部培训学院）党委书记讲解习近平总书记关于家庭家教家风建设的重要论述。培训采用线上线下相结合的方式，是东城区三级妇联组织同步换届后举办的首次大规模集中培训。区妇联机关干部、东城区妇联第十四届执委以及街道、社区妇联主席等260人参加。12月9—10日，举办以“家风建设与女性领导力提升”为主题的处级女领导干部专题培训班。区妇联党组书记作开班动员。北京市委党校党史党建教研部、领导科学教研部专家2人，中华女子学院党委书记，北京安定医院抑郁症治疗中心专家2人，围绕相关主题进行授课。全区处级女干部30人参加培训。

（张明旭）

【工作交流】9月14日，西藏自治区拉萨市妇联一行20人到景山街道市民文化中心，与东城区妇联座谈交流。大家参观市民文化中心，探讨非遗作品、参与书法体验、观看社区居民舞蹈排练。座谈会上，区妇联领导就东城区妇联组织职能、机构配置及基本情况作简要介绍。拉萨市当雄县妇联主席希望从妇女权益保护、单亲母亲帮扶、牧区女性手工技能培训方面给予更多帮助。

（张明旭）

东城区科学技术协会

【概况】东城区科学技术协会（简称东城区科协）是东城区科技工作者的群众组织，是中共东城区委领导下的人民团体，是党和政府联系科技工作者的桥梁和纽带，是推动科技事业发展的重要力量。有基层学会（协会）33个，其中街道科协17个，专业学协会16个，会员2万余人。2021年，就坚持为科技工作者服务、为创新驱动发展服务、为提高全民科学素质服务、为党和政府科学决策服务的职责定位，开展决策咨询、学术交流。召开东城区科学技术协会第三次代表大会，完成换届工作。组织开展科普日、科普之夏、社区科普阅读、教育主题科普、垃圾分类等覆盖全区、贯穿全年的主题科普活动。区科协被中国科协评为2021年全国科普优秀组织单位。

（苏炜锋）

【换届工作完成】11月25日，北京市东城区科学技术协会第三次代表大会召开，大会审议并通过《东城区科协第二届委员会工作报告》和《北京市东城区科学技术协会管理办法》；选举东城区科协第三届委员会，大会选举委员81人、常委27人、副主席8人、主席1人。北京市科协及东城区委、区政府有关领导出席。全区各部门、各街道、各科技企业和科普资源单位代表243人参加会议。

（苏炜锋）

【全国科普日系列活动】9月11日，东城区2021年全国科普日主场活动——东城科普嘉年华在北京自然博物馆举行。活动由东城区科协、北京自然博物馆共同举办，倡导绿色发展，服务生态建设。北京自然博物馆除常规展览外，特开设“这里是北京”——北京本土物种保护宣教活动。宣教活动立足本土物种，通过组织参观者特别是青少年通过游戏体验、自然观察等形式了解北京本土的动植物以及北京生态文明建设成果，传播人与自然和谐共生理念，让北京孩子从自然角度更加了解北京。活动展出展板100余块，互动展品、设备30余件。全国科普日期间近1000人参加活动。10月中旬，作为全国科普日主题活动的延伸，区科协与北京电影学院合作，在东城区图书馆开展“影像之美——科技电影展映”活动。区科协被中国科协评为2021年全国科普日活动优秀组织单位。龙潭街道科协组织的“学习消防技能，致敬逆行英雄”消防科普体验被中国科协评为2021年全国科普日优秀活动。

（苏炜锋）

【获批金桥工程种子资金支持】5月，北京市科协启动金桥工程种子资金

11月25日，东城区科学技术协会第三次代表大会召开（许睿摄）

工作，东城区科协组织13家单位申报金桥工程122个项目，经北京市科协专家审核，获批4项C类种子资金支持，完成2021年度金桥工程种子资金工作。

（苏炜锋）

【全国科技工作者日活动】5月30日，为迎接第五个全国科技工作者日，弘扬科学家精神，由东城区科协主办，东城区第二图书馆和北京科技诗苑承办的“党的旗帜指引，光辉科技历程”主题诗歌朗诵会在崇文剧场举行。科学家、朗诵者、各界人士及青少年以诗朗诵形式，向科学家致敬，向科技工作者致敬，共朗诵诗歌16篇，180人参加。

（苏炜锋）

【青少年科技教育】3月18日至5月20日，东城区科协、东城区教委举办2021年东城区青少年创意编程及信息学竞赛教师培训活动。通过培训使科技教师进一步掌握信息技术相关的语言和语法知识、算法知识及数据结构知识，并快速组建人工智能、信息学参赛队伍，对队员开展基础培训。东城区各中小学、职业学校等48家单位，负责人工智能、创意编程、信息学或信息课相关教师60余人参加活动。组织全区近100所中小学学生参加东城区“青少年科技创新大赛”“青少年机器人竞赛”等大型竞赛活动。推荐参加第四届北京青少年创客国际交流展示活动，东城区选送的“桌面环保小卫士”项目获一等奖，“太阳神车”“基于翼手龙生物结构的混合仿生学可变翼飞行器”获二等奖。组织参加第二十一届北京青少年机器人竞赛暨第六届北京青少年创意编程与智能设计大赛，学生71人获项目奖，其中19人夺得9项一等奖。灯市口小学教师1人获十佳教练员称号，一七一中学获突出贡献奖，北京二中夺得VEX机器人工程挑战赛冠军、机器人创意比赛一等奖。

（苏炜锋）

【科普之夏活动】7月至8月，东城区科协举办科普之夏活动。围绕维护和保障人民群众生命财产安全，动员科协系统和社会组织的科普力量，发挥科协组织优势和科技工作者专业优势，持续开展应急科普活动。开展新冠肺炎疫情防控舆情引导和科普宣传，提高群众科学防护意识和能力，做到“疫情不解除，科普不掉线”。针对暑期洪涝、风雹、地质等自然灾害，利用线上线下科普宣传资源，帮助群众普及公共安全常识、正确认识灾情态势、掌握科学防范应对技能，加快建立高效科学的自然灾害防治体系。

（苏炜锋）

【新成立2家企业科协】2021年，东城区科协批准成立2家企业科协——北京哈工信息产业股份有限公司科协和中富国勇科技集团有限公司科协。

（苏炜锋）

东城区归国华侨联合会

【概况】东城区归国华侨联合会（简称区侨联），是由归侨侨眷组成的人民团体，是党和政府联系归侨侨眷的桥梁和纽带。履行服务经济发展、依法维护侨益、拓展海外联谊、积极参政议政、弘扬中华文化、参与社会建设的工作职能。有17个街道侨联和教委、卫健委2个系统侨联及区归国留学人员联谊会。2021年，区侨联召开二届七次全委（扩大）会和第三次归侨侨眷代表大会，在三届一次全会上选举产生区侨联新一届领导班子。开展党史学习教育、“我为群众办实事”活动、侨法宣传月活动。承办首都新侨乡文化节乒乓球邀请赛，举办“侨心向党”主题活动，与《海内与海外》杂志社和广东省鹤山市侨联交流座谈。积极参政议政，举办侨界代表性人士培训班。北京市侨联领导调研东城区公共文化服务工作和3个街道侨联组织“侨之家”建设情况。中国侨联领导到东城区参加主题党日活动，考察朝阳门街道党群服务中心，向党群服务中心赠送405种500多册图书，与归侨侨眷代表座谈。

（窦跃斌）

【“我为群众办实事”活动】春节前夕，东城区侨联向全区困难归侨侨眷和侨界代表人士80余人慰问送温暖。为体育馆路街道侨联、安定门街道侨联和东直门街道侨联“侨之家”建设筹措资金1.6万元，在体育馆路街道幸福南里社区和朝阳门街道头条社区开展“送法进社区”活动，在和平里街道新建路社区开展“送医进社区”活动。组织侨界群众参加北京市“侨心向党 我与祖（籍）国”图片摄影展，其中1幅作品获二等奖，9幅作品获优秀奖。6月2日，区侨联主要领导与北京市印尼归侨联谊会和东直门街道党群工作办负责人到东直门街道胡家园社区走访慰问去世困侨老人家属，并与街道落实其独生子女今后生活养老问题。

（窦跃斌）

【二届七次全委（扩大）会】3月11日，东城区侨联召开二届七次全委（扩大）会议。传达中国侨联十届四次全会精神和北京市侨联十五届三次全会精神，总结东城区侨联2020年工作并安排部署2021年工作，增补区侨联委员、常务委员、副主席。

（窦跃斌）

【新侨乡文化节乒乓球邀请赛】5月25日，由东城区侨联承办的“侨心向党助力冬奥暨‘亲情中华 侨韵北京’第十届首都新侨乡文化节乒乓球邀请赛”在龙潭体育馆举行，24支代表队参加，展示全市侨联系统乒乓球业余比赛水平。经过激烈角逐，北京大学医学部侨联代表队获得比赛冠军，北京华商会代表队获得亚军，北京印尼归侨联谊会、朝阳区麦子店街道侨联代表队获得并列第三名。市侨联有关领导出席邀请赛开幕式。

（窦跃斌）

【“侨心向党”主题活动】6月18日，东城区侨联主办的庆祝中国共产党成立100周年“侨心向党、百年辉煌”主题活动在北京市华侨服务中心举行。抗日民族英雄故事宣讲、独唱、合唱、红色经典诵读、舞蹈、书法展示等10个由侨界群众创作编排的精品节目在活动中展示。北京市侨联领导和归侨侨眷、留学归国人员代表近100人参加活动。

（窦跃斌）

【交流与座谈活动】9月16日，中国侨联《海内与海外》杂志社副社长一行联合北京市侨联到东城区侨联调研座谈。体育馆路街道侨联和东花市街道侨联介绍各自开展侨联工作情况，《海内与海外》杂志社向2个街道赠送书籍。从2022年开始，《海内与海外》杂志社向区侨联及19个基层侨联组织免费赠送《海内与海外》杂志，同时希望基层侨联组织向《海内与海外》杂志积极投稿。北京市侨联有关领导参加座谈会。10月21日，广东省鹤山市委统战部部长率鹤山市侨联一行到东城区侨联座谈交流。区侨联与鹤山市侨联分别介绍各自地区概况和开展侨联工作情况。双方表示两地侨联要建立长期联系机制，互相学习，发挥各自优势，不断取长补短，为两地各项事业发展作贡献。鹤山市委统战部部长介绍鹤山市特色文化，希望能学习东城区侨联工作经验，进一步探讨新时期侨联工作方法和发展思路。

（窦跃斌）

【侨法宣传月活动】11月，东城区侨联与区侨办共同制订侨法宣传月工作方案，在侨联微信公众号“东小侨”推送20集“侨法”宣传视频，印制“侨法”宣传手册200册，指导19个基层侨联组织搭设“侨法”咨询台、分发“侨法”宣传材料、开展“侨法”讲座推进“侨法”进社区等一系列活动。

（窦跃斌）

【党史学习教育活动】4月23日，区侨联主要领导以“走基层、解难题、促发展”为主题到安定门街道开展“服务基层为群众办实事”调研活动。区侨联结合“书香侨联”建设开展党史学习教育讲党课活动，组织参观蔡元培故居，联合区政协港澳台侨专委会，到香山革命纪念馆开展党史学习教育。到中国华侨历史博物馆参观由中国侨联主办的“百年航程 赤子侨心——庆祝中国共产党成立100周年”主题展。联合九三学社东城区委、致公党东城区委、民革东城区委共同举办中国共产党党史主题讲座——“留学教育与中国共产党的创建”。区侨联主要领导为机关全体党员干部作题为“凝聚力量谋复兴”的主题教育党课，党组成员、副主席以“百年恰是风华正茂”为主题，给区侨联机关全体党员作党史学习教育专题党课。组织全体党员观看电影《革命者》。参观中国铁道博物馆正阳门馆和前门大街。组织区侨联机关党员干部到中国共产党历史展览馆参观学习。区侨联理论中心组召开马克思主义读书会。

（窦跃斌）

【第三次归侨侨眷代表大会召开】12月1日，东城区侨联召开第三次归侨侨眷代表大会。会议审议并通过区侨联第二届委员会“激发磅礴力量、坚定不移迈进新的征程，为建设国际一流和谐宜居之都新时代首都核心区而努力奋斗”工作报告。大会选举产生区侨联第三届委员会委员29人。在三届一次全会上选举产生区侨联新一届领导班子。北京市侨联主席及区有关领导出席会议并讲话。

（窦跃斌）

【参政议政】2021年，东城区侨联积极参政议政、建言献策。1月，参加区政协十四届委员会第五次会议，提交团体提案《关于发挥东城文化特色 助力国际交往中心建设的建议》和《关于在精致东城建设中发挥作用的建议》2件，提交委员个人提案7件，并在政协大会就提案《关于发挥东城文化特色 助力国际交往中心建设的建议》进行大会发言；列席区人大会议，听取区长作2020年度政府工作报告。2月，参加中国侨联十届四次全委会（视频会）。3月，参加全市党史学习教员动员部署会（视频会）；参加区纪委第十二届四次全会（视频会）；参加东城区党史学习教育动

5月25日，由区侨联承办的“侨心向党 助力冬奥暨‘亲情中华 侨韵北京’第十届首都新侨乡文化节乒乓球邀请赛”举行（区侨联提供）

员会（视频会）。4月，参加区人大代表、政协委员议案、提案交办工作会；参加东城区委党建工作会议；参加区政协党派团体提案协商会；参加全区两新组织联席会。5月，参加全区领导干部大会推荐相关人选；参加全区新的社会阶层统战工作联席会。6月，参加东城区统一战线工作领导小组会议；参加北京市党史学习教育专题党课。7月，参加庆祝中国共产党成立100周年纪念大会；参加北京市委考察组对东城区换届人选的谈话考察。8月，参加北京市委考察组对东城区换届人选的谈话考察；参加区委十二届十四次全会，总结上半年工作，部署下半年任务。9月，参加东城区文明城区建设推进会；参加全区领导干部大会并推荐相关人选。10月，参加全市警示教育大会（视频会）；列席区委常委会，汇报区侨联换届方案；参加党派团体协商通报会，通报政协换届相关人选。11月，参加区人大代表选举；参加党派团体协商通报会，通报区人大、政府、政协换届人选情况。12月，参加中国共产党东城区第十三次代表大会；参加政协东城区第十五届委员会第一次会议开幕式。在区政协第十五届委员会第一次全会上区侨联界别提出《加强社区卫生体系建设的建议》《加强困难群体就业服务保障工作的建议》《关于落实“双减”政策向中小学课后服务推广中华优秀传统文化的建议》等3件团体提案、6件个人提案和1件社情民意提案。

（谭　菲）

11月，东城区青年联合会第六届委员会第四次常委（扩大）会议召开（团区委提供）

东城区青年联合会

【概况】东城区青年联合会（简称东城青联）是东城区委、区政府领导下，团结和引领全区各族各界青年的爱国统一战线组织，下设青联秘书处。第六届委员会设9个界别，分别是公共管理与政法界别、新的社会阶层和社会组织界别、科学技术与教育界别、经济金融界别、文化体育界别、医药卫生界别、新闻出版与传媒界别、港澳台民宗侨界别、青少年工作与劳动模范界别。东城青联委员共350人。委员会设主席1人，副主席13人，秘书长1人。2021年，东城青联发挥组织优势和人才智力优势，搭建青年人才成长平台，贯彻落实“强三性 去四化”的青联改革精神，增强凝聚力和影响力，全区青年统战工作不断深入。11月，东城青联第六届委员会第四次常委（扩大）会线下和线上视频形式同步召开，会议听取《北京市东城区青年联合会2020—2021年工作报告》，审议通过东城青联相关人事事项。开展“青春同心·永跟党走”庆祝建党百年学习教育实践活动，巩固发展青年爱国统一战线。深化支援协作，助力乡村振兴。协调慈铭体检集团为内蒙古自治区阿尔山市人民医院捐赠价值20万元的医疗设备。青联委员11人及爱心企业7家支持东城青联“希望小屋”建设，为内蒙古自治区化德县“双减”课后服务阵地11处捐赠电脑设备、红色读物、文体用品等物品，价值共计6.6万元；联系网易有道、北京网易公益基金会、网易云课堂捐赠价值5万余元的英语词典。

（陈明秀　杨海燕）

【党史学习教育】2021年，东城青联开展“青春同心·永跟党走”庆祝建党百年学习教育实践活动。在“红色寻访”中感悟革命历史，开展东城区党史游学地图发布暨“青春同心·永跟党走”文人志士线路寻访活动，委员、团员青年60余人沿东城区党史游学地图路线开启红色寻访。依托“青青读书会”开展红色著作阅读活动，号召委员阅读红色著作，分享学习感悟。通过“三行情诗”抒发爱党之心，各界别女委员撰写“三行情书”抒发爱党爱国之情，庆祝“三八”国际劳动妇女节。推动科学技术与教育、医药卫生等界别自主开展党史学习教育，学习习近平总书记“七一”重要讲话，分享红色著作阅读体会，分享为群众办实事经验。组织委员参与建党百年庆祝大会服务保障及现场观礼，发布“东城青联关于深入学习贯彻习近平总书记在庆祝中国共产党成立100周年大会上的重要讲话精

4月27日，东城青联组织党史游学地图发布暨“青春同心·永跟党走”文人志士线路寻访活动（团区委提供）

神的工作指引”，委员热议总书记“七一”重要讲话，切实统一思想和行动。

（陈明秀　杨海燕）

【助力税源建设】2021年，东城青联聚焦主责主业，为青年办实事，全面助力核心区中心工作。发挥青联对青年人才的统战团结优势，广泛联系、重点突破、实地走访，将运营产业园区及企业服务从业的委员纳入税源建设工作力量，2021年度实现区级税源引进767万元。

（陈明秀　杨海燕）

【推优荐才】2021年，东城青联搭建人才高地，多渠道培养和发现优秀青年人才。完成区人才工作领导小组下发的工作任务，向2020年度人才资助项目拨款共计2万元，完成2018年、2019年人才资助项目结题工作，推荐2021年人才资助项目2项，资助金额4万元。推荐优秀青年人才参与各类评选，东城青联副主席2人获2020年度市扶贫协作奖，推荐10人当选东城区第十五届政协委员、5人获评2021“北京青年榜样”年度人物，组织委员20人参与2021年王府井论坛，服务国际消费中心城市建设。

（陈明秀　杨海燕）

东城区工商业联合会

【概况】工商业联合会是中国共产党领导的以非公有制企业和非公有制经济人士为主体，具有统战性、经济性、民间性有机统一特征的人民团体和商会组织，是党和政府联系非公有制经济人士的桥梁纽带，是政府管理和服务非公有制经济的助手，是中国人民政治协商会议的重要组成部分。东城区工商业联合会（简称区工商联）有基层商（协）会34家，其中街道商会17家、特色街区及园区商会4家、行业及功能型商会13家，有各类会员3000余家（人）。2021年，区工商联将党史学习教育与为企业解忧办实事相结合，着力协调解决企业发展中的问题。与区检察院、区法院建立合作关系，为企业提供法律服务，依托法律商会开展线上普法讲座、到区法院开展现场教学活动，直接服务企业100余家。与区政务服务局联合举办会员企业开放日、政务服务体验员等活动。成立区工商联参政议政智库委员会，畅通反映问题诉求、建言献策渠道。选派优秀干部作为“驻企专员”，开展重点企业管家式服务，《精准强化擦亮“紫金服务”品牌》获得全国工商联副省级城市和地市级工商联工作最佳案例。全年吸收新经济、新业态民营经济人士，发展新会员108家（人），并召开新会员见面会。12月，区工商联被中华全国工商业联合会评为全国“五好”县级工商联。

（张淑菊）

【党史学习教育】2021年，区工商联开展党史学习教育活动，推动活动向基层延伸。将党史学习教育与加强机关党的建设相结合，开展主题活动7次，参与党员220人次。将党史学习教育与会史学习教育相结合，深化民营经济人士理想信念教育，开展“六个一”庆祝建党100周年系列活动，组织党史教育进商会、进企业系列活动6次，企业家300余人次参与。将党史学习教育与为企业解忧办实事相结合，通过开展专项服务和个性化服务30余项，促进会员企业高质量发展。3月17—18日，党组进行党史学习教育集体学习研讨活动。7月16日，区工商联召开党史学习教育专题党课报告会，主要领导作题为“学习百年党史，筑牢信仰之基，努力开创新时代工商联工作新局面”党课报告，机关全体党员干部和所属各街道（园区）商会、行业协会企业家代表参加会议。7月28日，机关党支部围绕党史学习教育召开专题组织生活会。

（张淑菊）

【换届工作】12月17日，区工商联（商会）第十一次代表大会和区工商联第十一届执行委员会第一次全体会议召开，与会代表260余人参加。北京市工商联领导及区领导出席大会。大会审议通过《求真务实 开拓创新 为建设国际一流和谐宜居的新时代首都核心区贡献力量》工作报告，选举产生东城区工商联第十一届执行委员会以及区工商联、区商会领导班子，完成选举任务。选举产生执行委员124人，其中主席1人、常务副主席1人、副主席23人、秘书长1人；区商会会长1人、副会长24人。大会还聘请由于届数、年龄等原因离退现职的主席、会长班子成员27人作为区工商联第十一届执委会咨询委员会成员。

（张淑菊）

【参政议政】2021年，会员中的人大代表提交建议、议案35件，政协委员提交提案74件，其中获得区政协优秀提案1件。区工商联跟踪协调有关部门做好会员提议案答复工作，完成工商联负责的1个会办的答复意见，并组织完成主办单位对1件个人提案的答复。

（张淑菊）

【执委会议】2月2日，区工商联（商会）召开十届八次执委会。区有关领导出席会议。区工商联执委、机关干部80余人参会。会议审议通过区工商联（商会）十届八次执委会工作报告，部署节前重点工作，表决通过区工商联（商会）人事调整事项。11月4日，区工商联（商会）召开十届九次执委会。会议传达学习关于市、区工商联（商会）换届精神，审议通过关于召开东城区工商联（商会）第十一次代表大会的决议（草案），部署换届人选民主推荐工作。

（张淑菊）

【宣传教育】4月22日，区工商联组织开展理想信念教育实践活动，参观首都博物馆“伟大征程——庆祝中国共产党成立100周年特展”，各商（协）会联合党委负责人、区工商联机关党员20余人参加。4月28日，区工商联组织召开2021年信息宣传工作培训会，各商（协）会、企业负责人及信息员、区工商联机关干部共70余人参会。4月29日，区工商联、区工商联非公企业党委、机关党支部举办主题为“青年企业家是新时代的爱国者和奋斗者”的党史教育进商会进企业活动。机关干部和企业家代表分别讲述

12月17日，区工商联（商会）召开第十一次代表大会（区工商联提供）

“感动我的党史故事”，分享自身感受。6月10日，举办庆祝建党100周年“听党话 跟党走”东城区民营经济人士理想信念教育报告会，市、区有关领导及各街道（地区）商会的主管领导，商会班子成员和会员代表等100余人参会。10月15日，组织机关干部及商会、会员企业信息员学习习近平总书记关于总体国家安全观重要论述，邀请区委党校老师进行专题辅导。

（张淑菊）

【商会建设】3月18日，区工商联召开所属商（协）会专题座谈培训会，34家所属商会、协会秘书长和工作人员参加培训，就商会换届、党史教育活动等重点工作进行提示。4月1日，召开非公企业党委工作推进会，部署年度重点工作计划和区工商联（商会）党史学习教育暨理想信念教育实践活动安排，对在各商（协）会和会员企业开展党史教育、打造党建工作品牌等方面提出具体要求。在总结和提升街道商会联合党委建设全覆盖实践基础上，推出“红联”党建品牌体系，通过“三红三联三载体”（红色基因、红色文化、红色引擎；联合力量、联通资源、联接人心；红联阵地、红联党校、红联集群），深化非公党建，提升民营经济领域党建工作实效。4月29日，结合党史教育进商会党课活动，召开新会员见面座谈会。6月23日，结合党史教育进企业活动，走进会员企业潮星集团，召开新会员见面会。

（张淑菊）

【服务会员】3月4日，“东城商会跑团”成立仪式在龙潭公园举行并启动首次健身活动。3月11日，区检察院驻工商联“服务民营企业检察工作站”揭牌仪式在区工商联举行，依托检察工作站专业资源，深化合作内容、打造“绿色通道”，围绕民营企业发展面临的法律风险以及法治化营商环境建设短板、瓶颈，开展系列法律宣传、服务工作。4月2日，走访中国建设银行股份有限公司北京前门支行，并签订战略合作协议。4月19日，举办网络讲堂，邀请东城区人民法院法官以知识产权保护为主题为企业授课，参会企业100余家。6月，开展2021北京民营企业百强调研工作，东城区40家（次）民营企业入围百强榜单，其中“2021年北京民营企业百强榜单”6家、“2021年北京民营企业科技创新百强榜单”4家、“2021年北京民营企业文化产业百强榜单”22家、“2021年北京民营企业社会责任百强榜单”5家、“2021年

北京民营企业中小百强榜单”3家。9月1—8日，会同区人力社保局、区总工会走访北京东方道朴文化资产运营管理有限公司、观典防务技术股份有限公司、北京爱保酒店管理有限公司、北京中建华通建设发展有限公司和北京内蒙古宾馆，共同为企业开展和谐劳动关系入户培育。审查企业劳动合同、薪酬分配、社保缴纳、工会活动、建立（健全）企业劳动争议调解组织、社会责任履行等情况材料，并提出改进意见，解答企业关于管理机制、异地用工、休假补贴、劳动仲裁、薪酬浮动等具体问题。

（张淑菊）

【原工商业者工作】2021年，区工商联完成原工商业者及遗孀困补申请审核，发放补助金90余人次、23万余元。

（张淑菊）

【商会交流】10月14日，区工商联接待西藏自治区工商联“清华大学西藏民营经济高质量发展高级研修班”40余人参访学习，通过实地参观“美后肆时”景山市民文化中心和听取讲解，了解民营企业参与公共空间社会化运营实例。

（张淑菊）

【光彩事业】2021年，区工商联坚持第十五年开展“为千户家庭送温暖”活动。1月19日，区工商联、东花市街道共同举办2021年“为千户家庭送温暖”活动启动仪式，19家街道（园区）商会负责人和东花市街道商会30余家会员企业参加活动，捐款捐物和提供服务价值60余万元。6月11日，区工商联组织开展夏日送清凉活动，区商会副会长单位、北京宏源餐饮管理有限公司为区交通支队、区公安分局捐赠价值近40万元的矿泉水1万余箱。12月23日，“为千户家庭送温暖”活动启动，所属17个街道商会、东城园商会和青年企业家创业创新会代表、社区、武警及学生代表参加活动。全年，引导商（协）会小巷管家开展和参与街区治理、社区共建、物业管理、志愿服务等600余项；开展“局包社区”工作，建立法律服务直通车，协助永外街道杨家园社区完成物管会组建率100%。

（张淑菊）

【调查研究】2021年，区工商联走访调研区内多家会员企业。1月1日，区领导带队到会员企业金电联行（北京）信息技术有限公司走访调研，围绕推进东城区产业数字化进程，破解中小企业融资难题等进行探讨。1月22日，走访调研会员企业北京方圣时尚科技集团有限公司。1月29日，访问区工商联常委、北京东方嘉诚文化产业发展有限公司总裁。3月22日，走访调研会员企业中文在线数字出版股份有限公司及“亚杰商会”。3月23日，走访调研会员企业安永（中国）企业咨询有限公司北京分公司。4月7日，到会员企业时尚传媒集团有限公司调研。4月14日，区领导带队到会员企业顺天府学教育集团调研，提出要充分利用东城区“名校长工作室”等平台资源，发挥民办教育机构体制活、渠道多的优势，为基础教育吸引人才、留住人才，巩固东城教育优势。5月8日，到会员企业北京新片场传媒股份有限公司调研。5月27日，走访调研会员企业北京哈工信息产业股份有限公司。6月2—3日，走访调研会员企业北京雅迪传媒股份有限公司和北京迎政时装有限公司。12月27日，调研区政务服务中心工商联窗口，与区政务局主要领导就如何加强工商联窗口工作，充分发挥窗口“绿色平台”职能作用交换意见，达成共识。

（张淑菊）

东城区人民团体负责人

职务	姓名	职务	姓名
总工会主席	许　汇（11月离任）	工商业联合会主席	王　曦（12月离任）
	吕德成（11月任）		林余存（12月任）
共青团东城区委书记	肖华强	残疾人联合会理事长	从艳梅（女，6月免）
青年联合会主席	肖华强		刘智辉（8月任）
妇女联合会主席	吕　绘（女）	红十字会会长	刘俊彩（女，兼）
科学技术协会主席	李　军	文学艺术界联合会主席	张志勇
归国华侨联合会主席	谭　菲（女）		

法 治

4月14日，东城公安分局组织辖区商市场开展“4·15”全民国家安全教育日宣传教育活动（王府井派出所提供）

综 述

2021年，东城区坚持服务大局、司法为民、公正司法，推进法治东城建设，营造全民守法氛围，坚决维护首都安全稳定大局，不断提升人民群众安全感，各项工作取得进步，有力为“五个东城”建设保驾护航。

依法治区。立足首都功能核心区定位，以法治中国首善之区示范区为目标，开展依法治区工作顶层设计，制订《东城区依法治区建设规划（2021—2025年）》，明确“十四五”时期东城区依法治区和法治建设新思路新举措。坚持以创建促提升，以达标求实效，以示范带发展，高质量完成“七五”普法，高标准创建“全国法治政府建设示范区”。压紧压实各单位法治建设责任，制订《东城区关于开展法治政府建设与责任落实督察的工作实施方案》，开展区法治政府建设督察，组织全区56家单位及街道办事处自查自评，查找薄弱环节并提出改进意见，进一步提升全区法治建设水平。研究出台《北京市东城区重大行政决策程序实施细则》，明确政府重大行政决策目录化、档案化管理机制，补足决策制度监督的关键环节，为规范重大行政决策程序提供更加坚实的法治保障。

社会矛盾纠纷排查化解。完善以人民为中心的社会矛盾多元化解体系建设，针对涉疫情矛盾纠纷，整合各行业、各部门的调解资源，形成化解涉疫情矛盾的多元调解格局。推动“云调解”、微信调解和电话调解等新型调解方式在全区使用，实现矛盾纠纷跨地域、无接触调解。加强人民调解队伍建设。以“两委”换届和人民调解员等级评定工作为契机，推动人民调解员队伍力量充实、结构优化。探索发展诉调对接工作机制，完成矛盾纠纷化解的方式转变，在原有6个试点街道、社区“诉调对接工作站”基础上，逐步推进前门、天坛和永定门外3个工作站的建设和发展，在全区基本实现“法官+司法助理员+人民调解员”三联动一站式服务全覆盖。

司法为民增进民生福祉。深入开展“我为群众办实事”实践活动，用心用情办理群众身边“小案”，以“止于至善”厚植党的执政根基。最大限度保障被害人合法权益，不断加大追赃挽损力度，延伸公益诉讼触角，在安全生产、残疾人保护、个人信息保护等领域实现新突破，为群众带来更全面的司法保护。坚持应救尽救、不等不靠，对因无刑事责任能力人肇事而陷入困境的家庭，给予司法救助、社会救助、心理疏导等多种帮助，防止因案致贫、因案返贫。秉承人民至上理念，以公开听证等形式推进信访案件实质性化解，5件信访“骨头案”“钉子案”全部办结。成立“正阳未检办公室”，依托立体化帮教平台使未成年人20余人“重获新生”，促成12家爱国主义教育基地对未成年人免费开放，推动防范校园欺凌等工作机制在学校落地生根。

（赵 妍）

政法委与综治

【概况】中共北京市东城区委政法委员会（简称区委政法委）是区委领导和管理全区政法工作的职能部门，是区委工作机关，中共北京市东城区委国家安全委员会办公室（简称区委国安办）设在区委政法委。2021年，区委政法委深入开展矛盾纠纷排查化解，“扫黑除恶”常态化扎实推进，完成建党100周年庆祝活动、党的十九届六中全会等重大活动期间安保维稳工作任务，开展“党的历史我铭记、我为群众办实事”主题活动。学习习近平法治思想，推进全国市域社会治理现代化试点示范区建设，加强市域社会治理统合，把市域社会治理现代化试点工作纳入“五个东城”建设、区“十四五”规划。坚持市域社会治理智治，提升智慧平安小区覆盖率，推进综治中心实体化信息系统落地生根。贯通市域社会治理架构，理顺规章制度，理顺工作职责及工作重点，推进试点示范区建设时间表、任务书、路线图。强化市域社会治理阵地，培育“和立方”“守望岗”“薄荷茶空间”等市域社会治理项目品牌。

（姜云飞）

【区领导考察全国“两会”安保】3月6日，区委常委、区委政法委书记陈本宇到好苑建国酒店、北京饭店，实地检查全国“两会”住地周边外围公安执勤点位和社会面防控情况，区委政法委、区公安分局及属地街道相关领导参加。

（姜云飞）

【政法队伍教育整顿领导小组会】3月24日，区委常委、政法委书记陈本宇主持召开东城区政法队伍教育整顿领导小组会，区领导种磊、章建伟、赵海英、田静、赵军、贺卫出席，区政法各单位主要领导参会。会上各单位汇报政法队伍教育整顿工作进展情况，并对领导小组成员单位承担的职责作进一步说明，最后区领导讲话并提出工作要求。

（姜云飞）

【政法系统英模先进事迹报告会】4月12日，东城区政法系统举办“坚定理想信念，弘扬英模精神，打造政治铁军”主题英模先进事迹报告会，发挥典范引领，传递榜样力量，激励全体政法干警学习先进典型，汲取干事创业正能量，推进政法队伍教育整顿走深走实。市、区有关领导及区法院、区检察院领导出席，全区政法系统干部干警代表、区法学会会员代表

4月14日，全民国家安全教育日活动中，市民观看东城区总体国家安全观主题展览（张传东摄）

建设和交通运输4个重点行业领域。区公安分局、区规自分局、区住建委和区城管委围绕重点行业领域整治情况汇报前期工作情况和下一步安排。汤钦飞就推进常态化扫黑除恶斗争和重点行业领域整治进行工作部署并讲话。

（姜云飞）

【区禁毒和反诈工作推进会】10月19日，东城区召开禁毒工作、反诈工作推进会。东城区副区长、东城公安分局局长田静主持会议，区委副书记汤钦飞讲话。东城公安分局通报全区禁毒工作、反诈工作进展情况，深度分析毒品违法和电诈犯罪新形势，明确工作问题，部署工作重点。部分街道结合自身工作作经验介绍。汤钦飞就推进禁毒和反诈工作进行部署讲话。

（姜云飞）

【检查督导集中医学隔离观察点】10月28日，汤钦飞带领区有关部门负责人到东城区两处集中医学隔离观察点检查督导管理运行和疫情防控工作。检查组先后到两处集中医学隔离观察点实地察看外围防控情况，询问隔离人员的食宿保障、区域划分、日常管理、消毒防护等情况，听取集中隔离管理运行情况汇报，并要求工作人员时刻注意自身防护。

（姜云飞）

及社会群众代表200余人参加报告会。

（姜云飞）

【法治宣传】4月14日，东城区在王府井步行街举办“4·15”全民国家安全教育日活动。区法学会组织区法学会会员代表、东城法治直通车睦邻公益法律服务站志愿者代表参加。活动中，志愿者们为居民发放“民法典”书籍、普法宣传册，普及“民法典”法律知识，解答居民法律方面的疑问等。

（姜云飞）

【区国家安全工作部署会】8月18日，东城区委常委会研究部署东城区国家安全重点工作。区委书记孙新军要求，东城区要全力确保重大活动绝对安全，国家安全机关及有关单位要时刻保持忧患意识，始终保持敏锐性，深化对服务保障冬奥筹办重大意义的认识，统筹推进疫情防控和服务保障冬奥筹办工作，以高度的政治责任做好冬奥会、冬残奥会各项服务保障工作。

（姜云飞）

【校园安全防范工作部署会】8月30日，东城区召开校园安全防范工作部署会。区教委通报秋季开学期间教育系统各项安保工作开展情况。区委政法委针对做好秋季开学工作，从“落实校园安全检查、构建校园防控体系、落实督导检查制度”3个方面，对相关部门涉及的职责任务进行部署。龙潭街道、东华门派出所介绍做好开学期间校园安全防范工作经验。区委政法委、东城公安分局、区教委、区卫健委、区城管执法局、区应急局、区文旅局、区市场监管局、区交通支队、区消防救援支队相关负责人和各街道、各派出所、部分重点学校相关负责人参加会议。

（姜云飞）

【区扫黑除恶常态化推进会】9月28日，东城区召开第一次扫黑除恶常态化暨重点行业领域整治推进会。区委副书记汤钦飞讲话，副区长薛国强主持会议。区委政法委、区纪委区监委、区委组织部、区委宣传部、区公安分局、区法院、区检察院主要领导及主管领导，区扫黑除恶斗争领导小组成员单位主要领导分别在主会场和视频分会场参加会议。会议传达全国及北京市有关会议精神，对东城区常态化开展扫黑除恶斗争的实施意见进行说明，通报扫黑除恶重点行业领域涉黑涉恶“三书一函”相关情况。会议明确全面推进区扫黑除恶常态化，按中央政法委及北京市委政法委要求，瞄向信息网络、自然资源、工程

【区法治文化基层行】11月14日，区委政法委、区法学会、区司法局联合中国社会科学院国际法研究所，在景山街道市民文化中心举办法治文化基层行——国家宪法日特别活动。中国社会科学院国际法研究所专家和居民代表30余人面对面畅谈宪法。活动现场，观众代表结合身边发生的一些事例各抒己见，专家从宪法的角度阐释，讲解宪法的权威性及如何保护公民合法权益。

（姜云飞）

【智慧平安小区建设】12月8日，东城区召开2021年智慧平安小区建设工作部署会，对区加快推进2021年智慧

平安小区建设进行再动员、再部署。区委领导陈献森出席会议并就加速推进智慧平安小区建设工作提出要求。区公安分局部署东城区2021年智慧平安小区建设工作，区财政局针对东城区2021年智慧平安小区前端建设资金使用情况并结合招、投标提出工作要求，区科技和信息化局明确智慧平安小区前端建设设备采购要求和相关技术标准，区审计局进行审计工作提示。

（姜云飞）

法治政府建设

【概况】2021年，东城区成立由区委书记、区长任组长的创建全国法治政府建设示范区工作领导小组，制订《东城区关于开展法治政府建设与责任落实督察的工作实施方案》，出台《北京市东城区重大行政决策程序实施细则》，组建重大行政决策论证专家库，在全市率先出台《关于进一步加强街道法治建设的实施意见》。

（张成雷）

【区政府常务会会前学法】2月23日，东城区第115次区政府常务会开展会前学法活动，区长金晖主持会议并讲话，区政府领导，各街道、各部门主要负责人参加。中国人民大学法学院副院长以“贯彻落实‘民法典’，推进法治政府建设”为题，解读相关法律内容。金晖要求各街道、各部门严格依法行政，履行保护民事权利的职责，将“民法典”作为行政决策重要标尺，加快政府守信践诺机制建设，强化法律维护群众权益的权威地位，提高运用“民法典”预防和化解社会矛盾的能力和水平。

（张成雷）

【区人大常委会听取情况汇报】2月25日，东城区第十六届人大常委会第三十四次会议听取东城区人民政府2020年法治政府建设年度情况，区司法局汇报2020年度推进法治政府建设的主要举措和成效，推进法治政府建设存在的不足和原因，政府主要负责人履行推进法治建设第一责任人职责、加强法治政府建设的有关情况及2021年度推进法治政府建设的主要安排。

（张成雷）

【承办北京政府法制研究会议】3月27日，由区司法局承办的北京政府法制研究会六届九次理事会会议召开，研究会及东城区领导参会，首都各界政府法制战线的顾问、理事、监事和特邀嘉宾、会员代表等50余人参加。常务副会长、东城区委常委、区委政法委书记陈本宇就研究会2020年的主要工作进行汇报，表决同意增补研究会顾问和研究会理事，为东城区司法局等6家单位授予实践调研合作单位牌匾。

（张成雷）

【行政文件合法性审核】2021年，通过提前介入、电话交流、座谈磋商等形式提出法制审核意见302件次，书面审核上会材料74件、公文制发材料42件、各类征求意见325件次。审核一事一议事项95件次。审查区政府重大行政决策8件，审核行政规范性文件21件，其中以区政府及政府办名义制发的13件行政规范性文件均按时限要求向市政府、区人大备案。全年开展行政规范性文件清理3次，清理结果全部对外公布。办理市立法草案征求意见22件、市政府常务会背景材料12件。

（张成雷）

【执法协调监督】2021年，区司法局全面推进严格公正规范文明执法，持续优化执法力量配备，加强执法人员资格管理，执法人员实际参与执法率97.16%。全区17个街道完成行政检查32.75万件，行政处罚1.07万件，24个区属执法部门完成行政检查22.88万件，行政处罚3831件，全区总体职权覆盖率90.85%，执法资格考试通过率97.70%。通过召开调度会、协调会，参加吹哨报到会、听证会等，监督协调各单位行政执法工作的疑难、重大问题，帮助各街道、各部门解决疑难问题20余件。

（张成雷）

【行政复议体制改革】2021年，区司法局研究制订《东城区行政复议体制改革暨全面推行规范化建设实施方案》，设立以区长为组长的区行政复议体制改革专班。做好全区行政复议体制改革过渡期间的有关工作，确保过渡期间全面落实机构设置、人员配置、办案场所建设等工作要求，试行

10月19日，2021年度东城区行政复议应诉专题培训班在区委党校举办（胡耀彬摄）

集中行政复议职责。发挥行政复议工作化解行政争议的防线作用，把好案件的事实调查关、法律适用关、程序审查关，全年受理行政复议案件244件，审结179件，其中纠错32件，纠错率18.82%。

（张成雷）

【行政应诉】2021年，区司法局通过日常考核和年度考核相结合方式督促各单位查漏补缺，夯实应诉工作基础，推进行政应诉工作规范化建设。全年办理以区政府为被告的一审行政诉讼案件287件，涉及征收补偿、强制拆除房屋、公房管理、信息公开、行政复议等。办理市政府受理的行政复议案件34件。办理区政府为被申请人的检察院监督案件2件。办理再审案件1件，办理以区政府为被告的民事诉讼案件1件。区政府负责人出庭应诉3件。

（张成雷）

【信访与“接诉即办”】2021年，区司法局完善“接诉即办”工作专班，坚持案件2小时内签收、一般案件3日内办结、疑难复杂案件5日内办结、最长办理期限不超过7日工作机制。按照全局一口受理、专人负责调度、部门“接诉即办”、热情规范回复要求，坚持态度正、准备足、信息全、用词准、语气诚、感觉亲工作法，办理市区回访“接诉即办”事项262件。落实依法分类处理信访诉求各项工作制度和流程，全年收到群众来电、来信和网上信访诉求86件，办结75件。

（张成雷）

公　安

东城公安分局

【概况】北京市公安局东城分局（简称东城公安分局）受北京市公安局和东城区委、区政府双重领导，是依照法律赋予的权利维护国家安全和社会治安秩序，保护人民，惩罚犯罪，保持国家长治久安的公安机关。2021年，东城公安分局把握首都功能核心区特殊区情区位，牢固树立“东城无小事、事事连政治”的敏感意识，以“首善”标准全力做好各项工作。健全完善重大活动安保和日常警卫勤务机制，举全警之力深化政治中心区一体化防控，完成建党百年、十九届六中全会等安保任务，确保中央领导1019起警卫任务零差错、零疏漏。守牢反恐维稳工作底线，建立健全“情指勤舆”一体化实战化警务模式，树立“个人极端可防可控”理念，建立健全矛盾纠纷“三级流转化解”机制、多方联动个人极端防范处置模式。建立两级“早会商、晚调度”、敏感警情“三级值班领导出现场”等机制，确保执法规范、执法安全。推进政法智能办案系统“单轨制”试点工作，创新完善指挥室、案管组、打击办案队联动机制。开发“执法前端智能管控系统”获市局金奖。坚持打防结合、以防为先、专群结合，全局接报刑事警情383件、治安警情413件，同比分别下降59.7%、81.1%；刑拘1181人、治拘2496人，同比分别上升12.3%、66.7%，实现“双升双降”的总体目标。全区110刑事、治安、秩序警情同比分别下降61%、79%和76%，全年破获刑事案件3037起，同比上升7.7%；着力提升涉黑涉恶线索核查、案件侦破效能，破获市督“6·10”专案，打掉跨境赌博恶势力团伙2个；将电信网络诈骗纳入可防性案件考核，落实“心防”工程、反诈中心、快速止付等机制措施；推动多部门融合执法，治安环境持续向好。组织力量深入社区、企事业单位、行业场所，强化对各类不稳定因素的滚动梳理和彻底排查，及时将各类重点人员纳入视线，做到随发现、随列管、随管控。对3类20种重点流动人口始终保持严管严控高压态势，严防个人极端案事件和重点人借机滋事。利用公安机关职能优势，打好疫情防控持久战。持续深化党史学习教育，针对教育整顿，组织谈心谈话3轮次、6502人次，召开组织生活会258次，全警填报自查报告3245份。召开肃清流毒影响专题党委会2次，清理出市局目录清单内书籍845本，目录清单以外书籍42本，刊物1本，均在各单位封存。清理电脑1935台，发现并清理问题1.45万件。检查文件27.03万件，发现并清理问题2385

9月17日，东城公安分局组织召开建党100周年安保总结表彰大会
（东城公安分局提供）

件。2021年，分局获公安部授予一等功、二级英模7人；获市局记一等功8人，记二等功28人、集体15个。东城公安分局获评2017—2020年度平安北京建设工作先进集体，132人、集体6个获分局记三等功，558人、集体4个获分局记嘉奖。东城区拘留所被市局监所管理总队评为五型监所创建“四星级先进单位”。分局被公安部评选为全国经侦情报导侦示范单位，是北京市经侦系统唯一入选单位。在2021年度北京市公安局经侦系统全领域实战大比武竞赛中，东城分局获集体一等奖。参赛选手制作的《五维数据查真相，“四个并重”化风险》PPT文稿演示，受到评委好评。

（李露云　杨　璐）

【110接处警】2021年，着力解决出警慢、推诿扯皮、不规范、反馈迟等痼疾顽症，确保重大警情5分钟、其他警情10分钟内到现场。检查警情3.7万余件，回访报警人2.8万余次，核查警情反馈3.2万余条，调取派出所执法记录仪影音视频记录3.3万余次，开展模拟警情拉动演练536次，实地检查督导走访72次。在市局测算分局平均出警时限上位居首位；在市局执法质量考核中110警情处置位居全市第一。

（李露云　杨　璐）

【政治中心区一体化防控】2021年，政治中心区一体化防控健全完善“点上查控、线上巡控、面上防控”机制，从严管车控人查物，累计盘查核录1200万人次，核查车辆57万辆，配合交警处罚2.04万件，查获涉访人员1.2万人，有效消除携带汽油、横幅欲滋事等多起风险隐患。

（李露云　杨　璐）

【“情指勤舆”体系】2021年，多警种联合作战，会商研判涉政、涉稳、涉恐等情报线索，流转下发1530条，核查稳控1040人，有效防范各类风险隐患95件。坚持资源合成、手段合成、机制合成，建立“三色升级预警”机制，强化对重点群体动态监测，接收触网报警6.02万条，流转部署9415条，抓获在逃、一级临控等违法人员26人，及时消除风险隐患。执法检查互联网单位500余家次，屏蔽、清理有害信息12万条，实现“情指勤舆”一体化实战化机制从物理重组到化学反应的变革。

（李露云　杨　璐）

【防控疫情联防联控】2021年，发挥公安机关职能优势，数据核查、流调溯源、社区排查、疫苗安保等专班全速运转，会同区相关部门全力开展联防联控，累计落地核查7.2万人，检查重点行业场所3.79万家次，依法处置涉疫警情336件。协助市、区疾控专家采集样本部位1万余处，检测相关人员2万余人，同步做好北京饭店、来福士广场等地封控看控。部署警力3.6万余人次，严格把控疫苗存放、运输、接种重点环节，确保全区280.2万人次疫苗接种工作的顺利进行。

（李露云　杨　璐）

【重大活动警卫安保】2021年，东城分局搭建安保组织架构，健全战时联勤体系，制发145个方案、图表，138项账单任务逐项落实，55项需全区统筹事项、10类27项负面清单全部销账。全年组织实施各类警卫勤务968起，投入执勤警力近9万人次（现场勤务429起，投入执勤警力3.7万人次；路线警卫勤务313起，投入执勤警力4.6万人次；临时住地警卫勤务158起，投入执勤警力1965人次）。完成庆祝大会“三区”管控、9处驻地和列管宾馆饭店警卫、123处制高点管控，43处集结、安检、停车、落客区域控制，和平鸽收集、气球存放护送及“低慢小”禁飞管控、大人流应急疏导等多项安保任务。完成全国“两会”、北大红楼专项、2021年暑期安保、烈士纪念日向人民英雄敬献花篮仪式等安保警卫任务。

（李露云　杨　璐）

【打击涉黄违法犯罪】2021年，依托“四打四挖”专项行动，建立健全涉黄违法“线索核查—清整摸排—联动打击—深挖彻查—复盘检查”一体化工作机制及两级线索“核查—打击—上报”闭环式工作模式，持续加大对辖区足疗洗浴、美发店、棋牌室等场所的摸排检查，集中力量开展全链条打击。累计打掉涉黄窝点11个，拘留涉黄违法人员137人（其中刑拘28人、治拘109人）。

（李露云　杨　璐）

【涉访维稳“防御战”】2021年，网络监控涉众、涉军、“恒大”等多个维权群组6.7万余人，梳理研判相关信息54万条；常态加强“14+N”涉访易聚集、12处涉军点位防范控制；妥善处置各类群体访839批、9946人次，依法打击非访滋事人员44人。摸排核实校外培训机构438址、重点管控8家，资金监管9278万元。妥善应对王府井新燕莎商场闭店风险。

（李露云　杨　璐）

【加强无人机管控】2021年，东城分局持续加强对在账“低慢小”爱好者的宣传教育检查和重点部位巡控。对涉及区无人机落地人员1446人信息进行核查，核查完成率99.3%。至年底，全局教育宣传发动957人次、企业259家次，大中小学62家次，居民社区92个次，均未发现问题。

（李露云　杨　璐）

【严查消防隐患】2021年，会同政府相关部门、消防救援等单位，发动群防群治力量，深入群租房、日租房、平房院落、地下空间等重点部位，严查违规用电、电动车充电等突出隐患，组织开展散装汽柴油等涉气类危爆物专项打击整治，严防发生重大火灾等安全事故，切实筑牢社区安全屏障。全年累计协助清理违规停放电动自行车709辆，制止违规充电电动自行车498起，发现整改消防安全隐患138起。

（李露云　杨　璐）

【加大基础摸排力度】2021年，组织派出所围绕防火、防入室盗窃、防电信诈骗等内容，加大社区安全防范宣传力度，动员组织群防群治力量1.8万人次，发放各种宣传材料1.46万份、悬挂标语横幅313条、各类网上警务宣传992条。强化出租房屋清整、矛盾纠纷化解、重点人员管控等工作，投入警力1666人次、政府部门力量1308人次、流管员等力量3102人次，走访出租房屋1.1万余间，清理安全隐患149处，取缔群租房4处，处罚违法出租人14起，罚金2900元人民币。核实流动人口3万余人，新登记流动人口1478人。调处化解矛盾纠纷18件，上报党委政府和通报责任部门6件。

（李露云　杨　璐）

【“两队一室”改革】2021年，东城分局抓好基层“两队一室”（打击办案队、社区警务队和综合指挥室）建设，派出所指挥室规范化建设100%达标。派出所以“出警快一秒、平安多一分”理念，最大限度屯兵街头，采取就近布警、电动车出警等方式提高出警速度，平均时限5.3分钟，长期位居全市首位。全环节规范处警流程，110警情回访满意率100%。

（李露云　杨　璐）

【巡逻防控】2021年，巡逻系统牵动10部武装处突车、31部巡逻车、13座巡逻警务站等力量，营造高压震慑防控氛围，严打严防街头违法犯罪。全年盘查核录992万人次、车156万辆，拘留以上处理341人。发挥预警远端筛查、拦阻功能，盘查核录152万人次、车75万辆，配合交警对交通违法行为处理、处罚2万余件次，查处涉访人员210人、吸毒前科93人、精神异常20人，查处携带管制刀具11人、各类违禁危险品24起，一级临控人员8人，其他各类违法人员68人。

（李露云　杨　璐）

【警种融合执法】2021年，紧盯辖区融合执法重点工作部位，强化视频巡控力度，部署巡逻车定点停靠，全面遏制辖区交通乱象。配合交警严查超标电动车上路问题，有效净化道路通行秩序。全年使用交通违法APP进行警种融合执法13.81万件。其中即查即录5.38万件，即查即处8.42万件。

（李露云　杨　璐）

【校园安全防控】2021年，每天组织警力200人对全区中学、小学、幼儿园落实高峰勤务值守全覆盖。组织20个户籍派出所开展校园安全互查，围绕校园安全管理、人物技防建设、风险隐患排查化解、校警联动、疫情防控等10个方面内容，逐项开展校园安全检查。发挥群防群治力量，加强辖区中小学幼儿园上下学早晚高峰时段校园周边200米区域的防范。牵动派出所会同区相关部门先后出动警力663人次，围绕校园周边开展联合执法、专项整治20余次，有效净化校园外部环境。

（李露云　杨　璐）

【清理整治医院秩序】2021年，重点巡逻防控辖区医院及周边地区，强化医院及周边巡逻防控和秩序维护，打击涉医违法犯罪行为。全年查处涉医案事件27起，处理涉医违法人员31人，其中刑拘4人、治拘20人、警告4人、罚款3人，有效维护医院良好就医秩序。

（李露云　杨　璐）

【智慧警务建设】2021年，优化政治中心区智能防控，1052个车辆智能卡口全速运转，预警盘查外埠车辆18万余辆。15台5G核录桩投入实战，协助查获在逃人员12人、一级临控人员159人。会同区相关单位推动建设智慧平安小区729个，开发智慧平安小区公安应用平台，赋能一线实战。

（李露云　杨　璐）

【矛盾纠纷化解排解】2021年，系统梳理辖区内重点人、事，分析纠纷、诉求，针对性地开展化解缓解工作，最大限度减少影响社会稳定的隐患，累计排查化解矛盾纠纷682件。积极应对王府井新燕莎商场闭店风险，协调区有关部门、王府井管委会、新燕莎商场、45家重点商户“四方”沟通，未发生非访、滋事等突出情况。健全多次拨打“12345”“110”扬言极端人员梳理关注机制。推动全区二级以上医院警务室全覆盖。落实校园高峰勤务，多元防范个人极端行为。

（李露云　杨　璐）

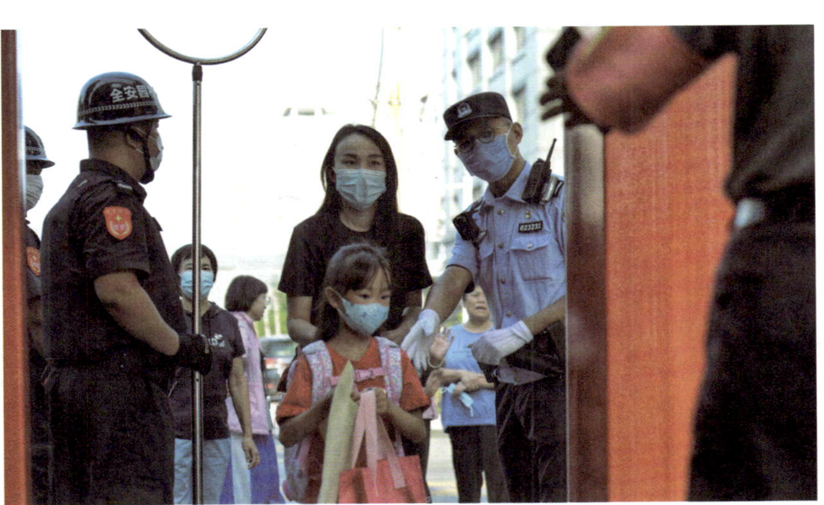

9月1日，全市中小幼集中开学日，东城分局民警在校园门前进行人员疏导，做好校园安全防范（东城公安分局提供）

【常态清整乱点乱象】2021年，开展专项行动，治拘号贩子、“黑车”等扰序人员1064人，打掉黄赌违法团伙、窝点27个。加强新兴业态监管，破获市首例利用轰趴馆开设赌场案，侦破“4·27”倒卖故宫门票、“3·16”销售假冒奢侈品等系列重大案件。推动多部门融合执法，强化以拆疏堵、以打开路、以挤清源、以控净面“拆、打、挤、控”四种手段，静态挤压867人，拆除占路商亭3处，故宫周边秩序类警情持续保持“零接报”。

（李露云　杨　璐）

【风险隐患动态清零】2021年，摸排采集7大类、107项基础信息18万余条，逐条梳理分析、动态清除隐患。依托早巡查、晚清整、夜巡控，救助流浪乞讨354人，查获涉访人员1.4万人。

（李露云　杨　璐）

【核心区住宿业净化】2021年，结合出租房屋“推门入户”等专项行动，累计检查出租房屋13万间，清整、取缔群租房、日租房638间，处罚违法出租行为163起，有力助推核心区住宿业转型升级。

（李露云　杨　璐）

【涉外治安维稳】2021年，通过线索筛查、追踪研判、深挖扩线，处罚“三非”（非法入境、非法居留、非法就业）外国人158人，行政拘留22人、罚款44人、警告92人，处罚非法聘用外国人及非法介绍外国人单位11家，处罚“违住”（违法居住）涉外人员488人，确保东城涉外管理秩序平稳有序。

（李露云　杨　璐）

【“减假暂”案件清理排查】2021年，按照公安部和市公安局关于开展违规违法办理减刑、假释、暂予监外执行（简称“减假暂”）案件全面排查整治要求，全面排查“减假暂”案件，制订《东城分局办理暂予监外执行工作细则》。累计翻阅卷宗2.6万册，确定看守所内办理“假暂”案件32件，完成案卷数字化、自查评查及纠错整改。

（李露云　杨　璐）

【全警实战大练兵】2021年，开展全警实战大练兵，制订比武竞赛方案及相关机制10套，拍摄矩阵宣传东城铁军形象大比武宣传片，举办培训1843期，受训民警23.6万余人次。在市局年度全警实战大练兵比武中，分局10支代表队和个人6人分获系统和个人单项科目比武前五名，大练兵综合成绩排全市局第二。

（李露云　杨　璐）

【正面宣传“推亮点”】2021年，宣传先进典型，弘扬主旋律，组织“东警先锋·忠诚卫士”、典型案事例评选主题活动。依托“东城公安”微信公众号等平台累计推出作品413个，音乐MV《守·都》等多个作品被“长安剑”、新华社等主流媒体转载。持续打造“警营文苑”宣传阵地。以建国门派出所民警刘江为原型，创作微电影《“大白”刘江》，获全国大型短视频大赛二等奖。拍摄音乐MV、视频片，制作“东警先锋·忠诚卫士”微访谈视频等。

（李露云　杨　璐）

【中国人民警察节庆祝活动】1月10日，东城公安分局举行庆祝活动暨“守护平安 忠诚最美”颁奖仪式，庆祝首个中国人民警察节。分局党委成员，区委政法委领导，分局各单位全体现职领导，从警特定年限民警代表、十佳“东警先锋·忠诚卫士”及部分民警代表参加活动。

（李露云　杨　璐）

【防范电信网络诈骗犯罪宣传】6月24日，“全社会反诈总动员”东城区防范电信网络诈骗犯罪集中宣传活动在雍和航星科技园组织召开。刑侦总队、人口基层总队有关领导，刑侦支队、人口基层大队、和平里派出所主要领导，各派出所主管领导及和平里街道领导、反诈宣传志愿者、航星园企业单位代表、居民代表等100余人参加活动。与会领导、反诈宣传志愿者为现场群众发放反诈宣传单、《心防》手册等宣传制品，推广全民反诈APP。

（李露云　杨　璐）

【常见警情现场处置技能大比武】9月14日，东城公安分局举行2021年常见警情现场处置技能大比武，23支派出所代表队领导干部、民警69人参赛。市局政治部、分局党委领导出席比武启动仪式。经过激烈比拼，交道口、景山、永定门外、安定门、前门

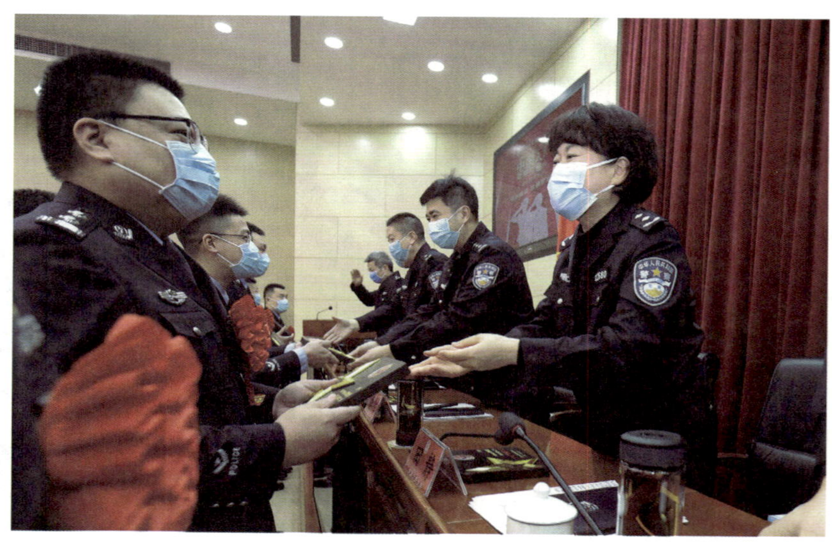

1月10日，东城公安分局首届中国人民警察节庆祝活动暨“守护平安 忠诚最美”颁奖仪式举行，分局领导为获奖民警颁发证书（东城公安分局提供）

派出所分获第一至五名。

（李露云　杨　璐）

【反恐处突应急综合演练】12月16日，东城公安分局在丁香小学旧址组织开展反恐怖应急处突综合演练。此次演练设置特警力量展示、涉卡拦截、应对刀斧砍杀、处置劫持人质、爆炸物与核生化搜排等5个科目，调集公安民警、交警、特警、武警、消防、医疗卫生、环境等多警种、多部门约50余人、各类车辆10余部。演练有效提升参演单位快速反应能力和安全敏感意识，为确保在实际工作中稳妥成功处置暴恐活动起到练兵作用。

（李露云　杨　璐）

表10　　**2021年东城公安分局派出所一览表**

单位名称	地址	电话
安定门派出所	东城区豆腐池胡同11号	84081556
安外大街派出所	东城区地坛公园西门外	84081567
北京站派出所	东城区盔甲厂胡同甲4号	84081568
北新桥派出所	东城区东内北小街西羊管胡同10号	84081553
朝阳门派出所	东城区朝内南小街121号	84081551
崇文门派出所	东城区国瑞城中区9号楼	84081172
东方广场派出所	东城区王府井大街218-2号	84081569
东花市派出所	东城区东花市北里西区2号楼	84081171
东华门派出所	东城区锡拉胡同8号	84081559
东交民巷派出所	东城区东交民巷甲9号	84081566
东四派出所	东城区东四五条170号	84081552
东直门派出所	东城区新中街9号	84081554
和平里派出所	东城区和平里中街六区5号楼	84081555
建国门派出所	东城区金宝街69号	84081550
交道口派出所	东城区板厂胡同7号	84081557
景山派出所	东城区什锦花园33号	64042045
龙潭派出所	东城区光明西街3号	84081176
前门大街派出所	东城区长巷二条1号	84081178
前门派出所	东城区西打磨厂街51号	84081175
体育馆路派出所	东城区东壁街16号	84081174
天坛派出所	东城区清华街46号	84081173
王府井派出所	东城区王府井菜厂胡同5号	84081561
永外派出所	东城区永外大街88号	84081177
天坛公园派出所	东城区天坛西里甲1号（天坛公园西门内）	67021104
隆福寺大街派出所	东城区隆福广场B座2层201号	64035350

（李露云　杨　璐）

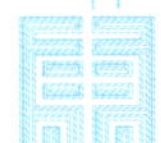

天安门地区分局

【概况】北京市公安局天安门地区分局（简称天安门地区分局），负责天安门地区的治安、侦查、内保、外事管理等工作。2021年，天安门地区分局有效落实疫情防控常态化要求，以决战决胜建党百年庆祝大会安保为“纲”，聚焦顶层设计，守正创新，统筹推进、一体落实安保维稳、政治建警、为民服务、改革创新各项工作。坚持以上率下、账单推进，完成建党100周年庆祝大会、“十一”黄金周、党的十九届六中全会等重大安保任务。推进协作共建，创建公安武警联勤机制，常态开展阻截处突合成拉动、消防隐患联合排查、公安城管联动清整，地区安保合力大幅提升。坚持人民至上，拓宽服务范畴、搭载宣传平台、增强警民互动，深入推进“我为群众办实事”实践活动，创新开设“为民服务车”。抓住广场预约参观有利契机，全面整合流程、优化流线、升级设施，安检质效、通行效率、出游体验大幅提升，全年确保群众2700余万人安全有序游览。坚持政治建警，重塑弘扬天安门警察精神，深入开展政治教育、警示教育、英模教育。聚焦素质过硬，深化“全警大练兵”，创建战时培训机制措施，组织集中培训、比武演练、送教到岗。2021年，分局荣立集体一等功，获一等功7人，获二等功15人、集体6个，获三等功45人、集体2个，获嘉奖128人、集体2个，获市级荣誉称号集体2个。

（许　燕　赵　超）

【安全监管】2021年，天安门地区分局对地区37家内部单位、从业人员1500余人开展基础信息动态采集与审查，对各单位水、电、气、热、制高点等要害部位进行细致摸排检查。针对庆典元素施工项目，开展检查136次，审查施工人员3600余人，开具检查记录单41份，对20家单位人员进行逐家摸排、教育提示，防止因电动车改装、充电引发消防问题。

（许　燕　赵　超）

【“为民服务车”机制建立】2021年，天安门地区分局坚持立足广场警务实践，打造服务品牌，树首都公安形象，建立“为民服务车”机制。累计服务群众4.3万人次，查找走散人员90余人，捡拾登记遗失物品110余件，中央电视台、北京电视台、中国新闻社等15家媒体深入辖区采访报道。国庆黄金周期间，联合刑总反诈中心，组织朝阳、东城、西城、海淀等专业反诈宣传力量，开展反诈宣传8000余人次，发放宣传材料1.3万余份。

（许　燕　赵　超）

国庆黄金周期间，天安门地区分局依托“为民服务车”工作机制，开展防范电信网络诈骗宣传（库周乾摄）

【驻区车辆静态核录】2021年，天安门地区分局牵头对地区内部单位停放车辆管理制度建设情况、停车场和车位的管理情况，开展每日检查，确保内部车证审批规范，核发严格，无证车辆无法进入单位内部。组织签订“车辆安全管理承诺书”，推动各内部单位进一步落实主体责任，确保无外部车辆在驻区单位内部私自停放，无驻区内部单位电动车辆违规充电，无因驻区单位内部车辆管控不到位造成安全隐患。

（许　燕　赵　超）

【大客流管控】2021年，天安门地区分局坚持客流导控“双循环”机制，牵动东、西城分局外围大客流“大循环”机制，坚持力量前置、远端剥离、封口切块、间歇放行、重点甄别等科学疏导流程。坚持科学安检、提升速率，增设2处安检棚共10条安检通道提升通行速率。开设13条绿色通道强化无包、老幼、散客分类安检。坚持疫情防控不松懈，在安检区建立“验码测温、提示宣传、处置转运”标准作业机制，针对可能发现的健康码或体温异常、疑似涉疫人员，前置急救车，力争迅速处置转运。“五一”“十一”分别确保163万、217万客流平稳度过。

（许　燕　赵　超）

【应急处突演练】2021年，天安门地区分局整合地区反恐处突力量资源，统筹牵动地区武警、交通、消防、城管、急救、天安门地区管委会相关部门，开展多次反恐应急演练，全力提升应急能力水平，受到市领导、市局领导高度评价。围绕发现跟随、拦截封控、协同作战等演练科目，常态化开展防冲闯演练8次。通过开展高空救援处置演练，检验地区应急处置调度能力，推动解决攀爬滋事处置难题。

（许 燕 赵 超）

【重大活动安保警卫】1月1日5时15分，天安门地区分局开通天安门广场升旗仪式安保现场指挥部，投入力量2000余人确保升旗现场群众1.5万人安全有序观礼。3月4—11日，全国政协十三届四次会议和十三届全国人大四次会议相继在人民大会堂召开，分局最大化投入警力，确保大会堂现场外围安保秩序良好。4月24日上午7时，中国银联2021北京国际长跑节——北京半程马拉松在天安门广场鸣枪起跑，全国各地长跑爱好者1万人参赛。分局分兵把口、分区负责，延伸警力、分段放行，细化工作措施，压实安保责任，强化部门联动、合成作战，确保赛事期间绝对安全。7月1日上午8时，庆祝中国共产党成立100周年大会在北京天安门广场隆重举行。分局围绕14个庆典元素施工，参会人员7万人集散及路线警卫，波次控清检，大会结束后梯次开放措施等，组建专班、制订方案、强化措施，确保庆祝大会各项活动绝对安全。9月30日10时，烈士纪念日向人民英雄敬献花篮仪式在天安门广场举行。中央政治局全体常委等党和国家领导同志，首都各界群众代表约1800人参加。分局全面落实各项安保措施，确保活动顺利进行和现场绝对安全。10月1日，分局开通升旗仪式安保现场指挥部，强化网格管控、安检查控、外围疏控、预约导控、秩序调控、应急处突和疫情防控等措施，确保现场群众13万人有序观礼，确保升旗仪式、疫情防控双安全；11月8—11日，中国共产党第十九届中央委员会第六次全体会议在京召开。分局全力确保外围及周边地区安全。

（许 燕 赵 超）

12月26日，天安门地区分局组织开展第八次拉动演练，提升反恐处突工作能力（王文恒摄）

【派出所格区警务改革启动仪式】12月20日，天安门地区分局在劳动人民文化宫举行派出所格区警务改革启动仪式。按照“横向到边、纵向到点”“宁可有交叉不能留缝隙”原则，对区域内“人、地、物、事、情、组织”全部纳入视线，确保辖区“打、防、管、控、建”各项基础工作要素落实落地。压实层级责任，深挖内部安保潜力，切实维护辖区安全稳定。天安门地区管理委员会、武警执勤一支队、故宫博物院、劳动人民文化宫、中山公园、天安门地区消防救援支队、市城管执法局天安门分局，天安门分局各派出所格区警务民警代表约100人参加仪式。

（许 燕 赵 超）

【校局合作签约仪式】12月24日，天安门地区分局与中国人民公安大学警体战训学院和国家安全学院举行深化合作计划书签约仪式，进一步健全分局与公安大学校局合作机制，围绕课题研究、教材研发、实战练兵、业务技术攻关等内容加强与公安大学的合作。

（许 燕 赵 超）

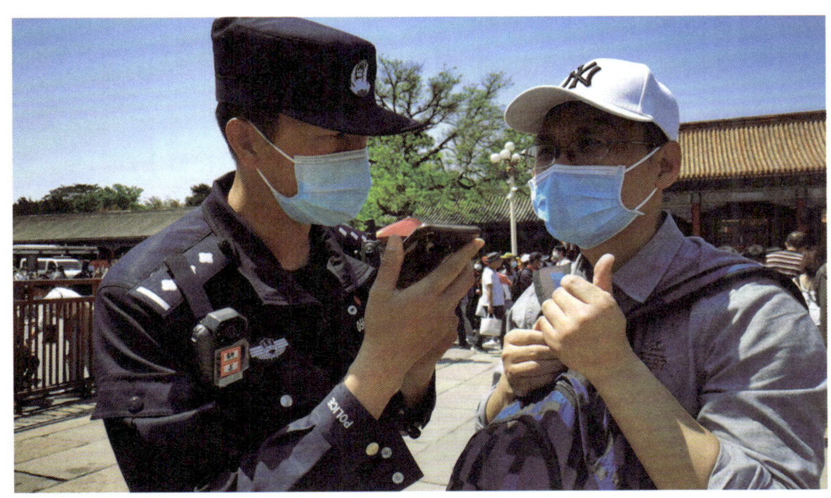

“五一”期间，天安门地区分局故宫派出所民警帮助走失游客联系家人（库周乾摄）

检　察

【概况】东城区人民检察院（简称区检察院）是国家法律监督机关，行使检察权，对人民代表大会及其常务委员会负责并报告工作，受市检察院领导。2021年，区检察院受理各类案件4531件，办结4478件，发挥刑事检察、民事检察、行政检察、公益诉讼检察“四大检察”职能，维护社会公平正义。常态化开展扫黑除恶，获评“北京市扫黑除恶专项斗争先进集体”。防范化解重大风险，办理涉众型经济犯罪84件、151人，其中包括涉及投资人19万余人，涉案金额1200亿余元的“冠群驰骋”案等重大案件。防范化解重大疫情风险，依法从严从快办理涉疫案件，严厉打击暴力伤医、销售假口罩及阻碍、干扰疫情防控工作等犯罪行为。与区纪委区监委建立健全办案衔接机制，同步推进行贿、受贿一起查，办理职务犯罪案件28件、30人。主动融入社会治理，坚持能动检察，强化溯源治理，制发综合治理类检察建议100余份，促进完善核心区安全防控机制，护航“自助结账”等新业态健康发展，推动文化旅游等领域依法治理。营造法治化营商环境，推进企业合规改革试点工作，开展涉民企“挂案”专项清理。与区工商联联合建立“服务民营企业工作站”，推行民事法律服务加油热线、检察联络员工作机制等，助力民营经济高质量发展。推进政法队伍教育整顿，针对12项顽瘴痼疾制订出台15项规范性制度文件，实现销号率100%。坚持党建引领，创新打造“90后讲党史”特色品牌，获评“全国检察教育培训改革创新100例”、“京彩”网络正能量精品评选“十强”，被“学习强国”、北京电视台新闻频道等主流媒体报道转发。做好常态化疫情防控工作，本院干警的疫苗接种率97%。选派党员8人参与支援永定门外街道接种疫苗工作，历时35天，2人抽调区隔离点工作2个月。全年区检察院及部门获北京市“七五”普法先进集体、全国维护妇女儿童权益先进集体等8个集体荣誉，干警29人获个人荣誉，干警11人次入选高检院、市院人才库，干警10人在市院专项检察业务竞赛中进入“十佳”行列。

（王　淋）

【刑事检察】2021年，依法打击各类刑事犯罪，受理审查逮捕案件1043件、1364人，审查起诉案件1239件、1443人。维护党和国家政治安全和意识形态安全，依法从严从快办理危害国家安全和公共安全案件58件、60人，获评“北京市国家安全工作先进集体”。通过在办案中化解社会矛盾、促进当事人和解180件。落实认罪认罚从宽制度，全年适用率89.52%。提升办案质效，确定刑量刑建议提出率98.32%，采纳率99.9%，排名全市区院第一。

（王　淋）

【刑事侦查监督】2021年，监督公安机关立案23件、23人，建议行政机关向公安机关移送案件线索17件、17人，公安机关立案17件、17人，持续开展“一案多人”不构罪不捕撤案工作，延伸监督触角，加大对该类案件其他未处理人员的审查，监督撤案45件、46人。组织召开全区行刑衔接工作推进会，牵头成立区行刑衔接工作领导小组，健全工作机制，向区人大常委会作“北京市东城区人民检察院关于加强和深化行刑衔接机制，进一步推进依法治区建设情况的报告”专题汇报，推进行政执法与刑事司法无缝对接。

（王　淋）

【刑事审判监督】2021年，刑事审判监督工作规模实现提升，全年刑事二审抗诉15件，刑事抗诉率1.51%，位居全市第一。审判监督抗诉1件，对刑事审判活动违法发出监督意见2件，均被采纳。

（王　淋）

【未成年人涉案检察】2021年，受理涉未成年人刑事案件63件、83人。成立正阳未检工作室，邀请心理咨询师、专家学者等参与未成年人保护，与团区委等共同构建未成年人检察工作社会支持体系。把握《中华人民共和国未成年人保护法》《中华人民共和国预防未成年人犯罪法》修改的重要契机，选派检察人员45人组成法治副校长宣讲团队，开展线上线下法治活动70余场次，将法治教育从娃娃抓

5月19日，区检察院举办“筑牢政治忠诚 践行初心使命”暨“90后讲党史”主题党日活动，庆祝中国共产党成立100周年（伊晓彤摄）

起、从家长做起落到实处。

（王　淋）

【经济和网络电信犯罪检察】2021年，依法严厉打击涉众型经济犯罪案件，全年办理各类经济犯罪案件146件、214人。积极追赃挽损，在“冠群驰骋”案中引导侦查机关查封房产1600余套，追缴涉案资金6100余万元，保护群众财产安全。持续深入开展“断卡”行动，加大对网络电信犯罪及利用互联网侵犯公民个人信息、帮助信息网络犯罪活动罪等新类型、高发等刑事犯罪的打击力度，全年办理“断卡”案件222件、266人。

（王　淋）

【刑事执行监督】2021年，强化监督质效，对羁押必要性审查案件立案100件，同比上升81.8%。开展判实刑审前未羁押收监执行专项检察活动，全年立案纠正法院未及时收监交付执行违法案件6件、6人，提出收监执行检察建议1件、4人。组织开展顽瘴痼疾整治工作，对112件暂予监外执行案件开展自查、复查并形成书面报告，对其中2件进行重点调查。开展查办司法工作人员职务犯罪“百日攻坚”活动，对监狱系统涉嫌职务犯罪的工作人员2人进行立案侦查。

（王　淋）

【民事行政检察监督】2021年，受理民事诉讼监督案件394件。实现支持起诉案件零的突破，受理18件，向同级法院发出支持起诉书17件，法院采纳意见并作出判决。坚持将行政争议实质性化解作为审查行政检察案件的必经程序，实现“案结事了政和”，统筹运用公开听证、检察建议、释法说理等方式化解争议12件。

（王　淋）

【检察管理监督】2021年，从业务数据出发，对全院指标数据逐项剖析，查找问题补短板，研究破解路径，建立季度、月度分析研判机制，对全院、各部门指标落实、完成情况进行通报，全年月、季度通报12次和周通报48次。研究制订《东城区人民检察院业务绩效考评工作实施细则（试行）》，实现与市院业务绩效考评办法无缝衔接，细化指标责任，有效传导压力。组织开展类案专项监控，形成文字成果7份。注重监督线索发现和移转，全年通过备案审查工作发现和移转羁押必要性审查线索2件，持续性开展审判监督工作，巡庭考察各承办组开庭情况。

（王　淋）

10月12日，区检察院提起的全市首例英烈保护刑事附带民事公益诉讼案一审宣判（朽赴摄）

【化解社会矛盾】2021年，处理群众来访121批、1315人，其中集体访24批、1178人。维护律师执业权利，听取律师意见，接待律师1120人次，完善异地阅卷、网络阅卷机制，构建新型检律关系。利用社会调查深挖矛盾根源，以公开听证等形式推进信访案件实质性化解，5件信访积案全部办结。

（王　淋）

【公益诉讼】2021年，受理公益诉讼线索78件，发布民事公益诉讼诉前公告程序4件，启动行政公益诉讼磋商程序9件，发出诉前检察建议26件，提起刑事附带民事公益诉讼2件，支持行政机关成功开展生态损害赔偿协商工作2件，办案数量及规模提升明显，“三诉两支”（检察机关开展行政公益诉讼、民事公益诉讼、刑事附带民事公益诉讼，支持社会组织提供民事公益诉讼，支持政府及其指定的部门作为赔偿权利人开展生态环境损害赔偿工作和提起诉讼）办案格局全面打开。探索办理刑事附带民事公益诉讼案件。办理全市首例英烈保护领域刑事附带民事公益诉讼起诉案件，相关做法被《中国青年报》、光明网等中央级媒体转发报道。成功支持区政府部门开展首次生态环境损害赔偿磋商。

（王　淋）

法　院

【概况】东城区人民法院（简称区法院）是国家审判机关，负责审理辖区内刑事、民事、商事、行政等一审案件。2021年，全院收案43036件，结案43042件，结收比100%。审执团队通力合作，法官人均结案410件。完善“和立方”诉源治理机制，在全市率先实现诉调对接工作在街区层面的全覆盖，在院外“一站式”化解纠纷2157件，远程指导工作站调

9月29日，全市首家法院驻消协诉调对接工作站在东城挂牌成立
（皮诗佳摄）

解纠纷991件次。妥善执结天坛医院申请执行某殡仪馆腾退案件，攻坚望坛、宝华里危改等重大项目“拔钉子”案件，实现良好法律效果和社会效果，为中轴线申遗、老城保护、街区更新等工作提供坚实司法保障。抽调干警40余人下沉社区，助力区域疫情防控。与北京市市场监管部门及6个区的主管部门探索创建信息共享与协同机制，完善知识产权的全链条保护。东城区人民法院获评全国法院学术讨论会组织工作先进奖、全国法院保密工作先进集体、北京市扫黑除恶专项斗争先进集体；2个审判团队分获北京法院十佳调解速裁团队、北京法院先进调解速裁团队，2个党支部被评为北京法院党建工作先进集体，天坛人民法庭党支部“石榴籽工程”党建项目获评北京法院党建创新孵化项目。干警6人获评全国法院、北京市、全市法院扫黑除恶先进个人，干警2人获首都劳动奖章，法官2人获评北京法院审判业务专家，干警1人获评北京法院司法实务研究专家，干警1人获评北京市信访工作先进个人，干警7人获评北京法院和东城区优秀共产党员，干警21人获评东城区政法楷模。4篇文书在2021年北京法院优秀裁判文书网上互评活动中获奖，2篇论文获“羊城杯”奖项，2篇案例分析获全国优秀案例分析奖项，4人在北京法院优秀司法统计分析评选中获奖，17人在市法院优秀调研课题中获奖，2人获北京法院优秀司法建议奖。

（门　莹）

【刑事审判】2021年，办结刑事案件1017件。坚决维护国家政治安全，依法严惩利用邪教组织破坏法律实施等犯罪案件。保障群众人身财产安全，重点打击群众反映强烈的寻衅滋事、故意伤害、套路贷、电信网络诈骗、非法吸收公众存款等违法犯罪。办结涉案金额巨大、涉投资人众多的非法吸收公众存款案件，注重查实证据、追赃挽损，确保案件审理平稳有序。加强以案说法，增强群众理性投资、防范风险意识。保持惩治腐败高压态势，依法办结贪污、受贿、渎职等职务犯罪案件，发挥廉政警示教育基地作用，组织党员干部旁听案件审理，巩固廉政思想防线。严厉打击侵犯少年儿童人身安全的违法犯罪行为，以校园霸凌、性侵典型案例开展教育防治工作，促进校园环境更加安全。

（门　莹）

【民事审判】2021年，审结民事案件5553件。重点推动反家庭暴力工作，与区妇联协作，联合建立家事调查制度、家庭暴力干预机制，打造妇女儿童维权绿色通道，主审家事案件的审判庭获评“全国维护妇女儿童权益先进集体”。在医疗纠纷解决中建立专家论证会等机制，纠纷审理平均时长缩短一半，办结一批长期未结的疑难复杂案件，有效平复医患矛盾。妥善审理“以房养老”“长租公寓”“双减”等新业态新政策所涉民生案件，深度调研并提出合理建议，助力主管部门加强监管。

（门　莹）

【商事审判】2021年，审结商事案件3848件。严控立案、审判、执行各环节时限，持续推进商事案件办理提速增效，维护市场公平和效率。联合区司法局、区工商联等为辖区企业线上线下开展送法服务，帮助企业提升依法治企和法律风险防控能力。针对区民营企业众多的特点，开拓民营企业依法维权通道，9月29日，成立全市首家法院“驻消费者协会诉调对接工作站”，为东城区建设国际消费中心城市示范区提供有力司法保障。

（门　莹）

【知识产权审判】2021年，审结侵犯知识产权案件789件，依法加大侵权赔偿判处力度。以加强知识产权保护为重点，服务保障“文化东城”建设。发挥知识产权司法保护主导作用。联合东城、通州、顺义等六区知识产权执法部门，建立司法与行政保护协作机制，构建跨区域知识产权保护格局。为辖区“老字号”的知识产权保护看诊把脉，助力企业涵养品牌文化。开展“4·26”知识产权宣传月系列活动，走进南锣鼓巷、中关村东城园区等文创产业聚集区，开展各类普法宣传活动，加强对文创产业健康发展的指引。

（门　莹）

【行政审判】2021年，审结行政诉讼案件2420件。将以案释法和协调工作贯穿审判全过程，力促行政纠纷实质性解决。通过公正裁判、推进行政机关负责人出庭应诉、发送司法建议、走进行政机关座谈等形式，监督和支持行政机关依法行政，加强良性互动，助力东城区创建全国法治政府示范区。坚持高质量发布行政案件司法审判年度报告，获评“北京法院行政审判年度报告工作先进单位”。

（门　莹）

【案件执行】2021年，办结执行案件1.36万件，执行到位金额32.03亿元。在基本解决执行难基础上继续加大执行力度，创新执行机制举措，向切实解决执行难目标迈进。对抗拒执行、躲避执行等行为坚决“亮剑”，发挥执行强制措施高压威慑作用。完善联动执行体系，与市住房公积金管理中心、东城规自分局、各街道、区拘留所等单位建立协助执行机制，与外地法院建立异地财产联动处置与执行机制，增强全社会共同解决执行难的力量。建立“六集约”（集约制作及发送法律文书；集约启动惩戒措施；集约送达查冻文书；集约处置查扣财产；集约窗口接待未实结案件当事人；集约管理发放案款）执行机制，使执行流程更加紧密顺畅。在执行效率提升的同时，实行“全流程”标准化管理，加强对执行工作各节点的监控，促进执行过程更加规范。

（门　莹）

【司法体制改革】2021年，突出法官、合议庭办案主体地位，实现“让审理者裁判，由裁判者负责”。在充分放权的同时，加强有效监管，发挥院庭长的监督作用，院庭长在审判权力和责任清单范围内严格、规范行使审判监督权，并做到全程、严谨、规范留痕。发挥部门联动监督作用，由审判管理部门和纪检监察部门对突出问题实施精准、有力监督；发挥审判组织的监督作用，通过专业法官会议和审判委员会研讨疑难复杂案件，规范审判行为，严把审判质效关。权责明晰、权责统一、监管有力、运转有序的审判权力运行体系基本形成。

（门　莹）

4月，区法院审判团队实质性化解行政争议收到当事人锦旗和感谢信（皮诗佳摄）

【司法便民】2021年，优化立案和诉讼服务，促进群众打官司更加便捷。根据防疫形势和群众需求，通过互联网开展立案、审判和司法服务工作。“一次性”告知网上立案材料要求，过半数法律文书通过电子邮件送达。越来越多的当事人足不出户即可完成诉讼，“智慧法院”建设成果日益显现。区法院获评北京法院诉讼服务工作先进单位。

（门　莹）

【审判管理】2021年，建立审执任务定期报告制度，对全院审执工作形成有力指导、引领、调度，各项审执质效指标奋力争先，一审判决案件改判发回重审率、未结案件清理率、在线庭审率等23项指标排名全市领先。建立健全审判流程工作规范，细致梳理审判工作中80类风险隐患，编制《审判流程风险提示》，受到市委领导肯定和最高法院推介。推进智慧法院建设，在线庭审率111.3%，居全市法院第二位，文书上网率保持100%。

（门　莹）

【审学研一体化】2021年，组织专题研讨20余场。36篇信息被高院采用，1篇信息获市委书记蔡奇批示肯定；17篇案例分析被中国法院年度案例采用、获评全国优秀案例分析奖项，1篇案例获评北京法院“疏整促”优秀案例；20篇论文29人次获全国奖项，“羊城杯”司法体制综合配套改革主题征文活动实现零突破，连续3年获全国法院学术讨论会组织工作先进奖；发送21篇质量高、实操强的司法建议，回函率62%。加强教、学、练、战一体化培训，开展“练内功、展精品、亮风采”业务技能练兵，对干警综合业绩排名。针对干警需求，举办“云端智读会”“对话资深”“谈优秀、论成长”“水滴学堂”等青年人才培养活动。

（门　莹）

司法行政

【概况】东城区司法局（简称区司法局）是负责全区依法治区和司法行政工作的区政府工作部门。直属事业单位5家，其中区法律援助中心为参公管理事业单位，区法治促进中心、区阳光中途之家为全额拨款事业单位，东方公证处、信德公证处为自收自支事业单位。2021年，区司法局开展政法队伍教育整顿和党史学习教育活动工作，制订下发《东城区司法行政系统政法队伍教育整顿专项方案》《东城区司法行政系统党史学习教育方案》。理论学习中心组集中学习28次，班子成员、支部书记讲授专题党课15场，全体党员干部撰写心得体会380篇，召开5次警示教育大会，制订整改措施55条，建立长效机制和制度文件13件，参加“我为群众办实事，司法为民暖人心”活动，参与社区志愿服务2381人次。建立健全14项工作制度和9项便民利民机制。在全系统悬挂学习条幅22条，张贴宣传海报440份，在“法治东城”微信公众号发布党史学习教育活动信息和特色举措14期。加强法治东城建设，牵头起草《东城区依法治区建设规划（2021—2025年）》，将党政主要负责人履行推进法治建设第一责任人职责情况列入年终述职内容，将第一责任人职责履行情况和法治政府建设情况纳入区政府绩效考核。制订《关于在全区开展法治宣传教育的第八个五年规划（2021—2025年）》。

（张成雷）

【社区矫正与安置帮教】2021年，全区有社区矫正对象128人，其中缓刑116人、假释2人、暂予监外执行7人、管制3人。累计接收社区矫正对象116人、解除社区矫正86人、办理居住地变更27人次，开展社会调查61件次。全区在册安置帮教人员1335人，重点对象144人。接收刑满释放人员308人。协调街道司法所做好帮教对象15人的视频会见工作。

（张成雷）

【社会矛盾纠纷排查化解】2021年，区司法局对全区人民调解员1300余人开展等级评定，完成全区人民调解员的普查和摸底。探索发展诉调对接工作机制，在全区基本实现“法官+司法助理员+人民调解员”三联动一站式服务全覆盖。全年开展矛盾纠纷排查9465次，全区各级人民调解委员会调解案件2133件。

（张成雷）

【律师行业管理】2021年，区司法局接到律师类投诉咨询200余人次、举报材料70件，受理31件，按程序移送36件，行政处罚立案5件。巡查检查律所133家次，约谈律师175人次，纠正问题30余个。办理律师、律师事务所行政申请事项2788件，就律师转所工作开展调查核验1354人、3211人次。

（张成雷）

【公共法律服务】2021年，区法律援助中心接待群众来访法律咨询7304人次，“12348”热线接待法律咨询1.21万人次，电话满意率99%。办理法律援助申请类案件154件，为60岁以上老年人免费代写法律文书8人次，为80岁以上高龄老人和重度残疾人提供法律援助45人次，为农民工提供法律援助61人次，挽回经济损失近100万元，收到受援人送来锦旗12面。办理指定辩护案件240件，办理法律帮助1272件。结合“我为群众办实事”，开展妇女、农民工、残疾人、未成年人专项维权活动。

（张成雷）

【诉调对接工作站】2021年，在全区建立18家街道、社区、行业专业“和立方”品牌“诉调对接工作站”，延伸和带动全区168个社区、17个街道、6个行业、专业性人民调解委员会融入全区社会矛盾调处一站式平台，形成社区、街道、区级和行业、专业立体化的社会矛盾调解体系。东四工作站全年集中调解40余批次，调解案件929起，涉及金额198万元，调解继承权案件4件，涉及金额3000余万元。4月，《民主与法制时报》等报社、网站、快手短视频等多种融媒体向社会推介东城一站式社会矛盾化解平台经验做法。

（张成雷）

【司法鉴定行业突出问题专项治理】3月14日，东城区司法鉴定行业突出问题专项治理工作部署会召开。会议制发《东城区司法局关于巩固专项治理成果依法规范执业提升司法鉴定服务质量和社会公信力的实施意见（试行）》。全年开展要素式谈心谈话，与机构负责人实谈率100%，机构负责人与鉴定人谈话80人次。与鉴定中心负责人等相关行业专家沟通座谈6次，召开座谈会征求专项治理工作意见建议10条。深入排查回头看，所有

4月19日，受援市民向区法援中心工作人员赠送锦旗（单臻摄）

执业人员一律签署承诺书，全区完成签署承诺书近80份。

（张成雷）

【律师行业警示教育大会】4月15日，东城区司法局召开全区律师行业警示教育大会。区司法局、区律师行业、区律师协会领导参加会议。会议由东城区律师协会副会长主持。东城律协专家结合案例，就律师行业突出问题专项治理的3方面19个问题进行解读。安排部署律师行业突出问题专项治理和2021年全市律师事务所年度检查及律师执业考核工作。

（张成雷）

【专题研讨班举办】4月25日，由东城区委组织部、区委政法委、区委全面依法治区委员会办公室、区委党校联合举办的习近平法治思想专题研讨班开班动员暨政法系统教育整顿查纠整改推进会在区委党校召开。市教育整顿第一指导组综合组及区领导出席开班式，全区行政执法部门、街道和具有公共事务管理职能的事业单位主管领导，区委政法委机关、区公安分局、区法院、区检察院干部干警代表，区司法局中层以上干部130余人参加。

（张成雷）

【政法队伍教育整顿工作迎检】5月18日，中央第一督导组北京小组副组长、第二下沉督导组组长谢海洋带队督导检查东城区政法队伍教育整顿工作。督导组查看东城区司法行政队伍教育整顿查纠整改环节各工作档案材料，重点检查顽瘴痼疾整治、干部自查自纠、落实谈心谈话、“自查从宽、被查从严”政策宣讲、案件线索核查、为群众办实事和英模选树活动等工作的开展情况，询问主要做法，检查顽瘴痼疾清单、组织生活会和民主生活会记录、司法行政工作人员自查事项报告表、谈心谈话记录、“明白书”和“承诺书”等文件材料。北京市第一指导组副组长徐世辉，东城区委常委、区委政法委书记陈本宇等陪同督导检查。

（张成雷）

12月1日，东城区“七五”普法总结暨“八五”普法启动大会召开
（刘晨摄）

【东城消协“诉调对接工作站”成立】9月29日，东城区消费者协会“诉调对接工作站”成立揭牌仪式在区市场监管局举行，为北京市首家消协系统消费维权诉调对接工作站。仪式现场，相关人员为与会者介绍工作站实行“人民调解+诉裁”的实行运作模式和消费纠纷联合调处机制。中国消费者协会、北京市消费者协会领导20余人出席揭牌仪式，并对东城区深入推进消费者维权工作，积极探索消费纠纷多元调处机制建设方面的努力给予肯定。

（张成雷）

【“八五”普法正式启动】12月1日，东城区召开“七五”普法总结暨“八五”普法启动大会，区委常委、宣传部部长、区委全面依法治区委员会守法普法协调小组组长赵海英，全区60余家普法责任制单位负责普法依法治理工作主管领导，17个街道负责普法依法治理工作主管主任参加会议。会议由副区长薛国强主持。会上通报东城区获评北京市“七五”普法先进的单位和个人。与会者观看东城区“七五”普法工作巡礼片。区司法局对全区“八五”普法工作进行全面部署，赵海英对“八五”普法工作提出工作要求。

（张成雷）

表11　**2021年东城区驻区公证处一览表**

序号	单位名称	地址	联系电话
1	东方公证处	东城区安定门外大街168号	84217035
2	信德公证处	东城区珠市口东大街4号3层3-A1	67124408

（张成雷）

表12　　**2021年东城区街道司法所一览表**

序号	单位名称	地 址	邮编	联系电话
1	和平里街道司法所	东城区和平里中街甲27号	100013	84226030
2	安定门街道司法所	东城区方家胡同19号	100007	64067183
3	交道口街道司法所	东城区土儿胡同10号楼二层	100009	64029694
4	景山街道司法所	东城区连丰胡同16号	100010	84017954
5	东华门街道司法所	东城区东厂北巷甲4号	100006	65248621
6	东直门街道司法所	东城区新中街66号	100027	64165479
7	北新桥街道司法所	东城区民安街14号楼3层	100007	64034116
8	东四街道司法所	东城区东四四条43号	100007	64001548
9	朝阳门街道司法所	东城区西水井3号114室	100010	65125881
10	建国门街道司法所	东城区朝内南小街18号楼	100005	65142699
11	前门街道司法所	东城区前门东小街甲2号	100051	67016543
12	崇文门外街道司法所	东城区西花市南里东区14号楼	100062	67010401
13	天坛街道司法所	东城区西草市东街66号	100050	67025835
14	龙潭街道司法所	东城区光明楼23号龙潭街道办事处院内	100061	67166372
15	体育馆路街道司法所	东城区体育馆西路1号	100061	67199653
16	东花市街道司法所	东城区东花市北里中区甲25号楼301室	100062	67188642
17	永外街道司法所	东城区沙子口路70号食品工业研究所南楼三层	100075	67227507

（张成雷）

东城区法治机构负责人

政法委员会书记　陈本宇（9月免）
　陈献森（12月任）
政法委员会政治部主任　李祎星（满族）
司法局局长　贾红梅（女）
北京市公安局东城分局局长　田　静（女，哈尼族）
政　委　（空　缺）
北京市公安局天安门地区分局局长
　刘　锋（9月免）
　张谢平（10月任）
政　委　戴伟伟（女）

北京市公安局公安交通管理局
东城交通支队支队长　金连成（9月免）
　高玉辉（9月任）
政　委　胡之辉
区人民法院院长　赵　军（9月免）
　何马根（9月任代院长，12月任院长）
区人民检察院检察长　贺　卫

军　事

10月1日，武警官兵在国庆节面向国旗庄严宣誓（武警执勤二支队提供）

人民武装部

【概况】东城区人民武装部（简称区人武部）受北京卫戍区和中共东城区委、区政府双重领导，是区委的军事部和区政府的兵役机关。2021年，部党委深入学习贯彻习近平强军思想，深入贯彻落实习主席视察重要讲话精神，突出思想引领凝心聚魂、聚焦备战打仗提质增效、注重强基固本打牢基础、锚定稳中求进狠抓落实，完成年度各项任务。按照“一分三定”（分层次抓学、定书目自学、定课题调研、定专题交流）模式抓学组学，先后组织12个专题党委中心组理论学习，组织参加陆军“云讲堂”、“北卫大讲堂”、师团干部理论读书班，贯穿全年紧抓个人自学、随到随学、专题交流“三项制度”落实，紧盯国防后备力量建设难题组织课题调研，以上率下搞好理论宣讲、学习研究。开展基础教育和经常性思想教育10余次，持续巩固深化教育实效。年初为每名党员购买学习书籍，年中接续组织“首都民兵忠于党”“驻东城、爱东城、建东城”等教育实践活动，全年踩紧压实“我为群众办实事”活动，依靠学用贯通推动“知信行统一”。下发《关于在疫情防控工作中发挥好民兵作用的通知》，动员专武干部、民兵力量积极参与驻地常态化疫情防控工作。抓好整齐思想、整肃杂音、整顿纪律工作，及时组织形势政策宣讲，突出抓好民兵整组中政治工作，开展“兵兵相识、官兵相识”活动，建好用好基层武装部青年民兵之家。全年，区人武部在中央、军委、陆军、卫戍区机关要讯报刊发稿7篇。

（段君智）

【兵员征集】2021年，针对征兵工作首次组织“一年两征”，紧扣“五率”（报名率、上站率、合格率、择优率、退兵率）指标，依靠军地联动运转、工作一体推进，多方共同发力，在保证任务完成的基础上提升征兵质量。全年组织征集新兵200余人，大学生比例100%，大学毕业生比例超30%，连续四年实现无退兵，连续两年绩效考核全市第一。会同北京化工大学承办2021年度国防教育暨征兵宣传进校园启动仪式，高校学生报名应征热情显著提升，受到卫戍区和北京市领导肯定。

（段君智）

【民兵执勤】2021年，区人武部注重依靠任务历练摔打锤炼民兵队伍，全国“两会”和建党百年庆典期间，出动民兵9000余人次，对长安街、二环路沿线的60处桥梁和过街通道进行定点守护，及时发现并处置涉访人员3人，上缴捡拾物品20余起，消除火灾隐患4起，提供便民服务2400余人次，受到群众好评。

（段君智）

【民兵组织】2021年，区人武部会同区委组织部考察任命街道武装部长7人，专武干部年龄结构和梯次配置得到优化。协调联系组建北京市首个民兵智能通信连，新质力量建设迈出关键一步。改进民兵队伍编组办法，形成合计87支、4507人的基干民兵队伍，党员、退役军人比例进一步提高，力量编成更贴合实战要求。创新拓展人武部及民兵组训内容方法，开展群众性练兵比武，重点组织国防动员、抢险救灾、重要目标防卫等课题专攻精练，提升遂行任务能力。

（段君智）

【常委议军会】11月3日，东城区召开区委常委议军会。会议由区委书记、区人武部党委第一书记孙新军主持，区人武部政委汇报东城区武装工作情况，提请区委常委会审议通过《东城区贯彻落实党管武装要求考评办法》。区委常委、区人武部部长于洪源就提审事项进行补充讲话，区委常委、组织部部长章建伟就推进“考评办法”的实施落实进行表态发言。

（段君智）

【军事日活动】11月24日，孙新军率领区四套班子领导到北京卫戍区某团进行“军事日”活动，受到部队官兵热烈欢迎。相关情况被卫戍区强军网、北京电视台报道。

（段君智）

驻区部队

中国人民解放军66381部队

【概况】中国人民解放军66381部队是一支有着光荣传统和历史荣誉的警卫部队，主要担负保卫党中央、中央军委及党政军首脑机关、首长住地等重要目标的警卫任务。2021年，部队坚持以习近平新时代中国特色社会主义思想为指导，深入贯彻习近平强军思想，深入贯彻新时代军事战略方针，深化落实习主席视察重要讲话精神，部队忠诚底蕴在圆满完成任务中全面夯实，实战能力在多场演习淬炼中显著增强，建设标准在从严狠抓落实中明显提升，部队各项发展建设步履坚实、稳中有进。全年荣立二等功1人，60人和9个集体荣立三等功，在《解放军报》《人民陆军报》等中央媒体发表宣传报道28篇。

（田少华）

【警卫工作】2021年，部队在完成常设警卫勤务基础上，高标准完成144起专项勤务，妥善处置各类上访354起、806人次，查收不符证件759个，做到绝对安全、万无一失。

（田少华）

【双拥共建】2021年，部队坚持发扬“驻东城、爱东城、建东城”优良传统，持续培育军民同心、育人为本、无私奉献、持之以恒的共建精神，与区退役军人局、安定门街道、安定门派出所、第七幼儿园等单位保持共建联系，与驻区居民建立鱼水情谊。随军干部家属及转业干部落户15人，干部子女5人入读东城区重点学校，立功受奖官兵10人参加东城区双拥疗养活动。配合地方政府协力做好疫情防控工作，组织官兵50人支援地方义务献血活动。11月，区退役军人局领导到部队新训大队慰问。

（田少华）

武警北京市总队执勤第一支队

【概况】中国人民武装警察部队北京市总队执勤第一支队（简称武警执勤一支队），主要担负天安门广场及周边地区维稳，固定目标警（守）卫，重大活动现场、路线警卫以及社会面武装巡逻防控和处突、反恐任务。2021年，圆满完成以建党百年庆祝活动、党的十九届六中全会安保为重点的各类任务1012起，妥善处置有碍安全情况3620起，确保各项活动任务万无一失。

（涂述健）

【政治教育】2021年，坚持用习近平强军思想教育官兵，持续学习“七一”重要讲话精神，推动理论武装进入头脑、走向实践。体系设计支队“一馆一廊”、中队“一室一墙”，建好用活板报、橱窗、标语、广播小阵地，广泛开展音乐美术党课、演讲歌咏比赛、参观见学交流等文化活动，构建形成多维立体宣教态势，官兵在耳濡目染中思想越来越纯正。

（涂述健）

【双拥共建】2021年，东城区委、区政府领导在春节、“八一”等重大节日到部队关怀慰问，召开军地座谈会、茶话会，听取部队建议需求。在新兵入伍、老兵退役时，军民共建单位与部队开展欢迎欢送活动，军民关系不断巩固。全年地方单位为随军家属6人办理自谋职业金、协调解决干部4人随军落户问题、解决干部9人子女入学问题，为缓解官兵后顾之忧，凝聚军心士气，提升打赢能力和促进部队全面建设提供有力支撑。

（涂述健）

武警北京市总队执勤第二支队

【概况】中国人民武装警察部队北京市总队执勤第二支队（简称武警执勤二支队），担负执勤、处突、反恐、抢险救援等任务，履行维护国家安全和社会稳定、保卫人民美好生活，维护政治安全特别是政权安全和制度安全的重大职责。2021年，支队紧跟总队精锐之师建设步伐，稳住心神抓经常打基础保稳定，完成建党百年庆祝活动等任务，部队建设向上向好。信息化手段日臻完善，车步巡调整稳妥推进，教导队获评武警部队一级达标，部队训练质效稳步攀升。开展向新时代卫国戍边英雄群体学习，打造军史场馆、书香军营和“一队一品”文化活动，举办“铁心跟党走，聚力建精锐”演讲比赛和第二届军人运动会。突出财力投入向官兵工作生活难题倾斜，安置转业干部9人，组织士官体检，安排优秀官兵13人疗养。“我为群众办实事”工作应办尽办、全部完成，惠军利兵政策逐步落地，官兵满意度、幸福感不断增强。针对疫情散发态势，精准调控防疫措施，疫苗接种走在部队前列，实现零传入、零感染的目标。

（牛玉清）

【安全警卫】2021年，支队完成以习主席核心警卫勤务、全国“两会”、建党百年安保为重点的各项任务，完成重大安全保卫任务257起。长安街徒步哨兵处置各类情况被武警部队通报表扬，轨道交通任务阵地建设经验获总队推广，构筑起政治核心区东翼的“铜墙铁壁”。

（牛玉清）

【双拥共建】2021年，支队坚持“驻东城、爱东城、建东城”理念，尽心为东城区建设贡献力量，主动开展拥政爱民工作，加强与区委区政府、区退役军人局、区委宣传部、区委政法委等单位联系，协调干部随军落户、家属就业和子女入读东城区优质学校42人。2月，东城区委常委、区委政法委书记陈本宇到支队走访调研。5月，支队组织官兵70人义务献血。“八一”前，退役军人局领导到支队慰问。

（牛玉清）

人民防空

【概况】东城区人民防空办公室（简称区人防办），是负责全区人民防空工作的政府工作部门。2021年，区人防办按照长期准备、重点建设、平战结合的方针，围绕战时防空、平时服务、应急支援的使命任务，贯彻与经济建设协调发展、与首都城市建设和平时防灾救灾相结合的原则，推进东城区人防工作开展。完成《北京市东城区“十四五”时期人防建设发展规划》编制，加强顶层谋划和具体实施相关保障。强化备战意识，抓训练、抓建设，增强人民防空能力。围绕东城发展谋实事，牢记“人民防空为人民”服务宗旨，深入开展“我为群众办实事”实践活动，提高为民服务水平。坚持底线思维，完善人防工程的规范使用和管理，加强人防法制建设，经常性开展法治学习，制订人防“八五”普法规划方案。

（姜欣怡）

【工程建设管理】2021年，区人防办完成5处已上账未备案遗留工程的备案工作，全年完成竣工备案10处、2.35万平方米，新接收公用工程4处、9607平方米。办理“多规合一”人防工程建设项目13个、15件次，规划人防工程面积8951.6平方米。办理易地建设10个项目、11件次，面积

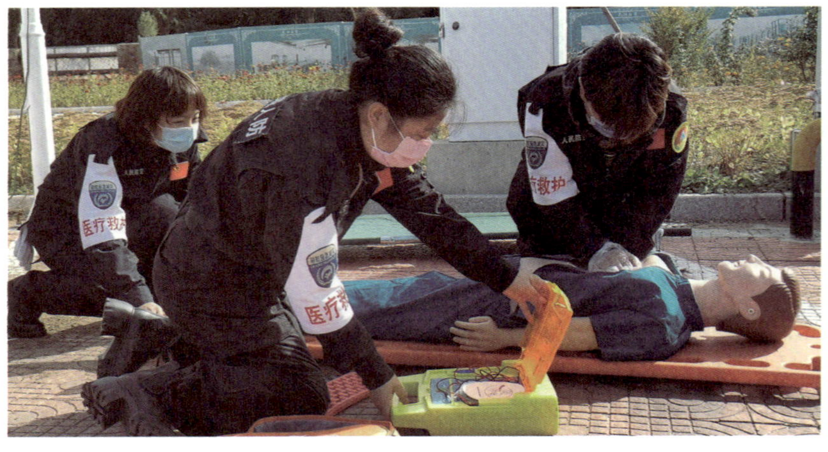

10月13—15日，区人防办在密云疏散安置地组织开展2021年第一批社区人防志愿者骨干培训（陈紫东摄）

731.01平方米。配合办理完成南京银行关于变更珠市口东大街20号楼建设单位的事项。推进完成4处腾退人防工程再利用任务。牵头推进全区地下空间安全专项整治三年行动，持续保持人防工程违规住人的“动态清零”。推进前门地下城加固，进一步落实消隐工作。制订2021年至2025年人防工程维护维修计划，完成18处公用人防工程维护维修。组织研发“东城区人防工程使用管理大管家”软件系统并投入使用。全年签订合同70处，收取使用费4776.69万元。

（黄彩勤）

【安全度汛】2021年，区人防办及时启动各类预警，先后处置后局大院15号、草场四条1号等险情工程11处，及时发现处置宝华里2号早期人防工程塌陷险情。组织开展以早期人防工程及口部管理房为重点的防汛专项检查，对发现的前门地下城等3处隐患工程逐一制订管控措施，推进整改落实。完成建党100周年庆祝大会、服贸会人防安保服务和“防风险、除隐患、保安全”消防安全隐患集中排查专项行动。全年组织检查1994家处，发现并整改安全隐患619个。

（黄彩勤）

【指挥通信】2021年，区人防办完成全区防空警报器巡检70台、移动警报器充电10次，34套早期警报器蓄电池和15套警报器喇叭更新。推进人防指挥所空调机组改造升级和指挥所UPS电源更新，参加市人防办组织的日常训练和京津冀跨区联合演练，开展防空警报试鸣演练及宣传教育活动。制作下发人防宣传折页1万余张、人防宣传可降解垃圾袋8000卷，为社区疏散演练订制人防宣传应急携行背包3300个，为街道、社区订阅2022年《中国人民防空》杂志132套，向20个社区赠送图书220余册。

（管桂新）

【应急救援队伍建设】2021年，区人防办制订《北京市东城区人防办2021年人民防空训练计划》，整组人防专业救援队，开展两期人防专业救援队培训及防汛演练，新增注册人防志愿者300人。制订《东城区2021年社区人防建设工作计划》，完成21个社区人防建设任务，完善168个社区的人防建设工作档案，推进安装社区疏散引导标识牌（图）91个（幅），开展社区人防大讲堂50场，新增完善1处人防工程兼作应急避难场所。新增设社区疏散掩蔽标识牌755块，新安装15处人防宣传栏，7处人防宣教中心对市民开放，全年接待8600余人。组织1期40人参加的街道人防工作业务培训和1期79人参加的社区人防志愿者骨干培训。

（管桂新）

【行政执法】2021年，区人防办开展人防工程使用执法安全检查661次，处理违规案件5起、罚款5500元，约谈多家人防工程违规单位，强化人防工程使用单位和使用人法律意识。落实人防工程使用、执法检查、案件处罚信息公示，自觉接受社会监督。严格落实执法资格管理制度，按照全市统一要求，事业单位取得执法证人员全部撤销证件，保留执法资格。强化行政审批服务，推进人防工程合法使用。践行“我为群众办实事”，坚守“审批零差错、服务零投诉”工作目标，贯彻落实市、区优化营商环境各项举措，提升服务质量，推进“接地气、实打实”便民服务措施。全年办理各类行政许可事项317件，市、区营商环境暗访调查服务满意率100%。

（高　杰）

东城区军事机构负责人

区人民武装部党委第一书记	夏林茂（7月免）
	孙新军（8月任）
部　长	于洪源
政　委	徐文熬（5月免）
	李　强（5月任）
人防办主任	王迪生
区消防救援支队支队长	李　军
政　委	马国明

重点地区管理

9 月 26 日晚，2021 北京时装周闭幕盛典在王府井步行街举办（王府井地区管委会提供）

王府井地区建设管理

7月28日，2021王府井论坛主论坛及平行论坛在北京饭店开启，王府井论坛系列活动正式启动（王府井地区管委会提供）

【概况】北京市东城区王府井地区管理委员会（简称王府井地区管委会）是东城区政府派出机构，为正处级。根据中共北京市东城区委办公室、北京市东城区人民政府办公室关于印发《北京市东城区王府井地区管理委员会职能配置、内设机构和人员编制规定的通知》（京东办字〔2021〕22号）精神，王府井地区管委会下设6个内设机构，主要职责是负责王府井地区规划、建设、管理和发展的组织协调工作。2021年，王府井地区管委会把握“两区”建设、国际消费中心城市建设和全球数字经济标杆城市建设重大战略机遇，融入新发展格局，推动打造“独具人文魅力的国际一流步行商业街区”，成功入选全国示范步行街。完成中国共产党成立百年庆祝活动服务保障。激发商业活力，扩大街区影响力，策划举办精彩纷呈的文商旅活动，成功举办第二届王府井论坛和“数字王府井·冰雪购物节”北京首个数字人民币线下全场景应用活动。聚焦消费提档升级，坚持发展首店经济和孵化经济，产业发展动能进一步释放。

（马丽君）

1月19日，拥有119年历史的东安市场升级改造后，以“北京最潮的沉浸式买手制百货”对外试营业，为王府井打造国际化消费区域又增重要支点（王府井地区管委会提供）

【王府井论坛】7月28日，2021王府井论坛在京盛大召开。以“新格局、新消费、新机遇”为主题，借助“主论坛+平行论坛”形式，以主题演讲、高端对话、案例分享、现场签约等多种活动，从政策端、产业端、学术端共同围绕复苏后疫情时代商业活力进行交流研讨。来自政、商、学、研领域的嘉宾41人，围绕“双循环”新发展格局带动消费转型、后疫情时代助推消费升级、北京国际消费中心城市建设和“两区”建设发展机遇、“文化金三角”构建等主要议题，交流观点、碰撞思想，为深化供给侧结构性改革、畅通国内大循环、不断培育和扩大内需提出具有启迪意义的思路和建议。

（马丽君）

【消费升级】2月，王府井地区管委会举办“数字王府井·冰雪购物节”活动，促成北京首个数字人民币线下全场景应用落地街区，依托商街近80个商家、800余个品牌和京东商城“北京数字人民币活动专区”，实现线下门店数字货币交易4830笔，交易金额74.56万元，助力北京市数字经济创新发展。坚持发展首店经济和孵化经济。成功引进耐克、斐乐、泡泡玛特等国际品牌和民族品牌首店、旗舰店44家，品牌聚集态势进一步凸显。建设王府中环19号府新消费品牌孵化基地，成功孵化8家高端餐饮和精致生活方式类品牌。2021年，根据对地区25家代表性重点商业设施监测情况，街区共实现销售额92.8亿元，同比增长31%，与2019年相比增长0.77%。受疫情影响，街区客流总量7729万人，本地客流占比逾七成。王府井在全市52个商圈中，零售总额、两年平均增速，均稳居全市第一。

（马丽君）

【街区更新】2021年，王府井地区管委会“一店一策”推动存量设施改造提升，东安市场整体改造升级为“国内首家买手制百货”；银泰in88吉祥戏院重装开业，打造“小而精、雅而美”的传统文化和国粹艺术交流圣地；王府国际中心完成外立面改造，引入国内单体面积最大、品类最全的耐克全球旗舰店。地铁8号线三期全线贯通，王府井站、金鱼胡同站7个地铁站口全面投入使用，实现与北京apm、银泰in88、东方广场、王府国际中心、工美大厦等商业设施互联互通，增强街区可达性、通达性、便利性和舒适性。

（马丽君）

【活力街区】2021年，王府井地区管委会策划举办丰富多彩的文商旅活动，彰显街区魅力。开展“故宫以东·城市盲盒”“北京时装周闭幕盛典”等时尚潮流活动；与河北省张家口市崇礼区、内蒙古自治区阿尔山市等对口帮扶地区合作开展扶贫宣传活动；与阿里巴巴等电商合作开展线上直播带货；亮相中国国际进口博览会，展现街区国际化、潮流化、时尚化的商业氛围和悠久的历史文化底蕴。

（马丽君）

【常态化疫情防控】2021年，王府井地区管委会持续做好新冠肺炎疫情防控常态化工作。发挥服务管家和“双楼长”机制作用，实行处级领导包“片”、科级干部包“楼”，建立常态化巡查机制。党员干部靠前站位，包片包楼、入企入户，宣讲防控政策、传递预警信息、动员疫苗接种、检查防疫措施，组织开展大规模核酸检测、转运隔离、大数据流调排查等工作，确保地区“零病例”“零感染”，全口径疫苗接种率达到105.52%。

（马丽君）

前门大街建设管理

【概况】北京市前门大街管理委员会（简称前门管委会）负责前门商业区综合管理和促进该地区经济发展工作。2021年，前门大街管委会在前门街道工委和办事处领导下，完成区域内优化营商环境，特色商业街和景区的相关组织协调工作，完成经济部门的监督、协调和指导工作，围绕打造具有活力的京味儿文化体验式消费街区的核心定位，推进各项中心工作取得新进展。

（刘　岩）

【服务提升营商环境】2021年，前门管委会搭建政企和谐交流平台，组织街道主要领导、各职能部门及辖区企业代表召开多次政企座谈会、茶话会等活动，主动上门服务，为企业答疑解惑，有效开展政策宣传，就区域业态转型升级、驻街单位参与共建，地区疫情防控、共筑免疫屏障，提升区域营商环境等进行深入交流。依托紫金服务“管家+专员”及企业“服务包”制度为企业提供“精心+贴心”服务。对辖区重点企业及纳入“服务包”重点企业，派驻紫金驻企专员开展一对一、面对面服务。紫金驻企专员派驻区内挂账重点企业4家，全年收集问题15项，全部解决完毕，问题响应率、问题解决率和企业满意率均达100%，组织政企交流活动15次。“服务包”制度坚持对重点服务企业一企一策、一企一管家、一月一调度，加强与企业信息沟通，让企业全面了解区域内未来重点产业、空间布局等发展远景，及时准确掌握企业发展动向，全面了解企业战略布局，帮助企业做好分析研判，引导企业新增业务、新增项目在京更好落地。在人才、教育、住房、资金等政策方面给予解读和保障。

（刘　岩）

12月31日，企业给前门管委会赠送锦旗，感谢管委会优化营商环境，为企业排忧解难（前门管委会提供）

6月，前门国潮京品节开启（前门街道提供）

【疫情防控】2021年，前门大街管委会严抓新冠肺炎疫情防控措施落实，按要求组织全员核酸检测。加大公共区域消杀力度，营造健康安全街区环境；严格落实街区商户健康监测、环境消杀、进门扫码、测温、戴口罩等防疫措施的监督检查。做好街区员工中高风险地区返京人员管控。推进疫苗接种，邀请专家走进前门街区，开展疫苗接种宣讲会，引导企业员工正确认识疫情防控和疫苗接种工作。前门商业区服务中心联合物业等部门通过会议、微信群、现场走访等方式落实辖区新冠疫苗加强针工作，前门商业区实际接种率达90%以上。前门大街管委会办公室自9月起负责楼宇疫情防控工作，持续做好摸排管控和疫苗接种，至年底，地区5栋楼宇实际接种率达92%以上。

（刘　岩）

【人大代表换届选举】2021年，前门大街管委会坚持把加强党的领导、充分发扬民主、严格依法办事的原则贯穿人大代表选举始终。认真做好选区划分、选民登记等工作，严把候选人提名推荐、审查关，精心组织投票选举，确保整个选举工作组织有序，过程公开透明，选民们积极参与，实现选区高参选率、高投票率、高当选率的目标。

（刘　岩）

【街区商业活动】2021年，前门商业区陆续举办“接种新冠疫苗、共筑免疫长城、前门接种有礼”“前门国潮京品节”“前门国风文化亲子体验周”等活动。围绕“新京味、新体验、新消费”活动主题，通过举办汉服主题走秀、沉浸式灯光秀、国潮市集等多种文化活动，打造前门文化IP活动品牌，促进夜间经济及新消费，推动前门京味文化体验式街区转型升级。前门大街管委会办公室及前门商业区服务中心给予政策指导、协调配合，支持各项活动有序开展。

（刘　岩）

北京站地区管理

【概况】北京市重点站区管理委员会北京站地区管理办公室为北京市重点站区管理委员会的内设机构（简称北京站地区管理办公室），负责组织协调北京站地区的社会治安、交通秩序、公共卫生、市政公用、应急管理、安全生产、精神文明建设等工作。2021年，完成春暑运、中国共产党成立100周年、黄金周等重点时期的服务保障任务；加强市区统筹联动，与东城区政府共建北京站地区议事协调机制，共商解决站区重大事项，为站区应急管理、安全生产、反恐防爆、“接诉即办”等各项工作提供全面体系支撑；站区精细化智慧服务管理平台正式投入运行，获“首安杯”北京安防优质工程奖，为站区信息共享、预判预警、指挥调度提供强力支撑。

（丁一珊）

【客运管理】2021年，北京站地区管理办公室制订春（暑）运工作方案，组织站区及东城区相关单位召开动员部署会，对春运工作进行全面动员部署，组织协调站区各相关单位迅速行动，1月28日至3月8日春运期间，受疫情影响，北京站发送旅客70.43万人，同比减少70.65%，到达旅客80.9万人，同比减少54.39%，返京客流未出现高峰状态；地铁北京站共运送乘客154.06万人次，同比减少73.07%。7月1日至8月31日暑运期间，共到发旅客595.02万人，同比增加81.13%，其中发送旅客293.68万人，同比增加79.79%，到达旅客301.34万人次，同比增加82.45%，完成专运保障任务252次。春运期间，共计办理各类案件32起，刑事拘留3人，行政拘留16人，行政罚款11人，行政警告3人，抓获网上在逃人员1人，查获涉案一级临控1人。查扣“黑网约车”4辆，“黑车”1辆。驱离扰序出租车21辆，扰序人员35人次，驱离“黑车”揽客18起，制止揽客12起。查处无照经营行为1起，清理堆物堆料4起，规范“门前三包”1起，检查施工现场

1处，摸排违规户外广告牌匾3家，驱离散发地图1人次，检查燃气安全17家次，检查垃圾分类290余家次。劝离流浪乞讨人员13人次。协调北京市东城运输管理分局依托信息协调联动机制，合理调派出租运力完成保障任务，春运返程阶段，每日调派出租汽车运力300余辆，累计调派出租汽车运力1800余辆，保障夜间到站乘客的疏运。暑运期间，维护疫情防控秩序，自8月5日北京站实施进出站旅客100%查验健康码措施后，及时关注进站旅客排队情况，组织保安维护秩序，提醒旅客戴口罩、保持安全距离，提前打开健康码加快进站速度。组织城管执法队、保安队对广场进行不间断安全巡查，对扎堆聚集的旅客、流浪人员进行防疫宣传，及时劝导、疏散，为需要的旅客发放口罩。从严从实抓好转运，协调解决专运保障期间北京站分指挥部的实际困难，制订北京站地区铁路进京中高风险人员闭环转运工作方案，协调北京站建立专用转运通道，设置滞留区、疏散区、隔离通道等标志标识，协调东城区转运部门与车站对接，形成北京站地区转运工作联络表。协调停车场预留接转车辆停车位。共转运密接1人、次密接1人、黄码人员3人，劝返62人。协调铁路北京站派出所、建国门派出所，开展站区治安秩序清理整治行动，严厉打击倒票、扰序等违法行为，刑事拘留2人（盗窃），行政拘留32人，行政罚款17人、2120元。北京站城管执法大队加强交通执法检查力度，对落客区、毛家湾胡同口、出租车调度站等点位进行盯守和巡查，加强对“黑车”及违章运营出租车的监视管控，发现问题及时清理整治，共查获3辆出租车票证不符，检查旅游客运车8辆，处罚“黑巡游车”4辆、罚款20.02万元，处罚“黑网约车”6辆、罚款7.8万元。查处出租车违章2起，驱离扰序出租车169辆次，检查出租车1167辆次，维护地区交通秩序。针对暑运期间接送站车辆乱停车问题，协调东单交通大队，持续开展交通秩序整治，加大查处力度，劝离乱停车辆，每天民警2人、协警18人在北京站地区维护交通秩序，贴条处罚违停车辆85辆，劝离违停车辆1020辆。北京站地区执法大队共检查“三类场所”682家次，检查施工现场7家次，规范“门前三包”49家次，检查燃气10家次，驱离扰序人员22人次，驱离揽客180起，查处无照经营10起，规劝躺卧人员236次，责令改正设置灯箱1家。自8月17日起，集中开展为期半个月的“防疫情、保环境”专项整治行动，针对站区环境卫生、流浪乞讨、无照游商、揽客等问题开展清理整治，并针对广场和商户门前人员密集区域重点进行环境消杀，维护站区环境秩序，防止疫情传播，清理堆物21车，规范摆放非机动车等200余辆，劝离流浪乞讨人员51人次，对愿意接受救助的流浪人员1人及时发现、快速救助。

1月21日，北京站地区管理办公室召开春运部署会（陆江摄）

（丁一珊　陆　江）

【全国“两会”期间社会面防控】2021年，设立北京站地区前方指挥部，全面协调站区全国“两会”服务保障。做好疫情防控各项工作，落实戴口罩、测温、一米线、环境通风消杀等措施，加强对出站旅客的核酸检测，对没有检测报告的旅客进行现场检测，结果正常方可出站，全国“两会”期间共查验核酸检测结果49.96万人，检出无核酸证明人员663人，均现场完成检测，结果正常后出站。与春运保障工作无缝衔接，铁路公安增加针对全国“两会”制订的反恐处突方案和集体上访事件应急方案，在出站口设置到站安检棚，对出站旅客进行安检，共安检出站旅客5万余人。城管执法大队检查“三类场所”55家，摸排户外广告牌匾3家，施工场地1处，责令改正6家，摘除门帘3家；查扣“黑网约车”2辆，出租车他驾1起。利用视频监控及时掌握街面情况，及时发现问题，及时通报处置。加强对地区公共设施和商户各项安全检查，督促商户落实疫情防控措施和各项安全措施，及时发现、消除各类安全隐患，共检查商户56家，发

12月17日，北京站地区管理办公室开展北京站地区联合消防演练（刘露摄）

现问题23处，均督促整改。

（丁一珊　陆　江）

【疫情防控严把关】2021年，北京站地区管理办公室制订《北京站地区新冠疫情常态化防控工作方案》《北京站地区疫情防控处置应急预案》，成立由北京站地区管理办、北京站城管大队、北京站地区事务分中心、市场监管所、铁路防疫部门及社会单位参与的社会面防控体系，社会面防控体系内各单位及北京站地区管理办“一办六组”各司其职，严格按照“四方责任”落实疫情常态化管理工作。定期申领调配各类防疫物资2.30万余件，确保防疫物资储备充足。推进机关干部和共同办公人员、第三方人员对新冠疫苗接种能接尽接，接种率达100%；组织机关干部和共同办公人员、第三方人员集中核酸检测9次、共计2744人次，环境核酸采样19次、581个点位，结果全部阴性。

（丁一珊　刘芳冰）

【联合整治长效机制】2021年，针对北京站地区存在的各类扰序问题，结合新型冠状病毒疫情防控、春暑运、全国“两会”、中国共产党成立100周年庆祝活动等重点工作，深化站区联合整治长效机制，北京站地区管理办公室坚持每周至少两次开展联合整治行动，重点管控呲活揽客、无照游商等违法行为，耐心劝导流浪乞讨人员，清理流浪人员堆积物，对广场人员较多的区域进行环境消杀。全年共组织联合执法行动126次，出动执法力量446人次，保安1356人次，保洁人员263人次，保洁车79车次，检查商户31家，清理无照游商14起，劝离流浪乞讨人员159人次，救助6人，清理乞讨人员堆物69车（清洁车），劝阻广场躺卧148人次。

（丁一珊　陆　江）

【安全生产防火专项整治】2021年，北京站地区管理办完成全国“两会”、中国共产党成立100周年、冬奥会、冬残奥会、春暑运等服务保障工作；完成“一总九分”10个预案的编制修订；新成立应急委，调整安委会、防火委成员单位；建立地区安全生产和应急管理协调联动机制，签订应急管理与安全生产联动协议13份；每季度组织站区职能部门召开安全生产与应急管理协调会议，分析地区安全形势，解决安全生产相关问题；完成站区安全风险评估，形成地区风险评估报告、应急资源调查报告、应急能力评估报告；推动解决北京站地区5家商户完成气改电，消除安全隐患；领导带队开展安全生产、消防安全联合检查、夜查18次，日常检查共发动检查力量4099人次，检查站区单位1950家次，发现隐患759处，消除隐患759处；开展电动自行车专项整治，通过函告、批评教育、联合执法等方式消除电动自行车安全隐患；组织开展消防演练、自救逃生疏散、“一警六员”等各类消防实操演练8次，参加人数430余人次，提升火灾防控及自救能力；结合“5·12”防灾减灾、安全生产月、消防宣传月等活动安排，开展各类安全教育宣传活动10次，其中组织观看警示片2次，利用电子屏宣传4次，发放宣传册和宣传品4000余份；与重点部门及商户签订安全承诺书45份，督促指导各单位落实安全生产主体责任。

（丁一珊　刘　露）

经济管理

9 月 10—11 日，东城区参加 HICOOL 全球创业者峰会展览（区投促中心提供）

综合调控

【概况】东城区发展和改革委员会（简称区发改委）主要职责为统筹辖区国民经济和社会发展、协调经济体制改革综合工作。2021年，区发改委统筹推进疫情防控和经济社会发展，区域经济保持恢复态势，实现“十四五”良好开局。全年全区生产总值实现3193亿元，同比增长8.0%；区级一般公共预算收入实现195.5亿元，同比增长7.8%；固定资产投资完成229.7亿元，建安投资完成89.5亿元；社会消费品零售总额实现1303亿元，同比增长7.4%；居民人均可支配收入同比增长7.5%；登记失业率控制在2.07%；细颗粒物累计浓度为34微克/立方米，同比下降15.0%；万元GDP能耗下降2.05%；常住人口下降到70.8万人，完成市级下达的人口调控目标。在全市率先出台有序复工复产的实施意见及促进复工复产的78条政策，推动市级新6条政策落地，惠及企业近4万家，助力企业纾困减负涉及资金近100亿元。完善中小微企业数据库，对全区4.6万余家企业的生产经营、复工复产、税收、就业等情况进行监测。完成《健康服务业发展趋势与东城区定位研究》《东城区1000强企业分析》等报告，培育健康服务业，建设中医药文化旅游示范基地，联合中国体育报业总社举办首届中国体育产业论坛，推动中国体育传媒集团等项目落地。首创“紫金驻企专员”制度，通过派驻企业引入、设立企业48家，挽留企业3家，入选全市2021年“微改革微创新”典型案例。建立健全企业迁出预警和留企护税挽留机制，挽留区级税收近1.7亿元。创新立项审批“预受理”“预审核”机制，探索立项评审与前置手续并联办理，2021年首次在光明楼17号危旧房改建项目中试行，节省审批时限近10个工作日。启动三批59个街区保护更新综合实施方案编制工作。编制完成东城区“十四五”节能规划，支持节能项目12个，投入资金588万元，监察用能单位节能45家。全年63家监测单位报送重要商品和服务价格21万条，区发改委依法开展合法性审查54份，开展双随机行政执法检查410次；核准电力设施和城建类企业投资项目21个，完成企业投资项目备案30项；审查规范性文件85件；办理行政诉讼案件1件，全年未发生行政复议案件。全年办理信访件10件，“接诉即办”48件，街道吹哨17件，区长信箱1件，满意率保持100%。主动公开政府信息538条，依申请公开信息23件。承办协办26件建议提案均在要求时间内办理完成，代表委员满意率100%。全年开展理论中心组学习32次，召开党组全面从严治党形势分析会5次，开展“‘三重一大’执行”等专项治理7次。2021年，发改委机关党委获区直机关先进基层党组织称号，6人分获北京市优秀党务工作者、东城区优秀共产党员、区直机关优秀党务工作者、首都绿化美化先进个人、东城区应急管理先进个人、价格监测工作先进个人称号。

（张　苒　贾　巍）

【区“十四五”规划纲要发布实施】1月12日，《北京市东城区国民经济和社会发展第十四个五年规划和二〇三五年远景目标纲要（草案）》经区第十六届人民代表大会第七次会议审议通过。6月9日，出台《东城区国民经济和社会发展第十四个五年规划和二〇三五年远景目标纲要重点工作分工方案》，将重点任务419项分解落实至责任部门，明确完成时限，确保高质量完成各项目标任务。

（孟宪宇）

【年度计划报告】12月13日，区发改委起草《关于北京市东城区2021年国民经济和社会发展计划执行情况与2022年国民经济和社会发展计划（草案）的报告》，经区第十七届人民代表大会第一次会议审议通过。

（张舜华）

【“七有”“五性”民生建设】2021年，区发改委制订《2021年东城区提升“七有”“五性”工作推进方案》，明确16大领域32项任务目标，强化民生保障，推动建设国际一流和谐宜居

4月29日，区发改委召开东城区“十四五”规划编制项目绩效评价专家评审会（辛慧斌摄）

之都首善之区。

（张舜华）

【固定资产投资】2021年，区发改委编制《东城区2021年全社会固定资产投资计划》，细化分解指标任务，强化投资联席调度机制，实现固定资产投资229.7亿元，其中建安投资89.5亿元，完成市政府下达的指标任务；编制《东城区2021年政府固定资产投资安排计划》，争取市级资金支持3.27亿元，超规模安排区级政府投资5亿元，全力保障东城区第一人民医院异地迁建、龙潭中湖公园改建、东单体育中心整体改造、特殊教育学校改扩建等重点项目建设；制订《东城区2021年重点工程项目建设计划》，推动市区43个重点工程建设，全年新开工市级重点项目26个。

（申如玉）

【企业投资审批】2021年，区发改委完成核准备案项目45个，总投资约41亿元。其中新批准核准类项目17个、延期3个，总投资约36亿元；备案类项目25个，总投资约5亿元。

（蔡　颖）

【优化营商环境】2021年，东城区完善“紫金服务”引领、“放管服”改革加速、“办不成事”解难、“政策体系”保障的改革优化营商环境工作机制，在2020年度市级营商环境评价中排名前列。统筹落实营商环境条例及市级营商环境4.0版改革政策，政策宣传培训覆盖近12万人次，聘请营商环境特邀监督员30人建言献策，开展企业满意度调查，解决企业群众“办不成事”事项157项，开展“局科长走流程”实践行动110次，通过整改问题优化审批流程。擦亮“紫金服务”品牌，1100家重点企业服务管家全覆盖，区领导一对一联系服务重点企业545家，区级重点“服务包”企业扩容至357家。区级领导走访企业359户次、管家团联系服务企业7625户次，收集解决需求1858项；紫金驻企专员32人服务辐射企业947家，上门解决需求1200项；组织紫金超市活动1002次，参与企业4749户次，搭建多层次政企沟通平台。区发改委联合区委组织部、区住建委精心精准构建多层次企业优秀人才住房保障体系，向100余重点企业配租人才公租房200余套；将紫金服务企业纳入非京籍优先组，帮助33户企业89户家庭申请北汽越野厂共有产权房。区发改委联合区卫健委创新重点企业医疗服务保障举措，为高精尖企业高管提供北京协和医院VIP体检及体检后就医绿色通道服务，惠及87户企业330人。

9月26日，区发改委、区住建委面向重点企业召开东城区共有产权房申购政策宣讲会（邢云超摄）

（王　静　邢云超）

【节能宣传监察】8月23—29日，区发改委以“节能降碳，绿色发展”为主题举办2021年东城区节能宣传周活动。H5节能游戏页面访问量达3829次，中奖人数72人。区发改委精心设计海报，对《东城区支持鼓励绿色节能发展资金管理办法》进行政策发布和解读，对2020年度东城区考核为“优秀”的重点用能单位进行表彰。2021年完成东城区45家年综合能源消费总量2000—5000吨标准煤的用能单位节能监察。收审率100%，合格率100%，系统录入率100%。45家单位使用国家明令淘汰用能设备情况、能耗限额标准落实情况、无偿向所在单位职工提供能源或者对能源消费实行包费制情况三项监察内容全部合格。

（刘　冰　张　晔）

【疏解整治促提升工作】2021年，推进“疏解整治促提升”专项行动。市级量化任务13项、项目化清单任务4个和区级8个方面具体任务35项均完成年度目标，区级任务综合完成进度111.1%。东城区压缩同仁医院崇文门院区床位984张，拆除违法建设8.7万平方米，治理临时建筑155处，整治提升桥下空间20处，清理群租房115户，“开墙打洞”、占道经营保持零增长，东城区新增共享停车位815个，背街小巷339条通过市级“十无”验收。完成1300户平房院落申请式腾退和32家住宿业整治提升，区内A级景区全部建立台账并实行限量、预约、错峰游览；制订《东城区降低建筑密度工作方案》，推进现状建筑减量，对新建项目建筑规模严格审查；推动王府井、前门等传统商圈及东安市场、新中国儿童用品商店、利生体育商厦等传统商场改造提升；实现常住人口连续7年持续下降。

（胡义同　孙华勇）

【区委财经委工作】2021年，东城区召开区委财经委会议2次，传达学习市委财经委会议精神，调整区委财经委员会成员，制订2021年度区委财经委工作要点任务分工，统筹全区重要财经工作安排，审议重大决策部署，督促重点任务落实。全年区委财经办各成员单位和部门立足新发展阶段，贯彻新发展理念，融入新发展格局，聚焦高质量发展，统筹推进疫情防控和经济社会发展。

（辛慧斌）

【街区保护更新推进】2021年，东城区在全市率先启动三批、共59个街区保护更新综合实施方案编制工作，其中26个街区保护更新综合实施方案形成初稿，并聚焦申请式退租、公共空间提升等重点项目，实现皇城景山、钟鼓楼等重点街区阶段性亮相。

（景少尉）

【“揭网见绿”成效明显】2021年，通过奥维地图反复核对点位，多次深入现场实地勘察，按照应揭尽揭标准因地制宜分类推进，全年完成109个点位的揭网工作。

（孙华勇）

【经济高质量发展议案办理】2021年，区发改委组织办理“持续优化营商环境，加快产业融合创新，推动经济高质量发展”联合议案12项，制订办理工作方案，组织人大代表与政府部门汇报交流座谈会，完成议案办理报告并通过区人大常委会审议。

（张舜华）

【独角兽企业政策支持】8月，区发改委联合区科技和信息化局、东城园管委会印发《东城区加快培育引进独角兽企业的若干措施（试行）》，从鼓励研发投入、降低运营成本、加强金融支持、支持人才引进等方面给予企业发展、创业团队支持，加大财政资金对成长型企业扶持力度，支持独角兽企业做大做强。

（杨睿夫）

【完善复工复产防疫工作】2021年，东城区组建复工复产防疫组办公室工作专班、专项监督检查小组，完成大数据派单8278人，通报专项检查60期、问题点位166个并督促整改。召开复工复产工作例会6次，适时召开专题会议，区复工复产防疫组推动支持中小微企业发展的市级“新六条”政策落地，减税降费惠及企业2万余户次，实现贷款贴息和各类专项资金、补助发放约2亿元，促成企业获取贷款约6.62亿元。依托紫金服务管家、驻企专员工作机制，优化营商环境。协助53家单位、外籍人员103人取得入境资格。组织招聘会近100场，提供岗位7.7万余个。撰写大事记4份，工作简报83期，工作专刊38期，各类信息随时上报。完成市级督办51件、区级督办66件，落实防疫指引有关规定，科学精准处置疫情关联场所。依托“紫金服务管家团”累计组织重点企业3.4万人接种新冠疫苗。

（杨　宇）

【价格监测与管理】2021年，区发改委监测蔬菜、水果、肉类、副食品、日用消费品、成品油等重要商品和服务以及北京冬奥会及冬残奥会20家住宿与20家餐饮单位的价格，上报监测数据21万余条。加大春节、国庆等节日期间现场检查力度，确保市场价格稳定。推进国有景区门票价格降低，推动古观象台等爱国主义教育基地向未成年人免费开放。

（王　静）

【价格认定工作】2021年，东城区产业发展研究中心接受东城公安分局涉案财产价格认定595件，接受东城区纪检监察委涉纪检监察案件2件，出具补充材料通知书21份，不予受理通知书13份，价格认定金额合计为699.19万元。

（王林枝）

【精准帮扶工作】2021年，区发改委在科技、商贸、教育、医疗、文化等方面推进东城—怀柔结对协作，拨付专项资金1亿元。围绕怀柔科学城建设实施项目9个，其中科技创新服务项目6个；结合实施乡村振兴战略，集中资金，重点打造桥梓镇口头村乡村振兴示范村，在农村集体经济薄弱村建设光伏电站6个，利用东城区消费扶贫双创分中心门店、专区专柜展销怀柔区数十种特色产品。推进区财政预算单位采购帮扶产品，区属多家部门采购怀柔区农副产品共计6.2万元。接收怀柔区干部4人到东城

5月6日，东城区召开区委财经委员会第四次会议（辛慧斌摄）

区挂职锻炼、选派干部5人到怀柔区经济薄弱村挂职任第一书记。实现东城区17个街道与怀柔区16个街镇乡结对全覆盖、区内企业和社会组织与怀柔20个试点集体经济薄弱村完成结对任务，结对街乡均走访对接并签署合作协议。组织两区3对社区卫生服务中心结对协作。组织怀柔区一中学生15人到一七一中学游学。东城区联合制作的电视剧《胡同》在怀柔影视基地开机，两区文促、文旅等部门围绕文化产业发展、文旅融合开展交流座谈，在体育、劳务、商贸等领域开展对接并实现共享联动。

（李　宁）

3月19日，市财源办调研东城区财源建设工作，走访中海油国际贸易（北京）有限公司（杨志磊摄）

财　政

【概况】东城区财政局（简称区财政局）是负责辖区财政收支、财税政策、财政监督、行政事业单位国有资产管理、财务会计管理的区政府工作部门。下属事业单位4个、临时机构1个。区财政局发挥财政职能，巩固拓展东城区经济社会发展成果，统筹财政资源、强化预算绩效、加强财会监督、防范化解风险，为建设国际一流和谐宜居的新时代首都核心区提供坚实保障。建立“四会”制度，组建街道二级财源专班，出台重点税源行业服务方案、跨省迁移服务保障规程等14项制度措施，完善财源建设工作体系，将财源建设任务量化至全区60个单位。2021年全市财源评估中东城区获第一名。2021年，区财政局出台《东城区中小微企业首次贷款贴息实施方案》，创业担保贷款及中小微企业首次贷款余额3985万元，同比大幅增长78.7倍。安排10亿元产业政策资金，提升重点产业的高质量发展水平和财源贡献能力。推进智能金融产业基金、“文菁”文化+产业、科技创新产业发展基金等3支子基金的设立及运作，拨付智能金融产业基金首期实缴出资1000万元。安排资金10.26亿元，重点保障背街小巷环境精细化整治提升、环卫基础设施更新改造、大气污染防治和生态环境建设。出台《东城区城市更新资金管理办法》，统筹资金34.97亿元，支持“三老”民生改善项目、南锣鼓巷地区保护整治、宝华里项目等重点项目建设。推进行政运行、转移支付、公共事业单位等领域的全成本预算绩效改革，在道路清扫保洁、园林绿化、公厕运维、平房区物业等领域开展成本效益分析，加大政府购买服务的绩效评价力度，全区总评价金额超过150亿元，形成多项支出定额标准。健全国有资产管理情况报告制度，完成东城区2021年国有资产报告。完成事业单位及所办企业产权登记，探索建立“公物仓”管理机制。协助崇外街道将1处房产在北交所挂牌交易。优化房屋出租出借审批程序，开展多种形式政策宣传培训。制订《东城区财政局关于预算管理一体化系统实施方案》，东城区非税收入收缴系统正式纳入市级非税大集中平台系统，对接全国统一标准化体系和缴款渠道。全面启用北京市政府采购电子卖场，实现“一键下单、一网采尽、全网比价”，采购过程高效便捷、阳光透明。办理“接诉即办”37件，人大建议、政协提案及党派（团体）提案、党代表提议26件，建立机制为医疗条件改善、老旧小区改造、群众文化设施健全等11项重点民生实事项目提供坚实财政保障。选派干部2人参加境外入京人员集中隔离点服务保障工作、抽调1人参与区疫情检疫检测和大数据派送组工作。成立4个工作组支援疫苗接种“登峰计划”。党组理论学习中心组集中学习研讨22次，局长办公会会前学法并传达各类会议精神16次，各级干部累计参加专题培训班28人次。区财政局开展政府会计制度实务讲解、档案工作、保密工作、信息工作、年度部门预算编制和年度部门决算信息公开等多项培训。2021年，区财政局统筹疫情防控和经济社会发展，提前15天超额完成全年财政收入，税收规模居全市第4位，税收收入占比高于全市平均水平4.9个百分点。

（郭秋萍）

【预算收支情况】2021年，区级一般公共预算收入完成195.5亿元，完成区人代会批准年度预算的102.6%，增长7.8%，两年平均增长1.5%，整体已恢复至疫情前收入水平；地方级一般公共预算收入完成473.92亿元，完成市财政下达调整后全年任务的100.4%，增长5.5%，两年平均下降0.6%。一般公共预算支出完成282.74亿元，为年度预算的120.3%，增长5.2%。2021年，政府性基金收入完成13.64亿元，同比增收13.35亿元。主要是市财政一季度一次性返还东城区望坛棚户区改造项目土地出让金收入12.75亿元，返还东城区2020年二手房交易补缴的土地价款收入2546万元；四季度返还东城区土地储备前期成本1.75亿元。政府性基金支出12.58亿元，同比减少14.06亿元，主要是同期一次性拨付宝华里项目大额债券资金。国有资本经营预算收入9637万元，同比减少4278万元；支出6886万元，同比减少8843万元。

（郭秋萍）

【财政收入】2021年，增值税完成52.05亿元，为年度预算的95.9%，同比增长17.4%。增长主要原因为：受疫情影响2020年同期基数较低；随着2021年疫情得到有效控制，经济恢复态势良好，批发零售业等重点行业增值税纳税规模增幅较大；大宗商品交易行情向好，部分相关新引进重点税源企业的增值税纳税贡献较为突出；减税降费政策影响，留抵退税规模扩大，较年度预算略有差距。企业所得税完成53.15亿元，为年度预算的107.0%，同比增长18.9%。增长主要原因为：受疫情影响2020年同期基数较低；经济运行持续向好，银行、信托、融资租赁等金融业明显恢复，电子产品、城轨、远洋运输等经营企业的盈利明显好转，特别是电子产品公司全年新品带动盈利上涨明显；财源建设工作取得一定成效，部分重点税源企业的企业所得税纳税贡献稳步增长。房产税完成24.59亿元，为年度预算的82.5%，同比下降0.4%。下降主要原因为：部分2019年应缴税费于2020年进行补缴，导致2020年同期基数较高；受疫情影响，房产出租活动受限，办公楼宇空置率上升，且房屋租金收入下降较多；部分企业按照税收优惠政策申请房产税缓缴，导致一定程度减收。个人所得税完成11.72亿元，为年度预算的90.9%，同比增长10.8%。增长主要原因为：工资薪金等居民收入随经济复苏恢复性增长，带动个人所得税增速提升；2020年受疫情影响，劳务下降较多，而从2021年二季度开始医院、保险等劳务规模逐步复苏，提升整体个税规模；资本市场稳健发展，股权转让、分红派息等财产转让收入较同期规模小幅上升，拉动个税增幅的增加。土地增值税完成12.30亿元，为年度预算的156.6%，同比增长55.8%。大幅增长主要因为2021年房地产项目的交易顺利推进，部分2020年已交易未清算的项目约5亿元于2021年清算完成，带动土地增值税增速提升。印花税完成5.48亿元，为年度预算的108.7%，同比增长30.1%。增长较多主要原因为：2020年受疫情影响，同期基数较低，2021年疫情防控形势好转，市场交易持续活跃，征缴周期调整，客观上扩大2021年的入库规模。城镇土地使用税完成1.30亿元，为年度预算的98.7%，同比增长2.3%。主要是因为按照属地征收政策，城镇土地使用税纳税规模正常增长。环境保护税完成1675万元，为年度预算的186.1%，同比增长89.0%。大幅增长主要是因为东城区从严落实生态环境保护政策，充分发挥环境保护税的正向激励作用，对涉税企业严格依法征税，确保税款应收尽收。专项收入完成7.60亿元，为调整预算的97.4%，同比增长12.4%。其中教育费附加收入完成3.12亿元，同比减收2412万元，同比下降7.2%，主要是因为按照市级要求，将2019年、2020年暂缓调整的中央级别教育费附加收入调库至国家金库；残疾人就业保障金收入完成3.38亿元，同比减收233万元，同比下降0.7%，主要是受疫情影响，30人以下的小微企业数量上升，享受免征残保金优惠政策的企业数量有所增加，通过加大未申报未缴纳的残保金催报催缴工作力度，最大程度控制减收规模；教育资金收入完成1.10亿元，主要是因为按照上级文件规定，自东城区土地出让收益中计提教育资金。行政事业性收费收入完成1.81亿元，为年度预算的54.7%，同比下降44.9%。下降主要原因为：2020年同期部分单位上交一次性非税收入时缴纳科目有误，剔除后同比下降19.9%；减税降费持续发力，取消涉及灵活就业的行政事业性收费，对批准占道经营的免征城市道路占用费，带动收入规模下降。罚没收入完成5042万元，为年度预算的120.0%，同比增长21.0%。增长主要原因为：市场主体不规范活动增多，罚没频次增多；年底新规实施，11月初《北京市非机动车管理条例》开始实施，客观上增加处罚场景。国有资源（资产）有偿使用收入等其他收入完成13.25亿元，为年度预算的210.9%，同比下降43.8%。其中国有企业利润收入完成3.5亿元，同比下降68.2%，下降主要原因为：2020年同期企业上缴利润基数较大，不具备可持续性；国有资源资产有偿使用收入完成7.78亿元，同比下降23.0%，下降主要原因为：2020年同期各部门、街道盘活处置闲置房产取得一次性非税收入较多，以及部分行政事业单位上缴拆迁补偿款等一次性非税收入带动基数增高。

（郭秋萍）

【财政支出】2021年，财政支出主要功能分类完成情况为：一般公共服务支出20.68亿元，完成年度预算的102.3%，同比下降2.86%。主要投向是人员经费，及保障政府职能部门正常运转等支出。公共安全支出完成16.59亿元，完成年度预算的96.4%，同比下降13.3%。主要投向是保障公安分局基本支出经费和维护区域安全稳定等投入。同比下降较多的原因是2020年同期列支2019年公安系统人员经费及专项活动经费支出规模较大。教育支出完成71.17亿元，完成年度预算的111.2%，同比增长0.8%。主要投向是教职工等人员经费、学生公用经费，拨付各类校舍综合维修操场改造等经费。科学技术完成支出12.4亿元，完成年度预算的138.6%，同比下降24.9%。主要投向是保障“数字东城”网站运行维护及区政府政务系统信息化建设运维、中关村科技园区产业促进和企业服务工作经费、开展科普宣传及科学技术交流活动工作经费等。同比下降规模较大的原因是2020年拨付信创工程各类款项较多。文化旅游体育与传媒支出完成9.51亿元，完成年度预算的184.2%，同比增长17.4%。同比增长较多的原因是2020年受疫情影响，安排文化体育类支出规模较低。社会保障和就业支出完成51.03亿元，完成年度预算的137.0%，同比下降7.7%。主要投向是落实各项社会保障政策，序时上交行政事业单位养老保险资金。同比下降的主要原因是2020年同期拨付行政事业单位养老保险经费21亿元，2021年拨付12亿元；剔除此项因素后，同比增长12.7%。卫生健康支出完成23.20亿元，完成年度预算的146.3%，同比增长7.7%。主要投向是拨付基本公共卫生服务经费，开展卫生防病、妇幼保健等专项工作，推进医药体制综合改革，扶持具有东城特色的专科医院，保障医疗卫生机构正常运转。节能环保支出完成2.32亿元，完成年度预算的84.8%，同比下降13.4%。主要投向是环保部门工作经费、拨付市级专项转移支付大气污染防治经费以及居民供暖燃料补贴资金等；同比下降较多的主要原因是市级转移支付大气污染防治类项目资金规模较大，需按照工程进度拨付资金。城乡社区支出完成61.47亿元，完成年度预算的205.0%，同比增长41.0%。主要投向是一次性拨付南锣鼓巷环境综合整治提升经费、老旧小区综合整治、天坛周边和鼓楼大街腾退等资金17.2亿元。同比增长较多的原因是2020年同期受疫情影响，导致支出较慢。农林水支出完成0.95亿元，完成年度预算的101.4%，同比增长107.4%。主要投向是拨付转移支付林业改革支出等。同比增长较多的原因是2021年新增拨付北京中轴线绿色空间景观提升项目资金较多。援助其他地区完成1.03亿元，完成年度预算的100.6%，同比下降2.8%。主要投向是拨付怀柔对口支援经费1亿元。住房保障支出完成9.92亿元，完成年度预算的122.9%，同比增长7.8%。主要原因是统一规范住房公积金、购房补贴等经费功能分类科目，住房公积金、购房补贴经费由其他科目调至本科目，列支造成支出增加。灾害防治及应急管理支出完成2.84亿元，完成年度预算的144.5%，同比增长57.8%。同比增长较多的原因是安排全国第一次自然灾害综合风险普查经费、升级改造应急视频会议设备经费、安排专职安全员管理经费、增加专职消防员及小型消防站装备配置等经费占比较大。

（郭秋萍）

【服务保障】2021年，区财政局做好建党百年庆祝活动、冬奥会和冬残奥会、区党史学习教育活动、区两会召开、区换届选举等服务保障，安排资金19.92亿元，推进“雪亮工程”“智慧平安小区”和安全预防控制体系建设，有效防范化解重大风险，筑牢核心区安全屏障。区财政局从严从紧安排各部门履职支出，合理把握支出节奏，优化支出结构，加强统筹平衡。

（郭秋萍）

【增进民生福祉】2021年，区财政局及时拨付疫情防控保障资金1.95亿元，保障常态化防控工作平稳开展。出台《东城区接诉即办专项资金管理办法》，安排“接诉即办”专项资金3455.70万元，解决民生痛点问题。投入资金4.92亿元，提升基本公共卫生服务、养老服务、公共就业服务水平，切实保障和改善民生。坚持两个“只增不减”，安排教育资金71.17亿元，保障教育优先发展。

（郭秋萍）

【预算制度改革】2021年，区财政局以推进预算管理一体化建设为主线，

5月25日，区财政局召开区网格中心绩效评价工作专家评审会（王鑫摄）

结合“预算有评审、支出定标准、项目先入库、资金讲绩效”四个层面，推进东城区预算管理制度改革。落实过“紧日子”要求，能压尽压、可省尽省，课题类经费预算压缩45%，会议费、培训费、差旅费等压缩30%，政府购买服务项目预算、编外用工类经费压缩20%，从源头做好节支工作。区财政局持续出台、更新、清理制度与文件，至年底，共有现行有效财政规范性文件及制度113个，为推进财政管理规范化、程序化、法治化提供有力保障。97家一级预算部门预算全部公开，首次将独立核算的二级预算单位纳入预算公开范围，确保“无死角、全覆盖”，提高预算透明度。

（郭秋萍）

【财政监督管理】2021年，区财政局开展年度预决算公开热点问题专项检查，除涉密部门外，检查覆盖率达100%。加强机关运行“关键小事”、政府购买服务等痛点问题的监管和检查力度，选取典型单位了解国有房产管理情况。提前介入东城区重大、重要工作事项，扩大监督领域涉及面，关注地方金融、新兴产业行业、惠企利民政策，加强结余结转资金监管，激活板结化结余资金近6.2亿元，入库4.1亿元。开展政府购买服务专项检查，涉及资金0.74亿元，进一步规范购买服务工作。

（郭秋萍）

税　务

【概况】国家税务总局北京市东城区税务局（简称区税务局）受国家税务总局北京市税务局和东城区政府双重领导，贯彻执行国家的各项经济、税收政策，组织各项税收收入，维护和规范税收秩序。2021年，区税务局聚焦市局“三个打造”中心工作和区委区政府“崇文争先”总要求，创新“3+2+2”工作机制，以打造“首善东城税务机关”“智慧东城税务”“一流东城税收营商环境”为中心，以“办公环境优化、队伍建设提升”为支撑，以“持续严肃纪律、深化规范执法”为保障，成立“首善税务机关”“智慧税务”“一流税收营商环境”“办公区整合”“干部队伍稳定（职务职级并行）”“严肃纪律”“规范执法”工作专班，建立“工作部署—跟进检查—动态反馈—总结分析—改进优化”的闭环管理模式，贯彻落实各项上级部署。制订和修订合同管理、采购管理等一系列制度办法，下发《加强基层基础工作指导意见》，制订《税务人员个人行为规范》《办公环境规范》《办公环境标准化方案》。代表北京参加2021年度全国税务系统满意度调查，开展“优化营商环境，东城税务在行动”暨纳税人满意度提升专项行动，明确“抓关键事项，破痛点难题”“选准样本、合力攻关”的工作思路，建立“十大清册”，实施“十大举措”，推出“一企一策”红利账单，取得有满意度调查以来北京市税务系统最好成绩。实施专票电子化扩围，完成电子税务局“在线导办”试点任务，推进办税服务厅智慧化改造，加强信息化建设。提出“东城局探索税费新模式”应用场景，成为市局首批建设项目之一。建立执法风险提示、执法需求解决、联席会议“三项制度”。推行说服教育、约谈警示等非强制性执法方式，制作“首违不罚”温馨提示单，明确10类问题执行口径，解决基层执法一些长期存在的困惑和难题。制作9期执法风险提示书下发全局。完成增值税专用发票最高开票限额审批事前查验及适用“首违不罚”行政处罚两项全流程督导。创新党委理论中心组“专题学习+科所长参与研讨”形式，开展中心组学习17次、专题研讨7次。全年累计开展案例警示教育21次、廉政谈话134人次。成立并实体化运行纪律整顿专班，实地检查18次，现场点名1200余人次，税费管理积极有为，以税咨政不断发力，实现东城税务“十四五”良好开局。2021年，区税务局获首都文明单位标兵称号，区税务局第五税务所获北京市工人先锋号称号，1人获北京市优秀共产党员、首都最美巾帼奋斗者称号。

（郑　妍）

12月2日，区税务局举行宪法宣誓仪式（岑明摄）

【组织收入与管理】2021年，区税务局依法依规组织税费收入，全方位制订各项组织征收措施，税费收入稳中有升。全年完成各项税费收入（不含海关代征、社会保险基金收入）965.8亿元，同比增长11.6%；完成税收收入941.7亿元，同比增长11.5%；完成一般公共预算收入459.5亿元，同比增长8.6%，其中完成区级收入184.6亿元，同比增长17.4%，完成全年各级次收入任务。

（郑　妍）

【征收管理】2021年，区税务局完成年度个税汇算，全区共57.6万人完成申报，补税完成率达107.5%。区税务局加强与区市场监管局协作，推动个人股权转让“先税后证”机制落地。实施财产和行为税合并申报，平稳推进“契税法”“城建税法”。建立经办协作、税银协作两项机制，推广“掌上办”新型缴费方式，企业社保费征缴率稳居全市前列。区税务局提前谋划窗口设置、业务流程、工作衔接等关键环节，确保国有土地使用权出让收入“无感”划转。

（郑　妍）

【纳税服务】2021年，区税务局持续优化税收营商环境。电子税务局不予受理率和受理质量排名全市第一，电子税务局各事项平均办结时长压缩至0.7天。专用发票事前查验时间压缩3个工作日，发票事后查验比例缩减近40%。在全市率先整合、统一税费咨询前端渠道，建立三级联动咨询体系。“问需求、信用风险提示、征纳互动、好差评回访”4个常态化落地落细，区税务局在北京市2021年营商环境评价中纳税指标名列各区局第一。

（郑　妍）

【税收政策扶持】2021年，区税务局推进税费优惠政策直达快享，追踪企业退税情况，帮助企业用足用好税收红利。减少发票事前核验650余户，“春雨润苗”专项帮扶覆盖企业1800余户次。落实制造业中小微企业缓缴和电力保供工作，全年累计缓缴税款1578万元。税务所与街道对接形成二级财源专班，向组收规模较大的街道派驻税收专员，从加强专业化管理和便利纳税人角度出发，完成6300余户单位纳税人的税收征管调整。

（郑　妍）

【国际税收】2021年，区税务局夯实国际税收管理，确保非居民税收收入应收尽收，累计入库58.20亿元。完成非居民对外支付备案3350笔，核定征收162件，退税46笔，开具中国税收居民身份证明208份，开具个人转让财产证明10份，享受协定待遇938笔。细化非居民企业所得税汇算清缴管理。完成外国企业常驻代表机构2002户汇算清缴，制订后续管理工作方案及指引，针对185户开展后续管理工作。

（郑　妍）

【风险防控】2021年，区税务局以税收大数据为驱动，打造“智慧东城税务”，形成风险防控新格局。利用大数据比对分析筛查风险企业，通过电子税务局“点对点”向纳税人推送风险提示及政策导引，提示提醒纳税人自查自纠，按照规定进行纳税申报。根据不同优惠政策的适用条件进行智能筛选、贴标成册，对政策适用不当主体进行“靶向”推送。

（郑　妍）

【服务区域经济】2021年，区税务局定期编制税收数据手册，为区域财源建设提供有力的数据支持。聚焦东城区经济热点难点和“文化+”发展战略，发挥税收话语权作用，以高质量税收分析服务领导决策。全年报送东城区上市企业税收发展情况分析、东城区税务主体增减变动情况分析、“文化金三角”分析等报告共73篇，其中获领导肯定性批示36篇。

（郑　妍）

【税收宣传】2021年，区税务局聚焦改革和便民两大主题，全方位、多角度宣传展示纳税服务新举措、税收征管新动态及税务文化建设新进展，全年各项工作累计被各级报纸、电视台、网络媒体等报道84次，参与第28届北京大学生电影节“中国税收”特别单元活动，策划拍摄微电影《等·到》。以“小东说税”“文文办税”“局长讲营商”为代表的东城税收宣传品牌得到广泛好评，相关视频点击量超20万次。

（郑　妍）

7月15日，区税务局举办“今天，我主播”税收宣传展示活动（岑明摄）

金融服务

【概况】北京市东城区金融服务办公室（简称区金融服务办）是负责辖区金融产业发展和金融机构风险防范处置相关工作的区政府工作部门。2021年，制订《“十四五”时期东城区金融业发展规划》，承办北京市基础设施REITs产业发展大会，确立东城打造北京REITs产业发展高地的目标。全年辖区金融业呈现稳步增长态势，实现增加值946.9亿元，同比增长7.7%，占全区GDP比重达29.7%，占北京市金融业增加值比重达12.5%，位居全市第四；实现区级税收46.7亿元，同比增长5.1%，占东城区级收入25.6%。

（王　雪）

【外资金融机构聚集】2021年，加速外资金融机构聚集。吸引国际知名外资金融头部机构入驻东城，摩根士丹利、瑞士信贷等全球顶级金融财团在京总部先后进驻，带动该类机构在中国的新设业务机构——摩根证券另类投资子公司、摩根期货以及瑞士信贷（中国）银行落户东城区，推进资本跨境流动便利，实现“两区”建设政策试点落地。农行北京分行为中化集团办理本外币一体化业务交易，实现本外币一体化资金池试点落地；区金融办实施自由便利的国际人才服务举措，针对外资金融机构人才服务等需求，主动协调北京市公安局出入境管理局，优化外国人来华居留证办理流程，成功为金融机构外籍高管办理北京市金融领域首单“绿卡”。

（王　雪）

【服务金融企业】2021年，区金融办为157家区重点纳税金融机构配备服务管家，为92家市属企业配备专属管家，为6家重点企业派驻驻企专员，每月走访和重点跟踪，了解企业经营发展状况，全年收集企业急需问题103件，解决96件，解决率96.82%。为43家重点金融机构提供高精尖人才服务，引导386户金融企业3.9万人完成新冠疫苗接种。

（王　雪）

【金融服务实体经济】2021年，区金融办为46家企业获得贷款支持合计1.87亿元。为5家企业兑现贷款贴息61.7万元；为5家企业兑现贴息1.3万元。出台风险补偿资金政策，与8家金融机构合作，纳入风险补偿资金支持项目企业36家，普惠金融户占比100%。全年走访拟上市公司20余家，为上市公司召开专题协调会1场，为拟上市重点后备企业召开座谈会1场。全年召开专题培训会4次。推动金隅融资租赁在东城区设立，实缴注册资本8亿元，首单为实体企业提供融资服务2亿元；支持驻区财务公司开展买方信贷和延伸产

10月19日，东城区金融办在上海组织召开政策宣传推介会（刘佳摄）

11月5日，东城区政府与摩根士丹利座谈交流（刘佳摄）

业链金融业务，为产业链上下游企业提供融资服务，新增融资规模计10亿元。

（王　雪）

【金融风险防范】2021年，区金融办成立平台处置专班，建立“一企一专班”工作方案，统筹协调平台的资产锁定、风险摸排、底数清查、资产追缴、人员管控、信访维稳等相关工作。压实企业主体责任，稳妥处置存量，全年东城区P2P平台借贷余额累计化解72.92%，出借人累计化解81.74%；利用大数据监测预警平台持续监测风险企业，监测企业2.36万家次，舆情监测信息350万条；搜集重点人员线索，分析研判风险隐患，加强风险管控，及时通报重点风险人110人次；成立资产追缴工作专班，开展平台借款人逃废债追缴，借款人累计偿还2700余万元。对东城区立案平台的代言人、投资项目进行追缴，全年追回资金4340万元。

（王　雪）

【工行东城支行】中国工商银行股份有限公司北京东城支行（简称工行东城支行），隶属于中国工商银行股份有限公司北京市分行，下辖支行营业室、东四支行、北新桥支行、安定门支行、海运仓支行、新中街支行、东直门支行、东直门内大街支行、万国城支行、工体北路支行、交道口支行、东四头条支行、平安支行、隆福支行14家网点支行。主要办理人民币业务、外汇业务和其他中间业务等。2021年，支行坚持夯基固本，加强量价协调。通过GBC联动、资金承接和织网补网，提高重点客户合作深度，存款缺口收窄，经受住大额走款、资金价格两端承压等多重压力。围绕信贷重点领域，强化融资精准支持实体经济的能力，注重贷款量价协调，贷款收益率、利差和新发放各项贷款利率均优于分行平均水平。坚持主动求变、克服减费让利等政策影响，做大价值贡献，坚持风控强基，在多重考验下坚守安全底线。抓实疫情防控。严格落实“四方责任”，强化健康监测。抓实信用风险防控。紧盯风险大户，资产质量保持稳定，法人不良贷款率连续13年为零。抓实业务运营保障。在国务院大督查期间规范日常现金业务管理，通过人行现金综合执法检查。抓实内控案防管理和安全生产。夯实内控案防基础，层层压实案防工作主体责任，保持零监管处罚、零案件、零风险事件和零安全责任事故。2021年，人民币储蓄存款基础稳固，时点余额较年初增加13亿元，日均余额较年初增加21亿元；人民币贷款时点余额较年初增加15.04亿元，日均余额较2020年增加19.45亿元；实现中间业务收入同比增长4004万元，同比增幅12.62%。被北京分行授予网点竞争力提升工作十佳支行、票据业

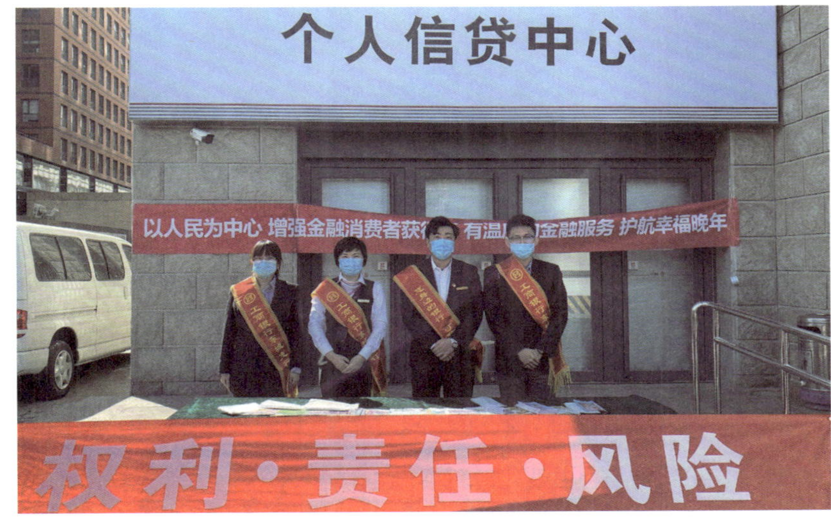

3月16日，工行东城支行开展“权利·责任·风险”消费者权益保护宣教活动（朱丹摄）

9月28日，工行东城支行东城海运仓支行在和平里第九小学讲解人民币知识（高岩摄）

3月8日，工行王府井支行东四南网点与辖内社区开展联合党建（晁月摄）

务推动先进支行、信贷与投资管理十佳支行、金融市场综合贡献奖、金融科技工作先进集体等称号，东四网点支行获评年度优秀外汇旗舰网点，海运仓网点支行获评年度客户体验提升先进网点，北新桥网点支行获评年度运行管理先进网点称号。

（李　澈）

【工行崇文支行】中国工商银行股份有限公司北京崇文支行（简称工行崇文支行）下辖永定门分理处、体育馆路支行、新世界支行、东花市支行、马家堡支行、崇文门外大街支行、左安门支行、广渠门支行、夕照寺支行、天坛东路支行、大都市支行、龙潭支行、南站支行、百荣世贸支行14家网点支行。经营范围包括办理人民币存款、贷款、结算业务；办理票据贴现；代理发行金融债券；代理发行、代理兑付、承销政府债券；买卖政府债券；代理收付款项；其总行在中国人民银行批准的业务范围内授权的业务；办理外汇存款；外汇汇款；外币兑换；国际结算；结汇、售汇；代理国外信用卡付款。存款业务，贯彻“重日均、稳时点、求实效”发展理念，紧抓龙头客户，抢抓源头资金，严抓闭环管理，提高资金留存，稳住存款这一经营效益“压舱石”。全年人民币存款利息净收入在营业收入中占比达到64%。贷款业务，围绕京津冀协同发展、“四个中心”和“两区”建设，把握区域项目资源，统筹安排投融资布局，巩固提升市场份额，推动服务实体质效提升。人民币贷款增加15.02亿元。资产不良率0.07%，比年初下降2BP，法人贷款零不良。中间业务，围绕“扬长、补短、固本、强基”布局，准确识变、科学应变、主动求变，有效克服减费让利等政策影响，强化专业协同联动，提高中间业务价值贡献。中间业务收入保持平稳增长态势，同比增幅4.73%。

（战昶明）

【工行王府井支行】中国工商银行股份有限公司北京王府井支行（简称工行王府井支行）辖金街支行等14个网点支行及朝南储蓄所。主要办理本外币存款、贷款、结算、汇兑、外汇、个人金融、银行卡业务、各类理财业务及金融代理业务。该行理顺管理流程，提升客户经理综合素质，增强存款挖转能力，夯实稳存增存基础。全年本外币存款时点余额同比增长326.1亿元，创历史新高。贷款业务方面，该行通过强化总部营销、GBC联动、核心供应链拓户“多管齐下”，促进融资业务“全面开花”，实现民营、制造业、战略新兴贷款、数字供应链等重点信贷业务良好发展，新拓普惠客户120户。中间业务方面，该行紧跟市场发展趋势，推动基金、理财、贵金属等中收同比增幅均超过10%；线下转线上及GBC场景“双向”发力，成功开立医院互联网诊疗、员工食堂等多个线上收单智慧场景。内控管理方面，该行重点领域案防管理，完善履职监督机制，完善网格化、智能化“两化”排查机制。加强反洗钱机制建设，落实反洗钱各项工作，开展反洗钱宣传活动。

（董勤生）

【建行东四支行】中国建设银行股份有限公司北京东四支行（简称建行东四支行）下设东四支行营业部、海油支行、朝内大街支行、平安大街支行、东方广场支行、王府井支行、王府井大街支行、潘家园南里支行、保利支行、东直门内支行、建国支行、金成支行、朝内南小街支行13个营业网点。经营范围：办理人民币存款、贷款、结算业务；办理票据贴现；代理发行金融债券；代理发行、代理对付、销售政府债券；代理收付款项；办理外汇存款；外汇汇款、外汇贷款；外币兑换等。建行东四支行至12月31日，KPI排名分行前列，保持A类等级行，实现拨备前利润超16亿元，对公核心指标综合排名分行第一位。公司机构加权有效客户超3万户，个人加权有效客户近10万户。普惠金融贷款排名分行第一位；供应链贷款投放额保持总行第一位。支行与区政府探索REITs国家

6月30日，工行王府井支行东四南网点为辖内派出所送去“夏日清凉”（工行王府井支行提供）

级平台联盟建设。为保障房社区搭建、上线人脸识别智慧社区系统，发放东城区第一笔城市更新项目贷款。实现“一带一路”最大（千亿人民币级）对外承包工程项目的人民币跨境汇款“一秒到账”；发展绿色贷款数字人民币业务，成功营销总行系统内首家重点医疗卫生类客户完成数字人民币及商户签约，也是总行系统内存款规模最大的单体医疗机构；建行生活个人用户注册近8000户；成为分行首家为券商、医院、财务公司、零售超市客户开通数字人民币钱包的支行。支行不良贷款余额不良率0.09%，低于分行平均水平。支行响应国家“一带一路”号召，服务基建行业企业“走出去”，成为双循环新发展下的“连接器”。成功与某大型国有企业签约巴基斯坦开普省综合经济特区项目（一期）人民币跨境项目融资。该项目是支行首笔人民币跨境项目融资，也是支行与该企业的首笔海外项目。支行服务大型集团企业，实现跨境人民币结算量超过50亿元，在分行2021年“跨境通途 龙腾四海”央企及全球客户跨境人民币业务营销活动中位列第一。探索“金融+公益”服务模式，与中国红十字会联合，在大兴区长子营镇小黑垡村，开展“新金融普及行动红十字应急救护知识培训项目”，入选总行金智惠民榜样暖心项目。2021年，东四支行获北京市工人先锋号、首都文明单位标兵、分行先进集体、东城百强企业等称号。

（任赛飞　李妮妮）

【农行东城支行】中国农业银行股份有限公司北京东城支行（简称农行东城支行）是一家国有控股商业银行。下辖营业部1家，东四北支行、青年湖支行、和平里东街支行、建国门支行、健德支行、惠新里支行、交道口支行、东单支行、奥园支行、银街支行、朝阳门支行、太阳宫支行12家二级支行。经营范围：办理人民币存款、贷款、结算业务，办理票据贴现，代理发行金融债券，代理发行、代理总付、销售政府债券，买卖政府债券，代理收付款项及代理保险业务，办理外汇存款；外汇汇款；外币兑换；国际结算；结汇、售汇；外汇贷款；通过上级行办理代客外汇买卖；代理国外信用卡付款；代理销售实物黄金买卖业务；个人实物黄金买卖业务。2021年，在双基管理、客户建设、转型创新、风控案防、基层党建5个方面深耕细作，以合规经营为准绳，完善“双基”管理体系，加强内控制度建设，提升信贷、运营、合规、员工管理等七大领域精细化管理水平，“双基”考核系统内排名靠前。推进兴农商城合作，与外交部、中国社会科学院、东城区政府等单位合作开展兴农券活

11月5日，东城区人大代表投票选举，建行东四支行开展志愿者服务（张昕摄）

9月15日，建行东四支行联合中国红十字基金会，到大兴区长子营镇小黑垡村开展“金智惠民—乡村振兴”新金融普及行动应急救护知识培训（张昕摄）

动，助力金融服务决战决胜脱贫攻坚。开展消费帮扶活动，向扶贫县河北省武强县、宁夏回族自治区盐池县、陕西省铜川市等地购买扶贫产品15万元。服务实体经济，对接绿色科创、高端制造、战略新兴等重点领域，对公贷款客户较年初增加39户，贷款余额较年初增加29亿元。坚持扩户提质，拓展优质客户、储备优质项目。采取总、分、支行三级联动服务模式，将服务重点定位为区域性、集团型大客户和大项目。2021年，与生态环境部、中华见义勇为基金会、中央广播电视总台等大客户实现合作破冰。坚持创新驱动发展，对接东城区数字经济发展需求，与东城区联合开展信用医疗项目，与北京市第二十四中学合作智慧食堂项目，与东城区共同开展东城区“京彩惠民生 东城书香行”数字人民币“惠读”活动。加强企业文化建设，开展读书、演讲、健身、摄影等职工喜爱的活动，丰富职工业余生活。注重人文关怀，加强职工之家、职工小家建设，邀请中医开展女职工义诊活动，为基层网点配备净水饮水机，提供防疫物资配送到家服务。开展党史学习教育，精心组织书本原著自主学、各级党组专题学、银政军企共建学、红色基地现场学、百年党史青年学活动。解决客户、员工“急难愁盼”问题，共开展金融服务进企业300余次，解决基层需求事项13件。全年个人核心存款同比增加9.1亿元，各项贷款同比增加32.54亿元，净利润同比增加1200万元。纳税总额同比增加262.67万元。获“创建国家文化与金融合作示范区文化金融专营组织机构”认定。

（张　宇）

【农行崇文支行】中国农业银行股份有限公司北京崇文支行（简称农行崇文支行），下辖营业部、先农坛支行、世贸支行、龙潭支行、南三环支行、崇文门支行、建欣苑支行、宣外支行、劲松中街支行、富贵园支行和广渠路支行11家营业网点，经营范围包括办理人民币存款、贷款、结算业务；办理票据贴现；代理发行金融债券；代理发行、代理兑付；销售政府债券；代理收付款项；办理外汇存款；外汇贷款；外汇汇款；外币兑换；国际结算；结汇、售汇；代理国外信用卡付款等。2021年，农行崇文支行精细管理抓好“平安农行”建设，统筹抓好安全生产、案防风控、金融服务、员工管理、信访维稳等工作，全年业务经营安全平稳运行。推进数字化转型，成功为龙潭街道、崇外街道等5家单位上线智慧党费、有序落地汇文中学、广渠门中学智慧食堂项目；以“微银行+平台”建设、医保电子凭证推广、线上重点金融产品

6月19日，农行东城支行组织党员、入党积极分子参观长辛店二七纪念馆（易蓓摄）

6月12日，农行崇文支行参观红色革命旧址——北大数学系楼旧址（农行崇文支行提供）

普及等为重要抓手，提升线上数字化经营能力。落实金融服务实体经济和乡村振兴重点工作，落实总分行工作要求，营销“专精特新”，服务实体经济，保市场主体发展，推进“两大工程”，全年实现绿色信贷投放12.08亿元；成立金融服务乡村振兴领导小组，实现兴农产品采购，协调企业定向捐款。作为区域骨干企业，崇文支行坚持深化改革创新，加快转型升级，以金融力量助力东城区经济发展，履行企业发展和社会责任，坚持经济效益与社会效益有机统一。助力社区防疫工作，对辖区街道进行慰问、捐赠防疫物资、组织志愿者服务活动，为东城区抗击疫情贡献农行力量。支行做好“服务升温工程”等日常工作，全年为基层办实事23件。实现长远发展基础夯实、综合经营绩效提升和员工工资收入持续增加。全年各项存款余额同比增长9.9%，各项贷款余额同比增长13.9%，营业收入同比增长12.1%，净利润同比增长23.9%，纳税金额增长12.3%。

（苏子钦）

【中行崇文支行】中国银行股份有限公司北京崇文支行（简称中行崇文支行）成立于1986年，是北京市分行辖属第一家管辖支行。下辖崇文支行营业部、崇文门支行、崇外大街支行、劲松支行、方庄支行、潘家园支行、双井支行、恒基中心支行、现代城支行、大北窑支行、东大桥路支行、东花市支行、松榆里支行、广渠门支行、针织路支行、科丰桥南支行16家网点支行。主要提供商业银行、投资银行、资产管理等金融服务。2021年，中行崇文支行推进《中国银行北京分行“十四五”发展规划》落地落实，建立健全内部管理、风险控制等各项制度，通过公私联动、考核导向、业务培训、队伍建设等多种方式促进普惠金融发展。加快个人业务发展，完善私人银行中心建设，强化机制建设及理财经理精细化管理，基金、保险销售排名位列分行前列，带动全量金融资产增长。向基层党员宣传“我为群众办实事”先进典型，激励二线为一线、一线为客户服务，强化“以客户为中心”理念，推进消费者权益保护宣传工作常态化，推动全辖文明规范服务更上新台阶。人民币储蓄存款时点余额较年初增长3.6%，日均余额较年初增长5.36%，外币日均余额较年初增长0.9%。中间业务方面，牢牢把握线上第三方支付机构商户收单业务，银行卡中收同比增长187.7%。发挥中行特色业务优势，紧抓“两区”机遇实现跨境金融增长。支行跨境人民币结算业务量同比增长115.82%、国际结算业务量同比增长139.56%、保函业务量同比增长93.97%，增长率均排名分行前列。支行加强职工之家、全辖心灵驿站建

4月9日，东城区防疫专家到中行崇文支行开展疫苗接种知识科普讲座（姚虹珺摄）

6月10日，中行崇文支行走进北京市残疾人文化体育指导中心开展“防范金融风险 守住‘钱袋子’”活动（支红摄）

设，倡导“快乐工作，幸福生活”，被授予“北京市金融工会系统先进职工之家”“北京市总工会职工心灵驿站”称号。崇文针织路支行1人获2021年全国金融五一劳动奖章。

（陈　佳）

【人保东城支公司】中国人民财产保险股份有限公司北京市东城支公司（简称人保东城支公司）主要经营企事业单位财产保险，机动车辆保险，建筑、安装工程保险，家庭财产保险，责任险，信用险，意外伤害险等保险险种。2021年，人保北京东城支公司抓好车险业务精细化管理，从承保入口加强业务管控，分别从车辆年限、品牌、车型、保足保全率等多维度筛选业务，提升车险业务的整体承保质量；对标提升各售车4S店保费份额占比，实行一店一策，扩大人保占比份额；推广驾意险、随车行等个人非车险种业务；确保政府团体客户的车险服务细致全面、报价及出单及时。调整非车险业务结构，拓展新市场、新业务、新领域。做好重点大项目中标及承保工作，实现对大唐电力集团业务统括，保费收入2500余万元，完成深圳天马微电子统括项目及新增工程险，保费收入1700余万元，成功中标国家石油储备揭阳地上库工程保险项目，总保费900余万元；加强政企互动，服务全区经济建设和发展，重点做好区政府公共管理综合保险、安全生产责任保险、惠及全民的普惠健康保等惠民保险的推广、落地、服务等，做好北京市“两客一危”（两客是指班车及省际旅游大巴，一危是指运输危险品货物的大货车）承运人责任保险工作，争取到人保系统内统一承保权，在9家共保体中人保份额占比47%。独家承保哈萨克斯坦阿斯塔纳轻轨工程，保费收入900余万元，实现中乌管线项目顺利出单，份额内保费40余万元；完成境外工作人员意外险续转及其他确认续保业务，保费收入40万元。加强内控制度建设，制订人保东城支公司“十四五”发展规划。开展人保公司组织架构调整的“三湾改编”工作，推动公司由“老人保”向“新人保”转型。2021年，保险业务收入5.73亿元，同比降低5.75%。其中机动车辆保险业务收入4.22亿元，占比73.51%；非车险保险业务收入1.52亿元，占比26.49%。

（何功文）

7月21日，人保东城支公司到区医保局宣传推广合作普惠健康保业务（何功文摄）

东城区金融及保险机构负责人

中国工商银行股份有限公司北京东城
　支行行长、党委书记　王耕欣
中国工商银行股份有限公司北京崇文
　支行行长、党委书记　肖　斌
中国工商银行股份有限公司北京王府井
　支行行长、党委书记　刘笑东
中国建设银行股份有限公司北京东四
　支行行长、党委书记　吴庆慧
中国农业银行股份有限公司北京东城
　支行行长、党委书记　广　森（2月免）
　郭京华（2月任）
中国农业银行股份有限公司北京崇文
　支行行长、党委书记　李朝艳
中国银行股份有限公司北京崇文
　支行行长、党委书记　李　毅（7月免）
　武　兴（8月任）
中国人民财产保险股份有限公司北京市东城
　支公司总经理、党支部书记　梁建生

审　计

【概况】东城区审计局（简称区审计局）是区政府负责贯彻落实国家关于审计工作的法律、法规、规章和政策，制订东城区审计规范性文件并监督执行的职能部门；负责参与起草东城区财政经济及相关规范性文件制订并组织实施东城区审计工作发展规划和专业领域审计工作规划，制订并组织实施年度审计计划等职责的政府工作部门。 2021年，东城区审计局完成审计项目56个，其中审计50个，审计调查6个。查出问题金额10.83亿元，其中违规金额2977万元、管理不规范金额10.53亿元；审计发现非金额计量问题237个；损益（收支）不实金额117万元；出具审计报告和专项审计调查报告78篇，被批示、采用22篇次。审计处理处罚金额2977万元，应上缴财政2977万元。审计提出建议149条，被采纳83条，推动被审计单位制订整改措施245项；促进被审计单位建立、健全规章制度5项；提交审计信息79篇，被批示、采用36篇次。向社会公告审计结果3篇。 围绕城市精细化管理、文物、养老、社会保障、文化、教育等领域开展审计调查，循着资金流向，从政策要求、预算安排、资金拨付追踪到项目和个人，确保惠民政策落地生根、不断完善和发挥实效。开展东城区内部审计指导监督，制订《东城区2021年内部审计工作的指导意见》，加强与国资、教育等重点领域内审部门协作，促进系统行业内部审计工作规范化开展。重点关注各项政策措施执行实际效果、执行中存在问题和薄弱环节，并透过政策跟踪审计发现体制性障碍、制度性漏洞、机制性缺陷，剖析原因，提出针对性审计建议，以审计专报形式及时反映，为党委政府决策和完善政策提供依据。2021年，召开区委审计委员会第四次会议，审议通过区委审计委员会2020年工作总结和2021年工作要点、2021年审计项目计划、深入推进审计全覆盖的实施方案等事宜。出台《“十四五”东城区审计工作发展规划》，聚焦“十四五”时期东城区经济社会发展目标任务，科学谋划未来五年发展思路、工作目标和具体任务。认真履行区委审计委员会办公室职责，落实重大事项请示报告制度。严格落实中央、市、区各项防疫部署要求，每到疫情关键时刻，均抽调干部参与社区疫苗接种、核酸检测服务工作。压实责任，疫苗接种到位。区审计局获首都文明单位标兵称号。

（吴　兰　朱　芮）

10月12日，区审计局召开2021年内审人员岗位培训会（马春金摄）

【预算执行审计】2021年，区审计局在东城区“四本预算”全覆盖基础上，以数据审计和重点行业、部门审计为依托，以绩效、政策和管理为重点，实现全区一级预算单位审计监督全覆盖。区主要领导在政府常务会中对预算执行审计成果给予充分肯定，并围绕审计发现的预算管理、绩效管理、制度建设等问题，尤其是针对在政府投资建设项目、内控制度规范、合同管理等领域中存在的问题对各单位进行提示提醒。

（白大鹏）

【经济责任审计】2021年，区审计局聚焦权力运行和责任落实，继续探索1+N（通过组织一个审计组，集中一次入户，实现多个审计项目目标）的审计形式，增加任中审计数量和党政同步审计，将经济责任审计与自然资源资产审计项目以及专项审计调查有机结合，开展部门领导经济责任审计和企业领导经济责任审计，加强对重点领域、重点岗位领导干部监督，制订经济责任审计和自然资源资产离任（任中）审计规划，促进全区领导干部履职尽责、担当作为，落实党风廉政建设主体责任。

（杨　光）

【自然资源资产离任审计】2021年，区审计局开展党政部门领导干部、企业领导人员自然资源资产离任（任中）审计和国有自然资源资产管理情况专项审计。构建东城区自然资源资产信息共享协作体系，利用好自然资源资产责任台账，促进领导干部履行自然资源资产管理和生态环境保护责任，推动解决自然资源资产和生态环境领域突出问题，从审计重点上实现对绿地、古树名木、水等保护类别自然资源资产审计全覆盖。推动自然资源资产节约集约利用和生态环境保护。

（杨　光）

【政府投资审计】2021年，区审计局探索创新政府投资项目审计监督模式，围绕市区重点工程，通过促进资金规范、实施项目稽查、参与项目绩效管理、服务项目推进、过程跟踪审计等方式，确保及时介入、全程跟踪重大项目。结合区委区政府中心工作，以成本绩效为切入点践行研究型审计思路，在审计中坚持以解决问题为目标、以科技强审为手段、以深度调研为支撑，从目标任务、路径打法和保障措施等各方面进行全面研究，依法履行审计监督职责，揭示和处理工程建设领域违规违纪问题，推进向研究型审计转型，审计成果得到区主要领导批示。

（杜致杰　叶焕新）

5月18日，区审计局召开东城区2021年经济责任审计暨自然资源资产审计工作启动会（曹艳摄）

【企业审计】2021年，区审计局开展区属国有企业领导干部经济责任审计，并对核心二级企业开展财务收支审计，首次采用“一托三”（经济责任、自然资源资产、财务收支审计）审计模式开展企业领导干部自然资源资产离任（任中）审计，实现审深、审透、审全。加强与区国资委联动，联合出台《关于加强国资监管与审计监督协同工作办法》，加强对区属国企监督检查，多维度实现东城区属国有企业审计监督五年（2017—2021年）全覆盖。

（尹雪君）

【信息化建设】2021年，区审计局开展部门预算执行数据审计，实现全区67个一级预算单位审计全覆盖，将预算管理水平、资金使用效率、资产管理等事项纳入数据审计监督范围。编制《东城区审计局电子数据目录清单》《审计相关数据分析参考》等相关实用手册，区审计局就数据审计工作多次在北京市审计局作典型发言，并作为北京市审计系统唯一一家代表，受邀在中国审计学会组织召开的“深化预算执行审计”研究课题成果汇报交流暨专题研讨会上作典型发言。

（崔师豪）

统　计

【概况】东城区统计局、东城区经济社会调查队（简称东城局队）是负责东城区统计调查和国民经济核算工作的职能部门。2021年，东城局队统筹抓好疫情防控和经济运行监测，监测单位涵盖除第一产业外的18大行业门类，包括批发零售业、住宿餐饮业、

10月15日，区统计局调查队在美后肆时景山市民文化中心举办统计开放日活动（栾三清摄）

工业、金融业等。开展对地区生产总值、固定资产投资、社会消费品零售总额、万元GDP能耗等重点指标的预判研判工作。完成人口抽样、群众安全感、中小微企业经济情况、垃圾分类、民生实事项目线索、社会公众满意度等各类统计调查，服务领导决策需求。发布东城区第七次全国人口普查公报，编印人口普查主要数据资料汇编。组织统计课题研究分析，加大数据发布解读力度，发挥统计数库和智库作用。组织开展党史学习教育，强化专题学习研讨、设立教育专栏、邀请专家宣讲等系列活动。开展“我为群众办实事”实践活动，用心用情解决基层困难事、群众烦心事。围绕建党百年开展系列活动，集体过政治生日。抓好党风廉政建设，落实“三会一课”等制度，严格执行“三重一大”集体决策，持之以恒纠正“四风”，有效运用监督执纪“第一种形态”。国家统计局东城调查队（简称东城调查队）主要负责城乡居民收支、劳动力、居民消费价格、工业生产者价格、住房价格以及快速反应专题调研等统计调查工作，承担新设立小微企业和个体经营户、服务零售结构、全面从严治党民意等专项统计调查任务。统筹开展疫情防控和统计调查，实现全队人员不感染、调查工作不间断、数据质量不下降。落实党员“双报到”，参与开展防“疫”志愿服务、宣传疫苗接种等活动，协助社区筑起疫情防控“防火墙”。组织完成全区住户调查数据月季报收审上报。疫情期间，工作人员分组包片，实地开展督导，深入基层了解调查情况，全年实现辖区17个街道督导全覆盖。结合疫情形势实时调整访户工作策略，减少人员聚集，住户调查工作人员通过在社区户外空间、住户家门口了解需求、指导工作的方式，深入街道社区，为调查员、记账户解决所急所需，开展记账辅导服务，实现疫情期住户调查源头数据质量不下降。开展东城区新设立小微企业和个体经营户跟踪、全面从严治党民意、农民工市民化进程动态监测及网购消费等专项调查。组织开展红色基因传承、公勺公筷使用情况、生育意愿情况、中小学心理健康、校外培训及学生校外教育参与情况、学区房情况等专题调研，形成有针对性的分析报告。开展法治宣传月活动，参加北京国调系统普法作品成果展示、制作法治宣传折页等宣传品，借助入企调研、入户陪访、制度培训等方式，推动统计普法工作。

（李　子　巩宇坤）

【统计监督】2021年，东城区成立统计督察整改区政府和统计系统2个工作专班，深化整改方案，确定区级16项、统计系统45项整改任务，区属各有关部门、各街道及统计系统一体推进，按时完成国家统计督察整改任务。区委区政府联合印发《东城区防范和惩治统计造假弄虚作假责任制规定（试行）》，加强统计监督与纪律监察监督、巡视监督贯通融合，把落实防范惩治统计造假责任情况纳入全区年度全面从严治党工作考核和政治生态分析研判，纳入区委巡察重点关注内容，与派驻纪检监察组进行线索移交、专题会商等形成合作备忘录，防范惩治统计造假监督合力不断凝聚。

（李　子）

【经济运行监测】2021年，东城局队统筹疫情防控和经济运行监测工作，围绕全区经济增长的12项支撑指标，密切关注经济恢复进程，形成专报及时上报。组织开展月度会商会、季度经济形势分析会，分析重点领域、重点行业、重点指标走势特点和重点企业经营变动，提出对策、服务决策，为全区统筹疫情防控和经济社会发展提供政策落实依据和工作调度抓手。

（李　子）

【人口普查】2021年，东城局队向区政府专题会、区委常委会、区人大主任会专题汇报人口普查成果。按照全市统一部署，发布普查公报，回应社会关切。编印人口普查主要数据资料汇编。围绕人口发展状况、大数据应用等方面内容完成课题研究3项。围绕人口老龄化、人口迁移流动等方面内容完成30篇简明分析并汇编成册。充分利用人口普查数据研究建立“一账两库”，搭建全区标准地址数据库和人口基础数据库。

（李　子）

11月12日，东城区第七次全国人口普查领导小组办公室获第七次全国人口普查先进集体称号（栾三清摄）

【人口动态监测】2021年，东城局队升级移动通信大数据动态监测系统，实现对全区和各街道白天用户、夜晚用户、稳定用户规模及变化，全区和各街道流入流出趋势及特征，王府井、前门等重点区域人口活跃状况监测。做好人口规模、人口变动和流动规律专题研究和深入分析，确保服务全区人口调控工作。

（李　子）

【疏解整治促提升监测】2021年，东城局队搭建涵盖拆除违法建设、地下空间清理整治等38项任务的监测指标体系，采取“周汇总、月分析”，实现对全区23个部门监测。开展区域性市场转型升级、环境治理提升、架空线入地等任务跟踪监测。

（李　子）

【“七有”“五性”监测评价】2021年，东城局队对2020年和2021年上半年市统计局反馈的“七有”“五性”监测结果进行详细分析，与各相关部门研讨提升方案。联合区城指中心制订出台《2021年东城区“七有”“五性”监测评价实施方案》，按月开展监测评价工作，定期向区领导专题汇报。

（李　子）

【高质量发展绩效评价】2021年，东城局队协同区发改委向市统计局提供全区高质量发展绩效评价工作相关材料。根据市统计局反馈2020年评价结果，对各领域、具体指标数据进行分析，剖析优势与不足，找准问题与差距，形成专题分析材料报送区领导。

（李　子）

【专项调查】2021年，东城局队完成市统计局布置的各类调查调研8项，包括中小微企业生产经营情况、城乡居民垃圾分类意识及现状、重要民生实事项目线索等调查调研。完成区级自主调查4项，包括东城区群众安全感、东城区社会公众满意度、东城区王府井商圈业态、东城区前门商圈单位经营状况专项调查。

（李　子）

【课题研究与调研】2021年，东城局队开展课题研究7项，内容涉及大国首都核心区的人口承载力研究、基于人口大数据开展东城区人口动态变化规律和趋势的实证研究、人口发展现状规律及特征分析研究、东城数字经济产业发展研究分析、建设国际消费中心城市背景下王府井商圈业态分析发展研究等。课题研究成果在全市统计系统优秀分析评比中获专题类二等奖2篇，课题研究在北京市第二十一次统计科学讨论会分会场上交流发言3篇，并被推荐到第二十一次全国统计科学讨论会上交流。围绕区域经济社会发展和统计改革重点、难点问题广泛深入辖区重点单位、街道开展调研，全年组织各类调研127次。

（李　子）

【统计服务】2021年，东城局队开展涉及文化产业、金融业、信息服务业等行业的分析研究，全年撰写统计报告和统计专报79篇，其中获区领导重要批示20篇次，1篇统计报告获北京市统计局优秀分析评比二等奖，1

1月23日，区统计局专项调查科在王府井开展群众安全感调查（栾三清摄）

篇统计报告获区优秀调研一等奖。东城局队丰富统计产品种类，创新编印《十三五时期数据资料汇编》，分析“十三五”时期全市及各区主要经济、社会指标发展情况。围绕数据需求，对统计公报、蓝皮书、统计年鉴、经济社会发展月报等常规统计产品编印内容进行优化改版，编印《东城区街道经济社会发展数据手册》。加强数据发布解读，全年共向社会公众发布各类数据1300笔、信息79条、解读13篇，为各级领导、部门提供数据查询221.2万笔。在《中国信息报》等各类媒体刊登稿件51篇。2021年，北京市东城区统计局、北京市东城区经济社会调查队和国家统计局东城调查队共同编印《东城区2020年国民经济和社会发展统计公报》《北京市东城区经济发展月报》等统计产品。全年编发调查报告、调查专报等各类统计调查分析，及时准确反映市场变动，加强数据解读和分析研判。

（李　子　巩宇坤）

【统计执法】2021年，东城局队完成执法检查单位915家，完成市统计局下发检查任务的117.3%。首次作为牵头部门，与区市场监管局联合对74家单位开展执法检查；作为配合部门，与区市场监管局联合对9家单位、与区发改委联合对15家单位开展执法检查。选取22家被处罚单位进行回访约谈，强化源头数据质量。

（李　子）

【法治宣传】2021年，东城局队推进统计法进政府常务会、进街道、进部门、进党校，全区各级领导及各部门统计法治意识不断增强。强化统计干部依法行政能力，组织开展统计违纪违法案件警示教育、领导干部会前学法、全员学法讲座等活动。与国家统计局东城调查队联合印发《东城区统计法治宣传教育第八个五年规划（2021—2025年）》，启动统计法治“八五”普法。

（李　子）

【信用体系建设】2021年，东城局队开展统计诚信示范企业评定，认定辖区年度统计诚信企业16家。开展统计信用宣传，邀请部分诚信示范企业参加北京市电视台《数说北京》专访。开展诚信统计承诺工作，引导158家企业主动作出依法统计、诚信统计承诺并通过信用中国（北京东城）网站向社会公开。

（李　子）

【部门统计】2021年，东城局队修订完善《东城区部门统计报表制度》，涉及全区36个部门112种报表。健全部门共享机制，完善东城区经济社会综合数据共享平台，实现部门采集用户41个、共享用户111个。加强对部门统计工作指导，走访文旅局、市场监管局等部门，了解各部门数据口径与来源。配合发改委做好营商环境等调查项目审批。

（李　子）

【基层基础建设】2021年，东城局队落实《国家统计局关于进一步加强统计基层基础建设的意见》《北京市街道、乡镇统计工作规范》，实现统计业务工作平稳过渡。成立基层基础建设专班，下发《关于进一步加强街道统计所工作的意见》，对统计所工作提出规范要求。完善基层统计所绩效考评制度，将统计工作考评纳入区级绩效考评体系，压实街道统计工作责任。制订《科所共建实施办法》，每半年组织一次街道统计专题座谈会，强化科所共建机制。出台《东城区街道统计所巡查工作办法》，对北新桥、朝阳门2个街道开展巡查，全面加强对街道统计工作的指导。

（李　子）

【“住调红船再启航”活动】2021年，东城调查队结合建党100周年和全区住户调查工作实际，开展“住调红船再启航　乘风破浪基础夯”主题“党建+业务”系列活动，通过组织主题共学、调查员谈心交流会、实地培训督导、优秀调查员评选等活动，联合调查小区、党员记账户共学党史、住户调查史、分享入党往事、重温入党初心，夯实基层住户调查工作基础，有效提升调查数据质量，为区委区政府提供高质量民生统计服务。

（巩宇坤）

【价格调查】2021年，东城调查队组织完成辖区138个调查网点的消费价格监测和工业品、房地产价格调查。整理基础资料，落实“三审两查”数据审核制度，提高数据质量；做好国际比较项目（ICP）调查；开展疫情期间生活必需品价格日监测和重点工业品价格监测，为保供稳价提供数据参考。

（巩宇坤）

【劳动力调查】2021年，东城调查队组织完成月度劳动力调查扩样工作。组织召开全区劳动力调查工作部署会、建立部门联席机制、完成调查员指导员选聘、召开调查员业务培训会，实现新旧样本平稳衔接。自6月起，每月组织完成全区17个街道28个社区约448户调查户数据采集上报，通过督导陪访、电话回访等多种形式加强对调查员业务指导。在所有社区每半年开展一次就业失业状况专项调查，完成近4000人问卷调查、数据审核和评估反馈，并撰写分析报告。

（巩宇坤）

市场监督管理

【概况】北京市东城区市场监督管理局（简称区市场监管局）是正处级区政府工作部门，加挂北京市东城区食品药品安全委员会办公室（简称区食安委办）、北京市东城区知识产权局（简称区知识产权局）牌子。主要职责为负责行政区域内市场综合监督管理、市场主体统一登记注册、产品质量安全监督管理、特种设备安全监

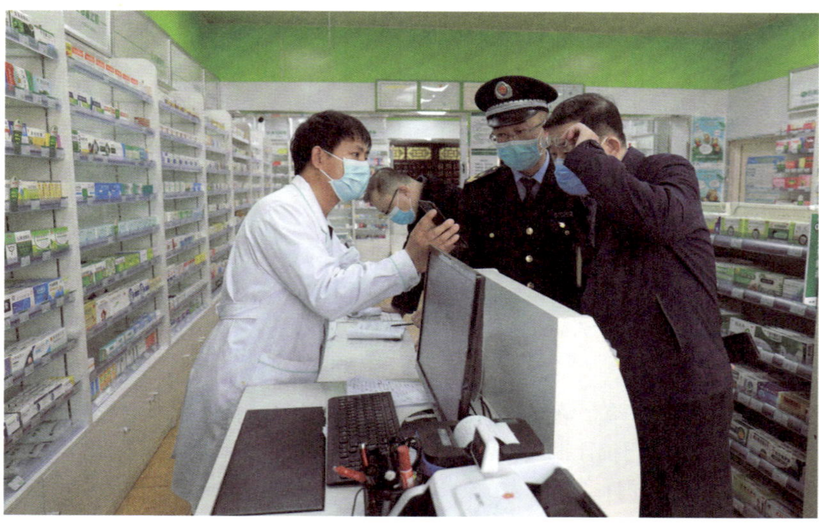

3月30日，区市场监管局执法人员检查重点行业从业人员疫苗接种情况（何筱强摄）

督管理、食品药品安全监督管理、计量、检验检测、相关知识产权实施保护等。2021年，区市场监管局推进机构体制改革，完成综合执法大队“三定”、干部人事安排及公务员职级套转，综合执法大队14个科室、分队正式组建运行。推进事业单位改革，完成原纳入规范管理事业单位工作人员岗位套转等一系列改革政策推进工作。全年召开党组会66次、局长办公会51次，创新运用“五学法”推进党史学习教育落地见效，围绕庆祝中国共产党成立100周年，组织开展“六个一百”系列庆祝活动，全年开展理论中心组学习17次，专题党课120余场。推进非公党建工作，建立“小个专”党建联系点制度，开展走访调研和“两送一推进”等活动10余次。组织116人次参与全国文明城区复查迎检，参加文明岗执勤志愿服务332小时。全年组织参加各类培训54次，自主培训18次，合计参训3000余人次。在优化营商环境、质量强区建设、事中事后监管等工作上锐意改革、创新突破，实施全市领跑的创新举措，企业年报、打击侵权假冒、质量工作等领域在全市名列前茅，区市场监管局获评中消协2020—2021年度消费维权先进集体、北京市市场监督管理先进集体等称号。

（续　慧）

【重大活动服务保障】2021年，区市场监管局完成全国“两会”、建党100周年庆祝活动、北京冬奥会、冬残奥会等保障任务，累计保障特种设备963台（套）、用餐人员7.39万人次。高标准开展北京冬奥会、冬残奥会市场秩序保障和应急演练，完成东城区13家“涉奥场所”特种设备服务保障，并对东城区4家冬奥会签约酒店餐饮加工环节开展食品安全风险监测，检测样本123批次。

（李　琦　续　慧）

【非首都核心功能疏解】2021年，区市场监管局加大对王府井、前门大街、故宫等景区、商区及周边地区整治力度，消除无证无照风险和“开墙打洞”住宅经营隐患，梳理出220处重点问题点位，办理相关无证无照案件22起，罚没款45.70万元。吊销清理无法联系且长期未经营的市场主体，办理清户案件822件。加大有形市场规范管理，完成农贸市场升级改造6家，清理注销市场内商户387户。

（李　琦　续　慧）

【“接诉即办”消保维权】2021年，区市场监管局接收办理市民热线诉求2.81万件，解决率58.82%，满意率83.00%。调解消费纠纷1088件，为消费者挽回损失42.62万元。成立北京市首家消协系统消费维权诉调对接工作站，形成以人民调解为主、法院指导为辅、司法确认为后盾的诉调对接互动通道。被评为2020—2021年度全国消费维权先进集体。

（李　琦　续　慧）

【“我为群众办实事”活动】2021年，区市场监管局聚焦“接诉即办”、全面优化营商环境等14个重点课题，开展“我为企业解难题”“我为基层减负担”“我为群众办实事”3项实践活动，推出重点民生项目和为民办实事事项9项。打造首家“骑手暖心驿站”，建立党员先锋岗、责任区，为人民群众办理各类实事100余件。

（李　琦　续　慧）

【登记注册便利化】2021年，区市场监管局推行市场主体登记告知承诺制，在北京市率先试行直营连锁餐饮服务企业、只经营乙类非处方药零售企业告知承诺制。全年通过告知承诺制完成登记企业3.03万户次，承诺率达99%以上。落实企业设立环节“证照联办”，在全市率先试行企业变更注销环节“证照联办”，办理食品类许可5416件、药品类许可318件、医疗器械类许可1012件、特种设备使用登记4874台。企业和个体工商户开办实现一窗办理、一次提交、一天办结，全年新设企业5023户、个体210户。完成年度2200万元税源引进任务。

（李　琦　续　慧）

【质量提升行动】2021年，东城质量发展指数（TQI）研究与应用项目通过验收，为北京市首例。区市场监管局开展2021年东城区公众质量满意度调查，得分85.51，同比增长4.32分。9月联合30余家单位共同开展为期1个月的“质量月”活动，涉及保障食药安全、提升环境质量、加强工程质量监管等多个方面。组织质量月进“南锣”主题宣传活动4场，把国家质量基础设施、产品质量、食品药品安全、特种设备、广告宣传等相关内容送到群众门前、游客身边。

（刘梦甜　续　慧）

【查处违规使用“标识”案件】4月，区市场监管局立案查处北京市首例违规使用“中国共产党成立100周年庆祝活动标识”案件。为落实市委市政府、区委区政府、市市场监管局、市知识产权局关于庆祝建党100周年各项部署，严格规范商业营销宣传行为，区市场监管局（区知识产权局）按照“属地统筹、突出重点、预防为主、严惩违法”的原则，坚持依法依规、积极稳妥推进专项整治工作，及时发现，快速办理，坚决打击未经授权擅自将“中国共产党成立100周年庆祝活动标识”字样用于商业活动中的违法行为。依据《特殊标志管理条例》的规定对在辖区市场内检查中发现的2户销售带有“中国共产党成立100周年庆祝活动标识”商品的当事人责令其立即停止侵权行为并对其立案查处，共罚款1万元，没收带有“中国共产党成立100周年庆祝活动标识”字样的笔记本59本、保温杯16个、圆珠笔12支、雨伞套170个、U盘3个。

（葛京莹）

【促进公平竞争】2021年，区市场监管局印发《东城区公平竞争审查工作联席会议工作规则》，召开联席会议2次，各成员单位均建立内部审核制度和流程，建立公平竞争审查投诉举报受理回应机制，实现专人专岗负责。组织区属各部门开展增量文件自查，自查清理49个文件。开展教育收费、直销企业、殡葬业价格秩序、反不正当竞争等11项专项检查（行动）。对价格领域、反不正当竞争领域、打传规直、公平竞争审查等群众关心的问题开展宣传。

（续　慧）

【信用监管】2021年，区市场监管局“双随机”定向抽查35批次、5871户次，组织部门联合“双随机”抽查199批次、6378户次。完善失信惩戒和守信激励，列入经营异常名录企业2275户、列入严重违法失信企业名单461户、标记为异常状态个体工商户2402户，联合激励守信主体2647户次。推进信用公示，全年公示行政许可信息3.10万条，行政处罚信息443条。引导企业进行信用修复，制发信用修复告知书396份，成功指导企业重塑信用形象110户，切实提高企业守信意识。

（李　琦　续　慧）

【食品安全监管】2021年，区市场监管局开展学校食品安全专项整治、食品安全大检查、小餐饮专项治理，对全区餐饮服务企业、食品经营主体实施全覆盖检查和风险分级，评定餐饮企业4429家、食品经营主体5278家。加强食品安全监督抽检，全年抽检样品3310件，合格样品3282件，合格率99.15%。对抽检不合格及检查发现问题企业依法从严从重处罚，并通过“数字东城”集中公示问题餐饮单位160家。通过“食安在线”平台在线培训食品从业者1.35万余人。

（李　琦　续　慧）

【药品安全监管】2021年，区市场监管局推进中药饮片、兴奋剂药品生产经营等专项检查，对医疗机构、药店、医疗美容机构等主体实施现场检查2798户次。加强药品、医疗器械监督抽检，药品抽检330件，合格率100%；医疗器械抽检40件，合格率100%。开展化妆品监督检查和抽检抽测，全年监督检查1612户，监督覆盖率为78.83%；化妆品抽检100件，合格98件，合格率98.00%，化妆品企业实现经营台账动态管理2045户。

（李　琦　续　慧）

【特种设备监管】2021年，区市场监管局完成老旧住宅电梯风险评估350台。开展液化石油气瓶非居民用户专项检查，检查单位54家，检查气瓶53个，报废不合格气瓶18个。聚焦学校、医院、商场、公园等公众聚集场所特种设备使用单位，开展特种设备执法活动318次，检查设备1796台（套）；完成特种设备检验检测1.24万台（套）。全区特种设备安全稳定运行，全年未发生特种设备事故。

（李　琦　续　慧）

4月7日，区市场监管局（区知识产权局）对百荣世贸商城商户销售带有“中国共产党成立100周年庆祝活动标识”的商品进行检查（何筱强摄）

【产品质量监管】2021年，区市场监管局对服装、电动自行车及其配件、儿童和学生用品等30类重点商品专项抽检46次，抽检样本420组，其中不合格72组，均责令整改或立案调查，抽检不合格产品处理率达100%。推进大气污染综合治理，抽检车用燃油104组，未发现不合格问题。开展电动自行车安全专项整治，强化电动自行车销售门店及销售环节监管，成为全市首个试点推广运用《北京市电动自行车经营场所规范导则》团体标准的地区。

（李琦续慧）

【执法整治工作】2021年，区市场监管局执法检查11.18万次，办结案件1376件，罚没款合计1849.26万元，移送公安机关9件。办理行政复议、诉讼案件109件。对辖区247家媒介单位、558家报纸杂志进行广告录入和分级监测，监测广告39.59万条次。统筹开展2021年“网剑行动”，加强当当网等互联网平台治理，检查涉网企业695家。推进计量监督与认证监管工作，检查计量器具1065台（件），检查认证与检验检测机构38家。推进教育领域专项治理，立案查处无证办学等案件39件；开展房地产租赁经纪、防范和处置非法集资专项整治、故宫周边综合整治，检查房地产经纪企业57户次，旅游场所4216个次，故宫周边经营主体751户次。全区应参加年报企业5.54万户，报5.44万户，年报率98.19%，位列城区第一。职能整合以来查办区市场监管领域首起非法买卖认证证书案件、首起违反《北京市非机动车管理条例》从事经营性拼改装电动自行车、销售不合格电动自行车案件。

（李琦续慧）

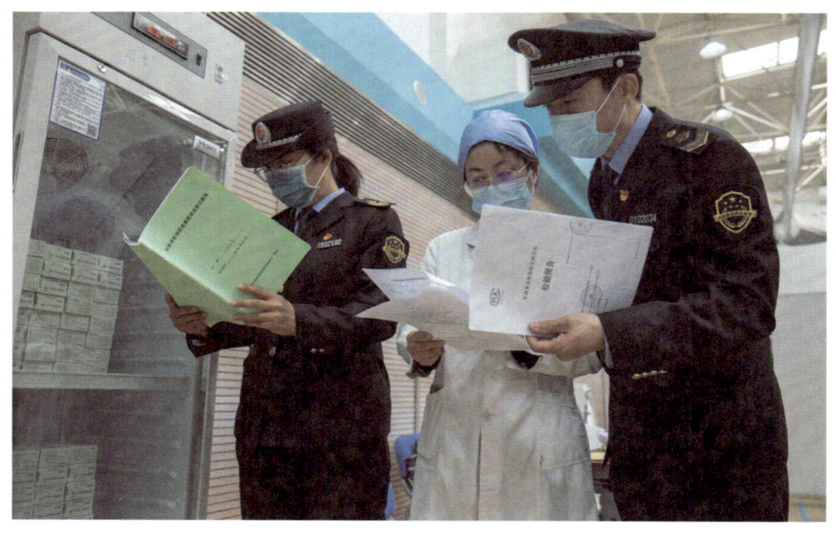

4月9日，区市场监管局执法人员检查辖区新冠疫苗接种点疫苗质量安全（何筱强摄）

商务行业监督管理

【概况】东城区商务局（简称区商务局）是主管辖区国内外经济贸易和对外经济合作的工作部门。2021年，区商务局做好政策宣传培训工作，擦亮“紫金服务”品牌，提供紫金服务215家次，完成市、区级“服务包”企业走访41家，纳税重点企业人才奖励资金兑现企业16家，涉及资金2430万元。组织规模以上商业零售、餐饮经营单位安全培训，全年累计培训300余人次。完成全国“两会”召开、庆祝建党100周年活动、冬奥测试赛、十九届六中全会召开等重大事项服务保障。落实常态化安全隐患排查整治，推动商超、餐饮等经营场所的垃圾分类、光盘行动等工作，利用“线上+线下”相结合的方式，将垃圾分类、光盘行动督导检查工作纳入商务行业安全日常检查范畴，东城区六类行业从业人员累计新冠疫苗接种率97.34%，加强针接种率95.36%。区商务局组织北京大道信通、新世界超市等5家企业与内蒙古自治区化德县联合村、九号村等5个村签署结对协议。来福士、新世界超市等捐款捐物累计26万元。落实为群众办实事项目7项。在职党员回社区报到，开展“垃圾分类桶站值守”活动及迎“七一”周末卫生大扫除活动。抓好重要时间节点的廉政提醒和监督，明察暗访5次。全年观看警示教育片3部，开展反腐倡廉警示教育12次。2021年，东城区累计入库项目165个，其中外资项目36个，占比21.8%，落地项目135个，累计实现项目资金486.4亿元人民币。

（贡冉）

【前门老字号集聚发展】2021年，区商务局结合前门商业区转型升级，编制《前门商业区业态发展导则》纳入鼓励老字号集聚发展事项，至年底，东来顺、御食园、亿兆百货、长春堂等一批老字号店面完成升级改造，四联美发博物馆、盛锡福帽子博物馆、广誉远中药博物馆、二锅头博物馆、天乐园京剧博物馆、荣宝斋沉浸式体验研学馆等构成的民间博物展馆落户亮相，传统商业在前门展现与时俱进的商业新活力，助力老字号实现新场景、新消费的转型升级与可持续发展。

（高翔）

【行业监管】2021年，区商务局出动安全生产检查人员3734人次，检查督导企业1867家次，排查整改各类安全隐患4950处。落实常态化隐患排查整治，开展春夏火灾防控、燃气安全隐患、大型商业综合体消防安全等专项排查整治行动。做好疫情防控保障工作，引导商业、餐饮、家政、快递、物流等行业企业精准落实防控要求，推动复工复产复市。牵头成立区复工复产防疫组下设的商超物流组，全年商超物流组共监测各类商业服务业企业8862家，累计开工8645家，开工率97.55%。在岗人员7.03万人，在岗率96.67%。其中规模以上超市37家，规模以上其他商业36家，开复工率均为100%，规模以上餐饮187家，复工复产184家，开复工率98.40%。规模以上商业零售和餐饮经营单位在岗人员1.62万人，在岗率达99.94%。推进商务行业安全生产专项整治三年行动，推进安全生产标准化建设、城市风险防控体系建设等，实现安全生产标准化创建全覆盖，行业监管关口前移，源头管控。落实责任，推进垃圾分类和光盘行动。

（郭忠宝）

【北京消费季活动】4月28日，“北京消费季之燃购东城”活动启动，五大商圈联动发力，营造东城消费的良好氛围。消费季设置美食东城、韵味东城、品质东城、悦动东城4个重点板块，推出22个促消费专项活动及各类市场主体开展“X”项主题营销活动。消费季贯穿全年重要促消费节点，依托区域内商旅文体资源，围绕购物消费、时尚消费、数字消费、信息消费、美食消费、文化消费、旅游消费、体育消费，全方位提升传统消费、培育新型消费，实现周周有活动、月月有亮点、季季掀高潮、年终见实效。

（王　珂）

【参展国际服务贸易交易会】9月2—7日，中国国际服务贸易交易会在国家会议中心和首钢园区举办。区商务局组建交易团，组织企业参加线下金融服务专题展和文旅服务专题展，展示东城区金融良好发展态势，呈现“文化东城”的多姿风采。邀请224家企业搭建线上展台，上传线上展品650个。在国家会议中心一层E3展区，举办“紫禁之东投资兴业 服务贸易繁荣发展”——2021年服贸会东城区投资推介洽谈会。在北京主题日活动中，东城区上台签约项目2个，签约金额3亿元。完成成交类及投资类项目41个，成交金额3.1亿美元。

（雷显义）

国有资产监督管理

【概况】北京市东城区人民政府国有资产监督管理委员会（简称区国资委）是区政府授权代表国家履行国有资产出资人职责的区政府直属特设机构。2021年，区国资委监管企业213家，其中一级企业集团6家（北京天街集团有限公司、北京崇远集团有限公司、北京东方信达资产经营集团有限公司、北京建远投资经营有限公司、北京佳源投资经营有限责任公司、北京京诚集团有限责任公司），二级子企业73家，三级子企业104家，四级子企业30家。区国资委有下属事业单位1家，即东城区集体经济指导中心。根据区编委会《关于调整北京市东城区政府采购中心机构编制事项的通知》，将区政府采购中心整建制划转至区政务服务局。根据《关于撤销北京市东城区中华民族艺术珍品馆成立北京市东城区集体经济指导中心的批复》，撤销东城区中华民族艺术珍品馆，成立东城区集体经济指导中心，相关编制和人员划入区委宣传部和区机关服务中心。2021年，区国资委完成一级企业房产专项审计、集体企业仪表二厂近3年财务收支专项审计，开展国资委下属全额拨款事业单位珍品馆清算及其领导人员经济责任审计等。配合中轴线申遗，沟通协调集体企业仪表二厂天坛厂房腾退相关事宜。完成年度区属集体企业资产管理协会年检初审。与外部董事加强沟通，与区审计局共同探讨监事会运行机制。组织召开系统2021年从严治党工作推进会、2021年上半年全面从严治党主体责任落实情况汇报会。制订2021年系统落实全面从严治党主体责任重点任务清单，签订任务清单982份。开展系统党风廉政建设宣传月活动。坚持与区委党校合作办学，7月，举办系统党支部书记、党务干部培训班。组织国子监现场教学，为期3天80人参加。监管企业年

6月7日，区国资委系统开展2021年度“百载红船路 全民奥运行”“红桥杯”乒乓球、羽毛球、扑克牌比赛（付建华摄）

4月22日，区国资委系统党史学习教育工作部署会召开（付建华摄）

末汇总资产总额913.89亿元，负债总额583.90亿元，所有者权益329.99亿元，资产负债率63.89%；2021年实现营业总收入80.95亿元，实现利润总额8.21亿元，净利润5.66亿元，实际上交税金总额15.37亿元。

（朱玥璘　李　睿）

【政府重大项目建设】2021年，区国资委全面落实核心区控规和东城区城市更新改造3年行动计划，围绕老城保护与复兴，推进前门东区保护性修缮和恢复性修建。打造好景胡同23号共生院示范区，完成韶州、庐陵会馆2处文物院落修缮，启动会馆文物活化利用研究。推进中轴线申遗重点项目腾退。聚焦重点区域街区更新，推进钟鼓楼周边、故宫周边、西草红庙街区等申请式退租和恢复性修建，腾退居民668户、1.47万平方米，涉及院落149个，其中整院落64个、共生院落85个。完成南锣四条胡同54处院落修缮整治，有序开展后续运营管理工作。同步做好平房区物业管理、简易楼腾退、老旧小区改造等工程。

（杨　威）

【国资国企改革发展】2021年，区国资委做深做实“3+1”区属国有经济布局。打造以历史文化名城保护和老城复兴为核心的“文化+”产业发展平台天街集团。完成崇远集团、东方信达2家一级企业公司制改革，打造现代商业服务业集团和区级投融资平台。平稳完成建远公司和东方置地2家一级企业战略重组，打造城市建设领域大企业集团。推动佳源公司、京诚集团2个特殊功能类企业做好保障性住房建设、直管公房专业化管理运营。制订出台《东城区国资监管制度文件汇编》，汇总5年的制度“废、改、立”成果28件，全年清退劣势企业20家，将管理层级控制在3级以内。全面提速国有企业公司制改革，需改制29户，完成28户，完成率96.55%。

（浦声琦）

【房产资源和产权管理】2021年，区国资委推动崇雍大街业态提升，超额完成住宿业整治提升任务，完成关停4处，转型升级38处。支持便民养老设施建设，推动红桥市场建成综合性新消费品牌孵化基地。压缩企业层级，优化经营结构，指导企业投资新设及补登占有登记21家，变动登记129家，注销登记15家；落实2家事转企资产脱钩划转，完成6家企业股权划转。强化房产管理，开展区属国企房产出租出借专项整治，制订出台《东城区国资系统房产管理平台管理制度》。完成企业投资、资产评估备案核准事项8件。

（王　玉）

【业绩考核与薪酬管理】2021年，区国资委优化调整业绩考核指标体系。在原考核指标体系中增设“其他指标”，突出考核1—2项企业完成政府交办重大专项工作和改革发展重点任务的情况，将“接诉即办”办理工作纳入年度考核。尊重客观实际，充分考虑疫情及房租减免带来的影响，为中小微企业减免租金视同已获得的收入。10月完成2020年度企业负责人业绩考核、薪酬兑现。

（李　睿）

【国有资本经营预算管理】6月，区国资委完成2020年度企业国有资本收益收缴工作，收缴国有资本收益9637万元，完成年度预算的126.97%。支持国资预算项目5个、计5694万元，调入一般公共预算2440万元。6月配合财政局完成便民服务体系店铺开发建设（2019年项目）和京诚集团平房区物业整体提升2个国有资本经营预算项目绩效评价。10月编制完成2022年国有资本经营预算。

（王星华）

【安全生产和信访维稳】2021年，区国资委督促指导企业层层落实安全生产主体责任，每季度组织召开安全生产专题会，紧扣疫情防控、全国“两会”、建党百年、党的十九届六中全会、夏季防汛等重要时段、重大活动和重点区域，强化社会矛盾化解和安全隐患排查整改，完成安全稳定和服务保障工作任务。全年开展安全生产检查788次，排查隐患838个。

（杨　威）

【天街集团】北京天街集团有限公司（简称天街集团）是东城区最大的国有文化企业。主营业务：文化地产开发、文化园区运营、文化内容制作。先后完成前门大街、玉河、菖蒲河、钟鼓楼广场、三里河、草厂胡同三至十条、西打磨厂街等历史风貌保护和老城更新项目，建设运营前门文化体验式消费街区、玉河文化产业园、菖蒲河文化艺术园、77文创园等特色文化产业园区，投入运营北京喜剧院、蜂巢剧场、皇城艺术馆、时间博物馆、大华城市艺术表演中心、东苑戏楼、广和查楼等一批文博场馆和文化设施。1月，北京文化消费高峰论坛暨2020北京文化消费品牌榜发布仪式在京举办，品牌榜结合常态化疫情防控新形势和文化消费市场发展新趋势，设立“十大文化消费地标”“十大文化艺术活动”“十大网络视听精品”“十大文化创意产品”“十大文化消费创意IP”五大主题榜单，其中前门大街入选“十大文化消费地标”。7月17日，保利文化集团股份有限公司与天街集团签订北京喜剧院合作协议。由天街集团编著，北京工艺美术出版社出版的《天街商话 述往论今 北京前门老字号口述历史》一书面世，该书沟通采访23家老字号及国家与市区级非遗传人26人、企业负责人及相关工作者，收集文字资料及逾400张图片资料。由中国文物学会、《中国文物报》主办，北京兴旅国际会展有限公司承办的“2021全国文化遗产旅游百强案例”发布，遴选100个具有典型性和创新性案例，其中“北京会馆文化陈列馆主题旅游项目”入选“百强案例”。由天街集团协办的“会馆有戏”系列展演活动分别在颜料会馆、临汾会馆等会馆长期上演，通过声乐表演、器乐演奏、魔术杂耍、相声曲艺等多种形式，展现文化艺术新貌，探索会馆旧址文物创新利用新模式。天街集团成为东城区首家拥有公开AA+信用评级的国有企业。由天街集团与北京城建集团、北京城建投资发展股份有限公司、住总集团共同投资设立的北京京城佳业物业股份有限公司正式在香港联交所主板上市，成为北京首家国有上市物业企业。天街集团抽调干部364人次协助安定门街道、王府井管委会开展疫情防控工作。2021年，天街集团营业收入24.4亿元，利润5.58亿元，上缴税金11.69亿元。上交国有资本收益3.3亿元，在所有驻区企业中区级一般公共预算收入贡献全区第一，全口径税收总额排名第五（近三年合计上缴税费32.8亿元）。

（任　川）

10月22日，天街集团协办“会馆有戏”系列文艺演出活动（刘少军摄）

【崇远集团】北京崇远集团有限公司（简称崇远集团）经营范围：接受委托、经营管理国有资产；企业总部管理；出租商业用房；出租办公用房；房地产开发；物业管理；企业管理；技术推广服务；居家养老服务；组织文化艺术交流；摄影扩印服务；餐饮服务；销售食品；药品零售。根据《北京市东城区人民政府国有资产监督管理委员会关于同意北京崇远投资经营公司改制有关事项的批复》，2021年10月22日完成崇远集团化公司制改革和集团挂牌。崇远系统包含集团总部完成29家全民所有制企业改制为有限责任公司，完成2家企业注销。开展“国艺源公司第三届梦幻景泰蓝夜场文化体验季”等活动。推进新中国儿童用品商店、利生体育商厦升级项目，金鱼池中区24号综合

7月17日，保利文化集团股份有限公司与天街集团签订北京喜剧院合作协议（苏冠名摄）

9月，悠惠万家便民服务综合体新味店完成升级
（韩蕊摄）

楼楼宇改造提升项目，城市医养结合体和智慧养老项目。崇远万家公司完成悠惠万家德昌厚店、新味店、西苑店3家店铺升级，新开美术馆东街店1家。五洲医药公司与北京本草四堂科技中心（有限合伙）成立合资公司。崇远集团强化制度建设，制订《权属国有企业违规经营投资责任追究工作制度》《闲置资金集中利用提高效益管理办法》《权属一级企业负责人履职待遇、业务支出管理暂行办法》等6项制度，修订《车辆管理使用办法》。2021年系统出动2.62万人次，检查网点2.51万家次。办理“接诉即办”件共计778件。开展“以训兴业”培训，累计参加培训1471人。公司召开党委会35次。召开经理办公会28次。对系统内在职困难党员情况进行细致梳理、严格摸排，落实帮扶资金5.3万元，对困难党员实施帮扶13人次。组织开展共产党员献爱心捐款，全系统党员564人、群众980人参与捐款活动，募集善款8.78万元。向内蒙古自治区阿尔山地区捐款15万元。崇远集团从严从实抓好疫情防控，集团系统疫苗加强针接种率在职人员、退休人员均实现同期100%，动员出租商户、合作单位、职工亲属接种疫苗。2021年，崇远集团实现营业总收入17.69亿元，利润总额1.26亿元，实现国有资产保值增值。

（初　祺）

【建远公司】北京建远投资经营有限公司（简称建远公司）是区国资委授权负责国有资产监管、运营、管理的国有独资有限责任公司，下属控股、参股、监管、合资合作企业42家。2021年，建远公司稳步推进建远公司、东方置地公司重组各项工作，完成正阳公司改制，研究审议改革发展、生产经营、疫情防控、安全生产等100余项重大事项；制订《关于在建远系统开展党史学习教育的实施方案》，围绕住房难、停车难、充电难、环境差等38项热点难点问题，制订清单、逐步推进，解决难点问题；选派51人到东花市街道、朝阳门街道参与防疫防控，2人参与集中隔离观察点工作；用活《公司月度信息》，全面展现建远公司各级党组织党建、经营业务、安全生产、“接诉即办”等工作动态，完成上级交办的各项任务。建远公司推进企业七大核心板块（房地产开发建设板块、市政基础设施建设板块、商业地产经营板块、物业管理板块、商业街区运营板块、政府项目全过程管理板块、静态交通管理板块）建设，提升国有资产运营管理能力，实现国有资产保值增值。2021年，建远公司控股企业北京正阳恒瑞置业有限公司（简称正阳恒瑞）完成通州区两站一街E5、E6地块东城区旧城保护定向安置房项目A6组团33-36号楼定向安置房工程竣工验收备案手续，安置房达到入住条件。完成A4组团配套养老院、3号幼儿园五方验收。完成景山学校通州校区工程建设及工程验收。完成文化活动中心项目竣工验收备案。完成安定门街道交道口北三条30号楼和永康胡同18号院老旧小区综合整治项目施工，涉及居民250户，建筑面积2.06万平方米，申报建委验收；承接前门街道草厂头条7号院老旧小区综合整治及拆违封堵项目和东直门街道第一批老旧小区综合整治，完成施工许可证办理。控股企业北京宝华地产有限公司推进宝华里危改项目（简称项目），项目2号、4号地块总包单位进场；项目配套工程及居民补偿安置工作正式启动；至年底，项目配套工程选房签约率93.5%，取得3号回迁地块建筑工程施工许可证。控股企业北京建新市政工程管理有限责任公司（简称建新公司）承建东城区次支路建设项目10个，2021年，按计划实现法华寺街、长青南路、革新中街3条次支路完工通车，并通过市区两级验收。其他项目中，北极阁头条完成施工；自然博物馆北路、安乐林路、文化用品公司东路、刘家窑路、手帕胡同、夕照寺东西线6条道路组织搬迁征收。控股企业北京东方置地投资发展有限公司（简称东方置地）代建第一人民医院异地迁建项目完成地下全部主体结构、地上三层钢结构施工；青少年科技馆改扩建工程完成主体结构封顶；文化活动中心二期项目功能厅室及办公区部分完工交用并完成剧场录音棚部分招标；特殊教育学校改扩建工程取得施工许可证；奋章胡同53号院修缮工程完成竣工验收；金鱼

3月8日，宝华里危改项目3号地天幕系统（刘晨曦摄）

池二期西项目完成收尾阶段综合整治方案编制；东直门中学地下建筑渗漏修复工程、第二中学分校北校区装修改造工程竣工。东方置地开展老旧小区改造工程，实现仓南胡同12号院改造竣工；安化北里2号和3号楼、东中街22号楼完工；菊儿胡同老旧小区、胡家园西区和东营房八条一号院老旧小区收尾。开工建设和平里街道拆违封堵工程、北新桥街道拆违工程，完成北新桥街道背街小巷及美丽院落工程、东直门11条街道环境提升工程。权属企业北京红桥市场有限责任公司推进第五次转型升级暨新消费品牌孵化基地建设。2021年，结合2022北京冬奥会，自主举办冬奥主题设计产品征集系列活动，举行“献礼百年华诞 喜迎北京冬奥”、5G非遗文创直播开播仪式，举办天坛文商旅联盟项目发布、扶贫对接会等活动，宣传、展示红桥非遗和珠宝特色产品；完成直播基地项目基础建设和试运营，结合市场资源，每月完成30余场次非遗文创直播，为新消费品牌孵化提供新技术、新渠道；与众智互通合作，在市场五层打造红桥中传品牌交流中心，探索新消费品牌孵化；孵化“嗨饭街”新餐饮品牌项目，突出街区社交功能，打造新餐饮品牌聚集地，扭转市场餐饮下滑问题。红桥市场获国家级知识产权规范化市场、新消费品牌孵化基地、诚信服务承诺单位等荣誉称号。权属企业北京王府井置业投资有限公司完成穆斯林大厦外立面升级改造、182-196号立面整治工程、277号院环境提升工程；协助王府井管委会修订《王府井步行街地区户外管理办法》；组织、承办、提供地面服务保障活动34场；继续与京东城市合作开展“魅力王府井”小程序及公众号的基础运营；完成慧忠北里108号楼、弘燕路小区、甜水园北里5号楼115户房改房制证并缴存相应公共维修基金。权属企业北京天元时尚商业文化有限公司完成2021年经济指标及安保任务，落实疫苗接种，元隆大厦整体疫苗接种率达到94%；完成元隆大厦南侧房产双向续租工作；推进元隆大厦楼宇升级，完成第二阶段升级改造任务。权属企业北京东创空间文化产业发展有限公司实现东创空间整体出租率92%，创业谷出租率达85%，文化园出租率超98%；完成A座四层工程改造和园区电梯大修；协办创客创业大赛，获首批市级退役军人就业创业园、北京市创业孵化示范基地（第五批）等荣誉称号。权属企业北京静态交通东城投资运营有限公司完成建党100周年演练活动和大会当天的停车保障任务，出动565人次；完成一期、二期道路，东扬威街，民旺北胡同等三期道路，东华门街道南池子社区居住区等停车位复画、施画6475个；完成静态交通智慧平台开发，东城停车APP在安卓、苹果iOS等各大应用平台上线；设立、更新收费价牌38块；接管6处路外公共停车场并纳入东城区智慧管理平台；新装9个车场道闸、8个车场地磁、12个车场监控设备；建设东四六条15号院立体停车设施；完成地坛南门停车场西侧新能源充电设备建设。建远公司落实企业安全生产主体责

8月，红桥市场助力新消费品牌孵化，打造新餐饮品牌（王超摄）

7月28日，王府井街区举行王府井论坛启动仪式（魏唯达摄）

任，做好重大活动重要节日安全保障工作。全国“两会”期间，出动3000余人次开展安全检查；防汛期间，累计参与汛期检查及备汛7500余人次；建党100周年庆祝活动期间，累计出动检查人员1400余人次，张贴安全提示1400余张。2021年，建远公司总资产221亿元，总负债179.3亿元，所有者权益41.7亿元。上缴各项税收5508万元，上缴税后净利润100万元，上缴国有资本经营收益458万元。

（王　楠）

【东方信达公司】北京东方信达资产经营集团有限公司（简称东方信达）成立于2002年，2021年9月由全民所有制改制为集团有限公司，注册资本10亿元，是经东城区政府批准设立，东城区国资委履行出资人职责的一级国有独资公司。拥有全资、控股及参股企业25家，涉及四大业务板块，即以吴裕泰、东方祥泰为主体的商业流通与教育产业板块，以东信金创为主体的基金与金融产业促进板块，以东信空间为主体的楼宇与城市更新板块，以及以东体信达为主体的文体活动与设施运营板块。2021年东方信达立足区属重大项目融资平台、国有资本投资运营平台、区域产业促进平台新定位，专注发展，聚焦深改，优化组织架构，调整部室职能，完成经营团队分工调整，提升管理水平和运营效率。完成集团公司公司制改制，下属二级、三级企业改制任务基本完成。六大类16项改革任务完成70%以上。完成东体信达增资，推进东方宏林40%股权从东方置地无偿划转至东体信达。完成东方嘉诚原股东优享创智退出，优化集团公司持股比例。加快推进龙苑公司股权退出，指导下属企业接收行政事业单位投资办企业4家，已获国资委批复。吴裕泰完成旗舰店第五代店铺形象升级，新开店33家，营业收入首次突破6亿元。东方祥泰完成外馆东街23号院房产接管并运营，祥泰第一幼儿园5个班满园运行，解决学前学位159个。东方信达完成东信金创股权划转，组建运营团队。设立东信汇智作为引导基金管理公司，取得基金管理牌照。设立东城创投作为引导基金公司，完成私募基金备案。参与国家文化与金融合作示范区建设，设立东城区国家文化与金融合作示范区服务总中心。完成首创担保东城分公司工商变更，推动首创担保东城分公司为东城中小企业提供融资服务。完成“紫金东方投资促进服务中心”上海站、深圳站落地，引进23家企业落户东城。出色完成崇雍大街业态提升工作，取得崇雍大街地区8处房屋经营管理权，5处完成改造亮相。与金融机构完成融资授信，一次性趸交南锣鼓巷四条胡同52处院落20年租金，与京诚集团对接移交工作。修订《房屋出租管理办法》，新签续签31份租赁合同，建立房产出租招商奖励长效机制，新增连锁和便民服务网点6处，完成6家酒店住宿业提升。改造更新三友商场老旧业态，打造东四核心区楼宇提升新标杆雪莲亮点文创园，完成招商。授权东体信达运营龙潭中湖公园，日均接待游客2万余人，接待有关领导及各部门调研、行业交流学习活动30余次。成立东方智体公司，推进“京体通”智慧管理平台开发上线，注册用户20余万人，接入体育场地17处。取得柳荫公园综合训练馆运营权，完成碧泉山庄接收，拓展平谷等区外体育产业项目。完成“2021年高雄·北京特色周暨2021年京台社区云聚首·元宵节主题活动”。打造五四大街甲31号红色文化传承新地标——北大红楼紫金城市书院，举办“红色电影观赏”“红楼大师课”等活动100余场。与内蒙古自治区化德县4村结对帮扶捐赠物资15万元，修订垃圾分类制度并开展全员培训，组织志愿者27人献血4400毫升。制订、修订制度8项，梳理8个类别共103个重要决策事项，对10项决策程序、13项制度提出优化、修订建议。推进办公数字化，完成钉钉系统80个流程上线，推进系统软件正版化，营造规范、安全的网络办公环境。组织签订2021年安全生产责任书，制订全国“两会”、汛期、建党100周年、十九届六中全会等重要时间节点的安保工作方案31个，下发各类通知370余份，集团本部全年值班295天，值班723人次，系统共检房产1897处，出动2720人次，发现隐患71处，全部完成整改，2021年未发生安全生产责任事故。修订《集团公司“接诉即办”工作实施方案》，集团领导组织召开“接诉即办”工作专题会3次，推进难点问题解决。处理区国资委转办信访件及来信1件。接到“12345”市民热线投诉111件，其中82件均得到相关投诉人满意答复，29件为疑难件、重复投

9月24日，东方信达运营的龙潭中湖公园开园，日均接待游客2万余人（东方信达提供）

诉件。东方信达推进加强疫苗接种工作，抽调干部职工90余人参与东城区防疫，对363处监测网点检查9600余次。2021年实现营业收入7.58亿元，实现利润总额6454万元，累计上缴税费6500万元。资产总额27.32亿元，所有者权益13.12亿元。

（郑　欣）

【佳源公司】北京佳源投资经营有限责任公司（简称佳源公司）为区国资委直管一级企业，注册资本29.6亿元。佳源公司担任旧城区改造及保障房建设职能，推进定向安置房建设与收购；开展棚户区改造、文保平房区修缮，适时完善区内市政基础设施建设；推进房地产开发；开展中关村东城园区开发建设；推动资本运作及资产运营等主营业务板块发展。2021年，佳源公司承建与运营东城区旧城保护定向安置房豆各庄建设项目，提前完成2000套住宅套数目标，实际提供住宅套数2252套，建筑面积达11.54万平方米。至12月，豆各庄项目开工面积140.8万平方米，含住宅楼1.12万套，占总建设规模93%，其中正在施工23.89万平方米（含住宅楼0.16万套），基本完工36.68万平方米（含住宅楼0.23万套）。竣工80.23万平方米（含住宅楼0.73万套）。2021年，豆各庄项目对接定向安置房源382套，至年底，豆各庄1-4号地具备对接条件的房源为9788套。对接前门东区、西忠实里、直管公房简易楼腾退，南锣鼓巷、钟鼓楼、三眼井、西总布等东城区主要搬迁腾退项目37个，对接房源计5938套（其中定向安置房3369套、共有产权房655套、经济适用房1914套），剩余3850套房源待对接使用（其中定向安置房3312套、共有产权房538套）。为加快推进豆各庄项目房源销售，4月完成豆各庄项目4-07#、4-09#、5-01#楼首批1193套共有产权住房的性质转化工作。2021年对接申请式退租项目7个，调配房源950套，累计对接655套，完成签约销售计128户。2020—2021年佳源公司作为腾退项目的实施主体，腾退天坛地区西园子四巷南、北楼简易楼，该项目为交道口、东四、天坛地区11栋选3栋简易楼腾退工作中天坛地区2栋简易楼，分为西园子四巷南楼及北楼，计居民72户，腾退建筑面积1935.7平方米。项目总投资约2.5亿元，腾退资金由财政拨款。8月31日72户居民全部搬迁腾退完成搬家交房，签约率100%；9月25日完成70户居民选房（2户为货币安置），选出125套项目对接房源；9月26日完成腾空楼体移交；10月29日完成居民补偿款发放，涉及资金2.4亿元；11月18日完成市、区两级审计部门对项目的审计；11月30日开始办理入住；12月底，完成81套房屋的入住手续办理。完成和平里中街14号院老旧小区改造项目。佳源公司协助东城区机关单位，推进市级重点工程东四文化宫更新修缮。项目总用地面积约3178.39平方米，改造后总建筑面积4345平方米，项目总投资约6500万元。项目取得立项批复文件，并完成项目资金评审及监理单位招标等相关工作。佳源公司受区机关服务中心委托，具体负责天坛医院旧址资产接收、移交和拆除。完成天坛医院旧址1580件资产的盘点，并建立资产台账；配合完成拆除工作的财政评审、招投标等前期准备；对拆除范围内的房产、资产进行正式查验交接。东直门信达中心项目是北京市重点工程，项目总建筑面积51.28万平方米，定位为集办公、商业、酒店和住宅为一体的高端城市商务综合体，该项目停滞多年，佳源公司作为该项目股东方，针对项目推进过程中遇到的问题及时与大股东和区政府各部门沟通协调，协助推进项目建设。佳源公司下属二级企业北京天华雍和科技园建设发展有限公司（简称天华雍和公司）作为中关村东城园平台公司，按照以青龙项目为核心，龙潭湖体育产业园为储备的工作思路，进行分步推进。青龙项目在供地路径、规划方案论证、投资测算分析、终端用户储备、土地出让公示、利用方案研究上取得显著工作成果，10月取得首规委设计方案、规划指标批复；11月区政府批准以协议出让方式供地。8月龙潭湖项目规划方案经区政府专题会审议通过，确定方案可行性。年底天华雍和公司协助开展对全区范围内的土地资源进行梳理整合、踏勘摸底，参与东城区土地资源供应工作专班工作，配合区规自分局提出具体工作方案、实施方案，编制“一图一表一册”等。佳源公司全面推进物业管理和生活垃圾分类，下属东屿物业公司和晟世鸿承物业公司搭建阳光棚、维修管道、增设电动自行车充电桩等，做好小区基础配套设施更新和改造工作。组织下属两家物业公司进行重组合并。完善内控建设，落实问题整改，研究制订公司内控缺陷整改方案，9月发布实施内控体系文件修订版（2021年）。完善疫情防控工作，召开9次疫情防控专题会。完成佳源公司系统疫苗接种和核酸检测，接种率达97.26%、284人次。抽调干部职工26人，下沉社区4次，累计下沉120余天，完成各项防疫任务。全年召开意识形态工作专题会3次、党建工作专题会5次，制订2021年公司党总支理论学习中心组学习计划，组织开展中心组学习12次，学习习近平总书记重要指示精神等文件17个。公司党总支全年开展12次党支部月度学习。推荐党代表2人参加区第十三次党代会。推荐政协委员1人参加区政协会议。制订2021年全面从严治党主体责任任务清单、佳源公司2021年党风廉政建设和反腐败工作要点。主动邀请“两员”参加公司各类会议、活动计6次。制订《佳源公司安全生产“党政同责、一岗双责”暂行办法》《佳源公司“防风险、除隐患、保平安”消防安全隐患集中排查专项行动方案》《2021年防汛工作方案》《防汛工作应急预案》。全年系统内未发生人员伤亡事故，安全生产态势稳定。

（王　兰）

【京诚集团】北京京诚集团有限责任公司（简称京诚集团）主营业务包括项目投资、资产管理、房地产开发、物业管理、出租商业用房、出租办公用房、房地产经纪、机械设备维修等。2021年，京诚集团执行直管公房管理政策，有效开展租赁合同履约管理、租金收缴等工作，落实直管公房领域专项部署，加强入户巡查，全年清理转租转借43户、建筑面积1018.28平方米，确保“动态清零”。推进商企用房调租，按照产业指导目录，严格开业审核，同步配合相关部门落实住宿业转型升级以及崇雍大街业态整治提升工作。以提升经济效益为重点，完善集团自有房产经营管理规定，规范出租经营审批流程，联合专业机构对经营性用房租赁价格进行市场评估，确保租金合理化。完善直管公房综合管理体系，修订信息变动、合同管理、自有房产经营等制度，规范更名、开业等16项管理业务流程，建立房屋管理廉政风险点查找及防范机制。健全完善房屋住用安全管理体系。以年度查房、房屋修缮、夏季防汛、温暖过冬为重点，落实房屋安全闭环管理，保障住用安全。做好年度房屋安全检查，组建30个查房小组，完成5012个工日，累计检查平房7.84万间、楼房656栋、总查房面积266.5万平方米；完成14.89万平方米拆迁滞留区原直管公房、71.44万平方米的私房及0.674万平方米的标准租私房查房，排除隐患。落实年度房屋修缮计划，全年完成平房大修58户、93间、1104.32平方米；完成中修599户，零维修2.50万户次。完成防汛任务，汛期累计复查平房3.20万间、楼房333幢；开展雨中巡查平房5.13万间次、中式楼783栋次、楼房3973幢次，汛期备勤达2.10万人次；处理平房漏雨房屋1029.5间、楼房111幢，涉及971户报修，其中拆迁滞留区漏雨平房20间，涉及18户；私房漏雨平房20间、楼房23幢，涉及56户，实现“两不两少”防汛目标。为煤改电冬季供暖提供保障，全年完成平房区煤改电设备更新及内线改造工程3171户，供暖季期间累计出动700余人次，巡查房屋8579处，确保居民温暖过冬。强化平房区、住宅小区、非住宅的物业管理服务，开展金鱼池东区环境品质提升整治行动，完成平房区及老旧小区物业整体提升项目，建立海运仓微消中控指挥站，增设电动自行车充电桩设备。所管俊景苑，华冠丽景嘉园，龙西6号、8号楼，光明4号楼项目先后被评为北京市生活垃圾分类示范小区。推进安定门、和平里、体育馆路等6个街道办事处、17个小区、51栋楼宇的物业接管工作，承接协和医院专家家属院及《求是》杂志社家属院物业管理。加强对直管公房电梯、水泵、配电室等设备设施的巡查检查及维修养护。完成东营房九条25号热力站及外线项目建设、天坛东里南区1-5号楼等8栋高层消防管辖权移交。打造“工匠营”品牌，延续师带徒，聘请专家顾问，加强校企合作，提高保护修缮“含金量”。培育专业人才，输送讲师走进北京城市学院讲授工程修缮课程，成功举办首届“工匠营”技能比武大赛。以实训基地为依托，从房屋修缮、古建技术、文明施工等角度，多次组织历史建筑保护利用等方面的专家研讨会。完成钟鼓楼、故宫周边以及西草红庙街区3个申请式退租项目，同步完成院落拆违整治。完成鼓楼东大街168号、266号，东四六条15号等11选3简易楼腾退项目。完成纳福胡同11号南北楼、雨儿胡同甲15号简易楼修缮工程。启动南吉祥23号简易楼开工建设。实现光明楼17号简易楼改建工程主体结构封顶。推动青年湖东里和北河沿大街31号楼老旧小区综合整治项目。完成胡家园老旧小区综合整治项目收尾工作，基本完成西河沿危改项目东区住宅楼内外装修，承接北大红楼及《新青年》编辑部旧址周边环境综合整治任务。完成东堂子胡同4号、6号文物保护项目修缮加固工程，推动宏恩观修缮、同兴和木器店旧址修复工程、正阳桥疏渠记方碑文物院腾退修缮、清华寺周边环境整治、法华寺解危排险等市区重点项目。配合做好望坛、宝华里危改及天坛简易楼腾退项目收尾，启动南中轴路周边棚户区改造项目环境整治。推进幸福北里南区地块市民中心新建项目，加大朝内大街165号已腾退简易楼综合改造、红军营仓库提升利用、粉厂胡同东侧解危排险等项目推进力度。全年共受理“12345”派单和为民服务平台“接诉即办”案件4544件，其中区级有效回访案件3349件，解决案件2238件，市民满意（含基本满意）案件2621件，安定门公司、崇东公司等为居民主动解难题，入选东城区“接诉即办我为群众办实事”典型经验案例。做好全国“两会”、建党100周年、党的十九届六中全会等重大活动安全维稳工作，提升直管公房服务保障水平。推进新冠疫苗接种，精准实施直管公房领域疫情防控措施，助力街道办事处做好应急防控，抽调干部下沉防疫一线，合力织密筑牢疫情“防控网”。以工会采购、资金捐赠、签订结对帮扶协议为重点参与精准扶贫。建设东城区城市更新投融资、实施、运营一体化平台。2021年，集团总体实现营业收入6.36亿元，社会贡献总额3.9亿元，超额完成经营业绩考核指标。

（国凌雁）

东城区国资委系统公司负责人

北京天街集团有限公司

董事长、党委书记	李　桦
总经理、党委副书记	李　军

北京崇远集团有限公司

董事长、党委书记	李承刚
总经理、党委副书记	邹宜凡

北京建远投资经营有限公司

董事长、党委书记	王伟东（11月任）
总经理、党委副书记	李永强

北京东方信达资产经营集团有限公司

董事长、党委书记	彭　湘
总经理	李多多

北京佳源投资经营有限责任公司

董事长、党总支书记	王晓彤（11月任）
总经理、党总支副书记	迟家钰（11月任）

京诚集团有限责任公司

董事长、党委书记	赵春军
总经理、党委副书记	曹国庆

投资促进服务

【概况】东城区投资促进服务中心（简称区投促中心）是负责宣传、推介、营销全区投资环境，承担东城区重大引资活动综合服务的区政府工作部门。2021年，研究制订并公开发布《东城区关于促进中介服务机构招优引强工作的若干措施》，建立健全市场化招商引资激励机制，签约合作平台服务机构113家；创立平台招商“紫金足迹”品牌，通过参观考察、走访座谈、调研交流，带领各类平台服务机构了解东城特色，强化与平台服务机构之间良好的合作关系。研究制订《东城区促进楼宇经济高质量发展的若干措施》《东城区商务楼宇评价指标体系》《东城区商务楼宇改造升级规范》，推进30栋楼宇园区改造升级工作；更新确定楼宇园区台账，为年度纳入经济工作的304栋楼宇园区配备服务管家和招商工作“双楼长”；创立楼宇招商“紫金推介”品牌开展多期系列活动；设计制作《东城区楼宇经济发展白皮书》，组建楼宇联盟，打造楼宇经济高质量发展生态圈；参加“2021服贸会·中国楼宇经济北京论坛”并获东城区荣膺“中国楼宇经济高质量发展标杆范例”称号。参加服贸会、京洽会、HICOOL全球创业者峰会、京港会等高级别大型活动，全方位多角度宣传空间资源、扶持政策、紫金服务；组织开展京港企业携手创商机交流会、2021年服贸会东城区投资推介洽谈会等特色主题活动，与目标企业共商共赢；会同区属国企建立上海、深圳2个京外招商服务站，成功引进福建省“瞪羚”“小巨人”“专精特新”企业北卡科技有限公司在东城区新设北卡时代、北卡星科技2家公司，帮助北卡科技打造北方新总部。为重点企业提供服务，累计为企业协调解决实际问题150余件；安排专职人员派驻重点企业，参与企业经营发展，当好驻区企业的服务员、联络员、宣传员，全年帮助企业协调解决问题60余件。聘请专业机构协助收集整理招商引资资讯信息和项目线索，先后制发《招商引资周报》55期，《东城投资快讯》12期，《东城投资资讯》12期；设计制作“投资东城”IP形象“东小福”及微信表情包、海报，利用微信公众号进行推文，在投资东城网站上进行宣传，设计原创视频，多渠道广泛宣传东城、推介东城。落实疫苗接种攀登行动、登峰计划、冲刺行动，制订工作方案，推进楼宇园区疫苗接种，楼宇园区计划接种21.5万人，整体接种率达90%以上，疫苗加强针接种率达

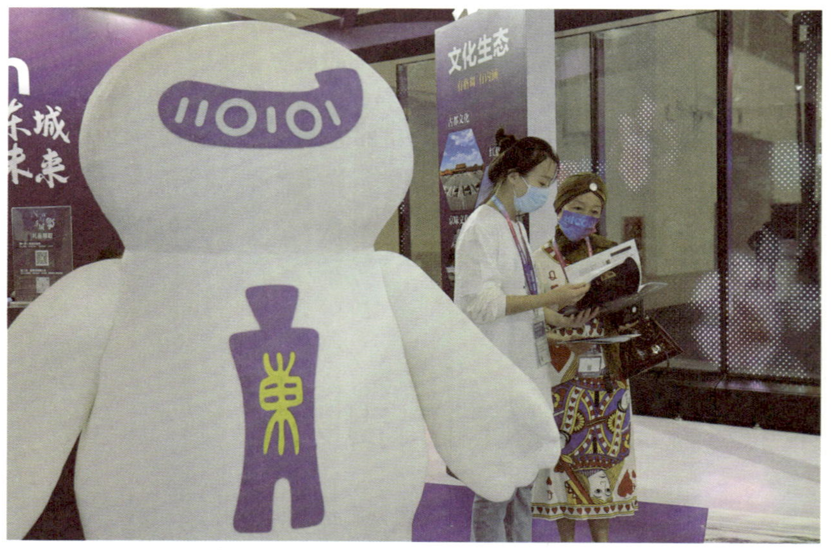

9月10日，区投促中心工作人员做好宣传推介，全方位展示东城形象（王晓丹摄）

98%。

（吴丽涛）

【参加全球创业者峰会】9月10—11日，以“iNew·赢在东城”为主题的东城展区亮相HICOOL全球创业者峰会。通过印象东城、生态东城、赢在东城3个篇章，全方位展示东城区位优势、资源优势、服务优势和发展优势，吸引高端人才和创业团队与东城携手互助共赢。“投资东城”IP形象人物“东小福”化身AI机器人在展览现场亮相，参观导引方式生动，交流互动形式多样，增加现场的趣味性和吸引力，带来充满科技与创新质感的观展体验。为帮助更多参会创业项目对接东城，展区设置“紫金”服务台，提供独具东城特色的“紫金服务”，讲解项目需求、解答项目疑问、对接项目落地，让优质项目企业与高端人才切身体会东城效率与东城魅力。

（李　晶）

【参加投资北京洽谈会】9月3日，区投促中心在投资北京洽谈会上以“紫禁之东·首善之约”为主题，通过展板、视频、宣传品等形式宣传“五个东城”“四全服务”“五大产业”。在洽谈现场，面向有意向的投资人和企业进行现场推介，介绍东城区“两区”建设政策措施、营商环境及投资机遇，向社会传递文化积淀深厚、环境充满活力、发展积极向上的东城魅力，让参观者切身感受“崇文争先”“五个东城”的优质氛围。经过前期反复征集、筛选、沟通，在区金融办、文促中心等部门大力支持下，组织智能金融产业发展基金、禄米仓新视听创意中心等“两区”建设招商引资重大项目代表参会，区长金晖代表区政府与重大项目签约，合同签约金额逾3亿元。

（李　晶）

【服贸会东城区投资推介洽谈会】9月3日，东城区投促中心以“紫禁之东投资兴业 服务贸易繁荣发展”为主题，借助服贸会平台，在国家会议中心面向服务贸易目标企业、商协会等平台机构进行招商引资宣传推介。播放东城区宣传片，介绍东城区基本情况，会同区发改委、商务局、科技和信息化局、金融办、文促中心等部门宣传介绍“十四五”规划、营商环境、产业政策、空间资源等优势。服务贸易企业、商协会等合作平台机构50余人参加投资推介洽谈会。

（李　晶）

【赴外省市调研考察】3月30日至4月2日，副区长杨锟带队，区财政局、商务局、金融办、投促中心一行7人赴深圳市开展调研考察。调研经济发展前沿最新趋势，考察经济发达地区产业聚集经验，加强与经济发达地区重点企业对话，加大京外企业引进力度。同时，针对拟在深圳探索建立京外招商服务站事宜考察选址。4月25—27日，副区长杨锟率队赴上海市考察调研，区发改委、财政局、商务局、科技和信息化局、金融办、投促中心、文促中心相关部门参加，期间走访调研企业6家，为加强深入交流和沟通对接，寻找合作契机，推动项目合作，促进合作共赢打下基础。

（李　晶）

【沪深两地招商服务站同步挂牌】4月26日，在上海市锦和中心，区投促中心领导主持揭牌仪式，向近20家意向来京发展的企业家代表介绍活动背景及东城区投资和营商环境，副区长杨锟为紫金东方（上海）投资促进服务中心揭牌，与会企业家畅谈参与东城区建设发展的美好愿景，区发改委、财政局、商务局、科技和信息化局、金融办、文促中心等相关部门负责人40人参加。紫金东方（深圳）投资促进服务中心同时挂牌，沪深两地招商服务站投入运行。2021年，区投促中心累计收集855条招商信息，对接373家招商资源，拓展28家招商合作渠道，举办14场招商推介活动，收集发达地区产业政策与先进经验信息11个，招商落地23家企业。

（李　晶）

【“投资东城”微信公众号】2021年，“投资东城”微信公众号累计关注3617人，总阅读量13.6万人次，累计原创推文94篇。累计接听各类咨询电话数100个，主动前来洽谈项目企业近50家，落地项目6个。

（王晓丹）

【楼宇园区疫情防控】2021年，区投促中心作为东城区复工复产防疫组楼宇园区小组牵头单位，依托东城园管委会、王府井管委会、文促中心及17个街道办事处共20个服务管家力量，落实区复工复产防疫组楼宇园区小组牵头责任，密切关注疫情发展变化态势，传达市区最新指示要求，督促服务管家落实责任，做好常态化疫情防控和复工复产达产满产各项工作，督促楼宇园区落实疫情防控四方责任，接收并办理楼宇园区疫情防控有关督办66件，累计下发通知80余个，应对突发疫情，将影响和损失降到最低，保障支撑全区经济社会事业发展。至年底，东城区疫情期间纳入防疫监测的279栋商务楼宇（园区）全部复工，入驻企业员工到岗率保持高位运行，楼宇园区疫苗接种率稳步攀升。

（李　晶）

烟草专卖

【概况】东城区烟草专卖局（公司）（简称东城烟草），为烟草专卖行政主管机关，依法负责行政辖区的烟草专卖管理工作，在行政辖区内对烟草制品实行专卖专营。2021年，东城烟草推行扁平化组织管理，打通壁垒、全员参与。遵照“全员营销、全员专卖”工作理念，打破部门职责壁垒，打通上下沟通渠道，先后建立云POS精准营销、诚信互助、客户管控、党建融合、综合考评、职级评聘等多个专项小组，各小组成员由各部门骨干构成，部门服从小组安排，员工跳出本职岗位局限，投身到重点工作事务中去，此举措既为广大干部职工展现工作水平搭建平台，又为领导科学决策、汇聚各方智慧提供先决条件。4月21日，开展新修订《行政处罚法》专题培训，结合烟草专卖执法工作实际和社会案例，帮助执法人员快速、正确理解相关条款删除、增加、修改的意义，指导规范执法行为。2021年，党员深入卷烟市场一线参与党建融合业务结对工作共计169人次，开展对云POS精准客户库存盘点、价格核查等工作556户次，党建与业务工作深度融合落地。全局25个办实事事项完成18项，解决“接诉即办”问题11个。

（梁明珠）

【查获外省流入高档卷烟案件】1月6日，东城烟草查获一起低档零售户通过快递、闪送方式流入销售的大要案件。案件共查获中华（双中支）、中华（金短支）、中华（细支）烟等6个品种3.78万支，总价值超过10万元。查获卷烟全部来自外省且为高档紧俏品牌，物流码段涉及山西、河北等地。

（梁明珠）

【专项整治行动】1月，东城烟草开展“元春护航”卷烟市场专项整治行动，加大市场管控，切断非法卷烟购、销、储、运渠道，执法人员从多种渠道收集分析线索，并采取错时、夜查等方式进行检查，联合公安部门和工商部门共查获违法案件29起，查获违法卷烟51.75万支，其中假私卷烟22.87万支，查获假私卷烟数量占比44.18%。

（梁明珠）

【规范举报投诉处理】2月4日，东城烟草规范“12345”“12313”举报投诉管理工作，落实《涉烟敏感及难点问题答复建议》要求，发挥“12345”“12313”举报投诉电话作用，畅通涉烟违法行为举报投诉渠道，促进依法行政工作提升。定期开展自查、抽查，重新梳理工作流程、制度，提升举报信息处理工作效率。指派专人负责接听管理工作，确保电话全天24小时畅通，接听率达到100%，全程佩戴执法记录仪，并按要求做到每个电话有记录、有核查、有反馈，相关痕迹化材料及时整理归档。东城烟草以依法行政为着力点，针对现场处置多样性、复杂性与灵活性，做到控制现场举报人情绪，站在消费者角度，做好耐心倾听、解释工作内容，提高消费者满意度与信任度。利用举报投诉电话，分析当前涉烟违法形势新变化，定期汇总、分析举报投诉信息，梳理有价值信息线索及时调整工作重点，为辖区打击涉烟违法案件查办工作提供有力支撑。

（梁明珠）

【联合昌平烟草查获重大案件】3月31日，根据昌平烟草案件线索，东城烟草、昌平烟草执法人员会同东直门派出所公安干警开展联合执法，在东城区一零售户经营场所、库房、车内查获涉嫌未在当地烟草专卖批发企业进货的违法卷烟中华（双中支）、白沙（和天下）等54个品种，共计21.8

3月2日，东城烟草与市场监管局共同约谈电子烟销售企业（张函颖摄）

10月28日，东城烟草召开烟草制品零售点合理布局听证会（张函颖摄）

万支，案值70余万元。经清点统计，涉案卷烟大部分为上海、广州、苏州等地外埠高档卷烟。

（梁明珠）

【精准打击显成效】5月21日，东城烟草执法人员根据分析研判的异常信息预警，对辖区一零售户进行检查，当场查获雄狮（薄荷）、都宝（新）等卷烟3.66万支，案值1.07万元，经现场判断均为真品卷烟。

（梁明珠）

【监管学校周边烟草市场】2021年，东城烟草深入辖区中小学校及幼儿园周边，强化监管摸排。采取逐户上门说法、讲法的方式向学校周边卷烟零售户开展烟草专卖及未成年人保护等相关法律的宣传讲解。按照“不落一校、不漏一户”的原则，对学校周边持证户、无证户和销售电子烟的相关商户进行拉网式排查，对学校周边卷烟零售户管理档案实行动态更新，敦促劝阻停止电子烟经营业务98户，取缔学校周边无证零售户3户。

（梁明珠）

【打假打私专项行动】6月30日，东城烟草开展为期2个月的打假打私专项整治行动，行动期间，共出动执法人员736人次，开展错时检查14次，会同区市场监管局及区公安部门开展联合检查7次；累计破获各类涉烟违法案件33起，双五案件2起，查获违法卷烟46.37万支，其中包括假私卷烟20.67万支，总案值46.16万元。

（梁明珠）

【破获假冒卷烟大案】9月7日，成功查获一起涉嫌存储、运输、销售假冒卷烟大案。行动出动专卖执法人员45人，公安干警30余人，执法车辆15台，兵分6组进行围堵抓捕，分别在涉嫌违法运输车辆和2处库房查获涉嫌假冒卷烟11个品种共计116.78万支，涉案案值91.43万元，扣押涉嫌违法运输车辆2台，嫌疑人4人均被刑事拘留。

（梁明珠）

【零售点合理布局听证会】10月28日，东城烟草结合辖区实际情况，就《北京市东城区烟草制品零售点合理布局规定》召开听证会，会议宣读《北京市东城区烟草制品零售点合理布局规定》，并对相关法律依据、修订目的、修订原则和修订情况进行详细说明及阐释，与会代表就听证事项内容逐一发表意见，听证陈述人就提出的相关问题逐一予以解答，经过讨论，全体参会人员对新修订“合理布局规定”中的内容表示认可，同意“合理布局规定”的实施并签字确认。东城辖区卷烟零售户、消费者等相关代表9人列席参加会议。

（梁明珠）

【优化行政许可服务】2021年，东城烟草对标新修订的《烟草专卖许可证管理办法实施细则》，调整工作流程和工作标准，清理空壳户、休眠证并加强无证户的清理和转化。全年完成行政许可各类事项983件，其中新办272个、变更48个、延续476个、停业8个、恢复营业7个、补办1个、歇业81个、审批注销53个、收回37个。

（梁明珠）

工业和信息化

6 月 28 日，“信仰之火 红色记忆”庆祝中国共产党成立 100 周年景泰蓝精品展开幕（赵蕊摄）

综　述

2021年，东城区信息化工作围绕全区工作重点，发挥信息化统筹作用，推进“智慧东城”建设，深耕信息化技术应用，夯实基础设施建设，提高政务信息化服务效能。坚持智慧引领，发展数字经济；以信用体系为抓手，优化全区营商环境；以信息化平台为支撑，贯彻落实“两区”建设任务，推动“数字经济”建设，将信息网络安全生产检查常态化，将数字网站运维管理规范化，打造网络安全和公共服务发展体系。工业方面，东城区规模以上工业全年总产值呈现“两升一降”态势，采矿业工业总产值快速增长；制造业小幅增长；电力、热力、燃气及水生产和供应业比2020年略有下降。

发展数字经济。加快数字经济发展，促进产业数字化与数字产业化发展，实现数字经济与主导产业全面融合、与传统产业跨域融合、与新兴产业加速融合。实施数字经济3年行动方案。做好《东城区推进数字经济标杆城市建设行动方案（2022—2024年）》出台实施，坚持清单化管理、项目化推进，重点项目动态更新、滚动实施。以新兴技术为支撑，加快智慧城市建设；以数字经济为引领，推动智能金融发展；以文化科技融合为品牌，丰富数字消费场景；以健康大数据为基础，推进数字健康产业发展。引进和培育数字经济市场主体，以北京移动等企业为龙头，整合提升产业链，加快形成一批数字经济领先企业。推动技术创新和成果转化，加速传统产业转型升级，支持美菜网、领先未来等为代表的数字经济领域新产业、新业态、新商业模式持续健康发展。有序开展“入云、上链、汇数、进舱”工作。编制政务数据资源目录并通过目录链管理系统统一“上链”管理、政务数据资源汇聚、指挥调度和决策分析信息接入领导驾驶舱。加快5G基础设施布局，加强重点区域的精准覆盖，在交通、教育、医疗、商业步行街以及城市运行等重点领域挖掘和丰富应用场景，打造便利化、场景化、科技化的新体验。

产业发展规划。区科技和信息化局加强顶层设计，优化产业结构。编制《“十四五”东城区科技和信息化规划》，明确科技、信息产业发展的目标和路径，提出20项任务；修订《东城区促进科技和信息产业发展的若干意见》，构建高精尖经济结构。加大政策扶持，推动政策兑现。启动设立科创产业基金，推动《东城区提升民营经济活力 促进中小企业创新发展的若干措施》《东城区促进信息服务业发展的若干意见》政策兑现。提升服务质量，积极引税护税。依托紫金服务、驻企专员为72家企业提供“四全”服务。至年底，联系走访服务企业753户次，解决企业问题197个；洽谈引进税源企业40余家，成功挽留4家；为专精特新企业配备“服务管家”。

（王　静）

7月25日，金漆镶嵌公司制作完成精工镶嵌屏风《韶山》（张卓凌摄）

工　业

【概况】2021年，东城区规模以上工业生产稳定增长，实现工业总产值40.1亿元，同比增长29.8%，两年平均增长8.9%；实现销售产值39.9亿元，同比增长27.2%；产销率为99.5%，同比下降2个百分点。从三大门类看，东城区规模以上工业全年总产值呈现“两升一降”态势：采矿业工业总产值快速增长，同比增长64.8%，拉动全区工业总产值增长28.5个百分点；制造业小幅增长，同比增长4.6%，拉动全区工业总产值增长2.2个百分点；电力、热力、燃气及水生产和供应业同比下降11.6%。2021年，在新冠疫情不断反复的情况下，制订东城区工业企业外地务工人员进（返）京复工服务保障工作方案和工业企业防控措施。各企业推进疫情防控措施落实到位。

（王　静）

【金漆镶嵌公司】北京金漆镶嵌有限责任公司（简称金漆镶嵌公司）

生产经营传统漆器、古典家具、室内装饰及木雕、根雕、石雕等其他工艺品。设有4个大师工作室；下设艺俱轩、物华苑、天宝楼、金漆艺术馆、大厂非遗博物馆群、燕京八绝博物馆6个连锁经营门店；公司占地面积7.78万平方米，建筑面积2.97万平方米。2021年，在新冠肺炎疫情影响下，公司以“惟实励新 拼搏发展年”为主线，实现金漆镶嵌成立65年来诸多零的突破。4月5日，公司举办“金漆100系列活动之匠心漆韵新品展”启动仪式。展销活动汇集工艺美术大师和非遗传承人经典力作，以及金漆镶嵌青年设计师创新作品。清乾隆《八吉祥福寿百宝嵌六扇屏风》、仿复制《戗金彩绘百宝嵌方角柜》作品揭幕，系列漆艺作品首发。5月30日，北京燕京八绝协会、北京非物质文化遗产技艺传承协会共同主办，金漆镶嵌公司承办“金漆100·传承好少年非遗文化体验活动”举行，京城多所小学小小非遗文化爱好者40余人参加活动。孩子们近距离接触非遗文化，动手体验传统手工技艺。6月12日，公司参加“百年百艺·薪火相传”中国传统工艺邀请展。7月25日，公司在总部举行“金漆100系列活动之红色经典漆艺作品展”。展览聚焦红色经典主题，体现全新设计理念与时代精神，作品包括点睛之作——精工矫嵌屏风《韶山》以及百宝嵌绢花台屏《雅韵》和《雅趣》等。9月2日，参加在首钢园举办“2021中国国际服务贸易交易会第十五届北京工艺美术展”。9月15日，参加在苏州国际展览中心举办的“第三届大运河文化旅游博览会”。12月17—19日，由中国工艺美术学会主办、北京金漆镶嵌有限责任公司承办的“2021年全国工艺品制作职业技能竞赛·华北预赛”在京举办，公司参赛中青年职工15人，经过3天角逐，晋级全国总决赛10余人。2021“工美杯”北京工艺美术创新设计大赛在北京工艺美术博物馆举办。公司甄选多件金漆镶嵌工艺精品参展，并获多项殊荣，其中漆画《准提佛母唐卡》获金奖；百宝嵌绢花台屏《雅韵》《雅趣》《欧式描金柜》获银奖；金漆绢花点翠台屏《鸣馥图》获铜奖；《漆之韵书案》《螺钿镶嵌台灯》《虎皮漆绶带葫芦》《金漆彩绘现代家具系列》获优秀奖。

5月30日，“金漆100之传承好少年非遗文化体验活动”参加者合影（杨港摄）

（吴　蒙）

12月17—19日，2021全国工艺品制作职业技能竞赛举办（周向东摄）

【珐琅厂】北京市珐琅厂有限责任公司（简称珐琅厂）前身北京市珐琅厂，1956年1月建立，由私营珐琅厂42家和皇家造办处合并组成，是全国景泰蓝行业中唯一一家中华老字号，是集景泰蓝设计研发、生产销售、展览展示、精品收藏、个性化定制为一体的生产经营性企业。5月29日至7月24日每周六晚16:30—21:30，举办“北京消费季·国潮京品节”——第三届梦幻景泰蓝夜场文化体验季活动。活动分为梦幻景泰蓝读书会、梦幻景泰蓝夜游会、梦幻景泰蓝体验

5月29日，珐琅厂举办第三届梦幻景泰蓝夜场文化体验季活动（赵蕊摄）

会、梦幻景泰蓝惠民夜、梦幻老字号非遗夜市等内容，推动夜间消费品质再升级，促进传统商贸向“线上+线下”“销售+体验”“展示+交易”新模式转变。消费季中共举办活动7次，参加活动的老字号、非遗企业近20家，到场参与活动市民5000余人；创造经济效益30余万元。活动得到多家电视台、网络媒体和纸媒的宣传和报道。6月28日，由北京文化艺术基金立项资助，北京市珐琅厂主办的“信仰之火 红色记忆——庆祝中国共产党成立100周年景泰蓝精品展”在文化和旅游部恭王府博物馆抱厦展厅开幕。其中主展品之一《盛世中华》宝瓶，是珐琅厂庆祝中国共产党成立100周年的献礼之作。由中国工艺美术大师钟连盛和他的弟子北京工艺美术大师曾洁联合设计，历经百天制成。作品以红色为主色调。其他展品包括《和平尊》《华夏盛世尊》《如意尊》《盛世和鼎》，北京冬奥题材作品《冬奥五环尊》等经典作品，“战疫2020系列”《众志成城 抗击疫情》《天使之翼 护我中华》《春之声》等作品首次在厂外展出。7月16日，由珐琅厂主办的“极致匠心 经典延续”——“京珐”珐琅艺术腕表全球首发式在珐琅厂三层景泰蓝艺术博物馆举行，展示由珐琅厂腕表珠宝首饰研发中心设计研发的“京珐”珐琅腕表20余款。珐琅腕表即为珐琅装饰腕表盘面（表盘）的手表，是继景泰蓝装饰工程后，珐琅厂又一项景泰蓝应用领域的创举，包括大师系列、敦煌系列、宋画系列三大系列珐琅腕表。珐琅腕表制作工艺尤为繁复，成品十分珍贵，每一个表盘都是独一无二的艺术珍品。珐琅腕表采用瑞士原装ETA2892机芯，动力储存量42小时，防水等级达50米，极具收藏价值。年初珐琅厂接受中央代表团赠送西藏和平解放70周年庆祝活动纪念品《珐琅器》的设计制作任务，《珐琅器》由清华大学美术学院和珐琅厂联合设计，主体采用中国传统景泰蓝工艺中常见的“锦地开光”形式，边缘形态象征吉祥的“哈达”，内部西藏各族人民歌舞和拉萨景观的吉祥云纹相互掩映，外侧底纹采用格桑花纹饰。8月，历时百天制作完成130厘米高的景泰蓝大型作品20件，50厘米高景泰蓝礼品500余件。11月30日，位于东城区文化活动中心一层大厅，由珐琅厂设计、制作、安装的大型景泰蓝壁画《壮美中轴》（72平方米）工程完工。壁画呈现四季景色，春天的牡丹、夏天的荷花、秋天的银杏树叶、冬天远处长城的雪景将中轴线整体景观穿插其中，每个景观色彩变化丰富，整体和谐统一。珐琅厂举办“2021年景泰蓝文化消费体验季”系列活动、“京珐景泰蓝‘五一’欢乐周”活动、“京珐景泰蓝怀旧展卖会”等多项展览展示活动。珐琅厂参加文化和旅游部，中国工艺美术协会、学会，北京经信局，北京市工艺美术行业

7月16日，“京珐”珐琅艺术腕表发布会（付智华摄）

9月3—7日，剧装厂参加东城区“崇文争先 古都新韵”服贸会文旅服务专题展（焦志锋摄）

协会等有关部门组织的“艺述辉煌——庆祝中国共产党成立100周年艺术作品展”“百年百艺，薪火相传中国传统工艺美术邀请展”“红船精神——中国工艺美术大师百名大师、百件作品红色展”等红色主题学术展览20余场。参加老字号协会、商业联合会等组织举办的北京市内展览展示活动近10场，如2021中国国际服务贸易交易会；参加首届中国国际消费品博览会（海南）、2021年第四届中国（淮安）大运河非遗展、2021老字号嘉年华六省市老字号——运河夜市展、十八届中国西部国际博览会、深圳文博会等外埠展会10余场。珐琅厂2021年营业收入7151.48万元，其中主营业务收入5248.16万元，实现利润2438.35万元，上缴国有资产占用费320万元，实缴税金1267.23万元，为东城区财政贡献479.72万元，国有资产保值增值率达117.09%。

（张　莉）

【北京剧装厂】北京剧装厂有限责任公司（简称剧装厂）主营业务包括剧装、道具、刺绣工艺品、组织文化艺术交流等。有国家级传承人1人，区级传承人3人，国家级工艺美术行业大师1人，市级工艺美术大师1人。2021年，剧装厂携多种传统手工刺绣产品参加弘钰博古玩城组织召开的艺术品交流会。携带精美剧装女蟒和部门精美剧装摆件，参加东城区以“崇文争先 古都新韵”为主题的服贸会文旅服务专题展。全年剧装厂参加各种展览展示活动10余次。3月25日，剧装厂承接由北京四达时代传媒有限公司（该公司是国家“一带一路”，非洲“万村通”项目政策实施单位）承办的北京市文化发展中心的“最北京”系列节目拍摄活动，该节目是以“京绣剧装”为主题的公益性传播中国文化类的拍摄活动，通过对“国粹苑”的展厅介绍、试穿戏服、采访学徒及京绣体验等多个环节，向非洲人民展现京绣剧装这门复杂而独特的艺术，传播京绣技艺匠心传承的文化内涵。5月25日，光明日报光明网“匠心坚守·非遗传承”系列节目组到剧装厂国粹苑进行拍摄采访，通过对国粹苑展厅的介绍，与非遗传承人座谈，采访学徒，对非遗技艺各道工序跟拍等多个环节，向社会各界展示京绣剧装这门复杂而独特的技艺。2021年6月，为庆祝西藏和平解放70周年，剧装厂从国家机关事务管理局承接制作651面由习近平总书记题词“建设美丽幸福西藏，共圆伟大复兴梦想”贺幛任务。制作完成后，收到国家机关事务管理局领导发来感谢信。邀请国禾安全高级消防教官为职工讲授主题为“关注消防 生命至上”消防安全课，进行用电用气安全培训。2021年，在岗在职职工每人每月增加浮动性工资800元；经过工企双方协商，续签集体合同等3项合同；为职工办理住房医疗合作保险等事项。公司完成北京市团体无偿献血工作，1人获首都劳动奖章。

3月25日，剧装厂承接“最北京”系列节目拍摄活动（徐亚利摄）

6月，剧装厂承接制作由习近平总书记题词“建设美丽幸福西藏，共圆伟大复兴梦想”贺幛（陈琳摄）

全年完成工业总产值447.2万元，同比增长143.1万元；营业总收入604.5万元，同比增长162.7万元；上缴税金141.1万元，同比增长60.3万元；完成利润0.8万元，同比减少256.6万元。

（杨鹏雁）

【工艺木刻厂】北京市工艺木刻厂有限责任公司（简称工艺木刻厂）主营加工、制造硬木家具、工艺美术品等。有北京市工艺美术大师、工艺美术师和高级技师3人。6月，国家文旅部公布第五批国家级非物质文化遗产名录，“北京木雕小器作”位列其中。8月，公司的金丝楠木福庆笔挂、金丝楠木蕉叶果盘和叶竹型香盘共3件套作品，参加北京工艺美术行业发展促进中心、北京工艺美术行业协会、北京工艺美术学会主办的“工美杯”北京工艺美术创新大赛。10月，国家文旅部公布北京市工艺木刻厂有限责任公司为非遗“北京木雕小器作”项目的保护单位。2021年，工艺木刻厂因新冠疫情冲击，经营销售业务受到很大影响，全年未有盈利，处于亏损状态。

（冯　军）

【北京象牙雕刻厂】北京象牙雕刻厂有限责任公司（简称象牙雕刻厂）是传承、生产制作、销售“国家级非物质文化遗产——象牙雕刻”的企业，主营业务为研发生产与销售以猛犸象牙材质为主的工艺美术作品。有国家级工艺美术大师3人，北京市级工艺美术大师24人，国家级象牙雕刻非物质文化遗产传承人2人，北京市级象牙雕刻非物质文化遗产传承人1人，东城区级象牙雕刻非物质文化遗产传承人1人。2021年，象牙雕刻厂坚守牙雕技艺的传承与发展、经营市场化、管理专业化、职场“家文化”。市场销售和研发创新团队形成良好互动模式，面对市场和客户的需求，工艺美术大师修改设计方案、打造样品、手工制作出薄如蝉翼的贵金属配件蜡板等系列新工艺，注重传统与时尚、文化与艺术的结合，在设计理念、工艺技法、题材品种、材料运用、使用功能等方面有很大突破，产品既新颖独特又保留古典风韵。由于象牙禁运，因此以猛犸牙的材料传承牙雕技术，传承国家级非物质文化遗产，由于猛犸牙没有象牙韧劲大，在北方容易开裂，制作大件产品有难度，象牙雕刻厂调整生产制作方向，以生产首饰、挂件、图章等产品为主，做出精美的工艺品，具有高附加值。公司以出租房屋收取的资金支持传承国家级非物质文化遗产的生产经营活动。建立健全强有力的营销网络。线上直播、线上平台、线下门店销售齐头并进。创作的产品推陈出新，在2021年北京“工美杯”评选比赛中《百鸟朝凤项链挂饰》《故宫印

10月，首都职工教育培训示范点特色培训项目工艺美术行业牙雕技艺培训班结业（王劭摄）

7月15日，新世界家园党员及志愿者参观象牙雕刻厂（王劬摄）

象》系列饰品获银奖，《观音》《铸魂》获铜奖，《四季香伴—腊月晴》获优秀奖，其中为庆祝中国共产党成立100周年创作的作品《铸魂》被北京市委宣传部选中，参加2021年深圳文博会。全年完成工业总产值217万元，业务收入448.1万元，上缴税金52.5万元。

（李宗洋）

【远东仪表公司】北京远东仪表有限公司（简称远东仪表）主要产品包括罗斯蒙特系列压力、温度、流量、物位测量仪表；自主品牌（FE）流量、物位现场仪表；智能火焰检测器、锅炉炉膛安全监控系统（FSSS）等；从事为市政领域提供行业解决方案、工业物联网业务；公司产品和服务广泛应用于石化、化工、电力、冶金、轻工、市政等行业，为北京市仪器仪表行业明星企业。2021年，远东仪表按照京仪集团有限责任公司混合所有制改革工作部署，7月完成主辅分立，完成公司业务结构、组织架构调整，正式跨入以改革创新为主要驱动力的新发展阶段。2021年，公司力克疫情影响，发力业务拓展，实现订货5.8亿元，同比增长15.34%。罗斯蒙特产品销售连续中标国核、中核、宝丰、太阳纸业、沧州大化等重点项目，合同金额超过1亿元。自主品牌产品销售大幅提升，FE品牌雷达、电磁流量计销售均超1000台，创历史新高，雷达液位计入围中石油集采框架。公司自主创新能力稳步提升，2021年，取得发明专利1项，实用新型专利3项，流量计（壳体）取得TS认证，16项产品取得防爆资质。公司建设的工信部“工业互联网标识解析二级节点”项目完成验收，共获资金支持450万元。公司完善内部控制体系建设，建立制度修编长效机制，修订完善公司级制度18项。完善优化薪酬绩效管理体系，坚持“效益增工资增、效益降工资降”原则，增强关键岗位及核心人才薪酬竞争力。2021年，远东仪表新办公平台完成上线，运转顺畅，NC系统调整升级，实现信息化系统与企业运营有机融合。公司宣传贯彻新版《中华人民共和国安全生产法》，落实安全生产责任制，强化安全生产制度建设，全年未发生安全生产责任事故。2021年，公司主营业务收入4.76亿元，同比保持稳定，利润总额340万元，净资产收益率同比增长206%，科技投入1424.93万元，占营业收入的3%。生产经营总体保持平稳局面。2021年，远东仪表继续获中关村高新技术企业资质、首都文明单位标兵称号。

（邢建美）

【龙顺成公司】北京市龙顺成中式家具有限公司（简称龙顺成）主营红木家具制造及古旧家具修复等。2021年，龙顺成创新工作模式，整合资源，提高企业运行质量和盈利能力，调整生产布局和产品结构，开发

9月22日，远东仪表公司组织新安全生产法培训（邢建美摄）

红木工艺品研制，实施红木收藏品制作发展战略，根据合同要求，分门别类安排生产，确保订单如期履约。加大京作家具研发与创新，实现常规产品与商务礼品、收藏品与工艺品相融合的经营模式。进行故宫博物院乾隆花园三友轩落地罩修复、紫檀楠木类内檐装修、遂初堂罩槅保护性修复，养心殿可移动木质类文物保护性修复，为故宫博物院文保科技部制作瓦件展柜和展箱共13件，并记录修复过程，建立修复日志和档案，实现修缮收入150万元。参加中国（北京）国际服务贸易交易会、第五届中华老字号（山东）博览会、第四届（上海）中国国际进口博览会。4月，龙顺成成为北京2022年冬奥会和冬残奥会官方生活家具供应商，为北京冬奥村、首都体育馆、奥林匹克大家庭酒店、主媒体中心等重点场馆的贵宾厅、要客区、村长办公室、文化展示区等涵盖11个通用场馆提供18个品类、435件中式京作红木家具展陈。服务共20个空间，约1895平方米。按时、按质、按量完成北京冬奥会各场馆家具的服务保障工作。6月龙顺成产业园区升级改造，老字号焕发新活力，金隅龙顺成文化创意产业园一期落地，并建成“京作非遗博物馆”。12月，先后举办或承办冬奥宣讲、博物馆开馆、校企合作、齐白石画展开幕、北京金隅天坛家具有限公司与多家企业战略合作、银行大客户及设计师之家等活动，同步宣传推广，助力品牌影响力提升。并与北投集团合作；与北京饭店合作，做好全国“两会”服务保障工作；与北京城市学院合作建设校外实践基地“龙顺成中式家具教育设计基地”。经北京家具行业协会等十八省市家具协会审核认定，龙顺成获十八省市2021年家具行业诚信企业证书，经北京家具行业协会等十省市家具协会审核认定，龙顺成牌家具被评为十省市2021年“环保”家具知名品牌。龙顺成京作非遗博物馆获北京市工人先锋号称号。龙顺成大师刘更生获北京工艺美术行业“京工巧匠”称号；受聘为北京市城市学院社会导师，定期走进校园传播非遗文化，分享劳模精神；受聘为北京市职工技术协会第六届理事会理事；受聘于北京市工业技师学院德育导师；受聘于市总工会首届职工匠师；获由中华全国总工会、中央广播电视总台颁发的“大国工匠年度人物”称号。通过国建联信认证中心对龙顺成综合管理体系（GB/T19001质量管理体系、GB/T24001环境管理体系、GB/T28001职业健康安全管理体系）运行情况现场监督审核。被评为国家级“绿色工厂”及北京市安全文化建设示范性单位。全年销售收入7195万元。

（代甜甜）

【一商红都公司】北京一商红都服装服饰有限公司（简称一商红都）主要经营模式为高级定制、工装团装、成衣销售、高级修改。主营业务包括高档男女士西装、中山装、青年装、大衣、旗袍、中式服装、燕尾服等服装服饰产品设计开发与生产销售。2021年，一商红都调整生产经营结构，优化生产经营，坚持以市场为导向，走高档路线、精品路线的发展战略。完成为重要领导人制装任务，承接来自国家博物馆和周恩来邓颖超纪念馆的文物复制品任务，推出庆祝建党百年红色元素新款服装4套。对板型进行调整，优化所有西服、中山服、青年装、西裤等几大品类的近100套基础版型，采用新版型向市场投放春秋款中式立领盘扣上衣和夏季新款无绸夹克100套。受拆迁影响，原北太平庄店闭店，新店选址在方庄区域。2月，完成在北京卫视“为你喝彩”“太庙国学讲坛”“非遗过大年”“走进东四”以及广东省中山电视台对中山装专题片的拍摄与专访。6月11日，在由北京市文化和旅游局、东城区人民政府联合主办的“北京非遗，致敬百年”的文化和自然遗产宣传展示活动中，高级技师讲述红都为毛主席制装故事。7月8—23日，举办“弘扬中国文化，服装见证友谊”的红都与新中国外交特别展览。9月3—7日，由北京市老字号协会推荐参加中国国际服务贸易交易会首钢园区的展示活动，展示非遗技艺新品服装50款并销售应季服装320

5月25日，东华服装公司前往中国人民抗日战争纪念馆，开展“铭记历史，缅怀先烈”主题党日活动（东华服装提供）

件。11月26日，东城区非物质文化遗产保护中心主办的直播探店活动走进红都品牌旗舰店，收获点赞1288次，观众收看2.5万人次。11月29日，完成为冬奥会、冬残奥会志愿者制作羽绒服近1万件。2021年职工5人获得高级技师资格证书，职工7人获得二级技师资格证书。加强基层党组织建设，召开党员大会，完成支部换届并启动党史学习教育9项系列活动，党员参与“我为群众办实事”活动，为属地群众免费量体136人次。每月20日定为主题教育日，以党建带动效能监察、劳动竞赛、经营服务、产品创新、企业安全等工作，增强党组织凝聚力。公司实现全员接种疫苗的目标。2021年营业收入4003.59万元，上缴税费314.2万元。

（邓海燕）

【东华服装公司】北京东华服装有限公司（简称东华服装）主营业务为商业设施出租。2021年8月12日原公司党委经中共东城区景山街道工作委员会批准调整为党总支。2021年，在市场低迷、多数商户营业收入下降的情况下，公司适时减免商户租金1000余万元，公司推进合署办公，精简管理人员，减少管理层次。全系统退休人员5900余人、在职人员100余人档案调入公司统一管理。坚持安全生产，杜绝事故隐患。公司进行党史学习教育活动，召开党总支会3次，党群工作汇报会4次，与各分公司党政负责人签订党风廉政建设责任书3份。组织主题党日活动10次，发布东华消息14篇，召开专题座谈会2次，宣讲主题党课1次，开展知识答题活动1次，观看电影3部，实施线上党员教育，推送学习材料及视频，开展党员民主评议。开展党员献爱心活动，党员42人、群众28人，捐款7990元；参与东城区春蕾计划捐款，党员38人、群众7人，捐款4550元。公司落实各级疫情防控要求，把疫情防控作为重要工作，落实四方责任，把职工生命安全和身体健康放在第一位。部署工作发布通知，对各单位进行防控检查。

（刘轶闲）

【白领时装公司】北京白领时装有限公司（简称白领公司）于1999年8月成立。公司集设计、生产、销售服装服饰于一体。主营产品为女士高级套装、礼服、针织、风衣、羊毛羊绒大衣、裘皮皮草等。2021年公司采用与商场联营的零售模式，北京、上海、南京、合肥、青岛、济南、太原、呼和浩特、长春、沈阳、哈尔滨等城市设立直营专柜。与购物中心合作开设北京燕莎奥特莱斯店、长春砂之船奥特莱斯店、太原天美杉杉奥特莱斯店。开发机场渠道，设立武汉、银川等机场专营店。经过20余年经营与发展，白领拥有WHITE COLLAR、SHEE’S、K.UU、GOLD COLLAR 4个主要品牌，可以满足各阶层顾客不同需求。2021年，生产能力10万余件，营业收入1.92亿元，上缴税费1900万元。

（刘　莲）

【庄子公司】北京庄子工贸有限责任公司（简称庄子公司）是一家集皮革服装的研发、设计、制作、销售为一体的民营企业。庄子公司是北京皮革行业首家通过ISO9001国际质量体系认证企业，2021年，研发“庄子”品牌系列化产品，庄子男装推崇时尚商务休闲设计风格，庄重优雅，又有时尚气息；庄子女装设计风格上既有经典传统，又有流行时尚，充分体现“庄周梦蝶”所要传达的思辨哲理和文化内涵。庄子公司秉承“创新、务实、品牌、价值”理念，倡导“敬业、谦虚、勤劳、好学、节约”企业文化。2021年，在巩固脱贫攻坚、助力乡村振兴工作中向街道捐赠5000元。2021年，获首都文明单位等荣誉。2021年度纳税额为235万元。

（胡羽歆）

【格格旗袍有限公司】北京格格旗袍有限公司（简称格格）主营旗袍、生活装、婚庆礼服3个系列及中式童装、鞋帽等。2021年，在山东省潍坊市古德锦奥莱，设立格格专柜。格格全年生产各式服装10万余件套。

（罗　天）

东城区工业企业单位负责人

北京金漆镶嵌有限责任公司
　董事长、总经理　　柏　群
北京市珐琅厂有限责任公司
　董事长、党支部书记　　谢燕华
　总经理　　钟连盛
北京剧装厂有限责任公司
　党支部书记　　李丽婷（9月任）
　总经理　　张顺龙（9月任）
　厂长、党支部书记　　石金栓（9月免）
北京市工艺木刻厂有限责任公司
　董事长、党总支书记　　曹海平
　总经理　　马洪双
北京象牙雕刻厂有限责任公司
　董事长　　肖广义

总经理　许　健
党支部书记　洪　燕

北京远东仪表有限公司
执行董事、总经理、党支部书记　孙宏泉（6月任）
董事长、党委书记　刘　枫（6月免）

北京龙顺成中式家具有限公司
总经理、党支部书记　高自强

北京一商红都服装服饰有限公司
经理、党支部书记　孙玉冰

北京东华服装有限责任公司
董事长　林建华
党总支书记　何桂英

北京白领时装有限公司
董事长、总经理　苗红兵

北京庄子工贸有限责任公司
董事长、总经理　庄再强
党支部书记　张向东（11月免）
詹必强（11月任）

北京格格旗袍有限公司
董事长　王金乔

信息化管理

【概况】东城区科学技术和信息化局（简称区科技和信息化局）加挂北京市东城区大数据管理局（简称区大数据局）牌子，是统筹规划、综合协调、监督管理辖区信息化工作的正处级政府部门。2021年，政务云平台创新引入混合云理念，由本地私有云、扩展私有云和互联网云共同组成，面向全区政务部门不同需求提供服务。以大数据应用为引领，助力区域经济与社会协调发展，以信息化平台为支撑，贯彻落实核心区建设任务，完善东城区大数据支撑平台各项功能，先后与市大数据平台、区信用平台、区统计局重点企业监测平台、区政务服务局政务服务平台等重点系统实现数据共享交换，为全区各部门信息系统提供数据融合、清洗比对、质量控制和共享开放等数据处理功能。编制形成《“十四五”时期东城区科技和信息化规划（含大数据专项）》，依托区大数据平台、目录链和政务云等基础设施，为东城区网格化城市管理、交通治理、“一网通办”、“雪亮工程”、智慧平安小区、智慧商街、智慧教育、智慧医疗、“数字战疫”等重点工作提供有力支撑。区科技和信息化局、区卫建委牵头开展“信用+医疗”试点工作，选取和平里医院、普仁医院、社区卫生服务机构参与试点应用，采用政府搭台，引入社会力量，通过“信用促进+保险兜底”机制，为市民提供“先看病后付费”就医新模式。在疫情防控中，区科技和信息化局通过建设疫情大数据分析系统、隔离点视频会议系统、核酸检测预约系统、疫苗接种信息化系统、疫情微信小程序等科技手段抗击疫情。

（王　静）

【大数据重点项目建设】2021年，区科技和信息化局完成“十四五”时期东城区智慧城市领域规划编制，并纳入《“十四五”时期东城区科技和信息化规划（含大数据专项）》，为打造城市治理新模式，加快建设数字生态东城提供指导。至年底，东城区大数据支撑平台汇聚全区各街道人口普查数据98万条、区政务服务平台数据128万条、区城指中心街道社区信息354万条，并通过市级目录链系统共享数据3148万条；通过采购社会数据和服务，落地司法、工商等企业经济数据411万条，天眼查企业数据查询接口99个。

（王　静）

【推进数字经济标杆城市建设】2021年，区科技和信息化局打造数字经济发展“东城典范”，培育经济增长新动能，打造数字经济新体系。争取北京市先行先试政策，强化各部门统筹协同，将数字经济发展计划纳入《“十四五”时期东城区产业发展规划》，提出“十四五”时期数字经济年均增速5%的约束性目标，修订《东城区促进科技和信息产业发展的若干意见》，将数字经济核心产业支持措施纳入政策体系，编制东城区推进数字经济标杆城市建设行动方案。

（王　静）

【社会信用体系建设联席会】6月8日，东城区2021年社会信用体系建设联席会召开，会议介绍国家、北京市社会信用体系建设情况，总结2020年区社会信用体系建设成绩，分析部分工作不足，解读国家和北京市政策文件，安排部署年度东城区社会信用体系建设重点工作。副区长刘俊彩出席并讲话，东城区社会信用体系建设联席会61家成员单位100余人参会。

（王　静）

【社会信用体系建设】2021年，区科技和信息化局编制完成《东城区2021年社会信用体系建设重点工作任务》；召开全区社会信用体系建设联席会议；开展信用修复工作，在“信用中国”网站对企业信用修复申请进行初审，线下组织开展信用修复专题培训；加强信用信息归集共享，打通市区两级信用信息推送通道，实现区级部门信用信息即时共享；开展面向进校园、进街道、进社区、进企业、进园区“五进”信用宣传活动。

（王　静）

【信用+医疗试点】2021年，为推进

东城区社会信用体系建设，区科技和信息化局、区卫健委牵头开展“信用+医疗”试点工作，选取和平里医院、普仁医院、社区卫生服务机构参与试点应用，采用政府搭台，引入社会力量，通过“信用促进+保险兜底”机制，为市民提供“先看病后付费”就医新模式，节省患者约60%就诊时间，切实提高东城百姓获得感、幸福感。

（王　静）

【诚信建设万里行宣传】2021年，区科技和信息化局以“行业监管+属地管理”相结合方式开展信用宣传工作，开展“诚信建设万里行”“信用日”等专项宣传活动。全年全区累计开展信用进社区、信用进企业、信用进商圈、信用进校园、信用进园区各类诚信主题宣传活动1000余场次。通过线上线下相结合方式，对辖区内居民、生产经营单位等进行诚信知识宣传，共发放宣传品2.7万余份，动员市民和企业签署信用承诺书近1000份，对辖区内的企业开展经营者准入前诚信教育、信用修复培训等主题宣传培训活动。

（王　静）

【电磁环境清理整顿会】5月20日，区科技和信息化局组织召开无线电电磁环境清理整顿工作会议，会议介绍建党100周年纪念活动和2022年冬奥会和冬残奥会期间无线电清理整顿工作方案和频率台站任务分工，各与会单位就工作任务的开展进行讨论交流，明确清理整顿工作的要求。区教委、区住建委、区公安分局和17个街道办事处负责人员20余人参加会议。

（王　静）

【软件正版化培训】9月16日，东城区召开2021年国家机关软件正版化工作部署暨培训会。区科技和信息化局传达国家及北京市软件正版化工作要求，总结全区2020年工作成效，部署2021年重点工作任务，明确考核标准及方式。区委宣传部对2021年软件正版化工作提出具体要求。市委宣传部版权处领导指出，在推进软件正版化工作过程中，应强化组织领导，优化宣传培训，细化服务管理，深化督导考核，守正创新、真抓实干，切实将软件正版化工作做实做好。全区88家单位软件正版化工作主管领导及具体负责人约200人参会。

（王　静）

【部门预算信息化项目评审】2021年，区科技和信息化局完成2022年区部门预算信息化项目评审，依据清理压缩部门预算的原则，全区共征集2022年信息化项目229个，申报金额4.2亿元；经过多次与申报单位沟通交流，专家评审，聘请会计师事务所进行资金评审，最终审定项目178个，审定金额2亿元，审减2.2亿元。至12月底，评审常规类信息化项目50个，为财政节约资金4000余万元。

（王　静）

【拓展“领导驾驶舱”应用场景】2021年，区科技和信息化局会同区城指中心、区政务服务局、区统计局、东四街道、龙潭街道等9个部门单位，围绕城市管理、产业经济、民生服务和社会治理四大主题，梳理并确定62项指标作为东城区“领导驾驶舱”系统指标体系，完成重点企业监测、人口健康平台、楼宇信息系统、东四指挥调度平台等10个系统的接入，实现以领导决策应用为牵引，促进市区两级大数据资源汇聚、共享、应用，进一步提升“领导驾驶舱”指挥决策和调度部署能力。区科技和信息化局依托市级GIS平台优化“领导驾驶舱”系统界面，通过对接北京市疫苗接种管理平台、采购社会数据，新增疫情防控专题、经济治理专题和人口热力专题，建设面向各政务部门的管理驾驶舱。

（王　静）

【优化营商环境】2021年，区科技和信息化局依托“紫金服务”APP、紫金驻企专员、产业服务微信群等手段，畅通政企沟通渠道，加强与企业的沟通交流，及时了解企业需求和困难。全年共联系重点企业753户次，为中国移动通信集团北京有限公司等20余家企业协调交通、子女入学、解决人才引进、办理工作居住证、疫苗接种、房屋租赁等事项197项，问题响应率、解决率、企业满意率均为100%。

（王　静）

【政务信息化服务】2021年，引入“电信天翼云”作为本地私有云的物理延伸，通过专属安全云专线连通电信天翼云平台专属区，专属区内配置3台专属宿主机，每台宿主机拥有32个物理CPU、249G内存、4T-SAS存储以及40Tb的云主机备份，所有云主机均在3台专属宿主机上进行开通，放置于VPC内，配套开通专属的网络及安全资源（包括负载均衡、防火墙、终端安全、堡垒机、日志审计等）。引入“北京移动互联网云”服务于智慧公共安全领域、智慧城市治理领域、“互联网+政务服务领域”、产业经济发展和民生服务领域。互联网云平台承接25家单位，承载33个应用系统，促进提升城市安全管理精细化、智能化水平，确保首都核心区安全稳定，创造优良的中央政务环境，保障中央政务功能高效运行。实现本地私有云、电信天翼扩展私有云和移动互联网云的三足鼎立形态，既有互备，也有竞争。

（王　静）

【5G产业建设与应用】2021年，区科技和信息化局完成5G基础设施区级项目建设。至11月底，中国铁塔北分公司建成并投入使用5G宏基站77个，北京移动84个，北京联通与北京电信201个。全年东城区实现5G网络基本覆盖，运营商将通过陆测、定向监测、用户投诉处理等方式，针对弱信号地区，进行网络优化。区科技和信息化局将4G无线政务外网改造升级至

5G无线政务外网，以5G无线政务外网为基石，不断创新模式，借助5G等新技术，提升政务专网覆盖和承载能力。

（王 静）

【安全生产检查】2021年，区科技和信息化局组织开展安全生产大检查3次。其中包括核心及汇聚机房、电力电池室、设备间等。重点排查安全隐患、消防器材配备情况及使用规范、用电设备及线路老化情况、机房管理及应急值守情况等方面。对发现问题立行立改，层层落实安全责任人。及时清理机房与设备间内杂物，盘点报废老旧设备，定期更换电器和消防设备等，保障全区信息网络安全生产环境稳定。在重大活动期间实时对重点业务系统和数字东城网站群进行安全监测及测试，涉及重要网站页面22个、业务系统96个、政务外网服务器883台。通过渗透测试及漏洞扫描及时发现并处理中、高危漏洞，为安全加固提供客观依据，减少东城区信息安全隐患，提高网络和系统安全防护能力。

（王 静）

【完成软件正版化检查】12月1日，北京市委宣传部软件正版化检查组检查东城区2021全区国家机关、区属国企、区卫生健康系统及区教育系统软件正版化工作。检查组现场采用摇号方式随机抽取2家机关单位、2家国企、3家卫生健康系统单位开展全覆盖式实地上机检查，并对各单位上报的正版化材料进行核验。参会单位与检查组就软件正版化工作进行汇报交流，检查组对东城区软件正版化工作的常态化、制度化和信息化管理给予充分肯定，对区面向社会公众开展正版化宣传活动给予高度赞扬，并对2022年软件正版化工作提出软硬一体化、人机一体化、制度和实操一体化的要求。

（王 静）

10月12—15日，东城区科技和信息化局赴内蒙古自治区化德县开展对口帮扶工作——直播电商培训会（曹汪菁摄）

【中小企业创新创业大赛】2021年，区科技和信息化局举办“创客北京 创新东城”东城区中小企业创新创业大赛。区级复赛项目47个，推荐北京市决赛的项目16个，其中6个项目获北京市大赛前150强，2个项目获三等奖，东城区被市经信局评为“创客北京”中小企业创新创业大赛优秀分赛区，并获北京市经信局感谢信一封。

（王 静）

【疫情防控工作】2021年，区科技和信息化局牵头建设新冠疫苗接种服务小程序，于3月8日上线运行，实现全区接种点线上预约全覆盖，累计完成预约123.50万剂。通过“北京健康宝”到访人员登记簿，协助10个街道和9家中央驻区企业完成10.29万人次的疫苗接种情况比对；依托区大数据平台汇聚的“七普”人口数据，定期与市级接种管理平台进行疫苗接种信息比对，累计完成数据比对82万余条。负责维护北京市新冠疫苗接种管理统一平台在全区平稳运行；持续开展接种点视频监控和网络运维保障，依托5G网络将8个临时接种点视频监控信号接入雪亮平台，为区教委6所学校和2个少年宫接种点的视频对接提供技术支持。

（王 静）

【对口帮扶内蒙古化德县】10月12—15日，区科技和信息化局赴内蒙古自治区乌兰察布市化德县开展对口帮扶工作，期间与该县德包图乡举行座谈会，并参观化德县部分特色产业，了解当地的产业发展现状、发展思路和具体需求。区科技和信息化局邀请区内企业炫壹科技（北京）有限公司为化德县德包图乡及化德县电商产业园举办2次直播带货培训，参加培训40余人次。补齐当地通过电商直播带货发展经济的短板。东城区视联动力信息技术股份有限公司、北京大道信通科技股份有限公司以及农业银行东城支行分别向德包图乡政府、有关企业捐赠电脑、LED大屏等计2万余元。

（王 静）

商贸服务业

9月，王府井工美大厦在中国（北京）国际服务贸易交易会上的展位（单琛摄）

综　述

2021年，东城区推进国际消费中心城市建设，在抗疫情、促消费、引税源、稳出口、惠民生、保安全等方面出实招，建立"两区"建设常态化工作机制，成立区委议事协调机构，下设9个重点领域专项组，召开专题会和调度会33次。在"1+4"特色政策中支持隆福寺地区打造高质量的艺术品服务平台，完成数字人民币北京冬奥会场景试点。打响"燃购东城"消费品牌，新建或规范提升便民商业网点，加速集聚品牌首店，推动新消费品牌孵化工作，开创"十四五"商务工作新局面。东城区消费市场保持增长，全年累计实现社会消费品零售额1303.3亿元，同比增长7.4%，完成全年任务的102.3%，超额完成年度增长5%的指标。实现实际利用外资6.36亿美元，同比增长5.8%，完成指标额任务。

网点建设提前完成。东城区新建或规范提升便民商业网点24个，完成全年任务的120%。2021年10月，东城区被商务部认定全国首批城市"一刻钟便民生活圈"试点地区。

培育消费新活力。东城区打造王府井国际一流消费区域，在发展方向、环境品质、业态标准、政策需求4个方面"先行先试"。打响"燃购东城"消费品牌，推出"1+4+22+X"系列活动，营造良好的国际化消费氛围。完成老字号线上商城平台的对接及产品推广，打造"文化金三角"消费新地标、前门"老字号+国潮"传统文化消费区；品牌首店加速集聚，全年共引进首店142家，数量位居全市第二。

新消费品牌孵化基地挂牌。区商务局在北京国际消费中心城市建设总体框架下推动新消费品牌孵化工作。3月29日首批红桥市场、王府井19号府、南阳共享际3处孵化基地在北京市率先实现挂牌运营。推动孵化基地探索建立品牌孵化机制，引入孵化品牌，通过多方渠道为品牌提供赋能支持。BTV"这里是北京""北京你早""首都经济报道"栏目，报道新消费品牌孵化工作理念、基地建设成果及优质在孵品牌，取得良好社会反响。至12月，3家孵化基地累计在孵品牌22个。

（贡　冉　王　珂）

商业服务业

【概况】2021年，东城区加速培育国际消费中心城市示范区，成立建设国际消费中心城市示范区区级工作专班，出台《东城区培育建设国际消费中心城市示范区实施方案》，明确消费空间格局、文化艺术消费、国际时尚消费、数字消费创新、民生消费升级、消费体验标杆六大任务，提出构建"1123"消费空间格局，实施"十二大专项行动"，形成"1+4+1"政策体系。围绕4个工作清单推进各项任务落实落细，推进"文化金三角"消费新地标建设，成功研发前门地区"非遗+老字号"产品服务管理平台，3处新消费品牌孵化基地挂牌运营，在孵品牌22个，出孵品牌3个。激发消费市场活力，国际品牌加速汇集，品牌首店数量位居全市前列，引进实体首店数量同比提升64.7%。围绕"燃购东城"消费品牌，开展系列活动，贯穿全年重要促消费节点。提升五大商圈建设，王府井商圈成功入选全国示范步行街，建成"1+1+8"智慧商街平台，同时结合首都国际消费中心城市建设和城市更新任务，前门商圈初步编制《前门商业区业态发展导则》，东城、西城区政府联合制订《前门大栅栏商圈改造提升五年行动计划（征求意见稿）》，隆福寺商圈与国内外知名艺术机构联手打造老城复兴金名片和文化体验消费新地标。推进东直门商圈和崇外商圈"一圈一策"方案制订工作。助力老字号实现新场景、新消费的转型升级与可持续发展。各市场主体根据不同主题甄选不同品类商品，优化直播环节设置，精准把控直播节奏，提升直播运营效果，促进传统商贸向线上+线下、销售+体验、展示+交易新模式转变。抓住数字化机遇，统筹推进数字化体验、线上经营、门店运营、便捷支付、智慧服务五大模块，把握热点，促进流量转化。坚持商业服务业提质升级，扩大消费供给水平。

（王　珂）

【东集泓业公司】北京东集泓业资产经营股份有限公司（简称东集泓业公司）主营业务有资产管理、企业管理、出租商业用房、出租办公用房、物业管理等。2021年，公司坚持以市场为导向，以效益为核心，全面落实精细化、规范化管理。严格执行周例会、专题会、工作会的"三会制度"，根据市场变化调整经营思路，制订提升房产品质、开拓资源创新、挖掘内在潜能的方案。安全工作是公司经营命脉，安监部以检查、指导、监督为工作重点，通过完善制度、强化培训，落实一岗双责，有序推进安全工作。公司领导负总责，层层签订安全管理责任书，落实安全管理手册，提高员工及承租户安全意识；为办公区购置带漏电保护、双层防爆功能电池充电防爆柜存放电瓶，清除安全隐患；推动《安全管理工作规范手册》落实，公司组织参观北新桥消防救援站，了解胡同平房火灾隐患、危害和常规消防设备，员工进一步提高安全意识。景山、新中出租汽车公司面对疫情不断反复、行业网约车冲击、司机流失严重、"油改电"等严

12月9日，东方奥天权属盛锡福帽业开展“当非遗遇见冬奥——皮帽制作技艺”直播课（杨帆摄）

峻形势，以开源节流为根本点，节约核酸检测费近5万元，筑牢疫情防控屏障；以多渠道广招、扩招司机为切入点，解决司源紧张问题；以“百车计划油换电”为着力点，9月底完成车辆指标更新165个；以出台新车发车奖励办法为突破点，完成159辆电车发车任务。退管中心为退休退养人员提供细致周到、贴心、便捷服务。协助东城区社保局办理人员退休、减员手续，完成补助发放、医疗救助、节日慰问、追缴冒领等工作；组织退休退养人员参观香山革命纪念馆，瞻仰一二九运动纪念亭；邀请职工代表召开座谈会2次，汇报工作，征求意见。全体退休退养人员每人每年再增加200元生活补贴；10月，实行遗属待遇政策，退管中心为办理此项业务家属讲解、咨询、填报表格，接收遗属待遇申请资料1645份，上交社保622份，接待来访家属5000余人次。2021年，东集泓业公司经营收入稳中有升。

（张　峋）

【东方奥天公司】北京东方奥天资产经营有限公司（简称东方奥天）是集资产运营、百货商超、鞋帽生产、旅店服务、物业管理等多种业态为一体的综合性商业服务企业。2021年，完成全民所有制企业改制8家，北京奥士凯资产经营公司、北京天元资产经营公司、北京奥士凯安龙商贸公司、北京奥士凯银龙商贸公司、北京市浦五房肉食厂、北京市全素斋食品公司、北京厚道宾馆、北京见云天酒家均改制更名为有限公司。2021年，东方奥天举办节日营销及购物节活动20余次，销售收入8076.22万元。参加2021年中国国际服务贸易交易会亮相首钢园北京老字号展区，国家级传承人现场展示非遗技艺；参加由文化和旅游部、新疆维吾尔自治区人民政府主办，新疆维吾尔自治区文化和旅游厅承办，对口援疆19省市文化和旅游厅（局）共同协办的“新疆是个好地方——对口援疆19省市非物质文化遗产展”；参加由北京市商务局主办的“北京消费季之亲子节”活动；参加由东城区商务局、崇外街道办事处、东城区商业联合会联合崇外街道国东社区党委、居委会共同举办的“践行建党初心，商业服务社区行”的社区共建展卖活动。重塑老字号品牌形象，东方奥天权属企业盛锡福帽业与权属企业京品聚合公司在“天猫”“京东”双平台联手开展“小暑大暑 戴帽消暑”直播带货活动；传承弘扬中华传统文化，展现非物质文化遗产魅力，盛锡福帽业与东城区非遗文化遗产保护中心合作开展“当非遗遇见冬奥”系列公益直播活动，介绍冬奥主题帽品以及其他帽品，表达对北京冬奥的期盼。创新经营思路，提升系统内电商发展潜力，京品聚合公司联合东单mall在各大平台开展“年货节”“老字号变国潮”“双十一话传承发展”“双十二系列”等

11月11日，东方奥天权属京品聚合公司联合权属老字号企业同升和开展“老字号直播带货 双十一话传承发展”活动（吕洋摄）

现场直播带货活动，全年实现电商销售收入937.5万元。权属企业东单菜市场发挥扶贫双创东城分中心作用，响应政府精准扶贫，为东城区帮扶协作脱贫攻坚助力。与建设银行合作开办“扶贫爱心卡”购物满减活动；与内蒙古自治区化德县签订5年“万企兴万村”结对帮扶协议，帮扶东城区对口支援地区内蒙古自治区化德县4个村；累计帮扶建档立卡贫困人口1.11万人，全年实现扶贫地区产品销售收入604.23万元；以转向合作帮扶为工作重点，不断拓展合作单位，新增协作扶贫单位16家，累计建立长期扶贫协作成员单位127家，收到西藏自治区当雄地区政府送来的锦旗。2021年，东方奥天中小微企业租金减免26家，减免租金计792.74万元。全年召开董事会3次，审议通过决议12项，涉及对外投资、改革改制、人员任免、年度财务预决算方案、对外合作等重大事项。设立财务共享、物业安全和资产经营中心，实现系统全资企业财务、物业安全和经营性房产租赁等统筹管控。高度重视安全生产工作及疫情防控，全年公司系统出动5926人次，检查所属网点8773店次，整改隐患190处，约谈存在隐患出租网点承租方10次；组织开展安全生产主题培训会62次，应急演练28次，参与人员计1765人次；组织参与社区疫情防控值守6批次50余人，参与社区“双报到”活动，开展“我是党员，我奉献”志愿服务。公司党委开展党史学习教育，开展专题党课12次；完成7个党支部换届选举和支部委员增补工作；公司班子带队走访慰问系统内离退休老干部、区国资委级困难党员、北京市困难职工计55人。全年东方奥天营业收入5.98亿元，利润总额3081.55万元；资产总额12.56亿元，国有资本保值增值率102.89%；全公司上缴税利4258.96万元。

（赵文若）

【东方祥泰公司】北京东方祥泰投资管理有限公司（简称东方祥泰）主要经营投资管理、技术开发、技术培训、企业管理咨询、出租商业用房、出租办公用房、编辑服务、软件开发、技术推广服务、会议服务、房地产开发、组织文化艺术交流、承办展览展示、出版物零售。2021年，东方祥泰做好常态化疫情防控措施落实与检查，3批次选派员工15人下沉社区参与疫情防控、疫苗接种，党员参加社区双报到活动70余人次，驰援一线疫情防控工作，利用节假日休息时间参与各自社区卡口执勤，做好“七一”联防联控，2次派1人参加东城区返京人员隔离点防控工作，领导4次分组多次检查，4次启动应急处置，4次全员核查员工行程卡，严格出京人员管理、排查中高风险区旅居史人员，疫情期间安排领导班子成员24小时在岗值班。向集团公司上报人员出京、中高风险排查、复工复产等相关疫情信息。进行防汛、防火、防疫等安全检查251次、357人次，查出疫情台账不全、不正规佩戴口罩、灭火器过期、应急灯损坏、私拉电线、消防设施不全等各类隐患50处，整改50处。安全培训8次，培训人数700余人次，通过观看纪录片、网上教学，分析典型案例，讲解各类消防知识。5月1日，东城区校办产业管理中心、故宫培训学校与北京京教物业管理有限责任公司签订三方协议，北京京教物业管理有限责任公司为故宫培训学校提供物业服务。下属企业北京京教物业管理有限责任公司推进东城区学校后勤社会化进程，服务教育直属机关单位4家，小学或幼儿园13家（19座校址），楼宇大院1家，服务总面积20余万平方米，为东城区教委15家教育直属单位及小学、幼儿园提供劳务派遣服务。北京东方祥泰第一幼儿园9月扩招2个班，达到5个班、幼儿159人，做到收支平衡。五维培训学校上半年在和平里第三小学开办课后非学科类课程培训实验，7月，成功入围东城区教委小学课后330和530项目政采名单。9月，与东城区雍和宫小学、和平里第三小学签订课后培训合同，课程涉及非学科四大类8种课程，共14个班次，授课学生达300余人。本汇测评公司开展教师心理教育辅导及教育教学测评试点工作，外聘北大的心理辅导老师，开办对东方祥

7月，东单菜市场完成团购订单，收到西藏当雄地区政府锦旗（王晓曦摄）

泰第一幼儿园全体教师的心理教育辅导课。2021年，成立学校联合党支部，实现党组织全覆盖。2021年，东方祥泰派遣干部1人到内蒙古自治区化德县进行交流。10人参加志愿献血2800毫升。退休人员174人，完成91人社会化手续，已移交15人。完成东方信达总公司规定的各项经济指标，全年总收入6196万余元，上缴税金709万余元，为在岗职工缴纳五项社会保险562万余元。

（孔文杰）

9月25日，百货大楼会员中心开展店庆会员体验活动，在商店会员管理部的引导组织下，小朋友和家长一起制作手绘T恤（衡琳摄）

【王府井百货大楼】王府井集团股份有限公司百货大楼（简称百货大楼）是中华人民共和国成立后北京建造的第一座大型百货零售商店。有职能部门13个，销售部10个。2021年，面对疫情时有散发、消费下行、指标重压、资源稀缺等挑战，百货大楼深化改革转型，调整制订《守正创新 笃行致远——百货大楼2021年经营调整方案》，以优化品类空间布局、推进重点店铺升级、引进新资源开源增效为突破点转型调整，完成调整项目计132个。抓住数字化机遇，落实智慧门店项目，统筹推进数字化体验、线上经营、门店运营、便捷支付、智慧服务五大模块，分两期实现目标。初步确认数字化体验一期搭建思路和目标，完成项目和点位规划、中台切换、上线会员小程序，实现电子发票、数字人民币使用，部分区域实现移动盘点，240个专柜实现自助收银。把握热点，促进流量转化。7月23日，百货大楼张秉贵柜台、和平菓局、哈姆雷斯、萃华楼等特色项目在北京卫视“京城十二时辰”节目中亮相，“一团火”传人与明星互动展示新中国第一店的新活力、新形象，提升百货大楼的知名度和影响力。门店注意热点话题抓取，推出汉服穿越主题及冬奥手势舞小视频，累计播放量20万余次。参与政府“数字货币”“故宫以东过大年”等活动。搭乘冬奥热点，欧米茄北京冬奥会全球唯一官方倒计时装置落位百货大楼北广场，成为热门打卡地标。9月25日，百货大楼66周年庆，以“创声量 聚流量 抢份额”为营销主线，以“潮集66，为美而来”为活动主题。联合鄂尔多斯品牌举办66周年庆生仪式，推出满额抽奖、哈姆雷斯庆生萌宠会、国风手制小课堂等丰富的营销与体验活动。实现日销额新突破4288万元。周年庆期间门店十几天内搭建出1个完整的电商团队，首次实现与抖音主播合作带货直播，历时14小时，累计观看人数68万人，实现GMV（成交总额）1158万元。2021年，实现线上销售收入3245万元，完成计划119%。其中微商城销售破百万元的品牌有5个，年度浏览人次825万人次，同比提升43.47%。通过搭建分销体系，菲仕乐品牌实现销售收入134万元。全年商店累计直播159场次，实现销售收入273万元。百货大楼全年实现新增会员11.87万

9月25日，王府井集团66周年&鄂尔多斯集团40周年店庆活动举办（衡琳摄）

人，会员销售总额6.29亿元，占商场总销量的36.85%，同比上升14.58%。百货大楼制订《百货大楼服务蓝图2021—2025》，升级《现场管理规范手册》，调整《现场管理考核月度评分标准》《服务总结》模版，取得王府井集团星级示范店称号。开展“一团火”优秀案例挖掘和播报，以生动的案例解读“一团火”精神内涵，打造“一团火”情怀之旅3.0升级版。推出“线上无接触讲解”，实现顾客手机扫码线上收听讲解。全年“一团火”情怀之旅共接待团体38个、计899人。百货大楼加强安全管理，始终绷紧防疫这根弦，取得疫情“零”感染的工作成效：对内保持防疫物资充足、发放到位，保证监测设备正常运行；对外保证环境消杀达标，以现场防疫检查小组、领导班子12小时带班等方式加强人防。落实东城区商务局和王府井管委会的工作部署开展疫苗接种，累计完成新冠疫苗二剂次接种2362人（在职），加强针接种2141人（在职），切实做好顾客的守护者。组织综合隐患排查和专项安全隐患排查322次，整改隐患176项，下发整改通知书52份。严堵环境安全防范漏点，对监控布防进行升级改造，在商店一层加装防闯入红外报警系统，安装玻璃破碎报警头52个、入侵红外报警头50个，为经营工作安全有序开展保驾护航。开展全体员工日常培训、重点期段培训、专项培训等计100余次，培训9200余人。组织应急演练50余次，培训1300余人。2021年，百货大楼实现销售收入17.06亿元、利润1.14亿元，分别实现同比增幅20.16%、64.07%。

（李　彤）

【王府井东安市场】王府井集团股份有限公司东安市场（简称东安市场）始建于1903年，迄今有119年历史，是京城历史最悠久的著名老字号商场，作为王府井集团旗下子公司，2006年由商务部认定为“中华老字号”企业。2021年，王府井大街整体提质升级，东安市场也进行最大规模的转型提升，打造“北京最潮沉浸式买手制百货——东安睿锦”，为推进王府井商圈建设，引领消费潮流风尚，打造消费升级的新高地增添助力。改造中，睿锦尚品特邀中法设计工作室ALL Design Studio对东安市场的建筑结构进行重新设计。设计团队以“梦回盛世”为概念，把传统中式建筑与现代制作工艺、材质相融合，将过去、现在与未来不同时段东安市场的历史定位串接起来，重叠出全新的空间。围绕一层“形塑东安”、二层“幻聚东安”、三层“云艺东安”3个主题，用鲜明时尚的色彩、古代建筑的结构线条，通过现代材质呈现出幻影般建筑影像，映射出新潮的中式未来主义风格。在这样的全新空间里，东安市场设立精品鞋包、服装服饰、太阳眼镜和时尚首饰、小众香氛和化妆品等集合区域10个和独立品牌形象店39家。集合区网罗市场上高热度、位于市场前沿的国际潮流品牌，将最新一季的各类主流单品，以优惠的价格带入中国市场，带来国际“零时差”的时尚购物体验；独立品牌形象店则优选国际潮奢精品品牌，让消费者轻松完成一站式打卡。“东安睿锦”是王府井集团在买手制百货的探索之路上一个重要的地标，成为传统零售企业的转型创新、老字号重新发光的指引。闭店装修期间，商场根据工程任务要求，沟通、协调各相关单位，确保各协作单位有效沟通及对整体方案的统一理解，确保高度呈现商场整体概念设计效果；制订《经营调整施工安全管理工作方案》，对38项施工违规行为予以明确界定，明确各部门施工期间的安全工作职责与工作流程；与施工方签订安全责任书，对现场施工人员进行施工安全培训，对施工进度上报、疫情防控等各项工作进行明确的规定，加大施工现场巡查力度，确保商场整体施工有序进行。商场利用抖音直播带货，线上运营渠道实现停业不停售。优化抖音小视频，把日常小视频与重点活动前预热小视频投放相结合，通过在抖音平台投放、调动全员在微信朋友圈转发吸引关注，直播过程中不间断拍摄花絮视频，不断在公域流量池中吸引新的流量，在抖音上形成“日常视频带货+直播带货”的多种带货模式。2021年，重点策划“3·19直播一周年”“6·16吃货甄探日”主题直播活动，根据不同主题甄选不同品类商品，结合热销单品爆品返场、抽福袋、心愿奖等活动形式，优化直播

12月，改造后的东安市场2层——“幻聚东安”（东安市场提供）

12 月，改造后的东安市场正门（东安市场提供）

环节设置，精准把控直播节奏，提升直播运营效果。全年开展直播活动53场，实现销售收入98.92万元，观看人数达17万人次。东安市场利用闭店装修期，安排各部门针对自身工作特点，培训员工。安排有关人员参与王府井集团全国27家门店的服务测评，并对当地比较优秀、有特点的商圈、购物中心、百货店进行市场调研；安排相关部门在北京市内开展调研，专门调研买手制，并通过分享会与商场各部门开展交流，通过形式多样的学习、培训，提升员工学习新知识、新本领的能力，适应商场发展需要，提升团队综合素质。商场还组建考察小组，前往山西省太原市睿锦店进行调研，深入交流睿锦买手店管理经验，了解买手店日常经营流程，体会奢侈品行业发展趋势，学习奢侈品相关的卖场管理等内容。考察后，组织相关部门召开交流会，梳理原有制度、流程，针对未来买手制百货全新经营模式，设计、搭建营运系统全新架构。制订《睿锦尚品功能商户引进管理办法（试行）》《睿锦尚品品牌及商品申报审核流程（试行）》《东安市场广播管理制度（试行）》《信息员进店及日常管理规定》《销售凭证管理规定及流程》，对《东安市场迎送宾礼仪规范》《东安市场四星级服务测评标准》进行适度调整；安排各部门开展相关培训，适应新设备和新流程，为开业做好前期准备。按照精简高效的原则，商场对原有组织机构进行调整，设置总经理办公室、业务营运部、财务部、人力资源部、卖场管理部、行政安全部、党群工作部（工会），并重新确定各部门工作职能。同时，对所涉及的部门或模块人员实行整建制调整，对个别部门冗员情况进行适度调整，补充关键岗位缺口，提高商场人力资源效率，满足企业重张开业后新的管理模式。

（何　睿）

【北京同仁堂】中国北京同仁堂（集团）有限责任公司（简称同仁堂集团）是市政府授权经营国有资产的国有独资公司。同仁堂集团拥有二级集团7个、研究院1个、党校1个、直属子公司4个。同仁堂集团是以中药为主业，集科工贸、产供销为一体的大型中药企业集团，业务涉及中药材种植、饮片加工、中成药、普通营养食品、保健食品、传统滋补品、生物制品、化妆品及出口贸易。生产基地43个，1个国家工程中心和博士后科研工作站。2021年，同仁堂集团推进大品种战略，全面梳理系统内已有中成药、保健产品、中药饮片、配方颗粒等品种资源，精心筛选重点治疗领域大品种群，进行专业化培育。各单位围绕大品种战略，成立各品种专项小组，深化细化“一品一策”培育推广方案，推进产供研销一体化协同，为大品种生产供应、科研创新、推广销售提供坚强保障。整合各类媒体和渠道资源加强宣传，推动大品种亮相服贸会、科博会和西普会，提升产品曝光度和影响力。启动“互联网+中医”诊疗业务，获互联网诊疗牌照。互联网诊疗牌照落地同仁堂中医院。2021年，同仁堂集团与中国政法大学、腾讯集团、娃哈哈集团、西藏育宁科技、安徽省潜山市等签订战略合作协议，开展多方面合作；健康药业集团与京东健康升级战略合作，共同构建“互联网+医疗健康”生态布局；医养集团与山东省济南市槐荫区合作建设医、食、康、养一体化的中医药特色康养综合体项目。同仁堂商业集团加快“连锁化、标准化、智慧化”转型，完成覆盖六大区域管控中心建设，实现对所属独立法人单位、零售终端的统一管控，建立总部指导、区域协同、终端联动工作机制。同步开展信息化、数字化探索，通过区域管控中心的聚合作用，打造供应链管理新模式，提升同仁堂品牌及文化在终端零售市场的影响力。3月23日，同仁堂医养集团打造的现代化煎药中心正式揭牌，煎药中心由智能控制系统软件全方位管理，实现接方、审方、调剂、运输、煎煮、包装、配送的全流程一条龙服务。10月20日，北京同仁堂药膳全国第一家旗舰店——同仁堂粹和餐厅新大都旗舰店于北京市西城区车公庄大街21号39幢首创新大都二层正式开业。同仁堂知嘛健康作为首期合作品牌，应邀参加的“北京有礼”环球度假区站店正式开业，在北京有礼环球度假区站店内打造“梦境之旅”主题空间，展示草本咖啡、国潮饮品、养生膏方等国潮健康产品。北京同仁堂科技发展集团举办2021年终端战略联盟高端峰会，以“传统中成药与新零售”为主题，寻求中成药生产企业与终端零售的融合发展、合作共赢之道。在北京市中医管理局、东城区人民政府主办的第十四届北京中医药文化宣传周上，首届东城区膏方节暨首届同仁堂膏方节同步启动。在地坛公园举办的开幕式上，同仁堂医师、药师将传统膏方制作流程复制到活动现场，以情景剧的方式展示传统膏方从医生问诊开方、药师调剂、浸泡、煎煮过滤、浓缩收膏制作全流程，现场诠释同仁堂古训“炮制虽繁必不敢省人工，品味虽贵必不敢减物力”。在北京同仁堂中医医院活动现场，中医大夫多人提供义诊咨询服务。同仁堂集团所属国药集团的灵芝种植基地通过药用植物种植和采集质量管理规范认证（简称GACP认证），成为全国首家通过该认证的灵芝种植基地。国家工信部公布年度绿色制造名单，同仁堂健康药业集团获国家级“绿色工厂”称号。同仁堂集团与众多国内知名零售药店企业共同参加西鼎会，安宫牛黄丸荣登西鼎会2020—2021年度中国药品区县零售市场品牌锋榜。同仁堂集团作为12家北京企业代表之一，参加北京展馆首届中国国际消费品博览会。同仁堂科技发展集团展示畅轻香、安平香、安康香等香系列文创产品。同仁堂国药集团展出同仁堂牌破壁灵芝孢子粉胶囊、元聚益生等大品种产品。同仁堂健康药业集团重点展示燕窝、速发海参及其他现代保健品。同仁堂药材参茸投资集团带来西洋参、冬虫夏草等8个品种、多个规格的中药材产品。同仁堂集团参加海南博鳌西普会，同仁堂集团入选2020—2021年医药工业综合竞争力指数100企业、2020—2021年医药工业综合竞争力指数·中成药指数50企业，中成药企业竞争力前10名。北京同仁堂商业投资集团有限公司获2020—2021年药品零售企业综合竞争力百强企业称号，位列第十五名。同仁堂安宫牛黄丸入选2020—2021年健康产业·品牌发布指数。同仁堂集团申报的“中药原粉灭菌新技术研发与产业化应用研究”案例获2020年度全国国企管理创新成果二等奖。同仁堂大栅栏药店中药泛丸工谢锡昌获“北京大工匠”称号。同仁堂蝉联胡润中国最具历史文化底蕴品牌榜榜首。同仁堂西黄丸传统制作技艺入选北京市级“非遗”代表性项目名录。北京同仁堂健康药业青年突击队获北京市青年突击队称号。同仁堂集团召开第二次团代会，会议选举产生新一届团委委员9人，在召开的第二届委员会一次全会上选举产生集团公司团委书记和副书记。2021年，同仁堂集团做好常态化疫情防控，督促在京单位从快从严开展涉疫人员风险排查，加强离返京审批，开展督导检查，推动新冠疫苗接种，所属医疗机构完成新冠疫苗接种任务14.6万针次，核酸检测采样3万余人次。2021年，同仁堂集团整体实现营业收入187亿元，同比增长12%；实现利润总额23.9亿元，同比增长21%。

（李　淦）

【中国医药】中国医药健康产业股份有限公司（简称中国医药）是在上海证券交易所挂牌的国有控股上市公司（证券代码600056），控股股东为中央骨干企业中国通用技术（集团）控股有限公司。产业形态涉及药品研发、中药材种植加工、药品生产、分销、物流、进出口贸易、学术推广及技术服务等领域。7月15日，通用技术集团、通用技术中国医药与广安门医院签署战略合作框架协议，双方将在医药医疗健康领域展开全方位合作。2021年，中国医药聚焦国企改革三年行动，聚焦全面深化供给侧结构性改革，聚焦核心主业高质量发展，保存量、拓增量、寻变量、提质量，加快产业布局结构优化，强化创新驱动，推动数字化转型，防范化解重大风险，完善公司治理体系，提升治理能力。2021年，中国医药抢抓市场机遇，拓展业务份额，力争“两利四率”做到“两高三增一稳”，营业利润率、资产负债率、研发投入强度、全员劳动生产率均优于同期，公司发展质量和效益持续提升，为公司“十四五”开好局、起好步奠定良好基础。10月，获2020年中国医药保健品进出口企业100强位列第三；海外抗疫短视频《逐梦拉美》获国资委“同心战疫奖”；获2021中国企业慈善公益500强称号。

（顾　捷）

【亚泰永安堂】北京亚泰永安堂医药股份有限公司（简称亚泰永安堂）主要经营中成药、中药材、中药饮片、化学药制剂、化学原料药、抗生素、生化药品、生物制品、第二类精神药品制剂、蛋白同化制剂和肽类激素（仅限于胰岛素）、预包装食品销售、含冷藏冷冻食品、特殊食品销售、限保健食品、婴幼儿配方乳粉、第三类医疗器械、计划生育用品、百货、五金交电、医疗器械（Ⅰ类、Ⅱ类）。2021年，因企业党组织党员人数减少，经上级党组织同意撤销党总支建制，合并运营党支部、管理层党支部，成立支部委员会。按照流程选举出新一届支部委员会。全年亚泰永安堂坚持高标准、严要求做好质量管理工作，严格遵循GSP规范管理要求，顺利通过市药监局对批发、连锁总部进行的飞行检查及各种例行工作检查。管理信息化，搭建数据中台BI报表系统，全面实现无纸化办公，实现信息化流程审核及批阅。成功申请互联网信息资格服务证（经营性）。面对疫情影响，党员深入一线门店做好疫情防护工作，落实上级部署的舆情报告、疫苗接种、核酸检测、疫情统计、门店检查、信息报送等工作。“七一”期间党员17人捐款1150元。在“我为群众办实事”活动中，解决职工因工会关系转出而影响医药费报销问题。王府井药店和百草药店获首都文明单位称号。亚泰永安堂在经营中利用600

1月1日，全聚德前门店新年喜迎客人，给顾客换上老铺餐厅特有的掌柜衣服（宋诗伟摄）

年老字号品牌在市场上的认可度，拓展线上销售、多种消费结算模式，在“美团”“饿了么”等平台线上销售有新突破，新零售平台月订单与初期相比增幅率为511%，交易额与初期相比增幅率966%。亚泰永安堂携手知名厂商东阿阿胶及知名专家开展线上直播活动，讲解养生知识，宣传企业文化，提升企业品牌影响力。亚泰永安堂开发永安堂健康卡，打破永安堂连锁店固守经营思维模式，提前锁定客户消费，成为企业销量增长新助力点。2021年，亚泰永安堂以经营目标为导向，通过对营销管理、成本管控、信息化建设以及企业文化建设等工作的推进落实，全面提升企业各项经营指标，全年营业收入1.4亿元。

（赵　萍）

【北京全聚德前门店】中国全聚德（集团）股份有限公司北京全聚德前门店（简称北京全聚德前门店）始建于公元1864年（清同治三年），迄今已有150余年历史。是老字号“全聚德”的起源店，前门店以经营北京传统挂炉烤鸭、特色风味菜系及100余道创新菜肴而独树一帜，素有“天下第一楼”的美誉。全聚德挂炉烤鸭技艺已列为国家级非物质文化遗产，全聚德前门店“老门面墙”也已成为北京市级文物保护单位，前门店更成为北京首家市级文物保护单位的餐饮类老字号。2021年，全聚德前门店围绕“守正创新，提质增效”指导精神，通过菜品创新、个性化定制等，创新经营模式，推出“品·味”光影主题餐厅、网红冰品——萌宝棒棒冰、踏青食盒等创新产品。特别是“品·味”光影主题餐厅是北京餐饮老字号首家定制化影音沉浸式体验餐厅。前门店发挥特有的起源店文化优势，利用老铺上方二层的空间布局，通过光影技术复原老铺二层小楼经营风貌，配合交互式体验环节、专属的餐桌布局陈设和服务流程，实现集视、听、味、嗅、触为一体的感官体验，为食客打造沉浸式就餐体验。2021年，全聚德前门店向数字化、智能化转型，使用送餐机器人，降低人工成本；上线哗啦啦餐饮系统，实现扫码点餐、扫码结算等功能；主推大众点评线上套餐，提升大众点评线上买单率；加强外卖平台销售，把控外卖菜品质量，实现口碑与收入双增长；加大网店销售力度，通过网店搭建私域流量平台，形成流量积累，动员全体员工参与线上销售，开启全员创收新模式。在做好经营工作同时，前门店抽调骨干力量，配合上级单位完成中国共产党成立100周年以及北京冬奥会服务保障工作，在建党100周年庆祝大会前，精心选派团队前往工作人员驻地开展餐食服务，服务人员参加天安门广场现场服务工作。为北京冬奥会提供服务保障，组建11人团队，分批次前往冬奥项目组为冬奥工作人员开展餐食服

10月14日，全聚德前门店烤鸭厨师技艺交流会（宋诗伟摄）

务。前门店发挥党建引领作用，把学习党史同总结经验、观照现实、推动工作结合起来，不断强化公仆意识和为民情怀，以群众诉求为着力点，以改革发展为切入点，不断完善项目清单，切实将“我为群众办实事”落到实处。

（陈雪蕾）

【便宜坊烤鸭集团】北京便宜坊烤鸭集团有限公司（简称便宜坊集团）有33家直营店，23家加盟店。便宜坊集团将周恩来总理释义的“便利人民，宜室宜家”确定为经营理念，以“振兴中华老字号，创造精品便宜坊”为共同愿景，在传承与创新中发展精品餐饮、绿色餐饮、健康餐饮，让宾客在享受美食的同时，享受文化、享受时尚、享受美味、享受幸福。2021年，便宜坊集团在区委区政府、区国资委、崇远集团带领下，按照年初制定目标及高质量发展的总体要求，紧扣“创新联动，高效运营”工作主题，围绕“聚焦主业、强化执行、主动求变、务实有为”工作主线，集团秉承“匠心出品、宜人服务”经营风格，结合客群结构及需求，落实节气菜、养生菜品研发，完成菜品设计并上市销售，店庆期间推出多款店庆特色菜。结合“反食品浪费法”，推出线上小份菜、单人餐等。企业深化服务意识，强化服务规范，至年底，大众点评服务平均分值同比提升0.3分。便宜坊集团建立宣传型公共关系，提升品牌影响力。在中央电视台、地方媒体上播出报道130余次，参与东城融媒体中心劳模风采、千城早餐项目、冬奥传播项目等拍摄，参与天猫与老字号协会联合推出《神奇的老字号》大型宣传片拍摄。2021年，参加首届中国国际消费品博览会、中国国际服务贸易交易会、首届中国小吃节、老字号嘉年华六省市老字号运河夜市等大型活动。在疫情不断反复的情况下，集团落实疫情防控“四方责任”，落实安全生产管理主体责任，在落实北京市疫情防控指引措施的工作原则基础上，既要做好疫情防控，又要做好安全生产管理。2021年，集团下发各项疫情防控文件9份，安全生产工作方案3份，签承诺书2份，全年没有发生疫情传播事件和重大安全事故，在防止燃气泄漏方面，集团购置30余台燃气测试仪，有效对厨房燃气跑漏气进行技术防控。集团按照年初计划，分别组织疫情防控演练和消防演练，使员工了解掌握疫情突发如何处置、遇有火情如何扑灭初期火灾及组织逃生的技能。便宜坊的发展，受到消费者和行业的认可。便宜坊集团被世界中国烹饪联合会评为中华优秀饮食文化示范企业，被中国饭店协会颁发中国民族餐饮品牌企业、京津冀地标美食三十强，被中国烹饪协会颁发中餐国际化发展模范企业，被中国连锁经营协会颁发中国连锁餐饮品牌可持续创新奖、商业特许经营体系评定AAA级，被中国商业联合会颁发全国商业3·15诚信宣言守信企业，被中国饭店协会授予共同成长奖和爱心企业奖，被中华老字号工作委员会颁发中华老字号传承创新先进单位，获市国税局、京地税局颁发纳税信用A级企业；北京市著名商标，北京市企业管理现代化创新成果一等奖。获中国烹饪协会颁发中国餐饮业正餐十大品牌、北京烹饪协会颁发北京餐饮企业（集团）五十强、北京餐饮十大品牌、北京餐饮（正餐类）十大品牌称号。全年实现营业总收入3.18亿元，同比增加4285.93万元，同比增长15.56%。

（罗英男）

便宜坊鲜鱼口店门脸（便宜坊集团提供）

【北京稻香村】北京稻香村食品有限责任公司（简称北京稻香村）是一家集研发、生产、销售于一体的大型食品企业，直营、加盟、经销全系统年销售额近80亿元。产品包括糕点、月饼、元宵、粽子、肉食、速冻食品、各种节令食品等16大类600余个品种。北京稻香村在全国有连锁店450余家，销售网点1100余个。2021年，北京稻香村坚持“弘扬中华食品文化，把美食、健康和快乐带给所有人”的企业使命，在继承“商办工业、自产自销”传统经营模式精髓基础上探索出“一体两翼、工商互动”的事业发展模式——以稻香村企业为主体，一手抓食品加工业，一手抓商业销售，二者互动，打造品牌。坚持防疫与经营两手抓，在北七家与东直门先后深陷疫情影响不利局面下，依靠全体员工的团结与奉献精神，将不利影响降到最低，实现企业稳定发展。北京稻香村以老一辈稻香村人的韧劲与狠劲，建立北京稻香村“水文化”企业价值观体系。在经营上，坚守老字号企业的操守与底线，严把质量关；坚持以市场需求指导产销，坚持渠道稳定不盲目扩张，坚持追求投入产出比。在管理上，牢记以人为本，以教育促管理，维护执行制度；改进绩效与薪酬管理体系，向一线员工倾斜，兼顾效率与公平；注重后备人才梯队培养，补充产销技术人才和管理人才到重要岗位，形成“能上能下”的人才流动机制；为弥补内部控制短板，成立纪检审计部。公司努力推动产品创新、渠道创新、业务创新、服务创新，以零号店和现烤业务为代表，恢复并推出眉毛肉饺等一批兼具传统与新潮的明星产品，尝试开发茶饮和文创新业务，增加定制与快递新服务，为企业发展注入新的活力。春节期间，北京稻香村响应“就地过年”的政策号召，推出年货礼盒邮寄、代写贺卡等服务。受邀参与由北京市文化和旅游局主办的“非遗过大年”主题直播互动活动，北京稻香村技艺传承人现场展示手工摇元宵，现场教学互动、传播传统技艺文化。参加由商务部和上海市人民政府主办的第四届中国国际进口博览会，北京稻香村将融合传统与创新的中式糕点具有京味特色的“京八件”，不加一滴水制作而成的“鸡蛋槽子糕”、有可爱萌趣的“熊猫小酥礼盒”带上展会。首届中国国际消费品博览会在海南国际会展中心举办，北京稻香村作为中华老字号代表参展，通过颇具国潮风的各式糕点展示出非遗美食的独具匠心，以及传统与时尚相融合的食品文化魅力。中国国际服务贸易交易会在北京举行，北京稻香村作为著名的中华老字号企业在首钢园15号馆“老字号展区”受邀参展。8月26日，北京稻香村“零号店”开业。位于东四北大街152号，复业原址再创新店，这是老字号创新的又一次尝试。零号店不仅是网红店，还推动周边文创消费。2021年，北京稻香村获北京十大商业品牌、首都文明单位称号、食饮行业最具影响力十强、中国肉类食品行业先进企业、第十九届中国食品安全2020—2021年诚信单位、第22届全国焙烤职业技能大赛“顺南食品杯”全国月饼技能比赛北京赛区选拔赛金奖。在2021年第二十七届中国月饼文化节名优月饼评价中，北京稻香村月饼评为“中国名饼”及“金牌月饼”。

8月26日，北京稻香村零号店开业（李晓轩摄）

（刘　璐）

【吴裕泰茶业】北京吴裕泰茶业股份有限公司（简称吴裕泰）是销售茶叶及茶制品的专业公司，2021年，吴裕泰通过改革组织机构，将原来的10个部门重组为七大中心，即产品采购中心、物流加工中心、渠道拓展中心、品牌营销中心、人力行政中心（党群部）、财务管理中心、信息支持中心。坚持搞活经营、规范经营、创新经营的营销思路。抓住元旦、春节、“五一”、春茶上市、暑茶季以及中秋、国庆店庆等商机，开展丰富多彩的营销活动，让利消费者，助力销售达成。开展以“过年贡毫祝福，牛气御泰壹香”为主题的1+2月大型促销活动，达成率102.4%，比历史同期最高的2019年增长3.08%。历时77天的“醉美春天，约惠春茶”活动，达成率120.73%，比历史同期最好的2019年增长10.67%。“中秋国庆店庆”活动期间遭遇疫情反弹，通过献礼价、超值加价购、有机茶7折、周三会员日、店庆秒杀兑换券等大幅度让利活动，销售同比增长6.94%。坚持优化商品配置，提高重点商品铺货率；优化运营管理流程，量化执行标准，制作便于手机阅读的促销执行手册、非实及POP陈列手册、H5商品推介手册，图文并茂，音视频俱全；开展“更好的商品、更好的服务、更好的体验”竞赛活动；公司高管采用“四不两直”（不发通知、不打招呼、不听汇报、不用陪同接待、直奔基层、直插现场）的方式，多次带领质检、采购、督导等人员集中检查北京、河北、河南、山东、山西等省市的门店266家。在加档开展的“钜惠五一”促销活动中，制订阶梯式奖励方案配合徽茗毫、贡毫系列产品促销，15天时间，散装徽茗毫茉莉花茶销售额增幅199.63%，贡毫销售额增幅达665.77%。为实现1+1＞2（1个大店带1个小店捆绑考核，大于2个门店独立考核的效益）的目标，通过业绩绑定、资源共享、风险共担的方式，以前门店带动大栅栏西街店，共同打拼市场，应对竞争品牌。公司利用数字化技术，在直营店全面应用PC一体秤提高结账速度，在3家旗舰店设置自助购服务顺应年轻群体的消费趋势。6月18日，与帆软公司合作开发27张数据报表系统顺利上线，总部及门店都可在PC端和移动端随时查看经营数据；2条食品级密封罐分装生产线、6台卷膜包装机等设备安装投产，提升产能，实现除氧充氮，满足茶叶保鲜的要求。2021年，吴裕泰深挖品牌的文化价值，制订《吴裕泰第五代门店标准化手册》，按照“文化+体验”的经营模式转型升级门店。优化产品结构，创新开发醇香型的茉莉花茶，将沿用多年的4款散装茉莉花茶王分别更名为“至俭、至清、至和、至静”，赋予其文化含义；推进品牌IP化进程，与国家博物馆跨界合作，开发符合市场消费需求的文化创意产品“花语茶言”，包装设计采用国家博物馆藏《百花图》的图样与乾隆皇帝所题诗句，9月，在国家博物馆和吴裕泰500余家门店成功上市，受到消费者好评和欢迎。加大品牌宣传力度，在中央电视台、双层公交车、户外媒体、权威纸媒上，重点宣传子品牌——御泰壹香。BTV北京时间、BTV财经、北京新闻广播、《北京日报》《北京商报》等近50家媒体分别宣传报道吴裕泰恢复手工炒制明前西湖龙井、碧螺春、信阳毛尖茶叶等。公司直播团队定期通过抖音、快手、自媒体、爱逛等平台进行直播带货。吴裕泰完成全国“两会”、建党100周年庆典、2022年冬奥会测试赛等重大活动的服务保障，供应“贡毫”茉莉花茶、“御泰壹香印记”茉莉花茶、有机红观音、有机滇红、有机白茶、有机普洱、龙井茶等13款产品，计217.56千克。公司通过安全例会、消防安全培训、疏散演练等方式增强干部职工的安全生产责任意识。全年检测灭火器545个、更换180个、新购置10个。汛期来临前，投入90余万元改造物流加工中心原料库。全年检查门店706店次，排查整改隐患15项，实现安全生产零事故。公司强化执行，倡导“准、快、狠、省”的企业文化，在大型促销活动期间，各中心无条件抽调员工支援一线、党员节假日到门店义务劳动，全年累计374人次。为庆祝中国共产党成立100周年，公司党总支开展“七个一”活动，勉励党员牢记初心使命，发挥先锋模范作用。2021年，公司坚持常态化疫情防控不放松，委派员工6人下沉支援社区防疫工作，推进新冠疫苗的接种工作，全体员工3针疫苗接种率98%，门店员工达到100%；年底总部人员围绕“业绩达成、思想观念更新、对企业文化认知”主题，开展年度绩效考评。举办“一家人，一壶茶，一条心，一路行”的加盟商主题年会。2021年，公司营业收入达成率105.23%，同比增长7.36%；利润总额达成率101.05%，同比增长3.28%；新开店任务超额完成，全国连锁店数量达562家。通过北京埃尔维质量认证中心对公司开展的ISO9001质量管理、ISO14001环境管理、OHSAS18001职业健康安全管理、ISO22000食品安全管理体系以及HACCP体系再认证审核，获得五体系认证证书。公司获中国茶叶流通协会授予的2021年全国茉莉花茶十大经典品牌、年度茶业百强企业、年度茶业畅销品牌、年度茶叶新技术成果转化企业典范等称号，散装信阳毛尖绿茶（1万元/千克）、太平猴魁绿茶、贡毫茉莉花茶等先后获中茶协授予特别金奖，上榜第十三届中国茶品牌金芽奖榜单，并且荣膺“中国花茶标志性品牌”，公司第四次获评北京十大商业品牌，以16.8亿元的品牌价值蝉联2021年中国茶叶行业产品品牌价值榜首，公司董事长获首批2021中国茶企首席品牌官TOP10及2021国际十大杰出贡献茶人称号。吴裕泰党总支获东城区国资系统优秀党组织称号。

（廖海舟）

【天润金百公司】北京天润金百投资集团有限责任公司（简称天润金百）以商业投资经营、房屋租赁经营为主营业务。调整合并总部组织架构，由原8个部门调整为5个部门。2021年，公司加大资金投入对磁器口大街134号、永外车站路20号、天坛东路55号、珠市口东大街16号进行房屋及配套设施改造升级，提升房屋资产质量。出租广渠家园24号楼3单元102、103室及西花市南里西区12号楼2单元1层103号3处空置房屋，引进社区养老驿站、新兴文化娱乐项目、以扶贫产品为主的综合超市，完成空置房屋招商，租金提升14%。天润金百落实安全生产管理职责，出动检查4435人次，累计检查网点2044家次。针对公司资产处置、安全管理、公务用车、办公用品管理等工作，制订和修订相关制度。有序推进退休人员社会化管理工作，完成1507份实体档案的移交，完成率达85%。完成公司总部公务用车、薪酬福利发放管理，以及子公司负责人任中经济责任等专项审计，出具审计管理建议书；监管工程建设项目，送审122.4万元，公司审减1.79万元。元隆公司理顺法人治理结构，成立元隆大厦改造项目事业部，完成元隆大厦租赁合同续签，推进库存商品清理。所属前门亿兆商场前门店改造提升并重张开业，在“五一”期间，推出快闪活动。5月27日，公司召开总部工会会员代表大会，完成工资集体协商，续签《工资专项协议》。根据市、区疫情防控要求，做好新冠肺炎疫情常态化防控，完成在职、编外、离退休三类人员新冠疫苗加强针接种任务。举办公文写作、财务思维等各类专项培训5次。天润金百党委组织开展党史学习教育活动，落实“三重一大”集体决策程序，坚持重大事项党委前置审议程序，召开党委会20次、临时党委会6次、总经理办公会30次。召开第三届股东会第14次会议，临时股东会和第六届董事会第6次、第7次、第8次、第9次会议，审议通过董事会工作报告、财务预决算报告、利润分配方案等。2021年，公司实现营业收入5879.44万元，完成计划指标的101.26%，利润总额2324.98万元，完成计划指标的115.19%。

（李　洋）

【京城百工坊公司】北京京城百工坊艺术品有限公司（简称百工坊）致力于传承发展中国文化、引领文化遗产保护、开发及创新，是非物质文化遗产保护聚集区。经营范围包括销售、演示制作、设计工艺美术品；销售百货、针纺织品、五金交电、机械电器设备、建筑材料；组织文化交流活动；承办展览展示；技术开发、技术服务、技术转让；信息咨询（不含中介服务）；货物进出口。百工坊于2021年年初进行改造升级，至年底，项目完成违建拆除工作。经营仍处于停业施工状态，施工期间落实“四方责任”，扫码测温、佩戴口罩、保持安全距离等防控措施，疫情期间健康宝异常人员不得进入项目，并告知其尽快到社区登记情况，报备行程，确保楼内安全。对从外地返京人员，要求其在返京后进行核酸检测，在检测结果未出前不得进入项目。对遇到身体不适、出现流涕、咳嗽等症状的员工，要求其进行核酸检测并尽快就医，结果未出前不得进入项目。对未完成第三针加强针的施工人员，要求其不得进入项目。定期对施工墙体的施工面进行消毒以确保整体环境安全。在工地大门口准备防疫口罩、消毒液、体温枪等防疫物资，以备不时之需。

（李　娟）

【王府井工美大厦】北京工美集团有限责任公司王府井工美大厦（简称工美大厦）是北京工美集团有限责任公司直属骨干企业和窗口单位。2021年，工美大厦统筹推进常态化疫情防控与经营工作。2月4日，“北京2022官方特许商品”旗舰店在大厦一层开业，作为国内经营冬奥特许商品面积最大、品种最全的零售店，旗舰店营业面积800平方米，涵盖冬奥特许商品15大类、4000余款。7月17日，启动“北京2022奥林匹克徽章文化周”活动，北京2022徽章交换中心落户王府井工美大厦，奥林匹克历史上第一台个性化徽章制作机也同时亮相，同时开启“冰与火的澎湃·奥林匹克徽章展”，来自全国12个省市的奥林匹克徽章收藏家60人制作936个标准展盒，展出徽章9000余枚。7月25日，“北京2022官方特许商品”零售店天安门店开业，汇集贵金属制品、徽章、钥匙扣、服装服饰、文具、毛绒玩具、工艺品、首饰、户外用品、伞具等多品类400余款商品。9月，工美大厦作为东城区代表团成员单位，携中国传统文化技艺和数字货币支付，以线下、线上双重展厅方式参加中国国际服务贸易交易会。11月5—10日，代表王府井大街老字号商户参加2021第四届中国国际进口博览会，冰墩墩、雪容融吉祥物毛绒玩具和纪念版铜徽宝吸引众多在场观众，雕漆、景泰蓝、手工剪纸和毛猴等非遗技艺商品得到现场观众和商户高度赞誉。工美大厦响应乡村振兴号召，加大产业援疆力度，与首农双创中心联合打造“和田玉石产品+新疆大枣”盲盒，深入开展“一企一村”对口帮扶，结合对口帮扶对象北京市密云区新城区镇苏家峪村文化特点，设计生产以苏家峪村标志性代表“流苏树”为素材的一系列文创衍生品。建立健全管理制度，优化管理流程，加强内控体系建设。组织安保人员进行反恐防爆处突、微型消防站应急演练，商场新进店员工岗前三级安全教育和“一警六员”知识培训，完成北京市突发事件应急委员会首届应急演练竞赛，提升大厦整体应急处突能力。组织完成热力站改造工程，将落后的立式容积式换热器更换为波纹管式换热器，改造后的设备，热交换速度快，供热效果明

7月17日，北京2022徽章交换中心落户王府井工美大厦，2006年都灵冬奥会花样滑冰双人滑银牌获得者张丹在现场为大家演示制作一枚个性化徽章

（杨羽佳摄）

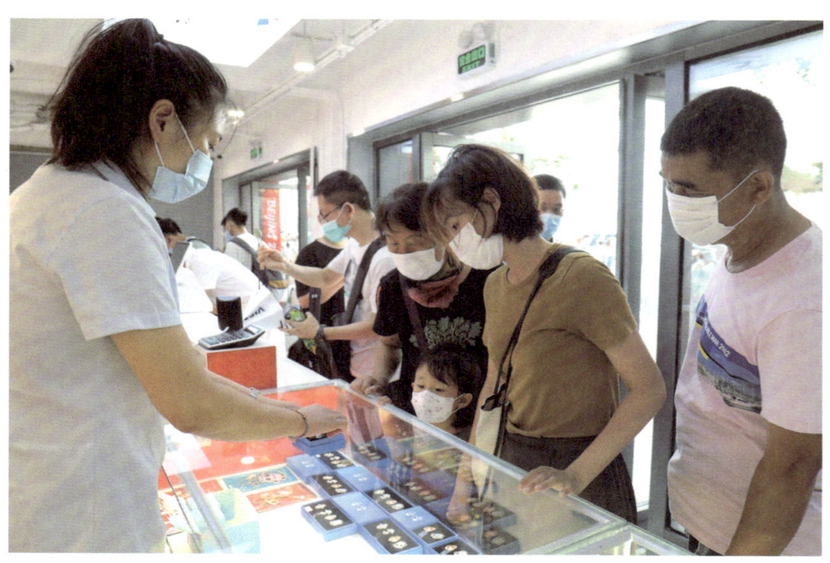

7月25日，顾客在冬奥天安门店选购商品（杨羽佳摄）

显，电力消耗明显降低。获首都文明单位标兵荣誉。

（范 琳 杨 帆）

【百荣世贸商城】北京市百荣世贸商城市场有限责任公司（简称百荣世贸商城）隶属于百荣投资控股集团，经营涵盖男装、女装、儿童用品、玩具、针织品、鞋靴、花卉工艺品、日百家居等品类，经过多年的调整升级，逐步转型成为“全客层、多业态、一站式”满足社区生活方式的百荣特色购物中心。2021年，百荣世贸商城坚持疫情防控和稳定发展两手抓、两不误，缓解疫情对商户的影响，将企业与商户调整升级有机融合，落实疏解转型的总体要求和目标。商城从提升零售氛围、优化商城营商环境、丰富配套业态、提升技术应用等方面入手，强化形象档次升级，完成“去批发化”。深化服务帮助商户减负，强化沟通引导、创新营销方式、拓展销售渠道、提高销售业绩；促进商户强化百荣小云店功能使用，稳定经营和维护私域客户流量，增强经营信心；集中开展环境整治美化，规范停车位（完善残疾车位）、外立面修补、内部美陈装饰等，提升顾客购物体验。商城抓牢安全工作，排查整改存在的安全薄弱环节和隐患，把一切不安全因素消灭在萌芽状态，实现设备设施100%全覆盖检查，全年安全责任事故为零。配合公司管理提升要求，促进服务管理进一步完善，制订并推出《疫情期间防疫要求》《商铺装修办法》《安全生产管理制度汇编》等一系列管理制度和规范。结合转型需要，商城组织不同职级、岗位人员培训14场、1556人次，并结合部门专业特点开展定制化课程培训，设13个班级参训241人，通过自主学习，线上考试的方式，提升员工专业知识。商城做好重点区域返京人员及货品排查，配合开展疫苗加强针接种。

（武 悦）

【大北公司】北京大北服务有限责任公司（简称大北公司）所属行业为服务业，经营范围包含摄影业、旅馆业、物业管理服务（以上各项限分支机构经营）、出租写字间（非住宅）等。主业摄影拥有门店7家、门市1个、后期制作中心1个。2021年，大北公司召开第三个五年发展规划（简称“三五”）暨2021年预算和重点工作分析会，为大北公司整体高质量发展和“三五”开局做好充足准备。召开年度工作会议，公司领导班子成员、主管会计以上管理干部和部分职工代表等38人参加会议。完成全国脱贫攻坚总结表彰大会合影拍摄，拍摄服务2700人次；完成庆祝中国共产党成立100周年“七一勋章”颁授仪式合影拍摄，拍摄服务1200人次。大北照相以“奋斗百年路 启航新征程”为主题的100周年庆典活动在前门旗舰店举行，中国人像摄影学会授予大北照相馆“中国人像摄影百年

6月29日，大北照相完成庆祝中国共产党成立100周年“七一勋章”颁授仪式合影拍摄任务（大北照相提供）

9月26日，大北照相成立100周年全体员工合影留念（大北照相提供）

名店 百年大北守正创新”奖牌，北京市摄影行业协会授予大北照相馆“百年大北 行业典范”奖牌。与会有关领导向大北照相老技师及北京市劳动模范4人颁发技艺传承奖荣誉证书，向大北照相老领导2人颁发突出贡献奖荣誉证书；老顾客代表讲述与大北照相的情感故事；出席活动的嘉宾参观大北照相百年主题展览。3月16日，大北照相在京城开办的第六家直营店星火店开业，北京市摄影行业协会主要领导和大北公司新老领导共同为该店启幕揭牌，该店建筑面积700余平方米，设有业务接待区、化妆区、选片区、作品展示区、服装展示区、更衣室、母婴室和4个综合照相室、1个VIP影室，可同时满足合影照、儿童照、个人艺术照、证件照等诸多服务项目，星火店开业为北京西南部地区百姓提供便捷、优质照相服务，同时也是大北照相落实“走出去”战略，向连锁化、品牌化、便利化经营迈出的重要一步。12月30日，大北照相第七家直营门店龙德广场店开业，龙德广场店位于昌平区立汤路龙德广场2层，总使用面积约为300平方米，可提供合影照、儿童照、个人艺术照、证件照等诸多摄影项目，更好地服务京城北部市民。全年召开党委会25次，办公会14次，董事会2次，股东会1次，党委中心组（扩大）集体学习活动12次。完成营业收入8429.64万元；实现利润1162.16万元；国有资产保值增值率119.66%。

（张　楠）

【南门涮肉公司】北京南门涮肉有限公司（简称南门涮肉）隶属于北京宏源餐饮管理有限公司。主营清真特色老北京涮肉，秉承“以质量求生存，以薄利赢顾客”经营之道，多年来发展品牌“南门涮肉”，凭借精细优质的出品和公道实惠的价格，深得大众口碑。2006年，公司通过ISO9001质量管理体系和ISO22000食品安全管理体系。2021年，宏源“南门涮肉”东单店党支部、顺义总部实习餐厅党支部相继成立，并正式成立“南门涮肉”党群中心。南门涮肉开展稳定员工队伍、促进员工成长等相关工作，从预算销售、菜品升级、跟进大众点评等各项工作抓起，提升服务质量与出品质量、提升员工满意度与顾客满意度。结合年度重点工作中的“关注顾客反馈平台，自查自纠提升整体管理”工作目标，2月，公司启动线上品牌秀及商户通业务，提高公司“南门涮肉”品牌的辨识度，公司开展提升线上好评率工作，2021年南门店、北洼路店、上海四店新晋为五星店面。公司鼓励和引导分店员工发现问题并以问题为导向，开展创新工作，通过“创新来源于一线，服务于一线”的理念，解决实际工作中的难点问题。全年公司及分店创新178个，其中包含新研发菜品、年度菜品升级、设备设施、空间布局改造、管理创新等类目。南门涮肉，公司工会与人事行政部分别到各店召开2021年工资集体协商职工座谈会，与员工440人详细讲解公司实施的与职工切身利益相关的《分店工资制度》及其他各项制度细则。南门涮肉年度调整基层岗位结构，大幅度提升技术岗位薪酬、缩短员工晋级周期，南门涮肉全体员工个人收入同比上涨。6月，北京南门涮肉有限公司党支部被天坛街道评为先进基层党组织；宏源南门涮肉朝阳路店党支部被高碑店太平庄社区评为先进党组织；北京南门涮肉有限公司被北京市委社会工作委员会、民政局、社保局评为北京市城乡社区共建先进集体；廊坊开发区店被廊坊开发区憩园社区居委会评为党建共建优秀单位；南门店获2021北京餐饮品牌大会北京餐饮一百强、国贸店获2021北京餐饮品牌大会“京选餐厅”；南门涮肉首都机场店被北京市顺义区文化和旅游局评为旅游定点餐饮接待单位；南门涮肉后海店在年度什刹海街道孝星命名活动中被评为为老服务先进单位；北京南门涮肉有限公司1人当选为东城区第十七届人民代表大会代表；宏源船务公司在“一带一路帆船赛三亚站”获第一名；北京南门涮肉有限公司被评为2021年度东城区和谐劳动关系先进单位。

（刘晓冰）

【通利达汽车租赁公司】北京通利达汽车租赁有限责任公司（简称通利达）是从事汽车租赁服务私营企业。下设分公司9个，子公司3个。2021年11月24日，通利达承办北京市出租汽

11月24日，通利达承办北京市主要汽车租赁企业关于非营运转租赁座谈会（施喆摄）

车暨汽车租赁协会组织的北京市主要汽车租赁企业座谈会，探讨汽车租赁企业非营运性质车辆转为租赁性质车辆对租赁企业的影响，以及应对措施和希望向主管部门反映的意见。通利达配合区政府完成龙潭湖游泳场停车及办公设施的腾退工作，安排人员、车辆及办公设施设备有序平稳撤离。2021年通利达对全公司范围内各办公、停车场地进行消防检查，并针对新能源汽车充电设施开展专项安全检查，出动检查44人次，投入资金7000余元，更新灭火器70余个，检修自有充电桩25具。通利达通过ISO9001质量管理体系、ISO14001环境管理体系及OHSAS18001职业健康管理体系认证复审。参加为千户家庭送温暖活动，向贫困家庭捐款1万余元，向西藏自治区拉萨市当雄县纳木湖乡及湖北省十堰市郧阳区鲍峡镇结对帮扶项目捐款5000余元。组织党员群众分批次学习党史，安排代表前往香山革命纪念馆参观学习。2021年，疫情期间开展防疫工作，向职工发放口罩2.2万只，手套6000副，各类消毒液洗手液76瓶。强化疫情期间的防疫管理工作，落实外来人员进出扫码登记及测温，完成租赁车辆消杀4000余辆次，管理人员及司机无一人感染新冠肺炎。通利达被市交通委评为2020年度汽车租赁行业优秀企业，被市交通委及人社局评为2017—2020年北京市交通行业先进集体。2021年营业收入1.67亿元，上缴税金1862.34万元。

（施　喆）

【世纪天鼎公司】世纪天鼎（北京）文化科技有限公司（简称世纪天鼎）是一家投资建设并运营文化金融园区的民营企业。从2018年转型，全权负责天鼎218文化金融园的施工、招商和运营工作。天鼎218文化金融园位于前门大街商圈，园区项目总面积3.5万平方米，是核心区域中轴线上亮眼的文化新地标。天鼎218文化金融园为推动北京全国文化中心建设，引进中邮证券、中国少年儿童基金会、微拍堂、鑫台华、枫糖信息、巧合榫卯、城市象限、普瑞赛司等创新能力强、辐射带动大的优质企业入驻，培植文化创新平台，打造国家文化与金融合作示范区。文创园提供传统的一站式、一条龙创新增值服务，搭建平台导入个性化的文化科技创新、政策支撑、投融资、知识产权、传播推广等服务体系。园区核心地段区域优势，定期与不定期开展文创和金融产品首发及媒体推介的展览展示活动，为入驻企业服务。积极对接北京各区知名地产代理行，增加园区曝光率，园区招商对象为文化金融、文化科技等文化类企业。2021年，公司和党支部举办各种活动，党支部开展主题党日活动，党员重温入党誓词，集体参观中国共产党成立100周年特展；观看电影《中国医生》，学习抗疫精神，坚定坚守初心使命的决心；公司党员干部学习党的十九届六中全会精神和《中共中央关于党的百年奋斗重大成就

3月29日，世纪天鼎员工到天坛地区接种点接种疫苗（王志鹏摄）

和历史经验的决议》。配合天坛地区精忠选区完成人大代表换届选举工作，委派专人配合街道对园区入驻企业进行摸排，确定北京户籍员工信息及人数，清点选票，核对选民信息。世纪天鼎为园区入驻企业提供物业服务，新冠疫苗接种率96.25%。公司客服部动员入驻企业员工接种新冠疫苗，更新接种统计数据。2021年，园区党群服务中心被东城区工商联授予民营经济人士理想信念教育基地，“庆祝中国共产党成立100周年征文”被东城区工商联评为优秀奖，公司党支部、党支部书记被天坛街道评为先进基层党组织、优秀党务工作者。

（韩　雪）

6月，世纪天鼎党员和积极分子参观“伟大征程”——中国共产党成立100周年特展（王志鹏摄）

【天天洁公司】北京天龙天天洁再生资源回收利用有限公司（简称天天洁公司）主营业务涉及前端分类回收，统一物流，专业分拣，自有品牌再生产品研发销售，再生资源回收循环利用产业等。2021年，天天洁公司在东城区东花市、东四、体育馆路，石景山区古城4个街道开展“绿猫”垃圾分类资源减量活动。向居民宣传简化垃圾分类参与方法，居民仅需记住三句话：有废品，找绿猫；可腐烂垃圾投绿桶；垃圾袋、其他垃圾投灰桶。居民通过关注绿猫微信公众号或下载绿猫APP，注册之后，一键呼叫上门回收，绿猫回收员通过手机智能回收系统回复上门时间，20分钟即到。采用“互联网+再生资源”方式，最大限度方便居民参与。厨余垃圾不限定投放时间，引导居民用会不会腐烂辨识是否是厨余垃圾，单独收集，单独投放。同时，提醒居民裸投，即装垃圾的袋子要投放进灰桶，提高厨余垃圾纯净度，便于再利用。天天洁公司获首都文明单位称号。

（肖丽丽）

东城区商业企业单位负责人

北京东集泓业资产经营股份有限公司
董事长、党委书记　马大为
总经理　谢小轩

北京东方奥天资产经营有限公司
董事长、党委书记　司　可

北京东方祥泰投资管理有限公司
董事长、党总支书记　刘洪林
总经理　于小凡

王府井集团股份有限公司百货大楼
总经理、党委书记　张　林

王府井集团股份有限公司东安市场
总经理　胡绮年
党总支书记　高　辉（12月免）
宁伯卫（12月任）

中国北京同仁堂（集团）有限责任公司
董事长、党委书记　王贵平

中国医药健康产业股份有限公司
董事长　高渝文（2月免）
李亚东（2月任）
总经理　王宏新

北京亚泰永安堂医药股份有限公司
董事长、总经理　马东梅
党支部书记　安秦川

中国全聚德（集团）股份有限公司北京全聚德前门店
总经理　王晓珊
党总支书记　曹晓俊（11月免）
牛伯杰（12月任）

北京便宜坊烤鸭集团有限公司
董事长、党委书记 姜　璇（12月免）
邹宜凡（12月任）
总经理 刘　伟
北京稻香村食品有限责任公司
董事长、总经理 毕国才
党支部书记 梁　硕
北京吴裕泰茶业股份有限公司
董事长、总经理、党总支书记 赵书新
北京天润金百投资集团有限责任公司
总经理 许志军（1月任）
董事长、党委书记 宋海燕（8月免）
北京京城百工坊艺术品有限公司
总经理 臧　微
北京工美集团有限责任公司王府井工美大厦
党委书记 罗凤华（1月免）
刘　鹏（1月任）
北京市百荣世贸商城市场有限责任公司
总经理 王丽华（11月免）
周元立（11月任）
党支部书记 王丽华（11月免）
张　蔚（11月任）
北京大北服务有限责任公司
董事长、党委书记 邢　艳
北京南门涮肉有限公司
董事长 马　龙
党支部书记 贾　敏
北京通利达汽车租赁有限责任公司
董事长 李建秋
总经理 邹存生
党支部书记 王显平
世纪天鼎（北京）文化科技有限公司
董事长 林余存
党支部书记 王　方
北京天龙天天洁再生资源回收利用有限公司
总经理 刘　权
党委书记 郭长华

对外经济

【概况】东城区对外经贸工作由区商务局主管。2021年，东城区新设外商投资企业61家，其中独资33家，合资23家，合伙5家，同比增长17.3%；实现实际利用外资6.36亿美元，同比增长5.8%，北京市排名第五位，完成市里下达的实际利用外资指标额任务。

（王　京　张玉婷）

【对外商务经济稳健发展】2021年，区商务局组织企业参展中国国际服务贸易交易会，组织企业线上线下参展，224家企业搭建线上展台。上传线上展品650个；2021年，区商务局组织参展进口博览会。按照《第四届中国国际进口博览会北京市交易团组织工作方案》要求，制订《第四届中国国际进口博览会北京市交易团东城区分团组织工作方案》，成立进口博览会北京市交易团东城区分团，共审核通过94个单位合计429人的参会申请。

（雷显义　张玉婷）

旅　游

“文化金三角”电子消费地图（区文旅局提供）

综 述

2021年，东城区旅游收入共计686.1亿元，同比增长28.5%。其中餐饮类收入135.6亿元，住宿类收入93.8亿元，交通类收入133.3亿元，游览类收入86亿元，购物类收入164.3亿元，娱乐及其他类收入73.2亿元。2021年，东城区净游客量4630.6万人次，同比增长34.2%。其中景区旅游接待量5240.4万人次，住宿业接待量605.8万人次。

“故宫以东”品牌建设有序开展。研究制订《“故宫以东”文商旅融合品牌建设方案》，阐述“故宫以东”品牌释义，确立IP建设目标，建立健全品牌管理机制，从品牌建设、场景营造、节庆活动、产品创新、平台建设、品牌宣传和品牌授权7个方面明确重点工作，设立保障措施，助力品牌发展。利用品牌识别力，树立城市新形象，推进“文化东城”建设，同时发挥品牌信用背书作用，整合更迭文旅资源，创新政府服务职能，发挥品牌经济效益和文化内涵，为文旅融合产品增强市场竞争力。“故宫以东”作为业态融合平台，以品牌集聚优势带动产业链上下游企业协同发展，“故宫以东”文商旅联盟成员单位之间不仅形成信息共享、传播共振的协同机制，还在“文化+消费”“文化+科技”“文化+金融”等方面形成共融共通效应，形成“以文带旅、以旅兴商、以商成文”的发展新态势。《从“故宫以东”看文旅融合品牌化发展》一文入选旅游绿皮书《2020—2021年中国旅游发展分析与预测》，“故宫以东”获第21届IAI传鉴国际广告奖之国际旅游奖金奖。

行业疫情防控抓紧抓实。区文旅局成立东城区文旅行业疫情防控专项检查工作领导小组，健全防疫工作责任制和相关方案预案，落实各项防控措施，加大对重点行业、重要领域管理排查力度，加强疫情防控宣传指引，及时向区内文旅行业单位发放市、区各级单位关于疫情防控、复工复产、疫苗接种等指导性文件，完善针对星级宾馆饭店疫情防控的现场勘查检查单。11月，因疫情防控形势变化，提高对长安街沿线酒店的疫情防控检查力度，确保对沿线酒店检查“一天一覆盖”，督促各行业单位落实“四方责任”，把各项疫情防控措施执行到位。

行业规范化建设有力开展。2021年，区文旅局强化对涉及旅游秩序、文明旅游、酒店服务、旅行社等文旅行业投诉处理，全年处理涉及重点景区周边、酒店等各类文旅行业举报480余件。加强景区、旅行社、导游管理治理，优化旅游环境。督促旅行社依法与旅游者签订合同，保障旅游者合法权益。规范导游做到着装整洁、热情友好、礼貌待人、言行规范得体。杜绝旅行社、导游等与景区安排旅游团队购物或兜售商品等乱象。

住宿业整治提升深入推进。2021年是区文旅局启动东城区文化和旅游行业安全生产3年行动计划的第二年，东城区不断推进住宿业整治提升，共完成住宿业“关转提”企业92家，其中关停10家、转型7家、提升75家。加强宣传引导，制发《东城区住宿业整治提升专刊》，全年共收集“关转提”典型案例19件，东城区住宿业品质得到持续提升。

（魏争光）

“故宫以东”

【概况】2021年，“故宫以东”区域文旅品牌探索形成“产品+内容+场景+营销”的融合模式，构建集营销共享、资源共融、政企沟通、新型政府服务4种功能于一体的综合创新品牌体系。以节庆促消费活动提振文旅消费信心，优化营商环境，形成区域发展的“品牌场”。前门大街先后上榜国家文旅部评选的第一批国家级夜间文化和旅游消费集聚区和北京市文旅局评选的首批市级旅游休闲街区名单。在2021年北京红色故事讲解员大赛中，东城区3人获“金牌讲解员”，13人获优秀奖，东城区文旅局获优秀组织单位。左驭菓潮·和平菓局京味文化体验基地、广誉远中医药文化体验基地、首创咏园体验基地、中国共产党早期北京革命活动纪念馆体验基地、北京自然博物馆体验基地等14家单位上榜“2021北京文化旅游体验基地榜单”。中国共产党早期北京革命活动纪念馆（北大红楼）、和平菓局、吉祥大戏院、前门三里河（颜料会馆）、角楼图书馆、念念行旅、稻香村零号店等14家单位上榜“2021北京网红打卡地推荐榜单”。北京宏一堂科技发展有限公司永和同顺健康管理分公司（故宫永和宫御医药馆）获评第五批北京中医药文化旅游示范基地，北京同仁堂崇文门药店有限公司获评第五批北京中医药文化旅游建设基地。

（赵瑞妮　朱亚齐）

【“故宫以东”文商旅联盟】2021年，“故宫以东”文商旅联盟开展3次交流互访活动，共同探讨联动协作模式。联盟以故宫—王府井—隆福寺“文化金三角”地区示范先行。区文旅局联手成员单位中国旅游集团旅行服务有限公司策划“邂逅古都文艺范儿”主题线路，并与“故宫里的小怪兽”爆款产品有机结合。隆福寺、嘉德艺术中心、璞瑄酒店、励骏酒店等多家企业的亮点内容也产生不同主题产品，形成“文化金三角”消费新场景。整合“故宫以东”文商旅联盟成员单位举办艺术展、文化市集、戏剧演出等，结合重点时节推出文旅促消费活动3次，联动美团、大众点评、微博、小红书等平台进行宣传活动，在疫情冲击下为北京市民提供高品质、多元化的文化消费产品。

（方晨子）

【红色旅游推广】2021年，区文旅局与《国家人文历史》杂志社合作，5月刊以“真理之路，早期共产主义者的上下求索”为主题，刊发“新青年”发出《建党先声》《北大红楼：中国共产党的孕育之地》等文章，联合区内旅游头部企业中旅旅行，“五一”前夕推出“重走五四之路”故宫以东——红色经典半日游体验产品，通过中旅旅行各销售平台面向市民和游客集中发布。4月26日，通过大流量旅游攻略社区平台穷游网最世界榜单频道，发布“故宫以东红色印记”主题榜单，@东城旅游官方微博，“故宫以东”小红书官方账号同步上线，集中展示新文化运动纪念馆、京师大学堂、老舍故居、矛盾故居等东城区10家不可移动革命文化和红色旅游景区，各平台内容累计阅读量突破100万。

（张佳宁）

【假日经济调研分析】2021年，区文旅局、区商务局牵头建立假日经济统计分析工作机制，制订《东城区假日经济统计分析实施方案》，明确数据采集分工表和数据分析框架，并与第三方数据平台建立良好的合作关系，分别撰写2021年春节、“五一”、“十一”假日经济统计分析报告，洞察假日经济状况，提出相关工作建议，掌握东城区假日期间经济总体运行情况，对假日经济进行持续监测和科学分析研判。

（甘晓帆　赵瑞妮）

【获评首批文旅消费试点城市】2021年，东城区获评首批国家文化和旅游消费试点城市，区文旅局开展各项试点城市建设。编制《东城区建设国家文化和旅游消费示范城市实施方案》，通过10项示范工程、27项具体举措，聚焦政策创新、资源转化、品牌孵化、供给侧升级、产业融合、消费惠民、环境营造，建设文旅消费“东城范式”。

（赵瑞妮）

“故宫以东·城市盲盒”活动海报（区文旅局提供）

【“故宫以东”过大年】2月5—26日，以“故宫以东‘年’在一起，牛！”为主题，采取全区联动、线上为主形式，按照故宫以东文化“妙会”、故宫以东年味大赏和故宫以东温暖万家3个版块，分重点、分类别安排活动内容，多形式多平台同步宣传，结合疫情防控有关工作要求，落实就地过年服务保障工作有关精神，丰富“两节”期间文旅消费产品供给。故宫以东文化“妙会”包括妙趣横生——迎接冬奥，趣味体育活动为春节添彩；妙音绕梁——中轴文化，赋予传统新年仪式感；匠心独妙——创新传承，促进非遗文创市场转化；妙想天开——国潮文化，助推沉浸体验式消费发展；妙不可言——主题产品，花式解锁就地过年“新玩法”等5个子版块。“故宫以东”年味大赏：举办系列春节传统民俗活动，如线上春节文化特展、猜灯谜微信展、展览等，“精准供给”公共文化服务。“故宫以东”温暖万户包括组织送温暖、亲情慰问、线上团拜会、职工联欢会等活动，关爱帮扶在京过年职工以及困难群众。

（方晨子）

【“故宫以东·城市盲盒”促消】“五一”期间，东城区推出“故宫以东·城市盲盒”文旅促消费系列活动。推出首款“故宫以东&乖巧宝宝”专属表情包上线预热，16个动态表情兼具实用性和潮流性，主打老北京鲜明文化特色，再现北京市井文化及现代生活方式，利用“互联网+”为文化赋能，与受众建立情感链接，进一步扩大“故宫以东”品牌影响力。活动由线上“城市旅游体验盲盒”及线下“故宫以东·城市盲盒”数字沉浸式体验空间两大版块组成，触达王府井、隆福寺、前门等重要商圈，利用时下流行的“盲盒”概念，开启线上攻略指引，线下沉浸体验的双循环游览模式。

（方晨子）

【“故宫以东”五大隐藏攻略】5月，区文旅局联合穷游网，结合东城区“一轴、两区、五带、五城”的文化功能格局，提炼皇城中轴、古都京味、红色经典、艺术戏剧、饕餮美食五大精华文旅主题，推出“时光回音墙”“京品时刻”“红色印记”“艺感培养皿”“舌尖上的珍宝馆”等五大“故宫以东”隐藏攻略，包括文艺探店、街区漫步等“潮流感”玩法，展示10家不可移动革命文化和红色旅游景区，珐琅厂、红桥市场、美后肆时、南阳共享际等100家文商旅资源单位串联包装，打造文化感十足的网红打卡新地标，解锁传统胡同、非遗、博物馆、老字号等场所。

（方晨子）

【获IAI传鉴国际旅游金奖】5月28日，东城区文旅品牌“故宫以东”获第21届IAI传鉴国际广告奖之国际旅游奖金奖。第21届IAI传鉴国际广告奖参赛公司超过700家，该奖项从IP与品牌形象的契合度、创意创新性、消费者认可度、传播影响力、市场效果等方面进行考核，“故宫以东”在最终入围的43件案例中，以其产品及服务的优质性、营销策略的创新性、品牌建构的完整性、文商旅融合度的前沿性脱颖而出，获得大赛金奖。

（方晨子）

【校园文创设计大赛】9月至12月，区文旅局联合完美世界控股集团有限公司共同举办第二届“故宫以东有梦有趣有你——完美世界文创校园设计大赛”。全国约500所院校的1.02万组同学报名参加，收到参赛作品3994组，经过专业评委评选，4大赛道共有389组作品入围，最终评选出183组获奖作品，涉及奖项包括一、二、三等奖以及优秀奖、人气奖、应用设计奖、最佳合作院校奖、最佳指导教师奖。大赛为庆祝建党百年特别设立“红色梦想”赛道，东城区文旅局梳理区内红色旅游景区和爱国主义教育基地，不仅拿出天坛、地坛、钟鼓楼、明城墙等知名文化地标，还将中国美术馆、国家博物馆里的珍藏文物纳入大赛中，同时还串联2条红色主题文化旅游线路，供参赛学生进行创作。为提高孵化效率，实现市场转化，基于“故宫以东”合作共享平台，“故宫以东”品牌合作企业北京华江文化集团与完美世界控股集团共同签署孵化合作伙伴协议。

（朱亚齐）

【“故宫以东”向美好出发】“十一”期间，东城区整合区内优质文商旅资源，推出“故宫以东·向美好出发”文旅促消费活动。9月28日，“故宫以东”美团新旗舰店集合故宫—王府井—隆福寺“文化金三角”场景下的酒店住宿、文化体验、展览戏剧、实体书店等50余家特色文商旅企业活动，推出“文化金三角”电子消费地图，多条“故宫以东”城市微旅行线路同步改版上线。新浪微博、大众点评、小红书三大知名平台以“21小时寻找北京”为营销线索，邀请72组达人深度探店，以“宝藏展览戏剧打卡指南”“精致酒店度假深度测评”“私藏绝美书店巡礼日记”“非凡文化体验私藏攻略”等主题呈现“故宫以东”21种美好生活方式，解锁21个美好愿望清单，为全区线下消费导流。在“故宫以东”美团旗舰店特别设立“故宫以东的小伙伴”专题，呈现东城区对口协作地区西藏自治区当雄县、内蒙古自治区阿尔山市的优质文旅资源信息。新浪微博#故宫以东#话题词凭借此次活动阅读量增长1200万次，阅读总量突破1.2亿次。活动在美团平台总计曝光量高达717万次，大众点评开设#故宫以东#专属话题，有数十篇优质点评探店笔记，突破120万次话题“围观”。

（方晨子）

【文化金三角电子消费地图】10月，手绘风格的故宫—王府井—隆福寺“文化金三角”文化消费电子地图在美团、微博、小红书三大平台上线，将东城区50余家有趣的网红咖啡店、书店、酒店、商场等串联成片，成为新的“故宫以东”美好生活方式指南。14家“故宫以东”文商旅联盟成员单位再次深度联动，从嘉德艺术中心举办的“朱艳华绮——故宫博物院藏乾隆朝漆器展”及“遇见拉斐尔——从文艺复兴到新古典主义大师馆藏展”，到隆福寺陆续推出的“时光拼图·VR沉浸影像展”“吉古移动艺术馆——艺术市集”，再到王府

“故宫以东·向美好出发”活动海报（区文旅局提供）

中环举办的“向阳艺术展”等主题文化消费活动，均被收录在“文化金三角”电子地图上。基于电子地图，区文旅局联合美团首次尝试LBS（基于位置服务）地图打卡功能，推出美好京秋、美好食光、美好艺趣3条打卡路线，消费者通过美团LBS定位系统，在电子地图上打卡点亮图标，即可获得商家提供的专属礼品。LBS打卡信息流广告总曝光量51.8万次，总点击量突破30万次，电子消费地图在新浪微博的点击阅读量超过400万次。

（方晨子）

【大运河休闲旅游精品线路】10月9日，北京市文化和旅游局发布大运河北京段沿线12条旅游精品线路，其中东城区推出1条——故道慢行，书香北京品“运”味。线路内容为：万宁桥—东不压桥遗址—玉河故道遗址（东城段）—通惠河玉河遗址—春风书院—南新仓。踏上东城区的此条线路，从元代大运河漕运起点出发，过东不压桥，看玉河故道遗址和通惠河玉河遗址；在网红书店春风书院中沉醉书香，到古色古香的四合院享受宁静美好；参观明清两代京都储藏皇粮的皇家官仓——南新仓；品尝沿线的白魁老号饭庄（安内店）和1949-全鸭季（金宝街店）等美食。

（赵瑞妮）

【《北京日报》专版报道】11月25日，《北京日报》第13版“京韵周刊·首善”，以“‘故宫以东’，不止于东”为标题，整版对“故宫以东”如何在文旅大融合背景下，整合区域文商旅资源、塑造区域文商旅品牌、打造首都文化地标与文旅目的地进行翔实报道。

（方晨子）

旅游资源设施

【概况】2021年，区文旅局完成4处A级景区的8个旅游公共服务设施改造项目，为景区采购10个轮椅、增加30组休闲座椅。对辖区内A级景区83处旅游公共厕所进行高德地图标注。完成星级酒店、公共文化设施、A级景区无障碍环境整改等67个点位、160个无障碍元素整改，其中包括8家冬奥会签约饭店的无障碍环境整改。

（张晓丽）

【A级旅游景区（点）】2021年，东城区辖区内共有A级旅游景区12家。

（张　凯）

表13　**2021年东城区A级旅游景区（点）一览表**

序号	景区（点）名称	等级	地址	街道
1	故宫博物院	AAAAA	景山前街4号	东华门
2	天坛公园	AAAAA	天坛内东里7号	天坛
3	龙潭公园	AAAA	龙潭路8号	龙潭
4	地坛公园	AAAA	安定门外大街	和平里
5	明城墙遗址公园	AAAA	崇文门东大街9号	东花市
6	孔庙和国子监博物馆	AAAA	国子监街13-15号	安定门
7	中山公园	AAAA	中华路4号	东华门
8	前门大街景区	AAA	珠市口东大街19号	前门
9	青年湖公园	AAA	安定门外大街	和平里
10	南新仓	AAA	东四十条22号	东四
11	劳动人民文化宫	AA	天安门东侧	东华门
12	京城百工坊	AA	光明路乙12号	龙潭

（张　凯）

【三星级以上饭店】2021年，东城区辖区内有五星级饭店12家，四星级饭店15家，三星级饭店13家。 （张　凯）

表14　**2021年东城区三星级以上饭店一览表**

名称	星级	地址	街道
五星级（12家）			
北京饭店	五星	东长安街33号	东华门
贵宾楼饭店	五星	东长安街35号	东华门
国际饭店	五星	建国门内大街9号	建国门
王府半岛酒店	五星	金鱼胡同8号	东华门
华侨大厦	五星	王府井大街2号	东华门
天伦王朝酒店	五星	王府井大街50号	东华门
首都大酒店	五星	前门东大街3号	东华门
东方君悦大酒店	五星	东长安街东方广场	东华门
好苑建国酒店	五星	建国门内大街19号	建国门
丽晶酒店	五星	金宝街99号	建国门
金隅喜来登酒店	五星	北三环东路36号院	和平里
励骏酒店	五星	金宝街90—92号	建国门
四星级（15家）			
北方佳苑饭店	四星	王府井大街218-1号	东华门
东方花园饭店	四星	东直门南大街6号	东直门
和平宾馆	四星	金鱼胡同3号	东华门
保利大厦	四星	东直门南大街14号	东直门
丽亭酒店	四星	金宝街97号	建国门
宁夏大厦	四星	分司厅胡同13号	安定门
鑫海锦江大酒店	四星	金宝街61号	建国门
新侨饭店	四星	东交民巷2号	东华门
翠明庄宾馆	四星	南河沿大街1号	东华门
宝辰饭店	四星	建国门内大街甲18号	建国门
天伦松鹤大饭店	四星	灯市口大街88号	东华门
天坛饭店	四星	体育馆路1号	体育馆路
北京金龙建国温泉酒店	四星	建国门南大街5号	建国门
北京敦煌飞天商贸大厦	四星	东二环广渠门南大街5号	东花市
内蒙古大厦	四星	崇文门内大街2号	建国门

续表14

名称	星级	地址	街道
三星级（13家）			
江苏大厦	三星	安定门外大街88号	和平里
华风宾馆	三星	前门东大街5号	东华门
和平里大酒店	三星	和平里北街16号	和平里
青蓝大厦	三星	东四十条24号	东四
沙滩宾馆	三星	区沙滩后街28号	景山
中谷酒店	三星	北京站东街6号	建国门
和平里宾馆	三星	兴化路化工大院4号楼	和平里
崇文门饭店	三星	崇文门西大街2号	崇外
黄河京都大酒店	三星	夕照寺中街29号	龙潭
陶然大厦	三星	马家堡路1号	永外
大宝饭店	三星	左安门内大街3号	龙潭
交通饭店	三星	东四块玉南街35号	体育馆路
金泰绿洲大酒店	三星	永外彭庄甲58号	永外

（张　凯）

【北京人家】2021年，东城区辖区内有北京人家住宿类6家，餐饮类4家，参观类1家。（张　凯）

表15　**2021年东城区北京人家一览表**

序号	名称	地址	类别
1	杜革私人酒店	前圆恩寺胡同26号	住宿类
2	北京阅微庄宾馆	东四四条37号	住宿类
3	北京康桥思源商务会馆	景山东街三眼井胡同丙68号	住宿类
4	北京红云阁龙腾酒店	安定门东大街57号	住宿类
5	北京吉庆堂宾馆	北锣鼓巷纱络胡同7号	住宿类
6	北京侣松园宾馆	板厂胡同22号	住宿类
7	北京宝月出品餐馆	汤公胡同19号	餐饮类
8	北京悦真餐饮文化有限公司	安定门东大街52、53、55号院	餐饮类
9	刘宅食府	蒋家大院8号	餐饮类
10	利群烤鸭店	北翔凤胡同11号	餐饮类
11	史家胡同博物馆	史家胡同24号	参观类

（张　凯）

旅游活动

【概况】2021年，区文旅局组织区内企业参加在首钢园举办的服贸会旅游服务专题展，全方位展示东城区文化旅游资源，参与北京市文旅局组织的第九届旅游商品及装备博览会，推介“故宫以东”品牌及区域特色文旅资源，获得优秀组织奖。

（康　凯）

【服贸会旅游服务专题展】9月，东城区“故宫以东”品牌系列产品亮相服贸会。东城展区以“崇文争先 古都新韵”为主题，集中展示东城特色的文旅服务。联动5家“故宫以东”文商旅联盟企业，覆盖文化、餐饮、商业体、非遗等多个领域，在服贸会上分别向观展者提供类型丰富的产品和服务。“故宫以东下午茶”亮相，金茂万丽酒店、北京饭店诺金、丽晶酒店3家酒店分别展示、销售独具匠心的“故宫以东下午茶”产品，产品以“京味文化”为主线，展现玲珑的京式茶点，主打京味小吃的艺术化表现，将美食与美景完美结合。“故宫以东”文创大赛获奖作品实现产品首秀。“2020年故宫以东×有梦有趣有你——完美世界文创校园设计大赛”获奖作品孵化出兔儿爷耳钉、天坛玉环项链等8款金饰文创产品首次在服贸会上亮相。

（康　凯）

【参展第九届旅游商品博览会】10月15—17日，区文旅局参加北京市文旅局组织的2021第九届旅游商品博览会，带领区内包括丽晶酒店、东城邮局、御茶膳房、小北的朋友、吉兔坊在内的6家企业和非遗传承人1人共同参展，其中“故宫以东”下午茶、“觉醒年代”系列产品受到游客广泛关注。

（康　凯）

旅游行业管理

【概况】2021年，区文旅局继续做好区内文旅行业疫情防控、复工复产各项工作，加大文旅行业疫情防控督导力度，加强执法检查工作，组织文旅行业疫苗接种等，文旅行业整体发展平稳有序。

（张　凯）

【旅游投诉处理】2021年，区文旅局强化对文旅行业投诉处理，同时处理涉及疫情防控工作的举报，投诉涉及文旅行业旅游秩序、旅游大巴停靠、文明旅游、酒店服务、旅行社等方面，全年处理涉及重点景区周边、酒店等各类文旅行业举报480余件。

（张　凯）

【旅游市场乱象治理】2021年，区文旅局加强景区、旅行社、导游管理，治理市场乱象，优化旅游环境。严查在北京市文旅局发布停止跨省游期间组织跨省游，严禁各类通过老年团自驾团等方式开展旅游等聚集性活动，旅行社不得转让、出租、出借旅行社业务经营许可证。旅行社依法与旅游者签订合同，不得在旅游合同约定之外提供其他有偿服务，不得擅自改变旅游合同安排行程。规范导游工作中要着装整洁、热情友好、礼貌待人、言行规范得体。杜绝旅行社、导游等与景区等旅游者集中的购物场所串通，安排旅游团队购物或兜售商品。全年检查宾馆、旅行社及景区300余家次，定期联合属地街道及城管、市场监管等部门检查游客集中地商家400余家次。

（张　凯　强　静）

【假日旅游】2021年，区文旅局统筹区假日办各成员单位，完成元旦、春节、清明、端午、中秋、“五一”、“十一”等假日旅游工作，假日前周密部署，督促各旅游企业全力做好隐患排查，强化对全区旅游市场的监管力度和景区最大承载量的监控，协调假日办各成员部门，完善应急预案并组织应急演练。结合疫情防控要求，重点关注景区游客人数变化情况，实行领导带班和干部值班制度，保证重要节假日期间行业安全稳定。

（崔京京）

【旅游市场疫情防控】2021年，区文旅局成立东城区文旅行业疫情防控专项检查工作领导小组，健全防疫

11月2日，开展星级饭店专项执法检查（龚耘摄）

工作责任制和相关方案预案，建立微信行业工作群，完善更新专门针对星级宾馆饭店疫情防控的现场勘查检查单。及时向区内文旅行业单位发放市、区各级单位关于疫情防控、复工复产、疫苗接种等指导性文件，加大对重点行业、重要领域管理排查力度，加强疫情防控宣传指引，强化企业疫情防控意识。督促企业做好对客人扫码登记、测温、佩戴口罩、通风消杀工作，加强预约、限流管理，消除防控漏洞及隐患。11月，因疫情防控形势变化，提高对长安街沿线酒店的疫情防控检查力度，确保对沿线酒店检查“一天一覆盖”。

（张　凯　强　静）

天坛文创作品（天坛公园提供）

天坛公园

【概况】北京市天坛公园管理处（简称天坛公园）隶属于北京市公园管理中心，属全民所有制事业单位，承担保护天坛，合理利用其文化价值，接待游览、参观等管理职能。天坛历史坛域面积273公顷，现管辖面积201公顷，古建筑面积4.67公顷，绿化覆盖面积183公顷，有古树3562株，绿化覆盖率84.58%。2021年，服务中外游客1048.07万人次，同比增长16.93%。制订天坛“十四五”时期重点项目推进计划，梳理天坛申遗承诺履行情况，形成《天坛申遗承诺履行情况》报告。6月10日，国务院发布公告，“天坛神乐署中和韶乐”正式列入第五批国家级非物质文化遗产名录，进一步增加遗产保护力度。聚焦北京中轴线申遗保护三年行动计划，推进天坛公园原状陈设提升、神乐署保护修缮工程、天坛外坛墙修缮工程及长廊修缮工程。完成参加“七一”庆祝活动人员1908人集结疏散任务。11月15日起，天坛面向未成年人免费开放，发挥教育基地公益性宣传和传播文化重要作用。大力推进5G项目建设，“遇见最美天坛之5G云赏月”观看总量突破400万人次，5G无人驾驶清扫车在“国庆”假期正式启用。完成50公顷自然地被补植，创建古树保护小区试点示范项目，进一步调整园内景观。在2021中国世界遗产旅游文创商品网络评选中，千年榫营造积木、“声声漫”蓝牙耳机获最受网友关注奖。参与服贸会、北京国际图书节、深圳文博会，举办主题插画设计作品征集活动，天坛福饮店被市文旅局评为年度北京网红打卡地。举办“一园一品”文化活动，受到市民、游客喜爱。深化“天坛文化小使者”志愿服务项目，获首都志愿服务大赛银奖等多项奖项。开展线上道德讲堂项目，形成线上线下联动的志愿服务新模式，在重点假日及暑期游览旺季邀请首都公共文明引导员参与秩序维护，志愿服务体系不断完善。

（杨婷婷）

【疫情防控】2021年，天坛公园持续做好游客测温验码工作，5个门区增设老年卡健康码核验机，核验游客40余万人次。强化防疫物资采购，全年发放口罩8.6万只、消毒液1798瓶、胶皮手套6.3万副、额温枪10支，满足职工防护需求。严格执行最大承载量及实时在园人数双75%流量管控措施，远端监控游客接待量、电子票票池存量，从源头精准控制游客量。坚持重点岗位人员每周核酸检测，第三针疫苗接种率超90%，构筑免疫屏障。

（孙海洋）

【文物修复】2021年，天坛公园挑选10件瓷质文物，由中国文化遗产研究院修复，挑选31件纸质文物，委托首都图书馆修复。同时完成这些文物的包装运输、点交、核验、入库等工作。

（袁兆晖）

【重新出版《天坛志略》】2021年，天坛公园与北京出版集团合作重新出版《天坛志略》。《天坛志略》为近现代著名满族学者金梁1953年所著，全面记述天坛历史沿革、建筑艺术特色、坛内文物等内容，现存于国家图书馆。为保护天坛珍贵史料，公园邀请专家对图书内容进行点校，与出版社沟通，将《天坛志略》（竖排繁体字，大32开本）纳入《北京古籍集成》系列丛书出版，为深入研究天坛文化补充重要参考文献，进一步促进天坛文化传播。

（程光昕）

【园林有害生物综合管理】2021年，天坛公园病虫害防控采取生物防治、物理防治、园林养护措施、化学防治相结合的综合防治措施，从环境保护和防控效果全面考虑防控方法。释放天敌昆虫管氏肿腿蜂20万头、释放蒲螨8000管，受益古柏树600株，施放饵木近1000根诱集古柏蛀干害虫1000余头。释放周氏啮小蜂寄生的蚕茧4000个，悬挂美国白蛾、梨小食心虫、桃潜叶蛾、国槐小卷蛾等性诱捕器500个。人工清理病枝虫枝，刮除腐烂病、蚧虫，打药防治蚜虫、蚧虫、红蜘蛛、国槐尺蠖、美国白蛾等害虫，有效地控制全园主要病虫害发生。

（王振宇）

【传统节日活动】春节、元宵节期间，天坛公园完成“天坛建成600年”主题摄影作品展，央视动漫吉祥物彩扎“巨牛”，大、小红灯笼和中国结等环境布置工作；以“宫廷音乐、云端科普、金牌讲解”为主题，通过“天坛公园”官方微博、“天坛”官方抖音等平台，开展三大系列10个场次线上活动。清明假期推出线上诗经专场演出，旨在追思雅乐源头，点赞3.2万次。端午节假期开展“粽情享端午”纸质粽子制作等6场科普活动及“端午节·制礼作乐”音乐展演。8月14日，举办“七夕传巧艺 五福吉祥结”“七夕”主题线上活动，线上近1万人参与。10月14日，开展“孝满京城 德润人心”重阳节文化活动，为游客发放文化宣传折页300余份。

（许　霏）

【推进文创工作发展】2021年，天坛公园修订《天坛公园商业管理办法》，细化经营服务、商品质量等有关规定。与小米科技、菜百首饰等多家知名公司合作推出文创新品，天坛2022祈年历、“声声漫”蓝牙耳机入选2021“北京礼物”旅游商品及文创产品大赛总榜单TOP100。天坛福饮店被评为2021北京网红打卡地（餐饮及创新零售类），祈谷天坛味道店在大众点评网区域小吃快餐热门榜排名第一。注册成功“天坛600年”和“祈年历”商标，为天坛文创产品提供法律保护。

（许　霏）

【制订天坛公园规划纲要】2月，天坛公园完成《天坛公园“十四五”时期事业发展规划纲要》第3轮征求意见反馈工作。3月，制订天坛“十四五”时期重点项目推进计划，对39个重点项目排序，评估“十三五”时期重点项目完成情况。4月，启动“纲要”手册设计工作，7月，邀请专家详细解读“纲要”内容；8月，完成“纲要”手册印制、下发。“纲要”是指导天坛未来五年事业发展的行动纲领，将有助于推进天坛十四五时期各项重点工作的开展。

（游　琦）

【消防安全培训及反恐演练】4月29日，天坛公园联合东城消防支队龙潭中队永外消防站，组织80余人开展消防安全培训及反恐演练。培训项目包括防火、灭火知识，讲解扑救初期火灾技巧和火场逃生的要领。演练科目包括处置个人极端行为和突发火情。

（徐　珂）

【西北外坛环境整治提升方案】5月，天坛公园启动天坛西北外坛环境整治提升方案编制工作，12月完成。“方案”包括项目背景、场地现状等6个部分，详尽调研与分析西北外坛现状及功能，并结合城市上位规划和天坛“两规”（《天坛总体规划》和《天坛文物保护规划》）等，确定西北外坛“自然科普区、花卉科普区、文化科普区、管理办公区”4个功能分区，提出将西北外坛打造为天坛户外科普示范区的总体目标，并明确近、中、远期行动计划。“方案”进一步提高天坛世界文化遗产完整性，促进北京中轴线沿线整体景观提升。

（游　琦）

【西南外坛景观风貌恢复详规修编】5月，天坛公园完成《天坛西南外坛景观风貌恢复详规》修编，将现有外坛各专项规划成果进行整合以作为区域风貌恢复的依据，6月至9月完成《天坛外坛原天坛医院院区环境整治方案》，成果包含项目基本概况、历史遗存分析、上位规划衔接、现状评估、详细设计方案及投资估算等，多次与北京市申遗办、东城区等就天坛医院旧址移交标准、项目资金、方案等问题进行沟通。“方案”可作为未来天坛医院旧址环境整治的参考性依据。

（游　琦）

【推进外坛腾退】5月，天坛公园与天坛街道就泰元门外环境提升项目进行现场调研洽商，并就提升方案与天坛街道进行沟通与反馈。7月，陪同北京中轴线申遗保护办公室有关人员实地调研天坛周边占地与腾退情况等，并就申遗承诺履行及外坛占地情况等问题进行现场沟通。9月，原市文物局局长及政协委员对天坛西北外坛582电台占地情况进行现场调研。

（游　琦）

【第四十届主题月季展】5月14—23日，天坛公园在祈年殿景区、月季园、科普园展区举办“胜春迎胜世 花开庆百年”第四十届主题月季展，展出盆栽及地栽月季品种200余个，1万余株（盆），展出面积2.3万平方米。现场摆放月季栽培科普展板40余块，普及天坛月季文化知识。

（王振宇）

【古树保护和文化宣传】2021年，天坛公园制订古树复壮方案，改善成贞门西坛墙迎客柏及斋宫内6棵古树立地环境计330平方米，满足树木生长需求，提升园容景观效果。5月20日，结合建党100周年举办“护葱郁古树 贺建党百年”主题古树文化宣传活动，设置古树文化展板10块，发放宣传折页1000余份，引导市民游客增强保护古树意识，保护园林生态环境。

（张　卉）

申遗项目中和韶乐（刘晓绯摄）

【中和韶乐申请国家级非遗】6月10日，国务院发布《关于公布第五批国家级非物质文化遗产代表性名录的通知》，“天坛神乐署中和韶乐”正式被列入第五批国家级非遗名录，项目编号为Ⅱ-188。中和韶乐是明清两朝用于国家祭祀天地、祖先等重大国事活动的专用礼仪性音乐，其完整保存和继承乐器、乐谱、歌词、舞谱等珍贵音乐史物质和文献资料，对亚太地区宫廷礼乐的形成产生深远影响。自2019年起，先后历经5次修改申报书，2021年最终成功被列入第五批国家级非物质文化遗产名录。

（霍　燚）

【文化和旅游安全宣传咨询日】6月16日，由国家文化和旅游部主办，北京市文化和旅游局、东城区政府、北京市公园管理中心承办，在天坛公园皇乾殿后举行文化和旅游安全宣传咨询日活动。现场设置展板展示区、资料发放区、装备展示区、旅游安全讲堂区和应急演练区等5处活动区域，提升市民游客参与度。开幕式结束后在祈年殿西下坡组织开展防暴反恐现场处置应急演练。

（徐　珂）

【园内陈列展提升项目开工】6月24日，天坛祭天文化历史原状陈列展提升项目开工。至年底完成展品木材检测鉴定、展品木料开料加工、屏风和宝座零部件加工、部分展品构件试装及雕刻、桌衣布料订制与图案打样等工作。

（刘　毅）

【“七一”服务保障】7月1日，在庆祝中国共产党成立100周年活动中，天坛公园承担集结、疏散1908人的任务。4月中旬，天坛公园启动筹备工作，制订《天坛公园“七一”远端集结点服务保障工作方案》，6月25日，发布东门延迟开放及停车场关闭的公告，7月1日2点至11点，工作人员69人尽职尽责，顺利完成集结疏散服务保障任务。

（张　炜）

【关注外坛腾退进展】2021年，天坛公园梳理天坛申遗承诺履行情况，对天坛申遗背景情况及申遗文本《天坛保护计划》中2000年、2030年2个时间节点申遗承诺履行情况进行梳理，形成《天坛申遗承诺履行情况》报告。持续关注外坛腾退进展情况。

（游　琦）

【强化古建消防安全】2021年，天坛公园完成园区古建院落消防报警及电气火灾监控设备更新项目。项目8月16日开工，11月15日竣工，包括更新极早期报警设备，对祈年殿、回音壁、斋宫、神乐署、圜丘5处古建安装电气火灾监控系统，提升公园古建消防安全水平。

（宋亚楠）

【皇穹宇原状陈设提升项目】8月19日，天坛皇穹宇原状陈设提升项目开工，2021年完成展品木材检测鉴定、屏风和神龛展品制作图纸深化，并按照图纸及设计要求制作屏风及神龛木构件等工作。

（刘　毅）

【启动预防性保护项目】2021年，天坛公园启动预防性保护项目，此为国家文物局试点项目，项目起止时间为2021年8月至2022年12月。2021年完成定期巡查、专项巡查17次，完成专业检修地面栏板勾缝1422米，更换地面砖515块，屋面除草490平方米，窗扇菱花扣补配75个，疏通排水口、出水龙头372处，修补瓦口更换檐椽网35米。

（陈　庚）

【启动神乐署修缮项目】8月31日，天坛神乐署修缮项目开工，2021年完成署门、凝禧殿、显佑殿屋面拆除、木基层修缮、苫抹泥背工序，建筑面积1800平方米。

（陈　庚）

【古树保护小区试点示范项目】2021年，天坛公园对南宰牲亭和南神厨北侧57株古柏进行整体保护。通过先进的监测设备，长期监测保护小区内的古树生境（土壤、光、水分等），为进一步采取相应保护措施提供依据。建整区围栏，南宰牲亭东墙外北端建景观打卡点1处，摆放项目说明和古树文化宣传牌13块。

（张　卉）

【皇乾殿原状陈设提升项目】9月9日，天坛皇乾殿原状陈设提升项目开工，2021年完成皇乾殿屏风、神龛3D

扫描和基础数据采集、展品木材检测鉴定、屏风和神龛展品的设计图纸方案确认及备料、开料等工作。

（刘　毅）

【电动车专项整治行动】9月20日，天坛公园启动电动车专项整治行动。制订《天坛公园电动车消防安全专项整治工作方案》，逐级签订《电动车使用安全责任书》《安全使用电瓶车承诺书》200余份。官方微信公众号推送3期电动车安全使用文章，在自管宿舍区张贴安全告知书700余份，为5栋宿舍楼及重点区域设灭火器300具、灭火器箱160组。及时与属地街道沟通，协调充电桩、充电柜安装事宜。

（徐　珂）

【遇见最美天坛之5G云赏月】9月21日，天坛公园联手中国移动和咪咕公司共同完成“遇见最美天坛之5G云赏月”线上直播。利用5G网络现场直播中秋月下祈年殿壮美夜景。期间，天坛神乐署在祈年殿推出月“缘”天坛中秋特色传统音乐会，15人演出团演奏包括《花好月圆》《彩云追月》《载歌载舞庆佳节》3首新排曲目在内的9首传统礼乐，让观众赏月看景同时感受非遗文化魅力。活动在天坛公园官方微博、《北京日报》京直播、央视影音、咪咕视频、人民网微博及国际频道等27个平台同步直播，观看总量突破400万人次，观众点赞评论2.2万条。

（康雨佳）

【打造智慧公园】10月1日，天坛公园5G无人驾驶清扫车投放使用，配备激光雷达、摄像头等多个传感器，具备环境感知、自动规划路径、智能障碍物识别等无人驾驶功能。车辆依托5G网络高带宽实时采集、回传监控视频，工作人员通过手机端智能控制，实现定时任务、视频监控、车辆运营大数据分析及调度驾驶路线等功能，便于随时了解车辆运营状态。单次充电可完成2万平方米的清扫作业，有效降低人工成本。

（许　霏）

10月1日，天坛公园5G无人清扫车投入使用（许霏摄）

【第四十届菊花展】10月22日至11月21日，天坛公园举办第四十届菊花展，菊展以“菊舞金秋花满园”为主题，分为祈年殿景区及科普园两大展区，展出品种菊、大立菊等菊花品种500余个、1万余盆，展出面积近6000平方米。祈年殿景区设置科普展板29块，安排讲解员科普天坛菊花历史。

（王振宇）

【西门至自然博物馆外坛墙项目】10月29日，天坛西门至自然博物馆段外坛墙项目开工，全年完成约180米墙帽的木基层施工及材料订货备料。

（陈　庚）

【“天坛文化小使者”项目获奖】2021年首都志愿服务项目大赛由共青团北京市委员会、北京市志愿服务联合会主办，北京市民政局、北京市卫健委等4家单位协办，提升北京市志愿服务工作制度化、常态化水平，推进优秀志愿服务项目库建设。有150个项目入围决赛，经过评比，“天坛文化小使者”志愿服务项目荣获银奖。

（康雨佳）

城市规划与建设

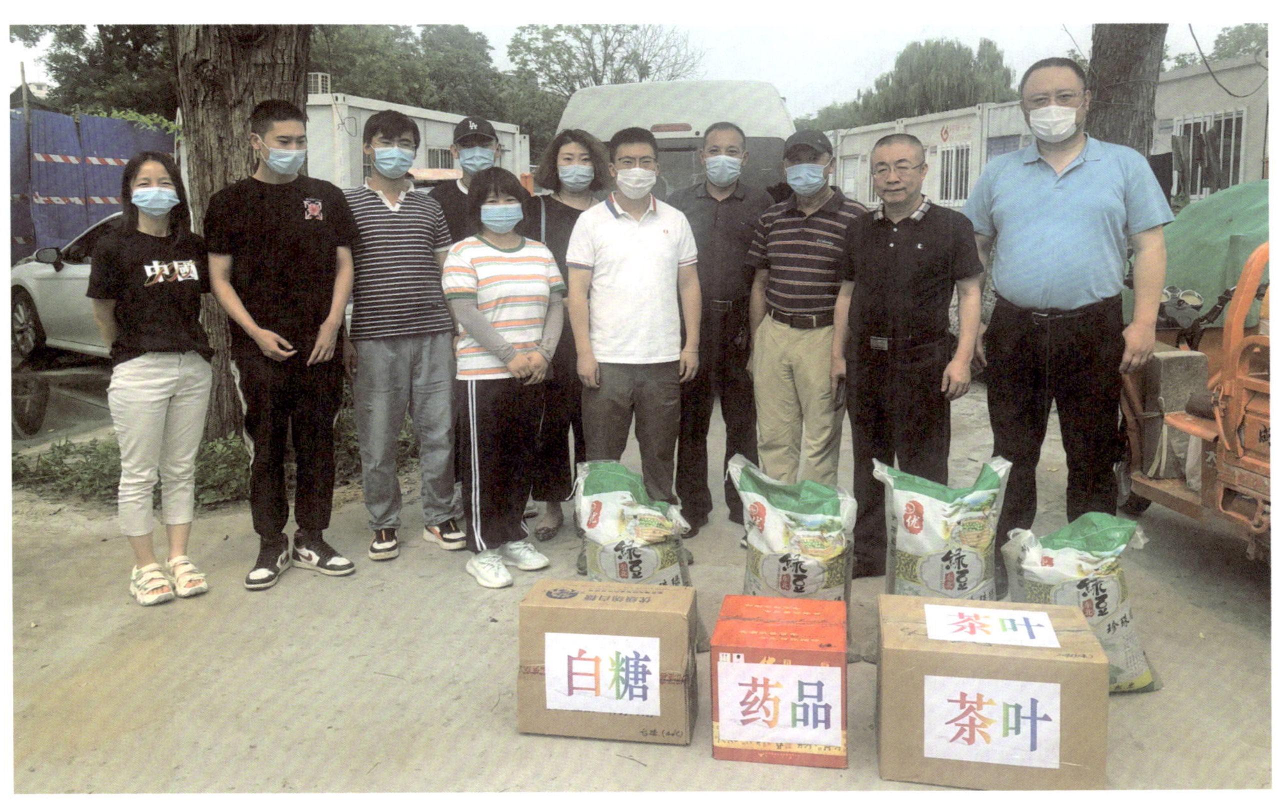

8 月 17 日，北京东兴建设有限责任公司领导到前门会馆博物馆工程施工现场发放防暑降温物品（董昊澎摄）

综　述

2021年，东城区城市规划与建设工作坚持稳中求进总基调，以首都发展为统领，立足首都功能核心区战略定位，坚持“崇文争先”理念，不断提高“四个服务”水平。

深化实施核心区控规。落实党中央、国务院对核心区控规的批复精神，贯彻“两个突出”“六个注重”，高质有序推动三年行动计划各项任务落实。将三年行动计划与疏解整治促提升、中轴线申遗保护、城市更新行动计划和环境精细化提升等工作统筹部署，共同推进。强化中央政务功能，推动长安街沿线整体提升，完成长安街（东城段）南北纵深一公里环境提升城市设计工作。加强为民办实事举措力度，有序实施“三老”改造、院落微整治、“美丽院落”建设，启动核心区首个危旧楼房改建试点，在全市率先建立区域养老服务联合体。提升城市空间品质，完成全区650户直管公房修缮、339条背街小巷精细化提升。形成全区上下共同维护和执行核心区控规的良好局面。

老旧小区综合整治。2021年，全区共启动钟鼓楼周边、故宫周边院落、景山三眼井片区、西草红庙街区、皇城景山二期和西总布街区等6个申请式退租项目，至12月31日，均已完成签约工作，累计完成签约2096户，总体完成率174.7%，超额完成退租控规任务。东城区年度第一批23个老旧小区改造项目已完成居民意愿调查、实施方案和设计方案编制等工作，17个项目已确定施工单位，10个项目已取得施工许可；第二批计划41个项目，各街道同步开展居民意愿调查、引入物业等前期准备工作。全年老楼加装电梯已完成4部，6部正在施工中。

合力攻坚“拔钉子”行动显成效。2021年，区房屋征收中心在全区重点棚户区改造等项目中集中力量完成收尾工作。望坛棚户区改造项目整体签约比例达到99.56%，5月底前实现回迁楼座全部清零。天坛周边简易楼腾退项目整体腾退率达99.7%。南中轴路棚户区改造项目住宅整体腾退率达到100%。

（张　谊）

规划和自然资源管理

【概况】北京市规划和自然资源委员会东城分局（简称规自分局）受北京市规划和自然资源委员会和东城区委、区政府双重领导，贯彻落实北京城市总体规划，推进核心区控规实施。设13个内设机构，下属北京市东城区规划和自然资源执法队、北京市东城区不动产登记事务中心、北京市东城区规划和自然资源综合事务中心3个单位。2021年，规自分局贯彻市区各项工作部署，推进重点项目及各项改革任务。坚持规划引领，以城市更新为抓手，牵头制订《东城区街区保护更新综合实施方案编制指导意见》，组织开展故宫、王府井等三批59个街区保护更新综合实施方案编制。加强历史文化名城保护，研究《东城区平房（院落）保护性修缮和恢复性修建试点项目工作细则（试行）》。以同兴和木器店历史建筑修缮项目为试点，探索历史建筑修缮设计方案审批路径与工作标准。聘请市规划院团队担任东城区总责任规划师，与北建大签署战略合作协议，完善责任规划师、责任建筑师制度，形成规划引领、社会多元全过程参与的实施机制。

（崔　蕾）

【城市体检】2021年，规自分局落实《北京城市总体规划（2016年—2035年）》中关于“一年一体检”的要求，完成东城区2020年度城市体检工作。从强化四个中心建设、空间布局调整、减量实施提质、生态空间格局优化、生产空间提质增效、生活空间宜居适度建设、重点地区建设、历史文化名城保护及城市特色风貌建设、城市韧性与安全等方面撰写基本内容报告。

（崔　蕾）

【责任规划师】2021年，规自分局推动责任规划师在核心区控规实施工作中发挥作用，对街巷环境精细化整治提升、老旧小区改造、“美丽院落”试点工程等开展参与式设计，逐步搭建共建共治共享的治理格局，6个街道责任规划师团队获北京市2021年度“优秀责任规划师”称号。

（崔　蕾）

【核心区控规实施】规自分局贯彻“两个突出”“六个注重”，通过联席会议、工作专班、信息报送等机制，加强对三年行动计划各项任务的跟踪督促，专题调度重点项目200余次。2021年，核心区控规三年行动计划市级任务29个项目全部完成，区级任务112个项目完成。

（崔　蕾）

【市政交通】2021年，规自分局加强交通市政基础设施的支撑作用，配合市级部门做好东城区轨道交通一体化工作，开展地铁2号线安定门站新增出入口、崇文门和朝阳门站一体化设计方案研究。核发手帕胡同、夕照寺东西线和安乐林中街道路工程多规审核意见。

（崔　蕾）

【综合审批】2021年，规自分局核发各类审批285件，其中建筑工程许可49件，市政工程许可16件，建筑工程选预合并办理1件，规划验收合格44件，地名类6件，划拨4件，土地协议出让165件。

（崔　蕾）

【简易低风险工程建设项目】2021年，用好简易低风险审批政策，拓宽项目征集渠道，将符合条件的项目全部纳入审批范围，全年完成14个项目的规划审批。

（崔　蕾）

【规划核验】2021年，规自分局完成规划验收项目44件，建筑面积约6.1万平方米。利用全过程服务监督平台实时跟进建设项目进程，对纳入全过程监督的62件项目指定专人负责，主动联系建设单位提供政策咨询和协调服务。

（崔　蕾）

【地理国情监测】2021年，持续做好东城区“三调”收尾工作，查清土地分布和利用情况，核实5282块图斑的利用状况，形成《东城区第三次全国国土调查主要数据公报》并对外公布。

（崔　蕾）

【自然资源资产管理】2021年，规自分局开展资产清查试点工作，摸清全民所有自然资源资产家底。完成2020年度国有自然资源管理情况专项报告编制，正式向区人大汇报。

（崔　蕾）

【减量用地】2021年，规自分局落实“双控四降”，压缩在途项目规划增量，逐个项目督促建设单位落实减量要求完善设计方案。根据“一廊一瞰”分析成果，实现对重点项目和新建项目建筑高度的严格管控。持续推进拆违减量，2021年存量违建销账1783处，完成市级任务的173.8%，无市级督办新生违建。

（崔　蕾）

【违法建设查处】2021年，规自分局持续治理违法用地违法建设，重点检查历史文化街区、文保单位相关建设工程及在施重点项目，现场踏勘800余次，出动检查人员1.6万余人次，立案查处违法建设147件，其中99件为未依法取得建设工程规划许可证，均已移送区城管执法部门。

（崔　蕾）

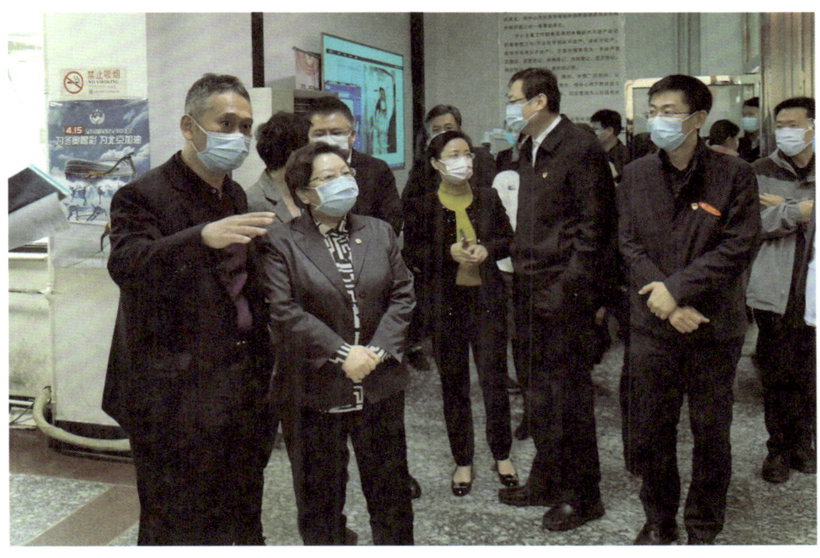

4月29日，北京市政府一行人到东城区不动产登记大厅调研（规自分局提供）

【自然资源督察问题整改】2021年，规自分局深化规自领域问题整改，制订东城区的分工方案及重点任务台账，聚焦四大方面提炼11条措施，分解16项具体任务，明确5个牵头部门及24个责任部门，落实每月专报制度，完成区规自领域25项制度的自查评估工作。

（崔　蕾）

【不动产登记业务办理】2021年，规自分局优化登记领域营商环境，落实“一网通办”，全年受理登记3.71万件，发放不动产证书1.96万件。

（崔　蕾）

【土地储备】2021年，按照保持区域土地市场健康稳定发展的总目标，在保障城市发展、强化城市功能、改善民生需求的基础上，完成东城区2021年度开发储备计划及三年滚动计划编制工作，并经市政府批准。

（崔　蕾）

【年度供地任务】2021年，完成广渠门外大街马圈土地一级开发项目、宝华里3号地回迁住宅及配套服务设施用地等项目的土地供应。

（崔　蕾）

房屋征收

【概况】东城区房屋征收事务中心（简称区房屋征收中心），受区政府房屋征收办公室委托，承担东城区房屋征收与补偿具体实施工作，为全额拨款事业单位。2021年，承担实施的项目共8个，分别为望坛棚户区改造项目，天坛周边简易楼腾退项目，革新南路道路工程项目，南中轴路棚户区改造项目，北京戏剧中心扩建项目，刘家窑路道路工程征收项目，国家话剧院高层住宅楼项目，皇史宬文物腾退项目。

（李　英）

【望坛棚户区改造项目】望坛棚户区改造项目全年涉及居民产籍5863户，住宅5776户、非住宅87户，建筑面积18.21万平方米。全年签订补偿协议12户，全部为住宅户。完成收尾22户，实施行政强制执行5户，5月底前实现回迁楼座全部清零。实现回迁房楼座和商品房楼座全面开工建设。自项目启动以来累计签约5837户，签约率99.56%，其中住宅签约5750户、签约率达99.55%。

（李　英）

【革新南道路工程项目】革新南道路工程项目涉及居民产籍14户，住宅10户、非住宅4户，建筑面积2.57万平方米。自项目启动以来至12月31日，14户全部完成签约，整体签约率100%，住宅交房率100%，非住宅剩余3户未交房。

（李　英）

【皇史宬文物腾退项目】皇史宬文物腾退项目于2019年12月7日启动签约工作，涉及被腾退户23户，认定房屋建筑面积577.06平方米。至2021年年底，征收补偿三科办理专项账户资金结余清退手续，并落实相关结案事项，完成该项目腾退全部工作目标。

（李　英）

【天坛周边简易楼腾退项目】天坛周边简易楼腾退项目涉及居民产籍2423户，其中住宅2414户、非住宅9户，建筑面积8.3公顷。2021年项目完成签约1户，签约未交房1户，非住宅已于2019年全部完成签约，57栋简易楼已完成49栋的拆除工作，其中2021年拆除2栋。自项目启动以来累计腾退2418户，其中住宅签约2409户，签约率达99.6%。

（李　英）

【北京戏剧中心扩建项目】北京国际戏剧中心扩建工程项目产籍共108户，总建筑面积7250平方米。其中住宅105户、建筑面积2485.3平方米；非住宅3户、建筑面积2368.7平方米，未登记房屋面积2396平方米。至12月31日，住宅腾退103户，强制执行后未腾退2户；非住宅签约3户，剩余1户产权单位未签约。

（李　英）

【南中轴路棚户区改造项目】南中轴路棚户区改造项目涉及75户，其中住宅70户、非住宅5户。项目占地8.38公顷，建筑面积2201平方米。2021年强制执行3户，按照年初政府折子工程要求，年底前完成项目收尾工作。

（李　英）

【国家话剧院高层住宅楼项目】国家话剧院高层住宅楼项目涉及产籍户77户，2021年确定项目腾退主体和实施路径，组建项目指挥部，并完成77户的摸底调查，开展拟定征收补偿方案及资金、房源测算工作。

（李　英）

【刘家窑路道路工程项目】项目西起沙子口路，东至景泰路，长790米，规划红线宽30米。至12月31日，项目范围内经认定的住宅被征收房屋37户全部完成签约、交房、选房工作；纳入综合整治的28户未登记建筑在完成认定程序后，全部拆除。

（李　英）

建设工程

【概况】至2021年12月底，东城区建筑业企业共有223家。按资质类别分，施工总承包企业50家，其中特级和一级17家、二级18家、三级15家；专业承包企业166家，其中一级26家、二级98家、三级41家，特种作业1家；劳务分包企业7家。

（王守月）

【建筑业企业专项核查】2021年，东城区住建委加强企业资质管理与服务，强化批后监管，维护建筑业市场秩序，根据《建筑业企业资质管理规定》和东城区住建委动态监管方案，对区内建筑企业进行资质专项核查。建立台账，对企业详细信息进行登记，重点核查一级资质和设计施工一体化分离出来的施工企业。根据要求确定被核查企业，将核查要求电话或书面通知各企业，要求各企业认真准备核查材料并在规定时间内接受检查。

（王守月）

表16　**2021年东城区建筑业企业一览表**

	资质类别	特、一级	二级	三级	合计
总承包	房屋建筑	13	8	5	26
	机电安装	1	1		2
	通信工程	2	1		3
	市政公用	1	7	7	15
	公路工程				
	石油工程		1		1

续表16

	资质类别	特、一级	二级	三级	合计
总承包	矿山工程			1	1
	电力工程			2	2
	冶金工程				
	水利水电				
小计		17	18	15	50
专业承包	装饰装修	15	70		85
	消防工程	4	6		10
	港航设备安装				
	隧道工程				
	输变电工程			8	8
	桥梁工程				
	地基基础	2	1		3
	建筑防水防腐	1	5		6
	古建筑工程	1			1
	模板脚手架工程				
	机电设备安装	1	1	17	19
	城市及道路照明			6	6
	电信工程		1		1
	公路路基工程				
	电子与建筑智能化工程	1	14		15
	建筑幕墙				
	环保工程			8	8
	公路交通工程	1			1
	起重设备			1	1
	钢结构			1	1
	特种工程	不分级1			1
小计		26	99	41	166
劳务分包				不分级7	7
总计		43	117	63	223

（王守月）

表17

2021年度竣工重点工程项目一览表（8项）

工程类别	序号	项目名称	项目法人（建设单位）	建设地点	建设规模及内容	总投资（万元）	竣工时间
公建工程（1项）	1	商业、办公等2项［崇外大街五号地西南角商业金融项目（新景商务楼）］	北京崇文·新世界房地产发展有限公司	崇外5号地西南角	34755.6平方米，地下3层，地上10层	35400.08	11月4日
经济适用房工程（7项）	1	朝阳区豆各庄3、4号地通惠灌渠东侧地块东城区旧城保护定向安置房项目（4-1#住宅楼）	北京佳源投资经营有限责任公司	朝阳区豆各庄乡	4-1号住宅楼48688.3平方米，地上29层，地下3层	11255.03	1月29日
	2	朝阳区豆各庄3、4号地通惠灌渠东侧地块东城区旧城保护定向安置房项目（4-2#住宅楼、4-3#住宅楼）	北京佳源投资经营有限责任公司	朝阳区豆各庄乡	4-2号住宅楼23586.9平方米，地上29层，地下3层；4-3号住宅楼33673.1平方米，地上28层，地下3层	12511.59	1月29日
	3	朝阳区豆各庄3、4号地通惠灌渠东侧地块东城区旧城保护定向安置房项目（4-4#住宅楼）	北京佳源投资经营有限责任公司	朝阳区豆各庄乡	4-4号住宅楼25149.2平方米，地上29层，地下3层	6081.15	1月29日
	4	朝阳区豆各庄3、4号地通惠灌渠东侧地块东城区旧城保护定向安置房项目（4-5#住宅楼）	北京佳源投资经营有限责任公司	朝阳区豆各庄乡	4-5号住宅楼32192.27平方米，地上28层，地下3层	6926.15	1月29日
	5	朝阳区豆各庄3、4号地通惠灌渠东侧地块东城区旧城保护定向安置房项目（4-6#住宅楼）	北京佳源投资经营有限责任公司	朝阳区豆各庄乡	4-6号住宅楼30193.54平方米，地上28层，地下3层	6573.51	1月29日
	6	朝阳区豆各庄3、4号地通惠灌渠东侧地块东城区旧城保护定向安置房项目（4-7#住宅楼、4-8#住宅楼）	北京佳源投资经营有限责任公司	朝阳区豆各庄乡	4-7号住宅楼34345.7平方米，地上28层，地下3层；4-8号住宅楼23893.5平方米，地上29层，地下3层	58239.2	2月2日
	7	朝阳区豆各庄3、4号地通惠灌渠东侧地块东城区旧城保护定向安置房项目（4-9#住宅楼、）	北京佳源投资经营有限责任公司	朝阳区豆各庄乡	4-9号住宅楼34680.4平方米，地上29层，地下2层	9502.77	2月2日

（郭宁宁）

房地产开发

【概况】2021年，区住建委共办理房地产开发企业资质审核15件，其中新设立企业2件、暂定级延续2件、四级资质变更6件、资质降级2件、一级初审2件、二级初审1件。所有事项全部在公开承诺时限内完成并公开信息，按时办结率为100%。 全年办理建设方案备案4件、开发手册备案6件。加强行政执法与行政处罚，开展日常双人执法检查140余次，办理行政处罚1件（北京新联协创房地产开发有限公司未取得房地产开发资质等级证书违法从事房地产开发经营案），处罚金额6.5万元。

（刘艺萌）

6月30日，北京东兴建设公司党委把“光荣在党50年”纪念章送至公司老党员手中（东兴建设公司提供）

【东兴建设】北京东兴建设有限责任公司（简称东兴建设）是建设部批准的施工总承包一级资质企业，同时还拥有起重设备安装、建筑装修装饰、园林古建筑工程专业承包和文物保护工程施工的一级资质。2021年，东兴公司确立“在危机中育新机，狠抓自我管理，强化责任担当，成就未来事业”的整体工作思路，召开四届二次职代会，审议2020年行政工作报告等11个文件。8月31日，北京市第二中学分校北校区装修改造工程完成全部施工任务。通州区两站一街E5、E6地块东城区旧城保护定向安置房15#住宅楼、17#住宅楼、18#住宅楼、2#封闭清洁站、残疾人康复中心、K3车库二标段工程举行开工典礼。召开财产清查动员会，坚持“见物就盘”和据实入账原则，真实准确做好数据统计，认真进行成本分析，全面、准确掌握公司的财产状况，确保公司各项经济技术指标完成。举办财务、人事、安全、技术质量专业技能大赛，结合各专业理论知识和实际操作进行能力考核，并经各专业评委打分评选出一、二、三等奖。2021年，东兴公司完成产值3.79亿元，实现经营利润1690.94万元，缴纳税金2019.14万元。公司被北京市建筑业联合会评为“北京建设行业AAA信用企业”和“北京建设行业诚信企业”。按照《公司中层管理人员述职评议考核工作方案》考核中层管理人员。召开年度专业工作会，公司中、高层领导，各分公司经理及有关业务部室相关负责人参加会议。召开年度党建工作会，党委副书记代表党委作党建工作报告。北京市化工职业病防治院应急救援楼项目，被北京市海淀区人社局评为“海淀区和谐劳动关系建设项目”。召开党支部书记会，对全年党课学习、开展活动等重点工作进行布置。组织各支部党员、积极分子近100人观看电影《悬崖之上》。通过北京东方纵横认证中心审核组对公司质量、环境、职业健康安全管理体系再认证，并取得认证证书。为在职职工168人办理2022年度“在职职工住院医疗互助保障活动”的续保。走访慰问离休老干部、老党员7人，并向他们颁发“光荣在党50年”纪念章。党员102人和入党积极分子19人及群众3人捐款5270元，全部用于东城区慈善协会在全区开展的助老、助学、助困等救助项目。开展 “镜头下的百年辉煌”职工摄影作品征集活动、“颂歌献给党，礼赞新中国”红色歌曲歌咏作品征集活动。公司主要领导到豆各庄及前门会馆博物馆项目等施工一线慰问管理人员及劳务人员。党员代表30人参加朝阳门街道党员代表会议，公司党委副书记、总经理当选新一届朝阳门街道党代会代表。召开公司工会第四届二次会员代表大会，差额选举出东城区工会第三次代表大会正式代表1人。公司党政工团联合举办党史故事诵读比赛。召开党建工作总结部署会，结合全年党建工作重点、开展庆祝中国共产党成立100周年系列活动、党日活动等进行总结。公司党组织被东城区朝阳门街道评为先进基层党组织。

（孙丽娟）

【筑邦公司】北京筑邦建设有限责任公司（简称筑邦公司）注册资本2261.38万元，总资产7778万元，是国家二级资质建筑施工企业，可承接建筑施工、房屋拆除、室内装饰装

2021 年，筑邦公司完成平安大街整治提升项目（杨小伟摄）

修、市政管道、防水工程施工、铁木器加工、水电安装、锅炉安装、机械设备租赁等。下辖第一、四、五分公司及1个施工处。2021年，筑邦公司投入新冠肺炎疫情防控工作，严格执行返岗干部职工健康报告承诺制，各科室负责人提前与返岗人员建立联系，掌握其返回情况，如实登记工作人员身体状况，假期外出情况。减少内部人员接触和聚集，不必要的会议一律取消，非紧急会议一律推迟，能网上办理事项一律网上办理，提倡通过网络钉钉电话等不接触方式开展工作，多人共同办公及出入公共场所一律佩戴口罩。视疫情情况居家远程办公，掌上办公并响应政府号召接种新冠疫苗，在可接种人员中疫苗接种率100%，全年未发生疑似和确诊病例。承揽河北省保定市定兴县北京世代状元府住宅小区6#、7#楼工程，该项目建筑面积3.1万平方米，地下2层、地上18层，年底完成结构施工。承揽河北省保定市涞水县翔海·逸园项目1#、7#、12#、17#、18#楼及其区域地库，该项目建筑面积5.15万平方米，地下二层、地上15层/17层/18层。承揽北京平安大街整治提升工程及胡同提升改扩建工程，完成外墙粘贴仿古砖1300平方米，小亭泥砖墙砌筑700平方米，中式随墙门楼4座，外墙真石漆喷涂100平方米，合瓦房翻建180平方米，安装仿古式断桥铝门窗450平方米，油漆彩绘800平方米。承接北京航天实验技术研究所故障模拟台护坡挡墙工程、北京大华城市表演艺术中心剧院加固改造工程及东旭物业档案室装修工程。2021年，筑邦公司党总支在基层党建工作中，把党史学习教育贯穿全年，突出学党史、悟思想、办实事、开新局，党组织主要负责人带头学习，带动全体党员开展学习教育实践。筑邦公司党支部被东四街道工委评为先进基层党组织、1人被评为东四街道优秀党员、1人被评为优秀党务工作者。“七一”党员献爱心捐款1030元，开展走访慰问社区帮扶对象，组织全体党员参观革命圣地西柏坡。全年完成产值3984万元，缴纳各项利税108万元。

（王勇涛　王春岩）

【崇新房地产公司】北京崇文·新世界房地产发展有限公司（简称崇新公司）设8个部门，在职员工90人（包含崇裕房地产开发公司、新世界电子公司，3家企业均为新世界集团参与投资的关联公司）。公司主要承担对崇外大街危改小区危旧房的开发、改造，包括房屋设计、建设、出售管理、出租、新建商业设施、文化娱乐设施；房地产咨询；出租商业用房、办公用房等。2021年，崇新公司承接崇文门外大街1号、5号、6号地旧城改造，房地产开发，商品房销售业务，租赁经营管理新世界中心一期、新世界酒店、燕京大厦、新怡商务楼、新裕商务大厦等商场、公寓、写字楼。全年销售收入10.28亿元，租赁收入8001万元，酒店经营收入8467万元，缴纳各项税金2.74亿元。公司被评为年度东城区统计诚信示范企业，北京市工商联非公经济组织党建示范单位，连续17年获区政府颁发百强企业奖牌及证书。公司党支部开展专题党课学习，结合“两学一做”活动，组织全体党员到国家大剧院观看红色经典音乐会，参观鱼子山抗日战争纪念馆、“山西刘胡兰纪念馆”及北大红楼。企业严格落实有关新冠肺炎疫情防控工作部署，跟踪员工进离京动态，外来人员进入办公区必须扫码登记，每月向企业员工发放防护用品口罩，新冠疫苗接种达到86%。

（赵　谦）

【崇裕房产开发公司】北京崇裕房产开发有限公司（简称崇裕公司）2021年实现租赁收入3430万元，缴纳各项税金796万元。

（赵　谦）

【新世界电子公司】中国新世界电子有限公司（简称新电公司）2021年租赁经营管理商场、公寓、写字楼业务，全年租赁收入3449.25万元，缴纳各项税金868.12万元。

（赵　谦）

【北京住六】北京住总第六开发建设有限公司（简称北京住六）是国有控股大型建筑安装施工企业。公司集房地产开发、建筑施工、多元经营为一体，注册资本1.06亿元，具有国家一级房屋建筑工程施工总承包、建

4月，崇新公司组织“益起来阅读”活动，为打工子弟小学——燕京小天鹅公益学校捐赠图书（丁晨摄）

筑装修装饰专业承包、机电设备安装工程专业承包及国家二级市政公用工程施工总承包、钢结构工程专业承包、地基与基础工程专业承包等多项企业资质，经营范围辐射与建安施工相关多个领域。公司下设23个部室并有北京住六欣意租赁有限责任公司、北京住六欣跃机电安装有限公司、北京住总鸿运房地产开发有限公司等3家专业公司，分别在北京市通州区、宁夏回族自治区银川市、山东省龙口市设有分公司。2021年，住六公司坚持聚焦主业、多策并举的高质量发展思路，强化市场开拓、提升经营管控、拓展专业领域，精细项目管理。先后承建北京银行顺义科技研发中心、会展誉景、平谷小学及天津大自然广场等数个大型公建工程；天津市宝坻区天秀园、渠阳新苑住宅小区；河北省石家庄市臻园、贾村住宅小区；北京市密云区新刘、檀营棚改工程，海淀区永丰项目北地块工程，通州区通和家园、通成家园、北投和苑工程，昌平区未来科学城定向安置房等数个大型住宅工程。承建通州区太平龙腾路、太平顺兴路、达昌路、亦庄北小营中路、崔家窑南街与东城区定向安置房地块临时道路等多条市政道路施工工程和密云溪翁庄镇尖岩村水库移民文化示范村整体环境提升改造工程。承建通州区至善家园小区综合整治工程，中日友好医院危急重症整体提升改造工程和维景酒店装修改造工程等多项装修改造工程。全年安全零事故，未发生扬尘、遗撒、泄漏等环境污染事件，未发生冒烟、火灾事故。多次开展绿色施工、扬尘治理专项检查，严格落实《施工现场扬尘治理专项行动工作方案》，坚持施工现场6个百分百达标和“门前三包”要求，公司所有在施工程安全标准化100%达标。海淀永丰北项目创建年度“北京市绿色安全样板工地”，通成家园项目获年度“通州区建筑施工安全管理优秀项目”，密云新刘项目、密云檀营项目、北投和苑项目创建年度“北京市绿色安全工地”，在安全生产、环境保护、扬尘治理、火灾预防等方面获得属地政府表扬。2021年，公司完成综合经营22.37亿元，施工规模167.29万平方米，其中新开工45.75万平方米，竣工39.35万平方米。新签约合同30.5亿元，全年纳税额1955.5万元。通成家园工程获年度结构长城杯金奖；北投和苑、密云新刘、密云檀营工程完成结构长城杯2次验收；永丰北地块工程通过结构长城杯2次验收。公司企业技术中心获北京市企业技术中心资格，全年发明专利授权1项，实用新型专利授权15项，软件著作权10项，外观设计专利4项。公司获北京市“安康杯”竞赛优胜单位荣誉称号。

（徐子扬）

东城区房地产开发企业单位负责人

北京东兴建设有限责任公司

董事长	张建忠
总经理	富兴华
党委书记	蒋春晖

北京筑邦建设有限责任公司

董事长、党总支书记	陈小虎
总经理	何广林

北京崇文·新世界房地产发展有限公司

董事长、总经理	陈耀豪
党支部书记	黎　霞

北京住总第六开发建设有限公司

董事长、党委书记	侯喜悦
总经理	于明伟

建设管理

【概况】北京市东城区住房和城市建设委员会（简称区住房城市建设委）是区政府工作部门，为正处级，加挂北京市东城区住房保障办公室（简称区住房保障办）、北京市东城区人民政府房屋征收办公室（简称区政府房屋征收办）、北京市东城区历史文化名城保护工作委员会办公室（简称区名城办）牌子。2021年，牵头落实东城区中轴线申遗综合整治各项任务，推进东直门交通枢纽、旧鼓楼大街P保护区、隆福文化街区修缮更新等重点工程建设。100%完成市级棚改签约任务，南中轴项目剩余户征补完成实现清零，望坛和宝华里项目完成回迁地块的征收拆迁收尾工作，手帕胡同和刘家窑2条次支路项目房屋征收签约期内实现居民100%签约。在全市首创以“产权不过户、土地不变性”方式，将部分定向安置房在建设单位名下直接转为共有产权住房进行配售，且土地性质维持划拨方式不变。地铁8号线全线实现南北贯通。老旧楼房加装电梯开工10部、完工4部。持续宣传培训物业管理相关主体。建立物业企业月度点评机制。结合“每月一题”“我为群众办实事”，滚动推进重点小区专项治理。完成650户直管公房平房修缮，直管公房转租转借、违法群租房整治实现动态清零。累计发放保障性住房补贴1.56亿元，对2020年年底前已取得备案资格的低保、低收入、大病、重残等特殊困难家庭实现依申请应保尽保。

（刘艺萌）

【名城保护】2021年，按照《北京中轴线申遗保护三年行动计划》任务安排，北京市48项任务中，东城区涉及23项，其中牵头任务13项（保护管理类3项，环境整治类10项），配合任务10项。至年底，完成牵头任务中的拆除太庙内非文物建筑、钟楼修缮及鼓楼展陈2项；完成永定门御道遗址文物认定工作，确定鼓楼南望点位整治方案。

（刘艺萌）

【老旧小区综合整治】2021年，完工2020年第一批老旧小区综合整治项目16个，竣工验收4个；2020年第二批北汽摩小区项目、火桥北里项目确定施工单位；2021年东城区第一批改造项目23个完成居民意愿调查、实施方案和设计方案编制，确定施工单位17个，取得施工许可10个。2021年第二批计划41个项目。完成4部老楼加装电梯。从全区列入2021年第一批和第二批共144个项目中筛选出区域范围内中央国家机关项目20个、中直机关改造项目10个。

（刘艺萌）

【保障房建设】2021年，东城区保障房建设开工1328套、建成2252套，超额完成北京市、东城区两级建设筹集任务。两站一街和豆各庄项目共544套剩余未配售经济适用住房获批转化为公租房。全年完成定向安置房用房审批和共有产权住房备案近2000套，资格预审1万人次。全年出具外迁经济适用住房再上市证明32份。

（刘艺萌）

【工程质量安全监督】2021年，东城区在监在施工程195项，建筑面积384.55万平方米；全年完成工程竣工验收项目101个，共计83.23万平方米；联合验收受理490件，出具联合验收意见通知书321份。组织消防验收检查900余次，消防验收273项次，合格142项。持续推进“质量安全提升三年行动”。持续开展城市安全隐患治理三年行动和建筑施工安全专项治理行动，103套车牌抓拍、42台洗轮机冲洗监控设备基本实现全覆盖，与区相关部门和属地街道实现系统共享，视频监控系统安装率和通视率位居全市前列。宝华里危改项目3号地回迁住宅工程启用东城区首例施工现场“天幕降尘”系统。

（刘艺萌）

【招标投标管理】2021年，区住建委严格把关招标组织形式、招标公告、资格预审文件、招标文件、专家抽取、中标公示等各个环节，对提交的材料强制整改59次。实现招投标工作全程电子化，做到全程留痕、有迹可循、相互监督，有效预防恶意竞标、强揽工程等违法违规

9月26日，建国门街道西总布街区直管公房申请式退租和恢复性修建项目正式启动（区住建委提供）

行为的发生。简化棚户区改造、老旧小区改造、保障性住房项目等民生工程和重点工程招标前置条件，缩短审批时限，加强对民生工程和重点工程的监管服务力度。共办理建设工程施工、监理招投标项目54项，建设规模约68.82万平方米，进场完成招标的合同金额约6.22亿元。办理完成公开招标项目发出中标通知书38项，项目经理解锁变更141项，合同变更备案98项，完成开标、评标服务监管98次。

（刘艺萌）

【行政审批与服务】2021年，区住建委全年办理施工许可建筑规模为169.57万平方米，与2020年同期基本持平。其中装饰装修工程建筑规模92.64万平方米，同比下降18.36%；房屋建筑工程建筑规模76.93万平方米，同比增长27.76%。全年建设工程竣工验收总面积107.07万平方米，总规模与2020年同期相比增长79.52%。其中，装饰装修工程竣工面积53.83万平方米，同比增长29.84%；房建工程竣工面积53.24万平方米，同比增长192.81%。全年建筑业企业资质审批81件，其中增项资质审批件14件，首次申请资质2件，告知承诺制申请资质11件，变更申请54件。共办理开发企业资质审核15件，其中新设立企业2件、暂定级延续2件、四级资质变更6件、资质降级2件、一级初审2件、二级初审1件。全年推进优化营商环境，完善工程建设项目审批系统，促进“多规合一”，联合验收等系统信息共享和业务协同相关政策落地，提高联合验收比例，为企业营造更高效的投资建设环境。

（刘艺萌）

【直管公房管理】2021年，区住建委启动钟鼓楼周边、故宫周边院落、景山三眼井片区、西草红庙街区、皇城景山二期和西总布街区等6个申请式退租项目，至12月31日，均已完成签约，累计完成签约2096户，总体完成率174.7%，提前超额完成2021年退租1200户的核心区控规任务，其中钟鼓楼周边退租项目签约302户，故宫周边院落退租项目签约188户，景山三眼井片区退租项目签约200户，西草红庙街区退租项目签约178户，皇城景山二期退租项目签约464户，西总布街区退租项目签约764户。完成直管公房平房修缮共计650户、房屋803间，涉及建筑面积1.16万平方米全部竣工。多渠道加大检查直管公房清理整治情况，督促经营管理单位加大巡查力度。保持直管公房转租转借动态清零。

（刘艺萌）

1月8日，东城区首个施工现场天目系统在宝华里危改项目3号地回迁住宅工程正式投入使用（区住建委提供）

【简易楼腾退改造】2021年，完成交道口、东四、天坛地区11栋选3栋简易楼剩余5栋（东四六条15号、鼓楼东大街266号、鼓楼东大街168号、西园子四巷南楼和北楼）项目的腾退工作。启动光明楼17号简易楼改建试点项目预签约并于签约首日达到100%签约比例。4月至5月完成全部搬家交房及楼栋拆除。7月2日取得施工许可证，7月5日全面开工。12月3日，项目完成主体结构封顶。

（刘艺萌）

【征收拆迁】2021年，南中轴项目剩余户征补实现清零，望坛和宝华里项目完成回迁地块征收拆迁收尾，手帕胡同和刘家窑2条次支路项目房屋征收签约期内实现居民100%签约，夕照寺东西线道路工程项目签约期内居民签约率达90%。

（刘艺萌）

【住房保障】2021年，完成各类保障房审核备案3908户，完成各类保障房复核2.36万户。为2562户家庭办理补贴登记手续，发放公租房、市场租两类补贴约1.56亿元。制订《东城区市场租房补贴考核工作方案》，引导639户公租房已备案家庭通过领取市场租房补贴实现住房保障。向北京市住建委筹集房源810套，配租房源348套。开展一次低保、低收入、大病及重残家庭专项配租工作，配租房源120套。超额完成公租房保障率比2020年年底提高10%的北京市重点任务。对2020年年底前已取得备案资格的低保、低收入、大病、重残等特殊困难家庭实现依申请应保尽保。开展

8月19日，新景商务楼项目竣工（区住建委提供）

顺义区潮白水悦项目1198套共有产权住房配售工作。

（刘艺萌）

【物业管理】2021年，区住建委完善党建引领物业管理纳入社区治理工作体系，研究制订《东城区物业管理考核指标方案》《东城区组建业主委员会参考手册》《业主委员会（物业管理委员会）工作细则》等。大力推进党建引领物业管理提高"三率"工作，全区620个小区共组建物管会514个、业委会65个，有物业企业管理的小区579个，物业管理覆盖率提升至93.4%；党组织覆盖率提升至99.9%。持续开展对物业管理相关主体的宣传培训。建立物业企业月度点评机制，结合"每月一题""我为群众办实事"，滚动推进重点小区专项治理。

（刘艺萌）

【房屋安全管理】2021年，区住建委组织北京市东城区第一次全国自然灾害综合风险普查，完成采购意向公示、招标公告及招投标工作，确定第三方调查机构，3个标段调查城镇房屋（栋）数总体任务进度为49.26%。组织私房平房和失管单位自管房应急抢险105处。落实鉴定为CD类房屋督促解危工作，至年底，解危518处。探索建立全区简易楼、中式楼、苏式楼结构安全智慧监测体系。组织开展普通地下室安全使用检查1299处次、出动人员2598人次，发现隐患322处，整改隐患278处，限期整改44处。至年底，"疏解整治促提升"普通地下室清理整治专项行动完成175%。对尚未施工或停止使用的房屋，持续督促房屋产权人（单位）落实房屋安全主体责任，同时加强与属地联动，在防汛和重要时段，加大巡视频次，做好抢险和人员转移避险准备。

（刘艺萌）

【房地产市场管理】2021年，区住建委落实房地产调控新政，做好新建商品房销售，全年办理商品房预售许可区级审核3笔，商品房现房销售备案13笔。强化执法检查，开展预售资金专项检查，制止违规销售行为，要求房地产开发企业售楼场所严格落实疫情防控工作。

（刘艺萌）

【违法群租房清理整治】2021年，北京市、东城区两级违法群租房整治工作目标均为动态清零。2021年1月1日至12月22日，各街道疏整促系统上账总数205处，其中计划上账187处，动态上账18处。

（刘艺萌）

【协调推进全区重点项目】2021年，区住建委旧鼓楼大街P保护区项目二次结构完成70%；东直门交通枢纽项目写字楼公区精装修工程已全面启动；隆福文化街区修缮更新项目后院及大厦投入使用，隆福广场基本完成加固改造；北京人艺国际戏剧中心建设已竣工验收并投入使用；机场线西延项目竣工验收；地铁8号线全线实现南北贯通；拆除地铁14号线陶然桥站红线内剩余3号楼及部分平房，并将场地移交给轨道公司施工。

（刘艺萌）

【棚户区改造】2021年，东城区100%完成北京市棚改签约任务，同步加快推进征拆收尾工作，望坛项目基本完成征收工作，宝华里项目回迁地块实现净地开工。

（刘艺萌）

【行政执法】2021年，区住建委执法检查4354件、执法处罚357件，其中一般处罚62件、简易处罚295件；罚没款总额104.40万元。累计收到信息公开申请300件，均按程序、按时限办结，对符合法定条件要求的依申请公开政府信息的答复率达100%。

（刘艺萌）

【法制建设】2021年，区住建委共发生诉讼、行政复议案件348件，其中行政诉讼293件、民事诉讼13件，已结案260件，败诉3件；行政复议42件，结案21件，被复议机关纠错4件。为做好应诉工作，全年共组织、参与会商会56次。政府信息依申请工作共受理300件，办结264件。

（刘艺萌）

城市管理

国庆节期间，建国门执法队在东单路口巡查（刘满清摄）

综述

2021年，东城区城市管理工作全面践行“崇文争先”理念，深入提升“精致东城”品质，高标准保障中国共产党成立100周年庆典，加快冬奥会保障冲刺，统筹疫情防控和城市运行服务，扎实做好“四个服务”。绿地布局持续优化，绿色空间有力拓展，群众获得感、幸福感不断增强。为建设国际一流和谐宜居之都的首善之区筑牢生态基础和城市运行保障，实现“十四五”良好开局。

环境品质显著提升。完成北大红楼、五四大街等12处中国共产党早期革命活动旧址周边的环境品质提升和142处问题整改，全区革命旧址周边标识导向系统全面建成。完成全年夜景照明、景观和花卉布置及交通保障、执法检查、环卫保洁等保障工作。深化“疏整促”工作，区域环境整治提升成果显著。全年共销账存量违建1783处，面积8.7万平方米，超额完成市区任务，持续保持新增违建、无证无照、占道经营等问题动态清零。街区更新加快推进，339条背街小巷精细化整治提升通过北京市验收；增补安装路灯1412盏，20条道路根治“有路无灯”问题。启用垃圾排放计量登记系统，持续开展街道考核。建成垃圾分类驿站180座、大件垃圾投放点282处、装修垃圾投放点443处。专车转运不断成熟，无资质运输单位清零。全区17个有害垃圾中转点和1个储运站形成安全、规范的专业化体系。

优化通行环境，提升交通品质。续建10条次支路，慢行空间不断改善。完成环二环林荫骑行环线东城段道路和交通工程及雍和宫桥试点人行过街智能化改造。完成两广路、平安大街、东单南北延长线“两横一纵”自行车出行示范街建设。改造30项道路积水点和33条道路无障碍环境，完成20处桥下空间整治，8座桥、19处桥下空间和31项代征代建道路接收。深入挖掘机动车停车资源，以“由内向外”三步走思路，破解核心区停车资源分布不均难题。在居住小区内部挖掘基础上，全区新增错时共享停车位815个；采取“政府出地，市场运作”方式完成白桥大街等2处停车设施“平改立”，新增停车位300余个，并投入运行。完成177条、6903个车位的支路以下道路停车改革任务。

公用服务更加优质。落实燃气常态化巡检，改造龙潭街道9栋居民楼和1个平房院的“土暖气”，消除燃气隐患118户。按时完成非居民液化气替代工作，“三改”实现100%。完成2020—2021年采暖季供热服务保障，万平方米投诉量考核位居北京市第二。开展地下管线检查井盖专项整治，排查607处“下凹式”井盖问题，推广“五防”井盖，进一步消除“无主井盖”。持续开展社区环境卫生治理，及时完成扫雪铲冰、落叶清理，严格督促落实公厕消毒标准。

聚焦高频难点民生问题。明确“每月专题”28项、9大类、230小项重点工作任务。梳理《东城区12345热线“接诉即办”派单目录2021版（试行）》1934项，形成派单依据，确保市民诉求派得快、派得准。加强网上“接诉即办”体系建设规范网络案件答复，及时出台《东城区网上12345“接诉即办”案件办理操作规范》，同比满意率上升14.17%，解决率上升8.81%。建立健全大数据辅助分析决策机制，完善各环节数据分析、加工、研判标准，形成有追溯流程的动态管理模式，通过靶向发力，促进“接诉即办”提质增效。

优化绿地格局，增绿惠及民生。完成《“十四五”时期东城区园林绿化事业发展规划》编制工作，为老城绿化美化工作找准定位、把准方向。龙潭中湖公园、龙潭西湖公园相继开园，与龙潭公园一起，实现三湖焕然一新，3个主题鲜明、功能统筹互补的园林，形成核心区不可多得的大尺度绿地、空间、水面的生态片区。以“互联网+义务植树基地”和各区属公园绿化专业队为阵地，举办形式多样的绿化抚育、认建认养活动40余场，认建认养树木2500余株、绿地3.67公顷。实施“一院一树”绿色惠民工程，首批60个院落植树400余棵，有效缓解老城院落林荫化不足问题。建成地坛药香和玉蜓茶香园艺驿站2处，与东四菊香、龙潭书香驿站一起，成为东城区以绿惠民的重要窗口。

（张　谊）

网格化服务管理

【概况】东城区城市管理指挥中心（简称区城指中心）是区政府直属正处级事业单位，负责辖区网格化服务管理事项监督评价与统筹协调及“接诉即办”的指导协调。2021年，东城区网格监管区街两级共发现问题135.5万件，其中区级平台内部监督渠道共发现各类城市管理问题63.6万件；街道处置45.9万件，职能部门处置11万件；区级监督员自行处理6.8万件；街道小循环自行发现的城市管理类问题71.8万件。受理“12345”热线诉求20余万件，平均响应率97.77%，平均解决率90.53%，平均满意率92.74%，平均综合成绩93.2分，全年市级考核排名第四。承办市、区领导批示件53件，区政府、区委督查绩效件59件，会办建议提案6件。

（王新梅）

【“接诉即办”成果显著】2021年，区城指中心紧扣“七有”目标和“五性”需求，研究出台“东城区

2021年‘接诉即办’工作要点”，明确完善体系建设、落实高位调度、“一把手”包案负责等17项工作任务。优化“接诉即办”激励规则，研究制订“接诉即办”工作考核办法、重点工作专项激励办法及补充规定，联合区纪委起草《东城区“接诉即办”问题线索移送办法》，通过正确运用奖优罚劣激励机制，持续激发各单位内在工作动力。聚焦高频难点民生问题，将“接诉即办”工作作为“我为群众办实事”实践活动的主渠道、主抓手，研究制订东城区“每月专题”工作“一方案二计划三清单”，明确“每月专题”28项9大类230小项重点任务。完善分类，梳理《东城区12345热线“接诉即办”派单目录2021版（试行）》1934项，形成派单依据，确保市民诉求派得快、派得准。开展《北京市接诉即办条例》立法部署落实工作。实地检查制度建设、工作人员现状及业务水平、各类信息化平台使用程度等20个子项目。优化区级回访流程，及时与市中心对标对表回访满意度评价维度标准，保证区级回访评价结果的准确、翔实，制发回访周报53期。建立健全大数据辅助分析决策机制，完善各环节数据分析、加工、研判的标准，形成有追溯流程动态管理模式，通过靶向发力，促“接诉即办”提质增效。编发市民热线“接诉即办”分析报告12期，《市民热线每日专报》365期。

（王新梅）

10月27日，东城区政府召开市民热线“接诉即办”工作专题会
（区城市指挥中心提供）

【网格化城市管理】2021年，区城指中心完善“区—街—社区”三级工作体系，推动分级、分层监管，提升行政资源使用效能；分4批培训全体区级监督员，提升重点区域重点类别问题监管质量；通过与首环办检查联动、与平房物业绩效挂钩、与执法队员日常考核挂钩等措施，引导街道建立起由物业人员、执法队员、网格助理员构成的小循环监管力量；开展全市统一网格划分和部件普查，成立区级工作专班，制订工作方案，完成天安门地区管委会、北京站地区管委会、北京南站管委会、王府井地区管委会边界确认，与西城、朝阳、丰台协商确认边界问题43处；通过市区交互平台完成市区网格系统同步更新4次。推动“热线+网格”模式落地，强化网格综合监管考核力度，与区内多个部门建立常态化数据对接和业务衔接机制，从多维度精准指导街道补短板。强化网格监管与热线问题高效衔接，新增“热线+网格”考核模块，倒逼街道提高网格案件主动发现、主动处置能力。

（王新梅）

【网格平台建设】2021年，市区平台深度融合，网格平台新增“执法直派”案件区级审核、“七有五性”、“每月一题”统计分析等功能。推进网格平台与市二维码系统数据对接，确定16类、6000余个部件设施基础信息，明确部件权属，推动案件自动精准派发；强化区级平台联动。加强网格平台与城管执法、水务、园林、环保等专业检查业务对接，有效扩展“未诉先办”信息源；深化社区数据汇聚平台建设，为社区社会组织、社区志愿者、居民、物业公司、驻街单位等意见协商提供支撑；稳步推进“东城区物业小区诉求分析平台项目”落地，将物业管理诉求精准落点落图，强化主体责任落实。

（王新梅）

【宣传培训工作】2021年，城指中心不断扩大“热线+网格”、全市“一网统管”等专项创新工作知晓率，微信公众号发布信息276条、粉丝4057人。刊发《网格东城》报纸11期。受理公众依申请公开7件；全年接待国内外团体考察调研37批、309人次。2021年“接诉即办”等重点工作在BTV《北京新闻》、《北京青年报》、学习强国APP、北京人大等媒体发布新闻报道70篇。参与北京电视台大型人文纪录片《恰是百年风华》策划拍摄。按照“分层次、有重点、多形式、重实效”原则，针对各单位案件办理的薄弱环节，线上、线下组织开展“接诉即办”工作培训18批、1500余人次。

（王新梅）

【监督员与网格员队伍建设】2021年，区城指中心继续提升专业队伍业务能力，强化对重要节点和重点任务网格监管，全年开展专项普查4次，检查上报垃圾分类问题6.31万件，收缴违法宣传品49件；完成监督员争先评优和评定分级分类等工作。加强网格助理员日常管理和业务指导，全年刊出《东城网格助理员工作动态》普刊12期。

（王新梅）

【党风廉政建设】2021年，区城指中心制订主体责任任务清单，明确责任，及时部署，推动全面从严治党主体责任落细落实；坚持民主集中制原则，全年召开主任办公会32次，党组会36次。按照党史学习教育计划，制订城指中心实施方案，通过班子成员带头学，支部组织带动学，展示巩固学习成果等方式有序推进党史学习教育走心走实走深；召开专题组织生活会，领导干部严格执行双重组织生活会制度，带头开展批评与自我批评。

（王新梅）

【疫情防控工作】2021年，区城指中心及时传达、执行上级各项新冠肺炎疫情防控要求，领导班子研究分析疫情防控形势，制订针对性措施，确保队伍稳定。落实落细疫苗接种各项工作，至年底，公务员和事业编人员第一针接种率96%，第二针接种率96%，免疫加强针同期接种率96%。支援街道开展疫苗接种有关工作，3月27日至4月30日，中心领导带队，党员干部68人分批到南锣鼓巷开展疫苗接种宣传，引导游客217人现场接种疫苗；10月23日起，城指中心全体干部分批次下沉支援交道口街道疫苗接种工作。

（王新梅）

城市管理执法

【概况】北京市东城区城市管理综合行政执法局（简称区城管执法局）是区城市管理委管理的行政执法机构，为副处级单位。主要职责为统筹指导和综合协调街道综合行政执法工作，负责辖区城市管理综合行政执法工作的业务指导培训、监督考核、督查督办工作；负责由北京市政府赋予的区划内有关城市环境秩序的行政执法工作。负责承接区政府指定的重大复杂、突发事件应急处置协调调动工作；区城管执法局依法集中行使6个方面97项行政处罚权。2021年是东城区城管执法系统体制改革年，区城管执法局坚持高站位、高标准、高效率，适应体制改革新形势和新要求，实现改革平稳过渡，做到人心不散、队伍不乱、工作不断。全年区城管系统立案1.30万起，罚款880.72万元。检查“三类场所”12.39万家次，发现问题场所5683家次，检出问题率为4.59%，责令整改率达100%。全区共完成存量违建销账1783处、面积8.7万平方米，超额完成市区两级目标任务。结合东城区区域特点，研究制订《东城区创建“基本无违法建设区”三年行动计划（2021—2023年）》，启动创建基本无违法建设区工作。

（马洪一）

【生活垃圾分类专项执法】2021年，区城管执法局与区城指中心、区环卫中心建立信息共享和线索移送机制，全面掌握全区生活垃圾类违法行为高发态势，将“城管执法进社区”列为年度重点任务，引导属地执法队有的放矢，按照分区划片巡查管控模式，安排执法人员2人分管1个社区，履行日常巡查责任，重点围绕桶站规范化设置、物业主体责任落实、小区居民分类投放行为、收运企业清运情况开展执法检查。以周通报、月考核、季评价为抓手，对各街道专项执法落实情况进行评价分析，坚持“一地一策”原则，对18个街道（地区）逐一形成考核报告，指明工作薄弱环节，为提升属地综合执法队履职效能，提供支撑。全年共检查垃圾分类责任单位11.71万家次，发现问题2433处，立案3203起，罚款246.40万元。“城管进社区”垃圾分类执法检查居民小区4544个次，检查小区居民1.23万人次，处罚（含警告）居民个人乱投放行为2683起，罚款10.77万元。

（马洪一）

【占道经营整治】2021年，区城管执法局制订并下发《2021年占道经营整治专项行动工作方案》，结合季节特点组织开展波次整治，持续加大对商区、景区、交界区域等问题点位的整治力度，强化与东城区公安分局、交通支队配合，防止问题反弹，着力巩固近3年治理成果，努力压减举报总量。实现全区占道经营“动态清零”。全年完成占道经营类行政处罚案件6771件，罚款101.86万元，其中一般程序案件1832件、罚款96.79万元，简易程序案件4939件、罚款5.07万元。

（马洪一）

【污染防治执法】2021年，区城管执法局依照“接诉即办”每月一题工作要求，部署各街道综合行政执法队对辖区内重点点位和高发违法形态进行梳理排查，加强辖区内施工工地规范管理，持续加大对施工扬尘、渣土车泄漏遗撒和违规夜间施工的执法处罚力度。结合每周行动日、点穴式执法等多种形式，适时开展联合执法行动，严查严罚施工工地违规行为，规范建筑垃圾运输，减少违规夜间施工、未按审批内容施工等现象，强化部门对接，发挥联动执法机制，营造施工管理规范执法高压态势，提升执法效果与社会效果。全年，区城管执法系统立案查处环保类案件539起，罚款393.93万元，其中施工扬尘类案件310起、罚款302.50万元，违规渣土运输类案件167起、罚款50.3万元，噪声扰民类案件33起、罚款38.2万元，掘占路类案件10起、罚款2.2万元，露天焚烧、烧烤类案件19起，罚款7300元。

（马洪一）

【疏解整治促提升工作】2021年，区城管执法局开展拆违封堵，至年底，全区完成存量违建销账1783处、面积8.7万平方米，超额完成市、区两级目标任务。坚持以“零容忍”为导向，确保新生违建“零增长”。继续保持违规“开墙打洞”“动态清零”的任务目标，严控“开墙打洞”反弹，持续做好“回头看”工作，全年“开墙打洞”反弹率为零。

（马洪一）

【疫情防控常态化执法检查】2021年，区城管执法局强化属地执法力量与区级督导检查队伍不间断轮巡执法，全面加强巡查检查频次与执法力度。强化对佩戴口罩、体温检测、查验健康宝、1米线设置、公共部位消杀、通风换气、测温仪器是否正常使用等重点环节防控措施的落地见效。针对突出问题及整改不到位情况予以公示。全年，区城管执法系统共检查“三类场所”12.10万家次，累计覆盖检查全区“三类场所”21轮次，发现问题5598家次，检出问题率为4.63%，责令整改率达到100%。公示不合格场所711家次，累计公示1174家次、销账439家次。

（马洪一）

市政市容环境管理

【概况】东城区城市管理委员会（简称区城管委），是负责东城区城市环境建设、城市管理的综合协调，市政基础设施、市政公用事业、市容环境卫生、能源日常运行、交通、水行政等管理工作的区政府工作部门。挂北京市东城区城市环境建设管理委员会办公室（简称区环境办）、北京市东城区交通委员会（简称区交通委）、北京市东城区水务局（简称区水务局）牌子。2021年，区城管委完成重要活动景观布置、环境保障。开展重点大街环境整治提升工程。完成背街小巷环境精细化整治提升并通过市级验收。实施“美丽院落”治理。完成北大红楼及中国共产党早期革命活动旧址周边环境整治。完成中国第一历史档案馆周边道路大修。加强铁路沿线环境“双段长”管理。打造市级垃圾分类示范小区84个。完成生活垃圾分类驿站建设51座。推进永外“生态岛”建设。开展以“防疫有我，爱卫同行”为主题的周末卫生日活动。深化“厕所革命”，推进公厕智能导航建设，完成1235座公厕上地图工作；完成130座二类以上固定公厕无障碍设施整改。完成31项代征代建道路移交销账工作。整治20处桥下空间和19处桥下空间管理权接收。完成30条城市区管道路无障碍整治。推进望坛110千伏变电站建设。实施龙潭路铁路桥挡墙维修加固工程，完成15根钻孔灌注桩，14根预应力锚索。实施道路中、小修4.56万平方米。设置立杆路名牌57套，胡同挂墙路名牌58面。接收掘路件171件，占道件19件。排查整治路边破损沉陷问题1663处，安装修复井盖1189个，修复人行步道3488处。完成70.7千米区属道路普查。解决地面坑洼积水，过街天桥下排水不畅，有路无灯，道路不平，学校、医院门前交通拥堵等问题，切实改善居民生活环境。完成东城区智慧城市管理信息化建设（一期）收尾验收。确定《东城区城市运行安全生产专项整治工作方案》及目标任务清单。编发《东城区城市管理工作简报》179期。推送城市管理相关工作新闻报道384篇。完成《东城区环境卫生设施专项规划》编制验收。编发《东城区生活垃圾分类实施情况通报》45期。制发《东城区居住区电动自行车集中充电设施建设工作专项行动方案》。获北京市节约用水先进集体、2020年度应急管理先进单位称号。

（杨慧平　王景平）

8月4日，东华门执法一队拆除太庙内1000余平方米临时建筑（刘满清摄）

【重点大街环境整治提升】2021年，区城管委开展平安大街一期（张自忠路示范段）环境整治提升，完成建筑立面风貌提升31处；53根公安交通杆件“多杆合一”改造后剩余27根；原有弱电墙地箱25台，改造后剩余19台；原有电力墙地箱61台，改造后剩余54台；改造人行步道1.1

万平方米，改造沥青路面2.9万平方米；完成井盖隐形美化210个；建设中央绿化隔离带700米，种植乔木108棵。开展平安大街（二期）环境整治提升：完成东四十条段、地安门东大街段两侧306户商户建筑立面风貌提升；原有墙地箱105个，改造后剩余25个。原有杆体380根，“多杆合一”改造后剩余179根；原有配电箱30台，改造后剩余17台；迁改电力墙地箱146个；完成井盖隐形美化工程1009个；铺设全线步道砖2.9万平方米，铺设沥青油面7.9万平方米；种植绿化1.17万平方米。

（杨慧平　黄　昊）

【背街小巷精细化整治提升】2021年，区城管委完成339条背街小巷环境精细化整治提升。新增机动车停车位67个，施划停车位380个，规范非机动车停放829平方米；清理私装地锁75个；修复盲道667米，盲道面积1500余平方米；修复缘石7669平方米；完善无障碍设施45处，无障碍指示标牌9个，安装扶手69处，安全抓杆492米，无障碍坡道306平方米；城市家居3个；建成口袋公园510平方米，增加绿化植被1.98万平方米、花箱279个、树池834个，栽植乔灌木2.15万余株；违建拆除617平方米，整修、粉饰外立面5.41万余平方米，空调外机美化1449个，门窗护栏633平方米，整治第五立面961平方米；治理占道经营3处，增加便民服务设施1处；拆除及规范设置标牌、牌匾69块，公示栏176个，标识标牌231个；新建减速带128米，阻车桩739个，增设路灯262个，地面整修6.51万余平方米；通信架空线捆扎4665米，管线改整155米。

（杨慧平　黄　昊）

【“美丽院落”建设项目】2021年，区城管委完成49处“美丽院落”建设工作。完成外立面粉饰4424平方米，整饰门窗1172.11平方米，整治第五立面1317.76平方米，设置安全抓杆10.6米，无障碍坡道23平方米，改造或规整管线5337.52米，增设路灯25个，地面整修5342平方米，增加绿植43.5平方米，增设小品、设备设施93个。

（杨慧平　黄　昊）

【北大红楼等11处周边环境整治】2021年，区城管委完成北大红楼、《新青年》编辑部旧址等11处中国共产党早期革命活动旧址周边1条主要大街、32条背街小巷环境提升，整修、粉饰外立面1.10万余平方米，外立面改造1280平方米，空调外机美化553个，安装门窗护栏680.5平方米，安装公示栏161个，完善无障碍设施33处，修复路缘石285延米，增加便民服务设施2处、树池63个，施画停车位39个，挑顶大修完成67平方米，规范牌匾标识71个，增加花箱18个，增设沿街夜景照明330米，拆除违规广告牌匾1处，通信光缆箱改造完成17个，落地箱改造完成3个，梳理墙面弱电电缆飞线1563延米，公安交通综合杆合并为14根、减量22根，电力管井完成15座，电力箱改造整合6台、减量5台，均实现隐形化、景观化，电力墙地箱消隐28台，拆除并改造候车亭3个，改移路灯箱1个，改造空调冷凝水及墙面雨水管线1246延米，新建通信线管路由270延米，敷设电力线缆5165延米，拆除并新铺步道7700平方米，沥青路面铺设9000平方米，新建沿线花箱及绿化景观设施330延米。

（杨慧平　黄　昊）

8月26日，完成整治提升工程后的东四南北大街北新桥段
（区城市管理委提供）

【政府信息公开】2021年，区城管委主动公开政府信息124条，其中机构职能类10条、更新工作动态86条、行政执法专栏8条、信息公开专栏3条、通知公告14条。受理答复申请3件，其中予以公开1项，不予公开1项，区城管委不掌握相关政府信息1项。按照重点领域工作分工，对各类信息进行分类筛选，重点公布交通综合治理信息、道路停车改革、河湖环境、垃圾分类等工作公开。

（杨慧平　韩宁超）

【广告牌匾管理】2021年，区城管委落实《北京市户外广告设施、牌匾标识和标语宣传品设置管理条例》，在完成全区“天际线”整治行动基础上，继续加大广告牌匾整治力度。加强重大活动户外电子显示屏网络安全保障，建立管理台账并签订《网络安全责任书》；牌匾标识设置规范管理，完成241块违规户外广告治理，其中拆除违规广告164块、出具限期整改文书77件。

（杨慧平　杨雅慧）

【背街小巷精细化整治提升验收】2021年，区城管委根据《东城区背街小巷环境精细化整治提升三年行动方案（2020—2022年）》文件部署，建立工作例会制度，不定期召开环境整治集中部署会对验收通过情况进行排名通报，组织开展区级验收检查，对未通过验收的背街小巷剖析扣分原因、建立工作台账、布置整改任务，要求街道立行立改，限时报送整改情况，督促街道落实整改，整改后上报市级复验。经统计，城区339条背街小巷分2批通过市管委精细化整治提升验收。

（杨慧平　杨雅慧）

【背街小巷环境精细化管理】2021年，区城管委制订《东城区城市环境建设管理考核评价工作方案》，建立区级月环境问题点位台账，明确问题点位专人负责制，检查发现问题形成检查日报、周报，并进行月排名、季通报。制订《东城区环境建设月考核提升工作意见》，以点带线，分部门设定清零任务，开展专项治理，年底前实现重点区域环境建设问题清零。下发各街道、地区问题台账4900余件，完成整改100%。

（杨慧平　杨雅慧）

【垃圾分类管理】2021年，区城管委建立垃圾分类区、街互动两级实战指挥体系。完成3轮次敲门入户宣传及回访。17个街道建立普法监督员队伍3040人，统一制作服装及胸卡，组织区级培训14场、街道培训85场。全年家庭厨余垃圾收运4.75万吨，其他垃圾减量2.45万吨，减量率11.4%；居民自主分类投放准确率提升至85%左右。制发《关于进一步推进居民生活垃圾分类工作指导意见》《平房区“垃圾不落地+垃圾分类”工作实施指南》，12个街道129条胡同实施“垃圾不落地+垃圾分类”。推广楼房区“定时定点”垃圾收运，签订《社区定时投放承诺书》，启动定时投放试运行，17个街道47个小区实施“定时定点投放”。协调区环卫中心、市环卫集团每日至少安排40辆三轮车、25台T5新能源收运车及工人70余人，确保餐厨垃圾应收尽收。全年规范收集、运输、处理非居民厨余垃圾8.15万余吨、居民厨余垃圾5.52万余吨。启动新版《北京市居住小区厨余垃圾、其他垃圾、可回收物、有害垃圾收集运输服务合同》签约工作。居住小区可回收物及有害垃圾合同规范签约率100%，居住小区厨余、其他垃圾收运合同规范签约率达100%；制订《东城区非居民厨余垃圾计量收费管理实施方案》，2861家非居民厨余垃圾产生单位完成全市“非居民排放”小程序登记注册，签订运输服务合同单位2803家。落实不合格不收运，开具告知、拒收单11.95万张，检查垃圾分类责任单位11.7万家次，发现问题2433处，立案3203起。“城管进社区”垃圾分类执法工作开展以来，检查居民小区4544个次、检查小区居民1.23万人次，处罚（含警告）居民个人乱投放行为2683起。

（江　滢　范苳冉）

【垃圾分类硬件设施建设及管理】2021年，东城区基本形成垃圾分类全流程闭环管理模式，前端分类设施实现全覆盖，有固定桶站2017组、四品类收集容器1.03万个，建成生活垃圾分类驿站180座、大件废弃物投放点282处、装修垃圾投放点443处。专车转运模式成熟，各类厨余、餐厨垃圾转运车辆200辆，各类其他垃圾转运车辆1467辆及密闭式清洁站64个完成规范改造、涂装，覆盖9大类4300余个排放主体。东直门、建国门2座生态岛和17个街道级中转站、180个可回收物交投点，组成再生资源回收网络推动高、低值可回收物应收尽收。普查各类垃圾分类硬件设施，对各点位设施建设、人员值守和居民投放问题进行日督导、周通报、月排名。

（赵源源　江　滢）

【社区环境卫生治理】2021年，区城管委持续开展社区环境卫生治理，各部门、各街道（地区）出动各类人员640万人次，清理居民小区、院落9.8万余个次，清扫道路、街巷胡同43万余条次，清理商场、超市、便民商业网点4.5万个次，清理菜市场6987个次，协调、督促清理属地内建设工地6.1万处次，清理堆物堆料、生活垃圾441吨，喷洒消毒药剂238吨。向一线作业人员发放口罩77.1万余个，各类橡胶手套约7.3万副。

（杨慧平　范苳冉）

【推进精细化保洁】2021年，区城管委印发《2021年东城区环境卫生重点工作任务》。为17个街道购置小型吸尘设备36台、小型洗地设备80台投入街巷日常保洁作业，按照“1扫2保、1冲1洗、15分钟巡回保洁”的作业模式开展保洁作业，推进街道胡同精细化深度保洁作业。委托第三方公司每日按照比例抽取主要道路和街巷胡同开展尘土残存量检测，成绩纳入网格化综合监管考核的道路卫生模块，每月政府常务会通报。50个洗地作业段启动全车道覆盖作业，每日运行车辆50台次。淘汰老旧高排放环卫车辆4台。

（杨慧平　范苳冉）

【扫雪铲冰工作】2021年，区城管委制发《东城区2021—2022年冬季扫雪铲冰工作方案》，建立扫雪铲冰指挥系统，有效对接驻区部队扫雪铲冰应急支援工作。建立60支2005人的扫雪铲冰应急队伍。扫雪铲冰应急物资储备、积雪应急消纳点设立等各项工作按规定准备齐全。降雪期间，扫雪铲冰指挥部办公室协调区专业作业单位和各街道启动应急预案，对重点道路、点位开展扫雪除冰作业，加大清扫作业力度，确保车行道路无结冰，保障正常交通秩序，出动扫雪铲冰人

8月2日，竣工后的环二环东城段林荫骑行环线（区城市管理委提供）

员8927人次，多功能除雪车30车次，水车285车次，扫车130车次，使用固态融雪剂455吨。

（杨慧平　范苾冉）

【建筑垃圾运输管理】2021年，区城管委采取“白+黑”模式和设点检查等方式开展建筑垃圾运输管理工作，牵头组织联合执法检查114次，出动执法人员3634人次。查处无建筑垃圾准运证车辆32辆，查处车厢未密闭车辆23辆，查处泄漏遗撒车辆21辆。查处未按规定使用电子运单2起。查处随意倾倒建筑垃圾33起；生活垃圾分类管理人未制订居民装饰装修产生的建筑垃圾治理方案1起；施工单位未编制建筑垃圾处理方案报备案1起，未按规定清运建筑垃圾渣土2起；施工单位未按照规定对现场贮存的建筑垃圾采取扬尘防治措施和未进行建筑垃圾治理方案备案19起，责任单位未上报台账5起。生活垃圾分类管理责任人未明确建筑垃圾投放规范、时间和地点、监督投诉方式等事项1起，查处违规工地59起。全年办理建筑垃圾消纳备案724件，其中工程类491件、居民小区类233件，施工现场建筑垃圾处理方案备案491件。申报工程渣土6.09万吨、施工垃圾及装修垃圾8.87万余吨。

（杨慧平　赖建辉）

【林荫骑行环线建设】2021年，区城管委开展环二环东城段林荫（鼓楼桥至陶然桥）骑行环线建设工作，慢行系统总长27.5千米。具体优化改造采取不同方案，其中北二环以机非共板道路为主，按照“机动车道应压尽压、非机动车道宜宽则宽”标准，增大骑行空间；东二环北段以非机动车独立板块为主，调整机动车禁驶区，确保非机动车路权；东南二环及南二环以非机动车道双向设置为主，完善安全设施，消除安全隐患。完成7座立交桥区慢行系统改造，清除并重新施画热熔标线10.25万平方米，施画禁停黄色网格线1022平方米，完成局部沥青路面铣刨加铺1.2万平方米，清除旧有破损彩铺2.4万平方米，重新加铺和修补自行车道彩铺1.3万平方米。增设柔性隔离柱120个，增设反光道钉5500个，增设机非混行、停车让行、道路指示牌及标牌等各类设施21处，建设智慧斑马线1处、建设改造绿路连接梯道6处。

（杨慧平　单翔宇）

【王府井慢行系统示范区建设】2021年，区城管委推进王府井地区慢行系统示范区建设，在韶九胡同、锡拉胡同、北官场胡同、帅府园胡同、煤渣胡同、菜厂胡同、柏树胡同、甘雨胡同、西堂子胡同等9条胡同打造限速区；实施胡同精细化交通规划设计，施画行人优先标识；新建检查井盖板，增加人行步道安全性；对校尉胡同、王府井西街等道路进行盲道优化和路面翻新。

（杨慧平　单翔宇）

【架空线入地】2021年，区城管委完成西打磨厂、前门东小街等9条支路胡同电力架空线入地及撤线拔杆施工，敷设低压电缆2.24千米、高压电缆1.3千米，安置墙箱19台、拔杆38根；与城区供电公司配合，完成临近南中轴区域架空线入地初步方案设计，以及西草市胡同电力架空线入地实施方案编制等工作。

（杨慧平　单翔宇）

【优化营商环境】2021年，区城管委协调城区供电公司开展获得电力优化营商环境相关工作，落实北京市低压电力接入占掘路工程免审批政策，实践“三零”服务占掘路施工线上报备模式，推出“三零+”服务品牌、“六大举措”和“六大场景”，打造长巷三条7号、新和小馆等“三零+全电餐饮”案例，为传统餐饮企业提供由传统能源向清洁电力转变的一揽子解决方案，助力“双碳”目标实现。

（杨慧平　单翔宇）

【第一历史档案馆周边道路大修】2021年，区城管委完成中国第一历史档案馆周边道路大修。处理道路病害865.5平方米，加固各类检查井121个，道路重新铺装1.25万余平方米，施画标线1177.9平方米，整治步道538平方米，路缘石111米，树池11套，拆除隔离护栏25延米。会同前门街道办事处协调居民调整路侧停车位，取消西兴隆街西段路侧停车和革新路东侧停车。协调联通公司等剪除新革路中段过街通信架空线约30米；完成西打磨厂电力架空线入地工作，敷设低压电缆240米、高压电缆300米，剪除电力架空线340米，拔除电力杆17根。配合崇外街道和前门街道完成西兴隆街东段南侧约468平方米墙体粉刷。

（杨慧平　单翔宇）

【地下管线检查井盖专项整治】2021年，区城管委推进地下检查井盖专项整治工作。排查隐患井盖533处，修复井盖361处，更换井盖21处，修正井盖不平整缝隙过大130处，填埋井盖2处；绿地内井盖治理19处，修复井盖10处，更换井盖6处，待补装井盖3处。整治607处“下凹式”井盖问题。

（杨慧平　单翔宇）

6月25日，区环卫中心在景山公园东门举行环卫暖心驿站启动仪式（陈晓彤摄）

环境卫生

【概况】北京市东城区环境卫生服务中心（简称区环卫中心）是负责辖区环境卫生技术性、服务性、事务性工作的区政府财政拨款事业单位，是区公共环境卫生服务保障的执行部门。1月，区委编委会将北京市东城区环境卫生服务中心材料站并入北京市东城区环境卫生服务中心经济开发管理所（东编委［2021］56号）。3月，将北京市东城区环境卫生服务中心经济开发管理所更名为北京市东城区环境卫生服务中心十一所（东编办［2021］25号）。7月，撤销北京市东城区环境卫生服务中心机械清扫队，将事业编制人员分别调整到中心一所、二所、七所，作业范围分别调至一所、二所（东编办［2021］89号）。12月，将服务中心及所属事业单位编制11人调整至北京环境科技开发中心，成立业务检查组，增加业务质量监督职责（东编办［2021］121号）。2021年，区环卫中心保洁主要大街172条、立交桥14座、地下通道48座、过街天桥43座、道路保洁面积538.43万平方米；保洁管理公厕1235座，管理密闭式清洁站64座、有毒有害垃圾站1座、挤压车站点37个。全年收集、清运（中转）生活垃圾34.24万吨，其中其他垃圾20.57万吨，厨余垃圾13.67万吨（家庭厨余5.52万吨、餐饮厨余8.15万吨）；抽运粪便16.13万吨。干路机扫率97.87%、洗地率97.1%、冲刷率97.84%，便道冲刷率100%，垃圾密闭式收运率100%。完成中国共产党成立100周年庆祝活动、全国“两会”、文明城区复检、全区核酸检测保障等重要会议活动及春节、“五一”、“十一”等重大节日的环境卫生服务保障任务。全年市管委专业考评得分98.36分，全市环境卫生综合考核评价列首都功能核心区第二名。做好新冠肺炎疫情防控常态化工作，落实各项防控措施，全区环卫职工零感染，环卫设施全覆盖。环卫十所1人被评为北京市优秀共产党员。

（何淑梅）

【无障碍公共服务设施示范点】6月24日，区环卫中心管辖的朝阳门北顺城街111号公厕被认定为北京市首个无障碍公共服务设施示范点并举行颁牌仪式。北京市残联领导、区无障碍专班主任及相关单位负责人参加颁牌仪式。区环卫中心党委书记、主任，东四街道办事处主任为示范点挂牌。

（何淑梅）

【环卫暖心驿站】区环卫中心创办暖心驿站，为环卫职工提供工作间隙休息场所。全年与福田汽车集团合作建成16处环卫暖心驿站，中心依托密闭式清洁站、公厕等附属房屋以及环卫设施和临时用房建成48处暖心驿站，共计64处。

（何淑梅）

【打造金街“新名片”】9月3日，王府井所保洁队伍身着新装亮相金街，由北京服装学院设计专员结合王府井老建筑群的红墙金瓦灰砖特点，采用防晒透气吸湿速干抗皱面料，创作制成新型金街保洁工服，彰显金街环卫人良好形象。与工服创新相匹配的是精细化保洁作业新模式，王府井所对王府井步行街26个网格重新划分，设计制作“一车四分类”移动保洁作业标牌，标注“八大件”作业工具，明确作业路段及工作流程，细化作业标准，实现路上有网、网中有格、格中有人的保洁作业新模式。新工服及作业模式创新，为打造东城环卫金街“新名片”、实现金街席地而坐、提升环卫服务质量、推动金街转型发展奠定基础。

（何淑梅）

【密闭式清洁站及公厕提升改造】2021年，区环卫中心完成使用10年以上老化严重的15座密闭式清洁站的提升改造，实现厨余垃圾进站收运、其他垃圾挤压收集。完成北大红楼周边、西总布胡同一线以南至前门东大街一线以北区域、三元街、箭厂胡同等重点区域和隆福寺广场人民市场东巷15号共28座老旧公厕提升改造，实现公厕冬天不冷、夏天不热、全年无味。完成157座公厕无障碍设施改造，国家博物馆南、北及永定门公园地下3座公厕建成斜挂式无障碍升降平台。为555座公厕加装5050台智能厕纸机，免费为市民提供厕纸。运用“互联网+环卫”技术实现语音播报功能，提升公厕服务质量，降低运营耗材成本，同比节约厕纸费50%。

（何淑梅）

【环卫作业车辆报废更新管理】2021年，区环卫中心淘汰报废老旧环卫作业燃油车28辆，为319辆专业作业车安装北斗定位装置，实现车辆运行轨迹实时监控；完成车辆维修保养系统上线运行及电动二轮、三轮车和环卫设备模块的搭建工作。详细登记约1.32万个车辆配件的名称、编码、规格、价格等信息，实现配件精准查询、精确采购。完成地坛南门停车场电力增容及7座充电桩安装工作，解决100辆环卫电动车充电难题。

（何淑梅）

【“接诉即办”向未诉先办转化】2021年，区环卫中心运用“办件之星”评选机制，评选出“接诉即办”办件之星23人。引导市民使用平台二维码投诉环卫设施问题；制作颜色醒目的公厕服务电话提示牌，张贴在公厕门前及厕位位置，引导市民拨打电话直接投诉，实现诉求渠道多元化，推动“接诉即办”向“未诉先办”转化。全年办理网格派单2.15万件，办结率100%，评价等级为A级；办理“接诉即办”案件1414件，同比减少6.97%，问题响应率98.62%、解决率88.21%、满意率93.39%，综合评分92.37分，在48个委办局中排名第十，在全区1000件以上有效回访诉求中排名第一。

（何淑梅）

【新冠疫情防控】2021年，区环卫中心完成新冠疫苗加强针接种5080人次，接种率达95.98%。组织职工开展集中核酸检测4857人，建立职工免疫防护屏障。为全区14处核酸检测场地提供临时公厕32座次。干部44人、3次下沉社区支援疫情防控。职工12人赴大兴瀛海、3人进入涉疫大厦开展涉疫垃圾打包、封存和消杀工作。

（何淑梅）

园林绿化

【概况】东城区园林绿化局（简称区园林绿化局）挂区绿化委员会办公室牌子，是负责辖区园林绿化工作的政府工作部门，负责全区绿化规划的编制、监督、实施，组织指导监督园林绿化美化，资源保护，进行园林绿化行政执法，负责园林绿化的行业管理，监督指导区管公园的管理和服务，承担区绿化委员会日常工作等。中共北京市东城区园林绿化局党组履行区委规定的职责。2021年，区园林绿化局改扩建绿地54公顷，创建首都绿化美化花园式单位1个，花园式社区1个，完成复壮古树375株。公园绿地500米服务半径覆盖率达93.99%。举办首都第三十七个义务植树日活动，组织社会各界200人参加，栽植树木180余株。以“互联网+义务植树基地”及各区属公园绿化专业队为阵地，举办40余场形式多样的绿化抚育、认建认养活动。实施“一院一树”绿色惠民工程，首批60个院落植树400余棵，缓解老城院落林荫化不足问题。4月3—5日，柳荫公园开展以“红色百年 绿荫满园”为主题的第十一届柳文化节，传播让生存自然、让生活从容、让生命优雅的生态理念。亲子家庭60余个、1000余人参加活动，发放各类宣传品2000余份。创建东花市街道忠实里社区为首都绿化美化花园式社区、东直门街道使馆壹号院为花园式单位。

（程亚宏）

【建党百年环境布置及保障】围绕中国共产党成立100周年，以地栽花卉为主，立体花坛、花球、花钵、花容器等装饰小品为辅，在全区主要大街沿线、重要节点形成两轴、一环、多周边、多节点的花卉布置格局。全区累计栽摆花卉3.5万平方米，240万株盆，摆放花球185个，花箱、花钵2000个，摆放立体花10组。结合平安大街、东四南北大街街区文化特色和商业业态，以点、线、面的形式全面覆盖两条街道，打造鲜花盛开的大街，采用专业花卉施工与居民商户参与相结合方式，累计栽摆宿根及时令花卉3900平方米、21万株盆，摆放花堆123组、花球18个，悬挂花槽335个，展现特色街区的独特魅力。完成北大红楼院内绿化景观提升工作，为党和国家领导人参观建党百年北大红楼主题展提供环境服务保障。完成永定门公园远端集结点场地提供、物资准备和疫情防控等服务保障任务。

（程亚宏）

【所属事业单位分类改革】2021年，区园林绿化局完成区公园管理中心由纳入管理事业单位改为一般事业单位的管理改革任务，签订正科及以下人员聘任合同51份。完成地坛公园、龙潭公园、青年湖公园、柳荫公园、南馆公园、永定门地区公园、明城墙遗址公园、龙潭西湖公园8个区属公园公益二类事业单位岗位设置方案，完成岗位设置核准、转岗审批备案、养老保险入库等工作。跟进完善制度机制建设，研究修订中心“三重一大”和主任办公会等76项制度。

（程亚宏）

【完善林长制工作机制】2021年，区园林绿化局召开全区林长制工作培训暨前期工作对接会，请专家解读政策、梳理任务，加强工作；制订印发《东城区关于全面建立林长制的工作方案》及相关配套制度，建立区、街道、社区的三级林长工作体系，推进林长制网格化管理体系；建立“林长制+检察”协同工作机制，探索部门联动、共管共治新途径。

（程亚宏）

【防汛应急】2021年，区园林绿化局制订园林绿化系统防汛方案预案，明确责任体系，组建应急抢险队伍，做好防汛物资准备、危险隐患点排查、防汛演练等工作。汛期共处置各类险情72起，出动抢险队伍231人次，派出巡查人员1万余人次，动用抢险设备97台次，处置倒伏树7株，修剪树木折枝68处，清理绿化垃圾146.7吨。

（程亚宏）

【有害生物监测防控】2021年，区园林绿化局向各街道、社区、驻区单位、居住区发放各类有害生物防治药品1.21万千克，悬挂叶柄小蛾、木蠹蛾等诱捕器3067个。开展杨柳飞絮药物治理7500余株。做好林木有害生物防治，多举措防控美国白蛾，释放天敌生物异色瓢虫12万头，释放天敌周氏啮小蜂3750余万头。

（程亚宏）

【古树名木保护】2021年，区园林绿化局完成全区6754株古树名木基础性体检和精细化体检，覆盖率100%。通过地上和地下生长环境改良、围栏保护、有害生物防治、树冠整理、树洞修补、支撑加固以及宣传标牌设置等措施，复壮古树375株。

（程亚宏）

5月13日，区园林绿化局开展“乐享自然 快乐成长”系列活动（薛毅摄）

【水质治理】2021年，区园林绿化局加强龙潭湖、青年湖湖体运维管理，湖水水质持续达标，12月4日，青年湖被评为2020年度北京市优美河湖。龙潭东、中、西三湖水系，柳荫湖与青年湖水系连通达到设备运行条件，柳荫湖水质达到优于地表水Ⅳ类的Ⅲ类标准，水质提升效果显著。

（程亚宏）

【树木及绿地认建认养】2021年，区园林绿化局优选地坛公园、建国门大绿地等32个地块的177株古树、3万余株树木、近68万平方米绿地供社会认养。开展第五届皇城根遗址公园树木认养活动，11家区域化团建单位1000余人现场认养树木1083株。联合东四街道开展“共建微花园携手靓崇雍”活动，落实门前“三包”责任，认建认养绿地，携手共建微花园，打造花园式街区。全年认养树木2523株，古树名木13株，认养绿地3.67公顷。

（程亚宏）

【“乐享自然 快乐成长”系列活动】2021年，区园林绿化局在柳荫、地坛、青年湖等区属公园开展“乐享自然 快乐成长”生态文明宣传教育活动100余场，参加人数6400人次。

（程亚宏）

【疫情常态化防控】2021年，区园林绿化局完善制度预案，组织编内、编外人员签订承诺书，建立管理台账。强化公园及工地监管，有效落实消杀、限流、测温、扫码、戴口罩、防聚集等各项防控措施。选派干部职工70人下沉东华门和东直门街道支援社区疫情防控，选派干部10人到金泰绿洲和大兴外研社集中医学隔离点担负服务保障任务。系统内实现新冠疫苗应接尽接要求，在职、编外人员加强针完成率99.74%。

（程亚宏）

【地坛园外园全龄友好化改造】项目位于地坛公园东南侧，全长800米，总面积6.05公顷，其中绿化面积5.01公顷。改造突出环境生态功能，延续地坛历史文脉，整体细化设施服务，更新地面破损铺装，保证连续、平整、防滑，营造舒适、安全的步行环境，满足“一老一小”就近使用无障碍设计需求，原有坐凳增加木坐面等人性化设施，为居民提供便捷、舒适的公共空间。项目于2021年7月开工，10月开园。

（程亚宏）

【龙潭中湖公园改建工程】项目位于东城区左安门内大街19号，总面积39.67万平方米，主要包括绿化、庭院、建筑、市政、场地拆除清理及摩天轮加固工程等。改造园区绿地面积约20万平方米，建筑面积1.19万平方米。改建过程中充分尊重现有陆形水系，保留利用现有大树5000余株、现状景观和设施20余处，设置雨水花园、铺设植草沟和透水装置，最大限度实现雨洪利用和现有资源的再利用。园区建设突出静自然、智海绵、亲湖面、野芳草、境文脉、零外运、隐建筑、悦民心八大亮点，呈现“三环十二景”景观格局，为百姓打造一处自然宁静、生态野趣的绿色休闲空间。项目于2020年6月开工，2021年9月24日正式开园。

（程亚宏）

【龙潭西湖公园景观提升工程】项目位于龙潭路甲1号，占地面积约10公顷，因2020年龙潭西湖调蓄工程对公园部分绿地和湖岸造成破坏，公园原有设施、管线、铺装等存在严重老化问题，区园林绿化局对公园整体景观及设施进行改造提升。共栽植灌乔木681株，地被栽植、草坪1.7万余平方米，水生植物2283平方米，园路铺设8755平方米。改建后的龙潭西湖公园成为一个承载城市记忆，彰显时代特色的区域性城市综合公园，既体现森林城市、湿地、生物多样性、节约型园林和智慧公园理念，又满足广大人民群众对休憩、健身、娱乐、教育科普等功能的需求。项目5月开工，11月开园。

（程亚宏）

【林荫道路建设工程】工程主要包括平安大街（东城段）、东四南北大街和两广路（东城段）林荫道路建设。平安大街（东城段）林荫道路建设项目全长约3.1千米，设计综合考量道路交通、市政管网、园林绿化等因素，通过优化道路断面结构，增设中央绿化隔离带，优化空间比例，提升绿化覆盖率、公共空间品质和出行环境的舒适度。东四南北大街环境整治提升项目，总面积1万余平方米，通过补种行道树，调整绿篱色带，改善树池品质，完善节点绿地座椅、铺装等基础设施，营造可进入式口袋公园，形成连续性景观效果，共栽植乔灌木1714株、色带9.13万株，地被花卉1.5万余株，竹类1556株、草坪2064.4平方米。两广路（东城段）全长3.8千米，通过对城市干道林荫化改造，增加绿荫空间，提高林荫步道的连续性与舒适性，提高绿化覆盖率和绿视率，累计栽植乔灌木658株、绿篱色带3万余株、宿根花卉6.32万株，铺设草坪2400平方米；项目于2020年9月开工，2021年11月完工。

（程亚宏）

邮　政

北京市东区邮政管理局

【概况】北京市东区邮政管理局于2012年成立，为北京市邮政管理局派出机构，正处级建制。主要职责为依照国家有关法律法规，对东城区、朝阳区、通州区内邮政业行使政府监管职能。2021年，东区邮政管理局围绕“外防输入、内防反弹”总体要求，对企业落实国家局《疫情防控期间邮政快递生产作业场所操作规范建议（第七版）》、《邮政快递业疫情防控与寄递服务保障工作指南（试行）》情况、新入职员工核酸检测阴性证明和新入职员工1个月内新冠疫苗接种等情况进行监督检查。全年组织辖区邮政快递从业人员集中开展10余次疫苗接种，完成东城区邮政快递从业人员2000余人疫苗接种任务。在抓好疫情常态化防控基础上，强化辖区行业安全监管，成立重大活动期间辖区寄递渠道安全服务保障工作领导小组和应急工作领导小组，制订工作方案和执法检查计划。联合属地公安等部门召开辖区寄递渠道安全服务保障动员部署会，并与相关部门开展联合执法检查，督促企业压实安全主体责任，完成寄递渠道安全服务保障工作。

（徐　骁）

【“三项制度”监督检查提升】2021年，东区邮政管理局对辖区邮政快递企业“三项制度”（收寄验视、实名收寄和过机安检）开展监督检查，指导企业开展收寄验视过程记录试点工作，督促企业执行过机安检制度，对辖区网络型品牌企业分拨中心全覆盖检查。下发《关于开展辖区“三项制度”执行落实专项治理工作的通知》，开展寄递渠道“三项制度”专题培训，通过线上答题、“送法上门”等形式，提高邮政快递从业人员守法意识。开展实名收寄专项整治行动，通过“数据通报、约谈督办、立案查处”等措施，对虚报、瞒报和漏报实名收寄信息等行为进行查处，对检查中发现的东城区快递企业违法行为立案处罚3件、罚款1.5万元。

（徐　骁）

【安全生产专项整治】2021年，东区邮政管理局研究辖区邮政快递业安全生产工作，召开安全生产工作专题部署会，制订下发《关于做好辖区邮政快递业安全生产专项整治工作的通知》。开展辖区邮政快递业电动车消防安全专项整治，印发《北京市东区邮政管理局关于开展辖区邮政快递业电动车消防安全专项整治工作的通知》。联合东城区商务局开展消防安全警示教育和培训，采取约谈、通报、整改等措施督促企业落实消防安全，严格依法查处企业安全违法违规行为。以“安全生产月”为抓手，持续加强安全法制宣传，组织企业观看《邮政快

7月28日，东区邮政管理局联合东城区人力社保局召开快递员群体合法权益保障工作座谈会（北京市东区邮政管理局提供）

递业生产安全警示片》，通过线上答题方式开展安全生产知识测试。

（徐　骁）

【行业绿色发展水平提升】2021年，东区邮政管理局开展辖区企业邮件快件包装绿色治理工作专题培训，宣传贯彻培训行业生态环保系列法律法规及标准规范；开展线上测试活动，动员辖区邮政快递企业全员参加线上答题；开展送培上门系列活动，将培训融入日常执法检查，现场检查和点评企业生态环保工作情况。在世界邮政日、“双十一”业务旺季开展面向社会大众的宣传活动，通过设计制作宣传海报、展示包装废弃物回收装置等形式，号召市民关注和参与邮件快件包装治理，共建低碳环保寄递。

（徐　骁）

【关心关爱快递员】2021年，东区邮政管理局开展快递从业青年服务月活动。向企业印发通知，督促企业开展暖心慰问活动，维护快递从业青年合法权益。开展关爱快递员“暖蜂行动”，宣传“12355”北京市青少年心理与法律服务热线。联合东城区人力社保局召开快递员群体合法权益保障工作座谈会，介绍区快递行业劳动合同签订、参加社保等规范管理工作情况，并宣传贯彻社会保险法和工伤保险等法规政策。联合北京市妇女儿童服务中心召开新业态、新就业群体关心关爱服务座谈会，开展“驿路有你，签收幸福”青年在线交友联谊活动，倡导健康理性婚恋观，弘扬文明婚恋新风尚，邮政快递行业从业人员80余人参加。

（徐　骁）

【服务质量提升行动】2021年，东区邮政管理局开展辖区行业诚信文化建设，指导辖区邮政企业和网络型品牌快递企业开展“3·15”主题宣传活动，做好用户投诉举报处理工作，保护消费者的合法权益。全年开展快递市场秩序整顿专项行动、快递末端投递服务专项治理，保持对快递末端网点执法检查力度。

（徐　骁）

中国邮政集团有限公司北京市东城区分公司

【概况】中国邮政集团有限公司北京市东城区分公司（简称东城区分公司）承担东城区的普遍邮政业务、邮政速递物流业务和邮政代理金融业务等经营、服务及服务设施、网络规划、建设、运营管理工作，并承担党和国家重大活动期间邮政通信生产特殊任务。主要经营函件，包裹，汇兑，特快专递，报刊订阅，集邮，个人金融业务，代理保险，代销基金、债券，代收水费、电费、燃气费，代发养老金、工资，以及警邮、税邮等业务。下辖7个邮政支局、17个邮政储蓄支行、3个主题邮局、18个邮政所、8个投递部、8个速递营业部。东城区分公司从业人员1183人，邮运机动车51辆，邮运新能源机动车46辆，电动车450辆，普邮投递段192条，速递投递段85条。2021年，东城区分公司运营成本完成3364.42万元，同比减少375.4万元，下降10.04%。实现业务收入3.83亿元，同比减少632.03万元，下降1.62%。其中主营业务收入3.79亿元，同比减少699.45万元，下降1.81%；其他业务收入468.91万元，同比增加67.41万元，增幅16.79%。主营业务收入中，函件收入3909.44万元，同比减少30.96万元，下降0.79%；国内普通包裹收入167.22万元，同比增加16.52万元，增幅10.96%；报刊发行收入2637.18万元，同比增加193.74万元，增幅7.93%；集邮业务收入6108.29万元，同比减少1190.19万元，下降16.31%；代理和信息业务收入49.33万元，同比增加16.34万元，增幅49.53%；代理金融业务收入1.11亿元，同比增加1841.22万元，增幅19.81%；寄递业务收入1.23亿元，同比减少2312.82万元，下降15.86%；分销与配送商品销售收入1537.10万元，同比增加783.14万元，增幅103.87%；其他商品销售收入58.78万元，同比减少16.44万元，下降21.86%。利润同比减少6407.34万元，下降377.28%；劳产率实现32万元/人。

（邓　楠）

【履行社会职责】2021年，东城区分公司持续做好新冠肺炎疫情常态化防控。防控物资供应常态化，实行向

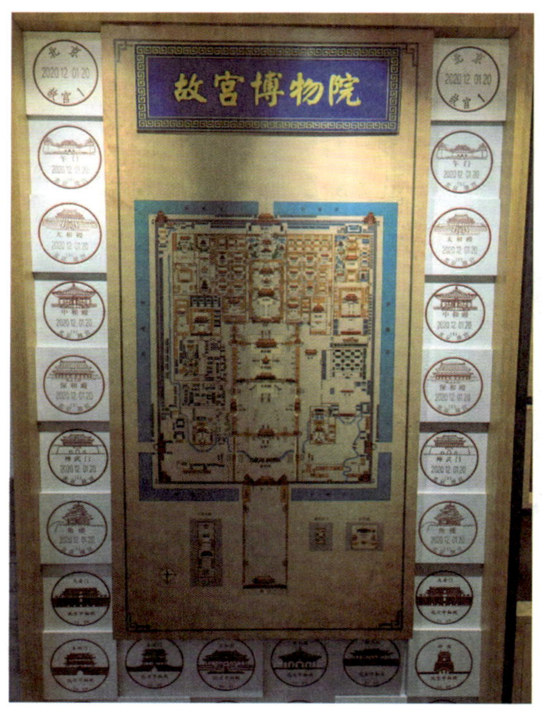

故宫主题邮局邮戳特色文化墙（东城区分公司提供）

一线生产服务员工不间断供应口罩措施，每月发放投递员、揽投员、营业员和金融柜员口罩6万只，每月人均130只，全年共发放口罩72万只；发放消毒液400瓶、酒精390瓶、手套1.55万副、洗手液430瓶、免洗洗手液480瓶、消毒湿巾700包、额温枪70支、立式额温计46支、护目镜50副。疫情监控常态化，坚持执行全体员工、办理业务客户及到访人员扫码测温登记制度，生产服务现场保持通风，每2小时消毒一次和邮件6面消毒、生产工器具每2小时消毒一次制度；一线生产服务人员工作全程规范佩戴口罩，遇营业现场用户较多时，立即疏散并保持1米以上防控距离。员工进出京管理常态化，严格落实“非必要不出京、不出境”和“谁审批谁负责”原则，实行员工离、返京审批制度及有效核酸检测制度。员工核酸检测与疫苗接种常态化，针对邮政行业特殊性，根据行业管理部门及上级公司疫情防控工作要求，坚持本地21天内无新增确诊病例全体一线从业员工每20天核酸检测一次，如有1例新增每10天核酸检测一次，2021年共核酸检测近5000人次；按照快递行业一线从业人员接种全程新冠疫苗的要求，疫苗接种共451人，一线从业人员疫苗接种率达100%。

（邓　楠）

【创新邮政产品】2021年，东城区分公司融入东城区服务型政府、优化营商环境建设以及国家文化和旅游消费试点城市建设。税邮业务共代征税额1019.93万元，线上微税邮小程序实现寄递收入2.37万元。把握中轴线文化和纪念中国共产党成立百年契机，故宫、毛主席纪念堂和新国潮主题邮局相继开业，制作13款明信片，33款文创产品，并参加第九届北京国际旅游商品及旅游装备博览会，扩大主题邮局影响力。创新自媒体、微媒体营销举措，持续举办主题邮局线上线下活动，得到客户持续关注，实现主题邮局收入1150万元。以中国共产党成立100周年为契机，开展“赏邮票、学党史”活动，联合机关部委、企事业单位、街道社区等开展党史学习教育活动25场，提供建党百年邮品征订和订购党史学习教育图书服务。提升图书销售发展规模，全年销售图书17.41万册，完成销售额402.76万元。开展新型党建学习互动产品及电子职工书屋营销，成功开发党建互动墙、电子职工书屋业务，形成收入20.62万元。制作《辉煌历程》《千秋伟业》等邮册，形成高效业务收入304.45万元。《国泰民安中国牛》纪念珍藏册、《兴托春犁》邮册等五牛图题材的邮品形成业务收入224.68万元。此外，《紫禁呈祥 四季安康》等存量仿印、贵金属项目形成业务收入346.82万元。

（邓　楠）

【深化企业改革】2021年，东城区分公司立足城市寄递市场需求，先试先行，以寄递业务仓配中心建设为抓手，创新邮政企业基层单位寄递网运改革与生产流程再造，建成东城区分公司寄递业务仓配中心，占地3000余平方米，投入改造资金700余万元。11月1日，东城区分公司寄递业务仓配中心投入使用，共设置大件分拣机42个物理格口，每小时处理邮件4500件；小件分拣机180个物理格口，每小时处理邮件1.5万件，可随时根据支局及投递道段邮件量情况调整分拣计划。“双11”业务高峰期间，峰值处理分拣进口邮件5.7万件/日，出口邮件峰值8万件/日，实现邮件一点接卸，无频次下行，效率显著提升，平均每条投递道段每个频次节省近1小时作业时间，有效衔接分、运、投，实现仓配统一管理、车辆统一调度、邮件统一处理、商品统一配送，提高网运效率。

（邓　楠）

【邮政基础设施建设】东城区分公司深化“用户是亲人”服务理念，完成春节、“电商节”、“双11”、“双12”旺季生产重点任务，各项生产运营指标、服务质量指标全面达标，全年“12345”“接诉即办”满意度100%，客户满意度97.15分，在全市邮政城区分公司排名第一。完成纪念中国共产党成立百年、全国“两会”、新时代中央和国家机关党的建设成就巡礼展等重大活动期间的邮政通信服务保障。无障碍服务成果在北京卫视财经频道专题报道，东四邮政支局获2021年度全国交通运输服务文化建设优秀成果奖。完成8年以上老旧局所网点微整治24处，

12月30日，燃气、电力工作人员现场对朝阳门南小街徽商故里门前的地下管线和变电箱进行巡查（区城市管理委提供）

更新门头店招29处，完善大型配电设施改造维保8处，更新更换生产终端设备120台套，共投资200余万元。2021年，东城区分公司98辆机动车安全行驶120万公里，无重大交通事故。

（邓　楠）

公共事业管理

【概况】2021年，区城管委完成2020—2021年采暖季供热服务保障。加强燃气安全管理。改造燃油锅炉12座。完成液化气非居民用户替代716家。完成平价气用户初审7.7万户。消除"土暖气"燃气私接隐患118户。协调市燃气集团开展燃气管线泄漏抢修10余次。确定《东城区城市运行安全生产专项整治工作方案》。加装改造30处雨水箅子。改造7处低洼院落。篮街研发试点智能雨水箅子监控系统。推进实施广渠门可调式截流堰改造。

（杨慧平）

【供热服务保障】2021年，区城管委组织召开供暖季供热工作动员部署会、培训会，修订《东城区2021—2022年度采暖季居民供热工作方案》，健全供热工作及应急指挥系统，成立供热保障组织领导机构，落实市、区、街道联动协调机制。依托热力集团东城分公司组建4支供热应急抢险队，配备各类抢险器材及设备设施，处理供热突发事件。完成2020—2021年采暖季供热服务保障，供热服务管理平台接收供热诉求7717件，较2019—2020年降幅6.03%。万平方米工单量0.561，同比降幅1.58%，其中"12345"供热诉求工单1856件，同比降幅8.53%。发放供热补贴6133万元，推进解决阀门厂锅炉房应急运营接管、北起院锅炉房和光华五洲锅炉房改造、王家园锅炉房并网。完成液化气锅炉房燃料替代6处。牵头落实燃油锅炉房改造任务12处。采暖季期间，聘请第三方安全检查机构对全区居民供热锅炉房进行安全检查，出动检查人员1480余人次，检查居民供热锅炉房247座，检查并消除供热安全问题1141处。

（杨慧平　史秋静）

【燃气安全管理】2021年，区城管委加强对辖区6个液化气站安全监管，定期日常监督检查和不定期抽查97家次，出动检查人员146人次。协调市燃气集团一分公司巡检管线6.82万余千米，巡检调压站箱2.48万余座次，巡检闸井10.27万座次，检查非居民用气单位1.03万余块次计量表，居民用户17.88万户；协调市液化石油气公司检查东城辖区内非居民用户254户，检查居民用户2.42万户，为居民用户更换调压器2421个、胶管2199根。

（杨慧平　史秋静）

【节水管理】2021年，区城管委（水务局）联合相关部门、社区开展节水宣传教育活动，制作节水小视频2期在辖区社区群内转发。6463家单位建立用水计划指标台账，重新核定供水指标8850万立方米，建立用水分析制度，下发超计划加价预警通知单185户次，下发超计划用水加价通知单152户次，新水用量7809.83万立方米，再生水用量137.06万立方米，未超北京市下达计划用水指标。建立街道节水员、社区义务管水员和监督中心巡查员为主体的节水网格化管理体系，加强公共用水场所监督管理。坚持洗车、环卫喷洒作业、绿地灌溉、建筑工地等特殊行业优先使用再生水。累计节水执法检查洗车、洗浴等单位849家，处罚9家。推进用水小程序填报，登记注册710户，注册水量527万立方米。39个区属机关事业单位和2个社会单位争创节水型机关单位。8个单位和2个居民社区通过市节水型社区的3年1次复验。

（杨慧平　阳　辉）

【节水新工艺推广】2021年，区城管委（水务局）组织开展机关事业单位和部分居民社区换装节水器具1.3万套；配合区住建委改造18个老旧小区供水管线；配合市自来水集团安装居民家庭智能水表9.17万块，非居民户更换1.02万块。完成东华门地区10个41户居民家庭"一户一表"

改造。

（杨慧平 阳 辉）

【河长制管理】2021年，区城管委（水务局）落实总河长令，推进“清四乱”工作，摸排河湖管理范围内非法排污、水污染、垃圾渣土、施工扬尘、违建和雨水口非法倾倒问题，保持涉河湖违法建设及河道垃圾渣土清零状态。严格水务执法，开展生态环境赔偿，收缴赔偿金2.59万元。推进河湖管护单位沟通，确保问题及时发现、及时确权、及时处理。区级河长按要求巡查责任水域，协调解决难点问题，推进水质提升；街道河长34人每月巡河率均实现100%，全年巡河3459人次、1.17万余千米，上报解决河湖环境问题420余个；社区级河长每周巡河，及时上报、协调河湖环境问题。

（杨慧平 陈 锋）

【历史水系恢复及水体治理】2021年，区城管委（水务局）对接相关部门推进玉河南段（正义路段）、正阳门区域历史水系恢复工作；完成6.2万立方米龙潭西湖调蓄市级重点工程，主汛期启用后发挥调蓄、净化功能。完成龙潭三湖水系连通及水体达标改善工程，柳荫湖与青年湖水系连通工程、柳荫湖水质提升改善工程。实施亮马河（东城段）提升改造工程。确定南馆湖改造方案。

（杨慧平 陈 锋）

【海绵城市建设】2021年，区城管委（水务局）依据《东城区海绵城市建设专项规划》，结合次支路建设改造雨污分流管线4.6千米，结合步道更新换装强效透水砖2000余平方米，海绵城市建设自评达标率29.37%，超额完成市级下达24%的任务指标要求。

（杨慧平 陈 锋）

【电力保障】2021年，区城管委加强与城区供电公司联系，优化完善应急保障机制，完成电力迎峰度夏、迎峰度冬工作。保障国庆、中高考等重点活动和节假日电力平稳运行。完成中国共产党成立百年庆典电力保障任务，投入保障力量1221人、车辆120辆、大容量发电车7辆。

（杨慧平 单翔宇）

【安全生产及应急管理宣传】2021年，区城管委印发新修订的《北京市燃气管理条例》、瓶装液化石油气使用方法及检查须知1.51万份。发放液化气使用安全基本须知告知牌200份。邀请专家解读《北京市燃气管理条例（2020年修订版）》。联合市燃气集团一分公司、市液化石油气公司、属地街道开展燃气安全宣传进社区活动7次，发放燃气安全宣传材料1万余份。以“防范化解灾害风险，筑牢安全发展基础”为主题，通过现场讲解、发放宣传品等方式，开展“5·12”防灾减灾日主题宣传活动。以“落实安全责任，推动安全发展”为主题，开展“6·16”安全宣传日宣传活动。协调新世界百货连廊大屏、国瑞城大屏等区交通枢纽、重点商圈多媒体资源大规模开展“11·9”安全宣传日宣传活动，每日循环播放消防宣传材料300余次。印制宣传海报及折页2000余份。日常向供热企业宣传投保安全责任险200余家次，其中有12家投保。

（史秋静 曹 鹏）

【有限空间专项治理】2021年，区城管委开展“水电气热”重点单位、辖区内密闭式清洁站、地下停车场等有限空间安全生产检查，检查内容包括：有限空间作业安全管理制度执行、劳动防护用品及应急救援配备、有限空间安全管理协议签订、作业审批流程、制订应急预案及开展应急演练、作业现场安全管理、警示标识贯宣、人员值班记录等。出动检查人员544人次，检查涉及有限空间作业及场所单位104家，发现安全隐患124处，立行立改106处，限期责令整改18处。

（杨慧平 曹 鹏）

交通管理

东城交通委员会

【概况】2021年，区交通委制发《2021年东城区交通综合治理工作方案》。完成42项交通综合治理。区政府专题会及区委常委会审议通过路侧停车电子收费三期建设工作方案。完成3条次支路建设。完成《东城区“十四五”时期交通发展建设规划》编制。完成前门东路及沿线交通组织优化项目研究。开展超标电动自行车整治。完成交通运输专项整治3年行动目标任务清单。完成冬奥会和冬残奥会环境秩序“百日整治”。开展违规车辆清拖服务。实施天坛周边重点道路机动车管控示范项目，安装违法抓拍设备23套。完成39家经营性备案停车场动态数据与区域停车诱导系统对接工作。完成公共自行车退出工作，站点设备拆除和路面恢复231处，回收公共自行车7000辆。完成177条道路、6903个车位改革。办结交通行业举报投诉订单8301单。

（杨慧平）

【强化停车管理】2021年，东城区完成白桥大街项目和工体西门项目2处简易自走式停车设备安装，新增停车位346个。新增有偿共享停车位815个。开展“每月一题”停车治理，建设新景家园、国瑞城中区、新鲜胡同3处停车治理示范区。落实北京市支路及其等级以下道路停车改革工作要求，完成177条道路、6903个车位改革。完成39家经营性备案停车场动态数据与区域停车诱导系统对接。开展核心区停车设施信息报送工作，报送居住区、公共建筑停车设施3493处，电子收费路段100条，报送车位17.22万个；停车设施信息报送覆盖率达98%。

（杨慧平 何晓蒙）

【机动车停车场备案】2021年，区交通委继续开展机动车公共停车场登记备案工作。受理547个停车场备案申请材料，其中新办和变更208个、换发141个、取消备案191个、作废备案7个。

（杨慧平　何晓蒙）

【共享单车秩序治理】2021年，区交通委完成重大任务和重大节日期间共享单车秩序保障任务7次，召开共享单车保障动员部署会10余次，讲评会20余次，约谈共享单车企业5次，组织文明停放志愿活动50余场次，安排停车协管员巡查0.8万余人次，扫码核查单车数量12万余辆，王府井、崇文门和天坛地区完成共享单车入栏结算试点建设114处，完成北京站、东直门、东单、东四、磁器口、崇文门6处地铁站电子围栏建设。

（杨慧平　何晓蒙）

【交通系统设备建设】2021年，区交通委开展龙潭地区路侧停车高位视频和违停执法探头建设，完成龙潭地区58个路侧停车高位视频电子收费泊位和5套违法停车抓拍设备建设。完成东城区静态交通智慧综合管理系统开发，测试环境发布上线。

（杨慧平　陈淑珺）

【次支路工程建设】2021年，区交通委推进次支路工程建设，革新中街、法华寺路、长青南路3条次支路完工通车。刘家窑路完成住宅100%签约目标，37户居民完成交房。手帕胡同完成房屋征收签约；开展困难房源申请人第三次房屋筛查；完成居住困难家庭申请人核查通过情况第一、第二次公示张贴；启动房屋征收补充协议签订及选房。夕照寺东西线房屋征收工作完成第三次房屋入户调查公示，发布房屋征收补偿方案征求公众意见情况及修改情况通告，开展签约前各项筹备工作，完成房屋征收签约26户。

（杨慧平　陈淑珺）

【交通行政执法】2021年，东城静态交通执法站每日审核订单量3000余个，审核订单104.24万笔，确认通过35.56万笔，不通过65.71万笔，发送短信30.45万条，公示8.52万条，行政处罚1829笔，罚款37.10万元，补缴停车费3.12万元。

（杨慧平　孙阿罗）

【小客车指标申请】2021年，区交通委小客车指标申请窗口受理指标申请6668份。其中，个人办理申请4362份，单位办理申请386份，单位和个人指标通知书变更业务84份。北京市指标调控政策变化后，增加三类业务申请，其中家庭摇号申请842份，夫妻变更离婚析产152份，多车转移业务311份。打印指标通知书529份、被盗抢车申请2份。接听咨询电话2.68万余次。

（杨慧平　戴佳乐）

东城交通支队

【概况】北京市公安局公安交通管理局东城交通支队（简称东城交通支队）是全员行政执法单位，主要担负东城区的道路交通秩序维护、特勤交通保卫、交通事故处理、交通安全宣传和规划维护交通设施等项工作。2021年，完成全国“两会”、中国共产党成立百年等重大交通安全保卫任务，全力做好冬奥系列安保筹备工作；开展重点地区交通优化维护、学校医院周边交通综合治理、二环路慢行系统改造、静态停车治理、电动三四轮车违法打击，全面提升东城交通体验。通过交通事故分析研判、隐患治理、安监执法、警示曝光等手段，做好道路交通事故预防工作，全年亡人事故起数、人数同比逐年下降，较大以上、群死群伤事故零发生。

（付少琨）

【122处警】2021年，东城交通支队接各类“122”报警7.33万次，其中交通事故报警3.44万次，交通拥堵报警1338次，群众求助及情况反映3.75万次。

（付少琨）

【重点地区交通优化】2021年，东城交通支队针对故宫周边地区开展路口秩序优化调整，对接高德、百度地图调整导航线路，有效改善路口通行秩序；依托区政府平安大街及东四南北大街改造提升工作，通过完善二次过街安全岛、拓宽非机动车道、调整人行横道位置、科学优化信号灯配时、更新标志标线等措施对周边区域交通进行优化；在两广路、地铁路、

9月8日，安监民警到东城区第二幼儿园崇外分园开展交通安全教育
（张建摄）

朝阜路东城段3条主干“大动脉”所有路口和路段，增设立柱式信号灯7处、加装反光道钉2938个、喷涂“礼让行人”提示语，复画不清楚的人行横道69处、增画95处。

（付少琨）

【学校医院周边交通综合治理】2021年，东城交通支队对管界内史家小学、景山学校等29所校园，协和医院、同仁医院西区等5所医院周边设施进行优化；针对性部署固定岗72处、安排巡逻车121辆，辐射范围实现193所中小幼学校全覆盖；建立完善“一对一”联系互动机制，各属地执勤大队主管领导、主责民警与校园安保负责人逐一开展“拉手对接”，根据校园需求，时时调整更新管理举措，确保落地见效。

（付少琨）

【交通事故处理】2021年，全区共发生交通事故2.55万余起，伤8170人，亡11人，其中快速处理交通事故2.53万余起，醉酒事故刑事拘留54人，醉酒驾车刑事拘留229人，二次饮酒行政拘留36人。

（付少琨）

【交通设施管理】2021年，东城交通支队更换标志812面，复画标线2200余平方米，安装便道桩688根、禁停标志38面，施画禁停标线2800余米。清理护栏8.2千米。安装新型反光道钉设施3600余个。

（付少琨）

【交通安全宣传】2021年，东城交通支队利用“互联网+”交通安全宣传模式，结合“一盔一戴”“零酒驾”创建和示范路口创建等重点工作，针对不同年龄阶段、不同职业性质驾驶人、交通参与者的差异化需求，完善分龄化交通安全宣传教育内容体系。发挥新媒体优势，多种形式推进交通安全宣传进社区、进企业、进单位、进学校，实现交通安全全社会共建共享共治。以“知危险 会避险”为主题开展文明交通宣传实践活动120余场，组织制作“开学季”宣传视频12个，海报2万张，依托学校微信平台，开展交通安全线上教育80场，受教育学生近10万余人次，有效提高学生群体交通安全法律意识和自我保护能力。

（付少琨）

【交通安全监管】2021年，东城交通支队通过全面提升分析研判、隐患治理、安监执法、警示曝光等手段，建立“全链条”监管模式，联合区交通、应急管理、城管等部门进行联合检查、公开执法，严格监督企业消除交通安全隐患问题。对存在安全隐患的842家单位发放限改通知书，对179家单位进行停车整顿，对18家单位处以1万元罚款处罚。实现支队全年亡人事故起数、人数同比稳步下降，较大以上群死群伤事故零发生。

（付少琨）

【文明交通示范路口创建】2021年，东城交通支队按照全市统一部署，结合全区10处交通文明示范路口创建阵地，滚动性开展“文明驾车 礼让行人”专项整治行动。区交安联办拟定“文明驾车·礼让行人”专项整治行动方案，督促各级交通安全组织贯彻落实。全年支队制作各类宣传品5种、7万份，在23处示范路口摆放宣传展板近600块、刀旗200余面，在全区营造“文明驾车 礼让行人 魅力东城 有我参与”的社会舆论氛围。

（付少琨）

【铁骑警务建设】2021年，东城交通支队为充分发挥铁骑在应急响应、事故处理、日常巡逻、勤务疏导等方面的积极作用，配强配齐铁骑警力，强化铁骑警务管理，从见警率、管事率、责任心3个维度8项指标进行全面考核，充分发挥铁骑路面“拳头”“利刃”作用，全面提升警情处置效率，全年服务群众500人次，涌现突出事迹28件次。

（付少琨）

【交通科技建设】2021年，东城交通支队赋能雪亮电视监控设备生成违法记录13.4万笔。赋能分局防控卡口生成违法记录10.4万笔，其中不系安全带3.4万笔、接打电话1.2万笔。全年非现场执法管理中心共录入非现场违法84.2万笔，占支队全年非现场执法总量的79.5%，同比增长17.4%。

（付少琨）

应急管理

6月16日，区应急局在明城墙遗址公园开展东城区“6·16”安全宣传咨询日主题宣教活动（邱晓摄）

综　述

2021年，东城区共发生各类生产安全事故5起、死亡5人，其中生产经营性道路交通事故2起、亡2人；生产安全事故3起，亡3人，同比呈现下降态势；未发生生产经营性火灾亡人事故，与2020年同期持平。全区安全生产形势总体稳定。

主题宣传教育。区应急局打造以“安全生产大讲堂+安全生产明白人+绿舟安全文化宣讲团”为基础的安全领域宣教培训体系，举办处科级专题培训班，持续开展“安全生产明白人”宣传培训，进一步强化“三管三必须”安全生产责任意识。普及性培训社区居民应急知识和急救知识，面向小学生开展“安全小达人”主题宣教活动，提升安全防范能力。4月，区应急局制订下发《2021年东城区应急管理、安全生产和防灾减灾宣传教育培训工作方案》，结合“防灾减灾日”“安全生产月”主题宣传教育活动，全面持续深化“五进”宣传，在“北京东城”政务微信发布图文318期，阅读量突破34.8万次；充实“东东”宣教人物形象，抓住宣教热点问题，制作专属表情包、《秒懂安全》《东东的“有限空间救援”笔记》系列科普短视频、《东城十二时辰》科普互动栏目等，形成宣传教育矩阵效应。

安全生产。区安委会开展2021年区级安全生产和消防工作督察，对11家部门街道、56家企业开展督察，整改隐患问题216处，进一步压实安全生产责任。区应急局深化重点行业领域专项整治工作，围绕全国“两会”、建党100周年庆祝活动、十九届六中全会、冬奥会测试赛等重大安全保障任务，重点开展电动车安全隐患、建筑施工安全、大型商业综合体安全、“护航100”专项行动、危险化学品安全和有限空间、液化石油气安全专项执法检查。推进安全生产专项整治“三年行动”工作，聚焦3个专题、7个行业领域，开展督查检查3万余家次，隐患排查治理信息系统挂账隐患1961处，销账率100%。

防灾减灾。统筹开展2021年度防汛工作，全区防汛指挥部各成员单位根据雨情、汛情和水情，合理安排队伍值守备勤，及时上报相关情况，做好突发情况处置应对。全区防汛指挥部各成员单位处置全区雨情相关突发情况1099处，处置区城市管理指挥中心平台“防汛相关类”案件1.02万件。所有突发情况均得到解决。东城区开展第一次全国自然灾害综合风险普查工作，成立自然灾害综合风险普查领导小组，涉及17个街道、1个地区、20个委办局，共38个成员单位。印发《东城区第一次全国自然灾害综合风险普查总体方案》，召开6次工作推进会，3次工作调度会，完成各项年度普查任务。区应急局全面推进龙潭中湖应急避难场所建设，提升全区防灾减灾能力。组织东城规自分局、区住建委、区城管委、区园林绿化局、区财政局、龙潭街道等部门相关领导召开避难场所建设工作调度会，分解工作任务。各相关单位积极配合，完成龙潭中湖Ⅲ类应急避难场所建设。区应急局完成区级防震减灾科普示范学校建设4所（回民小学、培新小学、崇文小学、五十中学）、市级防震减灾科普示范学校建设2所（景泰小学、东四七条小学）。为创建防震减灾示范校配备地震应急物资柜、地震科普书籍等配套物资，提升全区防灾减灾能力。完成国家级综合减灾示范社区创建评审工作的社区3个，获评北京市综合减灾示范社区单位2个。

5月12日，区应急局在崇文小学开展东城区“5·12”防灾减灾日主题宣教活动（邱晓摄）

信息化建设。区应急局主动公开各类政府信息，其中工作动态、行政许可公告、许可注销公告、行政处罚、突发生产安全事故快报及处置情况、生产安全事故调查报告、各类执法检查文书、双随机执法检查情况、安全生产标准化三级达标公告、其他各类公示公告共计7400条。未产生行政复议及诉讼事项。建立常态化应急单兵联调测试工作机制。区级视频会议系统控制平台实现市级指挥中心直接调度到街道的预定目标。

（赵书宁　姬燕婷）

应急保障

【概况】东城区应急管理局（简称区应急局）负责辖区应急管理、安全生产监管，指导各部门和各街道（地区）应对安全生产类、自然灾害类等突发事件和综合防灾减灾救灾工作，承担区突发事件应急委员会办公室、区安全生产委员会办公室、区防汛应急指挥部办公室、区防灾减灾（地震）应急指挥部办公室的工作。首次开展东城区应急管理先进评选表彰，评选出先进单位50个、先进个人100人，参加市级先进典型评选，获评市级“应急先锋·北京榜样”称号4人，获评市级青年安全生产示范岗单位2家，获评北京市安全文化示范企业单位1家。

（刘　帆）

【“护航·100”专项服务保障】2021年，区应急局制订并印发《东城区应急管理和安全生产“护航·100”专项服务保障方案》，开展庆祝活动周边“集中攻坚”专项检查，督促企业全面落实安全生产主体责任。全区应急系统出动8076人次，检查生产经营单位4038家，查处并整改隐患1862处，下达限期整改通知书545份，确保各项隐患整改管控到位。

（谢韫泽）

【国际服务贸易会安全生产保障】2021年，区应急局制订《2021年中国国际服务贸易交易会东城区城市安全运行保障工作方案》，组织协调属地街道及行业部门，对长安街东城段、首都机场高速东城段、二环路东城段等重点保障区域开展全覆盖检查，对社会面生产经营单位开展巡查检查。城市安全运行组出动4980人次，检查生产经营单位2490家次，发现并整改隐患817处。

（谢韫泽）

【冬奥、冬残奥会安全生产保障】2021年，区应急局全力推进冬奥会和冬残奥会安全生产保障工作。研究制订《东城区冬奥会冬残奥会涉奥场所相关活动组织路线周边安全生产执法检查工作方案》，明确重点区域、聚焦重点任务、紧盯重点内容、细化工作阶段，形成《东城区涉奥场所周边500米范围内生产经营单位台账》，对辖区内危险化学品生产经营单位、燃气使用单位、有限空间作业单位、人员密集场所进行重点执法检查，督促企业将安全生产主体责任落实落细。应急系统出动执法检查人员2484人次，检查涉奥场所周边生产经营单位1242家次，发现整改隐患549处。

（谢韫泽）

【全国“两会”服务保障】2021年，区应急局完成全国“两会”应急管理和安全保障工作，建立完善住地周边200米范围内生产经营单位台账，完成检查覆盖率100%、隐患整改率100%。组织调动执法人员和专职安全员对重点保障区范围、景区和行进路线周边开展全覆盖安全检查、隐患排查和整改盯守，做好社会面管控。出动执法人员594人次，检查生产经营单位297家，查处各类安全隐患54处，下达检查记录255份，下达限期整改指令书22份，立案12起。

（谢韫泽）

安全生产监督管理

【概况】2021年，区应急局进一步完善安全生产责任制度体系，夯实安全生产基层基础，全区企业完成风险评估1.23万家，安全责任险投保企业同比大幅增长，超额完成年度目标。至年底，累计完成达标创建企业3553家。

（刘　帆）

【安全生产基础工作巡回培训】4月，区应急局根据安全生产标准化创建、隐患清单编制（隐患排查系统推广应用）、城市风险评估工作，全面梳理培训重点，组织行业主管部门、属地街道工作人员进行常见问题汇总，广泛收集安全生产基础工作开展过程中发现的难点、特点问题，明确流程规范，统一推进标准，制订常见汇编解答，进行答疑释惑，推动工作有序开展，共培训行业、属地街道工作人员300余人。

（王湘辉）

【专职安全员队伍建设】2021年，东城区在岗安全生产专职安全员384人，其中注册安全工程师12人，助理注册安全工程师77人，取得地下有限空间监护作业证305人，取得低压电工特种作业操作证339人。2021年，东城区各安全生产检查（督查检查）队规范化建设考评达标率100%，企业检查覆盖率100%，专职安全员人均检查量368家次，人均责改量105份，隐患核销率99.95%。

（徐少京）

【建党100周年庆祝活动前风险评估】6月，区应急局会同区委政法委、区教委、区住房城市建设委、区城市管理委、区卫生健康委、区人防办、区商务局、区文化和旅游局、东城公安分局、东城交通支队、东城消防救援支队等多家单位，全面开展建党100周年庆祝活动前东城区风险评估，涉及庆祝活动服务保障、环境气候、公共卫生、城市运行管理、生产和公共安全五大方面20余个领域，编制《东城区应急管理专刊》，对五大方面风险隐患进行详细梳理分析，保障建党100周年庆祝活动安全进行。

（王湘辉）

【安全生产和消防考核迎检】4月24—26日，国务院2020年度省级政府安全生产和消防巡查第二组对东城区开展安全生产和消防巡查。区安委会办公室制订工作方案、成立领导小组和工作专班，针对9大类53项考核评价细则完成自评报告89份，对接市安委会办公室，完成国考迎检工作。国务院巡查组与区政府主要负责人、分管负责人和区应急局等5个区属行业部门主要负责人进行座谈交流，对重点企业和单位进行实地检查9家。区安委会组织对东城区各单位完成9项“问题整改责任清单”整改报告。

（孙利萍）

【有限空间安全监管】7月中旬至9月底，区应急局在全区范围内开展有限空间安全专项整治。采取联合执法、集中检查、分区实施的方式，由区应急局统筹协调，结合行业、辖区有限空间作业管理特点，开展全覆盖检查，对在建施工项目、水利工程、园林绿化施工、通信设施维护、城市地下管网作业等有限空间高风险区域进行全面排查治理。专项行动检查1824家，查处隐患1666处，发现限期整改问题1024件，现场处罚4起，并处罚金0.4万元。期间，区应急局组织各行业部门、属地街道，在全区范围内开展集中夜查6次，进行现场纠正，防止违规作业、盲目施救，保障辖区有限空间作业的安全平稳。

（俞　萍）

【液化气非居民用户安全治理】2021年，区应急局组织各街道、各部门贯彻落实市和区相关领导指示批示精神及液化石油气安全管理“十二项措施”，加强液化石油气安全管理工作措施，保障液化石油气替代工作取得成效。印发工作简报，多次组织召开工作协调会，开展液化石油气非居民用户专项安全检查，推进液化石油气替代工作。全区摸排液化石油气非居民用户716家，全部完成替代“三改”工作，其中管道天然气改造70家、改电526家、业态调整22家、取缔关停98家。专项安全检查发现用气安全隐患1480项，全部整改完毕。

（孙利萍）

【安全生产责任保险】2021年，区应急局从政府推动和市场化运营两方面入手，扩大安责险制度覆盖面。全年东城区安责险投保企业5025家，保险费收入624万元，安责险参保率达到42.96%。通过使用事故预防费，对参保企业开展免费安全隐患排查服务，入户排查6992家次，排查出重点隐患1.22万处，一般隐患7136处。

（赵书宁）

【安全生产标准化创建】2021年，区应急局以标准化创建为载体，持续加强安全生产工作。完成达标创建三级企业200家，小微岗位达标企业1313家，超额完成年度工作任务。区应急局对属地街道专职安全员进行业务培训200余人，聘请专家进行授课，讲解企业达标标准和评审流程，同时加大执法力度，将达标企业标准化运行情况纳入执法检查内容，不因企业达标而放松对违法行为的查处，做到服务与监管并举。

（王湘辉）

【城市安全风险评估】2021年，区应急局在重点行业领域开展城市全覆盖安全风险评估。开展城市安全风险评估的小微企业1.14万家，非小微企业878家。参加评估企业均完成安全风险源清单编制、安全风险电子地图绘制，内容涵盖安全风险辨识、应急能力评估及应急资源等方面情况，安全风险云服务系统填报率达100%。

（王湘辉）

危险化学品监督管理

【概况】2021年，区应急局落实市、区两级危险化学品监督管理工作要求，开展21家行政许可证换发工作，对6家易制毒经营备案单位、科研实验室等加大检查力度。优化危险化学品经营环境，助力辖区税源企业增加，推动危险化学品专项整治“三年行动”工作开展。

（薛继斌）

【加强危化品经营行政许可】2021年，北京市东城区危险化学品经营单位46家，其中经营性加油站13家，易制毒经营备案6家。辖区涉及危化品

4月16日，区应急局组织召开辖区危化品专项整治“清零”推进会（薛继斌摄）

的科研机构实验室7家。东城区危化品经营管理采用总量控制原则，持续压减企业许可范围内长期不经营的品种及易制毒备案量，全年完成危化经营许可证换发21家，易制毒经营备案1家。

（薛继斌）

【危险化学品专项整治三年行动】2021年，区应急局负责危化专项整治“三年行动”工作，严格督促各分任务负责部门推进专项方案执行。全区29个部门出动2.95万人次，排查企业1.07万家次，消除隐患5456个，行政处罚301起，罚款69.76万元，治安拘留7人。

（薛继斌）

【实验室危险化学品整治】2021年，区应急局推进实验室危化品隐患整治工作。结合中科院、顺义飞轮、南京航空航天大学等实验室典型事故案例和有关法规，培训辖区36所中学的主管副校长、保卫干部、实验室管理员40余人。覆盖34所中学实验室，通过4轮次督导整治，系统化提升东城区中学实验室安全水平。

（薛继斌）

【优化经营环境增加税源】2021年，区应急局超额完成税源建设任务656万元，任务进度完成率131%，全区排名第六。为优化营商环境，增加辖区税源企业，区应急局引进优势企业，洽谈中海油国际贸易、中石油燃料油北京分公司等大型企业，仅此2家企业2021年营业额近912亿元，占辖区危化企业营业额66.4%，直接拉动辖区危化企业营业额大幅增长。助力东城紫金服务工作挽留优势税源企业，挽留中海油销售华北公司、中海油销售（北京）分公司、中海石油炼化有限公司3家单位，3家单位年利税近1.2亿元。

（薛继斌）

【非药品类易制毒化学品管理】2021年，区应急局加强易制毒化学品管理。多轮次覆盖检查辖区6家易制毒经营备案单位，并逐月逐季度核查各单位销售流向数据。联合市场监管、生态环境等部门开展双随机抽查，对企业进行多维度筛查，保持易制毒化学品管理高压态势。结合“安全月”和“国际禁毒日”等时间节点，在公共场所发放禁毒海报宣传册，宣传禁毒知识。

（薛继斌）

【行刑衔接查处非法经营行为】4月19日，区应急局对北京市易帮联化工有限责任公司进行调查，发现该单位从2020年1月至2021年4月氢氧化钠销售50笔共908吨，金额336.02万元，甲酸销售37笔共295吨，金额99.73万元；合计1203吨、金额435.75万元。区应急局、区检察院、东城公安分局对案件进行会商，一致认为该违法行为已涉嫌非法经营罪。6月24日，按照北京市东城区人民检察院《建议移送涉嫌犯罪案件函》将犯罪嫌疑人移送至北京市公安局东城分局。此案件为区应急管理局成立以来第一件行刑衔接案件。

（薛继斌）

防震减灾

【概况】2021年，区应急局完成应急物资调拨1269件，线上培训灾害信息员911人，组织区级防汛应急演练1次。

（李　娟）

【灾害信息员培训】2021年，区应急局在全市率先启动侧重于灾情报送的灾害信息员专项线上培训。根据“应训尽训”原则，全区灾害信息员274人“应训”，17个街道负责灾害信息员工作的主管领导、科室人员，168个社区社工“尽训”，全区参加线上培训和考试911人。

（李　娟）

【应急演练】6月1日，区应急局、区委宣传部、区住建委、区城管委、安定门街道、交道口街道、前门街道、京诚集团、市排水集团等单位联合举办2021年东城区防汛应急演练。副区长薛国强及市应急管理局相关负责人、专家到场指导评估，区防汛指挥部45家成员单位相关人员100余人通过视频观摩。

（曾　浩）

6月1日，区应急局等多家单位在京诚集团红军营训练基地联合举办防汛实战演练（俞萍摄）

宣传教育和培训

【概况】2021年，区应急局开展各类普法宣传8次，利用专场面对面宣传、培训、演练等方式开展科普宣教活动，组织安全生产明白人培训7000余人次，在应急管理、安全生产、防灾减灾工作中开展“十四五”时期公共安全建设研究、专题理论调研，充实“东东”宣教人物形象，制作普法微动画，以案释法短视频，全方位、多领域、多层次打造安全领域宣传教育培训体系。

（曹宝姝　姬燕婷）

【应急管理系统学法普法】2021年，区应急局制订东城区应急管理系统“八五”普法规划。局长办公会会前学法4次，在全区处级领导干部应急管理培训班中设置应急管理法治课程。加强法制业务沟通协调及信息报送，“法治东城”微信公众号采纳应急局普法工作信息18篇，法治政府建设经验被区普法依法治理简报采用。区应急局制作应急管理普法微动画，在2021年北京市法制动漫微视频作品征集活动中被评为一般普法主题三等奖。

（曹宝姝）

【普法宣传】“12·4”第八个国家宪法日，区应急局开展国家宪法日暨“宪法宣传周”系列宣传活动。编辑并推送习近平法治思想、法律法规及普法信息5条，组织动员机关干部参与“恪守宪法精神 迎接法治冬奥”东城区宪法宣传周知识竞赛活动；自主创作局机关“以案释法”短视频栏目，组织执法监察干部现场说法，专家技术讲解，并利用新媒体渠道进行线上展播；张贴悬挂宪法宣传招贴画、局机关门厅LED播送法治冬奥宣传标语等10余条。结合“法律十进”及“迎接冬奥、法治同行”活动，采购印制“宪法”“民法典”“行政处罚法”和“安全生产法”等普法资料，开展现场法律法规的宣传贯彻活动，一线执法人员向生产经营单位宣传安全生产法律法规，并向全区各安委会成员单位发放法律法规和冬奥会普法宣传海报2000余份。

（曹宝姝）

【安全生产专题培训】2021年，区应急局深化培训体系建设，构建以“安全生产大讲堂+安全生产明白人+绿舟安全文化宣讲团”为基础的安全领域宣教培训体系，开展分级分类培训。以安全防范能力提升为核心的安全生产明白人培训工程，第一阶段面向100个社区培训居民4000余人，第二阶段面向企业安全管理人员和从业人员培训3000人，安全生产明白人培训工程完成培训7000余人次；启动“安全生产大培训”“绿舟安全文化宣讲团”等专题宣教培训，累计培训近500人次。

（姬燕婷）

【应急管理安全生产专题培训】10月，区委组织部、区应急局联合组织举办2021年度东城区处级、科级干部应急管理和安全生产专题培训班，培训班邀请市应急管理局、中共中央党校（国家行政学院）、中国科学院、中国人民大学、市工业技师学院等单位的专家和教授进行授课，培训内容丰富全面，生动扎实，理论与实践并重，达到很好的培训效果，累计培训处、科级领导干部127人。

（姬燕婷）

【年度专题理论调研】2021年，区应急局全面分析东城区应急管理、安全生产、防灾减灾工作存在的问题、对应的对策措施，联合调研支撑机构北京市应急管理科学技术研究院多次召开研讨会，深入基层一线单位走访会谈，开展专题调查研究，完成《东城区防灾减灾的挑战与对策》《东城区应急救援预案体系建设情况研究》2份调研报告。

（曹宝姝）

【“十四五”时期公共安全建设研究】2021年，区应急局组织区委政法委、东城公安分局、区住建委等涉公共安全领域的部门多次召开协调会议，分析东城区2020—2035年区域公共安全整体形势问题，完成《“十四五”时期东城区公共安全建设研究报告》，推进首都功能核心区公共安全专项规划编制工作。

（曹宝姝）

3月18日，区应急局在西花市南里东区社区组织开展安全生产明白人培训活动（邱晓摄）

信息化系统建设

【概况】2021年，区应急局主动公开各类政府信息7401份，通过“信用中国（北京）双公示数据上报系统”完成相关信息归集103份，搭建区级视频会议系统控制平台，保障应急管理信息快速共享。

（张雪程）

【政府信息公开】2021年，区应急局主动公开各类政府信息，其中工作动态393条，行政许可公告19份，许可注销公告1份，行政处罚84份，突发生产安全事故快报及处置情况2份，生产安全事故调查报告4份，各类执法检查文书6873份，双随机执法检查情况12份，安全生产标准化三级达标公告1份，其他各类公示公告11份。受理答复依申请公开事项1件。未产生行政复议及诉讼事项。

（张雪程）

【安全生产领域信用体系建设】2021年，区应急局通过“信用中国（北京）双公示数据上报系统”完成信用信息归集，其中行政许可19份、行政处罚84份。规范数字东城网站“双公示”公示内容，做到标准化公示。通过微信公众号编发企业自主修复安全生产领域一般失信行为的专题教程，帮助、指导企业自主开展信用修复工作38家。组织辖区内社会加油站和危险化学品、纸货贸易企业开展经营者准入前诚信教育。

（张雪程）

【应急系统信息化平台建设】2021年，区应急局完成区级视频会议系统控制平台搭建，实现市级指挥中心直接调度到街道的预定目标。明确各街道（地区）应急单兵使用人和联系人，利用编写操作手册、专题讲解等多种形式，分层级开展应急单兵操作使用培训。建立常态化应急单兵联调测试工作机制，探索、丰富应急单兵系统的应用场景，在区防汛、电动车火灾事故应急演练以及应急物资调拨演练过程中，实现应急单兵、区应急指挥中心以及视频会议系统的融合与联动。

（张雪程）

消　防

【概况】东城区消防救援支队（简称东城消防救援支队）为副总队级二类支队，担负东城区消防安全监督管理、消防宣传、灭火救援、应急处突、社会救助、重大活动消防保卫等职责。下辖花市、北新桥、王府井、金宝街、地坛、龙潭湖、前门、安定门外8个消防救援站，应急通信与车辆1个勤务站；东华门、崇外、体育馆路、北新桥、朝阳门、安定门、东直门、景山、永外、东花市、天坛、东四、龙潭、建国门、交道口共计15个小型消防站。2021年，东城消防救援支队落实消防救援队伍“五个不动摇”和“全面发展年”要求，高质量完成春节、全国“两会”、烈士纪念日向人民英雄纪念碑敬献花篮仪式、建党百年系列庆祝活动、2021年中国国际服务贸易交易会、纪念辛亥革命110周年大会、党的十九届六中全会、领导抵离京等重大消防安保任务，确保辖区消防安全形势平稳、队伍内部安全稳定。支队被评为总队火灾调查“四有四度”示范单位、“基层科技火焰蓝”优秀组织单位。指战员2人荣立个人二等功，指战员28人荣立个人三等功，指战员214人荣立个人嘉奖，指战员6人被评为优秀共产党员，指战员3人被评为优秀党务工作者，北新桥消防救援站获总队2021年全员岗位大练兵先进消防救援站称号。

（周煜恒）

【消防安保勤务工作】2021年，支队共执行各类消防安保勤务295次，部署消防车696车次、指战员5911人次，累计上勤时间2.8万余小时，重大活动消防安保的“东城经验”进一步丰富和完善，支队荣立集体二等功。

（周煜恒）

【火灾及防火检查】2021年，支队共出动检查人员2.9万余人次，检查单位1.47万家次，发现并整改隐患1.40万处，临时查封151处，责令“三停”单位134家，罚款780.8万元，行政拘留80人。全年无行政复议案件、无行政诉讼案件、无消防执法负面舆情。

（周煜恒）

【接警出动应急处置】2021年，支队累计处置警情1626起，出动消防车5134车次、指战员3.6万余人次，抢救被困人员94人，抢救财产价值260万余元。成功处置“10·22”五道营胡同98号液化石油气闪爆、“11·14”上龙西里36号南侧地下供暖管井火灾等事故。在年度岗位大练兵中获第四名，应急处置能力不断提升。

（周煜恒）

【物防技防措施完善】2021年，支队推动为辖区沿街门店、寄递业等场所安装独立式感烟火灾探测报警装置，安装8067个；指导液化石油气非居民用户完成“三改”工作716家；督促443栋公共建筑、469个住宅小区完成消防车道画线工作。

（周煜恒）

【全国“两会”消防安保】3月1日，为落实总队2021年重大活动消防安保工作部署推进会精神，东城支队召开2021年全国“两会”消防安保动员部署会，支队党委班子成员、机关处以上干部在主会场参加会议，各消防救援站主官在各分会场通过视频会议系统参会。会议抽点部分单位汇报安保工作前期准备情况，相关处室对具体任务进行再明确、再部署，各班子成员结合分管工作进行针对性工作提示。支队党委书记、政治委员作思想动员，强调打赢、打好这场安保攻坚仗，是摆在支队面前首要政治任务，全体指战员必须立即行动起来，以最强责任心和使命感确保完成全年118项工作任务。

（周煜恒）

【社会面火灾防控调度会召开】6月11日，东城区召开社会面火灾防控调度会，与会人员观看消防安全隐患排查整治视频片，会议要求在日常消防安全工作管理中要紧盯突出风险环节，严管严控确保安全，扎实开展五类专项行动，坚决遏制“小火亡人”事故发生，强化四项措施落实，提升基层巡查防控能力。副区长薛国强与东城消防救援支队、区应急局、区委政法委、东城公安分局、区市场监管局、区住建委、区教委、区城管委、区商务局、区城管执法局等部门及各街道（地区）领导参加会议。

（周煜恒）

【第三十一届“119”消防宣传月】11月，东城区“119”消防宣传月以“落实消防责任，防范安全风险”为主题，开展为期1个月的消防安全宣传活动。消防救援支队与北京大华城市表演艺术中心联合创作消防题材话剧《小院故事——蓝朋友》在宣传月期间上演，话剧通过艺术形式为消防宣传月助力增彩。11月5日，北京市消防救援总队政委观看话剧排演，并现场进行指导。

11月，消防原创话剧《小院故事——蓝朋友》在东城区2021年度“119”消防宣传月活动中演出（东城消防救援支队提供）

（周煜恒）

【消防车让行播报上线】12月22日，东城消防救援支队与百度地图举办战略合作签约仪式。凭借人工智能与大数据技术支持，百度地图联合东城消防上线“消防车让行播报”功能，将精准导航、智能语音等产品能力应用于消防救援工作之中，为提升救援效率、保障救援高效推进提供支撑，打通“生命绿色通道”。支队领导与指挥中心、信息通讯处、作战训练处等相关负责人参加签约仪式。通过此次合作，百度地图以东城消防救援支队丰富的消防车数据为基础，实时锁定消防车出勤时行车位置，并以导航语音播报方式，引导附近社会车辆主动避让，最大程度减少消防车通行时间，力保消防救援一路畅通无阻。

（周煜恒）

生态环境

6月5日，东城区生态环境局举办“六·五”环境日主题宣传活动（王祎摄）

综 述

2021年，东城区扎实推进生态文明建设和生态环境保护工作，生态环境质量明显改善。

加强统筹精细化治理。区委、区政府深入研判工作形势，压紧压实各街道、各部门工作职责，构建权责一致、齐抓共管的生态环境保护机制。主要领导多次对污染防治攻坚战作出批示，召开5次区委常委会、7次区政府常务会、5次区委书记区长专题会，听取生态环境保护工作汇报，研究部署相关工作。主管副区长多次调度，专题研究、现场调研空气质量提升工作，约谈空气质量排名落后街道，多次现场检查大气污染防治措施落实情况。区委生态文明委办公室强化统筹协调，先后制订年度工作要点、构建现代化环境治理体系措施清单等11个文件，加强对生态文明建设工作的总体推进和督促落实。区委生态文明委大气及气候小组拨付专项资金，支持各部门、各街道开展大气污染精细化治理，组织专家团队开展辖区大气污染精细化管控及持续达标改善研究，推动核心区环境管理战略转型，提升大气污染管控能力。

做好重大活动空气质量保障。2021年，全区启动空气重污染黄色预警5次，实施空气污染内部防控机制7次，主动实施污染应对措施。区委生态文明建设委员会办公室印发实施《东城区2021—2022年秋冬季大气污染综合治理攻坚行动方案》，强化秋冬季大气污染攻坚治理。落实双随机抽查制度，完成重大活动空气质量保障、空气重污染应急、大气执法攻坚战、污染源监管、环境投诉办理等工作，全年累计出动1.86万人次，检查各类污染源9203家，立案查处违法行为111起，罚款175.75万元。加快推进餐饮企业油烟排放治理技术升级改造，出动执法人员1.32万人次，检查餐饮企业6509家次，监测油烟排放485家次。

落实各项大气污染防治措施。在扬尘管控方面，多管齐下抓实抓细防治措施。在餐饮油烟治理方面，持续推进餐饮油烟精细化管控。在移动源监管方面，依靠科技手段保持加强执法力度。在挥发性有机物（VOCs）治理方面，持续开展VOCs治理监督检查。累计清扫屋顶1100余万平方米，治理裸露地面22.2万平方米，2021年平均未管控裸地面积全市最小。在全市首创24小时不间断扬尘巡查机制，出动2.7万余人次，发现、治理各类扬尘问题线索5.8万件，均整改完毕，及时消除扬尘隐患。选取1114户平房家庭试点开展居民油烟治理，测评结果表明净化效果显著。

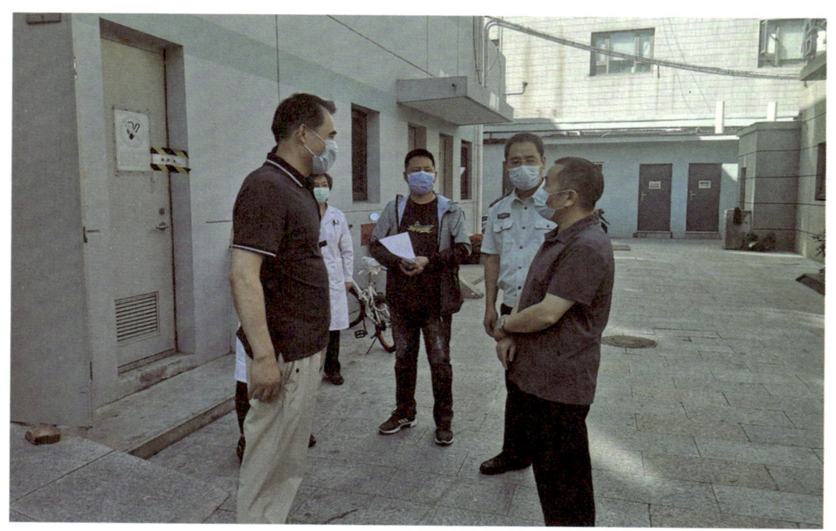

9月17日，区生态环境局领导带队检查崇文门中医医院医疗体系建设情况
（区生态环境局提供）

打好大气、水、土壤污染防治三大战役。深化大气污染精细化治理“东城模式”，巩固推广精细化试点项目经验，不断推进基层共建共治共享空气改善成果。强化“水资源、水环境、水生态”三水统筹，加强水质监测预警，加大水质治理手段运用，在市级考核断面稳定达标的基础上，逐步推进区级考核断面水质改善。强化土壤污染源头管控和建设用地风险管控，持续保障土壤环境安全。2021年，东城区细颗粒物（PM2.5）累计浓度为34微克/立方米，首次达到国家二级标准（35微克/立方米），实现历史性突破。浓度同比下降15.0%，下降率全市最高。可吸入颗粒物（PM10）、二氧化硫（SO_2）、二氧化氮（NO_2）和一氧化碳（CO）累计浓度分别为55、3、30微克/立方米和1.2毫克/立方米，同比变化分别为持平、下降25.0%、持平和下降14.3%。

（苏 蕊 王伟华）

环境质量

【概况】东城区生态环境局（简称区生态环境局）为区政府工作部门。主要职责有：环境执法、环境规划、环境应急、污染减排、污染防治、环境影响评价、辐射安全监管、环境监测、环保宣教、环保科研、四个服务和生态文明建设。2021年，东城区水环境质量整体稳中向好，土壤环境质量保持稳定。制订《东城区打好净土保卫战2021年行动计划》，继续完善土壤污染风险评估报告、风险管控（修复）效果评估报告评审机制，开展全区土壤状况摸底调查，全面对关停企业进行疑似污染地块筛查。

（苏　蕊　叶志红）

【空气质量持续改善】2021年，东城区细颗粒物（PM2.5）累计浓度为34微克/立方米（全市均值为33微克/立方米），首次达到国家二级标准（35微克/立方米），实现历史性突破。浓度同比下降15.0%，下降率全市最高。累计优良天数为266天，同比增加3天，优良天数比例为73.1%；空气重污染日（扣除沙尘影响）6天，同比减少4天。累计降尘量为3.6吨/平方公里·月（扣除沙尘影响），优于全市平均水平，位于城六区之首。

（苏　蕊　褚　玥）

【水环境质量稳中向好】2021年，东便门、文化宫、龙潭湖、东直门桥断面累计平均水质分别为Ⅱ类、Ⅲ类、Ⅲ类、Ⅱ类，水质均达标并持续改善。全区地表水水质无劣Ⅴ类、无黑臭水体，水环境质量整体稳中向好。开展饮用水源保护区环境风险专项检查，强化水资源保护。实施柳荫湖、南馆湖、玉河水质改善工程项目，深化水环境治理。推进水系连通工程，加强水生态修复。严格涉水执法，全年出动执法人员1.1万余人次，检查排污单位5400余家次，发现违法行为6起、罚款42万元。

（苏　蕊　叶志红）

9月9日，区生态环境局参加北京市水生态环境管理能力岗位建功测评活动
（区生态环境局提供）

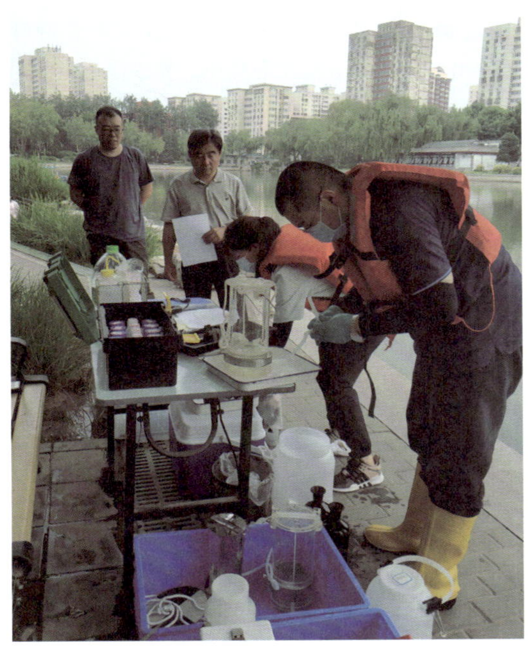

6月18日，区环境保护监测站参加北京市举办的2021年生态环境应急监测技术竞赛岗位建功活动
（区生态环境局提供）

【土壤环境质量稳定】2021年，区生态环境局未发现污染地块和疑似污染地块及土壤污染问题，土壤环境质量保持良好。巩固扬尘精细化治理成果。累计清扫屋顶1100余万平方米，治理裸露地面22.2万平方米，全年平均未管控裸地面积全市最小。在北京市首创24小时不间断扬尘巡查机制，出动2.7万余人次，发现、治理各类扬尘问题线索5.8万件，均立即移送整改完毕，及时消除扬尘隐患。加强日常执法监管，全年检查涉废单位1656家次，巡查、抽测加油站496座次，确保土壤污染违法行为零出现。

（苏　蕊　叶志红）

环境监测

【概况】2021年，区环境保护监测站完成环境质量监测、污染源监测、信访监测、应急监测等重点工作，参加岗位建功活动并取得优异成绩，加强队伍建设，为东城区污染防治精准施策提供数据支撑。对辖区内重点排放企业、医疗机构、加装油气处理装置的加油站等污染源单位开展监督性监测。

（苏　蕊　王丽平）

【大气网络监测】2021年，东城区有大气监测站221个，可对PM2.5和TSP2个指标进行监测，精确掌握空气质量变化趋势。高密度大气监测网络覆盖全区168个社区、27个重点工地、12个重点道路和10个区域传输边界位置。通过日、周、月通报和专题报告等方式对东城区各街道及各类型点位进行量化排名，对重点街道、污染过程进行专题分析。针对局地污染可以及时采取应对措施，打通监管“最后一公里”，激发大气治理新动力，为全区大气污染防治精准施策和量化管理提供技术支持。

（苏　蕊　王丽平）

【地表水环境质量监测】2021年，区环境保护监测站加强地表水质监测和评价，每月2次对辖区内6河7湖地表水断面进行全覆盖监测，分析水质变化趋势规律，编写《东城区地表水环境质量月报》并及时向全区通报。结合北京市监测数据建立覆盖到各街道的水环境质量监测评价体系，每月对各街道地表水断面水质状况进行通报、排名。东城区地表水市考断面均达到考核标准。

（苏　蕊　王丽平）

【声环境质量监测】2021年，东城区声环境质量保持稳定。区域环境噪声监测网格107个，噪声平均值为52.1分贝（A），总体水平二级，评价为“较好”；道路交通噪声共监测道路59条，道路平均车流量5433辆/小时，噪声平均值为67.4分贝（A），噪声强度等级一级，评价为“好”；声环境功能区1类区、2类区和4a类区昼间等效声级年均值符合国家标准；1类区、2类区夜间等效声级年均值符合国家标准，4a类区夜间等效声级年均值超过国家标准。

（苏　蕊　王丽平）

【信访监测】2021年，区环境保护监测站配合开展“接诉即办”信访监测，疫情期间做好防护，深入现场开展监测工作。全年完成信访监测121家、出动人员244人次。

（苏　蕊　王丽平）

【质量报告书编写】2021年，区环境保护监测站编写东城区《“十三五”环境质量报告书》，科学分析“十三五”时期东城区生态环境质量及变化规律，以模型预测“十四五”生态环境质量，提出具有针对性的对策，为环境管理部门制订综合决策打下良好基础。东城区《“十三五”生态环境质量报告书》被评为“良好”等级。

（苏　蕊　王丽平）

【应急监测】2021年，区环境保护监测站修改完善应急预案，参加北京市生态环境局组织的突发环境事件检验性演练，购置应急监测仪器，加强应急培训，为迎接冬奥会及冬残奥会的顺利召开做好应急保障准备。

（苏　蕊　王丽平）

污染防治

【概况】2021年，区生态环境局以改善生态环境质量为核心，以大气、水、土壤污染防治为重点，加强生态环境保护与建设。全年细颗粒物（PM2.5）累计年均浓度为34微克/立方米（全市均值为33微克/立方米），首次达到国家二级标准（35微克/立方米），实现历史性突破。浓度同比下降15.0%，下降率全市最高。累计优良天数为266天，同比增加3天，优良天数比例为73.1%；空气重污染日（扣除沙尘影响）6天，同比减少4天。累计降尘量为3.6吨/平方千米·月（扣除沙尘影响），优于全市平均水平，位于城六区之首。人工检查柴油车7.66万辆次，超额完成人工检查重型柴油车4.20万辆的要求。土壤环境质量保持稳定。完成190表户新增电表，居民更新电暖器约3500台。

（苏　蕊）

【环境宣传教育】2021年，区生态环境局依托微博、微信等政务新媒体，以“学雷锋日”“城市节水宣传周”等各种主题宣传日、宣传周和宣传月为契机，开展线上环保宣传活动。至12月31日，区生态环境局官方微博共推送文章602篇、覆盖1.20亿人次；微信公众号共推送文章490篇、阅读量2.1万次。6月1—7日开展为期一周的生态环境文化周活动，引入“绿色奥运”概念，推出全市首枚由区发布、中国邮政限量发行的环保主题个性化邮票——“绿色东城”，呼吁大家关注生态环境，养成绿色生活习惯，营造浓郁文化周气氛。开展2021年度“美丽中国，我是行动者”先进

3月4日，区综合执法大队在东直门内大街点位路查（区生态环境局提供）

典型征集活动，选出先进典型集体3个、先进典型个人8人。组织东城区中小学生参加北京市第二十五届小学生“我爱地球妈妈”生态环保主题演讲比赛和北京市第二十一届中学生“我爱地球妈妈”生态环保主题中英双语演讲比赛，东城区选手取得小学组一等奖1人、二等奖1人，中学组二等奖1人、优秀奖2人的优异成绩。全年开展各类宣传活动12次、1500余人参加。

（苏　蕊　王　祎）

【生态文明建设培训】10月，区生态环境局生态文明委办公室举办为期2天的东城区生态文明建设专题培训班。培训班围绕“三个聚焦”（努力提升培训高度、拓展培训宽度、挖掘培训深度），切实提升全区领导干部生态文明建设业务能力和水平。区委生态文明委各成员单位厘清工作思路、明确工作重点，有效增强参训党员干部解决突出生态环境问题的能力水平。区委生态文明委各成员单位、各街道主管领导43人参加培训。

（苏　蕊　赵　越）

【环评文件审批审查】2021年，区生态环境局办理完成建设项目环境影响报告表项目4项，环评禁止项目零审批，按时办结率、群众满意率均为100%；网上登记表自行备案238项（含辐射类），接待各类来电来人咨询1000余人次。

（苏　蕊　武　伟）

【辐射安全行政许可】2021年，区生态环境局受理各类辐射安全行政许可事项95件，全部办结。

（苏　蕊　武　伟）

10月21日，区生态环境局召开大气污染治理技术座谈会（区生态环境局提供）

【机动车污染防治】2021年，区生态环境局以重型柴油车为监管重点，对超标重型柴油车进行闭环管理。通过机动车路检夜查、入户、遥测等执法方式，检查机动车391.62万辆次，其中入户检查1.82万辆次，路检夜查5.84万辆次，遥测381.87万辆次，巡查检测场2万余辆次，检查营运性汽油车805辆次。全年处罚超标车7832辆次，其中处罚遥感非现场超标车47辆次。检查非道路移动机械806台次、处罚机械225台次、处罚金额150.5万元。全年淘汰国Ⅲ柴油车289辆，淘汰国Ⅲ汽油车3367辆。全年重型柴油车入户处罚超标车辆数量全市排名第一，非道路移动机械处罚超标数量排在城六区第一，重型汽车氮氧化物处罚超标车辆数量排城六区前列。

（苏　蕊　范晶晶）

【油气排放监管】2021年，区生态环境局累计巡查辖区内加油站496座次，抽测156座次，抽测油品清净性36座次，加油站非甲烷总烃排放浓度13座次，检测加油机内、人井内油气浓度156座次，抽测加油站场界浓度2座次。处罚油气回收装置超标6座次、处罚金额12万元；处罚加油站在线监控系统误差超标2座次、处罚金额4万元。

（苏　蕊　范晶晶）

【大气污染防治】2021年，东城区大气污染治理以空气质量改善为核心，聚焦细颗粒物污染治理，强化细颗粒物和臭氧协同控制，巩固提升污染防治攻坚战成果。完善生态环境监测网络建设，强化机动车、扬尘、餐饮油烟监管。在2020年创建精细化治理街道的基础上，打造5个试点和综合治理精品街道，对3个落后街道进行重点帮扶，运用科技化、信息化手段，创建“枫桥经验”东城大气精细化治理模式。

（苏　蕊　褚　玥）

【扬尘精细化管理】2021年，区生态环境局聚焦道路、施工、裸地等扬尘源，“治、测、巡、查”闭环管理，巩固扬尘精细化管理成果。开展新一轮扬尘污染治理，清扫屋顶1100余万平方米；10.4万平方米小微工地全封闭；治理裸露地面22.2万平方米。扩大机械化清扫保洁范围，实现背街小巷机械化清扫全覆盖。每天选取30-40条道路监测道路尘负荷，强化时查时改、以查促治。

（苏　蕊　褚　玥）

【居民油烟治理试点】2021年，区生态环境局在东四、天坛、朝阳门街道试点开展居民家庭油烟治理。为1100余户平房家庭安装带有净化功能的抽油烟机，并对净化效果进行综合测评。向市级部门提交“关于居民油烟污染治理试点工作情况的报告”，

9月6日，东城区综合执法大队根据油烟在线监控反馈，对餐饮单位油烟净化设施进行检查（包晴摄）

为全市相关工作做好先行示范。

（苏　蕊　楮　玥）

【巩固无煤化成果】2021年，区生态环境局煤改电专班围绕重点任务，牵头完成年度东城平房区居民新增峰谷电表及内外线电力设施项目，新增峰谷电表190表户及配套内外线电力设施；完成老旧蓄能式电采暖设备更新、新增约3500台；完成年度煤改电内线抢修保障工作；完成居民采暖季低谷电费报销及涉及煤改电的信访处理工作。

（苏　蕊　马元生）

【空气重污染应急】2021年，东城区空气重污染日（扣除沙尘影响）6天，同比减少4天，累计启动空气重污染黄色预警5次，实施空气污染内部防控机制7次。区政府多次召开污染过程应对和大气污染防治工作部署会。区生态环境局落实空气重污染应急指挥部办公室职责，及时发布空气重污染指令及相关工作要求，协调动员各成员单位开展空气重污染应急工作，并做好信息收集、上报工作。各部门、各街道加强工地、餐饮、汽修、焚烧等污染源巡查、监管、执法，全区共出动检查人员4500余人次，检查工地和扬尘源点位5400余处次，餐饮等单位900余家次，检查机动车5615辆次，处罚超标车385辆次，确保各项应急减排措施落实到位，有效降低污染排放水平。

（苏　蕊　张文胜）

【重大活动空气质量保障】2021年，区生态环境局提前部署中国共产党成立百年庆祝活动保障，将常态监管和应急减排相结合，统筹推进各项保障措施。在区环境整治提升和工程建设指挥部设大气污染防治组，统筹调度重大活动大气质量服务保障工作。制订《东城区大气污染防治工作方案》《东城区空气质量保障专项方案》。在中国共产党成立百年庆祝活动期间，全区执法力量全部在岗在位，共出动各类检查人员3000余人次，检查餐饮、工地、汽修等各类污染源1500余家次。加强移动源管控，路检、夜查、入户检查、移动遥感等方式检查车辆5000余辆。加大道路清扫保洁力度，出动环卫作业人员2.5万余人次，洒水3万余吨。庆祝活动期间空气质量均处于良好水平。

（苏　蕊　楮　玥）

【走航监测指导巡查】2021年，区生态环境局实施大气走航监测，重点结合TSP和PM2.5监测数据指导巡查，提高巡查效率。结合走航监测数据发现扬尘问题10余件。开展VOCs专项监测2次，出具报告提供给相关科室研究。利用2辆移动监测设备开展24小时连续走航监测。1辆走航车对全区开展大气污染物日常走航监测，监测范围覆盖全区130余条主要道路及道路周边工地，1辆则主要针对国控站周边及大气污染物高值街道等重点区域开展专项走航监测。

（苏　蕊　张文胜）

【餐饮行业油烟检查】2021年，区生态环境局对辖区餐饮油烟开展精细化监管，重点检查治理设施建设和运行情况、监测平台及监测口设置情况。加快推进餐饮企业油烟排放治理技术升级改造。出动执法人员1.32万人次，检查餐饮企业6509家次，监测油烟485家次，发现环境违法行为并作出行政处罚82件、罚款金额78.3万元，查封22起，限期责令改正30起。针对崇文门商圈、簋街等餐饮集中区，运用“点穴”式执法、全时执法等手段，开展多次大规模执法检查。

（苏　蕊　范晶晶）

【挥发性有机物（VOCs）专项执法】2021年，区生态环境局对东城区工业企业和汽修行业等涉VOCs排放企业情况开展执法检查，共出动执法人员363人次，检查企业181家次。发现露天喷漆违法行为并作出行政处罚1起、处罚金额2万元。

（苏　蕊　范晶晶）

【锅炉专项执法检查】2021年，区生态环境局对常年运行锅炉等NOx排放单位开展检查和监测，对超标单位进行处罚。出动执法人员176人次、检查锅炉使用单位92家，发现违法行为并作出行政处罚4起、处罚金额40万元。

（苏　蕊　范晶晶）

【水污染防治】2021年，区生态环境局推进“三水”统筹治理，加强水污染防治。审核通过南馆湖水质改善项目，拨付区园林绿化局项目资金500余万元。与多部门会商，促进玉河水质逐步由原来的劣Ⅴ类稳定保持Ⅳ类。监测预警柳荫湖水质，督促柳荫湖水质提升改善工程加快实施进程，年底实现水质达标。严格涉水执法，日常加强医疗机构和涉污水执法专项检查，全年出动执法人员1250人次，检查废水污水排污单位629家次，发现水环境违法行为6起、处罚42万元。开展饮用水源保护区环境风险排查专项检查，排查饮用水水源井16个。立足监督防止地下水污染职责和确保地下水环境质量总体稳定的目标，谋划地下水监测，做到科学评价地下水环境质量。强化监测评估，建立覆盖到各街道、各社区的水环境质量监测评价体系，每月对各街道地表水断面水质状况通报预警。

（苏　蕊　叶志红）

【危险废物监管】2021年，区生态环境局整理危废产生企业台账488家，利用辖区内汽修行业、医疗机构、工业企业、宠物医疗机构、加油站、实验室6个工作群，定时发布生态环境保护法律法规，加大宣传和日常督促。利用安全员队伍对辖区所有产废企业进行全方位监管，检查工业、医疗机构、实验室、宠物医院、汽修行业1141家次。

（苏　蕊　吕小军）

【辐射安全监管】2021年，全区核与核技术利用单位185家，其中涉源单位12家，单一射线装置单位173家，涉及放射源97枚，射线装置485台。区生态环境局年度检查核与核技术利用单位185家，出动执法人员550人次，检查各类密封放射源97枚，各类开放性场所6处、各类射线装置485台。完成中国共产党成立100周年辖区辐射安全保障任务，全面落实辐射安全隐患排查三年行动，高标准完成年度各项指标任务。全年处理信访35件。联合东城公安分局、区卫健委对高风险核与核技术利用单位重大活动期间开展联合检查2次，并对1家违法单位进行5.3万元的行政处罚，对4家存在安全隐患的单位要求其立查立改。

（苏　蕊　范晶晶）

3月22日，区生态环境局对辖区隔离点医疗废物及污水防控相关工作进行现场督导（关小寅摄）

【政务信息公开】2021年，区生态环境局主动公开政府信息1826条，全文电子化率达100%。通过网站公开730条，微博公开信息602条、微信公众号公开信息490条。网站公开的信息中，双公示类信息270条，工作动态类信息145条，通知公告25条，行政执法公示92条，其他类21条。接受公民、法人及其他组织政府信息依申请公开9件，均在法定时限内办结。

（苏　蕊　丁笑薇）

【排放源统计年报】2021年，全区纳入排放源统计年报重点调查范围的工业企业58家。区生态环境局组织和指导企业在线填报基本信息、生产活动水平、治污设施、污染物排放量等情况，并对企业填报所有指标数据进行区级在线审核和质量把关，按时将区级数据提交至市级部门，确保全区排放源统计年报数据及时、完整、准确。市级部门审核通过后，区生态环境局对环统年报工作的组织开展情况进行总结，对区域总量变化情况进行分析，形成工作总结和数据分析报告。

（苏　蕊　王伟华）

【双随机行政执法】2021年，区生态环境局自行组织发起12次部门“双随机”抽查，出动执法人员582人次，抽查污染源企业291家次，未发现生态环境类违法行为。牵头发起5次部门联合抽查，其中4项是按照《北京市部门联合抽查事项清单（第二版）》中第六项对“销售ODS企业和单位”、第七项“生态环境监测机构”、第八项对“车用油品生产、销售、运输、储存企业”和第十项对“机动车排放检验单位”的联合抽查事项，另外1项为新增事项，完成全部联合检查，共检查排污单位72家次，发现违法行为并作出行政处罚4起、处罚金额21万元。参与市场、卫健等部门组织的联合抽查行动8批次、检查排污单位149家次。

（苏　蕊　范晶晶）

【排污许可证核发】2021年，区生态环境局对持证企业136户的许可证核发质量及执行报告提交率、质量进行检查，针对复核中有问题的企业进行许可证变更，在市级要求不低于20%的基础上实现辖区全覆盖。对登

12月22日，东城区综合执法大队对辖区内施工工地进行非道路移动机械检查（邢鲁源摄）

记信息不完善的550余户企业进行指导改正。

（苏　蕊　魏铭哲）

【环境信访】2021年，区生态环境局持续做好“接诉即办”工作，受理热线派件1114件，均已办结。其中大气污染类528件、噪声污染类453件、尾气类42件、煤改电类40件、电磁辐射类4件、其他类47件。协调科室参与“街乡吹哨、部门报到”联合执法行动32次，协助其他委办局、街道办理案件17次，组织召开专题会12次，通报局内“接诉即办”工作考核情况11次，撰写工作信息6篇。全年受理信访案件68件。

（苏　蕊　杨林麒）

【环境保护专项考评】2021年，东城区政府办对区生态环境局2021年度污染防治攻坚战工作进行专项考评认定。推进污染防治攻坚战2021年行动计划重点任务落实，PM2.5累计浓度为34微克/立方米，同比降幅全市第一；累计降尘量为3.6吨/平方公里·月（扣除沙尘影响），优于北京市平均水平，位列城六区第一位；辖区东便门、文化宫、龙潭湖、东直门桥断面水质考核达标；未发现污染地块和疑似污染地块，未发现土壤污染问题，土壤环境质量保持稳定。

（苏　蕊　王伟华）

污染源减排

【概况】2021年，区生态环境局承担污染物排放总量、控制协调管理工作，负责制订减排计划，督促减排工作，负责污染源日常管理，扎实推进减排工作。

（苏　蕊）

【污染物总量减排】2021年，北京市考核东城区大气主要污染物总量减排指标氮氧化物和挥发性有机污染物2项任务。全区氮氧化物、挥发性有机污染物分别减排7.5%和3.2%，均完成北京市下达的削减2.5%和3%的指标任务。

（苏　蕊　冯伯彤）

【污染源监管】2021年，东城区无散乱污企业。区生态环境局实施强制性清洁生产审核企业是中国青年报社印刷厂与北京市交安交通设施器材厂。辖区内VOCs排放企业完成年度“一厂一策”编制工作，对北京通源汽车服务有限公司及北京万泽龙进口汽车维修服务有限责任公司开展治理。落实空气重污染应急减排清单更新完善。督促8家医院在网上完成信息公开，对16家单位突发环境事件应急预案进行更新登记备案和公示。

（苏　蕊　吕小军）

【应对气候变化控制碳排放】2021年，区生态环境局探索碳中和路径，强化二氧化碳与大气污染物协同控制，实施二氧化碳控制专项行动，深入推动能源、产业、建筑、交通低碳发展，提升园林绿化碳汇能力，加快推动生产生活方式全面绿色低碳转型。加强排放单位监督管理，65家重点排放单位按期完成年度碳排放报告、核查及履约工作；24家一般排放单位报送碳排放报告。推进零碳试点示范工程，组织专业机构调研座谈，研讨打造零碳示范公园的可行性。

（苏　蕊　褚　玥）

科 技

5月22—28日，东城区举办2021年东城区科技活动周（赵阳摄）

综述

2021年，东城区在科创中心建设、文化科技融合、应用场景建设、科技成果转化、科技人才培养、科技产业发展、科学技术普及等方面取得显著进展。

推动科技创新与发展。2021年，东城区有规模以上科学研究和技术服务业企业226家，科学研究和技术服务业实现增加值336.1亿元，同比增长3.5%，占GDP比重10.52%。高新技术企业共申报239家，通过认定的187家，建立高新技术企业培育库，入库潜力企业128家。科技型中小企业认定84家。技术合同登记成交3846项，成交额318亿元，其中技术交易额288.4亿元。推动2020年文化科技融合项目落实，开展2021年文化科技融合项目征集和评审工作，3个项目入选第二批文化科技融合重点项目，获市级科技资金支持760万元。发布《“十四五”时期东城区科技和信息化规划（含大数据专项）》。支持19个科技创新项目，支持资金150万元，提升市场主体创新能力。举办2021年东城科技活动周。支持7个科普专项，支持资金207.59万元，东城区2家单位获北京市科普工作先进集体称号，科普工作者3人获北京市科普工作先进个人称号。1人被认定为东城区杰出人才，6人被认定为东城区有突出贡献人才和优秀青年人才。北京云杉世界信息技术有限公司入选2021年中国100家具有发展潜力的独角兽企业榜和2021年全球独角兽榜单。

区科学和信息化“十四五”规划发布。11月，东城区政府发布《“十四五”时期东城区科技和信息化规划（含大数据专项）》。“规划”明确今后5年科技和信息化工作的指导思想、原则和目标，制订东城区科技和信息化“十四五”期间指标体系，在六大方面制订24项任务和举措及四项保障措施，为未来5年东城区开展科技、信息化、大数据等工作指明方向。

加强知识产权保护。2021年，东城区市场监督管理局成立由17个职能部门组成的东城区打击侵权假冒工作领导小组，加强知识产权保护工作。至年底，东城区有效注册商标13.78万件，位列全市第五位；累计专利申请量为1.04万件，位列全市第七位；授权数量9283件，位列全市第七位；有效发明专利2.25万件，位列全市第四位。

中关村东城园高质量发展。东城园管委会坚持规划引领，科学编制《中关村东城园“十四五”时期发展专项规划》，由东城区政府办正式印发。编制完成《东城园绿色发展五年行动方案》。作为唯一举办平行论坛的分园，举办“中国·北欧可持续发展与创新论坛”。支持17家孵化器向加速器转型，打造更多点状创新空间，嘉诚文化科技融合创业孵化基地被认定为全国创业孵化示范基地。腾讯健康“国际数字健康应用创新中心”等重大产业项目落户园区。全域医疗等企业获得中关村产业协同创新平台资金扶持，中文在线《智能有声云平台》等6个项目获国家产业资金支持。新维畅想等3家单位成功入选国家文化和科技融合示范基地，数量居各区之首。高质量举办“创意点亮北京”、紫金龙潭体育产业沙龙等产业促进活动，不断丰富园区创新生态。为破解空间不足严重制约发展的难题，迎难而上、扎实推进，青龙地块、龙潭地块开发取得突破性进展。东城园入统高新技术企业总数447家，从业人员9.3万人，工业总产值8.7亿元，实现总收入3005.9亿元，进出口总额52.6亿元，实缴税费总额78.8亿元，利润总额264.8亿元，资产总计7904.7亿元，科技活动经费支出总额106.8亿元，专利授权量2228件。

（李　婷）

科技活动

【概况】东城区科学技术和信息化局（简称区科技和信息化局）加挂北京市东城区大数据管理局牌子（简称区大数据局），是负责贯彻落实中央、北京市委关于科技、信息化工作的方针政策、决策部署和区委有关工作要求的区政府工作部门。10月18日，北京市科学技术奖2020年度获奖公告发布，东城区有8项科技成果获得2020年度北京市科学技术奖，其中中国食品药品检定研究院的“有毒中药活性成分研究与质量安全标准制定及应用”项目获科学技术进步奖一等奖；北京医院的“分子水平的磁共振成像对中枢神经系统常见疾病的精准诊断和评估”等2个项目获自然科学奖二等奖；中国医学科学院北京协和医院的“潜伏性结核感染与活动性结核病诊断和预防新体系创建及推广”等5个项目获科学技术进步奖二等奖。东城区青少年科技馆、东城区应急局获北京市科普工作先进集体称号。东城区生态环境局1人、崇文门外街道办事处1人、鼓楼中医医院1人获北京市科普工作先进个人称号。区科技和信息化局科技发展科获北京市就业工作领导小组授予的北京市就业创业工作先进集体称号。

（曹汪菁）

【企业交流座谈会】3月26日，区科技和信息化局组织召开企业交流座谈会，区文旅局、商务局、文促中心、王府井管委会等部门参会。参与座谈的企业为北京《瑞丽》数字科技有限公司和香港山城集团。各部门详细介绍东城区在营商环境方面的优势与政策，与会人员围绕文化赋能东城建设、老字号守正创新、传统品牌国潮孵化、企业数字化转型升级等方面展开深入交流与探讨，希望在“文化+科技”融合创新领域联合探索，赋能东城建设。

（曹汪菁）

【文化科技融合项目落地】4月29日，中国传媒大学研发小组完成“‘故宫以东’——城市文化互动平台”线下部分并在王府井商业街东方新天地商场内落地。现场围绕“故宫以东·城市盲盒”主题空间场景，打造包含数字长卷、科技交互体验等8个盲盒，汇聚八大文化体验空间，让文化变成可感、可触、雅俗共赏的趣味体验，让传统文化借助数字科技“活”起来。

（曹汪菁）

【科普专项结题验收】5月至7月，区科技和信息化局先后组织专家对2020年东城区科普专项项目进行结题验收。“东城区垃圾分类宣传活动”“新冠肺炎后疫情期社区居民全周期健康管理科普项目”“科技狂欢节——东城区青少年机器人与人工智能主题系列科普活动”“‘绿色小屋’科普宣教基地建设项目”4个项目通过专家评审，完成结题验收。

（曹汪菁）

【2021东城区科技活动周举行】5月22—28日，东城区举办主题为“百年回望：中国共产党领导科技发展”2021年东城科技活动周。东城区科普工作联席会议各成员单位、各科普基地、社区科普体验厅、创新型科普社区、“六型”社区及有关企事业单位，因地制宜，采取线上线下等方式面向社区居民、社会公众、青少年，广泛开展丰富多彩的群众性科普活动。院士进学校活动、科普云讲座活动、专题科普发布等深受欢迎。

（曹汪菁）

【专家入户辅导技术合同登记】9月8日，区科技和信息化局邀请北京市技术市场管理办公室专家，为冶金工业信息标准研究院的技术人员做关于技术合同登记的上门专项辅导，讲解技术合同及认定登记的有关内容。该院技术人员40余人参加辅导讲座。

（曹汪菁）

【交流与对口帮扶】10月9日，北京市怀柔区科委一行14人到东城区调研科技服务业有关情况。分别到北京起重运输机械设计研究院有限公司和北京汉潮大成科技孵化器有限公司参观座谈，调研科技创新、成果转化、科技孵化、项目服务等方面的有关情况。10月12—15日，区科技和信息化局赴内蒙古自治区乌兰察布市化德县开展对口帮扶工作，与化德县德包图乡开展对口帮扶座谈会，并举行捐赠仪式。区内企业视联动力信息技术股份有限公司、北京大道信通科技股份有限公司及农业银行东城支行分别向德包图乡政府、有关企业进行捐赠。炫壹科技（北京）有限公司为德包图乡及化德县电商产业园举办2次直播带货的专门培训，为德包图乡企业和青年带来最新的电商理念和直播技术。

（曹汪菁）

【科技政策法规与科普能力培训】11月8日，区科技和信息化局邀请北京市技术市场管理办公室专家，在线上举办科技政策法规培训和技术合同登记认定培训。专家详细解读《技术合同认定规则》，宣讲技术合同登记优惠政策，并和参会企业进行互动交流，鼓励企业积极申报技术合同认定登记。120余人参加。11月23日，区科技和信息化局邀请中国科学院大学人文学院专家，在线上举办科普工作者科普能力提升培训。讲解近代世界科学文化浪潮，介绍国际科学素养对比分析，培训新形势下新颖的科普方式，并组织参会科普工作者进行互动交流。区内科普专兼职工作人员80余人参加。

（曹汪菁）

【3家单位入选国家示范基地】11月，科技部、中央宣传部、中央网信办、文化和旅游部、广电总局5部委联合公布第四批国家文化和科技融合示范基地名单，故宫博物院、中文在线数字出版集团股份有限公司、新维畅想数字科技（北京）有限公司3家单位入选单体类基地。

（曹汪菁）

【文化科技融合项目立项】12月，东城区文化科技融合项目：重力聿画的“基于VR/AI技术的‘故宫以东’文化旅游动漫IP示范应用”、锋尚世纪的“虚拟演艺云平台研发及示范应用”和中文在线的“基于区块链的版权保护平台的研发及示范应用”入选市科委、中关村管委会文化科技融合重点项目，获得市级科技资金支持760万元。

（曹汪菁）

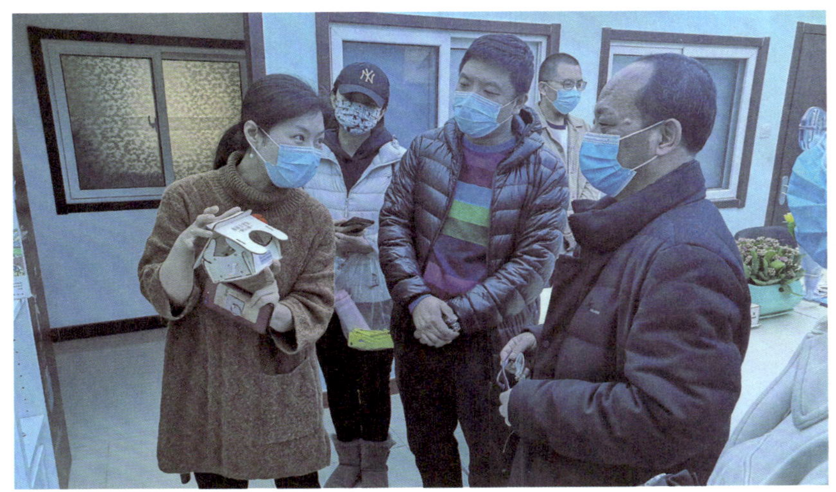

5月至7月，区科技和信息化局对2020年东城区科普专项项目进行实地督导及验收（赵阳摄）

【3家上榜中国新经济企业500强】2021年，36氪研究院发布2021年中国新经济企业500强榜单，北京云杉世界信息技术有限公司、北京光线传媒股份有限公司、北京猫眼文化传媒有限公司分别位居榜单第128名、第192名、第396名。3家企业全部纳入中关村高新技术企业库。

（曹汪菁）

【科技计划项目立项】2021年，区科技和信息化局组织开展科技计划项目立项工作，征集95项科技计划项目，经过专家评审等程序，19个"科技+智造""科技+现代服务业""科技+健康""科技+低碳环保"等方面的项目获得区科技计划项目立项资金支持150万元。

（曹汪菁）

【2021科普专项项目立项】2021年，区科技和信息化局组织开展东城区科普专项征集工作，经过走访、专家评审等环节，支持北京市第五中学的"中学人工智能系列科普活动"等7个科普项目共207.59万元。

（曹汪菁）

【首个国家级创业孵化示范基地】2021年，嘉诚文化科技融合创业孵化基地入选第五批全国创业孵化示范基地拟认定名单，成为东城区首个国家级创业孵化示范基地。

（曹汪菁）

专利管理

【概况】2021年，东城区累计专利申请量为1.04万件，授权数量9283件，有效发明专利2.25万件。创新产出指数中两项重要评价指标，每万人拥有高价值发明专利数90.59件，每百家企业商标拥有量170.6件，均位列北京市前三名，与东城区整体社会经济水平相当。

（马　涛　续　慧）

【知识产权保护】2021年，东城区市场监督管理局成立由17个职能部门组成的东城区打击侵权假冒工作领导小组，建立联席会议、案件会商、信息报送等工作制度，召开区级联席会议3次，向北京市"双打"办报送信息67篇。区市场监督管理局全年立案查处知识产权案件28件，办结16件，罚没款45.08万元，没收侵权商品547件，其中查办的"鲍师傅"商标侵权案入选北京市市场监督管理局、北京市知识产权局"知识产权行政保护十大典型案例"。

（马　涛　续　慧）

【知识产权公共服务】2021年，在"数字东城"上，实现北京市知识产权试点单位、示范单位等政务服务事项一网通办，率先实现"网上办、零接触"，进一步提高行政办事效率、降低企业办事成本。全年区市场监督局共推荐企业47家获评北京市知识产权试点单位，推荐企业7家获评北京市知识产权示范单位。

（马　涛　续　慧）

【世界知识产权保护日系列活动】4月26日起，区市场监管局在世界知识产权保护日宣传周期间开展以"知识产权：助力疫情防控，服务首都高质量发展""全面加强知识产权保护，推动构建新发展格局"为主题的宣传活动。通过猫眼APP，崇文门商圈"摩方"，北京站、东直门交通枢纽户外显示屏，王府井大街和地铁鼓楼大街站电子显示屏滚动播放宣传海报，辖区各市场监管所依据辖区特点开展形式多样的宣传活动，在全区范围内营造良好的知识产权保护氛围。

（曹汪菁）

【打击专利代理违法违规行为】2021年，东城区市场监督管理局加强对专利代理行业的正向引导，加大对专利代理违法违规行为打击力度，督促申请人主动撤回非正常专利申请。东城区非正常专利申请量280件，主动撤回201件，撤回率71.79%，位列全市第二位。

（马　涛　续　慧）

【促进"两区"建设】2021年，根据《东城区"两区"建设工作方案》工作部署，区市场监督管理局发挥知识产权在创新创造中的作用，试点搭建知识产权质押融资平台，整合银行、担保公司、知识产权运营公司、评估公司等多方资源，共同解决知识产权评估难、处置难、融资金额少等问题。至年底，东城区专利质押项目

12月14日，东城区市场监督管理局对工美大厦冬奥会特许商品零售店开展知识产权保护工作检查（何筱强摄）

5个、专利件数303件，质押金额1.12亿元；商标质押项目2个、商标质押件数16件，质押金额5720万元，提前超额完成“两区”建设任务。

（马 涛 续 慧）

中关村东城园

【概况】中关村科技园区东城园管委会（简称东城园管委会）是负责中关村科技园东城园综合管理工作的区政府派出机构。东城园区总规划占地面积603公顷。拥有国家级文物5处，市级文物7处，保护院落4处，先后获3块国家级和5块市级授牌。涉及文化艺术、新闻出版、艺术品交易、旅游休闲、广告会展、数字版权、移动互联网7个文化科技融合领域、4个文化演艺板块、77文创园等19处胡同创意工厂。2021年，东城园管委会精准施策抓服务，构建“亲清”政商关系，组织召开重点企业恳谈会，联系服务企业1487户次，其中区领导走访企业38次。收集企业需求8类451项，解决414项，解决率92%，满意率100%。协助园区企业申请公租房73套。压紧压实园区31栋重点商务楼宇防疫任务，为驻区央企、重点楼宇组织疫苗接种专场70余场4万余针次。聚焦“两新”组织，培训党员1800余人次，恒信东方党支部等获北京市互联网企业党建特色品牌，领先未来等党支部获北京市100个“两新”组织“党建强、发展强”党建品牌，园区工会服务站获2021年全国最美工会户外劳动者服务站点称号。

（刘东维）

【企业协助北京疫苗接种】3月9日，北京市疾病预防控制中心向北京合众思壮时空物联科技有限公司发来感谢信，对企业协助北京市疾控中心开展疫苗流转和管理表示感谢。新冠肺炎疫情防控工作中，北京合众思壮时空物联科技有限公司全面配合北京市疾控中心各项工作，针对系统管理、统计管理、智慧物流等紧急需求，组织和开发数据对接，为北京市疫苗流转提供统一平台化管理，实现全市疫苗物流信息订单、发放、在途等关键环节的互联网可视化管理，有效确保疫苗的精准派送，做到市、区、街道及接种点间无缝对接。

（刘东维）

【体育产业沙龙举办】4月20日，由东城区政府主办，东城园管委会、华奥星空承办的“紫金龙潭·华奥星空体育产业沙龙”在角楼图书馆举行。中国体育报业总社有限公司、北京冬奥组委市场开发部、冬奥合作伙伴安踏集团、中国篮球协会、华奥星空、东方信达等单位企业参加，围绕体育消费新场景、运动协会创新发展、数字化运营助力协会发展、大数据助推体育产业等话题进行交流。东城园管委会与华奥星空签署战略合作协议，双方将依托东城区现有空间和产业资源，共同推动文化体育产业融合发展。

（刘东维）

【“智企未来 知保护航”沙龙】5月12日，东城园管委会在中关村协同发展创新中心，组织开展“智企未来知保护航”主题沙龙活动，推动东城园企业和知识产权保护服务机构对接交流。邀请中关村知识产权局、区市场监管局、区法院、专业律师事务所和知识产权服务企业，从申报认证、法律保护、维权诉讼、联盟互助4个维度展现知识产权服务内容，园区企业40余家参加沙龙活动。

（刘东维）

【红色诵读活动举办】6月28日，东城园工委在77美术馆剧场举办庆祝中国共产党成立100周年大会暨“永远跟党走 奋进新时代”红色诵读活动，园区工委、管委会干部及非公企业党员代表160余人参加。活动中回顾党的发展历史，总结园区工委工作亮点，为新成立的10个基层党组织进行集体授牌，先进典型代表和新成立党支部代表进行经验分享和表态发言。

（刘东维）

【品牌活动“思享会”举办】6月23日，东城园新联会经典品牌活动“思享会”在雍和宫·壹中心昆仑书集举办。活动以“新营销、新消费、新品牌”为主题，围绕品牌营销、新媒体发展变化和未来趋势等，进行主题演讲分享、现场问答互动。参会人数40余人。

（刘东维）

【政金企对接活动】6月24日，东城园管委会组织政金企对接活动，驻区企业及金融机构50余家参加。东城园管委会立足企业发展需求，统筹驻区银行、保险、担保、投资公司等多种类型的金融资源，努力打造“金服在行动”园区投融资促进品牌，进一步促进政金、政企深度交流，形成以政府主导，科技、文化、金融各要素资源融合、企业良性互动的营商环境，以金融助力文化科技企业高质量发展。

（刘东维）

【政企交流会】6月8日，东城园在东雍文化园举办“5G时代下的场景应用”主题交流会。园区科技型企业7家围绕大数据、人工智能、云计算、虚拟现实、视联网等领域开展项目推介。针对企业在发展上的需求，参会的东城区政府相关部门现场解答对接。东城园管委会创新形式为企业搭建交流合作平台，统筹资源对接企业诉求，“一企一策”精准服务。

（刘东维）

【绿色低碳创新服务中心成立】7月14日，东城园企业北京中创碳投科技有限公司参与发起成立绿色低碳创新服务中心。该中心以服务中关村双创主体为核心，促进产业共性关键技术研发、科技成果转化及产业化，做好科技资源共享服务，推动重点领域项目、基地、人才、资金的一体化配置，着力打造全国绿色低碳领域的科

6月24日，东城园管委会举办政金企对接活动（东城园管委会提供）

技创新高地。

（刘东维）

【创新孵化集聚区座谈会举办】8月10日，东城园管委会在嘉诚有树园区组织召开以“科技赋能、提速转型”为主题的创新孵化集聚区企业座谈会暨半年工作总结会，东方嘉诚、嘉润创业、航星园、绿维文旅、汉潮大成、梦想加等12家创新孵化集聚区运营机构负责人参加会议。东城园管委会做好总体协调工作，建立创新孵化集聚区定期联络机制，继续发挥桥梁纽带作用，与相关区属部门研究出台相关奖励政策，同时要求各相关区属部门发挥各自职能，进一步优化创新孵化集聚区的创业环境。

（刘东维）

【蔡奇书记调研中关村东城园】9月3日，北京市委书记蔡奇调研中关村东城园雍和片区歌华大厦，听取中关村东城园历史沿革、发展现状和发展思路汇报，了解东城区积极推进中关村东城园转型升级，培育壮大信息技术、文化科技等重点产业，促进经济高质量发展情况。蔡奇书记要求，做实文化科技融合示范基地，培育新三板企业，利用好现有空间做强科技板块，发挥园区聚集效益，建设生态园区。

（刘东维）

【承办中国北欧发展与创新论坛】9月25日，由东城区政府主办，中关村东城园管委会、中关村雍和航星科技园、IVL瑞典环境科学研究院共同承办的中国北欧可持续发展与创新论坛在中关村会议中心开幕。作为2021年中关村论坛重要的平行论坛，论坛以“科技创新、全球合作推进碳中和战略”为主题，聚焦全球“碳达峰、碳中和”科技创新和国际合作等热点话题，汇聚多位中欧著名科学家，主动式建筑研究会、零碳发展研究院等可持续领域国际科研机构，丹麦威卢克斯集团、芬兰普兰诺拉集团等国际企业展开高端对话，探讨在双碳领域的科学技术、产业实例和系统性的解决方案，助力科技界和产业界可持续发展与创新，共谋绿色发展之路。

（刘东维）

【“创意点亮北京”活动举办】9月22日，东城园举办第十二届北京国际设计周东城分会场“创意点亮北京”活动，以“绿色、生长、原创——城市更新背景下的东城创意”为主题，涵盖开幕式、灯光与装置设计展、产业论坛、设计展览、艺术街区五大板块，通过30余个新场景点亮北京国际设计周东城分会场。活动利用地图打卡、游戏探索等形式，联动园区沿线文化园、创新街区、老字号及艺术商铺，在扩大园区企业联动宣传的基础上，充分挖掘和传播区域文化与历史内容，实现以文创品牌活动激发区域发展活力。

（刘东维）

【次世文化上榜创新企业榜单】2021年，东城园企业北京次世文化传媒有限公司上榜2021中国VRAR创新企业TOP50榜单。次世文化是一家跨次元虚拟IP内容开发运营商，公司全面开拓虚拟人智能化、场景化，及与多平台进行以“虚拟人”为载体的生态互通。

（刘东维）

【美菜网上榜独角兽企业榜单】2021年，东城园高新技术企业北京云杉世界信息技术有限公司（简称美菜网）上榜2021年中国100家最具发展潜力的独角兽企业榜单。美菜网作为中国餐饮供应链杰出服务商，致力于用互联网思维改变国内现代农业和餐饮供应链，专注为全国近100万家餐厅，提供全品类、全程无忧的餐饮食材采购服务。

（刘东维）

【重点企业恳谈会】12月28日，东城园管委会组织举办“联盟·联手·联心·联动”东城区领导与东城园重点企业恳谈会。参会的重点企业负责人围绕应对疫情影响持续发力经济强区、优化企业健康发展环境等方面提出突破口、发力点，围绕借势东城区“两区”建设、东城园中关村创新示范区先行先试改革，如何创新发展、弯道超车提出动力源、落脚点。

（刘东维）

教　育

12月10日，“聚焦经典 筑基成长”北京市中小学校园阅读促进项目经验交流会暨“北京阅读季·少年读书节论坛”在东城区史家小学分校召开（唐晨摄）

综　述

2021年，东城区教委在区委、区政府领导下，推动“双减”政策落实落地，保障重大活动开展，促进学生全面发展和健康成长。在建党百年之际、“十四五”开局之年，谱写常态化疫情防控下教育优质均衡发展新篇章。

推进党史学习教育。教育两委做好党史学习教育，成立工作专班，研究制订方案，成立56个巡回指导组，深入基层单位督促指导。开展“学党史、强信念、跟党走”主题团队课交流及“百节主题班队会”评比展示活动。绘制北京市东城区中小学红色文化教育地图，发布“红色文化教育研学单”。编辑党史学习读物《百年百事》。与爱国主义教育基地开展“红色共建行动”。拍摄制作专题片《铭记——中国共产党领导下的东城教育路（1949—2021）》。

疫情防控严密高效。完善教育系统疫情防控工作机制，统筹调配各种力量，畅通信息报送渠道，保障“塔形”闭环防控指挥体系高效运转。发动教职工、离退休人员、在校学生接种新冠疫苗，开展“家校共育有你有我——小手拉大手”活动，家校合力共筑免疫屏障。40所学校为全区30余万居民提供核酸检测场地保障。中小学生核酸筛检120场次11.34万人。

“双减落实”有效。建立区级“双减”工作专班，形成专班推进、部门协同、上下联动工作机制。教委机关增设校外培训工作科，规范管理校外学科类培训机构，由82址减至20址；校内服务保障做实做强，建立184个“双师教学教室”，提供超百节优质“双师课程”；丰富课后供给，79所中小学教师8800余人及少年宫、科技馆等校外教师近400人参与课后服务，开设素质拓展类课程4100余门。面向家长开展课后服务问卷调研，满意率93.8%。

教育综合质量提升。系统构建中小幼一体化德育工作体系，重点拓宽劳动教育、红色文化教育两大德育路径。打造家校社协同育人、德育干部队伍提升、学生阳光心理建设三大德育工作支撑。完善区级评价机制，探索增值评价，促进学校教育教学质量提升。探索构建“小初高大”一体化思政课程体系与人才协同培养模式。评审确定28个东城区首批名学科基地，引领区域学科高地建设。推进高校战略合作工程，助力优质学校品牌影响力提升。加大优秀生培养力度，成立“卓越成长营”，建立2个区级优秀生培养基地。推进“健康·提升2025工程”。坚持“健康第一”理念，完善学生健康管理平台和健康成长档案建设。举办区级阳光体育赛事14项，参赛7300余人次。建设季节性冰场，推广冰雪运动，举办速滑、旱地冰球等赛事，助力冬奥会召开。开展“国家学生体质健康标准”区级统测，完成初、高中体育与健康学业水平考试1.12万人。研发学段贯通的长链条劳动教育课程，东城区劳动教育实践研究案例入选教育部《全国中小学劳动教育典型案例集》。开设面向中小学生职业体验课程155门，市民素质提升课程15门，覆盖东城区28所中小学和各街道，17.57万人次中小学生和1836人次居民参与线下学习。制订《东城区为适龄重度残疾儿童少年送教上门工作实施方案》。获评国家智能社会治理实验基地教育特色基地。巩固拓展脱贫攻坚成果同乡村振兴有效衔接，与受援地区打造特色项目、品牌工程，惠及师生近2万人。完成79所中小学年度综合评价。完成东城区“十四五”时期教育发展规划编制工作。

人才队伍建设加强。推进中小学校党组织领导的校长负责制试点工作。作为全市首批义务教育学校干部教师交流轮岗试点区，在原有教育综合改革基础上，新增交流轮岗结对校27对，涉及学校45所。打造政治素质和业务能力突出的“双强型”干部教师队伍，系统培训“青年成长营”营员235人，举办新任校长、书记、

12月6日，东城区史家小学分校学生在500平方米的季节性冰场开展冰雪课程学习（唐晨摄）

党务干部、中学教学干部、工会主席、团队干部、统战对象等专题培训班，开展形式多样教研活动，提升教师教育教学能力。聚焦校内“改革、转型、促提升”任务，做到“三提”（提高教育质量、提高作业管理水平、提高课后服务水平），落实“三管”（管好教育教学秩序、管好考试评价、管住教师违规补课）。夯实作业管理，将作业设计纳入教研体系，逐步实现各学校“一层一策”“一生一策”作业管理体系。

资源供给优质均衡。增加普惠性学前学位供给。小学扩班53个，新增学位3092个。深化学区制教育综合改革，天永学区新改扩建2所优质中学初中部校区业已招生，新增1个九年一贯对口直升项目。初中、小学就近入学率分别为99.65%、99.68%。

（崔　蕾　肖　菲）

6月22日，追忆红色故事、传承红色基因，北京市第一幼儿园开展庆祝建党100周年戏剧展演活动（唐晨摄）

学前教育

【概况】2021年，东城区教委辖属幼儿园67所（含非教育部门办37所），幼儿园在园幼儿1.98万人（含非教育部门办园8213人）。幼儿园教职工2076人，其中专任教师1588人。

（李媛媛）

【学前教育质量观大讨论】2021年，为办好幼有所育、幼有优育的学前教育，东城区组织开展新时代学前教育质量观大讨论。在讨论的基础上，9月24日，举办讨论成果现场展评活动，来自教师、保健医、后勤综治办、食堂管理等学前教育工作者44人结合自身岗位特点，分享对新时代学前教育质量观内涵的理解与思考。获区级展评一等奖11人，二等奖22人，三等奖11人。

（郭新宇　李媛媛）

【第八届“童心杯”展评活动】3月，东城区在区、园两级层面组织举办第八届“童心杯”社会领域教育展评活动，在各类型园所推荐的基础上，幼儿园48所教师194人参加区级展评。活动以35岁以下教师为主体，注重青年教师培养；展评方式上首次增加笔试环节，注重全面展现与考察教师综合素质；增设团体奖项，鼓励组织活动有效、整体成绩突出的园所。

（郭新宇）

【重点结对幼儿园与学校启动会】10月，东城区召开幼儿园与小学科学衔接工作座谈交流会暨重点结对幼儿园、学校启动会，重点结对幼儿园和学校的领导及老师30余人参加会议。会议采取走进现场，幼小同研的方式，结对园、校交流幼小衔接工作实施计划，聚焦问题、凝聚共识、明确方向。会议助力行政部门、教研部门幼小协同管理机制及园、校互通共研合作机制的形成，强化各部门、幼儿园、学校发挥各自职能作用，形成合力。进一步增进学段之间的相互了解，确保幼小衔接工作任务科学有效落实。

（郭新宇）

【学前教师参加市“京教杯”赛】6月，为深入贯彻落实中共中央、国务院《关于全面深化新时代教师队伍建设改革的意见》《关于学前教育深化改革规范发展的若干意见》。区教委学前科与教科院共同组织北京市中小幼第三届“京教杯”青年教师教学基本功培训和展示选拔活动，与往届不同的是，该届活动首次设立学前组别。活动以青年教师教学基本功和活动实践能力为着力点，充分发挥教学基本功培训和展示活动在提高教师队伍素质中的引领示范作用，共推荐40岁以下青年教师24人参加市级展示，其中获一等奖8人，一等奖率33%，二等奖3人。

（郭新宇）

表18

2021年东城区幼儿园（所）一览表

学校名称	学校地址	办公电话
北京市东城区大方家回民幼儿园	东城区朝阳门内南小街后芳嘉园胡同3号楼	65223208
北京市第三幼儿园	东城区中华路4号	66056886
北京市东城区新中街幼儿园	东城区东直门外胡家园小区24号	84543262
北京市第一幼儿园附属实验园	东城区安定门外小黄庄一区7号楼	84275712
北京市东城区东华门幼儿园	东城区北河沿大街149号	65127510
北京市东城区东棉花胡同幼儿园	东城区东棉花胡同20号	64075246
北京市第二幼儿园	东城区北新桥三条38号	84018171
北京市东城区华丰幼儿园	东城区和平里六区21号	84229098
财政部幼儿园	东城区大佛寺东街8号	64052473
国家林业和草原局幼儿园	东城区和平里七区21号	64208105
北京市第一幼儿园	东城区汪芝麻胡同19号	64040425
北京市东城区分司厅幼儿园	东城区安定门内分司厅胡同57号	84037302
商务部幼儿园	东城区台基厂三条2号	65246084
北京市东城区杰思幼儿园	东城区东直门外大街35号东湖别墅C座101、201	64179960
北京公交鸿运承幼儿教育中心第一幼儿园	东城区旧鼓楼外大街64号	62360237
北京市东城区东四五条幼儿园	东城区东四五条41号	64040197
北京市东城区崇文回民幼儿园	东城区东花市北里东区12号楼	67121875
北京市东城区西草市幼儿园	东城区西草市东街60号	67022454
北京市东城区红湖幼儿园	东城区龙潭北里三条3号	67123029
中国人民解放军北京军区空军育翔幼儿园	东城区板厂南里11号	66911841
北京市大地实验幼儿园	东城区东花市北里西区9号	67135825
北京市东城区永东幼儿园	东城区永定门东街中里23号	67025321
北京市第五幼儿园	东城区夕照寺街3号	67122474
北京市东城区第二幼儿园	东城区广渠门内大街31号	67145282
北京市第五幼儿园分园	东城区法华南里33号	67161804
北京市东城区安乐幼儿园	东城区永定门外大街86号文创园3号楼	67212868
北京市东城区永定门幼儿园	东城区西园子街32号	67019659
北京市东城区崇文幼儿园	东城区法华南里甲14楼	67156893
北京市东城区崇文第三幼儿园	东城区幸福北里甲12号	67115628
北京市东城区卫生健康委员会第一幼儿园	东城区锡拉胡同19号	65251975
北京市东城区景山魏家幼儿园	东城区魏家胡同19号	64040425
北京市第七幼儿园	东城区宝钞胡同23号	64045040

续表18

学校名称	学校地址	办公电话
中国人民解放军空军后勤部蓝天幼儿园	东城区北锣鼓巷99号	66725225
北京市东城区卫生健康委员会第三幼儿园	东城区和平里民旺园甲7号	64215178
中央军委机关事务管理总局红星幼儿园（黄寺园）	东城区安德里北街21号院东院	66794773
应急管理部机关服务中心幼儿园	东城区和平里九区甲3号	64463818
北京市东城区前门幼儿园	东城区草厂九条35号	67011142
北京市东城区光明幼儿园	东城区光明楼甲25号	67116906
中共北京市委机关幼儿园	东城区光明路1号	67169177
北京市东城区金鼎实验幼儿园	东城区和平里中街29号	64206209
北京市东城区青青藤幼儿园	东城区安化北里18号院6号楼	87926510
北京市第一幼儿园海晟实验园	东城区东直门外十字坡东小街1号	84532164
北京市东城区九月幼儿园	东城区安定门街道净土胡同9号	69948886
北京市东城区明城幼儿园	东城区盔甲厂胡同9号	65595651
北京市东城区育萌幼儿园	东城区天坛东路13号院1号楼	52172266
北京市东城区环球教育实验幼儿园	东城区天坛东路9号院	64439722
北京市东城区和乐蔷薇幼儿园	东城区培新街10号	67166117
北京市东城区春江幼儿园	东城区南水关胡同60号	65257727
北京市东城区东华门幼儿园分园	东城区南河沿大街19号	65126497
北京市东城区实验幼儿园	东城区松林街2号院1号楼	67215618
北京市东城区天坛南里幼儿园	东城区天坛南里16号	67017396
北京市东城区革新里幼儿园	东城区西革新里116号院7号楼	87865995
北京市东城区优肯幼儿园	东城区广渠门外大街41号	67700677
北京市东城区阳光天使幼儿园	东城区永外街道定安里一号楼底商	87893162
北京市东城区爱朗幼儿园	东城区广渠门内大街36号幸福家园3期13号楼	53682749
北京市东城区华之澜实验幼儿园	东城区永定门外大街86号	87107866
北京市东城区为依幼儿园	东城区和平里七区甲12号	64284528
北京市东城区华汇和睿幼儿园	东城区西总布胡同57号	65288699
北京市东城区永外实验幼儿园	东城区安乐林二条20号	64666988
北京市东城区中教语文实验幼儿园	东城区东四南大街3号	65287813
北京市东城区爱加倍幼儿园	东城区北花市大街2号	67100040
北京市东城区龙潭幼儿园	东城区龙潭路8号迤北之三	67127188
北京市东城区东方祥泰第一幼儿园	东城区和平里中街三号院9号楼	64239259
北京市东城区向日葵玉河幼儿园	东城区椿棒胡同2号	64025088

续表18

学校名称	学校地址	办公电话
北京市东城区精诚实验幼儿园	东城区地安门东大街47号	64069188
北京市东城区红星幼儿园	东城区东四十条113号	80443296
北京市东城区合一幼儿园	东城区中芦草园5-7号	67026278
北京市东城区史家胡同精诚实验幼儿园	东城区史家胡同42号	65258280

（李媛媛）

基础教育

【概况】至9月，东城区共有在办普通中学38所（含非教育部门办1所），其中初中7所，高中2所，完全中学25所，九年一贯制学校2所，十二年一贯制学校2所；小学47所，特殊教育学校2所，工读学校1所。基础教育在校学生11.17万人（含非教育部门办234人），其中普通高中1.63万人，初中2.61万人，小学6.94万人，特殊教育学校在校生189人，工读学校在校生32人。小学教职工5921人，普通中学教职工6436人，特殊教育教职工129人，工读学校教职工51人，校外教育教职工339人，其他直属单位教职工620人。

（李媛媛）

【入团仪式暨区少年先锋岗启动】4月25日，由共青团东城区委、东城区委教育工委主办，北京汇文中学承办的“永远跟党走 青春筑未来”——新团员入团仪式示范活动暨区少年先锋岗启动仪式在北京汇文中学彭雪枫将军雕像前举行。入团仪式中为新团员颁发团章并佩戴团徽，新老团员高举右拳，庄严宣誓。东城区教育系统“身边党员榜样”、全国优秀团干部代表讲述自己的成长故事，激励团员青年不断奋进。启动东城区少年先锋岗，北京市第二十五中学的少先队员代表在彭雪枫将军雕像处站岗。东城区委、团区委、区委教育工委相关领导与东城区共青团团干部、共青团员、少先队员100余人参加活动。

（崔　蕾）

5月31日，在东城区爱国主义教育基地——永定门城楼的南广场上，东城区少先队新队员面向少先队旗宣誓（唐晨摄）

【少先队员“六一”入队仪式】5月31日，由共青团北京市委、北京市少工委、中共东城区委主办，东城区委宣传部、区委教育工委、团区委承办的“红领巾心向党，争做新时代好队员”——2021年首都少先队员“六一”入队仪式在东城区爱国主义教育基地永定门城楼南广场举行。入队仪式上，东城区学生200人被正式批准加入少先队组织，佩戴上红领巾。入队仪式上表彰2020年度北京市优秀少先队员200人，北京市优秀少先队辅导员100人，北京市优秀少先队集体100个。共青团中央少年部、团市委中少部、市教委、区委教育工委相关领导与东城区少先队员和少先队辅导员代表近500人共同参加活动。

（崔　蕾　李媛媛）

【红领巾小导游大赛】6月11日，第五届“东城，我为你骄傲！”——红领巾小导游大赛举行，东城区33所小学的58个“小导游”团队少先队员165人参赛。“小导游”在比赛中以“寻找党的足迹”为主题，结合东城区红色教育地图资源，对人民英雄纪念碑、国家博物馆等红色文化教育基地的地理位置、历史面貌和历史意义、时代价值等进行讲解，回顾中

9月24日，在区第十五届中小学民族团结教育周主题活动上，回民小学学生表演校园剧《对话英雄》（徐鹏摄）

国共产党成立100年来在不同历史时期发生的重要事件。北京市东城区灯市口小学的“探梦航天队”等10个导游团队被评为“红领巾十佳小导游队”，北京市汇文第一小学的“红星追梦导游队”等11个导游团队被评为“红领巾优秀导游队”。

（崔　蕾　李媛媛）

【阳光少年艺术节展演】7月22—23日，东城区阳光少年艺术节展演活动举行，来自东城区少年宫、崇文少年宫、天坛青少年活动中心、明城青少年活动中心的学员1000余人用音乐（西乐、民乐）、舞蹈、合唱、戏剧等多种艺术形式讴歌中国共产党的光辉历程、取得的伟大成就。艺术展演活动结合庆祝中国共产党成立100周年的主题，展现广大青少年学生积极向上的精神面貌和东城区校外教育实践育人的成果。展演活动期间，特邀中国国家交响乐团、中国广播艺术团、中国戏曲学院、北京舞蹈学院、北京人民艺术剧院等专业院团的专家、教授为校外艺术教师进行专业指导，提高东城区校外教育质量。

（王雨涵）

【中小学民族团结教育周】9月24日，“强国有我，少年续华章——东城区第十五届中小学民族团结教育周主题活动启动仪式”在回民小学举行。活动回顾15年来东城区各中小学推进民族团结教育工作的有效做法；东城区回民小学、回民实验小学、和平里第四小学等9所中小学校的师生代表通过校园剧表演、民族歌曲合唱、民族体育运动展示等形式展现学校推进民族团结教育的成果；青少年学生代表向东城区全体中小学生发出努力成为担当民族复兴大任的时代新人的倡议。东城区政协、区民族宗教办、区委教育工委、区教委相关领导出席，东城区各中小学民族团结教育工作主管干部及学生代表共90人参加活动。

（李媛媛）

【东城区第四十一届学生科技节】11月19日，以“星耀百年，创新逐梦”为主题的东城区第四十一届学生科技节在东城区体育馆路小学开幕。第四十一届科技节期间，中小学生参与市区级科技竞赛44项，开展科普实践活动92项。获国际赛事一等奖39人，获国家级赛事一等奖218人，获市级赛事一等奖531人。第四十一届中小学生科技节采取线上与线下结合形式，开展青少年机器人人工智能大赛、电子信息工程、青少年创客大赛、青少年科技创新大赛等赛事46项。

（李媛媛）

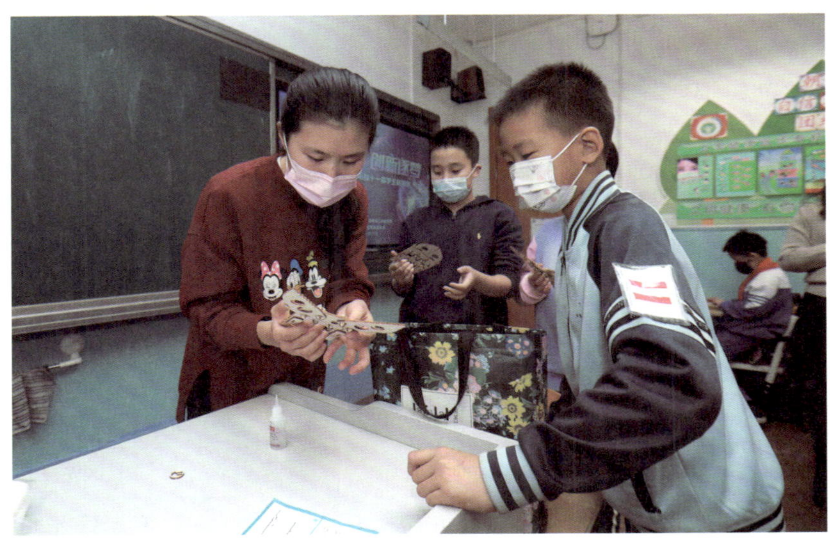

11月19日，东城区第四十一届学生科技节开幕，体育馆路小学学生动手体验科技实验（徐鹏摄）

表19　　2021年东城区小学一览表

学校名称	学校地址	办公电话
北京市东城区灯市口小学	东城区灯市口北巷14号	65250582
北京汇文实验小学朝阳学校	朝阳区弘善家园119号	67189481
北京市东城区东交民巷小学	东城区台基厂大街14号	65131284
北京市东城区东四七条小学	东城区东四七条胡同31号	64043873
北京市东城区史家小学分校	东城区北门仓一号	84070087
北京市东城区西中街小学	东城区东直门外十字坡东里10号楼	64172386
北京市东城区西总布小学	东城区西总布胡同19号	65231053
北京市汇文第一小学	东城区柳罐胡同2号	65240915
北京市第一六六中学附属校尉胡同小学（北京市东城区校尉胡同小学）	东城区校尉胡同8号	65252652
北京市东城区和平里第三小学	东城区和平里兴化路9号	84281424
北京市第五中学分校附属方家胡同小学（北京市东城区方家胡同小学）	东城区方家胡同17号	64014841
北京市东城区和平里第一小学	东城区和平里中街甲21号	84223532
北京市东直门中学附属雍和宫小学（北京市东城区雍和宫小学）	东城区雍和宫大街藏经馆胡同27号	64045703
北京市东城区织染局小学	东城区水篦箕胡同甲5号	64031828
北京市东城区黑芝麻胡同小学	东城区黑芝麻胡同11号	64031828
北京市东城区地坛小学	东城区和平里九区甲2号	64262206
北京市东城区东四十四条小学	东城区东四十三条73号	64042750
北京市东城区分司厅小学	东城区鼓楼东大街小经厂2号	64041261
北京市东城区史家实验学校（北京市东城区曙光小学）	东城区东中街铜厂子胡同8号	64661155
北京市第一七一中学附属青年湖小学（北京市东城区青年湖小学）	东城区安德里北街20号	84126076
北京市东城区东四九条小学	东城区东四九条67号	64043778
北京市东城区和平里第四小学	东城区和平里交林夹道	64211026
中央工艺美院附中艺美小学	东城区东直门外胡家园20号	64172386
北京市东城区回民小学	东城区朝阳门内大街124号	65252314
北京市东城区新鲜胡同小学	东城区朝内南小街新鲜胡同36号	65252498
北京市东城区安外三条小学	东城区安外上龙北巷3号	84132605
北京市东城区和平里第九小学	东城区和平里七区20号楼	84252025
北京市东城区府学胡同小学	东城区府学胡同65号	64045995
北京市东城区史家胡同小学	东城区朝内北小街南弓匠营胡同2号	64065588
北京市东城区革新里小学	东城区永外管村5号	67233317

续表19

学校名称	学校地址	办公电话
北京市东城区定安里小学	东城区永外定安里26号	87277890
北京市东城区精忠街小学	东城区精忠街11号	67021505
北京市东城区天坛东里小学	东城区天坛东里内8号	67057864
北京市东城区景泰小学	东城区永定门东街7-2号	67212156
北京市东城区培新小学	东城区幸福巷4号	67192831
北京市东城区宝华里小学	东城区沙子口路63号	67221380
北京市东城区板厂小学	东城区板厂南里7号	67189481
北京市崇文小学	东城区花市枣苑12号	67125642
北京市东城区前门小学	东城区崇文门西河沿甲211号	67036606
北京市东城区金台书院小学	东城区东晓市街203号	65112460
北京市东城区体育馆路小学	东城区法华南里21号	67122559
北京第一师范学校附属小学	东城区永外桃杨路7号	87921073
北京市东城区文汇小学	东城区忠实里南街乙58号	87715308
北京市东城区新开路东总布小学	东城区新开路胡同55号	65251340
北京光明小学	东城区光明路甲12号	67123839
北京市广渠门中学附属花市小学（北京市东城区花市小学）	东城区东花市北里西区1号	67185415
北京市东城区回民实验小学	东城区东花市大街99号	67122965

（李媛媛）

表20

2021年东城区中学一览表

学校名称	学校地址	办公电话
北京市第二中学分校	东城区南竹杆胡同81号	65268716
北京市第五中学分校	东城区鼓楼东大街152号	64039667
北京市文汇中学	东城区广渠门外忠实里9号	87759872
北京市前门外国语学校	东城区前门东大街甲14号	67023169
北京市第十一中学分校	东城区天坛南里14号	67024119
北京市第十一中学实验学校	东城区西革新里114号	67025095
北京汇文中学朝阳学校	朝阳区弘善家园201号	87876618
北京市和平北路学校	东城区安外大街168号	64294958
北京市第一一五中学	东城区天坛东路13号	67029131
北京市第二十二中学	东城区交道口东大街77号	64042225
北京市第二十七中学	东城区东华门大街智德前巷11号	65288342
北京市第一六六中学	东城区灯市东口同福夹道3号	65253226

续表20

学校名称	学校地址	办公电话
北京市东直门中学	东城区东直门内北顺城街2号	64014988
北京市第六十五中学	东城区北河沿大街115号	65251745
北京市第二十五中学	东城区灯市口大街55号	65257525
北京市第五十四中学	东城区和平里六区9号	84228550
北京市第一四二中学（北京宏志中学）	东城区和平里中街43号	64219035
北京汇文实验中学（北京市第一二五中学）	东城区崇内后沟胡同乙2号	65246227
北京市第二十四中学	东城区外交部街31号	65254402
北京市第一七一中学	东城区和平里北街8号	64212702
北京市第五十五中学	东城区新中街12号	64169574
北京市第一六五中学	东城区育群胡同45号	84003061
北京市第二十一中学	东城区交道口北三条57号	64050102
北京市翔宇中学	东城区东直门北大街甲2号	84481148
中央工艺美术学院附属中学	东城区胡家园23号	64674127
北京市第一中学	东城区宝钞胡同甲12号	64023280
北京市崇文门中学	东城区东花市北里西区5号	67192071
北京市广渠门中学	东城区白桥大街甲1号	67126226
北京市第五十中学	东城区夕照寺大街13号	67192689
北京市龙潭中学	东城区板厂南里3号	67147725
北京汇文中学	东城区培新街6号	67117375
北京市第九十六中学	东城区崇文门西小街3号	67014822
北京市第十一中学	东城区金鱼池西区1号	67025095
北京市第五十中学分校	东城区安乐林路14号	87264492
北京市第二中学	东城区内务部街15号	65252231
北京市第五中学	东城区细管胡同13号	64068564
北京市外国语学校	东城区东公街14号	64032966
北京景山学校	东城区灯市口大街53号	65252555
北京市第一零九中学	东城区幸福大街43号	67119431

（李媛媛）

表21　2021年东城区特殊教育学校、工读学校一览表

学校名称	学校地址	办公电话
北京市东城区特殊教育学校	东城区小黄庄路一区16楼	84283449
北京市东城区培智中心学校	东城区体育馆西路33号	67020405
北京市东城区工读学校	顺义区后沙峪地区裕民大街11号	80484522

（李媛媛）

高等教育

北京协和医学院

【概况】北京协和医学院1917年由美国洛克菲勒基金会创办，是中国最早设有八年制临床医学专业和护理本科教育的重点医学院校。中国医学科学院1956年成立，是中国唯一的国家级医学科学学术中心和综合性医学科学研究机构，为北京协和医学院提供师资和技术力量。北京协和医学院有19个直属所院。中国医学科学院和北京协和医学院自1957年起实行院校合一管理体制。作为中国最高医学研究机构和最高医学教育机构，院校自成立以来始终以引领国内医学科技教育发展和维护人民身体健康为己任，为中国医学卫生健康事业的发展作出重要贡献。2021年，统筹推进疫情防控和中国医学科技创新体系核心基地建设，实现院校阶段性发展目标。加快核心基地建设，打造医学科技创新高地。构建“开放型”国家医学科技创新体系。院外研发机构106个，包括研究院/基地3个，创新单元95个，研究中心4个，工作站4个。院内国家重点实验室6个，国家临床医学研究中心5个，其他国家科研基地13个，省部级科研平台53个。院校国家重点实验室数目在全国医学院校中居首位。发挥高端智库作用，搭建高端学术交流平台，首次发布《中国21世纪重要医学成就》《中国2020年度重要医学进展》。发布年度中国医院和中国医学院校科技量值（STEM）。设立咨询研究项目《我国医学科技评价体系与方法的建立》《我国规范化中文临床医学术语体系及结构化电子病历的构建》《建设我国新型医学研发机构》并形成报告。全年纵向科研项目立项1098项，经费4.06亿元；发表论文4571篇，其中SCI收录2849篇；获授权专利752项；2021年，获2020年度国家自然科学奖二等奖2项，国家科学技术进步奖二等奖1项；科研成果亮相国家“十三五”科技创新成就展7项；院校生物学、临床医学、基础医学、公共卫生、药学5个学科12人分别入选全球其各自学科领域中国内学者前10名。印发《北京协和医学院关于落实深化新时代教育评价改革总体方案工作清单》。推进临床医学专业培养模式改革试点，国外高校生源比例增加，生源质量逐年提升。系统推进学科建设，完成教育部第5轮学科评估及《2021—2025“双一流”学科（群）建设方案》撰写。推进“双一流”学科群建设，打造临床医学、公共卫生与预防医学、药学、生物学、生物医学工程学科等一流学科群。成立马克思主义学院。修订《本科专业培养方案》，推行学分制改革，鼓励开设“医学+”及“跨专业教育”课程，在临床医学专业中推行全程科研训练。2021届毕业生就业率96%。《内科学（第9版）》获首届全国优秀教材一等奖；获全国首届教材建设先进个人奖1人；获北京市高校优质本科课程称号课程3门；获北京高校优质本科教材课件重点项目1个；获精品教材立项建设项目5个；获2021年北京高校优秀本科育人团队1个和北京高校优秀教学管理人员1人；八年制代表队获2021年全国医学生技术技能大赛全国总决赛冠军，护理专业代表队获银奖。2021年新增院士2人，教育部特聘教授1人，教育部讲席教授1人，科技部火炬计划获得者1人，国家自然科学基金杰出青年基金获得者3人，万人计划科技领军人才3人，国家自然科学基金优秀青年基金获得者5人，国家自然科学基金优秀青年基金（海外）获得者6人，万人计划青年拔尖人才4人。在站博士后457人。派出援疆援藏干部22人，博士后服务团5人。推选院校教师评奖评优，北京市教学名师当选1人，评选出院校教学名师4人，院校优秀教师29人、院校优秀教育工作者9人。与外交学院签署战略合作协议，成立中国东盟思想库网络公共卫生合作基地、全球卫生外交协同创新中心。组织专家参加世卫组织、国际生物医学研究高层组织、柳叶刀新冠委员会、全球防治慢性呼吸疾病联盟（GARD）、博鳌亚洲论坛等国际组织和非政府组织会议，面对全球卫生挑战贡献中国经验。落实计划、预算、绩效“三位一体”预算管理工作机制。院校总收入297.4亿元，院校整体资产514.37亿元，净资产373.80亿元。制订《北京协和医学院文化传承建设方案》和任务台账。启动院校发展史编纂工作，完成《院校百年大事记》初稿编修，面向社会及院校开展档案征集，启动院校史讲解志愿者培训等，推进“编史学史用史传史”工作落实。举办开学典礼、毕业典礼、护士节、医师节、教师节等文化活动。常态化疫情防控工作，及时传达部署落实各级疫情防控要求，宣传动员引导师生接种新冠疫苗，接种率达95.4%。做好学生在校学习、生活及寒暑假返校复课工作。

（孙莉娜）

【疫情防控】2021年，协和医学院召开院校疫情防控工作部署会议3次、疫情防控领导小组会议23次、综合组例会29次。印发各类文件32件，形成疫情防控文件汇编3册。参与国务院新闻办公室新闻发布会、国务院联防联控机制新闻发布会等。做好全员核酸检测、重点场所环境取样、常态化防疫物资储备。院校健康隔离观察中心累计接受医学观察2680人次。

（孙莉娜）

【“新冠”研发攻关】2021年，院校开展病毒溯源、致病机制、药物与疫苗研发等科研攻关，建立呼吸道传染病通用疫苗及广谱抗病毒药物研发体系。参与撰写国家卫生健康委内部刊物《卫生健康决策参考》；撰写《新型冠状病毒肺炎报告》226期、《新冠快讯》28期、《全球新冠疫苗进展报告》111期和《舆情报告》82期；完成《新冠肺炎疫情国内外防控经验研究》《新冠病毒变异株及疫苗保护效力分析》等报告。

（孙莉娜）

【医学科技创新工程】2021年，院校谋定“十四五”期间“5+2+2”战略布局，包括重点科技攻关方向5个，战略科技力量建设专项2个及创新培育专项2个，设立重大项目74个。全年创新工程财政批复10.5亿元，较2020年增长0.5亿元。完成“十三五”创新工程自评估。提高科研治理水平，加强科技成果保护与知识产权管理。开展生物安全、医学伦理及科研诚信管理工作。研究起草生物安全三级实验室及生物安全四级实验室建设方案及共享方案；成立院校实验安全管理办公室；开展院校人类遗传资源管理自查。

（孙莉娜）

【国家级创新资源平台建设】2021年，院校推进国家转化医学重大基础科学设施、国家动物模型技术创新中心、国家人口健康科学数据中心、国家发育和人脑组织资源库、国家生物医学实验细胞资源库、国家人类疾病动物模型、药用植物资源库和菌毒种保藏中心等平台建设。推进ABSL-4实验室规范运行和共享服务。申报北京高校重大慢病精准防治高精尖创新中心并通过市教委初审。推进成立医学卫生健康信息研究院，统筹院内人口健康科学数据中心、生物医学文献中心、临床医学数据中心以及生物医学高性能计算平台建设，引领医学科技创新和卫生健康数字化发展。

（孙莉娜）

【学术交流平台搭建】2021年，院校召开首届中国医学发展大会、首届中国血液学发展大会、首届医学信息学发展大会、第二届中国皮肤病学发展大会、中国心脏大会2021等学科系列发展大会，成立中国血液病专科联盟、全国医学信息学学科发展联盟、中国“一带一路”皮肤病学专科联盟、群医学研究联盟等，聚焦共议学科发展，发挥行业核心引领作用。

（孙莉娜）

【科技量值（STEM）发布】10月31日，2020年度中国医院/中国医学院校STEM发布。中国工程院副院长、中国医学科学院院长、中国医学科学院学部委员、院士王辰介绍中国医院/中国医学院校科技量值（STEM）作为医学科技评价体系的特点。科技量值由中国医学科学院提出，是对评价对象的医学科学和技术水平与前沿性的多元立体评价矩阵，主要针对医院、医学院校等做出评价。

（孙莉娜）

【学生课题获奖】12月5日，第七届全国大学生基础医学创新研究暨实验设计论坛总决赛在西安举办，由2021级临床医学培养模式改革试点班学生3人设计的《基于小鼠多节点多组学数据研究矽肺损伤病理机制和潜在治疗药物筛选》课题获银奖。2017级临床医学八年制学生3人设计的《胶质母细胞瘤3D生物打印模型中肿瘤治疗电场的抗肿瘤效果及机制探究》课题获铜奖。

（孙莉娜）

【《中华医学百科全书》发布】9月17日，由院校主办，中国协和医科大学出版社、《中华医学百科全书》工作委员会承办的《中华医学百科全书》百卷图书发布会在北京召开。会议主题为“盛世巨著 全球共享”。为项目作出突出贡献的专家人民英雄院士张伯礼及院士9人、教授3人及部分分卷主编出席会议。

（孙莉娜）

【十大医学进展研究】2月，由中国医师协会各医师分会、各专业委员会、各杂志编辑部推荐，经网友投票，经专家评审后选定的2020年度“十大医学进展”发布。院校对其中新冠肺炎病原成功诊断为SARS-CoV-2型病毒、新冠疫苗研制成功、CAR-T精准干预自身免疫性疾病新方法建立、女性盆底功能障碍性疾病治疗体系的建立和推广4项研究有贡献。

（孙莉娜）

【医学与健康大会】11月10—11日院校与国际著名综合性医学期刊《柳叶刀》（*The Lancet*）共同主办的2021“柳叶刀-中国医学科学院医学与健康大会”举行。会议聚焦全球医学科学发展最前沿的6个重大议题：群医学的内涵和意义、新冠肺炎的最新研究进展、柳叶刀诊断医学重大报告、气候变化和人类健康、人群肥胖问题以及人口政策改革和妇幼健康发展。来自中国和国际的顶尖学者发表精彩演讲并进行深入研讨，旨在促进全球科学家共同合作，为人类健康可持续发展提供坚实的科学证据基础。

（孙莉娜）

【党建扶贫】2021年，院校坚持党委常委会“第一议题”制度，制订《院校党委贯彻落实〈中共中央关于加强对“一把手”和领导班子监督的意见〉工作方案》，讲党课18次。依托瑞金干部学院成立党性教育基地，创新党史学习教育方式方法。“瑞金、遵义、延安、北京四地同上一堂党史课”等45个项目获评国家卫生健康委优秀主题党日、45个项目获评精品党课，评选院校精品党课26个、优秀主题党日32个，印发党史学习教育专刊29期，宣传展示各单位学习教育成效300余项。印发《院校党委关于巩固深化“不忘初心、牢记使命”主题教育成果实施办法》，召开中心组学习7次，组织完成院校党委和13个二级党委、院校团委及13个二级团组织、院校工会及9个二级工会换届工作，院校及各所院超期未换届党工团组织均平稳有序完成换届。开展帮扶困难职工等各项专项活动，全年累计采购帮扶产品755.33万元。

（孙莉娜）

【学院落成百年系列活动举办】9月19日，院校召开协和医学院落成100周年暨中国医学科学院建院65周年纪念大会，大会发布《尊科学济人道》百年纪念视频，院校长王辰以“不负百年，须谋新篇”为主题致辞。全国人大常委会副委员长陈竺，全国政协副主席李斌，国家卫生健康委主任马晓伟以及院士韩启德、王志珍等领导出席大会。7月底至9月底，院校举办落成百年纪念音乐会、医院建筑与文化基建专题研讨会、《中华医学百科全书》发布会。举办协和生理学系建系百年活动和公共卫生学科百年纪念会等，回顾协和百年历程，谋划医学研究与教育的新篇章。

（孙莉娜）

9月19日，北京协和医学院落成100周年暨中国医学科学院建院65周年纪念大会在协和医学院壹号礼堂召开（栾童林摄）

【顾方舟雕像揭幕】10月29日，顾方舟雕像揭幕仪式在北京协和医学院举行，院校长王辰和顾方舟的女儿顾晓曼共同为雕像揭幕。被称为“糖丸爷爷”的科学家，以这种特殊的方式重“回”协和。

（孙莉娜）

【高层次复合型创新人才培养】2021年，院校公布《中国医学科学院北京协和医学院高层次人才队伍建设行动计划》。构建以“器官—系统—功能”为主线、以临床问题为导向的整合课程体系，培养“X+医学”高层次复合型创新医学人才。推进Pharm. D.教育，探索具有协和特色的“临床药学专业博士”创新培养模式。加强研究生培养工作制度化建设，推进《研究生培养方案总则》《研究生核心课程管理办法》等文件修订。增加研究生招生计划名额270个；首次联合院外研发机构共同开展博士研究生培养；录取研究生1997人，其中博士生998人（含“4+4”试点班30人、院外研发机构23人），硕士生999人。医学八年制高考招生75人，护理专业高考招生152人；推免生录取增幅30%，共录782人，优质生源比达86.2%；硕士招生考试报名人数增幅67%。

（孙莉娜）

【全球人才招募】2021年，院校发布全球招聘宣传，在《自然》杂志及Nature Careers网站发布引才内容，全年引进高层次人才49人，超过近10年引进高层次人才数量总和。聘任特聘教授4人及兼职教授1人，进一步提升师资水平。推进院校与美国医学科学院合作的全球健康长寿项目。做好中国医学科学院牛津研究所建设，吸引牛津大学资深教授24人包括英国皇家院士7人加盟，启动科研项目33个，发表论文78篇。

（孙莉娜）

【教职聘任制度改革】2021年，推行准长聘教职及临床医学教职聘任工作，新聘74人，其中教授12人，长聘副教授12人，准聘副教授6人，助理教授44人；准长聘教职自设置以来，共205人；起草第二批临床医学教职聘任工作方案。推进基础教学系列专业技术职务聘任。研究提出院校专业技术职务聘任改革工作方案，有序开展各类专业技术职务资格申报工作，推进院校岗位设置工作。推进院校薪酬体系项目研究，完善薪酬分配方案及绩效考核方案，优化薪酬分配机制，研究制订准聘长聘教职基本年薪调整方案。

（孙莉娜）

【安全管理】2021年，院校健全国家安全管理体系，成立院校安全生产督导专家委员会、实验安全管理办公室，组织专项宣贯，提升防范化解重大风险能力。开展220个新媒体平台自查自改，织密意识形态安全网。

（孙莉娜）

【院地合作推进】2021年，院校与天津合作共建中国医学科技创新体系核心基地天津基地，推进北京协和医学院天津医院一期二期建设，推进中国医学科学院天津健康研究院、北京协和医学院天津校区和海河实验室建设。与苏州合作共建国家医学科技创新体系核心基地苏州基地，推进转化研究院、研究型医院、教育基地建设。与海南共建中国医学科学院海南医学健康研究院，推进中国医学科学院生物医学工程研究所海南分所、中国（海南）南药研究院、药植产业园、呼吸健康城镇建设。推进雄安新区规划设计，拓展南京规划和昌平规划。推进与兰州大学合作、巩固与贵州医科大学的帮扶关系。推进大兴生物医药产业基地异地建设。

（孙莉娜）

【重点基建项目推进】2021年，院校推进中国医学科学院北区建设工程，规划北区创新体系科技平台建设。协和医院转化医学大楼投入使用。肿瘤医院推进“一院多区”与河北院区建设。整形医院改扩建工程一期项目完成。推进北京协和医学院天津医院建设一期主体工程。完成壹号礼堂文物修缮、开展9号院文物修缮工作。推进汤山校区基础设施改造工程项目。

（孙莉娜）

中央戏剧学院

【概况】中央戏剧学院是新中国成立后第一所戏剧教育高等学校，是教育部直属院校，是中国戏剧影视艺术教育的最高学府，是国家确定的“双一流”建设高校，是中国高等戏剧教育联盟总部、亚洲戏剧教育研究中心总部和世界戏剧教育联盟秘书处所在地，是世界著名艺术院校。占地面积25.76万平方米，产权校舍建筑面积18.55万平方米。2021年教育经费投入3.79亿元，其中国家财政拨款2.79亿元、自筹经费8983.34万元。固定资产总值12.71亿元，其中教学、科研仪器设备资产值2亿元。拥有教室375间，其中网络多媒体教室74间。图书馆建筑面积1.05万平方米，藏有纸质图书59.17万册、电子图书368.1万册、学位论文675.01万册、音视频63.37万小时。学校信息化经费投入390.53万元，信息化设备资产值5711.48万元，网络信息点6116个，校园网出口总带宽12298兆位/秒，电子邮件系统用户5191个，数据库53个。设有2个校区，设置13个系，3个教学部；开设9个本科专业，覆盖2个学科门类；具有一级学科2个，一级学科博士点2个，博士学位授权点2个，硕士学位授权点2个和专业学位授权点1个；博士后科研流动站1个，国家级重点学科1个。教职工544人，其中专任教师272人，包括教授70人、副教授101人；博士、硕士生导师56人，硕士生导师64人；外籍教师4人。学历教育学生中毕业生724人，其中研究生145人（博士生28人、硕士生117人）、本科生578人，非计划招生高等教育学生中在职人员攻读硕士学位1人。招生721人，其中研究生198人（博士生40人、硕士生158人）、本科生523人。在校生2990人，其中研究生514人（博士生121人、硕士生393人）、本科生2451人，非计划招生高等教育学生中在职人员攻读硕士学位25人。留学生毕业12人、招生2人、在校生70人。 2021年，落实教育部有关思政课建设标准，制订《中央戏剧学院课程思政建设方案》，推进慕课建设，遴选优秀本科课程参加国家级一流本科课程认定工作。制订《中央戏剧学院本科教材选用管理办法》，成立本科教材选用委员会，对选用教材进行全面审核。强化分类培养思路，在生源选拔方面调整硕士研究生考试科目。修订艺术硕士专业学位培养方案，增加对创作实习实践方面的具体要求，完善课程体系建设。与中国儿童艺术剧院、中国国家话剧院共建产教融合研究生联合培养基地。优化戏剧影视学科布局结构，向教育部申报曲艺专业、音乐剧专业，增设曲艺相声创作表演、电影声音设计与制作方向专业。国家重大科研项目取得新突破，《当代中国戏剧影视“高峰”作品创作建设研究》《当代中国话剧作品评价体系与质量提升研究》《欧美戏剧剧场资料翻译与研究》3个项目获批国家社科基金及艺术学重大项目立项。紧密与俄罗斯国立舞台艺术学院、英国伦敦艺术大学等境外合作院校间的联系，推动疫情期间联合培养项目的落实。

（李静静）

【世界戏剧教育大会】5月18—23日，第四届世界戏剧教育大会暨第六届亚洲戏剧院校大学生戏剧节，通过亚洲戏剧教育研究中心官方网站以线上线下结合方式召开。此次世界戏剧教育大会主题为“媒体艺术与戏剧”，同时举办的第六届亚洲戏剧院校大学生戏剧节主题为“古希腊戏剧中的人性”，来自9个国家的15篇论文、10部戏剧作品通过网络进行展示。

（李静静）

【签署战略合作协议】5月31日，中央戏剧学院与中国儿童艺术剧院签署“产教融合研究生联合培养基地”战略合作协议。双方以研究生的人才培养和创作实践为切入点搭建平台，就联合培养基地建设进行交流，在艺术硕士联合培养、中小学美育教育等方面交换意见，共同为“产教融合研究生联合培养基地”揭牌。6月2日，中央戏剧学院与北京市西城区人民政府签署战略合作框架协议。双方围绕建设文化强国和教育强国的重大命题，聚焦服务首都“四个中心”功能建设的重要任务，落实新时代美育工作的新要求，共同推动区校双方在文化学术研究、文化服务、美育教育、开展特色品牌活动、优秀原创作品、文化创意项目和教育教学实践基地建设等方面开展深度合作，为区校合作起到示范引领作用。

（李静静）

【建党百年活动】在中国共产党成立100周年之际，中央戏剧学院举办一系列宣传教育活动。 举办党史学习教育专题读书班，举办“党史第一课：艺术教育的革命之路”主题展览。开展“穿越时空的对话——致革命先烈的一封信暨广场献词团宣讲”活动，组织师生近600人前往中国共产党历史展览馆，参观“不忘初心、牢记使命”中国共产党历史展览。选派戏剧管理系和教学实习演出中心师生69人参与《伟大征程》排演的运营保障和演出制作工作。学院师生团队克服困难，历经80天完成任务，在建党百年的历史时刻展现中央戏剧学院的使命感与中戏人的家国情怀。

（李静静）

【校地校企合作联席会】7月16日，中央戏剧学院与四川省凉山彝族自治州政府在昌平校区召开联席会议，共同探讨双方校地、校企合作事宜。与四川凉山文旅集团签署战略合作框架协议，双方决定在大凉山国际戏剧节、中央戏剧学院国际戏剧“学院奖”等领域开展深度合作，实现校地、校企合作共赢，推动文旅融合新发展。

（李静静）

7月16日，中央戏剧学院与四川凉山文旅集团签署战略合作框架协议
（中央戏剧学院提供）

【实验剧团版音乐剧《家》首演】7月30日至8月1日，由中央戏剧学院出品、中央戏剧学院实验剧团运营演出的原创音乐剧《家》在北京天桥艺术中心上演。《家》是文学巨匠巴金“激流三部曲”的开篇之作，也是最负盛名的一部作品。文以载道、歌以咏志、剧以颂史，音乐剧《家》将这部深蕴着“五四”精神的经典作品搬上舞台，向党的百年华诞献礼。

（李静静）

【高等戏剧教育联盟交流活动】9月23—24日，第八届中国高等戏剧教育联盟交流活动暨第二届大学生戏剧展演活动在内蒙古艺术学院举办。来自全国各地近30所院校的专家学者和师生通过线上线下相结合的方式参加交流活动，共同探讨联盟的持续发展等问题，形成联盟主席团会议决议：根据吉林艺术学院的书面申请和联盟工作需要，第九届中国高等戏剧教育联盟交流活动由吉林艺术学院承办；确定第三届大学生戏剧展演活动主题为“原创剧目”；经会议研究和投票表决，重庆大学正式成为联盟第29位加盟院校；由联盟总部办公室推选，经主席团投票通过，选举产生联盟总部办公室主任。

（李静静）

【2021戏剧教育研究国际论坛】10月28日，由中央戏剧学院承办，主题为“民族化的表演方法论”的世界戏剧教育联盟2021戏剧教育研究国际论坛以线上会议形式举行。来自中国中央戏剧学院、格鲁吉亚·绍塔鲁斯塔维利国立戏剧电影大学、希腊雅典音乐戏剧学院、日本桐朋学园艺术短期大学、韩国中央大学、波兰国立戏剧学院、俄罗斯戏剧艺术学院、俄罗斯圣彼得堡国立舞台戏剧学院、美国奥城大学戏剧学院等加盟院校的嘉宾、代表和学生60余人参加会议。

（李静静）

东城区高等院校负责人

中国医学科学院北京协和医学院党委书记	吴沛新	中央戏剧学院党委书记	徐　翔
院校长	王　辰	院长	郝　戎

职业与成人教育

【概况】2021年，东城区共有在办中等职业学校4所（含非教育部门办2所），其中独立设置职业高中3所，成人中专1所。另有其他学校附设中职校3所（不计校数）。中等职业学校在校生693人（含非教育部门办1人），其中职业高中学生691人，成人中专学生2人。东城区共有独立设置成人高校2所，成人高等学历教育在校生3772人。职业教育教职工442人，成人教育教职工156人。

（李媛媛）

【开发中小学职业体验课程】东城区教委发挥职业体验中心功能，做好服务中小学劳动教育和学习型城区建设工作。依托专业特色和师资专长，开发中小学职业体验课程，突出劳动教育特色，助推“双减”政策有效实施。2021年，中小学职业体验中心开设面向中小学生职业体验课程155门，

5月26日，东城区职业学校技能比赛展示会暨东城区职业教育宣传月启动仪式在北京国际职业教育学校举行（唐晨摄）

市民素质提升课程15门，覆盖东城区28所中小学和各街道，17.57万人次中小学生和1836人次居民参与线下学习。

（李媛媛）

【微课比赛暨教师技能展示】5月26日，在北京国际职业教育学校举办“工匠精神传使命 百年党史筑初心”——2021年职业学校技能比赛展示会暨东城区职业教育宣传月启动仪式。活动邀请市级专家和骨干教师开展线上技术培训和经验分享，组织干部教师开展实地学习体验。启动第三届职业体验课程微课比赛，共征集到微课作品191件，参赛教师270人次。举办东城区职成学校教学能力比赛，报名团队201个，设12个赛项，涵盖全部专业核心技能，评选出一等奖58人，二等奖110人，优秀指导教师45人。

（杨成莲　李媛媛）

表22

2021年东城区中等职业学校一览表

学校名称	学校地址	办公电话
北京百年农工子弟职业学校	东城区东中街9号10层	84431765
北京市东城区中央音乐学院鼎石实验学校	东城区南河沿大街19号	65388475
北京国际职业教育学校	东城区宝钞胡同21号	64006286
北京现代职业学校	东城区左安浦园4号	67125384

（李媛媛）

表23

2021年东城区成人教育学校一览表

学校名称	学校地址	办公电话
北京市东城区职工大学	东城区潘家坡胡同1号、东四西大街48号、豆腐池胡同39号、板厂南里5号	65520824
北京市开放大学东城分校	东城区潘家坡胡同1号、东四西大街48号、豆腐池胡同39号、板厂南里6号	65520824

（李媛媛）

民办教育

【概况】2021年，东城区有在办民办学校（含幼儿园）26所，其中普通中学1所，中等职业学校2所，幼儿园23所。民办在校生（含在园幼儿）3425人，其中普通高中234人，中等职业教育1人，幼儿园3190人。教职工1738人。

（李媛媛）

【校外培训机构资金监管】3月，东城区开启学科类（含语言）校外培训机构资金监管相关工作。3月2日，东城区学科类（含语言）校外培训预付费资金监管平台上线；3月17日，第一批学科类（含语言）校外培训机构资金监管工作部署会召开；3月19日，东城区金融服务办、东城区教育委员会、中国工商银行股份有限公司三方完成并签署《教育培训资金服务协议》；东城区教育委员会联合东城区金融服务办专题研究“一课一消”模式等资金监管问题。“一课一消”是一种资金监管模式，即学员将课程预付费缴存至预付费资金监管账户，按“一课次一销”原则，课程结束后，银行将相应课时费通过账户管理系统自动划转机构同名结算账户，未消耗预付费仍存放在监管账户中。

（肖　菲）

【行政许可审批办结】2021年，东城区教育委员会受理有关民办教育行政许可事项25件次，其中设立1件次，北京市东城区多培优培训学校按照“双减”工作要求重新设立登记，由营利性学科类培训机构转为非营利性学科类培训机构；变更12件次，其中变更举办者3件次，涉及北京市东城区金鼎实验幼儿园、北京市东城区为依幼儿园和北京英语沙龙外语培训学校，变更办学地址9件次，涉及北京市东城区秋之歌培训学校、北京市东城区顺天府学超常教育培训中心、北京市东城区高思风华培训学校、北京市人才开发培训学校等；终止12件次，涉及北京市东城区精英未来幼儿园、北京市东城区文衡培训学校、北京市贸促会交流培训中心、北京市东城区技术交流站培训学校、北京市东城区紫铭语言培训学校、北京东城罗仕英语语言培训学校等。

（肖　菲）

【“双减”专班集中办公】8月7日，东城区召开区委教育工作领导小组会，部署区“双减”工作。8月9日，区“双减”工作专班重点部门区委网信办、区市场监管局、东城公安分局、区金融办到区教委集中办公，加强“双减”工作统筹协调。区委网信办负责牵头监管及处置涉及校外培训机构网络舆情相关问题。区市场监管局负责校外培训机构价格、广告、反垄断等方面的监管；加大执法检查力度，对违规违法行为进行查处。公安分局负责加强治安管理，联动开展情报信息搜集研判和预警预防，做好涉稳事件应急处置。区金融办负责全区预付费资金监管、预付费资金监管平台建设；牵头查处违规“培训贷”等涉金融行为。各部门结合职能和任务分工，推进“双减”工作任务落实落细。

（肖　菲）

教育科研

【概况】2021年，区教育科研重点服务东城区中、小、幼、职成、校外、直属单位130余家，“十四五”阶段在研全国教育科学规划课题1项，北京市教育科学规划课题33项，东城区教育科学规划课题100项。

（沈兴文）

【培智教育教学研讨会召开】4月20日，“落实个别化教育计划，保障学生实际获得”——北京市培智教育教学研讨会在东城区特殊教育学校举办。东城区特殊教育学校、培智中心学校在研讨会上围绕个别化教育课程的整体构建、个别化教育计划的具体实施、构建培智高校课堂、依托教研活动提高教育质量等方面内容进行经验介绍。东城区特殊教育学校教师2人现场说课，展示个别化教育实践成果。

（李媛媛）

【29个课题完成开题立项】7月，区教委信息化工作办公室牵头，区教育科学规划领导小组办公室设立跨学科领域课题——“东城区智能技术融合英语教学研究”。课题面向全区英语教师开放报名，26所中学申报课题29个。11月24日，课题示范开题活动在区教育科学研究院举行，北京汇文中学、北京市广渠门中学和北京市第二中学3个研究团队通过开题论证。12月15日，全部29个课题以小组专家互评方式完成开题和立项。

（张淑敏　何　娟）

【双师课堂】2021年，东城区中学37个校区升级184间双师课堂智慧教室，成立“1+8+X”立体网状实践共同体，以东城区教育科学研究院为引领，以8个学区为基本单元，联动X个学校（集团）；形成“1+1+1（X）”教研共同体，以教研员引领，龙头校名师作为主讲教师，X个成员校教师远程参与，开展跨区、跨校区教研活动。85所学校、教师2800余人开课，累计上课10.63万节次，覆盖语数英理化生政史地音体美12个学科，形成区本、校本各类教研教学实录和电子共享资源1044个。推进第二批31所中小学双师课堂试点，利用双师课堂优秀教师示范课带动青年教师改进教学。

（张淑敏　李媛媛）

教师队伍建设

【概况】2021年，东城区在品牌项目——名教师工作室、名校长工作室“双名工程”基础上，延展建设名教研员工作室与名学科基地，形成“四名工程”，提高区域育人品质。东城区教育系统共有教职工1.79万人（幼儿园2076人、小学5921人、普通中学6436人、职业教育442人、特殊教育129人、工读学校51人、成人教育156人、校外教育339人、其他直属单位620人、民办及其他办学校教职工1738人），其中教育部门办学专任教师1.37万人，包括高级职称3548人，中级职称6056人。区级及以上骨干教师2754人（正高级教师81人、特级教师69人、市级学科教学带头人34人、市级骨干教师171人、区级学科教学带头人474人、区级骨干教师1969人），占专任教师总数的20%。

（李媛媛）

【与清华大学签署合作协议】5月7日，“关键课程，培根铸魂”——东城区教育系统党史学习教育推进会暨与清华大学马克思主义学院战略合作推进会在北京市广渠门中学举办。北京市广渠门中学、广渠门中学附属花市小学教师以及清华大学马克思主义学院学生分别以“我有一个梦想”为主题呈现五节思政现场观摩课程。东城区教育系统开展百节学科课、百节思政课、百节班队会——“三个一百”课程展示活动，大会回顾2020年东城区“三个一百”课程展评活动，对优秀教师进行表彰，表彰百节学科144人，百节班队会113人，百节思政课128人。北京市委教工委、清华大学马克思主义学院、东城区委、区委统战部等市区领导，北京市教育科学研究院基础教学研究中心等有关专家及东城各中小学代表220人出席会议。

（陈海伦　李媛媛）

【首批高中名学科基地建设启动】7月14日，东城区教育系统在东直门中学召开2020—2021学年度第二学期期末干部会，现场启动东城区首批高中名学科基地建设，发布新一批区学科教学带头人、区骨干教师名单，大会现场为新一届东城区学科教学带头人474人、东城区骨干教师代表1969人颁发证书。发布高中名学科基地建设情况，与会领导为北京市第二中学语文学科、北京市第一七一中学政治学科、北京市第五十中学体育学科等首批28个高中名学科基地颁发牌匾与证书。东城区在品牌项目——名教师工作室、名校长工作室“双名工程”基础上，延展建设名教研员工作室与名学科基地，形成“四名工程”，提高区域育人品质。作为“四名工程”核心内容之一，名学科基地的建设旨在遴选并培育“名学科”，助力学校内涵发展；为一批德才兼备、有学术影响力的优秀教师赋能，助力教师的专业化成长。制订《东城区中学名学科基地建设管理办法》，由学校自主申报。3月，区教育两委牵头，联合区教育科学研究院，聘请教育领域学科专家，组织申报学校开展答辩评审，最终确定涉及14所学校、10个学科的28个基地，其中引领性名学科基地23个，发展性名学科基地5个。名学科基地实行动态管理，每三年复评一次。

（周倾楚　李媛媛）

【推进干部教师交流轮岗启动会】8月31日，东城区深化推进干部教师交流轮岗工作启动会召开。会议深入解读《东城区深化推进义务教育学校干部教师交流轮岗工作方案》，启动新一轮干部教师交流轮岗工作。东城区干部教师交流轮岗按3个层次推进。选派普通教师交流轮岗。教育集团内部校际间同岗位教师有序交流轮岗；普通小学、初中校选派新任教师或有潜质的优秀青年教师到教育集团龙头校全职交流轮岗；为新任教师配备工作导师、跟岗学习等方式，实施交流轮岗。区级以上骨干教师均衡配置。学区、集团校选派骨干教师全职或兼职授课、教研、带徒；教科院干部、骨干教师服务学校；充分发挥名教师、名校长、名教研员、名学科“四名”工程带动辐射作用。正职、副职交流轮岗。推进党组织领导的校长负责制，实现干部资源的跨校际、跨集团、跨学区、跨区域配置；结合校长职级制、任期制等工作要求，加大优质校与优先发展校的干部双向交流力度；依托区级和校级青年成长营等平台，分层分岗分类交流培养和轮岗使用一批年轻干部，加强常态化干部交流，推进党政正职的制度化交流轮岗。北京景山学校教育集团语文教师1人、北京汇文实验小学朝阳学校新任教师1人、东城区史家实验学校校长1人作为新学年首批交流轮岗试点工作代表表态发言。区教育两委班子成员，各结对学校校长，部分交流轮岗干部教师代表、教科院教研员等在主会场参会。各单位中层以上干部、年级组长、教研组长，本学期交流轮岗学校干部教师代表3000余人通过视频会议系统线上同步参加。

（陈星玲　李媛媛）

6月29日，区教育系统举办“永远跟党走，东城区教育系统2021年信仰、榜样、传承”主题党日活动，来自区教育系统青年成长营的青年教师朗诵原创诗（徐鹏摄）

【青年成长营开学第一课】4月2日，“培根铸魂 责任担当”——东城区教育系统青年成长营开学第一课在北京师范大学辅仁校区礼堂举行。青年成长营培训与北京师范大学合作，前期经历线上答题、现场答辩、学校推荐、政治审查、见面座谈、CPI测试等环节，从营员800余人中遴选出优秀营员236人。3月，组织8场面对面的营员座谈会，营员代表100余人交流发言；与北师大项目组筹划开营工作，并对营员进行全面个性指标（CPI）测试。首批遴选出学员99人，通过系统理论学习、实践锻炼、导师指导、同伴互助等形式，进行为期2—3年的在职连续培养。北京师范大学马克思主义学院教授、博士生导师赵朝峰为营员带来主题为“习近平新时代中国特色社会主义思想概论”开学第一课。北京师范大学继续教育与教师培训学院、系统科学学院、区教育两委班子成员、教委机关青年党员代表、教育党校干部教师、青年成长营营员等100余人参会。

（李媛媛）

9月10日，东城区庆祝教师节表彰座谈会召开，西中街小学学生为获奖教师献花（刘毅摄）

教育管理

【概况】中共东城区委教育工作委员会是负责辖区教育系统党的建设、思想政治工作和干部管理工作的区委派出机构。东城区教育委员会是负责辖区地方教育事业的行政职能部门，中共东城区委教育工作委员会、东城区教育委员会（简称“两委”）合署办公。2021年，东城区教委辖属教育单位179个，全区幼儿园、中小学及中等职业学校156所，招生3.38万人；毕业2.55万人；在校生13.22万人。全年教育总投入74.98亿元。中小学固定资产总值45.94亿元。

（李媛媛）

【庆祝五四青年节活动】4月29日，“庆祝五四青年节 永远跟党走”主题教育活动在东城区少年宫举行。活动采取网络直播形式向全区师生开放。活动以对话历史、对话当代、对话未来为主线，以“时光胶囊”为载体，通过新老少先队员、东城优秀毕业生与教师、北京申办2022年冬奥会形象大使与东城学子的对话展现东城教育人传承红色基因，讴歌伟大抗疫精神，期待北京冬奥会的教育实践成果。先进班集体151个、优秀学生5441人、教育系统优秀共青团员364人受到表彰。作为五四青年节的礼物，为全区青少年学生赠送党史学习读本《永远跟党走——百年百事》，为全区班主任教师创作歌曲《我的班主任》。教育部、市教委、首都文明办、团区委、区委教育工委、区教委等相关领导与各中学书记、校长、教师、学生和家长代表近500人参加。

（王梦娜　李媛媛）

【“开学第一课”普法教育】9月1日，北京市第二中学法治副校长、最高人民检察院党组书记、检察长张军为师生、家长上“开学第一课”。开学第一课的主题是“以‘六大保护’呵护‘少年的你’”，结合《中华人民共和国未成年人保护法》和《中华人民共和国预防未成年人犯罪法》，讲解大量案例。授课采取线上线下同步进行方式，第二中学学生、家长代表现场听课，北京市20余所学校学生在线收看。

（李媛媛）

【教师节表彰座谈会】9月10日，东城区召开“赓续百年初心，担当育人使命”——庆祝教师节表彰座谈会。会上表彰获得东城区教育系统“师德标兵”“优秀班主任”“教育新秀”“育人奖”等称号的教师817人；教育系统干部教师代表5人结合各自岗位，分享扎根一线做教育的经验与感悟；“老校长下乡”支教团代表分享退休后赴河北省阜平县、北京市密云区支教的经历。教育部基础教育司、市委教育工委、东城区委、区政府、区政协、区委组织部、区人大相关领导和东城区教育系统优秀干部教师代表，家长代表120余人参加线下座谈，教育系统各单位教师代表3000余人通过线上直播方式参加座谈会。

（李媛媛）

【入选国家智能社会治理基地】9月29日，东城区入选首批国家智能社会治理实验基地（教育），针对人工智能对教育模式、教育对象的影响以及人工智能融人教育对社会的影响开展社会实验。基地由中央网信办、国家发改委、教育部、民政部、生态环境部、国家卫健委、国家市场监管总局和国家体育总局八部委共同评选，经地方推荐、专家评审、网上公示等程序，确定首批10家综合基地和城市管理、教育、养老、社区治理、环境治理、卫生健康、体育7个领域82家特色基地。

（李媛媛）

【网络安全宣传周】10月11—17日，东城区智慧教育研究中心举办“为智慧教育构筑安全防线——东城区教育系统网络安全宣传周”活动。通过公众号、电子屏等平台发布宣传海报，引导师生依法、文明、理性上网；通过班校会、信息技术课堂组织师生学习“网络安全法”“数据安全法”，增强网络安全意识；首都师范大学教育学院教授在科普网络安全知识、提高信息安全与道德意识、提升信息素养方面对全区教育系统进行网络安全培训。网络安全宣传周期间，共有教师970人观看课程直播，1800余人观看回放，师生6861人访问区信息素养学院平台参加活动；对全区网络安全巡检，对故障问题及处理情况建立台账。

（李媛媛）

教育督导

【概况】东城区人民政府教育督导室（简称教育督导室）主要职责是对东城区政府相关部门及各街道办事处落实教育法律法规职责、实施素质教育情况开展督导检查，对各级各类教育机构进行监督、检查、监测、评估、指导。2021年，在教育部、市教委的统一领导下，结合东城区实际推进区域教育督导体制机制改革，开展各项教育督导工作，提升教育督导水平，完成北京市对东城区政府履行教育职责情况回访督导检查、履行“双减”职责情况专项督导检查。完成中小学年度综合评价。完成幼儿园办园质量督导评估工作。加强挂牌责任督学常态督导力度，对中小学幼儿园开展督导1379校次。

（关　英　李媛媛）

【完成区教育系统综合评价】3月11日，东城区教育系统发布《2020年度东城区教育系统综合评价工作方案》，正式启动2020年度教育系统综合评价工作。3月18日，组织召开东城教育系统中小学综合评价工作培训会，解读综合评价指标。东城区中小学校综合评价实地考察组23个教委机关相关科室及7个相关事业单位100余人参会。3月31日至4月20日，考察组全面下校，对全区79所中小学校（含职业学校、特殊教育学校）采用实地检查、听取汇报、查阅资料、座谈访问等形式，从党建引领、学校治理、素质教育、办学成效、奖惩情况方面进行实地评估。10月8日，实地评价工作汇总情况形成各校综合评价报告。10月29日，参评各校完成整改报告。东城区教育系统综合评价由日常评价、学区评价工作组实地评价、综合评定三部分组成。综合评价指标体系总分100分，同时依据单位2020年度奖惩情况设定不高于指标体系总分10%的加减分值。最终结果以“评价指标分数+综合评定分数”的形式呈现。

（苏　炜）

【幼儿园办园质量督导评估】9月16日，东城区教委召开北京市幼儿园办园质量督导评估工作区级培训会，第三批次东城区幼儿园办园质量督导评估实地督评工作启动。各幼儿园负责人、区级督评专家、督学科、学前科及教科院学前部相关人员90余人参加培训。在全区91所幼儿园（含分园分址）开展网上自评工作基础上，9月27日至11月25日，市、区级专家144人通过实地查看、观摩活动、查阅资料、教师访谈、听取汇报等方式，对辖区内32所幼儿园（教办园29所，民办园3所）从人员条件、空间设施、园务管理、卫生保健、安全管理、家园共育、保育教育、办园成效等方面进行全面督导评估。12月28日，经北京市教委、市政府教育督导室认定，32所参评幼儿园评估结果均为合格，并向社会公布。

（苏　炜）

【义务教育质量监测】5月27日，东城区20所中小学四、八年级学生600人及校长、教师代表400人参加国家义务教育质量监测测试，监测科目为数学、体育和心理健康。东城区连续六年获国家义务教育质量监测实施县级优秀组织单位称号。

（苏　炜）

【“双减”工作专项督导】10月至12月，东城区教委连续3个月对全区76所义务教育中小学（不含特教学校）开展“双减”工作专项督导。挂牌责任督学36人通过实地检查、查阅资料、座谈交流、随堂听课等方式检查学校规范教育教学秩序、课后服务、“五项管理”等方面的落实情况。合计下校228校次、听课125节、提交督导报告228份。

（苏　炜）

文化

6月7日，在北京中轴线上的天安门国旗护卫队训练场组织开展“唱响中轴——唱支山歌给党听”群众大合唱活动（区文旅局提供）

综 述

2021年，东城区文旅局坚持“崇文争先”理念，深入推进“文化东城”建设，公共文化服务体系日益完善，文化品牌活动亮点突出，文化惠民力度不断增强，文化设施建设更加完善，文化扶贫精准有力，各项工作走在全市前列。

以文化的形式献礼重大活动。创新开展“文化+科技”“非遗+旅游”“古建+音乐”等有益探索，成功举办“唱响中轴”群众大合唱、“辉煌100年”庆祝中国共产党成立100周年文艺演出、红色经典《长征组歌》复排、“奋进新时代”胡同音乐会等特色活动，其中长征组歌被中央党史学习教育领导小组办公室《党史学习教育简报》第189期以“红色经典史诗讴歌伟大精神”为题刊登。“唱支山歌给党听”群众合唱比赛入选文旅部2021年“百姓大舞台”网络群众文化品牌活动。

公共文化服务效能稳步提升。东城区在2021年北京市街道综合文化中心效能评估中居全市第二。东城区文化活动中心开启三馆（文化馆、图书馆、档案馆）入驻办公，形成区、街道、社区三级设施网络建设完善、覆盖均匀、便捷高效的“10分钟公共文化服务圈”。人均公共文化设施面积2.1平方米，位居北京市第一。东城区发布《北京市东城区国家公共文化服务体系示范区创新发展三年行动计划（2021—2023年）》。疫情影响下，图书馆仍实现外借图书35.9万册次，服务读者43.5万人次，阅读推广活动800场次，数字阅读平台点击量296万余次。公共文化服务群众满意度85%。举办孔庙国子监国学文化节、新年音乐会、龙潭端午文化节、群众文化展演季、钟鼓楼相声会等品牌活动，全年组织文艺演出150场。

历史文化保护扎实开展。区域内58处文物完成全身体检，借助三维激光扫描仪等专业设备开展数据化检测，形成“一图三库”（文物地图、文物基础信息资料库、文物健康体检资料库、全景信息虚拟漫游资料库）监测管理档案，逐步健全完整的“全生命周期”文物台账和数据库。2021年，新增市级文保单位7处，17处文保单位入选首批市级革命文物名录。完成奋章胡同53号院等文物修缮工作。完成钟鼓楼修缮、鼓楼展陈提升工作。提升北大红楼、陈独秀旧居等多处红色文物展陈水平。皇家档案库建筑群皇史宬对外开放，曹雪芹故居纪念馆、比利时使馆旧址等成为文物活化利用新模式。举办“2021北京古建音乐季”，入选北京市“2021十大文化艺术活动”并位居榜首。成功将中国非物质文化遗产保护协会引入咏园，实现非遗协会落户东城，新增国家级代表性非遗项目6项，居北京市首位。

内部机构改革顺利完成。区文旅局为更好地承担起规划、促进东城区文化和文物事业、旅游业发展的职责与使命，结合实际工作情况，2021年，进行内设机构调整，政策法规科更名为规划科（研究室），市场促进科更名为产业发展科，演艺发展科更名为艺术科。所属事业单位也进行改革。北京市东城区第二文化馆把相关职责调整至北京市东城区第一文化馆后，更名为北京市东城区非物质文化遗产保护中心；北京市东城区第一文化馆更名为北京市东城区文化馆；北京市东城区第一图书馆、北京市东城区第二图书馆整合为北京市东城区图书馆；北京市东城区文物管理所更名为北京市东城区文物研究中心；北京市袁崇焕祠文物保管所、北京市文天祥祠文物保管所、北京王府井古人类文化遗址博物馆整合为北京市东城区文物保护和管理中心；北京市东城区旅游咨询服务中心更名为北京市东城区文化旅游推广中心、北京市东城区第一图书馆会议中心更名为北京市东城区图书馆会议中心。

（魏争光）

6月6日，区文旅局在北京中轴线上的钟鼓楼广场上组织开展“唱响中轴——唱支山歌给党听”群众大合唱活动（区文旅局提供）

公共文化服务

【概况】东城区文化和旅游局（简称区文旅局）负责全区公共文化事业发展，负责公共文化服务体系建设和旅游公共服务体系建设，深入实施文化和旅游惠民工程，统筹推进基本公共文化和旅游服务标准化、均等化。指导重点公共文化设施和旅游设施的建设，管理公益性数字电影放映工作。2021年，在国家公共文化服务体系示范区后续建设中，围绕“有没有、够不够、好不好”三个层次，推动公共文化服务社会化1.0、2.0、3.0三代版本的不断升级，将基本公共文化服务和优质化、个性化的文化服务结合，公共文化服务的免费提供与优惠提供并举，激发各类社会主体参与公共文化服务的积极性，增强公共文化服务的发展活力，满足群众对公共文化的新需求新期待。2021年，参加北京市街道综合文化中心效能评估，东城区效能评估成绩排名全市第二，永定门外街道成绩位居全市第一，全区17个街道中，有12个街道对比2020年效能评估排名有所上升，有11个街道排名在全市前60名。

（张晓丽）

【公共文化设施社会化运营】4月，在文旅部召开的全国公共文化领域重点改革总结部署会上，东城区作为9个地区典型代表之一，在大会上作题为“创新公共文化服务社会化 推动全国文化中心建设”的交流发言。9月，东城区受邀在国家文旅部组织的新型公共文化空间建设专题培训班上作经验分享。围绕《东城区公共文化设施社会化运营指导意见（试行）》，通过“选、用、管、培”4个环节建设社会化运营全流程机制，11月，完成《东城区公共文化设施社会化运营全流程管理办法》区文旅局与区财政局的联合发文。

（张晓丽）

【公众满意度调查】2021年，区文旅局通过在各文化场馆内及周边随机拦访群众进行问卷调查，从文化场馆到访情况、设施评价、馆内基本服务评价、文化活动开展等维度设置题目，客观全面了解文化设施的整体服务水平，获取公众满意度评价，反馈群众意见和需求。调查表明，辖区公共文化服务质量稳定，综合满意度评分连年保持在85分以上。全年辖区公共文化设施与服务公众满意度综合指数为85.04分，相比2020年（85.61分）下降0.57分，降幅0.67%。14个街道公众满意度综合指数在80分以上，其中4个街道的公众满意度综合指数在90分以上。

（张晓丽）

【街道综合文化中心效能评估】8月至11月，北京市文旅局委托第三方调查机构，评估街道综合文化中心设施与服务效能。东城区17个街道建有街道综合文化中心17个，面积全部达标，平均得分77.83分，位居全市16区第二名，综合评分位居全市前50名的有8个街道，有12个街道相比2020年成绩上升，永定门外街道以92.6分位居全市第一。

（张晓丽）

文化设施

【概况】东城区有区级文化馆1家、区级图书馆1家，均达国家一级馆标准。全区17个街道全部建有综合文化中心，总建筑面积4.1万平方米，168个社区配有社区文化活动室，其中部分社区采用多合一方式共用社区文化活动室，因地制宜形成文化社区，社区文化活动室总建筑面积超过4万平方米。街道管理的室外文化广场46个、公益电影放映点17个，政府主办或社会力量创办的各类美术馆、博物馆等公共文化机构40余家，东城区文化活动中心开启3馆（文化馆、图书馆、档案馆）入驻办公，形成区、街道、社区三级设施网络建设完善、覆盖均匀、便捷高效的“10分钟公共文化服务圈”。人均公共文化设施面积2.1平方米，位居北京市第一。

（张晓丽）

【东城区文化活动中心建成启用】东城区文化活动中心坐落于幸福大街30号，2011年9月立项，2013年12月启动建设，总建筑面积4.28万平方米，是东城区最大的集图书馆、文化馆、档案馆于一身的综合性文化中心，也是北京市公共文化服务的重要阵地。 2021年12月29日，文化活动中心大楼正式开启三馆入驻办公。

（张晓丽）

【东城区文化馆】2021年，东城区文化馆在文化和旅游部第五次全国文化馆评估定级中获评一级文化馆。有2处馆址，北馆位于东城区交道口东大街111号，建筑面积8300平方米，南馆位于东城区幸福大街30号，建筑面积9460平方米，是东城区政府设立的公益性的群众文化艺术活动中心。文化馆整体环境、硬件设施和办公条件均达全市乃至全国领先水平，“非遗”展厅常年设展，曲协活动室、手风琴俱乐部活动室、戏剧之家以及舞蹈排练厅等各具特色。2021年举办新春游乐会，除线下活动外，初一至初六在线上公众号推出6期春节游乐会30年回顾专辑，点击率3000余人次，参与群众1万余人次。全年举办各类书画、摄影、美术、集邮展览18场。放映公益电影26场。至年底，周末相声俱乐部线上线下演出899期，全年吸引8000余人次观看。为适应疫情防控常态化要求，文化馆将主要培训平台迁移至线上，持续推进全民艺术普及工作，开展“艺+1”云课堂线上课程88节，累计2.24万余人次观看学习。在公众号增设“献礼‘七一’作品展演”专题，发布14期种文艺作品。全年完成东城区惠民演出进基层活动50场，参与市民群众近2万人次。东城区文化志愿者服务分中心使用文化志愿者1200人次，服务4万余人次。

（张晓丽　刘艳红）

【东城区图书馆】2021年，东城区

图书馆有2处馆址，北馆位于东城区交道口东大街85号，建筑面积1.18万平方米，南馆位于东城区幸福大街30号，建筑面积9553平方米。全年新办读者证5099个，采购分编图书6.32万册，报纸期刊2152种，馆藏图书总量160万余册。接待读者总量43.5万余人次，图书外借总量35.9万册次，集体送书10次计3376册。开展活动1031场，参与人数137万余人次。疫情防控常态化后，加强线上数字资源建设，书香东城数字阅读平台点击量达到296万余次，资源下载69万次，网站页面点击量达到26万次。两馆微信公众号关注量突破8.7万次。先后结合抗疫热点、“我们的节日”、科技周、世界读书日等，开展喜迎建党百年系列活动、红领巾读书活动、云上诗歌分享会、垃圾分类宣传等活动。完成第七届“曹灿杯”青少年朗诵展示活动。举办主题征文，并将优秀征文汇编出版《新北京，新京味儿——百年百篇话北京》一书。2021年，东城区图书馆获首都双拥模范单位、北京市城乡社区共建先进集体、全国精神文明单位、北京市优秀志愿服务分队等称号，在北京市红领巾读书活动中获得优秀组织奖，“书海听涛”获优秀志愿服务项目，“故宫以东·书香之旅”在北京日报客户端连续20次跟踪报道。角楼图书馆两度荣登北京网红打卡地榜单。

（张晓丽　赵　萌）

文化活动

【概况】2021年，区文旅局组织开展传统节日重大节日演出、庆祝中国共产党成立100周年主题系列活动、百姓周末大舞台、惠民演出进基层等活动。全年举办各类公共文化活动3230项，1.04万场，覆盖244.1万人次，其中线上活动347项，2249场，覆盖209.71万人次；线下活动2929项，8414场，覆盖34.39万人次。

（王继伟）

2月4日，第六届钟鼓楼相声会专场演出通过新媒体平台在线播出（区文旅局提供）

【第六届钟鼓楼相声会】2021年，第六届钟鼓楼相声会分两个阶段举办，第一阶段，按照疫情防控要求，采取线下录制、线上播出的方式，2月4日、7日，“名师高徒”“青年才俊”专场演出通过北京数字文化馆、东城文旅云、“故宫以东”微信公众号、“东城旅游”官方微博等新媒体平台在线播出，各平台累计观看超12万人次。第二阶段，采取线下进行方式，6月19—20日连续举办“百年礼赞——名家荟萃”“嘻哈包袱铺”2个专场，观众近800人观看演出。

（王继伟）

【春节系列文艺演出】2月12—14日，“福牛贺新春”春节系列文艺演出在东城文旅云、东城区文化馆官网、微信公众号等线上平台播出，包括中国煤矿文工团的曲艺专场演出、东城区华风合唱团等群众文化团队的获奖作品专场展演及黄梅戏专场演出等。

（耿　佳）

【清明节红色经典诗会】4月3日，“忆满京城 情思华夏——百年征程追忆峥嵘”东城区2021年清明红色经典诗会在东城区图书馆会议中心影剧院举行。活动在国家公共文化云，北京数字文化馆网站，北京文化艺术活动中心快手、微博，北京东城APP，“东城旅游”新浪微博等多个平台同步线上直播。活动分春和景明、缅怀先烈、礼赞中华3个篇章。邀请著名表演艺术家、中小学生进行经典朗诵，共同缅怀先烈，传承中华优良传统。

（王继伟）

【群众文化展演季】4月至6月，区文旅局组织“唱支山歌给党听”群众合唱比赛，活动分为街道动员、指导培训、复赛、决赛4个阶段，6月4日和8日分别在地坛公园、玉蜓公园举办复赛，6月10日在区图书馆会议中心举办决赛，全区17个街道的近1000人参加，决赛以视频直播形式通过国家公共文化云、北京数字文化馆平台推广，吸引线上观众18万人次。10月14日，“红心向党 欢度重阳”东城区2021年群众广场舞大赛在龙潭中湖公园举行，全区17个街道各推选出一支群众舞蹈团队参赛，以民族舞、古典舞、现代舞、当代舞及体育健身舞蹈等多种表达形式展现风采、欢度重阳。

（耿 佳）

【“奋进新时代”胡同音乐会】5月10日和6月21日，“奋进新时代”胡同音乐会分别在东城区禄米仓胡同、北大二院旧址（原北大数学系楼）举办，国家级专业院团演绎经典红色歌曲，讴歌党的百年奋进历程。东城区党员、群众代表近200人次观看演出。

（王继伟）

【龙潭端午文化节】6月12日，龙潭端午文化节举办，作为全市端午节三大主场活动之一，开展龙舟艺韵主场活动，通过龙舟比赛、文艺演出、非遗展示、书香市集、健康讲座、民俗体验、戏剧展播等多种形式，让市民近距离了解、欣赏传统节日文化。

（王继伟）

【“唱响中轴”群众大合唱】6月，为庆祝中国共产党成立100周年，东城区结合北京全国文化中心建设和中轴线申遗，在中轴线上的永定门、前门、钟鼓楼和天安门国旗护卫队训练场4个点位组织开展“唱响中轴——唱支山歌给党听”群众大合唱活动，以建党百年重要历史时期或阶段为主线，分4个篇章：开创新天地、建设新世界、创造新辉煌、走进新时代。活动旨在助力中轴申遗的同时，引导广大群众通过歌唱学习党史，激发爱党爱国之情。

（耿 佳）

【红色经典《长征组歌》复排】7月5—14日，区文化馆华风合唱团、东方管乐团合作，在东城区图书馆会议中心影剧院连续演出6场红色经典史诗《长征组歌》，区文旅系统、统战系统、区直机关工委、文明引导员、社区干部等1500人次观看。中央党史学习教育领导小组办公室《党史学习教育简报》第189期以“红色经典史诗讴歌伟大精神”为题刊登活动信息。

（耿 佳）

【庆祝建军94周年文艺演出】7月28日，区文旅局联合区退役军人事务局以“牢记使命跟党走，开创未来谱新篇”为主题，在北京喜剧院举办东城区庆祝中国人民解放军建军94周年文艺演出。整场演出由舞蹈、诗朗诵、男声独唱、表演唱、小提琴合奏、情景表演、歌舞剧等节目组成。驻区部队领导和官兵代表、消防救援队伍代表、东城区机关干部、学生、优抚对象和退役军人代表600余人观看演出。

（王继伟）

【中秋诗会】9月19日，“月圆京城 情系中华”——东城区2021年中秋诗会在东城区文化馆崇文剧场举行，并在“北京东城”“文化东城”等线上平台推广。

（王继伟）

【第八届孔庙国子监国学文化节】9月23日，第八届孔庙国子监国学文化节开幕，设立主分会场，推出国学大典、国学讲堂、国学体验、国学传承等多种形式23场精品国学活动。国学文化节持续到9月28日，国学爱好者参加线下活动或观看网络直播，现场活动累计1200余人参加，300万人次通过网络观看直播。国学节首次与“中华文化大讲堂”合作，在主会场推出特色内容和创新亮点环节——“中华文化大讲堂国学文化节专场”活动。

（耿 佳）

【新年音乐会】12月30日，东城区2022年新年音乐会举办，由亚洲爱乐乐团演出。活动通过线上直播方式在国家公共文化云、北京数字文化馆等平台播出，各平台累计观看人数近60万人次。

（耿 佳）

【百姓周末大舞台】4月起，每个周末和节假日，在地坛公园和玉蜓公园上演文艺节目，演出团体有北京歌舞剧团、中国儿艺、北京曲艺团、中国杂技团等专业艺术表演团体，演出内容涵盖综艺节目、折子戏、儿童剧、杂技专场等。

（王继伟）

【惠民演出进基层】2021年，区文旅局采取订单式服务方式，将节目单下发到17个街道征求群众意见，演出以庆祝建党100周年为主题，完成惠民演出进基层活动50场，观众超4000人次。

（王继伟）

【精品演出】2021年，区文旅局购买京剧、话剧、歌舞剧、儿童剧、音乐会等多种类型精品演出门票，向驻区企业、文化干部、社区群众等发放演

6月30日，2021年东城区惠民演出进基层在景山街道专场演出（区文旅局提供）

出票1.15万张，其中9000张向街道社区发放，鼓励居民接种疫苗、支持抗疫工作。

（王继伟）

文学艺术

【概况】北京市东城区文学艺术界联合会（简称区文联）是在中共东城区委、区政府领导下，负责联系全区文艺家、文艺工作者和业余文艺爱好者的群众团体机关。有13个文艺家协会（研究会）：东城作家协会、东城戏剧家协会、东城书法家协会、东城美术家协会、东城摄影家协会、东城民间文艺家协会、东城民间艺术家协会、东城音乐家协会、东城舞蹈家协会、东城曲艺家协会、东城书画研究会、东城区书画协会、东城影视家协会；17个街道文艺工作者联谊会（简称街道文联）。会员2000余人。2021年，区文联发挥党和政府联系文艺界的桥梁纽带作用，团结引领东城区文艺工作者和爱好者围绕市区中心工作、繁荣东城文艺事业、建党百年主题文艺创作开展工作。专题片《循着红色足迹》获2021华东地区暨全国部分省市微视频（微电影）作品大赛“十佳编剧”荣誉称号。原创音乐作品《集合在党旗下》《人民万岁》获“唱支山歌给党听——全国群众歌曲创作征集活动”最佳作品奖、优秀作品奖。相声《航天梦》《假如没有这条路》入选中国曲协庆祝建党百年优秀曲艺作品。纪实散文集《协和大院》获第三届三毛散文奖。散文《父亲，镰刀和锤头》获“永远跟党走，奋进新征程”庆祝中国共产党成立100周年主题征文比赛二等奖。电影《彩云深处》入选第40批中宣部向全国中小学生推荐优秀影片。

（张　倩）

【新春送“福”】2021年，东城区文联组织书法家100余人组成10余支“东城文艺小分队”，进社区、进机关、进学校、进企业、进军营，开展50余场文艺特色惠民慰问活动。线上依托区文联“东城艺苑”微信公众号平台，通过线上申领、线下邮寄方式，分4期送出由东城书协、东城美协、东城书画研究会、东城区书画协会书写的春联“福”字1万余幅。

（张　倩）

【传统节日文艺活动】2021年，东城区文联联合东四胡同博物馆、新华书店、美后肆时在元宵、清明、端午等传统节日开展民俗体验活动50余次。2月26日，联合东城民间文艺家协会、新华书店（东花市店）共同开展“元宵节闹花灯”讲座及非遗体验活动，居民20余人体验元宵节花灯制作工艺。同日，北京市文联、东城区文联共同主办“月圆京城 情系中华”新时代文明实践文艺志愿服务惠民活动，社区居民100余人参与，体验木版年画、皮影、吹糖人、扎染、京绣等非遗手工制作。同日东城区文联会同崇文门外街道市民活动中心共同主办“月圆京城 情系中华”崇文门外街道第二届中秋喜乐会，为居民带来民乐演奏与传统民俗体验。9月21日，东城民间文艺家协会副主席在东四胡同博物馆带领居民20人体验兔儿爷制作工艺。10月12—14日，东城区文联“孝满京城 德润人心”钟鼓楼相声会重阳节进社区活动走进龙潭街道、天坛街道、朝阳门街道，知名曲艺家为老人演出曲艺节目3场。

（张　倩）

【建党100周年文艺作品展】3月20日，由炎黄艺术发展中心、东城区文联、北京“1+1”艺术中心主办的“传承红色基因，弘扬中华文化”画展在北京“1+1”艺术中心举行，画家4人作品100幅。4月17日，区文联与中国宣纸股份有限公司北京分公司联合主办的“惠风和畅”全国书法名家邀请展在北京市红星宣纸美术馆开幕，艺术名家10余人用书法作品献礼党的百年华诞。4月24日，由东城区文联主办，东城区书画协会、东城区文化馆联合承办的“翰海墨趣颂党恩，坚守初心重晚晴”——百岁老人朱运期画展在东城区文化馆开幕，展出百岁画家朱运期创作的百幅祖国山水作品，展览持续至5月5日。5月

2月26日，东城区文联开展“元宵节闹花灯”非遗体验活动（石榴摄）

24日，由东城区文联主办，东城区书画协会、东城区文化馆承办的“庆祝中国共产党成立100周年系列展之东城区书画协会会员作品展”在东城区文化馆风尚展厅开幕，展出作品240余幅，展览持续至5月31日。6月11日，由区委宣传部、区文联、燕京书画社共同主办的“永远跟党走”——百年百家全国书画巡展首站在北京“1+1”艺术中心开幕，来自全国各地艺术家的书法、美术作品各100幅参展，巡展首站展至6月16日，结束后赴陕西省延安市、河南省许昌市等全国各地巡展。7月20日，“百年庆典——庆祝中国共产党成立100周年名家书画巡回展”在北京东城燕京书画社开幕，展览展出中国美协、中国书协理事近50人及书画名家多人作品，展览持续至7月25日。11月9—15日，东城民间艺术家协会与角楼图书馆联合举办“情系东城情系党，巧手剪出新风尚”剪纸展，展出艺术家14人计38件剪纸作品。

（张　倩）

【建党100周年文艺演出】6月18日，由东城区委、区政府主办，东城区委宣传部、东城区文化和旅游局、东城区文联承办的“辉煌100年——东城区庆祝中国共产党成立100周年文艺演出”在北京喜剧院举办。演出以建党100周年以来的历史脉络为主线，通过情景对话、朗诵、京剧、舞蹈、评书、器乐、歌曲等多种文艺形式，展现中国共产党奋斗历程和带领中国人民实现国家富强、人民幸福、民族复兴取得的伟大成就。北京市有关部门领导、东城区领导、驻区中央单位代表、部队代表、消防指战员、医护人员代表、环卫工人代表以及社会各界群众600余人观看演出。

（王继伟　张　倩）

【建党100周年文艺作品创作】4月23日起，东城区文联组织开展“学党史 跟党走 颂党恩”东城区庆祝建党100周年文艺作品网络征集活动，征集各类文艺作品500余幅，在“东城艺苑”微信公众号、“东城文艺”微博开设宣传专栏，定期推送优秀作品，部分作品集结成册印制《东城文苑》献礼专刊。4月23日至6月15日，聚焦建党100周年，东城区委宣传部主办、东城区文联承办的“伟业丰功映初心”征文活动启动并向社会征稿，稿件集结出版为《东城故事》第九部《伟业丰功映初心》，全书分为岁月历程篇、励志拼搏篇、感动人物篇、文化发展篇、生活蜕变篇5个篇章，通过对个人经历、家族故事、生活体验和访谈调研等方式，从不同角度书写中国共产党百年伟业。

（张　倩）

【文艺创作】2021年，东城区文联联合区政协文史委编辑出版《胡同故事》，从文物古迹、非遗传承、胡同风情、街巷复兴4个部分讲述东城胡同风情。联合《北京日报·古都版》开辟《行走京城》专栏，主要介绍、评述北京地区古代历史文化及四九城的古迹遗存、老北京的人情风物、胡同里的传统手艺、古村落的历史典故。引导各门类艺术家创作并出版《技艺》《北京绒花绒鸟》《中国人的规矩》《不描不画学剪纸》《图说葫芦》等非遗系列丛书。策划拍摄反映东城百姓生活的情景剧《事妈小传》第二部10集正式上线，北京电视台等10余家媒体参与报道，抖音播放量达247万。10月6—10日，由东城区文联支持创作，以表现运河非遗文化为主题的非遗跨界器乐剧《帆影弦歌万千重》在东城区崇文工人文化宫演出10场，用中国古代文人“四器”及9个非遗文化符号阐述大运河非遗文化。

（张　倩）

【戏剧创作】3月21—26日，由北京市文联、东城区文联、东城区文旅局联合打造，东城戏剧家协会策划创作，由国家一级演员、东城戏剧家协会主席导演的原创话剧《北京兔儿爷》经过反复打磨和加工，在东城区红剧场进行二轮演出，并首度走出北京开启巡演，于3月28—29日在石家庄大剧院演出，为“京津冀”文化交流起到促进作用。12月1—2日，由东城戏剧家协会作为支持单位，协会主席担任导演及主演的剧目《黎明1949》在北京喜剧院首演。

（张　倩）

【曲艺建设】2021年，东城区曲艺名家（周末相声俱乐部）进社区演出

10月，“孝满京城 德润人心”钟鼓楼相声汇重阳节进社区（王彦高摄）

12场，观众数达1000余人次。“钟鼓楼相声汇”开展“名师高徒”“一起向未来”等主题专场11场，线上直播观看人数超100万人次。12月20—22日，东城区文联“曲艺进校园”“曲艺进社区”活动分别走进府学胡同小学和东四街道，老中青曲艺家轮番登台，带来相声、京韵大鼓、北京琴书、歌曲舞蹈等精彩节目。

（张　倩）

【理事会、主席团会】4月15日，东城区文联组织召开第二届理事会第八次会议。有关领导及区文联部分主席团成员、理事，全体机关干部和17个街道文联代表近80人参加会议。会议通报《东城区文联第二届理事会第八次会议工作报告》《东城区文联领导班子民主生活会情况及2021年处级干部职责分工》《东城区文联关于所属各文艺家协会召开会员代表大会有关工作的指导意见》等。会议传达学习《东城区2021年宣传思想文化工作要点》。11月30日，东城区文联召开第三次代表大会，选举产生区文联第三届主席团和理事会成员。有关领导出席会议。区文联党组书记代表区文联第二届理事会作题为“不忘初心跟党走 砥砺奋进新时代 在加快推进核心区经济社会高质量发展进程中谱写文艺华章”工作报告。会议审议通过《北京市东城区文学艺术界联合会第二届理事会工作报告》和《北京市东城区文学艺术界联合会章程》，选举产生区文联第三届理事会和主席团。区委书记孙新军肯定区文联在推动东城文艺事业繁荣发展、助力核心区经济社会高质量发展进程中的重要贡献，就做好文联下一步工作提出要求。

（张　倩）

【协会会员代表大会】7月，东城作家协会、东城戏剧家协会、东城书法家协会、东城美术家协会、东城摄影家协会、东城民间文艺家协会、东城民间艺术家协会、东城音乐家协会、东城舞蹈家协会、东城曲艺家协会、东城书画研究会、东城区书画协会、东城影视家协会等东城区文联所属13个文艺家协会相继组织召开会员代表大会，审议通过各理事会工作报告，选举产生新一届理事会理事和主席团。各文艺家协会新当选主席作就职讲话，对协会未来5年工作方向进行谋划部署。

（张　倩）

【对口交流文艺帮扶展示】10月22日，由东城区委宣传部、内蒙古自治区乌兰察布市委宣传部主办，东城区文联、东城区文化和旅游局、北京燕京书画社、内蒙古自治区美术家协会、乌兰察布市文化和旅游局、乌兰察布市化德县委县政府承办的“画说京韵 墨润北疆”京蒙文化交流美术作品展开幕，展出来自东城区、乌兰察布市、化德县三地的美术作品100余件（套）。展出作品在采风的基础上根据当地人文风情、自然环境、历史遗存等进行创作，反映出东城区的文化特色和乌兰察布市当地人民的日常生活场景和自然风景，用文艺助力乡村振兴。

（张　倩）

戏剧东城

【概况】2021年，东城区依托区内优质戏剧文化资源和“大戏东望”品牌，扶持原创剧目，开展戏剧普及活动，起草完善《进一步推进“戏剧之城”建设发展的实施意见》，配套《东城文化艺术基金使用管理办法》。举办南锣鼓巷戏剧展演季、全国话剧展演季等品牌活动，打造一年四季均有演出的“大戏东望”演艺生态。

（宋景琳）

【原创剧目展演】2月起，区文旅局面向全区征集东城原创剧目，经过专家评审、院团答辩等环节，《速记员》《黎明》《火与冰》等8部作品入选2021东城原创剧目，其中《速记员》《黎明》2部剧目，作为庆祝中国共产党成立100周年主题剧目，由区委宣传部、区文旅局与制作公司联合出品，《黎明》入选东城区深入推动党史学习教育“五个一”精品力作。7月至9月，8部原创剧目克服疫情影响，在首都剧场、北京喜剧院、

7月2—3日，音乐剧《速记员》在北京喜剧院进行首轮展演
（区文旅局提供）

5 月 28 日，南锣鼓巷戏剧展演季在青年湖公园开幕（区文旅局提供）

隆福剧场、青蓝剧场上演30场，惠及观众近1.4万人。

（宋景琳）

【戏剧普及系列活动】4月起，区文旅局线上线下结合，开展戏剧体验、戏剧开讲、戏里戏外等戏剧普及系列活动。全年开展各类戏剧普及活动52场，其中通过B站等视频平台直播活动52次，13.6万人次在线观看。开展线下活动38次，1660余人参与。

（宋景琳）

【戏剧一帮一活动】5月，区文旅局面向全区各委办局、街道、学校等征集参加“戏剧一帮一”的单位，41家单位报名，通过前期筛选故事大纲、剧本题材，确定21个业余演出团队，并通过东城区演出行业协会发布通知，征集到12个辅导团队报名参加，经过沟通协调，组织演出单位和专业院团对接，结为21个“帮学对子”。8月至10月，组织专业院团辅导演出团队进行剧本创作修改和剧目排演。在77剧场组织开展为期3天的“戏剧一帮一”线下录播、线上成果展演，业余演出团队在辅导院团帮助下共同创作21个剧目，并在舞台上正式为观众演出。

（宋景琳）

【南锣鼓巷戏剧展演季】5月28日，南锣鼓巷戏剧展演季在青年湖公园开幕，持续至9月。展演季以“百年正风华，戏剧梦无限”为主题，分“与历史共鸣”“与街区共融”“与创作共生”三大板块，以实景沉浸式戏剧为抓手，突出戏剧与城市的互动共融。

（宋景琳）

【第十届中国儿童戏剧节】7月16日，由中国儿童艺术剧院联合北京市东城区委、区政府共同主办的第十届中国儿童戏剧节在中国儿童艺术剧院开幕。7月16日至8月15日，中国儿童戏剧节历时31天，以“共享戏剧 健康成长”为主题，汇聚全国19家儿童戏剧团体的36台线上线下展演剧目，演出86场，惠及观众87万人次。东城区文旅局作为第十届中国儿童戏剧节的联合承办单位，向市民发放惠民演出票，针对外来务工人员子女、孤残儿童、低保家庭、特殊困难群体开展温暖行动，派发公益演出票并邀请其参加戏剧体验活动。

（宋景琳）

【第十四届北京国际青年戏剧节】9月，在东城区文旅局支持下，第十四届北京国际青年戏剧节启动。戏剧节期间，共有国内戏剧剧场演出作品13部，演出31场；国内戏剧线上演出作品8部，国外戏剧线上演出作品5部，线下放映20次。同时还有剧本朗读作品、国际戏剧论坛等相关活动。活动期间，区文旅局向戏剧爱好者发放惠民演出票。

（宋景琳）

【全国话剧展演季戏剧高峰对话】10月19日，全国话剧展演季戏剧高峰对话在隆福文化中心举办。高峰对话作为“大戏东望 · 2021全国话剧展演季”的重要板块，由中共北京市委宣传部指导，北京市文化和旅游局、中共东城区委、东城区人民政府主办，中共东城区委宣传部、东城区文化和旅游局承办，以“畅想新时代，戏剧正青春”为主题，汇聚国家话剧院院长田沁鑫、央华戏剧创始人王可然等数十位国内戏剧行业领军人物、资深专家，从“源——中国戏剧讲好中国故事”“兴——双循环背景下的戏剧发展”“融——戏剧行业的媒体融合发展”“赋——探索戏剧创作与城市链接”四方面进行交流与分享，探讨新格局背景下中国戏剧发展方向。

（宋景琳）

【大戏东望 · 2021全国话剧展演季】12月2日，东城原创年度大戏《黎明1949》在北京喜剧院上演，标志着“大戏东望 · 2021全国话剧展演季”开幕。活动致力建立话剧行业集体发声与集中展演交流的平台，以演艺激活老城文化生活。活动全面贯彻落实“崇文争先”和“大戏看北京”的工作要求，以“戏中城 · 城中戏”为主题，包括剧目展演、主题活动等内容，通过演出、交流、传播、互动，推动“戏剧之城”建设。

（宋景琳）

【大戏东望 · 2021戏剧进基层】12月，大戏东望 · 2021戏剧进基层在天乐园、超剧场、吉祥戏院举办，通过开展戏剧普及，丰富群众生活，弘

10月19日，全国话剧展演季戏剧高峰对话举办（保利演出公司提供）

扬传统文化，促进网红打卡地消费。

（宋景琳）

文化遗产保护

【概况】2021年，东城区文物工作持续推进文物修缮工程、文物安全管理、中轴线申遗等工作，深化文物活化利用项目，创新工作思路，有序推进各项任务落实。国家级非遗代表性项目新增6项，市级新增8项，中国非遗协会落户咏园，文旅部“非遗在社区”试点落地东城。多措并举构建非遗普及矩阵，系列短视频《非遗智造局》在线上实现千万量级传播。举办“心手相传”等各类非遗主题活动276场次，累计受众超200万人次。

（刘安安）

【文物保护修缮】2021年，区文旅局推动各项修缮工程，完成原中法大学、奋章胡同53号四合院在施文物修缮项目。启动并完成东堂子4、6号近代建筑文物修缮工程和钟楼修缮工程。启动地坛斋宫修缮工程。

（刘安安）

【中轴线申遗】2021年，区文旅局配合中轴线申遗专项工作，推动落实《北京中轴线申遗保护三年行动计划》。至年底，北京鼓楼保护展示工程除部分收尾工程外，基本完成。正阳桥考古工作完成，镇水兽9月出土。

（刘安安）

【7处遗址定为市级文保单位】8月，北京市政府公布第九批市级文物保护单位，涉及东城区的有7处，分别为北京明清皇城墙遗存、宏恩观、玉河庵、僧格林沁祠堂、贝满女中建筑遗存、澄清下闸遗址和永定门御道遗存，其中北京明清皇城墙遗存由原区级文物保护单位“东安门遗址”与现有市级文物保护单位“皇城墙遗址”合并而成；宏恩观、玉河庵、僧格林沁祠堂、贝满女中建筑遗存4处文保单位是由原区级文物保护单位提级；澄清下闸遗址和永定门御道遗存为新认定的文物保护单位。

（刘安安）

【革命文物名录公布】3月，北京市文物局公布北京市第一批革命文物名录，涉及东城区的有不可移动文物17处，可移动文物1867项，1971件/套。不可移动文物方面，包括北京大学红楼、天安门、人民英雄纪念碑、孙中山行馆4处全国重点文物保护单位，毛主席纪念堂、老舍故居、茅盾故居、军调部1946年中共代表团驻地等9处市级文物保护单位。可移动文物方面，主要以国家博物馆馆藏文物为主，涉及国家博物馆、北京警察博物馆、老舍纪念馆、北京市文物局图书资料中心、中国海关博物馆5家文物收藏单位。

（刘安安）

【博物馆疫情防控】2021年，区文旅局检查东城区注册的37家博物馆疫情防控工作并签订疫情防控安全责任书。面对不断反复的疫情，要求各博物馆根据市文物局的要求实行人员限流措施，加强对入馆人员的健康码检查和馆内工作人员的健康监测。

（刘安安）

【文物安全】2021年，区文旅局完成对58处区级文物保护单位的文物保存状况评估。组织专业技术人员对文保单位建筑结构进行扫描探测，判断结构病害、屋面渗漏等情况。借助三维激光扫描仪等专业设备，开展数据化检测、编制风险评估报告白皮书、重点标注主要病害问题，并将数据同步云端管理，形成“一图三库”（文物地图、文物基础信息资料库、文物健康体检资料库、全景信息虚拟漫游资料库）监测管理档案。

（刘安安）

表24

2021年东城区文物保护单位一览表

序号		名称	地址及位置	级别
总序号	子序号			
1		正阳门	天安门广场南侧	国家级
2		北京城东南角楼	崇文门东大街9号	国家级
3		北京大学红楼	五四大街29号	国家级
4		天安门	天安门广场北	国家级
5		人民英雄纪念碑	天安门广场内	国家级
6		北京故宫	景山前街4号	国家级
7		天坛	永定门内大街东侧	国家级
8		智化寺	禄米仓胡同5号	国家级
9	1	袁崇焕墓和祠-墓和祠	东花市斜街50、52号	国家级
	2	袁崇焕墓和祠-庙	龙潭路8号龙潭公园内	国家级
10		国子监	国子监街15号	国家级
11		北京孔庙	国子监街13号	国家级
12		雍和宫	雍和宫大街12号	国家级
13		皇史宬	南池子大街136号	国家级
14		古观象台	东裱褙胡同2号	国家级
15		太庙	天安门东侧	国家级
16		社稷坛	天安门西侧，今中山公园内	国家级
17		崇礼住宅	东四六条63、65号	国家级
18		北京鼓楼、钟楼	钟楼湾临字9号	国家级
19		可园	帽儿胡同7、9、11、13号	国家级
20		孚王府	朝阳门内大街137号	国家级
21	1	东交民巷使馆建筑群-奥地利使馆旧址	台基厂头条3号	国家级
	2	东交民巷使馆建筑群-比利时使馆旧址	崇文门西大街9号	国家级
	3	东交民巷使馆建筑群-东方汇理银行旧址	东交民巷34号	国家级
	4	东交民巷使馆建筑群-法国使馆旧址	东交民巷15号	国家级
	5	东交民巷使馆建筑群-花旗银行旧址	东交民巷36号	国家级
	6	东交民巷使馆建筑群-日本公使馆旧址	东交民巷21、23号	国家级
	7	东交民巷使馆建筑群-日本使馆旧址	正义路2号	国家级
	8	东交民巷使馆建筑群-意大利使馆旧址	台基厂大街1号	国家级
	9	东交民巷使馆建筑群-英国使馆旧址	东长安街14号	国家级
	10	东交民巷使馆建筑群-正金银行旧址	正义路甲4号	国家级
	11	东交民巷使馆建筑群-法国兵营旧址	台基厂三条3、5号	国家级
	12	东交民巷使馆建筑群-国际俱乐部旧址	台基厂大街8号	国家级
	13	东交民巷使馆建筑群-淳亲王府旧址	东长安街14号	国家级
	14	东交民巷使馆建筑群-圣米厄尔教堂	东交民巷甲13号	国家级
22		柏林寺	戏楼胡同1号	国家级

续表24

序号		名称	地址及位置	级别
总序号	子序号			
23		地坛	安定门外大街东侧	国家级
24		京师大学堂分科大学旧址	安德里北街21号	国家级
25		清陆军部和海军部旧址	张自忠路3号	国家级
26		孙中山行馆	张自忠路23号	国家级
27		协和医学院旧址	帅府园胡同1号	国家级
28		亚斯立堂	后沟胡同丁2号	国家级
29	1	明北京城城墙遗存-东便门段	崇文门东顺成街	国家级
	2	明北京城城墙遗存-左安门值房	左安门内大街东南端	国家级
30		文天祥祠	府学胡同63号	国家级
31		普度寺	普庆前巷35号	国家级
32	1	大运河-南新仓	东四十条22号	国家级
	2	大运河-玉河故道	东不压桥胡同南口至帽儿胡同西口	国家级
33		东堂	王府井大街74号	国家级
34		基督教中华圣经会北京分会旧址	东单北大街21号	国家级
35		北京大学地质学馆旧址	沙滩北街15号	国家级
36		智珠寺	嵩祝院胡同23号	国家级
37		北京站	建国门大街南侧	国家级
38		京奉铁路正阳门东车站旧址	前门大街东侧	市级
39		福建汀州会馆北馆	长巷二条48号	市级
40		阳平会馆戏楼	小江胡同36号	市级
41		崇文区新开路二十号四合院	新革路20号	市级
42		花市火神庙	西花市大街113号	市级
43		隆安寺	白桥大街南里1、3号	市级
44		金台书院	东晓市街203号	市级
45		正阳桥疏渠记方碑	红庙街78号	市级
46		燕墩	永定门外铁路桥西侧（原地址为永外大街31号）	市级
47		毛主席纪念堂	天安门广场中轴线的南部	市级
48		毛主席故居	吉安所左巷8号	市级
49		东四清真寺	东四南大街13号	市级
50		嵩祝寺	北河沿大街25号，嵩祝寺北巷4、6号	市级
51		宣仁庙	北池子大街2号	市级
52		凝和庙	北池子大街46号	市级
53		和敬公主府	张自忠路7号	市级
54		于谦祠	西裱褙胡同21、23号	市级
55		老舍故居	丰富胡同19号	市级
56		茅盾故居	后圆恩寺胡同13号	市级

续表24

序号		名称	地址及位置	级别
总序号	子序号			
57		旧宅院（婉容旧居）	帽儿胡同35、37号	市级
58		礼士胡同129号四合院	礼士胡同129号	市级
59		内务部街11号四合院	内务部街11号	市级
60		圆恩寺后街7号、9号四合院	后圆恩寺胡同7号、9号	市级
61		国祥胡同2号四合院	国祥胡同甲2号	市级
62		方家胡同13、15号四合院	方家胡同13号、15号	市级
63		府学胡同36号四合院	府学胡同36号，交道口南大街136号	市级
64		国子监街	国子监街	市级
65		北新仓	北新仓胡同甲16号	市级
66		禄米仓	禄米仓胡同71、73号	市级
67		原中法大学	东皇城根北街甲20号	市级
68		顺天府学	府学胡同65号	市级
69		京师大学堂建筑遗存	沙滩后街55、59号	市级
70		大慈延福宫建筑遗存	朝阳门内大街223号	市级
71		西堂子胡同25-37号四合院	西堂子胡同25、29、31、33、35号	市级
72		北京饭店初期建筑	东长安街33号	市级
73		军调部1946年中共代表团驻地	南河沿大街1号	市级
74		孑民堂	北河沿大街83号	市级
75		法国邮政局旧址	东交民巷19号	市级
76		美国使馆旧址	前门东大街23号	市级
77		荷兰使馆旧址	前门东大街11号	市级
78		帽儿胡同5号四合院	帽儿胡同5号	市级
79		美术馆东街25号四合院	美术馆东街25号	市级
80		东棉花胡同15号院及拱门砖雕	东棉花胡同15号	市级
81		前鼓楼苑胡同7、9号四合院	前鼓楼苑胡同7、9号	市级
82		鼓楼东大街255号四合院	鼓楼东大街255号	市级
83		宁郡王府	北极阁三条69、71号，新开路胡同92、94、96、98、100号	市级
84		陈独秀旧居	箭杆胡同20号	市级
85	1	北京明清皇城墙遗存-皇城墙遗址	菖蒲河社区长安街、景山东街等地	市级
	2	北京明清皇城墙遗存-东安门遗址	东安门大街西口	市级
86		黑芝麻胡同13号四合院	黑芝麻胡同13号	市级
87		绮园花园	秦老胡同35号	市级
88		前永康胡同7号四合院	前永康胡同7号	市级
89		僧王府	炒豆胡同73、75、77号，南锣鼓巷110-1、110-2号，板厂胡同30、32、34号	市级
90		总理各国事务衙门建筑遗存	东堂子胡同49号	市级

续表24

序号		名称	地址及位置	级别
总序号	子序号			
91		恒亲王府	朝阳门内大街55号	市级
92		沙井胡同15号四合院	沙井胡同15号	市级
93		原麦加利银行	东交民巷39号	市级
94		协和医院住宅群	外交部街59号，北极阁三条26号	市级
95		北京大学女生宿舍	沙滩北街乙2号	市级
96		东皇城根南街32号宅院	东皇城根南街32号	市级
97		大清邮政总局旧址	小报房胡同7号	市级
98		史家胡同51、53、55号宅院	史家胡同51、53、55号，内务部街44、甲44号	市级
99		顺天府大堂	东公街9号	市级
100		魏家胡同18号宅院	魏家胡同18号、小细管胡同15号	市级
101		全聚德烤鸭店门面	前门大街30号	市级
102		北平电话北局旧址	东皇城根北街14号	市级
103		欧美同学会	南河沿大街111号	市级
104		蔡元培故居	东堂子胡同75号	市级
105		北总布胡同2号宅院	北总布胡同2号	市级
106		清代自来水厂	香河园大街3号	市级
107		宏恩观	张旺胡同2、4号，豆腐池胡同21、23号、甲23号，赵府街71号	市级
108		玉河庵	东不压桥北侧	市级
109		僧格林沁祠堂	地安门东大街47号	市级
110		贝满女中建筑遗存	灯市口大街55号	市级
111		澄清下闸遗址	北河胡同东口	市级
112		永定门御道遗存	永定门东滨河路18号（永定门公园内）	市级
113		兴隆街四合院	东兴隆街52号	区级
114		奋章胡同四合院	奋章胡同53号	区级
115		花市清真寺	西花市大街80号	区级
116		药王庙	东晓市街101号	区级
117		法华寺	法华寺街65、67、69号，法华寺东街甲17号	区级
118		南岗子天主堂	永生巷6号	区级
119		三一八烈士纪念碑	培新街6号	区级
120		夕照寺	夕照寺中街13号	区级
121		安乐禅林	安乐林路63号	区级
122		杨昌济故居	豆腐池胡同15号	区级
123		通教寺	针线胡同19号	区级
124		惠王府	富强胡同3号，灯市口西街5号	区级
125		吉安所	吉安所右巷10号	区级
126		朱启钤宅	赵堂子胡同3号	区级

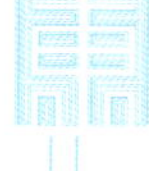

续表24

序号		名称	地址及位置	级别
总序号	子序号			
127		段祺瑞宅	仓南胡同5号	区级
128		东总布胡同53号宅院	东总布胡同53号	区级
129		北沟沿胡同23号宅院	北沟沿胡同23号	区级
130		旧宅院（荣禄宅）	菊儿胡同3号、寿比胡同6号	区级
131		田汉故居	细管胡同9号	区级
132		欧阳予倩故居	张自忠路5号	区级
133		当铺旧址	门楼胡同3、5号	区级
134		黄米胡同四合院	黄米胡同5、7、9号，亮果厂6号	区级
135		桂公府	芳嘉园胡同11号，新鲜胡同40、42号	区级
136		雨儿胡同13号四合院	雨儿胡同13号	区级
137		东四六条55号四合院	东四六条55号	区级
138		东四四条5号四合院	东四四条5号	区级
139		板厂胡同27号四合院	板厂胡同27号	区级
140		东四八条71号四合院	东四八条71号	区级
141		富强胡同6、甲6、23号四合院	富强胡同6号、甲6号、23号	区级
142		什锦花园胡同19号四合院	什锦花园胡同19号	区级
143		东直门外清真寺	东直门外察慈小区6号	区级
144		东四五条55号四合院	东四五条55号	区级
145		法华寺碑	多福巷32、44号	区级
146		傅恒征西川碑	现存于北京石刻艺术博物馆	区级
147		慧仙女校碑	现存于北京石刻艺术博物馆	区级
148		文昌庙碑	帽儿胡同21号	区级
149		（文昌帝君庙）皇帝敕谕碑	景阳胡同4号	区级
150		慧照寺修建碑	东四十三条19号	区级
151		宝和店碑	现存于北京石刻艺术博物馆	区级
152		（成寿寺）皇帝敕谕碑	现存于钟鼓楼文物保管所	区级
153		贝子宏昨府	大取灯胡同9号	区级
154		承恩公志钧宅	大佛寺东街2、4、6号，美术馆后街44号	区级
155		正白旗觉罗学建筑遗存	新鲜胡同36号	区级
156		镶黄旗官学建筑遗存	后圆恩寺甲20号	区级
157		莲园	红岩胡同甲19号，新鲜胡同18号	区级
158		翠花胡同27号四合院	翠花胡同27号	区级
159		朝阳门内大街头条203号近代建筑群	朝阳门内大街头条203号	区级
160		朝阳门南小街439号近代建筑	朝阳门南小街439号	区级
161		朝阳门内大街81号近代建筑	朝阳门内大街81号	区级
162		同福夹道4号近代建筑	同福夹道4号	区级

续表24

序号		名称	地址及位置	级别
总序号	子序号			
163		东堂子胡同4、6号近代建筑	东堂子胡同4、6号	区级
164		原北京大学图书馆	北河沿大街甲83号	区级
165		菊儿胡同7号近代建筑	菊儿胡同7号	区级

（张佳宁）

【东城区北京市历史文化保护区】

一、景山前街

该保护区位于故宫紫禁城筒子河与皇家园林景山之间，全长740米。明清时，景山与故宫之间建有北上门、北上东门、北上西门。1931年各门拆除辟路，划分三段：中为景山前街，东为景山东前街，西为三座门大街，1965年统一定名为景山前街。

二、景山后街

该保护区位于景山公园北侧，东起景山东街，西至景山西街，中与地安门内大街相连，全长482米。元代为大都御苑；明清为皇城。临街南侧古建筑是清乾隆年间所建寿皇殿，为清代皇家供奉先祖神像之所。街北东、西两侧是中华人民共和国成立后建设的办公楼，屋顶采用中国传统建筑坡屋顶形式，立面为传统建筑形式的装饰，与南侧景山相互呼应、衬托，形成对景，是保持古都历史风貌的范例。

三、景山东街

该保护区位于景山公园东侧，全长546米。街旁明代曾设有司礼监、都知监、印绫监等衙署。因西邻景山，清末称景山东大街，1956年定现名。街两侧绿树成荫。街东有清光绪二十四年（1898年）开办的中国第一所大学——京师大学堂。吉安所左巷8号是毛泽东1918年在北京时住过的地方。

四、五四大街

该保护区东起东四西大街，西至景山前街，全长740米。1965年曾定名汉花园大街，后改五四大街至今。街北侧为北京大学“红楼”。1919年5月4日的游行队伍，即从“红楼”北边的广场集合出发，1947年被命名为“民主广场”。陈独秀、李大钊、鲁迅、蔡元培、胡适等革命先辈和文化巨匠曾在此任教。中国共产党北京小组诞生于此。“红楼”内现保存李大钊工作室。“红楼”在中国近代史上具有重要的地位和作用。街东段北侧的中国美术馆是20世纪50年代著名的大型文化设施。现在“红楼”为新文化运动纪念馆。

五、南池子 六、东华门

该保护区位于北京皇城内，故宫东南侧，北起东华门大街，南至长安街，西临筒子河、劳动人民文化宫，东接东黄城根南街，总用地面积34.5公顷。该地区处于喧闹的王府井商业街与森严僻静的故宫城墙之间，独特的城市环境造成地段内具有传统风貌居住街区的独特建筑环境。

七、北池子

该保护区紧邻紫禁城东侧，规划范围东以东黄城根南街为界，西以筒子河为界，北至五四大街，南邻东华门大街，东与东黄城根北街相连，总用地面积39.22公顷。该地区传统居住区的特色构成故宫一侧较为幽静的居住环境，其灰色宁静的形式更有益衬托、表现宫城的宏伟气度。就北京旧城整体而言，其低矮、平缓、匀质的建筑格局也是风貌构成的重要组成部分。

八、东交民巷

该保护区位于天安门东侧，东接崇文门内大街，南临前门东大街，西至天安门广场东侧，北面东长安街，总用地面积62.84公顷。该地区建筑多为西式风格。现以机关办公为主，兼有办公与居住的混合使用形态，在整体上保持了历史文化街区原有的异域风貌特色，在老城区的传统建筑文化基调中独显特质。

九、东四三至八条

该保护区位于朝阳门内大街以北、东四十条以南、东四北大街以东、朝阳门北小街以西。包括整个头条至九条广大地区，总用地面积65.70公顷。该地区是以典型传统的四合院落为主的居住性成片街区，从“一进院”到“四进院”都有留存，风貌与质量相当完好，是展示传统四合院的极佳场所。

十、雍和宫－国子监

该保护区位于旧城东北部，西至安定门内大街，北至北二环，东至东直门北小街西侧的育树胡同、炮局头条、后永康北条、东城煤炭一厂和华侨饭店用地东边界，南至北新桥三条、方家胡同，总占地面积约74公顷。该地区是北京旧城内重要寺庙建筑和重要文物集中的街区，包括国子监、孔庙、国子监街、雍和宫、柏林寺等。

十一、南锣鼓巷

该保护区位于北京市北中轴线东侧，四至为地安门外大街、平安大街、地安门东大街、鼓楼东大街，总用地面积83.8公顷，该地区是北京最老的街区之一。与元大都同期建成，现仍保持了传统的胡同结构和大量的传统四合院，是目前北京旧城保存最完整、四合院最集中的地区。

十二、北锣鼓巷

该保护区南至鼓楼东大街，北至车辇店、净土胡同，西至什刹海保护区东界，东至安定门内大街，总面积约45.27公顷。该地区与什刹海、南锣鼓巷、国子监三个历史文化保护区相邻，是皇城的重要背景，也是保护旧城整体风貌和沿中轴线对称格局不可缺少的地段。

十三、张自忠路北

该保护区南至张自忠路，北至香饵胡同，东至东四北大街，西至交道口南大街，总面积约为42.11公顷。该街区集中了和敬公主府、段祺瑞执政府旧址、孙中山逝世纪念地、欧阳予倩故居等多家文物保护单位。

十四、张自忠路南

该保护区南至钱粮胡同，北至张自忠路，东至东四北大街，西至美术馆后街，总用地面积约为62.81公顷。该区域处于皇城与东四三条至八条保护区之间，现有胡同格局完整，有马辉堂花园等文物保护单位。

十五、新太仓

该保护区南至东四十条，北至东直门内大街，东至东直门内南小街，西至东四北大街，总用地面积约为56.88公顷。该区域现有胡同格局完整，有梁启超旧居、当铺遗址区级文物保护单位。

十六、东四南

该保护区南至干面胡同，北至前炒面胡同，东至朝内南小街，西至东四南大街，总面积约为34.32公顷。该区域是以典型传统的四合院落为主的居住性成片街区，风貌与质量相当完好，是展示传统四合院的极佳场所。现有礼士胡同129号院，内务部街11号院，史家胡同51、53、55号四合院等文物保护单位。

十七、皇城

该保护区是北京旧城整体保护的重点区域，包括景山地区、北池子、南池子。内含紫禁城、太庙、社稷坛、北海、中南海及第一批历史文化保护区，占地面积约6.8平方公里。

十八、鲜鱼口

该保护区西至前门大街，北至西打磨厂、长巷四条、西兴隆街，东至草场十条，南至薛家湾胡同、北芦草园胡同、青云胡同、得丰东巷、得丰西巷、小席胡同、大席胡同。规划用地为36.25公顷，净用地面积为32.47公顷，现状总建筑面积为26.5万平方米（不含私搭乱建的建筑），规划总建筑面积为44.5万平方米。鲜鱼口地区主要是以居住功能为主的街区，居住用地面积26.81公顷，占整个保护区的73.96%。

十九、什刹海（钟鼓楼属此片，东城占半片）

该保护区位于北京市旧城中轴线北部，属东城区的部分四至为草厂胡同一线以西、旧鼓楼大街以东、鼓楼东大街以北、北二环以南，总用地面积26.96公顷。

（张佳宁）

表25

2021年东城区国家级非物质文化遗产一览表

（37项）

名称	类别
天坛传说	民间文学
智化寺京音乐	传统音乐
天坛神乐署中和韶乐	传统音乐
围棋	传统体育、游艺与杂技
象棋	传统体育、游艺与杂技
数来宝	曲艺
象牙雕刻	传统美术
北京玉雕	传统美术
北京绢花	传统美术
北京宫灯	传统美术
北京料器	传统美术
葡萄常料器	传统美术
泥塑（北京泥人张）	传统美术

续表25

名称	类别
北京绢人	传统美术
便宜坊焖炉烤鸭技艺	传统技艺
全聚德挂炉烤鸭技艺	传统技艺
都一处烧麦制作技艺	传统技艺
官式古建筑营造技艺（北京故宫）	传统技艺
月盛斋酱烧牛羊肉制作技艺	传统技艺
东来顺涮羊肉制作技艺	传统技艺
京作硬木家具制作技艺	传统技艺
剧装戏具制作技艺	传统技艺
景泰蓝制作技艺	传统技艺
雕漆技艺	传统技艺
金漆镶嵌髹饰技艺	传统技艺
盛锡福皮帽制作技艺	传统技艺
古字画装裱修复技艺	传统技艺
风筝制作技艺（北京扎燕风筝制作技艺）	传统技艺
吴裕泰茉莉花茶制作技艺	传统技艺
古书画临摹复制技艺	传统技艺
青铜器修复及复制技艺	传统技艺
古代钟表修复技艺	传统技艺
宫廷传统囊匣制作技艺	传统技艺
北京蒙镶技艺	传统技艺
北京木雕小器作	传统技艺
同仁堂中医药文化	传统医药
中医传统制剂方法（安宫牛黄丸制作技艺）	传统医药

（张佳宁）

表26

2021年东城区市级非物质文化遗产一览表

（71项，含国家级非物质遗产37项）

名称	类别
前门的传说	民间文学
老北京叫卖	传统音乐

续表26

名称	类别
京韵大鼓（白派）	曲艺
北京杠箱	传统舞蹈
掌礼司太狮老会	传统舞蹈
意拳	传统体育、游艺与杂技
吴式太极拳	传统体育、游艺与杂技
北京补花	传统美术
北京绒花（绒鸟）	传统美术
北京刻瓷	传统美术
北京扎彩子	传统美术
北京绢人	传统美术
京派内画鼻烟壶	传统技艺
毛猴制作技艺	传统技艺
壹条龙清真涮肉制作技艺	传统技艺
厨子舍清真菜民间宴席制作技艺	传统技艺
北京豆汁制作技艺（锦馨）	传统技艺
北京花丝镶嵌制作技艺	传统技艺
绒布唐工艺	传统技艺
红都中山装制作技艺	传统技艺
京式旗袍制作技艺	传统技艺
王氏装裱技艺	传统技艺
京作硬木家具制作技艺	传统技艺
北京鸽哨制作技艺	传统技艺
谭家菜制作技艺	传统技艺
传统百宝镶嵌制作与修复技艺	传统技艺
传统木器制作与修复技艺	传统技艺
传统漆器修复技艺	传统技艺
青铜器修复及复制技艺	传统技艺
手迹类文物临摹复制技艺	传统技艺
花市元宵灯会	民俗
同仁堂西黄丸传统制作技艺	传统医药
血余蛋黄油制作技艺	传统医药
燕京萧氏妇科	传统医药

（张佳宁）

表27

2021年东城区区级非物质文化遗产一览表

（195项，含国家级、市级71项）

名称	类别
崇文门的传说	民间文学
北京的传说	民间文学
藏头诗	民间文学
同聚公乐云车老会	传统舞蹈
花棍舞词	传统舞蹈
群英同乐小车圣会	传统舞蹈
箜篌艺术	传统音乐
古琴艺术	传统音乐
京剧（余派老生）	传统戏剧
拉洋片	曲艺
牛骨数来宝	曲艺
常氏中幡圣会	传统体育、游艺与杂技
众友同心中幡圣会	传统体育、游艺与杂技
白猿通背拳	传统体育、游艺与杂技
宋氏形意拳	传统体育、游艺与杂技
老北京冰嬉	传统体育、游艺与杂技
陈式太极拳	传统体育、游艺与杂技
祁家通背拳	传统体育、游艺与杂技
宝三跤场跤艺	传统体育、游艺与杂技
抖空竹	传统体育、游艺与杂技
东直门沾衣十八跌功夫跤	传统体育、游艺与杂技
史式八卦掌	传统体育、游艺与杂技
双石技艺	传统体育、游艺与杂技
京绣	传统美术
北京骨刻	传统美术
北京剪纸（徐阳）	传统美术
北京真丝手绘	传统美术
北京火绘葫芦	传统美术
北京传统风筝（王廼新）	传统美术
北京传统风筝（张世德）	传统美术

续表27

名称	类别
金·马派风筝	传统美术
北京面人（张俊显）	传统美术
北京纸扎花灯	传统美术
北京彩蛋	传统美术
琢玉（印章）	传统美术
人物剪纸（张秀兰）	传统美术
京绣（于美英）	传统美术
京绣（仝玉英）（已故）	传统美术
京绣（王淑卿）（已故）	传统美术
竹刻	传统美术
大北照相黑白照片人工着色技艺	传统美术
北京彩塑“金光洞兔儿爷”	传统美术
京剧脸谱绘制	传统美术
古书画临摹复制技术（仿古山水）	传统美术
传统押花葫芦	传统美术
北京面人	传统美术
核桃微雕技艺	传统美术
北京彩塑脸谱	传统美术
北京纸塑	传统美术
印章篆刻艺术	传统美术
毛猴制作技艺	传统技艺
内画鼻烟壶制作技艺	传统技艺
天兴居炒肝制作技艺	传统技艺
正阳楼螃蟹宴制作技艺	传统技艺
中国结技艺	传统技艺
样式雷烫样技艺	传统技艺
蒙镶制作技艺	传统技艺
天字号首饰套件制作技艺	传统技艺
毛绣制作技艺	传统技艺
锦芳元宵制作技艺	传统技艺
老正兴寿桃制作技艺	传统技艺

续表27

名称	类别
都一处炸三角制作技艺	传统技艺
全聚德全鸭席制作技艺	传统技艺
北京金鱼培育技艺	传统技艺
都一处马莲肉制作技艺	传统技艺
庆林春茉莉小叶花茶制作技艺	传统技艺
压金银丝嵌宝技艺	传统技艺
万隆合青铜器制作技艺	传统技艺
风车制作技艺	传统技艺
面人汤面人制作技艺	传统技艺
面人曹面人制作技艺	传统技艺
白魁烧羊肉制作技艺	传统技艺
金糕张金糕制作技艺	传统技艺
西德顺爆肚王爆肚制作技艺	传统技艺
聚宝斋装裱	传统技艺
玉印制作	传统技艺
随园官府菜制作技艺	传统技艺
京作硬木家具烫蜡技艺	传统技艺
传统理发技艺	传统技艺
糖画制作技艺	传统技艺
叶派内画技艺	传统技艺
隆庆祥传统西装制作技艺	传统技艺
金石传拓技艺	传统技艺
点翠工艺	传统技艺
堂前燕毽子制作技艺	传统技艺
京式月饼手工制作技艺	传统技艺
蜜供制作技艺	传统技艺
葫芦雕刻	传统技艺
传统单钩开锁技艺	传统技艺
绒帽制作技艺	传统技艺
千层底制作技艺	传统技艺
折扇手工制作技艺	传统技艺

续表27

名称	类别
兔儿爷制作技艺	传统技艺
中国传统绘画矿物质制作技艺	传统技艺
板寸技艺	传统技艺
京派手工沿条缝绱工艺	传统技艺
太平燕	传统技艺
绳结	传统技艺
清式斗拱营造技艺	传统技艺
东来顺清真特色菜	传统技艺
龙须面制作技艺	传统技艺
北京稻香村京八件手工制作技艺	传统技艺
大兵黄砂板糖制作技艺	传统技艺
南庆仁堂中药制剂方法	传统医药
千芝堂中药炮制技术	传统医药
长春堂闻药	传统医药
金针疗法	传统医药
同仁堂手工塑制蜜丸传统制作技艺	传统医药
同仁堂手工泛制水丸传统制作技艺	传统医药
同仁堂阿胶传统制作技艺	传统医药
同仁牛黄清心丸传统制作技艺	传统医药
手工水丸制作技艺	传统医药
北京永安堂手工塑制蜜丸制作技艺	传统医药
同仁堂微丸传统手工制作技艺	传统医药
同仁堂壮骨药酒传统制作技艺	传统医药
中医传统制剂方法 （黑色拔毒膏制作技艺）	传统医药
中医传统制剂方法（子宫锭制作技艺）	传统医药
前门上元灯会	民俗
雍和宫密宗金刚驱魔神舞	民俗
普天同乐开路圣会	民俗
来今雨轩红楼饮食文化	民俗
清明习俗之家训格言	民俗

续表27

名称	类别
立春习俗之鞭打春牛	民俗
北派茶礼	民俗

（张佳宁）

表28　2021年东城区国家级非物质文化遗产项目代表性传承人一览表

（49人）

姓名	所属项目	入选年份
孙森（已故）	象牙雕刻	2007
王树文	象牙雕刻	2007
钱美华（已故）	景泰蓝制作技艺	2007
张同禄	景泰蓝制作技艺	2007
文乾刚	雕漆技艺	2007
卢广荣	同仁堂中医药文化	2007
金霭英	同仁堂中医药文化	2007
关庆维	同仁堂中医药文化	2007
田瑞华	同仁堂中医药文化	2007
张本兴（已故）	智化寺京音乐	2008
宋世义	北京玉雕	2009
金铁铃	北京绢花	2009
邢兰香	北京料器	2009
种桂友	京作硬木家具制作技艺	2009
孙颖	剧装戏具制作技艺	2009
李金善	盛锡服皮帽制作技艺	2009
白永明	便宜坊焖炉烤鸭技艺	2009
满运来	月盛斋酱（烧）牛（羊）肉制作技艺	2009
胡庆学	智化寺京音乐	2012
柴慈继	象牙雕刻	2012
李春珂	象牙雕刻	2012
柳朝国	北京玉雕	2012

续表28

姓名	所属项目	入选年份
李博生	北京玉雕	2012
钟连盛	景泰蓝制作技艺	2012
殷秀云	雕漆技艺	2012
费保龄（已故）	北京扎燕风筝制作技艺	2012
柏德元（已故）	金漆镶嵌髹饰技艺	2012
万紫	金漆镶嵌髹饰技艺	2018
孙丹威	吴裕泰茉莉花茶窨制技艺	2012
常弘	葡萄常料器	2018
陈立新	东来顺涮羊肉制作技艺	2018
马元良	北京宫灯	2018
王有亮	青铜器修复及复制技艺	2012
恽小钢	青铜器修复及复制技艺	2018
吕团结	青铜器修复及复制技艺	2018
徐建华	古字画装裱修复技艺	2012
杨泽华	古字画装裱修复技艺	2018
周海宽	古字画装裱修复技艺	2018
单嘉玖	古字画装裱修复技艺	2018
张旭光	古字画装裱修复技艺	2018
祖莪	古书画临摹复制技艺	2012
郭文林	古书画临摹复制技艺	2018
李永革	官式古建筑营造技艺（北京故宫）	2012
刘增玉	官式古建筑营造技艺（北京故宫）	2012
李增林	官式古建筑营造技艺（北京故宫）	2018
吴生茂	官式古建筑营造技艺（北京故宫）	2018
李建国	官式古建筑营造技艺（北京故宫）	2018
白福春	官式古建筑营造技艺（北京故宫）	2018
王津	古代钟表修复技艺	2018

（张佳宁）

表29

2021年东城区市级非物质文化遗产代表性传承人一览表

（87人，含国家级非物质文化遗产代表性传承人49人）

姓名	所属项目	入选年份
张錩	泥人张彩塑（北京支）	2008
崔洁（已故）	北京补花	2008
郭石林	北京玉雕	2008
舍增泰	厨子舍清真菜民间宴席制作技艺	2008
舍源泰	厨子舍清真菜民间宴席制作技艺	2009
程淑美	北京花丝镶嵌制作技艺	2008
唐玉婕	绒布唐工艺	2008
马启斌	盛锡福皮帽制作技艺	2009
闫瑞环	红都中山装制作技艺	2008
黄荣贵	北京杠箱	2009
赵树昌	北京宫灯	2009
张志平	北京玉雕	2009
戴嘉林	景泰蓝制作技艺	2009
米振雄	景泰蓝制作技艺	2009
李侃	京式旗袍制作技艺	2009
赵小刚	同仁堂中医药文化	2009
姚承光	意拳	2012
滑树林	北京绢人	2012
茅子芳	北京刻瓷	2012
李连贵	北京扎彩子	2012
吴中凤	北京蒙镶	2012
屈永增	智化寺京音乐	2015
董云	掌礼司太狮老会	2015
李秉慈	吴氏太极拳	2015
张铁城	北京玉雕	2015
杨根连	北京玉雕	2015
王希伟	北京玉雕	2015
栾燕军	象牙雕刻	2015
李志刚	雕漆技艺	2015
衣福成	景泰蓝制作技艺	2015
李静	景泰蓝制作技艺	2015

姓名	所属项目	入选年份
王旭	王氏装裱技艺	2015
王兆琪	北京木雕小器作	2015
李燕春	京式旗袍传统制作技艺	2015
蔡金昌	红都中山装制作技艺	2015
何永江	北京鸽哨制作技艺	2015
吴华侠	都一处烧麦制作技艺	2015
王悦	安宫牛黄丸制作技艺	2015

（张佳宁）

表30　**2021年东城区区级非物质文化遗产代表性传承人一览表**

（271人，含国家级、市级非物质文化遗产代表性传承人87人）

姓名	所属项目	入选年份
屈炳庆	智化寺京音乐	2015
王辉	智化寺京音乐	2018
王玲	天坛神乐署中和韶乐	2015
臧志彪	老北京叫卖	2018
孙忠喜	群英同乐小车圣会	2010
陈起环	拉洋片	2010
李世儒	数来宝	2015
时贵新	牛骨数来宝	2010
黄勇	众友同心中幡圣会	2010
王玉书（已故）	白猿通背拳	2010
田秋生	老北京冰嬉	2010
王哲	白猿通背拳	2015
周常仁	祁家通背拳	2015
翁福麒	吴式太极拳	2015
刘伟	吴式太极拳	2018
王凤明	陈式太极拳	2015
冯秀茜	陈式太极拳	2015
刘全福	抖空竹	2018
孟尊荣	东直门沾衣十八跌功夫跤	2018
史乃健	史式八卦掌	2018

续表30

姓名	所属项目	入选年份
韩国卿	宝三跤场跤艺	2018
刘建华	象牙雕刻	2010
张树中	象牙雕刻	2015
郑士儒	象牙雕刻	2018
员向阳	北京玉雕	2010
姜文斌（已故）	北京玉雕	2010
蔚长海	北京玉雕	2010
赵琦	北京玉雕	2015
王建	北京玉雕	2015
崔奇铭	北京玉雕	2018
苏伟	北京玉雕	2018
李东	北京玉雕	2018
朱寅寅	北京玉雕	2018
滑淑玲	北京绢人	2010
崔欣	北京绢人制作技艺	2010
杨利平	北京扎燕风筝制作技艺	2010
孙贺	北京扎燕风筝制作技艺	2015
张宏岳	泥人张彩塑（北京支）	2010
姚晓静	泥人张彩塑（北京支）	2015
崔比德	北京补花	2010
张新超	北京补花	2015
常燕	“葡萄常”料器	2015
徐汶静	北京绢花	2010
郭燕青	北京宫灯	2010
翟玉良	北京宫灯	2010
石金栓	京绣	2010
蔡志伟	北京绒花（绒鸟）	2010
王华安	北京骨雕	2010
张淑兰	北京骨雕	2018
徐阳	北京剪纸（徐阳）	2010
续清（已故）	北京真丝手绘	2010

续表30

姓名	所属项目	入选年份
季顺	北京火绘葫芦	2010
张世德	北京传统风筝（张世德）	2010
王硒新	北京传统风筝（王硒新）	2010
彭小平	北京面人（彭小平）	2010
彭天	北京面人（彭天）	2015
张俊显	北京面人（张俊显）	2010
邱志刚	北京纸扎花灯	2010
刘锦茹	北京彩蛋	2010
耿鸿国	北京木雕小器作	2010
马慕良（已故）	北京木雕小器作	2010
杨宝忠	琢玉（印章）	2010
张秀兰	人物剪纸（张秀兰）	2010
于美英	京绣（于美英）	2010
边溪良	竹刻	2010
林爱幸	北京彩塑“金光洞兔儿爷”	2015
盛华	京剧脸谱绘制	2015
徐天嘉	古书画临摹复制技术（仿古山水）	2018
黄涛	传统押花葫芦	2018
马宁	雕漆技艺	2015
杨之新	雕漆技艺	2015
李根	雕漆技艺	2018
邱贻生	毛猴制作技艺	2010
萧掌华	毛猴制作技艺	2010
肖静	毛猴制作技艺	2015
高东升	京派内画鼻烟壶	2010
郑旭晔	内画鼻烟壶	2010
吕铁智	金·马派风筝	2010
安全来	月盛斋酱（烧）牛（羊）肉制作技艺	2010
李广瑞	月盛斋酱（烧）牛（羊）肉制作技艺	2018
杨景山	东来顺涮羊肉制作技艺	2018
刘更生	京作硬木家具制作技艺	2010

续表30

姓名	所属项目	入选年份
张颜	剧装戏具制作技艺	2010
刘宇	北京料器	2010
刘星	北京料器	2010
耿英建	景泰蓝制作技艺	2010
李佩卿	景泰蓝制作技艺	2010
陈继凯	景泰蓝制作技艺	2010
张颖	景泰蓝制作技艺	2015
罗淑香	景泰蓝制作技艺	2015
王宝双	景泰蓝制作技艺	2015
王荣欣	景泰蓝制作技艺	2018
张旭	景泰蓝制作技艺	2018
李德伦	金漆镶嵌制作技艺	2015
柏群	金漆镶嵌制作技艺	2015
侯雪	金漆镶嵌制作技艺	2018
马万兰	盛锡福皮帽制作技艺	2015
陈江山	盛锡福皮帽制作技艺	2015
赵占强	中国结技艺	2010
于正勋	样式雷烫样技艺	2010
张景民	蒙镶制作技艺	2010
马秀峰	天字号首饰套件制作技艺	2010
萧掌柜	毛绣制作技艺	2010
张志国	官式古建筑营造技艺（北京故宫）	2018
张秀芬	官式古建筑营造技艺（北京故宫）	2018
张志祥	官式古建筑营造技艺（北京故宫）	2018
金家桐	官式古建筑营造技艺（北京故宫）	2018
白强	官式古建筑营造技艺（北京故宫）	2018
贾永茂	官式古建筑营造技艺（北京故宫）	2018
张吉年	官式古建筑营造技艺（北京故宫）	2018
黄有芳	官式古建筑营造技艺（北京故宫）	2018
翁国强	官式古建筑营造技艺（北京故宫）	2018
焦久芳	官式古建筑营造技艺（北京故宫）	2018

续表30

姓名	所属项目	入选年份
张世荣	官式古建筑营造技艺（北京故宫）	2018
刘建华	官式古建筑营造技艺（北京故宫）	2018
凌泽杰	吴裕泰茉莉花茶制作技艺	2018
赵洪泉	庆林春茉莉小叶花茶制作技艺	2010
李志强	庆林春茉莉小叶花茶制作技艺	2018
潘德珠	压金银丝嵌宝技艺	2010
孟宪忠	万隆合青铜器制作技艺	2010
王国华	风车制作技艺	2010
汤岭	面人汤面人制作技艺	2010
刘荫茹	面人曹面人制作技艺	2010
杨广佳	白魁烧羊肉制作技艺	2010
王欣	西德顺爆肚王爆肚制作技艺	2010
邢景翠	京式月饼手工制作技艺	2018
田振江	北京鸽哨制作技艺	2015
孙凤山	北京木雕小器作	2015
王泽旭	金石传拓技艺	2018
袁小杰	隆庆祥传统西装制作技艺	2018
杨晓樱	聚宝斋装裱	2015
于建国	北京金鱼培育技艺	2015
郑建华	天兴居炒肝制作技艺	2015
吴秀敏（已故）	传统理发技艺	2015
耿进兴	传统理发技艺	2015
王来凤	京作硬木家具制作技艺	2015
王燕英	京作硬木家具制作技艺	2015
陈翠路	京作硬木家具制作技艺	2015
吴中立	京作硬木家具制作技艺	2018
李胜利	京作硬木家具制作技艺	2018
田磊	京作硬木家具制作技艺	2018
于鸿雁	京作硬木家具烫蜡技艺	2015
张倩	剧装戏具制作技艺	2018
刘忠	谭家菜制作技艺	2015

续表30

姓名	所属项目	入选年份
舍英旗	“厨子舍”清真菜民间宴席制作技艺	2015
舍鸥	“厨子舍”清真菜民间宴席制作技艺	2015
高增维	点翠工艺	2018
殷文	堂前燕毽子制作技艺	2018
刘江华	叶派内画技艺	2018
李广辉	糖画制作技艺	2018
姜波	蜜供制作技艺	2018
殷顺海	同仁堂中医药文化	2010
陆建国	同仁堂中医药文化	2010
梅群	同仁堂中医药文化	2010
张志红	同仁堂中医药文化	2015
王志举	同仁堂中医药文化	2015
卢振英	同仁堂中医药文化	2015
杜月新	同仁堂中医药文化	2015
赵军	同仁堂中医药文化	2015
鲍志东	同仁堂中医药文化	2015
孔燕萍	同仁堂中医药文化	2018
丁永玲	同仁堂中医药文化	2018
崔庆利	同仁堂中医药文化	2018
毛民	同仁堂中医药文化	2018
张冬梅	同仁堂安宫牛黄丸传统制作技艺	2015
于葆墀	同仁堂安宫牛黄丸传统制作技艺	2015
谢振茂	同仁堂安宫牛黄丸传统制作技艺	2015
刘天良	同仁堂安宫牛黄丸传统制作技艺	2015
王立梅	同仁堂安宫牛黄丸传统制作技艺	2015
项英福	同仁堂安宫牛黄丸传统制作技艺	2015
郭凤华	同仁堂安宫牛黄丸传统制作技艺	2015
王伯位	同仁堂安宫牛黄丸传统制作技艺	2018
张志广	同仁堂安宫牛黄丸传统制作技艺	2018
陈振会	同仁堂牛黄清心丸传统制作技艺	2018
葛惠明	同仁堂阿胶传统制作技艺	2018
刘立春	同仁堂阿胶传统制作技艺	2018

续表30

姓名	所属项目	入选年份
薛连贵	同仁堂西黄丸传统制作技艺	2018
李宁	同仁堂西黄丸传统制作技艺	2018
王德胜	同仁堂手工塑制蜜丸传统技艺	2018
刘明华	同仁堂手工塑制蜜丸传统技艺	2018
谢锡昌	同仁堂手工泛制水丸传统制作技艺	2018
钮雪松	金针疗法	2018
范永利	普天同乐开路圣会	2010
冯建华	北派茶礼	2018

（张佳宁）

文化产业

【概况】北京市东城区文化发展促进中心（简称文促中心）是区委宣传部所属副处级公益一类事业单位，负责贯彻执行国家和北京市文化产业政策，制订区域文化产业政策，促进文化产业发展；牵头推进国家文化与金融合作示范区建设；负责区域文化产业空间资源开发利用；开展文化产业有关课题专题研究。2021年，发挥驻区行业协会、文化企业专业优势，举办建党100周年主题活动。全面推进国家文化与金融合作示范区建设，东城区获批国家文化出口基地，利用老旧厂房等疏解腾退空间建设文化产业园区，雪莲亮点文创园、城市空间1921文化产业园开园，新增文化产业用地2.5万平方米。雍和航星科技园、大磨坊文创园被授予北京市版权保护示范园区。组织参加2021中国服贸会文化服务专题展活动，举办中国文化金融峰会。

（赵　亮）

【文化产业发展】6月8—15日，联合中国文学艺术界联合会、中国摄影家协会，在王府井大街举办“百年·百姓——中国百姓生活影像（1921—2021）”大型摄影展，从普通百姓的衣、食、住、行方面展现中国共产党成立百年来中国社会生活的伟大变革。7月1日，由中宣部电影局主抓，市委宣传部、区委宣传部等单位指导，区文促中心支持的驻区企业光线传媒出品“庆祝中国共产党成立100周年”献礼影片《革命者》全国公映，深受观众好评。9月4日，商务部、中央宣传部、文化和旅游部、广电总局在首届国家文化出口基地论坛上正式发布，认定北京市东城区等全国16个行政区（功能区）为第二批国家文化出口基地。9月28日，联合驻区企业锋尚文化，以“百年荣光为党庆生”为主题，承办“中轴线上·永定门光影秀”，通过凝心·铸魂、聚力·奋进、崛起·圆梦、复兴·征程4个篇章，用“文化+科技”的跨界视觉盛宴为祖国庆生。9月，在第十二届“全国文化企业30强”评选中，中国出版集团、保利文化集团当选，中国工信出版传媒集团、北京歌华传媒集团、北京光线传媒、北京锋尚文化获评提名。11月，雍和航星科技园、大磨坊文创园被授予北京市版权保护示范园区。发布《2020年“文菁计划”政策资金征集公告》，通过“投贷奖”、“房租通”配套奖励、行业领军企业奖励、高成长型企业奖励和项目补助方式，支持文化企业高质量发展。2021年，全区规模以上文化产业单位520家，累计实现收入1436.3亿元，同比增长11.9%，文化产业规模和增速在全市保持前列，文化产业人均地均产出全市第一。

（赵　亮）

【国家文化与金融合作示范区】6月，中国人民银行营业管理部、市委宣传部、银保监会北京监管局、市地方金融监管局等7部门出台《创建国家文化与金融合作示范区文化金融专营组织机构认定与评估方案》。7月，在中国工商银行、中国银行、北京银行3家属地支行率先挂牌成立国家文化与金融合作示范区支行。联合中国银保监会北京局、北京市银行业协会共同举办“文菁汇”文化金融沙龙，驻区银行推出“非遗贷”等文化金融产品。至年底，区内8家文化金融专营组织机构服务文化企业1500余家，贷款余额约150亿元。

（赵　亮）

【“文化东城”亮相服贸会】9月2—7日，组织近40家文化及金融企业和机构代表参加中国服贸会文化旅游服务专题展东城展区展览展示，以“崇文争先 古都新韵”为主题，展示东城区贯彻落实“崇文争先”理念的发展成果，以及建设国家文化与金融合作示范区、引领文化产业蓬勃发展、推动文化传承与创新融合的文化项目，为文化企业搭建交流合作的平台。利用光影、科技等创新手段，通过展演经典剧目、组织路演推介、开展领读互动、播放宣传片等方式，构建沉浸式的戏剧之城、书香之城、博物馆之城、非遗之城、中医药文化之城等文化新场景。展会期间，东城展区观展人数超过20.46万人次，刷新历年来东城展区参观人数最高纪录。腾讯、网易、新浪网、凤凰网、千龙网等门户网站以及东城区属新媒体平台，报道相关新闻、视频近70条，总阅览量达到102.35万次。

（赵　亮）

【2021中国文化金融峰会】12月23日，2021中国文化金融峰会举办，此次峰会由文化和旅游部产业发展司、中共北京市委宣传部指导，中共北京市东城区委、北京市东城区人民政府、清华大学五道口金融学院共同主办，清华大学国家金融研究院文创金融研究中心、东城区文化发展促进中心共同承办。以“金融助力双循环格局下的文化产业高质量发展”为主题，汇集国内文化、金融领域的顶级智力资源，共商文化金融的未来发展，推动文化与金融合作机制的创新，促进文化产业的繁荣与兴盛。文化和旅游部产业发展司司长，中国人民银行金融市场司副司长，区委书记孙新军、区长周金星等领导出席并致辞。复星旅游文化集团、君联资本、摩登天空、哔哩哔哩、英诺天使基金等来自文化和金融领域的知名企业家近30人参加圆桌论坛。

（赵　亮）

12月23日，2021中国文化金融峰会在东城区举办（文促中心提供）

文化市场监管

【概况】2021年，东城区共有不可移动文物356处，电影放映单位16家，营业性演出场所24家，出版物经营单位132家，互联网上网服务营业场所26家，网络文化经营单位58家，卫星电视广播地面接收单位64家，艺术品经营单位74家，印刷复制企业21家，游艺娱乐场所3家，歌舞娱乐场所31家，宗教团体、宗教活动场所17家。区文旅局落实文化市场监管职责，疫情防控和执法检查一体推进，全年出动执法人员1万人次，实地检查场所3500余家次，在线巡查网络文化经营单位1500余家次，对文化娱乐场所达到20轮全覆盖检查。发送各类安全生产提示信息3000余条。行政执法立案26起，结案19起，罚没款10.77万元，没收非法出版物4595册（套）。处理各类举报1000余起。

（强　静）

【文化市场综合执法改革】4月28日，《北京市东城区文化市场综合执法大队职能配置、内设机构和人员编制规定》经区委编委会2021年第1次会议审议通过，并正式印发。5月起，东城区文化市场综合执法大队开始实行片区管理和行业监管相结合的工作模式。

（强　静）

【疫情防控】10月，按照文化娱乐场所停业通知要求，区文旅局通知辖区所有文化娱乐场所暂停营业，健全防疫工作责任制和相关方案预案，落实各项防控措施，对重点行业、重要领域进行管理排查，开展疫情防控宣传指引。对文化娱乐场所持续开展高频次执法检查，在演出场所、娱乐场所、互联网上网服务场所等文娱场所暂停营业期间，加强疫情防控宣传教育，不定期通过线上平台向全区所有文化娱乐场所经营单位通报疫情防控新动态，发送安全提示信息2000余条，要求各经营单位严格执行安全生产各项规定，落实疫情防控措施，并向场所人员解释复工复产相关政策。

（强　静）

【少儿出版物专项整治】2021年，结合“扫黄打非·护苗2021”专项行动和文明城区创建工作，以各类非法少儿出版物为重点，扫除危害未成年人健康成长的文化垃圾，保护未成年人身心健康。3月，对辖区国图书店等出版物经营单位开展专项执法检查。针对非法销售盗版书、非法少儿出版物、盗版教辅资料及含有淫秽色情和暴力恐怖及封建迷信等内容出版物的违法行为进行依法整治。

（强 静）

【普法责任制落实】2021年，区文旅局落实“谁执法谁普法”的要求，结合疫情防控工作，开展政策文件、防控指引的宣传教育，按照行业管理特点，指定专人进行领域对接，与经营者建立即时沟通渠道，做好政策宣讲，解答群众疑问，消除场所顾虑。开展“绿书签2021”系列宣传，将日常执法中的普法宣传和集中宣传相结合。结合世界读书日在实体书店和阅读季涉及的活动场所，发放“绿书签”和“护苗行动”宣传海报，累计200余张。5月，与区教委共同开展“绿书签”宣传，涉及区中小学45所学校，发放“扫黄打非”宣传手册200余份、海报230余张、绿书签2300余张。

（强 静）

【重大活动安全保障】2021年，区文旅局完成全国“两会”和庆祝建党百年服务保障任务。对区内文化和旅游企事业单位开展全覆盖安全检查，重点对燃气安全、用电安全、消防安全等，严格落实安全生产管理制度，排除各类安全隐患。元旦、春节、“五一”、端午、中秋、国庆等重要节假日，坚持干部在岗、群众过节，做好疫情防控责任落实、安全生产隐患排查、重点领域秩序规范、网络文化空间净化、出版物市场管控等5个方面的工作，开展旅游景区、繁华商市场、特色街区、交通枢纽等人员密集地区的治理整顿，查处各类违法违规行为。针对全国“两会”、庆祝建党100周年重大活动，根据代表驻地划定重点监管范围，完善工作台账，保持高频次的检查力度，开展疫情防控、守法经营和安全生产全面检查。

（崔京京 强 静）

【网络文化空间净化】2021年，区文旅局以网络为主战场，做好疫情防控常态化下的文化执法工作，打击借疫情进行炒作的互联网文化产品，查办利用互联网登载传播含有封建迷信、淫秽色情、血腥暴力、危害社会公德和中华民族优秀传统文化内容的视听节目、电子出版物、网络游戏等文化产品的行为。要求辖区网站落实企业主体责任，加强技术屏蔽，及时查删有害负面信息，严格网站内容及APP应用软件的审核机制，做好编辑人员的管理及培训工作。

（强 静）

【演出市场监管】2021年，区文旅局坚持演出市场监管关口前移，采取演出前约谈主办单位、主要演员等方式，防止演员现场出现不按照报批内容演出或出现法律法规禁止的内容等情况，将疫情防控作为重要内容，提示严格控制消费者数量，认真落实疫情防控相关要求。全年约谈演出场所经营单位134家次、284个剧目。

（强 静）

【“接诉即办”工作】3月起，东城区文化市场综合执法大队负责文化艺术类校外培训机构退费举报处理工作。全年收到文化艺术类校外培训机构退费举报1000余件，回复率100%。执法大队在对艺术培训机构无监管权限的情况下，尝试与连锁机构总部取得联系，与街道、工商等多部门联合约谈、联合检查问题突出的企业，形成震慑力，督促企业尽快退费。

（强 静）

融媒体建设

【概况】北京市东城区融媒体中心（简称区融媒体中心）是区政府直属相当正处级财政补助公益一类事业单位，承担辖区新闻采访和发布工作。2021年，围绕庆祝建党100周年、党史学习教育、“我为群众办实事”、疫情防控、优化营商环境、贯彻落实“崇文争先”理念、抓好两个“关键小事”（垃圾分类和物业管理）、文明城区创建、“接诉即办”、打造“东城社工”IP等市、区重点、中心工作，整合中央、市、区各级各类资源和渠道，依托“1+18+N”全媒体平台，发挥媒体融合报道优势，开

12月13日，东城区志愿服务联合会第一次会员代表大会暨成立大会上区融媒体中心记者采访孙茂芳（林萱摄）

展各项新闻宣传工作，做大做强正面宣传，提升舆论引导合力。全年在各类媒体上发稿2.42万篇，其中中央及市属媒体发稿6726篇，区属媒体发稿2.04万篇。继续推进融媒体中心建设，推动媒体融合向纵深发展，构建中心融为一体、合而为一的全媒体传播格局。

（谢莒莎）

【融媒体中心建设】2月，东城区融媒体中心演播室装修改造项目及东城区融媒体中心建设项目历时6个月，完成竣工、验收，初步实现内容采集多样化、节目生产便捷化、新闻生产工具移动化、发布渠道多元化、指挥调度可视化的五大方面基本功能。3月2日，在北京市东城区融媒体中心指挥报道大厅举行“东城融媒发布厅”启动仪式，建成“新闻+”新生态东城融媒发布，实现信息发布地点移动化、发布形式可视化、发布渠道多元化。3月至5月，取得北京市广播电视局核发的《信息网络传播视听节目许可证》《广播电视节目制作经营许可证》等专业资质，成为媒体融合转型升级，全面挺进互联网主阵地的重要政策保障。

（谢莒莎）

【媒体融合发展】2021年，改进策采编发机制，提升传播影响力，推动产品系列化、特色化。工作流程突破原有报纸编前会制度，定期召开相关业务科室新闻采访策划会，以产品需求促生产供给，让后端平台“反哺”前端生产链，共同打造线索共分享、内容共策划的创作流程，调动“1+18+N”平台力量，形成融合媒体大采访格局。以“新闻+现场+融合”的方式策划系列报道，平面媒体突出报道深度，电视新闻突出实地探访，新媒体突出网红效果，创造新闻宣传形式上的新亮点。围绕促进经济消费提升推出东直门、王府井、隆福寺、前门、崇外五大商圈系列报道，围绕平安大街、崇雍大街环境提升推出系列融媒作品，其中《北京稻香村哪家强？这家真的不一样！》《探访：600岁隆福寺变身网红打卡地》等原创内容深得新闻受众好评。打破科室界限，加强队伍融合，采用项目负责制创作融媒体产品，围绕为民办实事主题创作《心愿》《守护》两部微电影；“东城味道”系列主题短视频，用充满人间烟火的味道展现东城人文情怀、饮食文化，深夜凌晨跟随被采访者拍摄，真正将生活的滋味融于“东城味道”中，推出的4部东城早餐系列短视频在新华社客户端浏览量突破百万，其中系列之一《炒肝——老北京的味道》入选新华社信息中心牵头出品的《小康中国 千城早餐》大型视频展映活动第四季，点击量335.9万次。

（谢莒莎）

【重大主题新闻宣传】2021年，聚焦庆祝建党100周年及党史学习教育重大宣传主题主线，各融媒平台开设《奋斗百年路 启航新征程》《寻访东城红色印记》《学党史 悟思想》《党史日历》《办好群众身边事》《聆听百年党史》《党史故事我来讲》等专栏、专题30余个，集中持续报道全区党史学习教育最新动态、先进典型和成果成效；宣传北大红楼、《新青年》编辑部旧址等东城辖区的革命活动旧址和爱国主义教育红色基地；挖掘辖区优秀共产党员、劳动模范等先进人物故事，发挥榜样引领作用，强化党史学习教育宣传记忆锚点；加大对“我为群众办实事”实践活动全方位、立体化宣传；常态化宣传党的百年历史知识；让参与者、亲历者亲身讲述党史故事；及时转载推送各主流媒体党史学习教育重要新闻稿件和微视频等，共发布相关报道5070篇。研发“党史e起学”微信小程序，点击量突破1000万人次。生动讲好党的故事、传播党的声音，为庆祝建党100周年及党史学习教育全方位推进营造社会舆论氛围。围绕新冠疫情防控，聚焦特色区域、特色服务、特色人群的疫苗接种情况；工作人员佩戴“我已接种”标识牌为居民服务；疫苗接种推出延时服务；疫苗接种小程序上线；东城启动疫苗接种“攀登行动”“登峰计划”“冲刺行动”等报道内容，发挥融媒平台各自优势，做好宣传报道，营造常态化疫情防控工作良好舆论氛围。围绕贯彻落实“崇文争先”理念宣传，各融媒平台持续开设“‘崇文争先’谱新篇”“大戏东望”“我爱东城”等专栏、专题，推出《东城区多元融合助力非遗保护传承》《文明成为东城亮丽底色》《北京东城文化发展研究院成立 加快推动‘崇文争先’创新实践》等一系列有代表性的深度报道，形成文化传播创新方式，加大文化品牌宣传，营造全区“崇文争先”的良好舆论氛围。

（谢莒莎）

【新媒体平台宣传】1月，在“北京东城”新浪微博平台播出的专题片《胡同里的幸福》，发起并主持#我与北京胡同#话题，引导网友观看专题片，分享与北京胡同、与东城的幸福故事，话题阅读量突破3.9亿次，讨论量达4.4万次。6月，围绕专题片《恰是百年风华》，发起并主持#我和党旗拍合影#话题，话题阅读量超2.2亿次，讨论量达2.7万次。“北京东城”官方微信公众号推送《笑怼BBC的东城硬核店主又出金句……这就叫大国自信！》在2021年第1期全国县级融媒体中心优秀作品双月赛中获一等奖。“北京东城”微信公众号获2020年度北京市百姓宣讲优秀微传播奖。2021年，“北京东城”官方微博在新浪平台发布微博7575条，阅读量8482万次，粉丝数近84万人。“北京东城”官方微信公众号围绕全区重点工作共推送内容2100条，阅读量达254.1万次，粉丝数5.91万人，较2020年累计增粉1.7万人。“北京东城”抖音号、快手号、微视号、微信视频号累计发布视频1003条，播放量超3131万次。

（谢茝莎）

【“北京东城”APP平台宣传】

2021年，“北京东城”APP累计用户数21.52万人，新增用户数7.47万人，累计日活跃用户56.89万人，累计启动次数95.36万次。发布图文信息7402条，视频719部，直播105场，头版故事20条，开屏广告118条，抽奖活动46期，线上线下征集互动活动25场。围绕庆祝建党百年、深入学习贯彻党的十九届六中全会精神、喜迎冬奥会、疫苗接种等重点工作，开设专题21个。其中围绕建党百年和党史学习教育活动，运用客户端融媒功能，开设“奋斗百年路 启航新征程”新型专题，制作“伟大开篇——中国共产党早期北京组织专题展”“《新青年》编辑部旧址（陈独秀旧居）专题展”网上“云展厅”，策划推出一款“寻找东城红色记忆”H5，策划推出“学党史 e起答”有奖竞答活动，制作“八个学中做”动态开屏，制作“红色主题”样式皮肤，为建党百年营造良好氛围。“北京东城”APP内容涵盖中央、市属、区属重大活动、重要事件、重点工作等新闻，以及商业、文娱、健康、体育、生活等各类资讯，客户端已基本实现“新闻+政务+服务+商务”模式及东城区“三个中心”的融合贯通，成为为群众提供全方位生活信息服务和推进政民互动服务的重要载体。全区17个街道和相关委办局全年共上传客户端稿件2153条，审核刊发1384条。“北京东城”APP不断优化用户界面，后台全新升级为3.0+版本，优化、升级包括首页硬广、SDK、直播管理在内10大项23小项内容。推出“北京市人民政府公报”，升级“我要吐槽”“东城区政务公开”模块，接入“声智健康”小程序，新增“东城文旅”版块，实现一键直达美团平台的“故宫以东”消费文旅页面。

（谢茝莎）

【《新东城报》深度报道凸显】

2021年，《新东城报》出刊104期，刊登稿件1800余篇，开设各类专栏55个，刊登专栏新闻报道500余篇，同比增长46%；刊登各类专题179个，同比增长38.8%。《新东城报》围绕庆祝建党百年，开设“奋斗百年路 启航新征程 学党史 悟思想 办实事 开新局”“崇文争先谱新篇”“办好群众身边事”“‘一把手’进社区”“庆祝中国共产党成立100周年 寻访东城红色印记”“庆祝中国共产党成立100周年使命”等专栏、专题，深度报道党史学习教育情况、东城红色地标、为民办实事成效以及优秀共产党员故事等，为建党百年营造浓厚氛围。持续推动疫情防控和疫苗接种宣传，开设《记者走一线》《疫苗接种进行时》《防疫进行时》等专栏，推出《加快推进疫苗接种 全力构筑免疫屏障》专刊，呼吁建立免疫屏障，应接尽接。《新东城报》增强与新媒体各平台深入互动，拓宽报道形式，全年有近100篇报道附带刊登二维码，实现各类延伸报道同步呈现，媒体融合程度进一步加强。

（谢茝莎）

【东城新闻占电视台头条七成】

2021年，北京电视台新闻频道《都市阳光》栏目共播出东城区新闻660条，其中短视频39条。在全年365期节目中，头条为东城区新闻的有278期，占比达76.16%。“都市阳光”栏目围绕党史学习教育和庆祝建党100周年重大主题，全年编发新闻152条，策划制播《奋斗百年路 启航新征程·学党史 悟思想 办实事 开新局》《奋斗百年路 启航新征程·弘扬劳模精神 凝聚奋斗力量》《奋斗百年路 启航新征程·走近优秀共产党员 矢志践行初心使命》《东城区党史游学地图》《回眸“十三五”》《高质量发展看东城》《一把手进社区》《建设新时代高品质文明城区》等系列节目。

（谢茝莎）

【“美丽东城”网络电视宣传】2021年，“美丽东城”平台各栏目累计更新节目2000余部。围绕全年重点、中心工作，平台首页开设“党史学习教育”“喜迎冬奥有你有我”“同心战疫 共迎花开”等专栏，累计播发相关新闻、专题节目260余条。依托“东城融媒发布厅”，重点打造微访谈“会客厅”栏目，邀请各方面专家、学者、先进模范人物和有关部门领导做客会客厅，共话东城发展。《会客厅——对话北京东城文化发展研究院院长单霁翔》《会客厅——对话全国劳动模范吴华侠》《会客厅——总导演讲述“七一”广场活动和〈伟大征程〉文艺演出背后的故事》《会客厅——对话冬奥冠军》等节目同步在歌华有线网络电视平台、“美丽东城”手机版、学习强国APP、新华社APP、新华网APP、央视频APP、北京时间APP、“北京东城”微信公众号等平台播出，收视反馈良好。专题片《北京城玉河弯弯运河情》获“讲好中国故事”创意传播大赛大运河主题赛视频类三等奖；《老胡同的尘封档案》入选2021年首届“城市印记”城市形象片（短视频）征集活动网络推优作品；由北京市广播电视局评选的北京市广播电视媒体融合发展扶持资金项目中，《探访东城区爱国主义教育基地系列——老舍纪念馆》获评2021年“红色视听之旅”融媒行动优秀短视频（二类）；《庆祝中国共产党成立100周年》系列节目、《爱我东城》系列节目入选由北京市广播电视局发布的2021年第一季度北京市广播电视创新创优节目名单；《东城探秘——探访原北大数学系楼》入选由北京市广播电视局发布的2021年第三季度优秀广播电视新闻作品名单。

（谢茝莎）

档案管理

【概况】东城区档案局负责区属机关事业单位档案管理工作，区委办公室加挂区档案局牌子。东城区档案馆（简称区档案馆）是东城区集中保存、管理档案的文化事业机构，是区委直属事业单位，归口区委办公室管理。区档案馆是区档案安全保管基地、爱国主义教育基地、档案利用服务中心、政府信息公开查阅中心和电子文件管理中心，为国家一级档案馆，分南馆（幸福大街32号）、北馆（外交部街甲28号），为利用者提供档案查阅、已公开政府信息查阅、电话及来函代查、档案展览参观等服务。2021年，区档案局加强档案工作顶层设计，起草《东城区“十四五”时期档案事业发展规划》，完成20家区属单位档案行政执法检查，组织2次档案法律法规主题宣传活动，开展1期档案专业人员初任培训。向报纸、杂志报送信息16条，其中《北京档案》刊发8条、《中国档案报》刊发1条。区档案馆新馆建设基本完工；在数字东城门户网站推出“档案话启航——庆祝中国共产党成立100周年展览”网上展览。

（吴海琰　宋　瑜）

【档案接收征集】2021年，区档案馆接收进馆原东城区环保局、原崇文区环保局、民政局3397卷档案；接收进馆区新冠肺炎防控领导小组2783件东城区疫情防控档案、资料。征集非遗传承人张秀兰人物剪纸作品一幅。继续开展“城市记忆”拍摄记录，拍摄故宫护城河、龙潭湖中湖、东便门角楼、前门大街步行街、南北玉河遗址、漕帮码头遗址等照片136张。

（吴海琰）

【基础业务及信息化建设】2021年，区档案馆完成馆藏档案开放审核初审、复审9.2万余件次。通过北京档案信息网公布南馆馆藏15个全宗开放档案目录787条。推进数字档案馆立项和建设，结合新馆建设、区信息化建设、区电子政务建设等一体谋划，确定合理的数字档案馆建设实施步骤。

（吴海琰）

【档案利用服务】2021年，区档案馆优化便民惠民服务环境，搭建京津冀异地查询、跨馆利用平台，持续推进婚姻登记、知青、招工等民生档案跨馆利用和网上服务。聚焦深化放管服改革，提出并落实档案为民服务9项重点任务实事清单。践行“五心”承诺，做好特殊群体送档上门服务，全年接待档案利用者1.1万余人次，利用档案1.9万余卷次，复制、出具证明2万余份，跨馆利用517人次，协办633件次，异地服务61人次，送档上门8人次。

（吴海琰）

【档案编研】2021年，编撰完成《东城决策参考（1979—1994）》一书，从21个类别反映1979年至1994年东城区委团结带领全区党员干部凝智慧、破难题、谋发展的生动实践和振奋精神、凝聚力量的科学决策过程。完成《北京东城年鉴（2021）》档案管理部分内容；《北京档案年鉴（2019）》《北京档案年鉴（2020）》《北京档案年鉴（2021）》区档案馆内容；修改《北京档案年鉴（2019）》《北京档案年鉴（2020）》相关内容。

（吴海琰）

【业务监督指导】2021年，区档案局继续推行分类指导，按需开展实地和线上指导，累计开展实地指导112次，微信和电话指导285次；同时注重以行政执法检查带动监督指导。配合区政务服务局开展政务服务事项电子档案管理系统配置审核工作，审核事项514项。

（宋　瑜）

【重大活动档案管理】2021年，区档案局监督指导区防控办、区党庆办做好新冠肺炎疫情防控、中国共产党成立100周年庆祝活动文件材料收集归档工作，累计开展指导74次。收集、整理区新冠肺炎防控领导小组各门类档案2771件，资料12件，其中文书档案2126件，实物档案644件，光盘档案1册，于11月29日移交区档案馆；收集、整理党庆活动服务保障工作领导小组各门类档案343件，其中文书档案339件，实物档案3件，光盘档案1册。

（宋　瑜）

【档案话启航网上展览】2021年，区档案馆在数字东城门户网站推出“档案话启航——庆祝中国共产党成立100周年展览”网上展览，网站点击164.1万人次。该展览通过68幅图片资料回顾中国共产党领导人民夺取政权的光辉历程，回顾革命先辈为建立中华人民共和国不懈奋斗的峥嵘岁月，借助展览讲好东城红色故事，发扬红色传统、传承红色基因，传承、弘扬革命先辈留下的宝贵精神财富，让初心薪火代代相传。

（吴海琰）

【两馆融建】2021年，区档案局统筹推进区档案馆新馆、数字档案馆两馆融建。关注、督促档案馆新馆建设进度，每月按时向市档案局报送北京市区级档案馆新馆建设推进情况月报表；与区档案馆召开研讨会4次，听取有关公司关于数字档案馆建设设想，商讨数字档案馆建设方案。

（宋　瑜）

【举报案件受理】2021年，区档案局受理群众实名举报档案违法行为案件3起，匿名举报1起。开展调查15次，未发现档案违法行为。应对行政诉讼4件，其中2件一审被法院驳回起诉，二审驳回上诉，维持一审裁定；2件未审结。

（宋　瑜）

【档案工作考核】1月，根据东城区

2020年度落实党建主体责任综合考核评价（“三级联创”考核）工作总体安排，考核全区17个街道工委及区委8个直属党（工）委落实档案工作情况。重点对各单位档案工作体系建设、专职档案员教育培训、档案法律法规宣传、档案管理制度执行、各门类档案归档情况、档案库房管理及档案利用情况7个方面进行检查，24个考核对象档案工作获满分。

（宋 瑜）

【档案教育培训】4月19—29日，区档案局组织开展为期10天的档案专业人员初任培训，区属机关、企事业单位、教育、卫生系统等专职档案员58人参加。培训内容涵盖档案法治、档案信息化、各门类档案管理等多个方面，首次增加实操课程，将理论知识与工作实际结合起来。培训总时长110学时，其中面授课程80学时、网络课程30学时。学员54人通过考核，取得初任培训合格证书。

（宋 瑜）

【档案宣传】6月9—15日，区档案局举办第14个国际档案日系列宣传活动；11月16日至12月15日，举办第十二届“档案法”宣传月活动。活动期间，开展“送法进社区”宣传活动；组织观看优秀档案微视频展播，由区档案局推荐、景山街道拍摄的短片《抗疫有我》入围“凝百年之辉 筑兰台之梦”全国档案系统百部优秀微视频作品；发动档案工作者和群众参加“档案话百年”全国档案文化知识答题，区档案局获优秀组织奖；组织参加“档案话百年”主题征文活动，向国家档案局报送征文19篇，其中1篇获优秀奖；发放档案法等宣传材料1000余份；举办档案法治讲座；举办线上档案知识竞答活动，吸引各方参与答题1万余人次；编印工作手册《档案工作100问》。

（宋 瑜）

【行政执法监督】9月至12月，区档案局随机抽取20家区属单位开展档案行政执法检查，19家单位合格，1家单位不合格，责令不合格单位限期整改。

（宋 瑜）

【档案事业“十四五”规划印发】12月30日，区委办公室、区政府办公室联合印发《东城区“十四五”时期档案事业发展规划》，为推动未来五年东城区档案事业高质量发展作出系统谋划和全面部署。“规划”总结“十三五”时期档案事业发展情况，分析“十四五”时期面临的形势与挑战，明确坚持党的领导、坚持依法治档、坚持服务为本、坚持创新发展、坚持安全底线5项工作原则，围绕档案治理体系、资源体系、利用服务体系、安全体系、信息化和人才队伍建设6个方面部署22项主要任务，确定档案制度建设、两馆融建、档案资源体系建设、档案宣教、人才强档5个重点项目，提出10项预期性发展指标。

（宋 瑜）

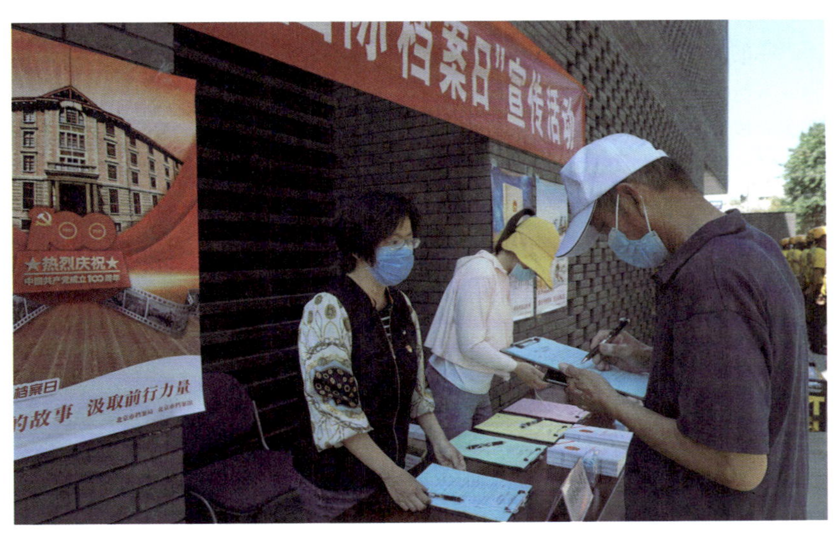

6月10日，区档案局在东四八条社区开展“送法进社区”活动（姚茜摄）

地方志

【概况】东城区地方志编纂委员会办公室（简称区地方志办）与区委党史工作办公室合署办公，是负责全区党史、地方志工作的区直属相当正处级事业单位。2021年，制订《东城区党史和地方志工作规划（2021—2025年）》，完成北京市地方志办公室“纪录小康工程”数据库信息采集，收录东城区全面建成小康社会大事记3.4万余字。做好《北京东城年鉴（2020）》的出版发行，并配发至区属各单位部门1000余册。启动《北京东城年鉴（2021）》编纂工作，并为《北京年鉴（2021）》提供东城区情概述近9000字。稳妥推进《东城区地名志》的编纂工作。《北京东城年鉴（2020）》获评第八届全国地方志优秀成果（年鉴类）二等奖年鉴。

（赵 妍）

【地名志编纂】4月，《东城区地名志》编辑部经补充完善，完成“政区地名”“社区地名”两章的统稿并报主编审阅。10月，“政区地名”“社区地名”完成初稿10万余字，“街巷（小区）地名”统稿20余万字报主编审阅，有序进行“城市交通地名”“公共建筑地名”“名胜古迹地名”等其他章节的编写。年底，《东城区地名志》主要内容基本完成，进入资料核实、补充完善阶段。

（赵 妍）

【年鉴编纂】3月，区地方志办下发《北京东城年鉴（2021）》稿件材料征集通知，2021卷年鉴编纂工作正式启动。5月，在收集资料的基础上，年鉴编辑部进行一审、二审修改，完成组稿、统稿。7月，结合内容，选取随文图片及专题图片，并整理、编排各类目，形成初审稿。9月，增补完善“新冠疫情防控”类目内容。10月，初审排印稿发各承编单位核校。11月，送北京日报出版社三审三校。《北京东城年鉴（2021）》为总第25卷，150万字。卷首置东城区行政区划地图、东城区交通地图，并设7个专题图片64幅照片。正文设35个类目、216个分目、1649个条目，42张表格，312幅随文图片。另设中英文目录和主题索引，并配有电子版光盘。全书大16开本，图文混排、四色排版、全彩印刷，全面、系统记述2020年度东城区在政治、经济、文化、社会等各个领域及各项事业发展变化的基本情况和发生的大事、要事、新事与有影响的事，记载取得的新成就、新进展、新经验，为各行各业、各方面人士了解东城、研究东城、建设东城提供信息和资料。

（刘 婷）

【地方志资料征集和上报】2021年，区地方志办征集书刊2种10册、信息和文件3种271份，上报市地方志办公室。

（马德川）

【咨询服务】2021年，区地方志办为东城区提供和外省市交流区志、年鉴4000余册，对区属单位进行地方志业务指导20余次。

（马德川）

故宫博物院

【概况】故宫博物院是隶属于文化和旅游部的事业单位，成立于1925年，是在明清皇宫及其收藏基础上建立起来的大型综合性中国古代艺术博物馆。1961年故宫被国务院列为“第一批全国重点文物保护单位”，1987年被联合国教科文组织列入“世界遗产名录”，2007年被评为国家5A级旅游景区，2008年被国家文物局列为首批国家一级博物馆。故宫是中国古代宫城发展史上现存的唯一实例，是世界上现存规模最大、保存最完整的古代宫殿建筑群。故宫博物院所管理的明清建筑群总占地面积106万平方米，总建筑面积23.33万平方米。故宫博物院共有藏品186.34万件（套），依据不同质地和形式，可分为绘画、陶瓷、宗教文物、古籍文献、古建藏品等25大类，其中珍贵文物占藏品总数的90%。故宫博物院内设处级机构41个，在编职工1365人。2021年，故宫博物院深入落实“保护为主、抢救第一、合理利用、加强管理”的文物工作方针，真实完整地保护并负责任地传承弘扬故宫承载的中华优秀传统文化。按照“管理提升年”要求，全面加强党的领导，持续推进整改落实，制订《故宫博物院“十四五”发展规划》，以“四个故宫”建设为主体，将全院工作归纳提炼为有故宫特色、引领博物馆发展方向的九大体系，完成各项工作。全年共接待观众587万余人次。

（郭安娜）

【“平安故宫”建设】2021年，故宫博物院北院区项目取得国家发展和改革委员会对可行性研究报告的批复，并被列入国家“十四五”规划项目，完成设计方案的重大调整，完成初步设计及投资概算的编制，并经文化和旅游部报国家发展和改革委员会。地下文物库房改造继续推进，完成一期、二期改造方案论证。基础设施维修改造一期（试点）项目完成方案调整并取得批复，累计完成工程总量的75%；二期工程进行多次专家论证，完成BIM现场勘察和管廊模型管理平台搭建。世界文化遗产监测项目持续进行。应急指挥平台建设项目试运行。文物藏品技术防范系统项目完成1200余件（套）文物和174面展柜的标签绑定工作。院藏文物防震及院藏文物抢救性科技修复保护工作稳步进行，全年修复文物244件（套）。

（郭安娜）

【古建筑保护与文物管理】2021年，故宫博物院文化遗产保护管理持续优化，古建筑研究性保护项目初显成效。5月17日，故宫世界遗产监测部成立，负责对故宫遗产各类风险进行巡查与监测。持续开展城墙城台监测和抢修性保护，推进古建筑室内温湿度监测系统维护与升级，启动地表水水位及水质监测。继续做好各项古建筑研究性保护工作，大高玄殿修缮工程（三期）完成总进度的30%，养心殿研究性保护项目完成总进度的75%，乾隆花园、景福宫、灵沼轩等研究性保护项目继续推进。强化可移动文物管理与保护，完成地下库房阻尼防震改造和宁寿宫外西院库房改造施工，改善库房安全条件。开展业务培训，全面保障文物安全。接受藏品捐赠6人次，共捐赠907件（套）藏品。

（郭安娜）

【安全保卫与开放管理】2021年，故宫博物院不断强化保护为主思想，严守安全底线，建设“设施最完善、技术最先进、管理最严格”的博物馆安防管理体系，确保故宫博物院古建筑安全、文物安全、观众安全、形象安全和内部稳定。节假日和重点时段对重要施工现场和布展现场实施安全大检查，并进行隐患治理，持续组织安全检查和“拉网式”排查，实现隐患排查治理工作常态化、制度化、规范化。提升消防应急处置能力，修订故宫博物院扑救初起火灾预案，增设2处微型消防执勤站，进行24小时巡查。视频监控系统智能化提升工程项目稳步推进。故宫博物院及时研判安全形势，严密制订工作计划，完成建党百年系列活动安全保障任务。观众参观体验环境不断优化，持续推进网络售票。根据疫情防控要求，继续单日观众量限流制度，合理调控展厅内客流量。提升票务服务能力，升级票务设备，采取临时展览门票与大门票同步预约措施优化网络售票。增加2022年年票5万张。在原有6岁以下或身高1.2米以下儿童以及中小学生每周二统一预约免费基础上，自12月起全面实行所有开放日对未成年人免费开放。做好“爱心窗口”工作，帮助解决老年观众手机购票操作问题。根据观众偏好和需求不断优化开放服务管理模式。加强与公安、消防、武警之间的协调联动，依法严厉打击各种违法违规行为，共查收管制刀具9000余把、易燃物1.5万件，查出非实名购票者800余人。加强开放设施设备维护保养，及时消除安全隐患。

（郭安娜）

5月1日，故宫博物院新陶瓷馆开馆（故宫博物院提供）

【陈列展览与宣教服务】2021年，故宫博物院完成陶瓷馆改陈。举办“敦行故远：故宫敦煌特展”、故宫博物院院藏历代人物画展等12个院内精品展览。赴境内文博机构举办“金玉满堂——清代宫廷仪典与生活展”等10个专题展览。举办“新时代·新故宫”故宫博物院文化遗产保护与传承等主题数字展。全年提供咨询17万人次，志愿者提供志愿讲解2705人次，讲解员接待观众11万人次，使用自动讲解器的观众82万人次，举办各类教育活动2225场，与中小学校开展馆校合作课程397场。联合北京市文物局、北京博物馆学会、新华网客户端共同制作百集音频栏目《藏品有话说》。该栏目于“5·18”国际博物馆日上线，通过北京地区各博物馆、科技馆、美术馆、纪念馆的100件藏品讲述100个爱党爱国藏品故事，献礼中国共产党成立100周年。

（郭安娜）

【文创产品研发与出版】2021年，故宫博物院与中国集邮有限公司合作生产《五牛图》邮票相关衍生产品。与中国东方演艺集团合作推出舞蹈诗剧《只此青绿》公演并开始全国巡演。参加第十九届“香港国际授权展”线上及线下展、“青海文化旅游节”文创展、“中国—东盟博览会”旅游展，推广故宫文创品牌。全年成书115种。《故宫博物院院刊》入选“2021中国国际影响力优秀学术期刊”；《王羲之王献之书法全集》获第五届中国出版政府奖电子出版物奖提名奖；《紫禁城》杂志获第五届中国出版政府奖期刊提名奖；《千古风流人物——故宫博物院藏苏轼主题书画特展》获第二十九届“金牛杯”铜奖；《清明上河图·儿童立体书》获第二十九届“金牛杯”美术图书铜奖。

（郭安娜）

【数字故宫】2021年，故宫博物院完成8万余件文物基础数据采集工作。官方网站全年访问量1200万人次，较2020年增长14%。“数字文物库”完成3.0版升级，访问数达1130万次。新浪微博粉丝数量超1000万人，总阅读量超10亿次；微信粉丝数量达250万人，“微故宫”总阅读量近900万次。“数字故宫”小程序累计访问量超360万次。学习强国号进行运营重组，总阅读量超300万次。新陶瓷馆APP、陶瓷馆微信小程序上线。完成倦勤斋VR多人体验互动项目开发，推进大高玄殿数字馆建设。加强数字内容生产和传播，以“恢弘的故宫·中轴的奥秘”、“故宫知识课堂”、重要展览讲解等内容，多平台开展直播活动45场，其中“贺岁的故宫，冬日的祥和”直播观看量2600万人次，浏览量近1亿人次，微博阅读量1.2亿人次；“故宫知识课堂”直播观看量超2500万人次。播出纪录片《紫禁城》。《故宫新事》第五集上线。“故宫博物院官方微博”获网信办“走好网上群众路线百个成绩突出账号”奖。《故宫展览》APP入围2021年世界互联网大会“携手构建网络空间共同体实践案例”。“雨中直播”获评年度十佳社教案例。“故宫考古

3月19日，故宫博物院与中国社会科学院大学签署战略合作框架协议
（故宫博物院提供）

XR项目”获年度欧洲遗产协会推介。

（郭安娜）

【学术科研】2021年，故宫博物院新立项国家重点研发计划“大型明清古建筑（群）安全风险预警关键技术研究”，国家社科基金“养心殿西暖阁佛堂唐卡画心的保护修复方法研究”“故宫博物院藏藏文古籍整理研究”，冷门绝学“清宫旧藏掐丝珐琅器（景泰蓝）的整理与研究”“清宫流散损毁书画调查与研究”，北京社科基金“元大都齐政楼、万宁桥与中轴线历史文化价值研究”等6项重要科研课题。11项“古文字与中华文明传承发展工程”科研项目立项。3项“十三五”国家重点研发计划、2项社科重大项目继续推进。故宫博物院承担的其他国家社科基金年度项目、艺术学项目、冷门绝学项目等课题研究进展顺利。全年结项完成国家自然科学基金项目、国家社科基金后期资助项目各1项。新立项院级课题16项，历年院级课题结项4项。启动开放课题项目申报和立项工作，首批共有37个单位的41项课题立项。面向院内员工开设学术专题系列讲座。新成立中国—希腊文物保护技术“一带一路”联合实验室三星堆工作站和“红旗故宫联合创新实验室”。与中国社会科学院大学、上海高等研究院等5家高校、科研机构、政府机构、企业签署合作框架协议。建设完成故宫造办处遗址考古保护大棚（一期），参与“考古中国”重大项目“内蒙古化德县新石器时代早期遗址考古调查和发掘”，承担国家重点工程“雄安新区容城县城子遗址考古发掘工作”。故宫学院在全国建成9个分院，全年举办“故宫讲坛”11场。承办国家文物局2021年世界文化遗产保护管理培训班，与清华大学文化经济研究院合作举办“清华大学企业家文化学者培训班”，在北京大学开设“故宫宫廷原状与宫廷文化”课程。

（郭安娜）

【第五届“太和论坛”】10月12—13日，由故宫博物院与中国考古学会、北京故宫文物保护基金会共同主办的第五届“太和论坛”在故宫博物院举办，论坛以“考古视野下的文明交流与互鉴”为主题。文化和旅游部党组成员、故宫博物院院长王旭东，国家文物局党组成员、副局长胡冰出席并致辞，联合国教科文组织驻华代表处代表、国际博物馆协会主席、国际文物修护学会主席发表视频致辞。来自北京大学、中国人民大学、清华大学等多所高校、科研机构的国内专家30多人参加研讨。来自德国、俄罗斯、英国、美国等国家的大学、科研院所、博物馆研究人员以视频形式参加论坛。

（郭安娜）

【对外交流】2021年，故宫博物院与哥斯达黎加玉石博物馆线上交换“先民的世界——哥斯达黎加前哥伦布时期文物展”和“丹宸永固——紫禁城建成六百年”展。与东京国立博物馆达成合作意向。开展2021年“驻华使馆外交官走进故宫”对外文化交流活动，邀请多国使团外交官出席。

（郭安娜）

故宫博物院负责人

故宫博物院院长　　王旭东

卫生 健康

9月30日，区卫生健康委举办2021年中国医师节庆祝活动暨第二届趣味运动会（区卫健委提供）

综　述

2021年，东城区卫生健康委员会深化医药卫生体制改革，加强公共卫生体系建设，医疗质量、服务水平稳步提升。

深化医药卫生体制改革。坚持医改专项资金分配与绩效考核挂钩，引导公立医院改革发展。公立医院综合改革成效明显，医改评价关键性指标全市最优。获评“北京市健康联合体建设试点区”，研究编制《东城区健康联合体建设试点工作方案》。深入推进核心区控规三年行动计划，年度市级台账2项任务全部完成，区级台账7项任务完成4项、调整延期3项。超额完成大型医院疏解专项行动任务，疏解病床984张，涉及减少608人。完成天坛医院1580件旧址资产交接，启动旧址拆迁招标工作。完成《东城区“十四五”时期卫生健康事业发展规划》编制。

加强公共卫生体系建设。实现流调溯源与风险管控双同步，封控范围和密接标准双提高，从严落实风险管控、隔离转运、核酸检测、环境消杀等措施，确保无疏漏。在励骏酒店、北京饭店、中石油大厦等新冠肺炎疫情处置工作中，精准规范开展流调溯源并迅速落位管控。提高院感防控和医疗救治能力，完善爱国卫生组织体系，坚持开展“周末卫生日”等群众性爱国卫生运动44次。12月，东城区被全国爱卫办评选为2020年度健康城市建设样板市暨北京市健康城市建设样板市。高质量完成新冠疫苗接种，全区累计接种总剂次约296.7万剂。高标准做好核酸检测，对区域内16家核酸检测机构的样本采集全流程覆盖督察；开展2次大规模核酸检测，共派出医务人员3700余人次，累计采样82万余人次。创新“1+40+3”卫生监督工作机制，狠抓小型医疗机构疫情防控措施落实薄弱环节。

提升医疗质量，打造健康东城。开展公立医院巡查、民营医院管理年、不合理医疗检查等专项治理行动。结合疫情防控形势，提升重大疫情防治重点专科建设水平，启动急诊科、重症医学科等第四批重点专科建设。中医药特色进一步凸显，与区发改委共同制订《东城区促进健康产业发展的若干措施》。推动中医药知识产权交易及中医药科技成果转化。推进北京市中医药服务体系试点区建设，促进紧密型医联体工作稳步发展。建国门、天坛、永外、体育馆路4家社区卫生服务中心在年度“优质服务基层行”活动中被国家卫生健康委评选为表现突出、服务优质机构。实现全区社区卫生服务机构中医药饮片服务全覆盖。完善家庭医生签约工作机制，打造“身边系列”亮点品牌。

加强行业管理，提升服务水平。7月，东城区卫生健康委被中央宣传部、国家司法部、全国普及法律常识办公室联合评选为2016—2020年度全国普法工作先进单位。区卫生健康委被国家卫生健康委评选为2020—2021年度“公立医疗机构经济管理年”活动优秀单位并通报表扬。完成中国共产党成立百年庆祝大会及重大节日期间的应急保障任务。建立“1+1+N”医疗保障服务体系，为驻区企业高精尖人才提供个性化医疗服务。辖区二级及以上医院全部完成警务室建设。获评北京市扫黑除恶专项斗争先进集体。在普仁医院、和平里医院和8个社区卫生服务中心及下属站点开展“信用+医疗”试点建设，在和平里医院开展智慧医院试点建设。推进重点基建工程项目，区精神卫生保健院节能保温改造项目竣工验收，第六医院南北楼加固及节能改造工程完工。推动东城区第一人民医院异地迁建项目、社区卫生标准化建设项目按计划推进。

（孟亚男）

医政管理

【概况】东城区卫生健康委员会（简称区卫生健康委）是东城区政府职能部门，负责全区卫生健康工作。2021年，机关内设科室25个，系统单位34个，公共卫生机构及其他单位21个。辖区共有医疗卫生机构544个，其中三级医疗机构10个、二级医疗机构8个、一级医疗机构44个。医疗机构523个，其中营利性医疗机构256个，非营利性医疗机构267个。医护比为1：1.05。区属医院全年出院5.38万人次，病床使用率68.95%，平均住院日（不含精神专科医院）10.90天，全年住院手术1.64万人次。医护比为1：1.15。辖区医疗卫生机构全年出院41.61万人次，病床使用率77.10%，平均住院日（不含精神专科医院）6.45天，全年住院手术26.69万人次。

（孟亚男）

【医疗质量管理】2021年，完善质控中心体系建设，成立区感染（传染）性疾病质控中心，完成区护理和医院感染管理质控中心新一届主任委员会换届工作；区质控中心组织各专业培训62次，培训1.08万余人，检查医疗机构1068户次。全面实施临床路径，推进临床路径与DRG深入结合，以单病种管理为切入点，加强疾病规范化诊疗管理。启动并组织开展公立医院巡查、民营医院管理年、不合理医疗检查专项治理行动、年度医政绩效考核等专项工作；组织药物临床应用培训1580人次，审核医疗机构申请抗菌药物备案21家、抗菌药静脉输注11家；开展2轮、33家麻醉药品和第一类精神药品管理督导检查；对5家委属医疗机构67件购置更新医疗设备资料进行审核；对16家医疗机构、965件医疗设备核销材料进行初审。持续推进改善医疗服务行动，督促二级以上医院落实改善医疗服务的各项措施；继续推进“互联网+护理服务”试点。

（孟亚男）

【重点专科建设】2021年，组织完成区属公立医院第三批重点专科建设项目（北京市第六医院医学影像科、北京市普仁医院医学检验科和病理科）验收，均验收合格，确立为第三批重点专科。组织完成东城区委属公立医院第四批重点专科评选，确立北京市第六医院为第四批重点专科急诊医学科承建单位、北京市普仁医院为第四批重点专科重症医学科承建单位。

（孟亚男）

【医疗行政许可】2021年，办理医疗机构变更79件，医疗机构注销1件，医疗机构停业及解除停业23件，养老机构备案1件，完成医疗机构校验180家。完成驻区医疗机构麻醉、第一类精神药品购用印鉴卡工作，其中办理变更事项61件，办理新批事项2件，办理注销事项1件。

（孟亚男）

【对口支援】2021年，东城区卫健委累计与27家医院、卫生院签订健康协作协议，其中新增签约卫生院4家，续签医疗机构17家，延续医疗机构6家；派出长、中、短期干部21人，赴受援地区进行健康帮扶，增强医疗技术互帮互学效率，促进对口支援长效推进；累计为受援地医院等医疗机构开展专业医疗技术培训82场次、受益1768人次；累计接收内蒙古自治区乌兰察布市化德县医务工作者11人进京跟岗培训。多次为受援地百姓开展义诊，受益1477人次；开展消费帮扶，年度累计消费农特产品259.03万元。北京市怀柔区3家社区卫生服务中心与东城区3家社区卫生服务中心进行对接。

（孟亚男）

【血液管理】2021年，区属医院全年用血总量6.26万单位。区内8个街头采血点（采血车）和1个献血小屋全年采血量12.04万单位。组织专家对辖区15家临床用血机构进行专项检查。

（孟亚男）

【医护双节活动】2021年，组织开展纪念“5·12”国际护士节系列活动，表彰优秀护士104人、优秀护理管理工作者72人、优秀协作团队15个、优秀创新团队10个，满30年护龄护理工作者72人、“抗疫天使”56人。开展医师节庆祝表彰系列活动，表彰获得最佳先锋奖、最佳敬业奖、最佳博爱奖和抗疫英杰奖优秀医师169人；组织东城区第二届趣味运动会，驻区医疗卫生机构27支代表队、运动员416人参加。

（孟亚男）

【冬奥会医疗服务保障】2021年，制订《东城区冬奥签约酒店医疗保障工作方案》，组织涉奥医务人员参加急救技能、感控知识、系统使用等培训；做好冬奥相关医疗救治医务人员派出工作，协调外派支援任务保障117人（区属医院64人），区内任务保障10人；定期向北京市冬奥专班、东城区卫生健康委冬奥专班报送相关工作信息。制订《东城区2022北京冬奥会冬残奥会新冠病毒核酸采样检测工作方案和应急预案》，承担3家酒店的冬奥核酸检测任务。

（孟亚男）

【医疗行风建设】2021年，制订东城区落实《全国医疗机构及其工作人员廉洁从业行动计划（2021—2024年）实施方案》，对行动计划分工进一步明确和细化。转发《北京市卫生健康委关于转发国家卫生健康委等9部门2021年纠正医药购销领域和医疗服务中不正之风工作要点的通知》，在组织各医疗卫生机构自查基础上协同医保、市场监管等多部门开展监督检查。

（孟亚男）

医疗改革

【概况】2021年，东城区作为北京市健康联合体建设试点区，坚持高位谋划，全面部署，研究编制《东城区健康联合体建设试点工作方案》，各有关部门和单位稳步推进，落实措施，取得阶段性进展。

（孟亚男）

【医药卫生体制改革】2021年，加强组织培训，区医改领导小组组长、区领导、有关部门负责人参加全国和北京市医改工作会议，学习各省市医改典型经验、国家和北京市医改领导小组工作要求，以区医改办及区卫生健康委名义印发年度医改重点工作，明确部门职责及任务；组织落实区委深改委年度重点改革工作任务，每月督办完成情况及时总结上报；开展市、区级公立医院绩效考核，坚持医改专项资金分配与绩效考核挂钩，完成5笔、2291万元分配执行，引导公立医院改革发展。

（孟亚男）

【健康联合体试点建设】2021年，东城区在试点建设中强化组织建设，实行一把手负责制，区政府主要领导为东城区健康联合体试点建设领导小组组长，各有关部门和单位稳步推进，落实措施。“六中心”建设稳步推进；聚焦健康问题，实施干预；整合社会资源，形成健康管理合力；以“全国儿童青少年近视防控试点区”建设为着力点，“一小”健康共治共管模式建设取得成效；加强财政投入保障。

（孟亚男）

【公立医院综合改革】5月7日，国务院办公厅发文，对2020年落实稳就业保民生、打好三大攻坚战、深化“放管服”改革优化营商环境、推动创新驱动发展等有关重大政策措施真抓实干取得明显成效的216个地方予以督查激励，其中卫生健康领域，对全国18个地方作为公立医院综合改革成效较为明显地区予以激励，东城区是北京市唯一获此殊荣的地区，2021年国家将对上述地方在公立医院综合改革中央财政补助资金分配中予以倾斜，各单独安排奖励资金500万元。

（孟亚男）

社区卫生

【概况】2021年，全区正式运行9个社区卫生服务中心、51个社区站（包括中心站），全部为政府办机构。全区社区卫生系统人员编制为1604人，在岗职工1532人，其中在编1318人；总诊疗266万人次，门急诊165.2万人次，提供长处方服务9.1万人次。

（孟亚男）

【家庭医生签约】2021年，全区共组建249个全科团队，家庭医生累计签约27.2万人，平均每个家庭医生团队签约1092人，家庭医生签约率达到38.35%，重点人群家庭医生签约率99.5%。全区共建立城乡居民健康档案60.96万份，规范化电子档案建档率86%；65岁以上老年人健康管理7.97万人，健康管理率达61.7%；高血压管理5.02万人，规范管理率80.46%；糖尿病管理2.58万人，规范管理率80.46%。

（孟亚男）

【双向转诊】2021年，东城区二级、三级医院下社区医生共35人。全年社区上转病人1.79万人次，下转病人3060人次。

（孟亚男）

【社区健康网格】2021年，全区249支家庭医生签约服务团队与17个街道、168个社区居委会无缝对接，实现健康宣教和监督检查全覆盖。与街道、居委会等社区防控单位手拉手，针对疫情防控涉及的相关健康问题提供专业支持。249支家庭医生签约服务团队与东城区17个街道、168个社区居委会建立稳固的健康管理关系，形成疫情防控健康网格。

（孟亚男）

【新冠疫苗接种】2021年，区卫健委采用临时接种点全天候接种、3—11岁专场接种、重点单位上门接种等多种途径，完成新冠疫苗接种共288.31万剂次，其中成人接种264.16万剂次、12—17岁人群接种9.58万剂次、3—11岁人群接种14.57万剂次；参与新冠疫苗接种工作的防保人员，医院医生、护士、急救人员合计10.84万人次。承担东城区核酸采样任务，支援区属二级医院完成集中核酸采样工作。密接人员全程管理全覆盖，累计管理密接者4351人。

（孟亚男）

表31　**2021年东城区社区卫生服务机构一览表**

序号	机构名称	地址	联系电话
1	东城区社区卫生服务中心	朝内大街192－1号	65123327
2	东城区体育馆路社区卫生服务中心	法华南里25号楼西侧	67169376
3	东城区天坛社区卫生服务中心	粉厂胡同57号，珠市口东大街2号107、108室	67074337
4	东城区龙潭社区卫生服务中心	光明中街25号	67111096
5	东城区东花市社区卫生服务中心	广渠家园13号楼	67118044
6	东城区永定门外社区卫生服务中心	丰台区蒲黄榆二里2号院	67020979
7	东城区朝阳门社区卫生服务中心	东四南大街灯草胡同31号	65262251
8	东城区建国门社区卫生服务中心	后赵家楼胡同9号	65259228
9	东城区和平里社区卫生服务中心	小黄庄一区9-1号、黄寺大街甲8号9楼	84282143
10	东城区崇文门外街道都市馨园社区卫生服务站	兴隆都市馨园13号楼D102-103	67021437
11	东城区永定门外街道望坛社区卫生服务站	永定门外桃杨路二条2号	51335257
12	东城区龙潭街道左安门社区卫生服务站	左安浦园1号楼旁平房	87198967
13	东城区龙潭街道龙潭北里社区卫生服务站	夕照寺街35、37号	67183342

续表31

序号	机构名称	地址	联系电话
14	东城区东华门街道多福巷社区卫生服务站	东四南大街报房胡同45号	65127470
15	东城区东华门街道韶九社区卫生服务站	韶九胡同22号	65240100
16	东城区东华门街道台基厂社区卫生服务站	台基厂大街台基厂二条3号	65126450
17	东城区崇文门外街道新景家园社区卫生服务站	西花市大街62、64号	87186099
18	东城区体育馆路街道长青园社区卫生服务站	长青园16号楼迤南2-2-1-72-29	67120567
19	东城区东花市街道铁辘轳把社区卫生服务站	东花市大街33号	67120077
20	东城区东花市街道忠实里社区卫生服务站	忠实里西区7号楼1层106	67118044
21	东城区东花市街道东花市南里社区卫生服务站	东花市南里东区13号楼107-108	87103147
22	东城区永定门外街道富莱茵社区卫生服务站	沙子口路72号富莱茵小区9-1-101	87817703
23	东城区永定门外街道景泰西里社区卫生服务站	景泰西里西区8号楼底商	67222060
24	东城区天坛街道天坛南里社区卫生服务站	永内东街西里11号	67073468
25	东城区安定门街道花园社区卫生服务站	安定门内花园东巷25号	64013430
26	东城区北新桥街道海运仓社区卫生服务站	海运仓小区南颂年3号楼	84073206
27	东城区东华门街道甘雨社区卫生服务站	西堂子胡同15号	65240060
28	东城区东四街道东四社区卫生服务站	东四北大街东四六条甲62号	64017470
29	东城区东四街道南门仓社区卫生服务站	朝阳门内北小街仓南胡同5号、罗家大院1号	84068240
30	东城区东直门街道东直门社区卫生服务站	东直门外察慈小区7号楼	64610470
31	东城区东直门街道清水苑社区卫生服务站	东直门北大街乙4号楼	64611494
32	东城区东直门街道十字坡社区卫生服务站	东直门外十字坡西里10号楼北	64161320
33	东城区东直门街道王家园社区卫生服务站	王家园胡同37号院1号楼一层	65519556
34	东城区和平里街道安德里社区卫生服务站	安德里北街21号	84127060
35	东城区安定门街道五道营社区卫生服务站	安定门内大街永康胡同9号	64012290
36	东城区朝阳门街道朝内头条社区卫生服务站	朝内大街203号	64015610
37	东城区朝阳门街道大方家社区卫生服务站	小牌坊胡同30号	85111691
38	东城区朝阳门街道内务社区卫生服务站	内务部街73号	65136054
39	东城区东华门街道东华门社区卫生服务站	南河沿大街磁器库南巷1号	65597833
40	东城区东四街道东四三条社区卫生服务站	东四北大街526号一层5101、5122	64006790

续表31

序号	机构名称	地址	联系电话
41	东城区东直门街道新中街社区卫生服务站	新中西里6号楼迤北平房院	64165425
42	东城区和平里街道安德路社区卫生服务站	安外青年路南街11号	84130209
43	东城区景山街道宽街社区卫生服务站	美术馆后街12号	64006540
44	东城区和平里街道和平里社区卫生服务站	和平里北街18号西门	64215168
45	东城区和平里街道和平里中街社区卫生服务站	和平里六区六号一层	84220399
46	东城区和平里街道交通社区卫生服务站	交林夹道甲2号	64213430
47	东城区和平里街道青年湖社区卫生服务站	青年湖东里9号楼北	84112543
48	东城区交道口街道圆恩寺社区卫生服务站	板厂胡同30号院内西南角内院41-66号	65123327
49	东城区景山街道魏家社区卫生服务站	东四北大街249号	84032330
50	东城区永定门外街道东革新里社区卫生服务站	东革新里40号	87265202
51	东城区龙潭街道幸福家园社区卫生服务站	幸福家园19号楼1101、1102号	67111096
52	东城区体育馆路街道法华寺社区卫生服务站	体育馆西路1号	67133157
53	东城区天坛街道天坛东里社区卫生服务站	天坛东里南区79号	67010624
54	东城区景山街道吉祥社区卫生服务站	水簸箕胡同甲5号-1	64007169
55	东城区北新桥街道北新桥社区卫生服务站	永恒胡同6号	64053216
56	东城区北新桥街道民安社区卫生服务站	民安14号楼	84078626
57	东城区北新桥街道十三条社区卫生服务站	东四北大街168号内一层2112号	64053927
58	东城区和平里街道东河沿社区卫生服务站	东河沿甲7号	64205058
59	东城区建国门街道苏州社区卫生服务站	崇文门内大街苏州胡同120号、北京站东受禄街28号	65124640
60	东城区建国门街道外交部街社区卫生服务站	外交部街甲1号	65281974
61	东城区交道口街道交东社区卫生服务站	土儿胡同10号楼	84046916
62	东城区天坛街道金鱼池社区卫生服务站	金鱼池小区西区13楼1单元001、002、101、102室和16楼5单元103、104室，珠市口东大街2号大厦109室	67023088
63	东城区前门街道前门社区卫生服务站	草厂六条4号	67073468
64	东城区永定门外街道永建里社区卫生服务站	永定门西滨河路8号院8-2底商	67020979
65	东城区北新桥街道青龙社区卫生服务站	东直门北小街青龙胡同甲1号	64027190

（王上上）

中医中药

【概况】2021年，区卫健委开展东城区公立中医医院、中西医结合医院巡查，促进医院高水平、高质量发展。全力做好中医医疗机构疫情防控，开展隔离点中医药预防性投药。和平里医院儿科、隆福医院康复科、鼓楼中医医院康复科、东城区第一人民医院针灸推拿科获评北京市中医特色科室。

（孟亚男）

【名医工作室建设】2021年，区卫健委开展2020年东城区知名中医专家工作室、东城区“希望之星”中青年中医专家工作室中期督导，各工作室在1年的建设周期内，认真开展师承带教、中医人才培养，均通过中期督导。区第一人民医院、区妇幼保健院获批基层老中医传承工作室分站。

（孟亚男）

【中医药人才培养】加强中医药薪火传承“3+3”工程室站分站建设，组织申报全国、北京市中医护理骨干人才培训、中医临床优秀人才研修、老中医药专家学术经验继承工作指导老师和继承人遴选、中药骨干人才培养、“仲景国医传人”、中医馆骨干人才培训。2人获“首都名中医”称号，通过北京中医药传承“双百工程”继承人出师验收14人，3人获第六批北京市级中医药专家学术经验继承工作指导老师、33人获继承人称号。

（孟亚男）

【中医药文化节】10月22—24日，区卫健委举办第十三届地坛中医药健康文化节和首届东城区膏方节。建成5家中医药健康体验馆。推动中医药产业发展，推动中医药知识产权交易及中医药科技成果转化。北京宏一堂科技发展有限公司永和同顺健康管理分公司（故宫永和宫御医药馆）和北京同仁堂崇文门药店有限公司分别获批北京中医药文化旅游示范基地、北京中医药文化旅游建设基地。

（孟亚男）

10月22日，第十三届地坛中医药健康文化节开幕（区卫健委提供）

医学教育科研

【概况】2021年，区卫健委加强基层人才队伍建设。开展基层卫生人才能力提升社区骨干医师培训，提高常见病、多发病诊疗、常见症状鉴别诊断和处置、转诊、健康管理、康复、公共卫生等基层医疗卫生服务能力。

（孟亚男）

【医学人才培养】2021年，区卫健委开展基层卫生技术人员中医药知识与技能培训，提高基层卫生技术人员运用中医药基础理论、诊疗方法防治常见病和多发病的基本技能，发挥中医药特色优势，满足居民对中医药服务的需求。开展临床与公共卫生人才培养。做好卫生健康人才骨干医师培训、基层社区医生临床研修、住院医师规范化培训、医防融合培训、儿科医师转岗、精神科医师转岗、全科医生转岗等培训组织工作，通过培训，全面提升工作能力与水平。

（孟亚男）

【继续医学教育】2021年，区卫健委组织有关单位申报各级别继续医学教育项目，获批国家级项目4个、市级项目19个。开展区级继续医学教育项目申报、评审，辖区各单位申报的1783个项目获批区级继续医学教育项目。印发各继续医学教育有关工作通知，做好继续医学教育项目执行工作督导。依托继续医学教育管理系统，督导各单位认真开展全员必修课、传染病知识等各项培训，参培率、达标率均为100%。加强学分管理，完成年度学分审验工作。

（孟亚男）

【医学科研】2021年，区卫生健康系统有国家、地方及其他科技项目116项，总经费265.98万元，其中国家级3项，获科技奖励12项，实用新型专利5项，发明专利2项。组织评选2021年东城区卫生科技计划项目23个，并对23个项目进行结题验收。在中国科技核心期刊发表论文150篇，出版著作20本，被科学引文索引（SCI）收录论文6篇。

（孟亚男）

疾病防控

【概况】2021年，东城区户籍人口全年出生5409人，其中男婴2797人，女婴2612人，出生率5.50‰（男5.83‰，女5.19‰）。全区全年死亡7838人，死亡率7.97‰（男8.91‰，女7.08‰）。户籍人口自然增长率为-2.47‰（男-3.08‰，女-1.89‰）。全年因病死亡人数7552例，占死亡总人数的96.35%。死因顺位前10位依次为心脏病、恶性肿瘤、脑血管病、呼吸系统疾病、消化系统疾病、损伤和中毒、内分泌营养和代谢疾病、神经系统疾病、泌尿生殖系统疾病、精神和行为障碍。户籍人口期望寿命为84.16岁，男性81.70岁，女性86.65岁。

（孟亚男）

【传染病防治】2021年，全区甲乙丙类传染病发病2386例。甲类传染病发病数0例，死亡0例。乙类传染病发病759例，死亡9例（艾滋病1例，肺结核1例、肝炎7例）。乙类传染病发病率前三位的疾病分别是梅毒（发病率29.91/10万）、肺结核（发病率29.91/10万）、痢疾（发病率27.51/10万）。结核病发病人数212例，死亡1例；性病（淋病+梅毒）发病人数264例，死亡0例；艾滋病发病人数12例，死亡1例。狂犬病发病人数0例，死亡0例；人感染H7N9禽流感发病人数0例，死亡0例；手足口病发病人数129例，死亡0例；布病发病人数1例，死亡0例。处理幼儿园手足口病暴发疫情1起，水痘疫情暴发1起。未发生学校集体食物中毒事件。

（孟亚男）

【慢病防治】2021年，区卫健委完成北京市社区脑卒中高危人群随访2742人，随访率86.6%；完成2019年度国家脑卒中高危人群随访1754人，问卷完成率97.4%；完成2020年度国家脑卒中高危人群随访1177人，问卷完成率98.1%。完成北京市户籍肿瘤患者社区随访2746例，失访165例，失访率5.7%。城市癌症早诊早治项目全区完成问卷评估1683例，完成临床筛查510例，临床检查完成率93.6%。心血管病高危人群早期筛查与综合干预项目累计完成初筛7039人，初筛完成率100.6%；高危人群检查1422人，高危人群筛查完成率为81.3%，七期长随完成率16.4%；八期长随完成率17.5%。持续开展慢病适宜技术推广，2021年新增高血压、糖尿病自我管理小组各8组，社区覆盖率分别为91.1%和49.4%。全年培训健康生活方式指导员202人，完成新增指导员认证100人，8家示范机构顺利通过市级验收，区内新增健康步道2条，健康家庭1270户。完成11个街道59个社区3516人的东城区成人慢病及其相关危险因素监测。通过第三批国家慢病综合防控示范区复审。开展老年人失能（失智）试点干预工作。

（孟亚男）

【精神卫生】2021年，东城区在册严重精神障碍患者3617人，正常管理2661人，失访患者143人，拒访患者79人，住院患者734人。报告患病率4.56‰，在册患者规范管理率93.81%，在册患者规律服药率90.57%，规范面访率89.74%，免费服药人数2471人，免费服药政策惠及率68.32%。

（孟亚男）

【学校卫生】2020—2021学年东城区中小学生共10.50万人，视力不良实检人数10.35万人，检出人数6.48万人，检出率62.61%；营养不良实检人数10.36万人，检出人数7938人，检出率7.66%；肥胖实检人数10.36万人，检出人数1.72万人，检出率16.60%；贫血实检人数10.34万人，检出人数1246人，检出率1.21%；恒牙龋齿实检人数10.36万人，检出人数2.20万人，检出率21.23%。

（孟亚男）

【计划免疫】2021年，东城区接种免疫规划疫苗12种、11.55万剂次，接种非免疫规划疫苗26种、15.39万剂次，共报告疑似预防接种异常反应127例；外来务工人员接种含麻疹成分疫苗143剂次，流脑A+C疫苗142剂次。2021年流感季，全区累计接种流感疫苗9.75万剂次，其中免费流感8.13万剂次（60岁以上老人免费流感2.21万剂次，学生免费流感5.66万剂次，保障人员流感576剂次，医务人员824剂次，教师人员流感1252剂次），自费流感1.62万剂次。应急接种麻腮风疫苗8剂次，水痘80剂次。全年新冠疫苗接种241.61万剂次，其中第一针90.15万剂次、第二针88.62万剂次、第三针62.84万剂次。

（孟亚男）

【食品卫生生活饮用水检测】2021年，东城区完成食品风险监测13类、18种食品、407件，其中冬奥专项监测完成4类、135件食品的专项监测。化学污染物监测6类、6种、135件，食品微生物及致病因子监测采集样品7类、12种、272件，检出阳性菌株31株，检出率为11.40%，其中中式凉拌菜致病菌检出率为42.50%，预包装即食冷藏食品致病菌检出率为22.20%。食源性疾病主动监测364例，分离阳性菌38株、阳性率为10.44%，其中致泻大肠埃希氏菌31株，沙门氏菌6株，副溶血性弧菌1株。肠道病毒监测364件，检出病毒15株，阳性率4.12%，其中诺如病毒8株，轮状病毒4株，札如病毒1株，星状病毒1株，腺病毒1株。全年共采集水样376件，其中市政末梢水216件，高层建筑二次供水160件，监测完成率100%。检测项目35项，包括微生物指标3项、毒理学指标11项、感官性状和一般化学指标17项、水中消毒剂常规指标1项及其他指标3项。检测结果显示市政末梢水和二次供水全部样本所有检测项目均合格，检测合格率100%。

（孟亚男）

【新冠肺炎疫情防控】2021年，全区处理各类密接协查及相关疫源地协查2505件，有效管控东城区密切接触者879人、密接者2040人次，合计管控2919人。排查新冠肺炎病例活动轨迹疫源地15个，完成密接798人、次密339人次、高风险人员1.16万人的判定及管控；人员采样检测1.24万人次；环境采样检测3210件，检出阳性6件；完成风险区域划定及管控。

（孟亚男）

健康促进

【概况】2021年，区卫健委开展线下健康大课堂6场，受众610人次。全区医疗机构二三级网络共完成线下大课堂1073场、受众4.23万人次，线上大课堂600场。推进健康细胞工程创建工作，累计创建健康示范社区86个（含口腔示范社区1个）、健康家庭2165户、控烟示范单位98家、健康示范单位15家、健康示范食堂32家、健康示范餐厅21家、健康超市2家、健康促进医院26家。辖区所有中小学校均获得北京市健康促进学校称号，其中五星级健促校9所，四星级健促校12所，三星级健促校3所。建成健康主题公园2个、健康步道9条、健康小屋/健康加油站9个。

（孟亚男）

【爱国卫生】2021年，区卫健委强化爱国卫生组织机构建设，坚持属地管理和行业推进齐头并进。发扬爱国卫生优良传统，组织开展“周末卫生日”活动12场，发动党员干部、社区居民群众、志愿者等各类人群13.33万人次参与，出动车辆6630台次，清理小广告、堆物堆料等卫生死角2.60万处，清理垃圾2108吨。重点推进居民区、医院、学校、市场商超、待拆待建区、筒子楼、简易楼等重点场所爱国卫生运动。完成东华门街道、建国门街道、前门街道创建北京市卫生街道工作。

（孟亚男）

【病媒防治】2021年，区卫健委组织开展季节性病媒生物防制。组织专业队伍开展公共区域病媒防制。保障中国共产党成立100周年庆典长安街沿线病媒防制及北京冬奥会东城涉奥签约酒店周边病媒防制。发放除“四害”宣传品，动员群众主动参与环境清理，开展居家除“四害”行动。组织第三方开展公共区域和重点场所除“四害”效果监测，防范媒介传染病的发生和传播。

（孟亚男）

【禁烟控烟】2021年，区卫健委落实《北京市控制吸烟条例》，扎实推进无烟环境建设，6830个家庭通过审核成为北京市“无烟家庭”。

（孟亚男）

老龄健康

【概况】东城区老龄事业发展中心作为全区老龄工作协调议事机构，主要职责为“综合协调、调查研究、督促检查、组织落实”。全面贯彻落实“党委领导、政府主导、社会参与、全民行动”16字方针，发挥综合协调、参谋助手作用。根据东城区第七次全国人口普查公报，2021年全区常住人口中60周岁及以上老年人口数量为18.75万余人，占比26.4%。

（孟亚男）

【老龄工作】2021年，统筹完善老龄工作体制，区老龄委各成员单位响应“敬老月”活动号召，开展形式多样、内容丰富的现场及线上活动226场；推进“孝顺之星”命名工作，17个街道共推选区级“孝顺之星”100人。

（孟亚男）

【医养结合】2021年，东城区老年

9月13日，东城区安宁疗护服务示范基地（隆福医院）与北京市安宁疗护服务指导中心（北京医院）专家开展建设研讨（区卫健委提供）

健康和医养结合服务指导中心（卫健委）与东城区养老服务指导中心（民政局）建立协调有序、运转高效、保障有力的医养结合服务会商工作机制，与东城户籍托底、扶助老年人的入户医疗服务相结合，强化养老服务与医疗卫生服务的衔接，促进疫情防控主体责任的落实，确保东城区54家社区养老服务驿站与社区卫生服务站（中心）100%对接。面向享受民政失能、困难及高龄补贴政策的老年人，按需组织开展入户医疗服务。委属6家医院和8家社区卫生服务中心全部参与，协同完善“居家为基础、社区为依托、机构为补充、医养相结合”的老年健康服务模式，开展老年家庭健康指导、用药辅导，为签约老年人提供抽血，换药，更换胃管、尿管等医疗服务，为老年人提供入户医疗服务。全区入户评估服务9293人次。东城区汇晨老年公寓（北京市隆福医院嵌入式）作为国家卫健委老龄健康医养结合远程协同服务首批试点机构，依托东城区老年健康和医养结合服务指导中心开展具体工作，组织相关科室人员在平台上完成医务人员注册，参加项目组举办的培训、远程会诊、远程诊断、照护指导、科普讲座等活动，提高业务水平，与项目组人员进行线上交流，促使老年人在医养结合机构也可获得远程诊疗指导、在线复诊等服务。2021年，东城区新增1家试点机构——东城区银杏舍养老公寓。

（孟亚男）

【安宁疗护】2021年，区卫健委联合辖区北京市安宁疗护指导中心推动试点区建设。普仁医院联合北京协和医院、龙潭社区卫生服务中心举办首届“安宁缓和医疗论坛”；鼓楼中医医院在肿瘤科开展安宁疗护服务；和平里医院成为安宁疗护体系建设中西医结合主任委员单位；隆福医院将示范基地建设作为安宁疗护体系建设的重要支撑，落实国家卫健委第二批国家安宁疗护基线调查任务；北京市安宁疗护指导中心（北京医院、协和医院），带动东城区包括区第一人民医院、第六人民医院在内的6家医院，以及朝阳门、东花市等多个社区卫生服务中心，开展安宁疗护服务体系建设，示范、引领、指导辖区各类医疗机构、医养结合机构，探索开展安宁疗护服务，推动医疗机构安宁疗护服务标准化、规范化建设。

（孟亚男）

【老年优待】2021年，东城户籍老年人中享受高龄补贴4.87万人，拨付资金9884.01万元，失能老年人补贴2.23人，拨付资金1.37亿元。全年为老年人提供法律援助72人，对65周岁以上老年人免费提供代写法律文书服务11人次，为80岁以上的老年人提供法律援助25件，上门服务11人。

（孟亚男）

行业监督

【概况】2021年，东城区卫生健康监督所共出动5.20万人次，对辖区公共场所、生活饮用水、医疗机构、母婴保健、血液、职业/放射、传染病消毒、学校卫生等领域开展监督执法2.60万户次。动物卫生监督共出动4596人次，对辖区动物诊疗机构、兽药经营单位、饲料经营单位、公园开展监督执法3548户次。

（孟亚男）

【公共卫生监督】2021年，东城区公共场所数量1653户，量化分级1534户。共监督1.22万户次，监督覆盖率99.94%，合格率86.23%，行政处罚1498户次、罚没款117.08万元。

（孟亚男）

【医疗卫生监督】2021年，区卫健委医疗卫生监督3083户次，监督覆盖率100%，合格率98.22%，行政处罚77户次、罚没款119.44万元。对148户次医疗机构积347分。全年处理涉及非法行医举报投诉98起，给予行政处罚20起、罚没款68.90万元（罚款44.68万元，没收违法所得24.22万元）。

（孟亚男）

【职业卫生监督】2021年，东城区有职业健康监管工业企业26家，医疗行业24家、居民服务业20家、住宿业9家、科研研究和技术业3家、文物保护单位1家；“三同时”管理

4月24日，区爱卫办组织开展周末卫生大扫除（区卫健委提供）

单位2家；有非医放射单位23家、开展放射诊疗活动的医疗机构146家。共计监管231家用人单位。监管单位比2020年增加近10倍。审核6例职业病病例：煤工尘肺1例、矽肺（包含1例晋级病例）2例、无职业病3例；疑似职业病病例3例：疑似慢性苯中毒病例2例、疑似噪声聋病例1例；农药中毒病例1例，对所有病例均进行电话访视。全年完成职业卫生、放射卫生专业监督检查298户次，监督覆盖率100%。发现违法行为给予一般程序处罚立案4起、罚款1.70万元。

（孟亚男）

【实验室生物安全】2021年，区卫健委开展“生物安全法”宣传及实验室生物安全培训，制发《东城区人间传染的病原微生物实验室生物安全事件应急处突工作方案》等文件。开展辖区新冠病毒科研活动摸排督导、运输情况排查、样本保存摸排督导等专项工作。加强病原微生物实验室生物安全监督检查，对全区15家开展新冠病毒核酸检测的单位在重点时期进行多轮次督导，完成重大活动期间对重点涉源单位的检查。

（孟亚男）

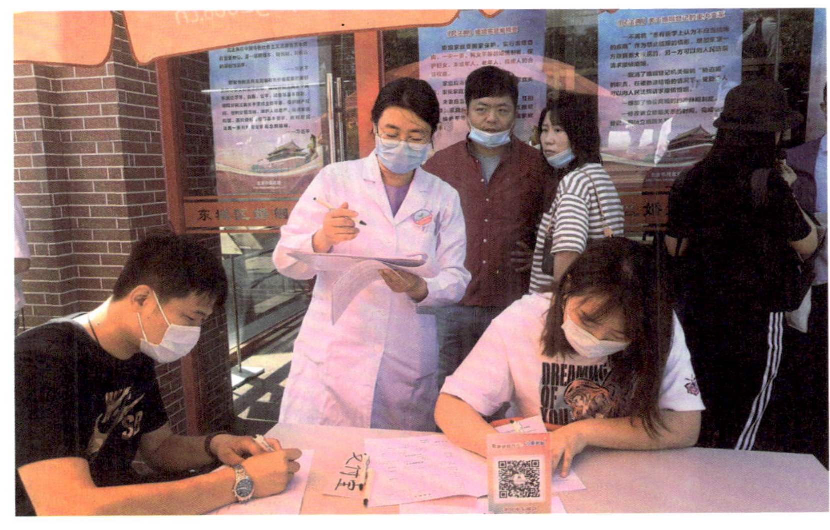

6月20日，区妇幼保健计划生育服务中心提供婚登婚检一站式服务
（区卫健委提供）

计生服务

【概况】11月26日公布实施的最新版《北京市人口与计划生育条例》从生育调节、奖励与社会保障等方面进行较大调整，东城区按照条例要求做好新、老政策衔接工作，全面宣传，确保新政策在东城区有效实施。

（孟亚男）

【妇幼卫生】2021年，全区孕产妇建档人数6004人（常住），活产数6108人（常住），死亡人数0人，死亡率0。全区0-6岁常住儿童3.22万人。新生儿死亡人数5例、死亡率0.92‰，婴儿死亡人数7例、死亡率1.29‰，5岁以下儿童死亡人数10例、死亡率1.85‰。全区助产机构活产5664人，剖宫产率41.95%，初产剖宫产率41.26%。全年助产机构围产期出生缺陷发生率42.72‰，顺位依次是先天性心脏病（24.26‰），外耳畸形（5.63‰），多指趾（3.16‰），肾积水（1.23‰），并指趾（1.05‰），性染色体异常（1.05‰），其他染色体异常（1.05‰），先天性膈疝（1.05‰）。

（孟亚男）

【生殖健康】2021年，东城区婚检率40.5%，疾病检出率8.04%。免费孕前优生健康检查定点医院数量1个。孕前优生筛查率为45.5%。

（孟亚男）

【计生服务】2021年，全区6808人享受独生子女父母奖励政策，发放独生子女父母奖励费40.76万元；3500人享受独生子女父母年老时一次性奖励，发放一次性奖励费350万元；298人享受独生子女父母一次性经济帮助，发放一次性经济帮助298万元。办理发放独生子女父母光荣证328本。

（孟亚男）

【计生关怀】2021年，东城区符合北京市计划生育特别扶助政策3858人，其中在册计划生育家庭独生子女伤残扶助对象2253人，每人每月590元标准（每人每年7080元）；在册计划生育家庭独生子女死亡扶助对象1605人，每人每月720元标准（每人每年8640元），全区发放年度计划生育家庭特别扶助金2981.84万元。继续为全区在册计划生育特别扶助对象购买住院补贴险，投入资金70万元。继续开展计划生育特殊家庭家政服务和体检服务。经公开招标，通过购买服务方式，为计划生育特殊家庭660户提供家政服务；为全区计划生育特别扶助对象943人提供体检服务。投入服务资金220万元。

（孟亚男）

【开展早教项目】2021年，以东城区家庭健康指导中心为依托，开展儿童早期健康发展示范项目，开办儿童早期健康发展各类课程，累计开设公益课程198次，受益婴幼儿家庭8052人次。

（孟亚男）

驻区三甲医院

【北京医院】北京医院是一所以干部医疗保健为中心，老年医学研究为重点，向社会全面开放的医、教、研、防全面发展的现代化综合性医院，是国家卫健委直属三级甲等医院。2021年，卫技人员2599人，其中正高级职称216人、副高级职称300人、中级职称1291人、初级师1060人、初级士165人。长江学者1人，国家杰出青年1人。医院占地面积5.58万平方米，建筑面积22.78万平方米。全年门急诊量183.46万余人次，床位使用率94.92%，平均住院日6.75天，手术量2.16万台次，出院量5.45万余人次。持续加强临床路径和医保DRG付费管理工作，2021年开展临床路径病种258个，DRG模拟入组1.91万例，入组率64.61%，涵盖671个疾病组。加强胸痛中心、卒中中心、危重孕产妇救治中心建设，构建以“快速、高效、全覆盖”为目标的急危重症医疗救治体系。DNT（入院到静脉溶栓）时间由2020年的59分钟降低至49分钟，DPT（入院到动脉穿刺）时间由2020年的181分钟降低至156分钟；高危孕产妇转会诊111例，转诊21例；胸痛中心启动绿色通道流程127次，完成急诊PCI手术近100例，急性ST段抬高型心肌梗死再灌注治疗率为100%。稳步开展器官移植工作。器官移植中心全年累计完成器官捐献4例，获取器官11个，完成器官移植手术43台。2021年，抗菌药物使用强度36.8DDD，住院患者抗菌药物使用率42.1%，微生物检验标本送检率36.0%。医保总额指标完成情况良好，总额基金使用率为92.46%，医院正式获批为北京市医保A类定点医疗机构。风湿免疫专业、内分泌专业、肿瘤专业获批2021年国家临床重点专科建设项目，建设经费1500万元，医院国家临床重点专科建设项目增至14个。2021年，医院依托国家老年医学中心和国家老年疾病临床医学研究中心，牵头制订国家重点研发计划“主动健康和人口老龄化科技应对”重点专项“十四五”指南及2022年度指南；获批北京市研究型病房示范建设单位；承担国家卫生健康委老年健康标准专业委员会工作，组织首批老年健康行业标准制订及审查；成功获批北京市科技成果转化平台建设专项；完成第七届学术委员会换届。全年获批国家重点研发计划项目1项、课题1项，国家自然科学基金项目12项，中央保健专项资金项目1项，北京市科委项目4项，北京市自然科学基金项目4项，中国医学科学院项目16项，社会团体项目58项，共计97项，经费合计逾6000万元。医院全年在国际期刊发表论文247篇。“组织液循环网络”原创性科学重大发现引起社会各界广泛关注，为探索经络穴位科学内涵提供新思路。获北京市科学技术奖自然科学奖二等奖2项，中华护理学会科学技术奖二等奖1项。获专利65项。研究生导师遴选工作方面，4人获国科大博导资格，7人获老研所硕导资格；全年录取研究生110人；住院医师规范化培训考核通过率96.83%。落实分级诊疗，加强远程医疗工作。北京医院医联体增至19家，全年累计下转患者1732人次，接收上转患者1320人次。加强对口医疗帮扶工作力度，对口支援单位包括西藏自治区第二人民医院、北京市平谷中医院、内蒙古自治区鄂尔多斯市中心医院、伊金霍洛旗人民医院，卫生扶贫单位有贵州省大方县人民医院。2021年，医院增强“四个意识”，坚定“四个自信”，做到“两个维护”，庆祝中国共产党成立100周年，举办“党史学习教育”及“庆百年”系列活动。通过第六届全国文明单位复核，获首都精神文明单位标兵九连冠，做好重大医疗保障工作。医院作为建党百年庆典大会的医疗保障单位，完成庆典活动保障任务；作为2022年冬奥会和冬残奥会定点医疗保障单位，制订相关保障方案、制度以及应急预案，开展冬奥会相关培训，完成冬奥会和冬残奥会医疗保障任务。完成《北京医院“十四五”发展规划》编制及医院第七期干部聘任工作。2020年复旦版中国医院排行榜中，北京医院老年医学专科继续蝉联

10月23日，北京医院李宏义教授团队关于人体组织液循环网络的原创性科学发现新闻发布会在诊疗楼七层会议中心召开（北京医院提供）

第一名，在新一期中国医院科技量值（STEM）排名中，医院排名48名。

（郝金娟）

【北京协和医院】中国医学科学院北京协和医院（简称北京协和医院），是集医疗、教学、科研于一体的现代化综合三级甲等医院，是国家卫生健康委指定的全国疑难重症诊治指导中心，最早承担高干保健和外宾医疗任务的医院之一，也是高等医学教育和住院医师规范化培训国家级示范基地，临床医学研究和技术创新国家级核心基地。以学科齐全、技术力量雄厚、特色专科突出、多学科综合优势强大享誉海内外。2021年，在职职工中编制内人员4327人、编制外人员1567人，正高级职称362人、副高级职称491人、中级职称1587人、初级职称1896人。院士3人，长江学者3人，国家杰出青年3人，省部级以上“突出贡献”专家18人，享受政府特殊津贴专家21人，万人计划科技创新领军人才4人，“百千万”人才国家级人选8人，获南丁格尔奖1人。2021年，协和医院编制《北京协和医院“十四五”发展规划和2035年远景目标纲要》，明确医院事业发展方向和重点任务。获批国家医学中心和公立医院高质量发展试点医院，构建“一院多区全网络”发展模式。建立常态化疫情防控组织体系和院科两级防控督查体系。成立学科建设与人才培养办公室，开展学科高质量发展专项行动。强化质控中心建设，北京市病案管理、国际医疗质控中心落户协和。获批北京市首家互联网医院，制订发布首个互联网诊疗技术规范。西单院区门诊楼正式开业，日间手术室、日间病房成功试运行。转化医学综合楼正式落成启用。疑难重症及罕见病国家重点实验室项目落地。全年招收临床博士后88人，开展高层次人才项目申报培训400余人次，筹建医学教育研究中心。组建医院国际咨询委员会，与美国中华医学基金会（CMB）签署新合作协议。完成97万余字《北京协和医院管理制度汇编（2021版）》。全国三级公立医院绩效考核蝉联第一。全面落实“经济管理年”，加强医院内部控制管理。建成医院临床数据中心（CDR），为临床提供一站式数据检索分析服务。贯彻总体国家安全观，成立医院国家安全委员会，开展“生命至上、安全发展”主题安全月活动。推进澳门离岛医疗综合体合作项目。以建院百年为契机，举办医院高质量发展院长论坛和转化医学楼启用仪式，建成百年院史陈列馆，出版《中国现代医院史话——北京协和医院》等6本图书。2021年，医院综合门诊量300余万人次，预约挂号占门诊总人次的96.36%。入院11.34万人次，出院11.33万人次，住院手术5.84万例，床位使用率80.73%，床位周转54.86次，平均住院日5.68天。推进40余个新技术、新项目临床应用，惠及病例1万余人。推广多学科诊疗模式，新开设消化道疾病等3个联合门诊。组建康复、心理支持2个专科护理小组，增设安宁缓和、肿瘤内科、妇科内分泌、日间手术4个专科护理门诊。医院药占比25.79%，其中门诊药占比30.84%、住院药占比17.89%。门诊抗菌药物处方比率2.13%，急诊抗菌药物处方比率24.94%，住院患者抗菌药物使用率33.87%，抗菌药物使用强度为37.08DDD。医院感染现患率3.17%，为近10年最低。全年北京医保出院2.99万人次，次均费用2.06万元。完成异地医保住院费用实时结算3.93万人次，次均费用2.52万元。组建384人的应急核酸采样队和市级新冠疫苗接种医疗队，累计为居民集中接种新冠疫苗4.6万剂次，采集核酸3.3万例。派出第七批组团式援藏医疗队，完成西藏自治区聂荣县及国家巡回医疗队任务。全年获批立项科研项目158项，其中国家级79项、省市级6项，共获资助经费2.68亿元，医院匹配经费2898.49万元。年底在研课题586项，2021年结题218项。SCI论文发表占比超过中英论文总数的60%，IF≥10分有45篇。获奖成果5项，其中中华中医药学会科学技术奖二等奖1项，华夏医学科技奖二等奖2项、三等奖1项，中华医学科技奖三等奖1项。获专利177项。在职博士生导师209人、硕士生导师314人，博士点24个、硕士点34个。国家级继续医学教

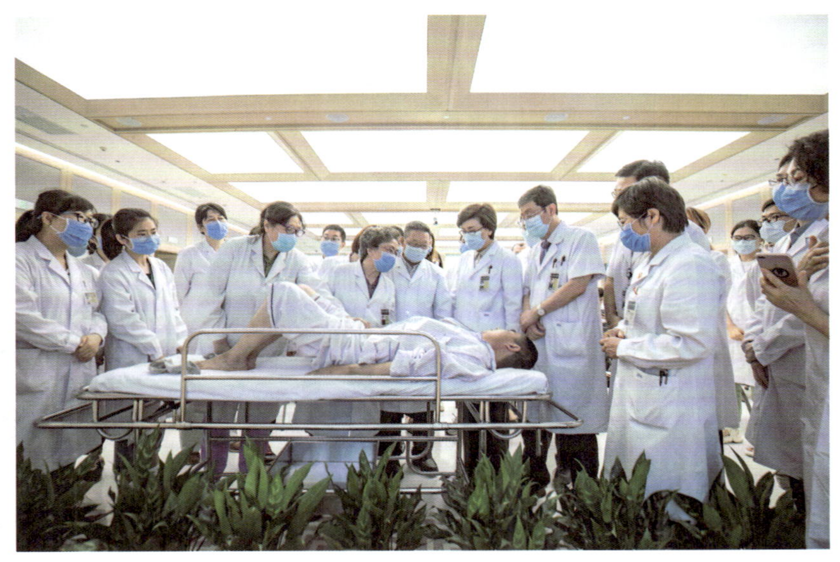

6月23日，北京协和医院内科大查房时专家教授为患者查体（孙良摄）

育基地6个、国家住院医师规范化培训专业基地21个、国家专科医师规范化培训试点基地8个。在院学习八年制医学生470人（含清华八年制学生71人）。全年招收硕士生160人、博士生92人（含转博），招收住院医师116人。全面升级OA系统，公文线上办理率超89%。院内新建、改建、修缮改造项目242项，按期保质完成转化医学综合楼工程、西单院区门诊楼工程、老楼文物修缮项目等“百年协和重点工程”建设。在复旦大学医院管理研究所公布的“中国医院排行榜”中连续12年蝉联榜首。完成庆祝中国共产党成立100周年大会现场医疗保障、应急转运及后备医院保障工作。推进党史学习教育，组织召开庆祝中国共产党成立100周年大会，学习贯彻习近平总书记“七一”重要讲话精神。成立党建工作领导小组，健全党建工作制度。在建院百年之际，习近平总书记发来贺信并作出重要指示批示。李克强总理考察北京协和医院并召开医学专家座谈会。以“百年协和 一切为民”为主题，召开庆祝北京协和医院建院100周年大会。

（李娅芳）

【北京同仁医院】首都医科大学附属北京同仁医院（简称北京同仁医院），是一所以眼科学、耳鼻咽喉科学为国家重点学科的大型综合三甲医院。2021年，医院在职职工中编制内人员3083人、合同制人员666人、派遣人员50人，正高级职称268人、副高级职称406人、中级职称1604人、初级职称1177人。执业医师1109人，注册护士1521人。护理人员中具有大专及以上学历者占98.5%、本科及以上占68.3%，有专科护士251人（包括重症监护、手术室、急诊、肿瘤、器官移植等专科护士）。重症医学床位47张。2021年北京同仁医院牵头的眼科专科医联体51家，东城区眼耳鼻喉专科医联体7家，全国眼科联盟101家，全国耳鼻咽喉头颈外科联盟396家。医院加入的区域综合医联体8家。全年出院10.84万余人次，床位周转74.62次，床位使用率89.7%，平均住院日4.4天。卫技人员与开放床位之比为2.04∶1，执业医师与床位之比为0.72∶1。住院手术7.64万人次，其中三级手术占51%、四级手术占34%，日间手术4.02万人次。初产剖宫产率43%，孕产妇死亡0人、新生儿死亡0人、围产儿死亡24人。开展临床路径的科室37个、病种148个，入径率92.99%，完成率99.31%。全年临床用血总量1.30万单位，其中自体输血102人次、555单位。预约挂号占门诊总人次的95.2%。本地医保门诊165.70万人次、次均费用398元，医保出院4.52万人次、次均费用1.40万元；异地医保出院2.58万人次、次均费用1.53万元。11月30日，崇文门院区搬迁800张床位，疏解42个科室和医护人员1300余人到亦庄院区，实现医疗重心南移。搬迁后，崇文门院区门诊利用腾挪空间进行科学规划，改善重点学科门诊环境，优化诊疗流程，以时间换空间增加出诊量，增开眼科方便门诊、周末门诊及晚间门诊，满足重点学科患者需求；启用眼底注药新病区，设置“一站式”服务平台。新冠肺炎疫情常态化下，医院实现入院筛查“多码合一”，一次扫码可完成流调填报、健康宝查验、核酸和疫苗接种情况显示。加强人物同防，强化重点区域重点人员管控，建立健全疫情防控三级管理模式。落实定期核酸检测、健康监测、疫苗接种、培训演练，严格请销假及进出京管理。落实指令性任务献力首都疫情防控，全年外派核酸采样队伍120人次，采样量3.5万人次；外派疫苗接种队伍141人次，历时6个月接种23万剂次。承担全国“两会”、“七一”大会、冬奥、5G大会、机器人大会的疫情防控保障。2021年获批立项科研项目90项，其中国家级41项（1项为国家自然科学基金国家杰出青年基金资助）、省市级16项、局级33项，共获资助经费3653.7万元，医院匹配经费96万元。全年结题62项。获奖成果3项，其中国家级2项，包括国家科技进步二等奖1项，国家技术发明二等奖1项。获专利74项。医院现有国家级实验室1个及市级重点实验室6个，国家重点专科3个。全年与医院下属企业签订技术转化合同项目3项。2021年外科

6月6日，北京同仁医院举办“2021年全国爱眼日大型义诊活动”（龙赫摄）

学新获批博士学位点；新获批博导21人，新获批硕导41人。专科医师培训以眼科、耳鼻咽喉科为试点，重点推进“2+1+2”一体化培训工作。6月6日，国家卫健委与北京同仁医院共同举办2021年全国爱眼日大型义诊活动。会上发布“人民至上 拥抱光明——中国共产党领导下的我国眼健康工作回顾”视频，介绍国家近百年来在防盲治盲和眼健康发展事业中取得的成就。会上同时举行全国防盲技术指导组办公室近视防控中心、全国防盲技术指导组办公室白内障防治中心成立揭牌仪式并启动“十五省”眼科流调项目，为中国下一阶段眼健康工作的重点区域和重点方向提供重要参考。医院开展学党史悟思想重走长征路、学党史悟思想诵红色经典、“四史”学习教育打卡红色基地、同仁同心医路向党党史知识竞赛等学习活动。建院135周年，医院开展“传承同仁梦，开创新未来”院庆系列主题活动，包括建院135周年表彰大会、“祝福同仁寄语同仁”主题景观打卡活动、同仁美食节、职工图书节、职工活动中心落成、党史学习教育知识竞赛、科普义诊活动等。

（郑　洁）

【北京中医医院】首都医科大学附属北京中医医院，是北京市三级甲等综合性医院。占地面积2.80万平方米，总建筑面积5.50万平方米。医院在职职工中编制内人员1202人、合同制人员489人，正高级职称171人、副高级职称245人、中级职称631人、初级职称504人。执业医师630人，注册护士506人。2021年，以区域专科中心联盟为核心，以“国考”为导向，突出中医特色，提升医疗服务能力。继承和发扬专科、专病、专术优势，通过推进一体化诊疗模式、MDT模式、名医传承团队逐级转诊制度、专病门诊、主诊医师负责制等医疗模式，提高医院的整体服务能力和水平。4月，北京中医医院获批北京地区首家互联网中医机构。医院在门诊楼6层设立互联网诊疗专区，诊室3间、工位14个，并设立互联网门诊专职工作人员。同时通过更新就诊流程、扩展功能、满足临床多方需要、优化绩效等手段，不断扩大互联网门诊规模，至11月底，实际接诊1.64万人次，其中视频诊疗1.21万人次，图文咨询4310人次，27个科室、医护人员199人参与互联网门诊工作，其中副高及以上医护人员112人，占比约56.3%，保证医疗服务优质与安全性。为更好地创造门诊就诊环境，完成消化科内镜室改扩建工程；心身医学科、风湿科、干部保健科等搬家安置；妇科候诊区扩建，极大程度优化门诊布局，改善患者候诊及就医环境。为患者提供多元化药学服务，完成门诊饮片药房智能分号建设，实现患者在缴费后自动分配取药窗口。修订互联网医院诊疗药学服务流程及制度，不断完善互联网饮片处方取药流程，依托互联网技术，实现患者远程挂号、咨询、诊断、处方、药品配送为一体的服务模式。专家11人获第四届首都国医名师称号，医师26人获首都名中医、优秀名中医、首都中青年名中医称号，18人通过“第六批全国名老中医药专家学术继承人”考核获得出师证书，13人（含外省市上报1人）获批第七批全国名老中医药专家学术指导老师，继承人29人。增加继承人之间学术交流和学术的融会贯通，打造师承的“宽街品牌”。发挥党委领导作用，做好重大政治活动保障，做好庆祝中国共产党成立100周年、北京冬奥会等中心工作和重大任务的服务保障。在庆祝建党100周年“七一”庆典上，医院承接制作香囊10万个，由院长拟方的“避暑清新香方”，7天时间全部赶制完成，于庆典当天使用。开展“我为群众办事”建言献策活动，收到就医流程、患者服务、环境改造等方面建议60余项。“接诉即办”工作中，制订《市政府热线“12345”接诉即办工作制度》《“12345”接诉即办绩效考核方案》，1月至11月接收“12345”“接诉即办”工单818件，其中投诉524件、建议151件、咨询35件、表扬30件、退单78件，有效回访工单337件，工单响应率97.80%，解决率84.75%，满意率87.52%，考核综合得分87.38分，市属医院排名第12。北京中医医院被

6月28日，北京中医医院召开庆祝中国共产党成立100周年暨表彰先进大会（吕宏科摄）

国家中医药管理局确定为国家中医疫病防治队伍和疫病防治基地依托中医医院及国家中医紧急医学救援队伍和紧急医学救援基地依托中医医院。全力投入北京市新冠肺炎疫苗接种和核酸筛查工作，组织近500人次投入一线接种工作，对大兴国际机场进行连续1个月的保障工作，接种疫苗近2万人次。参加北京市核酸筛查工作抽调护理人员112人次，采样3.31万份。

（管子全）

【北京口腔医院】首都医科大学附属北京口腔医院（简称北京口腔医院）是集医疗、教学、科研、预防为一体的三级甲等口腔专科医院。医院占地面积2.30万平方米、建筑面积3.33万平方米，租用面积4197.38平方米。医院在职职工中编制内人员653人、派遣人员641人，正高级职称81人、副高级职称116人、中级职称239人、初级职称730人。医院牵头的医联体及专科联盟有北京口腔医院大兴区口腔专科医联体7家、北京口腔医院房山区口腔专科医联体8家、北京口腔医院丰台区口腔专科医联体7家、北京口腔医院西城区口腔专科医联体13家、北京口腔医院东城区口腔专科医联体8家。依托在医院的国家级及市级质控中心有北京市口腔医疗质量控制和改进中心。对口支援与扶贫协作的单位有：北京市顺义区医院、房山区妇幼保健院、房山区良乡医院、房山区中医医院、大兴区人民医院、大兴区妇幼保健院、怀柔区牙防所、顺义区天竺卫生院。2021年，医院总收入10.77亿元，其中医疗收入6.52亿元。全年门急诊84.98万人次，预约就诊率100%。全年出院2122人次，平均住院日6.34天。住院手术2007例，其中三级手术占15.74%、四级手术占23.72%，日间手术383例。全年临床用血总量315单位，其中自体输血0人次0单位。北京市医保门诊70.94万人次，异地医保出院254人次。医院药占比2.14%，其中门诊药占比1.59%、住院药占比11.60%。全年获批立项科研项目63项，其中国家级8项、省市级9项，共获资助经费1279万元，医院匹配经费984万元。年底在研课题112项，年内结题58项。获奖成果4项，获专利30项。国家级、市级重点学科、专科、实验室、研究中心有：口腔组织功能重建北京市国际科技合作基地；国家重点临床专科4个，口腔颌面外科专业、牙体牙髓专业、口腔修复专业、口腔正畸专业；全牙再生与口腔组织功能重建北京市重点实验室；口腔健康北京实验室。10月，教授1人“表观遗传调控在牙源性间充质干细胞分化与生物牙根再生中的作用与机制研究”项目获国家自然科学基金重点项目资助，医师1人“唾液腺与颌骨免疫紊乱的机制及功能重建”项目获国家优秀青年科学基金资助。北京口腔医院迁建项目连续4年被纳入北京市重点工程项目，2021年取得项目建议书（代可研）批复文件和施工登记意见函，5月启动主体工程施工。年底主体结构整体出正负零、局部封顶，平行推进项目设计工作和各项招投标工作。4月8日，医院“一址多点”布局下的第一个综合门诊部——西红门部开诊，开放牙椅21台，诊疗范围涵盖口腔治疗各领域，以口腔显微诊疗为特色，成立“北京口腔医院口腔显微诊疗中心”和“口腔显微技术培训中心”，在打造专科特色、全科诊疗的基础上，加强与签约专科医联体的协作，通过会诊、转诊、交流、培训等，实现优质医疗资源下沉。医疗支援方面，分三批派出核酸检测采样队伍150人，支援顺义区、东城区、昌平区核酸采样任务，备建采样人员200人。作为2022年北京冬奥会和冬残奥会定点医院，6月，组建救援指挥体系领导小组，组建医疗卫生保障团队，确定奥运总协调医疗官。建立健全组织机构和各类制度预案，完成院内急诊、病房冬奥闭环接诊区域改造，完善适应国际通用标准的财务管理与就诊服务，进行冬奥接诊流程的桌面和实战演练，配合完成延庆奥运村口腔科建设和前期测试，完成各项保障筹备工作。12月2日，延庆奥运村口腔诊区通过国家卫生健康委审核。开展2021年北京市哨点监测和重点人群口腔健康监测，完成对北京市12岁儿童口腔健康状况的检查与监测。统筹全市口腔机构力量开展科普和健康教育，举办“世界口腔健康日”“全国爱牙日”“新媒体科普行动”三大活动。“护齿训练营”品牌活动获2021年首都志愿服务

5月，北京口腔医院迁建工程启动主体结构施工（北京口腔医院提供）

项目大赛金奖、首都学雷锋志愿服务“五个100”之首都最佳志愿服务项目。

（李丽璇）

【北京妇产医院】首都医科大学附属北京妇产医院北京妇幼保健院（简称北京妇产医院）是集医疗、教学、科研、预防、保健为一体，以诊治妇产科常见病、多发病和疑难病症为重点的国内知名三级甲等妇产专科医院。医院在职职工中编制内人员1349人、派遣制人员411人，博士后流动站6人，正高级职称129人、副高级职称187人、中级职称485人、初级职称903人。执业医师545人，注册护士703人。护理人员中具有大专及以上学历者占99.57%、本科及以上占73.26%，有专科护士129人。重症医学床位59张。固定资产净值3.10亿元，其中医疗设备净值1.40亿元，有甲类医用设备0台、乙类医用设备3台。全年总收入15.24亿元，其中医疗收入11.16亿元。医院占地面积4.45万平方米、建筑面积7.17万平方米，租用面积780平方米。是首都医科大学附属北京妇产医院妇科医联体、京津冀妇女与儿童保健专科联盟牵头单位及北京市产科质量控制中心。2021年出院3.94万人次，床位周转78.99次，床位使用率92.39%，平均住院日4.23天。卫技人员与开放床位之比为2.90∶1，执业医师与床位之比为1.03∶1，妇科系列病房护士与床位之比为0.5∶1，产科病房护士与床位之比为0.6∶1。住院手术2.85万例，其中三级手术占31.08%、四级手术占12.05%，日间手术4382例。剖宫产率41.67%，孕产妇死亡0人、新生儿死亡3人、围产儿死亡34人。开展临床路径的科室7个，病种9个，入径率72.51%，完成率82.59%。全年临床用血总量2167.5单位，自体输血143人次，自体输血383单位。预约挂号占门诊总人次的97.39%。北京市城镇职工基本医疗保险普通门诊结算64.05万人次、次均费用458元，其他门诊结算7659人次、次均费用1588元，住院结算1.54万人次、次均费用9568元；北京市城乡居民基本医疗保险普通门诊结算2.98万人次、次均费用423元，其他门诊结算1351人次、次均费用1600元，住院结算2099人次、次均费用1.42万元；异地医保出院3196人次、次均费用1.46万元。医院药占比20.95%，其中门诊药占比19.92%、住院药占比22.80%。门诊抗菌药物处方占比6.31%，急诊抗菌药物处方占比6.56%，住院患者抗菌药物使用率30.07%，抗菌药物使用强度为36.01DDD。全年获批立项科研项目40项，其中国家级8项、省部级9项，共获资助经费508万元，医院匹配经费0万元。年底在研课题41项，年内结题43项。无获奖成果。获专利16项。妇科、产科是国家重点专科。承担首都医科大学妇产科及相关学科博士、硕士研究生培养工作、博士后流动分站工作、妇产科学系工作、国家级及北京市妇产科住院医师规范化培训工作及继续医学教育工作与助产专业国家级妇产科临床药师培养等多层次教学任务。有教授24人、副教授21人，博士研究生导师23人、硕士研究生导师46人。2021年录取研究生55人，其中硕士生38人、博士生17人，获得学位人员51人，博士学位17人，硕士学位34人。承担国家级继续医学项目20项，市级项目15项，招收国家级妇产科临床药师12人，承担协和护理学院、首都医科大学护理学院、儿童医院护校、北京卫生职业学院4个院校的护理学教学任务。持续开展区域母婴安全保障筑基评价，召开危重孕产妇抢救市级评审会2次，完成危重孕产妇救治飞行检查20余次，对11家市级危重孕产妇及7家危重新生儿救治中心开展绩效评估。参与国家婚前保健工作规范编写，建立北京市婚前孕前保健转诊网络，制订北京市产前筛查机构质量控制标准，健全全市先天性心脏病管理体系，深化新生儿疾病筛查和0-6岁儿童残疾筛查服务，为全市乃至全国出生缺陷防治作出贡献。出版《托育机构卫生保健人员培训用书》，在300余家社区卫生服务中心全面开展儿童口腔综合防治项目。召开5岁以下儿童死亡评审会，全力保障儿童健康发展。规范青春期保健服务，开展“妇女保健技术提升工程北京行”活动、全市计划生育服务技能演练和两

11月16日，人民日报社人民论坛杂志社国家治理创新经验（健康中国）课题调研组到首都医科大学附属北京妇产医院进行实地调研（张鹏摄）

癌筛查培训基地遴选，有序推进全市计划生育考核同质化，实现母婴保健技术考核合格证书全市跨区互认。完成全国三级妇幼保健机构绩效考核和北京市妇幼保健院“七五行动”星级评审。加强院内疫情精准防控，严格落实国家、北京市医务人员防护指南，严格执行院感每日巡查制度，构建院感防控管理网格，进一步补齐短板堵塞漏洞，保障门诊和住院患者正常就医和危急重症患者的救治。制订疫情防控应急预案，全年开展疫情相关急救演练13次，院级急救演练14次，疫情防控培训108次，全年新冠病毒肺炎零感染。全年分批次派出近500人次支援东城区、朝阳区、昌平区核酸采集和新冠疫苗接种。

（刘雯妓）

【东直门医院】北京中医药大学东直门医院（简称东直门医院），是一所集医疗、教学、科研于一体的大型现代化综合性三级甲等中医医院。医院在职职工中编制内人员737人、合同制人员1101人，正高级职称173人、副高级职称189人、中级职称398人、初级职称277人。2021年医院总收入18亿元，其中医疗总收入11.37亿元。医院占地面积3.20万平方米、建筑面积5.02万平方米。在艾利彼中国医院竞争力顶级医院100强中，东直门医院排名第七。东直门医院作为国家区域医疗中心输出医院，落实国家区域医疗中心建设任务，2021年与河南省洛阳市、福建省厦门市、内蒙古自治区鄂尔多斯市签署合作共建区域医疗中心协议，建设北京中医药大学东直门医院洛阳医院、厦门医院、内蒙古医院。全年出院1.70万人次，床位周转25.3次，床位使用率75.4%，平均住院日10.9天。卫技人员与开放床位之比为2.35：1，执业医师与床位之比为0.8：1，病房护士与床位之比为0.4：1。住院手术6568例，其中三级手术占39.0%、四级手术占33.2%，日间手术225例。开展临床路径的科室24个，病种65个，入径率78.31%，完成率99.23%。全年临床用血总量2360单位，自体输血579人次、604单位。预约挂号占门诊总人次的85.7%。本地医保门诊128.94万人次、次均费用723.3元，医保出院1.23万人次、次均费用2.70万元；异地医保出院2613人次、次均费用2.74万元。医院药占比55%，其中门诊药占比66.6%、住院药占比24.3%。门诊抗菌药物处方比率2.4%，急诊抗菌药物处方比率37.8%，住院患者抗菌药物使用率47%。医院统一护理质控标准，完善质量管理构架，顺利通过中华中医药学会中医专科护士基地评审，北京中医护理人才骨干基地获优秀临床实践基地称号，培养专科护士26人。外派进修学习12人；在研课题3项，发表专著10部，发表护理论文57篇。通过北京市卫生健康委老年友善医院评审，完成医疗价格改革和医保贯标工作，启动药品邮寄服务，开通全国异地就医门诊实时持卡结算业务，完成电子病历四级评定工作，启动两区一部（东城、通州园区和国际医疗部）业务系统一体化建设。全面实现预约挂号，平均预约挂号率超过95%。全年获批立项科研项目83项，其中国家级24项、省市级15项，共获资助经费2214.50万元，医院匹配经费217万元。年底在研课题177项，2021年结题44项。获奖成果11项，其中国家级科技进步二等奖1项、北京市科学技术二等奖1项、中华中医药学会科学技术奖二等奖1项、三等奖3项、2021年度李时珍医药创新奖1项、中青年创新人才及优秀管理人才奖1项、中国中西医结合学会科学技术奖二等奖1项、中国民族医药协会科学技术奖二等奖1项、中国仪器仪表学会科学技术奖一等奖1项。获专利39项。推荐各类人才，新增中国工程院院士1人、享受国务院特殊津贴1人、首都国医名师6人、青年岐黄学者2人、北京市科技新星1人、北京市青年教学名师1人、北京市首都名中医9人、北京市优秀名中医1人、首都中青年名中医6人、中华中医药学会中青年创新人才1人。获得学会科技奖励5项。采取线上线下结合形式，稳步推进教学工作。招收首届中医骨伤科学专业本科学生32人，深化中医骨伤科学专业建设。完成中医学专业“5+3”一体化培养方

9月25日，北京中医药大学东直门医院与河南省洛阳市人民政府共建东直门医院洛阳医院签约仪式（荆生龙摄）

案修订。学生总就业率94.3%，博士生就业率连续12年达100%。获批国家卫生健康委员会“十四五”规划教材主编4部、副主编10部，获北京高等学校优秀教材奖一等奖1项，第一届北京高校教师教学创新大赛二等奖1项。获第十届中国大学生医学技术大赛铜奖，第七届国际“互联网+”创新创业大赛三等奖3项。继续做好对口帮扶工作和乡村振兴工作，全年投入帮扶资金500余万元，派出8人次赴新疆维吾尔自治区、内蒙古自治区、甘肃省开展驻点帮扶工作。

（赵　玲）

表32　**2021年东城区医疗机构一览表**

序号	机构名称	地址	联系电话
1	北京医院	东城区东单大华路1号	85138505、85368537
2	中国医学科学院北京协和医院	东城区帅府园1号	69155810/5811
3	北京中医药大学东直门医院	东城区海运仓5号	84013212
4	首都医科大学附属北京同仁医院	东城区东交民巷1号	58265727
5	首都医科大学附属北京中医医院	东城区美术馆后街23号	52176515
6	首都医科大学附属北京口腔医院	东城区天坛西里4号	67099114
7	首都医科大学附属北京妇产医院	东城区北池子大街骑河楼17号	52275417
8	北京心理卫生专科医院	东城区北锣鼓巷38号	64041780
9	北京市第六医院	东城区交道口北二条31号、36号，东城区东直门内大街184号	64033703
10	北京市普仁医院	东城区崇文门外大街100号，东城区白桥大街8号楼101，东城区东花市南里东区8号楼104-1至3、201-1至13、202、203-1至2、301-9至12、303，东城区幸福大街32号3层331室	67117711-1611
11	北京市和平里医院	东城区和平里北街18号、东城区和平里西街19号楼一层12307号	64212297
12	北京市隆福医院（北京市东城区老年病医院）	东城区美术馆东街18号、东城区沙滩后街14号、东城区三眼井胡同乙68号、昌平区东小口镇中滩村290号、朝阳区北苑5号院606号楼	87947335
13	北京市鼓楼中医医院	东城区豆腐池胡同13号、东城区和平里中街14－2号、东城区安乐林路10号、东城区新中街一条67号	64069506
14	北京市东城区第一人民医院	东城区永外大街130号、东城区东晓市街109号	67222060
15	北京市东城区精神卫生保健院	东城区东直门外察慈小区7号楼、东城区安定门街道永恒胡同6号西楼三层、东城区南门仓胡同2号楼2-2	64681578
16	北京市东城区妇幼保健计划生育服务中心	东城区交道口南大街136号、东城区法华南里25号楼东侧、东城区永外东滨河路17号	64043259
17	北京市崇文口腔医院	东城区东花市北里西区24号楼	67120052
18	北京市东城区口腔医院	东城区交道口东大街4－28号、东城区东四北大街490号、东城区雍和宫大街53号	84258118
19	北京市东四中医医院	东城区东四六条甲62号、东城区朝内大街97号	84046478

续表32

序号	机构名称	地址	联系电话
20	北京市东城区东外医院	东城区东直门外察慈小区7号楼、东城区安定门街道永恒胡同6号西楼三层与南楼一层	64681578
21	北京市东城区朝阳门医院	东城区东四南大街灯草胡同31号	65138019
22	北京市东城区建国门医院	东城区朝内南小街后赵家楼胡同9号	65256218
23	北京市东城区北新桥社区服务中心	东城区东直门内大街184号	64040500
24	北京市东城区老年康复护理院	东城区东四六条甲62号	64018363
25	北京市东城区急救站	东城区安内中绦胡同甲2号	64035289
26	北京市东城区皮肤性病防治所	东城区东直门内大街184号	64010046
27	北京市崇文结核病防治所	东城区西晓市街16号	67022677
28	北京市东城区疾病预防控制中心门诊部	东城区北兵马司胡同5号	64014120
29	北京市东城区疾病预防控制南部分中心门诊部	东城区西晓市街16号	67021006
30	北京市疾病预防控制中心门诊部	东城区和平里中街16号	64407136

（何　洁）

东城区三级甲等医院负责人

北京医院党委书记　奚　桓
　院长　季福绥
北京协和医院党委书记　吴沛新
　院长　张抒扬
北京同仁医院党委书记　金春明
　院长　张　罗
北京中医医院党委书记　董杰昌
　院长　刘清泉

北京口腔医院党委书记　谷　水
　院长　白玉兴
北京妇产医院党委书记　张　建
　院长　严松彪（5月免）
　　　　阴赪宏（6月任）
东直门医院党委书记　赵百孝
　院长　王　显

体 育

4月17日，北京市首届“社区杯”八人制足球赛东城区预选赛决赛在天坛体育活动中心举行（刘广摄）

综　述

2021年，东城区加大全民健身场地设施投入，满足群众舒适健身需求，在群众体育、竞技体育、青少年体育等方面取得新进展。大力开展社会体育指导员培训，持续开展健康生活方式指导员“五进”活动（进家庭、进社区、进单位、进学校、进医院），为居民提供个体化健康生活方式知识宣传和技能指导服务，全区国民体质测试合格率达到93.4%，比“十三五”期间提高1.9%。

11月27日，2021年北京市青少年冰壶锦标赛在大兴奥悦国际冰壶馆举行，东城区体育运动学校冰壶队获得男子组季军（杜文摄）

开展群众性体育活动。全力争创首批国家全民运动健身模范区，全年举办区级活动137项，参加市级活动115项，参加全国、国际体育活动22项，2021年，授予东城区2017—2020年度全国群众体育先进单位称号。组织健康东城、和谐杯、行走健康、舞赞华诞等系列赛事活动，吸引市民踊跃参与。各街道、社区开展全民健身活动100余项，参与群众60余万人次。开展线上、线下全民健身培训及科学健身指导近120期，1万余群众受益。承办北京市首届“社区杯”八人制足球赛，东城区参赛队伍和参赛人数均位列全市第一，率先在2个街道和1家企业成立街道级足协和企业分会，获评首批全国县域足球典型。

提高竞赛体育水平。2021年，备战北京市第十六届运动会，明确职责、整合资源，围绕足、篮、排“三大球”加强训练，为参赛队伍的选拔和训练奠定坚实的基础。进一步加强体教融合，完善体制机制，通过体育和教育系统的统筹协调、相互配合，发掘、选拔各项目优秀的体育人才参加市运会比赛。

完善全民健身公共服务设施布局。打造集“活力市集”“主题跑团”“运动秀场”“潮流展示”为一体的青年湖、龙潭中湖两所体育公园；完成东单体育中心改造主体工程建设；全区新建足球场、篮球场、乒乓球场、羽毛球场等全民健身场地15片，完善步道标识100条，“10分钟健身圈”社区覆盖率达到100%。加快体育场馆智能化、信息化建设。东城区体育活动中心完成智能化改造，集体育咨询、课程指导、设施报修等功能的微信小程序“京体通”进入试运行阶段，有效提高场地利用率及预定便捷度。

培育社会体育指导员。全年完成二、三级社会体育指导员440人的考核认证（广播体操80人、太极拳98人、健身气功69人、健身操舞79人、冰蹴球63人、滑雪51人），其中二级154人、三级286人。组织参加国家级培训15人、一级培训35人。

推进体育产业发展。区体育局配合区发改委完成《北京市东城区加快科技创新推动健康产业发展的实施意见》《东城区关于促进体育产业发展的若干措施》多轮次征求意见修订。与统计局进一步研究梳理体育产业相关法人主体信息数据，明晰体育产业结构，构建“体育+”产业创新融合发展体系。服务体育企业，助力企业复工复产。发挥三级服务管家团作用，服务重点体育企业，实现问题响应率100%，满意率100%，持续提高问题解决率。

（乔明昊）

竞技体育

【概况】东城区体育局（简称区体育局）是东城区政府主管辖区体育工作的职能部门，主要职责是贯彻执行国家和北京市关于体育工作的方针、政策和法律、法规、规章，负责辖区体育体制改革、体育事业管理，推动多元化体育服务体系建设，推进区体育公共服务。下属事业单位6家，包括东城区社会体育管理中心、东城区体育科学研究所、东城区体育运动学校、东城区青少年业余体校、东城区体育事业保障中心、北京市东城区体育活动中心。2021年，东城区共13个项目参加北京市U系列冠军赛，17个项目参加北京锦标赛。U系列冠军赛获得第一名51个，第二名65个，第三名72

个。锦标赛获得第一名59个，第二名51个，第三名53个。东城区13个项目总计26人正式输送到北京市二级运动班，1人进入北京市一线优秀运动队。

（乔明昊）

【运动员注册】2021年，注册为东城籍可以代表东城参赛的运动员总人数为1875人，其中田径164人、游泳252人、排球147人、棒球38人、垒球34人、手球46人、乒乓球107人、羽毛球95人、网球107人、射击55人、射箭48人、击剑300人、体操39人、跆拳道105人、皮划艇24人、赛艇14人、跳水53人、高尔夫7人、拳击16人、散打18人、空手道24人、马术7人、滑雪166人、篮球9人。

（乔明昊）

1月29日，在龙潭公园举办东城区第七届冰雪嘉年华暨东城区第六届冰蹴球对抗赛（杨章摄）

【参赛奥运会获得奖项】2021年，在日本东京举行的第三十二届奥运会中，东城区输送运动员获2枚金牌、4枚银牌、3枚铜牌。张家齐（女）、曹缘分别在女子双人10米跳台和男子单人10米跳台比赛项目中获得2枚金牌；曹缘、肖若腾分别在男子双人10米跳台、体操男子个人全能比赛项目中获得2枚银牌；唐茜靖、冯雨分别在体操女子平衡木、花样游泳团体自由自选比赛项目中获得2枚银牌；肖若腾、苗甜（女）分别在体操男子团体、体操男子自由操、赛艇女子8人单桨有舵手比赛项目中获得3枚铜牌。

（乔明昊）

【全运会成绩】2021年，由东城区培养输送的运动员50余人参加第十四届全运会，运动员们延续东京奥运会上优异表现，获11枚金牌、4枚银牌、3枚铜牌。其中曹缘、张家齐在跳水项目获得3枚金牌，冯雨、常昊、李默、尚菲在花样游泳项目获得2枚金牌、1枚铜牌，于静瑶在游泳项目获得2枚金牌，苗甜、肖若腾、张梦涵、刘文志在赛艇、体操、射箭、柔道项目中各获得1枚金牌，丁萌、耿丽臣、闫安在柔道、乒乓球项目中共获得4枚银牌，唐茜靖、王妍、刘葛铭浩在体操、射箭项目上各获得1枚铜牌。

（乔明昊）

【北京U系列冠军赛】12月4—5日，北京市青少年U系列举重冠军赛中，赛制按年龄大小分为男/女U18、U16和U14共3个组别参赛，东城区适龄运动员获得单项18金、6银的优异成绩。

（乔明昊）

【北京市青少年锦标赛】11月27—28日，北京市青少年篮球（乙、丙组）锦标赛（决赛）中，东城区获得男子乙组、男子丙组和女子丙组本赛季青少年锦标赛3枚金牌。

（乔明昊）

群众体育

【概况】2021年，东城区全民健身图片展分别在明城墙遗址公园、王府井大街、前门大街巡展，参观人数近1000万人次。全区每周参加1次及以上体育锻炼的人数约43万人（包括9.33万中小学生），占东城区常住人口比例约61%。经常参加体育锻炼人数约35.6万人，占常住人口的53%。大力发展冰雪运动，制订冬奥相关配套文件，开展冰雪体验活动，东城区冰雪嘉年华活动自2014年起连续举办8届，每年吸引10余万群众体验，全年开展60场冰雪知识大讲堂活动，深入街道社区、驻区单位宣传普及冬奥会常识和冰雪运动知识。

（乔明昊）

【冰蹴球对抗赛】1月29日，区体育局在龙潭公园举办创建国家全民运动健身模范区系列活动——东城区第七届冰雪嘉年华暨东城区第六届冰蹴球对抗赛。全区各街道16支代表队参加赛前举办的东城区冰蹴球社会体育指导员技能培训以及本届冰蹴球对抗赛，为2022年北京冬奥会和冬残奥会顺利举办营造良好体育文化气氛。

（乔明昊）

【探索全民健身新路径】2021年，北京易华录信息技术股份有限公司纵向科研中心与东城区体育科学研究所合作，双方就数字技术赋能全民健身与全民健康深度融合的发展模式、服务范围及内容、未来合作方向等进行探讨。发挥双方优势，围绕“体医融合”、全民健身、功能康复、体能训练等领域科学化、数字化、信息化建设为研究方向，开展联合攻关，探索

4月16日，东城区第六届“外联杯”乒乓球邀请赛暨东城区第十五届“和谐杯”乒乓球比赛活动启动仪式在区社会体育管理中心举行（张强摄）

建立高新技术跨界转化新平台、体育科研创新发展新路径。

（乔明昊）

【和谐杯乒乓球赛】9月11—12日，北京市第十五届“和谐杯”乒乓球总决赛在通州区弘赫国际体育运动中心举行，东城区4支代表队参加比赛。经过激烈的角逐，安定门街道代表队获得城区组一等奖，东华门街道体协代表队获得城区组二等奖，交道口街道鼓楼苑社区代表队获得市乒协会员组二等奖。在严格落实疫情防控常态化措施的前提下，各街道、社区、单位以及驻区中央、市属单位广泛开展预赛、复赛，积极参与市区级决赛，直接参与人数1万余人。本届“和谐杯”乒乓球比赛活动中，东城区社会体育管理中心、安定门街道办事处等21个单位获得优秀组织奖，东城区融媒体中心获得优秀报道奖。

（乔明昊）

青少年体育

【概况】2021年，东城区教委全面启动“健康·提升2025”工程，持续加强和改进新时代学校体育工作；全面实施“天天跑、天天跳、天天练”，推出引体向上“破零计划”；举办区级阳光体育赛事14项；推广校园冰雪运动和冰雪旱地化运动项目。“三大球”、冰雪运动等代表队在全市体育传统项目比赛、中小学精英赛中名列前茅。

（陈　红）

【阳光体育中小学生网球比赛】10月16日，东城区教委、东城区体育局主办的阳光体育第六届东城区中小学生网球比赛在天坛体育中心举行。北京市广渠门中学、北京市龙潭中学、北京市第二中学分校分别获得中学组团体总分前三名；东城区培新小学、东城区崇文小学分别获得小学混合团体第一名、第二名，东城区西中街小学一队、东城区西中街小学二队并列获得小学混合团体第三名。

（李媛媛）

【中小学生民族传统体育节】12月17—18日，由东城区教委、东城区体育局主办，东城区青少年健康中心承办的阳光体育第二届东城区中小学生民族传统体育节举办。体育节设立跳绳、踢毽、武术3个比赛项目。10所中学、30所小学，近2000人次在东城区地坛体育中心综合馆参加跳绳、踢毽比赛。3所中学、11所小学近300人次在北京市第一师范学校附属小学篮球馆参加武术比赛。北京市文汇中学、前门外国语学校、第十一中学获跳绳比赛中学组团体总分前三名；东城区金台书院小学、板厂小学、府学胡同小学获跳绳比赛小学组团体总分前三名。北京市文汇中学、前门外国语学校、汇文中学朝阳学校获踢毽比赛中学组团体总分前三名；北京市十一中学附属精忠街小学、东城区板

12月17—18日，由东城区教委、东城区体育局主办，东城区青少年健康中心承办的阳光体育第二届东城区中小学生民族传统体育节举办（区教委提供）

12 月 18 日，东城区第三届中小学生短道速滑比赛举办（区教委提供）

厂小学、定安里小学获踢毽比赛小学组团体总分前三名。北京市第五中学、第五中学分校、第一六六中学获武术比赛中学组团体前三名；北京第一师范学校附属小学、第五中学分校附属方家胡同小学、东城区黑芝麻胡同小学获武术比赛小学甲组团体前三名；北京市第五中学分校附属方家胡同小学、第一师范学校附属小学、东城区和平里第九小学获武术比赛小学乙组团体前三名。

（李媛媛）

【第三届中小学生短道速滑比赛】12月18日，由东城区教育委员会、东城区体育局主办，东城区青少年健康中心承办，阳光体育2021年东城区第三届中小学生短道速滑比赛在奥森公园浩泰冰上俱乐部举行。东城区20所中小学运动员52人参加比赛。比赛设初中组、小学组。设置4圈、7圈、500米、2000米混合接力4个项目。北京市广渠门中学、第十一中学、第二中学分校分别获初中组团体前三名；北京市广渠门中学附属花市小学、东城区府学胡同小学、和平里第四小学分别获小学组团体前三名。

（李媛媛）

【“草根”篮球“三对三”比赛】12月25—26日，由东城区教委、东城区体育局主办，青少年健康中心承办的阳光体育2021篮球“三对三”比赛举行。东城区30所中小学的68支球队学生400人参加篮球比赛。东城区体育馆路小学、和平里第一小学、灯市口小学分别获篮球比赛小学各年龄男女组冠军；北京市第一六六中学、第一七一中学分别获初中男子组、女子组冠军；第二中学、第十一中学分别获得高中男子组、女子组冠军。

（李媛媛）

体育设施建设

【概况】2021年，全区17个街道的182处精神文明建设宣传栏持续宣传东城区全民健身工作；为辖区机关办公楼和居民小区电梯铺设宣传地垫2300余块。全区17个街道全部通过市体育局考核验收，被命名为北京市全民健身示范街道。168个社区均建成体育生活化社区，实现体育生活化社区、北京市全民健身示范街道全覆盖。

（乔明昊）

【完善冰上运动公共设施】2021年，区体育局不断完善地坛滑冰馆冰上设施。地坛滑冰馆整体占地面积3941.76平方米，其中冰面面积为2179.4平方米，滑道面积为2615.68平方米，滑冰馆在设备设施方面均按照国内主流速滑、花滑场馆进行配置，配备进口专业冰面平整车以及冰面边角平整设备。馆内设有休闲区、教练员休息室、洽谈室等配套设施，可满足100人同时上冰进行训练活动，同时配备专业冰面巡视人员，

12 月 25—26 日，2021 篮球“三对三”比赛举办（区教委提供）

保障滑冰者的安全。地坛滑冰馆的完美建设，不仅为群众提供冰雪运动场所，也助推东城区冰雪运动发展。

（乔明昊）

【健全全民健身场地设施】2021年，建成青年湖体育公园、龙潭中湖体育公园，新建各类全民健身场地15处，人均体育场地面积2.3平方米。完成“三中心一场馆”智能化项目建设、室外6个闸机智能化项目、健走步道项目、龙潭中湖体育公园健身器材安装项目、青年湖公园提升改造项目、《光明日报》社全民健身器材安装项目。引入社会力量参与全民健身设施管理运营，为群众健身提供更为优质服务。

（乔明昊）

【公共体育场所无障碍环境改造】2021年，区体育局配合区残联工作组，开展区属公共体育场所无障碍环境设施摸排评估，确定6个设施场所共计11个无障碍要素纳入年度整改提升范围，改造内容包括场所出入口坡度调整，增设无障碍移动坡道、无障碍扶手栏杆及相关标识标牌等。

（乔明昊）

体育产业

【概况】2021年，发挥紫金服务管家优势，有效提升体育健身企业运营能力和服务品质。北京乐恩嘉业体育发展有限公司“北京定向周”被评为北京市体育旅游精品赛事。吸引中篮联（北京）体育有限公司入驻东城，完成2021年税源任务区级税收2200万元数额。以宣传推动冰雪运动喜迎冬奥会为切入点，带动天坛—东单—地坛—地坛体育馆等地标性体育健身消费圈的聚集度。

（乔明昊）

【优化体育产业营商环境】2021年，区体育局走访企业11次，全年累计联系服务企业223户次，收集企业需求16个，并全部解决。开展紫金超市活动24次，完成全年任务量120%。建立政企固定联系人机制，安排专人与企业建立“一对一”联系，实现定点沟通对接服务，及时与企业沟通服务进展。利用多种方式倾听企业需求、了解企业困难、帮助企业解决实际问题。

（乔明昊）

【助推体育企业发展】2021年，区体育局开展2021年服贸会相关工作，组织全区体育企业及服务合作方注册参展2021服贸会，帮助企业完成注册流程、搭建线上展台。服贸会东城区共有体育企事业单位24家以线上线下相结合方式参与，搭建线上云展台企业20家，参与线下实体展位企业4家。

（乔明昊）

【服务体育企业成效】区体育局帮助企业解决问题，了解到企业有新设立金融机构意愿后，主动询问办理进展，对接区相关部门，多次沟通协调，推动企业金融证照加速办理。区体育局主动为企业提供融资资源对接，将有融资需求的体育科技企业择优推荐，为企业提供双向对接服务。企业由全民所有制升级为一般纳税人，在改制过程中遇到问题时，与区体育局沟通，区体育局做到第一时间应对需求，了解实际困难，积极对接区内部门协调，帮助企业顺利推进事项办理，加强企业与东城区的黏合度。

（乔明昊）

社会建设

4 月 17 日，东四八条社区举行第十一届居民委员会选举大会（杨远摄）

综　述

2021年，加强社会治理体系和治理能力现代化建设，筑牢党建工作基础，完善社会服务体系建设，创新基层社会建设和社会治理，在深化街道改革重点工作任务、推进社区共建共享共治、提升社工队伍服务水平、培育发展社会组织等方面取得进展。

社会建设综合协调。推进社会建设综合协调工作，履行区社会建设工作领导小组办公室职能，制订年度工作要点，下发《2021年东城区社会建设工作要点责任分工方案》。围绕“七有”目标和“五性”需求，形成《东城区2021年度“幸福东城”工作任务清单》，涉及13家区属委办局共33项任务，将“幸福东城”建设纳入区社会建设领导小组办公室年度重点工作，定期调度、及时评估、严格督办。立足首都功能核心区定位，坚持“崇文争先”理念，编制《“十四五”时期东城区社会治理规划》及重点工作分工方案。

社区建设规范化和社区治理现代化。优化社区规模，将177个社区调整为168个，完成第十一届社区居委会选举工作。完成8个社区服务空间开放式建设示范点、3个“社区之家”市级示范点、6个“三无”小区服务管理示范点和3个生活垃圾分类社区动员发动试点等社区建设重点项目建设工作，从社区实际情况、居民实际需求出发，增强居民获得感、幸福感、安全感，形成可复制、可推广的经验做法，打造新时代具有首都特色的社区服务品牌。丰富社区参与活动载体，举办第三届“社区邻里节”活动。

社区协商共治。指导街道完成近300场每月一主题的社区议事协商活动，推进社区协商常态化机制化。加强区、街、社区三级协商联动，以东直门街道作为实践点，探索实践党政群共商共治工程推进社区民主自治的经验，调动干部群众的积极性和参与热情。实施“五力引航”行动计划，从小区治理、垃圾分类、平安社区建设、“美丽小院”建设等问题入手，引导多方参与协商解决难点问题，提高社区治理能力和水平。

（钱　琳）

9月13日，区民政局举办东城区“十四五”时期社会治理规划编制专题座谈会（范文娟摄）

社会治理

【概况】中共北京市东城区委社会工作委员会（简称区委社会工委）是区委派出机构。区委社会工委与区民政局合署办公，为正处级单位。负责贯彻落实中央、市委关于社会建设的工作方针、政策、决策部署和区委有关工作要求，研究提出工作意见并组织实施。2021年，落实社区准入机制，制订年度职责任务清单，推进减负、赋能、增效。强化居委会自治功能，做强“小巷管家”“小院议事厅”等基层群众自治品牌。出台社工岗位职数、招考、调动、待遇等政策，制发《东城区协管员队伍薪酬管理指导意见》《东城区社区工作者职数职务设置的通知》，出台社区社会组织培育发展和备案管理、星级评定的“1+2”配套文件。推出“东城社工”品牌，提升“东城社工”专业服务形象。推广“五民群众工作法”，启动实施“五力引航”计划，围绕民生“关键小事”，推出一批微治理、微改革项目，创建社区议事厅市级示范点7个、楼门院治理市级示范点21个，建设“社区之家”63个。全区拥有社区社会组织2059家，平均每个社区不少于12家。拓展公益创投，资助55个社区项目和11个平台项目，举办社洽会、垃圾分类云洽会等特色活动。新增8个社区服务空间开放式建设试点，通过社会化运作扩大社区公共服务供给。建设社区志愿服务站185个，培训负责志愿服务的社区工作者168人。作为银龄伙伴为老志愿服务试点区，总结形成可复制的《养老志愿服务管理手册》。

（钱　琳）

【社区居委会换届选举】1月至4月，开展第十一届社区居委会选举工作。经社区规模调整，全区168个社区全部参加选举，其中6个社区采取全民选举方式，126个社区采取户代表选举方式，36个社区采取居民代表选举方式，直选、户选比例为78.57%。选举产生新一届社区居委会成员1304人，其中主任168人、副主任306人、委员830人。换届后，社区党组织书记和社区居委会主任“一肩挑”的156人，社区党组织、社区居委会“两委”交叉任职364人。社区居委会成员中党员604人，占46.32%；平均年龄40.98岁，其中30岁以下87人，占6.7%；31-50岁1072人，占82.2%；51岁以上145人，占11.1%；大专以上学历1255人，占96.24%，其中研究生学历24人、大学学历818人。班子成员中持有社会工作资格证书473人，占36.27%。

（刘素娟）

【街道改革深化】3月起，编辑《东城区街道工作情况专刊》12期，收集27家单位上报的信息173条，其中社区专员、民意社工、建国门街道赵家楼工作模式、东花市街道“一条热线两件小事”、党建引领社区治理等被《社区》杂志、《北京社区报》、《中国社会报》、民政部网站登采并推广；5月，经区委深改委审议印发《东城区街道工作和“吹哨报到”改革重点任务相关制度》和《东城区街道工作联席会议工作体系及2021年度各工作组牵头的重点工作任务》；6月，第一次街道工作和“吹哨报到”改革重点任务部署会召开，总结2020年工作，部署2021年任务，同时针对全年街道工作重点任务完成情况开展7次月度督查；7月起，由主管区领导针对进展缓慢或存在困难的任务专题进行3次双月调度；8月，开展《关于加强新时代街道工作的意见》3年评估工作，形成《东城区〈关于加强新时代街道工作的意见〉实施三年情况评估报告》等相关材料；9月，经区委深改委审议对区级街道工作联席会秘书组的工作职责、任务内容进行调整完善，将27项任务更新为33项。至12月，组织成员单位按时保质完成全年33项街道重点工作任务。

（许小冉）

【推动社区共建共治共享】2021年，建立社区议事厅月协商制度，指导街道开展“月月有协商”活动，制订“微协商”目录，全区17个街道通过线上线下等方式开展近300场协商活动，引导社区居民关注和参与社区事务。继续推进区、街、社区三级协商联动机制试点，将东直门街道作为实践点，探索实践党政群共商共治工程推进社区民主自治的经验。通过深化实施“家园计划”，建立具有东直门特色的街道、社区和楼宇三级常态化议事平台与制度规范，构建东直门地区多元主体共同的“美丽家园”。结合“五力引航”行动计划，关注垃圾分类、停车自治等社区关键小事，通过议题征集、组织协商、达成共识、实施项目的要求，引导多方参与协商解决难点问题，提高社区治理能力和水平。开展第三届“社区邻里节”，主题为“同心向党，和睦邻里；喜迎冬奥，和谐社区”，主会场为东花市街道，全区168个社区共举办300余场社区活动，增强居民群众的认同感和获得感，营造社区治理共建共治共享的氛围。

（刘素娟）

【推进社区规范化建设】2021年，统筹推进7个社区议事厅市级示范点、21个楼门院治理市级示范点和6个“三无”小区服务管理示范点创建工作，推动社区治理向楼门院延伸，补齐社区治理和疫情常态化防控中的短板弱项。推进8个社区服务空间开放式建设示范点工作，完善“综合窗口”设置，健全社区服务全响应机制，打造具有实用性和吸引力的开放式综合服务活动空间。打造3个“社区之家”市级示范点，开展辖区共建服务需求和服务资源摸底，对已建成“社区之家”项目开展清理规范提升，引导辖区更多社会单位开放共享服务资源，满足居民群众多样化服务需求。持续推进生活垃圾分类社区宣传动员工作，开展“四个一”主题宣传活动，建立“精准入户”“周末守桶”“家庭轮值”等社区宣传动员机制，推进居民群众自觉分类、正确分类。完成3个生活垃圾分类社区动员发动试点建设，探索出一套生活垃圾分类社区宣传引导、动员发动、奖励激励、提醒处罚、社会组织参与等制

10月16日，东城区第三届“社区邻里节”举办，图为赵家楼社区居民表演原创话剧（邱琛摄）

度机制，提升家庭参与率和正确投放率。推进社区减负工作，形成区级社区工作任务计划清单。开展冬奥城市文化系列活动，推荐东四街道申报创建市级冬奥文化活动示范社区，开展冬奥文化宣传活动。

（刘素娟）

【社区志愿服务】2021年，东城区在北新桥街道海运仓社区开展市级试点项目“银龄伙伴”为老志愿服务，开展品牌化志愿服务活动3场，培育志愿者骨干30余人，服务社区老人100余人次，形成可复制的《养老志愿服务管理手册》。开展志愿服务培训工作，志愿服务工作者198人参加。结合疫情防控，利用志愿北京网站、东城民政公众号、小程序等载体宣传优秀志愿者事迹及优秀志愿服务项目，营造志愿服务氛围。

（秦　臻）

社区教育

【概况】2021年，东城区教委辖属社区学院1所，依托学区建立和平里、安定门—交道口、北新桥—东直门、东四—朝阳门—建国门、景山—东华门、东花市—崇文门—前门、龙潭—体育馆路、天坛—永定门外8个学区市民学习基地以及安外三条小学1个市民学习中心，依托北京国际职业教育学校、现代职业学校2个市民职业体验中心，开展市民教育。

（吴艳秋）

【第十七届全民终身学习活动周】11月至12月，采取线上、线下相结合方式开展东城区第十七届全民终身学习活动周。发布《东城区第十七届全民终身学习活动周方案》，活动周期间开展迎冬奥手工工艺制作大赛、第九届市民厨艺大赛、“清风墨韵”市民书画作品展暨老年大学学习成果云观展等主题活动。参与活动群众2.5万余人次，发放学习宣传资料4085份，活动总项目50余个，开展各种讲座、报告会36场，组织宣传、展示活动10场。

（吴艳秋）

【计算机应用能力竞赛】11月25日，由东城区教委主办，东城社区学院、东城区职工大学承办，东城17个街道协办的东城区第十二届中老年市民计算机应用能力竞赛暨智慧学习云竞赛举办。17个街道推选出中老年人近100人参赛，评选出中、老年组一等奖各5人、二等奖各8人、三等奖各10人，崇文门外等15个街道获评优秀组织奖。该活动首次推出线上“云竞赛”，以家庭为单位学习，实现家人共同学习共同成长的意义，让市民体验数字化时代给人们的学习、生活带来的便捷与快乐。

（吴艳秋）

11月25日，东城区第十二届中老年市民计算机应用能力竞赛暨智慧学习“云竞赛”考务现场（李楠摄）

【迎冬奥手工工艺制作大赛】12月，东城区组织市民在北京现代职业学校举办迎冬奥手工工艺制作大赛，15个街道推选出选手63人，参赛人员中有青少年、老年人和残障人士，最大参赛者为84岁，最小参赛者是小学生。参赛作品有面塑、篆刻、衍纸画、剪纸、草木染、手工编织、毛猴、易拉罐塑画等手工作品。邀请专家评审，评选出优秀奖25人，纪念奖38人。

（吴艳秋）

社会组织服务管理

【概况】2021年，东城区登记注册有社会组织626家，其中社会团体205家，民办非企业单位421家。全年共办理社会组织登记行政许可89项，其中社会团体34项，民办非企业55项；对全区社会组织实施2020年度检查工作，应检社会组织423家，共办理年检404家，其中社会团体143家，民办非企业单位261家，年检率达95.51%；完成2020年度社会组织评估工作，共评估15家社会组织，同时启动2021年度的评估培训；全面开展东城区打击整治非法社会组织专项行动，摸排涉嫌非法组织线索5条；开展“僵尸型”社会组织专项整治行动，清理整治“僵尸型”社会组织204个；完成动员社会组织参与“助

4月9日，2021年街道级社会组织发展平台工作推进会暨公益创投启动说明会召开（赵蕾摄）

力东西部乡村振兴”任务，组织15家社会组织分别与内蒙古自治区乌兰察布市化德县、阿尔山市等15个贫困村签订参与乡村振兴相关协议，社会组织参与乡村振兴活动，共捐款捐物30万余元，通过线上义诊人数1000余人次。

（孙晓飞　赵　蕾）

【公益创投】2021年，举办区级公益创投，向全区17个街道征集甄选为老服务、自治自管、垃圾分类、矛盾调处、青少年成长、文化建设等服务领域公益创投项目，重点培育15个社区公益二代人项目。6月，开展“创投新思路·公益二代人”研学交流活动，“学习强国”、《中国社区报》、“今日头条”等10余家媒体对此刊登报道。制订《东城区级公益创投项目实施指导手册》。

（赵　蕾）

【街道级社会组织发展平台】2021年，创新开展“东城拾柒坊”研学交流系列活动，采用“引进来、走出去、常督导、同伴行、重实操”五方赋能支持，学习交流基层治理前沿经验和创新做法，提升全区17个街道级社会组织发展平台在居民动员、平台运营、社区社会组织培育等方面的综合能力，学习强国、今日头条、千龙网等媒体刊登宣传。

（赵　蕾）

【社区社会组织品牌评定】2021年，制订《东城区街道级社会组织发展平台运营指南》和《东城区社区社会组织星级评定实施细则》，规范街道级社会组织发展平台运营和区社会组织星级评定工作。至12月底，全区168个社区，已备案社区社会组织2143个，评定星级品牌社区社会组织206个，其中五星级社区社会组织46个，四星级社区社会组织42个，三星级社区社会组织118个。

（赵　蕾）

【政府购买服务】2021年，依托区级平台，面向社会发布政府购买服务需求并形成项目，组建专家组开展政购项目立项、中期及结项评审，开展“陪伴式”项目督导服务，实现8个政府购买服务项目百分百合格的优异成绩；梳理形成东城区社会组织服务供给目录，79家社会组织入选。

（赵　蕾）

【社会组织党建】2021年，社会组织综合党委研究制订《中共东城区委社会工委区民政局工作规则》和《社会组织党史学习教育的实施方案》，组织开展党史学习交流系列活动。中共东城区委社会工委社会组织综合党委第一次全体党员大会召开，组建3个社会组织联合党支部；组织开展“我为属地居民办实事”活动，为老服务、困难群众帮扶、公共安全服务等领域的8家社会组织参与，为属地街道社区居民开展专业服务19场，受益100余人次。社会组织党员代表25人参观中国共产党历史展览馆“不忘初

10月18日，2021年东城区社区工作者培训班开班仪式在区委党校举办（李文鑫摄）

心、牢记使命”主题展览。

（赵　蕾）

社会工作队伍建设

【概况】2021年，东城区委社会工委区民政局分层分类推进社会工作人才队伍建设工作和社会心理服务体系建设工作。推进社区工作者队伍管理规范化，动态调整和规范社区岗位职数、职务设置。重人才培养，推进队伍素质专业化，重基础强化，搭建组合型学习平台，分类开展社工专业人才培养培训；重环境营造，提升社会认知度和参与度，加强对社区工作者队伍的激励奖励，发布“东城社工”Logo和“东城社工 幸福万家”口号，开展系列宣传活动。开展社会心理服务体系建设工作，加强协管员队伍整合工作，开展退离居委会老积极分子送温暖活动，为全区社会建设提供坚强的人才保障。

（李文鑫）

【社工人才队伍管理】3月，完成社区工作者招考工作，招收社区工作者275人。8月，印发社区工作者职数职务设置文件，规范社区工作者队伍管理。12月，完成东城社工队伍建设调研，为队伍建设工作决策提供参考。加强区级相关部门的协调工作，指导街道规范协管员队伍编号、标识，加强协管员队伍信息管理。按照政策做好退离居委会老积极分子服务管理工作。

（李文鑫）

【“东城社工”品牌】3月，开展社工宣传周系列宣传活动，展示社会工作者专业形象与服务成效，提高社会工作认知度和影响力。6月起，开展“东城社工”庆祝中国共产党成立100周年系列宣传，弘扬社会工作精神，传播社会工作理念，展示社会工作服务成果。9月，新时代“东城社工”与城市基层社会治理创新研讨会召开，展播“东城社工”宣传片，发布“东城社工”Logo和“东城社工幸福万家”口号，印制带有Logo和口号的服装，统一“东城社工”服务形象。2021年，加强典型选树，加大对社工典型和工作妙招的宣传，不断擦亮“东城社工”品牌。

（李文鑫）

【社工人才培养】2021年，促进社工人才能力素质提升，建立分层分类的培养体系。作为全市社区基层组织成员培训试点区，打造“研修学院+在线网校+实践基地”的组合型实训平台，以线下培训+线上直播+微课点播+沙龙研讨的形式，开展“头雁计划”“接力计划”“优才计划”“全员赋能计划”等分层分类培训，举办两届“社区治理方程式”求解沙龙，全年共培训23场次、8200人次。

（李文鑫）

【社会心理服务体系建设】2021年，开展社会心理服务站点建设，在安定门街道、交道口街道、景山街道、东四街道、建国门街道、崇文门外街道、龙潭街道完成7个社会心理服务中心试点建设工作，确保场地、设备、经费、力量、服务、制度“六到位”。依托全区14个社会心理服务站点，开展心理服务，满足居民需求，提升地区居民群众心理健康水平。

（李文鑫）

1月，社区工作者参加心理知识讲座（东直门街道提供）

社会生活

10 月 16 日，北京市第三届“社区邻里节”东城区分会场暨东花市街道“社区邻里情”活动启动仪式举行（区委社会工委区民政局提供）

综述

2021年，围绕“七有”要求、“五性”需求，用心用情用力为群众谋福祉、解忧困，推动发展成果人人共享。

全力以赴稳就业保就业。实施就业优先政策，聚全区之力，千方百计减负、稳岗、扩就业，确保全区就业大局稳定。完成各项就业指标，城镇登记失业率为2.07%，低于2.5%的控制指标；城镇登记失业人员就业率为66.33%，高于市局指标2.33个百分点。零就业家庭保持动态为零；新就业参保人数5.47万人，完成3.8万人任务指标的143.93%。全面推进就业工作体系建设，研究出台《关于建立东城区就业工作体系运行机制的实施方案》《关于建立东城区就业服务“三员”工作制度的实施细则》《关于建立东城区“稳就业保就业”监测评价反馈调整机制的实施细则》等政策，织密辖区就业工作体系运行网、专员服务网、大数据监测网。发挥促进就业政策作用，发放用人单位灵活就业岗位补贴和社会保险补贴、失业保险费返还、市区两级社会公益性岗位补贴等4.24亿元。开展创业活动60场，发放创业担保贷款3615万元，新增参保单位1710家，带动就业岗位1.4万个。实施“以训兴业”培训补贴政策，推进政策宣传，审核拨付职业技能培训专项资金8758.8万元，惠及6.6万人次。持续优化公共就业服务。加大重点群体帮扶力度，守住重点群体就业底线。

完善机制，确保劳动关系和谐稳定。强化“东城无小事、事事连政治”的政治担当，着力健全劳动关系调处体系，防范化解风险隐患。全区劳动合同签订率99.95%，劳动合同续订率96.08%，其中城镇职工劳动合同续订率97.79%，劳动者就业稳定性进一步增强。全面落实《保障农民工工资支付条例》，加大根治欠薪工作力度，实地检查全区93家施工工地保障农民工工资支付制度落实。发挥社会保障兜底线、稳预期、调节经济功能，提高保障水平。至年底，全区参保单位3万余家，参保缴费64万余人，基金收支总量469.84亿元，社保基金运行平稳安全。强化部门协作和数据稽核，全年办结社保稽核投诉举报案件624件，补缴金额4888.82万元，依法回收社保待遇2488.74万元。

围绕“七有”“五性”，为民谋福祉、解忧困。夯实民生之本，提升服务效能，用制度机制保障解决群众急难愁盼问题，为民服务水平显著提高。健全完善以城市低保为基础，教育、供暖等专项救助相配套，临时救助、社会互助为补充的社会救助体系，实现应保尽保、应救尽救。发挥救急难作用，在街道建立临时救助备用金制度，实施临时救助475户、866人，发放救助金187.81万元。建立完善困难群众精准救助工作台账6975户，对311户困难家庭开展个案帮扶服务。保障困境儿童生活费、助医助学、节日慰问、防疫保护等政策，妥善安置弃婴和成年孤儿。开展“首善有我”捐赠工作，依托区慈善协会设立慈善救助专项数5个，专项基金资金1000万元，全年救助1746人，救助金额190.16万元。

（赵　妍）

就业

【概况】2021年，全区就业形势保持稳定，登记失业人员总量1.7万人。促进失业人员实现就业1.37万人，完成7000人任务指标的195.01%。促进困难失业人员实现就业1.04万人，完成4600人任务指标的226.65%。促进应届高校毕业生实现就业3927人，完成4063人就业指标的96.65%。有就业意愿的困难家庭毕业生100%实现就业；零就业家庭保持动态为零。登记失业率控制在2.07%，低于2.5%的控制指标。开展创业活动60场，发放创业担保贷款3615万元，新增参保单位1710家，带动就业岗位1.4万个。组织线上线下招聘会237场，组织

12月1日，北京市东城区2021年第三届“爱家·敬老杯”职业技能大赛总结会召开（区人力资源社会保障局提供）

2111家企业提供岗位10.18万个，点击量8.22万人次；发布33期职业指导音视频课程，点击量超1.5万人次。区人力资源公共服务中心被北京市人民政府授予北京市就业创业工作先进集体称号。

（韩　强）

【以训稳岗】2021年，审核拨付职业技能培训补贴资金8758.8万元，涉及企业2500余家，培训职工6.6万人。举办“创翼东城”创新创业大赛和东城区家政服务员、养老护理员职业技能大赛。

（韩　强）

【对口支援合作】2021年，区人力资源社会保障局联合受援地区举办“送岗下乡进万家，乡村振兴新起航”等招聘活动16期，精准开发就业岗位6.96万个，实现就近就地就业4.06万人，到东部地区实现就业2406人。举办劳务协作培训班21期，培训农村劳动力674人。

（韩　强）

【就业工作领导小组会议】10月27日，2021年东城区就业工作领导小组第6次会议召开，区委常委、副区长李妍主持。会议对东城区就业工作情况进行汇报。安定门街道、区国资委2家单位围绕就业工作进展情况作相关发言。区就业工作领导小组成员单位主管领导参加。

（韩　强）

12月，东城区人力资源公共服务中心获全国人力资源社会保障系统优质服务窗口称号（区人力资源社会保障局提供）

社会保障

【概况】2021年，东城区劳动关系总体和谐稳定，区人力资源社会保障局联合区法院在全市率先开展“诉调对接”工作，创新“劳资纠纷+行政调解+司法确认”工作机制，坚持“一案四调”工作法，强化女职工权益争议审理庭品牌建设，提升服务水平，被中华全国总工会授予全国五一巾帼奖状和全国五一巾帼标兵岗。社保综窗经办服务上线使用，实现按服务对象类别划分从收到支全险种、全业务、全流程一窗通办，单日预约办件量缩减2倍，办件效率整体提升近50%，社保经办服务水平得到提升。推进营商环境优化，制订《“接诉即办”案件办理实施办法》，被北京市政务服务管理局评为北京市“接诉即办”工作先进集体。加强政务服务队伍建设，参加北京市人社窗口单位业务技能练兵比武全市赛，获2021年度全市人社窗口单位业务技能练兵比武团体三等奖。区人力资源公共服务中心被人力资源社会保障部授予全国人力资源社会保障系统优质服务窗口称号。

（钱　前）

【社会保险基金运行】2021年，东城区社会保险基金收支规模469.84亿元，其中收缴242.12亿元，同比增长48.13%；支付227.72亿元，同比下降0.4%；结余14.39亿元，收支平稳运行，收入增长显著。

（钱　前）

【社会保险基金收缴】2021年，东城区职工基本养老保险收缴194.2亿元，同比增长73.83%；机关事业单位养老保险收缴27.8亿元，同比下降29.21%；职业年金收缴7.5亿元，同比增长31.12%；城乡居民社会养老保险收缴0.7亿元，同比下降18.75%；失业保险收缴9亿元，同比增长92.56%；工伤保险收缴3亿元，同比增长139.23%。

（钱　前）

【保险参保人数】2021年，东城区各项社会保险参保人数发展趋势良好。职工基本养老保险参保人数为156.08万人，同比增长1.3%；失业保险参保人数为117.73万人，同比增长1.39%；工伤保险参保人数为119.06万人，同比下降1.75%；机关事业单位养老保险参保人数为7.19万人，同比增长3.9%。

（钱　前）

【社保稽核】2021年，区人力资源社会保障局累计稽核单位335户、涉及1.19万人，补缴金额1442.81万元；投诉立案794件，办结624件（含撤诉案件），补缴530人，补缴金额4888.82万元。

（钱　前）

【养老退休审批】2021年，区人力资源社会保障局施行“初审前移、复审把关”工作机制，累计审核职工档案1.71万人次，核准退休人员1.18万人，职工到达退休年龄前档案预审已实现提前6个月。

（钱　前）

【工伤认定服务】2021年，区人力资源社会保障局利用“东城区工伤业务云帮办平台” 实现对工伤认定服务对象24小时全天候帮办，应对工伤认定案件逐年递增趋势，全年完成工伤认定1635件。

（钱　前）

【劳动争议调解】2021年，区人力资源社会保障局推进案前、庭前、庭中和庭后“一案四调”工作，受理劳动人事争议案件5843件，审结5781件，结案率达98.94%，调解率达63.52%。

（韩　强）

【劳动合同管理】2021年，东城区劳动合同监控企业1162户，涉及职工人数49977人，签订人数49951人，较2020年同期分别增长1.0%、0.99%、0.98%。劳动合同签订率99.95%，续订率96.08%。

（韩　强）

【劳动鉴定服务】2021年，区人力资源社会保障局规范劳动能力鉴定流程，严把“收—鉴—出—发”四环节，深化网络云视频鉴定及上门鉴定服务，全年组织鉴定89场、1182人次，再次鉴定结论改变率为零。

（钱　前）

【走访企业引进税源】2021年，区人力资源社会保障局领导班子成员带队，实地走访企业298家次，引进税源1965万元，完成1000万元任务进度的196%，在全区千万级以上任务单位中名列第一。

（钱　前）

【优化营商环境】2021年，区人力资源社会保障局全面梳理政务服务大厅各项服务流程，主动开展“预约办”、创新推进“一窗办”、积极提供“延时办”、逐步实现“网上办”、补足短板“兜底办”。深化“局科长走流程”，结合23项“场景式服务”清单，先后推进12个业务部门的33项流程优化再造，累计取消34种经办过程性材料。

（钱　前）

【治欠保支工作】2021年，区人力资源社会保障局加大根治欠薪工作力度，发挥区根治拖欠农民工工资工作协调小组平台作用，强化对《保障农民工工资支付条例》宣传落实，累计巡查用人单位1823家，涉及劳动者2.2万人。辖区72家在施工地，农民工工资专用账户覆盖率100%、总包代发工资覆盖率100%、实名制管理覆盖率100%、工程款支付担保覆盖率73.6%、人工费工程款分账管理覆盖率72.2%。继续开展“诉调对接”工作，累计成功调解案件219件，涉及劳动者219人、金额1411.6万元。

（韩　强）

【根治欠薪冬季专项行动】11月5日，东城区根治欠薪冬季专项行动动员部署会召开。李妍主持会议，传达学习人力资源社会保障部、市人力社保局根治欠薪冬季专项行动动员部署电视电话会议精神，全面部署东城区根治欠薪冬季攻坚行动和保障农民工工资支付绩效考核工作。区根治拖欠农民工工资工作协调小组25家成员单位主管领导参加。12月29日，根治欠薪冬季专项行动推进会召开，副区长李卫华出席。会议通报根治欠薪冬季专项行动开展情况及辖区重大欠薪案件，区住建委、东华门街道办事处就做好根治欠薪工作进行经验分享。区根治拖欠农民工工资工作协调小组46家成员单位主管领导参加。年底，区人力资源社会保障局被国务院根治拖欠农民工工资工作领导小组授予全国根治拖欠农民工工资工作先进集体称号。

（韩　强）

【城乡居民基本医疗保险】东城区医疗保障局（简称区医保局）是贯彻执行国家和北京市有关医疗保险、生育保险、医疗救助等医疗保障制度的法律法规和政策待遇规定的区政府工作部门。2021年，区医保局践行以人民为中心的发展思想，对标全方位全生命周期为人民健康提供基本保障的初心使命，持续深化改革，狠抓管理服务，加强基金监管，高质量完成各项医疗保障任务。制订《东城区医疗保险事务管理中心新冠肺炎医疗保障相关费用清算工作实施方案》，紧跟新冠病毒核酸检测政策5次动态调整，加速开展“应检尽检”核酸检测财政补助费用清算，先后开展核酸检测现场核查16家次，确保医保基金与财政补助资金安全。审核定点医疗机构申报“新型冠状病毒核酸检测”项目金额1.01亿元，涉及146.74万人次。落实“应检尽检”医疗保障政策，拨付定点医疗机构申报“应检尽检”财政补助经费1443.54万元，涉及33.64万人次。东城区医疗保障局机关党总支获区直机关先进基层党组织称号。

（赵丹丹　粟颂纯）

【医保参保缴费】2021年，东城区城镇职工基本医疗保险参保缴费单位3.26万户，参保缴费人数124.32万人。城乡居民基本医疗保险参保缴费18.17万人，其中享受政府补贴的免缴人员1.18万人。城镇职工基本医疗保险和生育保险全年累计收缴135.69亿元，同比增加16.06%。城乡居民基本医疗保险全年收缴319.66万元，区级财政补助2.11亿元，市级财政补助0.85亿元。

（赵丹丹）

【医保基金运行】2021年，全区定点医疗机构累计就诊1484.98万人次，医疗保险费用累计结算158.75亿元，基金累计支付94.59亿元，同比分别增长25.31%、24.45%、21.73%。其中跨省异地就医直接结算28.32万人次，医疗费用累计结算24.61亿元，基金支付15.14亿元，同比分别增长307.12%、52.64%、48.33%，跨省异地就医政策红利持续释放，参保人员就医便利性进一步增强。全年拨付151家驻区中央公费医疗单位公费医疗补助资金3.57亿元。

（赵丹丹）

【2022年城乡居民医保参保工作】10月1日至12月30日是2022年度城乡居民基本医疗保险集中参保期，全区94所学校、17个街道合计办理参保缴费18.22万人，其中参保缴费17.15万人，免缴人员参保1.07万人。

（肖　辉）

【医保基金监管】2021年，区医保局开展定点医药机构全覆盖现场检查。坚持服务与管理并重，选派医保政策精、业务能力强的干部分组到医院开展现场检查，与日常审核中发现的问题及前期数据筛查疑点相结合，“检审合一”、双向发力。围绕7个方面33类项目，完成122家定点医疗机构和44家定点零售药店的检查，现场检查完成率100%，查处存在违规行为的定点医疗机构57家，占全区定点医疗机构总数的46.72%，追回违规金额103.99万元。引入会计师事务所作为第三方力量，围绕医院医保管理、实名制就医、诊疗服务内容真实性合规性等12个方面对26家定点医疗机构开展专项审计，追回违规医保基金592.86万元。

（朱　虹）

民政事务

【概况】东城区民政局（简称区民政局）是贯彻落实国家关于民政事业方面的法律法规、规章和政策，拟订民政事业中长期发展规划和政策，并组织实施的区政府工作部门。2021年，区民政局不断提升基本民生保障水平，持续深化养老领域社会化改革，出台一系列养老机构建设指导性文件。评定具备养老家庭照护床位服务资质的养老驿站29家、养老机构12家。全区完成400张床位的签约和系统录入，并开展入户服务。建成老年餐桌54家，覆盖全区17个街道。区域养老服务联合体建设被全市推广，签约辖区内外养老服务成员单位229家，从不同角度回应老年人“医、食、住、行、乐”多元化生活需求。打造多层次救助体系，以城市低保为基础，教育、供暖等专项救助相配套，临时救助、社会互助为补充的社会救助体系日趋完善，累计支出救助资金1.33亿元。开展专项社会救助，通过“我为群众办实事”实践活动，全区走访慰问低保、特困人员等特殊困难群众2204人（次）。分类保障困境儿童，落实困境儿童近100人的生活费、助医助学、节日慰问、防疫保护等政策，妥善安置弃婴和成年孤儿9人。开展“首善有我”捐赠工作，共募集捐款105.75万元。继续推动婚姻登记、行政区划、见义勇为确认、殡葬管理、残疾人“两项补贴”发放，社会事务管理水平稳步提升。

（钱　琳）

【社会救助】7月1日，城市低保标准从家庭月人均1170元上调为1245元。至年底，全区有低保对象6311户、9994人，低收入人员252户、515人，享受城市特困供养待遇人员285户、285人。累计支出救助资金1.65亿元。新增低保对象517户、799人，退出521户、807人。为499户、907人办理临时救助，发放救助资金199.55万元。享受供暖救助3840户，支出救助资金513.15万元。享受高等教育新生入学救助42人，支出教育救助资金18.52万元。进一步实施审核确认权限下放，优化社会救助审核审批程序。17个街道困难群众救助服务所聚焦特殊群体开展精准救助服务，对311户困难家庭开展个案帮扶服务。完成562户社会救助家庭及计划生育特殊家庭功能障碍人员康复辅助器具的配置。

（王　森）

【扶贫济困送温暖活动】春节期间，区民政局与区财政局、区人力社保局、区总工会、区退役军人局、区老干部局、团区委、区妇联、区残联、区红十字会和各街道办事处等联合开展走访慰问活动。走访慰问低保家庭、优抚对象、困难残疾人、困难职工、困难家庭青少年等各类群众共计1.61万人，及节日期间坚守在一线的环卫、园林、卫生、公安等系统基

6月2日，东城区定点医疗机构打击欺诈骗保警示教育、全覆盖检查、专项审计工作部署会召开（胡铃钰摄）

层单位22家，发放慰问资金991.49万元。区领导重点走访全区60户困难家庭，为每户送500元慰问品和1000元慰问金。

（王　淼）

【地退（含征地超转）人员经费发放】2021年，为区地退人员调整基本养老金296.83万元。春节前夕，为区地退人员（含征地超转人员）发放慰问金10.29万元，其中为中华人民共和国成立前老工人、劳模、高级专家及特困人员发放慰问金1.42万元。中秋、国庆两节为区地退人员（含征地超转人员）发放节日慰问金16.06万元。为区征地超转人员发放生活补助6.99万元。

（王　淼）

【流浪乞讨人员救助】2021年，救助流浪乞讨人员430人次，提供乘车凭证270张，提供饮食270人次，处理“接诉即办”案卷6件，实施医疗救助71人次，救助未成年人14人次，救助疑似精神病人60人，托养衡水市第七人民医院91人，联系亲属、单位接回50人次，跨省护送返乡7人，处理死亡人员3人，出动巡视救助车辆1000余次。

（李　岩）

【殡葬管理】2021年，宣传引导群众移风易俗，树立绿色殡葬理念，提倡新型祭扫方式。清明节期间，线上运用“数字东城”“东城民政”等媒介平台，线下向168个社区居民发放1.56万份宣传资料，倡导居民“理性追思，文明祭扫”。进一步净化殡葬服务市场、规范殡葬服务管理，深化殡葬领域漠视侵害群众利益专项整治巩固提升及殡葬业价格秩序专项整治行动，对辖区内有殡仪服务的医院太平间、殡葬用品销售网点进行联合执法整治。按政策标准核准、发放丧葬补贴198人次。

（许宏军）

12月17日，东城区见义勇为行为确认表彰会召开（区民政局提供）

【残疾人两项补贴】2021年，发放残疾人两项补贴和跨省通办宣传资料1.2万份。组织两项补贴和跨省通办业务培训2批次、48人次。做好“两补”业务指导，跟踪监管“两补”申请、审核、资金发放全过程。全年足额发放两项补贴11.05万人次、3352.09万元，做到应保尽保，有效保障补贴发放的精准度。

（许宏军）

【关心见义勇为人员】2021年，开展见义勇为宣传月活动，宣传英模人物的先进典型和感人事迹，引领首都社会新风尚。向区委宣传部推送见义勇为类“东城榜样”“第八届首都道德模范”人物事迹。做好见义勇为行为确认工作，依法确认见义勇为人员2例、4人，发放见义勇为奖励金、褒扬金88.79万元。维护见义勇为人员权益，开展“两节”走访慰问送温暖活动，发放慰问金11万元及3000余元的慰问品，发放低保见义勇为人员困难补助金1万元，为享受定期抚恤金的见义勇为人员发放清洁能源自采暖补助金2400元，落实见义勇为人员1人的医疗救治补助资金7233元，组织52人体检，全方位保障见义勇为人员权利。

（许宏军）

【儿童福利和保护】2021年，新审批困境儿童6人，为困境儿童50人发放生活费102万元。定期走访慰问寄养在市儿童福利机构的儿童46人，全年向代养机构拨付儿童生活费及医疗费290万元。搭建区、街、社区三级儿童保护工作网络，选优配强基层儿童工作队伍，保持街道儿童督导员和社区儿童主任全覆盖。组织街道儿童督导员和社区儿童主任等200余人，分批开展全员业务培训。完善儿童关爱保护体系，调整设立区未成年人保护委员会，由区民政局牵头，统筹、协调、督促和指导全区未成年人保护工作。接待来电、来访，解答收养咨询，全年网上办理收养业务初审47人次。孤儿成年后安置7人。

（焦珊珊）

【婚姻登记】2021年，区民政局办理结婚登记8290对，离婚申请4324对，离婚登记3166对，补领婚姻登记证1904对（件），协助公安、司法、纪检、监察、部队、重点单位等部门，查询、出具婚姻档案证明1万余件。学习贯彻《中华人民共和国民法典·婚姻家庭篇》，调整落实“离婚冷静期”工作流程。完成国务院疫情防控督察组实地督察。完善婚姻登记电子档案，精准婚姻状况信息库，推进档案查询自助化。继续与东城区卫生健康委联手开展“婚登婚检一站式”服务，全年提供免费婚检服务3106人。

（王 涛）

【养老机构建设】2021年，东城区有养老机构18家，床位1056张，收住老人713人。持续做好养老服务机构安全监管和服务质量监管，排查整治机构疫情防控和安全生产工作，安全隐患整治做到立查立改。建立日常专职巡检制度，安全专题分析会制度，加强养老服务机构人员安全教育培训，开展实地演练，提升工作人员防护技能、处置紧急突发事件能力。全年出动巡视检查人员680余人次，督查检查养老服务机构360家次，发现处理隐患450余处。

（刘丽鑫）

【养老家庭照护床位】2021年，东城区建成养老家庭照护床位400张。印发《北京市东城区养老家庭照护床位建设管理实施细则（试行）》，依托就近的养老服务机构，通过家庭适老化改造、信息化管理、专业化服务等方式，将养老服务机构的床位搬到为重度失能老年人和重度残疾老年人家中，将专业照护服务送到老年人床边。全年各养老服务机构为老年人开展服务4000余次。督促各街道每月按不低于服务量的10%进行回访，特别是出现异常服务数据时，要求属地街道100%回访，确保服务水平与质量。

（刘丽鑫）

【区域养老服务联合体】2021年，东城区推进朝阳门街道区域养老服务联合体2.0版本建设，将社会治理理念、社工工作方法融入其中，全面整合辖区内养老服务供给侧资源，开展“8+N”（歇歇脚、喝口水、解内急、防走失、敢救助、助老包、有问候、聊聊天）暖心服务，实现家庭、社区、志愿者、养老机构、辖区内外企业、公益机构联动互动，从不同角度回应老年人医、食、住、行、乐多元化生活需求。签约辖区内外服务商229家，打造微心愿、微公益项目等一系列为老服务品牌，聚融式区域养老服务联合体模式初步形成。

（刘丽鑫）

【社区养老服务驿站】2021年，东城区建设运营社区养老服务驿站54家，新增和平里（安德里）、交道口（南锣鼓巷）、天坛（西园子）3家养老服务驿站，更换养老服务驿站地址1家，涉及租金补贴的养老服务驿站28家，拨付租金补贴1292.08万元。养老驿站发挥聚焦居家、分类保障、精准供给的就近养老服务体系优势，建立“社工+驿站+志愿者”联动模式，为全区老年人提供巡视探访、代购、代办、代送、助餐、个人清洁、康复护理等为老服务，切实保障老年人特别是重点人群的基本生活和居家安全，累计提供巡视探访、送餐、代取药、家庭照护、维修等各类服务87万余人次。依托社区养老驿站建设养老助餐服务设施，建成助餐点54个，覆盖全区17个街道的老年人，初步实现助餐服务全覆盖。开展基本养老服务对象签约，完成签约6488人。

（刘丽鑫 秦 臻）

【落实老年人福利政策】2021年，区民政局发放养老服务补贴津贴2.45亿元，累计7.55万人，其中养老服务补贴891.36万元、4496人；失能护理补贴1.37亿元、2.23万人；高龄老人津贴9884.01万元、4.87万人。

（秦 臻）

【接收捐赠】2021年，东城区接收捐赠工作站累计接收捐款30万元，其中接收定向捐款24万元，开展“首善有我”捐赠活动接收捐款6万元。落实对口支援工作，签订捐赠协议向内蒙古自治区阿尔山市慈善协会定向捐赠援助款10万元、冬衣被2000件，用于阿尔山市对口帮扶地区建档立卡民政对象救助工作，改善当地困难群体生活，助力乡村振兴。

（鲁 茜）

【慈善工作】2021年，区慈善协会累计接收捐款552.29万元，其中接收日常捐款16.87万元；开展“共产党员献爱心”捐献活动，全区党员4.84万人、群众1.28万人参加捐款，募集善款435.42万元；开展“慈善信托”接收英大集团定向捐款100万元。全年区慈善协会通过开展助老、助学、助医、困难党员帮扶、“两节”救助等慈善项目累计救助困难家庭1842人

7月，安化楼社区养老服务驿站开展老年人手机培训（区民政局提供）

次，发放救助款216.32万元，有效缓解区低保、低收入及困难家庭的生活困难，受到社会好评。

（鲁　茜）

精神文明建设

【概况】2021年，东城区健全典型人物选树规则，发挥榜样引领作用，常态化开展全国道德模范、“中国好人榜”身边好人、“北京榜样”、“东城榜样”推荐评选工作。1人获第八届全国道德模范提名奖、3人入选“中国好人榜”、10人获评“北京榜样”，获奖人数居全市前列。1人获全国“新时代好少年”，为全市唯一获奖人选。推出“2020·感动东城”道德模范发布厅，加强典型人物的立体化宣传。文明城区创建提档提质，构建全时、全域、全民、全面的“四全”创建体系，制订深化全国文明城区创建工作实施意见和三年行动计划，开展思想引领、文明养成、诚信建设等七大行动，推出“3+7”工作机制，确保文明城区创建工作常抓常管、见真见效。创新开展文明行为促进月活动，推动文明城区创建指标“动态”达标，东城区推出的“红牌黄牌”警示机制在全国文明城市培训班推广。完成中央文明办测评任务，未成年人思想道德建设工作测评位居全市第一。

（冯宏梅）

【公共文明引导行动】2021年，组织全区引导员在214个公交地铁站台和17个交通路口，开展乘车引导、秩序维护、重点帮扶、便民利民暖心服务、应急救护、答疑指路、文明宣传和安全值守等志愿服务，答疑指路4.2万人次、医疗救助544人、劝阻不文明行为12.22万人次、发放宣传品5万份，乘客赠送锦旗48面。组织公共文明引导员骨干在春运、全国“两会”、清明祭扫、假日游园等重要活动、重要节点开展交通秩序引导和服务保障工作。公共文明引导员193人参与庆祝建党百年文艺演出服务保障工作，在庆典服务中展现东城“柠檬黄”风采。公共文明引导员骨干60人在北京站开展为期40天的春运宣传服务和文明礼让斑马线宣传引导服务，通过举牌点赞、录音宣传、流动服务等形式，劝阻闯红灯等不文明行为2139起。清明节期间，录制“理性追思·文明祭扫”倡议书，在站台上循环播放，印制发放“理性追思·文明祭扫”倡议书8000份。

（冯宏梅）

【讲文明树新风】春节期间，开展“善满东城送吉祥”活动，为道德模范、榜样人物发放“善满京城”春节吉祥包。清明节期间，组织各单位开展网上祭英烈活动，倡导文明过清明，绿色祭先贤。组织开展“讲文明树新风”主题活动，参加“中华美德故事汇”及暑期最美少年传统艺术学习体验活动。开展优秀环保绿色公益组织、绿色生活好市民推荐工作，8个组织获首都优秀环保公益组织称号，23人获首都绿色生活好市民称号。联合区妇联开展“文明养犬在行动”主题宣传实践活动，3个家庭获文明养犬家庭、1个社区获文明养犬示范社区、1个团体获文明养犬优秀宣传团队称号。联合区科技和信息化局、区城管委开展“变废炫宝”创意作品征集活动，向首都文明办推荐创意作品49件。

（冯宏梅）

【未成年人思想道德建设】清明节期间，在东城文明网、“文明东城”微信公众号推出“网络祭奠英烈 文明祭扫你我同行”专栏，组织广大未成年人在网上向先贤先烈鞠躬献花、抒写感言寄语。开展“童心向党”“中华美德少年行——党的故事我来讲”活动，引导青少年在歌曲传唱和鲜活的故事讲述中感悟党的初心使命，增进爱党之情。以学校为主阵地，以国庆节为契机，与区教委、团区委、区妇联等22家单位开展“向国旗敬礼”网上签名寄语活动，围绕“童心向党”主题，组织学生开展特色鲜明、形式多样的教育实践活动。东城区参加网上签名寄语活动8万余人次，发表寄语、感言6000余条。开展东城区未成年人思想道德建设创新案例评选，区委教工委“绘红色地图 传红色基因 育时代新人”案例获“首都未成年人思想道德建设创新案例”奖。开展东城区“新时代好少年”评选，20人入选，2人获首都“新时代好少年”称号，1人获全国“新时代好少年”称号。推动未成年人思想道德建设测评指标落实，东城区全国未成年人思想道德建设测评工作在全市测评中荣获第一。

（冯宏梅）

【学雷锋志愿服务】2021年，依托新时代文明实践中心、所、站，开展“学习雷锋践初心 向建党百年献礼”公益助残活动、邻里守望、青春伴夕阳、“雷锋精神永传承 志愿服务我先行”、周末卫生大扫除、垃圾分类等2000余场志愿服务活动，发放爱满京城、北京市志愿服务促进条例海报1400张，条例单行本和折页1000张，志愿者参与人数达2.6万人，弘扬雷锋精神和志愿服务精神，提高文明实践传播力。3人被评为首都最美志愿者，3个志愿服务组织被评为首都最佳志愿服务组织，10个志愿服务项目被评为首都最佳志愿服务项目，11个社区被评为首都最美志愿服务社区，4个家庭被评为首都最美志愿家庭。“文明东城”微信公众号、东城文明网开设专题专栏，宣传学雷锋志愿服务先进典型事迹。

（冯宏梅）

【文明城区建设】2021年，制订印发《东城区关于深化全国文明城区创建工作实施意见》《东城区关于深化

8月，东城区创建全国文明城区，开展“礼让斑马线 文明伴我行”主题活动（区融媒体中心提供）

全国文明城区创建工作三年行动计划（2021—2023）》，开展思想引领、文明养成、诚信建设等七大行动，推出“3+7”工作机制，即材料审核、实地检查、问卷调查3个专项化工作机制和督查考核、点评通报等7个常态化工作机制。率先成立文明城区建设服务中心，做好人员、资金等要素保障。制订印发《2021年东城区全国文明城区操作手册责任分工》等19项基础材料，制作《文明城区精细化指导索引》，每月对重点指标责任单位进行工作提示，并将文明城区指标纳入区纪委监委监督范围，确保创建工作常抓常管、见真见效。以调研、抽查、现场会等方式实地检查17个街道的文明城区创建工作，全年召开文明城区工作推进会15次、全国文明城区创建工作培训会7次和实地指标专项协调会6次，针对突出问题进行专项研究，推动痼疾顽症整改落实。组织开展专项行动月活动，在老旧小区、背街小巷、集贸市场、交通路口、氛围营造等方面开展五大攻坚行动，针对责任单位复发率高的问题点位，推出“红牌黄牌”警示机制，确保问题“动态”清零。

（冯宏梅）

【群众性精神文明创建活动】2021年，深化文明单位创建，组织开展文明交通、光盘行动、爱国卫生运动等活动，引导文明单位践行社会责任。深化文明家庭创建，组建红色家风宣讲团，开展“最美家庭献礼建党百年”、“传承好家风 永远跟党走”、家庭学党史知识趣味运动赛等主题活动。深化文明校园创建，东城区首都文明校园中小学测评成绩位居全市第一。深化背街小巷整治提升，19条背街小巷获评首都文明街巷，18家商户获评首都文明商户，17人获评优秀街巷长，10人获评优秀小巷管家，6个团队获评优秀责任规划师（团队），2家设计单位获评优秀设计单位。推进文明网站、“文明东城”微信公众号、微博建设，刊发《北京东城文明行为十二时辰：树立文明新风 共建美好家园》等稿件4077篇，点击量超407万人次，在中央文明网刊发稿件30篇，组织开展“乐享春光 文明游园”等网络社区主题活动，凝聚网络传播正能量。

（冯宏梅）

民族 宗教事务

【概况】东城区民族宗教事务办公室（简称区民族宗教办）是负责全区民族、宗教事务的政府工作机构。2021年，组织区民族宗教界代表人士和街道、社区民族宗教工作者44人，参与建党100周年庆祝大会现场观礼活动；组织民族工作者280余人，参加第六届少数民族文艺汇演开幕式。完成东城区伊斯兰教、天主教、基督教宗教团体换届工作。完成开斋节、古尔邦节和圣诞节安全服务保障工作。在春节、六一国际儿童节、教师节及重要宗教节日前夕，看望慰问少数民族低保户及困难户、民族园校教职工及学生、宗教界人士、信教群众。为应对新冠肺炎疫情，各宗教活动场所实行“双暂停”（暂停宗教活动场所对外开放、暂停集体宗教活动），并根据疫情变化，及时调整防控措施，指导宗教活动场所恢复开放；抽调机关干部支援社区疫情防控。全年办理提案2件。开展“双随机”抽查12次。

（牛志刚）

【清真食品市场执法检查】2021年，加大清真食品市场监督检查力度，重点抽查人流密集商圈清真饮副食网点50余家。中秋、国庆等节日前夕，依托属地街道对清真食品市场执行民族政策情况进行全面自查。

（杨宇竹）

【民族传统体育】4月14日，联合市民族传统体育协会、永定门外街道办事处承办第六届大众冰雪北京公开赛冰蹴球比赛。9月26日，联合市民族传统体育协会、区体育局、北京柔韵盛世国际体育文化发展有限公司承办2021年京津冀冰蹴球邀请赛，40支队伍参赛。10月22日，东城区组队参加北京市第十六届民族健身操舞大赛总决赛，区2支队伍获银奖。

（吕　群）

【民族团结宣传月】5月开始，东城区以“石榴花开映党旗，五个东城献华章”为主题，紧抓庆祝中国共产党成立100周年契机，开展民族电影大家看、民族歌曲大家唱、民族故事大家讲、民族体育大家玩、民族食品大家尝、民族文化大家享等系列民族团结宣传活动。5月7—9日，区教委、区体育局、区民族宗教办和北京市民族团结进步促进中心共同举办北京市民族传统体育推广活动暨东城区第一届中小学生民族传统体育节，师生近2000人参与。

（吕　群）

【民族联谊慰问】六一国际儿童节和教师节前夕，联合区委统战部、区人大常委会、区政协，到区回民小学、大方家回民幼儿园、区回民实验小学和崇文回民幼儿园看望慰问坚守在防疫和教育一线的教职员工。

（吕　群）

【民族文化教育活动】9月24日，“强国有我 少年续华章”东城区第十五届中小学民族团结教育周主题活动启动仪式在东城区回民小学举行。市教委、区政协、区民族宗教办、区教委相关负责人出席，全区中小学民族团结教育工作主管干部、教师代表通过网络直播方式同步参与。

（吕　群）

【宗教场所安全检查】1月1日，市委、市政府相关领导以“四不两直”的方式，到雍和宫检查节日期间各项安全防范措施、疫情防控措施落实情况。1月22日，市民族宗教委相关领导到王府井天主教堂、东四清真寺检查宗教场所安全防疫工作情况。3月25日，市委相关领导到基督教崇文门堂调研，听取关于安全防范措施、疫情防控措施、宗教场所“六进”活动等情况汇报，现场察看工作落实情况。8月19日，区委相关领导到天主教南岗子堂检查疫情防控工作。9月29日，区民族宗教办处级领导分别带队，检查全区14座宗教活动场所疫情防控及安保责任落实情况。

（王　媛）

【宗教联谊慰问】春节前夕，走访慰问市区宗教界代表人士54人。4月20日开始，区伊斯兰教协会、各清真寺分别开展以“善行斋月 尊老敬老”为主题的公益慈善活动。8月20日，慰问坚守岗位的宗教教职人员及相关工作人员80人。

（王　媛）

【宗教节日】5月13日伊斯兰教开斋节，东四清真寺、南豆芽菜清真寺、东直门外清真寺、安外清真寺、花市清真寺、沙子口清真寺举行开斋节会礼，1833人参加，其中外宾138人。区领导到各清真寺走访慰问。7月20日伊斯兰教“古尔邦（宰牲）节”，东四清真寺、东外清真寺、南豆芽菜清真寺、安外清真寺、花市清真寺、沙子口清真寺举行节日宗教活动，穆斯林群众969人参加，其中外宾159人。12月24日平安夜、25日圣诞节，王府井天主教堂、东交民巷天主教堂、南岗子天主教堂、崇文门基督教堂、珠市口基督教堂（在临时活动点长保大厦）分别举行宗教活动。12月24日，区委、区人大常委会、区政府、区政协主管领导到各教堂慰问。公安部、北京市相关领导到现场检查指导。信教群众2846人参加，其中外宾5人。

（王　媛）

【宗教团体建设】5月13日，市人大常委会相关领导带领市人大民族宗教侨务外事委员会委员11人专题调研东城区贯彻实施《北京市宗教事务条例》情况。考察东四清真寺、天主教王府井教堂落实情况。8月18日，市民族宗教委相关领导到东城区安定门外清真寺调研。11月9日，市民族宗教委相关领导到雍和宫、东四清真寺和基督教崇文门堂实地检查疫情防控及“双暂停”工作情况。

（王　媛）

【宗教团体换届】5月31日，与区委统战部联合召开宗教团体换届工作动员部署会，部署说明区宗教团体换届工作方案和具体任务分解。区伊斯兰教协会、区天主教爱国会、区基督教三自爱国运动委员会3个宗教团体主要负责人汇报换届筹备工作进展情况。12月15日，区基督教第三次代表会议在区委党校召开。大会审议通过《北京市东城区基督教第二届常务委员会工作报告》《北京市东城区基督教三自爱国运动委员会章程》（修

5月31日，区委统战部、区民族宗教办召开2021年东城区宗教团体换届工作动员部署会（王媛摄）

正案草案），选举产生区基督教三自爱国运动委员会新一届委员会和领导班子，参选代表120人，从中选出委员55人、监事长1人。从委员中产生常委19人、秘书长1人（由副主席兼任）、副主席6人、主席1人。市民族宗教委及东城区有关领导出席活动。12月16日，区伊斯兰教第三次代表会议在区委党校召开。会议审议通过《北京市东城区伊斯兰教第二届常务委员会工作报告》《北京市东城区伊斯兰教协会章程》（修正案），选举产生区伊斯兰教协会新一届委员会和领导班子参选代表112人，从中选出委员53人、监事长1人。从委员中产生常委19人，常委中选出秘书长1人（由副会长兼任）、副会长8人、会长1人。市民族宗教委、市伊斯兰教协会及东城区有关领导出席活动。12月17日，区天主教第三次代表会议在区委党校召开。会议审议并通过《北京市东城区天主教爱国会第二届常务委员会工作报告》《北京市东城区天主教爱国会章程》（修正案），选举产生区天主教爱国会新一届委员会和领导班子参选代表106人，从中选出委员51人、监事长1人。从委员中产生常委19人，常委中选出秘书长1人（由副主席兼任）、副主席5人、主席1人。市民族宗教委、天主教北京教区、市天主教爱国会、市天主教教务委员会及东城区有关领导出席活动。

（王　媛）

退役军人事务

【概况】东城区退役军人事务局（简称区退役军人局）是区政府管理有关退役军人事务的部门。2021年，区退役军人局坚持以退役军人为中心，以习近平总书记关于退役军人工作重要论述和对北京重要讲话精神为根本，落实退役军人移交安置、就业创业、待遇保障、思想政治、褒扬纪念、权益维护等政策制度，贯彻“退役军人保障法”，区退役军人事业、双拥模范城创建工作取得成效。2月26日，召开东城区退役军人工作会议暨区委退役军人事务工作领导小组办公室工作会议，进一步健全退役军人工作议事协调机制。5月25日，召开2021年东城区双拥工作领导小组会暨创建全国双拥模范城“九连冠”动员部署会，总结争创“八连冠”工作，筹划新一届双拥创建目标。建立军地疫情通报和联络协作机制，协助街道查找联系部队家属院管理单位，组织武警执勤二支队官兵完成首批重点人群和加强针接种疫苗工作。组织指导解放军总医院第七医学中心工作人员923人到街道开展疫苗接种。抽调党员干部20人次分2批下沉东花市南里社区参加疫情防控。积极推进现役军人、随军家属、退役士兵、转业干部、军休干部和机关在职人员、离退休人员、干部亲友疫苗接种工作，接种率位于全区前列。

（赵　蕊）

【优抚工作】2021年，全区优抚对象包括残疾军人、烈属、享受定期抚恤补助因公牺牲军人遗属、病故军人遗属、老复员军人、老烈士子女等。区退役军人局为病故军人遗属发放一次性抚恤金，为优抚对象发放定期生活补助，为义务兵发放优待金。持续采集退役军人和优抚对象信息并悬挂光荣牌。结合清明节、“七一”建党100周年庆祝活动、“9·30”烈士公祭日等重要时点开展爱国拥军宣传教育活动，组织“爱心献功臣”活动，为伤残军人配置残疾辅助器具，元旦、春节、“七一”、“八一”期间进行走访慰问。

（郭　磊）

【移交安置工作】2021年，区退役军人局做好退役士兵、自主就业退役士兵、转业军官、军休干部、复员干部、逐月领取退役金军官接收安置工作。政府安排工作退役士兵实现区属事业单位100%安置。提高行政岗位比例，完成转业军官安置任务。为自主就业退役士兵发放一次性经济补助金。依政策落实企业军转干部生活补助相关工作和部分退役士兵保险补缴工作。

（赵遐平）

【双拥工作】2021年，春节、“八一”期间，区四套班子领导走访慰问驻区

9月10日，区退役军人局举办退役士兵欢迎仪式（赵遐平摄）

部队，密切军政军地关系。完成北京站新老兵转运服务保障工作。持续开展社区工作者定向招聘随军家属工作，为随军家属发放自谋职业补助。按照就近、协调、优质和应保尽保原则，稳妥做好军人子女入学优待工作。开展“情系边海防部队官兵”拥军优属和为立功受奖军人家庭送喜报活动。举办“双拥杯”赛事和“牢记使命跟党走、开创未来谱新篇”庆祝建军94周年文艺演出。作为首家北京市全国双拥模范城代表与红其拉甫边防连结对共建，充分发挥双拥优势，助力边防部队建设。

（朱　江）

【军队离退休干部服务保障】2021年，区退役军人局完成军休干部接收安置任务。按照政策发放离退休费、取暖补贴、生活补贴等相关经费。做好无军籍职工服务管理。购置军休服务管理用房。组织军休所完成北京市军休服务管理机构评定工作。结合疫情防控形势，组织开展“光荣在党50年”纪念章颁发仪式、健康体检、书画摄影比赛、“北京军休榜样”评选等活动。春节、“八一”等重大节日期间，以普遍慰问与重点慰问相结合方式走访慰问军休干部和无军籍职工。

（张雨荷）

【退役军人服务保障体系建设】2021年，区退役军人服务中心、17个街道退役军人服务站、22家服务对象300人以上社区退役军人服务站获评全国示范型退役军人服务中心（站）。实名制登记管理186支“首都老兵”志愿服务队2002人，深度挖掘志愿服务功能，开展防疫值守、护航建党百年庆祝活动、治安巡逻、楠前值守和社区共治活动100余次。推广新时代“枫桥经验”，全年办理退役军人帮扶援助600余次，其中法律援助帮扶42人次，心理疏导帮扶30人次。妥善处理矛盾事项205件，依法分类办理信访事项71件，办理攻坚化解积案、上级转办事项、越级访案件“接诉即办”事项300余件。

（曹坤颖）

【教育培训与就业创业】2021年，按照即退即训、全员参加原则，采取线上学习和实地培训方式，鼓励和扶持退役军人参加教育培训。全年组织退役军人职业技能培训9场、266人次，适应性培训2场、130人次。举办东城区退役军人就业创业帮扶行动和线上线下专场招聘会3场，21家企业提供就业岗位1020个，报名参加3206人次，达成就业意向22人。依托东雍创业园挂牌成立退役军人创业就业园地，举办东城区第二届退役军人创业创新大赛和东城区第一届退役军人职业技能大赛。全年获评市级退役军人创业就业园地1家、市级退役军人创业创新大赛一等奖1人。

（曹坤颖）

【自主择业军转干部服务管理】2021年，接待自主择业军转干部咨询、办理事项7911人次。为自主择业军转干部核发退役金，缴纳社会保险，缴存住房补贴，发放取暖费，组织教育培训，开展健康体检。组织完成审档、阅档、配合政审和有关部门调查工作。完善数字档案建设，实现干部人事档案电子化管理。完成“口袋党员”排查工作，实现东城区退役军人“口袋党员”动态清零。坚持常态化联系退役军人机制，定期为困难退役军人送关心、关爱。

（曹坤颖）

残疾人事业

【概况】东城区残疾人联合会（简称区残联）是将残疾人自身代表组织、社会福利团体和事业管理机构融为一体的综合性群众团体机关，具有代表、服务、管理三种职能。2021年，区残联完成166个社区残协及17个街道残联换届工作，配齐配强残疾人工作者队伍。召开东城区残联第三次代表大会，选举产生新一届主席团、执行理事会和出席市残联第八次代表大会代表。在全市率先以区政府残工委名义发布《东城区“十四五”时期残疾人事业发展规划》，完成无障碍环境建设三年专项行动。坚持以人民为中心，聚焦“七有”要求、“五性”需求，为民排忧解难，全年接待来电来访来信8000人次，处理“接诉即办”案件78件。举办《北京市“接诉即办”工作条例》培训班，加强舆情监测和研判，对苗头性、倾向性问题提前介入处置，推动“接诉即办”向“未诉先办”深化转变。实现残疾人康复服务生命周期全覆盖，全年开展康复服务1万余人，服务有效覆盖率100%。为残疾儿童238人办理康复训练申请审批，其中疑似残疾儿童111人，补贴金额555.6万元；审批成人康复申请636人，补贴金额165万元；审批辅具购买补贴申请5560人次，发放辅具补贴资金238万元。各项服务指标完成度稳居全市前列。

（丛　翠）

【无障碍专项建设】2021年，无障碍环境建设三年专项行动收官。聚焦涉奥重点项目、红色景区、基本公共服务场所、示范街区和无障碍生活圈，围绕1.26万个点位，全面开展无障碍设施建设提升、整改和整治工作。区属大型公园、区及街政务服务大厅、公立文化场馆、公交站台、二类以上公共卫生间、3个大型体育场馆、30个大型商场、超市等均完成无障碍改造；重点道路缘石坡道基本实现零高差；涉奥及东直门交通枢纽等重点地区27座有条件的三类公厕增加软性指引服务；共建17个无障碍精品示范街区和17个一刻钟无障碍便民服务圈，完成无障碍建设市、区公示点位138个、公共服务场所无障碍示范点挂牌300余家；举办大型无障碍宣传推动日活动4次，全区基本实现全域无障碍目标。在全市无障碍工作绩效考评中获一等奖。

（丛　翠）

【就业教育服务及技能培训】1月13日，区残联举行东城区残疾人双创中心服务功能设置第一次工作座谈会，会议介绍区残联党组建立双创中心的初衷及宣传展示、创业服务、文创产品研发、冬奥运营、区级温馨家园及志愿者培训六大基地定位发展方向等。1月19日起，区残联和区人力社保局依托东城人社微信公众号联合开展“就业帮扶 真情相助”2021年就业援助月专项行动残疾人线上专场招聘会，9家社会招工单位257个岗位参加。全区17个街道有求职意愿残疾人朋友通过手机登录微信公众号的方式查看招工信息，初步达成意向人数1人，签订劳动合同10人。4月14日，2021年残疾人自主创业就业培训班正式开班授课。培训班为期12天，学员近20人，采用理论、实训及头脑风暴等形式，教授创业评估、创业调研、商务洽谈、创业开班、创业营销等8类内容。6月18日，东城区残疾人网红主播项目完成全聚德前门店一个半小时的探店直播，活动携手老字号，宣传老北京传统美食，完成带货销售全聚德烤鸭和糕点。当日直播销售额1000余元，残疾人主播收益300元。6月21日，东城区残联在双创中心举办2021年东城区庆祝“建党百年华诞”专场招聘会，25家社会单位提供岗位近100个，有求职意愿的残疾人101人参加。此次招聘会现场签约10人，达成初步意向50余人。12月3日，区残联和区人力社保局举办主题为“就业帮扶、真情相助”的线上招聘会，面向全区残疾人求职者，发布6家用人单位的13个工种51个岗位信息。信息发布当天残疾人16人咨询用工信息，3人联系进入面试，1人已达成就业意向。

（丛　翠）

【康复服务】3月3日是第22个全国“爱耳日”，东城区残联康复部开展主题为“人人享有听力健康”宣传教育系列活动。活动以线上和线下形式开展听力健康教育宣传，各街道残联举办正确防聋治聋康复宣传教育及健康知识大课堂等系列活动，以政策宣传、听力健康知识讲座、社区服务等诸多形式，宣传听力残疾预防、发现、康复和治疗的相关知识。4月13日，东城区残联康复部举办残疾人基本康复服务覆盖率提升工作月通报及辅助器具政策培训会，点评2021年东城区残疾人基本康复服务覆盖率提升工作第一阶段“入户访视”工作，并提出下一步要求。8月25日，围绕第五届残疾预防日主题“加强残疾预防，促进全民健康”，区残联开展系列宣传活动，通过线上线下方式开展残疾预防知识培训300人，发放各类宣传材料、宣传品2000余份，公众号阅读量超5000人次，接待群众咨询500余人次。

（丛　翠）

【文体助残助力冬残奥会】3月4日，区残联举办2022年冬残奥会一周年倒计时庆祝活动——东城区残疾人“加油冬残奥，云上助力行”健步走活动。4月22—23日，区残疾人活动中心举办2021年东城区残疾人乒乓球大赛助力冬残奥会，全区17个街道的运动员85人参加。5月11日，区残疾人综合服务中心举行东城区残疾人旱地冰壶球比赛。5月18日，区残疾人活动中心在第31次全国助残日期间举办“党旗下的精彩人生”东城区残疾人摄影书画展，展出230余幅摄影书画作品。6月9—11日，东城区承办中国肢残人协会第五届中国残疾人冰雪运动季示范活动——“助力冬残奥、健康进小康”京津冀蒙肢残人冰上趣味运动会。活动历时3天，包括冬奥会、冬残奥会知识宣传，冰壶球体验、冰球场馆参观，百人趣味运动会及参观北京2022年冬奥会和冬残奥会组委会、展示中心4部分。9月24日和28日，由中国残联、中国肢残人协会、东城区体育局、区残联共同主办，东城区残疾人体协承办的“我心向党、喜迎冬奥、助力残运、欢乐健身”中国肢残人协会第十一届残疾人健身周活动——2021年东城区残疾人轮椅大步走、体育健身进家庭暨居家健身挑战赛在地坛公园和区残疾人活动中心分别开展。

（丛　翠）

【换届工作】5月8日，东城区残联召开换届工作培训部署会。会议对街道残联换届工作进行安排部署，对街道残联换届流程和社区残协换届工作指导意见进行培训并现场答疑。下发《东城区街道残疾人联合会第三次代表大会换届选举工作实施方案》《关于做好社区残疾人协会换届工作的指导意见》和工作流程图等相关文件。7月16日，区残联召开严肃换届纪律加强换届风气监督东城区残联换届工作专题谈心谈话会。8月24日，东城区残联召开第二届主席团第七次会议，区政府、区残联领导及区残联第二届主席团委员50余人参加会议。会议审议通过关于东城区残联第二届主席团副主席和理事长调整人选，通过关于召开第三次代表大会的决定和主席团工作报告等相关内容。9月7日，东城区残联召开换届风气监督和职责分工部署会，传达东城区严肃换届纪律、加强换届风气监督专题培训会精神。10月21日，东城区残疾人联合会第三次代表大会召开。开幕式由区委副书记汤钦飞主持，市、区有关领导及区残工委成员单位、人民团体有关领导、17个街道主要领导和代表128人出席会议。会议听取和审议《贯彻创新理念 增进民生福祉 开创首都功能核心区残疾人事业高质量发展新局面》工作报告，各参会领导进行发言讲话。

（丛　翠）

【帮扶助贫 爱心助残】5月12日，东

9月3日，东城区残疾人主播带货为受援地区农特产品打开销路（王子萦摄）

城区启动以“巩固残疾人脱贫成果，提高残疾人生活质量——爱·无障碍”为主题的第31次全国助残日系列活动。围绕“五个东城”建设目标，结合“七有”“五性”，整合社会资源、拓展服务项目，依托区级温馨家园，新建集宣传展示、文体活动、法律维权、无障碍体验、非遗传承、技能培训、创业增收、团队建设、志愿助残、公益实践等功能于一体的残疾人综合服务新平台暨东城区残疾人温馨家园和东盛远航残疾人双创中心。参会领导为东城区残疾人温馨家园、东城区残疾人双创中心揭牌，为爱心助残企业颁发“扶残助残 与爱同行”纪念铭牌。爱心助残企业代表与残疾人精准帮扶对象签订“一企帮一户”协议书并送上爱心礼包。6月10—11日，东城区残联干部前往内蒙古自治区乌兰察布市化德县残联，交流对接2021年支援协作工作，并参加东城区残联对口帮扶化德县残疾人温馨家园手工培训结业仪式。9月3日，北京市东城区残疾人“萤火虫”直播团队的网红达人6人，直播带货新疆和内蒙古地区的扶贫产品。9月28—29日，区残联、区外联办领导带队赴化德县就对口帮扶支援合作工作进行调研。

（丛　翠）

【专门协会】5月19日，在第31次全国助残日期间，东城区五大残疾人专门协会（盲人协会、聋人协会、肢残人协会、智力残疾人及亲友协会、精神残疾人及亲友协会）在区第一文化馆联合举办“倡导助残新风尚，开辟爱心新天地”相声专场主题活动。五大协会主席、委员和各类别残疾人及亲友、志愿者等200余人参加。5月27日，东城区智力残疾人及亲友协会在区残疾人活动中心开展纪念《中华人民共和国残疾人保障法》实施30周年学习活动暨协会工作交流会。协会主席、委员和部分残疾人及残疾人亲友37人参加。6月10日，在端午节来临之际，东城区精神残疾人及亲友协会在前门街道举办“生活再出发”系列活动之“粽情端午节”主题活动。协会委员、骨干、部分精神残疾人及亲友和志愿者25人参加。6月16日，为迎接中国共产党百年华诞，东城区盲人协会在区第二文化馆开展以“观红色电影、重温革命岁月”为主题的文化助残听电影活动，盲协会员80余人参加。6月21日，东城区肢残人协会在景山市民文化活动中心举办主题为“党旗下的美丽人生”手工制作活动，协会委员及骨干和肢残人朋友15人参加。

（丛　翠）

【庆祝建党百年活动】6月24日，东城区残联在东四奥林匹克社区公园举行“献礼百年华诞 畅行有爱无碍”东城区无障碍公共服务场所示范点颁牌仪式暨第三次无障碍推动日宣传活动。6月25日，为庆祝建党100周年，鼓励优秀、表扬先进，区残联举办“党旗下的精彩人生”东城区残疾人文化体育成果展示活动。6月28日，东城区聋人协会在区残疾人活动中心举办“诵经典、读党史、颂党恩”手语朗诵活动，聋协委员、骨干和听力残疾人朋友40余人参加。9月6日，东城区智力残疾人及亲友协会在建国门街道温馨家园开展建党百年系列活动之“学党史 强信仰”党史知识竞赛活动。协会委员、骨干、部分残疾人及亲友等30余人参加。

（丛　翠）

【职业康复活动】12月2日，东城区残疾人职业康复中心组织各街道职康站和社会组织参加北京市残联举办的“拓新盛达杯迎冬奥‘爱立方’作品创意大赛”。北新桥街道职康站软陶《冬奥题材》、朝阳门街道职康站国粹京剧盔头、新生命养老助残服务中心掐丝珐琅沙画《冬奥之梦》获金奖，东城区残疾人职业康复中心荣获优秀组织奖。12月10日，东城残联职康中心在北新桥街道职康站举办“迎冬奥 学技能”职康学员生活技能厨艺比赛，全区优秀职康学员36人参加。12月17日，由东城区残联主办、中慈文化助残服务中心协办的2021年东城区第八届“喜迎冬奥 墨舞人生”职康学员书画手工作品展示展卖活动在东花市街道举行。国肽集团、领先未来科技集团对区残疾人职康学员进行爱心捐赠，物品价值超20万元。活动征集40余件拍卖作品，作品内容涉及书法、国画、软陶、刺绣、扎染等，拍得善款近2万元。

（丛 翠）

红十字事业

【概况】东城区红十字会（简称区红十字会）是区级从事人道主义工作的社会救助团体。2021年，区红十字会围绕规范与发展，发挥党和政府人道救助领域的桥梁和纽带作用，在疫情防控、募捐救助、志愿服务、应急救护培训等方面开展工作。拨发防疫款物，下沉社区服务，支持全区疫情防控。开展党史学习教育，落实“我为群众办实事”，被评为东城区直属机关先进基层党组织。创新工作机制，转变培训观念，高质量推进培训工作。强化组织动员，规范救助流程，提升募捐救助工作水平。开展博爱家园示范点建设，打造群众身边的红十字会。

（范有余 刘诗珉）

【募捐救助】2021年，区红十字会组织接收捐赠款物合计145.01万元，其中接收抗击新冠肺炎捐款5万元；接收抗击新冠肺炎捐赠物资26.42万元；接收春节慰问物资2.24万元；接收“博爱在京城”活动捐款93.13万元；通过腾讯公益平台组织开展“99公益日”线上活动筹款18.22万元。发放救助款物144.81万元，救助困难群众414人次，其中通过“两节”送温暖活动发放救助款42.5万元，救助困难家庭365户；通过“点亮生命”项目发放救助款69.28万元，救助因病困难群众43人；通过“温暖一家”项目发放救助款3万元，救助因家庭发生重大变故等致困家庭5户；通过“天使圆梦”项目发放救助款3.36万元，救助因病困难青少年1人；拨付抗击新冠肺炎捐款5万元；拨付抗击新冠肺炎捐赠物资19.42万元；拨付春节慰问物资2.24万元。

（张冬光）

【红十字青少年活动】2021年，区红十字会组织学校开展以“青春心向党，人道新风采”为主题的青少年活动月，传播“人道、博爱、奉献”的红十字精神，展现东城区红十字青少年风采。东直门中学开展红十字“救”在身边——“做学校、社区的急救英雄”全校性应急知识普及活动；工美附中利用主题班会时间畅谈“探索人道法”；五十五中学开展“承诺戒烟，共享无烟环境”和“珍惜盘中餐，粒粒助健康”主题活动；灯市口小学组织红十字志愿者慰问困难师生等。

（高 翔）

【人道教育活动】2021年，区红十字会组织北京市文汇中学、文汇小学承接2021年中小学人道教育项目。2所学校红十字骨干教师发挥3年人道教育经验优势，利用“人道之旅”选修课等时间，累计开课42学时，为学生讲授“三献”知识超2800分钟，并通过张贴宣传海报、播放《器官宝宝的故事》电子书等形式为超过2300人普及相关知识。

（高 翔）

【应急救护培训与急救知识宣传】2021年，区红十字会按照《中国红十字会总会2021年应急救护培训推进年活动的通知》要求，结合北京市红十字会2021年社会急救能力建设培训民生实事项目，在做好疫情防控常态化基础上，在学校、大型商场、影剧院、公园景区、重点企业等公共服务行业、人员密集型场所从业人员及其他社会人员中开展应急救护培训，全年完成取证培训7071人。组织区红十字消防应急救援队参加由中国红十字基金会、北京市红十字会联合主办的“红气球”定向越野赛（北京站）暨京津冀应急救护达人大赛，获团体第二名；组织31个基层红十字组织参加中国红十字总会2021年红十字应急救护知识竞赛，答卷2.2万份，获单位组织一等奖；依托新时代文明实践基地及应急救护培训基地，在东华门街道韶九社区举办“学习急救知识，丰富人生阅历”红十字应急救护知识竞赛；参与东城区“5·12”防灾减灾日主题宣教活动、“6·16”安全宣传咨询日主题宣教活动；在全区学校、红十字

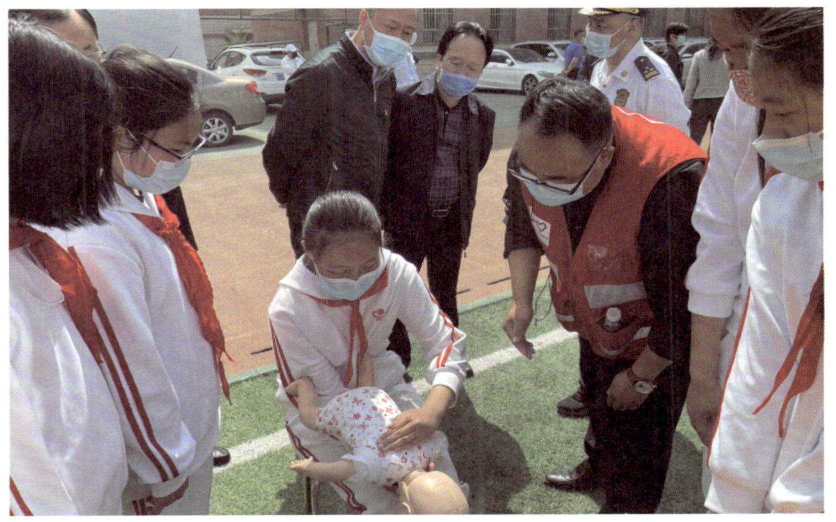

5月12日，区红十字会参与2021年东城“5·12”防灾减灾日主题宣传活动
（苏玉洁摄）

4月30日，区红十字会在东华门街道韶九社区开展“学习红十字急救知识，丰富人生阅历”知识竞答活动（张楠摄）

应急救护培训基地开展红十字应急救护知识普及培训，通过举办“红十字应急救护培训大讲堂”、发放宣传资料等方式，普及急救知识3.1万人次，不断提升辖区群众防灾减灾意识和自救互救能力。

（范媛媛）

【博爱家园示范点建设】2021年，区红十字会以打造群众身边的红十字会为工作目标，在东华门街道韶九社区、北新桥街道北新仓社区、前门街道草厂社区、东花市街道南里东区社区、永定门外街道桃园社区建立东城区博爱家园示范点。区红十字会成立东城区红十字会城市社区博爱家园示范点建设工作领导小组，起草《东城红会城市社区博爱家园示范点建设工作方案》《东城红会博爱家园项目经费使用工作流程》《东城红会城市社区博爱家园示范点财务管理细则》，确保博爱家园示范点建设工作顺利开展。

（苏玉洁）

居民生活

【居民收入】2021年，居民人均可支配收入为8.98万元，比2020年增长7.5%。在人均可支配收入中，工资性收入4.81万元，占人均可支配收入的53.6%，比2020年增长7.9%。经营净收入0.05万元，占人均可支配收入的0.6%，比2020年增长8.3%。财产净收入1.48万元，占人均可支配收入的16.5%，比2020年增长7.2%。转移净收入2.63万元，占人均可支配收入的29.3%，比2020年增长7.1%。

（巩宇坤）

【居民支出】2021年，居民人均消费支出为5.19万元，比2020年增长12.4%。其中人均食品烟酒支出1.12万元，占人均消费支出的21.6%，比2020年增长15.1%。人均衣着支出0.26万元，占人均消费支出的5.0%，比2020年增长14.7%。人均居住支出为2.07万元，占人均消费支出的39.8%，比2020年增长9.3%。人均生活用品及服务支出为0.3万元，占人均消费支出的5.8%，比2020年增长1.3%。人均交通和通信支出为0.39万元，占人均消费支出的7.5%，比2020年增长25.9%。人均教育、文化和娱乐支出为0.39万元，占人均消费支出的7.5%，比2020年增长19.5%。人均医疗保健支出为0.53万元，占人均消费支出的10.2%，比2020年增长14.8%。人均其他用品及服务支出为0.13万元，占人均消费支出的2.6%，比2020年增长0.4%。

（巩宇坤）

人物 荣誉

4月，北京中国照相馆有限责任公司王府井总店摄影部获评2021年全国工人先锋号
（中国照相馆提供）

先进人物

陈爱玉，北京市第一七一中学校长，北京市首批特级校长，正高职称。作为教育领域思想家型的校长，她以管理、学术和人格魅力凝聚师生，其所著《北京市第一七一中学高质量发展整体解决方案》，让教育从感性走向理性，使之深化、活化、体系化。北京市第一七一中学“素质兴校、文化强校、质量名校”的办学实践堪称业界楷模。办学特色、办学质量、办学示范赢得社会各界广泛赞誉，成为“一个好校长 成就一所好学校”的成功范例。陈爱玉兼任北京一七一教育集团理事长，承担总校、分校8个校区，4个法人代表一肩挑的教育改革重任，以“多向聚能、同频共振、因校制宜、一体成长”为宗旨，以强促弱、补齐短板、优质辐射、双赢多赢，6年培育出6个新兴教学体。她10余年如一日，致力“做有层次无淘汰教育”，追求“三优培养目标”，即“让优秀生更优，普通生成优，潜质生向优”，全体学生整体意义上的学习质量稳步提升，雁阵效应凸显，成为北京市教育加工力最强学校的典范。她曾连续两届任北京市政协委员，三届任东城区人大常委会委员，获各级各类荣誉30余项，2021年获全国五一劳动奖章荣誉称号。

于伯军，北京稻香村食品有限责任公司产品研发专员，高级食品研发工程师。他于1998年正式成为北京稻香村南点组的一员，多年来在师傅的带领及自身努力下，成功掌握和面、产品制作技能。2005年他以扎实的基础荣升南点组组长，参与粽子、元宵等产品的生产制作，积攒了大量产品制作和生产实践经验，并具备一定的管理能力。2014年，因表现优异转岗成为技研部产品研发专员，负责中式传统糕点产品研发及产品维护等，他根据自身对产品制作工艺的了解，系统梳理南点、三节、二十四节气产品制作及产品生产工艺。2018年，他代表企业参加第十九届全国焙烤技能竞赛获个人铜奖；2019年参加第二十届全国焙烤技能竞赛获个人银奖，并带领技研团队获团体一等奖；在第二届中华糕饼创新大赛上，奶酪笑脸酥产品获金奖；个人曾获全国轻工技术能手荣誉称号。多年来，于伯军致力于为京式糕点手工制作技艺贡献力量，2020年获北京稻香村第八代技艺传承人称号，2021年获全国五一劳动奖章荣誉称号。

张嵩，北京市东城区对外联络服务办公室综合科科长，自2012年以来一直具体落实东城区扶贫协作和支援合作工作。他秉承“真心实意，真抓实干，真金白银”工作理念，服从大局、甘于奉献、敢于担当，身体力行践行精准扶贫，协助受援地区与区属单位共同开展扶贫协作和支援合作工作。通过翻阅大量资料来补充背景知识，对脱贫攻坚政策能够吃透精神、精准施策。工作作风严谨，坚决按照上级决策部署，对标对表考核任务指标制订安排扶贫支援工作计划和具体任务，确保工作责任清晰、指导性强、便于操作、能够落实。协调能力突出，能够有效协调和督促受援地区、挂职干部团队、区属单位共同推进帮扶任务，为援受双方开展工作搭建起桥梁纽带。狠抓工作落实，先后组织重要会议50余场，安排领导调研30余批次，谋划推动财政援助资金项目100余个，为干部人才110余人做好挂职保障，协助组织140余家单位与受援地区缔结帮扶关系，为东城区开展扶贫支援工作奠定坚实基础。张嵩工作兢兢业业、认真负责，加班加点成为常态；为与受援地区及时沟通协调、做好现场督导，星夜兼程，奔波数万公里，全力推动帮扶项目有序落实；多次不顾安危、顶风冒雪，驱车深入贫困地区调研对接；克服各种困难，舍小家顾大家，从不计较个人得失。2021年，获全国脱贫攻坚先进个人荣誉称号。

先进集体

全国先进集体名录

全国五一劳动奖状

故宫博物院

全国工人先锋号

北京中国照相馆有限责任公司王府井总店摄影部

全国脱贫攻坚先进集体

北京市第二中学

全国先进基层党组织

中共北京市东城区委东华门街道工作委员会

2020 年国家科学技术进步一等奖

故宫博物院

全国巾帼文明岗

北京市东城区疾病预防控制中心流调溯源组

北京景山学校九年一贯办公室

王府井集团股份有限公司百货大楼总服务台

全国五一巾帼奖状 全国五一巾帼标兵岗

北京市东城区劳动人事争议仲裁院女职工权益争议审理庭

北京市先进集体名录

首都劳动奖状

北京林克富华技术开发有限公司

北京市东城区卫生健康委员会

北京市工人先锋号

北京市东城区网格化服务管理中心为民服务中心

国家税务总局北京市东城区税务局第五税务所

北京阳光北亚家政服务有限公司业务部

北京敬人文化发展股份有限公司纸语工坊

龙顺成京作非遗博物馆

中国建设银行北京东四支行

北京市脱贫攻坚先进集体

北京市东城区对外联络服务办公室（东城区扶贫协作和支援合作工作领导小组办公室）

中共北京市东城区委组织部

北京市东城区教育委员会

北京市东城区卫生健康委员会

北京市东城区青年企业家创业创新协会

北京姚基金公益基金会

北京拓新盛达科技有限公司

北京市先进基层党组织

北京市东城区人力资源和社会保障局机关党委

北京市公安局东城分局人口管理和基层工作大队党支部

北京市东城区史家教育集团党委

北京市珐琅厂有限责任公司党总支

中共北京市东城区委天坛街道工作委员会

北京市东城区东直门街道清水苑社区党委

北京市东城区北新桥街道九道湾社区党委

北京市东城区永定门外街道永铁苑社区党委

北京市公安局交通管理局东城支队东单大队党支部

北京市接诉即办工作先进集体

北京市东城区建国门街道

北京市东城区卫生健康委员会

北京市东城区市场监督管理局

北京市东城区人力资源和社会保障局

北京市东城区前门街道大江社区

北京市东城区东四街道豆瓣社区

北京市东城区景山街道隆福寺社区

北京市东城区东花市街道广渠门北里社区

北京市生活垃圾分类推进工作先进集体

北京市东城区崇文门外街道崇文门西大街社区居委会

合景・摩方（北京）购物中心

北京城建物业管理有限责任公司

北京市东城区交道口街道交东社区居委会

北京市第五十中学

北京市东城区西中街小学

中海实业有限责任公司东直门海油大厦管理分公司

北京市东城区东四街道六条社区居民委员会

北京市东城区环境卫生服务中心四所

北京市东城区城市运行管理服务中心

北京市和平里大酒店有限责任公司

北京市普仁医院

北京市东城区东花市街道广渠门外南里社区居委会

北京市东城区北新桥街道簋街商会
北京市东城区东直门街道新中西里社区居委会

北京市扫黑除恶专项斗争先进集体

北京市东城区人民法院刑事审判庭
北京市东城区人民检察院第一检察部

北京市就业创业工作先进集体

北京市东城区人力资源公共服务中心

北京市基本医疗卫生制度建设工作先进集体

北京市东城区社区卫生服务管理中心
北京市东城区体育馆路社区卫生服务中心
北京市东城区永定门外社区卫生服务中心
北京市东城区天坛社区卫生服务中心

北京市信访工作先进集体

北京市东城区教育委员会
北京市东城区信访办公室
北京市东城区和平里街道办事处
北京市东城区建国门街道办事处

北京市市场监督管理工作先进集体

北京市东城区市场监管综合执法大队
北京市东城区市场监督管理局市场监督管理一科

北京市劳动保障监察工作先进单位

北京市东城区人力资源和社会保障综合执法队
北京市东城区和平里街道办事处
北京市东城区建国门街道办事处
北京市东城区北新桥街道办事处
北京市东城区东华门街道办事处
北京市东城区龙潭街道办事处
北京市东城区永定门外街道办事处

北京市交通行业先进集体

北京通利达汽车租赁有限责任公司

平安北京建设工作先进集体

北京市东城区东花市街道办事处

北京市人防系统先进单位

北京市东城区人民防空办公室法制科

北京市城乡社区治理先进集体 北京市先进居（村）委会

北京市东城区安定门街道宝钞南社区居委会
北京市东城区龙潭街道光明社区居委会
北京市东城区永定门外街道安乐林社区居委会
北京市东城区交道口街道南锣鼓巷社区居委会
北京市东城区北新桥街道小菊社区居委会

北京市妇女儿童工作先进集体

北京市东城区妇女联合会
北京市东城区直机关工委
商鲲教育控股集团有限公司妇委会

2021年度北京市“扫黄打非”暨文化市场管理工作先进集体

北京市东城区文化市场综合执法大队

2020年度北京市五四红旗团委

北京市东城区卫生健康委团工委
北京市东城区东四街道团工委
北京市东城区东花市街道团工委
北京汇文中学团委

2020年度北京市五四红旗团支部

北京市东城区社会保险基金管理中心团支部
首都医科大学附属北京口腔医院综合团支部
北京西席文化咨询有限责任公司团支部

东城区先进集体名录

东城区先进基层党组织

北京市东城区人力资源和社会保障局机关党委
北京市东城区纪委区监委机关党委
北京市东城区财政局机关党委
北京市东城区城市管理委员会机关党委
北京市东城区青年湖公园管理处党支部
北京市东城区对外联络服务办公室机关党支部
北京市东城区委党校机关党委
北京市东城区城市管理指挥中心机关第三党支部
北京市东城区委社会工委区民政局机关第三党支部
北京市东城区青少年健康中心党支部
北京市第一幼儿园党支部
北京汇文中学党总支
北京市东城区板厂小学党支部
北京市东城区社区卫生服务管理中心党总支
北京市隆福医院党委
北京东方容和物业管理有限责任公司前门草厂党支部
北京东信空间商业地产管理有限责任公司党总支
北京正阳恒瑞置业公司机关党支部
领先未来科技集团有限公司党支部
北京市公安局东城分局人口管理和基层工作大队党支部
北京市东城区安定门派出所党支部
北京市王府井地区环境卫生管理所党支部
北京市东城区税务局第一税务所党支部
北京市东城区应急管理局机关党总支
北京市东城区和平里街道新建路社区党委
北京市东城区和平里街道安贞苑社区党委
北京阳光北亚家政服务有限公司党支部
北京市东城区安定门街道国子监社区党委
北京市东城区交道口街道交东社区党委
北京市东城区景山街道景山东街社区党委
北京市东城区东华门街道南池子社区党委
北京市东城区东直门街道东环社区党委
北京市东城区东直门街道完美（中国）北京分公司党支部
北京市东城区北新桥街道民生保障办公室党支部
北京市东城区北新桥街道小菊社区党委
北京市东城区东四街道党群工作办公室党支部
北京市东城区朝阳门街道礼士社区党委
北京市东城区建国门街道赵家楼社区党委

北京市东城区前门街道大江社区党委
北京市东城区崇文门外街道崇文门东大街社区党委
北京易喜新世界百货有限公司党支部
北京市东城区东花市街道南里社区党委
北京市东城区东花市街道城市管理办公室党支部
北京市电信工程局有限公司党委
北京市东城区龙潭街道幸福社区党委
北京市东城区体育馆路街道西唐社区党委
北京市东城区天坛街道办事处第四党支部
北京市东城区天坛街道精忠社区党委
北京市东城区永定门外街道永铁苑社区党委
北京市东城区永定门外街道百荣集团党总支

先进个人

全国先进个人名录

全国五一劳动奖章
于伯军　陈爱玉

全国脱贫攻坚先进个人
张　嵩

中国好人榜“身边好人”
王　涛　王　欢　胡雅丽

第八届全国道德模范提名奖
张　琳

全国抗击新冠肺炎疫情优秀城乡社区工作者
田立萍　蔡信达

全国三八红旗手
马慧娟

全国巾帼文明标兵
陈慧华

全国党史和文献部门先进个人
王钦双

全国文化和旅游系统先进工作者
续君寨　杨建业

军休工作先进个人
袁　文

先进军休干部
王书林　栾建军

全国体育系统先进工作者
耿学森

全国妇联系统先进个人
杨　怡

全国先进老干部工作者
海　英

全国优秀共青团员
曹卫国　张均帅

北京市先进个人名录

首都劳动奖章
王　凯　邹　平　薛丽霞　吴作艳
闫　薇　司　可　侯力福　徐亚利
任均霭　高旭旭　王　超

北京市脱贫攻坚先进个人
徐　杰　武　鸿　高　伟　高　鹏
丁　洋　李俊健　颜　峰　崔　琰
胡彦丽　郑飞翔　郭　静　王　坤
陈慧华　刘富勇

北京市优秀共产党员
冯　磊　郑飞翔　王建辉　刘超颖
程振宁　李　萌　许　艺　田　笛
冯　博　张岩雄　陈元华　汪维信

北京市优秀党务工作者
卢学军　耿嘉玮　许　爽　孔　颖
李年春

北京市优秀基层党组织书记
王　雨　李文生　柳　玺　李佳航
石　威　赵国凤

北京市优秀共青团干部
辛　桦　陈慧佳　高海珊　刘晓双

北京市生活垃圾分类推进工作先进个人
李书阳　李　琳　王玉梅　马　灵
张恩平　陈燕燕　高延秋　郭　琛
李　帅　冯培军　张　超　赵智根
赵　华　李　崴　刘瑞红　王树萍
李　瑶　宋淑贤　董晓君　刘　畅
徐　涛　向　峰　马小龙

第八届首都道德模范提名奖
刘晓宇　杨晓欧

2021年“北京榜样”提名奖
姚登峰　师雪起　马恒祥

2021年“北京榜样 最美警察”
陈元石

2021年度北京市“扫黄打非”暨文化市场管理工作先进个人
朱彦辉

北京市扫黑除恶专项斗争先进个人
王　鹏　蒋晓宇　罗　兰　张　博

北京市接诉即办工作先进个人
高海雁　李　崴　杜　勇　周　斌
刘欣雅　李中星　刘冠宏　宋　荣
肖　茉　张金玲　高　磊　苏　宁

张　然　李　旭　覃玉玲　关　岑
刘　琮　巨小洧　杨　毅　苏　丹
高　玥　宋　静

北京市市场监督管理工作先进个人

刘燕京　李泽中　朱　博

北京市信访工作先进个人

裴兆柱　高　娜　吕直民　石　虎
黑大鹏　高国彬　朱继华　王志刚
宋林生

北京市优秀工会工作者

张井然　付　君

北京市优秀城乡社区工作者

张玉兰　宋淑贤　巨小洧　纪　超
杜伟伟　杨　倩　杨立新　聂萌妹
李文生　刘志颖

北京市人防系统先进个人

封　华　吴德春

北京市劳动保障监察工作先进个人

孔　力　栗　馨　刘兴华　张　玉

北京市基本医疗卫生制度建设工作先进个人

谷　峰　熊卫红　杨晓欧

首都生态文明建设先进个人

滕　颖

北京市妇女儿童工作先进个人

张　冉　赵晓萌　苏　博　栾艳秋
李　艳　范　莉　张　晶　严　佶
刘超颖　张　宏

2021年北京市科学技术普及工作先进个人

王　祎

2018—2020年度北京市就业创业工作先进个人

万丽琴　李静华

2017—2020年度北京市检察机关先进个人

蔡晓锋　赵　虹　张　冉　宋宇翔
邱德伦　邱　波　严明英　刘　洋
朱海燕

2017—2020年北京市交通行业先进个人

齐宝红　王显平　黄忠华

东城区先进个人名录

东城区优秀共产党员

刘超颖　何云龙　李洪凯　路　媛
林　萱　魏毅仁　王立忠　刘珊珊
游凤才　金明华　李宝英　桂世杰
刘　翥　李文鑫　郭志滨　许绮菲
傅晓静　任晓燕　李慧慧　赵文峰
李井亮　狄永杰　谷　强　宫汝津
翟春颖　赵世初　李　军　常永兵
闫　军　刘　强　刘　弋　景立新
文思敏　武惟扬　邢俊文　屈传波
杨明辉　许　艺　王　慧　田　笛
崇凯军　邵伟民　杨勇虎　时　昕
孙　彦　邓海红　孟建设　冯博张
燕　达　李济圣　张岩雄　孟祥军
佟建彬　刘　蕾　谭吉欣　李志超
蔡　颖　孙　蓓　李士生　甄云鹏
焦　燕　李志林　黄广京　李　震
郝宏芳　郭淑香　金大钧　曹立新
郭小金　张幼萍　李成祥　韩凤琴
郑纯征　温　巍　王凤如　冯　杰
王　晶　李佳航　王开庆　蒋　蕊
杨桂民　戴忠义　宋雅军　赵　洋
涂长明　黄　悦　张　婧　袁文阳
彭进喜　班明智　钱永飞　陈　琦
张淑英　郝丽欣　郑大焕　司马霓舒
孙　雪　李　婧　索素荣　张鸿林

东城区优秀党务工作者

卢学军　范国伟　谭树刚　赵颖婕
刘大兵　贾玉轩　徐筱昱　曹　波
王　杰　王钦双　李子章　来　久
雷　杨　范　莉　邹　平　杨秋文
王文利　于立宁　卞之慧　贾　喆
崔　蕊　李　娟　贾贺博　丁　涛
饶　珊　蔡　丽　王　倩　王联君
诸　琳　肖建军　柳　玺　魏良培
韩国庆　刘洪林　陈玉龙　朱玥璘
李　玥　孙　帆　王　雨　屈洪利
孙　辉　胡晓燕　柏竹梅　袁　燕
张玉兰　李合顺　刘素洁　李金艳
段　伟　李　微　单国华　靳凤珍
马　静　王凤云　郭　洋　李　娜
高建荣　周文亮　王星洁　宫肇美
王厚宝　高明发　刘辛夷　芦素娟
王玉玲　孔　越　朱雪菲　佟爱香
王学义　孟艳雁　李　真　刘亚群
杜伟伟　史海宁　金坤范　田文伟
张　靖　戚业欣　鲁　佳　韩　星
苏　丹　魏　芸　杨立新　万丽琴
王天长　韩　龙　许　爽　王斌斌
马　琳　杨振坤　孔　颖　孙　好
尹永进　曲玲玲　王焘孟　连　杰
杨继超　郑　君　侯晓曦　刘传香

2021年“东城榜样”

孟连友　茹　波　张　琳　王培欣
杨立新　朱连华　粘　伟　吴江民
吴东魁　赵金良　郭　晗

街 道

3 月 28 日，北新桥街道民安社区召开第十一届居民委员会选举大会（北新桥街道提供）

东华门街道

【概况】东城区委东华门街道工作委员会（简称东华门街道党工委）是区委的派出机关，东城区人民政府东华门街道办事处（简称东华门街道办事处）是区政府的派出机关。东华门街道党工委与东华门街道办事处合署办公，为正处级单位。东华门街道办事处依据党内法规和法律及上级党委、政府授权，代表区委、区政府对辖区党的建设、公共服务、城市管理、社会治理等行使综合管理职能，全面负责辖区地区性、社会性、群众性工作的统筹协调。2021年，东华门街道党工委、办事处学习贯彻党的十九大和十九届历次全会精神，扎实开展党史学习教育，统筹疫情防控和街道各项工作开展，推进基层治理。全年街道共承办“接诉即办”市民热线诉求7368件，市级有效回访2226件，市级年度平均考核成绩全区排名第八。开展“我为群众办实事”实践活动，完成重点民生项目清单6项，实事清单150项。以地区爱国主义教育基地为依托，开展“探访东华门的红色记忆”活动。

（黄伟才　刘雪梅）

【城市管理】2021年，东华门街道完成甘柏小区老旧小区改造提升工程，西堂子13号院落整治提升项目实现进场施工。推进故宫周边院落申请式退租及恢复性修建项目，居民签约退租187户，涉及建筑面积4750.14平方米，59户居民入住新居。完成中轴线北京市劳动人民文化宫太庙核心区非文物建筑拆除工作，拆除建筑面积8970.42平方米。落实中轴线申遗工作要求，形成《皇城故宫街区综合实施方案》《王府井街区保护更新综合实施方案》阶段性成果。高标准开展北大红楼及《新青年》编辑部旧址周边环境综合整治，更新提升商业业态，全面提升沿街风貌。

（黄伟才　刘雪梅）

【民生保障】2021年，东华门街道发放低保救助金4088人次、494万元，面向辖区残疾人1879人开展动态问需调查，有针对性地开展各类保障性服务。受理保障房申请186份，完成50余户重残、低保、家庭选房服务及市租补贴发放工作。严格落实生育登记制度，走访慰问失独、伤残老人。完善各类便民服务功能配置，基本便民商业服务功能社区覆盖率达100%，灯市口社区成功入选全国首批“一刻钟便民生活圈”试点社区建设名单。依照法定程序解决处理劳动争议举报案件26件，处理突发群体讨薪事件23起，涉及劳动者230余人，追讨拖欠工资590万余元。推进市属、区属国有企业退休人员转社会化管理工作，累计管理社会化退休人员1.07万人。成立东华老兵俱乐部，完成示范型退役军人服务站的建设工作并通过验收。

（黄伟才　刘雪梅）

【社会治安综合治理】2021年，东华门街道完成全国“两会”、中国共产党成立百年活动服务保障、十九届六中全会等重大活动及重点时期的社会面防控工作。做好地区安全形势评估，建立人地事物等工作台账13类，启动社会面一级超常规防控，治安志愿者368人在138个一级点位进行值守，楼门院长999人看门护院，日投入群防群治力量2413人次；发放停车证492辆，清移机动车970辆、电动车1850辆、共享单车2837辆；对燃气、工地、危化品等行业单位172家开展专项检查。协同市区故宫周边综合整治工作专班，有效治理故宫周边无证无照、街头游商等违法扰序行为，提升故宫周边地区环境品质。全年检查生产经营单位4084家，消除安全隐患2828处，组织消防安全培训及应急演练15次。开展电动自行车安全管理专项行动，安装集中充电装置22处。完成东华门小型消防站建设。完成全国第一次自然灾害风险普查及北京市综合减灾示范社区复评。实现地下空间集中清理3年计划动态清零。全年接访220人次，没有发生重大越级群体访事件。审核重大行政执法案件13件，成为全市首批6个立法联系点之一、东城唯一立法联系点，收集立法建议5条。

（黄伟才　刘雪梅）

【社区建设】2021年，东华门街道

5月15日，故宫周边腾退项目签约仪式举行（刘海勇摄）

完成第十一届社区居委会换届工作，推进东四西大街50号院物管会向业委会过渡。完成东厂北巷2号院楼门治理示范点建设工作。推进社区心理服务站建设，建立街道级社会心理服务中心，在10个社区巡回开展心理科普知识宣讲。全年开展文艺演出、文化培训、展览展示、群文指导、书香阅读等文化活动375场次，受益群众4万人次。举办“弘扬雷锋精神 提升社区治理”雷锋资料巡回展，参观人数7000余人次。组织“建党百年”“童心向党”等地区文化展演及未成年人文化品牌活动20余场。开展非遗主题活动20余类、30余场，覆盖800余人次。完成北京半程马拉松比赛服务保障，组织地区居民300余人进行体质测试。高标准迎接国家公共文化服务体系示范区复审。加强图书馆业务管理，全年借阅书刊1.81万册次、借阅1.32万人次。完成年度非北京市户籍适龄儿童入学审核20人。举办第十四届“和谐东华杯”乒乓球赛和首届社区杯8人制足球赛东华门街道选拔赛。完成统计所改制回归街道，与社区建设办公室综合设置，保留“统计所”牌子。完善第七次全国人口普查收尾及数据开发，为辖区各项事业发展提供科学依据。

（黄伟才　刘雪梅）

【党建工作】2021年，东华门街道党工委研究制订“东华门街道2021年意识形态工作责任制项目内容（折子工程）”，定期通报意识形态领域情况。做好对外宣传，围绕街道各项工作在北京电视台、《北京日报》等主流媒体报道街道各项工作94篇次。利用街道“这里是东华”微信公众号平台刊发235期、766条信息。全年开展理论中心组学习27次，举办各类学习活动11场，开展2021年“永远跟党走 启航新东华”百姓宣讲系列活动。完成社区团组织换届和社会领域建团指标，完成10个社区及街道妇联换届选举工作。与内蒙古自治区阿尔山市林海街道签署街道、社区结对帮扶协议，向林海街市民培训中心提供资金支持；与北京市怀柔区雁栖镇签署街道、社区共建协议。完成东城区第十七届人大换届选举工作，选举产生人大代表32人。完成东城区第十五届政协换届推荐及考察工作，推荐政协委员6人。全年办理人大代表建议、政协委员提案2件。推动“侨之家”建设，常态化做好统战工作。指导各社区完成全年党建工作任务。完成年度4个批次党组织服务群众经费项目审批，经费共计285万余元。加大“两个覆盖”工作力度，重点推进“新业态、新就业群体”党建工作，全年新成立“两新”党支部4个；加快推进“东方U家”东方广场党群服务中心党建示范点建设。完成中国共产党北京市东城区第十三次代表大会代表选举工作，产生党代表9人。全年发展预备党员28人、预备党员转正24人。结合庆祝中国共产党成立100周年纪念活动，完成“光荣在党50年”老党员纪念章颁发400余人。推荐台基厂社区党员1人入选《光荣在党50年——北京百名党员风采录》。做好重大活动人员推荐、政审、组织工作60余人次。做好2021年各级党组织评优表彰工作，评选出东城区优秀共产党员3人、优秀党务工作者3人、先进基层党组织1个；街道级优秀共产党员50人、优秀党务工作者50人、先进基层党组织10个。

（黄伟才　刘雪梅）

【疏解整治促提升工作】2021年，东华门街道完成人口疏解任务3265人，占全年总体任务的124.81%。其中拆除违法建设9303.83平方米、疏解1440人，完成年度人口疏解任务的109.51%。4月20日，北大红楼及《新青年》编辑部旧址周边环境综合整治项目总体竣工。深化西堂子胡同13号院落整治提升，完成团中央房屋修缮招标，进入施工阶段。7月17日，北京市劳动人民文化宫非文物类建筑拆除正式开始，8月底拆除完毕。修复、更换故宫周边现场所有游览指示牌。

（黄伟才　刘雪梅）

【疫情防控】2021年，东华门街道常态化打好疫情防控攻坚战。全面摸排辖区各市场主体防疫措施落实、复工复产进展情况等基础数据台账，督促各类市场主体严格落实防疫工作措施。依托区级大数据平台，承接区级下发数据派单3.10万人次；深入居民小区做核酸3000余人、上门做核酸900余人，居家观察270人，转运集中隔离300余人。至12月31日，东华门街道新冠疫苗接种总人数达13.20万人，完成率97.64%；接种第二针人数为12.43万人；接种加强针人数为5.22万人，完成率76.50%。60岁以上老年人在东华门华龙街临时接种点接种7088人，完成率74.49%；60岁以上老年人完成加强针接种4071人，占全程接种2针剂5976人的68.12%。

（黄伟才　刘雪梅）

【探访东华红色记忆】6月2日，由东华门街道市民活动中心精心策划的一组“探访东华门的红色记忆”活动拉开帷幕。此次探访项目路线安排中有代表中国美术最高殿堂的中国美术馆、书香四溢的涵芬楼书店及老舍纪念馆，更有中国共产党早期北京革命活动纪念馆及《新青年》编辑部旧址这样的中国革命历史文化阵地。探访活动用中国共产党的光辉历程和宝贵经验启示人，用党的辉煌成就和奋斗精神鼓舞人，成为培育广大群众爱国情感、民族精神的红色旅程，成为青少年学习革命传统、陶冶道德情操的重要课堂。东华门街道通过运用“红色经典、现代表述”理念，以“探访东华门”项目为载体，全面、系统、生动、立体地展示中国共产党百年光辉历程、伟大成就和宝贵经验，丰富红色旅游的内容形式，增强红色旅游的参与热情。不断拓展东华门街道辖区内的爱国主义教育基地新空间。

（黄伟才　刘雪梅）

东华门街道社区居委会

居委会名称	管辖户数	负责人	联系电话	办公地址	邮编
银闸社区	1651	田桂红	65260109	北河沿大街141号	100009
东厂社区	2130	宫肇美	65277860	丰富胡同1号	100006
多福巷社区	1950	路曦	65250793	多福巷甲22号	100010
智德社区	1537	关晓庆	65288454	北池子大街60号	100006
灯市口社区	2792	周彦茹	85114338	灯市口大街14号楼后平房	100006
韶九社区	1537	张可	65252874	锡拉胡同21号	100006
南池子社区	1835	聂萌妹	65249022	缎库胡同18号	100006
王府井社区	919	王欣	65260106	煤渣胡同11号	100005
正义路社区	1230	熊英	65251105	东交民巷32号	100006
台基厂社区	1789	郭晓彤	85112056	台基厂二条3号	100005

景山街道

【概况】东城区委景山街道工作委员会（简称景山街道党工委）是区委派出机关，东城区人民政府景山街道办事处（简称景山街道办事处）是区政府派出机关。景山街道党工委和景山街道办事处合署办公，为正处级单位。景山街道党工委、办事处依据党内法规和法律、法规、规章及上级党委、政府授权，代表区委、区政府对辖区党的建设、公共服务、城市管理、社会治理等行使综合管理职能，全面负责辖区地区性、社会性、群众性工作的统筹协调。2021年，景山街道开展皇城景山街区申请式退租项目，完成一期、二期项目，整体签约率70.99%，直管公房签约率90.41%，成为北京市向住建部推荐的街区更新示范项目。完成故宫区域12条街巷精细化改造提升项目。完成5处“美丽院落”建设。改造提升兆军盛菜市场，以“不停业改造”方式，拆除5处、323平方米违法建设，迁改煤改电线路，拆除和加固存在安全隐患的建筑。发挥美后肆时“网红打卡地”作用，开展“魅力北京 大美中轴”系列活动，开展1100余场公益类文化活动，直接参与人数14万余人次。推动故宫—王府井—隆福寺“文化金三角”建设，打造隆福寺地区为“北京文化消费新地标”，文化商圈初见成效。开展庆祝中国共产党成立100周年系列活动，推出“七个一”党史学习教育特色实践活动。完成社区党委及30余个社区党支部换届工作。

（赵海莹）

【城市管理】2021年，景山街道开展胡同停车规范化管理试点，对40个车位进行收费管理，针对临时停车、居民停车实行差别化收费。开展街道河长巡河169次、巡查里程37.18万米，处置各类问题12起。针对施工扬尘、围挡设置不规范、车辆遗撒、夜间施工、堆物堆料等问题开展专项检查，录入检查单133条、处罚案卷19起、罚款32.13万元。与京诚集团对接12处老旧小区物业管理项目，协调景山房管公司完成项目进驻3处并签订物业服务合同。完成辖区垃圾分类驿站9处、大件及建筑垃圾暂存点建设26处。沙滩后街55号居民小区获年度第一批“北京市垃圾分类示范小区”称号。接收处置城市管理信息平台派件3.92万件，处理市民热线6323件，解决率85.24%，满意率90.75%。发挥“街乡吹哨、部门报到”机制作用，发起吹哨60次，涉及应哨部门27个，有效推动疑难问题解决。冬季煤改电取暖费报销2043户、220.58万元。处理居民来电报修500余次，院内日常零星维修193次，疏通下水管道98次，外挂空调设施维护140处，修剪树木400余株，补栽补种苗木花卉5000余盆，清扫居民房屋落叶436车，排查雨箅子392个，修缮漏雨房屋129次。

（赵海莹）

【民生保障】2021年，景山街道办理北京市三胎以内生育服务登记182例，流动人口生育登记14例、独生子女父母光荣证11例；受理特扶新申请17人、完成年审复核180人。发放计划生育独生子女父母年老时一次性奖励费101人、10.1万元；发放独生子女父母奖励费259人、1.50万元；办理特扶失独人员一次性经济帮助18人、18万元。补录独生子女父母光荣证信息及各项奖励费1896条。上报出生信息270条。保障性住房新备案281户、资格变更295户、终止429户，各类资格复核1428户。监察辖区建筑施工工地15处，调解欠薪事件10余起、涉及农民工114人，结清欠款近500万元。为60岁以上老人发放高龄津贴、养老服务补贴、失能护理补贴3688人、1207万元；办理社会救助1042人（户），发放救助金1027.3万余元；为民政管理人员发放工资、补贴等737.4万余元；为残疾人办理、发放燃油补贴、社会保险补贴、助残券等1769人、1681.5万元。为困难群众322人建立帮扶档案；开展政策宣传3000人次，完成21户入户调查及联动社区召开民主评议会。生活就医支持服务263人次，陪同就医服务29次。接受退休人员关系社会化转入1.44万人。完成单位用人需求调查、失业人员动态监测等专项工作，联系、走访用人单位115家、跟踪服务344次，采集空岗信息2050个，为求职人员260人提供招聘信息和服务，完成全年就业指标。引入11家企业落地景山地区，完成税源认定500万元、实际入库300万元目标任务。落实“紫金驻企专员”工作机制，入驻4家企业，其中派驻楼宇、园区主体企业2家，服务辐射入驻企业46家，解决需求11项，实现服务送上门。

（赵海莹）

【社会治安综合治理】2021年，景山街道设置“守望岗”点位59个，安排志愿者2400余人，完成全国“两会”、中国共产党成立100周年庆祝活动、党的十九届六中全会等重点时期安保维稳任务。开展流动人口和出租房屋信息排查与治理，查处清理日租房2处、驻地单位产公房出租4处，群租房2处，制止私自使用地下空间1处。清退人员39人。开展“健康人生，绿色无毒”全民禁毒宣传月活动。处理来访、网信86件次，地区全年未发生重大群体性事件。完成法治政府创建工作。景山街道调委会及8个社区调委会共受理各类纠纷114件，调解成功112件，签订口头协议60份，书面调解协议52份，均已履行完毕，成功率98.25%。开展安全隐患排查治理，出动各类检查人员1万余人次，检查各类社会单位、居民院落1.25万家次，消除各类隐患3800余处。开展液化石油气非居民用户安全综合整治，完成液化石油气替代71家。完成液化石油气非居民用户“三改工作”，整改率达100%。推动电动自行车充电设施建设，建立集中充电柜9处。接待法律咨询510人次。开展法律宣传150余场，线上、线下以案释法讲座25场。

（赵海莹）

【社区建设】2021年，景山街道完成8个社区第十一届居民委员会、居民会议常务会、居务监督委员会选举工作。落实社区工作者招聘，新招录社区工作者7人。完成年度社会组织星级评估，评定四星级社会组织3个、三星级社会组织13个。试点推进魏家社区什锦花园胡同5号院小区，15号院，皇城根北街社区美术馆后街75号小区，景山东街社区沙滩北街2号院1、2号楼4个小区业委会建立。以“邻里节”为契机，组织活动15场，增进邻里情谊，提升社区居民归属感。开展“喜迎冬奥运动有我”健身打卡活动，吸引居民1100余人参与。扶持77文创园、“南阳·共享际”打造集戏剧、文创工坊、商业于一身的多元业态文化社群。引导、保护、传承遗产文化，文化创意空间“知造局”精彩亮相，北京古建音乐季如期举办。开展“景山情·微幸福——我心向党”摄影比赛。以纪念传统节日为契机，开展群众喜闻乐见的主题文化活动。完成科协换届工作，选出新一届协会理事长和秘书长。参与市级、区级展示和比赛活动20余次。

（赵海莹）

【党建工作】2021年，景山街道党工委组织理论中心组学习29次。落实“三会一课”工作规范，培训地区党组织70余个，成立3个督查组开展专项督查，加强业务督导。开展周末卫生大扫除活动64次，清理胡同88条、院落52个、楼房21栋，拆除违法建设8处、清运垃圾杂物71.4吨。开展“我为群众办实事”实践活动，制订完成重点民生项目14条。开展贴近党员群众需求、党建创新性强、内容形式丰富多样的“党建+”系列活动。26家地区单位参与“见证百年历史 探寻红色记忆”主题党日活动，开展探寻红色印记定向越野活动、“回顾奋斗百年路 启航时代新征程”摄影展、“学百年党史 惠基层民生”图书捐赠活动及红色系列故事讲座等线上、线下活动100余场。制订监督任务清单，明确21项内容开展分类监督检查。以“美后肆时”作为廉洁文化传播阵地，打造廉洁教育文化品牌“廉映肆时”，与区纪委监委联合举办“学党史话家风”

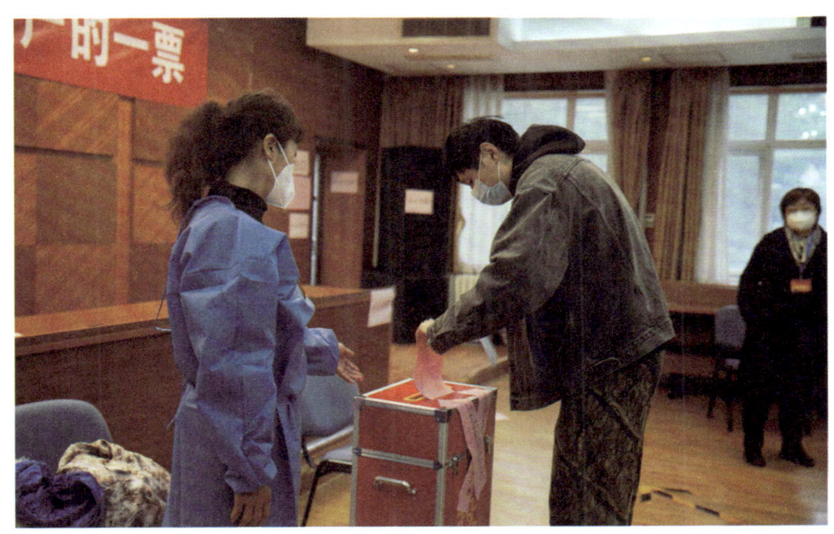

11月5日，东城区选举委员会景山地区分会区人大代表换届选举投票
（景山街道提供）

6月17日，景山街道开展“学党史 话家风 铭初心 担使命”系列主题活动
（景山街道提供）

“百年党史中的监督之路”展览。受理信访举报7件，核查问题线索5件，制发工作建议书2份。开展集体廉政谈话2次，调查谈话19人次，运用第一种形态谈话提醒2人，严重警告处分1人。召开工委会34次，主任办公会30次，对975项重大事项、人事任免、重大投资项目和大额资金使用情况进行集体研究。开展公务员职级晋升2次，完成4个事业单位岗位设置方案、人员岗位套转、聘用合同签订、增加保险险种等改革相关工作。做好公务员和事业单位公开招聘，新入职事业人员4人。接收司法所、统计所、执法局事务中心下沉干部8人。开展典型人物选树活动，报送“东城榜样”8人，“北京榜样”8人，首都道德模范3人，新时代好少年2人，报送优秀环保公益组织1个，绿色生活好市民5人。吸纳22家非公企业加入联合工会，覆盖职工160人。建成1家市级示范性职工之家，1家楼宇联合工会暖心驿站。工资集体协商工作覆盖辖区全部267家建会企业及工会会员5305人。完成街道及8个社区第四届团支部换届选举和社会领域建团工作，建立10支社会领域团支部。组织东城区十六届人大代表部分代表述职、接待选民等履职工作。迎接全国人大常委会和北京市人大常委会到街道调研东城区十七届人大换届选举工作，选举产生人大代表19人。完成北京市人大法制办对北京市基层立法联系点（景山）调研工作。成功推选东城区十五届政协委员5人。向东城区人大提交建议8件，议案1件。

（赵海莹）

【疏解整治促提升工作】2021年，景山街道完成疏解整治促提升任务9项，涉及人口1750人；新增共享停车位40处；竣工项目清理2个，涉及人口65人；规范提升便民服务网点1个；发展老年餐桌3个；临时建筑治理2处；治理违法建设3011平方米，超额完成11平方米；背街小巷精细化提升12条，计划提升29条（因隆福寺地区整体整治及申请式退租取消17条提升任务）；占道经营、无证无照、开墙打洞、违法群租房、直管公房转租转借清理整治保持动态清零，发现并清理违法群租房2处，涉及人口5人；直管公房申请式退租665户、涉及人口变化1990人次，超额完成533户，涉及人口1620人；涉及新增疏解整治促提升专项任务1项，完成“揭网见绿”任务7处。

（赵海莹）

【疫情防控】2021年，景山街道科学应对新冠肺炎疫情，织密社会面疫情防控网，建立常态化疫情防控体系。根据大数据派单，第一时间排查到位、管控到位、转运到位。与辖区宾馆24小时无缝对接，确保做好入住来京人员的防控排查。广泛开展自摸排行动，发挥楼门院长与志愿者的邻里守望作用，及时发现相关人员，有针对性地采取核酸检测、健康监测和居家隔离管控措施。全年累计摸排4.24万人，落实管控322人。在8个社区长期设立“平安景山 接种有我”主题集中宣传站点，组成社区安心接种队。动员景山商会联合党委向地区全体商户发出“共建疫苗接种助力联盟”倡议，通过打折、发放商品兑换券等形式为参与接种的居民提供多样优惠活动。街道领导上门走访，包片检查督导，各社区和机关干部全员停休，逐楼逐院逐户开展“敲门行动”，增设企业、老年人专场，推进疫苗接种。全年累计接种新冠肺炎疫苗加强针2.94万剂，总任务完成率91.59%，在全区排名前列。根据街道实际，合理设置点位、全面梳理流程、加强物资储备。有效应对10月底重点人群核酸检测，部门联动、各司其职，2天内完成核酸检测6164人。压实“四方责任”，执法队每月对辖区“三类场所”完成1次检查全覆盖，餐馆等防控重点难点每半个月覆盖1次。

（赵海莹）

景山街道社区居委会

居委会名称	管辖户数	负责人	联系电话	办公地址	邮编
隆福寺社区	2474	衡守国	84014007	崔府夹道5号	100010
魏家社区	2656	苗莉莉	84018582	什锦花园15号旁门	100010
汪芝麻社区	1623	高燕曦	84017307	南剪子巷40号	100010
皇城根北街社区	2302	赵雪莲	84018656	东黄城根北街40号	100010
吉祥社区	1483	王聪	84017693	北河胡同8号	100010
黄化门社区	2007	秦来	84017928	黄化门街8号	100010
钟鼓社区	2284	贾冬雪	84018563	嵩祝院北巷41号	100010
景东社区	2207	张伟希	84018627	沙滩后街47号	100010

交道口街道

【概况】东城区委交道口街道工作委员会（简称交道口街道党工委）是区委的派出机关，东城区人民政府交道口街道办事处（简称交道口街道办事处）是区政府的派出机关。交道口街道党工委与交道口街道办事处合署办公，为正处级单位。交道口街道党工委、办事处依据党内法规和法律及上级党委、政府授权，代表区委、区政府对辖区党的建设、公共服务、城市管理、社会治理等行使综合管理职能，全面负责辖区地区性、社会性、群众性工作的统筹协调。2021年，交道口街道党工委开展理论中心组学习、专题读书会、学习研讨会等26次，征集理论学习文章17篇。坚持疫情常态化防控工作，完成新冠疫苗第一、二针接种6.36万人次，接种加强针2.42万人次，接种名次位居全区中上水平。街道发挥南锣历史文化资源优势，以“文化+”为引擎，连续举办3期“交道口·南锣会客厅”活动，开展政企交流活动30余次，引入税源639万元，超出年度300万元税源目标任务的113%。深入推进帮扶项目落实，对接内蒙古自治区乌兰察布市化德县开展脱贫帮扶，购买扶贫物资3.6万余元，筹集20万元专项资金支持项目建设发展。街道被区委政法委评选为年度平安东城建设工作优秀街道，交东社区被评为年度北京市先进基层党组织，获首都精神文明建设奖，南锣鼓巷社区获年度北京市先进居委会。

（张浩展）

【城市管理】2021年，深入推进重点项目，推动国家话剧院高层住宅楼征收项目，完成多轮入户摸底和宣传动员，有序推进钟鼓楼紧邻地区环境综合整治项目，完成居民申请式退租14户，同步对项目范围内街面环境、违法建设进行先期整治。初步完成鼓楼东大街（二期）建筑风貌提升、万宁桥周边环境整治前期基础工作。推动鼓楼东大街266号和168号两栋简易楼腾退，腾退搬迁28户居民，菊儿小区综合整治工程接近竣工，居民居住环境得到明显改善。街道深入开展大气污染防治攻坚，累计完成屋顶清洁306万平方米、裸地治理1083平方米、院落清洁7个，玉河北段11月平均水质达到Ⅱ类，取得阶段性成效。街道持续优化停车秩序，新增共享停车位50个，施画共享单车停车位40处，动态清理共享单车1万余辆。全年“接诉即办”有效回访2234件，响应率99.12%、解决率94.49%、满意率95.69%，综合成绩95.93%，排名全区第七。

（张浩展）

【民生保障】2021年，交道口街道以“两件小事”改善居民生活质量，打造“红色物业”，稳步开展业委会组建。推出全国首个特色商业街区垃圾分类自律公约，开展垃圾分类宣传和卫生街巷环境评比，促进居民逐渐形成垃圾分类新时尚。持续开展爱国卫生运动和“周末卫生大扫除+”，累计开展活动30余次、2000余人次参加。坚持以社会保障兜底群众基本生活需求，开展就业援助活动，实施“一对一、点对点”精准服务，城镇登记失业率为0.69%。精准落实各项救助政策，全年受理发放低保金、特困人员基本生活费、医疗救助等各类保障金1161万余元，惠及1.21万余人次，发放高龄、失能等老年人各类补贴1187万余元。完成居民各类保障房资格申请、复审、变更、解锁、终止等2198户。持续加强“三边四级”养老服务体系建设，依托4家养老驿站就近提供为老服务，全年惠及4万人次，满足老年群体生活需求。不断夯实科教文卫事业发展基础，开展公共卫生工作，落实教育“双减”政策，贯彻执行《全民健身条例》，完成街道科协、残联新一轮换届，打造温馨家园“老残一体”特色服务项目，举办各类群众活动，群众认可度和满意度不断提升。

（张浩展）

【社会治安综合治理】2021年，交道口街道完成全国“两会”、庆祝中国共产党成立100周年及党的十九届六中全会等重大活动服务保障任务。

6月25日，交道口街道大兴社区干部探望居住在香饵胡同148号的空巢老人
（交道口街道提供）

治安防控水平不断提升，“智慧平安小区”建设和“智慧南锣”建设稳步推进，地区重大风险有效防范化解。“扫黑除恶”专项斗争深入开展，辖区全年入室盗窃等可防性案件3起，与往年相比保持在较低水平。街道内区矫正对象未发生脱管、漏管和重新犯罪情况。全面开展消防安全、安全生产大排查、大整治专项行动，检查发现安全隐患924处，全部整改完毕。部署安装39处电动自行车集中充电设施，实现7个社区全覆盖。加强安全风险评估力度，编制完成地区企业风险源安全风险评估报告。持续消除城市安全隐患，完成人民大学老校区院内居民全电厨房改造，城市安全隐患系统86处挂账隐患全部销账。化解矛盾纠纷，妥善解决后鼓楼苑胡同9号院居民集体维权问题，居民为街道送来感谢锦旗。矛盾纠纷处置预警机制不断健全，人民调解职能充分发挥，成功调解矛盾纠纷71件，涉及金额273.6万元。发挥“12345律师志愿服务团”作用，参与解决涉法涉诉疑难问题11件。

（张浩展）

【社区建设】2021年，激发社区治理新活力，以党建引领公众参与社区治理模式，依托“居民议事厅”“开放空间讨论会”等机制，推出“七校七社联动”社区治理特色品牌，举办首届社区治理与服务供需对接会，实现社会资源与社区需求精准对接、有效落地。调动社区居民参与社区治理积极性，打造社区公益“金点子”“同心战疫”线上系列活动等自治典范，全年开展居商议事、停车自治、垃圾分类、矛盾化解等各类活动165次，覆盖居民4100人次。发挥街道社会组织培育管理中心平台作用，统筹辖区78支社区社会组织，成立社区社会组织公益联盟，开展社区“公益创投”，举办“社区邻里节”活动。完成社区“两委”换届选举。提升社区工作者社区治理能力，打造社区治理工作“尖兵”成为“优才”。加强垃圾分类宣传动员，开展各种形式的垃圾分类主题宣传活动108次，覆盖人数6217人次，开展桶前值守7096人次。成立交道口街道社会心理服务中心，开展心理知识普及活动9场，完成热线40条，直接受益446人、间接受益1338人。

（张浩展）

【党建工作】2021年，交道口街道党工委落实管党治党责任，履行“一岗双责”，严格遵守政治纪律和政治规矩，完成“两代表一委员”换届选举。落实区委巡察整改要求，对照区委巡察反馈的系列问题，认真整改。加强区域化党建，调动21家成员单位共同参与地区建设、共同破解治理难题。秉持“南锣暖心+”为设计主题和理念，打造“一线三点一中心”综合性党群服务阵地。以纪念中国共产党成立100周年为契机，开展“学党史、话同心、共携手、开新局”主题教育实践活动。开展为千户家庭送温暖活动，累计捐款及帮扶3.27万元。组织商会党员志愿服务队慰问辖区孤寡老人、困难群众，提供免费健康护理、上门修脚等便民志愿服务，惠及社区居民1000余人次。中央电视台、北京电视台等主流媒体采访报道10余次，在中央、市属媒体刊登稿件200余篇。办理党代表、人大代表及政协委员提案建议5件，实现办结率、完成率、满意率3个百分之百。扶贫协作和支援合作超额完成考核任务，得到区外联办通报表扬。落实区纪委监委及街道党工委部署的重点监督任务，以会议监督、日常沟通、实地察看等多种方式，开展专项督查，对“吹哨报到”“接诉即办”，社区“两委”换届、区人大换届等重点工作进行监督检查，提交全面从严治党、党风廉政建设和反腐败工作议题建议25项。与街道、社区干部进行廉政谈话11次，开展各类巡查活动390余次，接收、受理信访举报5件次，进行谈话函询1人次。

（张浩展）

【疏解整治促提升工作】2021年，交道口街道围绕“双控四降”目标，完成全年拆违任务，拆除违建面积2306平方米，疏解涉及人口548人，超过考核目标的39.8%。保持封堵违规开墙打洞、占道经营、新生违建等动态清零。精细化提升13条背街小巷，完成炒豆胡同15号等9个“美丽院落”建设，胡同风貌、院落环境、居住质量得到进一步改善。完成平安大街一期张自忠路段、二期地安门东大街段提升改造，将1800米长的骨干道路功能转型为适合“健步悦骑”的绿色林荫大道。府学胡同获评北京“最美街巷”。

（张浩展）

【疫情防控】2021年，交道口街道完成全员核酸检测3次，从事冷链等特殊行业人群核酸检测10余次，支援丰台方庄、电子围栏等重点人群核酸检测任务。严格落实市、区“防疫部署不过夜”要求，全年共排查落地人员1.30万人，签订居民承诺书、单位责任书、离返京登记表等7200余份，管控居家隔离人员186人次，转运密接、次密接133人次。稳步推进复工复产，形成“六个抓”具体工作模式，实现落到实处、防控检查常态推进、重点场所停止营业、重点人员管控到位、宣传教育培训到位。集中各方力量和人员完成多次防疫任务。南锣鼓巷主街商户从业人员623人完成新冠疫苗三针接种，保障复工复产不出问题。

（张浩展）

【南锣鼓巷业态管理】2021年，街道办事处落实《南锣鼓巷风貌业态联审工作制度》，召开6次联审会议，对78家（次）商户的业态变更申请进行把控，对未申报、擅自变更业态风貌的28家（次）商户进行约谈、执法，确保管理机制有效运行。开展“扮靓南锣，喜迎建党百年”系列活动，组织党员、志愿者、商户，每周三对南锣主街的地面杂物和公共设施进行维护、清理。开展“南锣净巷2021专项整治”工作，加大南锣鼓巷无照游商整治力度，取缔顽固游商。举办3期“交道口南锣会客厅”，组织专家学者、企业家及政协委员70人实地参观和交流座谈，以此聚合人才、谋篇布局，争取企业落地南锣、扎根南锣。共接待各类考察400余人次。完成“12345”诉求回访件185件。打造南锣鼓巷客服中心，提供“一站式”信息咨询、投诉受理、失物招领、物品借用服务，打造良好对外形象。

（张浩展）

10月5日，交道口街道南锣鼓巷社区开展国庆志愿服务活动（交道口街道提供）

交道口街道社区居委会

居委会名称	管辖户数	负责人	联系电话	办公地址	邮编
交东社区	2588	杨春茹	64023661	交东大街6-5号	100007
大兴社区	2368	郭洋	64021169	北吉祥胡同13号	100007
府学社区	3185	裴 毅	64025112	中剪子巷17号旁门	100007
菊儿社区	1943	李 娜	64009703	菊儿胡同21号	100009
南锣鼓巷社区	2933	王凤云	64023671	前圆恩寺胡同28号	100009
楼苑社区	3550	朱于涛	84049258	前鼓楼苑10号	100009
福祥社区	1395	李德青	84084603	东不压桥胡同12号	100009

安定门街道

【概况】东城区委安定门街道工作委员会（简称安定门街道党工委）是区委的派出机关，东城区人民政府安定门街道办事处（简称安定门街道办事处）是区政府的派出机关。安定门街道党工委与安定门街道办事处合署办公，为正处级单位。安定门街道党工委、办事处依据党内法规和法律、法规、规章及上级党委、政府授权，代表区委、区政府对辖区党的建设、公共服务、城市管理、社会治理等行使综合管理职能，全面负责辖区地区性、社会性、群众性工作的统筹协调。2021年，安定门街道履行街道职能，坚持主动作为抓实抓严新冠肺炎疫情防控，落实全面从严治党主体责任，完成“疏整促”、“接诉即办”、优化营商环境、城市精细化管理、“文化强街”战略、民生保障、社会治理、安全维稳等重大任务。完成钟鼓楼申请式退租302户的阶段性任务；实施8处美丽院落“微整治”；全年受理“12345”热线派件8182件，区级平均综合成绩88.30分，全区第八名，市级平均综合成绩95.91分，全区排第七名，全市排第一一五名。完成院落营造项目6个，覆盖1400平方米、46户居民，腾空公共空间面积约60平方米。

（张　宏）

【城市管理】2021年，安定门街道永康18号院及交北三条30号楼老旧小区改造工程完工，辖区8处美丽院落落成，开展精细化整治工作，29条胡同旧貌换新颜，大气污染防治精细化管理持续推进。立足老城修缮保护及中轴线申遗，以改善居民生活，提升居住品质为落脚点，完成钟鼓楼周边申请式退租302户的阶段性任务，推进钟鼓楼紧邻地区环境综合整治，探索做好退租空间利用工作。完成院落营造项目共涉及6个院落，通过“小”转变，实现居民院落营造、居民意识树立、文化氛围营造、长效机制营造的“大”治理，成为院落治理的有益探索和良好示范。坚持“两件小事”齐抓共管相互促进。优化垃圾分类机制，通过房管员同物业定制式收运服务、技防人防共监管、执法精准到人等措施，推动形成以社区为主体、街巷长主动参与，各办提供专业支持，物业服务单位全力配合的垃圾分类工作新格局。生活垃圾分类工作全区平均排名第十一。

（张　宏）

【民生保障】2021年，安定门街道便民服务中心大厅接待群众3.44万人次，办理事项2.48万项。为方便居民读懂和理解政策，编制《政策知识问答》手册。开展政策宣传语音电台《您听我说》栏目，将政策文件转化成通俗易懂的语言，用语音播报的形式宣传政策，全年推出涉及失业保险金、职业指导、城乡居民医保等13期栏目，被人民网、《北京新闻》、《新东城报》等多家新闻媒体宣传报道。便民服务中心获北京市就业创业工作先进集体，1人被评为“北京榜样 政府服务之星”，交北头条社区成为第五批国家级充分就业社区。创建“物质+精神+专业服务”的困难群众精准救助体系，聘请专业力量，通过专业社会工作知识和方法解决困难、化解怨气、疏导情绪，引导地区及社会情绪平静有序，百姓安定安心。聚焦高频难点民生问题，建立“相约星期二，力量汇社区”工作机制，包社区处级干部带领片警、房管员、城管员等8种力量参与办件。结合“每月一题”“社区深度治理”等工作方式拆除旧有违建39处、1079.94平方米。开展“最美办件达人”“最美办件集体”评选，启动末位约谈机制，不断提升“接诉即办”工作效能。

（张　宏）

【社会治安综合治理】2021年，安定门街道完成春节、全国“两会”、中国共产党成立100周年、服贸会、国庆、十九届六中全会、中央经济工作会议等重大服务保障任务，启动社会面等级防控67天，以“精精益求精，万万无一失”的标准，将辖区人、地、事、物、组织全部纳入视线，确保重大活动期间地区安全稳定。加速助力社会治安防控社会组织培育，孵化“平安枫景”专业社会组织机构，形成“心理微帮扶+陪伴式帮扶”工作模式，探索总结出“去伪探真+靶向治疗+综合施策+全周期管理”四步法，做到矛盾风险隐患源头发现、源头防范、源头解决。全年群众安全感调查结果全区第一。反诈APP年注册完成率居全区首位。禁毒工作走在前列，被授予北京市禁毒工作示范街道。明确指挥系统，将防汛队伍、抢险救灾队伍和小型站、微消站力量相结合，不断完善值守系统，应急处置地区险情45起。开展动态安全生产检查，全年检查企业4681家，隐患整改2553次。新建41处充电设施、449个充电接口，满足居民电动车安全充电需求。加速完成92家非居民用户液化石油气整改，9个社区居民用户排查，基本实现全覆盖。复工复产工作组、各社区进行“双线”摸排，进一步压实“四方责任”。加速推进8处楼房小区智慧平安小区建设。

（张　宏）

【社区建设】2021年，安定门街道楼宇服务管家发挥“紫金服务”管家团作用，为重点企业提供精准、精心、精细的管家式服务。组织财源建设引进企业会议、政企交流座谈会、楼宇园区防疫交流活动等32场次、58户次，强化与企业对接联系，协助解决企业在发展中遇到的困难和问题。2021年，辖区税务落地企业109家，完成税源任务897万元，完成进度179%，全区排名第四；实际入库300万元，完成进度100%。提升地区“文体+”活动品牌影响力，举办“传承红色基因·庆祝建党百年”唱支心歌给党听红歌大赛。依托地区文化资源，打造“国学文化节”品牌。举办第七届北京孔庙国子监国学文化节，推出国学大典、国学讲堂、国学体验、国学传承等多种形式共23场精品国学活动。促进“文化+”跨界融合，推动地区文化产业高质量发展。推进地区“一街一品”建设，扶植打造“钟鼓佳音”“古韵茶座”等社区文化品牌。举办东城区棋类挑战赛暨安定门地区第十一届“钟鼓楼杯”象棋比赛。连续10年代表东城区参加北京市和谐杯乒乓球总决赛，获得城区组一等奖。

（张　宏）

【党建工作】2021年，安定门街道开设“行走的课堂”，组织党员干部参观香山革命纪念馆、中共中央北京香山革命纪念地旧址，通过纪念地旧址盖章打卡、党史知识竞答、拍摄红歌短视频、重温入党誓词、合唱《歌唱祖国》等方式学习党史，结合辖区红色文化历史，创作红色主题原创话剧《百年》，拍摄党员志愿者风采电教片《身边》，举办“赓续精神血脉 汲取奋进力量”党史经典讲述活动，以“永远跟党走”为主题，组织青年团员、百姓宣讲团宣讲活动，爱国主义教育基地参观寻访活动、“领读计划”经典诵读活动，“童心向党”红色教育活动，厚植家国情怀，汲取奋进力量。认真履行党风廉政建设责任制和党风廉政建设“一岗双责”要求，强化制度保证，全年运用“第一种形态”对干部主动约谈8人次，诫勉1人次。全年分2批次对重点岗位科级干部、新晋升科级职务干部12人进行集体廉政谈话或党课教育。通过邻里共建、新业态服务、社会动员，推进社区邻里活动常态化开展。组织“圣人邻里”帮帮团，让邻里互助成为社区日常。将车辇店36号办公场所进行规划、设计和软硬件装修，改造成“钟鼓人家·安定门街道党群服务中心”，推动街道党建工作全面提质升级。完成东城区党代表、人大代表、政协委员换届及社区“两委”换届。

（张 宏）

3月20日，安定门街道举办新冠肺炎疫苗接种宣传日活动（李翊朝摄）

【疏解整治促提升工作】2021年，安定门街道完成“疏整促”各项工作指标，共涉及8大类、12小项工作任务，涉及人口疏解目标数为1281人，街道全面落实东城区专项行动方案和街道工作目标，组织召开“疏整促”工作推进会，分解任务，压实责任，统筹推进工作落实。结合疫情防控工作，协同推进出租房、群租房清理，复工复查督查等。全年完成人口疏解数1304人，其中通过拆违疏解人口456人，通过钟鼓楼申请式退租疏解人口846人，通过整治违法群租房疏解人口2人。

（张 宏）

【疫情防控】2021年，安定门街道建立“紫马甲”志愿服务队，发动辖区商户、单位职工在接种点提供贴心服务。建立社区“疫情作战图”，形成社区疫情排查表，每日更新。严格落实“一办八组”工作职责。加强排查，摸排山西、江苏、浙江等多地涉疫相关人员大数据654批次、7124人次；累计完成人员集中隔离转运170人；启动重点人群核酸检测，10月29-30日累计完成重点人群核酸检测3945人次。启动加强针接种，至12月底，加强针接种总任务完成率稳居全区前列。

（张 宏）

【钟鼓楼周边申请式退租项目】2021年，安定门街道全面推进钟鼓楼紧邻地区环境综合整治，助力中轴线申遗。为顺利推进钟鼓楼周边申请式退租工作，街道抽调干部成立钟鼓楼申请式退租指挥部并成立临时党支部，召开指挥部会议7次、项目推进会13次、工作调度会20余次，有效推进钟鼓楼广场紧邻地区退租工作。完成钟鼓楼周边申请式退租302户的阶段性任务，总建筑面积6382.88平方米，整体腾空院落19个。

（张 宏）

安定门街道社区居委会

居委会名称	管辖户数	负责人	联系电话	办公地址	邮编
交北头条社区	2540	金英	64068329	交北头条76号	100007
国子监社区	2718	王颜颜	64068513	官书院胡同40号	100007
五道营社区	2873	陈艳青	64068350	永康胡同5号院3号楼一层	100007
花园社区	3108	宋彩	64067702	谢家胡同40号	100009

居委会名称	管辖户数	负责人	联系电话	办公地址	邮编
分司厅社区	3128	马静	64067692	小经厂胡同8号	100009
北锣鼓巷社区	1568	孙建新	64067517	纱络胡同14号	100009
宝钞南社区	2327	刘佳	64066617	琉璃寺8号	100009
钟楼湾社区	3121	申海燕	64067668	草厂北巷51号	100009
国旺社区	2559	张明生	64067076	国祥胡同13号	100009

北新桥街道

【概况】东城区委北新桥街道工作委员会（简称北新桥街道党工委）是区委的派出机关，东城区人民政府北新桥街道办事处（简称北新桥街道办事处）是区政府的派出机关。北新桥街道党工委与北新桥街道办事处合署办公，为正处级单位。北新桥街道党工委、办事处依据党内法规和法律、法规、规章及上级党委、政府授权，代表区委、区政府对辖区党的建设、公共服务、城市管理、社会治理等行使综合管理职能，全面负责辖区地区性、社会性、群众性工作的统筹协调。2021年，北新桥街道加强城市管理，实施43条背街小巷精细化提升，强化民生保障，规范三和老年公寓管理，落实“接诉即办”，办理市民诉求9519件。在中国共产党成立100周年庆祝大会等重要时段，启动一级社会面防控48天，部署群防群治力量1.15万余人次。严格疫情防控，深化社区建设，完成10个社区“两委”（社区党委和社区居委会）换届。推进基层党建，深化党史学习教育，开展“我为群众办实事”主题实践活动。完成人大代表换届选举，登记选民3.58万人，3.54万人参与投票，选举产生人大代表22人。街道获北京市法制宣传教育先进集体，小菊社区获北京市先进居委会等荣誉。

（苏益鑫）

【城市管理】2021年，北新桥街道强化崇雍大街（北新桥段）风貌管控，编制建筑风貌管控导则，成立北新桥商会崇雍大街分会，收尾雍和宫大街直管公房“申请式退租”，推进“雍和客厅”建设工作。加强簋街环境秩序保障，开展多部门联合执法检查15次，治理便道违规停车800余起；开展“簋街不夜节”，激活簋街夜经济。新增电子停车收费道路3条116个车位，办理停车认证640人。打造民安小区26号楼“微空间”和东四北大街181号“美丽院落”，推进东直门内北中街20号楼老旧小区改造。推进平房区“垃圾不落地”和楼房区“定时定点”投放，升级改造密闭式清洁站6处、垃圾桶站18处；加强垃圾分类执法值守，开展执法检查4872家次、罚款12.64万元，赋予桶前值守人员324人“北京市垃圾分类普法监督员”身份。加强扬尘管控，完成扬尘移送案件3252件，推进屋顶清扫、裸地治理和“揭网见绿”，空气质量改善明显。

（苏益鑫）

【民生保障】2021年，北新桥街道落实“接诉即办”工作，深化“日调度、周分析、月点评”及“双排名、双考核”机制，办理市民诉求9519件，“双率”（解决率、满意率）均达162%；围绕高频诉求，启动“吹哨报到”15次、综合执法100余次。全年走访慰问各类人员1766人、发放慰问金115.21万元。强化托底保障，有低保对象767户、1264人，发放低保金1656.86万元，开展慈善大病救助、医疗救助、临时救助645人次、186.77万元。加强为老服务，建设家庭养老照护床位26张，发放80岁以上高龄老人津贴、失能老年人护理补贴、困难老年人养老服务补贴6.19万人次、1763.78万元，优选三和老年公寓运营承包商，辖区养老驿站

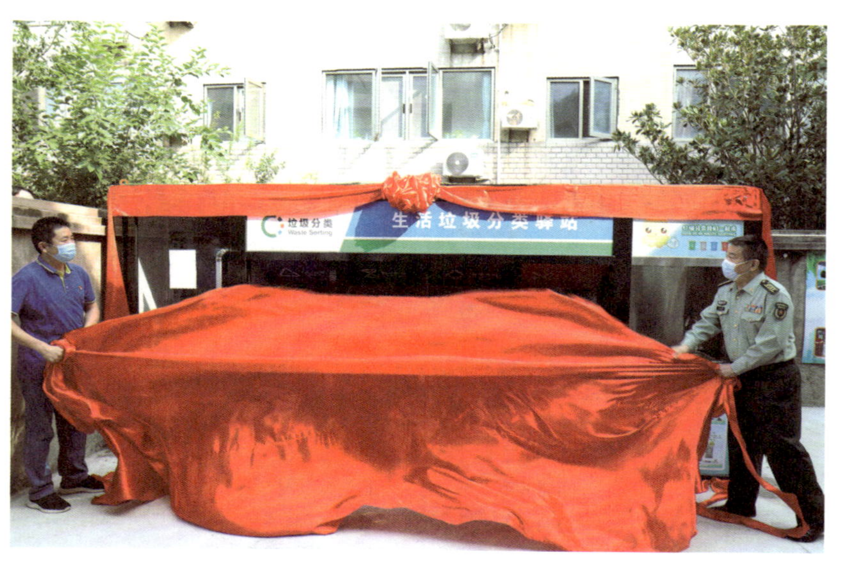

9月8日，北新桥街道举办军民共建垃圾分类驿站启动仪式（北新桥街道提供）

提供助餐、助浴、助医、家政等服务共计3.20万余人次。做好助残服务，开展无障碍设施建设、改造、维护122处，残疾证卡新办112人次、延期3000余人次，发放残疾人生活补贴、护理补贴1.02万人次、293.56万元。优化生育服务，办理生育服务登记425人次，新办《独生子女父母光荣证》25本，发放独生子女父母年老时一次性奖励314人、31.40万元。有登记失业人员653人，全年帮扶失业人员、就业困难人员就业2028人次。

（苏益鑫）

【社会治安综合治理】2021年，开展涉稳矛盾纠纷排查6次，部署“守望岗”5760班次、1.15万人次。推进市域社会治理现代化试点工作，建成“智慧小区”10个，发挥综治中心作用，整治群租房、普通地下室违法居住30处、168人次。处置火情10起，消防安全形势总体平稳，未发生安全生产责任事故，出动安全生产检查人员8602人次，检查生产经营单位4301家次，发现隐患1.53万处，下发整改通知书827份。推进电动自行车集中充电设施应装尽装，新增充电设施17处、充电接口152个；推进液化石油气非居民用户应改尽改，完成天然气管道改造5家、“气改电”52家、业态调整18家。全年安全度汛，部署防汛值守力量3343人次，妥善处理险情51处。加强人民调解工作，开展矛盾纠纷排查4056次，调解民间纠纷123件，形成书面调解协议25件，其中司法确认20件。

（苏益鑫）

【社区建设】2021年，北新桥街道完成10个社区“两委”（党委、居委会）换届选举，党员到会率、居民投票率达98%以上。加强社区公章使用管理，完善社工管理办法，有社工208人，招录9人，调入2人，辞职11人，退休3人。推进物管会转化和业委会组建，有业委会6家、物管会11家。举办第三届“社区邻里节”，打造社区协商议事厅，在门楼社区试点实施社区治理能力提升计划。发挥“新桥之家”社区社会组织“孵化器”作用，培育星级社区社会组织43个。推进社区“微公益”项目化运作，开展公益金项目67个、38.50万元。完成全国文明城区迎检工作，以国家公共文化服务体系示范区迎检为契机，完善社区公共文化服务体系，围绕冬奥会、中国共产党成立100周年及传统节日，开展“冬奥来了”“筑梦新桥”“我们的节日”等活动，举办北新桥地区第十届综合运动会，开展“阅见北新”全民阅读活动110场、2万余人次参加。

（苏益鑫）

5月27日，北新桥地区第十届综合运动会举办（北新桥街道提供）

【党建工作】2021年，北新桥街道围绕中国共产党成立100周年和党史学习教育，举办红色经典诵读、党史知识竞赛、“红歌献给党”等庆祝活动，开展“领读计划”“党史e起学”“永远跟党走”等特色活动，组建党史学习教育百姓宣讲团，全年累计开展宣讲报告会4场、专题党课10场、领导班子理论中心组学习21次、基层党员集中学习120余次。推进“我为群众办实事”主题实践活动和“点亮百姓微心愿”文明实践活动，落实实事65件，完成“微心愿”56个。加强党风廉政建设和反腐败教育，制订全面从严治党主体责任清单和分值管理办法，明确14类问题、37条措施和82项任务。逢节必提醒，开展节前廉政纪律教育30余人次；重点必跟进，开展专项监督检查560余次；问责必从严，运用监督执纪“第一种形态”约谈提醒14人、批评教育3人，发出工作建议书6份。完成街道党代表工作，完成10家非公党组织换届审批，新增非公党支部6个，发展党员40人。用好社区党组织服务群众经费，开展服务项目43个、478.22万元。全年召开党建协调委员会全体会议2次，扩充成员单位至40家，编制“三项清单”150余项。聚焦新业态新就业群体，打造“小哥聚力港”党群服务品牌。

（苏益鑫）

【疏解整治促提升工作】2021年，北新桥街道启动新一轮“疏解整治促提升”专项行动，拆除违法建设48处、6046平方米，任务量899人次。至12月底，已完成人口调控1069人次，完成率119%，其中拆除违法建设涉及人口变化900人次；整治违法群租房28处，涉及人口变化145人次；完成普通地下室清理整治2处，涉及人口变化23人次；完成无证无照治理1处，涉及人口变化1人；完成43条背街小巷精细化提升，新增共享停车位50个，完成临时建筑治理2处；完成人防地下空间提升利用1处、老年餐桌发展任务3处、规范提升便民服务网点4处。

（苏益鑫）

【疫情防控】2021年，北新桥街道抓好常态化疫情防控，聚焦楼宇、商超、餐饮服务单位三类场所，开展执法检查7282家次、责令整改135家、责令关停14家。推进新时代爱国卫生运动，打造疫情防控常态化示范社区，开展周末卫生大扫除21次。开展全领域、全流程、全要素疫情防控应急演练，提升辖区各单位疫情防控综合能力。完成中国石油大厦疫情处置工作，第一时间落实楼宇封控、环境消杀和人员管控。全年累计排查密切接触者等各类风险人员1.57万人次，集中隔离324人次，居家隔离1559人次，开展大规模核酸检测7.03万人次。推进大规模新冠疫苗接种，成立疫苗接种专班和临时党支部，聚焦疫苗接种"攀登行动""登峰行动"，开展多轮次"敲门行动"。长期设置民安小区14号楼疫苗接种点，临时设置新桥之家、歌华大厦、中国石油大厦、中国移动4处临时接种点。全年累计完成疫苗接种19.36万人次。

（苏益鑫）

【崇雍大街风貌管控】2021年，北新桥街道巩固崇雍大街（北新桥段）街区更新成果，建立街区风貌长效管理机制。编制崇雍大街建筑风貌管控导则，发挥责任规划师作用，从10个设计要素明确建筑风貌管控要求。成立北新桥街道商会崇雍大街分会，10余家沿街商户参与建会，制订商会自治公约，加强商户自治管理。制订崇雍大街长效管理实施方案，开展定期巡检、周期强化和年度体检，保持崇雍大街街区风貌。

（苏益鑫）

北新桥街道社区居委会

居委会名称	管辖户数	负责人	联系电话	办公地址	邮编
北官厅社区	2079	张志华	84064928	东直门内北小街8号院3号楼	100007
民安社区	3463	郝宏芳	64027401	民安街14号楼	100007
北新仓社区	3091	赵景华	84072141	东直门内大街10号楼3层	100007
海运仓社区	2628	佟爱香	84073272	南颂年胡同3号搂	100007
门楼社区	2935	田维荣	64027400	东四北大街168号	100007
小菊社区	2596	刘素欣	64020638	大菊胡同16号	100007
九道湾社区	2238	王淑梅	64015936	九道湾西巷1号	100007
草园社区	2479	康　超	64066547	草园胡同76号	100007
前永康社区	2605	朱践明	64040317	北新胡同三巷3号	100007
青龙社区	2879	王学义	64017600	青龙胡同甲3号	100007

东四街道

【概况】东城区委东四街道工作委员会（简称东四街道党工委）是区委的派出机关，东城区人民政府东四街道办事处（简称东四街道办事处）是区政府的派出机关。东四街道党工委与东四街道办事处合署办公，为正处级单位。东四街道党工委、办事处依据党内法规和法律、法规、规章及上级党委、政府授权，代表区委、区政府对辖区党的建设、公共服务、城市管理、社会治理等行使综合管理职能，全面负责辖区地区性、社会性、群众性工作的统筹协调。2021年在新冠肺炎疫情常态化形势下，东四街道推进疫苗接种工作构建防疫屏障；建立疫情数据排查应急队伍，全部数据于48小时内核查完毕并上报情况，确保大数据核查工作严格落实到位。垃圾分类和物业管理工作取得新进展，搭建党建引领"智慧云垃分"平台，社区居委会、楼门院长、小巷管家及在职党员回社区报到，盯守辖区25个网格的64处垃圾桶站和40余个胡同"死角"。发动机关党员干部、社区居民、驻街单位、志愿者参与"周末卫生大扫除"活动，全年200余家单位、60余个党支部、8500余人次参与。开展"共产党员献爱心"捐献活动，共有党员1614人、群众154人参与捐款7.66万元。

（姜文卿）

【城市管理】2021年，东四街道通过打造"东四街道综合信息平台"，推动数据资源动态更新、提前研判，推进"接诉即办"向"未诉先办"延伸，全年共接收"12345"热线派单4771件，有效回访3388件，解决率

83%，满意率91%，市区综合成绩排名第一。对照《北京市生活垃圾分类管理条例》要求，利用社区议事厅、花友汇居民自治组织等开展宣传引导行动，组织居民1200人次参与垃圾分类公共事务讨论18场次、外出参观7场；更新、改造、建设和完善64处固定垃圾桶站，加装防雨棚等便民设施，建成大件垃圾投放点、装修垃圾投放点各18处，新建感应式垃圾桶站4处、垃圾分类驿站6处、“民生实事工程”垃圾分类驿站2处。仓南胡同12号院、东四六条甲45号院、十条28号、东四二条外交部宿舍4个小区实现物管会向业委会转型，居民身边事务自治机制初步搭建、自治水平有力提升，为其他小区物管会向业委会转型作出良好示范。东四六条15号、30号，五条101号3处简易楼完成搬迁腾退，六条15号完成整体拆除并建设立体停车场；13条支线胡同完成精细化整治提升工程，屋顶清扫工程完成119万平方米、治理裸地327万平方米，大气污染防治工作效果明显。

（姜文卿）

3月19日，东四街道垃圾分类志愿者进行桶前值守（郝飞摄）

【民生保障】2021年，东四街道持续做好民生保障服务，为辖区319户低保家庭、22户低收入家庭、特困人员23人做好基本生活保障，向社会救济对象发放低保金、低收入补贴、特困供养金及照料费、医疗教育、供暖补贴累计778.75万元；开展建档困难群众跟踪回访和动态服务管理1339次，入户走访独居老人67人、1204次，精准帮扶辖区11户个案居民。累计为高龄老人2075人及百岁老人发放补贴350.27万元，为失能老人发放补贴9575人次、558.46万元，为困难老人发放养老服务补贴2287人次、37.02万元。受理新申请保障性住房57户、新申请公租补贴18户、新申请市场租房补贴43户，签订市场租房补贴及廉租补贴合同74户，完成资格变更169户、终止资格110户，对595户公租房已备案家庭开展意向登记和现场网上登记，对151户社会救济对象开展房屋保障核实。举办党建助残活动5次，累计扶残助残80余人，完成康复服务任务347人，组织残疾人2000余人参加72课时的就业培训指导，完成110个点位无障碍建设排查建档任务，完成残疾人联合会第三次代表大会换届选举工作和社区残协换届。军地互办实事6件，为优抚对象80人发放优待抚恤金及采暖补助140余万元，办理新增伤残优抚对象6人，持证烈属1人。开展根治欠薪冬季专项行动，加强劳动关系三方协商调解工作。

（姜文卿）

【社会治安综合治理】2020年，东四街道开展地区平安建设、反诈心防、市域社会治理等综合宣传工作300余次。全面开展群租房动态排查，化解“蛋壳公寓”问题，承租人9户、22人问题得到妥善解决。组织排查矛盾纠纷1900余次、化解纠纷76件。接收社区矫正和安置帮教人员5人、组织排查走访153人次、集中教育15次。组织普法宣传75场次、张贴宣传海报93幅，开展每周三律师咨询接待，接待来访人员150人次，审查合同611份，法制审核小组审查重大执法案件5件，日常执法审核150件。持续推进安全生产专项整治三年行动，检查生产经营单位2260家。制订《东四街道地震应急预案（2020年修订）》，修订《东四街道突发事件应急预案（2020年）》《东四街道应急值守工作管理细则（试行）》，完成各类应急值守。受理信访606件、856人次，来信226件、156人。

（姜文卿）

【社区建设】2021年，东四街道有序完成6个社区“两委”换届选举。选民登记户数9504户、选民登记人数2.07万人，选民登记率达到76%。推选出新一届居民代表392人、居民小组157个；选举产生居民会议常务会委员90人；选举产生新一届社区居委会成员52人，选举同意率达97.8%；其中党员23人（含4个预备党员）占比44%；平均年龄40.8岁，比上届提升约2岁。东四街道社会动员中心全年共赋能社区社会组织10支、孵化新的社区社会组织3支（二条社区古槐居文宣社、总院社区睦邻物业联合会、八条社区小小垃圾督导队），开展赋能培训4场，内容包括垃圾分类知识宣讲、手机拍摄使用技巧、社区社会组织组建流程、组织凝聚力座谈等，开展社区社会组织活动20余场、

5月13日，东四街道花友汇成员栽种树木（郝飞摄）

参与400余人。南门仓社区A区创建北京市垃圾分类社会动员发动示范点工作取得较大进展，通过积分兑换、门楼文化宣传、社区志愿者参与，有效推进示范点的带动作用。做强社区“花友汇”社会组织，以“花友汇创意空间”为平台，探索开展“百院千户”行动，突出党员带头、部门联动、社会参与。东四街道“古槐居花友汇”社区社会组织获首都优秀环保公益组织称号。

（姜文卿）

【党建工作】2021年，东四街道党工委以党史学习教育为主线开展理论学习中心组学习38次、90学时，报送优秀理论文章9篇，其中4篇文章获奖。组织党史学习教育暨“今天我来讲”读书班、马克思主义读书会进行集中学习，街道工委书记、各级党组织书记带头讲党课65次，各级党组织举办“永远跟党走”系列活动，发动地区党员干部群众参与“永远跟党走”系列活动线上线下各类主题活动1000余场，累计参加人数3.60万余人次。创办东四街道党史学习教育简报，刊发50期。扎实开展“我为群众办实事”实践活动，28项重点民生项目、66条推进措施实现完成率100%。征集“我为群众办实事 点亮百姓微心愿”292条，微心愿完成率、完成满意率均达100%。组建11人“永远跟党走”百姓宣讲团，深入社区、机关单位集中宣讲7次，覆盖听众300余人。组织做好北京市“三优一先”、东城区“两优一先”推荐工作，东四街道获区级优秀共产党员3人，获区级优秀党务工作者2人，党支部获区级先进基层党组织1个。评选街道级优秀共产党员50人、优秀党务工作者27人、先进基层党组织13个，召开表彰大会宣传先进事迹和经验做法。做好东城区第十三次党代会代表和街道党代会代表选举工作，召开选举工作部署会和培训会，严格履行选举工作程序。完成社区党委换届，以选优配强社区“两委”班子为目标，严格资格审查。深化改革辖区“两新”党建工作体制，构建“党群服务中心党委—商务楼宇党总支—‘两新’党支部”的区域化“两新”党建三级工作机制，打造“中心管总、楼宇强片、支部主建”区域化“两新”党建工作新模式，打造“东四新蜂范”党建工作品牌。发挥新就业群体党建工作实际效能。推动快递小哥“双报到”，建立“东四新蜂范”参与治理积分制度，提供激励性拓展服务包，推动快递小哥参与社区治理。

（姜文卿）

【疏解整治促提升工作】2021年，东四街道以违建多高发区域为重点，通过强化高频率、不间断、全覆盖的巡视检查，严格管控、快速拆除新生违建，以高压执法态势，避免群发群建新生违建。全年拆除市级挂账违法建设101处、6324.53平方米，完成南门仓社区的无违建社区创建；推进违规“开墙打洞”封堵工作，做到地区开墙打洞工作动态清零。以核心区控制性规划为指导，在深入听取居民意见的基础上修缮胡同风貌，探索老城更新保护新路径。立足崇雍大街“京风文韵、大市银街”定位和东四北大街传统商业氛围，采用月白色软心墙、黑红净院门等传统风格，细化墙面、檐口、门窗的形制，恢复原汁原味老街味道、古都特色。选取东四九条47号、九条26号、四条83号、南板桥24号打造4处美丽院落、4个改造院落，采取自下而上的方式引导居民提出诉求、参与设计，做到一院落一特色、兼顾居住功能与文化趣味。开展仓南胡同12号院综合整治和物业管理试点项目，针对小区基础设施设备老化、配套设施不足、物业管理缺失等民生问题，坚持“整治先行、建管并重、以建促管”方针，完成224户上下水管道改造、343处外立面护栏拆除，清洗粉饰建筑立面7220平方米、修复粉刷围墙813平方米。

（姜文卿）

【疫情防控】2021年，东四街道严格按“外防输入、内防反弹、人物同防”防控工作要求，启动每日调度、报送等工作机制，加强与卫健、宣传、教育、交通、应急管理、市场监管等部门对接，保证常态化疫情防控工作高效有序。新冠肺炎疫情复发、频发态势严峻时期，全面开展排查管控“梳网清格”会战，发挥社区网格“双网融合”优势，一户一户过、一家一家清，关门封口、格中找人，做到不留死角、不留盲区。全年共完成排查境外返京（直航+外地口岸）130人、国内中高风险地区返京人员1.39万人、购买退热消炎类药物1.22万人，居家隔离观察295人、健康监测2477人，完成核酸检测任务4.02万人。推进疫苗接种，筑牢疫情防控屏障，1月起东四街道关闭东四奥林匹克社区体育文化中心内部所有场馆，将室内篮球馆改造为疫苗接种场地，并将多功能厅设置为绿色诊区接种老年、残疾、团体等特殊人群，坚持“应接尽接”，发动全体干部分片入户摸排人员信息，做到多渠道、全覆盖梳理辖区常住人员情况，科学安排辖区居民积极接种。全年累计完成新冠疫苗接种总量13.15万剂次，其中第一针5.34万剂次，第二针5.26万剂次，第三针2.55万剂次。

（姜文卿）

东四街道社区居委会

居委会名称	管辖户数	负责人	联系电话	办公地址	邮编
二条社区	2910	吴建新	64059534	东四北大街460号	100010
六条社区	2728	高春生	84036571	东四六条45号	100007
八条社区	2597	刘志颖	64024538	东四八条139号	100007
总院社区	2310	郭小金	84043799	北小街2号综合服务楼一层	100007
豆瓣社区	2764	吕军	84045893	豆瓣胡同3-6	100010
南门仓社区	2501	韩宝利	84045399	罗家大院1号二层	100010

朝阳门街道

【概况】东城区委朝阳门街道工作委员会（简称朝阳门街道党工委）是区委的派出机关，东城区人民政府朝阳门街道办事处（简称朝阳门街道办事处）是区政府的派出机关。朝阳门街道党工委与朝阳门街道办事处合署办公，为正处级单位。朝阳门街道党工委、办事处依据党内法规和法律、法规、规章及上级党委、政府授权，代表区委、区政府对辖区党的建设、公共服务、城市管理、社会治理等行使综合管理职能，全面负责辖区地区性、社会性、群众性工作的统筹协调。2021年，朝阳门街道统筹推进新冠肺炎疫情防控和经济社会发展工作，至年底，辖区无确诊病例、无疑似病例，新冠肺炎疫情防控工作成效良好。“接诉即办”工作共接派件5372件，响应率96%、办结率100%。推进垃圾分类工作，开展“盯桶行动”。党建引领物业管理工作提升“三率”达100%。完成2021年度全国文明城区创建迎检等工作。开展党史学习教育专题组织生活会，落实“我为群众办实事”要求，点亮群众微心愿32个。举办2021年北京国际设计周朝阳门分会场活动、“朝阳门WALK”品牌活动及朝阳门街区更新季活动。

（马雨明）

【城市管理】2021年，东四南大街改造竣工，再现“大市商街”风貌，环境秩序长效管理机制初步建立。结合东四南风貌保护，实施“美丽院落”改造5处。推进老旧小区综合整治，其中演乐胡同112号全面竣工，新鲜胡同46号顺利启动。地铁5号线环保拆迁收尾，腾退房屋22处、33.5间；干面胡同西口立体停车场建设基本完成，提供停车位80个。完成新鲜胡同、大方家胡同架空线路入地，清除废旧缆线9.2千米，新布放线8.7千米，拔除废旧线杆22根；地区水、电、气、热运行平稳有序，全年有效应对极端降雨天气3次，化解供暖矛盾2起，解危排险失管树木88棵。深入落实“河长制”，开展平房区清管行动，全年清掏雨水口352个、新设置排水口4处。“林长制”全面建立，切实落实街道、社区两级林长责任，督促辖区物业、有绿单位落实主体责任。开展美国白蛾专项治理，累计出动打药人员726人次、车辆867车次、巡查452千米。开展停车资源挖潜，协调银河SOHO提供全时停车位50个，完成476个路侧停车位认证。

（马雨明）

【民生保障】2021年，朝阳门街道完成保障性住房资格复审892户，公租房新申请备案72户，市场租房补贴新申请备案73户，公租房补贴新申请备案15户。发放低保金额591.2万元，救助款80.1万元。发放高龄老人津贴402.66万元、失能老人护理补贴559.78万元、养老服务补贴30.35万元，为49户失独家庭发放节日慰问金8.71万元，为48户伤残家庭发放节日慰问金3.84万元。落实暖心计划，发放扶助卡137张，暖心卡67张。为政府托底保障老人177人建立档案，为21户特困家庭发放生活费72.99万元，报销药费约1.96万元。为残疾人310人发放生活、护理补贴约118.12万元。为28户家庭申请“两节”慰问金2.30万元，帮扶性就业基地增加到20个，组建温馨家园固定活动团队5支，开展技能培训9场、文体活动16场、讲座8场、法律竞赛1场、特色活动2场，全年服务6000余人次。完成200个无障碍改造点位，打造一条精品示范街。开展周末卫生日活动12次，参加活动2628人次，出动车辆128辆，清理卫生死角258个，清理垃圾183.52吨。处理孳生地236处，设置毒饵站92个，投放鼠药142.5千克，灭蚊蝇、蟑螂药品546.23千克，消杀面积累计约1128.93万平方米。接受劳动政策来电、来访咨询200余人次、投诉举报20起，解决处理劳动争议举报案件25件。监察用人单位180余家，涉及劳动用工2000余人次，处理追讨拖欠工资、加班工资20万余元。接收失业人员档案信息93人，城镇登记失业人员就业人数607人，困难失业人员就业人数478人，登记失业人员就业率65.55%，登记失业率控制在1%以下。求职登记人数406人，求职登记人员匹配推荐1218次，困难人员摸查率100%，签订有效企业户数125户，跟踪有效企业户数376次，空岗个数1810个，跟踪空岗个数100%。

（马雨明）

【社会治安综合治理】2021年，朝阳门街道完成全国“两会”、中国共产党成立100周年庆祝活动等重点时期安保服务保障，累计发动各类治安志愿者6万余人次。推进国家安全和人民防线建设，入户核查境外人员等重点群体5次。组织防范电信网络诈骗和非法集资宣传10余次、约谈清理高危涉金融企业2家，整治乱点1处，完成群租房治理15处，非法运营“黑摩的”动态清零。落实禁毒宣教、管理、服务“三位一体”工作模式，开展禁毒宣传活动54场。结合安全生产3年隐患整治专项行动，共检查各类单位3767家，排查整改隐患4532处，挂账107处全部销账。加强燃气使用单位安全检查和非居民液化石油气用户改造工作，共检查燃气使用单位83家，排查整改隐患14处；完成在册40家非居民用户石油液化气用户单位改造。开展有限空间作业安全检查全覆盖，检查单位55家，排查整改隐患45处。督促辖区企业发挥安全主体责任，与28家禁放重点单位签订烟花爆竹禁放安全责任书，与83家单位签订安全生产与消防责任书，动员辖区253家企业投保安全生产责任险。推进辖区电动自行车隐患治理，约谈电动自行车销售企业5家、快递企业2家；安装电动自行车集中充电设施36处，其中充电桩25台、充电柜20台，共520个充电接口。为各社区年检各类灭火器1285具，补充配发227具；组织社区开展可燃物清理，参与人数2000余人次；组织辖区物业开展消防应急演练活动4次，参与人员300余人次。信访工作开展10次专项和2次全面矛盾纠纷排查调处工作；接待来访158批次、174人次；接收上级转交来访件44件、纸信1件、网信17件。全年开展反邪教集中宣传10余次。调解各类矛盾纠纷188件；开展普法宣传教育活动60余次；接待法律咨询69件，举办法治讲座11次，代书诉讼状3次。

（马雨明）

【社区建设】2021年，朝阳门街道完成第十一届社区居委会换届选举。社工队伍趋于专业化，全体社工中持有社会工作师证21人，持有助理社工师证46人，持证社工占42.68%。开展第四届联众家园助享计划，为社区居民自治组织提供30个微创投项目资金支持。以“社区议事厅”为平台，以“开放空间”“社区茶馆”等新型会议方法为技术手段，畅通居民意见表达和利益诉求渠道。以“一空间一特色”为目标，丰富涵盖胡同文化、艺术社区、非遗文化、文创产品等在内的朝阳门文化内涵。史家胡同博物馆全年接待参观约12万人次，开展胡同历史、风貌保护、社区培育等线下主题展览及活动50余场。史家胡同文创社实施“社区艺术家”计划，挖掘朝阳门社区能人，推出文创产品30件。朝西工坊开展“京城南北 智作东西”老北京玩具复原及创新项目。朝阳门社区文化生活馆（27院儿）秉

6月6日，朝阳门街道开展“‘潮’文化助力冬奥”定向挑战赛，近100人参加活动（朝阳门街道提供）

承“以艺术推动社区发展”的社区营造理念，丰富社区文化生活空间，每周开展戏剧、美术、舞蹈、建筑、艺术展览、亲子教育、生活美学、公共主题活动8场。完成东城区国家公共文化服务体系示范区复核迎检工作。提升住宿业，辖区内5家酒店完成提升改造。开展2021年朝阳门街道“快乐冰雪 助力冬奥”系列活动，推广普及冰雪运动知识。参加东城区广场舞比赛，其中新鲜社区广场舞队获全区第九套广播体操比赛一等奖。组织召开街道科协第三次会议，选举产生新一届街道科协主席、副主席、秘书长及委员等。与北京市体检中心社区健康促进中心共同开展“我为群众办实事”科技志愿服务在行动——体医融合科普体验活动。

（马雨明）

【党建工作】2021年，朝阳门街道党工委开展理论中心组学习32次，专题研讨12次。召开工委会39次，专题研究党建工作议题30余个，深入基层党组织调研指导党建工作30余次。报送新闻线索和典型素材，在市级以上媒体发表新闻100余篇、央媒发布新闻5篇。朝阳门“党建四Hé院”微信公众号推送微信385条。推进“双报到”工作，常态化开展“周末大扫除”活动105次、2283人次参与。新建非公企业党组织2个。完成人大代表换届选举，朝阳门地区分会7个选区参选率达98.91%。开展“两优一先”评选，表彰地区优秀党员43人，优秀党务工作者34人，先进基层党组织10个。搭建新就业群体可视化工作成果展示平台区级示范点，落地“四合暖心巢”品牌，建立服务站点32个。持续推进“十登门”项目53次，服务居民1421人次。持续打造以“寻找”为主题的妇女之家品牌，开展“寻找百年历程 学习百年党史”系列活动。加强共青团基层建设，完成基层团支部换届选举。建立青年突击队，210余人次参与城市志愿服务。开展文化东城行、同心圆大讲堂、侨心向党助力冬奥等活动，街道侨之家被评为市级“示范侨之家”。组织召开台海形势主题报告会，主动联系服务台胞台属。完成街道商会换届选举，推选出新一届商会领导班子。开展百强企业调研评比，加强与北京市怀柔区琉璃庙镇对口交流协作和与西藏自治区拉萨市当雄县当曲卡镇结对帮扶工作，落实“为千户家庭送温暖”行动。

（马雨明）

【疏解整治促提升工作】2021年，朝阳门街道“疏解整治促提升”专项行动涉及人口变化指标219人、拆违1500平方米。至12月1日，拆除违法建设1573.12平方米，完成全年拆违任务的104.87%。疏解人口271人，完成全年人口疏解任务的123.74%。受领临时建筑治理2处、新增共享停车位50个、老旧小区综合整治1个、背街小巷精细化提升14条、规范提升便民商业网点1处、发展老年餐桌3处、代征代建道路移交1条，均完成全年任务的100%。

（马雨明）

【疫情防控】2021年，朝阳门街道坚持新冠肺炎疫情防控工作领导小组机构运行机制，强化“一办+九个责任区”组织构架；落实处级领导、机关干部联系社区制度，细化疫情防控任务；对辖区居民加强疫情防范知识普及宣传，全年制作宣传海报2670张、条幅56条。强化疫情数据排查管控，对涉疫地区返京人员核实、管控到位，不漏一人，围绕北京大兴、昌平，南京禄口机场及内蒙古自治区额济纳旗疫情等重点区域，全年完成大数据及自摸排核查8400余人，严格落实集中转运、居家隔离、健康监测等管控要求，全年组织疫情重点人群、辖区居民及从业人员大规模核酸检测4.76万人次，确保朝阳门地区全年无本土及传播病例。稳步有序开展新冠疫苗接种工作，自1月1日起陆续进行九类人群的集中接种、大规模人群接种、60岁以上老年人、12—17岁未成年人、3—11岁未成年人及外籍人士的新冠疫苗接种，先后开展“攀登行动”“登峰计划”“冲刺行动”等新冠疫苗接种攻坚任务，至年底，完成三剂次疫苗接种16.31万人次。

（马雨明）

【区域养老联合体2.0模式】2021年，朝阳门街道探索完善“聚融式双轴联动”运营机制。搭建“出入平安”“家庭床位”“生活管家”“睦邻守望”“全民助老”五大服务板块，满足地区老年生活需求。联合高德打车建立9处老年打车停靠点，新鲜社区养老驿站配置老年专车提供“陪同就医”服务；与辖区19户老年家庭建立“家庭床位”签约服务；持续开展“一度温暖”微心愿活动，筹措资金4.5万元，帮老年人211人完成心愿；为200户老年人配置辅具设备，累计金额40万元；提供免费理发券、洗衣券、裁缝券、修脚券等，累计1.26万元；开展“儿童+孝文化”建设，组建“东城小社工”助老服务队。建立沉浸式“区域养老服务联合体”展厅，全面展示联合体的不同侧面和服务成果。打造文化养老创意品牌，组织“潮来潮往朝阳门”等多场“潮”系列活动。助力新鲜社区成为2021年首批全国养老友好示范社区和北京市养老友好示范社区。

（马雨明）

朝阳门街道社区居委会

居委会名称	管辖户数	负责人	联系电话	办公地址	邮编
史家社区	1513	赵博言	65244161	史家胡同21号	100010
内务社区	1561	史海宁	65257583	内务部街73号	100010
演乐社区	2617	杜伟伟	65230389	演乐胡同59号	100010
礼士社区	1512	于金凤	65287374	礼士胡同121号	100010
朝西社区	1929	于春明	65122956	前拐棒胡同17号	100010
朝内头条社区	2088	宋玥	84040087	朝内大街97号后门	100010
竹杆社区	2716	郑秋霞	65275801	西水井6号楼1层	100010
新鲜社区	3275	皮蓓蓓	65230387	新鲜胡同63号	100010
大方家社区	2530	陈　波	65251577	小牌坊胡同48号	100010

建国门街道

【概况】中共北京市东城区委建国门街道工作委员会（简称建国门街道党工委）是区委的派出机关，北京市东城区人民政府建国门街道办事处（简称建国门街道办事处）是区政府派出机关。建国门街道党工委与建国门街道办事处合署办公，为正处级单位。建国门街道党工委、办事处依据党内法规和法律、法规、规章及上级党委、政府授权，代表区委、区政府对辖区党的建设、公共服务、城市管理、社会治理等行使综合管理职能，全面负责辖区地区性、社会性、群众性工作的统筹协调。2021年，建国门街道开展理论学习中心组学习及交流研讨21次、理论宣讲2次，推动理论学习制度化常态化。征集辖区百名党员先锋故事编印《先锋集》，全年推送408条微信推文、发布28个抖音视频，中央、北京市各级各类宣传媒体报道街道中心、重点工作329篇次。构建“1+4”服务闭环，健全服务台账，开辟服务中央单位和驻京部队绿色通道和服务窗口，40余项需求事项实现即接即办，办结率达100%。稳步推进北极阁片区综合整治提升，新增路侧停车位38个，协调好苑建国共享停车位50个。作为东城区一次性启动规模最大的申请式退租项目，西总布街区直管公房申请式退租项目签约率达90.45%。成立6个小区业主委员会。探索“优才项目+社工站”运行模式，有序推进9个社区公益微创投项目、3个市级示范点和2个市级楼门院建设。构建“1+9+N”区域化养老服务体系，建成3家养老驿站，提供巡老等服务7000余次。街道“温馨家园”残疾人服务阵地获评北京市冬奥示范温馨家园，残联志愿服务队获2021年首都志愿服务项目大赛银奖。动员地区企业与对口帮扶乡签订结对帮扶协议书12份，募集社会捐助10万元。高质量完成第七次全国人口普查。组织开展迎冬奥·冰雪嘉年华系列活动，获评2017—2020年全国群众体育先进单位。

（周韦呐）

【城市管理】2021年，建国门街道重点做好改善民生工作，对朝阳门南小街22号楼底商门前台阶进行防滑处理，协调相关部门修复鑫海锦江、同仁医院南侧道路，对贡院东街大风车广场入口处坡道进行改造，解决四川驻京办事处装修过程中产生的光污染问题，为居民疏通管道60余处，抢险房屋40余处，认证居民道路停车497人，挖潜停车位50个。处理中央生态环境保护督察领导小组信访组信访案件7件，处理东城区扬尘污染管理系统扬尘案件3881件，处理首都环境建设综合检查和考核评价系统首环办案件54件，处理背街小巷环境精细化整治提升日报案件176件，处理环境建设管理检查日报案件和文明城区检查日报案件160件。验收煤改电设备使用及安装42户、88台，为302户居民报销煤改电费用，为51户居民上报煤改电新增、更新信息。加强管理夜间施工扰民、公共区域卫生秩序、扬尘污染等突出问题，完成汛期防汛抢险应急工作，整治提升拆迁滞留区、北极阁周边环境。完成美国白蛾消杀、树木修剪伐除等工作。

（周韦呐）

【民生保障】2021年，建国门街道累计发放低保4000余人次、530余万元。受理审批医疗救助504人次，发放医疗救助费用127余万元。受理审批清洁能源自采暖83户，发放集中供暖补助18万余元。接收成年孤儿1人，发放成年孤儿补贴21.41万余元，发放临时救助款15万余元。办理一孩生育登记273例，二孩生育登记89例，再生育行政确认11例，发放独生子女父母各项奖励513人。全年接待办理残疾人各项保障性服务7500余人次，审核发放残疾人各类补贴2600余人次。组织开展线上线下残疾人服务活动514次，受益人2.80万余人次。慰问困难残疾人家庭156户，发放慰问金、慰问品9.6万元。开展2021年东城区精准救助服务政购项目，精准帮扶筛查359户，跟踪回访1077人次，新增救助对象9户，精准帮扶20户家庭。慰问失独家庭成员417人次、17.86万元。全年受理讨薪案件10起，涉及107人、541.1万余元，调解结案10起，结案率100%。审核237户公租补贴资格，完成424户公租房、公租补贴、市场租房补贴新申请工作。完成城镇登记失业人员就业743人，困难人员就业556人，登记失业人员就业率69.44%，为3人签订劳动合同。困难家庭大学毕业生就业率100%，签订日常服务协议单位，跟踪服务次数指标完成率100%，招聘单位跟踪服务次数指标完成率100%，采集空岗信息数指标完成率104.25%；就业困难人员全面摸查完成率达到100%；为500余人次办理求职登记。

（周韦呐）

【社会治安综合治理】2021年，建国门街道整治违法群租房41处，查封日租房4处，疏解流动人口382人。处理涉及违法出租房屋“接诉即办”举报件共36件，解决率、满意率均为100%。对4169家企业单位进行安全检查，发现隐患1.31万处，下发整改通知书1380份，确保隐患全部整改。与辖区44家综合楼宇单位签订安全生产责任书，完成辖区235家单位2021年安责险推广和投保工作。张贴安全生产宣传海报1000余张，发放宣传品600余份。组织楼宇、辖区企业开展各类安全培训和演练51场，组织社区培训47场。组织调解各类矛盾纠纷61起，开展矛盾排查130次。安排各类群防群治力量2500余人次值守维稳安保和防疫工作一线。接待信访来访受理率、按期办结率均为100%。开展各类矛盾排查工作3次，化解积案4件。获评北京市信访工作先进集体（2016—2020年度）。

（周韦呐）

【社区建设】2021年，建国门街道完成第十一届社区居民委员会换届选举，直选社区占比为78%，共登记选民1.84万人，推举产生居民代表403人。开设社工正副职督导培训班，开办“彩虹学塾”志愿者培训班，开展系列社会治理试点工作，完成社会工作服务中心、社会心理服务中心、开放式社区服务空间改造、五力引航项目——京巽巷融城市更新项目、楼门治理示范点等一系列社区治理示范项目建设。开展2021年建国门街道公益创投，获区级资金支持社区项目3个，获平台项目1个。全年公益创投共培育社区社会组织10家。指导各社区共成立6个业委会，结合社区“两委”换届，重新签订服务协议。管理社区办公用房，签订合同及疫情防控、安全责任书等40余份。举办“立春文化节”，举办以社区文化团队展演为主题的“彩虹文化节”。培育支持地区39支文化团队，培养社会体育指导员148人，建设具有建国门特色的文化和体育工作体系，体育赛事覆盖全地区100余家单位、1000余人。

（周韦呐）

【党建工作】2021年，建国门街道以“奋斗百年路 红耀建国门”为主题，深入开展“学·百年党史”“话·百年辉煌”“悟·百年精神、践·百年初心”“筑·百年梦想”五大系列25项庆祝活动，举办特色主题党日等，编印《先锋集》。高效推进“我为群众办实事”活动，收集居民“微心愿”563件，形成1110项志愿服务项目清单，党员659人加入7支“我为群众办实事”志愿服务队，解决就医陪护、就业培训等一批群众关切急难愁盼问题。巩固拓展“社区+非公企业+居民”共同治理的“党建惠家”品牌，拓展到10个老旧失管小区，惠及居民1000余户。推进“七色彩虹”区域化党建联盟建设，成员单位增加至84家，“主动认领”的共建项目增至49项，开展2次区域化党建论坛。9个社区党委不断擦亮“雅阳春晖”“绿荫街巷”等党建品牌，被全国妇联授予全国文明实践巾帼志愿阳光站。完成社区“两委”换届工作。成立街道党群服务中心党委以及4个党总支，形成区域化“两新”党建三级工作机制。制订《建国门街道关于进一步规范和加强“三会一课”工作的实施意见》，进一步丰富党员活动内容形式，不断增强党的组织生活活力。新建百人以上企业工会组织7家、新发展会员1702人，街道工会职工之家和快递之家暖心驿站被评选为2021年北京市最美工会户外劳动者服务站点，完成第三届街道总工会换届工作。辖区内90%以上的团员完成注册成为志愿者并回社区报到参与街道社区治理。开展年度困境青少年54人日常精准帮扶。完成街道妇联换届工作，加强“妇女之家”阵地和组织建设。完成全国文明城区未成年人思想道德建设迎检工作。

（周韦呐）

【疏解整治促提升工作】2021年，建国门街道全年拆除违法建设37处、6043平方米，整治违法群租房41处、查封日租房4处，完成28条背街小巷整治提升。关停转型提升住宿业企业11家，疏解人口1737人，完成率187%。新建提升便民商业网点399个。如期完成全年15项任务，涉及大羊宜宾35号院老旧小区综合整治、28条背街小巷精细化提升、6000平方米违建拆除、群租房整治、新增50个共享停车位等。推动禄米仓71号·新视听创意中心文化产业园项目进行老旧厂房改造升级，成功疏解人口600人。协调产权方推动华润拆迁滞留地揭网见绿工作，10月实现1.2万平方米大面积人工绿化。

（周韦呐）

【疫情防控】2021年，建国门街道继续将疫情防控作为最重要的政治任务来抓，逐级制订疫情防控工作方案。构建思想认识到位、组织力量到位、排查管控到位、宣传科普到位、后勤保障到位的“五个到位”安全防控体系。全面落实人员管控措施。开展疫情大数据排查，至12月25日，大数据排查4.75万人次，排查第二针疫苗脱漏人员8.50万人次，第三针疫苗脱漏人员2.30万人，根据防控政策实施各类人员管控。强化街道核酸检测能力建设，制订《建国门街道全员核酸检测实施方案》，制作《核酸采样场所流程示意图》。对各类人员开展到院核酸检测和入户核酸检测，到院检测核酸1524人次，入户检测核酸704人次，全民核酸检测5.98万人。全年累计接种新冠疫苗20.15万剂，其中第一针累计接种8.46万剂次，第二针累计接种7.84万剂次，第三针加强免疫累计接种3.85万剂次。60岁及以上人群全程接种人数合计6392人，加强免疫接种人数3030人。12-17岁儿童及青少年累计接种3012人，3-11岁儿童累计接种5864人。

（周韦呐）

【西总布直管公房申请式退租】8月，建国门街道启动西总布街区申请式退租项目。编制《建国门街道西总布街区保护更新综合实施方案》，发挥党建引领作用，成立项目临时党支部，明确街道和实施主体建邦东憬公司工作职责，抽调街道各部门人员合署办公，实时协调对接各相关部门形成联动机制。作为东城区一次性启动规模最大、时间最紧、情况最复杂的退租项目，建国门街道办事处和建邦东憬公司通力合作，植根群众基础，创新服务新模式新渠道，得到居民的大力支持和认可。11月25日结束签约工作，取得直管公房申请式退租签约率90.45%的好成绩，退租居民758户，耗资近25亿元，整院退租40余座，直管公房整院退租率48.78%。

（周韦呐）

10月26日，建国门街道在缘庆书院举行西总布街区直管公房申请式退租签约仪式（建国门街道提供）

建国门街道社区居委会

居委会名称	管辖户数	负责人	联系电话	办公地址	邮编
金宝街北社区	4420	田文伟	65223061	干面胡同41号	100010
大雅宝社区	2831	谢辉	65254005	南小街18-29号南侧	100005
赵家楼社区	2379	金坤范	65139944	小羊宜宾胡同5-2号	100005
东总布社区	1636	李静	65131678	东总布胡同甲26号	100005
站东社区	1904	刘旭	85111699	柳罐胡同甲2号	100005
崇内社区	2258	胡洋	65592181	暂定西镇江胡同25号	100005
苏州社区	1778	陈雪	65139239	苏州胡同79号	100005
西总布社区	3031	李晓康	65243198	新开路胡同94号	100005
外交部街社区	3714	高晓霞	65130474	东堂子胡同47号院内平房	100005

东直门街道

【概况】东城区委东直门街道工作委员会（简称东直门街道党工委）是区委的派出机关，东城区人民政府东直门街道办事处（简称东直门街道办事处）是区政府的派出机关。东直门街道党工委与东直门街道办事处合署办公，为正处级单位。东直门街道党工委、办事处依据党内法规和法律、法规、规章及上级党委、政府授权，代表区委、区政府对辖区党的建设、公共服务、城市管理、社会治理等行使综合管理职能，全面负责辖区地区性、社会性、群众性工作的统筹协调。2021年，东直门街道推进党史学习教育，坚持以上率下，第一时间制订方案、动员部署，领导班子带头抓、带头学，分层分类进行指导推进，先后组织理论中心组专题学习10余次、街道各级党组织集中学习研讨110余场、听取宣讲活动10余次。打造东直门"紫金服务志愿团"，建立政企共赢模式。探索企业与街道共治共建，合作共赢的相处模式，全年共组织志愿团活动4次，为残疾人、失独家庭、困难儿童等提供帮助50余人次。在第30个全国城市节水宣传周组织开展主题为"坚持节水优先，推进绿色发展"的节水宣传活动，在东城区节约型机关创建评比中排名第一。东直门街道被评为北京市"应急宣传进万家"暨"安全生产月"活动优秀组织单位。

（马存智）

【城市管理】2021年，东直门街道推进老旧小区综合整治改造，列入老旧小区综合整治项目的8个小区均成立物管会并与物业公司签订物业服务协议，收取物业费用、提供物业服务。开展背街小巷环境精细化整治提升工作，针对涉及的12条街巷制订专项工作方案，施工工程当年均已完工。不断挖掘停车潜力，缓解居民停车难问题，开发东环广场地下停车场30个车位、永利国际地下停车场20个车位及工体西门立体停车场停车资源。做好道路停车综合治理、电子收费停车和老旧小区停车管理，解决胡家园路停车乱象。建设垃圾分类驿站11处、大件存放点19处、建筑渣土存放点58处，在社区设置116个桶站、小区公示牌及垃圾分类指导员60人。协助区环卫所和东直门辖区内207家物业管理单位和产权单位签订非厨余垃圾收运服务合同，签约率达82%。检查辖区住宅小区及各行业单位4930家次，责令整改248家次。发动志愿者参与盯桶工作9000余人次，组织各类宣讲151场，发放各种宣传品2.4万份，全年社区入户宣传和回访2万余户，实现入户宣传全覆盖。街道垃圾分类成绩排名始终位于全区前列，8月被评为东城区垃圾分类示范街道。制订胡同道路精细化保洁和扬尘管控工作方案，出动1.08万人次、6375车次进行道路清扫保洁、洒水降尘和平房屋顶冲洗，洒水车洒水1.32万吨，喷洒抑尘剂4052千克；处置扬尘案件1372件、环境秩序案件210件，完成空气重污染黄色预警应对5次；做好重要活动期间空气质量保障，完成年度PM2.5、TSP浓度、降尘量控制指标任务。全年街道级河长巡河24次，巡河小分队每周开展巡查，协调解决河湖生态问题。对辖区内12处点位进行绿化补植和路面硬化，涉及总面积1021平方米。

（马存智）

【民生保障】2021年，东直门街道有低保户316户、525人，发放低保金714万元；发放医疗救助171人次、救助金60万元；开展临时救助53人次，发放救助金11万元；为因病致贫人员申请慈善救助33人次；开展教育救助16人次，发放救助金3万元。办理残疾证110人，安置残疾人就业16人，发放残疾人两项补贴277人、133万元。完成残联换届工作。发放困难老年人养老服务补贴192人次、31.5万元，失能老年人护理补贴1015人次、524.2万元，高龄老年人津贴2601人次、405万元。为军队无军籍退休职工34人发放退休金236万元，取暖补贴7万元；为优抚对象35人发放抚恤金77万元，护理费12万元。至11月底，受理各类保障性住房资格申请209户，完成公租补贴复核210户、市场租房补贴复核170户、公租资格复核577户、市纪委补贴专项核查301户，完成市场租房补贴合同审核114户、公租补贴新增登记发放42户。全年办理生育登记258例、流动人口两孩以内生育登记38例，发放独生子女父母年老一次性奖励132人、13.20万元，发放特扶家庭一次性经济帮助9人，办理新生儿出生上报343人。年初及时完成特扶家庭112户、159人的申报和年审。做好全员人口信息系统、流动人口信息系统的各项信息采集和数据统计，系统关键数据项信息准确率均达到96%以上。全年为辖区内老人提供巡视服务3302人次，助餐服务1.81万人次，维修、助浴、理发等服务2728人次。承接国家"失能失智"干预项目，与鼓楼医院合作为老年人进行评估建档、讲座义诊和健康干预训练。开展智能手机使用、法律、健康讲座等30余场，累计参与750人次。动员地区人大代表、商会会员等社会力量参与街道扶贫工作，至年底，已向北京市怀柔区渤海镇四渡河村捐赠价值2.17万元物资，向内蒙古自治区化德县德包图乡捐赠价值2.19万元物资，向对口帮扶地区捐款11.90万元。

（马存智）

【社会治安综合治理】2021年，东直门街道动员机关、社区干部、治安志愿者及各类安保力量3121人次参与禁放值守工作，完成元旦、春节禁放任务。全国"两会"期间，发动治安志愿者、在职党员、民兵3550人次参与守望岗值守工作。各社区加强值班巡逻和邻里守望，发动社区群防群治力量8万余人次参与社会面防控执勤，聘请专业保安力量日夜不间断防护东直门交通枢纽、东四十条桥等重点区域，在全国“两会”等重要节点聘请保安80人加强地区重点路段、重要场所防控。推进“智慧平安小区”工作，选取十字坡东里、西里等5个小区为试点小区，扎实推进第二阶段试点工作。完善以提前预警、群防群治、重点管理、化解纠纷为内容的多元防控模式，构建及时高效、紧密强力的防控体系，保障辖区安全稳定。加大对施工工地、交通枢纽等重点场所的安全生产和消防安全检查力度以及对建筑施工、燃气、地下空间等重点领域的安全监管，至年底，共检查生产经营单位3592家次，出动执法检查人员7184人次，开具整改单1255份，整改各类隐患2494处。组织专职安全员在日常检查中同步推进各项安全生产基础工作，年度隐患排查系统推广达到100%，安责险投保280家，超额完成全年任务。推进“两个通道”治理。持续开展居民楼道内可燃物清理，畅通逃生疏散通道。推进老旧小区消防车通道管理，完成辖区内所有小区消防车通道画线。街道原有液化石油气非居民用户16家，“七一”前全部完成“三改”工作。全面开展电动自行车安全检查2500余次，确保排查全方位、全覆盖、无死角。探索重大特殊时期信访工作机制，推动形成“多网访、少走访”的信访工作导向，全年受理群众来信来访237件次。参加3次市区级信访培训，在线上线下开展信访宣传日活动4次。

（马存智）

【社区建设】2021年，东直门街道完成社区“两委”换届选举。10个社区登记选民2.96万人，产生居民代表575人，通过差额选举产生第十一届社区居民委员会成员78人，完成社区居委会换届选举。开展社区工作者招考，正式招录社区工作者34人。申请社区“领航员”培养计划项目并获得立项支持，开展培训8次。完成社区112个社会组织的网上备案和星级评定，工体社区党员先锋队等10个社区社会组织获得东城区品牌社会组织称号。指导社区完成区公益创投项目，开展高龄老人益智、“彩虹儿童早教”活动等。全面打造街道社会心理服务中心，完成各种规模的活动近100次，受益居民近2000人。成立业主组织71个，69个小区实现规范专业物业服务，2个实现准物业服务，业主组织、物业服务覆盖率均达100%。新成立4个业委会和10个业主大会，至年底，共有6个业委会和13个业主大会。建立“双派遣”三级督办机制，强化街区、社区、网格和职能部门协调、配合、联动能力。全年处理“接诉即办”1.16万件，区级考核成绩89.64分，“接诉即办”工作开展情况被北京电视台报道5次。

（马存智）

【党建工作】2021年，东直门街道组织百姓宣讲团到社区开展“永远跟党走”宣讲，在街道微信公众号“幸福东直门”开辟专栏，开展党史知识竞赛、红色教育基地参观、红色观影、文艺汇演、建党百年书画笔会等多种形式活动。落实“我为群众办实事”，形成街道68项任务清单，至年底完成60项。围绕群众身边的困难事、烦心事，广泛征求居民微心愿，共征集“微心愿”50个，均办理完成。全年发展党员26人，利用“党员E先锋”系统完成党员组织关系转接325人。开展党支部标准化规范化建设“5+X”专项检查，形成问题清单并及时进行整改。开展“两优一先”评选表彰工作，召开表彰大会。走访慰问生活困难党员，节日期间走访慰问党员188人，发放慰问金31.32万元。发挥基层党建引领带动和“双报到”机制作用，动员社会力量主动参与社区建设，开展社区疫苗接种宣传、垃圾分类盯桶、周末卫生大扫除等活动，在共建共治中提升社区党建工作水平。完成党群服务中心党委—商务楼宇党总支—“两新”党支部的区域化“两新”党建三级工作机制改革，成立党群服务中心党委、3个楼宇党总支和1个“两新”党支部，建设楼宇党群服务站党建示范点。联合完美公司承办“完美守护包”公益活动，发放“完美守护包”2000个，价值200万余元，完美（中国）北京分公司党支部“完美聚力”党建品牌获评北京市100个“党建强 发展强”党建品牌之一。做好新形势下宣传工作，牢筑思想政治基础。举办专题宣讲报告会4场，各级党组织开展集中学习研讨110余场。开展“永远跟党走”百姓宣讲11场。全年在《光明日报》、《北京日报》、人民网等报刊和主流媒体刊载文章100余篇，在北京电视台、北京广播电台等媒体平台播出报道22次，在微博、微信、APP累计发布信息800余条。推荐“东城榜样”等先进评选表彰候选人15人。组建工会9家，新建暖心驿站5个，新增会员1021人。开展冬送温暖夏送清凉活动，慰问总金额19.60万元。开展职工观影、义务理发、关爱户外劳动者、“迎新年，送温暖，助力扶贫”等活动，发放1000份扶贫礼包。青年志愿者100余人完成建党100周年志愿服务保障工作，累计服务时长700余小时，服务群众1000人次。动员4家区域化团建单位青年志愿者参与义务指路志愿活动，开展“礼让斑马线”“青春伴夕阳”等志愿服务项目，累计服务人群3000人次。开展“小巷管家”“光盘行动”“星光自护”“2021新青年榜样宣讲”等特色活动，月均开展活动3次，覆盖青年700余人。完成第十一届社区妇联和第十四届街道妇联选举工作。全年围绕三八妇女节、母亲节、六一儿

6月30日，东直门街道在街道养老驿站举办“七一”表彰大会
（赵婷婷摄）

童节、寒暑假期开展活动73场、服务870余人。全年走访辖区统战人士175人、慰问金额1.66万元。组织辖区商会会员单位、非公企业中的统战人士参加中国共产党成立百年庆祝活动，完成庆祝大会观演任务。

（马存智）

【疏解整治促提升工作】2021年，东直门街道严格执行目标责任书，深入推进“疏整促”专项行动。围绕全年疏解整治促提升目标任务，采取“三重一大”形式分解部署工作任务。疏解涉及人口679人，完成率104%；拆除违法建设16处，涉及面积2616.39平方米，完成率109%。完成胡家园东区综合服务楼项目竣工清理，涉及面积1.34万平方米，人口减少120人；完成群租房整治10处，涉及人口减少71人。认真落实核心区控规要求，持续推进街区更新改造。抓好“百街千巷”精细化提升，针对纳入区“百千办”背街小巷精细化提升工程范围的11条背街小巷，采用“微而新”举措，完成精细化提升设计方案，进入施工阶段。推进老旧小区综合整治改造，北二里庄申请式退租项目有序开展，签约期顺利结束，共完成签约户数47户，腾退出5个整院，完成比例占北二里庄总户数的65%。

（马存智）

【疫情防控】2021年，东直门街道持之以恒做好常态化疫情防控，落实“四方责任”，严格做到“外防输入、内防反弹”，加强对楼宇和社区的防疫管控。做好应急处突预案。1月在辖区内设立5个核酸检测点，检测人数共计4.76万人，完成率达144%；10月开展重点人群核酸检测，共采样9543人。持续开展大数据及自摸排人员的核酸检测及隔离工作，排查入境人员、高风险地区外来人员及关联人员1.70万余人，统一安排核酸人数4887人次（含外区），其中上门核酸2422人次，组织集中隔离271人、居家隔离882人。开展新冠疫苗接种“攀登行动”、“登峰行动”、加强针“冲刺行动”等专项工作，在辖区楼宇、社区广泛宣传，全力发动群众做到应接尽接、愿接尽接，提前完成6.50万人的目标任务，接种率超过80%。至12月12日，东直门街道接种点共完成新冠疫苗第一针剂接种7.53万人，第二针剂接种6.06万人，第三针剂接种3.67万人。12-17岁人群第二针剂接种累计接种达3315人，60岁以上人群第三针剂接种累计达4540人。通过智能外呼系统平台成功发送第二针剂接种提醒短信5.19万条，第三针剂接种提醒短信2.11万条，最大程度实现辖区内疫苗的“应接尽接”。

（马存智）

【楼宇经济发展】2021年，东直门街道辖区内纳入区重点监测的楼宇共计26栋，入驻企业1206家，企业员工2.15万人，防控责任重大。街道继续严格落实楼宇园区“双楼长”制，要求物业、企业做到“三建”，即建立人员排查台账、建立责任人制度、建立零报告制度，提升排查效率。开展疫苗接种工作，对有大批量接种需求的企业安排疫苗接种专场，提升楼宇企业接种率。楼宇第一针、第二针疫苗接种率达90%以上，加强针接种率达75%以上。协助楼宇开展招商引资，提供平台、资源，通过党建活动、共治共建提高楼宇曝光率，吸引优质企业入驻。全年共为楼宇对接39户优质企业洽谈招租事宜。引导异地税源企业回迁，加强税源建设。发挥税务派驻专员作用，健全异地纳税企业发现机制。结合楼宇入驻信息排查核对税务信息，主动发现异地纳税企业23户。通过走访、座谈为企业提供服务、解决困难。走访重点异地纳税企业57户次，解决企业需求23件，引进税源2300万元区级税收，完成全年2000万元区级税收的税源建设任务。及时处理企业在“紫金服务”APP上提出的诉求。加强与辖区中小企业的沟通联络，通过走访、座谈、早餐会、下午茶等方式，提升政企互动的黏度与广度。至年底，共组织紫金超市活动49次。履行紫金专员驻企职责，拉近政企距离。充分发挥紫金专员作用，为企业提供及时、贴心的“一线”服务，共收集企业需求25件并全部办结。

（马存智）

东直门街道社区居委会

居委会名称	管辖户数	负责人	联系电话	办公地址	邮编
胡家园社区	2978	张萌	64675276	东直门外小街47号	100027
新中西里社区	1523	王华	64172129	新中西里社区10号楼对面平房	100027
东环社区	3050	石威	64166798	东直门南大街4号楼一层	100027
十字坡社区	1577	王瑞新	64167798	十字坡西里10号楼迤北-2	100027
清水苑社区	1625	宋淑贤	64653698	东直门北大街甲6号院一号楼南侧	100027
东外大街社区	3593	栗有华	64170442	春秀路小区17楼东侧平房	100027
工体社区	3420	吴濛	65529172	王家园胡同37号1楼二层	100027
东外大街北社区	1547	高明发	64673320	东直门外察慈小区15号楼一层	100027
香河园北里社区	2703	焦燕	64616394	东外香河园北里华夏出版社东侧	100028
新中街社区	1930	张颖	64165396	新中街四条乙20号	100027

和平里街道

【概况】东城区委和平里街道工作委员会（简称和平里街道党工委）是区委的派出机关，东城区人民政府和平里街道办事处（简称和平里街道办事处）是区政府的派出机关。和平里街道党工委与和平里街道办事处合署办公，为正处级单位。和平里街道党工委、办事处依据党内法规和法律、法规、规章及上级党委、政府授权，代表区委、区政府对辖区党的建设、公共服务、城市管理、社会治理等行使综合管理职能，全面负责辖区地区性、社会性、群众性工作的统筹协调。2021年，和平里街道开展“我为群众办实事”实践活动，围绕疫情防控、城市治理、老旧小区综合整治等重点任务不断提高居民获得感、幸福感、安全感。完成全国“两会”、中国共产党成立100周年庆祝活动等一系列重大安保维稳工作。全年一般程序案件立案402卷，罚款73.95万元；简易程序案件立案319卷，罚款2660元；书面警告180人次。开展普法宣传，组织各类普法宣传、法治讲堂、普法讲座155场。持续优化营商环境，成立和平里街道财源专班，引进唐山冀东水泥股份有限公司北京分公司、水电水利规划设计总院有限公司等优质企业，发挥紫金服务管家和驻企专员作用，联系服务企业700余次，走访120余次，座谈59次，收集并解决需求65个，超额完成2000万元税收和1200万元实际入库任务。获全国民族团结进步先进示范单位、2016—2021年度北京市信访工作先进集体、全民健身运动优秀组织等称号。

（邵梓涵）

【城市管理】2021年，和平里街道办理市民热线“接诉即办”案件7757件，月均响应率96.21%，解决率69.67%，满意率84.84%。处理城市管理平台案件4.40万件。安装旧衣物回收箱103个，完成东河沿启方小区等3个小区定时定点投放、收集、转运试点工作，完成黄寺大街4号院垃圾不落地试点，建成启用5个垃圾驿站，动员9836人次参与“党建引领当先锋 桶前值守我先行”桶前值守活动。检查垃圾分类主责单位5888家次、个人626人次，整改问题281起，立案处罚133起。持续推进停车管理，认证路侧停车位1119个，协调共享停车位95个，挖掘街巷停车资源166个。进一步推进小区停车自治，指导各社区成立居民停车自管会，聘请第三方管理，实现交通社区停车数量90辆、七区社区800余辆、地坛社区150辆。深化小区物业管理，将110个小区在网上绘制点位图，实现市区街三级共享，协调物业与居民关系，妥善解决各类问题。建立由街道工委书记和办事处主任为总指挥，辖区单位为成员的街道防汛指挥体系，开展防汛演练2次。建立与共享单车公司的常态化联络机制，处理共享单车乱停放等投诉案件200余件。持续推进PM2.5和降尘量降指标，实现PM2.5年均浓度33微克/立方米，TSP（粗颗粒物）年均浓度92微克/立方米，累计降尘量3.7吨/平方公里·月。广泛开展节水宣传，发放节水宣传材料2000余份，组织辖区单位参与全国节约用水知识大赛。开展除四害工作，为辖区20个社区发放蟑胶饵3000支、灭蚁胶饵750袋、粘蟑板4800张、粘鼠板600张、蚊香液40套、电蚊拍40个、喷雾器20个。发挥小巷管家作用，解决事项1.27万件，上报事项3073件。

（邵梓涵）

【民生保障】2021年，和平里街道有低保297户、427人，发放低保金54.59万元；特困供养25人，发放供养金7.5万元；低收入人员6人，发放救助金3000元；困境儿童8人，涉及金额15.44万元；医疗救助310人次、72.3万元；临时救助11人、救助金额5.18万元；应急救助13人次、1.65万元；对符合条件的残疾人292人发放残疾人生活补助215.3万元。完成新受理住房保障资格260户，资格变更120户，廉租房年度复审44户，公租补贴复审220户，保障性住房核查325户。辖区内60岁以上老年人有3.34万人，发放高龄津贴、失能老年人护理补贴、困难老年人养老服务补贴共计2600万元。完成残疾人信息采集，持证残疾人2911人。召开和平里街道残疾人联合会第三次代表大会，选举产生新一届主席团及街道残联执行理事会理事长。开展康复安全宣传教育活动16场，开展线上线下融合活动86场，全年为残疾人提供各类服务1.52万人次。开展生殖健康进企业、进楼宇活动，节日期间走访慰问计划生育特扶人员，并送上慰问金。处理劳动纠纷82起，追讨欠薪1828万元。以中国共产党成立100周年为契机，开展送文化、送健康进军营双拥活动。举办“5·6”民族团结日活动。

（邵梓涵）

【社会治安综合治理】2021年启动社会面一级防控47天、二级防控5天，发动志愿者2.44万人次参与守望岗值守，对9座过街天桥、3条地下通道、4条重点大街、7个地铁口及周边区域重点管控，完成全国“两会”、中国共产党成立100周年庆祝活动期间社会面稳控工作。稳步推进智慧平安小区建设，完成第一期13个小区的收尾工作及第二期16个小区的建设工作，启动第三期8个小区建设。成立街道、社区两级反电信诈骗工作领导小组，在20个社区内建立反诈宣传队伍，开展反诈宣传74场，印发反诈宣传手册2万本。对74家涉地下空间、人防设施有关单位进行督导检查，发现整改问题14处。深入开展扫黑除恶专项斗争，对借贷公司、酒店宾馆、SPA按摩等重点行业重点监管，联合城管执法队对“黑车”、“黑摩的”、无照游商等秩序乱象进行清理整治。接管社区康复、社区戒毒人员27人，为符合条件的有吸毒史人员42人申请低保、有吸毒史人员56人申请廉租房，开展禁毒宣传52次。接收社区矫正对象15人，解除14人。组织社区发放反恐宣传材料3000余份，在明德幼儿园组织开展反恐演练。在除夕、元宵节等重点时段开展烟花爆竹禁放管控，发放宣传材料2.15万份。完成消防车通道画线、消防井盖描红，对重点单位场所开展消防隐患专项整治，发动社区摸排独居老人、残疾人、卧床病人等火灾防控重点人61人，进行一对一实名制看护帮扶，清理老旧小区、平房院落可燃物58吨，排除消防安全隐患60余起。开展平安院落火灾防控专项工作，发动群防群治力量253人，评选“楼门院长”12人，开展实地演练11次，增配灭火器91具、灭火弹5只、独立感烟探测器14个。开展电动自行车集中专项整治行动，清理违规停放电动车529辆，整改隐患问题137起，在小区内安装电动车充电桩，辖区共有充电装置286处，可供2183台电动车同时充电。受理信访平台案件86件、访件26件，接访63起。开展矛盾排查1400次，化解矛盾纠纷13起。

（邵梓涵）

【社区建设】2021年，和平里街道完成对20个社区第十一届居委会换届选举，全民直选或户选代表达80%，本土化比例达43.9%。完成街道科协换届选举，29人当选新一届委员会委员。完成2个楼门治理市级示范点、1个市级社区议事厅示范点、1个“社区之家”市级示范点、1个社区服务空间开放式市级示范点建设工作。启动社区治理“合众计划”项目，开展居民议事协商195次，解决小区安装智慧社区人脸识别系统、垃圾分类、停车管理、安装充电桩等问题。指导社区申报区级公益创投项目，1个街道级平台建设项目、5个社区级公益创投项目成功落地。新培育40支社区社会组织，街道共有社区社会组织239支，其中五星级13支、四星级22支、三星级7支。开展首都市民系列文化活动112场、社区公共文化活动82场，组织开展“守红色初心 迎北京冬奥”2021和平里街道群众文化展演季活动，联合区文联开展“曲艺专场进社区”文艺演出。新建社区健走步道28公里，组织开展“灿烂春风赏花季”健步行、“冬奥大讲堂”系列活动等，带动基层单位、社区居民开展各种形式的健身活动，全年参加

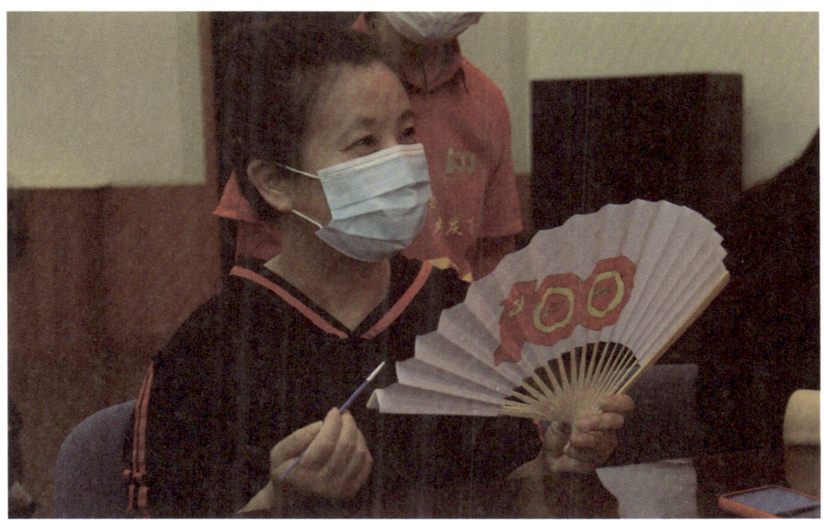

6月9日，和平里街道妇联与东城区巧娘协会联合举办“感党恩 颂党情”画扇面活动（和平里街道提供）

健身的居民达总人口的54%。举办以“百年回望：中国共产党领导科技发展”为主题的科技活动周，开展科普参观、科普小实验、科普之春等线下活动20场。深化“扫黄打非”工作，加大对辖区实体书店的执法检查力度，开展“绿书签”护苗、清朗、净网系列专项行动40场。

（邵梓涵）

【党建工作】2021年，和平里街道推进党史学习教育走深走实，全年理论中心组学习24次，开展交流研讨4次，组建“和平之星”百姓宣讲团，组织辖区道德模范人物、基层党员、公共文明引导员开展党史宣讲100余场；发挥线上媒体宣传教育优势，在“东城和平里”微信公众号开设党史学习专栏，推送学习资讯和专题报道40余条，浏览量达4000人次，举办讲红色故事线上接力活动，吸引青少年读者150人参与。以中国共产党成立100周年为契机，开展理论研讨、教学宣讲、参观学习等活动，召开和平里街道“两优一先”表彰大会，为“光荣在党50年”老党员代表1498人颁发纪念章；开展“我为群众办实事”实践活动，完成35项重点民生项目。新发展党员36人，预备党员转正23人。完成2021年社区党委（总支）班子换届，组织社区89个基层党支部全部完成换届。申报市级困难党员5人、区级困难党员24人、街道级困难党员116人，发放慰问款18.4万元。开展群众性主题宣传，微信公众号推送图文260余条，市区级媒体、《新东城报》报道28篇，《北京日报》、《北京晚报》、人民网、《北京社区报》等媒体报道69篇，北京电视台、北京广播电台等采播电视广播新闻12条。完成新一届社区妇联换届，选出新一届执委38人。走访慰问辖区困难单亲母亲14人，开展“春蕾计划”募捐活动，辖区单位40余家、干部群众1000余人捐款5.74万元，上交北京妇女儿童发展基金会。推出和平里新业态新就业群体党建品牌“和煦暖蜂”。举办主题团日活动16场，完成社区20个团组织及机关团委换届，向困难青少年12人发放慰问金9600元。成立和平里街道商会经济发展促进会、和平里商学院，引导统战人士参与街道和社区建设。打造以交林、东河沿、七区等为代表的民族团结先进示范社区，举办“石榴花开映党旗 五个东城献华章”和“弘扬民族团结 共庆建党百年”主题活动，300余人参与。

（邵梓涵）

【疏解整治促提升工作】2021年，和平里街道全年拆除违法建设60处，拆违面积6122.63平方米。完成和平里中街14号楼老旧小区综合整治项目，实现外墙节能改造800平方米、上下水管线改造15趟数，屋面防水300平方米。按照首都核心区控规三年行动计划相关要求，组织责任规划师完成安贞苑、青年湖2个街区更新单元实施方案的编制。快速处置“12345”、市级卫星监测违法线索，对违建行为一经发现立即查处，实现违规“开墙打洞”动态清零。深入排查群租房乱象，受理、处置群租房案件44件，清理群租房11处。

（邵梓涵）

【疫情防控】2021年，和平里街道常态化开展新冠肺炎疫情防控，排查来京返京人员2.65万人，管控1.16万人。对重点行业、辖区居民、驻街单位等开展大规模核酸检测2次，检测14.38万人次。开展大数据、自摸排核酸检测8140人次，入户核酸检测636人次。累计动员接种疫苗33.50万剂次。对商务楼宇、商场超市、餐馆食堂等“三类场所”开展疫情防控执法检查7297次，对未严格落实防控措施的单位责令整改419家，公示警告36家。

（邵梓涵）

6月28日，和平里街道召开“两优一先”表彰大会，表彰街道先进集体和先进个人（桑静摄）

和平里街道社区居委会

居委会名称	管辖户数	负责人	联系电话	办公地址	邮编
安德里社区	3236	安强	84138422	安外六铺炕甲7号	100011
安德路社区	2041	韩梅娜	84133562	安德路47号院5号楼北侧平房	100011
安贞苑社区	1679	张宗强	64441201	安贞苑社区安定路20号院临七楼一层	100013
地坛社区	2357	张玉兰	64226182	地坛北里9号楼一层南侧	100013
东河沿社区	1823	邵伟民	64255840	安外东河沿乙6号楼	100011
二区社区	2097	李国	84221986	和平里中街3号院1号楼一层北侧	100013
和平里社区	4028	李扬逸	84214298	和平里六区7号楼	100013
化工社区	1333	鞠苏华	64291097	兴化东里23号楼地下室	100013
黄寺社区	1136	单国华	66740648	黄寺大街甲1号	100011
交林社区	2035	李微	64292535	和平里东街10号院东南侧	100013
上龙社区	2613	李雅坤	84129989	安外上龙西里29号楼下平房	100013
民旺社区	4987	崇凯军	84214137	和平里民旺园8号楼西侧	100013
七区社区	2282	邓海红	64228347	和平里七区16号楼北平房	100013
青年湖社区	1775	李梦捷	84136505	青年湖东里9号楼北侧社区卫生站2层	100011
人定湖社区	1212	吴华	62013450	安德里北街甲25号院9号楼1层	100011
西河沿社区	2851	丁开宇	84116346	安外西河沿18号楼后平房	100011
小黄庄社区	3280	赵跃桀	84286550	小黄庄一区13号楼东平房	100013
新建路社区	2350	陈雨	84112941	安外大街3号院	100011
兴化社区	2422	卢钒	64289631	兴化西里8号楼前平房	100013
总政社区	3630	任霞	66794475	安德里北街21号	100120

前门街道

【概况】东城区委前门街道工作委员会（简称前门街道党工委）是区委的派出机关，东城区人民政府前门街道办事处（简称前门街道办事处）是区政府的派出机关。前门街道党工委与前门街道办事处合署办公，为正处级单位。前门街道党工委、办事处依据党内法规和法律、法规、规章及上级党委、政府授权，代表区委、区政府对辖区党的建设、公共服务、城市管理、社会治理等行使综合管理职能，全面负责辖区地区性、社会性、群众性工作的统筹协调。2021年，推动前门商圈改造升级，制订《前门商圈改造提升行动计划》，出台《前门商业区业态发展导则》，在功能定位、风貌保护、业态升级、商业繁荣、城市管理等方面做好规范和提升，推动沉浸式文化体验项目落地，助力传统老字号商业升级。结合中轴线申遗活动和冬奥会，开展第五立面和夜景照明改造及环境整治行动。开展引企促税工作，2021年，完成税源实际入库939万元，完成进度521%，位列全区

11月6日，居民在东城区人大换届选举第九十三选区（前门西区单位联合选区）选举站投票（李秀摄）

第二。完成新一届区人大代表换届选举。打造基层民主协商议事平台，完善社区小院议事厅，小板凳恳谈室，居民议事会章程、制度，全年各社区召开协商议事会92次。完成一般性执法案件公示审核110件和重大执法审核4件，规范执法监督。

（徐　婧）

【城市管理】2021年，前门街道完成前东小街口袋花园、桥湾地铁站广场空间改造项目，建成“美丽院落”11个；疏解人口204人。加大生产生活环境整治，拆除违章建筑1387.29平方米，实施“揭网见绿”行动，揭网拆迁空置地22块、5.19万平方米；施行“三定”执法模式，对非法经营、非法夜间施工等行为开展执法检查，立案122起、罚款9.73万元；制订车辆认证办法，公平分配车位，开拓停车资源，协商优惠停车，办理各类优惠停车手续769人次；深化垃圾分类法规入户宣传，发动党员参与垃圾桶值守，配备桶站、驿站值守力量，改造提升分类设施，开展垃圾分类执法检查，查处违法行为38起、罚款7.34万元。加强大气环境整治。对施工扬尘、饭店排烟等污染因素加强巡查，立案17起、罚款4.18万元。落实河长制，完成煤改电补贴审核、档案录入和资金发放。把“接诉即办”作为基层治理重点，深化“未诉即办”机制，重点案件提级办理，完善信息共享机制，提高办案效率。“接诉即办”全区三率综合考核进入前三名。平房区物业将“为民办实事”工作落到实处，每日对地区公共区域用水、用电、消防设施进行检查，对地区老旧房屋、墙面破损等情况进行日常巡查。科学有效做好疫情排查、预警、联防联控等工作。

（徐　婧）

【民生保障】2021年，前门街道优化政务服务环境。以规范化、一体化、全时化服务为重点，通过完善流程、加强监督、深化“一门一窗”办理改革、推行延时服务机制，解决群众办事难的痛点难点问题。做好就业失业管理工作，全年采集空岗信息1500个，为230人次办理求职登记手续，城镇登记失业人员259人实现再就业；健全协调劳动关系三方机制，依法处理追讨拖欠民工工资事件6起，追回资金280万元。搞好社会保障服务，为居民办理参保、续保、医药费报销等相关手续4000余人次，为社会化退休人员提供劳动关系接转等服务2000余人次；搞好住房保障服务，全年受理廉租房保障35户、64人，公租房保障274户、461人。落实生育政策，募集“博爱在京城”善款。对60岁以上老人，根据需求，提供9类普惠式服务6771人次，巡视探访独居老人93人、6090人次。

（徐　婧）

【社会治安综合治理】2021年，前门街道把中国共产党成立100周年庆典活动区安保维稳和服务保障作为首要任务，通过车辆清移安置、隐患排查治理等措施，实现地区安全稳定目标。坚持抓早抓小、抓住重点，对地区生产经营单位进行不间断安全检查，实施100%覆盖。重视防火安全，开展一警六员培训，启动隐患排查专项行动，检查单位760家次，累计发现隐患441处，约谈生产经营单位45家、罚款12万元。开展地区社会面环境整治，对月亮湾、前门步行街等重点地区进行防控，稳固地区安全基础，至10月底，累计发动群防群治力量2200余人次，治安拘留22人、刑事拘留6人、行政拘留39人。坚持处级领导包案和信访联席会制度，开展信访矛盾纠纷大排查行动，加强预判分析，避免矛盾上行，杜绝个人极端行为，确保地区信访局势稳定。前门街道获年度“平安东城建设考核”优秀等次。

（徐　婧）

【社区建设】2021年，前门街道深化社会主义核心价值观教育，举办“永远跟党走”百姓宣讲活动，利用地区爱国主义教育基地，打造“沉浸式参观体验+行进式党史知识讲座”特色品牌，以草厂胡同、三里河等老城更新改造示范成果展凝聚共识，引导地区群众树立中国特色社会主义共同理想。打造基层民主协商议事平台，完善社区小院议事厅、小板凳恳谈室、居民议事会章程制度，畅通群众利益表达渠道，推动民主选举、民主协商、民主决策、民主管理、民主监督在社区自治组织中落实，全年召开协商议事会92次。把文明城区迎检融入城市环境治理，聚焦群众普遍关切、社会反响强烈的重点难点问题，通过全员参与、氛围营造、文明引导、专项执法改善城市环境面貌，健全长效管理机制，提高社会文明程度，让居民有更多的获得感和幸福感，2021年，文明城区复检顺利通过。开展全民健身活动，举办科普知识讲座。为群众提供品质化、多样化公共文化服务，全年以线上线下形式，举办各类群众文化活动190场次，服务群众4508人次。举办“同心向党 和谐邻里 喜迎冬奥 和谐社区”第三届社区邻里节，通过歌舞联欢、达人秀等活动，传递和睦邻里、文明邻里、情理邻里理念，吸引居民走出家门，互动交流，推动形成共建共治共享的社区治理共同体。

（徐　婧）

【党建工作】2021年，前门街道理论中心组学习25次，宣传地区党史学习教育、疫情防控、人大换届、文明城区创建、社区治理等工作取得的新成绩、新经验，全年编发《前门》报24期、微信公众号推发信息386条，在市级（含）以上媒体发稿190余篇，区级80余篇。召开意识形态工作通报会，完善“前门街道媒体采访和拍摄流程”等相关规定，规范政务新媒体信息发布管理流程，开展“扫黄打非”宣传活动，确保意识形态领域安全。做好舆情监测、反馈及信息收集，全年累计处理舆情100余条。把党史学习教育作为思想政治建设的重点，以“百年奋斗史 实干前门人”为主题，开展“百年回望”“星耀前门”“爱街爱民”“新兴启航”4大系列16项活动。开展“我与居民面对面”“党员包户邻距离”“支部结对我帮您”等活动，将群众找上门变为党员上门找，解决居民关注的热点、难点问题，面对面活动共梳理为民办实事清单23项，接待居民200余人，征集问题120个，解决问题110个。推进基层党组织规范化建设，完成党代表选举和机关党支部补选，举办新一届社区党组织班子成员培训，规范入党积极分子培训机制，做好人户分离党员的管理，开展“两优一先”评选工作。选举产生地区新一届工会组织，举办职工沟通会40余场，发展新业态从业人员会员600人，集体合同数据覆盖率和录入率均达100%；加强以“魅力前门”为品牌直接服务青年的社区青年汇平台建设，全年开展活动26场，覆盖青年600余人次。开展廉政教育，压实主体责任。逐级签订落实全面从严治党主体责任任务清单，强化班子成员、部门负责人“一岗双责”意识。定期公开“三公”经费和“六费”支出，落实领导干部述责述廉制度，全程监督科级干部轮岗交流、职级晋升工作。严肃查处地区违纪违法案件2起，处理党员2人。

（徐　婧）

【疏解整治促提升工作】2021年，前门街道以拆违促提升、以疏解促发展，以平房院落修缮整治为抓手，开展拆违整治工作。1月至10月街道共拆除违法建设1387.29平方米，完成人口疏解204人，完成年度任务的115.61%。加强重点地区巡查，对新生违法建设“零容忍”，“12345”线索核实164件，逐步消除存量违法建设，报送拆违信息30余篇。草厂社区被评为无违建社区创建。聚焦重点区域，保障“两件大事”，牵头天街集团开展“揭网见绿”工作，组织开展全面摸排苫盖绿网的地块情况、细化土地权属单位，反复沟通权属单位，至10月底完成地区22个地块、5.19万平方米的揭网。配合区拆违办完成地区最新953处图斑核验任务，协调各社区、医院、学校、驻街单位，全部入户逐一核验，最终确认图斑932处。

（徐　婧）

【疫情防控】2021年，前门街道强化公共卫生和健康服务，贯彻落实外防输入、内防扩散的方针，统筹推进新冠肺炎防疫宣传、疫情排查、核酸检测、疫苗接种、中高风险地区来京人员隔离转运工作。全年制发宣传品1.40万余份，发动群众1.97万人次；2次核酸检测分别完成区下派任务163%、128%；接转大数据名单1300批、8574人，落地724人，在库健康监测14人；疫苗接种第一针2.86万人、第二针2.38万人、加强免疫针1.43万人。

（徐　婧）

前门街道社区居委会

居委会名称	管辖户数	负责人	联系电话	办公地址	邮编
前门东大街社区	936	冯杰	67025827	前门东大街甲12楼	100005
草厂社区	865	李峥	67022351	草厂十条35号	100005
大江社区	827	李文生	67017732	北芦草园81号	100005

崇文门外街道

【概况】东城区委崇文门外街道工作委员会（简称崇文门外街道党工委）是区委的派出机关，东城区人民政府崇文门外街道办事处（简称崇文门外街道办事处）是区政府的派出机关。崇文门外街道党工委与崇文门外街道办事处合署办公，为正处级单位。崇文门外街道党工委、办事处依据党内法规和法律、法规、规章及上级党委、政府授权，代表区委、区政府对辖区党的建设、公共服务、城市管理、社会治理等行使综合管理职能，全面负责辖区地区性、社会性、群众性工作的统筹协调。2021年，崇文门外街道举办理论中心组集中学习23次，其中党史学习专题14次，开展各级学习培训专题讲座6场、党史宣讲3次。签订意识形态责任书44份，召开意识形态领域分析研判会2次，在中央、市、区级媒体刊发报道91篇，利用崇外在线公众号发布各类宣传信息652条。全年召开书记碰头会26次、工委会54次、主任办公会34次，确保各项决策科学民主。全地区全年分出厨余垃圾3546.64吨，平均分出率20%以上。探索“互联网＋全过程管理”方式创新。在崇西、新世界2个小区率先试点视频监管和语音播报系统，部署26个监控探头，2个试点小区居民参与率均达90%以上，准确投放率达80%以上。推动垃圾分类示范小区创建。新怡家园等5个小区获评北京市生活垃圾分类示范小区。

（王　颖）

【城市管理】2021年，崇文门外街道组织开展夜查行动25次，参加联合夜查行动6次，立案处罚施工工地3起、违规运输车辆50起。对液化气非居民用户及供应企业开展全覆盖执法检查，更新燃气管理台账、排查8098家次、处罚45起。牵头组织非法运营集中整治23次，没收违规三、四轮车17辆。处理城市管理网格派件、重大活动服务保障、文明城区复检环境清理，协助完成“党员周末大扫除”废弃物清运392车。进行绿植补栽补种346平方米、累计苫盖1.75万平方米，硬化裸地600平方米，有效改善辖区绿化环境。结合季节特点和重大活动保障，先后2次对辖区重点区域喷洒抑尘剂，累计喷洒面积20万平方米；清扫屋顶1.7万平方米。全面掌握辖区188家餐饮企业经营及油烟排放情况，结合油烟巡查APP每月对辖区重油餐饮企业进行4轮检查。新增、修复非机动车停放区125处，施画非机动车标线2959.9米，建设电子围栏48处，最多可容纳2251辆单车。汛期排查危险树木，在办理相关手续后伐除17株危险树木。组织辖区物业开展白蛾防治，累计出动高压打药车205车次、打药人员505人次，对辖区绿植打药5300余千克，处置受害林木215棵。按照最新标准建设桶站，设置大件废弃物、装修垃圾暂存点，地区11座生活垃圾分类驿站全部投入使用。

（王　颖）

【民生保障】2021年，崇文门外街道完善全员人口信息库基础信息，生育登记信息采集录入准确率达99%，全年完成新生儿出生数据465条，100%完成妇幼数据比对核查上报。完成北京市卫健委计划生育家庭特别扶助对象和享受独生子女父母奖励对象数据更新，100%完成各项奖励费电子档案扫描入库。按时开展特别扶助对象年审及申报，发放特别扶助金141人次，做好节日慰问及各类服务。落实独生子女家庭各项奖励政策。发放独生子女父母奖励费16.66万元。办理独生子女父母光荣证6个。新办残疾证56人，升级增项、丢失补办残疾证33人。协助区残联发放个体就业残疾人社会保险补贴59人；协助区残联发放养老助残券35人次、4.20万元；为残疾儿童14人发放儿童康复补贴12.94万元。组织开展社区、街道残联第三次代表大会，选举出崇外地区新一届残联主席团和理事会人员。12月，北京市验收组对地区残疾人温馨家园进行评审验收，顺利通过市级温馨家园验收。配合区慈善协会开展崇外街道分会换届。推进养老基础设施建设，做好助老服务。全年累计发放困难老年人养老服务补贴1880人次、30.88万元；失能老年人护理补贴7823人次、466.77万元；高龄老年人津贴1.96万人次、347万元。与街道2家养老驿站签订独居老人巡视探访协议，定期为独居老人68人提供巡视探访服务。2家养老服务驿站累计提供助餐服务1.17万余人次。街道管理的优抚对象38人，见义勇为3人，累计发放优抚对象春节慰问金3.90万元，优抚对象残疾抚恤金38.44万元，优抚对象定期补助13.58万元。残疾人两项补贴共发放3269人次、99.01万元。

（王　颖）

【社会治安综合治理】2021年，崇文门外街道共启动一级社会面防控等级50余天，二级社会面防控等级5天，发动群防群治力量参与社会面防控50万余人次。加强人员培训，对辖区11个社区党支部书记、治保主任和社情报送信息员进行政治教育和业务培训。将学习和宣传“国家安全法”列入“八五”普法重点内容，全年共开展国家安全宣传活动5次，发放各类宣传品1000余份。组织社区矫正人员参与各类公益活动48人次，进行约谈和集中教育90人次，组织学习法律法规20人次。全年开展定期矛盾排查调处2次，动态矛盾排查调处10次。对辖区单位开展安全检查4908家次，检查企业1880家。为辖区7个社区增建电动自行车集中充电设施56处。购置“民法典”1400本、“民法典”宣传折页1万册，向11个社区、30家驻辖区企业发放。全年共举办各类法治宣传活动70余场，8000余人次参与，发放各类宣传品3000余件。

（王　颖）

【社区建设】2021年，崇文门外街道完成11个社区居委会选举，登记选民2.31万人，选举居委会委员87人，一次成功选举率100%。开展崇外街道第六届公益微创投，审核40个项目（含7个区级项目），各项目均完成任务书要求。完成崇外街道社会组织服务中心硬件打造，并于12月通过市级验收。成立崇外街道物业管理专班，撰写完成《东城区崇文门外街道住宅物业管理现状调研报告》。完成兴隆都市馨园小区新老物业交接，推动崇文门东大街社区标准化物业服务。组织开展公共文化活动6项、52场，参与群众8200人次；开展文化培训60次，群众文艺指导150课时，参与群众7350人次。组建“创建国家全民运动健身模范区”工作专班，完善更新全民健身体育场地台账；新建全民健身场地3处；全年组织开展各类体育活动10余次，参与300余人次。持续推动“绿色小屋”项目。开展线上线下科普活动33场次、服务居民1500余人次。开展敲门行动6次，发放一封信、折页、温馨提示等宣传品6万余份，形成政策宣传全覆盖。

（王　颖）

【党建工作】2021年，崇文门外街道选举产生东城区第十七届人大代表17人，全地区共登记选民1.67万人，参加投票1.63万人，参选率达98.12%。国瑞城购物中心等多家大型企业和30余家底商以“公益共建”形式加入“党心e家”平台。深化积分兑换服务机制，将“党心e家”与社区电动车充电设备对接，实现积分优惠充电；制订“党心e家”垃圾分类模块积分和回馈细则，将原垃圾分类平台中居民8000人与140余万积分纳入平台。开展新业态、新就业群体暖心能量包、专场体检等特色活动，覆盖新业态群体1000余人次，吸纳外卖、快递小哥300余人加入工会。打造集“党心e家”线下回馈站点、工青志愿者阵地为一体的国瑞和新怡崇外e家2个综合服务网点。帮扶困难青少年22人，组织志愿者100余人参与城市站点志愿服务，累计服务时长700余小时。组织工商联人士开展调研和民营企业家座谈会2次，新发展商会会员企业3家，完成商会换届。聚焦中国共产党成立100周年开展“十个一”系列庆祝活动，策划举办“红歌嘹亮我心向党”红歌赛、百年记忆大收集等系列活动。把好党史学习意识形态主阵地，融合“党史e起学”小程序，开展大型场景式竞赛活动。制订“我为群众办实事”项目清单。完成社区党组织换届，11个社区全部实现“一肩挑”。细化党组织服务群众经费使用流程，开辟“我为群众办实事”项目板块，全年开展服务类项目13个，“办实事”项目10个，涉及充电柜、小区摄像探头、便民座椅安装、环境治理等方面。

（王　颖）

【疏解整治促提升工作】2021年，崇文门外街道共拆除违建174处，制止并拆除新生违建9处，面积共计1.37万平方米（含新景家园地下室），超额完成年度拆违任务，全年疏解人口689人。开展祈年殿大街西侧周边环境整治，共粉饰墙面约120平方米，苫盖破损房屋30余处。开展新怡家园东侧路等7条背街小巷精细化提升工作，通过修整路面、增补绿化、加装路灯，提升道路品质。

（王　颖）

6月2日，崇文门外街道开展“百年华诞 红歌嘹亮”歌咏比赛
（崇文门外街道提供）

【疫情防控】2021年，崇文门外街道守好社区防控线，按照“四个当日”要求，24小时待命排查风险人员。全年共排查1406批、1.34万人次，落地检5035人次，累计实施集中、居家管控774人次。设置5个核酸检测场所，安排处级领导5人担任点长，进一步梳理检测流程，累计完成核酸检测1.65万人。稳步开展疫苗接种、迅速启动加强接种工作，构筑地区免疫屏障。全年完成两针全程接种4.67万人，加强针接种3.76万人。把严“三类场所”警戒线，强化农贸商超、餐馆及社会单位疫情防控工作措施，检查“七小”门店9373家次，现场整改150家，对辖区6家超市安排专人死盯死守，形成闭环管理，确保新冠肺炎疫情防控工作全覆盖无死角。

（王　颖）

【商圈建设】2021年，崇文门外街道落实紫金管家要求，打造紫金崇外品牌，为辖区重点企业开展送健康、送政策、送服务“三送”活动。关爱企业家，联系医疗机构为辖区高精尖人才提供义诊活动。街道主动走访东城区百强企业，协助解决问题。推进崇外商圈建设，完成情况摸底、走访重点企业、现场实地调研等，成立专门队伍、形成商圈建设工作联系表、建立基础台账。崇外商圈主要由崇文门外大街两侧的新世界购物中心、国瑞购物中心、摩方购物中心和搜秀商场4座现代化商场构成，是地区级商业中心。总建筑面积30万平方米，业态以传统百货零售业和餐饮业为主。街道搭建“重点商务楼宇物业服务平台”，形成物业提供线索、街道专人跟进工作模式，收集辖区商务楼宇出租、出售信息，为引进企业提供空间支持。引导企业参加街道党建、群团和志愿服务活动；严格履行楼宇安全生产责任，做好疫情防控和疫苗接种。以购买服务方式，聘用第三方为崇外街道企业引进服务合作机构。

（王　颖）

崇文门外街道社区居委会

居委会名称	管辖户数	负责人	联系电话	办公地址	邮编
崇文门东大街社区	1618	李冬捷	67176503	崇文门东大街12号楼2号1层	100062
崇文门西大街社区	2328	李佳航	67085679	东打磨厂乙5号	100062
都市馨园社区	2923	张颖	67017784	兴隆都市馨园白衣庵	100062
国瑞城东区社区	1093	常军	67169260	国瑞城东区1号楼3单元1-2层	100062
国瑞城西区社区	3830	唐薇	67168950	国瑞城西区3号楼1层	100062
国瑞城中区社区	1772	魏芸	67188748	国瑞城中区1号楼3单元2层	100062
西花市南里东区社区	2516	常艳	87186861	西花市大街30号2层	100062
西花市南里南区社区	3209	邢智明	67193190	西花市南里西区10号楼2-3单元1层	100062
西花市南里西区社区	3045	苏丹	87186871	西花市大街102号2层	100062
新世界家园社区	2403	冯永刚	67091980	新世界家园小区内会所地下2层	100062
新怡家园社区	1709	张帆	67083189	新怡家园6、7号楼之间平房	100062

东花市街道

【概况】东城区委东花市街道工作委员会（简称东花市街道党工委）是区委的派出机关，东城区人民政府东花市街道办事处（简称东花市街道办事处）是区政府的派出机关。东花市街道党工委与东花市街道办事处合署办公，为正处级单位。东花市街道党工委、办事处依据党内法规和法律、法规、规章及上级党委、政府授权，代表区委、区政府对辖区党的建设、公共服务、城市管理、社会治理等行使综合管理职能，全面负责辖区地区性、社会性、群众性工作的统筹协调。2021年，东花市街道落实“崇文争先”理念，加快“五个东城”建设，完成年度各项任务指标。构建党建引领“一条热线两件小事”一体化运行社会治理体系，推动基层社会治理工作创新发展。“花市做法”入选北京市2021年“接诉即办”经典案例，《前线》杂志给予刊登，街道入选北京市“接诉即办”宣讲团成员单位。举办“永远跟党走”第五届百姓宣讲活动，通过线下汇讲、线上“云宣讲”等形式，让更多党员、居民了解身边的感人故事，活动共吸引观众1000余人观看。全面开展非机动车秩序治理工作，每日清运共享单车600余辆，新增共享单车停放区150余个，通过地毯式摸排对100余辆废弃非机动车张贴告知并清理。深化“紫金驻企专员”制度，全年组织会商上午茶、参观交流会、政企主题沙龙、党建交流等形式多样的紫金超市活动38次，组织开展“爱在花市·幸福牵手”青年联谊会活动，来自23个企业的员工30人参加活动，共有4对嘉宾牵手成功。

（孟　冉）

【城市管理】2021年，东花市街道完成广渠门北里、京禧阁北侧路等7条背街小巷的环境整治提升。修复北里中区7号楼、18号楼北侧道路2条路段，对东便门桥下空间消隐并进行环境提升。完成车主路侧停车登记1600余人，推动白桥大街立体停车场建设，在崇东6、8号楼探索“一软、一硬、一循环”停车治理模式，在广渠门中学、花市小学等学校周边开展交通综合治理。建设提升枣苑中心园区、袁崇焕祠周边园区、广渠家园CD区等3片园区，街道绿化面积增加

7月6日，东花市街道举办构建“一条热线两件小事”一体化运行社会治理体系暨接诉即办“今日我主办”启动仪式（江辰泽摄）

1600余平方米。绘制空气治理可视化“作战图”，编制街道环保工作大事记。做好杨柳飞絮治理、美国白蛾防治、忠实里社区创建“花园式社区”等相关工作。优化精细化治理能力，日出动保洁作业车40辆，精细化保洁车20辆，每日巡回清扫、精细化保洁4次以上，道路洒水2次以上。每周夜间冲刷路面1—2次，适度喷洒抑尘剂，及时出动雾炮车；完成2遍屋顶清扫，面积达22.18万平方米，对3.27万平方米的屋顶喷洒6遍抑尘剂。梳理辖区32条大街和背街小巷街巷长基础台账，注册管城理事社区志愿服务队8个，发布“冬奥有我，扮靓京城”、垃圾分类值守等志愿服务项目24项，累计活动时长14.91万小时，招募小巷管家86人，累计巡访时长11.48万小时。实行河湖动态监控，全年累计巡河长度约940千米，发现、解决问题67处。优化桶站布局，设置垃圾桶站148组、生活垃圾分类驿站8处、大件垃圾投放点19处、装修垃圾投放点29处、装修垃圾不落地小区4个。完成6个小区15组“定时定点”桶站改造，4个小区正式实施定时定点投放，覆盖居民4400户、1.30万人。全年评选北京市垃圾分类示范小区7个，厨余垃圾分出率稳定在30%左右。

（孟　冉）

【民生保障】2021年，东花市街道在册低保、低收入297户、413人，实施救助门诊219人、大病165人、住院20人，发放医疗救助金额90.32万元。发放困难残疾人生活补贴2401人次、11.1万元，重度残疾人护理补贴3900人次、64.67万元，辖区2116人享受高龄津贴401.56万元，为低保老人62人发放慈善医疗卡资助金2.24万元。温馨家园提供服务与活动惠及7500余人次，办理残疾人证105人。办理城乡养老审核33人，发放助残券448人次；发放严重精神障碍患者看护人管理补贴126人。召开东花市街道残疾人联合会第三次大会，选举主席团委员7人。无障碍环境建设专项行动完成街道建账、销账116处。提供残疾儿童康复服务25人，组织残疾人家庭康复讲座，600余人次参与。办理北京市一孩生育服务登记195个、二孩生育服务登记88个；办理流动人口一孩生育登记55个、二孩生育登记20个、三孩生育登记1个；办理独生子女父母光荣证25个。平稳处理劳动纠纷突发事件15起，帮助劳动者解决欠薪3000余万元。累计受理公租房、公租房补贴、市场租房补贴资格相关业务1514件。开展无烟家庭、市级控烟示范单位培训、创建、指导和验收，完成2家单位创建。组织地区单位、居民开展初级急救员培训，开展地区“健康朋友圈”项目建设，培育健康生活方式指导员53人。

（孟　冉）

【社会治安综合治理】2021年，东花市街道完成全国“两会”、建党百年庆祝活动及党的十九届五中全会重要时点的安保维稳工作，动员各类群防群治力量10万余人次。统筹协调公安、司法、应急等职能部门，做好东花市北里西区6、7号楼169户居民违法圈占应急疏散通道的集中整治、北里中区突发停水、富贵园小区楼体外挂檐脱落抢险工程等维稳工作。做好出租房屋疫情排查防控，登记出租房屋4644处，清理整治群租房28处、铁路周边安全隐患3处。启动智慧平安小区二期建设，完成13个小区智慧平安小区项目建设，在辖区重点部位安装警灯20台。街道市域社会治理工作走在东城区前列，获平安北京建设工作先进集体荣誉称号。探索“一不两有”电动自行车隐患治理模式，通过疏堵结合，引导电动车不上楼且有地停放、有地充电，完成325部“智能云梯”电梯车阻安装。至年底，东花市地区共有电动车充电设施118处，可供1400辆电动车同时充电。

（孟　冉）

【社区建设】2021年初，完成2020年度东花市街道社区及社区工作者年终考核工作，共评选出优秀社区4个、优秀社区工作者61人。4月，完成8个社区居委会换届选举，同步完成全区公开招考社工相关工作，招录新社工14人。举办东花市街道第三届科协第一次会员代表大会。制订《东花市街道住宅项目物业考核办法》《东花市街道党建引领落实物业管理工作职责工作方案》，将物业企业纳入街道

5月29日，东花市街道举办“庆百年 爱邻里”首届共“伴”成长亲子邻里节活动（东花市街道提供）

"一条热线两件小事"一体化运行社会治理体系当中，明确物业在社会治理中的定位和责任，开展辖区内物业服务企业考核。辖区有33个小区、24家物业服务企业，召开物业工作例会4次，开展物业培训2次，审核辖区物业项目变更备案4次。继续与"花伴儿"APP联手，拓宽地区居民线上交流平台，全年"花伴儿"手机APP注册用户3.58万人，居民有效发帖34.24万条，用户总积分76.54万分。先后举办寒暑假社区青少年社会实践系列活动，累计1578人参与，垃圾分类打卡2.76万人次参与，联合东花市南里社区开展"线上春晚"，直播当天辖区2.56万人次观看，开展"花伴儿陪伴过大年""新冠疫情实时大数据展示""社区反诈宣传"等系列线上活动，办理居民"未诉先办"事件3897件。

（孟　冉）

【党建工作】2021年，东花市街道党工委以"坚持党的领导、加强党的建设、全面从严治党、深化党风廉政建设、群众满意度"5个板块推动党建工作。街道党工委会、书记会研究部署党风廉政建设和反腐倡廉重点工作22项，研究"三重一大"事项557个，组织中心组学习40次。开展党史学习"十个一"系列活动，实现党史学习教育"不打烊""全覆盖"。以街道工委党校为依托，组织街道、社区和"两新组织"党员干部集中轮训，累计培训1000余人次。落实"双报到"制度，累计开展活动100余场，在职党员1.02万人次参与。以"百年初心、花市印记"为主题举办红色收藏展。党群服务中心党委、商务楼宇党总支、"两新"党支部完成三级党建机制改革，实现"两新"组织应建尽建。建立"一坚持两覆盖三服务"工作机制，推动"两新"工作创新发展。聚焦新业态、新就业群体，打造"一平台五空间"功能阵地，搭建"一家一网一中心"特色服务体系，花市骑手"小石灶"引起新华社、《人民政协报》、《光明日报》等国家级媒体关注。完成第十四届妇联组织换届选举，花市枣苑"儿童之家"成为全国家庭教育创新实践基地。建立"新联心智库，花市新联心"品牌，引领新的社会阶层人士围绕中心大局，积极建言献策。工会新建会企业5家、新入会职工873人，其中北京林克富华技术开发有限公司获2021年首都劳动奖状。团委进行100%对标性工作，为学生180余人进行学社衔接，发展社会领域团员32人。街道团工委获北京五四红旗团委称号，家园卫士志愿服务项目提名北京市志愿服务项目大赛提名奖、北京市最佳应急志愿服务项目。

（孟　冉）

【疏解整治促提升工作】2021年，东花市街道疏整促专项行动实现人口变化251人（任务量88人），任务完成率285.23%，超额完成全年疏解人口任务。超额完成违法建设拆除826.91平方米，完成全年拆违任务量的137.82%，疏解人口118人。依法拆除近1000平方米新生违建；治理临时建筑9处；协调推进完成"揭网见绿"4处、1.29万平方米；完成铁路沿线整治1条、背街小巷精细化提升7条，提升街巷景观秩序；动态清零违法群租房，共清理治理26处、疏解人口94人；通过"一增一减一保障"，有效改善停车难，增加白桥大街立体停车场实现新增共享停车位100个；开展联合执法，完成住宿业提升改造11家，实现居住品质提升；统筹推进枣苑11号楼人防地下空间提升利用1处；清理本家润园小区普通地下室1处、疏解人口39人；规范提升便民服务网点南里市场、左安市场2处，发展南里东区、北里东区、广外南里社区老年餐桌3处。2021年启动并推进东花市大街2号院、中国强胡同7号院、崇东6号楼和8号楼老旧小区综合整治项目，进一步推动城市更新。全年处理首环办、区环办、"12345"热线、背街小巷检查、城市环境网格类案件共360件；联合城管、交通、环卫开展京城仁和东南门外交通整治，畅通生命安全通道。

（孟　冉）

【疫情防控】2021年，东花市街道全力做好疫情防控工作。开展敲门行动，入门、入户宣传接种工作，统筹社区网格党支部、楼门院长、积极分子、老年合唱队等多方资源，形成宣传疫苗接种的浓厚氛围，构建楼门院落安全屏障。持续开展疫情防控大数据排查，结合疫情形势发展，动态掌握管控政策，及时对接社区，高效应对突发事件。累计排查大数据人员8139人，大规模核酸检测6.02万人，集中隔离密切接触者、大数据人员230人，境外返京人员87人。以"三屏障一拓展"工作法做好疫苗接种，第一、第二针任务完成率排名全区第一。

（孟　冉）

【营商环境优化】2021年，东花市街道打造服务企业"一网通"线上平台，以快速响应为核心，推广"接诉即办"模式，依托管家团服务工作网，将问题闪送到职能部门。力所能及地为企业把脉会诊、排忧解难，疫情以来解决企业需求168个，协调职能部门主动上门服务47次。召开楼宇新冠疫苗接种动员大会、推进会、宣讲会等15次。组成楼宇疫苗接种专班，由街道主要领导任组长，带队到接种率低的楼宇走访，与楼宇物业、所有企业负责人进行面对面沟通，逐企走访检查，粘贴不同颜色的公示牌，在接种点为楼宇开设绿色通道。通过开展系列"敲门行动""登峰行动""打榜行动""冲刺行动"做好16座商务楼宇疫苗接种的宣传、组织和发动工作，确保"应接尽接"。

（孟　冉）

东花市街道社区居委会

居委会名称	管辖户数	负责人	联系电话	办公地址	邮编
北里东区社区	2516	马林	67126577	东花市大街31号	100062
北里西区社区	1682	杨桂民	67152150	东花市大街61号	100062
花市枣苑社区	2608	刘丹	67164745	花市枣苑10号楼1层	100062
南里社区	4123	周明坤	67129897	花市南里三区1号楼1层	100062
南里东区社区	3875	彭岩	67135158	白桥大街12号楼西侧	100062
				南里东区13号楼2单元1层	100062
广渠门外南里社区	3489	肖才生	87512480	广渠家园11号楼-4	100022
忠实里社区	3911	王天长	67785089	忠实里西区7号楼一层107号	100022
广渠门北里社区	2269	王素花	67155386	广渠门北里73号院（丽水湾畔）北楼一层	100062

龙潭街道

【概况】东城区委龙潭街道工作委员会（简称龙潭街道党工委）是区委的派出机关，东城区人民政府龙潭街道办事处（简称龙潭街道办事处）是区政府的派出机关。龙潭街道党工委与龙潭街道办事处合署办公，为正处级单位。龙潭街道党工委、办事处依据党内法规和法律及上级党委、政府授权，代表区委、区政府对辖区党的建设、公共服务、城市管理、社会治理等行使综合管理职能，全面负责辖区地区性、社会性、群众性工作的统筹协调。2021年，龙潭街道完成疫情防控、疏解整治促提升、百街千巷环境整治提升等工作。坚持常态化疫情防控，地区始终保持“零传播”“零感染”态势。完成40条背街小巷精细化治理并通过验收。持续优化营商环境，成立北京市首家街道级投融资平台，对接投融资项目4个，融资需求5.8亿元。制订专项激励暂行办法，加大案件标本兼治力度，常态化推进“接诉即办+未诉先办”工作，坚持周调度、月分析、半年和年度总结的工作模式，采取日常调度和专题调度相结合方式，完善诉求件派遣、诉求件办理、督查督办、回访结案、考核评价等各流程，累计受理市民热线6072件，其中有效回访4196件、反馈数4074件，响应率97.09%、解决率70.95%、满意率84.86%。5月20日，龙潭公园举办全民运动健身风采展暨首届“环湖V马”主题活动，龙潭街道获首都绿化美化先进单位、北京市综合减灾示范社区等称号。

（韩凌雪）

【城市管理】2021年，龙潭街道开展左安门地区停车难问题专项治理，挖潜增设车位356个，基本实现停车动态平衡。协调龙潭中湖立体停车楼便民开放。以家庭为单位开展道路路侧停车居民认证工作，将涉及的5条道路、627个路侧停车位，全部对符合条件的居民开放，缓解地区居民停车矛盾。引入区域化物业服务企业，统一规范管理老旧小区和自管公共区域的保洁绿化、停车管理、垃圾分类等工作。开展光明西里小区西侧铁路沿线南部入口改造项目，成功入选“建党百年·服务百姓·营造属于您的百个公共空间”项目。有序开展屋顶清扫工作，累计清扫屋顶11万余平方米，清理杂物67立方米。以龙潭三湖连通、中湖公园改造施工等项目为重点，加强工地扬尘日常巡查执法，督促做好苫盖洒水等降尘措施。试点运行背街小巷深度保洁作业，累计出动1400余人次，洒水2000余吨。全年绿化、硬化、苫盖裸地2万平方米，推进地区裸地动态清零。深入推进河长制，累计清理雨水箅子1100余个，协调清理水草垃圾1000余立方米，河长制工作每月考核位居全区前列，南护城河、龙潭东湖水质监测持续达标。垃圾分类模式持续优化。强化桶站建设，建设完成大件废弃物和建筑垃圾暂存点18处、分类驿站和可回收物交投点10处。创新“线上预约+上门回收”可回收物垃圾分类体系。地区垃圾分类工作考核5次位居全区第一。

（韩凌雪）

【民生保障】2021年，龙潭街道构建养、餐、医、安、行特色养老模式，形成1个养老服务中心、4个养老驿站的设施布局，实现养老服务“15分钟”全覆盖。推出慰老服务产品“365健康促进卡”，为老年人提供全年健康管理服务。探索医养结合，重点开展家庭床位建设，将医疗服务送上门。建立“互联网+”智慧养老模式，为社区居民提供“测、评、管、宣、促、护”一体化服务。推进“早发现、早响应、早处置”联动机制，为100户孤寡老人、残疾人等特殊群体安装智慧烟感报警器，全力消除安全隐患。构筑“全天办、一窗办、就近办、掌上办、延伸办”五办体系，全方位提升便民服务水平。全年累计发放低保金555.8万元，低收入救助金6.7万余元，特困救助金38.8万余元。为困难群众申请医疗救助293人次、54万元，申请应急救助85人次、18万元。发放残疾人护理补贴、生活补贴共4994人次、143万元。为80岁以上老年人养老助残卡充值3.30万余人次、54.2万元。推送失能老人护理补贴1.20万人次、72.1万元。推送困难老人护理补贴2136人次、36万元。处理突发讨薪事件3起，涉及30人次、94万余元。

（韩凌雪）

【社会治安综合治理】2021年，龙潭街道发动群防群治力量10万余人次，完成全国“两会”、中国共产党成立100周年、十九届六中全会、疫情防控等重要时期安保维稳工作和社会面防控。扎实做好信访稳定工作，累计办理网信、纸信128人次，接待来访62人次，其中处级接访43人次。扎实做好“扫黑除恶”、打击非法集资、禁毒反诈等专项工作。持续开展群租房和普通地下室治理，累计开展群租房专项检查30次、地下空间专项检查20次。开展各类安全风险隐患排查处置，累计出动检查人员5886人次，检查辖区内企业2943家次，发现存在安全隐患问题3836处，现场整改安全隐患752处，下达限期整改通知书1433份。打造“宣、清、建、堵”电动自行车安全隐患治理工作机制，41处点位电动自行车充电设施投入使用。建成地区10个微型消防站，配备260余件消防器材。完成570家企业风险评估，完成72家小微企业达标任务，超额完成全年总任务。完成621家隐患排查系统推广和202家安责险推广，超额完成全年总任务。全年开展各类安全宣传活动30次，发放宣传材料1.20万余份。

（韩凌雪）

【社区建设】2021年，龙潭街道深化“管线包楼入户”工作机制，明确社区工作者每日不少于半天入户走访，提升社工与居民的见面率、交流率和熟知率。在幸福北里17号楼北侧设立心理服务站点，为社区居民及社区工作者提供心理健康服务。以“平凡龙潭 有你不凡”为题，制订“荣誉评定、项目设立、数量整合、动态调整”的社区荣誉体系框架，并举办首届社区荣誉表彰大会。完善“工作专班、沟通专群、法律专家、专项行动、托底服务”的“五个一”物业管理体系，制订“物管会工作60问”，引入区域化物业服务，加强老旧小区保洁、维保、安保“三保”服务和规范管理。围绕庆祝中国共产党成立100周年主题，开展“我是红色领读人”“龙潭雅集”等活动。链接北京舞蹈学院等专业艺术资源，推动形成专业导师、专业设备、专业团队的“三专”培训模式，形成“小神龙合唱团”“漫艺汇艺术团”等优质团队。组织参与“冰雪嘉年华”等10余场市区级群众体育赛事，举办为期4个月的军企民云端体育节，覆盖2000余人次。建立北京市首家街道级足球协会，以地区联赛为抓手，探索社会化、数字化建设。组织辖区足球爱好者参加北京市首届社区杯八人制足球赛，并取得东城区青年组亚军、中年组第四名。整合上下游资源，做精“环湖V马”亮点赛事，彰显体育魅力，释放体育能量。

（韩凌雪）

【党建工作】2021年，龙潭街道完成东城区“两代表一委员”选举及社区党委换届。打造党史学习教育体系，推出讲党史知识、红色故事、专题党课、学习成果“四讲”课堂，街道处级领导班子带头讲主题党课13场。拓展3个党史学习圈，营造党史学习教育浓厚氛围。深化评先特色、党日践行、活动参与三大主题。聚焦“我为群众办实事”主题实践活动。开展第五届“温暖龙潭”十大人物颁奖暨“两优一先”表彰大会，打造“红船初心映龙潭”——龙潭街道党史学习主题教育活动展示，阶段总结党史学习教育成果。修订理论学习中心组学习制度，全年学习23次。落实意识形态工作责任制，更新意识形态阵地台账，及时分析研判地区意识形态领域苗头性、倾向性问题。发挥“双报到”机制作用，开展周末卫生大扫除活动47次、2600人次参与，清扫胡同28条、院落14个、楼房180栋，清理各类废弃物、堆物堆料等垃圾90吨。扩展暖心驿站服务项目，为新业态新就业群体提供便利服务。开展“五四青年说”等主题活动46场，发挥社区青年汇引领作用，以龙潭街道青年志愿服务队为带动，推动青年志愿服务常态化。完成新一届街道妇联、各社区妇联换届选举。联合龙潭中湖、北京市少年宫执委单位，加快地区儿童友好城市建设试点工作，打造儿童友好圈。建立“党群服务中心党委—商务楼宇党总支—‘两新’党支部”的三级工作机制，聚焦新业态新就业群体党建工作，推动快递小哥参与基层治理。

（韩凌雪）

【疏解整治促提升工作】2021年，龙潭街道完成全年疏整促任务的142%。拆除违法建设1.22万平方米，超额完成135.9%。推进光明楼17号简易楼改建试点项目，29户居民全部完成选房、签订改建协议及搬迁工作，楼体完成拆除并启动工程建设。安化北里2、3号楼综合整治工程基本完成，火桥北里小区，广渠门内大街6号楼、8号楼，幸福北里28号楼等综合整治工程加速推进。完成40条背街小巷整治提升工程。推进夕照寺东西线道路征收和协议搬迁项目，至年底，征收范围内、协议搬迁范围内分别完成29户、11户居民签约和交房验收手续，签约率分别为91%和85%。

（韩凌雪）

【疫情防控】2021年，街道成立地区新冠肺炎疫情防控指挥部，下设“一办十组”，全面统筹地区防控工作。严格落实“四方责任”，累计管控集中观察人员121人，居家观察人员530人；开展重点人群核酸检测，累计检测8067人。成立疫苗接种专班，坚持主要领导日调度机制，建立“横向到行业，纵向到社区”摸排动员模式；坚持疫苗接种“管家式”服务，强化便民接种措施，为特殊群体设立绿色接种通道，设立提供热水、网络等服务的暖心留观区，实现接种前科普、接种中服务、接种后答疑的“全周期”管理，提升接种体验。至12月31日，累计接种第一针6.30万剂，第二针6.19万剂，第三针3.33万剂。疫情防控中，地区始终保持“零传播”“零感染”良好态势。

（韩凌雪）

【小巷管家工作模式】2021年，由主管部门、专业社会组织、“小巷管家”发展支持中心三方共同组建伙伴团队，走访调研10个社区的小巷管家志愿者团队，结合实际情况调整小巷管家管理制度。举办爱心企业捐赠仪式，为辖区内小巷管家配备巡视装备750件，防疫用品2600份。小巷管家发展支持中心指导社区开展4个社区级小巷管家团公益创投项目，举办“巷里传承·扬帆起航”小巷管家四周年庆典活动。累计巡访3.59万天、9.82万小时，随手解决事项8041件。

（韩凌雪）

3月29日，龙潭街道举办“小巷管家”四周年总结表彰活动（龙潭街道提供）

龙潭街道社区居委会

居委会名称	管辖户数	负责人	联系电话	办公地址	邮编
左安浦园社区	3003	云瑾	87197554	左安门内大街73-1号	100061
左安漪园社区	1768	王艳萍	87196358	左安漪园小区3号楼5单元101号	100061
龙潭北里社区	3125	黄悦	67126559	龙潭北里五条三楼东侧	100061
板厂南里社区	767	王璀	67176216	板厂南里6号楼东侧	100061
光明社区	3451	刘娜	67176270	光明楼13号楼北侧	100061
华城社区	3210	李永红	87185119	夕照寺街16号宝达大厦1层107室	100061
夕照寺社区	1993	郝宏婷	67160489	广渠门南小街领行国际3号楼1-6、1-7	100061
安化楼社区	3457	王京京	67176192	培新街9号院保利蔷薇苑小区1号楼1单元一层东侧	100061
新家园社区	3142	曹乃刚	67171327	幸福家园5号楼2单元102室	100061
幸福社区	1502	姜萌	67171332	幸福北里甲17号	100061

体育馆路街道

【概况】东城区委体育馆路街道工作委员会（简称体育馆路街道党工委）是区委的派出机关，东城区人民政府体育馆路街道办事处（简称体育馆路街道办事处）是区政府派出机关。体育馆路街道党工委与体育馆路街道办事处合署办公，为正处级单位。体育馆路街道党工委、办事处依据党内法规和法律、法规、规章及上级党委、政府授权，代表区委、区政府对辖区党的建设、公共服务、城市管理、社会治理等行使综合管理职能，全面负责辖区地区性、社会性、群众性工作的统筹协调。2021年，体育馆路街道发挥楼宇党建优势，强化“楼宇管家”“双楼长”“紫金”系列服务模式，加强财源建设工作，共完成税源任务3328万元，完成进度333%，全区街道排名第一。全市第一家开通使用数字人民币缴纳委托代征税款业务，全年完成个人房屋出租税代征代缴1306万元。推动非遗活态传承，将非遗与冬奥、体育相融合，推进非遗体验成为地区文化特色，打造文化商业新地标。发挥国家级体育组织聚集优势，推动地区“体育+文化”融合共进。体育馆路街道办事处获第五批全国“扫黄打非”进基层示范点、北京市应急值守工作基层先进单位、西唐社区党委获北京市先进社区党组织。体育馆路街道市民活动中心获北京市第三届全民艺术普及先进集体称号。

（张　博）

【城市管理】2021年，体育馆路街道共受理市民热线派件3594件，启动“吹哨报到”29次，聚焦聚力“每月一题”，深入主动治理，通过“未诉先办”减少群众诉求量。采取“每天一会商、每周一分析、每月一总结”工作模式，坚持见人见面见事工作方法，加强与诉求人的沟通反馈，做到合理诉求当面办、不合理诉求当面劝、政策法规类诉求当面解答。升级改造居住区垃圾分类桶站140处，建设生活垃圾分类驿站8处，开展宣传活动近100场，累计发动党员、志愿者值守5万人次。东四块玉南街4号院、天坛东里48号院成功创建垃圾分类市级示范小区。推进东四块玉南街4号院成立物业管理委员会，实现小区业委会（物管会）全覆盖。按照“成熟一个、推进一个”原则，完成双玉中街43号院小区物管会转化为业委会。开展物业项目备案，提升物业管理规范化水平。

（张　博）

【民生保障】2021年，体育馆路街道加大弱势群体扶助力度，开展为老服务，推进便民洗浴项目，共签约覆盖984人；开展独居老年人巡视探访项目，全年服务5000余人次；完成22张养老家庭照护床位签约，签约率100%。推进便民网点建设，规范提升便民服务网点1个，加强管理蔬菜零售网点10个。提升3家养老驿站运行服务质量。保持“零就业家庭”动态为零，通过线上宣传、送岗上门和结对帮扶为失业人员提供政策、岗位服务，完成就业指标650人，完成率达185.2%。

（张　博）

【社会治安综合治理】2021年，体育馆路街道完成春节、全国“两会”、中国共产党成立100周年庆祝活动等重要节点安保工作。32个智慧平安小区设备全面投入使用。持续开展安全生产宣传与检查，及时消除安全隐患。建设完成居民电动自行车集中充电设备52处，实现32个居民小区全覆盖。完善“扫黄打非”工作组织架构，抓实基础工作，加强对辖区文化市场管控力度。

（张　博）

【社区建设】2021年，体育馆路街道完成第十一届社区居委会换届工作。以天坛东路64号楼为试点，以更精细化的治理单元为切入口，开展一系列小微治理实践探索，打造集文化、议事、休闲多功能为一体的“邻里共享家”共享惠民融合平台。联合红桥市场打造市级社区之家试点，通过“场地+服务”形式，共享红桥市场党建示范点、5G直播间、会议室、停车场等场地，补充街道、社区活动空间不足问题，引导辖区单位共享资源，参与地区建设。立足地区体育文化资源禀赋，推进国家全民运动健身模范区创建，参加北京市首届社区杯八人制足球赛，街道青年队代表东城区获得青年组亚军；结合群众诉求积极开展健身项目，做好街道、社区品牌赛事活动。开展四块玉社区“足球之家”活动，惠及社区青少年、中青年足球爱好者150余人。以“迎冬奥”为契机，全面推动群众冬季运动及冬奥知识普及。开展“喜迎冬奥 和谐社区”第三届社区邻里节、冬奥知识讲堂等活动20余场、6000余人次参与。利用红桥非遗文化基地优势，组织居民、单位职工开展非遗文化体验活动20余场。

（张　博）

5月30日，体育馆路街道青年足球队在北京市首届社区杯八人制足球赛决赛中代表东城区参赛并获得青年组亚军（余文斌 摄）

【党建工作】2021年，体育馆路街道组织各级基层党组织利用“党史e

起学”小程序开展自学，用好街道党校、红色讲坛，邀请专家学者为地区党员群众开展专题讲座26次，举办党史知识竞赛、主题报展、红色电影海报展等特色活动18场，组织地区党员参观中国共产党历史展览馆、打卡东城区“党史游学路线”，观看电影《革命者》，开展各类学习宣传教育活动50余场。征集微心愿101条，加强部门联动，开展“我为群众办实事”实践活动，完成12项重点民生项目。定期排查意识形态领域风险隐患。完成8个社区党委换届。完成街道党代表换届工作。完成“两新”领域党的组织体系改革。召开街道、社区两级党建协调委员会会议47次。街道“侨之家”被评为市级“示范侨之家”，街道商会被评为北京市非公有制经济组织党建示范单位。召开党风廉政建设工作会，制订主体责任任务清单。召开街道警示教育大会，开展“以案为鉴、以案促改”警示教育。加大典型案件通报曝光力度和警示教育力度，通报典型案例26件。对新任职科级干部开展集体廉政谈话17人次，对部门负责人谈话提醒1人次，对部门负责人和社区书记因“接诉即办”排名末位约谈4人次。开展“反四风”专项监督检查11次，主动教育约谈28人次。

（张　博）

【疏解整治促提升工作】2021年，体育馆路街道保持新生违建零增长，年度拆违2767.74平方米，完成率达115.32%，疏解人口532人次，完成总体进度的133%。保持违规开墙打洞、占道经营、违法群租房等项目动态清零。推进街区保护更新，组织责任规划师团队编制四块玉街区保护更新综合实施方案。与新世界集团沟通，推进磁器口东街区保护更新综合实施方案编制落实。完成18条背街小巷精细化提升和龙潭西里6、8号楼老旧小区综合整治。推进法华南里2-9号楼，长青园22、24号楼老旧小区综合整治项目实施，完善优化设计方案。将东四块玉南街31号楼、37号楼，天坛东路64号院列入2021年第二批老旧小区综合整治计划，提升老旧小区居民生活品质。

（张　博）

【疫情防控】2021年，体育馆路街道坚持疫情防控态势不放松，街道应急指挥体系常态化备战备勤，各类防控物资储备充足。结合大数据派单、社区自主摸排、健康宝弹窗等方式，加强重点人员排查并按要求落实管控。加强对楼宇、餐饮、商超、市场、宾馆酒店重点单位防控措施落实情况的督促检查。按照“应接尽接”原则落实疫苗接种工作，完成首针接种3.95万人，第二针接种3.88万人，第三针接种3.04万人，其中60岁以上人员累计接种第一针7284人。同时，沟通在百度、高德地图软件中显示体育馆路街道办事处疫苗接种点，方便居民查找。

（张　博）

【打造社区“共享家”空间】2021年，体育馆路街道将天坛东路64号楼锅炉房打造成社区“共享家”空间，探索打造片区—楼院—楼门的“三级微治理”工作机制，推动各类力量融合、资源整合，实现党建引领社会治理。探索建立体育馆路街道社区治理协力联盟，有17家内、外部力量加入。以57号楼停车自管会选举作为突破口，探索楼院自管类居民自治组织的规范化运行路径，策划和举办“小院开放论坛”，组织居民运用“五民工作法”开展议事协商。以“接诉即办”、物业管理、垃圾分类、疫情防控等为议题，实现全周期管理理念在具体工作中的应用。完善事前、事中、事后全流程管理，建立跨部门互通互联工作专班，联动街道各科室部门以月为单位，定期发布联合行动简报。挖掘各年龄层社区能人，培育社区便民服务自治组织，进行参与式社区“共享+”空间打造。开发上线“活力社区”小程序，集成分析形成社区活力动态图。在实践中，以楼门院落为自治单元，提炼出一套参与老旧小区微治理“六步法”：预热启航—居民协商—居民动员—组队升级—陪跑赋能—展翼高飞。开展居民议事协商会，共同协商近期工作；通过活动方式促进居民关注社区公共议题并参与到公共议题的实践过程中；成立居民自治组织并赋能，参与社区公共事务。

（张　博）

体育馆路街道社区居委会

居委会名称	管辖户数	负责人	联系电话	办公地址	邮编
西唐社区	3674	杜进平	67116634	驹章胡同43号	100061
葱店社区	2935	田立萍	67112483	驹章胡同43号	100061
东厅社区	2344	黄樱	67182421	驹章胡同43号	100061
南岗子社区	2488	巨小洧	67115823	驹章胡同43号	100061
法华南里社区	3190	陈淑凤	67126846	法华南里甲8楼	100061
体育总局社区	1032	李广华	67114632	双玉中街2号楼1层	100061
四块玉社区	1828	张婧	67112895	东四块玉南街甲11号	100061
长青园社区	2032	吕建华	67195213	长青园3楼1门101号	100061

天坛街道

【概况】东城区委天坛街道工作委员会（简称天坛街道党工委）是区委的派出机关，东城区人民政府天坛街道办事处（简称天坛街道办事处）是区政府派出机关。天坛街道党工委和天坛街道办事处合署办公，为正处级单位。天坛街道党工委、办事处依据党内法规和法律、法规、规章及上级党委、政府授权，代表区委、区政府对辖区党的建设、公共服务、城市管理、社会治理等行使综合管理职能，全面负责辖区地区性、社会性、群众性工作的统筹协调。2021年，天坛街道坚持组织凝心、制度聚力、文化铸魂，完成中国共产党成立100周年庆祝活动服务保障工作和疫苗接种“攀登行动”“登峰计划”，推进基层党建重点工作，街道党工委获评北京市先进基层党组织。“接诉即办”向深度办理转变，物业管理水平稳步提升，垃圾分类成效显著。完成重大活动期间安保维稳任务，推进智慧平安小区建设。疏解整治促提升工作取得新进展，街区更新呈现新气象，环境品质迈向新台阶，交通治理呈现新局面。稳步推进“领英计划”社工培训项目，打造“坛根儿文化”品牌，完善社区治理体系。持续深化民生服务，着力打造“老残一体”“一老一小”服务品牌，完成年度无障碍环境建设任务。

（袁亚菲）

【城市管理】2021年，天坛街道在全区率先成立街道级物业服务行业协会，在天坛东里中区和永内东街东里完成物业公司引入，在天坛西胡同推行规范化物业服务。完成125处垃圾桶站规范化建设，建成12个垃圾分类驿站并均已达标；辖区内有清洁密闭站4处，建设并投入使用垃圾分类排放登记系统和再生资源回收系统。组织宣教活动120余次，发动400余人开展盯桶行动；每日开展巡查执法，立案37件，罚款7.18万元。9月完成永内东街东里、天坛东里中区老旧小区改造，并实施规范化停车管理和物业管理。持续推进大气污染治理，综合执法10起，罚款12.5万元；环保巡查案件累计3451件，反馈率及复查达标率均为100%；完成500户居民带有油烟净化功能的抽油烟机更换安装；清扫屋顶70万平方米；完成4轮道路及绿化抑尘剂喷洒作业；街巷胡同日均保洁84次、洒水8吨，出动人员65人次，保洁洒水车70台次。街道级河长巡河78次，解决河湖垃圾、河面漂浮物等河湖生态问题40余个。宣传“世界水日中国水周”，下达单位用水指标120家。建设绿地200余平方米，修剪危树180余棵，防治病虫树2200余棵。核发煤改电补贴531户表、48.56万元；为12户居民新增安装峰谷电表，为16户居民审批办理新增煤改电电暖器。对金鱼池巷进行停车整治，对天坛西胡同采取街道、社区、物管会、物业公司四方共治工作机制，解决居民停车难、停车乱问题；在天坛公园周边重点区域新增施画37处非机动车停放车位，改善非机动车停放秩序。

（袁亚菲）

【民生保障】2021年，天坛街道稳步推进住房保障工作，保证500余户家庭市场补贴正常发放，完成各批次资格复核1548户。全年发放社会救助保障金1485.9万余元，医疗救助793人次、194.3万余元，供暖救助331户、46.1万余元，教育救助7人、1.05万元，临时救助60人、16.46万元；累计发放地退人员、地退遗属、无军籍职工生活补贴260余万元；发放残疾人2项补贴752人、298.75万元；审核发放重度精神病监护补贴122人、28.6万元；拨付养老补贴67.35万元、高龄津贴604.89万元、失能补贴985.31万元；慰问高龄困难老人和百岁老人26人，为老年人投保意外险294人。街道主要领导2次走访慰问驻街部队，全年发放优抚资金146万余元。办理人口生育登记233例，人口出生上报309人，发放独生子女父母奖励费2.48万元；发放独生子女父母年老时一次性奖励费24.5万元；办理独生子女父母光荣证16例。发放计生药具14万余份。春节、端午、中秋节慰问失独人员285人次、发放慰问金8.55万元。组织周末卫生大扫除、月末清洁日、爱国卫生月活动15次，驻街单位、社区居民参与3000余人次。建立规范4家养老驿站老年餐桌，为老年人开展就近助餐配餐服务；为地区独居老人139人开展多种形式的巡视探访服务和丰富多彩的老年人活动，全年服务8813人次；与东城区景泰小学合作在永内东街东里社区养老驿站成立志愿服务基地。完成困难知青一次性补贴慰问46人。全年新增登记失业人员1004人、实现就业896人，完成指标的185.89%；登记失业人员就业率达61.54%，超出指标5.54个百分点；灵活就业全年新增626人，减少774人。天坛街道温馨家园在第六次北京市自强模范暨扶残助残先进集体和先进个人评选表彰工作中被评为北京市残疾人之家。

（袁亚菲）

【社会治安综合治理】2021年，天坛街道发动辖区各类群防群治力量13万余人次，完成春节、全国“两会”、中国共产党成立100周年庆祝活动、国庆节、十九届六中全会等敏感期及重大活动期间的安保维稳任务。对辖区124处地下空间全面开展摸排整治。通过主题讲座、“云”课堂、微信公众号等形式，开展国家安全、“扫黑除恶”、禁毒、反邪教、反诈、消防安全等各类宣传活动60余场，发放宣传材料3万余份。完成天坛东里中区、永内东街东里智慧平安小区建设。为天坛西里东区11号楼增加摄像头3个。雇用保安48人组成地区巡防队，由巡逻民警带队，开展治安巡查。为辖区845个平房院、589个楼门单元及各单位内部配备灭火器3168具，全年检查驻街单位5173家次，开具整改单2225份，发现并消除隐患5068处，整改复查率达100%。成立天坛街道防汛分指挥部，入汛前，对辖区254棵危树进行平头、修剪；汛期当中，处理应急事件83件，其中处理“接诉即办”案件31件。对辖区33家液化石油气非居民用户进行“三改”动员，工作完成率为100%。加大电动车违规充电排查力度，建设电动车集中充电设施41组。全年接访176批次、140人次，网上受理居民市、区走访案件159批次、46件次、222人次，办理网信40件次、纸信3件次。接待居民来访咨询300余人次，电话咨询100余人次，受理法律援助申请10件，成功援助6件，组织社区公益律师解答群众咨询500余件，调解纠纷8起。

（袁亚菲）

8月27日，天坛街道开展“党校论坛”活动（陈镇华摄）

【社区建设】2021年，天坛街道完成第十一届社区居委会换届工作，多措并举做好社会工作者职业水平考试和持证社会工作者继续教育培训；推进“领英计划”社工培训项目。深化社区服务站综合改革，实现各社区“综合窗口”全覆盖。做好桶站值守人员184人的组织管理。开展“履践知行合一·筑同心聚民心”坛根传习行动计划，成功申报区公益创投项目7项，开展孵化社会组织带头人特色项目，组织书法、器乐等100余场活动。制作新冠疫苗接种服务卡2000张，以“小手拉大手”方式倡导学生家长参与接种；组织辖区3所学校12-17岁在校生1300余人开展疫苗接种。落实“双减”工作方案，排查地区5家未成年人培训机构；做好义务教育阶段非京籍流动人口子女入学宣传及统计，审核非北京市户籍适龄儿童入学25人，京籍无房人员1人。依托市民活动中心新址启用，举办线上、线下系列文化活动500余场，80余万人次参与；举办首届冰雪嘉年华活动；在全国“百城”健身气功交流展示暨“健康东城”站点联赛中，2支比赛队伍均取得一等奖；举办主题歌咏比赛和诵读活动，推选领读人8人、音视频作品12个参与东城区党史学习教育“领读计划”；开展金鱼池地区回迁纪念专题活动；话剧班携作品《拾“遗”》获东城区“戏剧一帮一”成果展演二等奖。配合东城区住宿业整治提升三年工作任务，关停旅馆3家、提升旅馆3家、转型员工宿舍1家。推进永内东街中里小区违建拆除，拆除违法建筑16户、26处，拆除违法建筑面积约200平方米。

（袁亚菲）

【党建工作】2021年，天坛街道天鼎218文化金融园党群服务中心成功申报东城区第四批基层党建示范点，打造成为地区党员的“共享空间”“红色家园”；结合“我为群众办实事”活动，建立“三项清单”（权利清单、责任清单和负面清单），推动党建引领在企业发展中落实落地；完成社区党委换届和区党代表换届工作；完成天坛地区老党员378人“光荣在党50年纪念章”颁发工作；街道党工委获评北京市先进基层党组织，2个党组织获评东城区先进基层党组织，7人获东城区优秀共产党员、东城区优秀党务工作者称号；街道“两优一先”共评选优秀共产党员50人、优秀党务工作者50人、先进基层党组织7个。3月，组织开展东城区2020年度“五星级”社区党组织考评工作，金鱼池、金鱼池西、精忠、永定门内4个社区获评2020年度“五星级”社区党组织，泰元社区获“党建进步奖”；组织理论中心组集中学习12次；全年发展党员35人，完成预备党员20人转正；建立“党群服务中心党委—商务楼宇党总支—非公党支部”三级党建体系，实现“两新”（新经济组织、新社会组织）党建全覆盖；新成立“两新”党支部2个。开展“党校论坛”活动，组建天坛街道“红色之声”百姓宣讲团，宣讲员5人参加东城区2021年百姓宣讲汇讲，获区级优秀视频奖；天坛街道代表队参加东城区党史知识竞赛决赛，获全区一等奖和优秀组织奖。完成区人大换届选举各项任务，产生新一届人大代表24人。完成社区团组织、妇联换届选举，新增非公团组织11个。

（袁亚菲）

【疏解整治促提升工作】2021年，天坛街道“疏整促”任务完成218.43%，人口疏解1612人。推进街道重点整治提升任务，拆除违法建设4125.95平方米。西园子四巷南楼、北楼简易楼完成100%腾退交房，疏解293人。西草红庙街区申请式退租疏解499人。揭网见绿、无证无照整治、开墙打洞整治、群租房出租房清理整治、竣工项目清理、临时建筑治理等各项工作均完成全年既定目标。

（袁亚菲）

【疫情防控】2021年，天坛街道严格落实市、区新冠肺炎疫情防控要求，做好常态化疫情防控，适时调整街道新冠肺炎预防控制工作领导小组工作机构，压紧压实“四方责任”。持续平稳推进大数据排查工作和社区敲门行动，严格落实管控工作，安全有序做好密接人员隔离转运，累计转运密接、次密接人员80人。切实做好汉庭酒店爱心驿站现场运行工作，先后2次高质量完成东城区密接人员近200人的隔离任务。修订大规模核酸检测应急预案，做好大规模核酸检测推演、各类防疫物资储备和设备维护工作，先后完成1次大规模核酸检测和1次重点行业人员核酸检测。有序落实新冠疫苗接种，完成“攀登行动”和“登峰计划”。开展60岁以上人群、12—17岁未成年人和第三针加强针接种工作。累计接种新冠疫苗第一针剂4万余针，第二针近5万针，第三针加强针2万余针。

（袁亚菲）

【西草红庙街区申请式退租项目】西草红庙街区位于天坛附近，紧邻“中轴线”，占地约3.72公顷。西草红庙街区申请式退租一期项目启动退租范围涉及96个院落、321户居民。退租遵循“居民自愿、平等协商、公平公开、适度改善”原则，实施范围内的居民均可在完成相关手续的前提下提出退租申请。自8月26日启动签约至9月25日签约期结束，共签约179户，其中公房130户、私房49户。申请式退租以恢复历史文化街区的原有风貌为原则，成立西草红庙街区申请式退租及恢复性修建项目指挥部，同步成立临时党委，下设“一办五组”，以党建为引领，调动辖区各类社会力量积极参与，按照“张贴告知书—封堵—拆违”工作流程，对127户居民进行入户告知，张贴告知书254张，印制悬挂13组横幅和1000余张宣传海报。对西草市街142间抢占房进行9次综合执法、封堵59间。总结西草市街北段整治提升经验，把握工作窗口期，分组入户了解房屋及居住情况，摸清居民申请式退租意愿，制作“一户一册”电子地图，为后续合理利用腾退空间，补齐公共服务短板，打造突出传统文化、生活便利设施、居民和谐共处的特色街区，助力中轴线申遗工作。

（袁亚菲）

天坛街道社区居委会

居委会名称	管辖户数	负责人	联系电话	办公地址	邮编
东晓市社区	2171	左铭	13661385819	东晓市一巷48号	100050
西园子社区	1730	程敏	13811580229	东晓市街30号	100050
金台社区	2139	黄婉庭	15811266879	金鱼池中街2号院4号楼106	100050
金鱼池社区	1509	张婷婷	13521029931	金鱼池中区22-2-101	100050
金鱼池西社区	1579	刘磊	13621173289	金鱼池西区1号楼底商	100050
精忠社区	2951	纪超	13581779507	山涧口一巷32号	100050
祈谷社区	2141	周子淇	13501280826	天坛西里甲2号	100050
永定门内社区	1824	李桂芳	13717822791	天坛西里东区8号楼西侧	100050
广利社区	1749	李纬	13683161680	永内东街中里9-17号	100050
昭亨社区	1528	王焘	13910671565	永定门内东街东里1号楼底商	100050
泰元社区	1503	柏青	13910729137	天坛东里中区1号楼北侧	100050

永定门外街道

【概况】东城区委永定门外街道工作委员会（简称永定门外街道党工委）是区委的派出机关，东城区人民政府永定门外街道办事处（简称永定门外街道办事处）是区政府的派出机关。永定门外街道党工委与永定门外街道办事处合署办公，为正处级单位。永定门外街道党工委、办事处依据党内法规和法律、法规、规章及上级党委、政府授权，代表区委、区政府对辖区党的建设、公共服务、城市管理、社会治理等行使综合管理职能，全面负责辖区地区性、社会性、群众性工作的统筹协调。2021年，组织街道中心组学习19次，上报舆情信息322条，主动公开政府信息91条。10月成立财源建设专班，完成税源任务1048万元，完成率105%，实际缴税入库任务823万元，完成率137%，全区17个街道中排名第六，新设立企业6家，外区引入企业2家。分别与内蒙古自治区阿尔山市五岔沟镇、北京市怀柔区汤河口镇通过线上线下相结合的方式开展结对共建，向阿尔山市五岔沟镇捐助3.5万元。设立“两个条例”工作专班，业委会（物管会）组建率达98.5%，细化物业管理台账，绘制永外辖区供暖平面图，推行《永外街道住宅项目物业服务考评办法》，建立奖惩机制，规范物业服务行为。利用“接诉即办”资金，解决群众反映较为强烈的物业管理热点难点问题，在电动自行车充电需求较为迫切的社区安装充电柜，景泰西里西区消防系统全面大修，郭庄北里8、9、10号楼暖气改造，群众满意度不断提高。永外街道青年志愿者服务队开展的垃圾分类七大行动项目，获2021年首都志愿服务项目大赛银奖，“5个100”首都最佳志愿服务项目获东城区第一届志愿服务项目大赛金奖、东城区优秀环保公益组织奖。

（高英琦）

2月25日，永定门外街道联合定安里社区举办“垃圾分类 我们能行”青少年垃圾分类主题活动（姚晨摄）

【城市管理】2021年，永定门外地区平房区道路清扫保洁26条街巷、面积1.80万平方米；非平房区道路清扫保洁面积46.64万平方米、74条街巷。实现18个社区垃圾分类全覆盖，将原有175个桶站点位优化为153个，规范化建设达标率达100%；建设分类驿站18个、大件暂存点34个、装修垃圾暂存点76个，达标率100%；小区公示牌及桶站公示牌全部完成美化更新，完成驿站门头一体化建设。成立202人的街道垃圾分类普法员队伍，加强示范小区建设。累计宣讲培训260场次，社区议事会405场，收集问题建议350件，研究解决对策268条。伐除隐患危树52棵，清理古树树池垃圾1320千克。拆除各类地锁、地桩、地钉，清理整改占车位的锥桶、废旧自行车等杂物850余件。开展垃圾分类联合执法320余次，录入检查单3260份，检查辖区内单位和社区376家，对发现的139处不规范问题责令改正，立案查处72起、行政处罚14.40万元。开展无照经营联合执法350余次，劝离无照游商72起，暂扣三轮车6辆。与19个社区、31家物业管理单位签订汛期安全责任书，成立机关、驻街单位、民兵等防汛抢险队10支、251人。排查风险隐患85处，建立危树台账72处，疏散转移较大风险住户台账322户。汛期转移风险住户1户3人，维修房屋1处。受理“12345”派单1.17万件，自主研发“智慧诉联”数据系统平台，解决“接诉即办”运转体系中的难点和痛点，用数据提供智能化支撑。制订、实施和优化《“接诉即办”全响应工作方案》，设置响应区，深度办理案件，案件处置实行各部门、各社区“一把手”负责制，全年召开重点案件调度会50余次，调度案件500余件，市级排名从1月330名上升至12月的155名。

（高英琦）

【民生保障】2021年，永定门外街道建立电子化档案管理模式，设置“电子档案未成功来访个人查档登记簿”。推行综合窗口业务受理模式，开设综合窗口6个，实现大厅日平均接待40—60人次的合理分流，群众窗口排队等候时间缩短1/3，网上办理比例达到全部办理事项的20%，全年完成“电话办”业务1000余笔。立足民生，岗位联动，筑牢就业服务“防护网”，共举办线上招聘会9场，提供就业岗位2357个，企业回馈求职咨询累计300余人，成功招用20余人，求职登记50余人，职业指导30余人次，推荐用工20余人，失业人员成功就业2人。技能培训61人、结业22人，招录公益性岗位帮扶人员5人。受理各类保障房申请902户次，完成各类保障房资格复核2361户次，新增登记各类补贴发放372户次，为1100余户家庭发放各类补贴，为60余户家庭配租公租房，为20户家庭配租望坛公租房并办理公租补贴。定期巡查22处建筑施工工地，涉及农民工3108人，日常巡查企业30家，对地区服务行业60家单位开展违法使用童工检查。对3家单位进行超时加班问题集中排查，妥善处理工资类纠纷及突发事件

19起，涉及工人138人，为农民工追回工资286.98万元，维护劳动者合法权益。组织困难救助所为辖区困难群众提供个案服务302人次，建立残疾人专项康复服务档案530余人，对地区“三无”老人开展救急难1人，实施医疗救助451人次、救助资金170.1万元。

（高英琦）

【社会治安综合治理】2021年，永定门外街道完成酒店住宿业转型1家，提升4家，整治铁路安全隐患4处。开展地下空间违规住人大规模排查6次，全面检查地下空间285处，深化检查100余处，发现单位自住地下空间26处，均要求所属单位按照自用标准进行整改，确保地下空间使用安全。检查单位5675家次，发现并整改隐患1.50万处，检查覆盖率、隐患整改率达100%，下发整改通知单1128份。安全生产专项整治三年行动系统上账隐患66条（含重大隐患9条），均完成整改销账。完成辖区所有住宅小区电动自行车集中充电设施全覆盖，累计建设小区电动自行车集中充电设施66处、平房院落11处（充电桩181处、充电柜74个、电动车自行车充电口2470个）。同步推动“一不两有一联动”，推动电动自行车阻梯系统建设130余部。完成19条街巷精细化提升施工，其中10条通过精治达标验收街巷。大气污染防治精细化治理工作累计完成屋顶清扫50.91万平方米，裸地硬化1567平方米，有效改善大气质量，年度PM2.5在全市街道排名中前进90名。加强对重点地区、重点人、重点行业和领域的矛盾风险隐患摸排，落实责任主体和措施。受理群众来信来访1185件次，其中办理市信访信息系统信访件556件、区长信箱40件、接待来访589人次。信访案件排查率98%；按期处结率100%，有效化解多起集体访事件。群众安全感和满意度排名从末位上升至17个街道中的第五名。

（高英琦）

【社区建设】2021年，永外街道组织19个社区396人次参加社区工作者内部培训，实现全员轮训、分层培训、分类培养。组织各类文体活动600余场，文化培训200余场，公益电影放映200余场，观看专业演出15场，受益群众3.5万人次。5家养老服务驿站签约基础服务对象近1000人，开展巡视探访服务老人3288人次，提供助餐1154人次，提供其他服务5338人次，开展各项中国传统特色活动175次、2927人次。重点扶持“绿色风暴在行动”“点靓永定情”等品牌社会组织，累计注册备案145个社区社会组织。对“12345”热线中群众诉求量大、高频点位、城市管理堵点、季节性高发等长期困扰街道的难点问题发力解决。协调项目建设单位全路段铣刨安乐林路，先后开展垃圾分类中转站封闭式建设管理5处，景泰西里西区消防系统全面大修，18个社区安装199组充电柜，郭庄北里8、9、10号楼暖气改造，美国白蛾治理等专项治理。完成西革新里110号院，西革新里122、124号楼老旧小区改造工程，涉及居民958户，完成上下水改造939户，改造上下水153趟，粉饰楼本体公共区域总面积5.72万平方米，室外区域改造提升总面积1.42万平方米，楼梯间粉刷总面积1.88万平方米，完成架空线入地，修整文化休闲场地，增设体育健身设施，规范停车管理，投入门禁、安防设施等工作，并通过加设矮墙、增设出口等措施实现西革新里110号院小区商住分离。

（高英琦）

【党建工作】2021年，永外街道党工委制发《永外街道意识形态工作责任制实施细则》、“永外街道加强对‘一把手’和领导班子监督内容体系”、《永外街道2021年全国文明城区创建工作监督工作方案》等文件，开展提醒谈话2人次，处理违规违纪社区工作者6人。围绕城市建设、垃圾分类、节假日重点工作等开展督察督办55次。成立“红色物业联合党支部”，创建永外“红色物业”党建品牌。开展京卡活动服务职工近7000人次，互助保障办理2351份；集体合同、工资协议、厂务公开、民主管理覆盖率98%。探索建立党建三级工作机制，街道非公企业党组织覆盖率100%，社会组织党组织覆盖率100%。推进新业态、新就业群体党建工作，深入摸排新业态网点19家、从业人员289人，流动人口党员11人。启动“小憩驿站+红色邮包+永外新星”即“小红星”计划，促成以服务换服务、以服务促治理的党建工作闭环，形成中心管总、楼宇强片、支部主建的区域化“两新”党建工作新模式。

（高英琦）

【疏解整治促提升工作】2021年，永外街道完成违法建设销账737处，拆违封堵整治任务1.45万平方米，琉璃井社区申报通过东城区“基本无违建社区”。实现人口减少2694人，完成全年疏解任务117.49%。统筹物业、路侧、商务楼宇等停车资源，新增有偿错时共享停车位40个。新增17处非机动车停车区，禁停区4处，补画25处。推动道路停车改革，有序认证居民信息，预判风险点，提前开展宣传动员，推动革新南路、管村路路侧电子停车位上线。开展静态交通专项治理，完善百荣世贸、盛购等商圈周边慢行系统，开展革新南路边环境秩序专项整治，紧盯共享单车重点点位秩序整治。

（高英琦）

【疫情防控】2021年，排查各类风险人员1.57万人，累计实际管控人员639人，转运集中隔离人员172人，居家观察管控467人。第一时间选派优秀机关干部10人进驻大兴隔离点从事运行管理工作。开展“三类场所”防疫专项联合执法280余次，录入检查单3616份，共计检查防疫工作单位366家，累计发放整改通知书213份，对发现的157处防疫举措不规范问题全部责令整改。督促社会单位落实“四方责任”，开展7天一轮全覆盖检查，紧抓关键风险点不放松。辖区7家棋牌室全部关停，在西罗园一区出现新冠肺炎阳性病例后，第一时间紧急关停百荣世贸商城，当日中午前完成商城内近5万人疏散，排查人数超7000人，完成涉疫人员172人摸排。通过优化流程、科学谋划、筹备物资，提升大规模核酸检测能力，储备5个大型核酸检测点，保障应急处置能力，保证24小时内完成地区全员检测。年初快速高效完成采样6万余人次，10月底完成重点行业人群核酸检测1.02万人次，确保应检尽检。落实“攀登行动”“登峰计划”“冲刺行动”，创新疫苗接种辅助工作方法，制作街道疫苗接种工作爬楼图，建立居民接种情况台账，精准掌握全员接种信息，免疫加强疫苗总任务接种完成率92.97%，在17个街道中位居第三。

（高英琦）

【棚户区改造项目】望坛棚户区改造项目房屋征收涉及5863户，其中住宅5776户，非住宅87户。至12月31日，整体签约率99.56%，其中住宅签约率99.55%，非住宅实现100%交房并拆除。望坛征收范围内剩余3户，所有回迁房楼座实现场干地净，20个回迁楼座中，19个全面开工建设。宝华里危改项目位于永定门外地区，紧邻南中轴线，占地面积16.45公顷，涉及居民产籍2260户，企事业单位14家。项目于2001年年底筹划，2008年1月启动拆迁，至2013年9月仅搬迁居民1116户（约占49%）。2018年11月重启项目拆迁工作，重启时涉及居民1144户，企事业单位10家。2019年5月3日正式启动居民、企业签约，至2021年12月31日，共签约搬迁1141户，签约腾房率99.8%。7家企业完成签约、拆除、结算工作，拆除面积达企业总面积的93%。项目施工建设有序推进，3号地取得施工许可证，2、4号地均取得市建委核发的施工准备函，现场全面进入工程建设阶段。

（高英琦）

永定门外街道社区居委会

居委会名称	管辖户数	负责人	联系电话	办公地址	邮编
彭庄社区	1005	周宇	51332951	车站路12号腐南	100075
中海紫御社区	2508	刘菁博	87923881	西滨河路8号院中海紫御小区8号楼03、04号底商	100075
永铁苑社区	2148	王艳	51332982	永铁苑7号楼109号	100075
革新里社区	2200	侯广库	51333031	西革新里南路108号院2号楼19号底商	100075
百荣嘉园社区	2292	陈龙华	67265852	西革新里116号百荣嘉园4号楼一层	100075
革新西里社区	1906	王佳	51333061	西革新里124号院	100075
管村社区	1680	郑晓丽	51333091	建予园3号楼底商	100075
桃园社区	1097	张亚芬	51233087	桃园南街10号院	100075
李村社区	2517	吴晶	67617874	李村东里7号楼3门003号	100075
桃杨路社区	1810	张颖	67262352	桃杨路北里7号	100075
杨家园社区	1591	田冬梅	52172736	琉璃井东街2号楼6门101号	100075
景泰社区	2587	韩艳	67611651	新奥洋房8号楼底商809号	100075
定安里社区	2023	郝丽欣	87291275	景泰西里7号楼前平房	100075
富莱茵社区	1536	郝俊丽	51076631	富莱茵13号楼109号	100075
宝华里社区	2906	陈鑫鑫	67213606	宝华头条乙17号	100075
民主北街社区	2794	于文靓	51076551	琉璃井路38号	100075
琉璃井社区	1815	杨燕敏	67260595	安乐林路18号	100075
天天家园社区	2614	王海燕	67264591	安乐林路22号天天家园小区1号楼1号底商1-4	100075
安乐林社区	2432	何玉玲	52172796	景泰西里西区8号楼底商	100075

东城区街道工委及办事处负责人

东华门街道工委书记	赵宏松（1月免）
	冯建国（1月任，12月免）
	王跃锋（12月任）
办事处主任	秦　磊（9月免）
	韩云升（11月任）
景山街道工委书记	冯建国（1月免）
	陈　君（1月任）
办事处主任	高永学（满族，9月免）
	胡祥富（9月任）
交道口街道工委书记	吕德成（4月免）
	谢霄鹏（5月任）
办事处主任	李晓光（6月免）
	张艳姣（女，8月任）
安定门街道工委书记	赵明杰（1月免）
	于家明（1月任，10月免）
	戚家勇（10月任）
办事处主任	戚家勇（11月免）
	孟宪峰（11月任）
北新桥街道工委书记	安　虹（女）
办事处主任	冯业水
东四街道工委书记	韩卫国（12月免）
	邢　磊（12月任）
办事处主任	魏　搏（10月免）
	薛洪峰（11月任）
朝阳门街道工委书记	陈志坚（6月免）
	唐兵兵（7月任）
办事处主任	李　焱（12月免）
建国门街道工委书记	孟　锐（10月免）
	祁国梁（10月任）
办事处主任	祁国梁（11月免）
	高海雁（12月任）
东直门街道工委书记	肖　刚（6月免）
	王玉琳（女，7月任）
办事处主任	王玉琳（女，8月免）
	张　波（8月任）
和平里街道工委书记	王品军（回族，10月免）
	雷新隆（畲族，11月任）
办事处主任	崔　旭（女，6月任）
前门街道工委书记	张　黎（9月免）
	关　波（满族，9月任）
办事处主任	余海民（8月免）
	郑　芳（女，9月任）
崇文门外街道工委书记	梁成才（4月免）
	余海民（7月任）
办事处主任	阮　君（2月免）
	郭威元（女，3月任，12月免）
东花市街道工委书记	于家明（1月免）
	张之泽（1月任）
办事处主任	张之泽（2月免）
	刘河深（3月任）
龙潭街道工委书记	吕晓东
办事处主任	程　利（9月免）
	李军耀（9月任）
体育馆路街道工委书记	吴志辉（9月免）
	秦　磊（9月任）
办事处主任	唐兵兵（8月免）
	刘从容（8月任）
天坛街道工委书记	赵秋洁（女，满族，12月免）
	吴　笛（12月任）
办事处主任	张松青（9月免）
	邓　彬（9月任）
永定门外街道工委书记	陈卫兵（9月免）
	张　黎（9月任）
办事处主任	肇毅凯（满族，1月免）
	崔位阳（6月任）

统计资料

表33

地区生产总值汇总表

单位：亿元、%

项　目	2021年	增长速度
合计	3193.1	8.0
按产业类别分		
第二产业	92.6	22.2
第三产业	3100.4	7.7
按行业类别分		
工业	35.0	20.0
建筑业	57.7	23.6
批发和零售业	339.8	9.5
交通运输、仓储和邮政业	18.1	6.5
住宿和餐饮业	57.7	14.4
信息传输、软件和信息技术服务业	359.0	3.9
金融业	946.9	7.7
房地产业	240.0	33.0
租赁与商务服务业	221.7	5.6
科学研究和技术服务业	336.1	3.5
水利、环境和公共设施管理业	12.4	-8.8
居民服务、修理和其他服务业	8.5	0.1
教育	98.9	1.2
卫生和社会工作	141.9	6.9
文化、体育和娱乐业	102.0	2.8
公共管理、社会保障和社会组织	217.4	3.0

注：1.地区生产总值按当年价格计算，增速按可比价格计算。

2.产业划分依据国家统计局2018年修订后的《三次产业划分规定》；行业划分依据《国民经济行业分类》（GB/T4754-2017）。

3.2021年地区生产总值为初步核算数。

表34

国民经济和社会发展主要指标

项　目	单　位	2021年	2020年	增长速度（%）
人口与就业				
人口				
年末常住人口	万人	70.8	70.9	-0.1
年末户籍户数	户	347174	346687	0.1
年末户籍人口	人	986734	979628	0.7
男性人口	人	481114	478217	0.6
女性人口	人	505620	501411	0.8
户籍人口自然增长率	‰	-3.30	-6.93	3.63个千分点
就业				
从业人员平均人数	人	800585	773369	3.5
从业人员年末人数	人	794020	771479	2.9
从业人员年平均工资	元	180061	162210	11.0
登记失业率	%	2.07	2.16	-0.09个百分点
城镇登记失业人员就业率	%	66.33	57.40	8.93个百分点
宏观经济				
财政				
一般公共预算收入	万元	1955001	1814131	7.8
一般公共预算支出	万元	2827422	2687029	5.2
固定资产投资				
固定资产投资（不含农户）	万元			2.7
#房地产开发	万元			30.6
消费品市场				
社会消费品零售总额	万元	13032686	12134988	7.4
商品交易市场总数	个	18	19	-5.3
综合市场	个	9	10	-10.0
专业市场	个	9	9	0
商品交易市场成交额	万元	170812	168968	1.1

续表34

项　目	单　位	2021年	2020年	增长速度（%）
综合市场	万元	16354	17658	-7.4
专业市场	万元	154458	151310	2.1
消费品市场个数	个	18	18	0
消费品综合市场	个	4	4	0
农副产品市场	个	14	14	0
工业消费品市场	个	0	0	0
其他消费品市场	个	0	0	0
居民生活				
人均可支配收入	元	89804	83501	7.5
人均消费性支出	元	51918	46190	12.4
恩格尔系数	%	21.6	21.1	0.5个百分点
能源消费				
不变价万元GDP能耗下降率	%	-0.20	2.96	
外经、外贸				
实际利用外资额	亿美元	6.36	6.01	5.8
行　业				
工　业				
规模以上工业总产值（现价）	万元	939913	972345	-3.3
资产总计	万元	2791475	2334148	19.6
营业收入	万元	1059740	1074216	-1.3
利润总额	万元	22403	29106	-23.0
建筑业				
具有资质的建筑业企业总产值	万元	9980650	9475760	5.3
资产总计	万元	27791768	28267340	-1.7
营业收入	万元	11455326	11589019	-1.2
利润总额	万元	763260	697887	9.4

续表34

项　目	单　位	2021年	2020年	增长速度（%）
信息传输、软件和信息技术服务业				
资产总计	万元	20755771	14582042	42.3
收入合计	万元	8374942	6548837	27.9
利润总额	万元	975093	924248	5.5
批发和零售业				
资产总计	万元	130276728	124058913	5.0
营业收入	万元	117081071	84092112	39.2
利润总额	万元	6510835	4493590	44.9
住宿和餐饮业				
资产总计	万元	4829527	4663630	3.6
营业收入	万元	2254799	1861051	21.2
利润总额	万元	-71584	-170729	
金融业				
资产总计	万元	1963530267	2100286308	-6.5
收入合计	万元	93075544	88969267	4.6
利润总额	万元	79362351	73837022	7.5
房地产业				
资产总计	万元	48860686	47262013	3.4
收入合计	万元	3718888	3737698	-0.5
利润总额	万元	107332	437719	-75.5
租赁和商务服务业				
资产总计	万元	95029677	95211383	-0.2
收入合计	万元	8484553	8722738	-2.7
利润总额	万元	3964019	4118574	-3.8
教育、文化、体育、卫生、环境				
教育				
校（园）数	所	181	192	-5.7
#中学	所	43	44	-2.3

续表34

项　目	单　位	2021年	2020年	增长速度（%）
小学	所	47	47	0
幼儿园	所	68	68	0
在校生数	人	136204	129429	5.2
#小学	人	69354	65508	5.9
中学	人	43067	39845	8.1
幼儿园	人	19790	19582	1.1
文化				
文物保护单位	个	165	164	0.6
国家级文物保护单位	个	37	37	0
市级文物保护单位	个	75	69	8.7
区级文物保护单位	个	53	58	-8.6
文化馆（站）个数	个	1	2	-50.0
公共图书馆个数	个	1	2	-50.0
公共图书馆藏书	万册	167.0	160.8	3.9
体育				
体育场馆数	个	246	252	-2.4
举办体育活动次数	次	388	51	660.8
举办体育活动参加人数	万人次	91	120	-24.2
卫生				
卫生机构数	个	544	548	-0.7
#医院	个	60	61	-1.6
#二级以上	个	17	17	0
#三级甲等	个	8	8	0
实有床位数	张	10008	10049	-0.4
每千常住人口拥有医院床位数	张	14.14	14.18	-0.3
卫生技术人员数	人	27176	26383	3.0
#执业（助理）医师	人	10789	10446	3.3
注册护士	人	11349	11058	2.6

续表34

项　目	单　位	2021年	2020年	增长速度（%）
城市环境				
公园个数	个	24	24	0
#免费公园个数	个	18	18	0
人均绿地面积	平方米/人	15.69	13.96	12.4
城市绿化覆盖率	%	35.47	35.41	0.06个百分点
年末实有道路长度	公里	425	425	0
年末实有道路面积	万平方米	474	474	0

表35　**规模以上工业企业生产情况**

单位：万元

项　目	工业总产值（当年价格）
合计	939913
按登记注册类型分	
内资	911212
集体	***
国有独资公司	***
其他有限责任公司	315835
股份有限公司	***
私营有限责任公司	37656
外商投资	***
中外合资经营	***
按行业类别分	
煤炭开采和洗选业	***
石油和天然气开采业	***
纺织服装、服饰业	15667
皮革、毛皮、羽毛及其制品和制鞋业	***
家具制造业	***
印刷和记录媒介复制业	***

续表35

项　目	工业总产值（当年价格）
文教、工美、体育和娱乐用品制造业	***
石油、煤炭及其他燃料加工业	***
化学原料和化学制品制造业	***
橡胶和塑料制品业	***
金属制品业	546627
专用设备制造业	***
汽车制造业	***
计算机、通信和其他电子设备制造业	***
仪器仪表制造业	***
电力、热力生产和供应业	21740

注：为使个别单位的数据得以保密，“***”表示该数据不予公布。

表36

建筑业企业生产情况

单位：万元

项　目	建筑业总产值	#装饰装修产值
合计	9980650	546484
按登记注册类型分		
内资	9668102	449154
集体	***	***
有限责任公司	7557547	406669
其他有限责任公司	7557547	406669
股份有限公司	997	0
私营企业	2109190	42117
私营有限责任公司	2097623	31166
私营股份有限公司	***	***
港澳台商投资	287941	92163
与港澳台商合资经营	***	***
港澳台商独资	223342	27649

续表36

项　目	建筑业总产值	#装饰装修产值
外商投资	24607	5167
中外合资经营	***	***
外资企业	***	***
按隶属关系分		
中央	7614170	310347
地方	1686436	151589
其他	680044	84548
按行业类别分		
房屋建筑业	3789529	166244
土木工程建筑业	5707217	244252
建筑安装业	306644	623
建筑装饰和其他建筑业	177260	135365

注：为使个别单位的数据得以保密，“***”表示该数据不予公布。

表37　限额以上批发和零售业商品销售类值

单位：万元

项　目	商品销售额
类值合计	135903681
1.粮油、食品类	18503643
其中：粮油类	16279078
肉禽蛋类	112547
水产品类	127114
蔬菜类	21275
干鲜果品类	43809
2.饮料类	202789
3.烟酒类	1808280
其中：酒类	1699561
4.服装、鞋帽、针纺织品类	1310511

续表37

项　目	商品销售额
（1）服装类	719495
（2）鞋帽类	376755
（3）针纺织品类	214261
5.化妆品类	148832
6.金银珠宝类	6411884
其中：饰品类	1068767
7.日用品类	2103400
其中：可穿戴智能设备	52865
其中：儿童玩具类	14081
8.五金、电料类	85946
9.体育、娱乐用品类	84551
其中：照相器材类	19574
10.书报杂志类	511006
11.电子出版物及音像制品类	113526
12.家用电器和音像器材类	459292
其中：能效等级为1级和2级的商品	18099
其中：智能家用电器和音像器材	31610
其中：电视机类	9839
13.中西药品类	7554341
其中：西药类	6025368
中草药及中成药类	1135059
14.文化办公用品类	5453432
其中：计算机及其配套产品	4920591
15.家具类	171899
16.通讯器材类	19773364
其中：智能手机	19333426
17.煤炭及制品类	22183568
18.木材及制品类	4843465
19.石油及制品类	9856387
20.化工材料及制品类	601912

续表37

项　目	商品销售额
其中：化肥类	73475
21.金属材料类	19127116
22.建筑及装潢材料类	184189
23.机电产品及设备类	3833708
其中：农机类	2606
24.汽车类	638777
其中：新能源汽车类	27650
其中：新车	596486
二手车	351
其中：汽车配件类	41940
25.种子饲料类	360824
26.棉麻类	3022415
27.其他未列明商品类	6554625

注：本表统计范围为限额以上批发和零售业法人单位。

表38　固定资产投资（不含农户）增速

单位：%

项　目	2021年	2020年
合计	2.7	-15.3
按隶属关系分		
中央	-39.8	-33.9
地方	10.0	-17.7
其他	16.5	3.9
按登记注册类型分		
国有经济	0.4	-32.8
外商及港澳台投资经济	-13.8	-9.2
其他经济	12.4	-10.2

注：固定资产投资统计口径为“项目建设地”原则。

表39

居民年人均可支配收入

单位：元

项　目	2021年	2020年
可支配收入	89804	83501
工资性收入	48108	44591
#工资	43258	40881
实物福利	89	4
经营净收入	523	483
财产净收入	14849	13846
转移净收入	26324	24581
（一）转移性收入	33339	29674
#养老金或离退休金	30275	27427
社会救济和补助	64	20
赡养收入	146	288
（二）转移性支出	7015	5093

表40

居民家庭每百户主要耐用消费品拥有量

项　目	单　位	2021年	2020年
家用汽车	辆	55	43
摩托车	辆	4	2
助力车	台	27	31
洗衣机	台	103	102
电冰箱（柜）	台	106	106
微波炉	台	80	81
彩色电视机	台	125	131
空调	台	189	177
热水器	台	94	96
洗碗机	台	5	3
抽油烟机	台	92	88

续表40

项　目	单　位	2021年	2020年
固定电话	线	37	60
移动电话	部	234	230
计算机	台	101	104
照相机	台	56	56
中高档乐器	架	17	18
健身器材	台	11	8
空气净化器（含新风系统）	台	52	48
吸尘器	台	45	38

表41　**户籍人口百岁表**

单位：人

年龄	总人数	男	女
合计	986734	481114	505620
0岁	5145	2658	2487
1岁	6301	3302	2999
2岁	8906	4655	4251
3岁	9160	4825	4335
4岁	11317	5718	5599
5岁	14292	7347	6945
6岁	9606	5011	4595
7岁	15018	7832	7186
8岁	11057	5772	5285
9岁	12547	6565	5982
10岁	9932	5158	4774
11岁	7718	4032	3686
12岁	8053	4153	3900
13岁	7366	3769	3597
14岁	7245	3748	3497

续表41

年龄	总人数	男	女
15岁	5110	2643	2467
16岁	4502	2258	2244
17岁	4857	2513	2344
18岁	2593	1306	1287
19岁	4855	2433	2422
20岁	4350	2155	2195
21岁	5316	2654	2662
22岁	4854	2456	2398
23岁	4678	2367	2311
24岁	5847	2944	2903
25岁	6121	2905	3216
26岁	7280	3478	3802
27岁	8206	4013	4193
28岁	8672	4133	4539
29岁	10127	4840	5287
30岁	8400	4084	4316
31岁	13058	6268	6790
32岁	14063	6766	7297
33岁	15746	7723	8023
34岁	16771	8058	8713
35岁	15508	7441	8067
36岁	16165	7714	8451
37岁	17496	8530	8966
38岁	20278	9900	10378
39岁	22933	10986	11947
40岁	19298	9555	9743
41岁	17107	8417	8690
42岁	14625	7323	7302

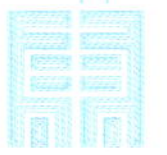

续表41

年龄	总人数	男	女
43岁	14671	7338	7333
44岁	11792	5993	5799
45岁	10633	5388	5245
46岁	10306	4973	5333
47岁	10577	5151	5426
48岁	12353	6024	6329
49岁	12769	6242	6527
50岁	12518	6029	6489
51岁	12865	6195	6670
52岁	13304	6311	6993
53岁	14735	6971	7764
54岁	9706	4576	5130
55岁	10225	5024	5201
56岁	12010	5968	6042
57岁	16614	8262	8352
58岁	25736	12775	12961
59岁	20973	10527	10446
60岁	15188	7438	7750
61岁	18491	9198	9293
62岁	17889	8854	9035
63岁	19831	9722	10109
64岁	21739	10386	11353
65岁	19473	9409	10064
66岁	18816	9038	9778
67岁	19016	9053	9963
68岁	16869	8105	8764
69岁	15298	7266	8032
70岁	13869	6679	7190
71岁	12180	6045	6135

续表41

年龄	总人数	男	女
72岁	10189	5030	5159
73岁	7970	3895	4075
74岁	7386	3628	3758
75岁	6717	3231	3486
76岁	5854	2728	3126
77岁	4816	2290	2526
78岁	4371	2044	2327
79岁	4695	2093	2602
80岁	4561	2012	2549
81岁	4619	1924	2695
82岁	4746	1826	2920
83岁	4826	1827	2999
84岁	4811	1884	2927
85岁	4420	1765	2655
86岁	4204	1632	2572
87岁	3789	1540	2249
88岁	3318	1348	1970
89岁	2731	1131	1600
90岁	2103	890	1213
91岁	1915	760	1155
92岁	1455	556	899
93岁	1169	493	676
94岁	821	316	505
95岁	618	262	356
96岁	461	167	294
97岁	356	149	207
98岁	245	101	144
99岁	157	59	98
100岁以上	486	185	301

表42 户籍人口变动情况统计表

		2021年末户籍人口数	增加							减少							2022年净增长	2022年末户籍人口数	2022年末集体户
			合计	市外迁入	出生	市内移动		本管界转化	其他	合计	迁出市外	死亡	市内移动		本管界转化	其他			
						外区迁入	本区他所迁入						迁往外区	迁往本区他所					
城镇	户数	346975	876	155	0	476	88	0	157	685	2	25	333	76	0	249	191	347166	868
	人数	984395	4346	1716	524	1774	309	0	23	2023	60	91	1555	309	0	8	2323	986718	61039
	男	479970	2121	872	277	802	154	0	16	986	30	58	739	154	0	5	1135	481105	32121
	女	504425	2225	844	247	972	155	0	7	1037	30	33	816	155	0	3	1188	505613	28918
乡村	户数	8	0	0	0	0	0	0	0	0	0	0	0	0	0	0	0	8	0
	人数	16	0	0	0	0	0	0	0	0	0	0	0	0	0	0	0	16	0
	男	9	0	0	0	0	0	0	0	0	0	0	0	0	0	0	0	9	0
	女	7	0	0	0	0	0	0	0	0	0	0	0	0	0	0	0	7	0

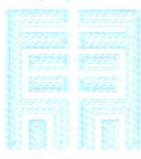

主要统计指标解释

一、地区生产总值 是按市场价格计算的地区生产总值的简称。它是一个地区所有常住单位在一定时期内生产活动的最终成果。地区生产总值有三种表现形式，即价值形态、收入形态和产品形态。从价值形态看，它是所有常住单位在一定时期内所生产的全部货物和服务价值与同期投入的全部非固定资产货物和服务价值的差额，即所有常住单位的增加值之和；从收入形态看，它是所有常住单位在一定时期内创造的各项收入之和，包括劳动者报酬、生产税净额、固定资产折旧和营业盈余；从产品形态看，它是所有常住单位在一定时期内最终使用的货物和服务价值与货物和服务净出口价值之和。在实际核算中，地区生产总值有三种计算方法，即生产法、收入法和支出法。三种方法分别从不同的方面反映地区生产总值及其构成。

二、规模以上工业企业 指年主营业务收入2000万元及以上的工业法人单位。

三、建筑业总产值 是指以货币形式表现的建筑业企业在一定时期内生产的建筑产品和服务的总和。

四、固定资产投资额 指以货币形式表现的在一定时期内建造和购置固定资产的工作量以及与此有关的费用的总称。

五、房地产开发投资 指各种登记注册类型的房地产开发法人单位统一开发的住宅、厂房、仓库、饭店、宾馆、度假村、写字楼、办公楼等房屋建筑物，配套的服务设施，土地开发工程（如道路、给水、排水、供电、供热、通讯、平整场地等基础设施工程）和土地购置的投资；不包括单纯的土地开发和交易活动。

六、社会消费品零售总额 指企业（单位、个体户）通过交易直接售给个人、社会集团非生产、非经营用的实物商品金额，以及提供餐饮服务所取得的收入金额。个人包括城乡居民和入境人员，社会集团包括机关、社会团体、部队、学校、企事业单位、居委会或村委会等。

七、可支配收入 指调查户在调查期内获得的、可用于最终消费支出和储蓄的总和，即调查户可以用来自由支配的收入。可支配收入既包括现金，也包括实物收入。按照收入的来源，可支配收入包含四项，分别为工资性收入、经营净收入、财产净收入和转移净收入。

八、工资性收入 指就业人员通过各种途径得到的全部劳动报酬和各种福利，包括受雇于单位或个人、从事各种自由职业、兼职和零星劳动得到的全部劳动报酬和福利。

九、消费支出 指住户用于满足家庭日常生活消费需要的全部支出，包括用于消费品的支出和用于服务性消费的支出。根据用途不同，消费支出可划分为食品烟酒、衣着、居住、生活用品及服务、交通通信、教育文化娱乐、医疗保健、其他用品及服务八大类。

十、消费品市场 又称生活资料市场、最终产品市场。它是指生产经营者从事消费品经营，满足人们生活消费需要的经济活动领域，或指消费者为满足生活消费需要而购买商品的场所。

十一、从业人员期末人数 指报告期末最后一日24时在本单位工作，并取得工资或其他形式劳动报酬的人员数。该指标为时点指标，不包括最后一日当天及以前已经与单位解除劳动合同关系的人员，是在岗职工、劳务派遣人员及其他从业人员之和。

十二、从业人员平均工资 本单位从业人员在报告期内平均每人所得的工资额。

$$从业人员平均工资=\frac{从业人员工资总额}{从业人员平均人数}$$

十三、工业总产值 是指工业企业在报告期内生产的以货币形式表现的工业最终产品和提供工业劳务活动的总价值量。包括生产的成品价值、对外加工费收入、自制半成品在产品期末期初差额价值。工业总产值采用“工厂法”计算，即以法人工业企业作为一个整体，按企业生产活动的最终成果来计算，企业内部不允许重复计算，不能把企业内部各个车间（分厂）生产的成果相加。但在企业之间、行业之间、地区之间存在重复计算。

十四、资产总计 指企业过去的交易或者事项形成的、由企业拥有或者控制的、预期会给企业带来经济利益的资源。资产一般按流动性分为流动资产和非流动资产。其中流动资产可分为货币资金、交易性金融资产、应收票据、应收账款、预付款项、其他应收款、存货等；非流动资产可分为长期股权投资、固定资产、无形资产及其他非流动资产等。根据会计“资产负债表”中“资产总计”项目的期末余额数填报。

十五、利润总额 指企业在一定会计期间的经营成果，是生产经营过程中各种收入扣除各种耗费后的盈余，反映企业在报告期内实现的亏盈总额。

十六、商品销售总额 是指对本单位以外的单位和个人出售的商品金额（包括售给本单位消费用的商品，含增值税）。在批发和零售业中，本指标反映在国内市场上销售商品以及出口商品的总量。

附录

中共北京市东城区委员会主要文件目录

京东发［2021］1号	中共北京市东城区委关于印发《区委常委会2021年工作要点》的通知
京东发［2021］3号	中共北京市东城区委北京市东城区人民政府关于印发《东城区服务保障北京冬奥会、冬残奥会工作方案》的通知
京东发［2021］4号	中共北京市东城区委印发《关于加强对区管单位党政正职领导干部监督管理的规定》的通知
京东发［2021］5号	中共北京市东城区委印发《关于全面推进新时代基层统战工作的意见》的通知
京东发［2021］6号	中共北京市东城区委北京市东城区人民政府关于印发《“五个东城”工作任务清单》的通知
京东发［2021］8号	中共北京市东城区委关于中共北京市东城区第十三次代表大会代表选举工作的通知
京东发［2021］11号	中共北京市东城区委关于印发《东城区党务公开工作实施办法（试行）》的通知
京东发［2021］12号	中共北京市东城区委印发《东城区关于加强对“一把手”和领导班子监督的分工方案》的通知
京东发［2021］13号	中共北京市东城区委北京市东城区人民政府转发《区委宣传部、区司法局关于在全区开展法治宣传教育的第八个五年规划（2021—2025年）》的通知
京东发［2021］14号	中共北京市东城区委北京市东城区人民政府关于印发《东城区加快产业创新融合 促进经济高质量发展的实施意见》的通知
京东发［2021］15号	中共北京市东城区委印发《关于加强新一届区委领导班子政治建设的意见》的通知
京东发［2021］16号	中共北京市东城区委关于区委常委分工的通知

中共北京市东城区委办公室主要文件目录

京东办发［2021］2号	中共北京市东城区委办公室北京市东城区人民政府办公室关于印发《东城区贯彻落实中共北京市委北京市人民政府安全生产第九督察组督察反馈意见整改实施方案》的通知
京东办发［2021］4号	中共北京市东城区委办公室关于印发《区委常委会2021年议题计划》及《区委常委会2021年议题计划任务分解表》的通知
京东办发［2021］5号	中共北京市东城区委办公室北京市东城区人民政府办公室关于印发《东城区2021年落实全面从严治党主体责任重点任务分工》的通知
京东办发［2021］7号	中共北京市东城区委办公室印发《关于巩固深化“不忘初心、牢记使命”主题教育成果的实施方案》的通知

京东办发［2021］8号　中共北京市东城区委办公室北京市东城区人民政府办公室关于印发《北京市东城区议事协调机构管理办法》的通知

京东办发［2021］9号　中共北京市东城区委办公室北京市东城区人民政府办公室关于印发《东城区贯彻落实〈领导干部干预司法活动、插手具体案件处理的记录、通报和责任追究规定〉实施细则（试行）》的通知

京东办发［2021］10号　中共北京市东城区委办公室北京市东城区人民政府办公室印发《东城区关于全面建立林长制的工作方案》的通知

京东办发［2021］11号　中共北京市东城区委办公室北京市东城区人民政府办公室关于印发《东城区培育建设国际消费中心城市示范区实施方案（2021—2025年）》的通知

京东办发［2021］12号　中共北京市东城区委办公室北京市东城区人民政府办公室关于印发《〈《北京市国民经济和社会发展第十四个五年规划和二〇三五年远景目标纲要》主要目标和任务分工方案〉东城区落实方案》的通知

京东办发［2021］13号　中共北京市东城区委办公室关于印发《东城区党史和地方志工作规划（2021—2025年）》的通知

京东办发［2021］14号　中共北京市东城区委办公室北京市东城区人民政府办公室关于印发《贯彻落实蔡奇同志调研讲话精神推动东城区经济高质量发展行动计划》的通知

北京市东城区人民政府主要文件目录

东政发［2021］1号　北京市东城区人民政府关于印发《2021年东城区政府工作报告重点工作分工方案》的通知

东政发［2021］2号　北京市东城区人民政府关于印发《东城区重大行政决策程序实施细则》的通知（东行规字［2021］6号）

东政发［2021］3号　北京市东城区人民政府关于东城区区管河湖管理范围划定的公告（东行规字［2021］7号）

东政发［2021］4号　北京市东城区人民政府关于印发《东城区国民经济和社会发展第十四个五年规划和二〇三五年远景目标纲要重点工作分工方案》的通知

东政发［2021］5号　北京市东城区人民政府关于印发《“十四五”时期中关村东城园发展规划》的通知

东政发［2021］6号　北京市东城区人民政府关于印发《东城区“十四五”时期加强国际交往中心功能建设规划》的通知

东政发［2021］7号　北京市东城区人民政府关于印发《“十四五”时期东城区历史文化名城保护发展规划》的通知

东政发［2021］8号　北京市东城区人民政府关于印发《“十四五”时期东城区科技和信息化规划（含大数据专项）》的通知

东政发［2021］9号　北京市东城区人民政府关于印发《东城区促进科技和信息产业发展的若干意见》的通知

东政发［2021］10号　北京市东城区人民政府关于印发《“十四五”时期东城区产业发展规划》的通知

东政发［2021］11号　北京市东城区人民政府关于印发《北京市东城区国家公共文化服务体系示范区创新发展三年行动计划（2021—2023年）》的通知

北京市东城区人民政府办公室
主要文件目录

东政办发［2021］1号　北京市东城区人民政府办公室关于印发《东城区第一次全国自然灾害综合风险普查总体方案》的通知

东政办发［2021］2号　北京市东城区人民政府办公室关于印发《东城区2021年重要民生实事项目》的通知

东政办发［2021］3号　北京市东城区人民政府办公室转发区文化和旅游局关于《北京市东城区公共文化设施社会化运营指导

	意见（试行）》的通知
东政办发［2021］4号	北京市东城区人民政府办公室关于印发《东城区深入打好污染防治攻坚战2021年行动计划》的通知（东行规字［2021］3号）
东政办发［2021］5号	北京市东城区人民政府办公室转发区教委关于《东城区2021年本市户籍无房家庭承租人适龄子女入学审核实施细则》的通知（东行规字［2021］5号）
东政办发［2021］6号	北京市东城区人民政府办公室转发区教委关于《东城区2021年非本市户籍适龄儿童少年入学审核实施细则》的通知（东行规字［2021］4号）
东政办发［2021］7号	北京市东城区人民政府办公室关于印发《东城区人民政府2021年重大行政决策目录》的通知
东政办发［2021］8号	北京市东城区人民政府办公室关于印发《东城区优化营商环境解决企业群众“办不成事”问题工作方案》的通知
东政办发［2021］9号	北京市东城区人民政府办公室关于印发2021年人大代表建议和政协提案办理工作目标管理责任制（折子工程）的通知
东政办发［2021］10号	北京市东城区人民政府办公室关于落实取消和下放一批行政执法职权工作的通知（东行规字［2021］8号）
东政办发［2021］11号	北京市东城区人民政府办公室关于挂牌督办整改重大（突出）火灾隐患及重大（突出）火灾隐患销账的通知
东政办发［2021］12号	北京市东城区人民政府办公室关于印发《北京市东城区创建国家食品安全示范城市工作方案》的通知
东政办发［2021］13号	北京市东城区人民政府办公室关于印发《东城区健康联合体建设试点工作方案》的通知
东政办发［2021］14号	北京市东城区人民政府办公室关于印发《北京市东城区人民政府重大行政决策论证专家库管理办法》的通知（东行规字［2021］9号）
东政办发［2021］15号	北京市东城区人民政府办公室关于印发《东城区公职律师管理规定（试行）》的通知（东行规字［2021］10号）
东政办发［2021］16号	北京市东城区人民政府办公室关于印发《东城区公司律师管理规定（试行）》的通知（东行规字［2021］11号）
东政办发［2021］17号	北京市东城区人民政府办公室关于印发《东城区关于改革完善医疗卫生行业综合监管制度的实施方案》的通知
东政办发［2021］18号	北京市东城区人民政府关于印发《区长、副区长工作分工》的通知

索 引

说 明

• 本索引为主题索引，又称内容分析索引，主题词（标目）以《北京东城年鉴（2022）》正文出现的专业名词、名词词组、机构名、地名为主。

• 特载、专文、大事记、区情概览、人物 荣誉、统计资料、附录等类目内容不在索引范围内。

• 本索引按汉语拼音音序排列，首字相同时，则以第二字排序，以此类推。以数字、字母、符号开始的主题词，排在最前。

• 主题词之后的数字表示所在页码，数字后面的英文字母 a、b、c 分别表示该页的左、中、右栏。

"1+5+N"产业政策体系 4.0 版 108a
"八五"普法正式启动 191c
"北京东城"APP 平台宣传 389a
"草根"篮球"三对三"比赛 419a
"唱响中轴"群众大合唱 357a
"创意点亮北京"活动举办 332b
"东城社工"品牌 426b
"东城新韵 · 拥抱百年"主题教育 66b
"奋进新时代"胡同音乐会 357a
"故宫以东"过大年 271b
"故宫以东"文商旅联盟 270c
"故宫以东"五大隐藏攻略 271c
"故宫以东"向美好出发 272b
"故宫以东 · 城市盲盒"促消 271c
"护航 · 100"专项服务保障 313a
"会馆有戏"系列活动 64a
"减假暂"案件清理排查 182a
"接诉即办"成果显著 294a
"接诉即办"工作 112a, 387b
"接诉即办"向未诉先办转化 302a
"接诉即办"消保维权 224c
"揭网见绿"成效明显 206a
"开学第一课"普法教育 351b
"乐享自然 快乐成长"系列活动 303b
"两队一室"改革 181a
"两员"工作 137a
"美丽东城"网络电视宣传 389c
"美丽院落"建设项目 298b
"平安故宫"建设 392b
"七一"服务保障 279b
"七有""五性"监测评价 222a
"七有""五性"民生建设 204c
"侨心向党"主题活动 170a
"情指勤舆"体系 180a
"燃购东城"消费季启动 105b
"三项制度"监督检查提升 304c
"扫黄打非"工作会议 62c
"十四五"时期妇女儿童发展规划 167a
"十四五"时期公共安全建设研究 316c
"数字王府井 冰雪购物节"活动 105a
"双减"工程全面启动 107c
"双减"工作专项督导 352c
"双减专班"集中办公 349a
"天坛文化小使者"项目获奖 280c
"投资东城"微信公众号 236c
"为民服务车"机制建立 184b
"文化东城"亮相服贸会 385c
"我为群众办实事"活动 169c, 224c
"我为群众办实事"实践活动 56a
"新冠"研发攻关 343c
"信用 + 医疗"试点推进 108a
"阳光地带"青年汇 164c
"智企未来 知保护航"沙龙 331b
"中轴线上"系列文化活动 64b
"中轴线上"系列文化活动启动 106c
"住调红船再启航"活动 223b
《北京日报》专版报道 273b
《光明日报》东城工作站成立 62c
《新东城报》深度报道凸显 389b
《中华医学百科全书》发布 344b
110 接处警 180a
122 处警 309c
2021 东城区科技活动周举行 329a
2021 科普专项项目立项 330a
2021 戏剧教育研究国际论坛 347b
2021 中国文化金融峰会 386a
2022 年城乡居民医保参保工作 431a
29 个课题完成开题立项 349b
3 家单位入选国家示范基地 329c
3 家上榜中国新经济企业 500 强 330a
5G 产业建设与应用 249c
7 处遗址定为市级文保单位 362b

A

A 级旅游景区（点） 273c
爱国卫生 403a
安宁疗护 404a
安全保卫与开放管理 392c
安全度汛 196a
安全管理 120a, 345c
安全监管 184b
安全警卫 195b
安全生产标准化创建 314b
安全生产防火专项整治 202c
安全生产和消防考核迎检 313c
安全生产和信访维稳 228c
安全生产基础工作巡回培训 313c
安全生产及应急管理宣传 308b
安全生产检查 250a
安全生产领域信用体系建设 317a
安全生产责任保险 314b
安全生产专题培训 316b
安全生产专项整治 304c
案件执行 189a

B

白领时装公司 247b
百荣世贸商城 264a
百姓宣讲活动 63b
百姓周末大舞台 357c
办公用房调配 119c
帮扶互助 128b
帮扶助贫 爱心助残 439c
保密管理 81a
保密业务宣传培训 80c
保险参保人数 429c
保障房建设 290b
北大红楼等 11 处周边环境整治 298b
北京 U 系列冠军赛 417b
北京稻香村 260c
北京东城文化发展研究院 64c
北京妇产医院 411a
北京国际戏剧中心落成启用 106b
北京剧装厂 243a
北京口腔医院 410a
北京内蒙古对口帮扶 116c
北京全聚德前门店 259a
北京人家 275a
北京市青少年锦标赛 417b
北京同仁堂 257b
北京同仁医院 408a
北京戏剧中心扩建项目 284a
北京象牙雕刻厂 244a
北京消费季活动 227a
北京协和医院 407a
北京医院 406a
北京中医医院 409a
北京住六 288c
背街小巷环境精细化管理 299a
背街小巷精细化整治提升 298a
背街小巷精细化整治提升验收 299a
便宜坊烤鸭集团 260a
殡葬管理 432a
冰蹴球对抗赛 417c
兵员征集 194a
病媒防治 403b
博爱家园示范点建设 442a
博物馆疫情防控 362c
不动产登记业务办理 283b
部门统计 223b
部门预算信息化项目评审 249b

C

财政监督管理 210a
财政经济监督 89c
财政收入 208a
财政支出 208c
财政资金管理 119a
蔡奇书记调研中关村东城园 332a
参公事业单位“三定”规定制订 71a
参加全球创业者峰会 236a
参加投资北京洽谈会 236a
参加重要会议 153a
参赛奥运会获得奖项 417a
参与巾帼志愿阳光行动 167b
参与组织推动全区党史学习教育 78c
参展第九届旅游商品博览会 276a
参展国际服务贸易交易会 227a
参政议政 150c, 170c, 173a
餐饮行业油烟检查 324c
残疾人两项补贴 432a
查处大案要案 138c
查处违规使用“标识”案件 225a
查获外省流入高档卷烟案件 237b
产品质量监管 226a
常见警情现场处置技能大比武 182c
常态化疫情防控 199a
常态清整乱点乱象 182a
常委议军会 194b
厂务公开民主管理 161a
陈列展览与宣教服务 393a
诚信建设万里行宣传 249a
承办北京政府法制研究会议 178b
承办中国北欧发展与创新论坛 332b
城建环保监督 91a
城市安全风险评估 314b
城市管理 450b, 452b, 455b, 458a, 460b,

462c, 465b, 468b, 471a, 474b, 478a, 480a, 482c, 485b, 488a, 490a, 493a
城市基层党建　58a
城市体检　282c
城乡居民基本医疗保险　430b
崇新房地产公司　288b
崇雍大街风貌管控　462c
崇裕房产开发公司　288c
崇远集团　229c
出国（境）证件管理　57b
处级干部基本情况　56c
处级领导班子和领导干部年度考核　57a
处级领导干部培训班　76c
传染病防治　402a
传统节日活动　278a
传统节日文化活动　64a
传统节日文艺活动　358b
创新孵化集聚区座谈会举办　332a
创新邮政产品　306b
春节系列文艺演出　356b
慈善工作　433c
次世文化上榜创新企业榜单　332c
次支路工程建设　309a
促进“两区”建设　330c
促进公平竞争　225a

D

打击涉黄违法犯罪　180c
打击专利代理违法违规行为　330c
打假打私专项行动　238b
打造金街“新名片”　301c
打造社区“共享家”空间　489c
打造智慧公园　280b
大北公司　264c
大客流管控　184c
大气网络监测　321c
大气污染防治　323b
大数据重点项目建设　248b
大戏东望 · 2021 全国话剧展演季　361c
大戏东望 · 2021 戏剧进基层　361c
大运河休闲旅游精品线路　273a
代表建议督办　92b
代表任前培训　92c
代表主题活动　92c
档案编研　390b
档案工作考核　390c
档案管理　80b
档案话启航网上展览　390c
档案教育培训　391a
档案接收征集　390a
档案利用服务　390b
档案事业“十四五”规划印发　391b
档案宣传　391a
党风廉政建设　296a
党建扶贫　344c
党建工作　451a, 453c, 456b, 459a, 461b, 464a, 467a, 469b, 472b, 476a, 478c, 480c, 484a, 486b, 488c, 491b, 494b
党建研究　61a
党建引领　76a
党建引领基层治理　58c
党建引领新就业群体　60a
党史基本著作出版　78b
党史宣传　78c
党史学习教育　61c, 65b, 118c, 163a, 171c, 172c
党史学习教育活动　170b
党务公开　79c
党员队伍建设　59c
党员关怀帮扶　59c
党员之家建设　144a
党支部规范化建设　58c
登记注册便利化　224c
地表水环境质量监测　322a
地方志资料征集和上报　392a
地理国情监测　283a
地名志编纂　391c
地坛园外园全龄友好化改造　303c
地退（含征地超转）人员经费发放　432a
地下管线检查井盖专项整治　301a
第八届“童心杯”展评活动　335b
第八届孔庙国子监国学文化节　357b
第六届钟鼓楼相声会　356b
第三次代表大会　157b
第三次代表大会召开　142a, 151b
第三次归侨侨眷代表大会召开　170c
第三届中小学生短道速滑比赛　419a
第三十一届“119”消防宣传月　318a
第十届中国儿童戏剧节　361b
第十七届全民终身学习活动周　424b
第十四次妇女代表大会召开　166a
第十四届北京国际青年戏剧节　361b
第十四届委员会第五次会议　124c
第十五届委员会第一次会议　125a
第四十届菊花展　280c
第四十届主题月季展　278c
第五届“太和论坛”　394c
第五届北京纪实影像周启动　63a
第一历史档案馆周边道路大修　300c
典型宣传　63c
电磁环境清理整顿会　249a
电动车专项整治行动　280a
电力保障　308a
东城海外联谊会　66b
东城区北京市历史文化保护区　368a
东城区第四十一届学生科技节　339c
东城区工会第三次代表大会　160b
东城区图书馆　355c
东城区文化馆　355c
东城区文化活动中心建成启用　355c
东城消协“诉调对接工作站”成立　191b
东城新闻占电视台头条七成　389b

东城知联会 66a
东城智能金融论坛举办 105a
东方奥天公司 253a
东方祥泰公司 254b
东方信达公司 232a
东华服装公司 247a
东集泓业公司 252c
东兴建设 287a
东直门医院 412a
冬奥、冬残奥会安全生产保障 313b
冬奥会服务保障 107b
冬奥会医疗服务保障 397b
督查督办 80a
独角兽企业政策支持 206b
对口帮扶内蒙古化德县 250c
对口交流文艺帮扶展示 360b
对口支援 397a
对口支援合作 429a
对台工作 158c
对台交流 69b
对台联络 69c
对外交流 394c
对外商务经济稳健发展 268b
对外招商和企业服务模式创新 107c

E

儿童福利和保护 432b
儿童友好城市建设启动 166b
二级巡视员晋升 56c
二届七次全委（扩大）会 169c

F

发文办会 117c
法制建设 292c
法治副校（园）长工作 164b
法治监督 89c
法治宣传 177a, 223a
珐琅厂 241c
反腐败协调 138c
反恐处突应急综合演练 183a
防范电信网络诈骗犯罪宣传 182c
防控疫情联防联控 180b
防汛应急 303a
防疫复工复产 110a
防疫物资保障 109c
房产资源和产权管理 228b
房地产市场管理 292b
房屋安全管理 292a
非首都核心功能疏解 224b
非药品类易制毒化学品管理 315a
风险防控 211b
风险隐患动态清零 182a
扶贫攻坚工作 59c
扶贫济困 76a
扶贫济困送温暖活动 431c
服贸会东城区投资推介洽谈会 236b
服贸会旅游服务专题展 276a
服务保障 120b, 209c
服务保障中央外交首都外事 114b
服务会员 173c
服务金融企业 212a
服务区域发展 114a
服务区域经济 211c
服务区域经济社会发展 114c
服务提升营商环境 199b
服务体育企业成效 420c
服务质量提升行动 305b
服务中央单位 115c
服务驻区中央单位 107a
辐射安全行政许可 323a
辐射安全监管 325a
妇联系统开展党史学习教育 165b
妇幼卫生 405a
赴外省市调研考察 236b
副处级领导干部进修班 77a

G

干部档案管理 57b
干部挂职锻炼 57a
干部监督 140c
干部教育培训 57c
高层次复合型创新人才培养 345a
高等戏剧教育联盟交流活动 347a
高质量发展绩效评价 222a
革命文物名录公布 362c
革新南道路工程项目 284a
格格旗袍有限公司 247c
根治欠薪冬季专项行动 430b
工程建设管理 195c
工程质量安全监督 290c
工行崇文支行 214a
工行东城支行 213a
工行王府井支行 214b
工伤认定服务 430a
工业企业疫情防控监督检查 109c
工艺木刻厂 244a
工作交流 128c, 168a
工作居住证办理 113a
工作培训 167c
公共法律服务 190c
公共机构节能管理 120a
公共体育场所无障碍环境改造 420a
公共卫生监督 404c
公共文化设施社会化运营 355a
公共文明引导行动 434a
公共资源交易 111c
公立医院综合改革 397c
公务用车管理 119c

公务员初任培训班 77b
公务员考核奖励 60c
公务员科级任职培训班 77a
公务员录用 60c
公务员调任 61a
公务员信息采集及统计年报 60b
公益创投 425a
公益诉讼 187b
公园社会化运营管理新模式探索 107c
公众满意度调查 355a
巩固无煤化成果 324a
共享单车秩序治理 309a
共驻共建活动 116a
供热服务保障 307a
古建筑保护与文物管理 392c
古树保护和文化宣传 278c
古树保护小区试点示范项目 279c
古树名木保护 303a
固定资产投资 205a
顾方舟雕像揭幕 345a
关心关爱快递员 305a
关心见义勇为人员 432b
关注外坛腾退进展 279b
光彩事业 174b
广告牌匾管理 298c
规范处置疫情垃圾 109b
规范举报投诉处理 237b
规范议事协调机构管理 71c
规划核验 283a
锅炉专项执法检查 324c
国际服务贸易会安全生产保障 313a
国际交往中心功能建设 115a
国际税收 211b
国际友城交往 115a
国际语言环境建设 114c
国家话剧院高层住宅楼项目 284b
国家级创新资源平台建设 344a
国家文化与金融合作示范区 385c
国有资本经营预算管理 228c
国有资产管理 119b
国资国企改革发展 228a

海绵城市建设 308a
行刑衔接查处非法经营行为 315b
行业监管 226c
行业绿色发展水平提升 305a
和谐杯乒乓球赛 418a
河长制管理 308a
核心区控规实施 282c
核心区住宿业净化 182a
红领巾小导游大赛 338c
红色家风故事接力宣讲活动 167b
红色经典《长征组歌》复排 357a
红色旅游推广 271a
红色诵读活动举办 331b
红十字青少年活动 441b
沪深两地招商服务站同步挂牌 236c
化解社会矛盾 187b
环二环东城段林荫骑行环线完工 106c
环境保护专项考评 326a
环境信访 326a
环境宣传教育 322c
环评文件审批审查 323a
环卫暖心驿站 301c
环卫作业车辆报废更新管理 302a
换届工作 172c, 439c
换届工作完成 168c
皇乾殿原状陈设提升项目 279c
皇穹宇原状陈设提升项目 279c
皇史宬文物腾退项目 284a
挥发性有机物（VOCs）专项执法 324c
会前代表集中视察 85c
会议保障 80a
会议活动服务保障 119a
惠民演出进基层 357c
婚姻登记 432c
活力街区 199a
火灾及防火检查 317c
获 IAI 传鉴国际旅游金奖 272a
获批金桥工程种子资金支持 168c
获评首批文旅消费试点城市 271a

J

机动车停车场备案 309a
机动车污染防治 323a
机构编制核查 72a
机构调整 110b
基层党建述职评议考核 58c
基层党组织书记队伍建设 58b
基层基础建设 223b
基层团组织建设 162c
基础业务及信息化建设 390a
基建工程管理 119c
集体协商工作 160c
计划免疫 402c
计生服务 405b
计生关怀 405c
计算机应用能力竞赛 424b
纪检监察干部培训 140b
纪念“三八”大会 165c
技能人才队伍建设 160c
继续医学教育 401c
加大基础摸排力度 181a
加快产业创新融合促经济发展 55a
加强危化品经营行政许可 314c
加强无人机管控 180c
加速崇文争先 做实六字文章 55a
佳源公司 233a
家庭微马趣味赛 167a

家庭医生签约　398a
假日经济调研分析　271a
假日旅游　276c
价格监测与管理　206c
价格认定工作　206c
价格调查　223c
架空线入地　300c
监督管理　112a
监督视察　127a
监督员与网格员队伍建设　295c
监管学校周边烟草市场　238a
检查督导集中医学隔离观察点　177c
检察管理监督　187a
检验检疫　109a
减量用地　283a
简易低风险工程建设项目　283a
简易楼腾退改造　291b
建党 100 周年庆祝活动前风险评估　313c
建党 100 周年文艺演出　359a
建党 100 周年文艺作品创作　359a
建党 100 周年文艺作品展　358c
建党百年保密宣传教育活动　80c
建党百年环境布置及保障　302c
建党百年活动　346c
建行东四支行　214c
建远公司　230b
建筑垃圾运输管理　300a
建筑业企业专项核查　284c
健康联合体试点建设　397c
健全全民健身场地设施　420a
僵尸事业单位清理规范　71b
讲文明树新风　434b
交流与对口帮扶　329b
交流与座谈活动　170a
交通安全监管　310b
交通安全宣传　310b
交通行政执法　309a
交通科技建设　310c
交通设施管理　310a
交通事故处理　310a
交通系统设备建设　309a
交友联谊活动　161c
教科文卫监督　90c
教师节表彰座谈会　351c
教育培训　66c
教育培训与就业创业　438b
教育系统“信用编制”制度推行　71b
教职聘任制度改革　345b
接警出动应急处置　317c
接收捐赠　433c
接受辞职人员　89a
街道改革深化　423a
街道工委书记月度工作点评会　48b
街道行政管理体制改革评估　70c
街道和社区妇联完成换届　166a
街道级社会组织发展平台　425a
街道纪检监察体制改革　134c
街道综合文化中心效能评估　355b
街区保护更新推进　206a
街区更新　199a
街区更新和民生改善研究　67c
街区商业活动　200b
节能宣传监察　205b
节水管理　307c
节水新工艺推广　307c
解决“办不成事”问题见实效　107a
界别活动　127c
金漆镶嵌公司　240c
金融风险防范　213a
金融服务实体经济　212b
禁烟控烟　403b
京藏对口支援　117a
京诚集团　234a
京城百工坊公司　263a
京冀对口帮扶见成效　116b
经济高质量发展议案办理　206a
经济和网络电信犯罪检察　187a
经济运行监测　221c
经济责任审计　220a
精品演出　357c
精神卫生　402b
精准帮扶工作　206c
精准打击显成效　238a
警示教育　139b
警卫工作　194c
警种融合执法　181a
就业帮扶　161c
就业工作领导小组会议　429a
就业教育服务及技能培训　439a
居民收入　442b
居民油烟治理试点　323c
居民支出　442c
举报案件受理　390c
军队离退休干部服务保障　438a
军事日活动　194c

K

开办党史专栏　78a
开发中小学职业体验课程　347c
开展早教项目　405c
康复服务　439b
考录日常管理　60c
科技计划项目立项　330a
科技量值（STEM）发布　344b
科技政策法规与科普能力培训　329c
科普之夏活动　169b
科普专项结题验收　329a
科研成果　79b
科研工作　77c
客运管理　200c
课题研究与调研　222c
空气质量持续改善　321a

空气重污染应急 324a
困难帮扶 161b

L

垃圾分类管理 299a
垃圾分类硬件设施建设及管理 299b
劳动合同管理 430a
劳动鉴定服务 430a
劳动力调查 223c
劳动争议调解 430a
劳模工作扎实推进 160b
老干部党支部建设 73a
老干部发挥作用 73b
老干部工作会议 72b
老干部工作人员教育培训 74a
老干部工作向基层延伸 73b
老干部关怀工作 72c
老干部调研工作 74b
老旧小区综合整治 290b
老龄工作 403c
老年优待 404b
离退休干部服务 74a
理论宣讲 62b
理论学习教育 62a
理论研究 62c
理事会、主席团会 360a
历史水系恢复及水体治理 308a
连锁餐饮企业“告知承诺制”试行 105c
联合昌平烟草查获重大案件 237c
联合整治长效机制 202b
廉洁文化 139b
两馆融建 390c
林荫道路建设工程 304a
林荫骑行环线建设 300b
零售点合理布局听证会 238c
领导干部个人有关事项报告 57b
领导干部经济责任审计 57c
刘家窑路道路工程项目 284b
流浪乞讨人员救助 432a
流调溯源 108c
龙顺成公司 245c
龙潭端午文化节 357a
龙潭西湖公园景观提升工程 304a
龙潭中湖公园改建工程 304a
楼宇经济发展 473c
楼宇园区疫情防控 236c
落实老干部工作责任制 74b
落实老年人福利政策 433c
落实全面从严治党 136b
落实全面从严治党主体责任 80b
落实信访工作责任制 120c
落实中央八项规定精神 136c
旅游市场乱象治理 276b
旅游市场疫情防控 276c
旅游投诉处理 276b
履行机构编制联审制度 72a
履行社会职责 305c
律师行业管理 190b
律师行业警示教育大会 191a
绿色低碳创新服务中心成立 331c

M

慢病防治 402b
矛盾纠纷化解排解 181c
媒体融合发展 388a
美菜网上榜独角兽企业榜单 332c
密闭式清洁站及公厕提升改造 302a
免职人员 89a
民兵执勤 194b
民兵组织 194b
民生保障 450b, 452c, 455b, 458a, 460c, 463a, 465c, 468c, 471b, 474c, 478a, 480a, 483a, 485c, 488b, 490b, 493c
民生实事项目监督 89a
民事行政检察监督 187a
民事审判 188b
民主监督 156c
民主监督小组 127c
民主协商 145a, 147a, 151c, 156b
民族传统体育 435c
民族联谊慰问 436a
民族团结宣传月 436a
民族文化教育活动 436a
名城保护 290a
名医工作室建设 401a
募捐救助 441a

N

纳税服务 211a
南锣鼓巷戏剧展演季 64a, 361b
南锣鼓巷业态管理 457a
南门涮肉公司 265b
南水北调对口协作 117b
南中轴路棚户区改造项目 284b
年度供地任务 283b
年度计划报告 204c
年度专题理论调研 316c
年鉴编纂 392a
年轻干部培训班 77a
农行崇文支行 216c
农行东城支行 215b
女职工活动 161c

排放源统计年报 325b
排污许可证核发 325c

派出派驻工作 137a
派出所格区警务改革启动仪式 185c
培智教育教学研讨会召开 349b
棚户区改造 292c
棚户区改造项目 495b
品牌活动“思享会”举办 331c
破获假冒卷烟大案 238b
普法宣传 316b
普法责任制落实 387a
普惠服务 161c

Q

企事业领导职务管理权限调整 57b
企业交流座谈会 328c
企业审计 220c
企业投资审批 205a
企业协助北京疫苗接种 331a
启动神乐署修缮项目 279c
启动预防性保护项目 279c
起草区委重要文稿 67b
签订深度战略合作协议 63b
签署战略合作协议 346c
前门老字号集聚发展 226c
强化古建消防安全 279b
强化停车管理 308c
侨法宣传月活动 170b
青年成长营开学第一课 351a
青年创业就业 163c
青少年法治宣传教育 164b
青少年科技教育 169a
青少年思想引领 163b
清理整治医院秩序 181b
清明节红色经典诗会 356b
清真食品市场执法检查 435c
庆祝建党百年活动 440c
庆祝建军 94 周年文艺演出 357a
庆祝五四青年节活动 351b
庆祝中国共产党成立 100 周年 147b
区“十四五”规划纲要发布实施 204c
区第十三次党代会 47b
区第十三次党代会会务保障 79c
区法治文化基层行 177c
区国家安全工作部署会 177a
区机关事务管理服务 118b
区级领导班子工作务虚会 48a
区纪委全会 133a
区禁毒和反诈工作推进会 177c
区领导班子换届筹备 56b
区领导干部大会 47c
区领导考察全国“两会”安保 176c
区人大常委会听取情况汇报 178a
区扫黑除恶常态化推进会 177b
区委保密委员会全体会议 80b
区委财经委工作 206a
区委党建工作 79c
区委公文制发和流转工作 80b
区委全会 47b
区域化党建 58b
区域养老服务联合体 433a
区域养老联合体 2.0 模式 467c
区政府常务会会前学法 178a
区政府全体会议 97c
区重点课题调研 113c
区重要文稿起草 113b
曲艺建设 359c
全国“两会”服务保障 313b
全国“两会”期间社会面防控 201c
全国“两会”消防安保 317c
全国话剧优秀新剧目展演季 64a
全国话剧展演季戏剧高峰对话 361c
全国科技工作者日活动 169a
全国科普日系列活动 168c
全警实战大练兵 182b
全球人才招募 345b
全运会成绩 417a
群团工作 75c
群众来信办理 118a
群众文化展演季 356c
群众性爱国主义教育活动 63b
群众性精神文明创建活动 435b

R

燃气安全管理 307b
人保东城支公司 218a
人才引进与宣传 60a
人大代表换届选举 200a
人大换届选举 85c
人大街工委工作 92c
人道教育活动 441b
人口动态监测 222a
人口普查 221c
人事考试情况 113a
任命人员 88a
融媒体中心建设 388a
入团仪式暨区少年先锋岗启动 338b
入选国家智能社会治理基地 351c
软件正版化培训 249a

S

三级政务服务体系建设 111a
三星级以上饭店 274
扫雪铲冰工作 299c
商会建设 173b
商会交流 174a
商圈建设 481b
商事审判 188c
少儿出版物专项整治 386c
少先队社区成长营 163c

少先队员“六一”入队仪式 338c
社保稽核 429c
社工人才队伍管理 426a
社工人才培养 426b
社会保险基金收缴 429b
社会保险基金运行 429b
社会服务 143c, 145c, 147b, 149b, 151a, 152b, 154c, 158b
社会建设监督 91c
社会救助 431c
社会矛盾纠纷排查化解 190b
社会面火灾防控调度会召开 318a
社会心理服务体系建设 426c
社会信用代码赋码 71c
社会信用体系建设 248c
社会信用体系建设联席会 248c
社会治安综合治理 450c, 453a, 455c, 458b, 461a, 463b, 466a, 469a, 471c, 475a, 478b, 480b, 483b, 486a, 488c, 490c, 494a
社会组织党建 425c
社情民意 126c
社情民意信息 143a, 145a, 146c, 148a, 151c, 154a, 156b
社区党建 58a
社区防控 109a
社区环境卫生治理 299c
社区建设 450c, 453b, 456a, 458c, 461a, 463c, 466c, 469b, 472a, 475c, 478b, 480c, 483c, 486a, 488c, 491a, 494b
社区健康网格 398b
社区矫正与安置帮教 190b
社区居委会换届选举 422c
社区青年汇建设 163a
社区社会组织品牌评定 425b
社区养老服务驿站 433b
社区志愿服务 424a
社务活动 154c
涉访维稳“防御战” 180c
涉港工作 114b
涉诉未成年人权益保护 164c
涉台宣传 70a
涉外疫情防控 115a
涉外治安维稳 182a
涉组涉干信访受理查核 57c
深化“放管服”改革 110c
深化街道行政管理体制改革 70b
深化企业改革 306c
审查调查与案件审理 138b
审查调查制度建设 135a
审判管理 189b
审学研一体化 189b
生活垃圾分类 120b
生活垃圾分类专项执法 296b
生态文明建设培训 323a
生殖健康 405b
声环境质量监测 322a
十大医学进展研究 344b
十六届人大七次会议 84c
十七届人大一次会议 84c
十三届七次执委会召开 165c
实验剧团版音乐剧《家》首演 347a
实验室生物安全 405a
实验室危险化学品整治 315a
食品安全监管 225b
食品卫生生活饮用水检测 402c
史料征集 78b
史志季刊 79a
世纪天鼎公司 266b
世界戏剧教育大会 346b
世界知识产权保护日系列活动 330c
市政交通 282c
事业单位登记管理 71c
事业单位法人证书电子证照推广 71b
事业单位改革 71a, 135a
事业单位招聘 113a
事中事后监管落实 71c
首个国家级创业孵化示范基地 330a
首批高中名学科基地建设启动 350a
疏解整治促提升工作 205c, 297a, 451b, 454b, 456c, 459a, 461c, 464c, 467b, 469c, 473a, 476c, 479b, 481a, 484b, 486c, 489a, 492a, 494c
疏解整治促提升监测 222a
树木及绿地认建认养 303b
数字服务建设 111c
数字故宫 393b
双师课堂 349c
双随机行政执法 325c
双向转诊 398b
双拥工作 437c
双拥共建 194c, 195a, 195b
水环境质量稳中向好 321a
水污染防治 324c
水质治理 303b
税收宣传 211c
税收政策扶持 211a
司法便民 189b
司法鉴定行业突出问题专项治理 190c
司法体制改革 189a
思想建设 74c, 142b, 145b, 152c, 157c
思想宣传 150b
思想政治建设 72c
送温暖活动 165b
诉调对接工作站 190c
孙春兰出席区妇联“六一”活动 167a
所属事业单位分类改革 302c

T

台商参与抗疫 70a
探访东华红色记忆 451c
探索全民健身新路径 417c
特色活动 70a

特种设备监管 225c
提案建议 126c
体育产业沙龙举办 331b
天街集团 228c
天润金百公司 262c
天坛周边简易楼腾退项目 284a
天天洁公司 267a
调查研究 174b
调研成果展示 68a
调研督察重点改革任务 68c
调研工作 133c
调研与提案 142c, 144c, 146b, 147c, 151b, 153b, 155c
调整派驻机构设置 140b
铁骑警务建设 310c
通利达汽车租赁公司 265c
统筹全区调研工作 67c
统筹协调全面深化改革工作 68b
统计服务 222c
统计监督 221c
统计执法 223a
统一战线各领域代表培训班 77b
土地储备 283b
土壤环境质量稳定 321b
推动社区共建共治共享 423b
推进干部教师交流轮岗启动会 350b
推进精细化保洁 299c
推进社区规范化建设 423c
推进数字经济标杆城市建设 248b
推进外坛腾退 278c
推进文创工作发展 278a
推优荐才 172a
退役军人服务保障体系建设 438a
拓展“领导驾驶舱”应用场景 249b

外资金融机构聚集 212a
完成区教育系统综合评价 352b
完成软件正版化检查 250a
完善冰上运动公共设施 419c
完善复工复产防疫工作 206b
完善林长制工作机制 303a
王府井百货大楼 255a
王府井地区管委会机构设置 71a
王府井东安市场 256b
王府井工美大厦 263b
王府井论坛 198b
王府井论坛成功举办 106a
王府井慢行系统示范区建设 300b
网格化城市管理 295a
网格平台建设 295b
网络安全宣传周 352a
网络文化空间净化 387b
望坛棚户区改造项目 283c
危险废物监管 325a
危险化学品专项整治三年行动 315a
微课比赛暨教师技能展示 348c
为妇女儿童办实事 166b
为民办实事 118c
违法建设查处 283a
违法群租房清理整治 292c
未成年人涉案检察 186c
未成年人思想道德建设 434b
慰问优秀妇女典型 166a
文创产品研发与出版 393b
文化产业发展 385a
文化和旅游安全宣传咨询日 279a
文化金三角电子消费地图 272c
文化科技融合项目立项 329c
文化科技融合项目落地 329a
文化市场综合执法改革 386c
文化与金融合作示范区支行落地 106b
文明城区建设 434c
文明交通示范路口创建 310b
文体活动 161b
文体助残助力冬残奥会 439b
文物安全 362c
文物保护修缮 362a
文物修复 277c
文艺创作 359b
问责追责 136c
污染防治执法 296c
污染物总量减排 326c
污染源监管 326c
无障碍公共服务设施示范点 301b
无障碍专项建设 438c
吴裕泰茶业 261b
物防技防措施完善 317c
物业管理 292a

西北外坛环境整治提升方案 278b
西草红庙街区申请式退租项目 492b
西门至自然博物馆外坛墙项目 280c
西南外坛景观风貌恢复详规修编 278c
西总布直管公房申请式退租 470b
戏剧创作 359c
戏剧普及系列活动 361a
戏剧一帮一活动 361a
细化支援合作项目 116a
向区人大常委会报告专项工作 134a
消防安保勤务工作 317c
消防安全培训及反恐演练 278b
消防车让行播报上线 318b
消费升级 198c
小客车指标申请 309b

小巷管家工作模式 487a
校地校企合作联席会 347a
校局合作签约仪式 185c
校刊编印 77c
校外培训机构资金监管 348b
校园安全防范工作部署会 177a
校园安全防控 181b
校园文创设计大赛 272a
协会会员代表大会 360a
协商通报会 65c
协调推进全区重点项目 292c
协同能力建设活动 85b
协助民主党派区委换届 65c
新成立 2 家企业科协 169b
新春送“福” 358b
新的社会阶层人士统战工作 66a
新冠肺炎疫情防控 403a
新冠疫苗接种 108c, 398c
新冠疫情防控 302b
新媒体平台宣传 388c
新年音乐会 357c
新侨乡文化节乒乓球邀请赛 169c
新时代文明实践中心 64c
新世界电子公司 288c
新型消费空间格局构建 107b
新一届区委领导班子政治建设 55b
信访服务保障 120c
信访基础业务规范化 121a
信访监测 322a
信访举报及办理 138b
信访联席会 120c
信访宣传及调研 121a
信访与“接诉即办” 179a
信息工作 80a, 118a
信息化建设 220c
信息技术保障 138a
信用 + 医疗试点 248c
信用监管 225b
信用体系建设 223b
行政复议体制改革 178c
行政审判 188c
行政审批与服务 291a
行政文件合法性审核 178b
行政许可审批办结 349a
行政应诉 179a
行政执法 196c, 292c
行政执法监督 391b
行政执法类公务员改革 60b
刑事检察 186b
刑事审判 188b
刑事审判监督 186c
刑事侦查监督 186c
刑事执行监督 187a
宣传教育 173a
宣传培训工作 295c
宣传推广工作 139c
选人用人检查 57b
选调生工作 57a
学雷锋志愿服务 434c
学前教师参加市“京教杯”赛 335c
学前教育质量观大讨论 335a
学生课题获奖 344b
学术交流平台搭建 344a
学术科研 394a
学习考察 128a
学校卫生 402b
学校医院周边交通综合治理 310a
学院落成百年系列活动举办 345a
血液管理 397a
巡察工作 137c
巡逻防控 181a

亚泰永安堂 258c
严查消防隐患 180c
研究探索“三项制度”工作 71b
演出市场监管 387b
央地联防联控 115c
扬尘精细化管理 323c
阳光少年艺术节展演 339a
阳光体育中小学生网球比赛 418b
养老机构建设 433a
养老家庭照护床位 433a
养老退休审批 429c
药品安全监管 225c
业绩考核与薪酬管理 228c
业务监督指导 390b
液化气非居民用户安全治理 314a
一报告两评议 57c
一商红都公司 246b
医保参保缴费 430c
医保基金监管 431a
医保基金运行 430c
医护双节活动 397b
医疗保障和院感防控 108c
医疗行风建设 397b
医疗行政许可 397a
医疗卫生监督 404c
医疗质量管理 396c
医学科技创新工程 344a
医学科研 401c
医学人才培养 401b
医学与健康大会 344c
医养结合 403c
医药卫生体制改革 397c
移交安置工作 437c
以训稳岗 429a
义务教育质量监测 352c
议案督办 92a
议案建议提案办结 100% 118a
疫情常态化防控 303c
疫情防控 165a, 200a, 277b, 343c, 386c,

451c, 454c, 457a, 459b, 462a, 464c, 467b, 470a, 473b, 476c, 479c, 481b, 484c, 487a, 489b, 492a, 494c
疫情防控常态化执法检查　297a
疫情防控服务保障　118b
疫情防控工作　250b, 296a
疫情防控严把关　202a
引导职工依法维权　160c
迎冬奥手工工艺制作大赛　424c
营商环境优化　484c
应对气候变化控制碳排放　326c
应急处突演练　184c
应急管理安全生产专题培训　316c
应急管理系统学法普法　316a
应急监测　322b
应急救护培训与急救知识宣传　441c
应急救援队伍建设　196c
应急物资调拨　109c
应急系统信息化平台建设　317a
应急演练　315c
优抚工作　437b
优化行政许可服务　238c
优化经营环境增加税源　315a
优化体育产业营商环境　420b
优化营商环境　111a, 205a, 249b, 300c, 430a
优秀人才认定、培养与联系服务　60b
邮政基础设施建设　306c
油气排放监管　323b
有害生物监测防控　303a
有限空间安全监管　314a
有限空间专项治理　308b
幼儿园办园质量督导评估　352c
与清华大学签署合作协议　350a
与人大代表政协委员面对面　164c
与相关决策研究系统交流　69a
预算收支情况　207c
预算执行审计　220a
预算制度改革　209c
遇见最美天坛之5G云赏月　280a
园林有害生物综合管理　278a
园内陈列展提升项目开工　279a
原创剧目展演　360c
原工商业者工作　174a
远东仪表公司　245a
院地合作推进　345c
运动员注册　417a

Z

灾害信息员培训　315c
责任规划师　282c
增进民生福祉　209c
占道经营整治　296c
招标投标管理　290c
征收拆迁　291c
征收管理　211a
正面宣传“推亮点”　182b
政党协商　143b, 148a, 154a
政法队伍教育整顿工作迎检　191a
政法队伍教育整顿领导小组会　176c
政法系统英模先进事迹报告会　176c
政府采购　112b
政府督查督办　118a
政府购买服务　425c
政府投资审计　220b
政府信息公开　298c, 317a
政府重大项目建设　228a
政工职评　60b
政金企对接活动　331c
政企交流会　331c
政务服务提质增效　111c
政务公开　111b
政务新媒体管理　111c
政务信息公开　325b
政务信息化服务　249c
政务值班和领导联络保障　118a
政协换届　66c
政治监督　136a
政治教育　195a
政治中心区一体化防控　180a
支部活动　144a, 145c
知识产权保护　330b
知识产权公共服务　330c
知识产权审判　188c
执法协调监督　178c
执法整治工作　226a
执委会议　173a
直管公房管理　291a
职业康复活动　440c
职业卫生监督　404c
职员等级晋升　113a
指挥通信　196b
志愿服务　163b
制订规范性文件　133b
制订天坛公园规划纲要　278b
质量报告书编写　322a
质量提升行动　224c
治欠保支工作　430b
智慧警务建设　181c
智慧平安小区建设　177c
中国共产党成立100周年主题教育　148a, 158a
中国人民警察节庆祝活动　182b
中国医药　258b
中行崇文支行　217a
中和韶乐申请国家级非遗　279a
中秋诗会　357b
中小企业创新创业大赛　250b
中小学民族团结教育周　339b
中小学生民族传统体育节　418c
中央、市领导调研保障　79b
中医药人才培养　401a

中医药文化节 401a
中轴线申遗 362b
钟鼓楼周边申请式退租项目 459c
重大活动安保警卫 185a
重大活动安全保障 387a
重大活动档案管理 390c
重大活动服务保障 79b, 224b
重大活动警卫安保 180b
重大活动空气质量保障 324b
重大主题新闻宣传 388b
重点大街环境整治提升 297c
重点地区交通优化 309c
重点基建项目推进 346a
重点结对幼儿园与学校启动会 335b
重点企业恳谈会 332c
重点青少年服务管理 164a
重点专科建设 397a
重复信访治理及信访积案化解 120c
重新出版《天坛志略》 277c
主任接待日 92b
主席会议 125b
助力税源建设 172a
助推体育企业发展 420c
住房保障 291c
驻区车辆静态核录 184c
筑邦公司 287c
专家入户辅导技术合同登记 329b
专门协会 440b
专题调研 126a
专题研讨班举办 191a
专题议政会 66c
专项监督 137a
专项调查 222b
专项整治行动 237b
专业技术人才推荐 113a
专职安全员队伍建设 313c
庄子公司 247c
追逃追赃 139a
咨询服务 392a
紫金同心议事厅 67a
自然资源督察问题整改 283b
自然资源资产管理 283a
自然资源资产离任审计 220b
自主择业军转干部服务管理 438b
宗教场所安全检查 436a
宗教节日 436b
宗教联谊慰问 436b
宗教团体换届 436c
宗教团体建设 436c
综合行政执法体制改革 70c
综合考核评价工作 59b
综合审批 282c
走访企业引进税源 430a
走航监测指导巡查 324b
组工信息宣传 61a
组织部门提醒函询诫勉 57b
组织代表参加重大活动 93a
组织建党 100 周年庆祝活动 55c
组织建设 75a, 142a, 145b, 147a, 148b, 150a, 152a, 154a, 157a
组织收入与管理 211a
组织主题采访报道活动 63a
祖国统一工作 143c